KB252315

신약신학 (합본)

Leonhard Goppelt 레온하르트 고펠트

박문재 옮김

크리스찬 다이제스트

신약신학 I

차 례

편집자 서문

십년도 넘게 레온하르트 고펠트(Leonhard Goppelt)는 「신약신학」을 자신의 주요한 연구 과제로 삼았다. 함부르크와 뮌헨 대학의 강의를 통해 그는 지속적이고 철저한 개정을 보여주는 전반적인 계획을 제시하였다. 이와 동시에 그는 자신의 「신약신학」의 각 장 절들을 학부와 대학원의 세미나 강좌에서 비판적인 토론에 부쳤다. 그는 이 외에도 다른 많은 책임들을 다한 후에 다시 이 작업에 눈을 돌려서 내용을 개선하고 더 정확도를 기하고 신학적 토론을 통해 얻어진 새로운 문제 제기 방식을 도입하는 등 지치지 않고 연구를 계속해 나갔다. 이러한 작업은 1973년 12월 21일 그가 고통스럽게도 때이른 죽음을 맞이할 때까지 계속되었다.

레온하르트 고펠트가 자신의 「신약신학」의 목표와 계획을 어떻게 이해하였는가 하는 것은 그가 죽기 수 주 전에 포르투갈어 번역판을 준비 중이던 감독자에게 보낸 서신에 표현되어 있다.

현재 독일에서는 신학과 성경의 역사비평적 연구 사이의 대화는 대체로 끝이 났다는 생각은 지지를 받고 있다. 우리는 성경 연구와 관련하여 전문가들은 신학적으로 별 상관도 없는 협소한 문제들을 논의하고 있다는 말을 듣는다. 더욱이 이런 말을 하는 사람들은 신학은 지금 사회과학을 더 알아야 하고 사회과학과 대화를 하려야 할 과제를 안고 있다고 주장한다. 하지만 이에 대한 나의 견해는 정반대이다: 신학은 성경에서 발견되는 진술과의 창조적인 대화를 유지하지 못하게 될 때 그 알맹이를 잃어버리게 된다.

이런 이유로 나는 지금 주경(註經) 신학과 조직 신학의 유용한 대화에 참여하고 있다. 이 대화에 참여하는 우리들은 신약의 주요한 역사적, 신학적 문제들이 논의의 장(場)에서 활발히 등장하지 않는다 하여서 그것들을 확정된 것으로 생각해서는 안된다. 오히려 우리는 마음을 활짝 열고 새로운 문제 제기 방식을 따라 적극적으로 탐구해 나가야 한다. 내가 수행하고자 하는 내용에 대해서는 더욱 그러하다. 이것은 내가 좀더 심화된 대화를 위한 촉매로서 이 책을 어떻게 생각하고 있느냐를 보여주는 지표이기도 하다. 문체에서 나는 어느 정도 강의 형태를 따랐지만 이 책이 읽히지 않는 연구 논문이 될 것을 우려하여 긴 각주와 지나치게 상세한 설명을 피했다.

레온하르트 고펠트는 제1권을 대체로 완결된 원고로 남겨놓았다. 사실 그는 스스로 계획하였던 마지막 손질을 할 수 없었다. 추측컨대 그 작업에는 여기저기에서 자료를 추가하는 일과 몇몇 새로운 강조점들을 설정하는 일 등이 포함되었을 것이다. 이 작품의 동질성을 위태롭게 하는 것을 피하기 위하여 나는 편집 작업에서 분명한 실수들을 바로잡고 문장을 부드럽게 가다듬는 일에 국한하였다. 도라 고펠트 부인, 한스 발트(뮌헨 대학의 강사), 한스 요아힘 슈타르크(에를랑겐 대학의 강사)는 이 원고를 준비하고 교정쇄를 검토하는 동안에 아낌없는 지원을 해주었다. 그들을 비롯한 모든 조력자들에게 나는 여기서 깊은 감사를 표한다.

제2권도 제1권과 마찬가지로 적어도 그 주요한 장 절에서는 저자 자신에 의하여 완성되었는데 가까운 장래에 전체에 대한 주제 색인을 달아 간행될 것이다.

1974년 8월, 에를랑겐에서
위르겐 롤로프(Jürgen Roloff)

해설

　　레온하르트 고펠트는 누구이며 왜 당신은 그의 「신약신학」을 읽어야 하는가? 1973년 12월 21일 돌연히 죽음을 맞이했을 당시 그는 독일에서 가장 오래되고 가장 큰 대학 중의 하나인 뮌헨 대학의 개신교 신학부의 신약학 교수였다. 그는 1967년 10월에 이 학부를 창설하는 데 기여하였으며 이 학부의 최초의 학장이었다(참조. *Ludwig-Maximilians-Universität Jahres-Chronik 1967/1968,* Universität-Archiv, München, 1970, pp. 199ff.). 뮌헨 대학에서 활동하기 전에 그는 1949년부터 1954년까지(1947/1948년에 괴팅겐에서 요아킴 예레미아스를 대신하고 에를랑겐에서 한 학기를 가르친 후에) 함부르크에 있는 신학대학에서 교수(*Dozent*)로 봉직하였고 1954년부터 1957년까지 사기가 그 창립을 도운 함부르크 대학의 개신교 신학부에서 교수(*Ordinarius*)로 있었다(참조. E. Lohse, "Das Neue Testament als apostolische Urkunde-zum Gedanken on Leonhard Goppelt", *Kerygma und Dogma* 21/2 [1975], 85-98; L. Goppelt, *Christologie und Ethik. Aufsätze zum Neuen Testament,* Göttingen, 1968, p. 7; 함부르크의 교회력으로부터 개정된 옵셋 간행물인 *Zehn Jahre Evangelisch-Theologische Fakultät Hamburg,* Hamburg, 1964).

　　레온하르트 고펠트는 1911년 11월 6일 뮌헨에서 학교 교사의 아들로 태어났다. 그는 대학에서 철학과 자연과학을 공부했으나 나중에 신학으로 옮겼다. 그는 튀빙겐과 에를랑겐 대학에서 강의를 들었다. 1935년에 그는 자신의 신학 수업을 성공적으로 마치고 1938년에 바바리아의 복음주의적 루터교회에서 성직을 수행할 자격을 주는 시험에 합격하였다. 전임 성직자로서의 짧은 기간을 거친 후에 그는 1936년에 에를랑겐 대학의 신학부에서 강사 자리를 얻게 되었다. 1939년에 그는 헤르만 슈트라트만의 지도 아래 "모형론"(Typos)이라는 논문으로 박사 학위(당시에는 *Lizenziat* 학위)를 취득하였다. 그의 연구와 교수는 전쟁으로 인해 중단되었다. 하지만 그는 그 사이인 1942/1943년에 자신의 "두번째" 박사 논문 (Habilitationsschrift)을 완성할 수 있었다. 하지만 그는 이 논문을 전쟁이 끝난 후인 1946년에야 에를랑겐 대학에서 발표할 수 있었다. 그는 함부르크 대학의 교수가 된 해인 1954년에 「기독교와 유대교」라는 그 논문을 손질해서 간행하였다.

왜 당신은 그의 「신약신학」을 읽어야 하는가? 하나는 그 책이 이 주제에 대하여 다루고 있는 가장 최근의 연구서이며 그 범위에서 불트만의 「신약신학」에 도전할 수 있는 유일한 저작이라는 데 있다. 이 책은 독일어권에서 짧은 시간 안에 수 판을 거듭할 만큼 주목할 만한 성공을 거두었다. 이 책은 최근에 "대학총서"로서 압축된 판으로 발행되기도 하였다. 이렇게 큰 관심을 끌었던 이유 중의 일부는 이 책이 우리가 살고 있는 시대의 산물이라는 점에 있다. 소위 불트만 시대가 쇠퇴하면서 신약 연구가 취할 방향이 분명치 않았다. 레온하르트 고펠트의 목소리는 새로운 방향에 중요한 기여를 하고 있다(참조. 편집자 서문에 나오는 서신 가운데서의 고펠트의 말; 최근의 네 가지 신학에 대한 그의 검토, "Der Ertrag einer Epoche. Vier Darstellungen der Theologie des Neuen Testaments", *Lutherische Monatschefte* 11 〔1972〕, 96-98; 이 책의 부록에 나오는 "앞으로 나아갈 길에 대한 제언", p. 280 이하에 나오는 그의 말은 가장 중요하다.).

오늘날 들을 수 있는 목소리로서 그의 「신약신학」은 이 학문 분과에 가장 포괄적이고 성숙한 기여를 하고 있다. 그의 베드로전서 주석(KEK, XII/1)과 아울러 이 책은 다소 광범위한 간행물 목록의 끝 부분에 위치해 있다. 이 저작은 성경 연구에 대한 고펠트의 관심과 철저한 역사비평적 방법론의 사용을 보여준다(아래에 나오는 쾰리히의 평가를 참조하라. 그는 고펠트의 중요한 저작인 「사도 시대」의 번역자이자 그의 제자였다). 그러나 그는 이 역사비평적 방법론이 그 자체로 목적이 되거나 그 자체의 결론에 대한 더 이상의 논의를 막을 위험이 있을 때마다 이 방법론을 비판하는 사람이기도 했다. 그는 대화의 중요성을 열렬히 옹호하였다. 그의 목표는 언제나 신약 증언들의 의도 자체를 받아들이는 것이었다. 이런 이유로 그는 흔히 신약 신학 전체를 고려함이 없이는 해결될 수 없는 내용상의 문제들에 관하여 이야기했다.

일반적으로 그는 역사비평을 사용하는 다른 학자들보다도 복음서 전승에 나오는 예수의 말씀과 행위의 진정성과 관련하여 원칙적으로 훨씬 덜 회의적이었다. 예를 들면 그는 주어진 전승이 진정한 것으로 입증될 때까지는 비진정한 것으로 생각하는 불트만 식의 주먹구구식 추정을 좋아하지 않고 주로 그 반대의 입장을 택하였다. 그러나 그럴 때에조차도 예수 전승의 신빙성에 관한 전제가 전체로서의 예수의 사역과 복음 선포 속에서의 그것의 실질적인 의미라는 더 큰 신학적 문제들로 통합되지 않는다면 그것은 공허한 결론이라고 그는 생각하였다. 역사비평적 논의 속에서의 해석 대안들을 신학적 결론들로 밀고나가는 데서 보여주는 이러한 관심은 이「신약신학」에 불트만의「신약신학」과 비견되는 범위와 규모의 웅장함을 부여해주는 특징이다.

고펠트의 문제 인식과 대안적인 해석들 배후에 있는 전제들에 의문을 제기하는 그의 능력은 여러 해 동안의 비판적 성찰의 산물이었다. 그는 논란이 심한 역사적 예수와 그의 자기 인식이라는 문제와 관련하여 설득력있게 논증을 해나갈 수 있었고 — 이 문제는 이 책에서 가장 큰 장(제6장)을 이루고 있다 — 오늘날 예수를 해석하는 다양한 접근 방식들 가운데서 예수의 의미에 관한 신 마르크스주의자와 기독교와의 대화(고펠트의 마지막 세미나 강좌의 하나)에 열심을 가지고 참여할 수 있었다. 그의 사고에서 예수의 부활이 중심을 차지하고 있다는 것은 마지막 장에서 분명해질 것이다. 독자들은 이 책이 깊은 식견을 담고 있는 저작임을 발견하게 될 것이고 거듭거듭 참조를 위해 뒤져보아도 결코 그들을 실망시키지 않는 저작임을 알게 될 것이다.

신약 연구사의 견지에서 고펠트의 신학적 입장은 대체로 독자적이다. 흔히 그는 신학적 우파의 단순한 보수주의로 자처하고 있지만 문자 그대로 그는 분류를 할 수 없는 인물이다. 물론 그는 일반적으로 구원사 학파와 관련되지만(부록을 참조하라) 이 입장의 다른 대표자들과 구별되있다(참소. 예를 들면, *ThZ* 22 〔1966〕, 51-56에서 O. Cullmann의 *Heil als Geschichte*에 대한 그의 서평). 그러나 폰 호프만(von Hoffmann), 잔(Zahn), 슐라터(Schlatter), 슈니빈트(Schniewind), 쿨만(Cullmann)과 같은 학자들과 관련된 전통과 기본적인 연대를 유지하면서도 그는 대화의 상대를 선택하는 데에나 그 기여들을 평가하는 데에(예를 들면, 인류학적 통찰의 분야에서) 결코 불트만과 그의 학파의 저작을 무시하지 않았다. 신학적 우파에 대한 그의 비판과 소위 신학적 좌파에 대한 그의 비판으로 말미암아 그는 어려운 신학적 무인도에 남겨지게 되었으나, 신약 증언들의 실질적인 의도를 이해하고 거기에 순종하려고 한 그는 자신의 입지를 고수하는 가운데 결연하게 남아있었다. 진정으로 독립적인 정신을 가지고 그는 흔히 미묘하지만 자신에게 결정적으로 중요한 뉘앙스들을 고집하였는데, 이는 그가 어느 한 편으로 기우는 것을 막아주었다.

고펠트는 자신의 "학파"를 창설하지 않았다. 그는 스스로에게 요구하였던 비판적인 통찰력과 공평을 다른 사람들에게도 권하였다. 그의 제자들 중의 대다수는 지금 지역 교회의 목회자들이다. 이것은 우연이 아니다.

왜냐하면 레온하르트 고펠트 자신이 교회의 사람이었기 때문이다. 그는 신학이 오늘날의 세계에서의 기독교인의 삶이라는 실제적인 문제들에 대하여 발언하는 것에 관하여 많은 관심을 가졌다(그의 에세이를 모은 책은 「기독론과 윤리」라는 표제를 지니고 있다. 참조. T. Rendtorff, "Menschenrecht und Menschenleid", *Nachrichten der Evangelisch-Lutherischen Kirche in Bayern* 29/1 〔1974〕, 3f.〕. 그는 다음과 같은 문제에 몰두하였다: 어떻게 나는 내가 말하는 것을 통하여 사람들을 도울 수 있으며, 어떻게 신학은 교회가 복음 및 믿음에 의한 삶에 대한 신약의 증언을 이해하는 데 도움을 줄 수 있을까? 그는 대학의 경건 예배에서 설교하였고, 목회자들과 교회 사역자들의 계속 교육을 위하여 노회 모임과 협의회에서 열심으로 일하였고, 교회 일치를 위한 대화에 자신의 시간과 정력을 쏟았다. 그는 정례적인 방문 기간에 뮌헨에서 미국의 목회자들과 교사들에게 강연을 하였고, 공통 관심사에 대한 루터파와 개혁파의 대화에도 적극적으로 참여하였으며(참조. E. Lohse, "Zum Gedanken", pp. 96f.), 죽기 직전에는 소련에서 열린 성찬과 기독교 일치에 관한 대화에도 참여하였다(*Die Eucharistie. Das Sargosker Gespräch über das heilige Abendmahl* [1974], p. 8). 그는 외국 학생들에게 친구이자 유능한 조언자였으며 독일의 박사 지원자들에게 자기와 함께 연구를 하는 동안에 일정 기간 영국이나 미국에서 연구를 해보라고 권하였다. 이런저런 방식으로 그는 국제적인 신학적 대화에 헌신하는 모습을 보였다. 그는 신약 학자들의 국제적 모임(Studiorum Novi Testamenti Societas)의 회원이었다. 그의 저서가 나온 배후에는 그를 아는 모든 사람들이 증언할 수 있는 사실로서 그의 삶 전체를 쏟아 붓는 노력이 있었다.

이 번역본은 독일어 원문의 구성 가운데서 한 가지 중요한 변경을 하였다. 연구사의 개관과 분석(독일어판에서는 §1로 되어 있다)을 부록으로서 이 책의 끝에 놓는 것이 적절할 것으로 생각되었기 때문이다. 이렇게 한 데에는 두 가지 중요한 이유가 있다. 첫째로 개관은 유럽 쪽 — 주로 독일어권 — 의 연구사에 집중하고 있다. 이렇게 위치를 바꾸어놓음으로써 그 문제에 특별한 관심이 없는 독자는 먼저 꼭 그것을 읽지 않고 자신이 택한 때에 그것을 읽을 수 있게 하였다. 둘째로, 독자는 신약 신학을 어디에서 시작할 것이냐 하는 문제와 관련하여 고펠트 자신의 저작으로부터 시작하게 된다.

영어를 아는 독자를 위하여 이미 영어로 번역된 고펠트의 저서와 논문들을 여기에 소개하고자 한다. 그의 저작들에 대한 종합적인 목록은 제2권에 수록할 것이다.

저서

Apostolic and Post-Apostolic Times, trans. R. A. Guelich (1970);

repr. 1977). Cf. Translator's Foreword, pp. ix-x.

Jesus, Paul and Judaism. An Introduction to New Testament Theology (trans. of the first half of *Christentum und Judentum im ersten und zweiten Jahrhundert*) trans. and ed. E. Schroeder (1964).

Typos. The Typological Interpretation of the Old Testament in the New (in preparation).

논문

"The Easter Keygma in the New Testament," *The Easter Message Today*, essays by L. Goppelt, H. Thielicke, H. Müller-Schwefe(1964), pp. 27-58.

"Theological Bible Study," *The Encyclopedia of the Lutheran Church* (1965), pp. 239-246

"The Existence of the Church in History According to Apostolic and Early Christian Thought," in W. Klassen and G. F. Snyder, eds.,, *Current Issues in New Testament Interpretation. Essays in Honor of Otto A. Piper* (1962), pp. 193-209.

"Paul and Heilsgeschichte: Conclusions from Romans 4 and I Cor. 10: 1-13," *Interpretation* XXI (July 1967), 315-326.

"Grace," *Baker's Dictionary of Christian Ethics* (1973), pp. 273-75.

TDNT VI (1968), s. v. *peinao*; s. v. *pino*; *TDNT* VIII(1972), s. v. *trapeza*; s. v. *trogo*; s. v. *typos*; s.v. *hydor*.

"Dare We Follow Bultmann?" *Christianity Today* (April 27, 1962), 14-17 (726-29).

"The Plurality of New Testament Theologies and the Unity of the Gospel as an Ecumenical Problem," in V. Vatja, ed,. *The Gospel and Unity* (1971), pp. 106-130.

각 절의 치봄의 참고 문헌과 각주에 나오는 전거(典據)와 인용문을 검토하는 작업을 해준 나의 조교 스티븐 스피델 박사와 제임스 커리 박사에게 감사를 표하는 것이 도리인 것 같다. 또한 출판을 위하여 원고를 준비하는 데 능숙한 솜씨를 보여준 도로시 앤드류 부인과 결정적인 후원을 해준 오스틴 장로교신학대학원에도 감사를 드린다.

나는 1973년 12월 5일에 레온하르트 고펠트와 마지막으로 대화를 나누었다. 그는 영어 번역본에서의 자신의 기본적인 관심을 말하였다.

그는 자기 저서가 교회에 도움이 되고 학생들의 참고 자료로 사용되며 심화된 성찰을 위한 자극제가 되기를 열망하였지만, 그의 특유의 겸손으로 인해 자기 저서가 그런 것들을 누릴 것이라고는 꿈을 꾸지 않았다. 영어 번역본이 나옴으로써 앞으로 이 저서가 사용되고 영향을 미치는 영역이 넓어지기를 기원해본다.

오스틴에서 1979년 오순절에
John E. Alsup

약 어 표

   여기에 포함된 것은 자주 언급되는 문헌들 뿐이다. 유대, 그리스, 초기 기독교 문헌의 기타 약어는 키텔의 「신약신학사전」의 약어표를 참조하라. 랍비 문헌의 약어는 H. Strack의 *Introduction to the Talmud and Midrash*(1931)를 보라. 유대교와 초기 기독교 문헌이 등장한 상황에 관해서는 다음 서적의 참고문헌을 보라 : O. Eissfeldt, *The Old Testament : An Introduction*(1965) ; B. Altaner, *Patrology*(1960/61)

1. 성경의 각 책들

   이것은 세계 공통의 기준에 의해 표시된다.

2. 성경 이외의 유대교 문헌

Arist.	The Letter of Aristeas (ca. 90 B.C.)
Asc. Isa.	Ascension of Isaiah (Christian/Jewish A.D. 2nd cent.)
As. Mos.	Assumption of Moses (ca. 4 B.C.)
Bar.	The apocryphal book of Baruch (LXX)
Gr. Bar.	Greek Apocalypse of Baruch (ca. A.D. 200)
Syr. Bar.	Syrian Apocalypse of Baruch (ca. A.D. 100)
CD	Damascus Rule (Fragments of a Zadokite Work; Qumran document, 2nd/1st cent. B.C.)
I Enoch	I Enoch (Apocalypse; 2nd/1st cent. B.C.)
IV Ezra	IV Ezra (Apocalypse; ca. A.D. 95)
Jos. As.	Joseph and Aseneth (Hellenistic/Jewish missionary document from Egypt, end of 1st cent. B.C.)
Josephus *Ant., Ap., War, Life*	Flavius Josephus (Jewish historian, A.D. 37-97), *Antiquitates, Contra Apionem, Bellum Judaicum, Vita*
Jub.	Book of Jubilees ("Little Genesis") (2nd/1st cent. B.C.)

LXX | Septuagint
1, 2, 3 Macc. | 1, 2, 3 Books of Maccabees (LXX)
4 Macc. | 4th Book of Maccabees (Philosophical tractate, Hellenistic/Jewish, ca. 50 B.C.-A.D. 50)
Mart. Isa. | Martyrdom of Isaiah (= 1st part of the Ascension of Isaiah, Jewish, 1st cent. B.C.)
Philo | Philo of Alexandria (Jewish philosopher of religion, 20 B.C. to A.D. 50): abbreviations for his writings from the *TDNT.*
Ps. Sol. | Psalms of Solomon (1st cent. B.C.)
1(4)Q | out of Cave 1 (4) at Qumran
1QH | Hodayot: Psalms of Thanksgiving (Qumran)
1QM | Milhamah: War Scroll (Qumran)
1QpHab | Pesher Habakkuk: Habakkuk Commentary (Qumran)
1QS | Serek Hayahad: Community Rule/Manual of Discipline (Qumran)
1QSa | Fragment: Rule for the entire community of Israel in the end time (Qumran)
1QSb | Fragment: Words of blessing (Qumran)
4Qtest | Testimonia (Qumran)
4Qflor | Florilegia (Qumran)
4Qpatr | Blessings of the Patriarchs (Qumran)
11QMelch | Fragments of eschatological Midrashim from Qumran (Cave 11)
Sib. | Sibylline Oracles (Jewish/Christian)
Sir. | Jesus Ben-Sirach or Ecclesiasticus (LXX)
Test. XII | Testaments of the 12 Patriarchs (Jewish with Christian revision, 2nd/1st cent. B.C.)
    Test. Ash., Ben., Dan, Gad, Jos., Iss., Jud., Levi, Naph., Rub., Sim., Zeb. |
Tob. | Tobit (LXX)
Vit. Ad. | Life of Adam and Eve (Christian/Jewish document, originally ca. A.D. 50?)
Wis. Sol. | Wisdom of Solomon (LXX)

3. 성경 이외의 초기 기독교 문헌

Act | Apocryphal Acts of the Apostles: Andrew-, John-, Paul-, Peter-, Acts of Thomas (cf. Hennecke II).

Barn.   Epistle of Barnabas (ca. A.D. 130)
I, II Clem.   I, II Epistles of Clement (ca. A.D. 96/ca. A.D. 140)
Clem. Al. *Strom.*   Clement of Alexandria (ca. A.D. 200); *Stromateis*
Did.   *Didache* (Teaching of the Twelve Apostles, ca. A.D. 100)
Eus. *EH*   Eusebius of Caesarea (A.D. 263-339), *Ecclesiastical History*
Herm. *M, Sim,*   Shepherd of Hermas (Apocalypse, ca. A.D. 140), *Mandata,*
 Vis   *Similitudines, Visiones*
Ign. Eph., Magn., Ignatius of Antioch (Martyr, ca. A.D. 110), Epistles to
 Trall., Rom.,   Ephesus, Magnesia, Tralles, Rome, Philadelphia,
 Phld., Sm.,   Smyrna, and Polycarp
 Pol.
Iren. *haer.*   Irenaeus of Lyon (Martyr, A.D. 202), *Adversus haereses*
Jer. *vir.*   Jerome (A.D. 340/50-420), *De viris illustribus*
Just. *Ap., Dial.*   Justin (Martyr, ca. A.D. 165), *Apology, Dialogue with Try-*
         pho the Jew
Mart. Pol.   Martyrdom of Polycarp (ca. A.D. 150?)
Od. Sol.   Odes of Solomon (Christian/Gnostic hymns, ca. A.D. 120)
Orig. *C. Cels.*   Origen (A.D. 185-254), *Contra Celsum*
Pol.   Epistle of Polycarp from Smyrna (Martyr, A.D. 155/168?)
Tert. *Bapt.,*   Tertullian (A.D. 160-220), *De baptismo, Adversus Marci-*
 Marc.,   *onem, De praescriptione haereticorum, De spectaculis*
 Praescr. haer,
 De spec.
Gospel Thom.   Gospel of Thomas (Coptic/Gnostic collection of logia, ca.
         A.D. 140)

4. 잡지, 전집, 참고 도서, 주석 시리즈

ANF   The Ante-Nicene Fathers
BHH   *Biblisch-historisches Handwörterbuch*
BDF   Blass-Debrunner-Funk, *A Greek Grammar of the New Testament* (1961)
BZ   *Biblische Zeitschrift*
CSEL   *Corpus Scriptorum Ecclesiasticorum Latinorum,* ed. Wiener Akademie der Wissenschaften
DB   *Deutsche Bibel,* Martin Luther
EKL   *Evangelisches Kirchenlexikon*
EvK   *Evangelische Kommentare*
EvTheol *Evangelische Theologie*
HNT   Handbuch zum Neuen Testament, ed. Hans Lietzmann
HTK   Herders Theologischer Kommentar zum NT
JBL   *Journal of Biblical Literature*
ICC   The International Critical Commentary
Int   *Interpretation*

JThSt	*Journal of Theological Studies*
KEK	Meyers Kommentar zum NT
KuD	*Kerygma und Dogma*
LCL	Loeb Classical Library
LThK	*Lexikon für Theologie und Kirche*
NovTest	*Novum Testamentum* (Journal)
NTD	Das Neue Testament Deutsch
NTS	*New Testament Studies*
PW	Pauly-Wissowa, *Real-Encyklopädie der klassischen Altertums-wissenschaft*
RAC	*Reallexikon für Antike und Christentum*
RB	*Revue Biblique*
RE	*Realencyklopädie für protestantische Theologie und Kirche* (3rd ed.)
RGG	*Die Religion in Geschichte und Gegenwart*
RQ	*Revue de Qumran*
SAB	*Sitzungsberichte der Preussischen bzw. Berliner Akademie der Wissenschaften, phil.-hist. Klasse*
SAH	*Sitzungsberichte der Heidelberger Akademie der Wissenschaften, phil.-hist. Klasse*
SBS	Stuttgarter Bibelstudien
SSAW	*Sitzungsberichte der sächsichen Akademie der Wissenschaften*
StEv	*Studia Evangelica*
StTh	*Studia Theologica*
TDNT	*Theological Dictionary of the New Testament*
ThBl	*Theologische Blätter*
ThEx	*Theologische Existenz heute*
ThLZ	*Theologische Literaturzeitung*
ThR	*Theologische Rundschau*
ThHK	Theologischer Handkommentar zum NT
ThZ	*Theologische Zeitschrift*
VF	*Verkündigung und Forschung*
Vig Chr	*Vigiliae Christianae*
WA	Martin Luther, *Werke*, Weimarer Ausgabe
ZAW	*Zeitschrift für die alttestamentliche Wissenschaft*
ZKG	*Zeitschrift für Kirchengeschichte*
ZKTh	*Zeitschrift für katholische Theologie*
ZNW	*Zeitschrift für die neutestamentliche Wissenschaft und die Kunde der älteren Kirche*
ZRGG	*Zeitschrift für Religions- und Geistesgeschichte*
ZThK	*Zeitschrift für Theologie und Kirche*
Zahn-K	Kommentare zum NT, ed. T. Zahn
ZEE	*Zeitschrift für evangelische Ethik*
ZBK	Züricher Bibelkommentar (formerly: Prophezei)

5. 자주 인용되는 문헌들

Barrett: C. K. Barrett, *The New Testament Background: Selected Documents* (1957, 1971⁵).

Beginnings: F. J. Foakes Jackson and K. Lake, *The Beginnings of Christianity* I: *The Acts of the Apostles* I–V (1920-33).

Billerbeck I–VI: H. L. Strack und P. Billerbeck, *Kommentar zum Neuen Testament aus Talmud und Midrasch* I–IV (1922-1928), V-VI (1956/1961).

Bornkamm, *Aufsätze* I–IV: G. Bornkamm, *Gesammelte Aufsätze* I–IV, (1952-1971) (Eng. trans. of parts of vols. I and II: *Early Christian Experience* [1970]).

Bousset, *Judentum*: W. Bousset, *Die Religion des Judentums im späthellenistischen Zeitalter*, ed. H. Gressmann (1926³; 1966⁴) (HNT, 21).

________, *Kyrios*: W. Bousset, *Kyrios Christos* (1970).

Braun, *Qumran* I, II: H. Braun, *Qumran und das Neue Testament* I–II (1966).

________, *Radikalismus* I, II: H. Braun, *Spätjüdisch-häretischer und frühchristlicher Radikalismus. Jesus von Nazareth und die essenische Qumransekte* I–II (1957; 1969²).

Bultmann, *Glauben* I–IV: R. Bultmann, *Glauben und Verstehen. Gesammelte Aufsätze* I–IV (1933-1965). (I, 1966⁶; IV, 1967²). Vol. 2: *Essays Philosophical and Theological* (1955). Vol. 1: *Faith and Understanding* (1969).

________, *Theology*: R. Bultmann, *Theology of the New Testament* (I, 1951; II, 1955).

________, *Tradition*: R. Bultmann, *The History of the Synoptic Tradition* (1968); *Ergänzungsheft* (1971⁴), compiled by G. Theissen and P. Vielhauer.

Conzelmann, *Theology*: H. Conzelmann, *An Outline of New Testament Theology* (1969).

Cullmann, *Christology*: O. Cullmann, *The Christology of the New Testament* (1959).

Dibelius, *Tradition*: M. Dibelius, *From Tradition to Gospel* (1965).

Goppelt, *Apostolic Times*: L. Goppelt, *Apostolic and Post-Apostolic Times* (1977).

________, *Christologie*: L. Goppelt, *Christologie und Ethik. Aufsätze zum Neuen Testament* (1968).

________, *Typos*: L. Goppelt, *Typos. Die typologische Deutung des Alten Testaments im Neuen* (1939; repr. 1969 with appendix: "Apokalyptik und Typologie bei Paulus").

Hahn, *Titles*: F. Hahn, *The Titles of Jesus in Christology: Their History in Early Christianity* (1969).

Hennecke, I, II: E. Hennecke and W. Schneemelcher, *New Testament Apocrypha* I–II (1963/1965).

Hennecke²: E. Hennecke, ed.; *Neutestamentliche Apokryphen . . . in deutscher Übersetzung* (1924²).

Historische Jesus: H. Ristow and K. Matthiae, eds., *Der historische Jesus und der kerygmatische Christus. Beiträge zum Christusverständnis in Forschung und Verkündigung* (1961; 1962²).

Holtzmann, *Theologie* I, II: H. J. Holtzmann, *Lehrbuch der neutestamentlichen Theologie* I–II, 2nd edition by A. Jülicher and W. Bauer (1911).

Jeremias, *Eucharistic Words*: J. Jeremias, *The Eucharistic Words of Jesus* (1966³).

————, *Parables*: J. Jeremias, *Rediscovering the Parables* (1966).

————, *Theology*: J. Jeremias, *New Testament Theology* I: *The Proclamation of Jesus* (1971).

Käsemann, *Exegetische Versuche* I, II: E. Käsemann, *Exegetische Versuche und Besinnungen* I–II (1960/64) (cf. *Essays on New Testament Themes* [Studies in Biblical Theology 41, 1964]; *New Testament Questions of Today* (1969).

Koester-Robinson, *Trajectories*: H. Koester and J. M. Robinson, *Trajectories through Early Christianity* (1971).

Kramer, *Christ*: W. Kramer, *Christ, Lord, Son of God* (Studies in Biblical Theology 50, 1966).

Kraus, *Psalmen* I, II: H.-J. Kraus, *Psalmen* I–II (1961; 1966³) (Biblischer Kommentar. Altes Testament, Bd. XV).

Kümmel, *Introduction*: W. G. Kümmel, *Introduction to the New Testament* (rev. ed. 1975).

————, *Investigation:* W. G. Kümmel, *The New Testament: The History of the Investigation of Its Problems* (1972).

————, *Theology*: W. G. Kümmel, *The Theology of the New Testament according to Its Major Witnesses: Jesus—Paul—John* (1973).

Leipoldt, *Umwelt*, I–III: J. Leipoldt and W. Grundmann, eds., *Umwelt des Urchristentums* I–III (1967).

von Rad, *Theology* I, II: G. von Rad, *Old Testament Theology* I–II (1962/1965).

Roloff, *Kerygma*: J. Roloff, *Das Kerygma und der irdische Jesus. Historische Motive in den Jesuserzählungen der Evangelien* (1970).

Schlatter, *Erläuterungen* I–III: A. Schlatter, *Erläuterungen zum Neuen Testament* I–III (1928⁴; repr. 1961/65).

————, *Theologie* I, II: A. Schlatter, I: *Die Geschichte des Christus* (1923²); II: *Die Theologie der Apostel* (1922²).

————, *Mt.* (etc.): A. Schlatter, *Kommentare* (on the NT books named) (1929/37; repr. 1960/65).

Schreiner, *Gestalt:* J. Schreiner, ed., *Gestalt und Anspruch des Neuen Testaments* (1969).

Schürer, *Gechichte* I–III: E. Schürer, *Geschichte des Jüdischen Volkes im Zeitalter Jesu Christi* I–III (1901-1909³⁻⁴). Rev. Eng. tr.: *The History of the Jewish People in the Age of Jesus Christ (175 B.C.—A.D. 135)* I, 1973; II, 1979).

Schweitzer, *Quest*: A. Schweitzer, *The Quest of the Historical Jesus* (1910).

Schweizer, *Lordship*: E. Schweizer, *Lordship and Discipleship* (Studies in Biblical Theology 28, 1960) (trans. of 1st Ger. ed.).

Taylor, *Mark*: V. Taylor, *The Gospel According to St. Mark* (1959).

Volz, *Eschatologie*: P. Volz, *Die Eschatologie der jüdischen Gemeinde im neutestamentlichen Zeitalter* (1934²).

서 문

신약은 예수의 사역, 교회의 출현 및 그 선포에 관하여 우리가 신뢰할 수 있는 유일한 전승 자료들이다. 그러므로 신약은 기독교와 교회라고 부르는 모든 것의 결정적인 토대의 경계를 정하는데, 이는 모든 시대를 구속한다.

그럼에도 불구하고 신약의 저작들은 구체적인 역사적 상황들을 향하여 말하고 있다. 신약신학의 목표는 신약의 개개 저작들로부터 도출될 수 있는 예수의 사역 또는 가장 초기의 교회에서의 선포와 가르침에 관한 서로 관련된 모습들을 주제별로 수집하여 정리하는 것이다. 바로 그것이 18세기에 출현한 학문적인 신약 연구라는 과목이다.

신약신학의 서술은 신약 주석이라는 어렵고 힘든 산길들이 결국에 도달하는 산 정상이요 그 산길들을 다시 돌아볼 수 있는 준거점이다. 이러한 비교는 신약 주석과 신약신학 사이에는 상호적인 관계가 존재한다는 것을 상기시켜 준다. 신약신학은 주석을 통한 신학적 결론들을 수집할 뿐만 아니라 주석을 촉진시키고 주석을 가능케 하는 개관 또는 전체적인 안목을 제공해준다. 신약 연구는 구체적인 문제에서 전체로, 다시 전체에서 구체적인 문제로 끊임없이 이동하는 가운데 신학적이고 역사적으로 진행된다.

전체에 대한 서술, 신약신학에서 개개 신학자들의 입장, 그들의 전반적인 이해와 합리적 전제들은 개별적인 주석들에서보다도 더 선명하게 부각된다. 이런 이유로 신약 저작들이 제기하는 해석학적 방법론, 역사, 신학의 문제들은 신약신학에서 특히 중요한 역할을 한다. 그러므로 우리는 그러한 문제들을 중심으로 신약신학을 서술하려고 한다. 여기서 우리는 개개 주제들에 대하여 우리 자신의 이해만이 아니라 학문적 연구 속에서 논의되는 전제들을 따라 그 문제들을 해결할 대안들을 제시하여야 한다. 이런 식으로 하면 독자들은 연구의 대화에 참여하게 되고 문제에 대하여 스스로 판단을 할 수 있게 될 것이다.

적절한 때에 신약신학으로 집약되는 신약 연구의 결론들은 현재의 신학 논의를 위해 자동적으로 성과있는 것이 되지는 않는다. 이러한 결론들이 바탕으로 하고 있는 역사적 분석들과 합리적 전제들이 명쾌하게 되고 그것들 자체가 연구 주제로 될 때에만 성과는 획득된다. 오늘날의 사람들과 사회로 하여금 신약 진술들을 문자 그대로 대면하게 하는 것이 용인될 수 없는 일이듯이 현대의 고정된 전제들에 의존해서 신약을 이해하는 것도 용인될 수 없는 일이다. 이와는 달리 쌍방 — 신약과 오늘날의 사람들 — 이 서로 진지하게 대화하게 해야 한다. 특히 이러한 대화는 주석학과 조직신학 간에 있어야 한다. 이렇게 해야만 궁극적인 요구와 궁극적인 단언(斷言)으로 인식될 수 있는 신약의 진술들에 대한 이해가 생겨나게 된다.

이런 식으로 볼 때 신약신학은 전체 기독교 신학에서 결정적인 위치를 차지하고 있다고 하겠다.

제 1 부
예수의 사역과 그 신학적 의의(意義)

문헌 개관

1. 독일 학계의 신학 문헌 가운데서 지상적 예수의 사역은 대부분 신약신학에 서술되어 있다. 이것은 §1에서 보는 바와 같이 다양한 방식으로 행해져 왔다. 이는 이 주제에 할애된 지면에서도 나타난다:슐라터와 예레미아스는 자신의 첫번째 권을 할애하여 이 주제에 관하여 쓰고 있으며, 반면에 불트만(콘첼만도 마찬가지이다)은 61개의 장절 가운데서 단지 4개의 장절만을 할애하고 있다. 중요한 것으로는 다음과 같은 것들이 있다:A. Schlatter, *Die Geschichte des Christus* (1923²); R. Bultmann, *Theology of the New Testament,* I(1951), II(1955), §§ 1-4; R. Schnackenburg, *New Testament Theology Today* (1963; 발췌 번역본), pp.54-66; H. Conzelmann, *An Outline of the Theology of the New Testament* (1967), §§ 12-16; W. G. Kümmel, *The Theology of the New Testament according to Its Major Witnesses:Jesus-Paul-John* (1973); J. Jeremias, *New Testament Theology, I:The Proclamation of Jesus* (1971).

2. 앵글로 색슨 지역의 학계에서는 예수 전승은 연구 논문을 통하여 평가되는 것이 신학적인 관례이다. 최근에 영국에서 간행된 전형적인 책은 다음과 같다:V. Taylor, *The Life and Ministry of Jesus* (1954; 1961³); C. H. Dodd, *The Founder of Christianity* (1970); H. K. McArthur, ed., *In Search of the Historical Jesus* (1970). 독일의 문제 제기방식에 크게 영향을 받은 미국에서

의 연구 현황을 보여주는 대표적인 두 권의 책은 N. Perrin의 연구서인 *Rediscovering the Teaching of Jesus* (1967)과 J. Reumann의 교과서인 *Jesus in the Church's Gospels:Modern Scholarship and the Earliest Sources* (1970)이다.

3. 신학 지식을 바탕으로 예수에 관하여 비전문적으로 서술하는 일은 영어 문헌에서 끊임없이 중요한 역할을 해왔다. 1910년과 1950년 사이에만도 이렇게 예수를 묘사한 책들이 약 350여 종이 나왔다. 이러한 내용을 자세히 보여주는 것으로는 *Festschrift für Otto Schmitz* (1953), pp. 73-93에 게재되어 있는 O. Piper, "Das Problem des Lebens Jesu seit Schweitzer"라는 논문을 들 수 있겠다.

그러나 역사적 예수를 추구한 문헌이 풍미하고 나서 1920년 이후 독일에서는 학문적 성과를 바탕으로 한 예수에 관한 묘사는 극히 희소하게 등장하였다. 이 가운데서 신학적인 의의를 갖는 것으로는 다음과 같은 것들이 있다:R. Bultmann, *Jesus and the Word* (1934); M. Dibelius, *Jesus* (1949; 1960년에 간행된 독일어 제3판은 W. G. Kümmel의 보록(補錄)이 실려 있다.); G. Bornkamm, *Jesus of Nazareth* (1960); O. Betz, *What do we know about Jesus?*(1968); W. Trilling (Roman Catholic), *Fragen zur Geschichtlichkeit Jesu* (1966); H. Braun, *Jesus of Nazareth:The Man and His Time* (1979); J. Gnilka (Roman Catholic), *Jesus Christus nach frühen Zeugnissen des Glaubens* (1970).

4. 현대 유대 역사학자들에 의한 예수의 묘사는 시사하는 바가 매우 크다. 그들은 예수 전승 ― 특히 예수의 재판 문제 ― 에 관심을 집중시키고 있는데, 그 이유는 주로 변증적 이유에서이다. 19세기에 그 기초가 시작된 이러한 연구 경향이 어떻게 발전해 왔는가 하는 것은 G. Lindeskog, *Die Jesusfrage im neuzeitlichen Judentum* (1938; 1973년에 재발행)에 잘 소개되어 있다. 이러한 연구 경향에서 나온 최후의 중요한 저작은 J. Klausner의 역저인 *Jesus of Nazareth, His Life, Times and Teaching* (1943)이다. 종교적인 동기를 가지고 예수의 모습을 더 자세히 추적한 책으로는 D. Flusser, *Jesus* (1969)와 S. Ben-Chorin, *Bruder Jesus: Der Nazarener in Jüdischer Sicht* (1967)가 있다. 후자의 책은 자기 민족에게 예수를 상기시키고자 한다. (이외에도 다음과 같은 문헌들이 있다:S. Ben-Chorin, *Jesus im Judentum* 〔1970〕; P. E. Lapide, *Jesus in Israel* 〔1970〕; S. Sandmel, *A Jewish Understanding of the New Testament* 〔1957〕.)

5. 자체 내에서 문헌류로 분류되는 것으로는 로마 가톨릭에서 나온 예수에 관한 명상적인 묘사들이 있다. 이 분야에서는 지난 십여년 동안 숫적인 면에서 비약적인 증가가 있어 왔다. 물론 이것들 가운데는 현대 신학계에서 제기하고 있는 역사적이고 철학적인 문

제들을 계속해서 도외시하고 있는 책들도 어느 정도 존재한다 — 예를 들어, R. L. Bruckberger, *Die Geschichte Jesu Christi* (1967)와 M. Craveri, *The Life of Jesus* (1967). 그러나 대다수의 책들에서는 이러한 계열의 문제 제기를 의도적으로 받아들여서 강조해서 다루고 명상적인 방식으로 전개한다. 그러한 책으로는 N. Scholl, *Jesus-nur ein Mensch?* (1971); J. Blank, *Jesus von Nazareth:Geschichte und Relevanz* (1972); K. Stelzer, *So war Jesus, so ist er* (1972); E. Biser, *Der Helfer:Eine Vergegenwärtigung Jesu* (1973).

6. 그러나 지금까지 언급한 예수에 관한 이러한 책들은 신문 잡지와 통속 철학의 예수 묘사가 유포되면서 압도되어 버리고 말았다. 이러한 묘사들은 1970년경에 무수히 등장하였다. 이러한 경향의 책들은 예수를 현재에서의 형이상학적 또는 정치적 세력으로 만들기를 원한다. 이와 아울러 이 책들은 비평을 통하여 교회 전승은 물론이고 대부분의 경우에서는 신학적 연구 업적까지도 축출하려고 한다. 그렇지만 다른 측면들에서는 그러한 책들의 의도는 매우 다양하다. 1972년에 유명한 저널리스트인 아우그슈타인(R. Augstein)은 *Jesus, Son of Man* (영어판 1977)이라는 방대한 책을 썼다. 거기에서 그는 "두번째 계몽운동", "사람들로 하여금 자신들을 되돌아보게 한다"는 의미에서 예수에 대한 모든 잣대를 상대화시키기 위하여 신학적 연구에 의한 견해들을 일일이 논박하였다. 이와 비슷한 목적을 배경으로 하고 있는 저작으로는 J. Lehmann의 *Rabbi J.* (1971)가 있는데, 여기서 그는 환상적으로 역사를 재구성하는 몇몇 시도를 하고 있다.

이보다 훨씬 중요한 것으로는 신 마르크스주의 철학자들의 예수 묘사가 있는데, 이들은 역사적 예수의 상(像)에 대한 분석을 통해 마르크스수의에서의 인류학적이고 윤리적 간격을 메꾸려고 한다. 이러한 것들로는 E. Bloch, *Atheism in Christianity:The Religion of the Exodus and the Kingdom* (1972); *Das Prinzip Hoffnung* (1959); V. Gardavsky, *God is not yet dead* (1973); L. Kolakowski, *Geist und Ungeist christlicher Traditionen* (1971); M. Machovec, *A Marxist looks at Jesus* (1976) 등이 있다. 여기서 언급되고 있기는 하지만 결코 논의의 주류를 이루지는 않는 예수의 사회 정치적 관련성은 로마 가톨릭의 신학자 A. Holl의 *Jesus in bad company* (1972)에서 편파적으로 전개되었다. J. Carmichael이 *Leben und Tod des Jesus von Nazareth* (1966³)에서 구성한 예수 상(像)은 어이없을 정도로 역사를 왜곡한 것이다.

예수에 관한 이러한 문헌의 효시는 E. Stauffer의 작은 분량의 두 저작인 *Jesus and His Story* (1960)와 *Die Botschaft Jesu, damals und heute* (1959)에서 시도된 예수에 관한 인간주의적 묘사였다. F. J. Schierse, ed., *Jesus von Nazareth* (1972)는 위에서 언급한 분야 — 예를 들어, 소설들 — 에서 예수에 관한 문헌을 잘 개관해 주고 있다.

제 1 장
역사적, 신학적 위치의 정립

§1. 신약신학의 출발점에 대한 문제

M. Kähler, *The So-called Historical Jesus and the Historic, Biblical Christ* (1964); H. Ristow and K. Matthiae, eds., *Der historische Jesus und der kerygmatische Christus* (1961[2]); N. Perrin, *Rediscovering the Teaching of Jesus* (1967), pp. 15-53; P. Stuhlmacher, "Kritische Marginalien zum gegenwärtigen Stand der Frage nach Jesus," in D. Rössler et al., eds., *Fides et communicatio. Festschrift für Martin Doerne* (1970), pp. 341-361; J. Roloff, *Das Kerygma und der irdische Jesus* (1970).

1. 성경 주해의 답변

신약신학의 출발점과 기독교로 알려진 세계 종교의 토대는 무엇인가? 바울에 의하면(고전 3:11) 토대는 예수 그리스도이다. 그러나 이 말이 의미하는 바는 무엇인가? 신약 정경(正經)은 사복음서, 즉 처형으로 끝난 예수의 3년 동안의 사역에 대한 묘사로 시작된다. 복음서들의 구조를 잘 살펴보게 되면, 복음서들은 연대의 역순, 즉 마지막으로부터 처음으로 서슬러 올라가면서 수난과 부활절의 관점에서 쓰여졌음을 분명히 알 수 있다. 이것은 기독교 선교의 선포 및 교회의 가르침의 출발점에 속하는 가장 오래된 전승들로부터 도출된 통찰이다.

a) 고린도전서 15:1-5에서 바울은 서구 문명의 발상지인 그리스에 자기가 세운 교회의 회중[1]에게 말하면서 그 회중이 존재하게 된 토대를 상기시켜 주고 있다. 회중이 존재하게 된 것은 바울이 "복음"이라고 명명하고 있는 메시지 덕분인데, 바울은 그 "복음"을 자기가 전승으로 전해받은 정형적인 문구로 요약한다. 가장 오래된 것에 따르면 이 전승은 다음과 같았다.

성경대로 그리스도께서 우리 죄를 위하여 죽으시고 장사지낸 바 되었다가 성경대로 사흘 만에 다시 살아나사 게바에게 보이시고 후에 열두 제자에게 … 보이셨나니(고전 15:3b-5).

이 정형적인 표현의 언어적 특징들은 이것이 십중 팔구 아람어로 된 원형(原型)으로부터 유래했음을 보여준다. 이 아람어 원형은 팔레스타인에 있던 교회까지 거슬러 올라갈 것임은 거의 분명하다. 그 원형은 내용에서 두번째 전승, 즉 사도행전 2-5장에 나오는 베드로의 설교 요약과 대체적으로 일치한다. 이 설교 자체는 누가에 의해 구성된 것이기는 하지만 위의 증거만으로도 이 설교 요약이 아주 오래되었음을 충분히 알 수 있다. 이 설교 요약은 다음과 같은 선교적 형태로 이스라엘에게 말한 것이다: 너희들은 예수를 십자가에 못박았지만, 하나님은 너희의 구원을 위하여 그를 살리셨다. 이것은 성경 말씀대로 일어났는데, 우리는 이에 대해 증인들이다. 이 두 전승이 일치한다는 것은 분명하다. 이 두 전승이 차이를 보이게 된 것은 후자가 선교 목적의 케리그마였고 전자가 교리 학습을 위한 것이었기 때문이다. 따라서 교회가 부활절 케리그마를 토대로 세워졌고 지탱되었다는 것은 바울이 최초로 확실하게 말한 것이 아니었다; 그것은 이미 팔레스타인에 있던 초대 교회의 표준적인 전승들 안에 닻을 내리고 있었다.

b) 이것은 일반적으로 그러했는가? 현재 형태로서의 신약의 나머지 저작들은 십자가와 부활절의 케리그마와 연결되어 있다. 그러나 그 저작들이 토대로 하고 있는 자료들은 교회 회중의 신학 속에 있었던 또 다른 토대들을 전제하고 있는 듯이 보인다. 무엇보다도 공관 전승의 어록 자료들이 특히 그러한 것 같다. 예수의 말씀과 비유들을 모은 이 자료는 수난 설화를 전혀 담고 있지 않았다. 그 자료는 수난 설화를 지향한 것이 아니었다. 예를 들면 그 자료에서는 인자의 고난에 관한 말씀을 단 하나도 찾아볼 수 없다. 이와 같은 고찰들에 비추어서 흔히 어록 자료는, 부활절의 빛 안에서 산 것이 아니라 오히려 장래에 오실 인자/세상의 심판자의 말씀으로서의 예수의 말씀을 굳게 붙잡고 살았던 어떤 회중을 전제하고 있

---

1) 아래의 내용은 Goppelt, *Apostolic Times*, pp. 15-20 (Lit.)에 아주 자세하게 나와 있다.

다는 결론이 내려져 왔다. 표면적으로 보기에 부활절이 이 회중을 위해 했던 유일한 역할은 그 회중의 주인의 권위를 확증하는 것이었던 것처럼 보인다.[2]

이러한 가설에 대해 두 가지 반론이 제기될 수 있다:(1) 우리는 현존하는 가장 오래된 문헌들 ― 바울서신들 ― 속에서 팔레스타인 기독교와 헬라 기독교의 회중들이 신앙의 구조에서 그러한 결정적인 차이들을 가진 채 병존해 있었다는 어떠한 지표도 읽을 수 없다. 고린도에서조차도 일반적으로 받아들여진 신앙의 토대는 예수의 부활이었다. 그러므로 여기서 단정하고 있는 '삶의 정황'(Sitz im Leben)은 전승에 의해 입증되지 않는다. (2) 어록 자료의 케리그마적인 구조 ― 무엇보다도 수난 케리그마의 결여 ― 는 우리가 그 자료는 마가 전승과 경쟁적인 또 하나의 독립적인 예수 전승으로 독자적인 위치를 차지하고 있지 않았다고 가정한다면 어려움없이 해명될 수 있다. 예수의 말씀들의 수집은 예수의 지상 사역이 시작됨과 동시에 그 초보적인 형태를 띠기 시작하였다. 부활절 이후에 그것들은 마가가 개략적으로 그린 예수의 사역에 대한 묘사를 교리 학습용으로 증보하는 데 기여했다. 이 묘사는

---

2) 따라서 연구사에 관한 보고와 관련하여 H. E. Tödt, *The Son of Man in the Synoptic Tradition* (1965), pp. 235 ‑ 250. D. Lührmann, *Die Redaktion der Logienquelle* (1969)도 이와 비슷한 입장이다: "Q의 기독론은 사람들이 보통 공관복음서 전승에서 그렇게 생각하는 것과는 달리 수난의 케리그마에 의해서 형성되지 않았다. 오히려 이 기독론은 도래하는 심판의 선포라는 견지에서 공동체에 의해 해석되있던 예수의 선포를 받아들이는 방식으로 행해진 예수의 사역의 지속성이라는 개념에 바탕을 둔 특정한 유형을 나타내었다"(p. 103). P. Hoffmann, *Studien zur Theologie der Logienquelle*(1972)에 의하면 Q는 "선교를 위해 수집된 모음집"이며 그 '삶의 정황'은 팔레스타인에서 "은사 ‑ 예언의 형태를 띤 선교 운동"이었다고 한다; "유대 ‑ 로마 전쟁 이전의 수년 동안 팔레스타인의 상황을 결정했던 혁명파와 평화파 사이의 갈등의 와중에서 인자인 예수에 대한 신앙고백을 견지하고 예수의 메시지를 선전했던 이 집단은 평화파 편에 섰던 것으로 보인다"(pp. 332f.). 분명히 풍부한 상상력으로 재구성한 이 내용은 예고 말씀들이 공동체 내부의 상황을 직접적으로 반영하고 있다는 결함있는 방법론적 전제를 바탕으로 하고 있는데, 그 말씀들이 어느 정도 진정한 것이든 그것들은 먼저 예수 전승으로 이해되어야 한다. 아주 최근에 그와 동일한 의심스러운 방법론이 공관복음서들의 토대를 이루고 있는 말씀 모음들 배후에 공동체들을 설정하기 위하여 채택되어 왔다. 공동체들은 이적을 행하는 '신적인 인간(*theios aner*)'으로서의 예수 또는 지혜의 교사로서의 예수와 같은 이에 걸맞는 예수 상(像)에 맞춰 살았다고 주장된다. 따라서 쾨스터(H. Koester)는 다음과 같은 명제들을 신빙성있게 만들기를 원한다: "1. 그러한 초기의 원시 복음 자료들(말씀과 이적 이야기들의 모음)은 특정한 신학적 목표들을 위해 만들어졌다. 2. 그러한 모음들은 고전적인 수난 ‑ 부활 신조와 그것에 의해 탄생된 '복음'의 원칙들과 패턴들에 맞춰 만들어졌다"(Koester ‑ Robinson, *Trajectories*, p. 166; 나아가 pp. 158 ‑ 205를 보라). 이러한 주장은 H. W. Kuhn, "Der irdische Jesus bei Paulus als traditionsgeschichtliches Problem," *ZThK* 67 (1970), 295 ‑ 320에서도 취해졌다. 이러한 구성물의 전승사적 전제들을 반대하는 사람으로는 Kümmel, *Introduction*, pp. 70 ‑ 76이 있다. ‑ 이것은 타당하다.

부활절 케리그마를 그 출발점으로 삼았으며 초기에 기독교 선교에 사용되었다. 분량이 큰 두 복음서인 마태복음과 누가복음은 어록 자료(Q)와 마가복음을 전자의 원래의 의도에 따라 결합했다. 이 어록만을 토대로 교회 회중을 창립했을 것이라는 생각은 현대판 "예수의 생애" 낭만주의의 찌꺼기이다.

이로부터 나오는 결과는 초기 기독교 전승들에 따라 부활절 케리그마만이 기독교 회중의 창립 및 예수 사역의 계승에 책임이 있었고, 이것이 신약신학의 출발점이라는 것이다.

c) 이러한 관점을 취한다면 우리는 이렇게 물어보아야 한다: 그렇다면 예수의 지상 사역에 관한 기사(記事)들에는 어떠한 의의가 부여되었는가?

바울서신은 부활절 케리그마를 포함하고 있다. 그러나 예수의 사역으로부터 나온 말씀들에 대해서는 드물게 산발적으로만 언급하고 있다. 우리는 이 사도의 눈에는 예수의 사역이 회중의 창립 및 그 삶에 아무런 역할도 하지 못한 것으로 비쳤다고 해도 좋단 말인가? 여러 가지 이유에서 그렇다고 생각한 사람들도 몇몇 있어 왔다; 하지만 바울이 서신들 속에서 이 문제에 침묵했다고 하여 그렇게 결론을 내려서는 안될 것이다. 우리는 다음과 같은 고찰을 염두에 두어야 한다. 누가는 부활절에 대한 증거까지를 자기가 쓴 복음서 — 예수의 지상 행적에 대한 기사 — 에서 다루고 거기서부터 나머지는 사도행전에서 다루고 있다. 사도행전의 선포 중 그 어느 곳을 보아도 복음서에 나타난 측면이 다시 다루어지지 않는다; 그런데도 우리는 거기에서 선교적 케리그마로서의 마가 전승의 개요(행10:37-41)를 만나게 된다. 마찬가지로 요한복음의 말씀은 그 어느 것도 요한일서에서 다시 반복되지 않는다. 따라서 예수 전승 자체는 선교 또는 교리학습을 위한 선포의 직접적인 내용은 아니었지만 그 토대를 구성하고 있었다고 보는 것이 정확할 것이다.

d) 교회 회중과 기독교 선교라는 상황 아래에서 예수 전승이 종합적이고 설득력 있는 것이 되려면 부활절 케리그마는 두 방향으로 발전되어야 했다는 것을 생각해보면 예수 전승의 위치는 분명해진다.

1) 한편으로 부활절 케리그마는 지상적 예수의 견지에서 회고적으로 발전되어야 했다. 부활을 통해 나타나서 자신을 살아있는 자로 선포한 그분은 누구이며 그분을 거부한 일이 어떻게 일어날 수 있었는지를 분명히 할 필요가 있었다. 이렇게 분명히 할 필요로부터 사도행전 10:37-41의 선교 케리그마에 반영되어 있는 마가 전승의 개요가 등장했다. 초기의 단화(pericope) 형성과 수집도 이러한 의도에서였다. 예를 들면 마가복음 2:1-3:6에 모아놓은 마가 이전의 논쟁 대화들은 "바리새인들이 나가서 곧 헤롯당과 함께 어떻게 하여 예수를 죽일꼬 의논하니라"라는 말로 끝난다. 이와 마찬가지로 안식일에 관한 논쟁 대화들도 고전

적인 양식비평에서 생각했던 대로 예수에 의거하여 회중들의 안식일로부터의 자유를 정당화하려는 것이 주된 목적이 아니었다. 오히려 이 논쟁 대화들은 예수를 거부한 이유를 설명하려는 의도가 강했다.

아주 초기부터 예수 전승은 주로 회고를 통해 형성되었다. 전승을 형성한 사람들은 예수의 상황과 회중의 상황은 차이가 있으며 지상적 예수의 말씀과 예언의 말씀을 통해 주어진 승귀되신 분의 말씀 사이에 차이가 있다는 것을 아주 잘 알고 있었다. 현존하는 것 중에서 가장 오래된 문헌들 가운데 하나인 고린도전서에서도 이미 지상적 예수의 말씀(고전 7:10)은 승귀되신 분의 예언적 지시(고전 14:37)와 명확하게 구별된다. 롤로프(J. Roloff)는 *Das Kerygma und der irdische Jesus* (1970; 1973²)에서 복음서들에 나오는 단화에서의 역사적인 소재(motif)를 상세하게 연구하였다. 물론 단화들은 회중의 상황을 대상으로 말했다고 생각되고 있지만, 그것은 후속적인 신학적 형식화일 뿐이다. 복음 전승에서 무엇보다 중요한 것은 예수의 지상 사역과 케리그마를 통합함으로써 전자가 후자를 받쳐주는 토대가 되게 한다는 것이다. 예수에 관한 이러한 "재수집"은 특히 분량이 큰 복음서들에서 주요한 관심사였다.[3] 바울 이후 시대에서 이러한 복음서들은 바울의 복음을 대체하는 것으로 된 것은 아니지만 케리그마를 위한 토대로서의 기능을 우선적으로 보유하고 있었다.

2) 한편으로는 부활절 케리그마를 예수의 지상 사역으로 보충하는 것이 필요했지만, 또 다른 한편으로는 케리그마를 회중의 상황에 맞추는 것도 필요했다. 이런 방향으로의 케리그마의 발달이 어떻게 일어났느냐 하는 것은 신약의 서신들을 연구해봄으로써 가장 잘 알 수 있다. 여기서 우리는 회중의 역사적 상황은 부활절 케리그마의 관점으로부터 분석된다는 것을 발견한다. 더욱이 그 케리그마는 인간의 실존, 현재와 미래를 더 낫게 변화시키는 하나님의 능력으로 해석된다. 부활절 메시지는 그것이 실존의 현실에 정통해 있다는 바로 그 사실을 통해 그 진정성을 보여준다. 하지만 이것은 예수의 지상 사역과 함께 발전되어 온 메시지에만 해당된다. 사실 바울에 의해 이루어진 케리그마의 신학적 발전 배후에서조차 우리는 예수 전승을 거듭거듭 감지하게 된다. 이러한 성장과 발전으로부터 무엇보다도 신약의 기독론과 구원론이 등장했다.

---

3) G. Strecker, *Der Weg der Gerechtigkeit. Untersuchungen zur Theologie des Matthäus* (1966²), pp. 184‑88: "공관복음서가 공통적으로 갖고 있는 것은 예수의 생애의 구원사적 동기(動機)였다. 그러한 것은 마태에게서만이 아니라 제2복음서 기자에 대해서도 그러하다. 왜냐하면 예수의 생애와 부활 후의 상황 사이의 휴지(休止)가 구원사의 더 진전된 시기를 전제한 것과 마찬가지로 마가의 성취 모티프(motif)는 더 이른 시기의 구절을 전제하고 있기 때문이다. 그리고 누가가 일관되게 구원사적 틀 안에 예수의 생애를 넣었다는 것은 오늘날 널리 인정되고 있다"(p. 186).

따라서 성경 주해의 관점에서 행한 이 짤막한 분석을 바탕으로 우리는 부활절 케리그마에 대한 상세한 해석이 신약신학의 근간을 이루고 있다는 것을 알게 된다. 하지만 예수의 지상 사역을 조목조목 이야기하는 것이 그 토대가 된다. 신약신학을 그 내재적인 구조에 맞춰 서술하려 한다면 우리는 지상적 예수의 문제로부터 시작하여야 한다. 우리는 의도적으로 "역사적 예수"의 문제라는 정형적인 표현을 쓰지 않았다. 그 이유는 19세기에 제기되어 발전되어 왔고 그 누구도 갱신해 보려고 하지 않았던 문제 제기 방식이 기계적으로 이 명칭과 연관되어 있기 때문이다. "순전히 역사적인" 예수 상(像)은 알 수 없다. 더욱이 그것은 신학적으로 별로 대수롭지 않은 문제이다(고후 5:16). 예를 들면 빌라도와 가야바는 순전히 역사적으로 예수를 잘 알고 있었다. 그러나 신약신학은 예수가 지상의 생애 동안에 제자들에게 자기 자신을 어떻게 나타내었는가 하는 것을 묻는다. 더욱이 역사적으로 계속해서 사역하신 분은 바로 이러한 예수인 것이다.

하지만 이제까지 신약신학의 출발점에 관하여 성경 주해의 측면에서 확인한 모든 것은 우리가 순전히 역사적인 인식이라는 안경을 쓸 때 근본적으로 의문 투성이가 되고 만다.

2. 역사적 문제점

바우어(F. C. Baur)는 성경에 대한 순전히 역사적인 탐구에서 공리(公理)를 규정함으로써 신약신학의 출발점에 관한 역사적 문제점을 정형화하였는데, 이 공리는 이후 이 분야의 연구를 주도해 왔다.[4] 그는 역사적 발전 — 기독교의 출현 — 을 이적, 즉 부활 및 십자가에 못박힌 개인의 승귀(昇貴)로부터 이끌어내거나 이 이적 속에서 기독교의 토대를 찾는 것은 역사적 이성에 배치된다고 말했다. 역사적으로 우리는 단지 두 가지 사항만을 고찰할 수 있다: 한편으로는 예수의 역사적 활동, 다른 한편으로는 제자들의 부활절 신앙. 이런 이유로 순전히 역사적인 연구는 그 출발점을 때로는 첫번째, 때로는 두번째에서 찾았다. 그 강조점은 세대가 교체됨에 따라 시계추처럼 진동하였다.

a) 두 번, 즉 첫번째와 세번째 세대에서 결정적으로 중요한 출발점은 역사적 예수에서 찾을 수 있었다. 첫번째 세대는 합리주의였고, 세번째 세대는 자유주의 신학이었는데 이에는 종교사학파도 가담하였다.

바울 시대에 기독교는 "그리스도 - 종교였다. 즉, 그 바로 한복판에 승귀되신 그리스도에 대한 내적인 신앙 관계가 자리잡고 있었다. 이런 형태의 종교가 수 세기를 관통하여 기독교

---

4) *Paulus* (1845), pp. 1ff.

의 진정한 형태로 자리잡아 왔다 ··· 이러한 흐름과 나란히 오늘날에는 승귀되신 그리스도에 대한 종교적 관계를 더 이상 찾아볼 수 없는 종교적 흐름이 있다. 그 흐름은 나사렛 예수 속에서 아버지에게로 가는 길을 발견하는 것으로 아주 만족한다"[5]고 바이스(J. Weiss)는 위의 모든 집단을 대변하여 선언했다. 이러한 신학적 평가와 발맞추어 종교사학파는 신약의 기독론 및 부활절 신앙을 예수의 의미를 시대에 알맞는 용어로 표현하기 위하여 예수에게 입힌 신화적 치장물로 보았다. 부세(W. Bousset)는 신약신학에 대한 종교사학적 분석을 바탕으로 이렇게 결론을 내린다: " ··· 그러한 시대는 첫번째 제자들이 창출해낸 대로의 예수 상(像)을 필요로 했고 그 안에 들어 있는 영원자(永遠者)를 시대의 현란한 옷에 싸인 채로 받아들였다."[6] 그러므로 신약신학의 과제는 종교사적 분석을 통하여 신화적 사고들을 분리해내어 제거함으로써 그 배후에 있는 독특하고 중요한 예수 상을 보게 하는 데 있게 된다. 아주 최근에 브라운(H. Braun)이 그의 저서 「예수」에서 이러한 프로그램의 지침들을 따라 연구를 해왔다.

　b) 연구의 출발점을 역사적 예수로 한정하는 이러한 경향은 다음 세대에서 역사적 허구로 규정되어 강경하게 거부되었다. 불트만과 마찬가지로 바우어도 이에 반대하면서 — 이것은 옳았다 — 역사적 지평에서 볼 때 기독교는 예수의 인격의 감화력을 통하여 정립된 것이 아니라고 주장하였다. 특히 바울에게 예수의 지상 사역은 아무런 역할도 하지 않았다. 그들은 전체 발서 과정의 역사적 출발점은 부활절 신앙이라고 아주 단호하게 말한다. 하지만 부활절 신앙과 기독론은 단순히 지상적 예수를 신화적으로 변용한 것이 아니다. 오히려 그것들 속에서는 지상적 예수의 삶에서 오직 미발달의 형태로만 작용했던 한 차원이 모습을 드러낸다. 이 차원은 바우어에게는 기독교의 종교적 관념이었고 불트만에게는 결단으로의 하나님의 종말론적 부르심이었다. 그런 다음 잘 알다시피 바울은 기독교를 배태시킨 이러한 요소를 적절하게 신학적으로 해석함과 동시에 비판적으로 발전시켰다. 이런 이유로 바울 신학은 주요한 고찰 대상이 되고 불트만의 「신약신학」에서 중추적인 위치를 차지하게 된 반면에 — 이것은 바우어에게서도 마찬가지였다 — 예수에 관한 것은 단지 몇 페이지로 처리되었다.

　c) 그런데 1960년경 불트만의 제자들조차도 이러한 결단으로의 종말론적 부르심이 전세계적인 신자 공동체를 탄생시키는 것이 진정으로 가능했느냐에 대해 의문을 제기하게 되었다. "예수 그리스도는 〔불트만에게는〕 단순한 구원이 사실이 되었고 한 인격이기를 멈추고

---

5) *Paul and Jesus* (1909), pp. 4f.
6) *Kyrios*, pp. 117f.

말았다."[7] 나아가 "단지 '공허한 역설'"일 뿐인 이 구원의 사실은 "나의 주인이 되어 나를 믿음으로 부르는 것이다 … 여기서 믿음으로의 부르심은 내가 순종해야 하는 율법이 되겠다고 을러대지는 않는가? 오직 믿음의 증인만이 언제나 나를 믿음으로 부를 수 있는데, 이는 살아 계시고 구체적인 인격을 의미한다."[8] 그러나 지상적 예수는 ― 그 당시나 오늘날에나 ― 그 자신의 신앙을 통하여 다른 사람들의 신앙을 정말 일으켜 세울 수 있는가? 이에 대해 불트만 학파를 대표하는 또 다른 사람들은 이와는 다른 견해를 취했다는 것은 우연의 일치가 아닐 것이다. 그들은 회중의 신앙고백 혹은 "신앙에 대한 이해"가 출발점이라고 생각했다.[9] 하지만 그들 가운데 몇몇은 그 자체로 부적절한 해답일 뿐인 대안들에 대해 양자 택일을 거부하는 길을 택했다. 그들은 어떤 조건들을 붙여서 신약의 견해를 말하는 길을 택했다: 지상적 예수의 말씀들은 케리그마의 근거이자 시금석이다.[10] 사람들은 절대적인 상대로부터 나온 말씀의 차원을 근본적으로 기꺼이 인정하려고 하였기 때문에 신약의 주장에 접근하는 것이 신학적으로 가능하게 되었다. 물론 논의의 출발점이 된 역사적 문제점은 이러한 해결책을 제시한 소수의 시계(視界) 안에 포함되어 있지 않았다.

1970년경부터 서점가에 범람하기 시작한 예수에 관한 문헌의 물결 속에서 예수는 대체로 바울의 케리그마적 그리스도에 비해 푸대접을 받고 있다. 예수는 여기서 높은 성공률을 지닌 상징적인 인물로 활약하게 된다. 이에 대해 우리는 예수가 계속해서 사역했던 방식(역사적으로 말해서), 즉 부활절 케리그마를 통한 방식은 단지 한 시대의 유행 의상에 불과한 것이냐고 물어보아야 한다. 어떻게 설명해야 예수가 자기 스스로 되고 싶어 했던 그런 분으로서 활동할 수 있게 될까?

이러한 의문들은 그의 환경으로부터 취해진 유비들을 예수의 계속적인 사역의 방식과 나란히 놓고 살펴볼 때 명확한 해명이 가능하다. 이 방법은 놀랍게도 지금까지 거의 채택된 적이 없었다.

3. 예수의 계속된 사역에 대한 유비들

---

7) G. Bornkamm. *Mythos und Evangelium* (1953), p. 18.

8) H. Zahrnt, *The Historical Jesus* (1963), p. 90.

9) 전자는 Conzelmann, *Theology* pp. xviif.에 의해 대변되었고, 후자는 G. Strecker, "Die historische und theologische Problematik der Jesusfrage," *EvTheol* 29 (1969), 453 – 476에 의해 대변되었다.

10) 참조. §23, III, 3a. (부록).

사실 예수가 살았던 고대 세계에는 살았을 때와 비견될 수 있는 조건들을 지닌 채 죽음 이후에 지속적인 효력을 발휘한다는 것을 나타낼 만한 유비들이 거의 없었다. 예수는 공인된 사회 질서의 준칙들을 어겼기 때문에 집권 세력들에 의해서 뿐만 아니라 자기 백성들에 의해서도 정죄를 당했다. 하지만 조금 시간이 지나자, 처음에 예수를 버렸던 제자들은 예수의 죽음 자체를 그의 사역의 완성으로 해석하기 시작했다. 유대적 환경과 관련하여 우리는 쿰란의 의(義)의 교사에게서, 구약에서는 문도(門徒)인 바룩에 의해 그의 언행이 전해지게 된 예레미야에게서, 그리스 세계에서는 사형 선고를 받고 죽었지만 플라톤을 통해 세기를 초월하여 살았던 소크라테스에게서[11], 헬레니즘 세계에서는 폭력에 의한 죽음 이후에 제국의 수호신이 된 율리우스 가이사 혹은 주후 217년에 필로스트라투스가 떠도는 전승들의 도움을 받아 그린 초상화의 주인공인 신 피타고라스 소요학파의 철학자이자 예수의 동시대인이었던 티아나의 아폴로니우스(Apollonius of Tyana)에게서 몇몇 일치점을 발견할 수 있다.

이러한 유비들 가운데 그 어느 것에서도 — 이사야 53장은 예외로 하고(참조.§18, 7) — 이 지속적인 효력은 부활에 의해 이루어지는 것이 아니었다. 쿰란의 의의 교사는 지배적인 제사장 계급에 의해 제거되었을 것이 거의 분명하지만, 그의 추종자들은 그의 성경 해석을 굳게 고수하였으며 그가 가르쳐준 방식대로 성경을 끊임없이 묵상했다. 그들에게 그는 세계의 재난의 벼랑 끝에 서 있는 예인자적 인물이었지만, 그 누구도 그가 인격으로 지속적으로 존재한다고 말하지는 않았다.[12] 이와 같은 매우 유사한 유비는 부활절 케리그마가 예수 당시의 유대적 환경 속에서 전혀 전례가 없었다는 것을 분명히 해준다. 이 케리그마는 가이사가 죽은 후 보위(寶位)의 계승자였던 옥타비우스 아우구스투스(Octavius Augustus)가 가이사를 철학적으로가 아니라 신화적으로 영화롭게 만든 메시지와 아주 비슷하게 보일지도 모른다. 가이사의 죽음은 그를 신격화하는 계기가 되었다. 그의 정수(精髓)는 화장터의 재들로부터 일어나서 신의 세계로 올라갔다. 로마 광장에는 신(神) 율리우스 가이사를 위한 사원이 세워졌다. 그는 "신 율리우스 가이사"의 자격으로 그의 후계자들과 함께 로마 제국의 수호신, 이데올로기적인 우주 창조자(Cosmokrator)가 되었다.[13] 티아나의 아폴로니우스

---

11) E. Fascher, "Socrates und Christus," *ZNW* 45 (1953/54), 1 - 41; G. Martin, *Sokrates in Selbstzeugnissen und Bilddokumenten* (1967).

12) G. Jeremias, *Der Lehrer der Gerechtigkeit* (1963), pp. 319 - 353기 본문들로부터 허황된 내용들을 도출해 내는 몇몇 시도들에 반대하여 이것을 말하였다.

13) S. Weinstock, *Divus Julis* (1971), pp. 385 - 410에서는 이에 대해 광범위하게 서술하고 있다.

의 신격화에 대한 서술은 부활절 기사를 더욱 생각나게 한다. 그는 변모를 통해 재판관들의 손아귀에서 벗어났다. 그런 후에 그는 죽음에서 살아난 자로서 자신의 추종자들에게 나타났다. 그는 그 추종자들에 의해 "신적 인간"으로 추앙되었고, 따라서 그의 생애와 기적적인 활약들에 관한 전승들은 세대에서 세대로 전해졌다.[14]

그러나 고대 세계의 필적할 만한 인물들 중 그 어느 누구도 부활의 메시지를 통하여 자신들의 효력을 지속하지 않았다. 부활절 케리그마는 고대 세계에 일반적으로 친숙했던 관념을 변용하여 자기 것으로 만든 것이 아니다. 예수 사역의 지속이 이런 형태로 그 결정적인 표현을 얻고 있다는 것은 전혀 유례가 없다. 이 점을 고려할 때 우리는 역사적으로 신약의 주장들을 시대에 뒤떨어진 초자연론의 일종으로 보고 폐기할 수 없게 된다. 그와는 반대로 우리는 신약의 주장들을 그 나름대로의 맥락을 따라 분석해야 한다. 진정 결정적으로 중요한 문제는 지상의 사역이 실제로 부활절 케리그마의 본질적인 — 단순히 심리학적인 그 무엇이 아니고 — 토대인가 하는 것이다.

예수의 사역은 그 본질적 구조의 견지에서 볼 때 수난과 부활로 이어지기 때문에 십자가는 유토피아적인 꿈의 파산을, 부활은 그 기적적인 확증을 보여주는 것으로 끝나는 것이 아니라 이 둘은 예수의 전체 사역에 대한 적절한 결론임을 알아볼 수 있게 되는 것인가? 이 질문에 긍정적으로 답할 가능성이 있다면, 죽음이 결여된 예수의 사역, 예수 사역의 지속 및 신약신학을 위한 출발점으로서의 초주관적(超主觀的) 토대가 결여된 부활절 신앙을 가정한다는 것 자체가 역사적으로 모순인 것처럼 보일 것이다. 이러한 점들을 고려하면 우리가 신약신학을 서술할 때 예수의 사역과 생애로부터 시작하는 것의 적절성이 밑받침된다고 하겠다. 이것은 신약의 사고 구조뿐만 아니라 역사적 이유들을 그 토대로 하고 있다.

부활절 케리그마의 관점에서 쓰여진 자료들로부터 부활절 케리그마 이전의 예수의 사역에 대한 믿을 만한 묘사를 얻어내는 것이 가능할까?

§2. 자료들

---

14) G, Petzke, *Die Traditionen Über Apollonius von Tyana und das NT* (1970)는 예수 전승에 대해 모든 유비를 들려고 부단히 노력했지만 — 순전히 형식적인 곳에서도 — 그조차도 아폴로니우스 주변에 제의 공동체는 말할 것도 없고 철학 학파가 즉시 자리를 잡았다는 사실을 숨길 수 없다. 이 둘에게서의 영향의 역사는 완전히 다르다 — 이것은 이유가 없지 않다.

1. 공관복음서

a) 19세기에는 공관복음서에서 역사적 예수에 대한 진정한 자료를 찾아내려고 필사적인 노력을 기울였다. 사람들은 문헌비평의 도움을 빌어 그러한 자료를 복원해낼 수 있으리라고 믿었다. 이러한 정열적인 연구 경향은 히르쉬(E. Hirsch)의 저작인 「복음의 전사」(*Frühgeschichte des Evangeliums*, 1941)에 여전히 지대한 영향을 미치고 있었다.[1] 히르쉬는 한동안 확고한 기반을 확보하고 있었던 두 방향으로의 발전 학설을 인정하기를 거부하였다: 1) 공관복음서 자료들에 대한 문헌비평적 연구는 두 자료 가설이라는 잠정적인 결론에 도달했었다. 이에 근거하여 처음 세 복음서는 그 핵심에서 두 가지의 문헌 자료를 바탕으로 하고 있다는 결론이 내려졌다. 하나는 마가복음과 유사한 어떤 복음서였고, 다른 하나는 마가에는 없고 마태와 누가에 공통적으로 있는 내용을 담고 있었던 소위 어록 자료(Q)였다. 그 외의 자료들은 확실히 밝혀지지 않았다. 문헌 비평은 누가복음이 제3의 자료를 사용했을지도 모른다고 생각했다. 2) 이 자료들 가운데 그 어느 것도 진정한 목격자의 보고가 아니었다! 그것들은 문자화되기 이전에 구전(口傳) 형태로 형성되어 전해진 단화(單話)들을 문자화하여 편집한 것들이었다.

b) 그래서 1918년 이후에는 이 구전에 대한 탐구에 온 관심이 집중되었다. 궁켈(H. Gunkel) 이후에 구약 전승이 그 전승의 개별적인 표현 양식 및 장르의 역사라는 건지에서 연구되었던 것처럼, 이제 복음서의 문자화 이전의 전승은 '양식사'의 견지에서 연구되었다. 이 방법론은 주로 디벨리우스(M. Dibelius)와 불트만(R. Bultmann)에 의해 발전되었고, 후자에 의해 그의 「공관복음전승사」에서 공관복음의 전체 전승 내용에 적용되었다.

지상적 예수에 관한 이러한 탐구의 결과는 무엇이었던가?

1926년에 간행된 예수에 관한 자신의 책의 서문에서 불트만은 "우리는 예수의 생애와 개성에 관해서는 거의 아무것도 알 수 없다"(p.8)고 생각한다고 말했다. 이런 이유와 특히 예수는 "'말씀'이라는 매개체를 통하여 사역하였기"(p.10) 때문에 불트만은 예수의 말씀들을 보존하고 있는 희소하고 아주 오래된 전승층으로부터 예수의 선포에 대한 상(像)을 창출해 내려고 하였다. 그는 후에 자신의 「신약신학」의 처음 네 절에서 이와 동일한 절차를 따랐

---

1) M. Lehmann, *Synoptische Quellenanalyse und die Frage nach dem historischen Jesus. Kriterien der Jesusforschung untersucht in Auseinandersetzung mit Emanuel Hirschs Frühgeschichte des Evangeliums* (1970).

다. 예수에 관해 남아 있는 모든 것은 결단으로의 종말론적인 부르심이다; 예수의 인격과 사역에 대한 상(像)은 사라져버렸다.

이러한 해체를 충격으로 받아들인 사람들에게 불트만은 "나는 조용히 불길이 타오르게 내버려둔다. 불타버린 것은 오직 '예수의 생애' 신학에 대한 유치한 초상화인데, 그것은 '육체를 따라 안 그리스도'에 다름 아님을 나는 보기 때문이다"[2]라고 말했다. 불트만은 "역사적 예수"를 고린도후서 5:16에 나오는 '육체를 따라 안 그리스도(*Christos kata sarka*)'라고 지칭했다. 따라서 자신이 예수의 지상 사역은 어떠한 신학적 관련성도 가지고 있지 않다고 했을 때 자기 자신은 바울의 마음을 대변하고 있다고 생각했던 것이다. 이에 따라 그는 전승에 대한 이러한 급진적인 역사적 비평은 실제로 신학적으로 긍정적인 반향을 일으킨다고 주장했다. 결국 그것은 우리를 얼마간 허구적인 예수에 관한 묘사들로부터 건져내어 결단으로의 참된 부르심 앞에 정면으로 세워놓는다. 보른캄(G. Bornkamm)은 일반 독자를 위한 「나사렛 예수」(1956; 1972⁹)에서 이러한 주장을 반박하였다. 그는 이렇게 말한다: "초대 교회가 예수의 역사를 바라본 토대인 부활절이라는 지평은 결코 한시라도 잊혀져서는 안된다; 그러나 그와 마찬가지로 부활절이라는 지평에서 바라보고 있는 것은 다름 아닌 성 금요일과 부활절 이전의 예수의 역사라는 것도 어김없는 사실이다. 만약 그렇지 않았다면 교회는 무시간의 신화 속에서 실종되고 말았을 것이다 … "(pp. 22f.)

물론 신학적으로 의미가 있는 지상적 예수에 대한 더 자세한 탐구가 불트만에 의해 발전되었던 전승에 대한 급진적 비평의 견지에서 역사적으로 가능한 것인지의 여부에 대해서는 다시 물어야 하리라. 케제만(Käsemann)[3]은 이 비평이 말할 것도 없이 여전히 출발점이 되어야 한다고 말하고 나서 그럼에도 불구하고 수많은 세월 동안의 시험을 거친 구체적 역사성 특질의 판별 기준에 따라 어떤 것이 예수에게 고유한 것이냐 하는 것을 확정하는 것이 가능하다고 주장하였다. 유대교 및 헬레니즘과 구별될 뿐만 아니라 초기 기독교 공동체의 관념들과도 구별되는 것이라면 그것은 예수에게 고유한 것으로 보아야 할 것이다.

불트만으로부터 유래한 연구 방법론을 가진 학파에서 이러한 심층 탐구의 결론은 무엇이었는가? 전승에 대한 비평을 극도로 온건하게 적용한 보른캄의 예수에 관한 책에서조차도 예수의 상(像)은 예수 선포에 가려 너무도 많이 희석되어 있다. 이 연구 계획은 아직 의도한 목표에 도달하지 못했다고 모든 사람들이 말을 한다. 이것은 롤로프(Roloff, *Kerygma*, pp. 9-47)가 행한 연구 조사에서 명확해진다. 이 비평적 연구가 아직 적정한 결론에

---

2) "Regarding the Question of Christology," *in Faith and Understanding*, I, 132.
3) *Essays on New Testament Themes* (1964), pp. 36f.

도달하지 못한 이유는 확고 부동한 견해들이 이 연구 계획을 계속해서 지배하고 있기 때문이라는 것이다. 역사적 결과물들은 신약에 제시되어 있는 케리그마에 대한 지상적 예수의 신학적 관련성으로부터 도출되지 않아 왔다. 게다가 고전적인 양식비평에서 사용했던 가설 — 이것은 전제(前提)로서의 모든 특징들을 지녀왔다 — 은 그 평가의 범주들과 아울러 조금도 변경되지 않았다. 이것은 "회중이 복음서들에 담겨 있는 전승을 만들어내었으며 이것〔전승〕은 주로 그 회중의 삶을 조건짓는 상황들과 관계들에 관한 정보를 제공해준다"[4]는 견해가 확고 부동하게 자리를 잡아왔다는 것을 말해준다. 우리가 이미 복음 전승의 출현에 관하여 확인했던 것과 모순되는 이 전제는 위에서 언급한 롤로프의 분석을 통해 세부적으로 논박되고 있다. 고전적인 양식비평이 주장하는 전승 비평에 대해 논쟁을 벌이는 학문적인 주석서는 아직 나오지 않았다 — 테일러(V. Taylor)의 마가에 대한 해석(*The Gospel according to St. Mark*)은 예외이다. *Theologischer Handkommentar*(마. 1968; 막. 1965³; 눅. 1966²) 시리즈를 위한 그룬트만(W. Grundmann)의 공관복음서에 관한 소논문에서는 새롭거나 독자적인 접근방식을 보이지 않는 가운데 이 논의의 주요한 흐름들을 개관하고 있다.

c) 어쨌든 우리의 신약신학에 독자적인 전승비평적 분석의 발판을 마련해줄 필요는 있을 것이다. 우리는 이 점에서 다음과 같은 방향으로 진행해 나갈 것이다 — 흔히 암묵적으로.

한편으로 우리는 이차적이라고 생각되는 모든 것을 배제해 나가려고 한다. 이러한 첨가들은 공관복음서의 병행 전승과 대비해봄으로써 쉽게 식별될 수 있는 경우가 많다; 나아가 공동체의 상황에 의존하고 있음을 분명하게 보여주는 지표들 및 언어학적 문체적 특징들 역시 판별 기준이 된다. 그런 다음 우리는 또 다른 한편으로 진정한 자료의 핵(核)들로부터 나오는 여러 부분들을 취합하여 합리적인 해석을 통하여 단일하고 전체적인 상(像)을 만들어내 보려고 한다. 진정한 자료의 핵은 종교사적 특징이라는 일반적으로 받아들여지고 있는 판별 기준을 그 환경 및 초기 기독교 공동체와 결부시켜 적용함으로써 분리해낼 수 있다.[5] 이러한 판별 기준의 적용은 전승 자료들이 서로 독립되어 있는 여러 자료들, 이를테면 공관복음서 전승에서의 마가와 Q, 바울에게 모습을 드러낸다는 점에서 한층 더 밑받침되고 있다고 하겠다. 우리가 이러한 진정한 자료의 핵에 존재하는 내용의 상호 관계를 탐구한다면,

---

4) G., Iber, "Zur Formgeschichte der Evangelien," *ThR* 24(1957/58), 284 - 338 (320).
5) 이 개성은 종교적 독특성의 증거가 아니다. 이 판별기준에 의한 진승 자료들의 수범은 언세나 상대적이다. 왜냐하면 그 판단은 당시 환경에 대한 우리의 지식에 좌우되기 때문이다. 결과적으로 개성은 통계학적으로만이 아니라 성질(性質)에 따라서도 규정되어야 한다. 그럴지라도 그 구별은 배타적이 아니다. 주변 환경과 공통점을 보여주면서도 여전히 진정한 예수 전승들이 있을 수 있다.

우리는 다른 전승들도 내용의 연속성을 통하여 원형성(原型性)을 보여준다는 것을 알게 될 것이다. 이러한 고려 사항은 신약신학이 논의의 주제가 되고 있는 바로 그곳에서는 중요한 역할을 할 것이다

　이렇게 내용의 상호 관계를 확인하는 것은 예수 전승의 핵의 특징을 이루고 있는 언어학 및 문체적 특징들에 주의를 기울이게 되면 더 손쉽게 해결할 수 있다. 예레미아스(J. Jeremias)는 이 문제에 대하여 연구를 한 후에 그러한 특징들의 목록을 작성하였다(「신학」 I, 3-37). 우리는 이 기준을 논의선상에 있는 여러 문맥들에 적용할 것이다.[6] 이러한 전승의 두 영역 ― 외적으로 제거를 통해 결정화(結晶化)된 영역과 내적으로 진정한 핵의 자료들의 취합을 통해 얻어진 영역 ― 사이에 있는 지대에는 전승사적 출처가 불명확한 전승의 집적 물이 남아 있다. 그럼에도 불구하고 이 증언의 저장소는 전체적으로 볼 때 실제로 내용에서 본질적인 변화를 겪지 않았다. 우리가 처음에 2차적인 것으로 간주하여 제거한 것들은 나중 에 적절한 곳에서 다시 다뤄질 것이다; 여기에는 초기 공동체에 의한 전승의 신학적 변용이 포함되며, 마지막으로 복음서 기자들의 편집 성과에 대해서도 다룰 것이다. 그러므로 공관 복음서의 자료는 신약신학에서 관점을 달리 하여 서너 번 등장할 것이다. 즉 그 자료가 처 음에는 예수에 대한 묘사, 다음에는 초기 공동체의 신학, 마지막으로 복음서 기자들의 신학 에 등장한다는 것이다.

2. 요한복음의 공헌[7]

---

6) 진정성을 판별하는 기준을 전개하는 것은 N. Perrin, *Rediscovering the Teaching of Jesus* (1967), pp. 15 - 49에 의한 광범위한 성찰의 초점이었다. 그는 사례별로 보여져야 하는 것은 예수 전승의 비진정성이 아니라 진정성이라는 불트만 학파의 기본적인 전제를 그의 출발점으로 삼았다. 진 정성을 판별하는 기준은 다음과 같다: (1) "부동성(不同性)의 기준"(p. 39), (2) "정합성(整合性)의 기준", 즉 총체적 의미에서 첫번째 판별 기준에 의해 얻어진 자료와 정합성이 있는 것은 진정한 것이 다(p. 43), (3) "다중 증거의 기준", 즉 여러 공관복음서 자료들의 증거를 받는 것은 진정성을 나타 낼 가능성이 많지만 또한 그 전승에서 공동체의 관심을 나타낼 수도 있다. 무엇보다도 예수의 사역의 근본적인 요소들은 이 세번째 판별 기준으로부터 도출되어야 한다(pp. 45ff.). 쾨스터는 "The His- torical Jesus: Some Comments and Thoughts on Norman Perrin's *Rediscovering the Teaching of Jesus*", in H. D, Betz, ed., *Christology and a Modern Pilgrimage* (1971), pp. 123 - 136에서 중요한 부동성의 원리에 문제성이 있다는 점을 지적하였다.

7) R, Schnackenburg, *The Gospel According to St. John* I (1968), 11 - 37 (Lit. !)는 대체 로 이하에서 전개된 것과 같은 동일한 요한복음에 대한 전승사적 평가에 도달하였다.

a) 요한복음은 예수의 사역 과정을 공관복음서보다 더 다채롭게 묘사하고 있다. 공관복음서에서는 예수는 갈릴리에서 사역을 시작해서 자신의 유월절 죽음을 위해 예루살렘에 단 한번 여행을 한다. 요한복음서에서는 예수가 예루살렘에서, 갈릴리에서, 그리고 사마리아에서까지 활발하게 사역하는 모습을 보여준다. 이런 이유로 초기의 예수의 생애 연구는 역사적 예수 상(像)을 요한복음에서 추출해내기를 좋아했다. 하지만 얼마 지나지 않아 요한복음의 예수는 역사적 예수가 아니라 그리스도에 대한 신학적 묘사라는 것이 밝혀졌다. 19세기 말경 요한복음은 역사적 예수의 탐구를 위한 자료로서의 자격을 박탈당했고 현재에 이르기까지 그런 상태는 지속되고 있다 — 슈타우퍼(E. Stauffer)의 견해는 예외이다. 이러한 자격 박탈은 과연 정당한가? 요한복음의 예수 전승은 전승 비평이라는 견지에서 어떻게 평가되어야 하는가? 공관복음서 전승과 대비해 보면 그 답변은 분명해진다. 요한은 세 가지 점에서 공관복음서 전승과 구별된다.

1) 요한복음은 공관복음서와는 전혀 다른 개념의 언어를 사용한다. 요한복음은 회개가 아니라 거듭남을 요구한다; 요한복음이 그 목표를 하나님 나라라고 한 것은 단 한 번뿐이고, 그 외에는 모두 생명 또는 영생이 그 목표라고 말한다. 예수든 다른 사람들이든 복음서 기자든 그 누가 말하고 있다 하더라도 그 언어는 요한일서의 언어를 사용한다. 모든 지표들을 고려해 볼 때 예수 자신은 공관복음서의 개념 언어를 사용하였음에 틀림없다. 요한복음의 언어는 오늘날 밝혀진 마에 의히면 팔레스타인의 에세네파에서 시작되어 사마리아와 수리아를 거쳐 소아시아로 퍼져간 특수한 언어적 발달 경로를 따라 그 독특성을 획득했다. 요한복음은 다른 세계의 사고와 표현의 틀 안에서 말하기 때문에 신약신학에서 요한복음의 진술들을 공관복음서의 진술들과 동일한 평면에 놓고 고찰하는 것은 무의미하다. 사람들이 요한의 진술들을 공관복음서의 진술들과 대비하기를 원할 때마다 전자를 후자의 개념어로 변환하는 것이 선결 요건으로 요구된다. 이런 식으로 해야만 우리들은 지상적 예수의 진정한 말씀과 다른 말씀들이 어느 정도 요한의 언어로 변경되어 표현된 것의 이면에서 떠오를 수 있을 것인가를 결정할 수 있다. 요한의 편집 배후에 있는 믿을 만한 예수 전승을 식별해내기 위해서는 이러한 과정이 꼭 필요하다.

2) 이러한 시험을 위한 리트머스 시험지 역할을 하는 것은 예수의 사역에 대한 요한의 전체적인 구도이다. 이것은 공관복음서의 구도와 비교해 볼 때 완전히 독자적이다. 앞뒤 방향으로는 그 시역은 둘 모두 동일하다; 시역은 세례 요한과의 만남에서 시작되고 예루살렘에서의 유월절로 끝이 난다. 그러나 요한복음에서 예수는 자신의 죽음의 유월절 때에만 예루살렘으로 여행하는 것이 아니라 그에 앞서 두세 번 더 예루살렘에 간다. 마태복음 23:37의

공관복음적 말씀조차도 예수가 예루살렘에 한번 이상 머물렀음을 전제하고 있는 듯이 보인다. 실제로 전반적인 상황으로 볼 때 그럴 가능성이 높다. 그러므로 요한복음의 구도는 역사적으로 정확한 요소들을 포함하고 있을 수 있다. 하지만 공관복음서와 마찬가지로 요한복음은 전체적으로 문학적 구성물이다. 따라서 구도의 차이는 이보다 더 중요한 제3의 차이에 기인하고 있음에 틀림없다.

3) 요한복음은 공관복음서와는 철저히 다른 문학적 구조를 보여준다. 요한복음은 추가적인 자료를 사용할 뿐만 아니라 다른 성격의 자료를 사용한다. 요한은 예수의 말씀들을 상호 응집력 있는 강화(講話)들의 형태로 재현하는 데 반해 공관복음서는 가르침과 논쟁 대화와 아울러 일련의 말씀들과 비유들을 제시한다. 요한복음의 강화들은 전승 비평의 견지에서 어떻게 판단되어야 하는가? 물론 그것들은 오랫동안 가정해왔던 대로 복음서 기자의 기독론을 예수의 입을 빌어 말한 자유로운 편집이 아니다. 이 강화들은 믿을 만한 예수 전승을 강해와 해석을 통하여 발전시킨 것이라는 사실이 거듭 거듭 입증되고 있다.

b) 지면 관계상 우리는 여기서 오직 두 사례만을 핵심적으로 제시하기로 하겠다. 요한복음 3장에 나오는 니고데모를 향한 말씀의 초점은 3절에 나오는 말씀이다: "진실로 진실로 네게 이르노니 사람이 거듭나지 아니하면 하나님 나라를 볼 수 없느니라." 이것은 마태복음 18:3에 나오는 공관복음적 말씀을 요한복음식으로 정형화한 것이다: "진실로 너희에게 이르노니 너희가 돌이켜 어린아이들과 같이 되지 아니하면 결단코 천국에 들어가지 못하리라." 니고데모를 향한 말씀은 예수의 회개로의 부르심을 요령있게 요약한 진정한 말씀을 그 출발점으로 삼고 있다 ─ 적어도 사람들은 일반적으로 그렇게 인정했다. 그 말씀은 요한의 개념어로의 변환을 통하여 독자들에게 이해될 수 있게 되었다.

청중을 위한 이러한 해석은 3:5에서 더 진행된다. 여기서 예수의 회개로의 부르심은 세례로의 부르심이라고 한다: "진실로 진실로 네게 이르노니 사람이 물과 성령으로 나지 아니하면 하나님 나라에 들어갈 수 없느니라." 이러한 정형화라는 수단을 통하여 회개로의 지상적 예수의 부르심은 부활절 이후의 정황으로 전이(轉移)된다. 부활절 이후에 회개로의 선교적 부르심은 언제나 궁극적으로 세례로의 부르심으로 된다. 예수의 말씀이 부활절 이후의 회중의 정황에서 발전을 겪었다는 것은 9절 이하에서 더 분명히 알 수 있다. 이야기(address)는 3인칭 단수로 바뀌어서 이렇게 된다: 이야기의 처음 부분에서 요구된 거듭남은 십자가에서 "들리우신" 분에 대한 믿음, 그러니까 결과적으로 하나님에 대한 믿음을 통하여 생겨난다. 따라서 이 이야기에서 전체적으로 예수의 말씀은 부활절 이후의 공동체의 상황을 지향하는 설교 주제로 발전되었던 것이다.

지상적 예수의 말씀뿐만 아니라 그의 구원 행위들도 역시 다른 이야기들 속에서 부활절 이후의 정황에 그런 식으로 적용되었다. 예를 들면 요한복음 6장에서 우리는 먼저 오천명을 먹이신 사건에 관한 기사 — 올바른 전승 — 를 발견하는데, 그 다음 생명의 떡에 관한 이야기에서 상세한 설명을 듣게 된다. 이것은 지상 사역의 이러한 이적을, 떡을 기적적으로 공급해주시리라는 기대로 받아들이지 말라고 공동체에게 권면하는 것이다. 오히려 공동체는 이 이적에서 지금 자기 자신을 생명의 떡으로 바치는 분에게 그 주의를 돌리게 하는 표적 (*semeion*)을 보아야 한다: "양식을 위하여 하라 이 양식은 인자가 너희에게 주리니"(6: 27). 여기서 미래 시제는 부활절 이후의 정황을 가리키고 있다.

c) 우리는 다음과 같이 요약할 수 있다. 구조의 측면에서 요한복음은 공관복음서와 마찬가지로 하나의 복음서, 즉 예수의 지상 사역을 케리그마적으로 해석한 기사이다. 하지만 그 해석에서 요한복음은 공관복음서와 비교할 수 없을 정도로 강화되어 있다. 이로 인하여 사람들은 신약신학에서의 활용이라는 문제에서 요한복음이 공관복음서보다 복음서 기자의 신학을 훨씬 더 많이 내포하고 있다고 결론짓게 된다. 그럼에도 불구하고 요한복음에서 사람들은 전승비평의 기준으로 측정했을 때 예수의 지상 사역을 말해주고 있다고 판단되는 전거들을 발견한다. 그것들은 양(量)에서는 아주 적지만, 그 중요성에서는 매우 핵심적인 위치를 차시한다. 그것들은 니고데모를 향한 이야기의 주제가 보여주듯이(요 3:3) 예수의 사역에서 참으로 핵심적인 문제(issue)들을 가리켜준다. 하지만 이러한 핵심들을 대낮같이 환히 밝히는 요한 전승의 역사(歷史)는 아직 쓸 단계가 아니다. 아래에서 중요한 문제들을 다룰 때 우리는 그때 그때 공관복음서의 예수 전승과 요한복음에서 이에 상응하는 부분들 간의 접촉점들을 그려보일 것이다.

d) 요한복음과 공관 전승을 비교해볼 때 우리가 마지막으로 물어보아야 하는 논리적 질문은 이것이다: 제4복음서 기자 자신은 공관 전승에 어떠한 반응을 보이고 있는가? 이 문제에 대한 복음서 기자의 명확한 언급을 찾아볼 수 없기 때문에 이러한 질문은 바로 최근에까지 논란되어 왔다. 본 저자의 견해로는 세 가지 사항이 추론될 수 있겠다: (1) 요한은 공동체가 공관복음서를 잘 알고 있다고 전제하지만 공관복음서를 사용하지는 않았다. (2) 요한은 공관복음서를 대신하기를 원치 않았다. 그는 몇몇 구체적인 내용에서는 공관복음서를 수정하고 있지만 다른 경우에는 그것을 변경하지 않았다. (3) 요한의 주목적은 그리스도에 대한 공관복음적인 묘사 옆에 예수에 관한 독자적인 정보를 바탕으로 한 예수의 모습에 대한 더 심화된 이해를 전달하고자 한 자신의 묘사를 나란히 병치시키는 것이었다.

3. 정경 복음서 이외의 기독교적 예수 전승

a) 정경 복음서 이외에 전해져 온 예수의 개별 말씀들 — 소위 아그라파(agrapha) — 은 아주 일찍부터 바울의 저작들에 등장한다. 네 번 내지 다섯 번 바울은 예수의 말씀을 분명하게 언급한다. 그 중 세 개의 전거들 — 고전 7:10; 9:14; 11:24f. — 은 복음서들 안에 있는 말씀들과 일치한다. 로마서 14:14은 거의 직접 인용문이라고 하기가 힘들다. 그러나 데살로니가전서 4:16에는 아그라파가 모습을 드러낸다. 사도행전(20:35)에 인용된 유일한 예수의 말씀이 아그라파라는 것은 확실히 주목할 만한 가치가 있다.

이외에도 수많은 아그라파들이 초기 기독교 저작자들의 작품에서 인용문의 형태로 발견되거나 복음서 사본들 또는 위경의 복음서들에서 본문 증보의 형태로 발견된다. 예레미아스 (J. Jeremias)는 「예수의 알려지지 않은 말씀들」(1965⁴)이라는 책에서 아주 최근에 이러한 자료들을 모두 수집해서 자세히 연구하였다. 그의 견해에 의하면 이삼백 개의 아그라파 가운데서 단지 20여 개만이 공관복음서의 예수의 말씀들에 비견될 수 있을 뿐이라고 한다. 거의 틀림없이 이 숫자도 상당수 축소되어야 할 것으로 보인다. 따라서 공관복음서의 예수 전승을 아그라파를 통해 보충하는 것은 의미가 없다고 할 수 있겠다.

b) 1세기와 2세기에 나온 수많은 위경 복음서들 가운데서 오직 소수의 단편들만이 교부들의 인용문과 파피루스 단편의 형태로 최근까지 전해져 왔다. 이것들은 헤네케(E. Hennecke)의 「신약의 위경들, Ⅰ」(1904; 1959³; 영문판, 1963)에서 각각에 대해 논평을 겸한 서문이 붙여진 독일어 번역으로 재현되었다. 복음서들이 완벽한 형태로 우리 손에 들어오게 된 것은 저 유명한 나그 하마디(Nag Hammadi) 파피루스가 발견되고 나서였다 (1945년경).⁸⁾ 나그 하마디의 위경 복음서들은 콥트 — 영지주의적 기독교인 집단들로부터 유래하였다. 이 위경 복음서들은 대부분 예수 전승을 포함하고 있지 않고 그들 자신의 영지주의적 사고를 예수의 입에 넣어 표현하고 있다. 예를 들면 2세기의 가장 중요한 영지주의 학파의 창설자인 발렌티누스(Valentinus) 스스로가 쓴 것이 거의 확실한 「진리의 복음」이 그러했다. 지금까지 편집된 복음서들 가운데 오직 하나, 즉 「도마복음」만이 이러한 영지주의적 분파들보다 훨씬 이전으로 거슬러 올라가는 전승들을 포함하고 있다. 이 도마복음에는 일련의 말씀들, 비유들, 제자들을 위한 교훈들이 들어 있지만 설화들 그리고 무엇보다도 수난 설화나 부활절 이야기가 들어 있지 않다. 이 복음서의 현재 형태는 영지주의적 필요에 따라 변용되었다; 물질성(物質性)이 포함되어 있는 모든 측면들은 공관복음서에 나와 있는

---

8) *Ausgaben und Übersetzungen: BHH* Ⅱ, 1280f.

것과 같은 종류의 예수 전승에서 제거되었고, 남아 있는 것은 예수의 말씀뿐이다. 공관복음서와 비교해 보면 이러한 말씀들은 영지주의적 변용과 증보를 보여주지만, 부분적으로는 이 말씀들과 비유들은 상당히 오래된 것이라는 인상을 준다. 이런 이유로 도마복음은 원래부터 공관복음서 전승과는 독립적이었던 매우 오래된 말씀 모음을 영지주의적으로 꿰어 엮음으로써 생겨나게 되었다고 생각되었다. 하지만 조금만 더 유심히 관찰해 보면, 이 복음서는 본질적으로 공관복음서 전승을 영지주의적으로 개작한 것임을 분명히 알 수 있다. 그럼에도 불구하고 그것은 발달 과정의 문자 이전 단계에서 공관복음서 전승으로부터 매우 일찍 단절된 개별 말씀들과 비유들에 관한 위경적인 구전을 다루었을 가능성도 있다.[9]

사람들이 도마복음 및 다른 위경들의 몇몇 구절들에 대해 이러한 가능성을 고려한다 할지라도 위경의 복음서들과 복음서 단편들을 공관복음서들과 비교해보면 다음과 같은 결론을 얻게 된다:위경 전승은 주로 공관복음서들에 의존하고 있으며 전승사적 견지에서는 비교적 거의 완전히 이차적임이 드러난다. 이 전승은 특이하게 증식되어 왜곡되었다. 공관복음서들을 서로 비교해 보면 그러한 증식은 거의 눈에 띄지 않는다. 신약 시대와 신약 이후 시대의 전승 과정의 차이들은 명확히 구별된다; 전자는 유대의 전승 원칙들과 "사도적" 선포가 규정하는 지침들 안에서 행해진 반면에 후자는 그렇지 않았다. 그러므로 쾨스터(H. Koester)가 「사도 교부들에 의한 공관복음서 전승」(*Synoptische Überlieferung bei den Apostolischen Vätern*) (1957)에서 행한 것처럼 전수자들의 필요에 맞춰 왜곡된 이 후자의 전승을 토대로 가장 조기에서의 그에 상응하는 발전을 추론하는 것은 받아들일 수 없는 일이다. 비기독교적인 저술가들의 전거는 기독교의 위경 전승들보다 더 시사하는 바가 적다.

4. 비기독교적 예수 전승

우리는 표면적으로 편견이 없을 것이라는 생각 때문에 예수에 관한 비기독교적 정보에 특별한 의미를 부여하려는 경향이 매우 많다. 예를 들면 빌라도의 소송 서류들이 한 장의 파피루스에서 발견된다면 우리의 기대감은 클 것이다. 하지만 그러한 것이 발견된다 하더라도 곧 실망으로 끝나버리고 만다. 왜냐하면 그것들은 기독교인들에 대한 플리니우스(Plinius)의 기사와 마찬가지로 오직 한 다발의 편견들만을 우리에게 제공해 줄 것이기 때문이다.

이 점은 1세기와 2세기에 나온 예수에 관한 정보를 담고 있는 소수의 현존하는 비기독교

---

9) 또한 Kümmel, *Introduction*, pp. 74f. (Lit.!)

적 자료들을 통하여 확증된다. 로마 역사가들 가운데서는 오직 타키투스(Tacitus)와 수에토니우스(Suetonius)만이 각각 한 번씩 예수를 언급하고 있다. 그들이 주후 110년경 예수에 관하여 말하고 있는 내용은 기독교인들의 말로부터 취해온 것이었다.[10] 이러한 사실은 전혀 놀라운 일이 아니다. 왜냐하면 그 당시의 제국에서 예수와 그의 제자들의 활동이란 것은 저 촌구석에서 일어난 하찮은 사건에 지나지 않았기 때문이다. 그렇지만 이 시기의 유대 역사가였던 요세푸스(Josephus)마저도 예수에 관하여 거의 침묵하고 있다는 사실은 주목할 만한 일이다. 요세푸스의 저작들 속에서 예수에 관하여 말하고 있는 짤막한 두 번의 언급은 그것들이 전적으로 훼손된 것이 아니라고 한다면 광범위한 기독교적 수정의 모든 흔적들을 지니고 있다.[11] 왜 그는 침묵을 지켰던 것일까? 그는 한편으로 헬라 — 로마의 청중들을 대상으로 글을 쓰고 있었으므로 이 운동을 유대교와 동일시하는 것을 피하려고 했다. 결국 네로의 박해 이후로 유대교는 제국 전체에서 의심을 받게 되었다. 유대와 랍비의 내부 전승은 예수 또는 나사렛 사람에 관하여 아주 드물게 그리고 애매모호한 용어로만 말하고 있다.[12] 예수에 관한 언급들은 모호하고 그 정보는 왜곡되었기 때문에 우리는 그것들이 예수 또는 기독교인들에 관하여 말하고 있다는 것을 확신있게 말하기가 무척 어렵게 되었다.

그러므로 우리가 이용할 수 있는 모든 자료들을 검토해 본 결과 우리는 예수의 지상 사역의 신학적 내용을 본질적으로 공관복음서 전승에서 끌어내야 한다는 시사를 받는다. 정경에 대한 경의(敬意)와 아울러 역사적 이유를 봐서라도 우리는 그렇게 하지 않을 수 없는 것이다. 오늘날 예수의 지상 사역에 관한 모든 학문적 서술들은 바로 이와 같은 방법을 따르고

---

10) 자기가 로마에 불을 질렀다는 의심을 딴 데로 돌리기 위하여 네로는 다른 사람들을 범인으로 지목하였다. 즉 "그들의 악덕으로 인하여 구역질이 나는 한 부류의 사람들, 대중들이 기독교인이라 부르는 사람들. 그 창시자인 그리스도는 디베료 치하에서 총독 본디오 빌라도의 선고에 의해 사형을 언도받았다"(Tacitus *Annals*, XV, 44 〔LCL, IV, 282f.〕). Suetonius는 *The Lives of the Caesars* V, 25, 4 of Caesar Claudius에서 이렇게 썼다: "유대인들이 크레스투스(Chrestus)의 선동으로 끊임없이 소동을 벌였기 때문에 그는 그들을 로마로부터 추방했다"(LCL, II, 52f.). (크레스투스라는 이름은 크리스투스 대신에 사용되었다.) 참조. J. B. Aufhauser, *Antike Jesus - Zeugnisse* (*Kleine Texte* 126) (1925²).

11) *Ant.* 20.9.1.는 "그리스도라 하는 예수의 동생인 야고보라 하는 자"가 처형당했다고 짤막하게 보도했다. 이것은 진정한 것이었을 것이다. 하지만 이와는 대조적으로 *Ant.* 18.3.3.은 개작되었음이 분명하다: "이 시기에 우리가 실제로 그를 사람이라고 부를 수 있다면, 지혜로운 사람, 예수가 살았다." 개작자가 어느 정도로 요세푸스의 본문을 자료로 사용하였는지는 결정할 수 없다. *War*의 슬라브 본문에서 예수를 언급하고 있는 부분들은 진정한 것이 아니다.

12) Billerbeck, IV, 1239f., s. v. "Jesus"; H. L. Strack, *Jesus, die Häretiker und die Christen nach den ältesten jüdischen Angaben* (1910).

있다.

§3. 역사적 구도

On 1: A. Strobel, *BHH* III, 2221-24 (Lit.); J. Jeremias, *The Eucharistic Words of Jesus*, pp. 36-41; J. Blinzler, *LThK* II², 423. **On 2 and 3b**: K. L. Schmidt, *Der Rahmen der Geschichte Jesu* (1919; repr. 1964); G. Dalman, *Sacred Sites and Ways; Studies in the Topography of the Gospels* (1935); C. Kopp, *Die heiligen Stätten der Evangelien* (1959). **On the Birth Narratives of Matthew and Luke**: Commentaries; G. Delling, *TDNT* V, 826-837; E. Schweizer, *TDNT* VI, 402f. **On 3a**: K. H. Rengstorf, *TDNT* II, 153-57; Hahn, *Titles*, pp. 73-78; G. Freidrich, *TDNT* VI, 841-46. **On 3c**: J. Leipoldt and W. Grundmann, *Umwelt des Urchristentums* I (1967²), 143, 217-291; K. Schubert, "Die jüdischen religösen Parteien im Zeitalter Jesu," in K. Schubert, ed., *Der historische Jesus und der Christus unseres Glaubens* (1962), pp. 15-101; also the standard reference works: J. Jeremias, *Jerusalem in the Time of Jesus* (1969); A. Schlatter, *Geschichte Israels von Alexander dem Grossen bis Hadrian* (1925³; repr. 1972); E. Schürer, *The History of the Jewish People in the Age of Jesus Christ* (rev. ed. 1973); J. Maier, *Geschichte der jüdischen Religion. Von der Zeit Alexanders des Grossen bis zur Aufklärung* (1973), pp. 43-79 (Lit.). **Monographs on Individual Groups**: R. Meyer, *TDNT* VII, 35-51; *TDNT* IX, 12-35; M. Hengel, *Die Zeloten* (1961); *Judaism and Hellenism: Studies in Their Encounter in Palestine during the Early Hellenistic Period* (1974).

역사적 정황은 단순히 예수의 사역의 배경을 이루고 있는 것이 아니라 둘 사이의 결정적인 대화를 통하여 그 사역에 윤곽 자체를 부여해주기 때문에 예수의 사역의 역사적 구도를 탐구하는 것은 중요하다.

1. 예수에 관한 연대에 대하여

예수는 언제 역사의 무대에 등장하였는가? 이 점에서 우리는 가장 중요한 본문들과 그 연구 결과들을 제시하고자 힌다.

(1) 누가복음 3:1에 따르면 세례 요한은 티베리우스(Tiberius) 치세 15년, 즉 주후 27년 10월 1일과 주후 28년 9월 30일 사이의 어느 시기에(주후 28/29년은 아닌 듯하다) 공적인

활동을 개시했다고 한다.

(2) 이 전거(典據)는 본디오 빌라도가 공직을 맡았던 해에 예수가 사역을 했다는 믿을 만한 전승과 일치한다. 요세푸스에 의하면 빌라도는 주후 26-36년(주후 27-37년은 아닌 듯하다)에 유대 총독으로 재임하였다.

(3) 예수가 죽은 해는 바울이 회심한 시기 이전이어야 한다. 후자는 갈리오(Gallio) 비문과 갈라디아서 1:18; 2:1의 도움을 받아 계산해 보면 주후 33년과 35년 사이의 어느 시기에 일어났다. 이 시기 조금 전에, 천문학의 계산법에 따르면 니산(Nisan)월 15일이 주후 30년 또는 31년 성 금요일에 해당되었다. 요한의 연대기에 언급된 날짜인 니산월 14일은 아마도 주후 30년과 33년의 성 금요일에 해당될 것이다. 그러므로 예수는 니산월 14일(또는 15일)인 주후 30년 4월 7일에 죽었을 가능성이 높다.

따라서 예수의 공적 사역은 놀라울 정도로 정확하게 절대적인 세속의 연대기로 표시될 수 있다. 예수의 사역은 모든 인류를 위한 것과 관련하여 불과 수년 사이에, 우리의 날짜 계산법에 따르면 주후 28년과 30년(아마도 33년) 사이에 일어났다.

예수가 공적 사역을 시작했을 때 그의 나이는 약 30살이었다(눅 3:23). 이 전거는 그 자체로 전기적 자료는 아니지만 개략적으로 거의 정확할 가능성이 높다. 공적 사역을 시작하기 전의 예수의 삶에 관한 기사들에 공통되는 전승 요소에 의하면 예수는 헤롯대왕의 치세(주전 37-4년) 아래서 태어났다. 이러한 예수의 탄생 기사들에서 그 이상의 정보를 알아내기는 곤란하다. 퀴리니우스의 인구조사(눅 2:2)는 동방박사들의 "별"(마 2:2, 9f)과 마찬가지로 분명하게 밝힐 수 없기 때문이다.

2. 예수의 조상들

예수의 고향이 어디냐 하는 질문에 대하여 복음서들은 두 가지 답변을 주고 있다.

a) 갈릴리 나사렛

공적 사역 전체를 통하여 예수는 나사렛 출신의 선생으로 알려져 있었다. 공관복음서 전승의 나사렛 단화는 명확하게 예수를 이 호칭으로 지칭했다(막 6:1-6 par.). 이런 이유로 마가복음에서는 예수를 나사렛 사람으로, 마태와 요한 그리고 부분적으로 누가복음에서는 나소르 사람이라 지칭한다. 쉐더(H. H. Schaeder, *TDNT* Ⅳ, 874ff.)가 몇몇 환상적인 견해들에 반대하여 분명히 보여주었듯이, 이 두 호칭은 어원학적으로 나사렛이라는

지명으로부터 유래했다. 저자의 견해로는 이러한 결론은 이후의 토론에서 의문이 제기된 적이 없었다.[1]

예수는 무엇보다도 유대인들에 의해 "나사렛 사람"으로 지칭되었다; 나중에 그들은 예수의 제자들을 "나사렛 이단"(행 24:5)이라 지칭한다. 그들이 이 호칭만을 사용하는 것은 예수가 메시야라는 생각 자체가 어리석은 것임을 알리기 위함이었다. 우리는 이와 비슷한 경멸적인 태도를 요한복음 1:46, "나사렛에서 무슨 선한 것이 날 수 있느냐"와 7:52, "갈릴리에서는 선지자가 나지 못하느니라"에서 볼 수 있다. 나사렛이라는 하찮은 마을은 예언서는 말할 것도 없고 구약의 그 어느 곳에도 나오지 않는다.

유대인들은 예수의 뿌리가 갈릴리에 있다는 이유로 예수를 거의 존중하지 않았기 때문에 몇몇 학자들은 예수가 유대교를 반대한 것은 이러한 갈릴리 전통에 뿌리박고 있었다는 가설을 발전시켰다. 바우어(W. Baur)는 예수가 유대의 율법에 관하여 자유로운 입장을 취하고 비유대인들에 대해 우호적인 행동을 한 것은 자신의 고향인 갈릴리에서는 그러한 문제에 대해 자유로웠기 때문이라는 견지에서 이해되어야 한다는 것을 보여주려 하였다.[2] 바우어 이전에도 다른 사람들은[3] 예수가 갈릴리에 조상을 가지고 있다는 것과 유대교에 대한 갈등을 토대로 예수는 인종적으로 결코 유대인이 아니었고 인도유럽어족의 자손이었다는 결론을 내렸다. 이러한 두 가설은 그룬트만(W. Grundmann)의 「갈릴리 사람 예수와 유대교」(*Jesus der Galiläer und das Judentum*) (1940)에서 볼 수 있는 바와 같이 "독일 — 기독교" 신학의 예수에 대한 묘사에서 결합되었다. 그러나 이러한 가설들은 "갈릴리 문제(Galiläische Probleme)"를 면밀하게 검토한 알트(A. Alt)에 의해 실제로 그 토대가 여지없이 파괴되고 말았다.[4] 거기서 알트는 갈릴리에 살던 일반적인 히브리 주민들은 북왕국의 멸망 이후에 지역적으로 고립된 채 남아 있었고 바벨론과 애굽에 있던 디아스포라와 마찬가지로 야훼 신앙에 대한 열렬한 충성심을 지니고 있었다. 예수 시대에 갈릴리의 유대교는 몇몇 측면에서는 유다의 유대교와 차이가 있었을지 모르지만, 예수와 유대교의 갈등을 예수가 갈릴리 출신이라는 것에서 그 해결점을 찾는 것은 잘못이다. 더욱이 예수가 유대인 혈통이 아니라고 주장하는 것은 참으로 어리석은 일이다. 진정 그러했다면 유대의 변증가들이 그러한 논거를 자신에게 유

---

1) 이 논의에 대한 보고는 E. Schweizer, Neotestamentica (1963), pp. 51 - 55.에 나와 있다.

2) "Jesus der Galiläer," in *Festgabe für Adolf Jülicher* (1927), 16 - 34; W. Bauer, *Aufsätze und kleine Schriften* (ed, G. Strecker) (1967), pp. 91 - 108에 재수록되어 있다.

3) H. S. Chamberlain, *Foundations of the Nineteenth Century* I, (1913 [1910], 201ff.

4) Palästinajahrbuch 35 (1939), 64 - 82; 지금은 A. Alt, *Kleine Schriften zur Geschichte des Volkes Israel* II (1964³), 407 - 423에 수록되어 있다; 참조. E. Johnson, *Jesus in His Homeland* (1957).

리하게 사용하지 않았을 리가 없었을 것이기 때문이다.

예수의 어린 시절에 관한 기사의 마지막 부분에서 마태는 예수가 나사렛에서 출현한 것은 구약 예언을 성취한다는 의미에서 그의 겸비함을 보여주는 표시라고 말한다: 예수는 '가지(neser)' (사 11:1), 이새의 뿌리에서 난 가지이다(마 2:23). 하지만 이에 앞서 마태는 일반 대중에 의해 호칭으로 사용되지 않았던 한 출생지를 언급한다.

b) 베들레헴

신약에서 "예수는 베들레헴에서 나셨다"는 말은 "예수는 나사렛 출신이다"라는 자료와는 근본적으로 다른 성격을 지닌다. 신약 가운데서 베들레헴에서의 탄생에 관하여 말하고 있는 곳은 단 두 군데, 즉 마태복음과 누가복음의 첫 두 장뿐이다(마 2:1, 5f. ; 눅 2:4).

전승사적으로 볼 때 이 기사들은 서로 독립적이며, 따라서 그것들이 서로 중복해서 말하고 있는 내용은 비교적 오래된 전승임을 보여준다. 이 둘은 모두 전설의 양식을 띠고 있다. 이런 양식을 통해 그것들은 예수의 역사적 조상들에 대한 구체적인 묘사를 하고 있는 것이다. 전승사적 배경과 관련하여 살펴보면 이 묘사 속에는 두 요소가 결합되어 있다. 첫째, 이 묘사는 예수의 가족에까지 거슬러 올라가는 역사적 전승들을 포함하고 있다고 보아야 할 것이다. 이 예수의 가족은 이 기사들이 생겨났던 바로 그 공동체인 팔레스타인 교회에서 상당한 지위를 지니고 있었다는 점을 고려한다면 이러한 가능성은 더욱 높아진다고 할 수 있다. 유세비우스(Eusebius, *EH* 3:20)에 의하면 이 가족은 친구와 적 모두에게 다윗의 가계(家系)로 생각되었다고 한다.

둘째, 그러나 이 묘사 속에는 초기의 기독론이 나타나 있다. 이 기독론은 팔레스타인 교회에서 유래한 로마서 1:3 이하의 신앙고백과 매우 유사하다: "이 아들로 말하면 육신으로는 다윗의 혈통에서 나셨고 성결의 영 — 성령 — 으로는 죽은 가운데서 부활하여 능력으로 하나님의 아들로 인정되셨으니". 저자는 여기서 "성령"은 지상적 예수와 관련하여 언급되고 있다고 생각한다: 예수는 다윗의 혈통에 속함과 동시에 성령에 속했다. 탄생 설화들에 나타난 예수의 조상들에 관한 이야기들은 이러한 기독론적 신앙고백과 일치한다.

이러한 전승사적 요소들의 결합으로부터 탄생 설화는 예수의 역사적 조상들에 관하여 두 가지 점에서 세부적인 내용을 제공해 준다. (1) 이삭 혹은 사무엘과 같은 구약의 택함 받은 자 중 그 누구와도 비교할 수 없을 정도로 예수는 역사 안에서 전혀 새로운 어떤 것을 창조해내는 하나님의 영으로부터 나왔다. 이것이 성령으로부터의 동정녀 탄생에 관한 전거들 배후에 있는 의도이다(마 1:18-20; 눅 1:34f.). 이 전거들은 신 — 왕(God-King)의 신적인 잉태에 관한 애굽의 신화들과 유사하지 않다.[5] (2) 그럼에도 불구하고 예수는 약속의 역사의 연속선상에서 출현하였다. 예수는 다윗의 성읍인 베들레헴에서 다윗의 합법적인 자손으로 태어났다(마 1:24f.; 2:1f.; 눅 1:27f.; 2:1-7.).

이러한 두 가지 선포들 배후에 있는 의도는 국외자들에게 예수의 신적 또는 메시야적 성격을 확신시킬 수 있는 증거를 만들어내는 것이 아니었다. 그것들은 선교적 의도와 성향을 가진 마가복음에서 발견되지 않는다. 오히려 그것들은 회중들에게 초점을 맞추고 있는 분량이 큰 복음서들에 나와 있다.

그 의도에 맞게 그것들은 요한복음에서 논박된 것들과 같은 질문들에 답변하려고 하지 않는다. 요한복음 6:42에서 우리는 예수의 인간적인 조상들을 경멸하고 있었던 "유대인들"이 성령으로부터의 동정녀 탄생에 관하여 알고 있었다는 것을 발견하지 못한다. 출신이 나사렛이라는 이유로 성경적 관점을 토대로 예수를 조소했던 사람들도 예수가 베들레헴에서 다윗의 혈통으로 나셨다는 것에 관하여 알지 못하고 있었다(요 7:41, 52). 요한은 그러한 기사들을 알지 못했거나 그 기사들을 믿을 만하지 못하다고 생각했기 때문에 이 문제들에 관하여 침묵했던 것이 아니다. 국외자로서 "나사렛에서 무슨 선한 것이 날 수 있느냐"(요 1:45ff.)라고 반대하는 사람들은 베들레헴에서의 놀라운 탄생을 언급한다고 해서 무슨 변화가 있으리라고 기대할 수 없는 사람들이기 때문에 침묵했던 것이다. 이러한 국외자들에게 우리는 이렇게 말해야 한다: "와 보라", 즉 "와서 사람들 가운데서의 예수의 사역을 보라."

마태와 누가는 예수의 공적 사역을 묘사하는 데에 탄생 설화들로 다시 거슬러 올라가는 법이 없다. 공적 사역을 하는 동안에 예수는 마지막까지 그들에 대해 십자가 위의 명패(titulus) 위에 쓰여진 것, 즉 나사렛 사람 예수(Jesus Nazarenus)로 남는다. 교수대 위에서 마지막을 장식한 이 공적 사역에 들어가기를 허락받은 사람을 향해서만 탄생 설화들은 이 유일 무이한 인간 존재의 역사적 조상에 관하여 무슨 할 말이 있게 된다. 이 자료는 역사적으로 입증되지도 논박되지도 않을 것이다.

3. 공적 사역의 경과(經過)와 구도

a) 개요(참조. §17, 1f.)

---

5) 또한 E. Schweizer, *TDNT*, VI, 402f.를 참조하라.

복음서들에 의해 전해진 예수의 사역은 대부분 팔레스타인 유대교 안에서 일어났다. 이 현상을 객관적이며 순전히 역사적인 관점에서 연구하는 사람은 누구나 처음에 벨하우젠(J. Wellhausen)이 분명하게 말한 바와 똑같은 인상을 받게 된다: “예수는 기독교인이 아니라 한 사람의 유대인이었다.”[6] 불트만 자신도 이 말에 동감을 표시했다.[7] 이러한 진술은 예수가 최후의 일각까지 인종적으로 유대 민족의 한 구성원이었기 때문에 예수도 종교적으로 그 민족의 용어와 개념을 사용하여 사고하고 말했다는 사실을 의도적으로 부각시키려 한다. 그러나 이에 덧붙여 이 진술은 예수가 실질적인 의미에서조차도 이러한 틀의 경계를 뛰어넘지 않았다고 주장한다. 이러한 관점에 따르면 예수는 그 시대의 주류를 이루고 있는 견해들과 갈등을 일으킨 유대교의 한 흐름을 대변하고 발전시켰기 때문에 의(義)의 교사와 마찬가지로 마침내 폭력의 희생물이 되어 죽었다고 하는 것이 된다.

이러한 설명은 예수를 실질적인 내용 면에서는 잘못 보고 있는 것이 될지라도 외관상으로는 참으로 지당하다. 예수는 어떤 점에서도 새로운 종교의 창시자로 오신 것이 아니었다. 예수는 그와 그의 추종자들이 나중에 변질시킨 하나의 종교 체계를 만들어낸 것이 아니었다 — 붓다는 그보다 600여년 앞서 그렇게 하였었다. “이스라엘의 선생”으로서 예수는 이스라엘 공동체의 한복판, 그 이전의 역사 및 하나님 인식 안에 자신의 자리를 잡았다.

어떤 의미로 예수의 사역은 서기관의 사역에 비교될 수 있었다. 예수는 거듭 거듭 ‘선생’(didaskale)라는 호칭으로 불렸다. 요한복음 1:38에서 이를 정확히 해석하고 있듯이, 이러한 형태의 호칭은 서기관들을 부를 때 관례적으로 사용하는 호칭인 아람어의 랍비(rabbi, “나의 주인”)와 상응한다. 예수는 랍비와 마찬가지로 자기가 ‘마데타이’(mathetai, “제자들”)라 부른 한 무리의 추종자들을 거느리고 있었다. 예수는 말할 때마다 주로 서기관들이 사용하는 방법들, 즉 쉽게 기억하기 쉬운 말씀들과 비유들, 그리고 대화에서는 교훈적 또는 논쟁적 대화라는 기법을 사용하였다. 예수의 말씀의 내용은 거듭 거듭 “교훈적”(didactic)이라 지칭되는 방식으로 구성되었다. 이스라엘에서 “교훈적”이라는 말은 성경의 관점으로부터 하나님의 길과 뜻을 설명하는 것을 의미한다.

그럼에도 불구하고 예수의 동시대인들은 예수의 사역을 한 서기관의 활동으로 치부해버릴 수 없다는 것을 잘 알고 있었다. 마가복음 1:22에는 그들이 예수에 대해 놀랐는데, 이는 “그 가르치시는 것이 권세 있는 자와 같고 서기관들과 같지 아니함일러라”는 말이 나온다.

---

6) *Einleitung in die drei ersten Evangelien* (1911²), p. 102.
7) *Primitive Christianity in Its Contemporary Setting* (1956), p. 71. 참조. *Theology* I, 34f.

예수의 가르치는 내용이 범상하지 않았다는 것도 말씀의 형식 못지 않게 그 특징을 이루고 있었다. 예를 들면 팔복(八福)에 대한 가르침과 같이 그 내용은 흔히 직접적인 예언자적 발언의 성격을 띠었다. 또한 예수의 가르침에는 이적 행위들이 뒤따랐기 때문에 예수는 사람들이 잘 알고 있는 평범한 서기관 상(像)과 구별되었다. 따라서 국외자들은 자기들이 받은 인상을 한 번 이상 다음과 같은 말로 표현하였다: 예수는 선지자처럼 행동한다(막 8:27f.). 중립적인 입장을 가지고 지켜보았던 사람들은 아마도 예수를 엘리야와 같은 구약의 선지자에 비유하였을 것이다(참조. §17, 2a). 이와는 대조적으로 예수를 반대하는 자들은 로마 사람들 앞에서 예수를 당시의 열심당(Zealot) 선지자들 중의 한 사람으로 폄하하였고, 빌라도는 예수를 메시야를 자칭하는 열심당원 중의 한 사람으로서 처형하게 되었다. 예수의 사역의 윤곽과 마찬가지로 그 지리적 경로(經路)도 또한 예수의 사명을 특징지었다.

b) 지리적으로

예수의 사역은 본질적으로 유대 백성들이 정착해 있었던 팔레스타인 지역 안에서 행해졌다. 갈릴리에서 예수는 나사렛에서 불과 3.5마일 떨어져 있던 세포리스(Sepphoris), 갈릴리 해변가에서 가버나움의 남쪽에 자리잡고 있었던 디베랴와 같은 헬라화된 성읍들을 피했음이 분명하다. 예수가 갈릴리를 지나 북쪽으로 두로 땅(막 7:24, 31)이나 가이사랴 빌립보 가까운 촌락들(막 8:27)로 여행했을 때 그것은 비유대인들을 대상으로 사역하기 위해서가 아니라 유대인 대적자들을 피하기 위해서였다. 예수가 호수의 동쪽에 있는 비유대인 지역에 모습을 나타낸 것도 마찬가지였다. 이것이 이러한 단화들에 부가되어 드문드문 나오는 지명들이 보여주는 모습인 것이다. 공관복음서와 편집 구조들에 나오는 아주 일반적인 지리적 언급들도 결코 이것을 변경시키지 못한다. 복음서 기자들은 이방 선교라는 후속적인 상황들을 고려하여 이방인들 혹은 사마리아인들 가운데에서의 예수의 사역을 보도하려고 노력하였을 것이 틀림없기 때문에 이것은 역사적으로 믿을 만하다고 볼 수 있다. 그러나 이에 상응하는 전승들은 남아 있지 않다. 요한복음 4장 및 누가복음 9:51-56에 의하면 사마리아 땅을 방문한 것은 단지 다른 행선지로 가는 도중에 지나가기 위해서였다고 한다.

그러므로 예수가 자신의 사역을 이스라엘로 한정시킨 것은 의도적이었음이 분명하다. 예수의 목표는 요세푸스 또는 필로와 같이 헬레니즘 세계와 접촉하려는 것이 아니었고, 이스라엘 그리고 궁극적으로는 예루살렘과의 만남에 중점을 두었다. 이러한 의도는 예수의 도움을 구한 비유대인들에 관한 이야기를 들려주는 두 개의 단화에 분명히 나타나 있다. 하나는 가버나움의 백부장이 자신의 종을 위해 도와달라고 요청하는 내용으로 Q 전승에 나온다(마

8:5-13 par. 눅 7:1-10). 다른 하나는 더 직접적인 것으로서 수로보니게 여인에 관한 마가 전승에 나온다(막 7:24-30 par. 마 15:21-28). 예수 시대에 유대 랍비라면 누구나 그러한 비유대인들의 요청을 흔쾌히 받아들였을 것이다: 서기관들은 "교인 하나를 얻기 위하여 바다와 육지를 두루 다녔기" 때문이다(마 23:15). 예수는 비유대인들의 요구가 자신의 사명에 배치되었기 때문에 비유대인들을 피했다. 그들이 예수에게 청한 도움을 마지못해 받아들인 것은 아주 이례적인 일에 속했다. 예수는 이스라엘에 대한 특별한 사명에 자신의 관심을 집중시켰다.

c) 이스라엘을 대상으로 한 선교

마술사 시몬이 사마리아인들에게 했던 것과는 달리 예수는 이스라엘에게 이전에 알지 못했던 신을 선포했던 것이 아니었다. 예수는 이스라엘에게 이스라엘의 하나님, 조상들의 하나님의 오심을 알렸다. 이 하나님에게로 단번에 돌이킬 때가 이르렀다. 예수는 이러한 부르심을 일반적인 선포 형식으로 발한 것이 아니라 수사적인 데 그치는 것이 아닌 진정한 대화 속에서 그것을 구체적으로 전개하였다. 예수는 스스로 이스라엘의 길에 서 있었다. 예수의 가르침과 그의 운명은 이스라엘의 대변인들과의 논쟁이라는 도가니에 용해되어 들어갔다. 예수가 이스라엘과 맞선 것은 정말 포도원과 농부 비유에서 농부들에게 보내진 마지막 종의 역할과 같은 것이었다(막 12:1-12 par). 이 비유 자체는 복음서들에서 '사후적으로'(*ex eventu*) 장식되었지만, 그 핵심은 예수의 지상 생애 때까지 거슬러 올라가는 것으로서 예수의 사역의 경과를 해석해준다.

우리가 이런 식으로 예수의 지상 사역의 윤곽들에 직면하게 되자마자 우리는 방법론적인 정언명령(定言命令) 앞에 서 있다는 것이 신학적으로 분명해진다. 예수의 사역이 이스라엘의 대화와 긴밀하게 연계되어 있음을 간과하고 불트만의 저작들에서 상당 정도 그렇게 했듯이 그 사역을 인류를 위한 추상적인 메시지로 변화시켜 버린다면 우리는 출발점에서부터 예수의 사역의 핵심을 오해하게 된다.

예수는 인류 아니, 이스라엘에게조차도 일반적인 메시지를 제시한 것이 아니라 이스라엘 백성 및 그 전통들과의 구체적인 논쟁과 대화에 참여하였기 때문에 이스라엘의 종교 분파들은 예수의 사역에 결정적인 중요성을 갖는다.

d) 예수와 종교 분파들

예수 시대에 이스라엘은 명확하게 구별되는 종교 분파들로 나누어져 있었다. 유대 공동체의 신정 체제 안에서 이 종교적 분파들은 정치적 분파라는 성격도 띠고 있었다. 요세푸스는 이 종교적 분파들을 헬레니즘 세계의 독자들을 위하여 대중적인 용어로 "철학 학파들"로 소개하면서 세 분파를 구별해 내었다(*War* 2.8과 *Ant.* 18.1ff.):바리새파, 사두개파, 에세네파. 네번째 분파인 열심당은 로마에 항거하는 유일한 집단이었기 때문에 분파로서의 자격을 박탈하고 목록에서 제외시켰다. 여기 언급한 분파들은 숫적으로는 소수였지만, 이스라엘의 정치 - 종교적 생활을 결정하는 데에 그 영향력이 지대하였다. 이 분파들은 정치와 종교에 무관심한 대중들을 경멸하였다. 바리새파는 그들을 '암 하아레츠('am ha'ares, "땅의 사람들")라고 불렀으며 시편 1편에서 "죄인"에 관하여 말하고 있는 내용을 그들에게 적용하였다.

이 분파들은 복음서의 기사들에서 그 중요성이 상당히 다르다. 열심당과 에세네파는 언급되지 않는다. 그러나 이와 대조적으로 바리새파는 예수와 정면으로 대결한 세력으로 묘사된다. 그렇지만 전승사를 검토해 보면 원래는 익명의 응답자들이 있었던 자리를 나중에 바리새파로 대치한 곳이 많다는 것을 금방 알 수 있다.[8] 그러나 이 구절들을 제외하고 바리새파들을 가리키는 나머지 구절들만을 고려해본다 하더라도 그들은 여전히 가장 중요한 예수의 적대자들이다.[9]

(1) 편집에 의한 증보를 제외한다면 사두개파는 오직 한 번 논쟁에 등장한다: 일반적인 부활에 관한 논쟁(막 12:18-27 par.). 이 대화의 과정을 보면 왜 그들이 단 한 번밖에 언급되지 않는지를 분명히 알 수 있다. 사두개파는 일반적인 부활에 대한 기대, 즉 예수 자

---

8) 특히 마태복음에서: 마 3:7; 12:38 (병행구 눅 3:7; 16:1에 = "무리"); 22:34, 41 (병행구 막 12:28, 35에서 = "서기관"). 마태는 산헤드린의 대표자들에 대해서는 "대제사장과 사두개인", 유대 민족의 지도적인 인사들에 대해서는 "바리새인과 사두개인", 유대교의 종교적 대표자들에 대해서는 주로 "서기관과 바리새인"(누가: "서기관과 바리새인")이라는 비역사적인 정형 어구를 사용하였다. 후자의 어구는 누가복음 11:37-54에 보존되어 있는 바 두 집단에 대한 원래의 저주 선포(마 23장)를 대신했다. 이와는 대조적으로 우리는 바알세불과 연합했다는 고소와 표적을 보이라는 요구와 같은 더 오래된 전승은 익명의 적대자(눅 11:15f. = Q?) 또는 "예루살렘으로부터 온 서기관"(막 3:22) 또는 바리새인(막 8:11) 중 누구에 의해 말해졌는가를 물어볼 수 있다. 안식일 논쟁에서 "그를 지켜보았던" 사람들(막 3:2)은 Bultmann, *Tradition*, pp. 52-54.이 이 구절 및 다른 구절에서 생각했던 것처럼 3:6의 후대의 첨가에 의해 처음으로 바리새인으로 지칭되지는 않았을 것이다. 지칭들의 이러한 변동은 주로 바리새파적 랍비 유대교가 적대자가 되었던 주후 70년 이후의 공동체의 상황의 결과로서 생겨났다.

9) 예를 들면, 막 2:16 par.; 3:6 par.; 7:1f., 5; 눅 11:39-42, 44 (11:43은 분명히 서기관에 대항하여); 18:9ff. 오직 누가에서만 예수는 바리새인늘의 손님으로 나타나고 그들에 의례 헤롯에 관한 경고를 듣는다(13:31-33).참조. K. Weiss, *TDNT* IX, 35-39.

신도 동의했던 기대를 우스꽝스러운 것으로 만들려고 했다.

(2) 이러한 경향은 바리새파들과의 대결에서는 없다. 그들은 예수를 진지하게 취급했고 예수도 그들의 견해를 진지하게 검토하였다. 이렇게 진지한 대화가 이루어질 수 있었던 것은 두 당사자 모두가 율법에 관한 문제에 사활을 걸었기 때문이었다.[10]

우리가 이러한 기본적인 전제들을 이해했을 때에야 비로소 왜 예수와 이스라엘의 대화가 바리새파와의 특별한 논쟁 형태로 되었는가를 분명히 알 수 있게 된다. 바리새파는 실제로 종교적으로 이스라엘을 주도하고 있었으며, 그들이 이러한 지위를 획득한 것은 단순한 우연이 아니었다. 사실 그들이 지향했던 방향은 탈무드 시대에 포로기 이후의 유대교를 낳고 지탱하고 궁극적으로 보존했던 것이다. 그들의 강령은 율법 아래의 삶을 실천에 옮기는 것이었고, 이런 관점에서 그들은 자기들이야말로 참 이스라엘이라 자처하고 민족 전체를 이 운동에 참여시키려 하였다.

예수에게 바리새파는 결코 유대교를 단순히 희화시킨 분파가 아니었다. 그들은 유대교의 대표였으며 율법 아래에서의 삶을 대표하는 분파였다. 이런 이유로 예수는 바리새파의 개개 성원들을 지칭하지 않았고 언제나 일반적이고 전형적인 의미로 지칭하였다. 오직 이러한 견지에서만 바리새파와의 예수의 논쟁은 의미가 있게 되고 바리새파에 대한 예수의 고발은 정당한 무게를 갖게 된다. 그들은 예수가 이스라엘에서 발견할 수 있었던 가장 뛰어난 수준의 삶의 표준을 대표하였다! 유대교에 정통한 학자인 슐라터(A. Schlatter)는 「그리스도의 역사」(*Geschichte des Christus*, pp. 35-41, 296f.)에서 이러한 관점을 강조하면서 다음과 같이 말했는데, 이는 지극히 올바르다고 하겠다: " … 기독교는 유대 공동체에 대한 바리새주의의 지배 없이는 생각조차 할 수 없다 … 〔기독교〕는 바리새주의에 의거하거나 반대하면서 자신의 역사와 가르침들을 발전시켰다."(p. 296).

(3) 예수의 가르치고 행동하는 방식이 근본적으로 당시의 율법에 대한 지배적인 해석과 정면으로 배치되었기 때문에 예수는 전통에 기초하여 율법을 해석했던 랍비들, 즉 "서기관들"과 논쟁하지 않을 수 없었다. 이 시대에서조차도 서기관들 가운데 주요 인물들, 특히 산헤드린의 구성원이었던 서기관들은 바리새주의에 동조하고 있었기 때문에 어떤 내용들에 대한 질문들과 관련해서 이 갈등은 실제로 바리새주의와의 정면대결 양상을 띠게 되었다.[11] 따라서 수난 설화에서는 바리새파만이 아니라 이들 모두가 적대자들로 등장하는 것이다. 빌러벡

---

10) 이렇게 유대 학자들은 예수를 특수한 부류의 바리새인 랍비로 지칭하였다(참조. H.-F. Weiss, *Der Pharisäismus im Lichte des NT* [1965], pp. 92f.).

11) J. Jeremias, *TDNT* I, 740ff.

(Billerbeck)에 의해 수집된 서기관들의 글들은 여전히 예수 전승의 이해에서 근본적인 비교 자료를 제공해준다. 하지만 비교를 하는 데에 우리는 전승의 성격을 지닌 문헌을 다루는 경우일지라도 저작 연대를 반드시 고려하여야 한다.

(4) 수난 설화에서는 대체로 사두개파의 의견에 동조하는 일단의 제사장들, 특히 대제사장과 주요한 제사장들(archiereis)이 등장한다.[12] 예수는 성전을 깨끗케 하는 사건을 통하여 그들을 격동시켰지만(막 11:15-17 par.), 결코 그들과 대화하거나 논쟁하지는 않았다.

e) 예수의 사역의 길

예수의 사역이 바리새주의와 숙명적인 대결이 되었다는 것을 감안할 때 우리는 예수 자신의 견해들이 유대 사상의 또 다른 분파에 의해 결정되었기 때문에 예수가 바리새주의를 반대한 것인지에 대해 물어볼 수 있을 것이다. 유대의 분파들과 예수가 어느 정도 가까운가 하는 질문은 예수가 얼마나 유대 전통들에 의존하고 있는가 하는 문제와 결부하여 생각해야 한다. 이 문제에 관한 예수의 몇몇 핵심적인 진술들에 비추어볼 때 우리는 예수의 배경에 결정적인 영향을 미친 네 가지 관계들을 확인할 수 있다.

1) 예루살렘을 마지막으로 방문한 기간 동안에 예수는 특이하게 행동을 하였다. 성전을 깨끗케 한 것은 시위적인 행위였다. 누가복음의 고별사에서 예수는 제자들에게 이렇게 요구한다: "검 없는 자는 겉옷을 팔아 실지이디 … ". 그러자 제자들이 말했다: "수여 보소서 여기 검 둘이 있나이다". 예수가 그들에게 말했다: "족하다"(눅 22:36ff.). 예수가 체포되었을 때 제자들은 싸움을 하려고 한다(막 14:47). 빌라도는 예수를 메시야를 자처하는 열심당으로 처형하였다. 누가(23:33)에 따르면 두 "행악자" — 아마도 열심당들 — 가 예수와 함께 십자가에 못박혔다.

이러한 전거들을 바탕으로 라이마루스(Reimarus)는 예수가 혁명가였다고 단정하였었다. 1929/30년에 아이슬러(R. Eisler)는 자신의 방대한 저작인 *Iesous basileus ou basileusas* 에서 예수를 묵시론적 정열을 품은 정치적 폭도로 규정함으로써 상당한 반향을 불러 일으켰다. 그 후 1960년대에 카르미카엘(J. Carmichael)은 이 저작으로부터 통속적인 구절들을 뽑아내어 자신의 책에서 인용하였는데, 놀랍게도 그 책은 베스트

---

12) G. Schrenk, *TDNT* III, 268 - 272.
13) M. Hengel, *Die Zeloten* (1961), p. 191; *Was Jesus a Revolutionist?* (1971), pp. 1, 8, 11 n. 39, Lit.!; O. Cullmann, *Jesus and the Revolutionaries* (1970).

셀러가 되었다. 역사적 환상을 구성한 책들[13]이 대중적인 기반을 획득할 수 있었던 것은 오로지 당시에 유행했던 "변혁의 신학"에서 예수를 사회변혁에 대해 깨어있는 인물로 묘사하였기 때문이다.

2) 두번째의 연관은 예수의 사역의 장엄한 차원과 관련되어 있다: 예수는 사회적으로 억압받고 소외된 자들에게 관심을 돌렸다. 예수는 "가난한 자는 복이 있다"고 말했다. 이것은 사회학적 설명이야말로 예수의 사역에 그토록 근본적이었던 이 두드러진 차원에 가장 알맞는 것처럼 보였다(막 11:19) ; 예수는 시편에서 기리고 있는 가난이라는 덕목을 지속적으로 갖고 있었던 갈릴리 형제단 안에서 성장했을 가능성이 있는 것으로 생각되었다. [14]

우리가 자료들을 검토해볼 때 이러한 종류의 가난에 대한 전거는 오직 한 군데에만 나온다는 것을 분명히 알게 된다. 예수의 탄생에 관한 누가의 기사는 한나와 시므온이라는 인물들을 통해 그 전거를 제공해준다. 그렇지만 이 심상(心像)들은 부활절의 관점에서 회고적으로 도출된 것이다. 가난을 덕목으로 하는 형제단에 대한 언급들은 역사적 환상에 의해 만들어진 왕국에 속한다. 우리가 앞으로 보겠지만 가난한 자가 복되다고 한 예수의 선언은 이미 존재하는 집단을 염두에 두고 한 말씀이 아니다(참조. §10, 1a; §11, 2b).

3) 이보다 훨씬 더 중요한 관련성이 예수는 구약 및 유대의 묵시론의 용어들과 개념들을 광범위하게 빌어 썼다는 고찰을 바탕으로 제기되어 왔다. 예수는 다니엘서 7장과 마찬가지로 인자와 하나님 나라의 도래를 선포했다. 이에 따라 오토(R. Otto)는 예수의 선구를 갈릴리의 묵시론적 형제단, 즉 에녹 분파에서 찾았다. [15] 게다가 슈타우퍼(E. Stauffer)는「신약신학」(1941)에서 예수는 유대의 묵시론을 자신의 출발점으로 삼았다고 주장했다. 그리고 좀더 최근에는 빌켄스(U. Wilckens)도 이런 주장을 하였다. [16]

그러나 이 학설은 유대교의 상황 및 예수의 위치를 왜곡하고 있다. 예수에게서 묵시론적 배경을 운위하고자 하는 자는 누구나 먼저 이 다채로운 뜻을 가진 용어가 무엇을 가리키는

---

14) W. Sattler, "Die Anawim im Zeitater Jesu Christi," in R. Bultmann and H. von Soden, eds., *Festgabe für Adolf Jülicher* (1927), pp. 1-15.

15) *Kingdom of God and Son of Man* (1943), pp. 14ff., 226f., 286f.

16) "The Understanding of Revelation Within the History of Primitive Christianity," in W. Pannenberg, ed., *Revelation As History* (1968), pp. 69 - 82; so also, K. Koch, *The Rediscovery of Apocalyptic* (1972).

17) 연구 현황에 대한 보고들: J. M. Schmidt, *Die jüdische Apokalyptik: Die Geschichte ihrer Erforschung von den Anfangen bis zu den Textfunden von Qumran* (1969) ; K. Koch, *Rediscovery* (1972) ; J. Schreiner, Altestamentlich - jüdische Apokalyptik. Eine Einführung (1969).

지를 분명히 해야 한다.[17] 관례적으로 "묵시문학"이라 하면 구약 및 유대 문헌의 매우 광범위한 장르를 가리킨다. 묵시문학은 장르로서도 단일한 것이 아니다. 하물며 묵시문학으로 표현되는 삶의 정황(Sitz im Leben) 혹은 그 신학적 정향(定向)이 단일하지 않을 것은 두말할 나위도 없다. 삶의 정황과 관련하여 우리가 기껏 말할 수 있는 것은 몇몇 특정한 묵시문학들은 형제단이 아니라 서기관들의 연구 모임에서 생겨났다는 것 정도이다.

이보다 훨씬 더 중요한 것은 예수가 묵시론적 용어와 개념들을 자유롭게 사용하긴 했지만 전형적인 묵시론적 범주들의 틀 안에서 사고한 것은 아니라는 사실이 점점 더 분명해지고 있다는 것이다. 이것은 하나님 나라에 대한 예수의 이해를 분석해보면 곧 뒷받침될 것이다.

4) 마지막으로, 몇몇 사람들은 예수의 지적, 종교적 고향을 여전히 또 다른 네번째의 분파, 즉 유대의 세례파들에서 찾았다 — 오늘날까지 이 견해는 지속되고 있다. 예수가 세례 요한이 이끄는 세례 운동에 참여했다는 것은 의심할 여지가 없다. 요한복음 1:35 이하에 따르면 예수는 요한과 관련된 집단의 사람들로부터 자신의 최초의 제자를 얻었다고 한다. 더욱이 요한복음 3:22의 문제성 있는 구절에 따르면 예수 자신이 백성들에게 세례를 베풀었다고 한다. 세례 요한과의 이러한 관련성과 아울러 예루살렘의 최초의 회중 안에서의 삶의 많은 측면들은 에세네파를 생각나게 한다. 이 측면들 가운데 몇몇은 요세푸스의 기사로부터 낯이 익은 것들이다: 재산 공유, 공동 식사, 세례.

이에 따라 18세기의 이신론(理神論)과 초기 합리주의에서는 예수와 원시 기독교의 뿌리를 에세네파에서 찾았다. 예수가 세례파들 안에서 성장했을 가능성은 만다야교(the Mandean)의 저작들이 번역되어 알려진 후 1920년대에 다시 제기되었다. 한 직접적인 구절에서는 예수를 나조라이오스(Nazoraios)라는 호칭을 사용해 부르고 있는 듯이 보인다. 이 호칭은 동일한 명칭을 가진 유대의 한 세례파로부터 유래하였다는 결론을 내리고 있으나, 우리가 위에서 보았듯이(§3, 2a) 그것은 어원학적으로 위조된 결론일 뿐이다. 사해 두루마리가 발견된 이후에 그것들 사이의 유사점들이 즉각적으로 알려졌고, 예수가 에세네 운동에 의존했다는 것이 논의되었다. 많은 사람들에게 예수는 실제로 의의 교사의 환생으로 보였다. 예를 들면 의의 교사와 마찬가지로 예수는 토라를 급진적으로 해석했고 임박한 심판을 선포하면서 총체적인 회개를 요구했다. 이 문제에 대하여 예수는 외관상으로 비슷한 쿰란의 의의 교사와 마찬가지로 종교 당국과 극단적인 마찰을 빚었다. 이 외에 이 두 인물의 공동점으로는 부(富), 맹세, 성전 등등에 대한 비판이 있다. 이와 같은 매우 근사한 일치점들로 인하여 이 둘을 비교하는 것은 시사해 주는 바가 매우 컸다. 하지만 전승사적 견지에서 예수는 유대의 다른 분파들, 특히 바리새파와 묵시론의 대표자들은 물론이고 에세네파와도 전혀 유사한 위치에 있지 않다.[18]

예수의 종교사적 선구에 대한 고찰에서 이상의 예비적인 결론은 흥미롭게도 예수의 직접적인 제자 집단의 선구와 관련한 공관 전승의 얼핏 스쳐가는 언급과 정확히 일치한다. 예수는 한편으로는 세리인 레위를 불러 영속적인 제자직 속에서 자기를 좇게 한다(막 2:14). 마태복음 9:9에서 레위를 열두 제자 가운데 한 사람인 마태와 동일시한 것은 적어도 일반적으로는 올바르다. 다른 한편으로 그의 뒤를 따라 '가나안인 시몬(Simon ho Kananaios)이 열두 제자의 목록에 거명된다(막 3:18). 누가복음 6:15은 이 별명을 '셀롯'(ho zelotes)으로 올바로 수정하고 있다. 이 제자는 제자로 부르심을 받기 전에 열심당에 속해 있었다. 세리와 열심당은 유대 공동체에서 상극(相剋)을 나타내는 것이었다. 세리는 외국인들을 위해 세금을 거두어 들였고, 열심당은 필요하다면 무력을 써서라도 공세의 납부를 거부하고 저항하였다. 그런데 이들이 예수의 제자 집단에 함께 있었다. 오래된 이분법을 뒤집어 엎는 새로운 그 무엇이 일어났던 것이다. 개개의 자료 및 이름들이 역사적으로 문제성이 있다 할지라도 우리는 이에 대해 확신할 수 있다. 우리가 말할 수 있는 모든 것은 예수의 종교사적 선구에 관한 이 짤막한 글에서 우리는 다음과 같은 예비적인 요약을 얻을 수 있다는 것이다.

(1) 종교사적 배경의 견지에서 예수는 일방적으로 어느 특정한 유대교의 분파로부터 나오지 않았다. 예수를 세례 운동 진영이나 묵시론 진영에 한정시키는 것은 너무나 소박하게 단순화시키는 오류를 범하는 것과 같다. 예수는 다양한 유대의 전통들을 취사 선택하여 받아들였고 부분적으로는 그것들에 의거하여 또 부분적으로는 그것들에 반대하여 자신의 선포를 발전시켰다. 이런 구도 안에서 예수는 묵시론 전통이나 바리새파 전통에 빚진 것이 아니라 할 수 있다. 왜냐하면 그것들 자체가 광범위하게 얽혀 있기 때문이다. 예수가 특정한 유대 전통들과 어떠한 배경으로 연관을 맺고 있느냐 하는 문제는 앞으로도 계속 연구해야 할 과제임에 틀림없다. 이 과정에서 쿰란의 의의 교사와 마찬가지로 예수 또한 유대 전통들과 어우러지는 가운데 구약과 직접적이고 독특한 관계를 발전시켰다는 것이 명백해 질 것이다.

(2) 예수가 바리새파와 대결했던 것은 예수가 바리새파에 반대하는 기존의 분파를 대표했기 때문이 아니라 예수는 모든 이스라엘을 회개로 불렀고 이 부르심에는 다른 어느 분파보다도 율법을 자신의 영역이라고 생각했던 집단인 바리새파도 예외가 아니었기 때문이었다.

---

18) Braun, Qumran II. §§ 3 , 5.

(3) 예수가 당시의 유대교의 각양 각색의 분파들 가운데서 분명하고 긍정적으로 동조했던 유일한 분파는 세례 요한이라는 인물에 의해 대표되는 운동이었다. 그러므로 예수가 연합했던 방식을 이해하고자 하는 것은 예수에 대한 신학적 이해서 대단히 중요하다.

f) 예수와 세례 요한의 관계

예수가 세례 요한과 어떠한 방식으로 연합하였느냐 하는 것은 우리가 대비를 위해 또 하나의 가능성을 나란히 놓고 살펴 볼 때 한층 분명한 윤곽을 얻을 수 있다. 요세푸스는 *Life*(2. 10)에서 자기는 청년 시절에 가장 좋은 분파에 가입할 의도를 가지고 먼저 유대의 각 분파들을 하나 하나 접해보려고 했다고 말한다. 헬레니즘 세계에서는 이런 식으로 비교적 괜찮은 종교 및 철학 분파들을 찾아다니는 것은 실제로 치밀한 사상가들의 생활 양식 그 자체에 속했다. 순교자 유스티누스(Justin Martyr)와 성 아우구스티누스도 이러한 이상을 추구한 인물들의 본보기였다. 그래서 요세푸스는 요단 평야, 즉 "광야에서(*kata ten eremian*)" 살았던 바누스(Bannus)라는 은둔자의 무리들 속에서 삼년을 지냈다. 바누스는 "나무들이 제공해주는 옷들만을 입었고, 스스로 자라나는 것들만을 먹었으며, 순결을 위해 밤낮으로 차가운 물로 자주 결례를 행하였다"(*Life* 2. 11 = LCL, Vol. I, 6f.). 나중에 요세푸스는 세례 요한을 이러한 분파를 대표하는 또 하나의 대표자로 언급한다.[19] 이렇게 비교를 해본 후에 요세푸스는 바리새파가 가장 바람직한 방향을 대표한다는 결론을 최종적으로 내렸다. 그의 눈에는 세례를 옹호하는 파와 바리새파는 오직 상대적으로만 서로 구별될 뿐인 유대 경건의 표현들이었다.

예수의 평가는 이와는 완전히 다른 것이었다. 예수는 바리새파의 결례 의식(儀式)을 "사람의 계명"이라 하여 거부하였다. 마가복음 7:8에서는 이를 "너희가 하나님의 계명은 버리고 사람의 유전을 지키느니라"고 표현하고 있는데, 이 구절은 적어도 예수의 말씀을 나름대로 옮긴 것으로서는 정확하다고 해야 한다. 예수는 에세네파의 결례도 마찬가지로 거부하였을 것이다. 반면에 예수는 요한의 세례는 "하나님으로부터" 온 것이라고 분명히 선언하였고

---

19) *Ant.* 18. 5. 2. " … 세례자라는 별명을 가진 요한. 그는 선량한 사람이었고 유대인들에게 올바른 삶을 영위하며 이웃을 향하여 정의를 행하며 하나님을 향하여 경건을 행하라고 권면하면서 세례를 받으라고 했지만, 헤롯은 그를 사형에 처했다. 그가 보기에는 세례가 하나님께서 받으실 만한 것이었다면 이것은 꼭 필요한 예비단계였다. 그들은 자기들이 지은 죄를 용서받기 위하여서가 아니라 영혼이 이미 올바른 행실에 의해 완전히 깨끗해졌음을 의미하는 몸의 성별(聖別)로서 세례를 받아야 한다. 다른 사람들도 그의 주위의 무리들에게로 합류하였을 때 … 헤롯은 놀라게 되었다. 사람들에게 그토록 큰 영향을 미쳤던 유창한 언변은 어떤 형태의 소동으로 이어질 것이다 … 그래서 헤롯은 미리 쳐서 그를 제거하는 것이 더 낫다고 판단하였다 … "

스스로 요한에게서 세례를 받았다(막 1:9; 11:30 par.). 이에 따라 예수는 오직 요한만을 자기 시대에서 하나님의 선지자라고 지칭하였다(마 11:9).

예수는 요세푸스와는 다른 차원에서 결론을 내린 것이 분명하다. 요세푸스는 상대적으로 성격이 다른 여러 종교적 전통들로부터 선택을 하였다. 예수는 요한이 하나님에 의해 권세를 부여받은 유일한 인물이었기 때문에 절대적인 확신을 가지고 요한과 운명을 같이 했다. 따라서 요한은 요세푸스의 저작에서 세례 운동의 여러 대표자들 중의 한 사람으로 등장하지만, 복음서들에서 요한은 홀로 예수를 위해 길을 예비하는 하나님의 선지자이다. 의심할 여지 없이 현상을 첫번째로 보는 것이 두번째로 보는 것보다 모든 면에서 더 정당할 가능성이 높다. 우리는 이 첫번째로 보는 것을 "역사적"이라고 부를 수 있을 것이다. 그렇다면 우리는 두번째로 보는 것을 무엇이라 불러야 하는가? 여기서 우리가 사용할 수 있는 유일한 것은 잘 파악하기 어려운 전문적인 용어인 "구원사적"(Heilsgeschichtlich)이라는 명칭이다. 이 명칭 자체는 복음서들에서 발견되는 두번째 관점의 견지에서 정의될 필요가 있다. 우리가 세례 요한에 관한 예수 및 복음서 기자들의 선언으로부터 이 정의를 내린다면, 우리는 "구원사"를 그 이적적 성격 또는 그 뚜렷한 연속성으로 말미암아 나머지 역사와 구별되는 역사적 배경이라 말할 수 없다. 오히려 구원사는 하나님이 자기 자신을 예수 안에서 결정적으로 드러내시도록 그 길을 예비하였던 것으로 마침내 확인될 수 있는 서로 결합된 일련의 역사적 사건들, 예수 자신도 그러한 의미로 근본적으로 동의하였던 일련의 역사적 사건들을 가리킨다고 해야 한다. 이런 식으로 예수는 "구원사적" 의미에서 세례 요한과 운명을 같이 했던 것이다.

예수와 세례 요한의 전승사적 및 종교사적 관련성은 상대적이다. 그러나 구원사적 관련성은 배타적인 성격을 띤다. 신약의 진술들을 공정하게 다루려고 한다면, 우리는 이 두 고찰 방법 ― 역사적 및 구원사적 ― 을 모두 진지하게 고려하여야 한다. 즉, 우리는 그 두 고찰 방법을 따로따로 떼어놓아서는 안되고 상호간에 치열한 대화를 전개하도록 해야 한다.[20] 우리가 세례 요한에 관한 신약의 진술들을 생각할 때 곧바로 이하에서 언급할 해석학적 원칙들(§23, Ⅴ, 4)이 첨예하게 부각되는 것은 불가피하다.

우리는 세례 요한에 관한 신약의 진술들을 역사적 상황 앞에 맞세워 놓음으로써 예수의 직접적인 배경을 분명히 밝히고자 하는 시도로부터 이 대화를 시작하고자 한다. 이러한 기술(記述)은 예수의 자기 이해라는 문제만이 아니라 예수의 구원 사역을 이해하기 위한 종교사적 전제인 유대의 구원론이라는 문제를 이끌어들일 것이다.

---

20) 또한 P. Stuhlmacher, "Marginalien" (cf. § 1, Lit.), pp. 344f. ; 348ff. ; 359ff. 를 보라.

§4. 구원사의 출발점: 세례 요한

A. Schlatter, *Johannes der Täufer*, ed. W. Michaelis (1956); M. Dibelius, *Die urchristliche Überlieferung von Johannes dem Täufer* (1911); E. Lohmeyer, *Das Urchristentum I: Johannes der Täufer* (1932); C. H. Kraeling, *John the Baptist* (1951); J. Steinmann, *Saint John the Baptist and the Desert Tradition* (1958); H. Braun, *Qumran* II, 1-29: "Der Täufer, die Täufertaufe und die christliche Taufe"; J. A. Sint, "Die Eschatologie des Täufers, die Täufergruppen und die Polemik der Evangelien," in K. Schubert, ed., *Vom Messias zum Christus* (1964), pp. 55-163; W. Wink, *John the Baptist in the Gospel Tradition* (1968); H. Thyen, *Studien zur Sündenvergebung im Neuen Testament und seinen alttestamentlichen und jüdischen Voraussetzungen* (1970), pp. 131-145; J. Becker, *Johannes der Täufer und Jesus von Nazareth* (1972).

1. 역사적 위치를 결정하는 문제에 대하여

a) 마가 전승에 의하면 세례 요한은 광야에서(*en te eremo*)에서 사역을 시작하였고 요단강에서 세례를 베풀었다. 그에게 세례를 받은 사람들은 주로 예루살렘과 유대로부터 왔다(막 1:4f. par). 따라서 세례 요한은 여리고의 오아시스의 남쪽에 있는 요단 평원에서 설교를 하고 세례를 주었다. 이와 같은 사실은 그 지역의 전승들에서도 확인된다.[1] 거기에서 남쪽으로 두세 시간만 걸으면 에세네파들이 은둔하며 공동 생활을 했던 사해의 북시쪽 끝 쿰란이 나온다.

이러한 지리적 근접성에 걸맞게 이 둘 사이에는 몇몇 기본적인 문제들에서 일치점이 있었다. 우리는 사해 두루마리를 통해 알게 된 에세네파와 요한 사이에 놀랄 만한 유사점들이 있음을 발견한다. 이 둘 모두에서 핵심적이었던 것은 회개로의 급진적인 부름, 결례, 위로부터의 임박한 개입에 대한 기대였다. 이 둘은 모두 자기들이 광야에 있는 것을 구원사적으로 이해하였다. 에세네파는 자기들이 광야에 머무르는 것이 이사야 40:3을 성취한 것이라고 해석하였다. 1QS 8:13f. (9:19f.)에는 다음과 같은 말이 나온다: "저희는 불경건한 자들의 거하는 곳으로부터 구별되어 주의 길을 예비하기 위하여 광야로 나갈 것이다. 기록된 바 '너희는 광야에서 [여호와]의 길을 예비하라. 사막에서 우리 하나님의 대로를 평탄케 하라'(사 40:3) 하신 것처럼. 이 (길)은 하나님이 모세의 손을 빌어 우리에게 명하신 바 율법을 연구하는 것이다 … "(G. Vermes, *The Dead Sea Scrolls in English*,

---

1) G. Dalman, *Sacred Sites and Ways* (1935), p. 87.

pp. 85f.). 그러므로 요한은 이미 이 구절에 비추어 자기 자신을 이해했을 것이다. 마가복음 1:2f.에 나오는 복음 전승은 이 구절을 취해서 세례 요한을 해석하였다.

몇몇 학자들은 요한과 에세네파의 밀접한 유사성을 전기적 관점에서 설명하려고 하였다. 그들은 주로 누가복음 1:80을 토대로 세례 요한은 독신의 에세네파 사람에 의해 양자로 선택된 아이들 가운데 하나로서 성장했다고 주장하였다.[2] 하지만 이 주장은 진지한 학문적인 가설로서 받아들여질 수 없다. 그러므로 세례 요한에 관한 전승들과 에세네파의 문헌들을 서로 비교해 보는 편이 훨씬 더 중요하다. 종교사적 견지에서 이렇게 대비를 해보면 요한은 유대의 세례 운동의 한 대표자였다는 것이 확증된다. 이것은 우리에게 복음서의 기사들을 더 잘 이해할 수 있게 해준다.

b) 공관복음서의 기사들은 세 가지 전승층으로 되어 있다. (1) 마가복음 1:1-8과 6:14-29의 마가 전승은 세례 요한의 사역의 개시와 그의 죽음에 관한 이야기들을 들려준다. 이 이야기들은 마가에서 이미 편집적 성격을 띠고 있다. 그런 다음 그것들은 마태와 누가에 의해 더 한층 개작되었다.[3] (2) 이것들과는 대조적으로 Q에 나오는 세례자에 관한 말씀들 (마 3:7-10 par. 눅 3:7-9)은 사슬 형태로 전해져 내려온 것으로서 아마도 아람어로 된 정형어구로까지 거슬러 올라가는 듯하다.[4] (3) 세번째 층 — 누가복음 3:10-14에 나오는 소위 본분 설교(station sermon)에 관한 누가의 특수 전승과 누가복음 1장의 탄생 설화 — 은 거의 역사적인 신빙성을 지니고 있지 않음을 보여준다. 이외에 세례 요한에 관한 공관복음서의 언급들은 세례 요한에 관한 예수의 진술들을 재현하고 있으므로 아래에서 예수에 관해 묘사할 때 고찰될 것이다. 세례 요한에 관한 공관복음서 이외의 전승들과 정경 이외의 전승들[5]은 그의 설교의 신학적 내용에 대한 이해에서 내용적으로 더 풍부하게 해주는 것이 없다. 따라서 우리는 그러한 내용에 관한 이해를 주로 Q에 보존되어 있는 말씀들로부터 이끌어 내려고 한다.

2. 세례 요한의 설교

2) W. H. Brownlee의 대표적인 논문인 "John the Baptist," in K. Stendahl, ed., *The Scrolls and the New Testament* (1958), pp. 33 - 53에서.

3) W. Trilling, "Die Täufertradition bei Matthäus," *BZ* 3 (1959), 271 - 289.

4) M. Black, *An Aramaic Approach to the Gospels and Acts* (1967³), p. 106.

5) Lohmeyer, op. cit. (§ 4, Lit.), pp. 26 - 43

세례 요한의 네 가지 신학적 주제들은 동시에 유대 구원론의 주요한 주제들이기도 하다.

a) 임박한 진노의 심판

마태복음 3:7에 나오는 말씀들의 첫마디는 "누가 너희를 가르쳐 임박한 진노를 피하라 하더냐"이다. 그런 다음 최종적으로 3:10에 나오는 심상(心像)은 청중들의 상황을 생생하게 밝혀준다: "이미 도끼가 나무 뿌리에 놓였으니 좋은 열매 맺지 아니하는 나무마다 찍어 불에 던지우리라". 이 심상에 따르면 이스라엘 사람들은 예외없이 그 뿌리가 이미 도끼의 마지막 한 번의 휘두름에 직면해 있는 나무들과 같다는 것이다. 이러한 심상은 두 가지 관념을 전달해 주었다. 첫째, 심판의 날이 도끼의 날을 나무의 드러난 뿌리에 갖다 댄 것과 그에 이어 마지막 한 번의 휘두름 사이의 거리만큼이나 가까이 다가왔다는 것이다. 요한은 임박한 개입에 대한 기대를 묘사했다 ─ 그 문제에 관하여 모든 예언들이 그러했듯이. 둘째, 임박한 심판의 행보가 빨라지는 가운데 시기의 문제는 "열매"와 관련되어 있다. 심판자는 업적을 묻는 것이 아니라 좋은 열매를 물을 것이다. 열매는 한 개인의 내부에 있는 것이 나타난 것이다. 좋은 열매는 인류에 대한 하나님의 의도에 맞춰 살아가는 사람들의 행위이다. 누가 그러한 열매를 보일 수 있는가? 분명히 아무도 그럴 수 없다! 사람들은 "독사의 자식들"(3:7), 즉 자기 자신 안에 독을 품고 있는 독사의 자식들이다. 그들은 헛되이 조상들의 약속들을 자신을 위한 보증으로 생각하고 그 안에서 피난처를 구한다(3:9). 이 말씀들은 기독교 신학의 손을 빌어 요한의 입속에 넣어진 말들이 아니었다.[6] 쿰란 사본들도 신노 아래에서 모든 사람들이 멸망할 것을 전제하고 있다(1QS 11:9-12; 1QH 4:29f.). 마찬가지로 이 본문들에 의하면 지금 제안되고 있는 회개를 바탕으로 행하는 사람들만이 구원받을 것이라고 한다.

b) 회개로의 부름

이런 이유로 요한의 설교에서 날카로운 단면이 되고 있는 것은 회개로의 급진적인 부름이다. 마태복음 3:8은 이렇게 말한다: "회개에 합당한 열매를 맺고". 이 묘사는 요한에게 회개가 무엇인가를 생생하게 보여준다. 열매 맺지 않는 나무는 불에 던지울 것이다. 그러므로 그런 나무는 열매 맺는 나무로 변화되어야 한다. 요한에게 이러한 변화는 회개, 즉 메타노이아(*metanoia*)이다.

"회개"라는 용어는 구약 및 유대 문헌에서 사용된 용례와 비교해보면 상당한 정도로 윤

---

6) Bultmann, *Tradition*, pp. 117, 127.

곽이 드러난다.[7]

1) **단어.** 루터역 성경에서 "회개"라고 번역한 곳은 그 배후에 헬라어 명사 '메타노이아 (*metanoia*)' 또는 동사 '메타노에인(*metanoein*)'이 있다. 세속 헬라어에서 이 단어는 '마음(*nous*)을 바꾸는 것, 뉘우치는 것'을 의미했다. 그러나 공관복음에서 이 단어는 전혀 다른 의미를 갖는다. 팔레스타인 유대교에서 헬라어를 말하기 시작하면서부터 — 칠십인역 이전부터 — 이 단어는 히브리어 '슈브'(*shub*)에 대한 헬라어 대응어로 사용되었다. 그런데 '슈브'는 "돌이키는 것"을 의미했다. 한 인간의 전 인격이 방향을 바꾸는 것. 구약 선지자들의 회개로의 부름에 의하면 이것은 이스라엘이 그들의 하나님께로 되돌아가는 방식이다. 이 단어의 이러한 신학적 의미는 공관복음서의 용어 사용에서도 그대로 채용되었다. '메타노에인'은 언제나 견해만이 아니라 행위를 바꾸는 것을 의미했고, 그것도 언제나 윤리적으로 나아지는 것만이 아니라 하나님과의 관계 속에서 행위의 변화를 의미했다. 이 점을 고려한다면 우리는 이 단어를 어떻게 번역하여야 하는가? 어떤 것을 선택하더라도 "마음을 바꾸는 것" 정도로는 불충분하다! 우리는 그 단어를 "회개"로 번역할 수도 있지만, 대화에서나 교회에서 쓰는 관용어와는 완전히 독자적인 의미로 그렇게 사용한다. 이 단어는 핵심적인 단어이기 때문에 신약의 의미 내용을 충분히 담고 있을 필요가 있다. 우리가 그것을 "회심"으로 번역한다고 해도 사정은 마찬가지이다. 우리는 세례 요한만이 아니라 모든 팔레스타인 유대교가 약간의 뉘앙스 차이는 있지만 이런 의미로 회개를 말한다는 것을 알고 있다.

2) **바리새파 유대교.** 이들은 사람들에게 매일 회개하라고 권면했다. Bab. Talmud Shabbath 153a에서 엘리에살(R. Eliezar, 주후 90년경)은 이렇게 말했다: "'그대가 죽기 전날에 회개하라'. 문도들이 그에게 '사람이 자기가 어느 날에 죽을지를 알 수 있습니까?'라고 물었다. 그는 대답했다. '그렇기 때문에 더욱 더 오늘 회개해야 할 이유가 있는 것이다. 그 사람이 내일 죽을지도 모르는 일이기 때문이다. 그렇게 하면 그 사람은 온 생애 동안 회개를 하는 게 될 것이다.'"(Billerbeck, I, 165).

이것은 어떤 종류의 회개인가? 개개인은 율법의 척도에 따라 자신의 삶을 끊임없이 살폈고, 계명을 어긴 것을 알게 되면 참회로 응답하였다. 그는 참회한 문제에 대하여 그 시간 이후로 달리 행함으로써 적극적으로 자신의 참회를 보였고 최선을 다해 행동을 고치려고 노력했으며 구제와 금식을 통해 보속(報贖)을 하였다. 이런 식으로 적극적인 참회를 보인 사람은 누구나 하나님이 자기를 용서하였음을 확신할 수 있었다. 이러한 용서는 극히 소수의

---

7) J. Behm, *TDNT* IV, 975 - 1008.에 나오는 이하의 내용에 관한 문헌.

경우에는 적극적인 참회와 거의 동시에 체험되었고 많은 경우에는 일년에 한 번 대속죄일에 체험되었으며 어떤 경우에는 죽음이라는 속죄를 통해서만 체험되기도 하였다. 이런 의미로 회당에서는 매일의 회개를 설교했다.[8] 회당에서는 용서를 수여하지 않았다. 아마도 이전의 성전 의식에서도 이것은 행해지지 않은 것 같다.[9] 회당에서는 개개인이 스스로 행할 수 있는 구원의 체계를 가르쳤다. 여기에서는 매일매일의 부분적인 회개를 요구한 반면에 요한은 단번의 총체적인 회개, 즉 열매 맺지 못하는 나무가 열매 맺는 나무로 변하는 회개로 나아가도록 가르쳤다.

3) 바리새파와는 대조적으로, 회개에 대한 세례 요한의 요구는 몇몇 핵심적인 측면에서 회개에 대한 에세네파의 요구와 닮았다고 할 수 있다.[10] 세례 요한과 마찬가지로 에세네파는 모든 이스라엘이 하나님으로부터 떨어져 나갔다고 하여 모든 이들이 회개할 것을 요구했다. 또한 에세네파는 임박한 심판의 날을 응시하면서 사람들을 회개로 불러들였다. 또 에세네파는 회개를 이전에 행했던 모든 것에 대한 단번의 완전한 폐기로 보았다. 이러한 것들이 일치점들이다. 그러나 사람들이 어떻게 회개를 보이는가를 살펴보게 되면 그 차이점이 분명히 드러난다. 에세네파는 이에 대한 해답을 등식(等式)의 형태로 표현한다: 회개를 보이는 것은 언약 곧 자기 분파로 입회하는 것을 의미한다. 거기서 하나님과 자신의 공동체와의 새롭게 된 교제가 제공된다고 한다.[11] 결과적으로 회개는 바리새파와 마찬가지로 인간의 업적이 아니라 은혜로 말미암아 가능하게 된 하나님과의 새로워진 관계에 대한 권리 주장이었다. 그렇지만 그 실질은 모든 실제적인 목적을 위해 어떤 사람이 그 분파 및 그 분파의 토라에 대한 가르침과 행함의 전 체계에 참여하는 것으로 나타났다. 이와는 대조적으로 세례 요한은 자기 주위에 특별한 공동체를 모으지 않았고, 구약의 선지자들과 마찬가지로 모든 이스라엘을 회개로 불러 지평선에 몰려든 재난의 폭풍을 대비하라고 하였다. 요한의 경우에 회개로의 부름은 율법 아래에서의 새로운 조직(組織)으로 요약될 수 없다. 오히려 그것은 하나님과의 최후의 종말론적 대면을 예기(豫期)하였다. 가끔 공관복음서 전승에 언급되어

---

8) 이러한 회개의 체계는 E. Sjöberg, *Gott und die Sünder im palästinischen Judentum* (1938), and in Billerbeck I, 162 ‑ 172, 878f.에 자세히 기록되어 서술되어 있다.

9) 참조. Thyen, op. cit. (§ 4, Lit.), pp. 46 ‑ 51.

10) H. Braun, " 'Umkehr' in spätjüdisch ‑ häretischer und in frühehristlicher Sicht," *ZThK* 50 (1953), 243 ‑ 258; *Radikalismus* II, 17 n. 9; Thyen, op. cit., pp. 77 ‑ 98

11) 에세네파는 스스로를 "범죄함으로부터 돌이킨" 사람들(IQS 10:20; Vermes, *Scrolls*, p. 91) 또는 "이스라엘의 회개한 자들"(CD 6:5; 8:16; ibid., pp. 102, 105) 그리고 동시에 "언약으로 들어간" 자(IQS 1:7f.; 2:12, 18;5:8, 20;6:14f.; CD 9:3, etc.; ibid., pp. 72ff.; 79ff.; 105f.)로 지칭하였다.

있는 세례 요한의 제자들[12]은 에세네파와는 달리 특별한 공동체를 형성했던 것이 아니고 예수의 제자들과 마찬가지로 일단의 문도(門徒)들이었다. 요한이 죽고 난 후에야 그의 의도에 반하여 그의 제자들의 특별한 공동체가 탄생하게 되었다.[13]

4) 우리가 유대의 환경에서 이와 같은 공통점을 뛰어넘은 더 밀접한 일치점들을 여전히 찾아내고자 한다면, 그것들은 구약 선지자들이 회개라는 용어를 사용한 방식에서 찾을 수 있을 것이다. 이러한 점은 예를 들면 호세아 14:1이하 (MT 2f.)에서 볼 수 있다: "이스라엘아 네 하나님께로 돌아오라 … 여호와께 아뢰기를 모든 불의를 제하시고 선한 바를 받으소서 … ". 여기에서는 회개와 죄사함이 결합되어 있다. 하나님으로부터 멀어져 어그러진 길로 간 사람들의 회개는 하나님이 그들을 다시 한번 받으실 때에만 가능하다. 더욱이 선지자들은 점점 더 명확하게 또 다른 차원을 보았다: 회개를 촉구하고 계시다면 하나님은 자기 자신을 회개하는 사람들에게 열어놓으실 뿐만 아니라 적극적으로 그들을 다시 돌아오게 하신다.

예레미아 24:7에서는 이렇게 말한다: "내가 여호와인 줄 아는 마음을 그들에게 주어서 그들로 전심으로 내게 돌아오게 하리니 그들은 내 백성이 되겠고 나는 그들의 하나님이 되리라". 하나님은 새로운 마음을 창조하실 때 총체적 회개를 수여하신다.[14] 따라서 구약 선지자들의 총체적 회개에 대한 요구는 종말론적 변화의 약속과 서로 대응된다. 하지만 요한에게 그것은 장래의 성령 세례에 대한 선포와 동시에 베풀었던 물 세례와 서로 대응되고 있다. 이러한 구약의 예언과의 대응은 마태복음 3:11에 나오는 세례 요한의 진술의 의도를 밝혀준다. 선지자들을 통해 약속된 변화를 실현시키는 것은 오실 자의 세례 ─ 성령과 불의 세례 ─ 라는 것이다. 요한의 세례는 더 이상 오직 약속의 말씀도 아니고 실현도 아닌 것이다. 그것은 실현을 미리 나타내보이면서도 동시에 여전히 약속으로 남아 있는 표시이다. 이와 같은 변증법 자체가 세번째 주제에 대한 결정적인 주석이 된다.

c) 요한의 세례

---

12) 막 2:18 par.; 6:29 par. 마 14:12; 마 11:2 par. 눅 7:18; 참조. 요 1:35f. M. Hengel, *Nachfolge und Charisma* (1968), pp. 38 - 40.

13) R. Schnackenburg, "Das vierte Evangelium und die Johannesjünger," in *Hist. Jahrbuch* 77 (1958), 21 - 38; G. Richter, " 'Bist Du Elias?' (Joh 1, 21)," *BZ6* (1962), 79 - 92; 238 - 256; H. Thyen, "*Baptisma metanoias eis aphesin hamartion*" in *Zeit und Geschichte, Dankesgabe an Rudolf Bultmann* (1964), pp. 97 - 125.

14) 사 10:20f.; 렘 31:33; 겔 36:26; 참조. von Rad, Theology II, 211ff.

1) 요한은 단순히 선지자였던 것만은 아니다. 그는 기독교와 유대 전승 속에서 모두 "세례자"로 지칭되었다. 위에서 언급한 물 세례에 관한 말씀을 제외한다면 마가복음에 나오는 자유롭게 편집된 이야기만이 그 세례에 대해 자세히 말해준다. 마가복음 1:4 및 그 병행구 누가복음 3:3에 나오는 요약에 따르면 요한이 등장하여 "죄사함을 받게 하는 회개의 세례를 전파"했다. "죄사함을 받게 하는 회개의 세례"라는 정형적인 표현은 여기서 사도행전 2:38의 기독교 세례에서의 그 사용과 마찬가지로 단지 세례가 죄사함을 수여하기 때문에 세례는 회개를 가능하게 만든다는 것을 의미할 수 있다. 이런 의미로 우리는 세례의 성과에 관한 오해하기 쉬운 진술을 이해해야 한다: "다 나아가 자기 죄를 자복하고 요단강에서 그에게 세례를 받더라"(막 1:5 par. 눅). 세례를 받으러 온 사람들은 모두 회개할 준비가 되어 있다고 밝혔다. 그렇지만 세례는 죄의 고백에 대한 상징적인 행위가 아니라 죄사함이라는 하나님의 선물을 나타내는 표시였다. 이 의식은 그 자체로 많은 것을 말해준다. 이 선물은 요한에 의해 세례받고 있는 자에게 현실이 되는 반면에 모든 유대의 결례는 자기정화(自己淨化)였다.

2) 이렇게 드물고 희미하게 전승을 나타내는 언급들은 그것들을 종교사적 배경과 비교하여 볼 때 그 내용이 더 분명하게 드러난다.[15] 기본적인 발전의 방향들은 다음과 같이 묶어볼 수 있다. 구약에 규정되어 있는 종교적 결례(潔禮)들은 오직 종교적 의미만을 가졌다. 그것들 배후에는 세계는 일상 생활에 이르기까지 두 영역, 즉 하나는 정(淨)하고 거룩하며 다른 하나는 부정하고 속된 영역으로 나누어져 있다는 사고가 놓여 있다. 폰 라느(G. von Rad, *Theology* I, 272-79)는 신학적으로 이 사고를 해석하려고 시도했는데, 그렇지 않았다면 우리에게는 매우 생소했을 것이다. 포로기 이후의 유대교에서 이 이분법은 이스라엘이 헬레니즘 세계의 혼합주의 속에서 자기 자신을 지키는 수단들 가운데 하나였다. 포로기 이후의 유대교의 형태를 결정지었던 집단들은 구약에서는 오직 의식(儀式)을 맡은 제사장들에게만 적용되었던 정결 예식을 확대 적용하여 모든 사람을 구속하는 것으로 만들었다. 더욱이 이 체계는 그들의 지도하에 확대되었다. 주요한 두 집단 ─ 바리새파와 에세네파 ─ 은 제사장직을 출발점으로 삼아서 이스라엘을 제사장 민족으로서 속된 사회와 구별하려고 하였다. 그렇지만 결례에 관한 이해에서 그 방향은 서로 달랐다. 바리새파는 결례, 심지어어

---

15) R. Reitzenstein, *Die Vorgeschichte der christlichen Taufe* (1929; repr. 1967); J. Thomas, *Le mouvement baptiste en Palestine et Syrie* (1935); N. A. Dahl, "The Origin of Baptism," *Festschrift für Sigmund Mowinckel* (1955), pp. 36 - 52; K. Rudolph, *Die Mandäer* I (1960), 66ff.: 230ff.: Thyen, *Sündenvergebung*, pp. 133 37.

개종자들의 세례에까지 단지 의례적인 정결의 의미만을 부가하였다. 할라카를 따라 이 의식에 참여한 사람은 누구나 제의(祭儀)의 실행에 참여할 준비를 갖춘 것이 된다. 그 사람은 이스라엘의 예배 의식에 참여하는 것을 허락받았다. 그러나 죄를 깨끗케 하는 것은 바로 이 예배 의식이었다.[16] 이와는 대조적으로 에세네파는 결례를 회개 및 죄사함과 결부시켰다. 그럼에도 불구하고 그들은 영에 의해 성취되는 회개가 먼저 선행되었을 때에 한하여 결례가 효력이 있다는 것을 강조하였다.[17]

3) 요한의 세례와 이 유대의 물 의식들을 대비해보면 요한의 세례가 그 작용 양식 (*modus operandi*)에서 바리새파에서 발전된 개종자들의 세례와 매우 흡사함을 알 수 있게 된다. 개종자의 세례와 마찬가지로 요한의 세례는 단 한 번의 침례였다(히. *tebilah*, 라. *baptisma*). 하지만 결례가 회개와 결합되어 있다는 점에서 그 의미는 요한의 세례는 에세네파의 개념에 더 가깝다. 그렇지만 그 차이점을 간과해서는 안된다. 에세네파에서의 회개는 결례에 의해 보완되는 것이었던 반면에, 요한에게 회개는 세례를 통해서만 가능하였다. 에세네파에게 알려진 유일한 의식은 끊임없이 행하는 결례 의식이었다. 이 분파에 입회하기 위한 최초의 침례조차도 나머지 결례와 구별되지 않았다. 이와는 대조적으로 요한의 세례는 본질적으로 반복될 수 없었다. 따라서 종교사적으로 중복되는 몇몇 내용에도 불구하고 요한의 세례는 유대 세계에서 독특한 위치를 차지하고 있었다.

4) 요한의 세례에 관하여 말하고 있는 유일한 구절인 마가복음 1:8 및 그 병행구는 구약에 의거함으로써 유대의 환경을 뛰어넘는다. 이 구절은 물 세례와 성령 세례를 대비한다. 그것은 에스겔 36:25 이하와 같은 예언들을 기억나게 한다: "맑은 물로 너희에게 뿌려서 너희로 정결케 하되 곧 너희 모든 더러운 것에서와 모든 우상을 섬김에서 너희를 정결케 할 것이며 또 새 영을 너희 속에 두고 새 마음을 너희에게 주되 너희 육신에서 굳은 마음을 제하고 부드러운 마음을 줄 것이며". 이 예언은 구약의 다른 곳에서도 변형된 형태로 발견되기도 한다(사 4:4; 〔렘 33:8〕; 슥 13:1; 시 51:9 등). 예를 들면 1QS 4:21에서 시사해주듯이 바로 이 예언은 일반적인 세례 운동에서 중요시되었다. 그러므로 우리는 요한에게도 중요했으리라고 추측해볼 수 있다. 이런 견지에서 보면 요한의 말이 이해가 된다: 요한은 에스겔 예언의 처음 부분, 즉 깨끗케 하는 물 세례를 베풀었다. 새롭게 하는 성령의 수여는 오실 자에 의해 수행될 것이다.

종교사적 관점에서 요한의 세례는 포로기 이후의 유대교의 종교적 결례들에서 자라왔다.

---

16) Billerbeck I, 102 - 113, 695 - 702.
17) IQS 3:5 - 12; cf. Braun, *Qumran* II, 2 - 10; L. Goppelt, *TDNT* VII I, 320ff.

하지만 그 핵심적인 의도에서 그것은 물 뿌림과 성령의 부어주심을 통한 종말론적 정화(淨化)라는 구약 예언과 맥을 같이 하고 있었다. 이러한 전례(前例)들을 바탕으로 요한은 예언자적 직감으로 스스로 이 세례를 만들었다. 그는 이 세례가 속죄일의 속죄 의식을 비롯한 모든 속죄 희생들과는 상관없이 마지막 날의 입구에서 은혜의 최후 수단이자 죄사함과 회개의 매개가 되도록 했다. 그럼에도 불구하고 궁극적으로 이 세례는 장차 올 어떤 것을 약속하는 표지라는 의미로서만 은혜였다.[18] 성령을 통한 인류의 새로워짐은 오실 자에 의해서만 현실로 될 것이다. 요한이 이 오실 자에 관하여 말했던 내용은 예수의 배경을 이해하는 데 있어서 대단히 중요하다.

d) 오실 자

이 오실 자를 가리키는 세례 요한의 세 개의 말씀들은 Q 전승에 의해서만이 아니라(눅 3:16) 마가 전승에 의해서도(막 1:7) 전해졌다. 마태복음 3:11 이하에서는 이 둘을 결합하고 있다. 이 말씀들을 연구해 보면 다음과 같은 세 가지 사항들이 떠오른다.

1) **호칭.** 이 구절들에 의하면 요한은 메시야적 인물을 기대하고 있었지만 그 인물을 종말에 구원을 가져다주는 자에 대한 관례적인 유대적 호칭들을 사용하여 지칭하지는 않았다. 요한은 메시야, 다윗의 자손, 인자라는 호칭을 말한 적이 없다. Q에 따르면 요한은 그를 "내 뒤에 오시는 이"(마 3:11a; 참조. 11:3)라고 불렀고, 마가에 따르면 "나보다 능력 많으신 이"(막 1:7 par. 마 3:11b)라 불렀다. 요한은 메시야에 관한 유대의 그 어떠한 심상들도 채택하지 않았고 이에 대해 ─ 회개와 세례에 관한 그의 이해에서도 그러했듯이 ─ 근본적으로 구약 예언의 개념과 보조를 같이 했다. 요한은 어떤 형태로든 하나님과 그의 백성 및 그의 피조물과의 결정적인 만남을 가져올 자를 기다렸다.[19]

2) 이에 따라 오실 자의 사역은 구약 예언에 의해 예기되었던 하나님의 최후의 시현(示現)이 될 것이라는 점이 강조되었다. 오실 자는 "능력 많으신 이"이다. 그분은 상대적으로가 아니라 절대적으로 요한보다 능력이 많다. 즉 그분은 "성령과 불로 세례를 주실" 것이다. Q로부터 유래하는 이 정형적인 표현(마 3:11c par. 눅 3:16)은 공동체의 상황에 맞춰서 성령으로의 세례만을 말하고 있는 마가복음 1:8보다 더 원형에 가깝다. Q의 이 정형어구는 세번째 말씀에 나오는 키질하는 것에 관한 심상과 일치한다(마 3:12): 오실 자는

---

18) 이리히 예비적인 성격은 그것이 "종말론적 성례"로 지칭된다면 모호해질 수 있다(Thyen, *Sün-denvergebung*, p. 132); 더욱이 이 두 용어는 정의를 수반하지 않으면 애매 모호하다.

19) Hahn, *Titles.* p. 380.

키질을 통해서 타작마당에서 알곡과 쭉정이를 갈라내는 농부와 같을 것이다. 쭉정이는 불에 태워지고 깨끗하게 걸러진 알곡은 곳간에 모아진다. 오실 자는 궁극적으로 분리를 행하시는 심판자이실 것이고(마 25:31f.) 동시에 완성을 이루는 분이실 것이다. 이것은 또한 이중의 세례에 관한 말씀의 의도임이 분명하다. 여기서 세례는 마가복음 10:38 이하에서처럼 깊은 곳으로 던지는 것을 의미하는 심상이다. 그분이 "불로 세례를 주실 것"이라는 것은 그분이 하나님을 대적하는 모든 것을 맹렬한 심판의 깊은 곳으로 던질 것임을 의미한다.[20] 이와 아울러 "그는 성령으로 세례를 베푸실 것이다". 즉 그는 사람들 위에 성령을 물처럼 부어주실 것이다. 예언에 의하면 성령은 새 마음, 새 사람, 하나님의 새로운 백성을 만드실 것이다.[21] 이에 따라 요한은 마태가 요약한 것과는 달리(마 3:2; 참조. 4:17) 하나님 나라의 도래를 일반적인 의미로 선포한 것이 아니라 오실 자를 심판자이자 새롭게 하시는 자로, 따라서 마태복음 3:7에 따라 임박한 진노로 선포했던 것이다.

이러한 선포는 유대와 기독교의 종말론과 구별되었다. 그 선포에서는 모든 역사의 목표에 관한 구약의 중심적인 예언의 말씀을 채택했다: 하나님은 스스로 모습을 드러내셔서 생명으로 기울어진 거룩한 백성을 자신을 위해 창조하시고 창조에 반하는 모든 것을 소멸시키실 것이다. 이 선포는 에세네파 가운데서 통용되던 개념들에 의해 시사된 방향을 따른 기대를 형성했다.

3) 우리가 세례 요한처럼 이 선포를 급진적으로 이해한다면, 그의 설교를 토대로 한 결론은 우리를 본질적으로 곤혹스럽게 만든다. 그렇다면 결국 누가 구원받을 수 있는가? 누가 쭉정이에 속하지 않는단 말인가? 요한은 답변했다: 오직 회개의 열매를 맺는 사람들만이! 그러나 그의 회개의 세례를 통하여 진정으로 이러한 실제적인 변화가 가능한가? 마태복음 11:16-19에 나오는 예수의 말씀에 의하면 요한에 의해 세례를 받은 자들은 회개하지 않았고, 요한 자신조차도 새로움을 창조해낼 성령의 세례를 기다리고 있었다. 성령의 세례를 선

---

20) 마찬가지로 쿰란에서 통용되던 유대적 개념(F. Lang, *TDNT* VI, 937F.).

21) 겔 36:27: "또 내 신을 너희 속에 두어" (11:19f.: "그 속에 새 신을 주며 … "); 37:9: "생기야 … 이 사망을 당한 자에게 불어서 살게 하라"는 이스라엘을 다시 세우리라는 것을 나타내는 심상이다(참조. 엘 3:1; 사 32:15). 이 개념은 유대교에 살아 있었지만 거기에서는 구약에서와 마찬가지로 상대적으로 협소한 범위의 경향이었다(E. Schweizer, *TDNT* VI, 383f.). 오직 한 곳에서, 즉 에세네파 가운데서 세례 요한에게 가까운 곳에서 어떤 생기가 등장한다. 랍비적 유대교와 묵시론적 유대교와는 대조적으로 그들은 성령이 이미 현재에 역사하고 있다고 생각하였다; 성령은 공동체에 참여한 사람에게 수여되었다(IQH 14:13, 25; 16:12; IQS 4:21). 그들은 "자비의 영"(IQH 16:9, Vermes, *Scrolls*, p. 196)을 받았는데, 이 영은 Test. Jud. 24:2에 따르면 제사장적 메시야의 종말론적 선물이었다(H. W. Kuhn, *Enderwartung und gegenwärtiges Heil* [1966], pp. 117 - 139).

포함으로써 요한은 자기 자신의 사역의 한계를 인정했다. 더욱이 이를 통해 그는 역사의 완성은 자기가 예언의 전체 증언을 따라 예상했던 방식으로 오지 않을 수도 있음을 인정하였다. 오실 자가 심판자로서 등장한다면, 요한의 세례를 받은 사람들까지 포함해서 그 누구도 구원받을 수 없으리라. 왜냐하면 요한의 세례를 통해서는 단지 새로워짐이 약속되었을 뿐이고 실현되지는 않았기 때문이다.

3. 세례 요한의 의의(意義)

a) 세례 운동

1) 종교사적 분석은 요한이 유대의 세례 운동의 흐름 안에 있었음을 자주 반복해서 보여 주었다. 요한의 회개로의 부름, 세례, 종말론적 기대, 이 모든 것들은 유대의 세례 운동에서 가장 직접적이고 동시대적인 일치점을 찾을 수 있다. 그러나 요한은 그 운동과도 구별되었는데, 전체적으로 세례 운동보다 구약 예언의 주요한 흐름들에 더 중점적으로 강조점을 두었기 때문이다. 요한과 동시대의 여러 경향들을 구별하였던 예수와 복음서 기자들의 성령에 의한 칭송은 그 절대적 의미에서 역사적으로 입증될 수는 없지만, 역사적 관점에서 그것은 자의적이지 않으며 최소한 상대적으로 정당하다고 할 수 있다. 그러므로 기독교 신앙의 관점에서 요한을 예수를 가리키는 구약의 예언이 그 목표점에 도달한 인물로 이해할 만한 상당한 이유들이 존재한다. 요한은 예수와 관련하여 어떠한 의의를 갖고 있었는가?

2) 디벨리우스(M. Dibelius)에 의하면[22], 요한은 유대 백성들 속에서 종말론적 회개 운동을 일으켰다. 예수도 이에 크게 감명을 받았고 그 흐름을 타고 그 정점에서 자신의 사역을 시작하였다. 이런 식으로 요한은 사회학적으로 예수를 위해 길을 예비하였을 것이다. 그런데도 예수 자신은 마태복음 11:16-19에 따라 광야에서 외치는 자는 대중들에게 단순한 센세이션을 일으킬 뿐임을 잘 알고 있었다. 그렇기 때문에 요한은 실제로 그들의 일상적인 삶에 영향을 주지 못했다. 이에 따라 마태는 요한의 회개로의 부름의 의미를 더 정확하게 이해하고 그것을 케리그마적으로 해석하였다(마 3:3〔Sp. Mt.〕):모든 사람들에게 회개만이 하나님과 그의 구원을 향한 길이다. 이런 식으로 본다면 요한은 당시 및 모든 시대에 걸쳐 구약 예언 가운데 회개로의 최후의 부름을 대표했다고 할 수 있다. 하지만 예수가 오로지 소극적 견지에서만 이 문제에 대해 요한과 연대할 수 있었다는 것은 우연이 아니다.

예수의 회개로의 부름을 거부하는 자는 누구나 세례 요한의 부름과 전체로서의 예언의

---

22) *Jesus* (1949), pp. 54ff.

부름을 거부했다(마 11:16-19; 21:23-32). 반면에 예수는 결코 그 역(逆)을 말하지는 않았다. 즉 요한의 회개로의 부름을 좇은 사람은 누구나 예수와 연대했다고는 하지 않았다는 것이다. 이것 또한 우연이 아니라 이 문제의 본질에 그 뿌리를 두고 있다. 요한의 회개로의 부름은 인간 요소의 구조 그 자체의 종언을 의미했다. 요한이 예언을 넘어 시행했던 세례조차도 회개를 가져올 수 없었다. 요한은 예언을 대표했지만 또한 그 자신이 예언의 한계에 대한 증인이기도 했다. 새롭게 하겠다는 약속은 오로지 오실 자, 즉 동시에 심판자이기도 한 그분의 성령 세례를 통해서만 성취된다!

3) 그래서 요한의 인격과 사역은 자신의 한계만이 아니라 함축적으로 구약 예언의 막다른 골목을 보여주었다. 하나님이 심판자로 오신다면 그 누구도 새로워지지 못할 것이고 그 어떤 피조물도 완성에 도달하지 못할 것이다. 이러한 막다른 골목은 예기치 않은 방식으로 해결되었다. 오실 자는 세례를 주기 위해서가 아니라 스스로 세례를 받으러 왔다! 바로 이러한 치환은 구약의 예언의 말씀이 예언 자체가 예기했고 예기할 수 있었던 것과는 전혀 다른 방식으로 성취된다는 것을 보여주었다. 오실 자는 역사의 피날레로서 온 것이 아니라 역사 안으로 들어왔다. 그분은 은폐된 채 왔다. 요한조차도 그분을 확고하게 알아볼 수 없었다. 요한은 감옥에서 이렇게 물어야 했다: "오실 그이가 당신이오니이까"(마 11:3). 요한이 예수에게 준 세례가 구원을 위한 예수의 길과 하나님의 계획을 대변하고 보여주기 시작한 것은 부활절의 관점에서 회고적으로만 가능했다. 그래서 요한의 주요한 사명은 예수에게 세례를 베푸는 것이었다는 것이 분명해진다. 제4복음서에서는 정확히 이런 관점에서 요한을 보았다: "내가 와서 물로 세례를 주는 것은 그를 이스라엘에게 나타내려 함이라"(요 1:31).

b) 예수의 수세(受洗)

1) 마가복음 1:9-11 및 그 병행구에 나오는 예수의 수세에 관한 공관복음서의 기사는 그것을 두 부분으로 나눈다. 첫번째(9절)는 일반적으로 역사적인 것으로 받아들여진다. 예수가 죄사함을 위한 회개의 세례를 스스로 짊어진다는 것은 교회 공동체에게 거슬리는 것이자 수수께끼였을 것이기 때문에 그 누구도 이 이야기를 지어내지는 못했을 것이다. 하지만 예수의 이러한 행동은 두 가지를 나타내었다: 예수는 세례 요한 및 요한이 묘사한 길, 구약에 대한 요한의 이해에 동조했고, 따라서 바리새파 및 에세네파와 같은 다른 분파들과는 거리를 두었다. 예수가 요한에게로 온 것은 그 방향에서 구약에 대한 그의 이해 및 기독교적 이해를 회당의 이해와 구별한다는 것을 전제함을 의미했다. 하지만 또 다른 것에서 예수는 자신의 공적 사역을 진행해 나가는 데 지울 수 없는 흔적을 남긴 한 과정을 바로 여기서 시작

했다: 예수는 그때 이후로 회개로 부르심을 받은 자들과 같이 했다. 예수의 이러한 발자취는 이야기의 전개에 따라 확증된다.

2) 이야기에 따르면 메시야적 사역으로의 확정적인 부르심은 예수의 수세에서 들려졌다고 한다.[23] 마가복음에서는(1:10) 하늘의 계시가 예수에게 들려왔다고 하고, 마태복음에서는(3:17) 요한에게 들려왔다고 한다.

흔히 생각하듯이[24] 마가는 예수의 메시야직 취임을 묘사하려 했고 마태는 메시야됨의 선포를 묘사하려 한 것인가? 전자는 즉위식에서의 군주의 신격화에 상응하고 후자는 헬레니즘 세계에서 신적인 군주의 현현(顯現)에 상응할 것이다. 그렇지만 장르를 살펴볼 때 이 기사들은 전혀 다른 배경을 갖고 있다. 마가복음의 이야기는 구약에서 예언자직으로의 점진적인 부르심들 가운데 하나, 특히 에스겔의 경우를 생각나게 한다(겔 1:1; 2:1ff.). 그럼에도 불구하고 이 기사는 주인공 스스로의 증언이 아니라는 점에서 구약의 유사한 사례들과 구별된다. 이러한 점은 예수 전승에서 근본적인 위치를 차지하지 못했을 것이다. 예수는 결코 하나님의 부르심 또는 명령을 자신의 사역을 위한 밑받침으로 언급한 적이 없었다. 예수는 언제나 자기 자신의 직접적인 권위를 토대로 하여 말하고 행동했다. 이런 이유로 이 기사들을 언급하는 사람들은 구약의 예언자직 소명의 장르를 이에 맞춰 수정해야 했다.

여기서 역사적으로 무엇을 식별할 수 있는가? 예수의 공적 사역은 어떠한 예비 단계도 거치지 않고 바로 이 시간에 개시되었고 이삼 여 년 후에 소멸되었다. 대체로 그것은 구약의 선지자들의 사역과 비교될 수 있었다. 그래서 요한에 의한 예수의 수세는 예수의 부르심의 시기였다는 결론이 나온다. 이 부르심을 통하여 예수가 행하여야 했던 임무는 개시된 것이다. 하지만 원래의 부르심의 행위가 오늘날 우리 앞에 있는 기사에 어느 정도로 반영되어 있는지를 역사적으로 결정하는 것은 매우 어렵다. 그보다는 여기에 재현되어 있는 기사와 이후에 계속되는 전승의 흐름들이 모호한 언어로 표현한 예수의 사역의 주요한 요소들 간의 본질적인 일치점이 더 중요하다. 이 이야기는 예수의 사역에 관한 이후의 기사에 대한 해석적인 서론 역할을 하는 기독론적 요약의 성격을 띠고 있다.[25]

이제 바로 그 시간부터 요단 강변에서 시작되어 예루살렘에 있는 산헤드린 앞에서 끝난 예수의 사역에 대한 신학적인 그림을 개략적으로 그려보는 것이 우리의 과제이다.

---

23) 전승사적 논의에 대해서는 Hahn, *Titles*, pp. 337 - 341을 참조하라.

24) Bultmann, Tradition, pp. 248, 253 (older lit. there); *Ergänzungsheft* (1971⁴), p. 88 (more recent lit.).

25) 마가의 구절들에 대해서는 J. Schniewind, E. Schweizer, NTD (*The Good News According to Mark*, 1970)의 주석을 참조하라.

제 2 장
하나님 나라의 도래

J. Weiss, *Jesus' Proclamation of the Kingdom of God* (1971); R. Otto, *The Kingdom of God and the Son of Man: A Study in the History of Religion* (1951); K. L. Schmidt, *TDNT* I, 579-590; Bultmann, *Theology*, §1; W. G. Kümmel, *Promise and Fulfilment: The Eschatological Message of Jesus* (Studies in Biblical Theology 23, 1961²); *Theology*, pp. 24-39; P. Vielhauer, "Gottesreich und Menschensohn in der Verkündigung Jesu," in *Festschrift für Günther Dehn* (1957), pp. 51-79 (*Aufsätze zum NT*, 1965, pp. 55-91); R. Schnackenburg, *God's Rule and Kingdom* (1963); E. Jüngel, *Paulus und Jesus* (1967²), pp. 87-215; N. Perrin, *The Kingdom of God in the Teaching of Jesus* (1963; 1966²); G. E. Ladd, *Jesus and the Kingdom* (1966); Jeremias, *Theology*, pp. 31-35, 96-121, 241-49.

예수의 사역은 매혹적인 용어를 중심으로 맴돌고 있다 — "하나님 나라". 그밖의 다른 모든 것들은 이와 관련되어 있고 이로부터 퍼져나온다. 이 중심적인 개념의 내용을 좀더 확실히 파악하기 위해서 우리는 이 용어의 용례와 어원에 대한 검토로부터 시작해보려 한다.

§5. 예수의 선포와 동시대인들에게 "하나님 나라" 라는 용어

P. Volz, *Die Eschatologie der jüdischen Gemeinde* (1934²); G. Dalman, *The Words of Jesus Considered in the Light of Post-Biblical Jewish Writings and the Aramaic Language* (1902), pp. 91-101; Billerbeck I, 172-184, 418f.; Kraus, *Psalmen* I, 197-205; Schnackenburg, *God's Rule*, pp. 11-75; Jeremias, *Theology*, pp. 31-35.

1. 요약문들

각각의 복음서 기자들은 요약문에서 예수가 무슨 내용을 가르쳤는가를 말해주려고 하고 있다. 그래서 마가는 1:14 이하에서 "예수께서 갈릴리에 오셔서 하나님의 복음을 전파하여 가라사대 때가 찼고 하나님 나라가 가까웠으니 회개하고 복음을 믿으라 하시더라"고 정식화하여 표현하였다. 교회 회중으로부터 나온 꽤 많은 용어들이 이 정형 어구의 형성에 기여했다. 이 점은 예수가 나사렛에서 처음으로 선포를 행하는 것을 묘사한 기사인 누가복음 4:18 - 21에서 더욱 두드러진다. 누가는 회중의 상황과 결부되어 형성되었던 이 기사와 아울러 예수의 설교를 소개한다. 공동체의 영향력은 마태의 정형 어구에서도 분명히 드러난다: "천국 복음을 전파하시며"(마 4:23; 9:35; 참조. 눅 4:43; 8:1).[1] 다른 것들과는 대조적으로 마태복음 4:17에 나오는 간결한 요약 — 이것은 10:7에 다시 나온다 — 은 용어 사용에서 예수 시대의 상황의 특징을 이루고 있었던 것을 뛰어넘지 않는다. 이 구절은 이렇게 말하고 있다: "회개히리 천국이 기까웠느니라". 또한 이 복음서 기자는 동일한 단어들로 세례 요한의 설교를 요약하고 있다(마 3:2). 그는 이렇게 함으로써 그들이 공통적으로 갖고 있던 것을 강조하고자 했다. 그는 성경으로부터의 인용구를 첨가함으로써 차이점을 보여주었다(3:3; 4:15f.) 역사적으로 세례 요한의 설교의 지향점은 "오실 자"의 오심이었던 반면에 예수의 설교의 지향점은 하나님의 오심, 즉 하나님의 주되심이었다. 이것은 상당수의 의심할 여지 없이 진정한 말씀과 비유들이 말하고 있는 바로 그것이다. 그러한 말씀들 가운데서 우리는 "하나님 나라"라는 용어를 변형된 형태로 발견하게 된다.

2. 용어의 변용례

마태복음에서 — 오직 마태복음과 유대 - 기독교적인 나사렛인의 복음서에서만 — 우리

---

1) Luke: *euangelisasthai ten basileian tou theou*; Matthew: *kerysson to euangelion tes basileias*.

는 "하늘나라(천국)"에 관한 말을 자주 만나게 된다. 이와 병행되는 전승은 그 표현이 실질적으로 "하나님 나라"와 동일하였음을 보여준다. 이 둘이 동의적인 표현이라는 것은 팔레스타인의 관용어법에 근거를 두고 있다. 사람들은 거룩한 이름인 하나님을 그대로 부르기를 꺼려하였으므로 그 이름을 제한하여 표현하였다. "하늘"은 이렇게 통례적으로 제한하여 표현하는 방식 중의 하나였다. 복음서들에서도 발견되듯이 이것이 이 용어의 기능이었다(예를 들면, 막 8:11; 눅 15:18). 따라서 "하늘 나라(천국)" — 복수형은 관습적인 히브리어의 복수형 '샤마임'(*shamayim*)을 축자적으로 재현하고 있다 — 는 하늘에 있는 나라 또는 하늘로부터 오는 나라가 아니라 하늘에 계신 분의 나라를 의미했다. 하늘나라는 궁창 위에 위치해 있는 하늘의 세계로서 경건한 사람들이 죽어서 가는 곳이라는 통속적인 개념은 신약에서는 찾아볼 수 없다. 그러한 개념은 유대의 묵시문학에서 찾아볼 수 있으며, 조금 다른 형태이긴 하지만 영지주의에서도 찾아볼 수 있다.

예수는 이 두 어구를 모두 사용했을 것이며 "하나님 나라"와 "하늘 나라"를 동의어로 말하였을 것이다.[2] 이와는 대조적으로 이따금씩 사용되는 정형적인 표현인 "아버지의 나라", "나라"(절대적 의미) 또는 "인자의 나라"는 기독교인들이 이차적으로 발전시킨 용어로 분류되어야 한다. 하나님 나라에 대한 언급이 예수 자신에게까지 거슬러 올라간다는 것을 보여주는 강력한 지표는 그 용어가 신약에서 공관복음서 이외의 다른 곳에서는 극히 희소하게 사용된다는 것이다. 이렇게 점점 드물게 사용되는 경향은 요한복음에서도 나타난다. 이러한 현상이 일어나게 된 데에는 두 가지 이유가 있다.

(1) 이 용어는 팔레스타인 유대교에 그 어원학적 뿌리를 가지고 있었기 때문에 헬레니즘 세계의 사람들이 그 용어를 이해하기가 어려웠다. 이런 이유로 요한복음은 그 용어 대신에 "영생" 또는 단순히 "생명"이라는 표현을 사용하였다(3:3,5은 제외). 아마도 예수 자신도 이미 "생명"이란 용어를 극히 제한적이긴 하지만 사용했을 것이다. 예수는 하나님 나라에 들어가는 것에 관하여 말하면서(막 9:47), "영생에 들어가는 것"(막 9:43, 45) 또는 "생명으로 인도하는 문"(마 7:14)에 관하여도 말하였다. 또한 "나라를 상속하는 것"과 "영생을 상속하는 것"을 대비해 볼 수 있을 것이다(마 25:34; 막 10:17 par.). 이 둘은 완전히 부합하는 것은 아닐지라도 하나님 나라는 주로 개인적 지향을 가지고 있기 때문이다.

---

2) G. Dalman, *The Words of Jesus* (1909), pp. 93f.에 의하면 그는 "천국"을 "더 선호하였다". "왜냐하면 그는 하나님의 이름을 사용하기를 꺼려 하였기 때문이다"(참조. Jeremias, *Theology* I, 9ff.). Jeremias, *Theology* I, 97에 따르면 이렇게 제한하여 표현하는 관습은 처음에 유대 기독교에서 정립되었다. 그것은 예수의 사후 50여년이 지나서야 비로소 유대교에 기록되었다(Jer. Talmud Qiddushin 59d 28).

(2) 이에 따라 이 용어는 회중 내에서 신학적 이유로 그 사용이 억제되기도 하였다. 부활절 이후에 또 다른 부름, 즉 "우리 주여 오시옵소서"(고전 16:22; 계 22:20)라는 부름이 하나님 나라의 도래를 위한 간구와 나란히 자리를 잡게 되었다. 이런 이유로 바울은 '퀴리오스'(kyrios, 주)를 선포했고 '바실레이아 투 데우'(basileia tou theou, 하나님 나라)에 관해서는 거의 말하지 않았던 것이다. 예수가 하나님 나라를 선포했을 때 그는 새로운 용어를 도입한 것이 아니었다. 그는 하나님 나라가 이미 와 있다고 선포한 것이 아니라 지금 도래하고 있다고 선포했다. 사실 예수 시대의 팔레스타인 - 유대 세계에서는 이미 "하나님의 통치"에 관하여 말하고 있었다. 이 통치에 관한 몇몇 기본적인 개념들에서는 일치점이 있었지만, 그 세부적인 내용에서는 차이점들도 존재했다. 이 용어의 기원을 탐구해보면 그것이 처음에 구약 시대 이후에 발전해 왔지만 구약에서도 용어 사용에서 매우 중요한 역사를 가지고 있었음을 알 수 있다.

3. 구약의 전례(前例)들

구약에서 하나님은 흔히 왕이라는 심상을 통하여 표현되고 있다. 하나님은 군주로서 통치하고 계시다거나 이후에 통치하실 것이라고 한다. 이러한 내용은 동사 '말락'(malak, 헬. basileuein) 또는 인칭 명사 '멜렉'(melek, 헬. basileus)의 도움을 빌어 표현된다. 실질 명사 '통치'(malkut, 헬. basileia)는 상대적으로 적게 나오며 그것을 하나님과 연결시키는 소유 대명사와 결합되어서만 사용된다(시 103:19; 145:11 - 13; 참조. Tob. 13:1. 단 3:54 LXX. 4:34 Theod.). 구약의 그 어디에서도 이 두 요소가 결합되어 표준적인 어구로서의 "하나님의 통치"라는 표현으로 등장하지 않는다. 이 관용적인 표현과 가장 가까운 것은 구약의 묵시문학의 언어였다. 다니엘서 2:44(4:31과 대비해 보라)에서는 "하늘의 하나님"이 그 날에 영원히 거할 세계 위에 "한 나라"를 세우실 것이라고 선포하고 있다. 다니엘서 7:13 이하의 이상(異像)에 나오는 심상에서는 세상 위의 "나라"가 "인자", 즉 7:27의 해석 어구에 따르면 "성민"에게 넘겨진다. 결국 "나라가 여호와께 속하리라"(옵 21).

내용과 관련하여 하나님의 주권적 통치를 말하고 있는 이 구절들은 본질적으로 네 가지 개념적 범주로 나누어진다.

a) 이 개념의 뿌리는 아마도 시편 47, 93, 96 - 99편, 소위 즉위 시편에까지 거슬러 올라갈 수 있을 것이다. 이 시편들에서는 찬송의 신앙고백이 되풀이된다: "여호와께서 통치

하시도다” 또는 “여호와는 왕이시다”.[3] 칠십인역은 첫번째를 선택하였다(*ebasileusen ho kyrios*). 이러한 고백은 시편 99:1 같은 데서는 다음과 같이 표현되고 있다: “여호와께서 통치하시니 만민이 떨 것이요 여호와께서 그룹 사이에 좌정하시니 땅이 요동할 것이로다 여호와께서 시온에서 광대하시고 모든 민족 위에 높으시도다 … 왕의 능력은 공의를 사랑하는 것이라 … 우리는 어떠한 의미로 하나님이 온 세계를 통치하신다고 말할 수 있는가? 이 주권은 피조물과 역사 안에서는 관찰될 수 없다. 사실 그 주권은 아직 현실이 되지 않았다. 하지만 공동체에서는 제의(祭儀) 가운데 실현된다. 그러면 공동체는 그것을 신앙고백을 통하여 표현하는 것이다.

어떻게 공동체는 이러한 신앙고백에 이르게 되었는가? 그 개념 자체는 예루살렘에서 이스라엘 이전의 제의 전승으로부터 발전되었을 가능성이 높다. 이 전승에 따르면 “지극히 높으신 하나님”은 시온에 나타날 것이라 한다. 시온에서 왕으로서 다스리시는 분은 창조주요, 주시요, 세상의 심판자이시다. 하지만 이스라엘의 제의 공동체에서는 하나님에 대한 이러한 신앙고백은 예루살렘과 다윗의 선택에 그 토대를 두고 있었다.[4] 또한 이 출발점은 그 이외의 나머지 말씀들에도 영향을 미쳤다.

b) 송영의 신앙고백에서는 여호와의 주권적 섭리가 이미 현재의 사건들 속에 드러났다고 자주 언급하였다. 하지만 이 세상에서 일어나는 모든 것들을 은밀하게 주관하시는 여호와의 주되심은 명백한 것으로 구체적으로 말하지는 않는다. 그 대신에 우리는 이스라엘에서 그분이 보여주신 이전의 구원 행위들(출 15:18; 시 44:1-5) 또는 피조물들에 대한 그분의 돌보심(시 145:1, 13; 146:10) 또는 둘 모두에 대한 언급을 발견한다. 그래서 찬송 기도인 시편 145:1, 13 이하에서는 이렇게 고백한다: “왕이신 나의 하나님이여 내가 주를 높이고 … 주의 나라(히. *malkuteka*, 헬. *he basileia sou*)는 영원한 나라이니 주의 통치는 대대에 이르리이다 … 여호와께서는 모든 넘어지는 자를 붙드시며 비굴한 자를 일으키시는도다 중생의 눈이 주를 앙망하오니 주는 때를 따라 저희에게 식물을 주시며”.

c) 예루살렘의 제의 중심지에서의 송영을 통한 여호와-왕 전승은 예언 전승에서 제2이사야에 의해 재현되었다. 이런 경로를 거쳐 이 개념은 “제의-찬송에 의하여 영광을 돌리는 영역으로부터 이탈하여 종말론적 의미를 띤 채 역사에서 중요성을 갖게 되었다.”[5] 예언은 일

---

3) 첫번째 번역에 대해서는 von Rad, *Theology* I, 376; 두번째 번역에 대해서는 Kraus, *Psalmen* I, 202.

4) Kraus, *Psalmen* I, 203f.

5) Kraus, *Psalmen* I, 205; 포로기 이전 시기에는 예언의 목소리들 ― 사 6:1, 5을 제외하고 ― 은 여호와의 왕되심을 말하지 않았다.

어나는 모든 일을 주관하시는 주되시는 하나님, 이스라엘을 선택하셔서 항상 함께 하셨던 하나님은 예언의 말씀을 통한 심판과 구원에서도 활동하실 것이라는 확신으로 인하여 살아 있었다. 하나님 ‐ 왕이라는 개념이 이러한 예언의 전망과 결합되면서 그 결과로 하나님의 종말론적인 통치를 선포하게 된다. 이 문제의 몇몇 측면들은 이사야 45:18 ‐ 25에서 분명하게 드러난다. 이 핵심적인 구절은 이렇게 시작된다: "여호와는 하늘을 창조하신 하나님이시며 땅도 조성하시고 견고케 하시되 … 그 말씀에 나는 여호와라 나 외에 다른 이가 없느니라". 이 첫번째 진술과 날카롭게 긴장 관계에 있는 것은 23절에서 미래에 관한 선포로 끝나고 있는 하나님의 말씀이다: "내가 나를 두고 맹세하기를 … 내게 모든 무릎이 꿇겠고 모든 혀가 맹약하리라 어떤 자의 내게 대한 말에 의와 힘은 여호와께만 있나니 사람들은 그에게로 나아갈 것이라 무릇 그를 노하는 자는 부끄러움을 당하리라". 어떻게 이러한 진술이 첫번째 진술과 결합되게 되었을까? 창조주로서 하나님은 언제나 모든 일어나는 일의 주이셨다. 만약 그렇지 않다면 그는 하나님이 아닐 것이다. 이사야 10:5 ‐ 15에 따르면 제국의 왕들조차도 하나님의 손에 쥐어진 도끼요 회초리일 뿐이다. 그는 주이시지만 그렇게 인정을 받고 있지 못하다. 하나님이 이전에 이스라엘을 선택하신 것처럼 그 목적은 모든 사람들이 자발적으로 하나님을 인정하는 것이다. 왜냐하면 그것은 모든 사람들의 "구원"을 의미할 것이기 때문이다. 이 목적은 하나님의 최후의 택하심, 하나님이 시온으로 돌아오심으로써 성취될 것이다. 이사야 52:7-10에서 선포하고 있듯이, "좋은 소식을 가져오며 평화를 공포하며 복된 좋은 소식을 가져오며〔euangelizetai〕구원을 공포하며 시온을 향하여 이르기를 네 하나님이 통치하신다 하는 자의 산을 넘는 발이 어찌 그리 아름다운고 … 너 예루살렘의 황폐한 곳들아 기쁜 소리를 발하여 함께 노래할지어다 이는 여호와께서 그 백성을 위로하셨고 예루살렘을 구속하셨음이라 … 모든 땅 끝까지도 우리 하나님의 구원을 보았도다". 이에 따르면 구원에 풍성한 하나님의 장래의 통치는 구원의 선포와 복된 좋은 소식을 통하여 역사 속에 이루어진다. 그것은 궁극적인 구원의 동터옴을 가리키는 까닭에 "종말론적" 성격을 갖는다.

  d) 하나님의 미래적 ‐ 종말론적 통치와 모든 일어나는 일에 대한 하나님의 현재적 주관 — 종교 개혁의 용어로는 하나님의 "자연 질서" — 사이의 이러한 차이는 주후 약 200년 이후의 묵시론으로 하여금 상대적으로 이원론적인 성격을 취하게 하였다. 다니엘서 7장에서 네 짐승이 세계 제국들을 상징하는 바다로부터 떠오른다. 성도들의 나라를 상징하는 인자는 하늘 구름을 타고 온다. 여기서 높은 곳과 낮은 곳은 서로 대결한다. 그러나 이것은 절대적인 이원론은 아니다. 왜냐하면 낮은 곳에 있는 존재도 하나님의 계획 안에 들어있기 때문이

다. 그럼에도 불구하고 이원론적 방향으로의 치환은 제2이사야와 비교해 볼 때 분명하게 드러난다고 하겠다. 이러한 치환은 두 가지 이유로 생겨났다: 한편으로는 본질적으로 혼합주의적이었던 헬레니즘 세계의 나라들이 이스라엘을 공격하자 이 두 세계의 차별성에 대해 확실한 선을 그어둘 필요가 생겨났다. 다른 한편으로는 이란의 전승들이 이에 상응하는 사고 양식과 언어 양식들을 제공해주었다. 이러한 전승들은 이원론적인 정식(定式)의 도움을 받아 미래적 통치의 종말론적 성격을 생생하게 표현하게 하는 것을 가능케 했던 것이다. 그렇지만 이렇게 함으로써 그 전승들에 내재해 있던 것, 즉 우주적 현상들과의 결합을 통하여 제한적인 구체성을 획득하게 되었다.[6] 예를 들면 이사야서의 묵시문학적 부분에서는 하나님이 우주의 재난을 통하여 "통치하실" 것이라고 선포했다(사 24:18b – 23; 참조. 단 2: 44). 이러한 발전은 구약 이후 시대에 절정에 달했다.

4. 유대교의 전례들

a) 유대 묵시문학에서는 우리가 다니엘서와 이사야서 24 – 27장에서 보았던 경향을 더욱 확장하였다. 예를 들면 에녹1서 1:3 – 9에 나오는 다음과 같은 말들은 아주 전형적이다: "거룩하고 크신 이가 그의 거소에서 나오실 것이며 영원하신 하나님이 시내산 위의 땅을 밟을 것이고, 〔그의 진영에서 나타나시리라〕 … 모든 이들이 두려움으로 엎드러질 것이며 … 높은 산들은 흔들릴 것이고 … 모든 (사람들)에 대해 심판이 있으리라. 그러나 의로운 자들에게는 그가 평안을 주실 것이고 … 빛이 그들에게 나타나리라"(R. H. Charles, *The Apocrypha and Pseudepigrapha of the Old Testament in English* II, 188f.). 이에 따르면 사람들의 눈으로부터 감춰져 계시며 율법을 굳게 고수하는 억눌린 소수들이 찾는 그분은 모든 이들이 보는 가운데 능력으로 나타나시리라는 것이다. 죄인들은 우주의 재난 속에서 멸망받을 것이다. 하지만 의로운 자들에게는 이 심판은 구원의 시작이 될 것이다. 이 모든 것은 "하나님의 통치"가 서는 것을 보여주고 있지만, 그러한 전문적인 용어 자체는 다른 대부분의 경우에서와 마찬가지로 여기서도 사용되고 있지 않다. 우리는 그 용어를 묵시문학에서 오직 두번, 즉 시빌신탁서 3:46 이하, 767 이하와 모세승천기 10: 1 이하에서 종말론적 의미로 사용되는 것을 보게 된다. 후자의 구절에는 이렇게 나와 있다: "그때 그의 나라가 그의 모든 피조물을 뚫고 나타날 것인데 그때가 되면 사단은 더 이상 존재하지 않으리라 … 지극히 높으신 분이 일어나실 것이라 … 그는 이방인들을 벌하러 나타

---

6) R. Otto, *The Kingdom of God and the Son of Man* (1951), pp. 13 – 44.

나실 것이라 … 그때가 되면 너 이스라엘은 행복해지리라"(Charles, II, 421f.). 우리가 살펴보았듯이 "하나님 나라"는 묵시문학의 표준적인 용어가 아니었다.[7]

후기의 묵시문학에서 이원론은 두 세대론이라는 옷을 입고 나타났다. 이 이론은 주후 90년경 수리아의 바룩묵시록과 에스라4서에서 발전된 형태로 등장했다. 에스라4서 7:30 이하에는 세대들의 교체가 특히 생생한 필치로 묘사되어 있다: "그때 세상은 최초의 창조에서와 마찬가지로 칠일 동안 원시의 정적으로 변하리라. 그래서 사람은 찾아볼 수 없게 된다. 칠일 후에 이제까지 깨어 있지 않았던 세대가 일으킴을 받을 것이며 썩어지는 세대는 멸망받을 것이다. 땅은 그 안에 잠들어 있는 자들을 회복시킬 것이다 … 그리고 지극히 높으신 이는 심판의 보좌에 모습을 나타내실 것이다 … 보수(報讐)가 뒤따를 것이며 상급이 분명해질 것이다. 의인들은 깨어날 것이고 악인들은 잠자지 못할 것이다". 그런 후에 묵시문학자는 이렇게 덧붙인다: "이제 나는 다가오는 세대가 적은 무리에게는 기쁨을, 많은 무리에게는 고통을 가져다줄 것임을 본다"(7:47). 그런 다음 이에 대한 응답이 온다: "이런 이유로 지극히 높으신 이는 한 세대가 아니라 두 세대를 지으셨도다"(7:50. Charles, II, 582f., 585). "다가오는 세대", 즉 새로운 세상 및 세상을 위한 새로운 시간 준거 ― 실제로는 시간이 아니라 영원 ― 라는 사고는 하나님의 통치라는 사고를 대신한다. 그것은 하나님의 계시적 출현을 우주적 과정으로 바꿔놓는다.

이러한 개념들은 바리새파 - 랍비적 유대교에서도 널리 유포되었지만 그 강조점늘은 달랐다.

b) 바리새파-랍비석 유대교는 자신의 평화의 영지에서 역사적 구도 내에서 이스라엘을 이방의 통지로부터 자유하게 해줄 메시야적 왕(*bendawid*) 을 열렬히 기다렸다. 하지만 동시에 묵시문학의 우주적-초월적 종말론의 요소들은 이 두 개념을 조화롭게 하려는 어떠한 시도도 없이 그대로 받아들여졌다. 랍비적인 종말 기대는 종말론적 사건들에 관한 완전한 묘사에서 묵시론보다도 못했다.[8]

거기서 하나님의 통치는 다른 모든 것들과 마찬가지로 율법의 관점으로부터 보아졌다.

---

7) 흔히 이 호칭은 위의 3b에서 말한 구약의 진술들의 의미로서 현재에서 왕이라는 사고를 표현하였다. 따라서 에녹1서 84:2: "당신의 능력과 왕되심과 위대하심은 영원히 거하나이다." 이것은 솔로몬의 시편 5:18f.; 17:3, 솔로몬의 지혜서 6:4, 10:10에서도 마찬가지이다.

8) 더 오래된 구절들은 전승사적 견지에서 불확실하다(예를 들면 묵시문학에서 에녹1서 71:15; 〔48:7〕, 그리고 랍비 유대교에서 Aboth 2:7에 나오는 힐렐의 말). 따라서 랍비 유대교에서 가장 오래된 확실한 증인은 주후 80년경의 Johanan ben Zakkai일 것이디(Bereshith Rabbah 44) (Dalman, *The Wsrds of Jesus, pp. 316ff.*; G. Kittel, *TDNT* I, 206ff.).

랍비들은 주로 두 가지 확고한 정식(定式)의 견지에서 하나님의 통치에 관하여 말하였다.[9] 첫번째 정식은 아마도 이미 예수 시대에 통용되고 있었을 가능성이 있는 것으로서 다음과 같았다: 사람들은 "하늘의 통치라는 멍에를 스스로 지고 있다" 또는 좀더 단순하게 "하늘의 통치"라고 하기도 했다. 이것은 사람이 쉐마를 반복함으로써 유일신론과 토라에 대한 충성을 고백하는 순간 일어났다. 그 후 이 견해는 다음과 같은 신학적 역사 이해로 발전되었다. 하나님은 세상의 창조주인 동시에 세상의 왕이었는데, 인류는 하나님의 주되심을 박탈해버렸다. 아브라함 및 특히 시내산에 있었던 모든 이스라엘에 이르러서야 다시 한번 하나님의 주되심이 인정을 받았다. 이에 따르면 하나님의 통치는 율법에 표현되어 있는 창조주의 권리 주장인 셈이다.

첫번째 정식 — 무엇보다도 이것의 신학적 해설로서 — 더 중요하고 더 오래된 것은 두번째 정식이다. 이 두번째 정식은 예수 시대에 이미 기도문에서 널리 사용되고 있었음이 확실하다. 여기에는 십팔개의 기도문(Eighteen Benedictions)이 있는데, 이것은 그 핵심적인 부분을 예수 시대에 이미 모든 경건한 유대인들이 매일 두번씩 소리 내어 암송했던 기도문 모음으로서 그 열한번째 간구는 이 세상에 하나님의 통치가 즉각적이고 공공연하게 이루어질 것을 기원하고 있다: "이전처럼 우리의 심판자로서 오시옵소서 … 그래서 우리를 다스리소서, 오직 당신만이".[10] 예수 시대에 회당에서 예배 의식을 끝맺는 축도 역할을 했던 기도문인 카디쉬(Kaddish)의 가장 오래된 형태에 따르면, 사람들은 이렇게 기도했다: "그의 뜻을 따라 창조하셨던 세상에서 그의 크신 이름이 높임을 받으시고 찬양을 받으소서. 당신의 생애 안에 그의 나라가 통치하시기를 … 이스라엘의 모든 집이 살아 있는 동안에 신속하고도 빠르게. 영원부터 영원까지 그의 크신 이름이 찬양 받으소서. 이 모든 것이 그대로 이루어지이다".[11] 하나님이 자신의 권능의 역사적이고 우주적인 시현을 통하여 열방 아래에서의 종살이로부터 이스라엘을 구하시고 그 열방들로 하여금 하나님을 인정하지 않을 수 없게 하실 때 하나님의 통치는 이루어질 것이다.

c) 회당의 유대교는 다양한 종말론적 기대들을 체계도 세우지 않은 채 결합한 반면에 에세네파의 종말 기대는 두 메시야적 인물의 출현에 초점을 맞추었다. 이런 점에서 세례 요한은 이들과 유사했다고 할 수 있겠다. 에세네파는 하나님의 통치라는 문제를 언급하는 일이 아주 드물었는데, 그것도 하나님 나라와 벨리알의 나라와의 전투에 초점을 맞춘 이원론적인

---

9) Dalman, *Words*, pp. 96 – 101; Billerbeck Ⅰ, 172 – 180.
10) Billerbeck Ⅳ, 210 – 223.
11) Jeremias, *Theology* Ⅰ, 198.

본문들 안에서 언급하였다.[12] 여기서도 하나님의 통치는 율법에 요약되어 있는 하나님의 권리 주장이다. 성도들에게는 구원을, 그 외의 다른 모든 이들에게는 심판을 의미하는 이 권리 주장은 곧 있을 하나님의 출현에 의해 강제적으로 이루어질 것이다. "그리고 주권은 이스라엘의 하나님께 있을 것이며, 그는 그의 백성 가운데 성도들을 통해 권능 있는 행위들을 이루시리라"(1QM 6:6. Vermes, *Scrolls*, p. 131).

하나님의 통치에 관한 유대교의 진술들과 이 문제에 대한 예수의 정형화된 표현들(이에 대해서는 이미 요약문들 및 개념들에 관한 통계학적 연구를 통해 잘 살펴보았다)을 비교해 봄으로써 우리는 몇몇 중요한 고찰들을 할 수 있게 되었다. 미래에 이루어질 하나님의 통치라는 개념은 예수 시대의 유대적 환경 속에서 모든 집단들에게 다 알려져 있었지만, 그들 가운데 어느 집단도 그 용어를 예수처럼 자주 그리고 중심적인 용어로 사용한 유례가 없다. 모든 유대인들의 입장은 두 가지 내용 요건들을 하나님의 미래의 통치와 결합한다는 점에서 일치했다. (1) 하나님의 통치는 이 세상에서 일어나는 모든 것에 대한 하나님의 주되심이라는 면에서 아직 이루어지지 않고 있다. 그럼에도 하나님의 통치는 이 세상과의 관련 속에서 이루어져야 한다. 이것은 종말론적 사건으로서의 최후의 심판이라는 호된 시련 속에서 성취될 것이다. (2) 이 통치가 이루어지면 새로운 역사적, 아니 우주적인 상황이 전개될 것이다. 이것은 거기에 참여하는 모든 사람, 특히 하나님의 백성들에게 구원을 의미할 것이다. 창조주는 모든 백성들에 의해 그들의 하나님으로 인정받을 것이다. '샬롬'(shalom)을 가져오는 그의 뜻은 이루어질 것이다. 마찬가지로 의심할 여지 없이 예수에게도 하나님의 통치는 오로지 종말론적 차원이었다. 그는 율법에 대한 복종을 통하여 "하나님의 통치라는 멍에"를 스스로 짊어졌다는 바리새파의 주장을 인정하지 않았다. 또한 예수에게 하나님의 통치는 하나님의 통치가 자유롭게 행해지고 모든 것이 온전케 되는 것을 의미했다. 예수에게 이 목적은 율법에 대한 인간의 복종 또는 유대교의 모든 입장들이 그랬던 것처럼 하나님의 권능의 시현을 통하여 이루어지는 것이 아님이 분명했다. 그것은 전혀 다른 수단을 통해 이루어질 것이었다. 우리가 살펴본 모든 것에 비추어 볼 때 예수는 유대교의 어느 특정한 사상 학파의 견해, 특히 묵시론의 견해를 받아들인 것이 아니었다. 물론 예수는 통치의 개념을 "종말론적으로" 이해했다. 그러나 우리는 예수가 '에스카톤(eschaton)' — 근본적이고 최종적인 의미로서의 새로운 것 — 을 제2이사야의 견지에서 더 잘 이해하였는지 아니면 묵시론의 견지에서 더 잘 이해하였는지를 물어보아야 한다. 말할 것도 없이 하나님 나라의 종말론적 의미는 결코 묵시론에서 주요한 개념이 아니었다. 다니엘서를 제외하고는 그 후에

---

12) J. Becker, *Das Heil Gottes* (1964), pp. 74 - 103.

발전된 공관복음서 전승 안에서 우리는 우리가 알고 있는 유대의 묵시 문헌들로부터 인용한 구절을 단 한 구절도 찾아볼 수 없다. 이와는 대조적으로 예수는 주기도문에서 18개의 기도문과 카디쉬를 그 문체 및 내용면에서 사용하였다.[13] 이 기도 전승 안에 표현되어 있는 하나님의 통치라는 개념은 당시의 유대적 환경으로 인해 일반적으로 예수에 의해 전제되었다. 사람들이 매일 간구를 드렸던 그것은 예수에 의해 "하나님 나라가 가까웠다"는 표현을 통해 선포되었다. 이 표현은 유대교의 그 어느 분파, 그 어디에서도 찾아볼 수 없었다. 예수는 그것을 바로 자신의 선포의 핵심으로 삼았던 것이다. 이런 이유로 제자들의 기도 속에서 나라가 임하시라는 내용은 다른 모든 기원들보다 우위를 차지했던 반면에 18개의 기도문에서 그것은 일련의 기원들 속에 등장했을 따름이다: "나라가 임하옵시며". 이 표현은 예수 당시의 환경 속에서는 매우 특이하였다.[14] 우리가 다가오는 하나님의 통치에 관하여 예수가 말했던 방식을 좀더 주의 깊게 살펴보게 되면 예수는 미래에 관해서만이 아니라 현재적 도래에 관해서도 말하고 있었음을 분명히 알게 된다. 율법의 권리 주장을 통하여 현존하는 것이 아니라면 그 나라가 현재와 미래에서 동시에 도래하는 것이 어떻게 가능한가? 이것이 '바실레이아'(*basileia*)에 관한 예수의 말씀들에 의해 제기되는 핵심적인 문제이다.

§6. 하나님 나라의 미래적 도래와 현재적 도래

On 1: G. Lundström, *The Kingdom of God in the Teaching of Jesus* (1963); N. Perrin, *The Kingdom of God in the Teaching of Jesus* (1963), pp. 13-157; U. Duchrow, *Christenheit und Weltverantwortung. Traditionsgeschichte und systematische Struktur der Zweireichelehre* (1970). **On 2:** W. G. Kümmel, *Promise and Fulfilment: The Eschatological Message of Jesus* (Studies in Biblical Theology 23, 1961²); "Die Naherwartung in der Verkündigung Jesu," in *Zeit und Geschichte. Dankesgabe an Rudolf Bultmann* (1964), pp. 31-46 (Lit.!); E. Grässer, *Das Problem der Parusieverzögerung in den synoptischen Evangelien und in der Apostelgeschichte* (1957; 1966²); J. Lambrecht, *Die Redaktion der Markus-Apokalypse* (1967); R. Pesch, *Naherwartungen. Tradition und Redaktion in Mk. 13* (1968).

---

13) 앞의 내용을 참조하라.

14) Jeremias, *Theology* I, 32.

1. 연구사 개관

a) 자유주의 신학의 관점은 이 주제에 관한 오늘날의 논의에 계속해서 영향을 미치고 있다. 자유주의 신학의 창시자인 리츨(A. Ritschl)은 예수가 우주적 재난 가운데서의 하나님 나라의 미래적 도래에 관하여 말한 내용은 유대의 묵시론으로부터 그대로 빌어온 것이었다는 견해를 피력하였다.[1] 하나님 나라의 현재적 도래에 관한 말씀들만이 독창적인 것이라 하여 리츨은 그것들만을 중요시했다 — 예를 들면, "하나님의 나라는 너희 안에 있느니라"(눅 17:20 f.). 하나님 나라는 현존하며 "너희 안에" 있다. 하나님의 관점에서 보면 하나님 나라는 하나님이 그 사랑을 통하여 사람들을 인도하고자 하는 목표인 지고선(至高善)이다. 인간의 관점에서 보면 하나님 나라는 사랑을 통한 상호간의 협동 속에서 실현되는 인류의 윤리적 공동체이다. 마태복음 13장의 씨앗 비유가 묘사하듯이 하나님 나라는 그렇게 역사적 발전을 통하여 자라간다. 이러한 설명은 역사적 맥락에 토대를 둔 연구보다 더욱 더 칸트적 사고의 산물임이 분명하다. 칸트에 의하면 하나님 나라는 "미덕의 율법들에 따라 조직된 인류"이다.[2]

b) 신칸트학파가 역사주의에 의해 밀려났을 때 바이스(J. Weiss)는 자신의 선구적인 저작인 「예수의 하나님 나라 설교」(1892, 재발행. 1964)에서 정반대로 칸트학파를 반대했다. 그는 현대 철학의 견지에서 예수의 견해를 밝히려는 것은 용납될 수 없는 일이라고 하면서 예수의 견해를 밝히려면 예수가 처했던 환경과 동일한 범주들 안에서 사고해야 한다고 주상하였다. 이러한 해석학적 원칙을 바탕으로 하여, 최근까지 많은 사람들에게 역사적 도그마였던 명제, 즉 예수는 하나님 나라라는 개념을 유대의 묵시론에서 빌어왔다는 명제를 발전시켰다. 이런 관점에 의하면 예수는 하나님 나라를 엄밀하게 종말론적이고 초월적인 차원으로 보았다. 하나님의 새로운 세상이 바로 그 세대 안에서 막 동터오려 하고 있으며, 그것은 우주적 재난을 가져올 것이다. 예수가 이따금 하나님 나라의 현재적 차원에 관하여 말한 것은 예언자적 열정에 잠깐 잠깐 사로잡혔기 때문이었다.

하나님 나라가 오로지 미래의 견지에서만 기대된다면 예수의 모든 선포는 미래적 전망으로 이동된다. 예를 들면 예수의 사역은 메시야적일 수 없다. 예수는 "자기가 인자가 될 것이라는 주장 이외에는 인자와 공통되는 것을 하나도 갖지 못한다". 예수의 윤리적 명령들은

---

1) *The Christian Doctrine of Justification and Reconciliation* III (1966), 12ff. (cf. also *Die christliche Lehre von der Rechtfertigung und Versöhnung* [1900], II, 28ff.); in Kümmel, *Investigation*, pp. 162ff.
2) *Religion Within the Limits of Reason Alone* (1960). part 3.

다가오는 하나님 나라에 "들어가기 위한 조건들"이 되고 현재적 '에스카톤' (*eschaton*)에 대한 표현들이 아니다. 이런 견해에 의하면 예수의 모든 사역은 전체적으로든 부분적으로든 하나님 나라의 임박한 도래와 연결된다. 따라서 이 견해는 연구사적으로 "일관된 종말론"으로 지칭되고 있다.[3]

이러한 해석은 슈바이처(A. Schweitzer)의 영향으로 학문적인 논의의 범위를 넘어서까지 확대되었다. 「역사적 예수에 대한 탐구」와 「사도 바울의 신비주의」 — 그의 예수와 바울 신학에 대한 서술 — 는 이러한 "일관된 종말론"을 토대로 쓰여졌다. 역사적 탐구로부터 생겨난 이 명제는 슈바이처에 의해 중산층의 자유주의 세계에 대한 항거로 변했다. 예수의 선포의 혼과 얼은 역사 안에서 인류에 의해 실현되기로 되어 있는 어떤 사상이 아니라 이 현재의 세계의 파괴였다! 슈바이처의 명제는 인류의 도덕적 진보에 관한 펠라기우스의 자신만만함에 종지부를 찍었는데, 이것은 1918년에 절정에 달하게 되었다.

c) 1918년 이후에 예수의 메시지의 종말론적 성격에 대한 역사적 통찰은 신학적으로 표현되었다. 불트만과 디벨리우스는 "일관된 종말론"과 대화를 하면서 즉각적 종말론이라는 명제를 발전시켰다. 실질적으로 이 명제에 의해 영향을 받은 신학은 자유주의 신학을 밀어내었다.

불트만은 "일관된 종말론"이 예수의 설교를 순전히 역사적 견지에서 이해한 그 전제를 올바른 것으로 인정했다. 불트만에 따르면 예수는 사실 하나님 나라라는 자신의 개념을 묵시론에서 빌어왔다고 한다. 예수는 한번도 하나님 나라의 현재적 도래에 관하여 말한 적이 없었다. 이에 대한 반론의 전거로 사용되는 모든 말씀들은 주석학적으로 달리 해석되어야 한다. 예를 들면 누가복음 17:20 이하는 "하나님의 나라는 너희 가운데 〔즉각적으로〕 있을 것이다"는 것을 선포하는 것이라 한다. 불트만에게 예수는 세례 요한과 마찬가지로 임박한 파멸을 선포한 한 선지자였다. 그럼에도 불구하고 세계 역사에서 임박한 전환점에 대한 이러한 신화적인 선포는 실존적으로 해석되어야 하는 것으로 생각되었다. 불트만에게는 세상에 반대하고 하나님을 향하여 결정적인 결단을 하는 것이 지금 하나님의 말씀에 응답하는 것이라는 것이 예수가 말씀하신 바였다. "하나님을 향한 인간의 관계가 인간의 운명을 결정지으며 결단의 시간은 얼마 남아 있지 않다는 의식은 결단의 시간은 세상에서 바로 여기에 와 있다는 의식으로 바뀌어 나타난다." (Bultmann, *Theology* §3, 1).

d) 1960년 이래로 이 문제에 관하여 불트만 학파 내부에서도 변화와 분열이 생겨났다.[4]

---

3) Quotations in Kümmel, *Investigation*, pp. 226ff.
4) Report in Kümmel, "*Naherwartung*" (§ 6 Lit.), pp. 31f.

예수에게 하나님 나라는 초월적인 차원이 있다는 것, 즉 예수는 그 현재적 도래에 관해서가 아니라 임박한 도래에 관하여 말했다는 것에 대해서는 일반적으로 이견이 없었다. 그럼에도 불구하고 예수가 하나님 나라의 도래를 묵시론적으로 또는 묵시론의 개념을 배경으로 생각했다는 점에 대해서는 오늘날 이의가 제기되었다. 이제 불트만이 묵시론적 기대를 실존주의적으로 해석한 후에 예수의 내재적인 의도라고 결론내린 내용은 더 직접적인 수정을 반영하는 예수의 관점인 것으로 불트만의 제자들에 의해 생각되었다. 이러한 변화를 전형적으로 보여주는 것은 세 가지이다. 콘첼만(H. Conzelmann)은 하나님 나라는 예수에게 매우 근접해 있었기 때문에 그것은 미리 그 그림자를 드리우고 있었다고 강조함으로써 불트만과 아주 유사한 입장을 취했다. 일정한 거리를 두고 어쩌다 관찰하는 것은 불가능했다. 오히려 하나님 나라는 관찰자의 모든 관심을 사로잡았다. 예수는 "언제"라는 질문을 불필요하게 만들었다. 예수의 부르심을 들은 사람은 누구나 즉각적인 회개 이외에는 해야 할 아무것도 없었다.[5] 케제만(E. Käsemann)은 이와 어느 정도 유사하지만 강조점을 달리 두는 가운데 예수의 선포는 제1세대 공동체의 사고와는 대조적으로 묵시론에 의해 영향을 받지 않았다고 함으로써 불트만의 입장을 확대시켰다. 예수는 세상이 연대기적으로 언제 종말을 맞이할 것인가에 대한 예측에는 전혀 관심이 없었다. 그 대신에 예수는 하나님의 도래가 즉각적임을 선포했는데, 그것은 요구라기보다는 ― 콘첼만도 그랬다 ― 제안이었다.[6]

불트만의 사고 경향으로부터 더 멀리 떨어진 견해는 푸크스(E. Fuchs)의 뒤를 이은 윙엘(E. Jüngel)에 의해 표현되었다. 불트만이 거의 중요시하지 않았던 비유들을 인용하면서 윙엘은 예를 들면 은밀하게 자라나는 씨앗의 비유는 그 미래적 관점으로부터 현재를 이해하라고 우리에게 가르친 것이라고 말하고 있다. 이런 식으로 하나님의 통치는 미래적인 것으로 보게 된다. "그런데도 하나님의 통치의 미래적 차원에서 특이한 것은 이 미래가 현재로부터 떨어져 있는 것으로 이해되는 것이 아니라 이미 현재에서 시작되고 있는 가까운 미래로 이해된다는 점이다. 이런 종류의 미래는 장래에 올 그 무엇이 아니라 현재로 투사되고 있는 미래이다. 사실 시간과 공간의 견지에서 그 의미를 파악한다는 것은 불가능하다. 이런 이유로 그것은 또한 예수의 '임박한 기대'라는 교리를 거부한다."[7] 미래 ― 도래하는 하나님 나라 ― 는 예수를 통하여 만나게 되는 하나님 사랑의 제안을 통하여 현재로 투사된다.

---

5) *An Outline of the Theology of the New Testament* (1969), pp. 110ff.
6) *ZThK* 57 (1960), 179; *ZThK* 59 (1962), 261.
7) *Paulus und Jesus* (1967³), p. 154.

따라서 하나님 나라의 선포는 마침내 묵시론을 바탕으로한 도식화의 포수(捕囚)로부터 놓여나게 되었다.[8] 그럼에도 불구하고 후자의 접근 방식은 이러한 발전을 가져왔던 뿌리인 자유주의적 개념에로 어느 정도 되돌아간다.[9]

e) 대부분의 앵글로 색슨 계열의 연구는 하나님 나라가 예수에게 현재적 의미로 도래하고 있는 것으로 본다. 이러한 입장은 바이스(J. Weiss)가 미래적 차원을 강조하였듯이 현재적 차원을 강조하여 표현하였다. 이러한 현재적 견해를 발전시킨 사람은 도드(C. H. Dodd)였다. 그의 저서인 「하나님 나라 비유들」(*The Parables of the Kingdom*) (1935; 1971, 1961년 개정판의 제7쇄)은 널리 읽혀진 책이다. 불트만이 주석학적으로 하나님 나라의 현재적 도래에 관한 예수의 진술들을 하나도 인정하지 않았던 것처럼 도드는 미래적 도래에 관한 것들을 거의 인정하지 않았다. 예수를 해석하면서 도드는 "하나님 나라가 도래했다"(마 4:17)고 썼다. 그의 견해로는 이것은 예수의 설교의 취지였다(pp. 57ff.). 하나님 나라의 미래적 도래에 관한 말씀들은 거의 없고 강조되지도 않는다. 그 말씀들은 현재의 종말론적 성격을 상징적으로 강조하기 위한 의도뿐이다(pp. 80ff.).

하나님 나라에 관한 예수의 가르침은 "예수의 사역을 '실현된 종말론' ― 여기서 저 유명한 표어가 등장한다 ― 으로, 즉 전례가 없고 반복될 수 없는 실제로 지금 일어나는 일련의 사건들 속에서 '다가올 세상의 힘들'이 이 세계에 미치는 영향력으로 표현한다"(p. 41). 따라서 도드에게 하나님 나라는 리츨이 주장하듯이 도덕성, 사랑의 에토스가 아니라 오토(R. Otto)에게서처럼 힘이다. 하나님 나라는 "세상의 모든 악을 누르고 신적인 주권을 분명하고 효력있게 단언하는 것"(p. 41)이다. 이 과정이 예수의 사역 동안에 처음으로 개시되었기 때문에 예레미아스는 나중에 도드와의 토론에서 "실현 과정에 있는 종말론"이라는 정형적인 표현을 제안하였다.[10] 도드는 몇몇 단서를 붙여 이 표현에 동의하였는데 이는 옳았다. 왜냐

---

8) H. Braun (*Jesus of Nazareth* 〔Eng. 1979〕, pp. 42f., 117f.)은 종말에 관한 예수의 말씀을 자신들의 본분을 망각하지 말라고 사람들에게 경고할 의도로 말한 묵시론적 부호문자로 이해한다. 묵시론적 양식 자체는 오늘날에 예수의 선포의 핵심을 정당하게 다루기 위해서 제거되어야 한다.

9) 신약 연구 바깥에서 하나님 나라는 1960년대 이래로 "혁명의 신학" 및 그와 유사한 사고 경향들 속에서 정치사회적 행동이 지향하고 그에 따라 형성되어야 하는 차원으로 이해되어 왔다. G. Klein, "'Reich Gottes' als biblischer Zentralbegriff," *EvTheol* 30 (1970), 642‐670)은 이러한 이해에 대해 논의하였는데, 그것은 스톡홀름에서의 세계 교회 협의회의 사회복음을 생각나게 한다.

10) 이 정형 어구를 실제로 만들어낸 사람은 E. Haenchen (Jeremias, *Parables*, p. 230 n. 3)이었다. 참조. C. H. Dodd, *The Interpretation of the Fourth Gospel* (1963⁶), p. 447 n. 1. Jeremias는 하나님의 통치의 도래를 예수의 수세로부터 시작된 세계 변화와 완성의 묵시론적 과정으로 이해한다. 예수의 말씀들에 대한 유대적 묵시론의 관점에서의 일관된 해석을 통하여 전자는 후자에 근접하게 된다(*Theology* I, 31ff.).

하면 이 정식은 그 모호성 때문에 거의 도움이 되지 않기 때문이다.

논의되고 있는 전형적인 예들에 대해 간단하게 개관해 본 결과 하나님 나라의 도래에 관한 진술들에 대한 사람들의 이해는 그 내용에 대한 사람들의 견해와 대응된다는 것이 밝혀졌다. 실질적인 내용에 관한 문제들을 광범위하게 검토하거나 해명하지 못한 채 퀴멜(W. G. Kümmel)은 자신의 연구서인 「약속과 성취」(1961²= 독일어 제3판)에서 이 모든 전승 모체에 대해 정확한 전승비평적 분석을 행하였다. 그는 역사적 개연성이라는 견지에서 예수는 하나님 나라의 미래적 도래 및 현재적 도래를 모두 말하였다는 것을 보여주었다. 이제 우리는 이 두 측면이 무엇을 의미하는지에 관한 물음에 주의를 집중시키려 한다.

2. 하나님 나라의 미래적 도래

하나님 나라의 미래적 도래에 관한 예수의 진술들을 탐구해보면 예수는 "나라" 이외의 용어를 사용해서도 종말론적 미래에 관하여 말하였다는 결론을 얻게 된다. "언제", "어떻게"라는 질문은 이러한 진술들을 염두에 둘 때에만 분명히 해명될 수 있다. 이런 이유로 우리는 먼저 이러한 선포들을 살펴보고자 한다.

a) 종말론적 미래에서 다른 종착지

일단의 말씀들에서 우리는 오랜 사용 역사를 가진 용어인 "그 날"에 긴한 불길한 말들을 듣는다. 아모스 5:18 이하 이래로 구약의 예언은 "주의 날"을 가리켜 왔다. 묵시문학들은 모든 날들의 끝을 의미하는 나가오는 날을 선포했다.[11] 이렇게 이해한다면 "그 날"은 종말의 날이 될 것이다. 예수 전승에서 세 가지 개념이 이 용어와 결합되어 있다.

1) 지배적인 개념은 누가복음 10:12에 나온다: "저 날에 소돔이 그 동네 ─ 예수를 거부한 갈릴리의 성읍들 ─ 보다 견디기 쉬우리라". 마태의 병행구(10:15)에서는 이를 "심판 날에"라고 더 자세히 해석해 주고 있다. "심판날"이라는 흔한 묵시적 표현은 공관복음서 중에서 오직 마태복음에서만 찾아볼 수 있다: 11:22 (par. 눅 10:14 = "심판 때에"); 11:24. 12:36 (Sp. Mt.). 이 표현들이 전승사적으로 문제성이 있다 할지라도 우리는 예수가 역사를 종말로 이끌 심판 때에 하나님이 출현할 것임을 선포했다는 것을 확신할 수 있다. 예를 들면 산상수훈의 끝에 나오는 비유(마 7:24ff.)를 비롯한 위기 비유들을 진지하게 검토해 보면 이 점이 분명해진다.

---

11) G. Delling, *TDNT* II, 951ff.

2) "그 날"은 심판의 기대와 결합되어 있는 것과 아울러 인자의 오심과 결합되어 있다. Q로부터 유래하는 누가복음 17:22 – 37의 종말론적 강화(講話)는 거듭 거듭 여러 가지 의미로 인자의 날 또는 날들을 언급하고 있다(22, 24, 26, 30절). 풍부한 의미를 함축하고 있는 24절은 아마도 원형일 가능성이 높다: "번개가 하늘 아래 이 편에서 번뜻하여 하늘 아래 저 편까지 비췸같이 인자도 자기 날에 그러하리라". 마태는 여기에 독특한 정형 어구를 덧붙인다(24:27): "인자의 임함〔parousia〕도 그러하리라". 마태만이 이 용어를 공동체의 어휘로부터 빌어썼다(24:3, 27, 37, 39). '파루시아' 라는 말은 헬레니즘 세계에서 신들 및 통치자들의 오심을 의미했다. 인자의 '파루시아' 는 그의 오심이지 그의 귀환이 아니었다. 게다가 인자의 미래적 오심 — 그 날"에 관한 언급과는 독립적으로 — 은 가장 오래된 전승층, 마가와 Q에서 친숙한 개념이었다(§18, 4a).

3) 마지막으로 "그 날"은 마가복음 14:25에서 하나님 나라와 결합되어 있기도 하다: "진실로 너희에게 이르노니 내가 포도나무에서 난 것을 하나님 나라에서 새 것으로 마시는 날〔그 날〕까지 다시 마시지 아니하리라 하시니라".

이 문제에 관하여 우리가 발견한 바를 정리해보자. 예수의 말씀들과 비유들의 가장 오래된 전승층에서 하나님 나라, 심판, 인자의 미래적 도래는 나란히 선포되었다. 하지만 이러한 선포들은 하나의 응집력 있는 모습으로 통합되지는 않았고 체계적인 형태로 결합되지도 않았다. 하나님 나라와 인자가 동일한 말씀에서 언급된 적이 없다는 것은 특히 주목할 만한 사실이다(§18, 3b). 마가복음 13장 이외에는 그 어느 곳에서도 미래에 관한 묘사가 그려지고 있지는 않지만, 개별적인 진술들은 거듭 거듭 직접적으로 현재에 적용되었다. 우리가 그 진술들로부터 현재와의 관련성을 박탈해 버리고 그것들을 미래에 관한 묘사로 체계화시킨다면 그것은 이 진술들의 성격을 왜곡시키는 것이 되고 말 것이다. 다가오는 미래를 단순히 불가피한 일로 예측하는 것이 그 진술들의 의도가 아니다. 그 의도는 현재로 하여금 미래에 참여케 하는 데 있는 것이다.

하지만 이 미래를 역사의 성장, 즉 계속적으로 발전해서 부드럽게 전이되는 그 무엇으로 바라보는 것은 잘못이다. 그 미래는 역사와 맞서 있는 그 무엇으로서 역사와 만난다. 구약의 초기 용법에 따르면 "그 날"은 하나님과 역사가 대결 구도 속에서 만나는 날이다.

더욱이 우리는 하나님 나라, 심판, 인자 — 한 마디로 하나님 — 의 미래적 도래는 그것이 함축하고 있는 풍부한 모든 시간적 의미와 함께 예수에 의해 훨씬 더 구체성이 부여되었다는 것을 발견한다. 이제 이 점에 우리의 주의를 돌려보기로 하자.

b) 임박한 도래(소위 임박한 기대)

편집에 의한 요약문들(막 1:15; 마 4:17)과 제자들의 파송에 관한 말씀 전승(눅 10:9, 11 par. 마 10:7)에서 우리는 다음과 같은 정식을 발견한다: '엥기켄 헤 바실레이아 투 데우(*engiken he basileia tou theou.* "하나님 나라가 가까웠다")'. 도드는 '엥기켄'이 "현존하다"를 가리킬 수도 있고 단순히 공간적 견지에서의 근접성을 표현할 수도 있다는 의견을 피력하였다. 1960년 이후 푸크스(E. Fuchs) 및 그와 견해를 같이 했던 몇몇 사람들은 이러한 입장을 지지하는 쪽으로 기울었다. 그렇지만 큄멜(W. G. Kümmel)은 '엥기켄'의 완료 시제가 신약에서 언제나 "가까이 왔다"는 것을 가리킨다는 것을 보여주었다.[12] 이러한 정형적인 선포는 아마도 예수 자신에게까지 거슬러 올라가는 것 같다. 그 이유는 공동체의 선교적 케리그마는 이와는 달리 표현되었고 이 정식 자체가 유대교에는 생소한 것이었기 때문이다.[13]

예수가 하나님의 종말론적 출현이 시간적으로 근접해 있음을 "선교적" 형태로 선포한 것이 거의 확실하다는 것은 무화과 나무의 비유로부터 명확하게 확인할 수 있다. 마가복음 13:28 이하 및 그 병행구에는 이렇게 되어 있다: "무화과 나무의 비유를 배우라 그 가지가 연하여지고 잎사귀를 내면 여름이 가까운 줄을 아나니 이와 같이 너희가 이런 일이 나는 것을 보거든 인자가 가까이 곧 문 앞에 이른 줄을 알라". 이 비유는 시대의 징조(눅 12:54ff.), 즉 예수의 사역에 대한 인식을 일깨우는 일종의 기상 나팔이다. 여기의 '엥귀스' (가깝다)에 내재되어 있는 케리그마적 의도는 '엥기켄' (가까웠다)에서도 동일하게 찾아볼 수 있다.

근접성에 대한 이러한 언급들 이외에도 다른 언급들이 제자들을 위로하는 말씀의 형태로 등장한다. 불의한 재판관의 비유의 마지막에 나오는 설명의 말씀(눅 18:8a)은 하나님은 자기에게 부르짖는 사람들에게 곧(*en tachei*) 공의를 베풀 것이라고 약속한다. 아마도 이것은 하나님 나라의 도래를 간구하였던 제자들에게 말한 것이리라.

이 외에도 세 개의 말씀들이 동일한 케리그마적 의도를 가지고 구체적으로 짧은 기간의 유예를 언급하고 있다. 묵시적 강화(講話)에서 우리는 그중 하나의 말씀을 발견한다(막 13:30 par.): "내가 진실로 너희에게 말하노니 이 세대가 지나가기 전에 이 일이 다 이루리라". 여기서 "이 일"은 마지막 때의 사건들을 가리킨다. "이 세대"는 이 세대 안에 종말이 이를 것을 덧붙여 말하고 있다.

---

12) Kümmel, "Naherwartung," p. 35.
13) Jeremias, *Theology* I, 32.

  이러한 유예는 마가 전승 가운데 매우 논란이 많이 되는 말씀인 마가복음 9:1에서 더욱 더 구체적으로 언급되고 있다: "내가 진실로 너희에게 이르노니 여기 섰는 사람 중에 죽기 전에 하나님의 나라가 권능으로 임하는 것을 볼 자들도 있느니라". 즉 예수의 지상 사역에 참여하였던 사람들의 무리 가운데 몇몇 사람들은 하나님 나라가 세상의 권력 구조를 변경시키는 가운데 도래하는 것을 볼 것이라는 것이다. 이러한 예고는 실현되지 않았다. 예수가 실수를 하였다는 인상을 회피하기 위하여 몇몇 사람들은 이를 합리화하려고 노력하였다. 그럼에도 불구하고 이러한 시도들은 날조된 것이었다.[14] 여기서 중요한 것은 우리가 이 선포의 케리그마적 의도를 간과하지 않고 있다는 것이다. 불트만은[15] 초기 기독교 예언자가 '파루시아'가 도래하지 않았다는 관점에서 이 말로 공동체를 위로하려고 했다고 의심했다. 즉 적어도 몇몇 사람들은 여전히 그 날을 볼 것이라는 것이다. 예수의 제자들은 '파루시아'가 도래하지 않았다고 해서 걱정한 것이 아니라 많은 약속들에도 불구하고 죽음이 그들 가운데 여전히 일어났다는 것에 당혹감을 느꼈음이 틀림없다. 이 문제는 이미 신약의 서신들 가운데서 가장 오래된 서신, 즉 데살로니가전서에서 다루어졌다. 4:13 이하에서 우리는 '파루시아' 때 살아 있는 사람들은 이미 안식에 들어간 사람들보다 근본적으로 아무런 이점도 갖지 못할 것이라는 주의 말씀에 대한 언급을 발견한다. 마가복음 9:1의 말씀의 편집된 문맥조차도 요한복음 21:23에서의 후대의 설화적 용례와 마찬가지로 이 문제를 염두에 두고 있다. 이 두 곳에서 십자가 아래 있는 제자도에 관한 언급으로 선포는 끝난다. 이런 점을 볼 때 이 말씀은 위로의 표현이다: 예수의 몇몇 제자들은 하나님의 통치의 신속한 도래를 통하여 세베대의 아들에게 건네지기로 되어 있는 잔을 면제받을 것이다(막 10:38 par.). 따라서 이 말씀은 예수의 상황 아래에서 의미를 갖게 된다. 그것이 성취되지 못함으로써 공동체에서는 어려움들이 생겨났고, 그것은 시간이 지남에 따라 증대되었다.

  마태복음 10:23b (Sp. Mt.)에 대해서도 마찬가지로 말할 수 있다: "내가 진실로 너희에게 이르노니 이스라엘의 모든 동네를 다 다니지 못하여서 인자가 오리라". 그들이 무슨 수로 모든 동네를 다 다녔을 것인가? 아마도 이 말씀은 원래 마태복음 10장의 나머지 부분을 채우고 있는 선교를 염두에 둔 것이 아니라 마태복음 10:23a의 문맥이 시사해주듯이 제자들의 피신을 염두에 두고 있었다. 핍박을 당할 때 제자들은 마지막 순간까지 이스라엘의

---

14) R. Pesch, *Naherwartungen* (§6. Lit.), pp. 181 - 88; Kümmel, *Promise and Fulfilment*(Studies in Biblical Theology 23, 1961²), pp. 25ff.에 나오는 마가복음 9:1과 13:30에 대한 논의.

15) *Tradition*, p. 121; likewise Grässer, *Parusieverzögerung* (§6 Lit.), p. 136.

성읍들을 피난처로 삼았을 것이다. 이 말씀도 예수의 상황 아래에서 의미가 있다. 그것이 팔레스타인의 초대교회에 있었던 한 선지자의 말이었을 가능성은 여러 정황으로 보아 없다고 하겠다.

임박한 기대에 관한 이러한 진술들은 무엇을 의미하는가? "일관된 종말론"이 생각하듯이 예수의 말씀과 행위들은 정말로 매우 임박한 기대에 의해 형성되었는가? 이 개관을 통하여 다음과 같은 답변이 가능하다.

1) 임박한 기대에 관한 진술은 그 수가 결코 많지 않다. 더 중요한 것은 전승사적으로 볼 때 그 진술들은 하나님 나라의 현재적 도래에 관한 비유들만큼 신빙성이 없다. 그럼에도 불구하고 예수는 심판의 날과 하나님의 통치가 가시적으로 이루어지는 것이 아주 가까운 장래에 있을 것을 기대하고 있었다는 것은 확실히 말할 수 있다. 아마도 예수는 자기 세대에 세상의 종말이 도래하리라고 직접적으로 말하였을 것이다.

2) 여기서 예수는 묵시론적 견지에서 이러한 것들에 대해 말하지는 않았다는 점을 말해 둘 필요가 있다. 묵시론은 다니엘 7장 이래로 역사의 진행에 관한 알레고리적인 이상(異像)들을 통하여 세상의 최후의 시간을 계산하는 지침들을 제공해 왔었다. 그러나 예수는 근본적으로 묵시론의 두드러진 특징이 되었던 시대 구분의 계산들을 거부했고, 따라서 역사 진행에 관하여 묘사하지 않았다. 누가복음 17:20 이하(Sp. Lk.)에 의하면 하나님 나라의 도래는 예비적인 지표들(*meta paratereseos*)을 토대로 계산될 수 없다. 마가복음 13:32과 그 병행구 마태복음 24:36에는 이렇게 되어 있다: "그러나 그 날과 그 때는 아무도 모르나니 하늘에 있는 천사들도 아들도 모르고". 이러한 한계 설정은 공동체가 예수의 입을 빌어 말했다고 하기는 곤란하다. 유일한 문제는 이 정형 어구가 어느 정도 예수에게까지 거슬러 올라가느냐 하는 것이다.

3) 이렇게 시기 계산을 거부함으로써 예수의 선포는 색다른 면모를 갖게 되었다. 묵시론은 세상의 시간을 분침까지 가리켰다: 율법을 고수하라. 시간이 얼마 남지 않았다! 그러나 예수는 청중들에게 하나님의 임박한 도래를 예비하라고 긴급하게 경고했다. 기다릴 시간이 있느냐 또는 시간이 촉박하냐 하는 것은 문제가 되지 않았다. 오히려 예수는 사람들을 회개로 부르기 위하여 사람들과 하나님의 오심 사이에 간격을 두는 모든 것들 — 시간과 공간을 포함하여 — 을 제거해버리고 사람들을 기약 없고 계산할 수 없는 도래 앞에 정면으로 세워 놓았다. 기간의 유예는 오로지 제자들을 안심시키기 위하여 제시된 것이었다.

c) 깨어 기다리라는 도전

이런 구조를 가졌기 때문에 하나님 나라의 근접한 선포는 예수의 다른 말씀들과 양립될 수 있다. 그것들은 청중들에게 깨어서 기다리라고 도전하기 때문에 얼핏 보면 모순되는 것처럼 보인다.

우리는 한편으로는 묵시론적 강화(막 13장 par.)에서, 다른 한편으로는 '파루시아'에 관한 다섯 가지 비유들에서 이러한 도전을 찾아볼 수 있다.

마가복음 13:1-37에 나오는 묵시론적 강화는 복음서 기자의 편집이다. 그것은 마태복음 24:1 - 37과 누가복음 21:5 - 36에서 광범위하게 개작되었다. 마가가 여기에 끌어 모은 전승들은 단지 매우 적은 부분만 — 어느 정도 특이하게 — 예수에게까지 소급된다. 이 자료의 개요와 대부분의 내용은 초기 기독교 묵시론으로부터 유래한다.[16] 그러므로 이에 따라 이 개략적인 소묘는 이후에 우리의 설명을 통해 신학적 승인을 받을 것이다. 하지만 이 시점에서 다음과 같은 논평이 그 승인에 앞서 행해져야 할 것이다: 이 초기 기독교적 소묘는 구조에서 유대 묵시론이 그리고 있는 역사의 정점에 관한 묘사와는 뚜렷하게 구별된다. 가장 두드러진 차이는 이 기독교적 자료는 역사의 진행을 서로 구별되는 시대들로 나누지 않는 반면에 묵시론은 예를 들면 세상의 최후의 시간을 계산하는 데에 그렇게 하고 있다는 것이다. 이 기본적인 차이에 예수 자신의 출발점이 반영되어 있다. 여기 마가복음 13:22 및 다른 곳에서 예수는 세계 역사의 시간 계산을 철저히 거부했다. 이런 이유로 전쟁, 기아, 지진과 같은 묵시론적 재앙들은 종말의 "징조들"을 계산하기 위해서가 아니라 정점을 향해 가는 역사의 움직임의 본질적인 성격을 특징짓기 위하여 열거되고 있는 것이다. 신자들은 이 재앙들을 응시해서는 안되고 이 모든 것들이 일어나야 한다는 것을 깨달아야 한다(13:7). 오직 주의 오심을 깨어 기다리고 자기에게 맡겨진 임무를 충성스럽게 수행하는 것만이 중요했다. 예수로부터 유래해서 이 강화에 포함된 몇 안되는 내용은 이미 이러한 방향을 가리키고 있었다.

이 전승들을 고찰하기 전에 우리는 올바른 지향을 위한 예비 작업으로서 공관복음서의 두번째 묵시록을 언급해야 한다: 누가복음 17: (20), 22-37. 그것은 아마도 Q로부터 유래한 것으로서 누가에 의해 온건하게 수정되어 22, 25, 37a절과 결합되었다. 현재의 형태에서 그것은 기나긴 구원사적 운동을 보여주고 있다. 이 전승의 모체는 위협의 말씀들로 이루어져 있었고, 아마도 그 핵심적인 내용은 예수에게까지 거슬러 올라갈 것이다. 이 말씀들에 의하면 종말, 인자의 날은 일상의 판에 박힌 삶에 몰두해 있는 인류에게 갑자기 엄습해 와서(24, 26f., 28-30절) 판에 박힌 삶 속에서 서로 구별없이 어우러져 살던 사람들을 갈라

---

16) Pesch, op. cit. (n. 14)에 나오는 문헌과 논의.

놓는다(34f., 37b). 이 위협의 말씀들은 예수의 공공연한 회개에로의 부르심을 그 원래의 정황으로 삼고 있었을 가능성이 높다.

이러한 말씀들과 대조적으로 마가의 묵시록에 나오는 예수의 몇몇 말씀들, 특히 마지막의 문지기의 비유(막 13:34ff.)는 그 핵심에서 제자들을 위한 교훈이었다. 종말에 관한 확고한 언급 — 비유 — 은 '파루시아'에 관한 공관복음서 전승의 다섯 비유들 가운데 하나이다. 나머지 네 비유는 마태복음 24:43-25:30에 모여 있다. 이 네 비유 중 세 가지는 Q로부터 연유한다: 깨어 있으라는 권면(마 24:43f. par. 눅 12:39f.); 선한 종과 악한 종의 비유(마 24:45-51 par. 눅 12:41-46. 혼인 잔치 집에서 돌아오는 주인의 비유인 눅 12:36-39 〔Sp. Lk.〕은 이의 변용일 가능성이 많다.); 열 처녀 비유(마 25:1-13 〔Sp. Mt.〕); 마지막으로 달란트 비유(마 25:14-30 par. 눅 19:11-27).

복음서 기자들에게 이 비유들은 '파루시아'의 지체를 말해주고 있다. 왜냐하면 마가복음 4장 및 그 병행구에 대한 해석이 보여주고 있듯이 이 비유들은 아주 일찍부터 알레고리적으로 이해되었기 때문이다. 그런데도 그들에게 이 비유들은 '파루시아' 자체에 관한 물음들에 대하여 답변해 주지 않고 — 그것은 공동체의 문제가 아니었다[17] — '파루시아'의 실제적인 지체를 통하여 야기된 상황 즉 냉담한 반응과 무기력에 대하여 뭔가를 말해주고 있는 것이다. 이러한 두 가지 현상은 기대가 좌절되었기 때문이 아니라 일정한 기간 동안 충성스럽게 약속을 이행하기가 어렵게 되었기 때문에 나타난 것이었다. 악한 종은 "주인이 더디 오리라"(마 24:48 par.)고 믿는다. 그러므로 그는 형제들을 돌보지 않고 세상의 쾌락에 탐닉한다. "신랑이 더디 오므로"(마 25:5) 열 처녀는 "졸며 잤다".

이 비유들의 원래의 의도는 무엇이었는가? 예레미아스(J. Jeremias)에 따르면,[18] '파루시아'에 관한 이 다섯 가지 비유는 모두 위기의 비유들이었다: "이것들은 미혹된 사람들과 그 지도자들에게 그 순간이 얼마나 엄중한지를 깨닫게 해주려 하였다." 이 비유들은 이렇게 말하기를 원했다: "재난은 밤중에 집을 침입하는 자처럼, 한밤중에 도착한 신랑처럼, 혼인 집에서 늦게 돌아오는 집주인처럼, 먼 여행에서 돌아온 귀인처럼 예기치 않게 이를 것이다. 너희가

---

17) 베드로후서 3:4에 나오는 적대자들조차도 다음과 같은 질문을 했다: "주의 강림하신다는 약속이 어디 있느뇨". 그러나 그들은 영지주의자들처럼 미래적인 종말론을 모두 부인하고 있다(반대 의견: Grässer, op. cit. 〔n. 15〕, pp. 137ff.).

18) *Parables*, p. 63; Jeremias, *Theology* I, 127 - 141.는 예수는 임박한 "재난"을 염두에 두고 자신의 모든 사역을 행했다는 예수의 미래 기대를 구성하고 있다. 한편 예수에게 이 미래의 기대는 의심할 여지 없이 주로 하나님의 통치의 도래하는 구원의 빛 안에 있었다.

이를 모르고 넘어가는 일이 없도록 주의하라!" '제3의 비유'(*tertium comparationis*)는 정확히 이런 식으로 표현되어 있는가? 이 비유들 모두는 불쾌한 놀라움만이 아니라 맡겨지거나 위임된 것으로서 예기치 않게 반환 요구가 들어올 수 있는 것에 대한 책임에 대해서도 말한다. 이것은 침입자로부터 자신의 집을 보호하는 집주인에 대해서도 마찬가지이다. 따라서 이 비유들의 의도는 사람들이 그 예기치 않은 돌연한 재림을 만나서 회계할 때 시험에 통과하려면 맡겨진 일을 잘 수행해야 한다는 것이 지금 절대적인 명령이라는 것을 표현하는 것이다. 맡겨진 일과 관련하여 예수는 이스라엘과 그 지도자들에게 하나님이 위탁하신 것을 생각하고 있지는 않았다. 예수는 청중들에게 시내산 계약을 이행하라고 권면하지 않았다. 예수는 반복해서 사람들은 예수의 사역을 통하여 현재에 그들에게 맡겨진 것에 대해 책임이 있다고 했다. 따라서 이 비유들은 일차적으로 제자들을 향한 말씀이었다. 제자는 회개할 날을 염두에 두고 자기에게 맡겨진 일을 잘 수행하도록 요구받고 있다. 그 날은 계산할 수도 없이 돌연히 도래할 것이다. 그 원래 형태에서는 심판의 날이 아니라 인자의 날을 언급하고 있었을 것이다. 이 비유들이 제자들에게 언급되었다는 것은 몇몇 유사점들을 갖고 있는 다른 비유와 비교해 보면 금방 드러난다. 산상수훈의 결론 부분에서 예수의 명령을 듣고 있던 사람들은 다음과 같은 말씀을 듣는다: "누구든지 나의 이 말을 듣고 행하는 자는 그 집을 반석 위에 지은 지혜로운 사람 같으니라". 왜냐하면 그는 심판의 홍수 속에서 시험을 통과할 것이기 때문이다(마 7:24ff. par. 눅 6:47ff.). 이 비유의 핵심은 맡겨진 것이 아니라 집을 세우는 것, 즉 예수의 제안에 대한 응답이다.

d) 요약

하나님의 통치의 미래적 도래에 관한 모든 복잡 다단한 진술들을 함께 묶어서 우리는 다음과 같이 말할 수 있을 것이다.

1) 의심할 여지 없이 예수는 집중된 미래적 종말론을 발전시켰다: 하나님의 통치와 하나님의 심판은 계산할 수 없지만 가까이 와 있다. 그러나 그것은 시간적으로 미래의 일이며 아직 오늘이 되지 않은 날이다.

2) 이 선포는 유대적 환경의 종말 기대들과 구별되기는 했지만 공통점들을 갖고 있었다. 이 선포는 임박한 기대를 에세네파와 묵시론 옹호자들과 함께 공유했다. 예수 또는 공동체에 특유했던 것은 임박한 기대가 아니라 근접성을 선포한 양식과 목적이었다. 묵시문학들과 에세네파 본문들은 이러한 근접성의 선포를 통하여 특정한 목표를 달성하기를 희망했다: 이스라엘은 모든 곤경에도 불구하고 율법에 대한 복종을 위해 결단해야 하며 얼마 남지 않은 기간 동안 그 복종을 지속해야 한다. 하지만 예수는 자신의 요구와 약속들에 관한 결단 이상의 것을 구했다.

3) 예수에게 특징적이었던 것은 장래에 올 것의 내용이 주로 다른 분파들과는 달리 심판이 아니라 하나님의 통치의 구원이었다는 것이다. 예수가 하나님의 통치의 미래적 도래를 다른 분파들과는 전혀 다른 방식으로 현재와 관련시키고 있었다는 것은 특별히 중요한 의미를 갖는다. 1960년대에는 불트만 학파의 구성원들이 불트만 자신의 견해를 뛰어넘어 하나님 나라가 현재로 투사되는 것에 관하여 말하는 것을 흔히 들을 수 있었다. 이러한 투사는 바리새파에게도 잘 알려져 있었다: 지금 사람들은 하나님의 통치의 멍에를 스스로 짊어지고 있다. 세례 요한도 오실 자를 가리키고 있는 때가 곧 이를 것이라는 인식 아래서 세례를 베풀었다. 그러나 예수는 이런 식으로 현재를 종말론적 미래와 결합하지 않았다. 예수는 얼핏 들으면 수수께끼처럼 들리는 방식으로 말을 했다: 하나님의 통치는 벌써 현재에 도래하고 있지만, 이 현재적 도래가 사실 미래적 도래는 아니다.

3. 하나님의 통치의 현재적 도래

하나님 나라의 현재적 도래에 관한 말씀들은 미래적 도래에 관한 말씀들보다도 전승사적 견지에서 훨씬 더 신빙성 있는 토대 위에 서 있을 뿐만 아니라 내용면에서도 훨씬 더 핵심적이다.

a) 구원의 표적들

하나님의 통치가 현재에 도래한다는 주장은 무엇보다도 예수의 이적 행위의 사역이라는 맥락 속에서 예수에 의해 제기되었다. 예수는 자신의 치유 행위를 구원의 때의 표적이라고 하였다: "그러나 내가 만일 하나님의 손을 힘입어 귀신을 쫓아내는 것이면 하나님의 나라가 이미 너희에게 임하였느니라"(눅 11:20 par. 마 12:28). 그런데도 표면적으로만 본다면 유대의 축사자(逐邪者)들도 예수 자신이 마태복음 12:27 및 그 병행구에서 말했던 것과 동일한 것을 수행하였다. 이에 따라 예수는 자신의 사명의 성취적 성격에 대해 의문을 제기했던 세례 요한에게 이렇게 대답했다: "너희가 가서 듣고 보는 것을 요한에게 고하되 소경이 보며 앉은뱅이가 걸으며 문둥이가 깨끗함을 받으며 귀머거리가 들으며 죽은 자가 살아나며 … "(마 11:4f. par. 눅). 이러한 해명은 구원의 때에 관한 구약 예언들의 증거를 빌어온 것이었다(사 29:18f. ; 35:5f.). 예수를 통하여 현재에서 일어나고 있었던 것은 예언의 말씀으로 다시 자세히 설명되었다. 다시 한번 예수는 터무니없는 주장을 하였디: 다가올 그 날을 위해 약속되어 있던 구원의 보편적인 동터옴이 지금 자신의 사역 속에서 일어나고 있다. 그러나 입증할 수 있는 것만을 고려해 볼 때 예수를 통하여서는 모세 또는 엘리야에 관하여 구약에서 설명하고 있었던 것 이상의 일은 일어나지 않았다. 여기서 사람들은 구원의 보편적인 동터옴에 관하여 말할 수 없다.

우리는 이 주장을 어떻게 이해하여야 하는가? 이 두 말씀에 관하여 불트만은 " '하나님의 통치가 이미 여기에 존재한다는 것을 의미하는 것이 결코 아니다'. 그것이 동터오고 있다는 것을 의미할 뿐이다"라고 했다. [19] 콘첼만은 다음과 같이 덧붙인다: "그러나 우리는 현재의 표적들을 하나님 나라와 간단히 동일시할 수 없다. 후자가 마침내 도래했을 때는 전쟁은 … 단번에 끝나버릴 것이다."[20] 이러한 견해들과는 달리 어떤 학자들은 예수의 치유 행위들은 마태복음 11:4 이하에 나오는 말씀에 따르면 도래하는 하나님 나라를 가리키는 예비적인 지표들일 뿐만 아니라 구원의 현존을 보여주는 표적이었다고 말해왔다. 더욱이 그렇기 때문에 이 말씀은 예수의 지상 사역을 공동체가 영화롭게 해석한 것이라고 생각했다. [21] 이 두 설명은 이 말씀들의 주장을 교묘히 회피하고 있다. 우리가 이 주장을 올바로 다루려면 아래의 선두 질문 아래에서 소위 예수의 이적들을 철저히 분석하는 수밖에는 없다(아래, §15.): 예수의 이적들은 그의 전 사역의 맥락에서 외관상으로 비슷한 엘리야의 기적들과 정말로 다를 바가 없었단 말인가? 아니면 그것들은 행위를 통한 성취의 본보기들, 하나님의 통치의 현재적 도래의 표적들인가?

세례 요한의 질의에 대한 답변에 이어지는 것은 다음과 같은 핵심적인 질문 아래에서 예수의 전 설교에 의해 제기되었다: 그것은 "복음"인가?

b) 복음

세례 요한에 대한 계속되는 답변에는 다음과 같은 말이 나온다: "가난한 자에게 복음이 전파된다". 여기서도 구약의 예언을 빌어왔다(사 61:1f.). 하지만 구약의 예언에서 ― 특히 제2이사야의 영향으로 말미암아 ― '유앙겔리제스다이'(*euangelizesthai*, 복음을 전파하다)는 선포 그 자체 속에서 동터오는 하나님의 종말론적 구원의 통치를 선포하기 위한 전

---

19) *Theology* Ⅰ, 7; Jeremias, *Theology* Ⅰ, 102는 이 구절을 예수의 치유와 설교 행위와의 관련성을 고려하지 않고 일반적으로 권리 주장을 한 비유적인 표현으로만 보았다: " … 세상의 종말이 가까웠다. 정말 그것은 아주 가까웠다."

20) "Gegenwart und Zukunft in der synoptischen Tradition," *ZThK* 54 (1957). 86.

21) P. Stuhlmacher, *Das paulinische Evangelium* Ⅰ (1968), 220f.; K. Kertelge, "Die Überlieferung der Wunder Jesu and die Frage nach dem historischen Jesus," in *Rückfage nach Jesus* (1974), pp. 187f.

문적인 용어가 되어 있었다. 복음은 이렇게 말했다: "네 하나님이 통치하신다"(사 52:7). 이러한 종말론적 기쁨의 포고자에 대한 기대는 예수 당시의 유대적 정황에서 매우 활발하게 유포되어 있었고,[22] 따라서 예수의 말씀은 이러한 맥락에서 하나님에 대한 언급으로 이해되었을 것이 틀림없다. 마태복음 11:5에서도 예수의 설교와 가르침을 행위 속에서의 성취, 즉 "복음"으로 특징짓고 있다. 그런데도 예수의 설교, 예를 들면 팔복에 관한 설교는 선지자들의 설교와 비슷했고 예수의 가르침은 서기관들의 가르침과 유사했다. 분명히 여기서 예수의 주장은 연역적인 추론이 적용되지 않는다. 오히려 이 주장은 예수의 요구와 그의 구원의 제공을 탐구하기 위한 선두 질문을 제기한다. 팔복의 가르침에서의 구원의 제안, 이를테면 예언적 약속 또는 "복음", 종말론적 구원의 좋은 소식은 지금 동터오고 있는가? 주린 자가 지금 배부르며 슬퍼하는 자는 지금 위로를 받고 있는가?

이에 대한 대답은 예수의 행위 또는 그의 말씀 자체로부터는 결정될 수 없다. 그것은 예수라는 인물을 통하여 드러난 총체적인 사역이라는 견지에서만 밝혀진다. 따라서 여기서 고찰 중에 있는 말은 마태복음 11:6 및 그 병행구에서 끝이 난다: "누구든지 나를 인하여 실족하지 아니하는 자는 복이 있도다". 궁극적으로 하나님 나라의 현재적 도래에 관한 질문은 마태복음 12:28에서 볼 수 있듯이 예수라는 인물에 관한 질문이다.

c) 구원을 가져오는 자

하나님의 통치의 현존에 관하여 사상 잘 알려진 말인 누가복음 17:20 이하 (Sp. Lk.)의 구절 — 이 구절의 진정성은 특히 보편적으로 인정을 받고 있다 — 은 예수라는 인물에 관한 이러한 질문, 마태복음 11:6이 수수께끼 같은 용어로 진술하고 있는 질문 바로 앞에 우리를 세워놓는다.

"하나님의 나라는 볼 수 있게 임하는 것이 아니요 또 여기 있다 저기 있다고도 못하리니

---

22) 여기서 이사야 61:1로부터 취해진 말씀 또는 이사야 52:7로부터의 기본적인 구절에 대한 언급을 통해 에세네파와 랍비의 본문들은 복음을 전하는 종말론적 사자(使者)에 대한 자신들의 기대를 표현하였다. 관례적으로 그는 종말론적 선지자로 묘사되었다. 1QH 18:14에서 의의 교사는 아마도 이사야 61:1에 언급되어 있는 자였을 것이며, 11QMelch 6에서 그는 종말 때의 선지자였다. 이어서 이사야 52:7이 11QMelch 15f.에 인용되어 있는데 마찬가지로 종말 때의 선지자로 해석되었다. 바리새파적 랍비 유대교에서 이사야 52:7은 더 자주 전면에 부각되었다: 솔로몬의 시편 11:1, "예루살렘에서 좋은 소식(euangelizomenou)을 가져오는 그의 목소리를 들으라; 하나님이 이스라엘을 불쌍히 여겨 그들을 방문하실 것이리." G. Friedrich, *TDNT* II, 714 - 17; cf. P. Stuhlmacher, *Das paulinische Evangelium* I, *Vorgeschichte*(68), 141 - 153.에 나오는 랍비적 전거들.

하나님의 나라는 너희 안에 있느니라"

이 말씀의 처음 두 절은 하나님의 통치의 도래는 묵시론이 주장하는 것과는 달리 예비적인 지표들을 바탕으로 측정될 수 없다고 말한다. 또한 그것은 여기 또는 저기라고 구체화될 수 있는 것도 아니다. 왜 그런가? 마지막 구절은 역설적이며 놀라운 설명이다: '이두 가르 … 엔토스 힘논 에스틴'(*idou gar … entos hymnon estin*). '엔토스'는 "안에, 가운데에"를 의미하는데, 칠십인역에서도 " ~의 내부에"를 의미하고 있다. 세기의 전환점에서 자유주의 신학은 루터역과 마찬가지로 "너희 내부에"라고 번역하여 예수에게 하나님 나라는 종말론적 장관(壯觀)을 통하여 도래하는 것이 아니고 그것은 영적이고 윤리적인 차원이라고 밝혔다. 하지만 이러한 번역은 이 말씀의 구조와 모순된다: 이 말씀은 바리새인들에게 하고 있었다! 그러나 이 구조가 이차적일 수도 있다. 그렇지만 이러한 번역은 예수의 하나님 나라 개념과도 모순된다: 하나님의 통치가 이루어졌을 때 팔복의 가르침에 따르면 마음이 청결해질 뿐만 아니라 주린 자는 배부를 것이다. 하나님의 통치는 한 인격에게 도래해서 그 인격을 총체적으로(*in toto*) 취한다. 그러므로 '엔토스'는 오로지 "너희 가운데 있다"는 의미만을 가질 수 있다.

하나님의 통치가 어떻게 이미 사람들 가운데 현존하여서 그들이 더 이상 묵시론적 표적들을 지켜볼 필요가 없게 되는 것이 가능할 수 있을까? 불트만은 우리가 여기서 미래적 현재 시제를 가지고 있다고 생각하고 이렇게 번역하였다: "보라 하나님의 통치가 (돌연히) 너희 가운데 있으리라".[23] 즉 하나님의 통치는 예비적인 표적들을 통해서 자신을 알리는 것이 아니라 돌연히 너희 가운데 있게 될 것이라는 말이다. 하지만 "돌연히"라는 말은 불트만이 써넣은 말일 뿐이다. 더욱이 "너희 가운데"라는 말은 새로운 세상으로 인식되는 묵시론적인 미래적 하나님 나라에 걸맞지 않는다. 이 진술은 정상적인 현재 시제로서만 이해될 수 있다. 그러므로 이렇게 물어야 한다: 하나님의 통치는 어떤 식으로 이미 지금 사람들 가운데 현존하고 있는가? 큄멜은 이렇게 설명한다: "하나님 나라는 예수 및 그와 관련되어 나타나는 현재적 사건들 속에서 이미 앞서서 효력을 발휘하게 되었다."[24] 이것은 올바른 말인가? 하나님의 종말론적 통치가 예수의 인격과 사역 속에서 이미 활동하게 되었는가? 이 중요한 문제 의식을 가지고 우리는 예수의 삶의 의미 및 그의 인격의 의의를 절을 달리 하여 구체적으로 검토해보아야 한다(§16).

---

23) Bultmann, *Theology* I, 101
24) Kümmel, *Promise and Fulfilment*, p. 35.

어쨌든 하나님의 왕적인 통치는 단순히 방사점(放射点), 즉 예수일 수만은 없다. 왕이 있으면 백성들도 있는 법이니까! 실제로 마태복음 11장도 모든 사람을 향한 구원의 동터옴에 관하여 이야기하고 있다. 따라서 이 질문은 다음과 같이 제기되어야 한다: 백성들, 하나님 나라의 시민들은 어디에 있는가?

d) 하나님 나라의 백성들

아리송하게 부호화된 언어로 이루어져 있는 마태복음 11:12 이하의 Q 말씀은 하나님 나라의 이러한 측면을 보여주고 있다: "세례 요한의 때부터 지금까지 천국은 침노를 당하나니 침노하는 자는 빼앗느니라 모든 선지자와 및 율법의 예언한 것이 요한까지니". 번역하기 곤란한 이 말씀은 다소 강렬한 이미지를 담고 있다: 하나님 나라는 합법적인 수단에 의해 획득되는 것이 아니라 강도가 노획물을 얻는 것과 같은 방식으로 획득되어야 한다(눅 16:16은 이런 의미를 갖고 있는 이 말씀을 선교적 언어로 바꾸어놓고 있다: "그후부터는 하나님 나라의 복음이 전파되어 … "). 사실 터무니없는 일들이 일어나고 있다: 예수는 바리새파, 즉 유대 공동체의 핵심 인물에게 이렇게 선포한다. "내가 진실로 너희에게 이르노니 세리들과 창기들이 너희보다 먼저 하나님의 나라에 들어가리라"(마 21:31(Sp. Mt.)). 여기서 비교급은 절대적 의미로 사용되고 있다: 그들은 들어갈 것이고 너희들은 못들어간다! 모든 정직함 속에서 열심히 노력하는 경건한 자들의 무리가 아니라 세리들과 창기들이 하나님 나라를 얻는다. 바로 그러한 일이 요한의 때 이래로 지금까지 계속되고 있다.[25] 이제 예언의 시대는 지나고, 성취가 동터온다. 이제 이런 의미로 하나님 통치의 백성들이 모여들고 있다. 예수 아래 있는 제자들이 하나님 나라의 백성과 동일한가? 이 문제도 아래에서 특별히 고찰할 필요가 있다(§19).

따라서 하나님의 통치의 현재적 도래에 관한 예수의 진술들은 그의 사역을 설명하는 데에 중요한 문제들을 야기시킨다: 어떻게 그의 이적들(§§14-15), 그의 요구들(§§8-10), 그의 구원의 약속들(§§11-13), 그의 인격(§§16-18), 그의 제자도(§§19-20)는 하나님 나라의 현재

---

25) Jeremias, *Theology* I, 47는 마태복음 11:12에 나오는 세례 요한의 사역에 대한 언급들을 포괄적인 것으로(세례 요한의 때부터 …), 누가복음 16:16을 배제적인 것으로(요한의 때까지) 이해하기를 좋아하는 듯하다: "마태에 의하면 … 세례 요한은 이미 새 세대의 일부이거나 새 세대의 전주(前奏)를 이루는 과도기를 가져오고 있다." 예레미아스에 의하면 예수도 이 말씀을 그런 식으로 의도했으며, 누가는 세례자의 죽음으로부터 구원의 때가 시작되는 것으로 한 최초의 인물이었다. 하지만 예수는 "세대"(aeon)라는 범주 안에서 사고하지 않았고, 세례자를 이런 식으로 자기 자신과 연결시키지 않았다. 왜냐하면 예수에게 하나님 나라는 자신의 사역을 통하여 역동적으로 도래하고 있었기 때문이다(§ 6, 2).

적 도래를 표현한 것이 될 수 있는가? 예수의 이 주장은 내내 수수께끼 같고 꺼림칙한 것으로 보인다. 이런 이유로 예수 자신은 하나님 나라 비유들 속에서 이 주장에 대하여 케리그마적으로 더 정교하게 이야기했던 것이다.

e) 하나님 나라의 도래에 관한 비유들[26]

4:10-12에 나오는 비유들의 목적에 관한 말에 따르면 마가는, 제자들을 위해 "하나님 나라의 비밀"을 밝히고 있는 네 가지 비유들을 4:1-34에서 결합하였다. 누가는 마가를 따랐지만(눅 8:4-18), 그 수를 두 가지로 줄였다. 반면에 마태는 이 주제를 가진 일곱 가지 비유들을 한데 엮어서 하나의 강화로 만들었고(마 13:1-52), 그 외에 18:23; 20:1; 22:2; 25:1에 나오는 하나님 나라에 관한 네 가지 비유를 덧붙였다. 예수가 처한 정황 속에서 이미지가 풍부한 언어를 사용하는 것은 관습이었다. 그럼에도 불구하고 예수에게로 거슬러 올라가는 전통적인 비유들은 힘차고 매력있고 직접적이라는 점에서 다른 여타의 자료들과 뚜렷이 구별되기 때문에 그 비유들은 오늘날 일반적으로 예수의 독특한 양식으로 인식되고 있다. 마태복음 13장의 비유들은 하나님 나라가 이미 자신의 사역을 통해 현재 속에 도래하고 있다는 예수의 수수께끼 같은 주장에 의해 제기된 여러 문제들에 대하여 정확히 답변해주고 있다. 이 현재적 도래는 "하나님 나라의 비밀"(막 4:11 par.)이다.

씨뿌리는 자의 비유의 정교한 설명에 의하면(마 13:3-9) 씨뿌리는 것은 예수의 사역을 통해 수행되었는데, 누구나가 알고 있듯이 그 중 어떤 것들은 실패했음에도 불구하고 대다수의 경우에는 자라나서 열매를 맺었다. "씨뿌리는 자는 씨를 뿌리러, 즉 메시지를 선포하러 나갔다 — 그 이상도 이하도 아니다. 그리고 그것은 새로운 세계를 의미한다." 슈니빈트(Schniewind)의 이러한 해석은[27] 비록 단도직입적으로 공동체의 상황이라는 견지에서 표현하고 있음에도 불구하고 결정적으로 정곡을 찌르고 있다. 예수의 상황에서 씨뿌리는 것은 단순히 예수의 말씀만이 아니라 그의 사역의 모든 투자를 포함하는 것이었다. 이 비유는 이 세상에 대한 피상적인 인식을 뛰어넘어 꿰뚫어보는 가운데 일어나는 모든 일들의 숨겨진

---

26) Lit.: A. Jülicher, *Die Gleichnisse Jesu* I², II (1910); C. H. Dodd, *The Parables of the Kingdom* (1936; repr. 1965); N. A. Dahl, "The Parables of Growth," in *StTh* 5 (1951), 132-165; Jeremias, *Parables*: E. Linnemann, *Parables of Jesus: Introduction and Exposition*(1966); D. O. Via, *The Parables: Their Literary and Existential Dimension* (1967); G. Eichholz, *Gleichnisse der Evangelien* (1971); K-P. Jörns, "Die Gleichnisverkündigung Jesu. Reden von Gott als Wort Gottes," in E. Lohse et al., eds., *Der Ruf Jesu und die Antwort der Gemeinde* (1970), pp. 157-178.

27) *Markus* (NTD).

차원들을 찾아나서는 데 도움을 줄 의도로 말했다. 이렇게 하는 데에 도드(Dodd)처럼 후자가 플라톤적인 관념이 되어서는 안된다.[28] 그것은 단순히 설명이 아니다. 왜냐하면 그것은 동시에 약속이기 때문이다: 씨뿌리는 것을 통하여 추수 때가 오듯이 하나님 나라는 예수의 사역 속에서 확실히 도래한다. 그것은 예수의 사역이 그 자체 안에 점진적으로 세상을 변화시킨다는 관념을 지니고 있는 것이 아니라 하나님 자신이 그 사역에서 은밀하게 역사하시고 있기 때문에 팔레스타인의 사고에서의 열매와 유사하게 된다.

물론 피상적인 인식 이상의 것을 꿰뚫어보아야 한다. 이것은 가라지 비유 및 그물 비유에서 분명해진다(마 13:24-30, 47ff. 〔Sp. Mt.〕). 이 두 비유는 가라지와 알곡, 못된 고기와 좋은 고기는 심판 때에 분리될 것이며 그 이전에는 아니라는 것을 분명히 하고자 한다. 이 이미지는 틀림없이 하나님 나라의 현재적 도래에 관한 예수의 진술들을 듣고 모든 청중들의 마음 속에 일어난 의문에 답변하는 것이었을 것이다. 모든 유대의 분파들과 세례 요한, 구약의 예언이 공유하고 있었던 종말 기대에 따르면 하나님의 통치는 커다란 분리에 의해 도래하는 것으로 되어 있었다. 하나님의 통치를 맞아들이는 자는 알곡을 가라지로부터 분리해 내는 농부와 같다고 생각되었다. 그런데 예수의 사역에는 이러한 분리라고 할 만한 것이 아무것도 없었다.

예수의 제자 집단 내에서조차 유혹하는 자가 여전히 활동하고 있었다. 이 비유는 하나님 나라가 씨뿌리는 것과 거두어 들이는 것을 통하여 도래한다는 것을 보여준다. 피한 수 없는 분리는 이 두 행위 이후에 뒤따라 일어난다. 예수가 "너의 믿음이 너를 구원했다"고 말하는 것을 들은 적이 있는 사람들은 누구나 하나님 나라가 오직 이런 식으로 도래할 수 있으며 도래한다는 것을 이해하였다. 제자는 자기 자신의 삶에서조차도 알곡과 가라지의 공존을 지닐 수 밖에 없다. 복음서 기자인 마태는 이 비유를 마태복음 13:36-40에서 자신이 구성한 해석을 통하여 공동체의 상황에 적용하였다. 그것은 그에게 교회는 혼합체(*corpus mixtum*)라는 지표였다. 이것은 공동체에서의 치리로부터 모든 바리새적 열심 ─ 그가 다른 어느 신약 기자들보다 더 관심을 쏟고 있는 주제 ─ 을 사라지게 만든다(참조. 18:15-20, 22:11-14). 하지만 원래 이 비유는 훨씬 더 근본적인 의미를 지니고 있었다: 예수는 '크리시스'(*Krisis*)의 결과로서의 구원의 도래를 알린 것이 아니라 '크리시스', 즉 정죄 ─

---

28) Eichholz의 견해는 올바르다(op. cit. 〔n. 26〕, p. 78.): "예수는 가장 보잘 것 없는 시작에 관한 부호 문자를 도래하는 하나님 나라에 관한 부호 문자로 해석하였다. 우리는 오늘날도 이렇게 보잘 것 없는 방식으로 하나님의 도래하는 날이 은폐되어 있다는 것을 깨닫지 못할 수 있다." 이와는 대조적으로 Jeremias, *Parables*, pp. 149ff.는 이 비유를 하나님 나라의 도래를 예비하는 데서의 예수의 실패에 관한 위로로 해석함으로써 그 의도를 모호하게 하고 있다.

요한의 용어를 빌면 ― 의 뒤를 이어 따라오는 구원을 알렸다.

이와 비슷한 반론이 겨자씨와 누룩의 이중적인 비유에 대해서도 제기될 수 있다(마 13: 31-33). 이 두 경우에서 시작 같지도 않은 시작은 극적인 결과들을 이루어내었다. 이 '제3의 비유'(*tertium comparationis*)는 마태복음 11:4 이하의 말씀에서 모든 사람의 마음에 떠오르는 갈등에 답변해주고 있다. 구원의 때에 질병과 죽음은 보편적으로 사라질 것이지만, 예수는 오직 소수만을 치유하였고 그것도 오직 잠시 동안 뿐이었다. 나아가 예수는 설교와 가르침을 통하여 오직 소수만을 얻었고, 제자들 가운데서 자기를 따르는 사람들은 거듭 실패를 했다. 어떻게 이것을 복음이라, 하나님의 보편적인 통치에 대한 선포라고 부를 수 있겠는가? 예수의 사역을 통하여 일어난 것과 예언의 성취 또는 하나님 나라의 도래가 의미한 것 사이의 이러한 차이는 양적일 뿐만 아니라 질적인 차이이기도 하다. 치유를 체험하거나 예수에 의해 제자로서 부르심을 받은 소수의 사람들조차도 육체 또는 영혼에서 새 사람이라는 가시적인 증명이 되지 못했다. 이 비유는 이렇게 설명한다: 예수를 통하여 일어나는 것은 양적으로나 질적으로나 나중에 큰 나무를 이루게 될 겨자씨와 같다. 이 나무는 이미 다니엘서에서 온 땅을 덮은 나라를 상징했다. 또는 그것은 온 반죽을 부풀어 오르게 하는 누룩이다. 바로 예수의 이 미약한 사역을 통하여 그리고 바로 이 길만을 따라서 모든 것을 새롭게 하는 하나님 나라는 도래한다. 이 비유의 힘은 오늘날에도 조금도 약해지지 않는다. 세계 종교로서 기독교가 2,000년의 역사를 가지고 있는데 그 가운데서 정말로 새로운 인간과 새로운 세계에 관하여 무엇을 볼 수 있는가? 겨자씨만을! 메시지를 통하여 믿음과 제자로서 부름받은 사람들만을 볼 수 있을 따름이다. 새로운 세계는 이와 같이, 오직 이와 같이 도래하는데, 이것은 부활절 이전보다 이후에 더 확실하다.

하나님 나라가 이런 식으로 도래한다면 그 도래는 ― 인간적 관점에서 볼 때 ― 실천주의나 바리새파의 공로 원리나 에세네파의 엄격한 수도나 열심당의 혁명적 시위를 통해서 가속화될 수 없다. 그것은 밭에 묻힌 보화나 값진 진주처럼 다만 발견될 수 있을 뿐이다. 그리고 그것을 발견한 사람은 누구나 다른 것에 대해서와는 달리 그것에 대한 대가로서 어떤 것을 주는 것이 아니라 자기가 가진 모든 것을 자발적으로 흔쾌히 주는 것이다. 보화와 진주의 이중 비유(마 13:44-46)는 특히 예수의 제자로의 부르심을 자세히 말해주고 있다. 이 부르심은 모든 인간적 관련들을 끊어버리기 때문에 측량할 수 없을 정도로 가혹한 것처럼 보인다(마 8:18-22). 이 비유는 어떠한 유익도 바라지 않고 단지 마음에 감동을 받아서 자기에게 맡겨진 것을 행하며 예수를 따르는 모든 사람들을 대상으로 삼았다. 정확히 이런 식의 제자도를 통하여 사람들은 보화와 진주를 발견하였다. 이것을 위하여 다른 모든 것을 투자

하는 것은 지혜의 표지이다. 게다가 발견에 대한 기쁨은 이러한 투자를 수월하게 만든다. 오직 이런 식으로 하나님 나라는 얻어질 수 있다.

우리는 다음과 같이 요약할 수 있을 것이다. (1) 하나님 나라의 도래에 관하여 마태복음 13장에 나오는 비유들은 그것은 세례 요한이 여전히 기대했던 것과는 달리 볼 수 있는 형태로 도래하는 것이 아니고 씨뿌리는 자의 인간적 행동을 통하여 은밀하게 도래한다는 것을 표현하고 있다. 그것은 심판자에 의해 행해지는 분리를 통하여서가 아니라 씨뿌리는 것과 거두어 들이는 것을 통하여 도래하며, 보편적이고 총체적으로서가 아니라 겨자씨를 통하여 도래한다. 이런 이유로 그것은 인간의 업적을 통하여 획득될 수 없으며 오로지 발견될 수 있을 따름이다. (2) 이 모든 것은 가르침의 형태로 발전되지 않고 예수의 사역에 대한 해석으로서 표현된다. 이 비유들은 예수 및 예수의 주장하는 바를 통하여 무엇이 일어나는가를 설명한다. 이 비유들은 그것을 서술이 아니라 진술의 견지에서 설명한다. 청중들은 이미지들의 영향력에 의해 거듭 거듭 설득된다. 청중들은 '그렇다. 그렇고 말고!' 라고 생각한다. 그러나 청중들은 자기 스스로가 제자도를 통하여 그것에 의해 안기기까지는 그 내용의 핵심을 이해하지 못한다. (3) 따라서 하나님 나라에 관한 예수의 비유들은 모든 사람들을 향해 있지만 오직 제자도 안에서 예수를 좇는 사람들만이 의도된 실질적 내용을 부여잡게 된다: "하나님 나라의 비밀을 너희에게는 주었으나 외인에게는 모든 것을 비유[수수께끼 같은 말]로 하나니"(막 4:11).

그렇지만 결론적으로 이렇게 물어야 한다: 어떤 식으로 예수는 하나님 나라가 겨자씨와 같고 큰 나무와 같다고 인식하였으며 현재와 미래 모두에서 도래하는 것으로 인식하였는가?

§7. 하나님의 통치: 그 내용 및 현존하는 세상 질서와의 관계

참고 문헌: §6과 아래의 각주 2, 4, 7 참조

예수는 자신이 사용한 "하나님 나라"라는 용어를 정의하지도 않았고 그것을 동시대인들 사이에서 통용되던 용례와 구별하지도 않았다. 이와 같은 이유로 불트만은 예수가 이 용어를 당시의 환경으로부터 빌어왔다는 결론을 내렸던 것이다.[1] 그러나 우리는 예수가 결코 플라톤이 그랬던 것과 같은 방식으로 용어들을 분석하거나 묵시론의 옹호론자들과 같이 사변(思辨)의 벽화들 위에 관념들을 그리는 습관이 없었다는 것을 잊어서는 안된다. 동시대인들이 쓰던 용어들이 예수의 말씀 속에 들어갈 때마다 그것들은 청중들을 향한 그의 말씀이라는 문맥에서 언제나 독특성을 획득하였다. 하나님의 통치에 관하여 예수가 말했을 때 그가 염두에 두고 있었던 것은 원형임이 확실한 산상수훈 — 편집에 의한 수정들을 제쳐두고 — 의 두 중심적인 부분을 고찰하면 확실히 밝혀질 수 있다: 팔복의 가르침과 주기도문. 이 두 구절로부터 그 용어에 대한 이해에서 보충적인 통찰이 얻어질 수 있을 것이다.

1. 하나님 나라에서 하나님의 새 날

a) 팔복의 가르침.[2]

5:3-12에서 마태는 비슷한 구조를 가진 여덟 가지 복을 기록해 놓았다. 아홉번째 복은 어느 정도 독립되어 있었던 것으로 보이는데 이 일련의 가르침을 보충하고 있다. 누가는 평지 설교의 시작 부분에서 동일한 문맥 하에 네 가지 복을 들고 있다(6:20-23): 이것들은 마태의 첫번째, 두번째, 네번째, 아홉번째에 대응된다. 적어도 이 네 가지는 예수 자신에게서 나온 것이 거의 확실하다. 두 복음서 기자의 편집 배후에 있는 원형은 비교적 쉽게 복구가 가능하다.

첫번째 복은 가난한 자에게 하나님 나라의 소유를 약속하고 있다: "가난한 자는 복이 있나니 천국이 저희 것임이요". 그 다음의 두 가지 복은 주린 자가 배부를 것이고 애통하는 자가 위로를 받을 것임을 약속한다. 이 후자의 두 약속이 어떻게 첫번째의 하나님 나라의 소유의 약속과 연관되는가를 생각해보면 오직 하나의 결론만이 가능하다: 굶주림을 그치게 하고 위로를 베푸는 것은 구원의 날에 이루어질 약속이다. 그러한 것들은 하나님 나라가 도래할 때 현실로 된다. 프리즘을 통과하는 한줄기 빛이 산란되어 무지개빛 찬란한 스펙트럼이 되듯이 하나님 나라가 가져오는 것은 팔복의 약속에서 찬란히 전개되는 것이다. 그러므로 하나님 나라에 대한 예수의 개념과 관련하여 팔복에 대한 고찰로부터 다음과 같은 것을 말할 수 있을 것이다.

1) 하나님 나라는 모든 고통을 사라지게 하는 위로, 모든 굶주림의 고통들을 영원히 그치

---

1) *Theology* Ⅰ, § 3, 1.
2) Lit.: J. Dupont, *Les Beatitudes* (1958; repr. 1969).

게 하는 만족을 가져온다. 복음서 기자들은 각각 동터오는 구원의 두 측면을 강조하였다: 누가에서 그것은 빵의 굶주림을 그치게 하는 것이고, 마태에서 그것은 의를 위한 굶주림을 그치게 하는 것이었다. 하지만 예수에게 굶주림 및 고통과 관련된 약속들의 범위는 그 약속들 배후에 있는 구약 전승들의 의미에 따라 모든 것을 포괄하는 것이었다. 따라서 하나님 나라는 육체적, 영적으로 구원의 동터옴을 가져온다. 즉 결과적으로 결핍과 고통이 없는 새로운 세상, 평화와 의의 세상을 가져온다. 예수의 팔복의 실질적 내용을 인용하여 선견자 요한은 요한계시록 21:1-5에서 새로운 세계의 환상을 묘사하였다.

2) "새로운 것"은 어떻게 도래하는가? 하나님 나라는 백성들을 대신하여 하나님의 주도권을 통하여 도래한다. 팔레스타인의 언어 용법에 따르면 하나님은 팔복에 나오는 수동형 동사의 주어가 된다: "저희가 위로를 받을 것임이요"는 실제로 "하나님이 저희를 위로하실 것임이요"를 의미한다. "저희가 배부를 것임이요"는 "하나님이 주린 자를 만족케 하실 것임이요"를 의미한다. 여기에 마태의 팔복 가운데 두번째 그룹을 덧붙인다면 ― 그 핵심에서 그것들은 분명히 예수의 원래의 말씀을 나타내고 있기 때문에 지극히 합당하다 ― 우리는 계속해서 이렇게 말할 수 있을 것이다: 하나님은 긍휼히 여기는 자를 긍휼히 여기실 것이며 화평케 하는 자를 그의 자녀라 부를 것이다(마 5:7-10). 따라서 하나님 나라의 도래는 여기서 먼저 무엇보다도 신중심적으로 백성들 가운데서의 하나님의 인격화된 활동으로 여겨지고 있다. 하나님 나라는 하나님이 백성들을 만나셔서 그들을 자기와의 친교로 이끄실 때 도래한다. 하나님이 슬픔과 굶주림을 극복케 하고 자신의 연민의 궁극적인 표현으로 한 사람을 자녀로 빚으시는 곳마다 그러한 일이 일어나고 있는 것이다. 하나님 나라의 도래를 이런 식으로 이해하게 되면 우리는 굶주림과 죽음의 세계가 지속되고 있는데도 예수가 어떻게 하나님 나라의 현재적 도래를 말할 수 있었는지를 알게 된다. 본질적으로 하나님 나라는 현존하는 세상 질서의 여러 변동들과는 아무런 관계없이 독립적으로 도래한다.[3]

3) 그러므로 하나님 나라가 시작되고 있다는 현실은 우리가 위에서 살펴본 것처럼 예수의 사역을 통하여 백성들에게 하나님의 은사가 주어지고 있다는 것이다. 이것이 하나님 나라가 백성들에게 최초로 그리고 결정적으로 도래하는 방식이다. 유대교에서 하나님 나라의 개시는 이와는 전혀 다른 성격을 지니고 있었다. 예를 들면 바리새파들은 하나님 나라의 멍

---

3) Jeremias, *Theology* I, 120에 따르면, "미래의 하나님 나라의 그 무엇이 가난한 자에 대한 하나님의 자비의 복음을 통하여 현재로 침투해 들어오고 있다." 실제로 동터오고 있었던 것은 그 나라의 그 무엇이 아니라 그 나라의 정점 그 자체였다. 더구나 이 일은 부활절 이후의 경우와는 달리 죄사함의 "선포"를 통해서가 아니라 예수와 사람들과의 어우러짐을 통하여 일어나고 있었다.

에를 스스로 짊어지는 방식인 율법의 요구들에 일차적인 강조점을 두었다. 유대교의 모든 분파들에서 하나님 나라의 개시는 하나님의 율법 아래에서의 심판의 날, 현존하는 모든 권세들의 전복, 우주의 변동을 의미했다. 물론 예수는 이 모든 것들을 무효화하지는 않았지만, 그와 같은 것들은 더 이상 하나님의 통치의 도래를 위한 선결 요건을 이루지는 못했다. 예수에게서 하나님 나라는 율법과는 완전히 독자적으로, 권력 구조의 관계의 변화와 독립적으로 도래한다. 외부적인 관계의 변화는 그 결과로서 뒤따를 것이다.

4) 이 모든 것은 신학적 자유주의에서와는 달리 예수에 관한 한 그것은 모두 하나님과 인간 영혼의 문제라는 것을 의미하지는 않는다. 이와는 반대로 육체적 포만도 죽음에 대한 궁극적인 승리와 마찬가지로 여기에 포함된다. 예수는 무엇보다도 먼저 자신의 치유 사역을, 다음으로는 자신의 설교의 말씀을 언급했다(마 11:4f.). 하나님 나라는 진정 구조들의 변화, 새로운 사회 질서를 가져오지만, 하나님 나라는 사회 변화의 결과로서 도래하지는 않는다. 우리는 삶과 인간사의 한복판에서 비쳐오는 하나님 나라의 표지를 더 깊이 살펴보아야 한다. 하나님 나라는 하나님과 사람들의 관계가 새 언약에 관한 구약의 약속이라는 의미에서 새로워지고 완전케 되는 때에 도래한다. 예수의 준거틀은 필로(Philo)와는 달리 철학적, 영적이지 않았고 신중심적이었다. 예수는 묵시론적 구성물의 견지에서가 아니라 성경의 약속이라는 견지에서 사고하였다.

b) 주기도문

예수가 이런 식으로 하나님 나라를 이해하였다는 것은 주기도문을 살펴보면 확증된다(마 6:9-15 par. 눅 11:2-4).[4] 팔복의 가르침이 하나님 나라를 제안하는 것이라면 주기도문은 하나님 나라를 위해 하나님께 간구를 드린다.[5] 제안과 간구는 동전의 양면이다.

1) 이 기도문의 구조와 형태는 하나님의 통치의 내용이 어떻게 이해되고 있는지를 보여

---

4) Lit. : E. Lohmeyer, *"Our Father"* (1965); K. G. Kuhn, *Achtzehngebet und der Reim* (1950); T. W. Manson, "The Lord's Prayer," *Bulletin of the John Rylands Library* 38 (1955/56), 99-113, 436-448; H. *Schürmann, Das Gebet des Herrn erläutert aus der Verkundigung Jesu*(1961), J. Jeremias, *Abba*(1966), pp. 152-171: Jeremias, *Theology* Ⅰ, 193-203.

5) 마태복음 6:9-15의 긴 본문이나 누가복음 11:2-4의 짧은 본문은 원형이 아니다. 전승 모체는 이 둘로부터 도출되어야 한다. 그렇게 할 때 특히 떠오르는 것은 마태에서의 세번째와 일곱번째 간구는 편집에 의한 증보이며, 그럼에도 불구하고 마태의 어구들이 일반적으로 더 원형에 가깝다는 것이다. 대체로 이 기도문의 전승 모체는 의심할 여지 없이 지금의 본문과 동일한 구조를 가지고 있었다. 그것이 예수에게까지 소급된다는 것은 분명하다.

준다. 처음 세 가지 간구들은 서로 서로를 설명해준다. 하나님의 통치는 하나님이 하나님으로 인정받고 그의 은혜로우신 뜻이 성취될 때 도래한다. 팔복에서처럼 여기서도 하나님 나라의 도래는 신중심적인 지향(指向)을 엄격하게 견지한다. 이 기도문의 후반부는 전반부와 대응되고 있다. 그것은 무엇이 탄원자를 하나님의 통치로부터 분리하는가에 대하여 말한 후에 하나님은 그가 한 사람을 자신의 통치 속으로 받으실 때 양식과 죄에 관한 근심의 짐을 덜어주신다는 것을 재확인해 준다. 여기서도 마찬가지로 하나님의 통치는 삶의 육체적 영적 측면을 완전케 하는 하나님과의 새로운 관계를 의미한다.[6]

2) 하나님 나라의 도래에 관한 이러한 신중심적인 관점은 또한 여기에서 종말론적 변화의 결과가 아니라 개시(開始)로 묘사된다. 아마도 예수는 그 형태에서 주기도문과 아주 유사한 18개의 기도문을 대신하는 기도의 본보기로 제자들에게 주기도문을 주었을 것이다.[7] 유대적 경건을 매일 표현하는 이 기도문에서 하나님의 왕권이 세워질 것을 간구하는 내용은 다른 내용들이 많이 나온 후인 열한번째 간구로 등장한다. 여기서 하나님 나라는 세상 질서의 구조들이 변한 결과로서 도래할 것으로 기대되었다. 하지만 마태복음 6:33 및 그 병행구의 말씀에 따르면 주기도문은 "먼저 하나님 나라를 구하라"고 강권한 후에 그 결과로서 다른 모든 것을 위하여 간구하라고 권한다.

3) 이 기도문을 받은 제자들이 간구들이 어떻게 성취되는가를 묻는다면, 그들은 근심으로부터 사람들을 해방시키고 죄인들을 환대하는 분에게로 눈을 돌리게 된다. 비록 기도문 전체의 훨씬 더 광범위한 범위외 비교해 볼 때 그 성취가 겨자씨 같을지리도 주기도문의 각각의 간구는 현재에서의 예수의 사역의 수행에 의해서 성취된다. 예수의 사역을 통하여 하나님의 통치는 단지 예비적인 형태이긴 하지만 실제로 도래하는 것이다.[8]

우리는 다음과 같이 요약할 수 있을 것이다. 하나님의 통치가 그 실질에서 이런 식으로 이해된다면, 그것이 현재와 미래의 두 차원에서 도래한다고 말할 필요성을 이해할 수 있게 된다. 사실 하나님의 통치의 핵심이 하나님과 백성의 관계가 완전케 되는 것에 있다고 정리한다면, 한 사람이 예수를 통하여 하나님과의 관계가 새로워지는 것이 하나님 나라에 들어

---

6) 종교사적 선입견을 바탕으로 하여 우리가 여기서 간구되는 하나님 나라의 도래를 새 세대의 도래와 동일시하게 되면, 이 기도문의 구조에 의해 제공되는 실질적인 문맥에 대한 이러한 이해는 차단되고 만다. 이와 같은 예는 E. Grässer, *Das Problem der Parusieverzögerung in den synoptischen Evangelien und in der Apostelgeschichte* (1957), p. 99에서 볼 수 있다.

7) P. Fiebig, *Das Vaterunser* (1927); Dalman, *The Words of Jesus*, pp. 190ff., 280f.; Billerbeck IV, 208 - 220.

8) J. Schniewind, *Matthäus* (NTD)에 의한 6:9-13에 대한 통찰력 있는 해석.

가는 것이라고 할 수 있다. 하나님 나라에 들어갈 수 있다는 것은 육체적 실존 및 세상이 아직 전반적으로 완전케 되지 않았다는 사실에 의해 변경되지 않는다. 반면에 그것은 하나님 나라의 도래가 하나님과의 새로운 관계라는 측면에만 한정될 수 없다는 것을 의미한다. 육체적 실존 및 역사는 하나님이 창조주이기 때문에 당연히 포함되어야 한다. 이런 이유로 하나님 나라의 도래는 굴절된 빛과 같이 지금도 현존하는 세상 질서에 영향을 나타낸다는 것을 주목해야 한다.

2. 하나님 나라의 도래와 역사의 사건들

a) 묵시론의 세계관

우리는 "하나님 나라"라는 개념을 연구하는 가운데 그것은 우주적 전주(前奏)와는 상관없이 독자적으로 규정된다는 것을 알았다. 더욱이 이것은 예수가 묵시론의 세계관, 특히 두 세대론에 대해 취한 태도를 연구해봄으로써 확증될 수 있다. 두 세대론은 위에서 본 바대로 (§5, 4a) 예수 시대 당시에 처음으로 전개되었다. 이 사고에 따르면 미래의 세대(히. *ha 'olam habba'* = 헬. *ho aion ho erchomenos* 〔또는 *ho mellon*〕)는 장래의 세계이자 이 세계에 대한 장래의 시간 준거이다. 이 미래의 세대는 현재의 세대(히. *ha 'oolam hazzeh* = 헬. *ho aion houtos*)를 새로운 우주로 대체할 것이다. 묵시론적 사고에서 종말론적인 하나님의 통치 ─ 사람들이 그것에 관하여 뭐라고 말했다면(§5, 4a) ─ 는 새로운 세대라는 포장에 싸여서 도래한다. 하지만 예수의 설교에서 이 묵시론의 세계관은 아무런 역할도 하지 못했다.

공관복음서에 나오는 예수의 말씀들에서 이런 의미로 '세대'(*aion*)라는 말을 사용한 경우는 극히 드물었다. 더욱이 대부분의 경우 병행 전승들을 대비해보면 그러한 언급들은 나중에 회중의 신학적 발전의 결과로서 도입되었음을 알 수 있다. 예를 들면 마태복음 12:32에는 이렇게 나와 있다: "이 세상과 오는 세상에도 사하심을 얻지 못하리라". 그러나 "세상"(*aeon*)이라는 표현은 그 병행 전승인 마가복음 3:29과 누가복음 12:10에는 보이지 않는다. 마가복음 10:30에서는 "금세"(*en to kairo touto*)와 "내세"를 대조시킨다. 이 두 표현은 마태복음 19:29에는 없다. 누가복음 20:34 이하에는 마가와 마태의 병행 전승에는 없는 "이 세상"과 "저 세상"의 구별이 나중에 첨가되었다. 그러므로 우리는 예수는 "미래의

---

9) 현 세상의 상황을 지칭하기 위하여 "이 세대"를 언급하고 있을 뿐인 바울에게서도 마찬가지라는 사실은 대부분 너무도 인식되지 않았다.

세대”에 관하여 한 마디도 하지 않았다고 결론을 내려야 한다.[9] 이러한 표현은 우주적 사건이라는 당의정 속에 하나님의 종말론적 도래를 담고 있기 때문에 예수의 메시지를 담는 기구로서 적당하지 않았다. 이것을 뛰어넘어 “이 세대”(눅 16:8)를 언급하고 있는 나머지 마지막 표현은 그것이 반복되어 있는 누가복음 20:34이 보여주듯이 이차적이다.[10] 따라서 하나님의 통치의 도래는 예수의 사고에서 세계 역사의 사건과 동일선상에 있지도 않고 거기에 종속되어 있지도 않는 가운데 현재의 세상과 장래에 도래할 세상에 지울 수 없는 낙인을 찍는다. 이제 우리는 이 두 가지를 짧게 살펴보기로 하자.

b) 도래할 세상에 관한 묘사

묵시론 및 랍비적 유대교와는 대조적으로 예수는 도래할 세상, 하나님의 통치에 의해 형성될 세상에 대하여 객관적으로 묘사하려고 하지 않았다. 오히려 예수는 하나님 나라가 초월적으로 현존한다는 것의 특징을 두 가지 방식으로 말했을 따름이다.

1) 예수는 구약 및 유대교의 종말론적 축복의 식사에 대한 심상(心像)을 되풀이 하여 사용하였다. 이사야 25:6의 묵시론적 언급에 의하면 하나님은 완성의 날에 모든 사람들을 위한 식사를 마련하신다. 마찬가지로 1QSa에서는 메시야는 자신이 오실 때 에세네파를 축복의 식사를 위해 모으실 것이라고 말한다.[11] 예수는 완성의 때가 친교의 자리가 될 것임을 표현하기 위하여 이 자주 사용되는 심상을 빌어썼다: “동서로부터 많은 사람이 이르러 아브라함과 이삭과 야곱과 함께 천국에 앉으려니와”(마 8:11 par.); “진실로 너희에게 이르노니 내가 포도나무에서 난 것을 하나님 나라에서 새 것으로 마시는 날까지 다시 마시지 아니하리라”(막 14:25 par.); 그리고 마태복음 26:29은 “너희와 함께”라는 말을 덧붙인다. 완성 때에 예수의 식탁 교제는 자기 자신과 더불어 새로워질 것이다. 누가복음 22:15-18에서 이러한 선포는 “내 아버지께서 나라를 내게 맡기신 것 같이 나도 너희에게 맡겨 너희로 내 나라에 있어 내 상에서 먹고 마시며 … ”(눅 22:29f.)라는 기이한 말을 통하여 더 광범위하게 다루어지고 증보된다. 이 선포가 형성된 것은 예를 들면 “나라”라는 말을 절대적인 용법으로 사용한 것이 보여주듯이 이차적이긴 하지만 예수의 진정한 말씀이 그 배후에 있을 가능성은 매우 높다. 이 말씀들의 근본적인 의도는 분명하다: 하나님 나라는 미래의 완성이라는 견지에서 볼 때 고요한 파라다이스가 아니라 예수와의 친교, 하나님과의 종말론적 식

---

10) 원래 ‘aion’ = 세상에 관하여서만 말하였던 일련의 구절들 속으로 ‘houtos’(이것우)가 본문 비평적으로 말해서 이차적으로 다양하게 삽입되었다. 막 (4:19) par. 마 13:22; 마 13:(39), 40, 49; 24:3; (28:20).

11) IQSa 2:11 - 21; Billerbeck IV, 1146f.; *TDNT* II, 34ff.

탁 교제라는 것이다.

2) 이것 외에 예수는 도래하는 실존에 관하여 오직 한마디 말을 덧붙였다: 그것은 절대적으로 새로운 실존일 것이다! 마가복음 14:25에 따르면 잔을 마시는 것은 "새로운" 것일 것이다. 아마도 여기서 새롭다는 것은 마가복음 2:22 및 그 병행구에 나오는 포도주와 가죽부대의 비유의 의미로 이해되어야 한다. 이 비유에서 구원의 날은 이전 시대의 실존과 혼합될 수 없는 새로운 질(質)을 맞아 들인다. 그것은 구약 예언의 의미로서의 새로운 것을 맞아들인다: "보라 내가 새 일을 행하리니 …"(사 43:19). 그러나 예수는 바울과 같이 종말론적 전문 용어로서 "새로움"이란 용어를 사용하지 않았다. 그러므로 예수는 분명히 밝힌 것은 아니지만 잔에 관한 자신의 말씀에서 새 언약을 의도했음이 틀림없다(참조. 고전 11:25).[12]

하나님 나라가 완전히 새롭게 되는 차원을 가져온다는 것은 부활에 관한 예수의 말씀에 표현되어 있다(막 12:18-27 par.). "사람이 죽은 자 가운데서 살아날 때에는 장가도 아니가고 시집도 아니가고 하늘에 있는 천사들과 같으니라". 랍비들에게 도래할 세상은 사물들의 원시적 상태의 회복, 즉 악과 불의와 죽음이 없는 것 이외에는 이 세상의 연속에 다름 아니었다. 부부 생활은 먹고 마시는 것 및 율법의 힘과 아울러 지속된다.[13] 하지만 예수에 의하면 결혼과 출산과 같은 그러한 삶의 기본적 측면들은 그 나라에서는 들어설 여지가 없을 것이라고 한다. 사물들은 단순히 첫번째 창조로 되돌아가는 것이 아니다. 하나님 나라는 새로운 창조로서의 완성을 가져오는 것이지 원래의 것을 단지 복구하는 것이 아니다. 이런 이유로 예수는 사람들에게 하나님 나라를 위하여 바로 여기에서 지금 악만이 아니라 첫번째 창조와 결부되어 있는 실존의 양식들을 버리라고 하였다. 예를 들면 "천국을 위하여 고자가 된" 사람들도 있다. 즉 그들은 예수가 그랬던 것처럼 결혼을 하지 않는다(마 19:12).

하나님 나라와 함께 올 삶의 근본적으로 새로운 성격 때문에 예수는 그것을 생생하게 묘

---

12) *TDNT* Ⅲ, 449ff.

13) Billerbeck I, 888f. 이와는 대조적으로 유대 묵시문학에 나오는 몇몇 구절들 속에서 완전케 된 자들은 여기에서처럼 천사들에 대비되었다(에녹1서 51:4f. : "하늘에 있는 〔모든〕 천사들의 얼굴은 기쁨으로 밝게 빛날 것이다 … ;" 또한 Syr. Bar. 51:9f.; 참조. 에녹1서 104:4). 하지만 다른 문맥에서는 천사들에 관하여 그들에게 "나는 아내를 정해주지 않았다"(에녹1서 15:7)고 함으로써 천사들과 인간 존재를 대비시키고 있다. 따라서 이 단화는 질문과 답변의 양식에서 유대적 사고의 흐름을 따라 진행되었다. 하지만 그 논증은 유대 묵시론의 이러한 개념들을 훨씬 능가하였다. 이것은 예수의 하나님 중심적인 사고를 따라 일어났다. 한편으로 그 어느 곳에서도 우리는 부활에 관한 공동체의 표현들에서 발견되는 것과 같은 부활절 측면을 찾아볼 수 없다. 따라서 이 대화는 예수의 상황으로부터 유래하였다(Jeremias, *Theology* I, 184 n. 3; 반대 의견 - Bultmann, *Tradition*, pp. 26, 49 및 기타).

사하려는 시도를 하지 않았다(참조. 고전 15:35ff.).

하지만 하나님 나라는 도래하는 세상에만이 아니라 역사적으로 현존하는 현재의 세상에 대해서도 그 빛을 던진다.

c) 도래하는 나라에 비추어 본 자연과 역사의 구조

다가오는 하나님의 통치에 의해 생겨나는 조명(照明)은 실제로 이 세상의 흥망 성쇠를 더 분명하게 인식하는 것을 가능케 해준다. 하지만 이와 아울러 그것은 긍정적인 반응과 부정적인 반응 모두를 불러일으킨다.

1) 하나님의 창조의 참된 본질은 도래하는 나라에 비추어볼 때에 환하게 드러난다.[14] 일종의 당혹감으로 인해 언제나 다음과 같은 질문이 제기되었다: 세상의 임박한 종말을 선포한 사람이 어떻게 헬라어로 "자연"이라고 지칭되는 것을 그토록 긍정적으로 말할 수 있는가? 마태복음 6:26 및 그 병행구 눅 12:24에서는 이렇게 말하고 있다: "공중의 새를 보라 심지도 않고 거두지도 않고 창고에 모아 들이지도 아니하되 너희 천부〔눅. 하나님〕께서 기르시나니 너희는 이것들보다 귀하지 아니하냐". 그리고 나아가 6:28 이하에서는 이렇게 말한다: "들의 백합화가 어떻게 자라는가 생각하여 보아라 수고도 아니하고 길쌈도 아니하느니라 그러나 내가 너희에게 말하노니 솔로몬의 모든 영광으로도 입은 것이 이 꽃 하나만 같지 못하였느니라 … 들풀도 하나님이 이렇게 입히시거든 하물며 너희일까 보냐 믿음이 석은 자들아". 그리고 마태복음 10:29에서는 계속해서 이렇게 말한다: "너희 아버지께서 허락지 이니하시면 그 하나〔참새〕라도 땅에 떨어지지 아니하리라"(눅 12:6 "하나님 앞에는"). 마태복음 7:11 및 그 병행구의 본문도 이와 유사하다.

신학적 자유주의는 이 말씀들에 대하여 많은 말들을 하였다. 이 말씀들 속에서 그들은 하나님의 아버지로서의 선하심에 대한 섭리적인 믿음의 표현을 발견하였다. "일관된 종말론"의 옹호자들은 그 말씀들을 한쪽으로 제쳐놓았다. 마지막으로 모든 자연 계시를 거부하는 변증법 신학의 영향 아래에서 이 말씀들은 거의 고려되지 않았다. 불트만은 이 말씀들은 유대인들의 통속적인 경건을 표현한 것에 지나지 않는 것으로서 예수와는 특별한 관련이 없다고 짤막하게 논평하고 그 말씀들을 그냥 대수롭지 않게 넘겨 버렸다.[15] 이 말씀들을 고찰하게 되면 우리는 다음과 같은 질문을 던지지 않을 수 없게 된다: 여기에서 그럴 듯하게 보이는 것처럼 자연에 대한 고찰들을 통하여 창조주가 선하시다는 것을 그렇게 쉽게 유추할 수

---

14) A. von Harnack, *What Is Christianity?* (1957), pp. 63 - 70.
15) *Tradition*, p. 104; Bultmann, *Jesus and Word* (1958), pp. 160 - 172.

있는가? 많은 굶주리는 새들이 있지 않으며 인간들도 그 새들보다 더 나쁜 경우가 있을 수 없는가? 물론 예수는 이러한 문제들도 알고 있었다. 예수는 돼지 사료에도 군침을 삼키는 탕자에 관한 얘기도 하였다(눅 15:16). 예수는 자신의 말이 자연신학의 의미로 받아들여지기를 의도한 것은 아니었다. 자연에 대한 고찰의 영역에서 섭리라는 개념을 위한 합리적인 추론의 기능은 예수 시대에 자연신학의 고전적인 표현인 스토아 학파에서 찾아볼 수 있다. 스토아 학파는 자연에 있는 모든 것들을 포괄하는 섭리는 정상적으로 사람들에게 생활필수품들을 제공해준다고 가르쳤다. 이 공리가 틀리게 되면 안되므로 사람들은 내적인 자유를 통하여 외적인 결핍을 초월해야 한다. 극단적인 경우에는 사람들은 "심사숙고한 고의적인 죽음"을 선택함으로써 인간에게 가치 없는 상태로부터 스스로를 제거하여야 한다.[16]

예수가 돌보심에 관하여 말하려 했던 내용은 이와는 다른 성격을 보여준다. 예수의 말씀들은 자연에 대한 분석으로부터 섭리에 관한 가설적인 결론으로 합리적으로 나아가지 않았다. 그의 말씀들은 그 근원을 지금이라도 자신의 통치를 이루시려 가까이 오시는 하나님에게 두었으며, 그의 말씀들은 자연의 기적들 속에서 하나님의 활동의 증거들을 가리켰다. 들의 백합화와 공중의 새를 가리키는 말씀들의 모음은 마태복음 6:33 및 그 병행구에서 도래하는 나라에 대한 다음과 같은 언급으로 끝난다: "너희는 먼저 그의 나라와 그의 의를 구하라 … 그리하면 이 모든 것을 너희에게 더하시리라". 하나님 나라를 구하는 사람은 주기도문의 심상들 속에서 기도하며 살아가는 사람이다. 그러한 사람에게는 의미 있고 견실한 실존, 즉 생명이 허락될 것이다. 하나님의 종말론적 계시에 대한 이러한 관점에서 예수는 악과 불의에 의해 추하게 된 이 세상을 돌아볼 수 있었고 창조주의 생명을 부여받은 선한 자연 속에 있는 모범들을 가리킬 수 있었다. 이것들을 "가리킨 것"은 그것들이 일종의 포고(布告)라고 말한 것과 다름없었다. 이스라엘이 언젠가 언약의 하나님으로서의 관계라는 견지에서 창조주 하나님에게 신앙고백을 했던 것처럼 예수는 하나님의 동터오는 통치에 의해 던져진 빛 아래에서 이 세상에서의 창조주의 선하심을 보여주는 증거들을 밝히 비춰주었던 것이다.

이와 아주 흡사하게 이혼에 관한 논쟁 대화(막 10:5-9 par. 마 19:1-9)는 오늘날의 약점 있는 결혼의 형태로부터 창조 질서 내에서 결혼의 원래의 위치로 우리의 관심을 돌리게 해준다. 이 예는 후자의 관점에서 전자의 진짜 본질이 어떻게 창조의 왜곡, 즉 이 경우에는 "마음의 완악함"임이 드러나는가를 보여주는 데 기여한다.

2) 도래하는 나라는 창조의 왜곡을 그대로 드러낸다. 실제로는 이를 넘어서 그것은 어둠

---

16) 이에 더하여 L. Goppelt, *TDNT* VI, 13(문헌목록)을 참조하라.

의 활력을 불러 일으킨다.[17] 이 주제는 마태복음 12:24-30 및 그 병행구 눅 11:15-23 (참조. 막 3:22-27)의 논쟁 대화에서 전개된다. 예수가 귀신들을 몰아내었을 때 그의 대적들은 그것을 마귀의 힘을 빌은 기적이라고 말하였다: 마귀의 왕의 도움을 받아 그가 다른 귀신들을 몰아내고 있다. 예수는 이러한 고소에 대하여 마귀론에 대한 자신의 반대 의견을 제시했다: 그것은 사단의 왕의 권세 아래 있는 '하나의' 왕국이다(마 12:26 par. 눅 11:18). 귀신들은 그 왕국의 힘(*dynamis*, 눅 10:19)이고, 사단은 그 집의 주인이다(바알세불, 마 10:25).

이러한 개념은 랍비적 유대교의 사고에는 생소한 것이었다. 랍비적 유대교에서는 마귀의 영역은 느슨한 동맹 체제를 형성하고 있었던 반면에,[18] 예수에게 그것은 사단 왕국이라는 전체주의 체제보다 결코 덜 하지 않았다. 그럼에도 불구하고 에세네파는 어둠의 나라와 빛의 나라를 투쟁 관계로 설정한 상대적인 이원론으로부터 개념을 발전시켰다. 1QS 3:20-24에는 이렇게 씌어 있다: "모든 의의 자녀들은 빛의 왕[또는 "천사"]의 통치를 받는다 … 그러나 모든 거짓의 자녀들은 어둠의 천사의 통치를 받는다 … " 이 세상에서의 시간의 진행은 "벨리알 — 어둠의 왕은 흔히 이런 이름으로 불린다(예를 들면, 1QS 1:18) — 의 지배" 아래 서 있다. 그러나 사단의 왕국에 대한 예수의 언급은 이러한 에세네파의 이원론과는 아무 상관이 없었다. 예수는 에세네파의 용어를 사용하지 않았고, 이 점에서는 회당과 더 비슷했다.

예수는 이 문제에 대한 자신의 사고를 자신의 사명에 견주어 발전시켰다. 예를 들면 사단의 왕국에 대한 언급의 배후에는 하나님 나라의 도래에 관한 마태복음 12:28 및 그 병행구의 말씀이 있다: "그러나 내가 하나님의 성령을 힘입어 귀신을 쫓아내는 것이면 하나님의 나라가 이미 너희에게 임하였느니라". 어둠의 모든 세력들이 사단의 영도 아래 마귀 왕국으로 집결한 것은 예수의 사역 속에서 드러나기 시작한 바로 이 하나님 나라에 대항하기 위해서였다. 다르게 표현한다면 여기서 악은 편재하며 초개체적인 힘으로 인식될 뿐만 아니라 생사를 건 싸움에 연루되어 있는 것이다. 유대교의 관념들과 전문 용어들은 이러한 현실을 표현하는 데에 어느 정도 다양한 정식화를 제공하였다. 나중에 바울은 다른 시각에서 이와 동일한 문제에 부딪치게 되었다. 공관복음 전승은 구약 및 유대교 전승들로부터 이 초개체적인 힘에 대한 명칭들(히브리어 *satan*의 헬라어 음역인 *satanas*. 칠십인역에서의 역어

---

17) Lit. : Billerbeck IV, 501 - 535; 고대 유대의 마귀론에 대해서는 W. Foerster, *daimon*, *TDNT* II, 1 - 20; *diabolos*, *TDNT* II, 71 - 81; *satanas*, *TDNT* VII, 151 - 163를 보라.
18) Foerster, *TDNT* II, 18.

인 *diabolos*)과 그 활동들에 대한 관념들을 하나로 융합시켰다.

공관복음 전승은 본질적으로 사단이 세 가지 기능을 한다고 보았다: ⑴ 사단은 하나님 앞에서 고소하는 자이다(눅 10:18; 참조. 욥 1:6), ⑵ 사단은 어떤 사람의 하나님과의 관계에 의문을 제기하는 시험하는 자, '페이라존'(*peirazon*)이다(막 1:13; 마 4:1-11 par.; 막 8:33 par.), ⑶ 사단은 귀신들의 주인으로서 귀신들을 통하여 자기 세력 하에서 괴로워하는 자들의 몸과 영혼에 해를 가한다(막 3:26f.; 마 12:26, 29 par.; 눅 13:16 〔Sp. Lk.〕). 이런 이유로 사단은 악한 자, 부패케 하는 자, '포네로스'(*poneros*)라 불린다.[19]

그래서 한마디로 말하면 사단은 예수의 가장 큰 대적이다. 복음서 기자인 마태는 비유들 속에서 사단을 "원수"라고 지칭한다(13:25, 28, 39. 눅 10:19). 그렇지만 모든 악과 불의가 사단 또는 귀신들과 관련되는 것은 결코 아니다. 악과 불의의 기원에 관한 어떤 이론도 여기서 전개되어 있지 않다. 더욱이 이원론에 관해서는 아무런 언급도 없다. 예수는 1QS에서 빛의 천사들의 왕이 어둠의 왕과 정면 대결하는 방식으로 사단과 대립해 있지는 않다. 사단의 힘은 언제나 하나님의 "자연 질서"의 테두리 안에 있다.

그래서 사람들이 살고 있는 이 세계는 도래하는 나라에 비추어 볼 때 선명하게 그 윤곽이 드러난다. 예수는 이 세상에 살면서 도래하는 나라를 맞는 사람을 어떻게 이해하였는가? 이에 대한 한 답변은 복음서 기자들이 짧게 예수의 메시지를 표현하고 있는 요약문들의 후반부에서 찾아질 수 있겠다: "회개하라 천국이 가까웠느니라"(마 4:17; 참조. 막 1:15). 도래하는 하나님의 통치의 빛 안에서 예수는 사람들을 회개로 불렀다. "회개"(*metanoia*)라는 말은 사실상 도래하는 나라를 기다리면서 인간 편에서 해야 하는 모든 것을 요약하는 말이다. 따라서 우리는 다음 두 개의 장(章)에서 이 주제를 다루어 보려고 한다.

---

19) 이 개념의 이전 역사에 대해서는 Foerster, *TDNT* II, 75 - 79를 참조하라.

제 3 장

요구로서의 회개 (예수의 윤리학)

용어 사용에 대한 예비적 고찰: "회개"라는 용어의 사용에 관하여 (참조. §4, 2b)

1) 용어 사용을 통계학적으로 분석해 보면 "회개"라는 말은 하나님의 통치라는 말과 서로 교체해서 사용할 수 있는 표현이 결코 아니라는 것을 보여준다. '바실레이아'(*basileia*)라는 말은 '메타노에인'(*metanoein*)과 '메타노이아'(*mctanoia*)보다 훨씬 더 자주 그리고 일관되게 사용된다. 후자의 말들은 복음서에서는 드물게 등장하나. 그 말들이 등장하고 있는 곳을 보면 보통은 복음서 기자들의 편집에 의한 경우가 많다. 세례 요한에 관한 기사들 외에도(마 3:2, 8, 11; 막 1:4 par. 눅 3:8) 이 말들은 마가복음 1:14(참조. 6:12)과 마태복음 4:17(참조. 11:20)의 편집된 요약문들, Q에서는 오직 마태복음 11:21 par. 눅 10:13과 마태복음 12:41 및 그 병행구 눅 11:32(둘 다 구약의 상황들에 대한 언급으로서)에만, 그리고 마지막으로 누가 특수 자료에서는 누가복음 13:3, 5; 15:7; 16:30(참조. 5:32과 17:3f. 그리고 편집에 의해 증보된 24:47)에 나온다. "회개"는 주로 예수가 사람들이 행하기를 원했던 것을 요약하기 위하여 복음서 기자들이 사용한 집합적인 용어이다. 하지만 예수 자신은 팔복의 가르침에 나오는 대로 가난하게 되라거나 산상수훈의 개별적인 명령들에 나오는 대로 자기 자신을 온전히 바치라고 하는 등 사람들이 지금 부르심 받고 있는 삶에 관하여 여러 모양으로 구체적으로 말하였다. 예수는 자신이 사람들에게 요구하고 있는 것을 두 가지 새로운 용어를 사용하여 요약하였다. 즉 "제자도 안에서 따르는 것"과 "믿는 것"이 바로 그것이다. 하지만 우리가 "회개"를 구약 예언 또는 공동체의 선교적 케리그마의

의미로 이해한다면 "회개"라는 전통적인 용어는 이 모든 것들 — 믿음과 제자도, 가난하게 되는 것과 전적인 순종 — 을 포괄한다(행 2:38; 3:19; 17:30 등). 이런 이유로 우리는 여기서 그 용어를 사용한다.

2) 그렇지만 우리는 "회개"가 여기서 과연 적절한 용어인지를 물어야 한다. 선지자들이 이스라엘에게 그의 하나님과 그분의 언약으로 돌아가라고 했을 때 회개라는 용어는 아주 적절하였다. 그러나 도래하는 나라는 과거 지향적이 아니라 미래 지향적일 것을 요구한다! 그런데도 하나님 나라와 함께 오시는 분은 새로운 하나님이 아니라 바로 이스라엘의 하나님이다! 마태복음 11:3 - 6에 따르면 하나님은 자신의 약속을 실현하기 위해 도래하고 있었다. 그러므로 하나님의 통치로 돌이키는 것은 이스라엘의 하나님에게로 돌이키는 것 — 탕자가 집으로 오는 것 — 이요, 피조물들이 그 창조주에게로 돌이키는 것이다.

3) 따라서 "회개"라는 용어는 예수의 사역과 도래하는 하나님 나라의 결정적인 연계성만이 아니라 그 사역과 이미 존재하는 하나님과 이스라엘의 관계의 결정적인 연계성을 표현할 수 있다. 불트만은 "일관된 종말론"과 마찬가지로 오직 한 면, 즉 도래하는 하나님의 나라만을 보았다. 반면에 자유주의 신학은 바리새주의에 대한 예수의 반대를 강조했으면서도 유대교를 오로지 — 슐라이에르마허(Schleiermacher) 이래로 관례가 되어 있었던 대로 — "율법의 종교"의 표현으로만 이해하였다. 하지만 예수에게서 다른 측면은 이스라엘을 향한 하나님의 부르심, 그의 계명과 그의 약속이었다. 예수는 사람들의 관심을 도래하는 하나님 나라로 돌림으로써만이 아니라 "그러나 나는 너희에게 말하노니"라는 반정립(反定立)의 말을 통해 율법을 언급함으로써 가르침을 베풀었다. 이런 식으로 예수는 자신의 구원 사역을 도래하는 하나님 나라의 현존으로서 뿐만 아니라 예언의 성취 또는 구약의 예표들의 성취로 특징지었다: "성전보다 더 큰 이가 여기 있느니라"(마 12:6). 바로 이러한 두 가지 측면 모두와 연관 지어서 예수의 사역의 모든 측면은 이해되어야 한다. 정확히 이러한 축 안에서 예수의 사역은 그 역사적이고 보편적인 영향력을 행사한다. 왜냐하면 바울에 의하면 종말의 때까지 율법 및 조상들에 대한 약속들 아래 서 있는 것은 이스라엘뿐만이 아니라 모든 인류이기 때문이다(롬 1:18-32; 4:1-25). 그렇지만 하나님 나라는 부활절 이후에는 영광받으신 분의 통치로서 훨씬 더 확실하게 도래한다.

§8. 죄를 지적하며 회개로 부르심

On 1: H. Bolkestein, *Wohltätigkeit und Armenpflege im vorchristlichen Altertum* (1939); J. Jeremias, *Jerusalem in the Time of Jesus* (1969), pp. 87-144; R. Schnackenburg, *The Moral Teaching of the New Testament* (1965); E. Neuhäusler, *Anspruch und Antwort Gottes. Zur Lehre von den Weisungen innerhalb der synoptischen Jesusüberlieferung* (1962); P. Noll, *Jesus und das Gesetz* (1968); H.-D. Wendland, *Ethik des Neuen Testaments* (1970), pp. 6-33; M. Hengel, *Property and Riches in the Early Church: Aspects of a Social History of Early Christianity* (1974) (pp. 89-92: Lit.); R. Koch, "Die Wertung des Besitzes im Lukas-Evangelium," *Biblica* 38 (1957), 151-169; H.-J. Degenhardt, *Lukas Evangelist der Armen* (1965); E. Bammel, *ptōchos*, TDNT VI, 894-915; R. Bultmann, *merimnaō*, TDNT IV, 589-593; L. Goppelt, *peinaō*, TDNT VI, 12-22; F. Hauck, *ploutos*, TDNT VI, 318-332; for further literature cf. TDNT VI, 885f. **On 2:** Jeremias, *Jerusalem*, pp. 233-267; *Theology*, pp. 142-151; Billerbeck II, 647-661; E. Haenchen, "Matthäus 23," in *Gott und Mensch* (1965), pp. 29-54; G. Strecker, *Der Weg der Gerechtigkeit* (1966²), pp. 137-143; H.-F. Weiss, *pharisaios*, TDNT IX, 40-43; U. Wilckens, *hypokritēs*, TDNT VIII, 559-568.

예수는 유대 사회의 지도자들을 향하여 위협적인 목소리를 발했다. 예수의 위협은 그들에게 종말론적인 정죄에 대하여 경고하는 것이었다. 물론 의도된 목표는 그들에 대한 정죄가 아니라 그들의 회개였다: "너희 부한 자들이여 화 있을진저, 너희 바리새인들이여 화 있을진저, 너희 서기관들이여 화 있을진저!" 복음서 기자들은 이러한 회개에로의 부르심을 여러 가지 다른 방식으로 사용하였다. 누가는 사회의 상류 계층과 부자들에 대한 저주를 강조하였다. 6:24-26에 나오는 네 가지 복에 관한 가르침 다음에 누가는 부하고 배부르고 웃고 칭찬받는 자들에 대한 네 가지 저주를 배치해 놓았다. 이와는 대조적으로 마태는 회개에 관한 말씀을 사용하여 종교적인 상류 계층을 공격하였다. 그의 복음서에서 예수의 공적인 설교는 5장에서 심령이 가난한 자의 복에 관한 것으로 시작하여 23장에서 서기관과 바리새인들에 대한 저주의 선포로 끝난다. 하지만 이러한 구체적인 강조점들과 나란히 누가는 의인에 대한 저주를(눅 11:39-52), 마태는 부한 자에 대한 통렬한 말씀을 포함하고 있다(마 19:16-30). 두 집단을 향한 회개에로의 부르심이 인간 실존의 토대들을 그토록 깊이 부여잡고 있었기 때문에 그 말씀은 모든 것을 포괄하는 것이 되었다는 것은 아주 중요했다.

1. 회개로의 부르심과 물질적 소유를 통한 안심

우리는 이 세상에서 부를 축적하는 사람들을 질타하는 누가 특수 자료의 말씀들을 먼저 살펴본 다음 부유하지만 의로운 사람(부자 청년)에 관한 말씀, 그리고 마지막으로 보화를 모으는 것과 걱정하는 태도에 대한 문제를 다루고 있는 Q의 말씀들을 살펴보고자 한다. 이런 식으로 살펴보면 "부요와 가난"의 문제에 대한 예수의 일련의 입장이 드러날 것이고 예수의 비판은 사회의 모든 계층을 포괄하는 모든 사람에게 향해졌음이 분명해질 것이다.

a) 이 세상에서 부를 축적하는 사람들에 대한 정죄(누가 특수 자료)

우리는 이 말씀들을 먼저 현재의 편집된 형태로 살펴본 다음에 과연 그 말씀들이 예수 자신에게로까지 소급될 수 있는 것인지를 검토해 보겠다. 누가는 "가난한 자는 복이 있나니"라고 선언하고 나서 6:24에서 "그러나 화 있을진저 너희 부요한 자여 너희는 너희의 위로를 이미 받았도다"라고 말한다. 누가는 누구를 가리켜 말한 것일까? 주석학적으로 제일 먼저 떠오르는 질문은 이것이다: 부한 자를 반대하는 이 말씀은 단지 사회 계급 구조의 전복을 염두에 두고 있는 것인가? 이것은 수많은 세월 동안 그토록 많은 사람들이 함께 공유하여 왔던 에비온주의적 관점이다: 부한 자는 그가 부하다는 이유만으로 거부될 것이고, 가난한 자는 그가 가난하다는 이유만으로 축복을 받을 것이다. 저주에 대한 이러한 에비온주의적 해석은 그 선포를 끝맺는 "그러나 화 있을진저 너희 부요한 자여 너희는 위로를 이미 받았도다"라는 구절에 의해 그 부당함이 입증된다. '아페케인'(apechein)이라는 동사는 부한 자가 나중에 받을 것을 이미 미리 받았음을 말해준다. 마태복음 6:2, 5, 16에서 이 동사는 경건한 행위를 통하여 사회적 지위를 구하는 의인들과 관련하여 그들은 이미 자기 상을 받았다고 말할 때 사용되었다. 저주는 부한 자에게 적용되었던 것이 아니라 부자가 되는 것 이외에는 다른 그 무엇도 구하지 않았던 자에게 적용되었다. 부(富)에서 만족을 발견한 사람은 하나님으로부터 더 이상 아무것도 기대할 것이 없었다.

부자와 거지 나사로에 대한 생생한 이야기에서도 부자는 이와 비슷한 특징을 갖고 있는 것으로 묘사되었다(눅 16:19-31). 부자는 악하거나 완악한 자로 묘사되지 않았다. 이런 이유로 불트만[1]은 이 설화가 누가복음에서 유일하게 실제로 에비온주의적인 의도를 가지고 있는 것이라고 생각하였다. 그럼에도 불구하고 거기서 부자는 단지 그가 부자라는 이유 때문에 정죄받은 것이 아니었고 부자가 자신의 부에만 몰두하고 거기에서 자신의 만족을 찾았기 때문에 정죄받았다. 16:25에서 그 부자는 "얘 너는 살았을 때에 네 좋은 것을 받았고"라는 말을 듣는다(일반적으로 좋은 것이 아니라 '너의' 좋은 것임을 주목하라). 여기서 '아펠라베스'(apelabes)는 6:24의 '아페케인'(apechein)에 대응된다. 그리고 이렇게 부자를 규정한 것은 흔히 시도되는 것과는 달리 부자의 도덕성보다는 상황의 현실을 훨씬 더 많이 반영했다고 할 수 있겠다. 한편 나사로는 단지 그가 가난하다는 이유만으로 축복을 받은 것

---

1) *Tradition*, p. 204.

이 아니었다. 이야기 속에는 그의 가난만이 언급되어 있는 것이 아니고 그의 갈망이 언급되어 있다. 그는 부로부터 오는 만족을 탐한 것이 아니라, 탕자가 돼지의 사료인 쥐엄나무 열매를 구했듯이 다른 사람의 식탁에서 떨어지는 부스러기를 기다렸다(참조. 눅 16:21; 15:16). 나사로는 인간의 자기 영광의 저울로 달아볼 때 영점(零點)에 서 있었던 사람이었다. 그는 스스로를 돕는 노력을 포기하고 남에게 손을 벌리는 사람이 되어 있은 지 오래였다. 본문은 나사로가 하나님을 기다리고 있었다고 말하지 않는다. 그럼에도 불구하고 나사로가 아브라함의 자손이라는 점이 강조되고 있다.

이 비유적 설화에서는 나사로를 팔복의 가르침의 의미로 가난하다고 규정하지 않는다. 이 이야기는 그보다는 그러한 종류의 가난으로 이끄는 길을 가리키고 있으며, 사람들을 저울에서 바로 그러한 저울의 영점으로 이끌기를 원하고 있다. 왜냐하면 이 영점이야말로 하나님이 채워주시기를 기다리는 빈 손이기 때문이다.[2] 땅을 소유하고 있는 부자를 예시적으로 그리고 있는 이야기에서도 부자를 이와 같은 맥락 아니, 그것을 확대하여 규정하고 있다(눅 12:16-21): "어리석은 자여 오늘 밤에 네 영혼을 도로 찾으리니 … ". 이것은 19절 이하에 의하면 그가 그토록 안전을 보장받으려 했던 바로 그 영혼이다. 구약에서는 기본적으로 하나님 없이 살려고 하는 사람들을 어리석은 자라고 하였다(시 14:1). 통속적인 견해와는 달리 이 부자는 한 요소, 즉 하나님을 자기의 계산 속에 넣는 것을 잊어버렸기 때문에 어리석은 자였던 것이 아니고 그의 계산 전체가 전혀 잘못된 방향을 향해 있었기 때문에 어리석은 자였던 것이다. 그는 자신의 소유물로 살아갈 수 있다고 생각했기 때문에 어리석은 자였다. 그런데도 그는 오로지 사람들이 정상적으로 또 행하고 행하여야 하는 것만을 했을 뿐이었다. 이러한 예시적인 묘사는 사람들이 지혜의 준칙이 아니라 비유로 받아들이기를 원했다. 즉 예수의 사역, 하나님 나라에 관한 그의 메시지의 의미를 일깨우기 위함이었다. 이 이야기는 다음과 같은 문제를 제기하고자 했다: 예수를 통하여 사람들은 개인적인 안전을 확보하는 데 꼭 필요하지만 그럼에도 결국에는 소용없는 고군 분투로부터 해방될 수 있는가?

우리는 옳지 않은 청지기의 비유에 대한 논평으로서 누가가 사용한 편집에 의한 표현에서 또 다른 에비온주의적인 색깔을 발견할 수 있다. 누가는 "불의의 재물"(눅 16:9, 11)이라고 말했다. 쿰란 사본에서 이 표현은 근본적으로 불의한 모든 소유물들을 가리켰다. 브라운(H. Braun)은 그 표현을 누가에서 이와 비슷하게 이해하기를 좋아했다.[3] 그렇지만 누가

---

2) 참조. Goppelt, *TDNT* VI, 18.
3) *Radikalismus* II, 74 n. 3, 반대 의견: Neuhäusler, op. cit. (§8, Lit.), p. 94 n. 184.

는 단지 많은 불의들이 재물과 관련되어 있다는 것을 말하고 싶어 했을 따름이다.

누가 특수 자료의 이러한 논평들을 전승사 안에서의 위치에 따라 배치해 보면, 우리는 그 대다수가 누가 이전의 전승을 나타내고 있다고 결론내릴 수 있을 것이다. 하지만 누가는 이 전승을 자의적이 아니라 매우 의도적으로 선택하였다. 이와 같은 사실은 최초의 회중의 공동 생활에 관한 그의 편집상의 논평[4]과 그의 요약문에 잘 나타나 있다(행 2:44f. ; 4:32, 34f.). 누가는 헬레니즘적인 사회를 위해 글을 쓰고 있었다. 그는 자신이 부(富)라고 생각한 모든 것들이 예수가 이끌어오고 있는 새로운 세상에 들어가는 것을 어떻게 방해하고 있는지를 보았다. 사람들이 하나님에게 일용할 양식을 구할 수 없다면 그들은 새로운 세상의 도래도 구하지 않을 것이다. 하지만 누가가 빌어온 특수 전승은 팔레스타인의 유대 기독교 집단들에서 전승되어 왔던 것으로 보인다. 그 집단들의 기본적인 지향(指向)은 마리아의 찬가(눅 1:52f.)에 반영되어 있다. 하지만 이 전승 자료 — 특히 비유들 — 의 출처는 그 핵심에서 예수 자신으로부터 유래하였다. 예수는 소유의 문제에 대해서 매우 엄격하고 급진적인 입장을 취했다. 이것은 마가복음과 Q에 나오는 이와 동일한 문제에 대한 예수의 말씀에서 확증된다.

b) 마가복음 10:17-27의 부자를 제자로 부르심

이 단화의 첫 부분인 17-22절을 보면 이 단화는 제자도 이야기임을 알 수 있다. 부자는 사람들이 지금까지 생각해왔던 것과는 달리 도래하는 하나님 나라가 아니라 예수의 제자로의 부르심에 직면해 있었다. 하지만 이어지는 제자들을 위한 더 자세한 설명에서는 하나님 나라에 들어가는 것이 언급되었다(10:25) ; 하나님 나라와 관련된 회개는 제자도로 들어가는 것과 같은 구체적인 형태로 표현되었다.

이 제자도 이야기의 전경(全景)은 세리 레위의 제자도로의 부름에 관한 마가 전승과 비교해 볼 때 뚜렷하게 드러난다(막 2:14). 부자는 니고데모와 마찬가지로 자발적으로 예수에게 왔고(요 3장), 예수는 자신의 제자도로의 부르심을 여러 조건들과 연계시켰다. 반면에 레위는 예수의 주도권 아래서 아무 조건도 없이 제자도로 부름을 받았다. 이 둘은 서로 완전히 상반되는 출발점을 보여준다: 레위는 "죄인"이었고, 부자는 팔레스타인의 용어를 사용하자면 "의인"이었다. 부자는 십계명의 후반부와 관련하여 다음과 같이 말할 수 있었다(마태에 따르면 이웃을 사랑하라는 계명과 관련하여): "이것은 내가 어려서부터 다 지키었나이다".

---

4) 마가의 진술 이외에도 누가복음 5:28에서 레위에 관하여 이렇게 말하고 있다: "저가 모든 것을 버리고"; 참조. 눅 16:9, 11 등.

예수는 그의 주장을 반박하지 않았지만 그에게 도전을 주었다: "네게 오히려 한 가지 부족한 것이 있으니 가서 네 있는 것을 다 팔아 가난한 자들을 주라 … 그리고 와서 나를 좇으라". 이 도전은 무엇을 의미하였는가? 그것은 실제로 부족한 어떤 요소를 드러내주는 것이 아니었고 그 부자의 모든 행동의 지향(指向)을 드러내주는 것이었다.

마태는 이 말씀을 적극적인 방식으로 정식화하였다: "네가 온전하고자 할진대 … "(마 19:21). "온전하다"(*teleios*)는 것은 마태에게 가장 높은 차원에 도달하는 것을 뜻하는 헬라적인 의미가 아니었고 자기 자신을 온전히 드린다는 것을 뜻하는 구약적인 의미였다. 이런 이유로 마태에서 이 말의 용법을 가장 높은 차원에 도달하고자 하는 모든 사람들을 위한 "완전에 대한 조언"이라는 의미에서의 지시로 이해하는 것도 마찬가지로 잘못된 것이다. 그러나 모든 것을 팔아야 된다는 조건은 도대체 무엇을 의미하는 것일까? 그것은 그 상황과 관련하여 제자도의 필수 조건으로 도입되었다. 제자도는 언제나 어떤 사람을 이전의 모든 것으로부터 분리시켰다. 레위와 호숫가의 어부들의 경우에 이것은 조건으로 표현되지는 않았지만 제자도의 제안 속에 함축되어 있었다. 하지만 부자의 경우에는 그가 제자도에 관한 말씀 속에 등장했기 때문에 그것이 직접적으로 분명하게 언급되었던 것이다. 이 경우에 부자의 반응에서 볼 수 있듯이 그와 같은 분명한 언급이 필요했다. 레위는 문제거리인 소유들을 버리고 좇았지만, 부자는 자신의 의로움의 대가로 생각했던 자신의 부(富)를 버릴 수 없었다. 실제로 그는 자신의 부와 함께 자신이 그동안 획득한 의(義)도 버려야 했던 것이다. 그의 경우에 자신의 소유를 판다는 것은 분명히 특별한 업적이 아니라 제자도의 효과적인 실현이었을 것이다. 그러므로 "가서 네 소유를 팔아라"는 지시는 일반적으로 모든 사람들에게 요구되는 것이 아니라 이 상황에서의 특수한 명령이었다. 물론 그럼에도 불구하고 이 상황은 이 세상에서 계속 반복된다.

부(富)에 관한 이러한 문제는 그 뒤에 이어지는 제자들과의 대화 — 이 말씀이 원래 예수의 사역 속에서 어떠한 위치를 차지하고 있었는지와는 상관없이 — 속에서 좀더 상세한 설명이 전개되었다(막 10:23-27). 마가복음 10:25 및 그 병행구에는 이렇게 되어 있다: "약대가 바늘귀로 들어가는 것이 부자가 하나님의 나라에 들어가는 것보다 쉬우니라". 이 역설적인 심상(心像)은 어원학적인 기교를 부려서, 그 심상은 실제로 바늘귀를 말한 것이 아니라 성문을 말한 것이었고 약대가 아니라 동아줄을 말하는 것이었다고 해석함으로써 약화시켜서는 안된다. 하나님을 필요로 하지 않거나 하나님을 자신의 고상함에 대하여 기계적으로 상을 주는 자동기계 정도로 만들어버린 부자가 하나님 나라에 들어가는 것은 불가능하다.

이 말씀은 모든 사람에게 적용된다. 제자들도 두려워 떨면서 "그런즉 누가 구원을 얻을 수 있으리이까"라고 물었다. 자기 자신을 하나님께 드리는 가난한 자만이! 그러나 누가 그러한 일을 할 수 있을까? 대답은 너무도 뻔하게 들렸다: "사람으로는 할 수 없으되 하나님으로서는 다 할 수 있느니라"(막 10:27). 하나님이 어떻게 그것을 가능하게 만드셨는가? 예수는 제자도를 제안했고 예수를 따르는 사람은 스스로 결단을 했다고 말하는 것이 아니라 자기가 값비싼 진주를 '발견했으며'(마 13:44f.) 하나님이 감춰진 것을 자기에게 드러내 주셨다고 말한다(마 11:25).

c) 보물을 쌓아두는 것과 염려하는 것을 질타하는 Q의 말씀들(마 6:19-34 par. 눅 12:16-31)

"너희를 위하여 보물을 땅에 쌓아 두지 말라 … "(마 6:19-21)로 시작되는 예수의 말씀에서 두 가지를 인식할 필요가 있다. 예수는 이 세상의 물건들에 대한 소유를 금한 것(에세네파는 이렇게 하였다)이 아니라 그 물건들을 쌓아두는 것을 금하였다. 더욱이 예수는 재산이 아니라 보물에 관하여 말하였다. 보물은 사람들이 눈독을 들이고 거기서 안정을 구하고 위로를 찾는 그러한 모든 것들이다. 이런 의미에서 보물을 쌓아두는 것은 염려하는 것과 마찬가지였다. 마태복음 6:25-34에서 예수가 반대했던 염려는 미리 예견해서 필요한 것들을 적절하게 비축해 놓는 것이 아니라 장래를 염려하는 충동에 이끌려서 소유물 속에서 삶의 안정을 찾으려는 시도였다. 사람들을 이러한 염려로부터 해방시키기 위하여 예수는 먼저 창조주의 선하심과 신실하심을 말한 다음에(참조. §7, 2c) 다른 무엇보다도 도래하는 하나님의 통치를 언급하였다: "너희는 먼저 그의 나라 …를 구하라 그리하면 이 모든 것을 너희에게 더하시리라"(마 6:33 par.). 궁극적으로 보면 보물을 쌓아두는 것에 대한 금지 명령은 염려하는 것을 금지하는 명령과 마찬가지로 모든 사람을 하나님의 통치 안에서 회개로 부르는 것이라고 보아야 한다. 위에서 본 바와 같이 이러한 회개는 제자도를 통하여 현실이 된다.

d) 당시의 상황에서 부와 가난에 대한 예수의 입장

이 문제에 대한 예수의 입장은 당시의 환경에서 전개된 입장들과는 본질적으로 달랐다.

1) 바리새파적 랍비 유대교는 소유의 문제를 의(義)의 원칙 아래 분류하였다. 의로운 사람은 그 의의 대가로 자신의 소유 및 부를 통하여 기쁨을 누려야 한다. 오직 율법을 준행하지 않는 불의한 사람들만이 비난을 받았다. 그래서 불의하게 소유물을 얻고 사용한 부자들은 구제를 하지 않을 때만 비난을 받았다.[5] 이러한 인식은 중산 계층의 개신교에 의해 길러

진 소유에 대한 견해와 아주 유사하다. 이러한 견해에 반대하여 쿰란 공동체 사람들은 부유하고 종교적인 상류 계층에 대한 통렬한 경험들을 통하여, 소유를 추구하게 되면 그 사람은 사슬로 묶이게 되고 이웃에 대한 관계에 거침돌이 된다는 것을 깨닫게 되었다. 이 문제를 해결하기 위하여 사람들은 다른 사회 질서를 세움으로써 제도적으로 이러한 굴레로부터 벗어나려고 하였다. 공동체의 회원이 된 사람은 누구나 자신의 소유와 그 이후의 수입 또는 임금을 공동체에 바쳤다(1QS 1:11ff.). 집단 경제는 공동체의 성원들을 본질적으로 불의한 것으로 생각된 재물로부터 개인적으로 해방시켜 주었다. 이렇게 하는 목표는 관심을 흐트러뜨리지 않은 채 불의한 자와의 임박한 싸움을 준비시키는 데 있었다.[6] 이러한 인식은 기독교의 수도원 운동에 살아 있으며 세속에서는 사회적 조직 형태에 살아 있다.

2) 예수는 이러한 두 분파의 견해와는 다른 길에 있었다. 예수는 근본적인 지향에서 그들과 달랐다. 물론 예수도 율법을 그 표준으로 삼아 시작했던 것은 사실이다. 누가복음 16:29은 부자의 형제들에 관하여 말하면서 예수의 의도를 드러낸다: "저희에게 모세와 선지자들이 있으니 그들에게 들을지니라". 그러나 예수에게 율법은 다른 분파들과는 달리 시민적 실존을 가능하게 만드는 모든 계율들이 아니라 과격한 표현을 쓰자면 그러한 실존의 여지를 폐지해버리는 것이었다. 예수에게서 율법은 사랑에 관한 이중의 계명으로 요약되었다(막 12:28-31 par.). 그렇지만 부의 문제에 대해 예수는 이웃에 대한 부자의 행실을 주목한 것이 아니라 ― 사람들의 기대와는 반대로 ― 첫번째 계명을 주목하였다. 누가의 비유들 배후에는 사람이 무엇으로 살기를 원하는가 하는 문제가 있었다. 그 사람이 사기 사신을 피조물로 이해하기를 원하느냐 아니면 부 및 부가 제공하는 안정을 토대로 스스로 자율적이 되기를 원하느냐 하는 것이었다. 이러한 고발은 구약 예언에서 매우 유사한 일치점을 발견한다: "화 있을진저 시온에서 안일한 자", "너희는 여호와를 찾으라 그리하면 살리라"(암 6:1; 5:6). 그러나 이 비유들 배후에는 첫번째 계명만이 아니라 예수의 사역 속에서 도래하고 있는 하나님 나라가 있었다.

지금 땅을 소유하고 있는 그 부자처럼 행하는 사람은 누구보다도 어리석은 자였다. 왜냐하면 하나님 나라를 구한 사람들에게는 그들이 허망하게 구했던 그 안정도 "더해질 것"이기 때문이다. 부자에 대한 저주의 선포는 하나님 나라가 허용되는 가난한 자에 대한 축복과 대극(對極)이었다. 이제 마태복음 6:24 및 그 병행구에 나오는 절대적인 양자 택일이 설 땅을 얻게 된다: "너희가 하나님과 재물을 겸하여 섬기지 못하느니라".

---

5) Billerbeck I, 666; 818f.; 826ff.
6) Braun, *Radikalismus* I, 36f.; Braun, *Qumran* II, 155ff.

3) 따라서 (이 경우에서) 부한 자들에 대한 누가의 말씀들의 케리그마적인 초점은 분명해진다. "부한 자들"에 대한 정죄는 모든 사람들에게 적용되었다. 왜냐하면 모든 사람은 자기 자신의 삶을 안전하게 확보하기를 원하기 때문이다. 하지만 이 정죄는 궁극적으로 회개로의 부르심이었다. 모든 "부한 사람"은 예수가 가져오고 있는 것을 부여잡고 스스로 "가난한 사람"이 되어서 모든 결핍을 채워주는 하나님 나라에의 참여를 허락받아야 한다.

4) 부하고 의로운 사람에 관한 마가 전승(막 10:17-22)은 이보다 한 걸음 더 나아가서 부(富)와 의(義)는 예수의 회개로의 부르심을 거스르는 저항을 집약하는 표현이라고 말했다. 더욱이 예수가 두드러진 방식으로 제자도로 부르신 사람만이 자유롭게 되었다. Q에 있는 말씀들에 따르면 자신의 생명을 부여잡으려는 우상숭배적인 노력들은 바로 소유의 추구 속에서 자기로서는 어찌할 수 없는 어떤 것을 통하여 자신의 생명을 잃으면 어쩌나 하는 두려움과 결합된다고 한다.

이런 이유로 예수는 바리새파와는 달리 소유를 정의(定意)의 범주에 따라 분류하려 하지 않았고 에세네파와 달리 새로운 사회 질서를 창출해냄으로써 소유 없이 살아가려고 하지도 않았다. 오히려 예수는 인간의 실존을 새로운 토대, 즉 자신의 사역 속에서 도래하는 하나님의 종말적인 통치, 제자도 위에 세워놓았다.

2. 의인들에 대한 정죄와 회개로의 부르심

마태복음 23장에서 마태는 "서기관들과 바리새인들"을 향한 말씀들을 한데 모아놓았다. 13-36절에 있는 이 말씀들은 하나의 예외(16절)를 제외하고는 "화 있을진저 외식하는 서기관들과 바리새인들이여"(23:13, 〔14〕, 15, 23, 25, 27, 29)라는 정형 어구로 시작되는 일곱 개의 저주 선포들로 되어 있다.[7] 누가복음 11:39-52에 나오는 이에 대응되는 여섯 개의 저주 선포들은 바리새인들을 향한 것과 서기관들을 향한 것이 나누어져 있다. 이러한 구분은 Q에서 연유한 듯한데 이 둘은 서로 구별이 되기 때문에 예수 시대의 상황과 일치한다. 바리새인들은 실제적인 문제들에서 율법의 이익을 대변했다. 그들을 향하여 누가복음 11:39-44에서 세 개의 저주 선포가 할애되고 있다. 한편 서기관들은 학문적인 문제들에서 율법의 이익을 대변했다. 그들을 향하여 11:45-52(참조. 20:46f.)에서 세 개의 저주 선포가 할애되고 있다. "외식하는 자들"이라는 말은 누가에는 없다. 그것은 마태의 편집에 의한 해

---

7) 원래 23:1-13, 16-22, 29-36에 나오는 고발들은 서기관들에게 향했고, 23:23-18과 아마도 23:15은 바리새인들에게 향했을 것이다(참조. Jeremias, *Theology* Ⅰ, 144).

석임을 보여준다. "서기관들과 바리새인들"이라는 정형적인 표현은 바리새파적 지향을 가진 서기관들이 유대교를 재정비하고 유대적 기독교인들을 거부했던 주후 70년 이후의 팔레스타인 상황과 일치한다. 마가 전승(12:37b-40 par. 눅 20:45f.)은 서기관들을 향한 경고를 기록하였고, 마태는 이를 23장에 대한 자신의 서문에 통합시켰다.

이론과 실천에서 율법을 대변했던 자들에 대한 이러한 고발의 핵심은 예수에게로 거슬러 올라간다는 것을 잘 알 수 있다.[8] 그 내용의 실질은 마태가 이 고발을 해석하기 위해 채택했던 "외식하는 자들"이라는 용어를 사용함으로써 잘 집약될 수 있다. 마태에서 열세 번, 마가에서 한 번, 누가에서 세 번 발견되는 이 용어는 히브리어에 그 상당 어구가 없다. 헬라어에서 이 용어의 사용 배경을 살펴보면 매우 시사하는 바가 크다. '외식하는 자들'(*hypocrites*)은 원래 배우를 의미했다. 원래의 자신의 모습과는 다른 어떤 것을 보여주는 것이 배우였다. 외식하는 자도 마찬가지여서 오직 그만이 자기 자신에게나 남들에게 자기가 그렇게 행하고 있다는 것을 인정하지 않았다. 그는 어떤 역할을 연기하는 것으로 삶을 살았다. 저주들에 표현되어 있는 고발들은 세 가지 측면에서 사실과 허구의 간격을 드러내었다.

a) 누가복음 11:46 및 그 병행구 마 23:4에 따르면 서기관들은 사람들에게 무거운 짐을 지우고 자기 자신은 그것을 도와주려고 손가락 하나 까딱 하지 않았다. 배움과 삶은 완전히 별개였다. 마태는 전승으로 전해받은 수사적인 과장법을 사용하여 이러한 다소 평범한 불평에서 예수의 궁극적인 관심사가 무엇인지를 분명히 했다. 마태복음 23:3에는 이렇게 나와 있다: "무엇이든지 저희의 말하는 바는 행하고 지키되 저희의 하는 행위는 본받지 말라". 문자적으로 이해한다면 이 말은 예수의 제자들도 랍비의 할라카(halakah)에 구속되었다는 것을 의미할 것이다. 그러나 이 말은 오직 수사학적 무게를 전달하려는 의도였음이 분명했다. 이 말은 역설적인 과장법을 통하여 예수에게 문제의 핵심은 율법의 해석에 관한 논쟁이 아니라 실제적인 행실이었음을 분명하게 드러내려 하였다. 마태복음 23:23b par. 누가복음 11:42b도 마찬가지였다: "이것〔중한 계명들〕도 행하고 저것〔의식의 율례들〕도 버리지 말아야 할지니라". 마태에게는 이러한 명령조차도 수사적인 과장이었다. 하지만 이러한 말은 율법을 이런 식으로 실천했던 유대적 기독교 회중의 전승으로부터 유래했을 가능성이 크다.[9] 이렇게 수사학적으로 과장된 말들을 통하여 이론과 행동의 균열은 예리한 비판을 받았으므로 이제 더 이상 그 누구도 이러한 균열을 정상적인 것으로 보거나 무관심할 수 없게 되었다.

---

8) Grundmann, Matthäus (ThHK), p. 482 n. 2에 나오는 논의를 보라.

9) 마태복음 23장의 전승과 편집의 관계에 대하여는 G. Strecker, *Der Weg der Gerechtigkeit*, pp. 137-141을 참조하라.

b) 두번째 고발은 이러한 방향으로 더욱 밀고 나아갔다. 서기관과 바리새인들은 율법에 열심을 보였다. 그러나 이러한 열심은 하나님의 율법을 교묘히 회피하려는 진정한 의도를 가려주는 외피(外皮) 역할을 했다. 한없는 총명함을 가지고 서기관들은 궤변을 통하여 율법의 타당성을 모든 방면으로 옹호하고 율법을 보호하기 위하여 담처럼 굳건하게 두르려고 하였다. 하지만 현실적으로 그러한 노력은 율법을 교묘히 빠져나가는 수단 노릇만을 했을 따름이었다(마 23:16-22 〔Sp. Mt.〕; 참조. 막 7:6-13 par. 마). 따라서 바리새인들은 작고 사소한 율례들을 열심히 준수하는 것을 통하여 중하고 핵심적인 계명들에 대한 준수에서 는 자기 자신과 남들을 속였던 것이다. 성경에는 이렇게 나와 있다(마 23:23f., 25f. par. 눅): "너희가 박하와 회향과 근채의 십일조를 드리되 율법의 더 중한 바 의와 인과 신은 버렸도다". 그들은 "하루살이는 걸러내고 약대는 삼키는도다"(마 23:24 〔Sp. Mt.〕).

c) 이 문제의 결론은 세번째 책망에 들어 있었다: 그들의 모든 열심이 향해 있는 실질적인 초점은 결코 하나님이 아니었고 자기 자신이 인정받는 것이었다. 서기관들은 율법에 대한 열심 있는 연구로 인하여 받게 된 사람들의 존경에 우쭐하였고(막 12:38f. par. 마 23:6f.; 눅 20:46), 바리새인들은 율법에 대한 충성으로 말미암아 누리게 된 사회적 지위에 우쭐하였다(마 23:5 〔Sp. Mt.〕; 참조. 6:1-18 〔Sp. Mt.〕). 누가복음 6:24에서 부한 자들에 대하여 사용된 바 있는 단어가 바리새인과 서기관들에 대해서도 사용되고 있다: '아페쿠신' (apechousin) ― 그들은 스스로가 선택한 상을 이미 받았기 때문에 하나님으로부터 더 이상 기대할 것이 없다(마 6:2, 5, 16). 이렇게 자기 유익을 위하여 율법을 행하는 것은 여기서 실제로 결함있는 행실이었다. 그것은 근본적인 일탈(逸脫)을 낳았다: 율법이 그들을 모집한 것은 하나님을 섬기라는 것이었으나, 그들은 율법을 이용해 사리 사욕을 챙겼다. 그들의 행실은 때때로 율법을 회피한 정도가 아니었다. 율법은 개별적인 요구 사항들의 준수를 통하여 정말로 모든 면에서 총체적으로 오용되었다. 사람들은 율법을 이용하여 스스로를 위한 유리한 고지를 차지하였다.

이러한 완벽하고도 당연한 실패는 이 모든 고발들의 결정적인 특징을 설명해 준다: 고발들은 전반적으로 언급되었다! 우리는 그러한 결점들이 바리새인들 가운데서 때때로 발견된다는 말을 듣는 것이 아니라 그들 모두가 잘못을 저지르고 있다는 말을 듣고 있다: "서기관들"과 "바리새인들"은 이론과 실천 면에서 율법에 미달해 있다.[10] 이렇게 일반화된 말은 이

---

10) 비록 마태가 의심할 여지 없이 "바리새인"을 한 유형으로 강조하긴 했지만, 이와 같은 일반화는 마태의 편집에 의해 최초로 도입된 것이 아니었다. (반대 의견: Grundmann, Matthäus 〔ThHk〕, p. 482 n. 2, etc.).

러한 실패가 필연적이었음을 전제하고 있다. 이 삼중의 균열은 의지의 산물이라기보다는 문제의 핵심에 의해 부지 불식간에 조건지워진 것이었다. 바리새인들은 남들에게 보이고 싶어 하는 모습으로도 되지 못했고 실제로 되고 싶어 하는 모습으로도 되지 못했다. 우리는 여기서 슈니빈트(Schniewind)가 표현한 대로[11] 주관적인 외식이 아니라 객관적인 외식에 부딪치게 된다. 그들은 자신들의 역할을 연기할 때에만 사회에 존재할 수 있었다. 이러한 예수의 고발들을 신학적 인류학으로 변환시키려고 한다면, 우리는 바로 로마서 7:15-24의 율법 아래 있는 인간에 관한 바울의 말에서 이에 상응하는 표현들을 발견할 수 있을 것이다.

　예수의 진술들의 토대는 구체적인 문제들, 즉 안식일을 지키라는 계명, 결례들, 성전 제사과 관련하여 율법의 대표자들과 벌인 논쟁의 산물이었다.[12] 이 논쟁은 그들의 반응과 주장들이 개인들 및 그때 그때의 상황과 결부되어 있는 것이 아니라 가장 근본적이고 필연적인 문제들과 결부되어 있음을 거듭 거듭 보여주었다. 이 논쟁의 도가니 속에서 예수는 자신의 주위 환경에서 삶을 결정했던 표준, 즉 율법과 관련한 자신의 입장을 녹여 만들었던 것이다.

§9. 규범으로서의 율법에 관한 예수의 입장

On 1: W. Gutbrod, *nomos*, *TDNT* IV, 1036-1065; W. Zimmerli, "Das Gesetz im AT," *ThLZ* 85 (1960), 481-498; *The Law and the Prophets* (1965); M. Noth, "The Laws in the Pentateuch," in *The Laws in the Pentateuch and Other Studies* (1967), pp. 1-107; von Rad, *Theology* II, 388-409; G. F. Moore, *Judaism in the First Centuries of the Christian Era* I, II (1927; repr. 1966); W. G. Kümmel, "Jesus und der jüdische Traditionsgedanke," *ZNW* 33 (1934), 105-130; H.-J. Schoeps, *Aus frühchristlicher Zeit* (1950), pp. 212-220: "Jesus und das jüdische Gesetz"; Braun, *Radikalismus* I, II (1957); M. Limbeck, *Die Ordnung des Heils* (1972); H. Hübner, *Das Gesetz in der synoptischen*

---

11) Matthäus (NTD), pp. 77, 231.

12) 하지만 에세네파 운동에서 중심적이었던 논쟁인 제사장 계급과의 직접적인 논쟁은 결여되어 있었다 — 이것은 우연이 아니었다. 서기관과 바리새인들을 향한 저주는 제사장들에게는 향하지 않았다. Jeremias, *Theology* I, 142 — 46이 세 집단과의 논쟁을 나란히 놓은 것은 예수 전승으로부터 지지를 받지 못한다. 이스라엘과 예수의 논쟁은 율법의 대표자들에 집중되었다. 그들이 주로 갈릴리 주변에서 움직였기 때문이 아니라 그에게 생명은 하나님의 뜻에 합치하느냐에 달려 있었기 때문이다 (참조. 막 10:17ff. par.).

Tradition (1973) (Lit.). **On 2a:** R. Meyer and F. Hauck, *katharos*, *TDNT* III, 413-430; Braun, *Radikalismus* II, 64-69; von Rad, *Theology* I, 272-79; R. Rendtorff and E. Lohse, "Rein und Unrein," *RGG* V³, 942ff. **On 2b:** Billerbeck I, 610-670; E. Lohse, *sabbaton*, *TDNT* VII, 1-34; W. Rordorf, *Sunday* (1968), esp. pp. 54-79; Roloff, *Das Kerygma*, pp. 51-88; **On 2c:** G. Schrenk, *hieron*, *TDNT* III, 233-246; Braun, *Radikalismus* II, 62-64; B. Gärtner, *The Temple and the Community in Qumran and the New Testament* (1965); Roloff, *Kerygma*, pp. 89-100. **On 2d and 3:** W. Zimmerli, "Die Frage des Reichen nach dem ewigen Leben," *EvTheol* 19 (1959), 90ff.; G. Bornkamm, "Das Doppelgebot der Liebe," in *Aufsätze* III (1968), 37-45; "Wandlungen im alt- und neu-testamentlichen Gesetzesverständnis," in *Aufsätze* IV (1971), 73-119; C. Burchard, "Das doppelte Liebesgebot in der frühen christlichen Überlieferung," in *Der Ruf Jesu und die Antwort der Gemeinde, Festschrift für Joachim Jeremias* (1970), pp. 39-62; K. Berger, *Die Gesetzesauslegung Jesu* (1972); V. P. Furnish, *The Love Command in the New Testament* (1972); A. Dihle, *Die Goldene Regel* (1962); B. Lanwer, *Jesu Stellung zum Gesetz, Mt 5, 17-48 auf dem Hintergrund des Alten Testaments und Spätjudentums* (1933); H. Ljungman, *Das Gesetz erfüllen, Mt. 5, 17ff und 3, 15 untersucht* (1954); E. Schweizer, "Mt 5, 17-20—Anmerkungen zum Gesetzesverständnis des Matthäus," in *Neotestamentica* (1963), pp. 399-406; R. A. Guelich, " 'Not to Annul the Law, Rather to Fulfill the Law and Prophets': An Exegetical Study of Jesus and the Law in Matthew with Emphasis on 5:17-48" (diss., Hamburg, 1967); W. Trilling, *Das wahre Israel* (1964³), pp. 167-186; Jeremias, *Theology*, pp. 82-85, 251-54; G. Barth, "Matthew's Understanding of the Law," in G. Bornkamm, G. Barth, H. J. Held, *Tradition and Interpretation in Matthew* (1963), pp. 58-164; M. J. Suggs, *Wisdom Christology and Law in Matthew's Gospel* (1970).

'율법'이라는 용어에 관한 예비적 고찰

여기서 우리는 규범으로서의 율법 자체, 즉 구원의 질서로서가 아니라 그 계명들을 집중적으로 연구하려고 한다. 우리는 "율법"이라는 용어의 현대적 용법, 즉 칸트, 종교개혁, 바울에 의해 형성되어 왔던 용법을 무심코 적용하는 잘못을 경계하여야 한다.

여기서 우리는 이렇게 물어야 한다: 예수는 "율법"에 대하여 어떠한 이해를 물려받았는가?

1) 폰 라드(G. von Rad)는 의도적으로 구약신학에 관한 자신의 책을 율법에 관한 장(章)으로 끝맺었다. 이로부터 우리는 구약이 하나님의 뜻을 반영하는 요구 사항들, 즉 다양하게 형성되고 이해되고 지칭되었던 요구 사항들에 대해서는 잘 알고 있었지만 그것들 모두를 집합적으로 지칭하는 용어로서의 "율법"은 몰랐다는 것을 추론할 수 있다.

2) 하지만 예수 시대에 유대교에서 '토라'(*Torah*)는 구약에서 하나님이라는 뜻을 나타

내는 진술들을 가리켰던 여러 가지 명칭들 가운데서 가장 지배적인 전문 용어로 되었다. 이러한 언어학적 용법은 신명기에서 스스로를 '세페르 핫토라'(*sepher hattorah*)로 지칭함에 의해 촉진되었다(17:18f.). 역대기에서는 오경 전체를 최초로 "모세의 토라"로 불렀다(대하 23:18 등등). 칠십인역에서는 히브리어 '토라'(*torah*)가 이런 식으로 사용되는 경우에 '호 노모스'(*ho nomos*)라고 번역했고, 다른 내용을 가진 좀더 오래된 전거(典據)들에도 이 의미를 부가하였다. 그래서 예수 시대의 유대 문헌에서 율법(*ho nomos*)은 공식적으로 오경을 가리키는 때도 있었고 그 내용, 즉 모세 율법을 가리키는 경우도 있었다. 서로 다른 많은 분파들 사이에 많은 차이들이 있었음에도 불구하고 한 가지 점에서는 모든 사람이 일치하였다: 하나님과 유대교에 속하느냐 하는 것은 토라에 대한 자신의 입장에 의해 결정되었다. 세상의 운명은 토라에 대한 입장에 달려 있었다.

3) 토라의 내용, 즉 이 시점에서 우리의 관심사인 그 교훈에 대해서는 유대의 각 분파마다 그 견해가 달랐다. 예수 시대에 회당의 주도권을 잡았던 바리새파적 랍비 유대교는 율법을 인간이 철저하게 실행할 수 있는 계명들과 금령(禁令)들의 총합이라고 보았다. 그런 과정에서 윤리적 계명과 제의적 또는 의식(儀式)적 계명들 사이에 어떠한 차별성도 두지 않았다. 그들은 총계 613가지의 구체적인 계명들(헬. *entolai*, 히. *miswot*), 즉 248가지의 계명들과 365가지의 금령을 열거하였다(참조. Bilerbeck I, 900f.).

그런 다음 각각의 계명 둘레에는 그 운용에서 수없이 많은 궤변적인 규정들로 "담"(Aboth 3:14)이 둘리쳐져 있었다. 이 규정들은 랍비들에 의해 발전되고 전승되었으며 '할라카'(*halakah*, "걷다")라 불렸다. 할라카는 구체적인 준칙으로도, 구체적인 법률적 판단으로도 될 수 있었는데, 그 총합은 정의였다. 할라카는 토라의 해석일 뿐만 아니라 토라의 구절들에 의해 밑받침 받고 있는 규범적인 법률이기도 했다. 그것은 랍비들에 의해 구속력 있고 정식화된 전승으로서 구전되었으며 끊임없이 규정들의 추가를 통해 증보되었다. 그런 후에 주후 200년경 공인된 할라카는 미쉬나("전승")로 성문화되었다.[1]

4) 우리가 유대교에서 토라와 할라카의 이러한 공존을 생각할 때에야 비로소 율법에 관한 예수의 입장이라는 문제는 제대로 초점이 맞게 된다. 유대적인 율법 이해에 관한 예수의 비판의 출발점은 어디였을까? 퀴멜(Kümmel)은 예수는 당시의 전통적인 해석 표준이었던 할라카를 좇아 율법을 해석하지 않았다는 단순한 이유 때문에 서기관들과 충돌하였다는 견

---

1) II. L. Strack, *Introduction to the Talmud and Midrash* (1931), pp. 8 - 25; C. Albeck, *Einführung in die Mischna* (1970).
2) "Traditionsgedanke" (§9, Lit.), pp. 125ff.

해를 갖고 있다.[2] 이러한 설명은 소극적인 측면에서는 올바르지만, 이 문제 전체, 특히 갈등의 진정한 결정적 원인과는 거리가 멀다고 하겠다. 갈등이 할라카의 문제에 관한 논쟁으로 축소될 수 있다면, 예수는 이 점에 관한 한 쿰란의 의의 교사와 흡사하게 될 것이다. 의의 교사는 율법을 더 급진적으로 해석하였기 때문에 당시의 주도적인 분파와 충돌하였다. 마찬가지로 불트만도 토라에 대한 예수의 관계에 관하여 다음과 같은 말을 만들어내었다: 예수는 율법의 요구를 급진시켰다.[3] 사해 두루마리가 발견된 후에 불트만의 명제는 그의 제자인 브라운(H. Braun)에게 이 주제에 대한 탐구 욕구를 불러일으켰는데, 그 결과 나온 책이 후기 유대교 분파 및 초기 기독교의 급진주의(*Spätjüdisch-häretischer und frühchristlicher Radikalismus*)(1957)였다.

그러므로 율법에 대한 예수의 입장을 이해하고자 한다면, 먼저 토라와 할라카의 공존이라는 상황에서 예수가 어디에 서 있었느냐 하는 것을 분명히 밝힐 필요가 있다.

1. 할라카에 대한 예수의 입장

바리새파적 랍비 유대교는 할라카에 토라 자체와 동일한 권위를 부여하였다. Bab. Talmud Niddah 45a에 의하면 랍비 아키바(Akiba)는 "모든 토라가 시내산에서 모세에게 전해진 전승이듯이, 제사장의 직무에서 시내산에서 모세에게 전해진 것과 들어맞는 것은 율법이다"라고 가르쳤다. 이러한 동일시를 역사적으로 밑받침하기 위하여 할라카의 기원은 모세에게 비밀리에 구전된 것으로 소급되었다.[4] 하지만 예수는 동시대인들을 깜짝 놀라게 할 정도로 토라와 할라카 사이에 엄격한 경계선을 그었다.

a) 마가 전승

예수에 의해 그어진 경계선은 먼저 손을 씻는 것에 관한 논쟁 대화(막 7:1-8) 및 뒤이어 나오는 '고르반'(*korban*)에 관한 말씀으로부터 추론될 수 있다(막 7:9-13). 마태는 이 두 가지를 결합하였고, 누가는 그것들이 비유대적 기독교인들에게는 생소한 문제를 다루고 있다는 이유로 그것들을 생략하였다. 불트만에 따르면 이 두 단화는 팔레스타인 공동체에서 유래하였다.[5] 하지만 이 문제 — 그 답변의 전개 과정은 대조적으로 — 는 틀림없이 팔레스

---

3) *Theology* I, §2, §3.
4) Aboth 1:1.
5) *Tradition*, p. 17.

타인 공동체의 상황이 아니라 예수의 상황에 그 뿌리를 두고 있었다. '암 하 아레츠'(*'am ha' ares*)에 속하는 사람들이 손을 씻는 바리새파적 의식을 지키지 않는 일이 일상적으로 일어났다. 이 일은 랍비이자 선지자인 예수가 고의적으로 이 의식을 생략하였을 때에야 비로소 문제가 되었다. 그리고 이 문제를 처음 일으킨 것은 팔레스타인 교회가 아니라 예수였음은 확실하다(참조. §9, 2a). 그러므로 이 문제는 예수의 상황에서 생각할 때 그 적절성을 얻는다. "어찌하여 당신의 제자들은 장로들의 유전을 준행치 아니하고 부정한 손으로 떡을 먹나이까"(막 7:5). "장로들의 유전"은 할라카였다! "장로들"은 여기서 과거의 권위있는 랍비들이었는데, "조상들"이라고 불리기도 하였다.[6] 할라카에 의하면, 마가복음 7:3에서 비유대적 독자들을 위해 설명해주고 있듯이 사람들은 식사 전에 적어도 손에 물을 묻힘으로써 율법에 정해진 대로 손을 깨끗이 할 것이 요구되었다.[7]

왜 예수는 관례를 깨뜨리면서 제자들로 하여금 이 의식을 하지 말라고 했는가? 그러한 문제들에 대한 자유 분방한 태도 때문이 아니었다! 그 대답은 마가복음 7:6 이하에서 이사야 29:13의 인용을 통하여 제공된다: 이 할라카는 "사람의 계명"(7:6 par.), "사람의 유전"(7:8)이다. 즉 이 규정은 하나님이 아니라 사람으로부터 왔다는 것이다. 실제로 그것은 하나님의 뜻을 방해하였다. 할라카가 하나님의 계명을 방해했다는 것은 뒤이어 나오는 고르반에 관한 규정인 마가복음 7:9-13 및 그 병행구 마태복음 15:4-6의 예에 의해 그 토대가 주어졌다. 할라카에 따르면 아들은 자기 부모와 관련하여 맹세를 할 수 있었다: "내가 드려 유익하게 할 것이 고르반 곧 하나님께 드림이 되었다"(막 7:11). 이런 식으로 어느 정도 재산을 갖고 있는 아들은 성전에 어떤 것을 드리지 않고서도 부모를 부양할 책임이 면제되었다. 따라서 할라카의 도움을 받아서 아들은 부모를 부양할 책임을 회피함으로써 다섯째 계명을 교묘히 빠져나갈 수 있었다. 물론 이것은 단지 하나의 예에 불과할 따름이었다. 그런데도 예수의 판단으로는 ― 여기서는 적절하게 바꿔서 말하고 있지만 ― 그것은 체제 전체가 지향하는 태도를 드러내주는 것이었다: 율법을 이런 식으로 해석하게 되면 결국 하나님의 계명을 범하는 것을 정당화는 교리가 되고 만다. 이러한 율법 해석을 빌어 나온 말들 속에서 예수는 율법에 대한 열심 그 자체를 통하여 하나님을 교묘하게 회피하고 있는 사람들의 음성을 들었다. 이런 이유에서 이 한 예는 체제 전체에 대한 심판의 말을 선포하게 되는 계기가 되었던 것이다.

---

6) Billerbeck I, 691f; 918f.
7) Billerbeck I, 695 - 704.

b) 누가 특수 자료

누가의 특수 전승인 누가복음 13:15과 14:5 이하에서도 할라카는 마가 전승과 비슷한 방식으로 판단을 받고 있다. 누가복음 14:5 이하에 나오는 논증 방식은 구전의 흐름으로부터 마태복음 12:11 이하에서도 취해졌다. 누가복음 13:10-17에 따르면 예수는 안식일에 회당에서 한편 손 마른 여인을 고쳤다. 회당에서 질서 유지의 책임을 맡고 있었던 회당장은 여기서 사람들의 잘못을 찾아내었다: "일할 날이 엿새가 있으니 그 동안에 와서 고침을 받을 것이요 안식일에는 말 것이니라"(13:14). 할라카는 매우 긴급한 경우에 한하여 안식일에 의술의 도움을 받는 것을 허용하였다. 이 준칙은 그 자체로 의미가 있었다. 하지만 예수는 회당장을 "외식하는 자"라고 꾸짖었다. 여기서도 예수는 자기 모순을 발견하였다: 그 궤변은 사람들과 관련한 하나님의 올바른 주장을 표현하는 것으로 생각되었다. 하지만 실제로 그것은 하나님과 관련한 인간의 책임 한계를 제한하려 하는 것이었다.

c) 요약해서 말하면 전승의 개별적인 요소들의 신뢰성과는 상관없이 할라카에 대한 예수의 관계는 통일적인 모습으로 드러난다.

1) 유대적 환경 속에서 통용되던 일반적인 이해와는 대조적으로 예수는 구약의 계명들과 서기관들의 할라카 사이에 엄격한 경계선을 그었다.

2) 예수는 할라카를 "인간의 계명"이자 "인간의 유전"이라 하여 거부하였다(막 7:7f.). 왜냐하면 할라카는 잠재적으로 하나님의 계명을 제한하려는 아니 실제로 하나님의 계명을 교묘히 회피하려는 인간의 의도에 의해 형성되었기 때문이다. 한계라는 문제는 꼭 필요한 것이 아닌가? 이웃을 사랑하라는 계명에 관한 서기관의 질문(눅 10:29), 즉 "그러면 내 이웃이 누구오니이까"라는 질문은 정당한 것이 아니었는가? 남에게 주고 돕는 것의 한계는 어디까지인가? 나의 책임 한계는 어디까지인가? 그리고 바로 이러한 극히 인간적이고 필수적인 한계 설정은 예수에 의해 "인간의 계명"으로 깨끗이 거부되었다.

3) 충분히 이해할 수 있는 일이듯이 이렇게 해서 예수는 당시의 환경 가운데서 홀로 서 있었다. 물론 에세네파는 바리새파적 랍비 유대교의 공식적인 할라카를 비판하였고 좀더 엄격한 해석으로 그것을 논박하였다. 그러나 아무리 살펴보아도 우리는 마가복음 7:8 이하에 기록되어 있는 인간의 유전에 대한 예수의 논평과 유사한 점을 단 하나라도 사해 두루마리에서 찾아내지 못한다. 물론 다메섹 규칙은 토라의 요구를 희석시킨 "경계를 제거한 자들"을 논박하는 변증을 행했다(CD 5:20; 19:15f.; 참조. 1:15f.). 그럼에도 불구하고 이러한 것은 원칙적으로 할라카에 대한 거부를 함축하지 않고 있었다. 왜냐하면 할라카를 원칙적으로 거부한다는 것은 곧 쿰란 공동체 자신의 율법에 대한 해석을 부인하는 꼴이 되

고 말기 때문이다.

4) 에세네파와는 대조적으로 예수는 율법에 대한 바리새파의 해석을 자기 자신의 해석을 통하여 논박하지 않았다. 예수는 율법의 해석을 놓고 동시대인들과 논쟁을 벌이지 않았다. 오히려 예수는 율법에 대한 사람들의 관계 자체를 바꿔놓았다. 계명에 대한 유대적 견해는 필연적으로 궤변이 될 수 밖에 없었던 반면에 계명에 대한 예수의 견해는 궤변을 배제하였다.

2. 구약의 계명들에 대한 예수의 입장

위에서 도출된 최후의 결론은 일련의 본문들을 통해 직접적으로 확증된다. 예수에게 정결 예식에 관한 할라카의 거부는 나아가 정결 예식에 관한 계명의 효력 정지로 이어졌고, 안식일에 관한 궤변의 거부는 나아가 안식일 계명의 효력 정지로 이어졌다.

a) 정결 예식에 관한 계명

마가복음 7:14-23에 나오는 바리새인들의 결례에 관한 논쟁 대화에 이어 정결 예식에 관한 구약의 계명들과 관련된 근본적인 진술이 나온다. 이 진술의 핵심은 서로 상반되는 내용의 대구(對句)로 표현되어 있는 7:15의 말씀 이었다:

> 무엇이든지 밖에서 사람에게로 들어가는 것은 능히 사람을 더럽게 하지 못하되 사람 안에서 나오는 것이 사람을 더럽게 하는 것이니라.

이 진술은 나중에 제자들과의 대화 속에서 더 자세하게 설명되었다. 18절 이하에서는 첫번째의 부정적인 진술을, 21절 이하에서는 두번째의 긍정적인 진술을 더 자세하게 풀이하고 있다. 이 핵심을 찌르는 상세한 설명은 공동체의 가르침의 표현이었다. 하지만 이 진술은 안디옥 일화(갈 2:11-14)에서 볼 수 있는 바와 같이 부활절 이후의 공동체를 비롯하여 유대 세계에서 오랫동안 견지되어 왔던 것의 효력을 중지하고 있는 것이기 때문에 이 진술 자체는 틀림없이 진정하다고 할 수 있다. 이 진술은 레위적인 정결 예법에 관한 구약의 모든 규정들의 효력을 중지시켰다. 이와 아울러 고대 세계 전체의 사고에 공통적이었던 거룩함과 속됨의 구별도 간접적으로 거부되었다. 물론 이러한 구별은 피조물에 관한 구약의 신앙(참조, 민 14:21)에 의해 이미 도전을 받았다. 하지만 최초로 그러한 결론을 내리고 그에 해당되는 구약의 계명들의 효력을 정지시킨 것은 바로 예수였다. 이러한 효력 정지의 핵심은 무엇이었는가?

헬레니즘 세계의 디아스포라와 마찬가지로 예수 당시의 유대 세계는 정결 예법의 계명들에 아주 엄격하게 집착하였다. 헬라 세계와는 달리 그들의 결례 준수는 신앙고백을 의미하였다. 사람들은 더럽혀진 음식을 먹기보다는 차라리 고문을 받고 죽음을 당하는 것을 택했던 마카비 형제들을 칭송하였다(마카비4서 7:6; 참조. 마카비1서 1:62f.). 이 점에서 디아스포라 유대인들에게 이상적인 인물은 다니엘이었다(단 1:8). 하지만 이와 동시에 헬레니즘 세계의 유대교 대표자들은 의식(儀式)과 관련된 규정들을 윤리적 명령으로 알레고리화시켜서 해석하고 있었다. 아리스테아스(Aristeas)의 편지(주전 90년경)에서도 결례에 관한 구약의 규정들은 윤리적 원칙들에 대한 비밀스러운 전거들로 옹호되고 있었다. 예를 들면 레위기 11:13-19과 신명기 14:12-18에서 더러운 것이라 하여 금지된 새들은 육식조라는 특성을 갖고 있었다. "그러므로 그것들을 부정하다고 이름함으로써 그〔입법자〕는 그것들을 통하여 그 입법을 준수하기로 되어 있는 사람들은 자기 자신의 힘을 믿고 다른 사람을 압제하거나 다른 사람의 물건을 뺏지 말아야 하며 … 자신의 친척이 파멸하도록 압제해서는 안된다는 표지를 주었다."(v. 147 = Charles, Ⅱ, 108). 정결 예법에 관한 이러한 알레고리적인 해석은 문자적인 의미 그대로 그것들을 준수하는 것을 배제하려고 하지는 않았지만 헬레니즘 사회에서 개화되어 있었던 사람들에게 철학적인 변증에 의해 그것들을 정당화할 수 있게 해주었다. 이것은 또한 끊임없이 이런 류의 알레고리화에 몰두하였던 필로의 의도이기도 하였다(이러한 기법은 신화와 제의에 대한 알레고리적 해석에서 빌어온 것인데 당시의 철학, 특히 스토아 학파는 이 기법을 통하여 철학적으로 개화된 광범위한 분파들에게 전래의 제의들이 의미가 있음을 끊임없이 설득하려 하였다.). 문자적인 준수를 고집하고 있었음에도 불구하고 이러한 알레고리적인 해석 방법은 제의-의식적 측면은 윤리적 측면보다 열등하다는 것을 분명히 하였다.

그러므로 예수의 말씀은 당시의 철학에 그토록 널리 침투해 있었던 이러한 가치 판단, 즉 제의-의식적 측면을 반대하고 윤리적 측면을 선호하는 경향의 표현으로 이해되어야 한다는 것을 스스로 암시하는 듯이 보였다. 불트만이 이것 및 이와 유사한 예수의 말씀들을 "율법적인 제의주의(ritualism)에 (반하는)" 의례법으로 규정했을 때 이러한 견해는 더욱 힘을 갖게 되었다.[8] 하지만 예수의 의도는 실제로 이와 완전히 달랐다. 예수가 정(淨)함과 부정함에 대한 구약의 구별을 거부한 것은 그가 완전한 정결과 완전한 거룩 이후에 있었기 때문이었다. 이러한 완전한 거룩은 민수기 14:21과 스가랴 14:21과 같은 구약의 목소리에 의하

---

8) *Theology* I, §2, §3.

면 '에스카톤(eschaton)'에 실현되기로 되어 있었다. 그러므로 예수는 '에스카톤'에 걸맞는 완전한 정결을 구했다. 결례 규정들에 관한 예수의 말씀들에 그러한 의도가 있었다는 것은 구약의 계명들에 대한 예수의 이어지는 진술들에 의해 확증된다.

b) 안식일

복음서에는 안식일에 관한 여섯 번의 논쟁 대화들이 기록되어 있다. 즉 마가(막 2:23-28; 3:1-6)와 누가 특수 전승(눅 13:10-17; 14:1-6)에 각각 두 번, 요한 전승(요 5장과 9장)에 두 번. 이 논쟁 대화들은 예수가 자신의 시위적인 행동을 통하여 안식일을 깨뜨렸다는 요소를 공유하고 있을 뿐만 아니라 그 실질적인 내용에서도 상당한 일치점을 보여주고 있다. 이 점은 우리의 세계관이 희망과 행동의 철학에 의해 형성되어 왔기 때문에 우리 시대에 새롭게 주목을 받게 되었다. 안식일과 관련한 예수의 행동은 그가 기존 체제에 대한 혁명적인 공격을 이끌었다는 증거로서 흔히 생각되어 왔다.

예수 자신의 의도와 관련해서도 안식일과 관련한 그의 행동은 예시적인 의미를 가지고 있었다. 안식을 지키라는 계명은 예수가 율법과 대비하여 도입하고 있었던 새로운 차원을 생생하고도 정력적으로 묘사하는 데에 초점 노릇을 하기에 특히 알맞았기 때문이었다. 제칠일을 안식의 날로 준수하라는 것은 기본적인 계명이었다. 그것은 십계명 중 다섯째 계명이었다. 출애굽 이래로 안식일의 준수는 비유대적 세계와 대조되는 신앙고백의 행위를 의미하였다(사 56:2ff.; 겔 20:16ff.; 느 13:15). 안식일은 흔히 헬레니즘 세계의 사람들 가운데서 웃음거리가 되곤 하였다. 왜냐하면 이방인들은 축제일들에는 친숙해 있었지만 규칙적으로 어느 날을 안식의 날로 삼지는 않았기 때문이다. 우리 시대에 이 넷째 계명은 서구 기독교 세계의 경계선을 넘어서 실제적으로 전 세계로 어느 한 날을 안식의 날로 정하게 하는 데 크게 기여했다. 하지만 예수는 이 계명을 어겼고, 그럼으로써 율법과 관련하여 자기가 가져오기로 되어 있었던 새로운 차원을 보여주었다. 이 점에서 이 계명은 특히 적절했다. 왜냐하면 이 계명의 준수 여부는 쉽게 눈으로 확인될 수 있었고 랍비 유대교는 그 계명을 엄청난 궤변으로 보호하고 있었기 때문이었다. 우리는 다음과 같은 것을 주목한다:

1) 누가 특수 전승, 누가복음 13장과 14장에 나오는 두 안식일 이야기에서 예수는 서기관의 안식일에 관한 궤변, 즉 할라카를 거부하였다. 그것은 오로지 인간의 책임 영역을 축소하기 위하여 발전된 것이었기 때문이다.

2) 마가 전승의 두 기사에서 논쟁의 대상이 된 문제는 너 이상 해석의 문제가 아니라 계명 자체의 타당성 여부였다. 두 단화에서 예수는 계명 자체가 지양되었다는 전제 아래서 발

생한 것을 정당화했다.

3) 예수는 이러한 주장을 어떻게 정당화했는가? 마가복음 3:1-6의 단화는 예수가 때때로 안식일에 사람들의 병을 고쳐준 것이 올바르다는 인식 위에서 진행되었다. 따라서 예수는 환자를 의도적으로 회당의 회중들의 한복판으로 불러 세웠다. 우리들은 다른 치유 이야기들에서와는 뭔가 다른 예수가 여기서 활동하고 있다는 인상을 받는다. 왜냐하면 다른 치유 이야기들에서는 예수는 치유해 달라는 사람들의 요청에 의해 다가갔고 그들의 믿음에 대한 응답으로서 은밀하게 그 요청을 들어주었기 때문이다. 여기서 예수는 시위적인 모습으로 주도권을 잡고 있었다. 마가복음 3:4에 따르면 예수는 의도된 치유라는 것을 보이기 위해 다음과 같은 질문을 던졌다:

> 안식일에 선을 행하는 것과 악을 행하는 것,
> 생명을 구하는 것과 죽이는 것,
> 어느 것이 옳으냐?

이 질문은 모든 인간 행동을 포괄하는 양자 택일을 전개해 놓고 있다. 이 말씀의 병행적 구조는 생명을 구하는 것은 선하고 죽이는 것은 악하다는 것을 전달해준다. 그것은 절대 명령이었다: 언제 어디서나 하나님이 정하신 그러한 대로의 삶이 가능하도록 행하라! 하지만 이 원리와 아울러 안식일을 언급한 것의 의미는 무엇이었나? 안식일을 지키라는 계명은 그와 같은 원리에 견주어 독자적인 어떠한 의미도 갖고 있지 않았음이 분명하다. 안식일 계명은 이 원리에 의해 삼켜졌다. 보편적인 원리는 산상수훈에서 발견되는 예수의 총체적 요구의 표현에 미달하는 어떤 것이 아니었다. 그래서 예수는 새롭게 대치되는 총체적 요구의 구도 내에서 개별적인 율례로서의 안식일 준수 계명의 효력을 중지시켰다.

하지만 이 총체적 요구는 어떻게 그러한 것이 실현될 수 있으며, 누가 언제 어디서나 하나님이 정하신 대로의 삶을 가능하게 만드는 방식으로 행할 수 있는지에 관한 질문을 야기시켰다. 바로 오늘날에 이르기까지 이에 대한 유대교의 설명은 일관되게 예수의 총체적 요구는 바람직하기는 하지만 몽상일 뿐이라는 것이다. 제한적으로 율법의 계명을 지키도록 하는 것이 인간의 실정에 맞다는 것이다.[9]

4) 이 설화에 따르면 예수는 회당의 회중들의 침묵과 자기 자신의 질문에 대하여 손 마른 사람을 고치는 것을 통해 답변하였다(막 3:5). 치유 행위 자체를 통하여 예수는 자기로 말

---

9) G. Lindeskog. *Die Jesusfrage im neuzeitlichen Judentum* (1938), pp. 232 - 250.

미암아 모든 사람들에게 발해졌던 총체적 요구는 실현되었다는 것을 확증하였다. 예수를 통하여 하나님 자신의 역사가 성취되고 있었다. 예수의 치유 사역은 스스로 그 계명을 범함을 통하여 인간의 생명을 보존하고자 하는 그 계명의 의도를 성취하면서 안식일의 효력을 중지시켰다.

5) 제자도 가운데서 예수를 좇은 사람들도 이러한 예수의 자유에 참여하였다. 이와 같은 것은 안식일에 이삭을 꺾은 일에 관한 설화에서 찾아볼 수 있다(막 2:23-28). 여기서 정당화되고 있는 것은 제자들의 행위 자체가 아니라 예수가 그것을 허용하였다는 것이다. 이 첫번째 논증(막 2:25f.)은 예수와 그의 제자들을 다윗 및 그의 무리들과 관련시켰다. 이 예표적인 대비는 다윗이 자신의 사명을 위하여 이 특정한 계명의 효력을 중지시키고 진설병을 자기도 먹고 함께 한 사람들도 먹게 할 수 있었다면 예수도 이에 상응하는 계명을 무효화시키고 자기 제자들을 먹일 수 있어야 한다는 것은 극히 분명하지 않느냐 하는 것을 표현하고 있다. 이러한 귀납적 추론은 이를 보완하는 마태가 추가한 두번째 예화(12:5f.)에서 분명하게 전개되고 있다: 제사장들이 성전 제사를 위하여 안식일의 효력을 중지시키는 것이 허용된다면 "성전보다 더 큰 이"인 예수가 "여기" 있기 때문에 예수와 제자들을 위하여 그것이 허용되어야 한다는 것은 너무도 확실하다. 하나님의 자비로운 활동은 예수 안에서 성전과 비교할 수 없을 정도로 현존하고 있었다. 앞의 예에 의하면 제자도는 안식일의 효력을 중지시킨 예수의 총체적 요구를 성취하는 것이기 때문에 개별적인 계명으로부터 자유로운 제자도는 안식일의 핵심에 그 토대를 두고 있는 것이다.

6) 이 두 단화의 가장 중요한 의미는 마지막 절에 나타나 있다. 첫번째 단화는 인자에 관한 말씀으로 끝맺는다(막 2:28): "인자는 안식일에도 주인이니라". 예수는 안식일을 자신의 사명을 섬기는 데 사용할 수 있었다. 이 두 단화는 사실 함축적으로 종말론적-기독론적 의미를 갖고 있었다.

두번째 단화(막 3:1-6)는 예수의 주변 세력의 반응을 보여준다. 바리새인들은 그의 행동 때문에 예수를 없애기 위하여 헤롯당들과 협정을 맺었다. 이러한 결과도 바로 사건의 본질에 뿌리를 두고 있었다. 예수는 논쟁의 주제인 안식일에 대한 다른 해석을 상세히 설명하지 않았다. 예수는 안식일 계명 자체를 중지시켰고, 율법을 그렇게 중지시킴으로써 유대교의 토대 자체를 중지시켰다. 이런 이유로 유대인들은 예수와 맞부딪쳤을 때 오직 하나의 선택만을 할 수 있었다: 안식일 계명의 효력을 중지시킨 예수의 총체적 주장에 동조하든지 그 계명을 곧게 고수하고 유대교로부터 예수를 추방하든지.

7) 전승사적 견지에서 볼 때 이 두 단화의 실질적 내용은 예수에게까지 소급되는가? 첫번

째 단화에 대해서는 현재까지도 상당한 논란이 되고 있다. 주장의 주요 골격은 오직 마가에서 발견되는 진술이었다(2:27) : "안식일은 사람을 위하여 있는 것이요 사람이 안식일을 위하여 있는 것이 아니니". 케제만(E. Käsemann)은 이 진술은 공동체가 28절에서 "인자는 안식일에도 주인이니라"는 말을 추가함으로써 "자격을 부여받게" 되었다고 말한다. "공동체는 스스로 주장할 용기가 없는 것을 그 스승에게 돌리는 경향이 있었다. 이렇게 자격을 부여하여 삽입한 것은 공동체가 예수에게 주어진 자유를 행사하는 것을 꺼려하였고 기독교화된 형태의 유대교에서 새로운 피난처를 구하기를 선호했음을 보여준다."[10] 즉, 예수는 사람들에게 안식일과 관련된 자유를 허용하였지만 공동체는 메시야로서의 예수에게만 그러한 자유를 허용하였다는 것이다. 더욱이 안식일에 이삭을 자르는 것에 관한 단화는 마가복음 2:27에 나오는 하나의 진술을 제외하고는 외관상으로 공동체로부터 연유한 것처럼 보인다. 하지만 의심할 여지없이 진정한 예수의 다른 말씀들을 문맥 속에 놓고 볼 때 예수의 이 말씀은 일반적이고 인도적인 방식이 아니라 종말론적인 방식으로 해석되어야 한다는 것을 알 수 있다. 창조 질서에서 의도된 안식일과 관련된 인간의 행동 — 창조의 맥락에서 결혼의 의미에 대해서와 마찬가지로(참조. 마 19:3-8) — 은 오직 내면의 왜곡인 "마음의 완악함"이 고쳐졌을 때에만 실현을 보게 되었다. 근본적으로 마가복음 2:27에 표현된 진술은 두번째 단화의 의심할 여지 없이 진정한 핵심적인 진술(막 3:4)과 마찬가지로 공리(公理)적인 성격을 갖고 있었지만, 그것은 오직 예수 및 제자도를 통하여 자유케 된 사람들을 통해서만 실현되었다. 이런 이유로 그것은 2:27의 말씀을 2:28의 인자에 관한 말과 결합한 마가와 완전히 맥이 통한다고 할 수 있다. 안식일은 사람을 위하여 만들어진 것이기 때문에 사람("이 세대")이 아니라 인자(하나님의 사람)는 안식일의 주인이다.

따라서 무엇보다도 예수의 치유를 통하여 안식일 준수 계명의 효력을 정지한 것은 인간의 기본적인 욕구 또는 사랑의 계명이 안식일에 대하여 우선권이 있다는 사실을 정립하려고 한 것이 아니었다. 이와는 달리 결례에 관한 계명들의 중지와 마찬가지로 그것은 종말론적인 의미를 갖고 있었다: 생명을 주고자 하시는 하나님의 뜻은 예수를 통하여 제한 없이 이루어질 것이다.

c) 성전

다른 문제들과 마찬가지로 이 문제에서도 예수의 말씀들은 근본적인 의미에서 유대적 환경의 다른 분파들의 견해들과는 구별되었다. 에세네파는 더럽혀진 성전을 뿌리로부터 송두

---

10) *Essays on New Testament Themes* (Studies in Biblical Theology 41, 1964), pp. 101f.

리채 개혁하고자 했다. 헬레니즘적 유대교에서는 때때로 희생제사를 영적으로 해석하는 시도가 있었다. 예수는 이것들에 대하여 다른 평가를 내렸다. 첫째, 예수는 그의 제자들과 함께 안식일을 정상적으로 지켰던 것처럼 성전의 타당성을 인정하였다. 예수는 마가복음 1:44에서 문둥병자를 고치고 나서 제사장에게 가서 깨끗해졌다는 선언을 들으라고 함으로써 율법의 규정들에 순종하라고 하였다. 가장 중요한 점은 예수가 성전을 스스로 찾았다는 것이다. 이에 따라 예루살렘의 기독교 공동체는 예수의 죽음 후 수십년 동안 성전 예배에 참가하였다(행 2:46; 21:20-26). 하지만 마태복음 5:23에 나오는 말씀, "예물을 제단에 드리다가 …"는 이 맥락에 속하지 않는다. 그것은 예수의 제자들이 성전에 예물을 계속해서 드렸다는 것을 전제하지 않고 있다. 그것은 순전히 비유적인 의미를 갖고 있다. 성전과 관련하여 예수에 의해 가져오게 된 새로운 차원은 "성전을 청결케 하신 사건"에서 아주 분명하게 드러났다.

마가복음 11:15-19에 따르면 예수는 자신의 다른 사역과는 독특하게 구별되는 어떤 행동을 하였다. 예수는 환전상들과 동물 상인들을 소위 이방인의 뜰에서 쫓아냈다. 비록 이 사람들은 제의를 행하기 위해 실제로 꼭 필요했는데도 말이다. 예수는 아마도 갈릴리에서부터 자기를 따라온 절기 순례자들의 도움을 받아 이 장사치들을 모든 성전 뜰에서 쫓아내지는 않았을 것이다. 만약 예수가 그렇게 했다면, 성전 경비원 또는 가까운 안토니아 요새에 주둔하고 있던 로마 군대가 개입했을 것이다. 안식일을 범한 것은 복음서 기자들이 소극적으로 다룬 것보다 훨씬 더 중요한 의미를 가지고 있었던 것과는 대조적으로 성전을 깨끗케 하신 일은 아마도 예언적인 시위의 성격을 가지고 있었다고 보아야 할 것이다. 그럼에도 불구하고 예수는 이 경우에 힘을 사용하였다. 물론 사람들이 아니라 문제가 되는 물건 자체를 향해서이긴 하지만.

예수의 행위의 핵심은 무엇이었는가? 사람들이 흔히 생각하듯이 그것이 혁명적인 행위는 아니었음은 분명하다(§3, 3e). 본문에서 마가복음 11:17의 느슨하게 부가된 말씀이 이를 설명해준다. 그것은 성전에 대한 예언적 비판을 빌어쓰고 있으며(렘 7:11) 성전은 만민이 기도하는 집이 되어야 한다는 이사야 56:7의 예언을 언급하고 있다. 이 말씀에 의하면 예수

---

11) 각각의 절, 특히 마가복음 2:28과 3:6이 어느 정도까지 예수의 상황으로 거슬러 올라가는지는 여기서 논의할 수 없다. Roloff, *Kerygma*, pp. 52 - 88에서의 철저한 검토를 참조하라. 여기서 안식일에 관한 논쟁은 대체로 첨예하지 않기 때문에 이 안식일 단화가 공동체의 상황을 반영하는 것으로 생각하지 않는 것이 좋다. 팔레스타인의 유대적 기독교회는 안식일을 준수하였고, 헬레니즘적 교회에서는 그것은 대개 지나간 과거의 일이었다. 때때로 그것이 여전히 논쟁이 될 때마다(골 2:16) 그것은 토라 문제로 인한 것이 아니었다.

의 행동은 성전 개혁의 행동이 아니라 그 표지였다: 하나님 앞에서 스스로의 안정을 얻기 위하여 성전과 율법 모두를 오용하고 있었던 유대의 성전 예배는 만민이 참여할 종말적 예배 의식으로 지양될 것이라는 표지. 하지만 이 말씀은 16절에서와 마찬가지로 후대의 해석일 가능성이 높다. 후자는 마가에만 있는 것인데 이 사건을 (종말적인) 성전 청결을 위한 참여 행위로 해석하고 있는 것처럼 보인다.

더 깊은 이해는 요한복음 2:16-22에서 전개되었다. 그것은 "성전 청결"을 성전의 멸망에 관한 말씀과 결합하였다(막 14:58). 그 뿌리에서 그것은 원래의 의미에 가장 근접해 있다고 하겠다. 아마도 표지로서의 예언적 행동은 예수가 성전의 의미와 명백하게 상치되지만 성전을 위해서는 그래도 꼭 필요했던 제도를 공격했다는 것을 의미하는 것으로 생각된다. 회개로의 종말론적 부르심으로서 이 공격은 의심스러운 옛 것의 본질을 드러내고 새 것으로 부른다는 의도를 가지고 있었다. 이러한 행위는 성전의 대표자들 및 유대교로 하여금 예수를 일거에 없애고자 하는 태도를 취하게 만들었다. 아마도 예수의 권위에 대한 질문은 원래 여기에 연결되어 있었던 것으로 보임으로 이 설화의 가장 초기의 형태는 마가복음 11:15, (18a), 28-33을 포함했던 것 같다.

예수가 성전과 관련하여 얼마나 철저히 새로운 차원을 생각하였는지는 성전의 멸망을 선포하고 있는 말씀(막 13:2 par. ― 일반적으로 진정한 것으로 생각되고 있다)[12]과 성전을 헐고 다시 짓는 것에 관한 말씀에 잘 드러나 있다. 이 말씀은 신약에 다섯 번 가량 기록되어 있는데, 각각의 경우마다 어느 정도 다른 뉘앙스를 띠고 있다. 그 말씀을 전했던 사람들에게도 의미의 명료성은 없었다. 이 말씀이 예수에게로 거슬러 올라간다는 것은 거의 확실한 것 같다. 요한복음 2:19에 다시 나오는 말씀이 아마도 원형에 가장 가까운 듯하다: "이 성전을 헐라 내가 사흘 동안에 일으키리라". 이 말씀은 성전이 하나님의 구원이 임재하는 새로운 장소에 의해 종말론적으로 지양될 것임을 선포하였다. 이 점에서 예수는 새로운 성전의 건립(참조. 계 21:22)이나 새로운 공동체를 생각한 것이 아니고 종말적인 하나님의 오심을 생각하고 있었음이 확실하다. 이 말씀은 그러한 일이 스스로의 행동을 통해 촉발시켰던 예수의 거부를 통하여 일어난다는 것을 전제하였다. 마가복음 14:58 par. 마태복음에 따르면 성전에 관한 이 말씀이야말로 바로 예수를 정죄하게 된 이유였다(행 6:14에서 스데

---

12) Braun, *Radikalismus* ll, 63 n. 5. 하지만 마가복음 14:58은 "그가 말하고 있듯이 마가복음 13:2을 "부활절 이후에 기독론적으로 재구성한 것"이 아니었다. 그것은 독립적인 전승일 가능성이 매우 높다. 그것은 표현 유형 자체에 기초해 볼 때 초기 공동체보다는 예수에 더 비견될 수 있는 '마샬'(*mashal*), 즉 비유적 말씀이다.

반의 경우와 마찬가지로).[13] 마태복음 12:6에 따르면("성전보다 더 큰 이가 여기 있느니라") 예수는 자기 자신을 통하여 성전을 지양하였다.

따라서 예수의 상황에서 그 두 말씀이 그 핵심적인 내용에서 명백히 역사적이긴 하지만 성전 청결의 완전한 의미는 성전에 관한 다른 말씀들과 마찬가지로 명확하게 결정될 수는 없다. 그 말씀들은 예수가 실제로 새로운 차원을 통하여 유대교를 그 뿌리채 지양했다는 것을 보여준다. 이것은 정결, 안식일, 제의를 지배하는 구약의 규정들만이 아니라 철학적 관점으로부터 종교적-윤리적이라고 생각되었던 지시들에도 적용되었다.

d) 십계명의 후반부와 사랑의 계명

이 계명들조차도 그대로 받아들여지지 않고 새로운 예수의 지시에 의해 효력이 정지되었다. 이 계명들은 어떤 곳에서는 긍정적으로, 어떤 곳에서는 정반대로 지양되기도 했다. 긍정적으로 지양된 곳에서는 그 계명들은 정반대로 지양된 곳에서와는 다르게 이해되고 있다. 예를 들면 이웃을 사랑하라는 구약의 계명은 가장 큰 계명에 관한 말씀(막 12장 par. 마 22장)에서 그대로 받아들여져 근본적인 계명이 되었다. 그것은 긍정적인 확대 해석(눅 10장) 또는 반정립에 의한 지양 해석(마 5장)이 가능하였다. 이와 같이 서로 다른 전승들의 출발점은 예수에게로 소급될 수 있는가? 그 출발점들은 실질에서 상호간에 결합될 수 있는가?

1) 십계명과 사랑의 계명의 긍정적인 지양은 두 곳에 기록되어 있다. 마가복음 10:19 및 그 병행구에서 예수는 아주 긍정적인 방식으로 부자 청년으로 하여금 십계명을 순복하게 한 다음 제자도 가운데서 자신을 좇으라는 도전을 통하여 구약을 지양(止揚)하였다. 이러한 지양은 양적인 것이 아니라 질적인 것이었다(§9, 2b). 십계명과 관련하여 그 부자 청년은 아무런 거리낌도 없이 "이것은 내가 어려서부터 다 지키었나이다"라고 말할 수 있었지만 예수의 절대적인 도전에는 미치지 못했다. 이렇게 해서 십계명의 후반부의 한계도 뚜렷하게 부각되었다: 그러한 표준도 부분적인 순종을 통해서 "준수될" 수 있었다.

이에 따라 이웃을 사랑하라는 구약의 계명은 가장 큰 계명에 관한 질문(막 12:28-34 par. 마 22:35-40)과 그것을 수정한 누가 특수 자료(눅 10:25-28)에서 처음으로 긍정적으로 빌어섰다. 마가와 마태의 병행구에 따르면 그것은 나중에 고찰하겠지만(참조. §9, 3a) 나머지 다른 계명들과 구별되었다. 누가에 의하면 그것은 유대의 궤변과는 대조되는 독특한

---

13) 그럼에도 불구하고 그것은 거짓 증인으로 언급되었다. 마가복음 15:29 및 마태복음에 나오는 병행구에서 그것은 십자가 아래에서 조롱하였던 사람들의 입속에 넣어졌다.

방식으로 해석되었다. 랍비는 철저하게 일관된 태도로 그 계명에 관하여 "그러면 내 이웃이 누구오니이까"(눅 10:29)라고 질문을 제기했다. 그러자 예수는 선한 사마리아인에 관한 예시적인 이야기로 답변하였다(눅 10:30-37).

편집에 의한 것이긴 하지만 그래도 일관되게 그 비유를 그 주제에 대한 상세한 설명으로 만들었던 이 대화로부터[14] 우리는 구약의 사랑의 계명이 그 한계에 관한 질문을 가능하게 — 아니 실제로는 그렇게 하지 않을 수 없게 — 만들었음을 추론할 수 있다. 하지만 예수의 예시적인 이야기는 어떠한 한계도 알지 못하는 사랑을 베풀 것을 요구했다. 그것은 누가복음 10:36에서 "네 의견에는 이 세 사람 중에 누가 강도 만난 자의 이웃이 되겠느냐"라는 반문으로 끝난다. 예수는 랍비의 질문 방식을 완전히 바꾸어놓았다. 예수는 "나의 책임 한계는 어디까지 입니까?"라는 질문이 아니라 "나는 어디에서 하나님으로부터의 의무에 직면하고 있습니까?"라는 질문을 해야 한다고 가르쳤다. 예수의 가르침 속에서 사랑의 계명 그리고 그 문제에 대한 모든 계명은 하나님의 총체적 요구를 표현하고 있었다. 계명은 더 이상 하나님에 대한 인간의 책임에 한계를 실제적으로 설정하는 율례가 아니라 거듭거듭 즉각적으로 역사적 상황을 통하여 개인을 접하기 위하여 찾아오는 하나님의 뜻을 생생하게 표현하는 것이어야 했다. 궁극적으로 이 예시적인 이야기는 예수가 처한 상황의 맥락에 대한 통찰을 제공해 주는 비유이고자 했던 것이다.

2) 긍정적인 지양 속에 함축되어 있는 구약 계명들에 대한 비판은 산상수훈의 대조법에 직접적으로 표현되어 있다(마 5:21-48). 예수는 여섯 차례 그 핵심적 내용에서 구약으로부터 가져온 계명들과 자신의 명령들을 대조시켰다: 그 계명들은 구체적으로 십계명의 여섯째, 일곱째, 아홉째 계명 및 이웃을 사랑하라는 계명과 상응했다.

---

14) 누가복음 10:25-37의 단화는 원래 독립적이었던 두 전승, 즉 이중의 사랑 계명(눅 10:25 - 28)과 선한 사마리아인의 비유(눅 10:30 - 37)를 결합하였다. 그것들을 결합한 누가복음 10:29의 질문(내 이웃이 누구오니이까)은 이 비유의 주제를 일관성있게 재구성하였다(또한 H. Greeven, *TDNT* VI, 317, and G. Eichholz, *Gleichnisse der Evangelien* (1971), pp. 149f. ; 157ff.를 보라).

15) 서기관들 가운데에서의 논쟁에 나오는 "내가 들은 바"라는 표현은 "내가 전승으로서 전해받았다"는 것을 의미할 수 있다(Billerbeck I, 253). "그러나 나는 너희에게 말하노니"라는 표현도 마찬가지로 율법의 해석에 관습적인 견해와 반대되는 관점의 도입이 문제되었을 때 반정립의 정형 어구에서 가능하였다. 참조. E. Lohse, "Ich aber sage euch'", E. Lohse et al., eds., *Der Ruf Jesu und die Antwort der Gemeinde* (1970), pp. 189 - 203. 하지만 이렇게 언어를 전문적으로 사용한 것은 예수에 의한 것이 아니었다. 예수의 "그러나 나는 너희에게 말하노니"는 서기관들 가운데에서 논쟁에 기여할 의도가 아니라 구약의 계명과 맞서는 새 명령을 설정하려는 의도였다.

유대적인 유비와 오직 간접적으로 닮은 이 특이한 대조 양식은[15] 마태의 특수 자료를 보여 주는 첫째, 둘째, 넷째 명령들의 경우에 원래의 것으로 생각되고 있다. 결국 내용과 결부하여 볼 때 이것들은 오직 이러한 양식을 가질 때에만 의미가 있게 된다. 이 대조법들은 예수 자신에게로 거슬러 올라간다. 이와는 대조적으로 Q전승을 나타내는 셋째, 다섯째, 여섯째 대조법들은 누가에 대조 양식으로 표현되어 있지 않다. 그러므로 이 양식은 이 세 가지 경우에는 해석적인 증보로서 후대에 아마 마태에 의해 만들어졌을 가능성이 많다.

여섯 가지 경우에 다양하게 수정되어 사용된 이 대조 양식은 다음과 같은 것을 표현하고자 했다(여기서는 실질적인 일관성을 가진 채 문구를 변화시켰다): 너희는 회당에서 모세를 통하여 옛 사람들, 즉 시내산의 조상들에게 하나님이 말씀하신 것을 들어왔다 … 그러나 나는 너희에게 말한다 … ! 이에 따르면 예수는 자신의 명령들을 구약의 하나님의 계명과 반하는 위치에 놓았다.[16] 그런데도 대조법의 전제절들은 구약의 계명들과 정확히 일치하지는 않았다. 첫번째 대조법의 전제절(마 5:21)은 명백한 여섯째 계명인 "살인하지 말라"를 궤변적인 율법적 공리인 "누구든지 살인하면 심판을 받게 되리라"와 연결시켜 놓았다. 두번째 대조법에서 언급된 일곱째 계명은 마태복음 5:27에서 그대로 재현되었음이 분명하지만 세번째 대조법으로 말미암아 이혼법의 영역으로 옮겨졌다. 여섯번째 대조법에서 이웃 사랑의 계명이 특이하게 제한이 가해져서 재구성된 표현, 즉 "네 이웃을 사랑하고 네 원수를 미워하라"(5:43)로 언급되었다는 것은 결정적으로 중요하다.

이 득이한 재구성물들은 어디로부터 유래하였을까? 그것들은 예수 당시의 유대적 환경에서 구약의 계명들에 대해 자연적으로 생성된 것들을 그대로 빌어쓰고자 했던 것인가? 랍비 유대교의 그 어느 곳에서도 이웃 사랑의 계명은 "네 원수를 미워하라"와 결합되어 있지 않다. 그러나 구약에 따르면, 그보다 더 유대적 이해에 따르면 그 계명은 그런 의미로 이해하는 것이 관행이었다. 레위기 19:18의 구약적 문맥에 의하면 오직 하나님의 백성들만이 이웃으로서의 자격이 있었다. 쿰란 공동체는 자기들만을 참된 이스라엘이라고 생각했기 때문에 이러한 제한 규정과 보조를 같이 하는 1QS 1:9-11의 말을 형성하였던 것이다: "모든 빛의 아들들을 사랑하라 … 모든 어둠의 아들들을 미워하라"(G. Vermes, *Dead Sea Scrolls in English*, p. 72). 그러나 지금 고찰 중인 전제절들은 에세네파의 율법 해

---

16) Jeremias, *Theology* I, 251ff.는 여섯 개의 반정립 모두가 예수에게로 소급된다는 것을 신빙성있게 만들기를 원했다. 하지만 그의 논증들은 이 두 집단 사이의 차별화는 아직까지 대부분 너무 도식적이었다는 것만을 보여줄 뿐이다. 실질적인 진척은 논의의 모든 범위를 다루는 전승사적 분석을 통해서만 이루어질 것이다(참조. Trilling, *Das wahre Israel*, p. 207.

석에 전혀 관심을 갖고 있지 않았다. 무엇보다도 결혼이나 맹세에 관한 문제들에서 에세네파는 전제절들과 유사한 방식으로 가르친 것이 결코 아니었고 오히려 예수의 가르침과 비슷하였다. 전제절들은 독자적이고 해석적인 재구성물이기는 하지만 유대의 정형적인 표현들을 빌어온 것이 아니라 구약의 계명들을 빌어왔다고 해야 한다.

따라서 이 재구성물들은 먼저 구약의 계명들을 기각될 수 있는 정의로 특징지었다. 위에서 분명히 보았듯이 첫번째 대조법에서는 계명이 율법적인 궤변의 공리와 섞여 짜여 있었다. 둘째, 이 율법적인 명령들은 악을 근본적인 의미에서 제거될 수 없는 엄연한 현실로 전제하였다. 예를 들면 네번째 대조법과 관련하여 단순히 "예"라고 하는 것을 넘어 맹세를 하는 것은 무엇이든지 "악으로 좇아 나느니라"(마 5:37)라고 분명히 말하고 있다. 거짓말이 엄연한 현실이기 때문에 맹세가 행해졌다. 따라서 대조법들의 전제절들은 백성들이 이행해야 하는 법적인 공리들로서 구약으로부터 유래하는 하나님의 명령을 나타내었다. 이 공리들은 악이 엄연한 현실, 억제할 수는 있지만 제거할 수는 없는 현실로 존재하고 있는 곳에서 인간 공동체를 가능하게 하는 것이었다.

구약의 계명들을 이런 식으로 규정하는 것은 어디로부터 유래하였는가? 그것은 전제절의 형성과 마찬가지로 유대교로부터 유래하지 않았다. 이와는 반대로 랍비들과 쿰란 사람들은 구약으로부터 유래하는 명령들 가운데서 자신들의 성격에 맞는 것들을 율법적인 공리로서 받아들이고 율법적인 차원을 훨씬 뛰어넘는 윤리적 명령들로 받아들였다. 이런 식으로 발전된 윤리적 요구들은 예수의 명령들과 오직 상대적으로만 구별되었다. 랍비들도 탐욕에 가득 찬 눈빛을 금했고 에세네파도 맹세하는 것을 금했다. 예수의 명령들에 독특함을 부여한 것은 직접적으로 그 대조 양식을 통한 표현으로부터 왔다. 대조법은 유대교에서 결합되어 있었던 율법적 공리들과 분명한 명령들을 분리하였다. 따라서 그 둘은 다른 취급을 받았다. 이러한 분리를 통해서 유대교에서 윤리적으로 최고의 명령으로 보였던 것은 절대적인 명령이 되었다. 이 절대적 명령에서 특징적이었던 것은 악이 무적의 엄연한 현실로 전제되지 않았고, 따라서 명령의 율법적 측면은 축소되지 않았다는 것이다. 명령의 관점에서 볼 때 가늠자 속에서 규제로서의 구약의 명령들은 본질적으로 율법적인 표준이었고 그렇게 계속 남아 있어야 한다는 것이 분명해졌다. 이런 이유로 전제절들은 예수의 절대적 명령으로부터 온 가늠자 속에 떠오른 구약 계명들의 이미지를 정확하게 재구성하였던 것이다. 구약 자체에 대한 불분명한 관계 속에서 섞여 짜여졌던 것들 ― 율법적 공리와 진정한 계명 ― 은 예수의 총체적 명령 속에서 종말론적으로 성취될 시점에서 최초로 분리되었다. 나아가 이것은 율법적인 질서와 언약의 은혜에 대해서도 마찬가지이다.

예수의 계명들은 여기서 긍정적인 지양이 아니라 반정립에 의한 효력 정지로 특징지어지는 구약의 계명들과 맞서 놓아졌다. 사실 그것들은 내용면에서 볼 때 최종적인 반정립을 구성하고 있었다. 그것들은 어떠한 조건도 없이 악을 정죄하고 선을 요구했다. 그것들은 율법적인 표준과 사회에서 관례화되어 있고 꼭 필요했던 악 사이의 타협을 거부했다. 세 가지 원래의 전제절들은 공식적인 의미에서 단지 구약의 명령들을 강화하고 지양한 반면에 편집에 의해 형성된 세 가지 전제절들은 구약의 계명들과 분명하게 배치되고 있긴 하지만 이런 식으로 예수의 모든 명령들은 구약의 전제절들과 구별되었다.

3) 따라서 구약의 계명들과 공관복음서 전승에 기록된 예수의 명령들과의 관계는 두 가지 서로 다른 측면에서 보아야 한다: 진정한 계명들에 대한 긍정적인 지양이라는 측면과 율법적 공리들에 대하여 효력 정지를 선언하는 반정립(反定立)의 측면, 이러한 이중적 관계는 어떻게 설명되어야 하는가? 이 두 측면은 이미 구약 자체에 나와 있었던 계명들의 두 측면을 그대로 빌어왔다고 보아야 한다. 구약의 계명들 가운데 일부는 진정한 계명이었고 일부는 율법적 공리들이었다. 따라서 이 두 가지 측면들이 각각 그 케리그마적인 상황에 따라서 등장했다. 그러므로 그것들을 서로 다른 전승층으로 돌릴 필요는 없는 것이다. 부자 청년의 경우에서처럼 예수가 하나님의 뜻에 관하여 질문했던 사람은 구약을 주로 진정한 계명의 측면으로 보았다. 하지만 마태복음 5:20에 언급된 바리새인들의 평균적인 의(義)에 따라서 스스로 행동한 모든 사람들은 구약의 명령들의 도움을 얻어 악(惡)과 공존하는 삶을 정착시켰고, 따라서 구약의 명령들을 율법적인 공리들로 실행하였다. 하지만 예수는 이 두 가지 가능성들을 양적으로만이 아니라 질적으로 뛰어넘도록 지도하였다. 이 점은 공관 전승에 따라 예수가 구약의 계명들을 총체적인 것, 즉 율법으로 보았던 그 태도를 통해 극명해졌다고 하겠다.

3. 율법에 관한 예수의 입장

"율법(헬. *nomos*, 히. *torah*)은 계명들의 총합을 집합적으로 부르는 명칭이 아니라 계명들에 대한 전반적인 이해를 표현하는 신학적 용어였다. 이 명칭은 유대 문헌에서 흔히 사용되었지만 — 예를 들면 사독 문서에서 30번 — 공관복음에서는 매우 드물게 사용되었다: 마태에서 8번, 누가(2장을 제외하고)에서 4번, 마가에서는 전무. 더욱이 이 예들 중의 어느 하나라도 예수에게까지 소급될 수 있는지는 확실치가 않다. 예수는 유대인들에게 모든 것을 의미했던 것, 즉 율법에 관한 자신의 입장을 특정한 계명을 구체적인 상황에서 수행함을 통해 전개해나갔다. 공관 전승에서 오직 두 경우에만 우리는 근본적인 방식으로 예수의 입장이 요약되어 있는 것을 발견하게 된다: 가장 큰 계명에 관한 질문과 대조법의 서문에서.

a) 가장 큰 계명

가장 큰 계명에 관한 질문은 마가복음 12:28-34과 그 병행구인 마태복음 22:34-40 및 이와는 약간 다르게 수정된 누가 특수 전승인 누가복음 10:25-28에 전승되었다. "율법"이라는 용어는 마태복음 22:36(병행구인 눅 10:26, 이것은 아마도 마가에 의해서 뿌리째 뽑혔을 것이다)과 마태복음 22:40에서만 찾아볼 수 있다. "첫째"와 "가장 큰" 계명에 관한 도입 질문(마가, 마태)은 랍비적인 견해와 일치하며[17] 그것은 다른 계명들(마가)이 아니라 율법(마태)과 관련하여 제기되어야 했다.[18] 이 질문은 누가에서의 이차적인 수정 형태에서 조차(참조. 18:18) 이중의 사랑 계명으로 답변되었다(신 6:4f.; 레 19:18).

이것은 유대적인 이해 방식과 일치했는가? 매일 암송하는 쉐마(Shema)를 통하여 경건한 사람들은 누구나 신명기 6:4 이하가 첫째 계명이라는 것을 인정하였다: "이스라엘아 들으라 … 네 하나님 여호와를 사랑하라 … ". 이 계명과 이웃 사랑의 계명이 결합된 것은 랍비 집단들에서 발견되지 않았지만 열두 족장의 유언, 즉 에세네파 전승에서 발견되었다: "너의 목숨을 다하여 하나님을 사랑하고 진정한 마음으로 서로를 사랑하라"(Test. Dan 5:3; 참조. Test. Iss. 5:2; 7:6). 어쨌든 필로는 이러한 결합을 밑받침하고 있다: "그러나 거기서 연구된 수없이 많은 구체적인 진리들과 원칙들 가운데서 다른 무엇보다도 실제로 두 주요한 표제가 두드러진다: 경건함과 거룩함으로 하나님께 보일 의무, 박애와 정의로 사람들에게 보일 의무 … "(Philo, *Spec. Leg.* II:63; LCL VII, 347). 랍비들은 구약과 마찬가지로(미 6:8; 시 15편; 사 33:15f.) 계명들을 강조하기 위해서가 아니라 율법을 요약하기 위하여 여러 다양한 정형 문구들을 제시하였다. 랍비 힐렐(Hillel, 주전 20년)은 이미 "당신에게 해로워 보이는 것을 남에게 하지 말라; 이것이 토라 전체이다. 나머지 다른 것들은 주석이다."[19]라고 가르치고 있었다. 마태복음 7:12(Sp. Mt.)에 율법의 요약으로 나오는 황금률은 약간 수정된 형태이긴 하지만 이것과 일치한다.

---

17) 공관복음 전승에 '노모스'(*nomos*)의 출현 빈도에 관한 개관은 Braun, *Radikalismus* II, 7.에서 찾아볼 수 있다. 그는 마 15:6(별형[variant]); 22:36; 눅 10:26을 아마도 예수에게까지 거슬러 올라가는 가장 오래된 전승층이라고 한다.

18) Billerbeck I, 901f.

19) Bab. Talmud Shabbath 31a; 참조. Billerbick I, 907f.

이 진술들과 관련하여 마태복음 22:40은 이중의 사랑 계명을 언급함으로써 예수가 의도한 것을 설명하는 듯하다: "이 두 계명이 온 율법과 선지자의 강령이니라"는 그 진술들의 요체로 들어가는 문과 같다. 율법은 이 계명들의 우선권 아래에서 준수되어야 한다. 이 계명들은 율법의 종단면(縱斷面)이 되었음이 분명하다. 그런데 이와는 반대로 마태복음 23:23에 따르면 바리새인들이 극히 실용적인 목적으로 율법의 많은 사소한 계명들에 집착했다는 것이 예수의 견해였다. 랍비적 의도에 따르면 쉐마의 시작 부분인 신명기 6:4은 사람들에게 토라를 상기시키고 그에 대한 순종을 촉진시키는 것이어야 했다.[20] 하지만 위에서 언급한 요약들은 교육적인 목적을 가지고 있었다. 그것들은 우선 순위를 설정하기 위한 의도가 아니었던 것이다.

그렇지만 여기서 한 가지 말해둘 것은 예수는 사랑의 계명이 율법의 종단면이라는 것을 보여주는 것만으로 만족하지 않았다는 점이다. 또한 예수는 구약의 이중의 사랑 계명을 위하여 율법의 다른 계명들을 폐지한 것이 아니었다. 오히려 예수가 사랑의 계명을 여섯번째 대조법이나 선한 사마리아인의 비유에서 선포했을 때 그 계명은 새로운 의미를 띠게 되었다. 그것은 지양하는 방식을 통해 구약의 계명을 중지시켰다. 사랑의 계명은 요한복음이 올바르게 해석하고 있듯이 예수의 입에서 "새 계명"이 되었고, 그 실현은 로마서 13:8-10에서 분명히 하고 있듯이 십계명의 후반부를 한 차원 높게 지양하며 성취하게 되었다.

그렇다면 가장 큰 계명에 관한 말씀은 예수 자신에게로 소급될 수 있는 것인가? 그것은 팔레스타인 교회의 교리문답에서 예수의 명령을 토라 수준으로 축소시킨 것은 아닌가? 그 계명을 교리문답에서의 가르침이 아니라 인습적인 경계들을 뛰어넘기를 바라는 선포로 이해한다면, 그것은 예수로부터 유래했을 가능성이 있다. 예수는 하나님의 뜻을 묻는 사람에게 그를 "새 계명"으로 이끌어 주기 위하여 율법의 정점에 이중의 사랑 계명을 두었다. 이 계명의 관점으로부터 보면 율법은 산상수훈에서 회고적으로 분명히 드러나고 있다고 말할 수 있게 된다.

b) 대조법

산상수훈의 대조법을 통하여 바라본 율법 이해는 서문인 마태복음 5:17-20에서 재구성되어 있다. 이 서문은 마태가 편집한 것이지만 표제로서 정확하게 자리를 잡았다고 하겠다. 그러므로 대조법의 전제절들은 마태에게 "율법"의 재구성물들이었다. 하지만 예수의 명령들은 율법의 "성취"를 가져와야 했다. 예수는 여기서 올바로 해석되고 있는가?

---

20) Billerbeck II, 29.

1) 구약의 계명들을 대조법의 전제들에서 총체적으로, 즉 토라로서 이해하는 방식은 사실 그 핵심에서 예수에게까지 소급된다. 이러한 이해에 따르면 율법은 그 본질에서 실천할 수 있는 정의였고, 악은 억제할 수는 있지만 제거할 수는 없는 엄존하는 현실로 전제되었다. 그리고 이것이 예수의 절대 명령으로부터 회고적으로 돌이켜 볼 때 드러나는 토라의 모습이었다.

2) 서문은 이렇게 묻고 있다: 예수의 명령들은 이 율법의 "해체"를 원했는가?

서문은 마태가 단순히 끼워넣은 것이 아니라 그 형태 자체를 편집하였다. 마태는 Q로부터 연유하는 마태복음 5:18과 그 병행구 누가복음 16:17에 나오는 말씀을 편집했고 그것을, 전승 요소들을 빌어와 만든 17, 19절을 통하여 해석하였다.

5:18에 표현되어 있는 전승은 어디로부터 왔을까? 바우어(F. C. Baur)로부터 불트만에 이르는 연구의 흐름 속에서 예수는 율법과 관련하여 자유롭게 행동했기 때문에 이 진술들은 예수로부터 연유할 수 없다는 학설이 지배적이었다. 이 진술들과 관련하여 팔레스타인의 유대적 기독교는 헬레니즘적 기독교에 의해 옹호되었던 율법으로부터의 자유를 반대했고 그와 같은 변증을 예수의 입속에 넣었다는 것이다: "율법의 일점 일획이라도 … 없어지지 아니하고". 홀츠만(H. J. Holtzmann)의 평가로는 복음서 기자는 이 진술들과 이어지는 대조법간의 긴장을 느끼지 않았다는 것이다.[21]

마태는 서문을 통하여 보수주의자들을 안심시키고 대조법을 통하여 유대적 기독교인들 중 자유를 옹호하는 신자들을 안심시킴으로써 초기 가톨릭주의의 보합적(保合的) 종합을 촉진시켰다. 5:18의 '아멘'(amen) 말씀이 의심할 여지 없이 율법의 지속적인 효력을 보증하기를 원했다는 것은 주목할 만하다. 하지만 흔히 불충분하게 고찰되어 왔던 문제는 어떻게 율법이 여전히 타당성을 보유하고 있느냐 하는 것이다. 무엇보다도 먼저 율법의 효력이 축소되지 않고 그대로 존속하고 있음이 강조되었다. 개별적인 부분의 삭제 또는 다른 방식을 통하여 율법의 규제를 풀어주어서는 안된다(참조. 행 21:21). (실제로 예수는 "새 술을 헌 부대에 넣기"를 결코 원치 않았다.) 율법은 전체적으로 "천지가 없어지기 전에는" 그리고 "다 이루어질" 때까지는 일점 일획도 변하지 않아야 한다. 이 이중으로 규정된 시간 제한은 지속성을 강조할 뿐만 아니라 적어도 마태에게는 예정된 유예 기간을 강조하는 것이었다. "천지가 없어지기 전에는"이라는 말은 일반적으로 "영원히"라는 의미가 아니라 정확히 "세상의 종말 때까지"라는 의미를 전달하고자 했다. 왜냐하면 마가복음 13:31 및 그 병행구에 따르면 예수의 말씀은 "천지"가 없어지더라도 "없어지지 않을" 것이기 때문이다. 율법은 이

---

21) *Theology* I, 506, 512.

세상에서 만든 것에 속했으므로, 랍비들이 생각했듯이 이 한계를 넘어 그 효력이 확장되지 않았다. 첫번째 시간 제한은 "다 이루어질" 때까지, 즉 종말론적 성취의 순간이 율법과 선지자의 지위를 떠맡을 때까지라는 두번째 시간 제한과 일치한다. 병행구인 누가복음 16:17 에는 없는 이 표현은 앞의 17절과 이 단어를 연결시키기 위하여 마태가 마가복음 13:30(병행구. 마 24:34)로부터 빌어와 여기에 추가하였다.

5:17의 '엘돈'(*elthon*) 말씀은 성취의 순간이 이미 현존한다고 분명하게 선포하였다. 안식일 등등에 관한 예수의 발언에 비추어 사람들이 흔히 생각하듯이 율법을 손상시키는 것이 예수의 사명이 아니었고, 오히려 율법을 "성취하는" 것이 예수의 사명이었다. 마태복음에서 "성취하다"가 성경과 결부될 때에는 언제나 그러하듯이 여기서도 그것은 예언의 실현을 의미하였다(참조. 11:13). 예수는 자신의 사역을 통하여 율법이 구원의 때에 예언된 대로 성취되는 모습을 보여주려 하였다: 하나님의 뜻은 사람들의 "가슴에 씌어질" 것이다. 그것은 성문 율법이 없이 직접적으로 이루어지는 하나님과 사람들의 새로운 교제를 토대로 이해되어야 하고 수행되어야 했다(렘 31:31-34; 참조. 겔 11:19 등등).[22] 이러한 종말의 지양적인 성취는 이미 현존하는 율법을 중지시켰다. 물론 율법은 세상이 계속되는 한 효력이 있을 것이지만.

이 진술은 이어지는 산상수훈의 계명들 앞에 결정적인 표제를 달아놓았다: 예수가 대조법에서 율법과 대비되게 놓았던 총체적 요구들은 예수를 통하여 도래한 종말론적 성취와 일치했다. 총체적 요구들은 분명히 종말적이었다. 그것들은 대조법의 전제절들에서 언급된 율법을 연대기적으로가 아니라 종말론적으로 대신하기로 되어 있었다. 즉, 율법은 그 타당성을 보유하고 있었고 오직 종말적인 지양적 성취를 통해서만 중지될 수 있었다.

그러므로 마태복음 5:17에 표현된 율법과 예수의 명령의 결합을 기독교인들에게 요구한

---

22) 구원의 때는 이 예언의 의미로서 율법의 성취을 가져다줄 것이라는 것은 바울(고후 3:3, 6)과 히브리서(10:15ff.)만이 아니라 초기 기독교 전체의 생각이었다. 초기 교회는 예수 자신의 말(막 14:24 par.)에 따라 예수를 성찬 예식에서 (새)언약의 중보자로 고백하였다. 에세네파는 이미 자신들의 율법의 급진적 해석을 새로운(즉, 여기서 갱신된) 언약과 결합하였다(CD 6:5; 7:19; 8:21 등). 마태복음 5:19의 문맥에 따르면 "버리는 것"의 반대는 "행하는 것"과 "가르치는 것"이다. 따라서 "성취하는 것"은 율법의 진정한 의미를 결정하고 — 흔히 생각하듯이 — 그 의미를 실천에 옮기는 것을 의미하지 않았다. Jeremias, *Theology* I, 83ff.는 Bab. Talmud Shabbath 116b와 새롭게 발견된 유대적 기독교의 자료 속에서 (마태복음의) 이 말씀을 (후대에) 반복하면서 "성취하는 것"을 "더하는 것" 또는 "보충하는 것"으로 대치하고 있는 것을 토대로 이 말씀은 종말 때에 걸맞는 "완전한 분량"을 의미했다는 결론을 내린다. 하지만 이 묵시론적 용어는 먼저 그 자체로 해석될 필요가 있다.

것은 유대교가 아니라 적어도 내용면에서 볼 때 정확히 재구성물이라고 할 수 있는 예수의 명령에 대한 종말론적인 해석이었다고 할 수 있겠다. 예수는 언제나 구약 계명들에 대한 논쟁에서 이 계명들은 — 이전과 마찬가지로 — 타당하다는 전제를 출발점으로 삼았다. 예를 들면 예수는 안식일을 지키지 않아도 된다고 한 것이 아니라 거듭 거듭 그것을 뛰어넘어 자신의 구원과 관련된 행위들을 통하여 그것을 깨뜨리고 지양하였던 것이다. 이와 같은 지양은 급격한 급진화가 아니라 새 사람을 가져올 구원의 때를 약속한 율법의 성취였다. 이어지는 대조법은 단순히 역사적 대치물이 아니라 역사적 범주들에 대한 종말론적 대립물이기 때문에 예수의 요구는 율법에 대한 이러한 반정립으로서만 그 타당성을 지속적으로 지닐 수 있다. 더욱이 모세 율법은 악과의 공존으로 특징지워지는 이 세상에서의 삶의 양식들, 즉 사회 정의의 실현과 다양한 사회 질서의 윤리적 규범을 표현한 것이었다.

§10. 예수의 윤리적 요구

On 1 and 2: In addition to the literature for §6, 1 and §7, 3, cf. the ethical sections of the books on Jesus; G. Quell and E. Stauffer, *agapaō*, *TDNT* I, 21-48 (additional Lit. in Bauer-Arndt-Gingrich-Danker, *Lexicon*, s.v. *agapē*). **On 3:** M. Rostovtzeff, *Social and Economic History of the Hellenistic World* I-III (1941); R. de Vaux, *Ancient Israel: Its Life and Institutions* (1961). **On 3a:** J. Leipoldt, *Die Frau in der antiken Welt und im Urchristentum* (1954); W. Plautz, "Monogamie und Polygynie im Alten Testament," *ZAW* 75 (1963), 3-26; "Die Form der Eheschliessung im *AT*," *ZAW* 76 (1964), 298-318; C. Westermann, "Der Mensch im Urgeschehen," *KuD* 13 (1967), 231-246; P. Winter, "Sadoqite Fragments IV, 20.21 and the Exegesis of Gen 1:27 in Late Judaism," *ZAW* 68 (1956), 71-84; M. R. Lehmann, "Gen 2, 24 as the Basis for Divorce in Halakhah and New Testament," *ZAW* 72 (1960), 263-67; G. Delling, "Das Logion Mark X, 11 (und seine Abwandlungen) im NT," *NovTest* 1 (1956), 263-274; J. Blinzler, "*Eisin eunouchoi*, Zur Auslegung von Mt 19, 12," *ZNW* 48 (1957), 254-270; H. Greeven, "Ehe nach dem NT," *NTS* 15 (1969), 365-388; H. Ringeling, "Die biblische Begründung der Monogamie," *ZEE* X (1966), 81-102; H. Baltensweiler, *Die Ehe im NT* (1967); J. Behm, *sklērokardia*, *TDNT* III, 613f.; F. Hauck, *moicheuō*, *TDNT* IV, 729-735; A. Oepke, *gynē*, *TDNT* I, 776-789; E. Stauffer, *gameō*, *TDNT* I, 648-657; T. W. Manson, "The Pericope de Adultera (Joh 7,53–8,11)," *ZNW* 44 (1952/53), 255f.; J. Blinzler, "Die Strafe für Ehebruch in Bibel und Halacha. Zur Auslegung von Joh 8,5," *NTS* 4 (1957/58), 32-47; U. Becker, *Jesus und die Ehebrecherin, Untersuchungen zur Text- und Überlieferungsgeschichte von Joh 7,53–8,11* (1963). **On 3b:** M. Dibelius, "Rom und die Christen im ersten Jahrhundert," in *Botschaft und Geschichte* II (1956), 177-228; E. Stauffer, "The Story of the Tribute Money," in *Christ and the Caesars* (1955), pp. 112-137; O. Eck,

Urgemeinde und Imperium (1940); L. Goppelt, "Die Freiheit zur Kaisersteuer," in *Christologie und Ethik* (1968), pp. 208-219. **On 4:** M. Dibelius, "Die Bergpredigt," in *Botschaft und Geschichte* I (1953), 79-174; T. Soiron, *Die Bergpredigt Jesu* (1941), pp. 1-96; E. Fascher, "Bergpredigt," *RGG* I³, 1050-1053; L. Goppelt, "Das Problem der Bergpredigt. Jesu Gebot und die Wirklichkeit dieser Welt," in *Christologie und Ethik* (1968), pp. 27-43.

1. 예수의 윤리적 요구들: 체계화될 수 있는가?

예수는 보통, 이를테면 안식일에 관한 논쟁 대화들(막 3:4)이나 가이사에게 세금을 바치는 문제(막 12:17)에서처럼 구체적인 상황에서 개별적인 명령으로서 자신의 요구 사항들을 전개했다. 예수는 윤리적 체계를 결집하지 않았다. 예수는 십계명처럼 삶의 아주 중요한 영역들을 망라하는 일련의 계명들을 입안하지도 않았다. 산상수훈에 나오는 일련의 반정립(反定立)들은 복음서 기자인 마태가 십계명의 후반부의 순서를 본따 편집한 것이다. 누가복음에 나오는 평지설교는 이 점에서 원리로서의 보편적인 사랑의 계명조차도 언급하고 있지 않고 다만 원수를 사랑하라는 계명만을 갖고 있다. 이와는 대조적으로 마태는 일종의 교리문답 시리즈로서의 계명들을 함께 모았을 뿐만 아니라 이것을 집약하는 원리들로 그것들을 정연하게 둘러쌌다: "그러므로 … 너희도 온전하라"(5:48), "그러므로 무엇이든지 남에게 대접을 받고자 하는 대로 … "(7:12). 이러한 두 가지 가능성들은 나중에 너욱 확내되어 예수의 명령들을 왜곡시키는 결과를 가져왔다. 우리는 두 가지 예를 언급함으로써 이 점을 보여주고자 한다.

a) 초기 가톨릭은 예수의 명령들을 새로운 율법의 일부로 빌어왔다. 바나바의 편지(2:6)에서 이미 저자는 "우리 주 예수 그리스도의 새 율법"(LCL, *Apostolic Fathers* I, 345)이라고 말했다. 초기 가톨릭 교회의 신학자들, 특히 순교자 유스티누스와 이레내우스(Irenaeus)는 예수의 명령들을 구약의 윤리적-종교적 계명들로 계단식으로 통합시킴을 통하여 새로운 율법의 실질에 도달하였다. 그들의 견해로는 예수는 어쨌든 이스라엘만을 위해서 규정된 구약의 시민법과 예식법의 타당성만을 중지시켰다는 것이다.[1] 반면에 예수는 시내산에서 율법이 주어지기 이전부터 타당했던 윤리적-종교적 명령들에 대해서는 그 타당성을 확증했다. 이것들은 본질적으로 옳고 선함이 자명한 것과 일치하기 때문에 보편적인 타

---

1) Just. *Dial.* 44:2 (ANF I, 1973, 216f.); Iren. *haer.* IV:14f; 25,1 (ANF I, 478f., 495f.).
2) Just. *Dial.* 45:3f. 47:1f. (ANF I, 217f.); Iren. *haer.* IV:15, 1 (ANF I, 479f.).

당성을 갖는 계명들이었다.[2] 그런데 이 계명들은 십계명에 집약되어 있다. 예수는 이 계명
들을 자신의 토대로서 빌어와서는 "사람들에게 널리 그리고 아낌없이 하나님을 전심으로 사
랑하는 것을 허용"한다는 자신의 계명들을 통하여 발전적으로 지양하였다고 설명한다.[3] 그
러므로 예수의 율법은 이중의 사랑 계명 속에 집약되어 있다.[4] 이러한 등급이 매겨진 윤리
체계는 2세기에 이미 발전되었고 후에 세 '프라에켑타 에반겔리카'(praecepta evan-
gelica)라는 개념을 통하여 보완되었다. 이 세 "복음 참사관들"— 결혼, 소유, 자의적인
선택(willful self-accommodation)의 포기(마 19:12, 21; 막 10:43f.) — 은 이 수
많은 층계를 가진 건물의 다른 층들보다 우월한 것으로서 완전한 자들을 위한 가장 높은 탑
으로 올려놓아졌다. 이러한 견해는 예수의 요구들은 율법이 그 타당성을 보유한다는 것을
전제하고 있음을 올바로 보았다. 하지만 이러한 요구들이 율법과 상대적인 차이가 있다고
생각하여 둘을 결합하여 하나로 종합한 것은 잘못된 것이었다. 오히려 그 요구들은 율법과
는 질적으로 또는 반정립의 의미로 구별되는 것이었다.[5]

　b) 이러한 견해와는 대조적으로 불트만의 「신약신학」은 예수의 윤리적 명령들을 인격적
이고 개인적인 결단의 에토스에 대한 원리로 환원하였다. 하나님의 적극적인 뜻은 이중의
사랑 계명에 표현되어 있는 "사랑에 대한 요구"였다. "〔하지만〕 사랑에 대한 요구는 정형화
된 규정들을 필요로 하지 않는다. 자비로운 사마리아인의 본보기는 사람이 자기가 해야 할
일을 알 수 있고 알아야 한다는 것을 보여준다"(§2, 4). (많은 사람들에 의해 채택된) 이러
한 해결법은[6] 예수의 말씀과 사회적 현실을 모두 정당하게 다루지 못하고 있다. 예를 들면
이혼에 관한 예수의 말씀(막 10:11 par.)은 이웃을 사랑하라는 것으로 환원될 수 없다.
마가복음 10:2-9과 그 병행구에서 이 말씀은 사랑의 원리에 토대를 둔 것이 아니고 창조 질
서 내에서 남자와 여자의 본분에 그 토대를 두고 있었다. 예수의 개별적인 명령들이 그 구
체적인 상황에서 고찰되고 그 원리에 비추어 분석될 때에야 비로소 삶의 현실을 포괄하는
윤리의 출발점이 드러난다. 이 점은 예수의 요구들에 대한 전반적인 분석을 통하여 분명해

---

3) Iren. *haer.* Ⅳ:16, 3f. (ANF Ⅰ, 480-82; 이 전체에 대해서 L. Goppelt, *Jesus, Paul and
　Judaism* (1964)을 참조하라 (독어판; *Christentum und Judentum im ersten und zweiten
　Jahrhundert* 〔1954〕, pp. 294ff., 304f.).

4) Just *Dial.* 93:2 (ANF Ⅰ, 246).

5) H. - D. Wendland, *Ethik des Neuen Testaments* (1970), pp. 12f.에서 십계명의 지속적인
　타당성과 그가 예수의 명령들을 요약하고 있는 바 사랑의 계명 관계는 결정을 못보고 있다.

6) 이런 식으로 예수의 명령들을 취급하는 것에 대한 논의에 관하여는 W. Schrage, *Die konkreten
　Einzelgebote in der paulinischen Paränese* (1961), pp. 9 - 48.의 보도를 보라.

질 수 있다.

2. 예수의 요구들의 구조

a) 예수의 개별적인 요구들의 구조적인 핵심에 주의를 집중하게 되면 왜 그 요구들이 그토록 무작위적이고 예시적인 듯이 보이는가 하는 것을 즉시 이해할 수 있게 된다: 개별적인 요구들은 그 각각의 핵심적인 내용에서 하나의 동일한 것을 추구했다 — 전적인 회개. 이 점을 이하에서 살펴보겠다.

1) 예수의 요구들은 구체적일 수 밖에 없었다. 예수는 국가에 관하여 말한 것이 아니라 가이사에 대한 세금 납부의 거부에 관하여 말하였다(막 12:13-17). 예수는 결혼에 관한 자신의 생각을 피력한 것이 아니라 이혼의 가능성에 관하여 말하였다(막 10:2-12; 마 5:27-32〔Q〕). 예수는 화해하라고 일반적으로 권면한 것이 아니라 막 기도를 드리려고 하는 사람에게 형제와의 관계를 생각해보라고 도전을 주었다(마 5:23).

2) 이러한 개별적이고 구체적인 문제들에 대한 관점으로부터 예수는 각각의 사례에서 한 사람의 삶의 핵심 자체를 꿰뚫어보았다. 예수는 가이사에 대한 세금 납부라는 뜨거운 감자로부터 "하나님의 것은 하나님께 바치라" — 모든 것 — 는 요구로 나아갔다(막 12:17 par.). 예수는 근본적으로 모든 사람에게 없어서는 안되었던 이혼의 가능성을 거부함으로써 완악한 마음에 일격을 가했다(막 10:9 par.). 모든 개별적인 행동의 문제에서 예수는 거듭 거듭 가장 우선적인 요구를 제시하였다: 종말론적 회개.

3) 그렇지만 종말론적 회개는 새로운 태도만이 아니라 새로운 행실, 즉 이를테면 가이사에게 세금을 바치는 문제와 형제와 화해하는 문제에서 드러나야 했다(마 5:24). 그러나 예수의 요구들이 무작위적이고 예시적인데, 사람들은 어떻게 새로운 형태의 행실이 어때야 하는지를 알 수 있을까?

b) 예수의 개별적인 명령들의 목표로서 요구되는 새로운 행실에 관하여 질문한다면, 우리는 목표의 상세한 규정들은 윤리적 관점에서 볼 때 흔히 서로서로 방해하는 서로 다른 세 영역 또는 차원에 여기 저기 흩어져 있음을 발견하게 된다.

1) 예수는 사람들의 계명으로부터 구약에 있는 하나님의 계명들로 돌아오도록 사람들을 불렀다(참조. 막 7:9-13 par.). 부자 청년은 사람들의 계명을 지향하고 있었다(막 10:19 par.). 예수는 그것들을 이중의 사랑 계명을 통해 강화시켰다(막 12:28-31). 그것들은 세상 끝날까지 율법으로서 그 타당성이 지속될 것이었다(마 5:18 par.).

2) 이와 동시에 예수의 부르심은 구약의 계명들을 뛰어넘어, 아니 실제로는 그 계명들을 거슬러 원래의 창조 질서로 향했다(막 10:6ff. par.). 공세 납부의 질문에서 예수는 역사의 배경을 뛰어넘어 직접적으로 말하고 있는 하나님의 주장을 가리켰다(막 12:15f. par.).

3) 하지만 예수는 제자도를 위하여 가족을 버리라거나 하나님 나라를 위하여 결혼을 포기하라고 말함으로써 이러한 자신의 명령들과 긴장 관계를 형성하였다(눅 14:26f. 〔par. 마〕; 마 19:12; 참조. 눅 9:57-62 par.). 예수는 세금 제도에 의해 밑받침되는 국가 자체를 합법적으로 후원하라는 주장을 금했다(마 5:39ff. par.).

따라서 예수의 명령들은 새로운 정적(靜的)인 에토스로 이끌지 않았다. 목표와 관련하여 이 명령들은 세계를 어떤 모양으로 형성하려는 것이 아니라 개개인을 하나님과 하나되게 하는 것이 목표일 때에야 — 왜냐하면 사람들은 하나님의 뜻을 지금 여러 형태로 만나기 때문이다 — 비로소 통일체로서 이해될 수 있었다. 하나님의 종말적인 통치는 역사 속에서 은밀한 방식으로 이루어지고 있기 때문에 율법의 주장이 악으로 점철되어 있는 창조 세계에서 "마음의 완악함"에 비추어 제공되었듯이 하나님의 뜻은 종말적 통치의 주장 및 원래적인 창조의 주장으로서 지금 제시되었다.

하지만 이렇게 서로 다른 요구들은 초기 가톨릭 신학자들이 생각한 것과는 달리 율법으로부터 점진적으로 올라가는 층계를 이루고 있지 않았다. 오히려 그보다 첫째가는 결정적인 것은 하나님의 종말적 통치의 요구였다: "먼저 그의 나라 … 를 구하라"(마 6:33 par.) — 이것은 여기에서도 마찬가지로 적용된다. 제자들의 기도는 그 나라의 도래를 위한 탄원을 출발점으로 삼았다(마 6:10 par.). 예수의 사역 속에서 만나는 하나님의 통치의 주장은 각 사람을 이전의 모든 속박으로부터, 심지어 자기 자신에 대한 속박으로부터도 불러내었다. 오직 종말론적인 전적인 회개 또는 하나님의 통치를 위해 섬기게 되는 것만이 사람들을 자유케 하여 이웃, 본래적 의미의 결혼, 가이사에 대한 공세, 세상의 정의를 올바로 대처하게 할 수 있었다. 창조와 율법에 대한 책임들은 하나님의 통치의 주장 아래서 무관심한 문제가 될 수 없었다. 오히려 그와는 반대로 그러한 책임들이 인식되었다. 하지만 그럼에도 불구하고 그것들은 부차적인 위치를 차지하였다.

이런 의미에서 예수의 예시적인 개별적 명령들은 다양한 형태를 이루면서도 통일적인 행실, 즉 하나님의 중차대한 요구들과 하나가 되어 있었다. 그러나 오직 예시적으로만 표현되고 있는 이러한 요구들을 어떻게 준수할 수 있는가?

c) 구체적으로 윤리적 행실의 내용을 추론해내는 토대인 원리가 무엇이냐고 묻는다면, 우리는 예수의 윤리적 명령들을 "합리적인 윤리"라고 지칭하는 것이 좋을 듯하다. 예수는 개

개인이 문제가 되는 각각의 상황 속에서 요구들에 직면하게 되는 구체적인 나-너 관계 안에서 예시적으로 깨달음을 일깨웠다.

1) 다른 무엇보다도 예수는 하나님과의 직접적인 관계를 열어놓았다. 예수는 첫째 계명에 특별한 강조점을 두었다: "네 마음을 다하고 … 주 너의 하나님을 사랑하라"(막 12:29f. par.). 이 계명은 이제 부자 청년이 겪었듯이 모든 것을 버려두고 제자도 안에서 예수를 좇아야 한다는 것을 의미했다(막 10:21 par.). 그것은 또한 치유 기사들에서 설명되고 있듯이 예수의 사역을 직시한 "믿음"을 의미하기도 했다(마 8:10 par.). 이러한 관계 속으로 들어간 사람은 새로운 방식과 새로운 내용을 가지고 행하였다(마 6:5-15; 7:7-11; 막 11:24f.). 이 관계는 모든 이웃 관계들보다 우선 순위를 갖고 있었지만 이웃 관계들과 뗄 수 없을 정도로 얽혀 있었다.[7]

2) 예수는 이와 아울러 사랑을 나타내 보일 것을 요구한 이웃과의 관계라는 방향으로도 깨우침을 주었다. 예수는 "사랑"을 구약의 계명이 이해한 방식대로 일반적으로 애정을 품고 있는 것으로서가 아니라 사랑을 나타내 보이는 것으로 이해하였다. 선한 사마리아인의 비유에 따르면 사람들은 궤변을 통해서가 아니라 하나님이 사람들을 도움이 필요한 어떤 사람과 만나게 하는 바로 그때 구체적인 역사적 상황을 통하여 다른 사람들의 이웃이 되었다(눅 10:30ff.): "내가 주릴 때에 너희가 먹을 것을 주었고"(마 25:35ff.). 이웃 관계는 모든 인간 존재, 원수, 심지어는 하나님의 원수 사이에도 생겨날 수 있었다. 예수는 사실 원수를 사랑하라는 요구를 가리킴으로써 이웃 사랑의 중대성을 증대시켰다(마 5:44 par.). 이웃과의 관계는 또한 다른 사람이 그 보답으로 자기에게 사랑을 보이지 않을 때에도 끝나지 않는다. 제자들은 이렇게 기도하였다: "우리가 우리에게 죄지은 자를 사하여 준 것같이"(마 6:12 par.). "만일 하루 일곱 번이라도 네게 죄를 얻고 … 너는 용서하라"(눅 17:4 par. 마 18:22). 사랑은 용서를 통하여 한량없는 것이 되었다. 하지만 하나님과 관련한 새로운 행실 배후와 마찬가지로 이러한 사랑의 배후에는 예수의 총체적 요구만이 아니라 이보다 훨씬 더 예수 속에서 만나는 하나님의 용서가 있었다(참조. §12, 3).

3) 이웃에 대한 개별적인 관계를 넘어서서 예수는 또한 놀랍게도 사회 제도들의 그물망에 의해 이루어지는 사회적 관계들의 영역에서도 깨달음을 주었다. 예수는 결혼, 가족, 소유, 정치적 상황이라는 맥락 안에서 떠오르는 책임들의 문제를 거론하였다. 이러한 것들은 이웃 사랑의 실천을 통하여 메워지지 않았다. 예수는 이렇게 함으로써 역사적인 삶의 구체

---

7) 참조. G. Bornkamm, *Jesus of Nazareth* (1960), pp. 109 - 117.

적인 요구들을 가리켰고 이와 아울러 종말론적 간격을 주목하도록 하였다.

4) 끝으로 몇몇 구절에서는 제자들 간의 관계와 같은 새로운 사회 관계가 등장한다. 마가복음 10:42-44 및 누가복음의 병행구에 의하면 예수는 그러한 관계를 "섬김"이라는 핵심적인 개념으로 표현하였다. 이 용어는 예수에게 하나의 심상이었다. 공동체에서 그것은 전문 용어가 되었다: "너희 중에는 그렇지 아니하니 너희 중에 누구든지 크고자 하는 자는 너희를 섬기는 자가 되고 … ". 제자들, 하나님의 통치 안에 들어와 있는 사람들 사이에서는 정치적 지배권의 영역에 있는 사람들과는 근본적으로 다른 측정 표준이 적용되었다. 제자들을 대상으로 한 원래의 단어들은 공동체의 상황에 의해 희석되었을지라도 이러한 출발점은 예수에게로 거슬러 올라갈 가능성이 극히 높다.

우리가 이제까지 근본적인 형태와 출처의 견지에서 기술해온 예수의 요구들의 구조는 세 번째로 언급한 분야, 즉 사회 제도들에 관한 예수의 말씀에서 특히 인상적이다. 이런 이유로 별도의 표제 하에 이 분야에서의 두 가지 문제에 대한 예수의 말씀을 고찰해보기로 하자.

3. 사회 제도들에 관한 예수의 말씀들

a) 결혼에 관한 예수의 말씀들

이 말씀들은 세 방향으로 각자 떨어져 있는 듯이 보인다.

1) 마가(10:11f. par. 마 19:9)와 Q(마 5:32 par. 눅 16:18)에 전승된 말씀 및 이미 언급한 고린도전서 7:10, 가장 오래된 형태의 말씀(눅 16:18) : "무릇 그 아내를 버리고 다른 데 장가드는 자도 간음함이요 무릇 버리운 이에게 장가드는 자도 간음함이니라". 이 진술은 궤변적인 신적 정의의 표현 양식으로 정형화되어 있다. 이 표현 양식은 이 진술을 사람들에 의해 실행되는 정의가 아니라 하나님으로부터 오는 정의로서 말하려는 ─ 마태복음 5:32에서처럼 ─ 의도를 갖고 있다. 그것은 진정한 금지 명령이었다. 이 당혹스러운 율법적 공리는 모든 이혼을 정죄하기 위하여 결의론(決疑論)적으로가 아니라 '마샬'(*mashal*)로서 금지하려고 하였다. 이렇게 모든 이혼을 부정하는 것은 예수 당시의 유대 상황에서 매우 독특하였다.[8] 유비(類比)로 주장되어온 사해 두루마리의 한 전거는 이혼이 아니라 다처제를 금지하는 것이었다.[9] 이 금지 명령은 기독교 공동체에서 아주 초기부터 난점이었음은 충분

---

8) Billerbeck I, 312 - 321; Braun, *Radikalismus* II, 89 n. 3; 108 - 114.
9) 또한 Braun, *Qumran* I, 40ff.

히 이해할 수 있다. 이러한 난점은 마태의 구절은 물론이고 고린도전서 7:10 이하에서 더 많이 볼 수 있다. 전자는 이 문제에 대하여 특히 분명한 인식을 보여준다.

마태복음 5:32과 19:9에서는 "음행한 연고 없이"(5:32)라는 구절이 도입되고 있다. 그 구절의 의미는 주석학적으로 많은 논란이 되어 왔다. 아주 최근의 개신교 주석에서 널리 통용되고 있는 설명에 의하면 이 구절은 이 말씀을 실제의 필요에 맞춰서 결의론적으로 진정한 금지 명령의 자격을 부여했다는 것이다 — 예를 들면 음행, 즉 간음의 경우에 결혼은 해소될 수 있다.[10] 하지만 이러한 설명은 문맥에 상치된다. 마태는 그 구절을 도입했을 뿐만 아니라 예수의 말씀을 좀더 느슨한 유대의 관행이 아니라 모세의 이혼법과 대치되는 위치에 놓았다(마 5:31 = 신 24:1). 무엇보다도 마태는 자신이 유대인들의 변증을 대처할 때 언제나 사용했던 것과 똑같이 변증적 의도를 가지고 이 구절을 만들었을 것이다. 이 구절은 간음이 아니라 음행을 말하고 있다.

음행의 경우에 일방의 당사자가 자신을 계속해서 타인에게 줄 때 유대의 율법에 의하면 이혼을 하는 것이 의무였다(이점은 충분히 이해할 수 있다). 그러한 대안들에 비추어 보아 예수의 진정한 금지 명령의 핵심은 무엇이었는가? 그것은 현실을 제대로 다룬 것이 아니었다. 그것은 불합리했다! 마태는 이러한 반론에 부딪쳐 자신을 옹호하면서 예수의 명령은 "음행한 연고" 이외에는 타당하다는 것을 설명하였다. 이 명령은 그러한 경우에 어떻게 해야 하는지를 구체적으로 명시하시 않았다. 그것은 결의론적으로 적용되이야 히는 율법적 공리가 아니었다. 그러므로 그것은, 결혼은 어떤 상황에서라도 해소되지 않아야 함을 요구하지 않았다 — 이와 같이 마태적으로 접근한 고린도전서 7:10 이하에서도 마찬가지이다. "음행의 연고"(마 19:9)가 있을 때는 이혼은 반드시 있어야 하는 것일 수도 있다.

이 말씀이 전하고자 했던 내용은 마가복음 10:2-9과 그 병행구인 마태복음 19:3-8의 논쟁 대화에 더 자세하게 나와 있다. 그것은 결혼을 붕괴시키는 것 배후에 있는 것을 정죄하고 창조에 토대를 둔 결혼의 목적을 종말론적으로 새롭게 하려고 했다. 모세의 이혼법은 "너희 마음의 완악함을 인하여"(막 10:5) 꼭 필요하였다. 그러나 결혼을 해소할 수 없다는 것이 원래의 창조주의 뜻이었다. 그러므로 예수의 금지 명령은 인류를 위한 결혼이 실행될 수 있기 위해서 없어서는 안되는 한 가능성에 초점을 맞추었다. 그것은 모든 사람들로부터 "마음의 완악함"을 제거하는 것이었다. 성경 밖의 헬라어에서는 알려지지 않았던 이 단어는

---

10) F. Hauck and S. Schulz, *TDNT* VI, 590-92와 H. Baltensweiler, *Die Ehe im NT* (1967), pp. 87-92.에 나오는 논의.

11) 70인역에서: 신 10:16; 렘 4:4(히. "너희 마음의 포피"(包皮)); Sir. 16:10; 겔 3:7; 마찬가지로 겔 11:19; 36:26("돌과 같은 마음").

구약의 예언을 상기시켰다.[11] 구약 예언에 따르면 마음의 완악함은 구원의 때가 도래해서야 비로소 제거될 것이다(겔 11:17-19; 36:26). 그러므로 예수의 금지명령은 그가 약속된 갱신(renewal)을 가져오지 않는다면 헛된 정죄가 될 것이다. 오직 그럴 때에야 해소될 수 없는 결혼은 하나의 가능성으로 될 것이다(그리고 그럴 때에라도 고린도전서 7:10-16이 가르치고 있는 바대로 그 실현은 개인적인 실패만이 아니라 사회적 상황에 의해서 의문시된다.).

2) 따라서 예수는 음욕을 품은 눈빛을 간음으로 정죄했던 것처럼(마 5:28) 모든 이혼을 금지시켰다. 하지만 예수는 창기들을 용서하고 자기와의 교제와 하나님 나라로 받아들이는 데에 아무런 조건도 내걸지 않고 받아들였다(눅 7:36-50); 예수를 통하여 "창기와 세리들"이 하나님 나라에 들어왔다(마 21:31f.). 이것은 간음 중에 붙잡힌 여인에 관한 외경의 단화, 요한복음 7:53-8:11에 그대로 보전되어 있다. 하지만 이 기사에서 용서는 지혜의 준칙이라는 성격을 띠고 있다(8:7). 어떻게 이러한 "관용"이 엄격한 요구들과 결합될 수 있는가? 앞으로 살펴보겠지만 이를 설명할 수 있는 길은 단 한 가지밖에 없다: 예수가 죄있는 사람들을 받아들였을 때 총체적 계명들에 의해 요구된 총체적 회개는 성취되었다!

3) 끝으로 예수는 깨트려지지 않는 결혼을 요구하고 그것을 가능하게 했을 뿐만 아니라 하나님 나라를 위하여 결혼하지 않는 경우와 제자도를 위하여 결혼과 가족을 버리는 경우도 만들어놓았다.

마태복음 19:12(Sp. Mt.)에서는 이렇게 말하고 있다: "천국을 위하여 스스로 된 고자도 있도다 이 말을 받을 만한 자는 받을지어다". "스스로 된 고자"는 여기서 결혼과 성적인 관계를 포기하는 것을 비유적으로 의미했다.[12] 결혼하지 않는 것은 예수에게 에세네파에서의 의미와는 전혀 다른 성격을 갖고 있었다. 에세네파에서 이러한 결혼의 포기는 하나님의 통치를 이루기 위한 거룩한 전쟁을 앞두고 선택된 무리를 준비하기 위하여 요구되었다.[13] 예수는 소수 정예를 준비하기 위하여 결혼하지 말도록 한 것이 아니었다 ─ 특히 자기 자신. 왜냐하면 그들은 하나님의 현재적 도래에 의해 전적으로 그 나라에 이미 참여하고 있었기 때문이다.

더욱이 예수는 이 말씀을 통하여 자기 제자들이 최소한 한동안만이라도 결혼과 가족으로부터 떨어져 있는 것을 정당화했던 것같다: "무릇 내게 오는 자가 부모와 처자와 형제와 자매와 및 자기 목숨까지 미워하지 아니하면 능히 나의 제자가 되지 못하고"(눅 14:26).[14] 이

---

12) J. Schneider, *TDNT* II, 767ff.
13) Braun, *Radikalismus* I, 84f.

러한 미워함은 독점적인 사랑의 반대 측면이었다(참조. 마 6:24); 병행구인 마태복음 10:
37 이하에서는 "미워한다"는 말이 "더 사랑한다"는 말로 대치되어 있다. 이러한 결혼의 포
기는 마가복음 10:21 및 그 병행구에 의한 소유의 포기와 일치했다(참조. §10, 2c; §8,
1b).

이러한 결혼의 포기는 자의적인 요구가 아니었다. 그것은 도래하는 하나님 나라의 구조
에 일치하는 것이었다. 왜냐하면 마가복음 12:25과 그 병행구에 따르면 하나님 나라에서
사람들은 "장가도 아니 가고 시집도 아니 가고" 하기 때문이다. 결혼을 포기하게 되면 사람
들은 율법과 악의 속박으로부터만이 아니라 창조의 목적으로부터도 놓여났다. 그것은 새로
운 구성체의 완성과 상응하는 것이었다. 그 완성은 제자로 따르는 사람들에게 아직 현존하
지 않았을 뿐만 아니라 제자들에 의해 독점적으로 기대될 수도 없었다(참조. 고전 4:8). 그
러한 포기는 오직 예수가 그것을 이해한 방식으로서만이, 즉 그것을 "타고난 자라야"(마
19:11, 12c) 가능했고, 섬김의 전제 조건으로서 그것이 율법적으로 요구될 때가 아니라
그것이 섬김을 위한 은사(고전 7:7)일 때 가능했다.

따라서 결혼에 관한 예수의 말씀은 자신의 사역의 모든 연장(延長)을 가로지르는 횡단면
을 제공했다. 그 말씀들은 도래하는 하나님 나라의 관점으로부터만 통일체로서 이해될 수
있었다. 국가에 대한 예수의 발언들에 대해서도 이와 똑같이 말할 수 있다.

b) 국가에 대한 예수의 말씀들

1) 예수 시대에 이스라엘과 세계 강대국들 간의 관계에 관한 논쟁은 가이사에게 공세를
납부해야 하느냐 하는 문제에 집중되어 있었다. 마가복음 12:13-17에 따르면 이 문제에 대
하여 예수는 어떤 입장을 취하고 있었다. 열심당들은 하나님만을 자신들의 주(主)요 왕으로
인정하기를 원했으므로 공세 납부를 통하여 로마 제국의 가이사를 인정하기를 거부하였다.
[15] 그들은 게릴라 전투를 전개하였고 주후 66년에는 사람들을 로마에 항거하는 메시야적 저
항 운동으로 이끌었다. 이러한 반란은 정치적으로 헛된 시도였지만, 반란을 일으킨 사람들
은 최후까지 하나님이 기적을 행하실 것이라는 희망을 가지고 있었다. 예수는 그 전제들을
제거함으로써 현실에 대한 이러한 접근 방식을 거부하였다. 예수의 답변은 당시에 교역과

---

14) 그 병행구 마태복음 10:37 이하에서는 단지 부모와 자녀만이 언급되어 있다. 병행구 도마복음 55
   (101)에는 오직 부모와 형제 자매만이 언급되어 있다. 누가가 아내를 포함하여 모든 친척들을 다 열
   거하고 있는 것은 이차적이지만 실질적인 내용으로는 일관된 것이다.
15) Josephus *Ant.* 18.1.6; *War* 2.8.1.

여행을 가능하게 했던 동전을 그 출발점으로 삼았다. 그것을 통하여 예수는 이스라엘의 신정 정치적 입장과 그 율법을 아랑곳하지 않고 역사의 주로서의 하나님의 뜻, 자신이 하나님과의 직접적인 관계 속에서 그 당시에 인지하였던 하나님의 뜻을 언급하였다.

화폐 주조는 통치자의 권한이었고, 다니엘서 2:21에 따르면 왕들을 보좌 위에 앉히거나 보좌로부터 끌어내리는 분은 하나님이다. 그러므로 동전은 성경 및 도래하는 하나님 나라에 비추어 볼 때 가이사는 공세를 받는 것을 통하여 인정되어야 한다는 것을 보여주었다: "가이사의 것은 가이사에게 하나님의 것은 하나님에게 바치라." 즉, 모든 것! 물론 "마음의 완악함"에 대한 언급이 이혼에 관한 말씀의 횡단면이듯이 두번째 어구는 이 전체를 꿰뚫는 횡단면이었음이 분명하다. 그것은 예수의 총체적인 요구를 표현하고 있었다. 첫번째 어구는 두번째 다음이고 그에 종속되는 것이었다. 이 말씀은 아이러니컬한 병행 어구를 표현하고 있는 것이 아니었다.[16] 첫번째 어구는 어떠한 유대인들에게도 불가능했던 공세의 납부에 대해 "예"라고 대답했다. 예수의 총체적 요구를 좇고 하나님의 것을 하나님에게 드린 자들만이 이방의 제국주의가 율법 아래서 유대적 신정정치에서 살아가는 사람들에게 주었던 진퇴양난의 곤경으로부터 벗어날 수 있었다. 그들은 동전에서 역사에 대한 하나님의 주권이 현재에서 요구하는 것을 볼 수 있었고 공세의 납부를 통하여 그에 걸맞는 인정을 허용할 수 있었다.

공세 납부에 대한 이러한 "긍정"이 회개에로의 종말적인 부르심의 결과로 왔다는 것을 인정한다면 여기서 역사에 대한 책임이 포기의 범주와 연결되어 있었음을 쉽게 이해할 수 있게 된다.

2) 예수는 경찰과 재판관들의 급료를 지불하기 위한 재원이 되는 세금을 사람들이 내야 한다고 말했고, 이와 아울러 사람들의 권리와 무력의 사용, 시민 생활의 원칙들을 포기할 것을 요구했다: "눈은 눈으로 이는 이로 갚으라 하였다는 것을 너희가 들었으나 나는 너희에게 말하노니 악한 자를 대적지 말라 누구든지 네 오른편 뺨을 치거든 왼편도 돌려 대며" (마 5:38f.). "대적지 말라"가 의미하는 바는 전제절 및 이어지는 예화를 통하여 확실히 알 수 있다. 전제절에 따르면 그 정반대의 가능성은 고대 세계에서 형벌적 정의의 원칙인 탈리오의 법칙(*ius talionis*)이었다. 이 반정립(反定立)은 마태에 의해 만들어졌지만, 예수로부터 온 것이 분명한 그 다음의 예화는 동일한 것을 말하고 있다. 그것은 이 명령의 개별적이고 개인적인 측면에 초점을 맞췄다: "누구든지 네 오른편 뺨을 치거든 왼편도 돌려 대며 … ". 이것은 경찰력이나 사법부에 의한 법률이나 관행의 폐지 또는 개혁과 같이 제도적 조

---

16) M. Dibelius, *Botschaft und Geschichte* II, 178.

치로 이루어지는 것이 아니라 그 말을 듣는 사람의 변화를 통해서만 이루어질 수 있다. Q(눅 6:27-29)에 따르면 다른 뺨을 돌려대는 것은 원수를 사랑한다는 것을 보여주는 행위였다. 오직 이런 의미가 예수의 의도였다. 다섯째 반정립 — 대적하지 말라는 것 — 은 여섯째 반정립 — 원수를 사랑하라는 것 — 의 소극적 이면이었다. 바울이 로마서 12:21에서 정확히 해석했듯이 대적하지 말라는 말의 핵심은 선으로 악을 이기는 데 있었다.

이러한 자기 권리 포기에는 무력 사용의 포기도 포함되었다. 이것은 섬김에 관한 말씀(막 10:42-45 par.) 속에서 하나님의 통치로 부르심을 입은 사람들, 제자로 따르는 사람들에게 분명히 요구되었다. 이 말씀 속에서 이와 아울러 결혼이나 가족과 마찬가지로 이러한 권리와 힘의 포기는 하나님의 통치의 도래와 상응한다는 것이 분명해졌다. 예수는 법원에 소송을 제기하여 권리를 확보하는 것 또는 강자를 전복시켜 힘을 과시하는 것을 통하여서가 아니라 섬김을 통하여 이러한 통치를 가져왔다. 이런 이유로 권리와 힘을 포기하고 악에 대하여 사랑으로 맞서는 사람들은 예수를 통하여 도래하는 하나님의 통치에 스스로를 열어놓은 것이다.

3) 이러한 포기는 공세의 납부와 어떻게 조화될 수 있었을까? 이 둘은 서로로부터 독립하여 나란히 양립해 있었던 것이 아니라 가이사에 대한 공세의 문제에서 분명히 보았듯이 그 둘은 회개의 결과로서 따라왔다. 이 둘에서 볼 수 있는 것은 현재 도래 중에 있는 하나님의 통지에 대한 헌신이있다. 대직지 밀라는 것 — 원수를 사랑하는 것 — 은 하나님의 통치와 직접적으로 걸맞았다. 저항이 기계적으로 배제된 것은 아니지만 저항은 언제나 부차적으로 고려되었다. 그것은 역사적 상황과 불가피하게 타협할 수 밖에 없었다. 하나님 나라가 이 시점까지 은밀하게 도래하고 있기 때문에 역사는 하나님 나라의 가시적인 도래뿐만 아니라 은밀한 도래에서도 그 중요성을 견지해 왔다. 이러한 동기 유발을 바탕으로 저항은 새로운 성격을 띠어왔다. 저항하지 않을 자유를 가진 사람들은 누구나 필요할 때 두려움과 탐욕에 가득 차서 자신의 생존을 필사적으로 확보하려는 사람들과는 전혀 다른 방식으로 저항할 것이다. 누가 권리와 힘의 도움을 빌어 불의에 대항한다 할지라도 그것은 다른 사람들을 미워하거나 경멸함이 없이 행해졌다. 이 사람은 실제로 저항해야 한다는 짐 아래서 고통을 받는다. 이러한 새로운 유형의 저항은 산상수훈에 의해 규정된 행동이기도 했다.

실제적인 상황이 언제 저항을 요구하느냐 하는 문제는 오로지 그때그때의 구체적인 상황에 따라 판단될 수 있다. 예수 자신은 의도적으로 무저항, 즉 사랑의 길을 아주 일방적으로 좇았다. 예수는 자기가 근본적이고 실세적으로 권리가 있있고 힘을 사용할 수 있있음에도 불구하고 하나님의 대적들에게로 곧장 향했다. 이러한 실제적인 인정은 두 개의 검에 관한 신비스러운 말씀인 누가복음 22:35-38과 이러한 맥락에서 흔히 인용되는 질책을 담고 있는 요한복음 18:22 이하 — 이 구절은 거의 역사적이라고 하기 힘들다 — 에 나타난다. 모든 측면에서 인간의 권리들에 기초한 사회였던 유대의 신정정치 안에서 예수의 생애는 법원의 정죄로 끝이 났다. 그리고 이것은 정확히 제자로 따르던 자들이 처음부터 예상할 수 있었던 것으로서 주변 환경의 관계들을 변화시키는 것이 아니었다. 이것은 공동체의 상황을 반영하고 있음이 틀림없는 핍박에 관한 말씀들(마 10:17-25)에 의해 선포되었다.

4. 예수의 요구들의 사회적 실현

예수의 요구들을 사회에서 실현할 수 있는 기회들에 대한 문제에 대해서는 거의 이천년의 교회 역사를 통해 상당히 다른 여러 제안들이 있어 왔다.[17] 이 각각의 제안들 속에서는 예수가 역사에 효력을 발휘할 수 있는 요소를 드러내 보였다. 우리가 지금 신약의 본문을 간단하게 그 특징을 살펴보고 서로 비교해보려고 할 때 이 점을 잊지 말아야 한다. 분류를 해보려고 시도해 보면 수 세기 동안 제기되었던 세 가지 "전통적인" 해결책들을 구별해낼 수 있게 된다.

a) "전통적인" 해결책들

1) 진정으로 일관된 해결책은 얼핏 보기에 교회사에서 광신자들과 종교적인 열심당원들, 프란체스코 운동, 종교개혁의 좌파로 지칭되는 분파들 및 현재까지 그들을 추종하고 있는 많은 사람들에 의해 대표되고 있는 듯이 보인다: 예수의 계명들은 말 그대로 배타적으로 따라야 한다. 그것들은 이전에 타당했던 율법을 거스른 것으로서 기독교인들이라면 누구나 그에 따라 삶을 살아나가야 한다. 기독교인들은 누구나 맹세, 무력에의 의지, 정치를 포기하고 "사랑의 정의"를 행하여야 한다.[18] 이와 같은 열심당적인 입장은 예수를 율법 수여자로 변화시켰다. 예수는 악을 기각하는 유토피아적인 율법을 세상에 강요하였다. 이러한 해결책

---

17) Soiron, *Die Bergpredigt*, pp. 1 - 96.에 나오는 해석사를 보라.

18) 참조. K. Beyschlag, *Die Bergpredigt und Franz von Assisi* (1955). 이 구절은 레오 톨스토이에 의해 이렇게 속화되었다: " … 그리스도가 말하고 있는 것은 그 말 그대로이다 … '악한 자에게 대항치 말라' 는 … 폭력을 쓰지 말라는 것을 의미한다 … " *The Works of Leo Tolstoy* XI ("What I Believe") (1933), 317, 321. 역사적 주석으로는 H. Windisch, *The Meaning of the Sermon on the Mount* (1951), pp. 95ff. : 그것은 전적으로 완전주의적인 견지에서 이해되고 있다.

은 반정립이 연대기적이 아니라 종말론적인 의미를 갖고 있음을 인식하지 못했다. 예수의 계명들은 "천지가 없어질 때까지"(마 5:18; 참조. §9, 3b, 2) 타당성을 보유하게 될 율법의 반정립으로 서 있다.

2) 이러한 견해에 반대하여 주후 2세기 이래로 발전되어온 전통적인 가톨릭적 개념은 예수의 계명들을 오름 차순으로 율법에 통합시켰다(§10, 1). 그 계명들의 실현의 문제는 그에 걸맞는 기독교적 실존의 정도에 분배되었다. 평신도들은 십계명에 따라 살아가지만, 성직자와 수도자들은 "복음 참사관들"을 좇았다. 이 두 집단은 '기독교 공동체'(*Corpus Christianum*)의 구성원을 대표한다는 의미에서 서로를 위해 활동을 하였다.[19] 이러한 인상적인 해결책은 예수의 요구들을 문자적이고 차별적인 의미로 진지하게 받아들여서 그것들을 현실의 굳건한 토양 위에 세워놓았고 그것들을 이런 식으로 매우 효과를 발휘할 수 있도록 만들었다. 하지만 그것은 예수의 계명들이 율법과 생생한 반정립의 관계에 있다는 것을 간과했다. 이 반정립을 종합으로 변질시켰고, 생생한 역동성을 정적인 배분으로 바꾸어 놓았던 것이다.

3) 한편 루터의 종교개혁은 모든 기독교인들은 항상 예수의 새 계명들 또는 하나님의 "자연 질서"의 요구들, 즉 신약의 관점에서 율법에 복속될 수 있다는 견해를 대표했다. 먼저 자기 자신에 관한 문제일 경우에는 무저항과 불의를 견디는 것이 요구되었고, 두번째로 이웃에 관한 문제일 경우에는 불의에 저항하는 것이 순리였다.[20] 그러나 오로지 자기 자신에게만 관련이 있고 이웃과는 아무 관련이 없는 문제가 실제로 있는가? 이 문제는 아직 해결되지 않은 채 남아 있지만, "두 왕국론"이라는 이름으로 현재까지 논란이 되고 있는 이 견해는 예수의 요구의 결정적인 요소, 즉 반정립의 종말론적 의미를 굳게 붙잡고 있다는 점을 주목하여야 한다.

b) 수 세기 동안 교회사에 광범위한 영향을 미쳐 왔던 이러한 전통적인 해결책들과 나란히 오직 매우 제한적으로만 역사적 영향력을 미쳐왔던 현대의 개신교 신학 내부에서 발전되

---

19) Soiron, op. cit. (n. 17), pp. 3ff.

20) 마태복음 5:39에 대한 루터의 말(*Works*, Vol. 45, 96; *WA* 11:255): "이런 식으로 두 명제는 서로 조화를 이루게 된다: 한번에 그리고 동시에 당신은 내적으로는 하나님의 나라를, 외적으로는 세상의 나라를 만족시킨다. 당신은 악과 불의를 당하면서도 동시에 악과 불의를 처벌한다. 당신은 악에 저항하지 않으면서도 악에 저항한다. 당신은 한편으로 당신 자신과 당신의 것을 생각하고, 다른 한편으로 당신의 이웃과 그의 것을 생각한다." 참조. P. Althaus, *The Ethics of Martin Luther* (1972), pp. 62-79; U. Duchrow, *Christenheit und Weltverantwortung* (1970), pp. 536-552.

어온 수많은 제안들이 있다. 그것들은 각각 하나님 나라에 대한 특정한 이해로부터 시작했지만 하나님 나라와 율법의 관계를 보지 못했다.

1) 독일에서 세기말에 일어난 자유주의적 개신교는 예수의 요구들을 "삶의 태도에 관한 윤리"로 이끄는 가르침으로 이해했다: 그 요구들은 더 이상 엄청나게 변모된 현대 사회에 문자 그대로 적용될 수는 없다. 그것들은 궁극적으로 희생할 준비가 되어 있는 사랑의 태도를 표현하고 있다. 이러한 태도를 갖추고 있는 사람은 사회에서 통용되는 삶의 표준들을 따라 행하여야 하고 자신의 사적인 삶의 좁은 영역에서는 자비로운 관용을 실천하여야 했다. 따라서 사람들은 두왕국론을 윤리적 이원론으로 변화시켰다. 예수의 요구들이 가리키고 있었던 하나님 나라는 여기서 희생할 준비가 되어 있는 사랑의 태도에 의해 촉발된 행위를 통하여 점진적으로 실현되고 있는 도덕적인 인류 공동체가 되었다. 태도의 윤리학 배후에는 하나님 나라에 대한 리츨(A. Ritschl)의 이해가 있었다(§6, 1a).[21]

2) 슈바이처(A. Schweitzer, 1900년경)는 예수의 요구들을 중산층의 에토스로 변질시킨 이러한 견해에 일관된 종말론이라는 이름으로 항거하였다. 그는 예수의 계명들은 이 세상에서의 삶의 상대적인 개선을 구한 것이 아니었다고 주장하였다. 그보다는 오히려 그 계명들은 사람들을 이 세상에서의 삶의 배치로부터 들어올려 언제 도래할지 모르는 하나님의 새로운 세계를 향하여 옮기려고 했다. 그 요구들은 중간기의 윤리를 제공하였다. 예수의 대망은 실현되지 않았기 때문에 그 요구들은 더 이상 문자 그대로의 의미로 현세에서 타당성을 가질 수 없다. 그것들은 영웅적인 인도주의로의 부르심이 되었다.[22] 이런 이유로 슈바이처는 람바레네로 가서 밀림의 의사가 되었다. 현대의 개신교 안에서 그의 삶은 하나의 표

---

21) W. Herrmann, just as F. Traub, "Das Problem der Bergpredigt," *ZThK* 17 (1936), 193 - 218; p. 208에서 그는 자신의 견해를 요약하여 표현하였다: "예수의 이러한 역설적인 말씀들은 일반적인 준칙 … 문자 그대로 수행되어야 하는 요구 사항이 아니었다. 그것들은 예수로부터 나왔을 때 그런 식으로 해석되어서는 안되었다. 그것들은 개개인의 양심을 향한 호소였으며 그 사람을 향하여 '당신 자신이 자신의 양심에 비추어 오늘날의 세계와 당신의 구체적인 상황에서 그 말씀들이 당신에게 요구하는 바가 무엇인지를 결정하라. 그리고 지체없이 행하라 … 중도에 그만두지 말고 끝까지. 어떤 상황에서 당신의 양심이 그렇게 당신에게 말을 한다면 문자 그대로의 수행이 당신에게 요구될 수도 있다.'고 말하기를 원했다. 모든 상황에서 예수는 당신의 태도가 그의 태도와 같게 되기를 요구했다." 헤르만의 견해에 따라 20세기에서 구체적으로 예수와 "태도를 같이 하는 것"이 어떻게 현실화되는가 하는 것은 다음의 인용문에 분명히 나와 있는 것 같다: "우리가 예수와 하나가 되는 태도로부터 우리는 정부를 원하며, (…) 그리고 인간적 성격의 이 구성물의 어떤 요소들이 무장과 그 활발한 배치를 통하여 예수의 생활 양식과 사고 방식과 철저히 모순된다 할지라도 당혹하지 말라"(W. Herrmann, *Die sittlichen Weisungen Jesu* [1904; 1921³], p. 60).

22) Soiron, op. cit. [n. 17], pp. 21ff.

지였지만 예수의 계명들의 실현은 아니었다. 그는 예수에게서 하나님 나라는 가까운 장래에 눈에 보이는 형태로 도래하는 것일 뿐만 아니라 은밀한 의미로 이미 현재 속에서 도래하고 있다는 것을 알지 못했다. 그러므로 계명들의 전제는 근본적으로 동일한 것으로 머무는 데 그쳤다.

3) 1918년 이후 디벨리우스(M. Dibelius)[23]와 불트만은 일관된 종말론을 넘어 즉각적인 종말론이라는 개념을 제창하였다. 불트만의 예수 이해는 한 문장으로 잘 요약될 수 있다: 도래하는 하나님 나라에 관한 메시지와 마찬가지로 예수의 계명들은 세상에 반대하고 하나님을 향하는 결단을 이끌어내기를 원했다. 하지만 이러한 결단은 이웃과의 모든 만남이라는 구체적인 상황에서 사랑에 의해 촉발되는 행위를 통해 그 가치를 드러낸다.[24] 그렇지만 이러한 해결책은 사회에서 통용되는 삶의 표준이나 도래하는 하나님 나라에 대한 예수의 요구들의 관계를 제대로 파악하지 못했다. 만약 하나님 나라가 이미 현재 속으로 도래하고 있지 않다면 예수의 요구들은 초점을 잃고 말 것이다.

4) 즉각적인 종말론과는 정반대로 예레미아스(J. Jeremias)[25]는 "실현 과정에 있는 종말론"이라는 개념을 주장하였다. 산상수훈의 명령들은 여기서 하나님 나라가 동터오는 것을 전제했다. "산상수훈에 결집되어 있는 예수의 말씀들은 복음의 일부이다. 이 각각의 말씀들에는 다음과 같은 메시지가 해당된다: 옛 세대는 지나가고 있다. 복음 선포와 제자도를 통하여 당신은 하나님의 새 세대로 이전되고 있다"(pp. 30f.). "구속받은 하나님의 자녀들의 감사 표시를 통하여 새 생명이 자라나고 있다. 그것이 산상수훈의 의미이다"(p. 35). 여기

---

23) Dibelius, *Botschaft und Geschichte* I, 95f.: "행함이 중요한 것이 아니다. 왜냐하면 그것은 여러 상황들에서 다를 수 있을 것이기 때문이다. 그것을 행하는 인간 존재가 중요하다. 그 인간 존재는 하나님 앞에, 즉 오시는 하나님 앞에 언제나 서 있다. 하나님 나라의 메시지는 그 사람을 더 낫게 개선시키는 것이 아니라 그의 온 존재를 부여잡아 변화시키는 것이다. 그때 그가 말하거나 행하는 것, 그것은 하나님 나라를 염두에 두고 말하거나 행하는 것이 될 것이다." "이렇게 하나님 앞에 있는 존재 — 그것은 상태가 아니라 언제나 예비된 경청과 순종이다 — 를 예수는 수많은 계명을 통하여 거듭거듭 변화시켰다."

24) *Theology* I, §3, 1: "사람의 하나님과의 관계가 사람의 운명을 결정하며 결단의 때는 제한되어 있다는 의식은 결단의 때가 이 세상에서 바로 여기에 있다라는 의식으로 옷을 입는다." §2, 5: "종말론적 선포와 윤리적 요구라는 두 가지의 것은 사람을 자기가 하나님 앞에 데려왔으며 하나님은 자기 앞에 서 있다는 사실에 직면하게 한다. 이 둘은 그를 하나님을 향한 결단의 때로서의 자신의 현재로 향하게 한다." §2, 4: "적극적인 측면에서 하나님의 뜻은 무엇인가?" 이중의 사랑 계명에 표현되어 있는 '사랑의 요구'. 그러나 "이웃과의 만남이라는 구체적인 상황에서 스스로를 승병하시 못하는 하나님께 대한 순종이란 없다."

25) J. Jeremias, *The Sermon on the Mount* (1963) (참조. §6, n. 10).

서 하나님 나라의 도래는 역사적 맥락에서의 새로운 행위, 즉 회개의 기독교의 출현과 아주 많이 맥을 같이 하고 있는 것으로 이해되었다.

5) 앞의 견해와는 대조적으로 바르트(K. Barth)는 하나님 나라의 임재는 예수라는 존재 속에서 초월적이고 너무도 배타적으로 이루어진 것으로 보았다. 그에게 예수의 요구는 예수가 대표로서 살아내었던 바 인류의 본성을 표현한 것으로서, 하나님은 예수를 통하여 그러한 본성을 기독교 공동체를 위한 삶의 척도로 만들었다.[26] 이러한 개념은 스펙트럼 가운데서 일관된 종말론이나 즉각적인 종말론과 완전한 대극(對極)에 그 강조점을 두었다. 하나님 나라는 예수의 오심을 통하여 이미 이루어졌다. 하지만 이 "이미" 외에도 "아직 이루어지지 않은" 차원도 부적절하게 고찰되었다. 전반적인 접근 방식과 일관되게 예수의 계명은 율법에 대한 반정립인 면이 무시되고 율법의 성취라는 측면만이 배타적으로 다루어졌다. 이런 이유로 루터의 두 왕국론은 격렬하게 거부되었다. 오직 최근에 와서야 이 두 왕국론은 매우 불확실한 문제에 대한 진술로 인식되었다.[27]

이렇게 간단하게 해석사를 개관해 보면서 끝으로 우리는 이 몇몇 발언들이 현재까지 일으킨 충동들에 대하여 다만 놀라움을 금치 못할 따름이다. 여기서 우리가 간단하게 살펴본 여러 해결책에 대한 비판적인 반론들은 이러한 각각의 발언들에는 유익한 측면들이 있기 때문에 내내 변증법적 성격을 지니고 있다.

c) 두 가지 중요한 주제에 관한 본문들에 대한 우리의 이해를 결론적으로 요약함으로써 우리는 예수의 사역의 다른 측면으로 넘어가 보고자 한다.

1) 예수의 요구들은 각각 중심으로부터의 사람의 변화, 즉 다름아닌 총체적 회개 이후에 오는 것이다(§9, 2a). 예수 전승 속에서 예수의 계명들을 실현한 사람들로서 누가 언급되었느냐를 살펴본다면 우리는 예수의 계명은 오직 예수 자신에 의해서만 실천되었다는 것을 곧 발견하게 된다. 예수는 자기가 요구한 사랑을 다른 사람들에게 보여주었다. 그리고 오직 이것만이 사람들로 하여금 예수의 명령들을 실천하는 전제가 되는 것을 하게 만들었다: 예수

---

26) K. Barth, *Church Dogmatics* II/2, 686-700: 산상수훈은 "하나님이 사람들을 독생자를 통하여 이 나라로 궁극적이고노 효능있게 지금 옮겼으며, 그것은 산상수훈의 주장에 반영되어 있는 하나님 나라의 사건, 예수의 인격의 사건, 새 사람의 사건이다"라는 전제 아래 "하나님 백성의 삶의 조건들"을 표현하였다(p. 697). E. Thurneysen, "Die Bergpredigt," *ThEx* 46 (1936); W. Schmauch and E. Wolf, "Königsherrschaft Christi", *ThEx* 64 (1958).

27) E. Wolf, "Königsherrschaft Jesu Christi und Zweireichelehre, Dritte Variation zu einem heute aufgegebenen Thema," in K. Scharf, ed., *Vom Herrengeheimnis der Wahrheit, Festschrift für Heinrich Vogel* (1962), pp. 301f.

는 사람들을 얻어 제자도와 믿음으로 이끌었다. 이하에서 살펴보겠지만 이 둘을 통하여서 예수의 요구들에 의해 구해진 바로 그 변화가 일어났다. 믿고 제자로 따른 사람에게 개인의 새로운 행실은 하나의 가능성이 되었다. 그럼에도 불구하고 새로운 행실의 실현에 관하여 보도한 것은 복음서의 예수 전승들이 아니라 기독교 공동체에 대한 신약의 언급들이었다.

2) 예수의 요구들에 걸맞게 구체적인 상황들 속에서 제자도의 삶에 의해 요구된 행실은 다양한 극단적인 가능성들의 긴장 속에서 살아가는 것을 포함하였다. 이러한 행실의 구조는 위의 저항과 무저항의 예에 잘 나타나 있다(§9, 3b). 첫번째 길 — 무저항, 원수에게 사랑을 보이는 것 및 그에 상응하는 것들은 무엇이든지 — 은 언제나 이 세상에서의 삶의 방식들을 헤치고 하나님의 종말적 통치의 현재적 도래를 증거하는 표적으로서만 — 예수가 안식일에 치유를 행한 것과 마찬가지로 — 가능하였다. 언제나 예수의 지상 사역의 표적들이 감춰져 있는 것과 마찬가지로 그것은 언제나 감춰진 표적으로 머물렀다. 그런데도 예수의 지상 사역의 표적들과는 대조적으로 이 표적은 언제나 인간의 실패에 의해 희미하게 되는 표적으로 남아 있다.

따라서 예수의 요구들은 그 목표에 직접적으로 도달하지 못했다. 쿰란의 의의 교사 주위에 모여든 집단과 유사한 방식으로 예수의 계명들에 따라 살았던 집단은 나타나지 않았다. 오히려 예수의 요구들은 자신의 구원의 사역으로 귀결되었고, 이 사역을 통해서 그 요구들은 간접적으로 실현을 보았다.

제 4 장
하나님의 통치의 선물로서의 회개: 구원의 새 질서

§11. 율법의 구원의 질서: 그 인정과 효력 정지

On la: G. Quell, *diathēkē*, *TDNT* II, 106-124; E. Würthwein, *misthos*, *TDNT* IV, 706-712; K. Koch, "Gibt es ein Vergeltungsdogma im AT?" *ZThK* 52 (1955), 1-42; K. Baltzer, *The Covenant Formulary in Old Testament, Jewish, and Early Christian Writings* (1971); L. Perlitt, *Bundestheologie im AT* (1969). **On 1b:** P. Volz, *Die Eschatologie der jüdischen Gemeinde im neutestamentlichen Zeitalter* (1934²), §26 and §39; Billerbeck IV, 484-500 (the rabbinic doctrine of rewards); IV, 1199-1212 (the last judgment in the Pseudepigrapha and among the rabbis); Braun, *Radikalismus* II, 41. **On 2–4:** J. Behm, *diathēkē*, *TDNT* II, 124-134; H. Preisker, *misthos*, *TDNT* IV, 712-19; W. Pesch, *Der Lohngedanke in der Lehre Jesu* (1955); G. Bornkamm, "Der Lohngedanke im Neuen Testament," in *Aufsätze* II (1959), 69-92; J. Dupont, *Les Béatitudes* (1958; repr. 1969).

1. 응보의 질서의 인정

a) 응보의 개념

예수가 제시한 모든 요구들은 구약으로부터 온 것이든 자기 자신으로부터 온 것이든 특정한 표제 아래 있었다: 그것들은 하나님의 요구였고 하나님은 그것들을 준수하느냐 무시하느냐에 따라 대응하였다. 첫번째의 경우에 대한 대응의 본질은 이미 구약과 유대교의 개념으로 정형화되어 표현되어 있었다.

1) 구약에서 하나님의 계명은 언약의 영역에 그 자리를 잡고 있었다. 언약은 그 성취 여부가 계명들을 준수하느냐에 달려 있긴 하지만 은혜에 기초한 받아들임이었다: "너희가 내 말을 잘 듣고 내 언약을 지키면 너희는 열국 중에서 내 소유가 되겠고"(출 19:5). "나 여호와 너의 하나님은 질투하는 하나님인즉 나를 미워하는 자의 죄를 갚되 … 나를 사랑하고 내 계명을 지키는 자에게는 천대까지 은혜를 베푸느니라"(출 20:5f.).

2) 유대교에서 응보의 개념은 개개인은 율법에 얼마나 충실하였느냐를 토대로 종말적 심판에서 보상을 받을 것이라는 모습을 띠고 있었다. 이와 아울러 사람들은 또한 조상들 덕분으로 자비를 입을 것이라는 희망을 갖고 있었다. 마찬가지로 사람들은 이 세상에서 이미 이루어질 응보를 기대하였다. 하지만 경건한 사람들이 개인적인 잘못들 때문에 이 세상에서 벌을 받음으로써 내세에서는 오로지 상만을 받는 일도 있다고 생각했다.

3) 예수도 역사적 실존의 모든 것이 저울에 달아질 최후의 심판을 기대하였다. 예수는 인간의 행위가 아주 세밀한 부분까지도 그 날에 진지하게 다루어질 것이라는 점을 강조하였다. 사람들은 모든 무익한 말을 소멸하여야 할 것이나(마 12:36 [Sp. Mt.]), 목마른 사람에게 자발적으로 준 물 한 잔도 잊히지 않을 것이다(막 9:41 par. 마).

b) 예수와 응보의 질서

장래의 회계에서 예수와 마주쳐왔던 사람들은 마지막으로 예수에 대한 그들의 입장을 질문받을 것이다. "누구든지 사람 앞에서 나를 시인하면 인자도 하나님의 사자들 앞에서 저를 시인할 것이요"(눅 12:8 par. = 막 8:38 par.; 참조. 마 11:20 - 24 par.; 12:41f. par.). 이렇게 사람을, 오시는 하나님 또는 인자 앞에 회계하도록 부르는 것과 그 사람의 예수와의 "관계"를 통한 구원(참조. 마 25:34f.)은 예수의 심판 기대의 중심을 이루고 있었다. 그것은 묵시론에서 그토록 생생하게 묘사되어 왔던 것처럼 "이 세대"에 대하여 무차별적인 역사적 우주적 재난들을 퍼붓는 것이 아니었다.[1]

인자에 관한 말씀은 예수의 심판 기대의 핵심을 선포했고 아울러 ─ 나중에 분명히 되겠

---

1) Jeremias, *Theology* I, §13이 예수의 미래 기대를 묵시론적 "재난들"을 통한 세상의 멸망과 그에 따라 "세상의 완성"으로서의 '바실레이아(*basileia*)'의 도래라고 묘사할 때 예수의 선포의 의도는 예수 전승의 이차적 요소들로 인해, 무엇보다도 유대 묵시론적 유비들로부터 유래하는 전승의 해석을 토대로 함으로써 모호해진다.

지만 ― 심판에서 살아남을 수 있는 유일한 가능성을 선포했다. 예수의 심판 기대가 구약과 유대 전승을 사용하고 아울러 그것을 변용한 방식은 예를 들면 상과 응보에 대한 강화들 속에 아주 잘 나타난다. 상에 관한 아주 풍부한 공관복음서의 말씀들(마 5:12 par. 눅 6:23; 마 5:4f. par. 눅 6:32 ‒ 35; 막 9:41 par. 마 10:41f. ; 마 6:1f., 5, 16; 20:8)은 아마도 부분적으로 예수 자신에게까지 소급되는 듯하다. "하늘에 보물을 쌓아두는" 것이라는 심상도 예수로부터 비롯되었을 가능성이 아주 높다(마 6:19ff. par. 막 10:21).

상과 응보에 대한 이러한 강화들은 플라톤으로부터 칸트에 이르기까지 철학 속에 표현된 견해에 따르면 의란 그 자체로 상을 지니고 있으며 선은 그 자체로 행해져야 한다고 했기 때문에 이상하게 보일지 모른다. 그러나 이러한 사고 배후에는 인간의 자율성이라는 개념이 있다. 사람들은 스스로를 실현하기 위하여 일반적인 도덕법 또는 윤리 원칙에 따라 살아간다. 성경적 사고에서 그 자체에 토대를 둔 이러한 자율성은 자기 기만이다. 사람들은 자기들이 언제나 창조주 및 동료 인간 존재와의 관련 하에 서 있음을 인식하지 못해왔다.

반면에 구약이 응보와 상을 선포했을 때 그것은 하나님이 사람들을 역사 속에서 침묵의 힘으로 만나는 것이 아니며 사람들은 단지 운명의 꼭두각시가 아니라는 것을 표현하기 위해서였다. 하나님은 사람들에게 말을 걸고 그들과 관계를 맺으며 그들을 진지하게 책임있는 상대로 대함으로써 인격체들로 만든다. 창조주가 자신의 언약에 따라 이스라엘 곁에 서서 이스라엘에게 삶을 허락했을 때 그것은 "상"(참조. 창 15:1)이었다. 시내산 언약이 계명의 성취를 조건으로 만든 이래로(출 19:4ff.), 사람들은 하나님으로부터 독립을 이루기 위하여 그 조건을 잘못 사용할 가능성이 생기게 되었다. 사람들은 계명들의 성취를 자신의 성취로서 계산하고 제시하고는 그러한 업적들에 대한 대가를 요구할 수 있었다. 하나님 및 이웃과의 관계가 이러한 업적 및 공적이라는 준거를 통하여 어느 정도로 왜곡될 수 있느냐 하는 것은 예수 전승이 아니더라도(참조. 마 6:2, 5, 16; 눅 7:39; 18:11f.) 예수 당시의 유대적 상황으로부터 유래하는 수많은 예화들을 통하여 분명히 드러난다. 업적의 원리, 점수를 따는 실천, 공적의 이론적 근거를 통한 이러한 응보의 왜곡은 할라카를 통한 율법의 요구에 대한 잘못된 해석과 마찬가지로 예수에 의해 단호하게 거부되었다.

c) 점수를 얻는 것과 공적의 이론적 근거

1) 예수는 죄를 계속해서 범함으로써 얻게 되는 부정적인 점수와 그 결과인 형벌에 반대한다는 것을 사람들에게 아주 분명하게 알렸다. 구약에 따라 예수는 악과 사악, 불의와 고통은 서로 얽혀 있음을 알고 있었다. 그러나 예수는 이것들을 서로 연관시키지 못하도록 했

다. 재난이 다른 사람들에게 온다면, 사람들은 그 사람들의 죄의 점수를 회계하는 것이 아니라 그 재난을 자신의 죄에 대한 정죄로 받아들여야 한다. 누가복음 13:1 - 5(Sp. Lk.)에 나오는 두 말씀은 이를 말해준다: 빌라도는 열심당의 음모에 대한 보복으로 유월절 어린양의 희생제사 동안에 성전에서 갈릴리 순례자 몇 사람을 사형에 처했다. 예수는 갈릴리 사람들에게 이렇게 말했다: "너희는 이 갈릴리 사람들이 이같이 해 받음으로써 모든 갈릴리 사람보다 죄가 더 있는 줄 아느냐 너희에게 이르노니 아니라 너희도 만일 회개치 아니하면 다 이와 같이 망하리라".

2) 형벌의 문제에서 점수를 기록하는 경우와 마찬가지로 예수는 상급에 대한 점수를 매기는 것도 금지시켰다. 마태복음 6:1 - 18에 나오는 세 가지 경건의 일에 대한 예수의 말씀, 상급에 관한 예수의 매우 열렬한 발언은 공적과 상급에 대한 관례적인 이론적 근거를 불합리한 것으로 만들었다. 자신의 업적들을 바라보고 거기에 공적이라는 딱지를 붙인 사람들에 대하여 성경은 이렇게 말한다: "저희는 자기 상을 이미 받았느니라"(마 6:2, 5, 16). 오직 은밀한 가운데 구제를 행하는 사람들만이 상급을 받을 것이다(마 6:4, 6, 18). "은밀한 중에 보시는 너의 아버지가 갚으시리라"(6:4). 구제하는 데에 "너는 구제할 때에 오른손의 하는 것을 왼손이 모르게 하여"(6:3). "은밀한 중에"라는 말은 행하는 사람 자신도 그것에 관하여 모르게 행하는 것을 의미했다. 최후의 심판에서 하나님에 의해 받아들여질 사람들은 왜 그러한 결과가 자기에게 일어나는지를 알지 못할 것이다: "주여 우리가 어느 때에 주의 주린 것을 보고 …"(마 25:37). 이렇게 자신의 행위에 관하여 완전히 선입견이 없는 것은 오직 하나님 앞에서의 우리의 실존이 더 이상 자기 자신의 공로를 토대로 하지 않을 때, 즉 율법의 구원의 질서 자체가 중지되었을 때 가능하다.

2. 율법의 구원의 질서의 중지

율법이 할라카로 귀결되는 규례로 이해되었듯이, 율법은 업적의 존재 근거로 귀결되는 언약의 조건으로 이해되었다. 이런 이유로 예수는 연대기적으로가 아니라 종말론적으로 즉 각 이 두 방향으로의 율법의 효력을 정지시켰다. 인간의 삶은 계속해서 응보의 질서 아래 머물렀다. 모든 사람은 일차적으로 자신의 행실을 통하여 이룬 존재이다. 아무도 최후의 회계에서 살아남을 사람이 없었지만, 하나님 나라에의 참여가 응보의 질서를 통과한 즉시 선물로 수여되었다.

a) 이 점에서 하나님 나라에의 참여가 어떤 결과를 가져올 것이냐 하는 것은 포도원 일

을 위하여 하루의 각기 다른 시간에 품꾼을 고용하고 나서 저녁에 각자에게 동일한 임금을 지불한 집 주인의 비유에 잘 나타나 있다(마 20:1 - 15 〔Sp. Mt.〕). 이렇게 일을 처리하는 방식은 사회적 관점으로 보면 부당하였다. 틀림없이 예수로부터 유래하였을 이 비유는 이례적인 그 무엇, 완전히 공인된 질서를 깨트리는 그 무엇을 보여주기를 원했다. 이 기이한 임금 지급 방식은 상대적인 계산을 배제시킨 자발적인 선함을 드러내는 것으로 설명되었다: "내가 선하므로 네가 악하게 보느냐"(20:15). 그러나 그것은 자의적인 행위가 아니었다: "내가 네게 잘못한 것이 없노라 네가 나와 한 데나리온의 약속을 하지 아니 하였느냐"(20: 13). 주인은 구약의 의미로 정의로웠다. 그는 자발적인 약속에 따라 행했다. 따라서 지금 다른 사람의 섬김을 위하여 스스로 고용에 응한 모든 사람들은 업적과 상관 없이 하나님의 통치에 통합되었다. 이것은 인간의 공로에 의존한 구원을 이야기했던 언약이 중지되었음을 의미했다. 이런 이유로 모든 형태의 점수 매김과 모든 권리 주장은 기각되었다. 하나님이 자신을 섬기도록 모집한 사람은 종에 관한 엄중한 비유가 강조하고 있듯이(눅 17:7 - 10 〔Sp. Lk.〕) 어떤 권리 주장을 할 근거를 전혀 갖고 있지 않았다.[2] 하지만 하나님 나라에 속하는 선물을, 화해를 기초로 거저 주시는 선하심과 의로우심을 "상급"으로는 보는 것이 더 중요했다. 바리새인과 세리(눅 18:10 - 14) 및 탕자(눅 15:11 - 32; 참조. 7:42)에 관한 비유적인 이야기들이 주목한 것은 바로 예수의 사역 속에서 이러한 선하심을 알아차리는 것이었다. 바로 이러한 비유들은 사람들로 하여금 범죄자들을 받으시고 구원의 서약, "화해"로서 제자도 또는 믿음으로의 부르심을 인지하도록 격동시켰다. 하지만 개개인과의 만남 속에서 일어나는 이러한 서약은 팔복의 가르침에 나오는 약속들에 의해 포괄되었다.

  b) 팔복에 나오는 제안은 누구를 대상으로 한 것인가? 누가복음 6:20 - 23에 나오는 네 가지 복은 박탈당한 자들을 가리키고 있다: 가난하고 주리고 목마르고 핍박받는 자들. 이와는 대조적으로 오직 마태복음 5:7 - 10에만 나오는 두번째 그룹의 네 복은 고통 중에 있는 사람을 자비롭게 돌보고, 올바른 길을 걸으며, 화평케 하며, 정의를 위한 싸움에 참여했다는 이유로 핍박받는 사람들에 대한 축복을 이야기하고 있다.

  디벨리우스는 많은 주석학자들을 대변하여 팔복에 관한 가르침은 하나님 나라에 "들어가기 위한 조건들" 또는 "기독교 공동체에서 실천되어야 하는 덕목들의 목록"이라고 말했다. 그렇다, 마태조차도 첫번째 네 가지 복을 이런 의미로 이해하였다: 의에 주리고 있다는 것은 의의 실현을 위한 열렬한 활동을 의미했다.[3]

---

2) 종은 임금 노동자와는 달리 급료를 받지 않았다. 이 비유에서 도출될 수 있는 교훈은 오직 하나님 앞에서의 인간 존재는 대체로 권리가 없는 종에 비견될 수 있다는 것뿐이다.

그럼에도 불구하고 두번째 그룹에 대하여 이렇게 도덕적 견지에서 이해하는 것은 첫번째 그룹에 대한 사회적 에비온주의자적인 이해와 마찬가지로 잘못된 것이었다(참조. §8, 1a). 여기서 의도되고 있는 긍휼히 여기는 자의 정체는 주로 복음서 기자인 마태의 용어 사용법으로부터 도출되어야 한다. 마태는 긍휼히 여기는 자에 관하여 아주 극명하게 이야기했고 팔복에 관한 가르침을 특정한 방향으로 전개시켰다. 특히 바리새인들이 "긍휼"을 실천한, 즉 기부금을 준 방식을 보면 그들의 지향점이 이웃이 아니라 자기 실현임이 분명하게 드러났다(마 6:2 - 4). 더욱이 그들이 예수의 구원 사역에 분개하게 되었을 때 그들은 호세아서 6:6에서 이미 요구하고 있는 바의 핵심을 놓치고 있었다: "내가 긍휼을 원하고 제사를 원치 아니하노라"(마 9:13; 12:7). 따라서 다른 사람들에게 긍휼을 베풂으로써 예수가 도움을 주는 방식을 기쁨으로써 응답할 수 있었던 사람들만이 긍휼히 여기는 자이며, 결국 그들만이 하나님의 긍휼하심을 기대할 수 있었다. 즉 팔복에 관한 가르침의 의미에서 긍휼히 여기는 자가 된 사람은 인도주의적인 업적들에 대해 그 대가로 인정을 받기를 원한 사람이 아니라 팔복에 관한 가르침의 약속으로부터 비롯될 자신의 미래를 기대한 사람이었다. 이 예에 의하면 팔복에 관한 가르침의 두번째 그룹은 첫번째 그룹과 마찬가지로 미리 규정된 어떤 무리의 사람들을 대상으로 말한 것이 아니라 사람들을 복된 실존, 즉 지금이라도 생명에 가득 찬 의미가 수여되는 실존으로 향하게 하는 것이었다.

마태복음의 문맥에 나오는 두번째 그룹을 이런 식으로 이해하게 될 때 세부적인 내용에 대해서는 차치하고라도 그 출발점에 대해서는 그것이 예수 자신에게로 기슬리올라가는 것이 가능하게 된다. 사람들로 하여금 긍휼히 여기는 자가 되게 하기 위하여 사람들에게 긍휼을 보이는 것이 예수의 사역의 주요한 관심이었던 것은 물론이다. 이 비유에서 충성되지 못한 종에 대하여 이렇게 말한다: "내가 너를 불쌍히 여김과 같이 너도 네 동관을 불쌍히 여김이 마땅하지 아니하냐"(마 18:33).

어쨌든 팔복에 관한 가르침은 줄곧 조건으로서의 율법의 성취에 관하여는 일언 반구도 없이 종말적인 구원의 말씀을 나누어 주었다. 이 가르침은 이것을 이 약속 하에서 자기가 하나님 앞에서 가난하다는 것을 알고 하나님을 향하여 빈손을 내미는 모든 사람들에게 나누어 주었다. 두번째 그룹도 유대인들이 의라고 부르는 것 또는 헬라인들이 덕목이라고 부르는 것을 의미하지 않았다. 여기서 긍휼을 베푸는 사람들은 누구나 당장에라도 삶의 의미에 도달한다. 왜냐하면 그들은 하나님의 긍휼을 기대하며 살고 있기 때문이다. 이와 같은 것은

---

3) *Botschaft und Geschichte* I, 120; 더 상세한 것은 G. Strecker, *Der Weg der Gerechtigkeit* (19662), p. 157 등을 보라.

심령이 가난한 자들에게도 적용되었다. 왜냐하면 그들의 눈이 하나님께 향해 있기 때문이었다. 또한 화평케 하는 자들에게도 적용되었다. 왜냐하면 그들은 하나님의 뜻이 자기와 함께 하기를 원했기 때문이었다. 핍박받는 자들에게도 적용되었다. 왜냐하면 그들은 하나님만을 구했기 때문이었다. 이런 식으로 보면 가난하게 되거나 긍휼이 여기는 자가 되는 것은 회개를 의미했다! 팔복에 관한 가르침은 반정립들이 요구하는 것을 제공하였다. 그 가르침은 하나님 나라에의 참여와 나란히 회개를 제공하였다.

광범위하게 자세한 예수의 말씀인 마지막 심판에 관한 비유적인 이야기(마 25:31 – 46〔Sp. Mt.〕)도 그 핵심은 마찬가지였다: 그것은 잠재적인 인도주의적 기독교에 관하여 말하고 있는 듯이 보인다. 세상의 심판자는 자신이 받은 사람들에게 이렇게 말했다(25:34f.): "너희를 위하여 예비된 나라를 상속하라 내가 주릴 때에 너희가 먹을 것을 주었고 … ". 이에 대해 그들이 "주여 우리가 어느 때에 주의 주리신 것을 보고 … "라고 대답하자 예수가 다시 "너희가 여기 내 형제 중에 지극히 작은 자 하나에게 한 것이 곧 내게 한 것이니라"고 말하였다.

예레미아스(J. Jeremias)의 견해에 의하면[4] 이 비유는 다음과 같은 질문에 답하려고 하였다: 이방인들은 어떠한 기준에 의해 판단될 것인가? 하지만 그 비유는 세상의 심판자가 다른 사람들을 어떻게 처리하는가에 관한 정보를 주려고 한 것이 아니라 듣는 자에게 그가 한 일을 기억함이 없이 남들을 도운 일이 있는지 없는지를 물어보려고 했다(마 6:3f.). 이러한 물음은 심판자가 곤경에 처해 있는 사람들과 연대해 있다는 특이한 표현을 통해 특히 첨예하게 되었다. 그러한 연대는 영지주의적이거나 이상적인 견지에서가 아니라 사법적인 견지에서 인식되었다: 세상의 심판자는 사랑을 베푼 모든 행위를 자기 자신에게 베푼 것으로 간주하였다. 랍비들이 하나님에 관하여 가르친 것은 인자에게로 전이(轉移)되었다: "네가 가난한 자에게 음식을 주었을 때 나는 그것을 네가 나에게 준 것으로 간주하였다."[5] 더욱이 인자/세상의 심판자의 이러한 연대는 예수 자신이 마태복음 11:29에 의하면 '하나우'(anaw, "겸손하다") 하다는 내용적으로 직접적인 토대를 갖는다. 그럼에도 불구하고 신약의 공동체조차도 곤경에 처해 있는 사람들을 예수의 이상화된 대표자들로 생각하지 않았다.

c) 이 비유적인 이야기는 팔복에 관한 가르침보다 더 긴급하게 다음과 같은 질문을 야기

---

4) *Parables*, pp. 209ff.

5) Jeremias, *Parables*, p. 207 (cf. Rom. 2:26). Lit.: J. A. T. Robinson, "The 'parable' of the Sheep and the Goats," *NTS* 2 (1955/56), 225-237; L. Goppelt, *Calwer Predigthilfen* 11 (1972), 221 – 28에 의해 인용되어 있다.

시켰다: 어떻게 이와 같은 식으로 이웃 사랑을 나타내 보일 사람들이 하나의 현실로 될 수 있었는가? 약속의 말씀만으로 그러한 사람들을 만들어내는 것이 가능했는가?

이에 대한 답변은 말씀들의 전승의 내재적인 맥락 안에서 곧 나타난다. 마태복음 11:6에 따르면 팔복에 관한 가르침은 더 이상 가난한 자와 긍휼히 여기는 자에게 적용되지 않고 예수에게 어떠한 반대도 하지 않는 자들, 예수와 관련하여 하나님에게 신뢰를 둔 사람들에게 적용되었다. 마태가 관련되는 범위에 해당되는 진술들(4:23; 9:35)에 대한 편집을 통하여 5-7장의 산상수훈과 8-9장의 예수의 치유 사역에 관한 기사를 문학적인 통일체로 만들어내었을 때 마태의 편집도 동일한 답변으로 귀결되었다. 팔복에 관한 가르침을 원한 사람들 및 산상수훈의 요구들은 그 선포를 통하여 바로 이루어지지 않았다. 그러한 것은 다시 되풀이되지 않았다. 그 사람들은 예수의 구원 사역의 과정 안에서 처음으로 생겨났다. 그들은 제자도 안에서 예수를 따르고 예수를 믿은 사람들이었다. 하지만 이 구원의 사역은 유대 사회에서 가장 비천한 계층, 즉 사람들이 유대적 환경에서 "죄인"이라 불렀던 사람들에게서 시작되었다.

§12. 죄인들을 위한 구원

K. H. Rengstorf, *harmartōlos*, *TDNT* I, 317-332; R. Bultmann, *aphiēmi*, *TDNT* I, 509-512; O. Michel, *telōnēs*, *TDNT* VIII, 88-105; E. Sjöberg, *Gott und die Sünder im palästinischen Judentum* (1938); J. Schniewind, *Die Freude der Busse* (1958[2]); Braun, *Radikalismus* II, 115-136; J. Becker, *Das Heil Gottes. Heils- und Sündenbegriffe in den Qumrantexten und im Neuen Testament* (1964); R. Knierim, *Die Hauptbegriffe für Sünde im Alten Testament* (1965); K. Koch, "Sünde und Sündenvergebung um die Wende von der exilischen zur nachexilischen Zeit," *EvTheol* 26 (1966), 217-239; H. Thyen, *Studien zur Sündenvergebung im Neuen Testament und seinen alttestamentlichen und jüdischen Voraussetzungen* (1970); cf. also §4, 2b (Repentance) and §15, 3 and 4 (Faith).

예수의 구원 사역에 관한 설화들은 내내 죄인과 의인을 구별하였고 예수는 자신의 회개에로의 부르심을 의인으로부터 시작했지만 먼저 죄인들에게 관심을 가졌다고 거듭 설명하고 있다.

1. 죄인들

헬라어 '하마르톨로스'(*hamartolos*)는 아주 드물게 사용되기는 했지만 정의, 질서, 관습을 이례적인 방식으로 범한 사람을 의미했다. 칠십인역에서 그 단어는 주로 '르 샤임' (*resha'im*), 즉 시편 1편에 나오는 "악인"을 옮기는 데 사용되었다. 시편 1편은 지혜문학에 흔히 나오는 양식으로 말하고 있는데 "악인"과 "의인"을 대비시키고 있다: 악인은 바람에 나는 겨이다. 그는 토라의 준거틀 바깥에서 살기를 선택하였기 때문에 하나님과 그의 백성의 교제로부터 떨어져 나갔다. 의인은 하나님께 소망을 두었다. 악인은 자신의 힘에 의지하였다(시 49:7; 참조. 10:4; 36:2). 유대교에서 이 명칭은 아주 단면적으로 율법과의 관련 하에서만 언급되었다. Mishna Aboth 5:14은 이렇게 말할 수 있었다: "〔회당에〕 가며 또한 실천하는 사람 — 그는 덕망높은 사람이다. 가지도 않고 실천하지도 않는 사람 — 그는 악인〔rash '〕이다"(Danby, p. 457). 따라서 "죄인"으로 간주된 사람은 율법에 익숙하지 않거나 율법에 열심이 없는 사람이었다. 이런 이유로 여러 유대 분파들은 율법에 대한 자신들의 이해에 따라 죄인들의 무리를 구별하는 여러 가지 선을 그었다. 요한복음 7:49에 따르면 바리새인들은 "율법을 알지 못하는 이 무리", 즉 '암 하아레츠'(*'am ha'ares*)를 저주하였다. 에세네파에서는 토라에 대한 자신들의 이해 및 실천을 공유하지 않은 사람들은 모두 죄인이었다.[1]

공관 전승에서 세리들(무엇보다도)(막 2:17 par.; 눅 18:13; 19:7; 참조. 6:32; 15:7, 10), 창기(눅 7:34, 37, 39) 그리고 마지막으로 이방인들(막 14:41 par.; 눅 6:33; 그 병행구인 마 5:47)은 "죄인들"로 지칭되었다. 따라서 핵심적인 전승에 나오는 "세리들과 죄인들"이라는 표현 — 마가(2:15f. par.)와 Q(마 11:19 par.), 누가 특수 자료(눅 15:1) — 은 세리들이 죄인임을 표현하고자 했다. 설화 부분들 — 누가복음 13:2을 포함하여 — 은 예수의 말씀들과 이러한 언어학적 용법을 공유하고 있었다. 이 용법과 구별되는 것으로는 공동체의 언어를 사용한 누가복음 5:8이었다. 이 용어의 용례를 토대로 예레미아스 (J. Jeremias)[2]는 여기서 죄인들을(통속적인 견해와 마찬가지로) 정직하지 못한 일에

---

1) Billerbeck II, 494 - 519; Braun, *Radikalismus* I, 41f.
2) "Zöllner und Sünder," *ZNW* 30 (1931), 295, 300; Jeremias, *Jerusalem in the Time of Jesus* (1969), pp. 303 - 312.

개입했거나 부도덕한 삶을 영위한 사람들이라고 정의하는 것이 가능하다고 생각하였다. 하지만 이런 식으로 정의하게 되면 예수가 이 명칭을 자신의 주변 환경으로부터 빌어온 케리그마적 의도는 분명하지 않게 되어 버린다. 예수는 어느 한 부류의 죄인들을 구체적으로 명시하고자 했던 것이 아니라 꼭 들어맞는 본보기를 통하여 자기가 "죄인들"에게 무엇을 주고 있는지를 생생하게 말하려 했던 것이다. 예수와 세리들과의 만남이라는 본보기를 통하여 예수가 죄인들에 대하여 어떤 자세를 취했으며, 또한 의인들에 대하여는 어떤 자세를 취했는지가 모든 사람들의 눈에 분명하게 되었다.

2. 죄인들과 어울림

어록 전승이라는 확고한 기사에 의하면(마 11:19 par. 눅 7:34) 누군가가 예수를 "세리와 죄인의 친구"라고 비난조로 말했다고 한다. 이러한 비난 속에 언급된 행실은 삭개오 이야기에 잘 예시되어 있다(눅 19:1 - 10 〔Sp. Lk.〕). 나사렛 출신 선지자가 예루살렘으로 순례를 가는 도중에 여리고를 통과하게 되었는데, 그는 세리장 삭개오의 집에 유숙하게 되었고, 그렇게 함으로써 바리새인들 뿐만이 아니라 일반 대중들 가운데서도 적의를 불러 일으켰다(눅 19:7). 죄인들과의 이러한 접촉에 관한 기사들은 마가 전승 및 어록 전승에 나타나며(마 2:14, 15-17 par. ; 마 11:19 par.) 무엇보다도 누가 특수 자료에 나타난다(눅 7:36 - 50; 15:1f. ; 19:1-10; 참조. 18:9-14).

이러한 행위의 핵심은 세리들과 식사를 같이 하는 것에 관한 단화에 잘 설명되어 있다(막 2:15-17). 예수와 그의 제자들은 식사를 하기 위해 세리들과 함께 식탁에 앉았다. 그러한 때에 발해진 식탁의 축복은 같은 빵을 먹는 사람들을 하나가 되게 하여 가장 친밀한 친교인 식탁 교제로 이끌었다. 이 일로 인하여 "바리새인의 서기관들"이 예수의 제자들에게 분개하여 질문을 던졌다: "어찌하여 세리와 죄인들과 함께 먹는가". 예수는 시편 1:1의 정당한 준칙을 어기고 있었다: "복있는 자는 … 오만한 자의 자리에 앉지 아니하고". 죄인들과의 연대를 보인 사람은 누구나 토라에 대한 죄인들의 경멸을 도와주는 것이고 스스로를 부정한 자로 넘기우는 것이었다. 이런 이유로 예수의 답변은 문제가 있음을 일부 받아들였다: "건강한 자에게는 의원이 쓸데 없고 병든 자에게라야 쓸데 있느니라". 예수는 죄인들과 같이 되기 위하여서가 아니라 그들의 의원이 되기 위하여 죄인들과 함께 어울렸다. 이 비유는 17b에서 강령적인 '엘돈'(*elthon*) 말씀을 통하여 강조되었다: 죄인들을 하나님의 통지로 부르는 것이 예수의 사명이었고, 그것은 누가가 첨가하고 있듯이 간접적으로 "회개하라"고 말하는 것이었다.

이 장면은 역사적인 사실들을 구체적이고 생생하게 묘사하는 것이 아니라 내용적인 고려 사항들을 말하는 것으로 끝이 났다. 서기관들이 어떻게 이 잔치 모임에 접근할 수 있었는가? 왜 그들은 예수가 아니라 제자들에게 질문을 하였는가? 그러나 구성된 장면은 분명히 생생한 것이었을 것이다. 전승으로부터 정형화된 요소들이 여기에 재현되었음이 분명하다. 이 요소들은 공동체의 상황을 반영하고 있지 않았다. 왜냐하면 공동체에서 문제가 된 것은 세례와 성찬의 허용이라는 문제였지 죄인들과 식탁 교제를 하는 것이 아니었기 때문이다. 죄인들과의 식탁 교제는 예수 사역의 핵심적인 요소를 나타내었다. 이 장면은 의원에 관한 비유를 통하여 해석에 초점이 맞춰져 있다. 이 비유는 이 말씀의 예화로서 구성되지는 않았다. 그 대신에 공동체는 예수로부터 자기들에게로 전해져 온 다른 형태의 단화로부터 배울 수 있었다.

예수는 어떠한 조건도 없이 세리들과 식탁 교제를 함으로써 죄인들의 의사가 되기를 원했다. 예수가 여기에서 주장하고 있는 현안 문제는 죄인들에 대한 바리새인들의 노력들[3]을 함께 보게 되면 더 분명해진다: 회당에서 바리새인들은 계명들을 어기는 일을 구체적으로 그만두도록 끊임없이 권고하였다. 심하게 범한 경우에는 내어쫓았으며, 의심이 가는 집단에게는 그들이 행실을 고칠 때까지 회당의 문을 닫았다. 일상 생활 속에서 바리새인들은 죄인들의 무리를 피함으로써 사회적인 압력을 행사하였다. 예수는 이렇게 신성한 권위로 덧씌워진 교육적이고 사회정치적인 척도가 적절하게 수행할 수 없었던 것을 자신을 던져서 수행하려고 했던가?

3. 예수와 죄인들의 어울림에 대한 해명

편집에 의한 서문에 의하면 잃은 양, 드라크마, 아들에 관한 세 비유(눅 15:1-32)는 죄인들과 예수의 교제를 의인들이 이해할 수 있게 하기 위하여 의도되었다고 한다. 이 서문은 일반적인 편집 양식으로 이렇게 설명하고 있다: "모든 세리와 죄인들이 말씀을 들으러 가까이 나아오니 바리새인과 서기관들이 원망하여 가로되 이 사람이 죄인을 영접하고 음식을 같이 먹는다 하더라". 누가가 이렇게 이 비유들을 예수의 이러한 상황에다 갖다놓은 것이 올

---

3) Billerbeck I, 170ff., 878f.: 매일의 회개를 상기시키는 것; IV, 297-304; 회당으로부터 축출; I, 787: 잘못된 길로 나간 이웃에 관심을 보일 의무는 근본적으로 잘 알려져 있었으나 조심스럽게 두고 보는 것이 더 좋다는 이론을 통해 나중에 억압되었다.

바른 것이었는가? 비유들을 살펴보기로 하자.

잃은 양과 잃은 드라크마에 관한 이중의 비유 — 전자는 남자들에게 익숙한 세계로부터 가져왔고 후자는 여자들에게 익숙한 세계로부터 가져왔다 — 는 청중들에게 잃어버린 것을 찾았을 때의 기쁨을 깨우쳐주기를 원했다(눅 15:5f., 9). 이 비유들의 핵심은 의심할 여지 없이 죄인들을 위한 예수의 노력들을 향하고 있었다. 죄인 한 사람을 하나님의 통치를 위해 얻게 되었다면 그것은 잃어버렸던 것을 되찾은 것이요 이것은 특별히 기뻐할 이유가 된다. (마태복음 18:12 이하에서 잃은 양의 비유는 기독교 공동체 내에서의 "바리새인들"을 위하여 되풀이 되어야 했다).

하지만 실제로 죄인들은 예수를 통하여 하나님을 위하여 얻어졌는가? 이 문제를 취급하는 것이 탕자의 비유였다(눅 15:11- 32). 그 비유를 예수의 상황에 적용하는 문제에서 비유 해석의 주요한 두 방향이 극단적으로 대립을 보여왔다. 한쪽은 이 비유를 예수가 자신의 설교를 예시하기 위하여 사용한 예화로 보았다. 다른 한쪽 — 근본적으로는 누가와 마찬가지로 — 은 여기서 예수의 행동에 대한 해석을 보았다. 율리허(A. Jülicher)와 자유주의 신학에서는 이 비유를 첫번째 방향, 즉 자신의 선포를 조명해주는 것으로 이해하였다: 하나님은 유대인들이 생각하는 것과는 달리 엄격한 심판자가 아니다. 하나님은 어떤 사람이 뉘우치면 용서해주시는 관대한 아버지이시다.[4]

불트만은 해석학적으로 이러한 견해 안에 서 있었지만 케리그마적인 위기(Krisis) 신학 적 견지에서 이 비유는 하나님의 아버지로서의 선하심을 깨울쳐줄 의도가 아니었나고 말했다. 그는 이 비유가 권세있고 선지자적인 선포를 의도하고 있다고 생각했다: 하나님의 아버지로서의 선하심은 스스로를 정죄하는 어떠한 사람이 뉘우친다면 조건 없이 용서해주신다.[5] 이와는 대조적으로 브라운(H. Braun)은 탕자의 비유에서 묘사되고 있는 죄인들을 받아들인 행위는 초월적인 칙령으로서가 아니라 인간 예수와 죄인들과의 어울림을 통하여 일어났다고 열렬히 주장하였다. 브라운에 의하면 "하나님은 사람들이 거기에 병자를 위해 있는 의사의 역할을 인정할 때에 은혜를 보이신다"[6]고 한다. 따라서 불트만은 하나님으로부터 오는 말씀만을 보았고, 브라운은 인간 예수를 통한 받아들임이라는 사건만을 보았다. 하지만 예수 전승에 비추어볼 때 이 둘은 결합되어 있었다. 이런 이유로 우리는 이 비유의 핵심을 다

---

4) A. Jülicher, *Die Gleichnisreden Jesu* II (19102), 363.

5) *Tradition.* p. 196; *Theology* I, §3, 2.

6) *Jesus* (1979), p. 134; *Radikalismus* II, 25; 37f.; 132ff.

7) 이런 식으로 우리는 슐라터-슈니빈트의 사고 경향을 더 확장하고 있다. E. Linnemann, *Parables of Jesus* (1966), pp. 153f. nn.   24 and 26은 논의를 검토한 후에 그들의 해석을 정당한

음과 같은 두번째 해석 전통[7]에 따라 재형성해 볼 수 있다: 이 비유는 예수와 죄인들과의 어울림을 그들이 하나님에 의해 받아들여졌다는 것을 의미하는 것으로 해석하고 선포하였다. 이 비유는 받아들여진 죄인들 또는 불평하는 의인들이 무엇을 실현하게 되었는가를 묘사하지는 않았다. 오히려 하나님이 그들을 위해 행하신 것을 선포하였다. 예수는 그들과 어울림 속에서 하나님 아버지가 그들을 받아들였기 때문에 죄인들의 의사가 되었다.

이것은 실질적으로 예수의 인격에 관하여 어떻게 말할 수 있었는가? 예수는 자신의 모든 말과 행동을 통하여 드러난 자기 자신으로서 죄인들과 어울렸다. 예수는 자신의 말과 행동을 통하여 하나님의 종말론적인 통치가 표현되고 효력이 있게 되는 그러한 자로서 그들과 함께 있었다.

따라서 잃은 양, 드라크마, 아들의 비유는 예수의 지상 사역의 핵심을 드러내주었다: 예수가 죄인들에게 자신과의 교제를 허락했을 때마다 — 식탁 교제를 통해서든, 손마른 사람을 치유함을 통해서든, 제자로 좇도록 부르심을 통해서든 — 거기에는 비록 분명하게 표현되어 있지는 않다 하더라도 하나님으로부터의 죄사함이 일어났다. 그리고 이 죄사함은 인습적인 용례에서 시사하는 이 전통적인 용어보다 훨씬 더한 무엇을 의미했다. 죄사함은 죄의 도말만이 아니라 하나님의 종말적인 통치의 삶으로의 받아들임으로서의 교제의 회복과 창조주에 의한 피조물의 회복을 의미했다. 하지만 죄인들이 예수와의 교제로 귀의한 행위는 하나님의 통치 안에서의 그들의 회개였다. 죄인은 단지 집으로 되돌아가는 것을 통하여 어떠한 조건도 없이 보장된 받아들임을 발견하였다.

그것은 누가가 이러한 맥락에서 인습적인 전문 용어들을 도입하여 거기에 이미 일어난 새로운 현실의 관점에서 새로운 내용을 채웠을 때 문제의 핵심과 정확히 일치하고 있다. 잃었다가 지금 찾은 것은 누가복음 15:7-10에 의하면 회개하는 죄인(*ho hamartolos metanoon*)이었다. 그리고 예수가 받아들인 이 죄인에 관하여 누가복음 7:47에서는 이렇게 말한다: "저의 많은 죄가 사하여졌도다 이는 저의 사랑함이 많음이라" (헬라어로 이 동사는 명사 '아페시스'(*aphesis*)에 상응하는 '아피에미'(*aphiemi*)이다.). 이 문장과 그 병행구인 마가복음 2:5은 공관 전승에서 예수가 죄 용서에 관하여 분명히 말하고 있는 유일한 구절들이다. 크게 죄지은 여인에 관한 이야기의 말미에서 그것은 흔히 그렇듯이 부록의 위치를 차지한다. 거기에서 죄 용서는 주어지지 않는다. 오히려 죄 용서가 일어났다고 선포된다. 여자가 사랑을 보이는 행위는 그 원인이 아니라 인정의 근거로서 언급되었다. 죄 용

___

것으로 어느 정도 인정하면서도 그들이 이 비유를 지나치게 죄인들의 용납과 바리새인들의 불평에 대한 묘사로 보고 있는 점을 비판한다.

서는 행위가 아니라 과정이었다. 죄 용서는 자기에게로 향한 그 여자의 행위에 상응하는 예수에 의한 받아들임으로 이루어졌다. 예수를 통한 죄 용서는 그의 사람들과의 어울림을 통하여 일어났고 그의 비유들 속에서 말로 표현되었다. 오직 한 군데에서만 — 즉 막 2:5 — 광범위한 상호 관계를 공공연하게 드러내기 위하여 거의 도발적인 태도로 말을 통하여 죄 용서가 주어졌다.

4. 치유-죄 사함-믿음

장르 면에서 중풍병자의 치유에 관한 단화(막 2:1-12 par.)는 서로 다른 두 부분으로 이루어져 있다: 이적 이야기(1-5절과 10b-12절)와 여기에 삽입된 죄 용서에 관한 논쟁 대화(6-10a절). 원래 독립적으로 전승되어온 두 부분이 후대의 발전 단계에서 여기서 함께 결합되었다는 것이 널리 받아 들여져 왔다. 그러나 지금 또 다른 견해가 점점 더 많은 지지를 받고 있다. 이 견해에 의하면 논쟁 대화는 역사적으로 일어난 일을 말하고 있는 이적 이야기를 분명히 설명하기 위하여 처음부터 형성되었다는 것이다. 죄 사함을 수여하는 것(5b절)은 이미 이 이야기의 원래의 조합에 속해 있었다. 왜냐하면 공동체의 상황에서 죄 사함과 성령을 나눠 주시는 것이 함께 결합되었던 반면에(행 2:38) 죄 사함과 치유의 결합은 예수에게 전형적이었기 때문이다.[8]

이적 이야기의 서론은 예수에게 중풍병자를 데려온 것을 믿음을 보인 행위로 해석하였다. 이러한 믿음에 비추어 예수는 자기로부터 하나님의 도움을 구했던 병자를 위해 자기가 할 수 있는 것을 공공연하게 선포하였다. 모든 사람들은 치유를 예상하고 기대했지만, 예수는 먼저 죄 사함을 수여하고 다음에 2:11에서 치유를 전하는 말씀을 하였다. 이 둘을 병렬적으로 말하고 있는 것은 죄 사함은 전인적으로 온전케 되는 것이며 역으로 예수의 치유는 죄 사함에 의한 하나님의 관여를 함축한다는 것을 의미함을 보여준다.

예수의 이러한 행동은 안식일에 치유를 행한 것과 마찬가지로 서기관들의 항의를 불러일으켰다. 이 항의는 논쟁 대화에서 상세하게 설명되고 있다:

"참람하도다 오직 하나님 한 분 외에는 누가 능히 죄를 사하겠느냐"(2:7).

사실 예수를 통하여 이렇게 죄 사함을 나눠 주는 일은 구약이나 유대교에 그 유례가 없었다. 물론 구약에서 하나님은 은혜로우시며 죄를 용서하신다는 것이 강조되었으나 그러한 일을 하는 분은 오직 하나님 한 분뿐이었다(출 34:6). 이 죄 사함은 경우에 따라서는 선지자

---

8) E. Schweizer, *The Good News According to Mark* (1970), ad loc.

의 발언을 통하여 선포되었다. 사무엘하 12:13에 따르면 나단은 다윗에게 이렇게 말했다: "여호와께서도 당신의 죄를 사하셨나니". 이사야 44:22에 죄 사함은 하나님의 모든 백성들에게 약속되었다: "내가 네 허물을 빽빽한 구름의 사라짐같이 … 도말하였으니"(참조. 43: 25f.). 제사장의 속죄 의식 및 그와 결부된 결례의 정형 어구들은 예수의 죄 사함의 수여와 비교해볼 수 있는 것이 거의 되지 못한다. 더욱이 그것들은 역사적으로 평가하기가 어렵다.[9] 하지만 예수 당시의 유대적 환경에서 사람들은 죄 사함을 나눠주는 것이 아니라 스스로 참회하고 죄 사함을 얻는 체계에 익숙해 있었다(참조. §4, 2b).

따라서 서기관들의 반론에서 예수가 하나님만이 선포할 수 있는 것을 선포하였다는 말은 옳은 말이었다. 예수가 "그러나 나는 너희에게 말하노니"라는 자신의 말씀을 모세를 통하여 표현된 하나님의 계명들의 반정립으로 놓았던 것처럼 예수는 여기서 2:10에서 나중에 말하고 있듯이 직접적인 권세를 가지고 말을 했던 것이다. 잃은 양, 드라크마, 아들의 비유와 함께 생각해 볼 때 이것은 예수의 인격 속에서 사람들과 함께 어울리고 지금 자신의 종말적인 통치를 이루고 계시는 분은 바로 하나님이었다는 결론으로 귀결된다. 바로 이것이 신약 기독론의 토대였다.

이 논쟁이 가리키고 있었던 바로 이러한 배경은 마가복음 2:5에서 죄 사함과 치유의 수여가 복음서 기자에 의해 믿음과 결합된 이유를 분명히 밝혀준다. 믿음은 이적을 행하는 자에 대한 신뢰가 아니라 예수를 통하여 하나님이 자신을 드러내신다는 신뢰를 의미했다 — 여기서와 다른 곳에서 살펴보겠지만. 크게 죄를 범한 여인의 이야기에 대한 편집상의 결론 부분에서도 죄 사함은 믿음과 연계되어 있다(눅 7:50).

따라서 죄 사함은 여기서 믿음과 결부되어 있으나 누가복음 15장에서는 회개와 결부되어 있다.

5. 죄 사함-회개-믿음

누가복음 15:7과 10절에는 바리새인들과의 논쟁에서 "회개하는 죄인"에 관한 언급이 나와 있다. 누가복음 7:(48), 50과 마찬가지로 마가복음 2:5에서 죄 사함이 허락된 사람들은 믿는 자들로 불렸다. 이 전문 용어들은 분명히 케리그마적인 준거점을 따라 대치되었다: 외부로부터 보고 있는 사람들에게는 회개의 관점에서 말했고, 직접적으로 관여된 사람에게는 믿음의 관점에서 말했다. 이 두 용어는 치유와 관련하여 동일한 방식으로 사용되었다. 예수

---

9) Von Rad, *Theology* I, 283f.

를 거부한 갈릴리 마을들은 마태복음 11:21에서 예수의 구원 행위들에 대하여 회개로 응답하지 못했다고 하여 비판을 받고 있다. 이와는 대조적으로 예수의 도움을 구했던 사람들은 언제나 믿음의 관점에서 말했다.

그럼에도 불구하고 두 용어의 이러한 혼용은 오직 그 용어들이 그 실질적인 내용에서 서로 거의 일치했기 때문에 가능한 일이었다. 탕자가 집으로 돌아가는 여행길은 실제로 가버나움의 백부장이 예수에게 호소하는 것과 비슷한 관점에서 특징지어졌음을 주목하는 것은 시사하는 바가 크다. 탕자는 이렇게 말했다: "내가 일어나 아버지께 가서 이르기를 … 지금부터는 아버지의 아들이라 일컬음을 감당치 못하겠나이다 나를 품꾼의 하나로 보소서 하리라"(눅 15:18f.). 백부장은 이렇게 말했다: "내 집에 들어오심을 나는 감당치 못하겠사오니 다만 말씀으로만 하옵소서 …." 그러자 예수는 "이스라엘 중 아무에게서도 이만한 믿음을 만나 보지 못하였노라"고 분명히 말하였다(마 8:8, 10). 따라서 믿음은 행동을 통한 회개의 근본적인 표현이었다. 왜냐하면 믿는다는 것은 더 이상 자기 자신의 가능성들을 가지고 있는 것이 아니라 자기 자신을 하나님의 죄 사함과 후원에 맡기는 것을 의미했기 때문이다. 믿는 자는 복된 가난한 자 중의 하나였다(마 5:3; 11:5).

6. 회개를 드러내보임

예수로부터 교제를 허락받은 죄인들이 진실로 회개했다는 것은 궁극적으로 어떤 방식을 통해 인식될 수 있었는가? 이것은 드러내 보일 수 있는 것이 아니었다. 그것은 표지들을 통해서만 인지될 수 있었다. 공관 전승은 다음과 같은 표지들을 언급하고 있다. 누가복음 19:8에서 삭개오는 예수가 자기 곁에 섰을 때 이렇게 선언했다: "주여 보시옵소서 내 소유의 절반을 가난한 자들에게 주겠사오며 …." 누가복음 7:44-47에 따르면 바리새인들은 크게 죄지은 여인이 자신의 사랑을 드러내 보이는 행위를 통하여 더 많이 죄 사함 받았음을 인정하여야 했다. 하지만 무엇보다도 예수가 세리를 자기 무리로 끌어들여서 제자로 받아들였을 때 세리 레위는 자신의 일을 버리고 이를 좇았다(막 2:14 par.). 제자로 따르는 동안에 세리들과 함께 식사를 하는 내용의 단화에서 다루었던 바로 그와 같은 일이 일어났다: 의사인 예수가 세리들과 만남을 가졌다. 이 모든 것들 ― 사회적 행위의 변화, 사랑을 드러내보임, 제자로 좇음 ― 은 회개의 증거들이 아니라 표지들이었다.

예수의 죄 사함에 관하여서도 마찬가지였다: 중풍병자의 치유는 죄를 사할 수 있는 예수의 권세의 표지로서 논쟁 대화에서 언급되어 있다(막 2:10). 치유는 유대인에게 하나님의 개입에 대한 증거가 아니었다. 치유는 단지 표지일 따름이었다(참조. §15, 2와 4; §6, 3a).

7. 죄 사함과 이웃 사랑

어떤 사람이 집으로 돌아오는 시점, 즉 하나님께로 돌이키는 시점에 하나님의 죄 사함을 받는 것과 마찬가지로 자기 자신을 이웃에게 개방함으로써만이 그 죄 사함을 계속 보유할 수 있었다. 이 문제는 충성치 못한 종의 비유에서 매우 인상적으로 다루어지고 있다(마 18: 23-35 〔Sp. Mt.〕). 이것은 예수의 죄 사함이라는 맥락에서 고찰되어야 한다: 예수의 죄 사함은 하나님과의 친교를 개인적인 수준에서 가능하게 했기 때문에 어떤 사람이 다른 측면에서 남들과 동떨어져 서 있을 때는 바로 이러한 죄 사함은 상실되었다. 하나님의 죄 사함이라는 견지에서 이웃을 용서하지 않는 사람은 누구나 하나님이 자기로부터 죄 사함을 거두어가셨음을 발견하게 된다. 주기도문(마 6:12 par.)의 다섯번째 간구도 이런 식으로 이해되기를 원했다: "우리가 우리에게 죄지은 자를 사하여 준 것같이 우리 죄를 사하여 주옵시고". 이것은 시작이 아니라 지속이었다. 주기도문의 각각의 간구와 마찬가지로 그것은 예수에 의해 중재된 하나님의 광범위한 죄 사함으로부터 나온 제자들의 간구였다. 일련의 말씀들도 이와 동일한 취지를 확증해주고 있다: 마 11:25f. par.; 마 6:14f.; 5:23f.; 18: 35. 하나님의 죄 사함과 이웃을 용서해주는 것과의 이러한 상호 관련은 호혜 관계가 아니라[10] 유통 체계였다. 하나님의 죄 사함과 인간 사이의 용서 간의 유통적인 흐름은 후자가 붕괴될 때 파괴되고 만다.

예수의 죄 사함과 마찬가지로 인간 사이의 용서는 선언이 아니라 교제의 회복으로 이루어져 있다. 그리고 예수의 죄 사함이 그치지 않듯이 이웃을 용서하는 것도 그치지 않는다: "네게 이르노니 일곱 번뿐 아니라 일흔 번씩 일곱 번이라도 할지니라"(마 18:21f.).

결론적으로 그것은 예수의 죄 사함은 죄인들에게 어떠한 조건도 부과하지 않고 미리 하나님과의 완전한 교제를 수여했기 때문에 예수의 죄 사함은 죄인들을 하나님과 이웃과의 길에 놓는 데 책임이 있다는 것을 다시 강조하기 위해서이다. 이러한 예수의 죄 사함은 일반적인 사면(赦免)으로 선포되었던 것이 아니라 변함없이 개개인과 인격적으로 어울리는 것과 결합되어 있었다.[11] 하지만 그것은 예수가 사귐을 가졌던 죄인들이나 자기에게 도움을 요청한 곤경에 처한 사람들에게 국한되지는 않았다. 죄인들을 받아들인다는 것은 또한 의인들에 대한 관심을 표명하는 것도 되었다.

---

10) 반대 의견: Braun, *Radikalismus* II, 127 n. 1.

§13. 예수의 죄 사함과 의인들

Cf. Lit. to §8 and §12; in addition: I. Abrahams, *Studies in Pharisaism and the Gospels* (1917; repr. 1967); W. Beilner, *Christus und die Pharisäer* (1959); A. Finkel, *The Pharisees and the Teacher of Nazareth* (1964); S. Umen, *Pharisaism and Jesus* (1963); H. Odeberg, *Pharisaism and Christianity* (1964); H.-F. Weiss, *Der Pharisäismus im Licht der Überlieferung des NT* (*SSAW* 110, 2, 1965); J. Neusner, *The Rabbinic Traditions about the Pharisees before 70* (1971).

죄인들을 받아들임으로 말미암아 의인들의 실패와 기회가 첨예한 문제로 되었다. 이 문제는 탕자의 형과 관련하여 살펴볼 수 있다(눅 15:25-32).

1. 실패

a) 탕자를 환영하는 잔치는 형으로 하여금 자신의 이전의 행동을 평가해 보도록 만드는 원인이 되었다: "내가 여러 해 아버지를 섬겨 명을 어김이 없거늘 내게는 염소 새끼라도 주어 나와 내 벗으로 즐기게 하신 일이 없더니"(눅 15:29). 의로운 부자 청년도 "이것은 내가 어려서부터 다 지키었나이다"(막 10:20)라고 자신있게 단언할 수 있었다. 하지만 여기서 아우의 환영 잔치에 대한 항의는 이렇게 율법을 준수한 동기가 무엇인지를 적나라하게 드러내 주었다. 그는 아들로서가 아니라 임금 노동자로서 그렇게 행했던 것이다. 마음 속으로 그는 아우와 마찬가지로 자기 아버지로부터 멀었던 것이다(15:31). 그가 자기 아우를 대우한 그 태도는 바로 자기 아버지를 향한 태도와 일치하였다. 아우는 형편없는 몰골을 하고 있었기 때문에 형은 자신의 상대적인 의를 통하여 두드러져 보일 수 있었다: "아버지의 살림을 창기와 함께 먹어버린 이 아들이 돌아오매 … "(15:30). "나는 … 같지 아니함을 감사하나이다"(눅 18:11). 그러므로 의인들은 율법에 비추어 보아서도 실패했다. 그는 계명을 성취했음에도 불구하고 하나님과 이웃 사랑을 부인하였다. 그럼에도 불구하고 의인과 하나님 사이

---

11) Jeremias, *Theology* I, 113-18에서처럼 우리가 예수의 구원 사역을 너무도 단순하게 "죄인들"로 비견되는 "가난한 자들"을 향한 무차별적인 "좋은 소식"으로 만들게 되면 이 결정적으로 중요한 측면이 제거된다. 예수의 사역은 부활절 이후의 선포와는 근본적으로 다른 모습을 지니고 있었다.

의 위기를 최초로 불러일으킨 것은 죄인을 받아들인 것이었다.

b) 왜 예수의 죄 사함이 의인에게 위기로 전환되었는가? 형이 동생의 환영 잔치 소식을 들었을 때의 태도는 "저가 노하여 들어가기를 즐겨 아니하거늘"(15:28)이라고 묘사되어 있다. 형은 자신의 실존을 지지해주는 것들이 제거되었기 때문에 화가 났다. 죄 사함은 오로지 은혜의 문제였기 때문에 의인이 제시할 수 있었던 상대적인 성취는 하잘 것 없는 것으로 밝혀졌고 이러한 계산 방식과 억측을 의도하지는 않았지만 가능하게는 했던 시내산 언약의 질서는 효력이 중지되었다.

c) 이에 비추어 보아 예수는 의인의 실패를 어떻게 생각했는가? (1) 의인은 죄인과 다른 방식으로 실패하였다. 죄인들은 아버지와 계명들로부터 멀리 도망친 아들과 같았다. 이러한 사람들은 창조주의 선물들을 자신을 위해 끌어쓰고 창조주로부터 독립하여 스스로 살았다. 의인들은 형과 같았다. 그들은 계명의 울타리 안에 머물러서 그 세세한 부분에서 그 계명들을 준행하였다. 각자의 행실을 하나의 차원으로 환원하는 것은 그리 정확하지 못하다. 예수는 죄인과 의인을 진지하게 구별하였다. (2) 하지만 서로 구별되는 각자의 행실 배후에는 공통적인 실패가 도사리고 있었다: 둘 모두 아들로서 살지 않았던 것이다. 그들은 자신의 피조물적 성격과 이스라엘의 언약을 부인하였다. (3) 의인의 이러한 실패는 이미 바리새인들을 향한 저주를 통하여 드러났다(§7, 2). 하지만 예수의 구원 사역은 그 실패의 노정(露呈)을 촉발시켰다. 그것은 율법을 훨씬 능가하는 예수의 사랑의 시현(示顯)에 대한 그들의 항의 속에서 ─ 의인들은 의식하지 못했지만 ─ 표출되었다. 그것은 궁극적으로 예수를 거절하는 행위, 즉 십자가 처형에서 드러났다.

d) 예수는 이러한 실패를 오직 심상(心像)들로만 말했을 뿐 아직 새로운 신학적 용어로 말하지는 않았다. 예수는 "죄인들" 및 "죄"라는 용어를 주변 환경에서 그 용어를 사용한 방식대로 사용하였다. "죄"(헬. *hamartia*와 *hamartema*)라는 용어는 공관복음서에서 아주 드물게 사용되며, 그것도 "죄 사함"이라는 표현에만 거의 국한해서 사용되고 있다(막 2:7ff. par. ; 눅 7:47ff. ; 참조. 막 3:28f. par.). 마태복음 26:28에서 이 용어는 후대에 잔에 관한 말씀으로 삽입되었다. 또한 누가복음 11:4에서는 "죄"의 심상이 주기도문에서 빚이라는 심상으로 대치되었다. 이 구절들에서 "죄"는 ─ 관례적인 이해에서와 마찬가지로 ─ 하나님의 계명을 범하는 행위들이었다. 바울은 예수가 본질적인 내용을 밝혀준 것을 새로운 신학 용어로 표현한 최초의 인물이었다. 예를 들면 로마서 1장에서 바울은 죄인들의 특징을 규정하고, 2장에서는 의인들의 특징을 규정한 다음 단수로 새로이 사용된 용어인 "죄"(롬 3:9)와 관련하여 그들이 가지고 있는 지향을 묘사하였다.

예수의 비유는 의인의 항의가 아니라 아버지의 초대로 끝맺고 있다(눅 15:31f.).

2. 의인들을 향한 구원의 제안

a) 탕자의 비유는 의인들을 향해 말한 것이었다. 결론 부분의 문장을 통하여(15:32) 이 비유는 의인들에게도 탕자를 다시 찾은 것을 기뻐하는 데 같이 참여하도록, 즉 예수와 죄인들의 교제에 동참하도록 초대의 손길을 뻗쳤다. 예수는 동일한 의도를 가지고, 속마음으로는 죄인을 환영하는 것에 대하여 분개하고 있었던 한 바리새인에게 두 채무자에 관한 비유(눅 7:40-47)와 바리새인과 세리에 관한 또 다른 비유(눅 18:9-14)를 들려주었다. 이 초대는 의인들을 향한 예수의 구원의 제안이었다. 이렇게 함으로써 그들도 기쁨을 의미하는 회개에로 불림 받았다. 그 의인은 하나님을 향하여 종의 태도를 버리고 아버지와의 교제를 기꺼이 받아들일 때 회개한 것이 된다. 그 의인은 아우에 대한 심판의 입장을 중지하고 아우를 다시 찾은 것을 진정으로 기뻐할 때 회개한 것이 된다. 그의 회개는 그의 실패와 마찬가지로 죄인과는 다른 형태를 띠었다. 회개에로의 길은 죄인과 전혀 다를 바가 없었다. 그런데도 의인은 자신의 비참함과 부정함만이 아니라 자신의 상대적인 의로움도 버려야 했기 때문에 그 길은 한층 더 어려웠다.

b) 예수는 실제로 의인에게 또 다른 길을 제안하고 있는 것은 아닌가? 주로 탕자의 비유로부터 도출된 구원 사역의 전모(全貌)는 다른 전승들에 의하여 의문이 제기되었을 것이 분명하다.

1) 어떤 말씀들은 의인들에게서 회개는 불필요하며 요구되지 않는다는 것을 시사하는 것처럼 보인다: "내가 의인을 부르러 온 것이 아니요 죄인을 부르러 왔노라"(막 2:17 par.). 누가복음 15:7은 "회개할 것 없는" 의인에 관하여 말하고 있다. 하지만 더 넓은 문맥을 살펴보면 이것은 수사학적으로 과장된 성격을 지닌 발언이라는 것을 알 수 있다.

2) 이에 덧붙여 큰 혼인 잔치의 비유의 원래의 형태(마 22:2-10 par. 눅 14:16-24)는 바리새인들을 향하여 말하고 있는 듯이 보인다: "너희는 … 초대를 무시한 손님들과 같다 … 그러므로 하나님은 세리들과 죄인들을 불러 너희들이 마다한 구원을 그들에게 주셨다."[1] 그러나 예수는 바리새인과 에세네파가 기대했던 그러한 특권적인 주목을 의인들에게 줄 의향을 조금도 갖고 있지 않았다. 팔복에 관한 가르침은 정확히 그와 정반대를 선포하고 있다. 팔복의 가르침에 의하면 예수의 초대는 이스라엘의 모든 사람들에게 미쳤지만 그 한계를 벗어나 있는 사람들에게는 미치지 않았다. 그러므로 이 비유는 이스라엘의 모든 사람들,

특히 그 지도자들에게 초대 및 그로 인한 식사의 즐거움을 받아들이지 않는 것에 대하여 경고하기를 원했던 것이다. 하나님은 이스라엘에 의존하지 않았다. 그는 다른 사람들을 초대할 수도 있었고 그럴 의향도 가지고 있었다! "동서로부터 많은 사람이 이르러 아브라함과 … 함께 천국에 앉으려니와"(마 8:11). 이와 비슷한 내용이 포도원과 농부 비유에 표현되어 있다(막 12:1-12 par.). 원래의 의도에 맞춰 마태에 나오는 이 비유는 초대받은 두 부류를 — 강조점은 새로이 두어졌지만 — 이스라엘과 이방인과 결부시켰다. 오직 누가만이 후속적인 초대를 이스라엘의 가난한 자와 이방인에게로 나누어 확장시킴으로써 어느 정도 의인 및 죄인들과의 연결을 삽입하였다. 누가는 이렇게 함으로써 교회의 출현을 상기시키고자 했지만 의로운 부자 청년이 초대를 거절한 후에 세리 레위가 먼저 부르심을 받았다는 것을 말하려고 하지는 않았다.

3) 누가는 의인들에 대한 초대 문제에 관하여 개방적인 태도를 견지하고 있었다. 이것은 두 아들에 관한 비유의 마지막 말이었다(눅 15:32). 이와는 대조적으로 마태는 의인은 기회를 놓쳤다는 것을 전제하는 두 아들 비유를 전하고 있다(21:28-31). 첫째 아들은 아버지의 지시를 받아들이고 나서 그것을 실행하지 못했다. 그는 의인들의 초상이었다. 하지만 처음에 그 지시에 따르기를 거절하였지만 나중에는 마음을 바꾼 다른 아들은 예수를 통하여 회개하게 되었던 죄인의 초상이었다. 그러므로 이 비유는 의인들에 대한 초대라기 보다는 위협이었다: "내가 진실로 너희에게 이르노니 세리들과 창기들이 너희보다 먼저 하나님의 나라에 들어가리라"(마 21:31). 여기서 "먼저"는 비교의 의미가 아니라 독점의 의미를 지니고 있다: 그들은 들어가고 너희는 들어가지 못한다! 이 위협은 예수로부터 직접 나왔을 가능성이 크다. 마태가 바리새인들을 다룰 때 여기와 다른 곳에서 질책하며 회개를 종용하는 표현으로 이 문제를 바라보고 있고, 나아가 — 누가와는 대조적으로(7:36; 11:37; 14:1) — 예수를 그들의 집의 손님으로 묘사하지 아니한 것은 실제의 예수의 행동이 아니라 주후 70년 이후 바리새인들과 마태의 경험과 일치하였다.

따라서 예수의 구원의 제안은 의인들을 포괄하였다. 이 점을 우리는 예수가 개개인들과 개인적으로 어울린 것에서 뿐만 아니라 팔복의 가르침에서도 볼 수 있다. 그러나 예수가 그들에게 제안한 길은 비록 그 형태가 "죄인들"과는 다를지라도 "죄인들"의 반열에 합류하는 것 — 회개 — 에 다름아니었다. 마태복음 21장에 나오는 비유는 제안을 받아들이는 것과 하나님 나라를 연결시킴으로써 누가복음 15장에는 직접적으로 언급되어 있지 않은 회개와 죄 사함이라는 목표를 상기시키고 있다. 예수의 죄 사함은 제사장의 속죄 의식과는 달리 이

---

1) Jeremias, *parables*, pp. 63f

세상의 상황에 안정성을 부여해주려는 것이 아니었다. 오히려 그의 죄 사함은 종말론적으로 "새로운 것"의 동터옴을 개시시키려는 것이었다. 그리고 예수의 구원 사역은 기본적인 태도들과 윤리적-종교적 행동의 갱신만이 아니라 육체적-역사적 실존의 갱신도 추구했다. 이것은 소위 이적들에 의해 잘 드러났다.

제 5 장
종말론적 갱신의 표현으로로서의
예수의 구원 사역

§14. 이적 이야기들의 역사적 분석에 대하여

On 3a: O. Weinreich, *Antike Heilungswunder* (1909); R. Herzog, *Die Wunderhei-lungen von Epidauros* (1931); W. Foerster, *daimōn*, *TDNT* II, 1-19; A. Oepke, *iaomai*, *TDNT* III, 194-213; R. M. Grant, *Miracle and Natural Law in Graeco-Roman and Early Christian Thought* (1952); W. Peek, *Fünf Wundergeschichten aus dem Asklepieion von Epidauros* (1963). **On 3b:** P. Fiebig, *Jüdische Wundergeschichten des neutestament-lichen Zeitalters* (1911); A. Schlatter, *Das Wunder in der Synagoge* (1912); Billerbeck IV, 1277, s.v. Wunder. **On 5:** H. Seng, *Die Heilungen Jesu in medizinischer Beleuchtung* (1926); H. Schlingensiepen, *Die Wunder des Neuen Testamentes und Abwege ihrer Deu-tung in der alten Kirche bis zur Mitte des fünften Jahrhunderts* (1933); E. Fascher, *Kritik am Wunder (Eine theologiegeschichtliche Orientierung)* (1960); L. Monden, *Theologie des Wunders* (1961); J. Baur, "Wunder, dogmengeschichtlich," *RGG* VI³, 1838-41; W. Weidlich, "Fragen der Naturwissenschaft an den christlichen Glauben," *ZThK* 64 (1967), 241-257; H. Schwarz, *Das Verständnis des Wunders bei Karl Heim und Rudolf Bultmann* (1965).

1. 이적 기사들과 그 비판

복음서에는 한편으로 예수에게 일어났던 이적들 — 그의 출생, 수세, 변모 그리고 무엇보다도 부활절에 일어났던 이적들에 관한 이야기들, 또 한편으로는 예수가 행했던 이적들에 관한 이야기들이 실려 있다. 여기서는 예수의 구원 사역을 설명하는 데에 우리의 일차적인 초점은 후자에 둔다. 관례에 의하면 예수가 행한 이적들은 다음과 같은 범주들로 나누어져 왔다: (1) 육체적인 질병의 치유, (2) 귀신들림의 치유, (3) 방금 죽은 사람들을 소생시킴 (막 5:21-43 par.; 눅 7:11-17 〔Sp. Lk.〕; 요 11장), (4) 자연에서의 이적(많은 사람들을 먹이신 이적, 막 6:30-44; 8:1-9; 풍랑을 잔잔케 하심, 막 4:36-41 par.; 물 위를 걸으심, 막 6:45-52; 물고기를 잡으신 이적, 눅 5:1-11; 무화과 나무를 저주하심, 막 11:12ff.; 가나에서 물을 포도주로 바꾸신 이적, 요 2:1-11 — 이것은 많은 사람들을 먹이신 이적과 일치한다).

모든 합리적인 사람들은 이러한 기사들에 대하여 결정적인 반론들을 제기하면서 다음과 같은 말로 자신들의 생각을 표현하였다: " … '제자들이 말한 바와 같이 죽은 사람을 소생시켰다거나 몇 안되는 빵으로 많은 사람들을 먹였다고 한다 … 그래, 이러한 이적들이 실제로 일어났다고 믿어보자 … ' 라고 말한다면 성경은 진실일 수 있다". 여기서 무엇이 그렇게 특별했는가? 기적을 행하는 많은 사람들은 "옛 그리스의 은화들로" 더 큰 일도 했으며 "사람들로부터 귀신들을 몰아내기도 했고 질병을 날려 버리고 호화로운 잔치를 벌여 영웅들의 혼을 불러오기도 했다 … 이 사람들이 이러한 기적들을 행했나고 하여 우리가 그들을 하나님의 아들들이라고 생각하여야 하는가?". 이 인용문들은 르네상스 이래의 현대적인 합리석 사고를 특징으로 하는 비판으로부터 온 것이 아니라 기독교에 반대하여 주후 160년경에 씌어진 철학자 켈수스의 소논문에서 따온 것이다(참조. Origen, *Contra Celsum*, I: 68; H. Chadwick의 번역본, pp. 62f.) 켈수스(Celsus)는 여전히 통용되고 있는 두 가지 비판을 적용하고 있었다: 그는 이적 기사들에 대하여 역사적 측면에서, 그 출현에서, 실질적인 내용의 측면에서, 유비들의 견지에서 의문을 제기하였다.

르네상스 시대 이후로 신학 자체가 이러한 중요한 기능을 떠맡았다. 그것은 처음에 신약 탐구에서 "순전히 역사적인" 입장을 취하는 것으로 표현되었으나 문제를 너무도 단순화시켰을 뿐만 아니라 그 성과를 조직신학에 반영하는 일을 너무도 게을리하였다. 이 입장은 실질적으로 불가능한 것, 즉 현재의 합리적 사고로 보아 불가능한 것은 무엇이나 역사적으로 일어날 수 없다는 것을 공리로 전제하였다. 그런 다음 이러한 전제와 맥을 같이 하여 그들은 설명되고 있는 사건 또는 이야기의 출현을 매우 단순화된 역사석 재구성을 통하여 이적 이야기들의 출현을 합리적으로 설명하려고 하였다.

a) 아주 정교한 형태로 바로 이 시간까지 살아남아 있는 첫번째 설명 가능성은 18세기 말엽 신학적 합리주의에 의해 발전되었다. 그것은 이 이야기들이 철저히 합리적 설명이 가능했던 사건들에 관하여 제자들이 받았던 주관적인 인상들을 반영하고 있는 것이라고 주장하였다. 예를 들면 풍랑을 잔잔케 하신 일에 관한 설명을 전달하고자 했던 그 말씀은 실제로 배가 반도의 바람이 불지 않는 쪽에서 항해하고 있었을 때 언급되었다는 것이다. 예수가 물 위를 걸은 사건에 대해서는 예수는 실제로 해변가를 걷고 있었는데 배 위에 있던 제자들은 안개로 인한 환시 때문에 유령의 환상을 보았다는 것이다. 사람들을 소생시킨 일에 관한 기사들은 예수가 사람들이 죽은 것처럼 보이지만 숨이 붙어 있는 데 매장되는 것을 막은 일들로서 설명되어야 한다는 것이다.[1]

b) 슈트라우스(D. F. Strauss)는 「비평적으로 검토한 예수의 생애」(1835/6; 1969년 재발행)에서 이러한 합리주의적인 설명을 비웃으면서 이적 이야기들을 당시의 사상들을 신화적으로 표현한 것으로 해석하였다. 그의 견해에 의하면 화자들은 예수의 의미를 창출해내기 위하여 무엇보다도 구약의 이적 기사들로부터 가져온 요소들을 예수에게 부가했다는 것이다. 구약이 모세와 엘리야를 칭송한 이적 — 많은 사람들을 먹인 것과 죽은 자를 소생시킨 것 — 은 예수에게 부가되었음에 거의 틀림없다. 역사적으로 예수는 단지 몇 사람의 귀신들린 자들만을 고쳤다. 하지만 슈트라우스는 복음서에서 이러한 역사적 실체를 검토하는 것은 중요하지 않다고 생각했다. 그 대신 그는 그들이 신화적인 언어로 예수의 의미에 대하여 말하여야 했던 것의 관점에서 이 자료들을 검토해보아야 한다고 생각했다.

그 이래로 단순화된 합리주의가 거듭 거듭 나타나긴 했지만 연구 방법론은 실질적인 내용에 대한 비평과 역사적 비평의 양면에서 고도로 차별화되었고 정교하게 되어왔다. 주요한 문제들에 국한해서 우리는 이제 이적 이야기들의 역사적 평가와 관련하여 오늘날 어떤 것이 확정될 수 있는지에 관한 문제를 살펴보기로 하겠다. 그런 다음 우리는 마지막 소단락에서 실질적 내용의 문제를 간단하게 살펴 보겠다.

복음서의 이적 이야기들에 대한 적절한 역사적 평가는 고대인들의 세계관에서 이적이 가지는 중요성에 대한 인식에 좌우된다. 여기에 반영되어 있는 세계관을 이해해야 한다는 이유만으로도 이 문제를 탐구해 보는 것은 중요하다.

---

1) Schweitzer, *The Quest of the Historical Jesus* (1962), pp. 52ff.

2. 예수 당시의 세계관에서 이적들

예수의 이적들에 관한 논의 속에서 이적은 고대인들에게는 당연한 것이었지만 현대인에게는 생각하기 불가능한 일이었다는 말이 자주 등장한다. 고대인들은 이적을 행하는 자에게 치료를 부탁했지만, 우리는 의사에게로 간다. 이렇게 도매금으로 판단하게 되면 이미 켈수스의 예에서 분명히 보았듯이 과거의 역사적 현실을 날려 버리게 된다.

a) 신약시대의 헬레니즘 세계[2]

이 시대는 이적에 의한 치유 및 기적적인 치료들만이 아니라 고도로 진보되고 전문화된 의술 ─ 예를 들면 치아의 충전재(充電材)와 금니를 만들 수 있는 치과 의사들 ─ 에 익숙해 있었다. 그 시대는 오늘날처럼 이적에 의한 치유와 의학적 시술을 나누는 경계선이 엄격하게 그어지지 않았던 시기라는 특징을 지니고 있었다. 그러므로 치유의 신인 아스클레피우스(Asclepius)에게 봉헌된 펠로폰네소스 반도에 있는 에피다우로스(Epidauros)의 성소는 로우르데스(Lourdes)와 같은 순례 중심지에 비견될 수 있었지만, 코스(Cos) 섬에 있었던 성소는 온천장을 더 닮았다. 에피다우로스에 대한 고고학적인 발굴에서는 이적에 의한 치유를 보여주는 봉헌도(奉獻圖)들이 발견되었다. 코스에서는 봉헌도들은 발견되지 않았고 의술 도구들이 발견되었다. 제사장과 의사는 함께 일을 했다. 제사장들 스스로가 의술을 가졌던 것처럼 의사들은 신의 직접적인 도움을 중요시했다. 헬라 세계에서 의학의 조상인 히포크라테스(Hippocrates)는 "모든 것이 신적이며 모든 것이 인간적이다"라는 격언을 만들어내었다. 고대의 세계관은 주로 현상들의 합리적이고 자연적인 측면과 비합리적이고 신비적인 측면이 융통성있게 서로 교차하는 것을 허용하였다는 점에서 아주 엄격하게 그 둘을 구분하는 오늘날의 세계관과 달랐다.

이러한 환경은 헬레니즘적인 이적 이야기들의 배경을 제공해준다. 우리가 그것들을 합리적으로 평가하려 한다면 각각의 경우에 그것을 표현하고 있는 문학적 장르에 주목할 필요가 있다. 봉헌도의 기사들 또는 주후 200년경 필로스트라투스(Philostratus)에 의해 쓰여진 「티아나의 아폴로니우스의 기행담」이 주관적인 역사성을 가지고 있다는 주장이 나올 수도 있다. 주후 1세기 신 피타고라스 학파에 속했던 이 소요 철학자는 초대 교회의 전도자들과 동일한 대로들을 횡단하였다. 그는 귀신을 쫓아내었고 죽은 사람을 살려내기도 하였으며(4: 45) 전염병을 중지시키기도 하였다. 그는 신의 힘이 자기 속에서 활동하는 '데이오스 아네

---

2) 이하에 대한 문헌 및 증거 자료에 대해서는 특히 A. Oepke, *TDNT* III, 195 - 99를 보라.

르'(*theios aner*, "신적 인간")를 대표하였다. 그의 기행담(*vita*)은 신화적이고 역사적인 영웅들의 위대한 행위들(*aretai*)을 노래한 영웅담과 아주 흡사했음이 틀림없다. 주로 이러한 통속적인 영웅담들로부터 2세기에 사도들의 외경적인 행전들이 생겨났다.[3] 고대 소설들이 교육받은 사람들에 의하여 많이 읽혔듯이 이러한 문학은 많은 일반 대중들에 의하여 읽혀졌다. 사람들은 이 설화를 역사성이라는 측면에서는 전혀 진지하게 받아들이지 않았다. 이런 이유로 이러한 문학에 나오는 이적 이야기들로부터 고대인들이 이적을 당연히 믿었다는 견해를 갖게 된다면 그것은 오해가 될 것이다. 무엇보다도 이 자료는 예수 당시의 주변 환경에 관해 결정적으로 말할 수 있는 기회를 제공해주지 않는다.

b) 예수 당시의 유대 상황

이스라엘에서는 창조주이자 주이신 하나님에 대한 신앙이 마술적인 세계관을 몰아내었다. 유대인들은 헬라인들과는 대조적으로 세계의 사건들 배후에 있는 권세들의 체계나 맹목적인 운명의 자비에 자신의 삶이 달려 있다고 보지 않았다. 유대인들은 인격적인 상대인 하나님으로부터 주어진 언약의 약속이라는 토대 위에 자신의 삶을 정초하였다. 유대인들은 하나님이 그의 말씀에 따라 세계의 사건들을 이루어나간다는 확신 위에 서 있었다. 이것은 또한 기본적으로 구약에서의 하나님의 말씀이 어느 정도 왜곡되어 있는 상황이었음에도 불구하고 예수 당시의 유대 상황이기도 했다.

이런 이유로 몸에 병이 들었을 때 치유를 위한 수단은 주로 기도였다. 의술은 매우 부차적인 보조 수단으로서만 인정되었다. 이러한 경향은 헬레니즘적으로 교육을 받은 필로와 같은 유대인에게서도 마찬가지였다. 따라서 예수 당시의 유대 환경에서는 실제로 효험있는 주문과 행위를 통하여 치유를 가져오는 이적을 행하는 자들에 대하여 낯설었다. 마태복음 12:27에 의하면 예수 자신이 말했듯이 오직 귀신쫓는 일만이 통용되고 있었다. 귀신들린 사람들은 귀신을 쫓아내는 말과 몸짓을 통하여 치유되었다. 하지만 이것 이외에도 사람들은 특히 효력있는 중보 기도를 할 수 있다고 기대되는 사람들을 찾았다. 그들의 중재로 인하여 치유가 이루어진 것에 관한 이야기들이 나돌았다.[4] 그러므로 공관 전승이 예수의 치유에 관하여 설명하고 있는 것은 유대 환경에서는 그 유비를 거의 찾아볼 수 없다.[5] 실제로 예수의 치유와 비슷한 행위는 오직 엘리야와 엘리사에 관한 구약의 이야기들을 통해서만 유대인들

---

3) Hennecke II, 174.

4) 예를 들면, Billerbeck II, 441.

5) Fiebig, *Jüdische Wundergeschichten*이 수집한 수많은 병행구들은 대부분 Schlatter, *Das Wunder in der Synagoge*가 지적하듯이 3세기와 4세기에 나온 랍비 전설들이다.

에게 친숙하였다.

이러한 배경에 비추어 보아 구체적으로 복음서에 나오는 이야기들은 전승사적 검토를 받아볼 필요가 있다.

3. 전승 비평에 관하여

이적 이야기들에 대한 그 어떤 학문적인 주석도 그것들의 전승 비평적 분석에 관심을 갖는다. 현재까지 행해진 분석 가운데서 불트만(*History*, pp. 209-244)만큼 철저한 회의론을 바탕으로 분석을 행한 적이 없었다.[6] 따라서 우리는 이 입장을 토론하는 가운데 전승 비평에 관하여 말할 수 있는 모든 것을 전개해 보기로 하겠다.

a) 전승 과정에서 이적 이야기들은 중복과 이본(異本)을 통하여 여러 종류로 되었다. 전승에서의 이러한 경향은 이미 마가로부터 마태와 누가로 그 전승이 옮겨가는 과정에서도 이미 관찰될 수 있다. 예를 들면 마태는 20:29-34과 12:22-24에서 자기의 자료들을 따라 기록했던 두 이적 이야기들과 관련하여 9:27-34에서 이중으로 만들어놓았다. 이런 식으로 그는 8장 이하에서 이적의 숫자를 열 가지로 채워 넣으려 했다. 사천명을 먹이신 사건은 전승의 초기 단계에서 이와 마찬가지의 방식으로 오천명을 먹이신 사건과 나란히 존재할 수 있게 되었다. 하지만 불트만은 백부장 이야기와 수로보니게 여인 이야기를 농일한 동기(動機)를 묘사한 중복된 기사로 핀딘하고 있는데, 이는 전승 비평적 입장에서 받아들일 수 없는 일이다.

b) 더욱이 사람들은 전승에서는 이적적인 요소를 강조하는 경향이 있음을 이야기한다. 마태복음 9:35과 같이 편집에 의한 요약문들은 개별 전승들로부터 도출될 수 있는 것을 훨씬 뛰어넘는 방식으로 예수의 치유를 일반화하고 있다. 다소 후대에 쓰여진 요한의 이적 이야기들에서 우리는 흔히 공관 복음서의 기사들에 비해서 이적적인 요소가 강조되는 것을 본다. 예를 들면 요한복음 11장에 따르면 나사로는 무덤으로부터 불림을 받고 살아났지만, 야이로의 딸은 죽은 직후에 다시 소생하였다. 하지만 요한복음 11장 배후에는 이러한 일반적인 경향성을 뛰어넘는 신학적 동기(motif)가 있었다.

c) 부활절 현현에 나오는 요소들은 때때로 부활절 이전의 시기로 투사되었던 것임에 거의 틀림없다. 요한복음 21:3, 5-8에서 기적적으로 물고기를 잡는 사건은 부활절 현현과 결합되었다. 누가복음 5:1-11에서 그것은 초기에 제자들을 부르시는 사건과 결합되었다. 아마

---

6) Jeremias, *Theology* I, 87-92는 대체로 불트만의 견해에 동의하면서 그의 비판을 확장시킨다.

도 부활절 이야기도 물 위로 걷는 것에 관한 이야기의 배후에 있었을 것이다(막 6:45-52 par.). 그러나 부활절 이야기들로부터 베드로의 신앙고백과 변화산 사건에 관한 이야기를 도출해 내기는 불가능하다 ― 불트만의 제안에도 불구하고.

d) 물론 예수의 생생한 말씀들이 이야기들로 변화되었다. 그 하나의 예가 무화과나무를 저주한 것에 관한 이야기일 것이다(막 11:12-14, 20f.). 아마도 기적적으로 물고기를 잡은 것은 부활한 자에 의한 위임의 맥락에서 이해된, 사람을 낚는 어부에 관한 비유에서 나온 것일 가능성이 있다(눅 5:10).

e) 끝으로 우리는 예수의 환경에 이미 존재하고 있었던 이적 모티브들을 어느 정도 받아들여서 그것을 예수에게 적용했느냐 하는 문제를 생각해 보아야 한다. 불트만의 의견으로는 공관 복음의 이적 이야기들 가운데 대다수는 바로 그런 식으로 생겨났다고 한다.[7] 하지만 예수가 주변 환경으로부터 예시로 들었던 병행구들은 이적 이야기들의 결정적인 특징들을 제대로 설명해주지 못한다. 디벨리우스의 견해로는[8] 전체 속에서 오직 세 이야기, 즉 거라사 광인(막 5:1-20 par.), 가나에서의 포도주 이적(요 2:1-11), 물고기 입에서 나온 동전(마 17:24-27) 이야기만이 예수에게 부가되었다. 마지막에 언급된 이야기는 실제로 전설의 소재를 그대로 취해온 것이지만, 나머지 둘, 특히 포도주 이적은 단지 "부가된" 것이 아니고 복합적인 과정의 역학 가운데서 생겨났다. 이 모든 것을 통하여 특히 묘사 양식에서[9] 주변 환경으로부터의 유비들과의 접촉점은 구체적인 메시지를 공유하는 문제가 아니었음은 분명히 드러난다. 이적 소재들을 예수에게 전가시키는 경향은 거의 찾아볼 수 없다. 왜냐하면 이럴 때 아주 걸맞는 구약의 유비들이 놀라울 정도로 거의 나타나지 않기 때문이다.

f) 우리는 전승 비평의 결과를 다음과 같이 요약하고자 한다.

1) 의심할 여지 없이 이적 이야기의 형성과 전승 과정에서 결코 적지 않은 정도로 증보와 치환이 일어났다.

2) 예수가 귀신들린 사람들만이 아니라 병에 걸린 사람들에 대해서도 중요한 치유를 수

---

7) *Tradition*, 230-240.

8) *Jesus* (1949), pp. 79-88.

9) 고대의 이적 이야기들의 주제들(질병의 괴로움, 아무리 치료해도 낫지 않음, 몸짓과 약으로 치유되는 순간, 성공적인 치유의 증거, 치유의 소감을 표현하는 결론적인 합창)은 신약의 이야기들 속에 때로는 상당히 자세하게, 때로는 매우 단편적으로 나오기도 하고, 때로는 전혀 나오지 않기도 한다(참조. G. Delling, *Antike Wundertexte* (1960²)). Jeremias, *Theology* I, 89ff.는 지나치게 도매 금으로 광범위한 이적 이야기 주제들을 지닌 이 기사들을 헬레니즘적 전승층으로 돌리고 그렇지 않은 기사들은 팔레스타인의 전승층으로 돌린다.

행했다는 것은 역사적으로 확실하다. 당시의 유대 환경을 살펴볼 때 이러한 사역은 대체로 예수에게 독특한 것이었다고 할 수 있다. 그 누구도 이적에 의한 치유들을 예수 당시에 그와 필적할 수 있는 인물들, 예를 들면 세례 요한이나 쿰란의 의의 교사에게 전가하지 않았다.

3) 소위 자연 이적들에 관한 전승들과 관련하여 오직 많은 사람들을 먹이신 사건과 풍랑을 잔잔케 하신 사건만이 예수의 지상 사역 중에 행해진 듯이 보인다. 하지만 사역 초기에는 참여자들도 분명히 알아볼 수 없었던 많은 일들이 일어났다. 아주 흥미롭게도 이러한 이적들이 행해지는 동안에 그 참여자들은 제자들이었다는 것이다. 오직 그들만이 기적적으로 사람들을 먹이신 사건에서 무슨 일이 일어났는가에 대하여 알고 있었던 것으로 보인다. 무리들 가운데는 놀라워 하는 어떠한 말도 들리지 않는다 — 요한복음 6:14 이하를 제외하고.

4. 내용 비평(Sachkritik)에 관하여

이적 이야기에서 역사 비평과 아울러 내용 비평이 다른 경우들과는 달리 상당한 정도로 행해져 왔다. 이런 이유로 이 문제를 간략하게 살펴보는 것이 좋을 듯하다.

a) 자연과학적 입장에서 가능하지 않은 것은 역사적으로 일어날 수 없다는 원칙은 우리가 그것에 관해 비판적으로 고찰한다면 오직 아주 제한적인 의미로서만 적용될 수 있다. 우리는 즉각 이렇게 물어야 한다: 자연과학의 견지에서 무엇이 실제로 "가능하지 않은가"? 의학적으로 무엇이 "가능하지 않은가"? 역사적으로 고대인들은 우리와는 다른 시각에서 세계를 보고 경험했다는 것을 고려하여야 한다. 선교사들은 오늘날에도 비슷한 환경 속에서 귀신을 쫓아내는 경우들에 관하여 보고할 수 있다. 또한 복음서의 기사들은 그 형성과 관련하여 주로 의학적 또는 과학적 검사를 통하여 그 자격을 박탈당하고 있음을 주목하여야 한다. 마지막으로 우리는 아무런 반성도 필요없는 순수한 과학을 말할 수 없으며, 오늘날 현실에 대하여 완전하고 일반적으로 받아들여지는 철학적 이해 같은 것은 존재하지 않는다는 것을 분명히 해야 한다. 이런 이유로 자연과학들 속에 "이적들"을 위치시키기 위하여 자연과학들의 간격들을 부여잡는 것은 더 한층 잘못된 것이다. 이 간단한 언급이 보여주고 있듯이 이 문제는 철저한 철학적 신학적 반성을 필요로 한다.

b) 자연적이고 과학적-철학적 문제 제기 방식과 아울러 우리는 신학적 문제 제기 방식도 표명되도록 허용하여야 한다. 이 문제에서 신학적으로 실제로 무엇이 문제되고 있는가? 신학적으로, 즉 하나님에 관한 문제의 견지에서 세계 역사 속에서 어떤 점에서 몇몇 초자연적

인 사건들을 변증적으로 옹호하려는 흥미는 존재하지 않는다. 그럼에도 불구하고 복음서의 이적 이야기들은 수 세기 동안 이 세상에서 일어나는 일에 대한 하나님의 관계에 관하여 일반적으로 숙고해 볼 기회를 제공하여 왔다. 이 측면에서 모든 위대한 신학자들 ― 성 아우구스티누스, 토마스 아퀴나스, 루터, 슐라이에르마허 ― 은 이적들에 관심을 가졌다. 이 세상에서 일어나는 일은 단지 운명과 인간의 고안의 산물일 뿐이며, 하나님은 단지 모든 일들이 일어나기 전 저 멀리 있는 지평선을 의미하는 환유어(換喩語), 오늘날에는 점점 더 필요없어 보이는 환유어일 따름인가? 아니면 모든 기술과 모든 인위적인 조작을 넘어 여전히 역사하고 있는 하나님을 발견할 가능성은 있는 것인가? 흔히 이러한 맥락에서 언급되는 '지성의 제물'(sacrificium intellectus)은 물론 잘못이다. 믿음과 합리적 사고, 믿음과 이성은 결합되어 있다. 그런데도 우리는 세계의 수리화(數理化)가 가능하다고 전제하는 합리적 사고 방식과 믿음으로부터 생겨나서 세계를 변화시키는 하나님의 대항적 현실에 개방되어 있는 합리적 사고 방식을 구별하여야 한다.

그러나 하나님의 대항적 현실은 무엇을 의미하는가? 그것은 예수에 관한 이적들 속에서 만날 수 있는가? 이 문제를 가지고 우리는 결정적인 문제로 들어가게 된다. 우리가 이적들에 대한 우리의 고찰들을 계속할 수 있게 만드는 유일한 의미있는 방법은 접근 방식을 외부로부터의 접근 방식 ― 역사적-철학적, 신학적-체계적 문제 제기 방식 ― 을 내부로부터의 접근 방식, 즉 이적 이야기들의 내재적인 의도를 탐구하는 것으로 바꾸는 것이다. 복음서들 또는 예수에게서 그 이적들의 의미는 어디에 있었는가?

§15. 예수의 이적들의 신학적 의미

On 1 and 2: E. Käsemann, "Wunder im NT," *RGG* VI³, 1835-37; H. van der Loos, *The Miracles of Jesus* (1965); R. H. Fuller, *Interpreting the Miracles* (1963); U. Forell, *Wunderbegriffe und logische Analyse* (1967); K. H. Rengstorf, *sēmeion*, *TDNT* VII, 231-261; *teras*, *TDNT*, VIII, 124-26. **On 3 and 4:** A. Schlatter, *Der Glaube im NT* (1927; repr. 1963); G. Ebeling, "Jesus und der Glaube," *ZThK* 55 (1958), 64-110 (= *Word and Faith* [1963], pp. 201-246); E. Fuchs, "Jesus und der Glaube," *ZThK* 55 (1958), 170-185; L. Goppelt, "Begründung des Glaubens durch Jesus," in *Christologie und Ethik* (1968), pp. 44-65; O. Betz, "The Concept of the So-called 'Divine Man' in Mark's Christology," in D. E. Aune, ed., *Studies in New Testament and Early Christian Literature* (*NT Suppl.* 33, 1972), pp. 229-240.

1. 용어 사용에 관하여

복음서들이 이적들을 어떻게 이해하였느냐 하는 것은 복음서들이 그 이적들을 가리키기 위하여 선택한 명칭들을 고찰해봄으로써 부분적으로 해결될 수 있다. 복음서 기자들은 "이적"(헬. *to thauma*, 라. *miraculum*)이라는 명칭을 사용한 적이 없다.[1] 즉 복음서 기자들은 이러한 사건들을 특별히 추출해내서 이적을 행하는 자에 대한 경외감 또는 찬탄을 불러일으켜야 하는 이례적이고 설명할 수 없는 사건들로 분류하지 않았다. 그것들은 이적들이 아니었다. 그러므로 우리는 이하에서 "이적"이란 명칭을 오직 환유어로서만 사용할 것이다.

우리가 이적이라고 부르는 사건들은 신약의 다른 곳에서와 마찬가지로 공관복음서에서도 '세메이아'(*semeia*), '테라타'(*terata*), '뒤나메이스'(*dynameis*)라는 세 가지 용어로 지칭된다. 이 용어들은 사도행전 2:22, 고린도후서 12:12, 히브리서 2:4에 나란히 나온다.

a) 신약은 이 용어들을 칠십인역으로부터 빌어왔다. '토 테라스'(*to teras*)는 성경 밖의 헬라어에서 신들의 경고 또는 격려 표지, 즉 '프로디기움'(*prodigium*)을 의미했다. 하지만 신약은 칠십인역의 용례를 직접적으로 받아들였다. 칠십인역은 '테라스'를 언제나 '세메이온'과 결부시켜 사용하였다. 이러한 결합을 통하여 칠십인역은 자주 하나님의 이례적인 활동들, 예를 들면 출애굽 사건에서 애굽인들에게 일어났던 일 같은 것들을 지칭하였다(출 7:3; 신 4:34). 따라서 '테라스'는 그 배후에 있는 하나님을 가리키는 이례적인 사건이었다. 그러므로 우리는 그것을 간단히 "이적"이라고 번역할 수 있다.[2] 칠십인역에서 신학적 의미로 사용된 '세메이온'은 하나님을 가리키는 사건, 특히 하나님이 도울 준비가 되어 있는 사건이었다. 그러므로 우리는 "표적"이라는 말을 통하여 그 의미를 재현할 수 있다. 또 칠십인역에서 신학적 의미로 사용된 '뒤나미스'[3]는 역사를 형성한 하나님의 능력이었다. 이 능력은 애굽으로부터의 구원을 통해 이스라엘에 의해 가장 기본적인 형태로 경험되었다(출 6:26; 7:4; 신 3:24). 신약에 와서야 이 말은 (하나님의) "능력있는 행위"라는 특별한 의미를 지니게 되었다.[4]

b) 이적들에 대한 신약의 명칭들은 공관복음서에 어떻게 적용되고 있는가? '세메이아 카

---

1) 오직 따로 떨어진 구절들에서만: 마태복음 21:15의 '다우마시오스'(*thaumasios*)와 누가복음 5:26의 '파라독손'(*paradoxon*).

2) K. H. Rengstorf, *TDNT* VII I, 114 - 120, 124ff.

3) Rengstorf, *TDNT* VII, 216ff., 221, 234ff.

4) W. Grundmann, *TDNT* II, 301ff.

이 테라타'(*semeia kai terata*)라는 정형적인 표현은 오직 한 번밖에 발견되지 않는다. 그 표현과 아울러 마가복음 13:22 par.은 거짓 선지자들의 "이적과 기사"에 대해 말하고 있다.

공관복음에서 '세메이온'은 유대인들이 예수에게 요구했던 표적, 예수의 출신을 결정적으로 증명할 수 있는 표적을 지칭했다(막 8:11-13 par.; 마 12:38f. par.; 눅 23:8). 아마도 바울은 고린도전서 1:22에서 "유대인들은 표적을 구하고"라고 말했을 때 이것을 가리켰을 것이다. 이 용어가 공관복음서에서는 부정적인 의미로 사용된 반면에, 요한복음에서는 예수의 이적들을 가리키는 고정적인 명칭으로서 긍정적으로 사용되었다.

공관복음서들은 말씀들과 설화에서 예수의 이적들을 내내 '뒤나메이스'(*dynameis*)로 지칭했다(말씀에서, 예를 들면 마 11:21 par. 눅; 동시대인들에 대한 논평에서, 막 6:2 par. 마 13:54; 설화에서, 막 6:5 par. 마 13:58). 따라서 예수의 이적들은 역사 속에서 구원을 수행하고 구원으로 이끄는 하나님의 능력의 표현들로 이해되었다. 이 세상에서의 사건들의 진행의 견지에서 그 사건들이 어느 정도 불가해한 것인지에 대해서는 일언 반구도 없다. 예수가 자신의 이적들을 해석적으로 동일 선상에 놓았던 두 개의 문맥도 이와 마찬가지였다.

2. 이적들과 하나님 나라의 도래

a) 세례 요한에 대한 답변에서(마 11:2-6 par. 눅) 예수는 직접적으로 인용한 것은 아니지만 자신의 이적 사역을 구약 예언의 말씀으로 기술하였다(§5, 3a). 예수는 베일에 싸인 언어로 그러한 주장을 하였다: 구원의 때를 위해 약속된 것은 자신의 이적 사역과 설교를 통하여 일어나고 있다. 즉 악과 죽음은 제거되고 있고, 모든 것은 완전하게 되고 있다.[5] 그러나 객관적으로 말해서 사람들이 그 기사들을 역사적인 것으로 보았다 하더라도 예수를 통하여 일어난 것은 구약에서 엘리야와 엘리사에 관하여 말하고 있는 것 이상이 아니었다: 몇몇 병든 사람들이 일시적으로 고침을 받았고 이생을 떠났던 몇몇 사람이 한동안 다시 소생

---

5) Jeremias, *Theology* I, 103ff.에 따르면 마태와 누가는 마태복음 11:5 및 그 병행구 누가복음 7:23을 "이적들의 열거"로 이해하고 있는 반면에 그것은 원래 단지 일반적으로 "세상의 완성"의 동터옴을 표현했을 뿐이라고 한다. 누가에게서는 첫번째가 가장 잘 말한 것이라고 나는 생각한다(참조. 7:21). 하지만 마태는 실제로 의도대로(§5, 3a) 이 말씀을 예수의 구원 사역 전반에 대한 언급(마 5-9장), 그의 이적적인 행위들에 대한 언급으로 이해하였다. 물론 마태는 거듭된 예언과 예수의 구원 사역의 간격이 원래 묘사되었던 것처럼 그렇게 크지 않다고 생각했다.

하였다(이러한 맥락에서 자연 이적들은 다른 성격을 가지고 있었기 때문에 예외에 속했다 — 그것들은 제자들과 결부되어 있었다.). 그러므로 주석학적 토론에서 세례 요한에 대한 이러한 답변이 흔히 제외되거나 지상 사역에 대한 후대의 재해석으로 돌려지는 것은 놀라운 일이 아니다. 그럼에도 불구하고 마태복음 12:28과 그 병행구인 누가복음 11:20은 이보다 덜하지 않은 것을 주장하고 있다: "그러나 내가 하나님의 성령을 힘입어 귀신을 쫓아 내는 것이면 하나님의 나라가 이미 너희에게 임하였느니라". 따라서 다음과 같은 질문은 피할 수 없다: 예수의 이적들은 엘리사의 이적들 이상의 어떤 의미를 지니고 있지는 않는가?

b) 이 기사들을 객관적으로 비교하기만 해도 예수의 이적 사역과 엘리사의 이적 사역은 두 가지 점에서 근본적으로 다르다는 것을 알게 된다.

1) 모든 전승층을 통하여 예수에게는 형벌의 기적은 없다. 그와 유사한 것은 오직 무화과 나무를 저주한 사건일 것이다(막 11:12ff., 20f. par. 마 21:18-22). 하지만 이 심판의 행위는 분명히 비유적인 행위였다. 그것은 원래 단지 직유에 불과했을 가능성이 농후하다. 형벌의 이적이 없다는 것은 단지 우연은 아니었다. 그러한 것이 없다는 것은 예수가 하나님 나라를 가져온 태도와 정확히 일치했다. 유대교의 다른 모든 분파들의 기대와는 대조적으로 예수는 하나님 나라를 무력 시위와 합법적인 절차를 통해서가 아니라 무조건적인 사랑을 드러내보임 — 하나님의 대적들을 향해서조차도 — 을 통하여 이루어내었다. 이런 이유로 누가복음 9:51-56(Sp. Lk.)에서 예수는 세베대의 아들들이 예수에게 엘리사와 같이 (왕하 1:10) "불을 명하여 하늘로 쫓아 내려 저희를 멸하라"고 요구했을 때 그러한 형벌의 이적을 단호하게 — 아주 올바르게 — 거절했다. 모든 전승층을 통하여 보존되어 있었던 예수의 이적 사역의 이러한 기본적인 특성은 그것이 엘리사의 사역과 일치하지 않으며 자신의 종말론적 구원을 처리하는 방식과 일치했음을 보여준다.

2) 세상의 구원이 예수 안에서 동터오고 있었던 이유 — 외관상으로 증명할 수 있었던 것과는 반대로 — 는 또 하나의 두드러진 차이로부터 도출될 수 있었다. 엘리사와는 대조적으로 예수는 자신의 이적 사역을 믿음과 결부시켰다. 이런 이유로 예수는 전시용(展示用)으로 이적을 사용하는 것을 거부하였다. 마가복음 6:5과 그 병행구인 마태복음 13:58에 따르면 예수는 고향 마을에 믿음이 없었기 때문에 거기서 이적을 행할 수 없었다. "아무 권능도 행하실 수 없었던 것"은 마음이 동하지 않아서가 아니라 센세이셔널한 사건을 갈망하고 있는 사람들을 이적의 현시(顯示)를 통하여 만족시키는 것은 자신의 사명의 요체에 모순되는 것이었기 때문이다. 여기서 복음서 기자가 실명하고 있는 것은 예수 자신이 표적에 대한 요구를 거절한 것을 통하여 표현되었다. Q(마 12:38f.)와 마찬가지로 마가(8:11ff. par.)에 따

르면 유대교의 대표자들이 예수에게 "하늘로부터 오는 표적"을 요구했다. 이것은 예수가 하나님으로부터 파송되었음을 결정적으로 보이라는 것이었다. 왜냐하면 그의 이적들은 애매모호했기 때문이었다. 그것들은 마귀로부터도 올 수 있었다(막 3:22 par.). 예수는 이 요구를 거절하였다. 그 요구를 행하는 것은 자신의 사명과 배치되는 것이었을 것이다. 하나님의 선포는 중립적인 것이 아니라 언제나 관련된 사람에 대한 은혜 또는 심판이었다. 하나님이 "이 세대"의 사람들에게 나타나는 결정적인 출현은 종말적인 심판이어야 했다. 하지만 심판이 아니라 구원이 예수의 사명이었다. 이런 이유로 예수는 요구받은 표적을 거절하여야 했던 것이다.

마가 전승은 이러한 거절로 만족한 반면에(막 8:12), Q는 여기서 더 나아가 하나의 표적, 즉 요나의 표적을 말하고 있다. 그 내용은 무엇이었는가? 그것은 복음서 기자들에게도 불명료했다. 마태복음 12:40에 따르면 이 표적은 예수가 죽음에서 다시 살아나는 것을 가리키고 있음이 분명했다. 마태복음 28:4에 따르면 무덤을 지키던 사람들은 무덤이 열려있음을 목격했다. 이와는 대조적으로 누가복음 11:30에 따르면 이 표적은 요나 자신, 즉 이 경우에는 인자 자신이었다. 예수가 그 표적이 될 것이었다(이것은 미래 시제이다) — 무덤으로부터 다시 사신 자로서 나타나실 세상의 심판자. 아마도 이 설명은 요나의 표적에 관한 말씀의 원래 의미에 가까웠을 것이다. 그러므로 요나의 표적에 대한 언급은 형벌이나 전시 목적의 이적들을 거부한 것에 관하여 지금까지 분명해졌던 것을 확증했다: 그러한 것들은 섬김과 사랑의 시현(示顯)을 통하여 믿는 자들을 구원하는 예수의 현재 사명에 걸맞지 않았다.

전시용 이적이 거절되었던 것만큼 곤경에 처한 자들을 돕는 이적은 허용되었다. 이런 유의 이적과 관련하여 예수는 언제나 기독교의 핵심적인 종교적 태도로 있어왔던 것, 즉 믿음을 도입하였다.

3. 믿음과의 관련성

a) 배경

선구적인 연구서인 「신약에서의 믿음」(*Der Glaube im Neuen Testament*)에서 슐라터(*A. Schlatter*)는 학문적 논의 가운데서 믿음에 관한 신약의 말씀들은 예수에게서 연원한 것이며 종교사적으로 전례가 없다는 요지를 밝혔다. 자유주의 신학 및 종교사학파는 이 요지를 받아들이지 않았다. 그들은 초기 기독교라는 종교를 직관적인 통찰 또는 경험에 따라 이해하였다. 불트만과 그의 학파는 부활절 이후의 공동체, 그중에서도 특히 바울에게서 믿음이 기독교의 핵심이라고 이해하였다. 그러나 이러한 연구 방향에서 믿음이 "예수의 결정적인 선물"— 에벨링(G. Ebeling)이 자신의 표준적인 논문에서 사용한 표현 — 임이 밝혀진 것은 단지 역사적 예수에게로 돌아가는 과정에서 였다.[6]

예수 당시의 헬레니즘 세계에서는 그 어떤 종교도 실제로 신에 대한 믿음을 그토록 강조하지 않았다. 헬라인들의 종교는 아주 초기부터 가장 깊은 차원에서 이 세상은 신적이며, 모든 사려 깊은 인간 존재는 이것을 관찰할 수 있으므로 그러한 인식은 믿음을 필요로 하지 않는다는 개념을 토대로 하여 전개되었다. 통치자의 제의조차도 믿음을 토대로 하지 않았다. 아우구스투스같은 통치자가 신적이라는 것은 모든 사람들에게 질서와 평화와 번영을 가져다준 자신의 통치를 통하여 모든 사람들이 이해하게끔 시현되었다. 인기있는 스토아철학에서 신은 자연과 역사로부터의 합리적인 추론을 통해 분명히 드러났다. 하지만 신비종교와 영지주의에서 신은 황홀경 또는 신비적인 환상 속에서 경험될 수 있었다. 그러므로 헬레니즘 세계의 사람이 믿음에 관한 종교적인 문제들을 이야기한다는 것은 통례적인 것이 아니었다.[7] 하지만 예수 당시의 유대 상황에서는 토라에 대한 순종이 표준적인 종교적 태도였다. 믿음은 율법에 의해 요구되는 하나님에 대한 신앙고백으로 있었다. 더욱이 믿음은 율법에 대한 순종 속에서 유지되어야 했다. 그것은 다른 일들 아래 있는 일이 되었다. 쿰란에 있던 극단적인 유대교는 '은혜를 통한'(*sola gratia*) 의를 가르친 것이 특징이었으나 — 은혜는 율법에 대한 순종을 가능하게 했고 실패를 넘어주었다 — 믿음은 아무런 역할도 하지 못했다.[8] 이런 배경 속에서 예수는 다음과 같은 핵심적인 말씀을 하였다: "네 믿음이 너를 구원했다".

b) 전승사적 분석의 발견들

믿는다는 것과 믿음에 대한 공관복음서의 진술들을 전승사적 견지에서 분석해보면 즉시 다른 말씀들로부터 분리될 수 있는 일련의 구절들, 즉 예를 들면 마가복음 1:15, "복음을 믿으라"와 같이 공동체의 전형적인 언어로 표현된 구절들이 존재한다는 것을 알 수 있다.[10] 하지만 이와 아울러 믿음에 관한 진술들 중에는 공동체의 언어 사용법은 물론이고 유대적 상황으로부터도 구별되는 것으로서 의심할 여지 없이 예수에게로 소급되는 진술들이 있다.

---

6) "Jesus and Faith", *Word and Faith* (1963), p. 238.

7) H. Kleinknecht, *TDNT* III, 65-79; R. Bultmann, *TDNT* VI, 179.

8) Schlatter, *Glaube*(1963), pp. 9-80; Billerbeck III, 187-193; J. Becker, *Das Heil Gottes* (1964), pp. 176-180 (particularly regarding the use of Hab. 2:4 in IQpHab 8:2), 276-79.

9) 참조. Ebeling, op. cit. [n. 6], pp. 86 - 95; Roloff, *Kerygma*, pp. 152 - 173.

이 구절들은 두 가지 의미 심장한 문맥들에 걸쳐 분포되어 있다: 제자들에게 견실한 믿음을 갖도록 요구하는 일련의 말씀들, 무엇보다도 산을 옮길 만한 믿음에 관하여 네 차례 전승된 말씀(막 11:23 par. 마 21:21; 마 17:20 par. 눅 17:6; 참조. 고전 13:2), 믿음의 기도에 관한 말씀(막 11:24 par. 마 21:22). 또한 풍랑을 잠잠케 하신 사건 속에서 믿음에 대하여 상기시켜주는 것도 이 말씀들에 속한다(막 4:40 par.).[11] 더욱이 치유 이야기들의 전승 모체 속에서 우리는 여섯 차례 믿음에 관한 예수의 언급을 발견한다(막 5:34 par.; 5:36b par. 눅 8:50; 막 10:52 par. 눅 18:42; 눅 17:19 [Sp. Lk.]; 마 8:10 par. 눅 7:9; 막 9:23f. [병행구 없음]). 다른 몇몇 구절에서 마태는 전승 모체에 이러한 믿음에 대한 언급을 책임감있게 첨가하였다(마 8:13; 9:29; 15:28). 크게 죄지은 여인에 대해 긍휼을 선포한 사건에 대해서도 마찬가지로 이야기할 수 있다(눅 7:50 [누가 특수 자료]). 두 경우에 동일한 문맥에서 믿음을 언급한 것은 예수가 아니라 화자(話者)였다(막 2:5 par.; 막 6:6 par. 마 13:58). 그러한 이차적인 구절에서 믿음을 치유가 아니라 죄 사함과 결부시키고 있는 경우도 둘 있다(막 2:5 par.; 눅 7:50 [Sp. Lk.]).

이러한 진술들의 전승 모체가 예수 자신에게로 거슬러 올라간다는 것은 치유 이야기들을 끝맺을 때 자주 사용하는 정형적인 표현을 통해 볼 때 분명해진다: "네 믿음이 너를 구원하였느니라"(헬. *he pistis sou sesoken se*; 막 5:34 par.; 막 10:52 par.; 눅 17:19 [Sp. Lk.]; 참조. 눅 7:50 [누가 특수 자료]).[12] 물론 이 정형 어구는 초대 교회의 선교에서의 정형적인 표현을 생각나게 한다: "주 예수를 믿으라 그리하면 네가 구원을 얻으리라"(행 16:31; 롬 10:9).[13] 그럼에도 불구하고 "네 믿음"이라고 절대적 용법으로 사용된 표현은 너무도 특징적으로 그러한 정형적인 표현과 구별되기 때문에 긍휼의 선포는 예수의 지

---

10) 또한 막 11:22: "하나님을 믿으라"; 눅 8:12f.; 18:8. 게다가 예수의 지상 사역과 관련되지 않은 구절들은 포함되지 않는다: 막 11:31 par.; 마 21:32 [Sp. Mt.](세례 요한); 막 13:21 par. 마 24:23, 26 (틀린 종말 예고), 탄생 설화(눅 1:20, 45)와 부활절 설화(눅 24:11, 41)에 나오는 구절들도 마찬가지이다. 지상 생애에 대한 용어 사용의 광범위한 문맥 안에 서 있는 것은 십자가에 못 박힌 자에 대한 조소이다: 막 15:32 par. 마 27:42(마태는 마가와는 달리 첨가를 하였다: "그를"; 마가복음 9:42에 대하여 18:6에서도 마찬가지이다).

11) "너희가 어찌 믿음이 없느냐"라는 힐난하는 질문 대신에 그 병행구인 마태복음 8:26에는 "믿음이 적은 자들아"로 되어 있다. 마태는 이 형용사를 더하였는데, 그것은 오직 마태복음 6:30(누가에서도), 14:31, 16:8에만 그 병행이 있고 실질적인 측면에서는 17:20에도 나온다. 헬라어에는 없고 아람어에 그 앞선 역사를 갖고 있는 이 단어의 삽입(R. Bultmann, *TDNT* VI, 205)은 후대에 이 본문을 셈어화시킨 것이 분명하다.

12) 두번째 정형 어구인 "네 믿음 대로 될지어다"는 오직 마태에서만 발견된다(8:13, 비슷한 것으로는 9:29과 15:28).

상 사역까지 소급되는 것으로 이해될 수 없다. 더욱이 그것은 예수 당시의 유대 환경에 병행되는 표현이 없지만 그것이 예수를 통하여 형성되었다는 것을 이해할 수 있게끔 하는 앞선 역사를 가지고 있다.

구약에서 "구원하다"(헬. *sozein*, 히. *hoshia'*)는 모든 환난에서의 하나님의 구원을 가리키는 전문 용어였다. 시편들은 팔십 차례나 이런 의미로 구원에 관해 말하였고 무엇보다도 '하나우'(*'anaw*), 즉 겸비한 자, 낮은 자, 팔복의 가르침이 말하고 있는 자에게 그것을 약속하였다.[14] 구약 시편의 이러한 약속은 예수 당시의 상황에서 쿰란의 찬가들에 분명하게 통합되었고(1QS 2:32; 5:18) 또한 바리새파의 솔로몬 시편으로도 통합되었다(6:1; 15:1). 예수가 오로지 믿음에 대해서만 구원을 약속한 것은 새롭고 유일 무이한 것이었다. 물론 구약도 그 주요한 발전의 한 흐름 속에서 모든 구원이 믿음으로부터 올 것임을 예기(豫期)하였다. 그런데도 그것에 관하여 직접적으로 말하는 경우란 아주 드물었고, 설혹 말했다 할지라도 표현을 달리 했다.[15]

c) 예수의 사역과의 관계

믿음에 대한 예수의 독특한 언급은 자신의 전 사역 속에서 특별한 위치를 차지하고 있었다. 예를 들면 팔복의 가르침과 같은 공공연한 선포 속에서 예수는 후대에 교회의 선교적 설교와는 달리 믿는 자들이 아니라 '하나윔'에게 구원을 약속하였다. 따라서 사람들이 예수의 공적인 설교의 결과로서 믿음을 가졌다는 보도는 없었다.[16] 모든 경우에 사람들은 오직 예수의 인격과의 직접적이고 개인적인 만남을 통해서만 "믿음"을 갖게 되었다. 예수가 —

---

13) 씨뿌리는 자의 비유에 대한 누가의 설명은 그것과 일치하였다(눅 8:12f.) ; " … 그들로 믿어 구원을 얻지 못하게 하려고".

14) G. Fohrer, *TDNT* Ⅶ, 976f. 설화 단편에 나오는 가장 가까운 병행구는 사무엘상 1:17(엘리가 한나에게 하는 말)이다: "평안히 가라 이스라엘의 하나님이 너의 기도하여 구한 것을 허락하시기를 원하노라".

15) Von Rad, *Theology* Ⅱ, 388 - 393. 초기에 나온 소수의 분명한 구절들 가운데 하나는 출애굽기 14:31(홍해에서 구원을 받은 후)이다: "백성이 여호와를 경외하며 여호와와 그 종 모세를 믿었더라"(J) ; 이외에도 사 7:9; 28:16을 참조하라.

16) Jeremias, *Theology* I, 165 "내용에서 예수의 전체 메시지는 구원의 제안을 받아들이라는 하나의 부르심이다 … 즉 그 단어가 자주 등장하지는 않지만 그것은 믿음으로의 부르심이다"라고 설명할 때 예수의 사역에 대한 소묘는 물론이고 "믿음"이라는 용어의 소묘는 주석학적으로 용납될 수 없는 이러한 용어 사용의 확장을 통하여 모호해진다. 이 소묘는 예수 이름으로 하는 부활절 이후의 선교와 함께 피상적이 되어 버렸다.

물론 자신의 사역의 총체성의 견지에서 ― 구체적인 위기 속에서 자신의 도움을 구하고 있었던 개개인을 향했을 때, 예수가 구체적인 말과 도움을 통해 자신과의 교제를 허락했을 때 믿음은 출현했다. 가버나움의 백부장에 관한 기사는 전형적이었다. 그는 예수의 도움을 구했다. 그의 요청은 대화 속에 분명히 나와 있다. 마침내 예수는 이렇게 선포하였다: "이스라엘 중 아무에게서도 이만한 믿음을 만나 보지 못하였노라"(마 8:10 par. 눅 7:9). 다른 곳에서도 믿음에 관하여 주로 말하였던 사람은 요청을 하고 있었던 사람들이나 화자(話者)가 아니라 예수 자신이었다. 그리고 위에서 살펴보았듯이(§12, 5) 이 믿음을 통하여 예수의 전 사역이 추구하였던 바로 그것이 현실로 되었다: 회개 가운데서 한 사람이 자신의 계획으로부터 구원에 풍성한 하나님의 통치로 돌이키는 것. 그러므로 믿음은 예수의 사역 가운데에서 심장부에 해당하였다. 이것이 왜 그랬는가를 이해하기 위해서 우리는 믿음의 내용 및 그 토대를 좀더 자세히 살펴보아야 한다.

d) 믿음의 내용

무엇을 믿느냐 하는 것은 예수의 상황에까지 거슬러 올라가는 구절들에서 결코 언급되지 않고 있다는 것은 놀라운 일이다. 각각의 경우에 사람들은 오직 절대적 의미로서만 "믿음"을 이야기하였다.

이에 조건을 붙인 유일한 시도는 인칭대명사를 더한 것으로만 발견된다: "너희 믿음대로 되어라" 또는 "네 믿은 대로 될지어다"(마 9:29〔마태 특수 자료〕; 참조. 마 8:13) 또는 "네 믿음이 크도다 네 소원대로 되리라"(마 15:28〔Sp. Mt.〕). 이러한 말하는 태도는 무엇을 믿는가 하는 것은 전제되어 있다는 결론을 시사해준다. 지금 중요한 것은 믿음이 드러나고 있다는 것이었다. 예수는 사람들이 선택적으로 공유하고 있던 일반적인 믿음의 태도가 아니라 직접적이고 개인적인 투자로서의 믿음을 구했다. 이런 이유로 모든 경건한 유대인들은 쉐마를 통해 하루에 두 번씩 조상들의 하나님을 자신들의 하나님으로 고백하고 삶을 율법에 따라 살아감을 통하여 믿음을 증명하려고 하였지만 오직 가버나움의 백부장만이 믿음이 있는 것으로 인정을 받았다.[17] 예수는 경건한 자들의 이 고지식함, 그러한 객관적인 지식, 확신의 상태를 구원하는 믿음이라고 보지 않았다. 개인이 구체적인 상황에서 자기로부터의 도움과 자기로부터의 보장(保障)을 버리고 예수 안에서 도움을 구하고 발견하고자 할 때 믿음은 처음으로 그 모습을 드러내었다. 믿음은 현상(status quo)을 깨뜨려야만 했다.

---

17) Billerbeck Ⅳ, 196f.

그러나 이러한 깨뜨림도 하나님을 지향한 가운데에서의 깨뜨림이 아니라면 아직 믿음이 아니다. 여기서 믿음은 불트만이 주장했던 것, 즉 "이적을 행할 수 있는 예수의 능력에 대한 믿음"이 아니었음은 물론이다.[18] 에벨링에 따르면 믿음은 물론 하나님과 결부되어 있었지만 그것은 주로 인간의 의식의 변화를 의미하였다. 믿음의 내용을 채우는 데에는 어떠한 특권도 주어지지 않았다. 결국 비유대인인 백부장도 믿음을 가진 것으로 인정을 받았다. 믿음은 확신, 실제로 "구원 자체"였다. 치유 이야기들은 실제로 이적 이야기들이 아니라 믿음 이야기들이라는 주장이 있었다.[19] 하지만 우리는 예수의 긍휼의 선포는 믿음을 통한 구원을 의미하였음을 강조하여야 한다. 믿음의 이러한 기능은 사람들을 변화시키는 기능을 조금도 손상시키지 않는 가운데 그 내용으로부터 나온다.

백부장은 예수에게 이스라엘 하나님의 도움을 요청하였고 예수는 그가 이스라엘 자체에서도 찾아보지 못했던 믿음을 가지고 있다고 인정하였다(마 8:10 par. 눅 7:9). 하지만 이스라엘에서 믿음은 그 용어 자체에 따르면 구체적인 내용과 믿음의 관련성에 의하여 전적으로 형성되었다. "믿다"(he'emin)라는 히브리어는 상대방 앞에서 그가 약속한 것을 인정하는 것을 의미하였다.[20] 하나님을 믿는 사람은 누구나 하나님이 자신이 약속하신 것을 행하실 수 있다고 생각하였다. 예를 들면 창세기 15:6에서 "아브라함이 여호와를 믿으니"라고 할 때 아브라함은 자기에게 온 말씀을 믿은 것이 아니라 이 말씀에 따라 하나님을 믿었다. 아브라함은 하나님이 자기에게 하신 약속을 현실로 일어나게 할 수 있다고 믿었고, 그래서 그는 자신의 행동 방향을 미래에 맞췄다. 이렇게 상대방을 향하여 맞춰진 믿음은 스도아학파의 '피스티스'(pistis)와 대칭적으로 반대되었다. 거기서 '피스티스'는 자기 자신에 대한 충실이었다. 그것은 인간 존재에게 고유한 것에 주목하였다. 사람들은 하나님처럼 충실하고 자유로워야 했다.[21]

예수가 이스라엘의 경우와는 달리 자기의 도움을 구하고 발견했던 사람들을 자신의 사역의 맥락 속에서 믿음이 있다고 인정했을 때, 그는 그들이 자기를 통하여 이스라엘의 하나님에 의해 지금 제시하고 있는 약속에 응답하여 자기 안에서 하나님의 도움을 구하고 있었다는 것을 의미하였다. 이 약속은 예를 들면 팔복의 가르침 같은 곳에서 제시되었다. 팔복의 가르침을 받은 사람은 누구나 '하나우'('anaw)로서 고통받고 있는 중에 예수에게 지금 그

---

18) *pistis, TDNT* VI, 206; 이런 이유로 그의 *Theology*에서 "믿음"은 예수의 사역 안에서 결코 언급되지 않는다.

19) Op. cit. [n. 6], pp. 102, 109.

20) A. Weiser, *TDNT* VI, 184.

21) *TDNT* VI, 181f.

토록 구원에 풍성한 자신의 통치를 이루고 계시는 분의 도움을 구했다. 이것이 믿음으로 믿음에 이르게 하는 바 그 내용이었다.

이제 믿음은 물론 불트만이 바울에 대하여 말했던 것처럼 인간 행위의 견지에서 볼 때 순종이고 에벨링(Ebeling)이 표현한 대로 확신이기도 했다. 그러나 무엇보다도 먼저 믿음은 신뢰였다. "다만 말씀으로만 하옵소서 그러면 내 하인이 낫겠삽나이다"(마 8:8). 인간 실존에서 결정적인 전환점, 지금 자신의 세상을 자기에게로 다시 끌어오기를 원하는 하나님께로 돌이키는 행위는 이러한 신뢰를 통해 시현되었다.

e) 믿음에 관한 말씀들의 토대와 출현

믿음이 이런 식으로 그 내용과 관련하여 제한이 가해질 때 그러한 것이 예수를 통하여 어떻게 출현했는지도 분명해진다. 여기서도 공관 전승은 전기적-역사적 환경을 구성하고 있지 않다. 전승에서 백부장이 그 후에 어떻게 되었는가에 관하여 침묵하고 있듯이 우리는 무엇이 백부장으로 하여금 예수에게로 오게 하였는지를 알지 못한다.

하지만 본질적인 요소들은 우리에게 제시되어 있다. 예수의 공적 사역에 대한 감명과 개인적인 위기의 압박감에 촉발되어 사람들은 예수에게 와서 도움을 구하고 발견했으며, 예수는 자기에게로 사람들을 이끌었던 이토록 파악하기 어려운 신뢰의 문제를 흔히 믿음이라고 불렀다: "네 믿음이 너를 구원했느니라". 이러한 선포는 단순히 이미 일어난 일에 대한 분석이었을 뿐만 아니라 사람들을 그 이상으로 인도했던 긍휼의 선포이기도 했다. 이 말이 혈루병을 앓고 있었던 여인에게 발해졌을 때, 이를테면 그녀의 모호한 신뢰는 믿음으로 인정된 것이 아니었고 믿음을 향하여 더 나아가도록 인도하는 것이었다(막 5:34).

하지만 이러한 선포만으로는 미신적인 신뢰를 믿음으로 바꾸기에 충분하지 않았을 것이다. 그러므로 이렇게 물어보아야 한다: 예수는 어떻게 사람들로부터 믿음으로 될 수 있었던 신뢰를 얻었는가? 에벨링의 의견으로는 이것은 자신의 설교와 실존에 반영되어 있었던 하나님에 대한 예수 자신의 확신을 통하여 일어났다는 것이다.[22] 이것은 자신에 대한 신뢰로서의 믿음 및 자신의 환경들에 대한 숙달을 위한 도구로서의 믿음이 여기서 문제되고 있다면 실질적인 내용으로 판단해볼 때 옳을 것이다. 예를 들면 일의 성공에 대한 고용주 자신의 "믿음"은 직원들에게 전이될 수 있다. 그러나 하나님의 말씀이 백성들과 그들의 행실을 통해서 전달되었던 것과 마찬가지로 하나님의 약속에 대한 신뢰로서의 믿음은 오직 하나님 자신에 의해서만 도출될 수 있었다. 이 내용적인 고찰은 우리가 본문들에서 발견하는 것에 의

---

22) Op. cit. [n. 6], 99 - 102.

하여 증명이 된다: 치유 이야기들은 결코 예수 자신의 믿음이 아니라 그의 권세(*exousia*)에 관하여 말하고 있다. 물론 마가복음 9:23이 예수의 믿음을 가리키고 있는 듯이 보인다는 것은 인정되어야 한다. 예수는 간청하는 아비에게 "할 수 있거든이 무슨 말이냐 믿는 자에게는 능치 못함이 없느니라"라는 반문으로 대꾸하였다. 하지만 여기서 예수는 자기 자신의 믿음에 관하여 말하고 있었던 것이 아니라 그 아비의 망설임을 바꾸어놓았다. 그 아비는 예수의 능력에 관하여 물었고, 예수는 그 아비의 믿음에 관하여 의문을 제기하였다. 따라서 마가복음 11:23 — 그리고 이 문제에 관한 신약의 나머지 부분들(예를 들면 히 12:2) — 도 예수의 믿음에 관하여 말하지 않았다.

마태복음 8:9에 따르면 백부장으로 하여금 예수에게로 호소하러 오게 한 것은 대리적인 종교적 권능이 아니라 예수의 권세(*exousia*)였다. 이 점에서 예수의 공적 설교의 의미와 횡단면은 산상수훈에서 예시적으로 요약되어 있듯이 하나님, 새롭고 궁극적인 형태로서의 구약의 하나님이 여기에서 최후의 긴급성을 가진 약속과 명령 속에서 사람들을 만나고 계신다는 것에 대한 인식이었다. 더욱이 예수가 개개인들에게 말을 하고 도움을 줌으로써 개개인들에게 자기와의 교제를 허락하였을 때 하나님께 가까이 가는 것은 피할 수 없게 되었다. 위에서 분명히 보았듯이(§12, 3) 예수가 "죄인들"과 연약한 자들과 함께 어울리는 모습 속에서 하나님의 죄사하시고 도우시는 사랑의 시현(示顯)은 궁극적인 의미로 사람들에게 다가왔다. 하나님이 스스로 돌이키셔서 사람들과 어울리시는 행위는 사람으로부터 예수가 믿음이라 불렀던 하나님께로 돌이킴을 끌어내었다.

믿음이 출현한 곳에서 한 극(極)으로부터 다른 극으로 불꽃이 튀어 전해졌다 — 하나님으로부터 인간 존재에게로; 예수의 사역의 목표였던 그러한 접촉이 이루어졌던 것이다: 사람들은 하나님의 사랑의 통치 속에서 자기 자리를 부여받았다. 이러한 관점으로부터 보면 믿음이 활동하게 된 실질적인 내용상의 연결점이 분명해진다.

4. 믿음-이적에 의한 치유-하나님 나라의 도래

a) 예수는 자신의 치유 사역이 행동을 통한 성취(마 11:3f. par.) 또는 하나님 나라의 도래(마 12:28 par.)를 의미한다고 주장하였다. 이것은 사람들이 신자가 됨으로써 하나님을 비롯한 모든 것과의 관계가 온전하게 되었다는 것으로 이해될 수 있다. 믿음이 출현한 곳에서 모든 것이 온전하게 될 것이라는 예언은 결정적으로 실현되었다.

b) 이와 관련하여 육체의 치유가 꼭 필요했는가? 치유 이야기를 "믿음 이야기"로 부르는

것이 더 좋지 않을까?[23] 질병과 치유는 내용적으로 믿음과 아주 근사하다. 질병의 체험을 통하여 사람은 죄와 사회적 배척을 통해서보다 훨씬 더 자기가 "가난한 사람", 즉 전적으로 창조주에게 의존할 수 밖에 없는 사람임을 깨닫게 된다. 믿음의 출발점이 되는 것은 바로 이러한 혼란스러운 체험이다. 하지만 무엇보다도 믿음이 구원을 의미한다고 했을 때 온전케 되는 것의 육체적 측면은 예언에 의하면 필수 불가결한 요소였다. 우리가 자유주의에서 그렇게 하는 것처럼 육체적 실존을 자연 법칙과 일치하는 과정들로 치부해버리고 종교적 실존을 내적인 주관으로 축소해버린다면, 하나님은 더 이상 창조주 하나님이 아닐 것이다.

c) 그럼에도 불구하고 예수의 지상 사역에서 육체적인 측면에서 구원의 동터옴은 새로운 차원의 베일에 싸인 표지였다: '새로운 것'(novum) — 하나님 나라 — 은 그 사역 속에 현존하고 있었다. 왜냐하면 중요한 것 — 하나님과의 관계 — 은 믿음을 통하여 온전케 되었기 때문이다. 그러므로 예수의 이적들 속에서 본질적이었던 것은 이 세상의 사건들의 정상적인 과정과 얼마나 거리가 먼가를 외적으로 증명하는 것이 아니라 응보의 질서의 깨뜨림이었다: 어떤 사람이 할 만큼을 다했고 재난 이외에는 기대할 것이 아무것도 없었을 때 그는 구원을 받았다.

예수의 지상 사역에서의 이적들은 '새로운 것'에 대한 감춰진 표지들이었다: 이 새로운 것은 부활절에서 더 이상 표지가 아니라 부활의 현실로서 동터올랐다. 물론 아직도 여전히 감춰진 현실이긴 했지만. 이에 덧붙여 지상 사역에서의 예비적인 상징적 이적들은 부활절 이후의 공동체를 향하여 무엇을 이야기해야 했던가?

5. 이적 이야기들의 케리그마적 의미

복음서 기자들의 의견에서 이적 이야기들이 부활절 이후의 공동체에 대하여 갖는 의미는 그들의 편집 작업으로부터 도출될 수 있다.

a) 이적 이야기들은 본보기를 통하여 믿음으로 이끄는 역할을 하였다. 마태는 백부장에 관한 이야기를 "가라 네 믿음 대로 될지어다"(마 8:13)라는 말씀으로 끝맺고 있다. 이 말씀은 이 이야기를 들은 사람의 심금을 울렸다. 그것은 사람들을 뒷문을 통하여 이 이야기로 끌어들였다. 사람들은 이 본보기 이야기를 통하여 믿음이 어떻게 나타나며 믿음이 무엇을 할 수 있는지를 알게 되고, 자신의 변화된 상황 속에서 스스로 결론을 도출해낼 수 있게 된

---

23) 다른 사람들 가운데서도 K. Bornkamm, *Wunder und Zeugnis* (1968)이 그러하다.

다. 동일한 의도를 가지고 마태는 마가와 누가와는 대조적으로 마태복음 9:20 이하의 이야기와 마찬가지로 풍랑을 잔잔케 하시는 내용의 단화(마 8:23-27)에서 믿음을 요구하는 것을 실제로 도와주는 행위 앞에 놓았다. 이러한 변경을 통하여 마태는 강조점을 이적으로부터 믿음으로 옮기려고 의도한 것이 아니었다.[24] 그는 이적으로부터 그 원래의 중요성을 박탈하려 한 것이 아니라 현재에서의 중요성에 주안점을 두려고 했던 것이다. 공동체의 상황 속에 있는 제자가 위기에 어떻게 대응하였느냐 하는 것은 고린도후서 1:8 이하에 나오는 말로부터 확실히 알 수 있다. 바울은 위기를 통하여 "자기를 의뢰하지 말고 오직 죽은 자를 다시 살리시는 하나님만 의뢰하는" 원리를 발견하였다. 이 믿음은 백부장의 믿음과 동일한 구조를 가지고 있었지만 그 목표는 달랐다: 그것은 일차적으로 이미 현존하고 있었던 부활의 생명을 향해 있었다. 그러므로 자신의 생명을 보전한 것은 바울이 감사를 표했고 자신이 소망했던 것에 대한 또 하나의 표지였다.

따라서 사도행전과 바울의 증언(고후 12:12)에 의하면 부활절 이후의 공동체에서도 일어났던 치유의 이적들은 더 이상 예수의 사역 동안에서와는 달리 직접적으로 믿음과 결부되지 않았다.[25] 실제로 처음으로 믿음으로 이끌었던 것은 언제나 부활절 증언이었다(참조. 행 3:1-8; 14:8-14).

믿음에 관한 말씀들은 제자들의 전반적인 사역, 무엇보다도 교회의 출현 속에서 성취되었다. 산을 옮길 만한 믿음에 관한 말씀(마 17:20 par.)은 엄청난 과장법이었다. 산을 옮기는 것은 "성경에" 따르면 오직 창조주 하나님에게만 가능하였다: "주는 주의 힘으로 산을 세우시며"(시 65:7). 따라서 이 말씀은 믿음이 인간 존재에게가 아니라 하나님에게만 가능한 것에 도달했다는 것을 표현하려고 하였다. 그것은 믿음의 기도에 관한 말씀이 선언하고 있듯이(막 11:24 par. 마 21:22) 기도를 통하여 거기에 도달하였다. 믿음이 간구하고 명령하는 것은 허용되었다. 믿음은 산, 무엇보다도 악의 산에게 명령하였다. 일차적으로 믿음을 통하여 반정립의 명령(선으로 악을 이기라)은 실현되었다. 믿음이 정치적 의미에서 어떤 것을 할 수 있기 때문이 아니라 제자들이 자기들에게 주어진 약속을 따라 행할 것이고 하나님은 그들을 통하여 역사하실 것이기 때문에 제자들은 "화평" — 구원(눅 10:5 par.) — 을 가져올 것이다.

b) 이것이 동일한 구조를 가지고 있지만 부활절 관점으로부터 또 다른 내용을 갖게 된

---

24) G. Bornkamm, *Jesus* (1956), p. 208 n. 40은 이에 반대한다.

25) Roloff, *Kerygma*, pp. 196ff.는 이 차이를 정교하게 전개하였다. 사도행전 3:16에서는 사도들의 믿음을 염두에 두고 있다.

믿음으로 귀결된 것과 나란히, 두번째 케리그마적 효과가 치유 이야기들로부터 나왔다. 이미 마가에서 풍랑을 잔잔케 하신 것에 관한 이야기는 "저가 뉘기에 바람과 바다라도 순종하는고"(막 4:41 par.)라는 말로 끝난다. 전체 예수 전승 속에서 이적 이야기들은 승귀되신 분, 자신의 성령을 통하여 공통체 속에서 활동하고 계시는 분이 누구인가를 표현하고 있다. 이 이야기들은 이를테면 육체적 실존도 그분에게 속해 있다는 것을 분명히 하고 있다는 것은 확실하다(고전 6:13).

나아가 복음서 기자들은 각각 이적 기사들을 편집을 통해 변용함으로써 각각의 경우마다 서로 다른 특징들에 강조점을 두었다. 학자들은 흔히 마가가 이적 이야기들을 통하여 예수를 "신적인 인간"으로 묘사함으로써 사람들을 예수께로 이끌기를 원했다고 생각하였다.[26] 하지만 마가에 의하면 예수의 '뒤나메이스'(*dynameis*)는 단지 신적인 능력만이 아니라 사단의 권능을 박살낸 약속된 하나님의 통치의 구원의 권능(막 3:27)을 보여주었다.[27] 마태에 의하면 예수는 자신의 치유 사역을 통하여 자기 자신이 다른 사람들의 연약함들을 짊어지게 하신 하나님의 마음을 공감하는 종임을 보여주었다(마 8:17; 12:17-21; 참조. 9:13). 더욱이 누가는 백부장에 관한 이야기의 형태를 그 처음과 끝에서 역사화함으로써 공동체의 상황과는 거리가 있는 요소가 분명히 나타나도록 했다. 공동체는 예수와 백부장과의 만남 속에서 지금도 기독교의 선교를 통하여 또 다른 형태로 일어나고 있는 근본적인 그 무엇이 일어났다는 것, 즉 예수가 믿는 자들에게 구주로 자기 자신을 계시하였다는 것을 보아야 했다(눅 7:1, 10).

이것들과 다른 케리그마적 언급들 이외에도 이적 이야기들은 공동체에서 일어났던 것을 반영하고 있는 것이 아니었다는 것은 모든 공관복음서 전승에서도 마찬가지였다. 그것들은 공동체로 하여금 비록 형태는 다를지라도 동일한 방식으로 승귀되신 분으로부터 자신들이 기대할 수 있는 것을 깨닫게 하기 위하여 예수를 통하여 일어났던 것을 다시 상세히 설명하려는 의도를 가지고 있었다. 따라서 예수의 구원 사역은 거듭거듭 다음과 같은 질문으로

---

26) 예를 들면 Conzelmann, *Theology* (1969) , p. 144; H. W. Kuhn, *Ältere Sammlungen im Markus - Evangelium* (1971), pp. 203 - 206.

27) 마가복음 1:23-28과 5:6-10에서 귀신들을 쫓아내는 것은 싸움으로 묘사되었다(O. Bauernfeind, *Die Worte der Dämonen im Markus - Evangelium* 〔1927〕은 이 점을 지적하고 있다). 또한 예수의 말씀들은 막 3:27 par. 눅 11:21과 눅 13:16에서 이와 매우 비슷한 것을 이미 표현하고 있었으므로 결론적으로 이렇게 말할 수 있었다(눅 10:18): "사단이 하늘로서 번개같이 떨어지는 것을 내가 보았노라"

귀착된다: 예수는 어떤 사람이기를 원했는가? 실제로 사람들을 믿음으로 이끈 것은 예수의 말씀과 도와주는 행위가 아니라 이 둘이 결합되어 자신의 인격으로 사람들과 어울린 것이었다.

제 6 장
예수의 자기 이해

§16. 예수의 자기 이해에 대한 연구사

W. G. Kümmel, *The New Testament: The History of the Investigation of Its Problems* (1972), p. 507 (under the word, ''Jesus, Appearances of ''); F. Hahn, ''Methodenprobleme einer Christologie des Neuen Testaments,'' *VF* 15 (1970), 3-41; cf. also the Lit. for § 1.

가장 오래된 복음서의 중심부(막 8:29)에는 예수의 제자들 가운데 대변인이 말한 신앙고백이 있다: "주는 그리스도시요", 즉 약속된 메시야라는 것. 여러 세기에 걸쳐서 이 신앙고백은 예수는 어떤 인물이기를 원했으며 제자들은 예수를 누구라고 생각하였는가 라는 우리의 질문에 대한 매우 분명한 답변이 되어 왔다. 우리 시대에 우리는 여전히 앵글로 색슨과 스칸디나비아의 학술 서적에서 예수는 메시야이기를 원했다는 전통적인 이해를 비교적 빈번하게 만난다. 하지만 독일의 신약 연구에서는 이러한 이해를 거부하는 것이 당연한 일처럼 되어 있다. 독일에서는 종교사학파와 그 뒤를 이은 불트만 학파의 저술들이 여전히 영향력을 행사하고 있다. 그것들 속에서는 예수의 메시야 의식은 의문시되어 왔다. 따라서 이러한 명제들은 예수의 메시야됨에 대한 전통적인 이해가 이전에 당연한 것으로 받아들여졌던 것과는 달리 자명한 것으로 받아들여져서는 안된다는 것은 분명하다. 예수의 메시야 의식은 오늘날 두 가지, 즉 한편으로는 하나님 나라와 관련하여 또 한편으로는 전통적인 유대의 메시야 개념들과 관련하여 문제가 되어 왔다.

1. 도래하는 하나님 나라와 예수의 관계

종교사학파는 위에서 본 바와 같이(§6, 1b) 하나님 나라에 대한 예수의 기대를 일관된 종말론의 입장에서 이해하였다. 종교사학파에서 하나님 나라는 묵시론에서와 마찬가지로 미래의 새로운 세상이었다. 이런 이유로 바이스(J. Weiss)는 예수는 미래의 하나님 나라에서 심판자요 주권자로 선택되었던 자신의 수세시 체험에 의해 고무된 확신 속에서 살았다는 입장을 밝혔다. 예수는 인자와 똑같은 것을 가지고 있었고 인자가 되었다고 한다.[1] 디벨리우스(M. Dibelius)는 이러한 설명에 동조하였다: "이 세상의 시간 안에서 메시야는 단지 지명되었을 뿐 즉위하지는 않는다. 예수는 특히 예루살렘에 입성해서 성전에 주(主)로 나타났을 때 자기 자신이 하나님에 의해 선택받은 메시야임을 알고 있었다."[2] 이런 견해에 의하면 예수는 스스로를 메시야가 되기로 예정된 것으로 이해하였다.

하지만 불트만의 견해를 따르면 예수는 자기 자신과 임박한 '에스카톤'(eschaton)사이에 어떠한 개인적인 언결점들도 확고히 하지 않았다. 이런 견해 속에서는 예수는 오로지 미래적인 하나님의 봉지라는 관점에서 현재에 결단을 요구하는 "시대의 징표"였다.[3] 더욱이 유일하게 진정한 인자 말씀인 누가복음 12:8에 따르면 예수의 설교에 대한 사람의 반응이 세상의 심판자의 평결을 좌우하였다.[4] 이것은 예수가 세례 요한 이상도 이하도 아니었다는 것을 의미하였다. 콘첼만(H. Conzelmann)도 이러한 견해를 가졌다. 예수의 자기 이해에 관한 문제에 대한 유일한 대답은 그는 " … 하나님 나라의 선포를 그 징표로서의 자기 자신과 결부시켰다 … 따라서 우리는 하나님 나라는 임박해 있고 징표들은 바로 여기에 존재한다는 주먹구구식 해결책을 갖고 있다" 는 것이다.[5]

이와는 대조적으로 보른캄(G. Bornkamm)은 예수 자신 속에서 하나님의 통치의 동

---

1) Kümmel, *Investigation*, p. 227
2) *Jesus*, p. 95.
3) *Theology* I, §1, 2.
4) Ibie., §4, 3.
5) *Theology*, pp. 140. 111.

터옴은 하나의 사건이 되었다고 주장하였다. 그러나 예수는 자기가 말하고 행해야 할 것에 몰두하였다. 예수는 자신의 존귀한 위치를 자기 메시지 가운데 따로 구별되는 주제로 삼지 않았다. 그는 전승 속에서 그에게 돌려졌던 메시야에 관한 명칭들 가운데 그 어느 것도 스스로에 대하여 주장하지 않았다. 물론 메시야적 개념들은 그에게 적용되었지만, 그는 그 모든 것들을 기각하였고 실제로 실망으로 끝나게 하였다.[6] 보른캄의 이러한 해결책은 얼핏 보기에는 이상적인 듯이 보인다. 어쨌든 메시야적 명칭들을 부가하는 것의 중요성은 무엇이었는가? 우리는 하나님의 통치가 그를 통하여 도래하고 있다고 말하는 것보다 예수에 대하여 더 위대한 그 어떤 것을 주장할 수 있을까? 그런데도 예수는 하나님의 통치의 꼭두각시가 아니라 진정한 한 인격이었다. 그는 사람들이 기대하듯이 자신의 인물됨에 대한 자기 이해에 도달했었는가? 그는 구원을 가져오는 자에 관한 구약과 유대교의 기대들을 통하여 거기에 도달할 수 있었는가?

2. 예수와 구원을 가져오는 자에 대한 구약 및 유대의 기대들

이 문제와 관련하여 종교사학파[7]는 다음과 같은 고찰을 행했다.

(1) 구약 및 유대의 메시야 개념들의 척도에 의해 판단해 보면 예수의 지상 사역은 메시야적이 아니었다.

(2) 따라서 예수가 메시야적 명칭들을 자기 자신에게 적용하였다고 단정해서는 안된다.

(3) 이러한 평가가 올바르다는 것은 가장 초기의 기독론의 형성으로부터는 물론이고 공관복음서 전승 비평을 통해서도 드러난다.

브레데(W. Wrede)는 오랜 기간 동안 많은 사람들에게 강력하게 영향을 미친 증거를 제시하였다.

a) 자신의 획기적인 책, 「메시야 비밀」에서 브레데는 가장 오래된 복음서인 마가에 따르면 예수는 자신의 메시야됨을 사람들에게 숨겼다고 주장하였다. 그는 제자들에게만 이 같은 사실을 밝혔지만, 제자들은 그를 이해하지 못했다. 이러한 말들은 복음서 기자의 이론을 나타내었다. 복음서 기자는 이러한 이론을 통하여 왜 예수의 사역이 그가 이용할 수 있었던 전승에 따르면 메시야적 낙인을 지니고 있었는지, 즉 예수가 자신의 메시야직을 숨겼는지를

---

6) *Jesus*, pp. 169ff.
7) 참조. Bousset, *Kyrios*, pp. 31-118, 특히 pp. 31-37, 109-115; 참조. Kümmel, *Investigation*, pp. 281- 292.

설명하려고 시도하였다. 이 이론은 역사가들에게 사건의 진상(眞相)을 드러내주었다고 주장되었다: 예수의 지상 사역은 메시야적이지 않았으며 그렇게 되기를 바라지도 않았다.

이러한 브레데의 명제는 불트만의 *Theology* §4, 4)에 아무런 축소도 없이 그대로 받아들여졌다. 보른캄(*Jesus*, p. 171)과 콘첼만(*Theology*, p. 139)은 메시야 비밀이 마가의 이론이라는 측면만을 받아들였다. 하지만 그 의도는 달리 평가하였다. 콘첼만의 의견에 따르면 마가보다 앞선 예수 전승은 이미 메시야적 성격을 지니고 있었다. 이 이론은 믿음의 역설적인 성격을 정착시키려는 의도를 가지고 있었다: 믿는 자들에게 이 비밀은 밝혀졌다. 세상에 대해서 이 비밀은 부활절 이후에조차도 감춰진 채로 있었다.

b) 하지만 브레데에 따르면 가장 초기의 기독론은 예수의 메시야 의식에 대해 오히려 좀더 강하게 반대하고 있다고 한다. 초기의 신앙 공동체에서 예수는 비로소 부활을 통하여 메시야가 되었다. 예수는 그들에게 오셨던 자가 아니라 가까운 미래에 나타날 메시야였다.[8] 이 명제는 부세(W. Bousset)에 의해 수정된 형태로 발전되었다: 최초의 신앙 공동체는 인자라는 개념을 유대의 묵시론으로부터 빌려와 예수에게 전가시켰으며 그렇게 해서 부활절 신앙에 표현되게 되었다(*Kyrios Christos*, pp. 33f., 49f., 57ff.)

가장 초기의 기독론에 관한 이러한 개념들은 불트만의 *Theology* §4, 1)에 분명하게 받아들여졌다. 그것은 사도행전 2:36, 특히 로마서 1:3 이하를 바탕으로 하고 있다고 주장하였다: " … 죽은 자 가운데서 부활하여 능력으로 하나님의 아들로 인정되셨으니 …." 이와는 대조적으로 콘첼만은 로마서 1:3 이하(*Theology*, p. 77)에 나오는 정형 어구에 대한 이러한 해석과는 달리 근본적으로 "초기에는 언제 또는 어떻게 예수가 메시야가 되었는지에 관하여 전혀 관심이 없었다"(*Theology*, p. 73)는 입장을 밝혔다.

c) 다음과 같은 의문이 남는다: 메시야적 명칭들과 개념들에 관한 예수 자신의 입장은 무엇이었는가? 보른캄의 의견으로는(*Jesus*, pp. 171ff.) 메시야 개념들은 분명히 예수에게 적용되었다 — 베드로는 말할 것도 없고; 하지만 예수는 자기 자신을 이러한 위엄있는 명칭들로 지칭한 적이 없었다. 그는 불트만이 생각했듯이 오시는 인자에 관하여만 말하였고 자기 자신을 그 인자와 동일시하지 않았다. 콘첼만의 견해로는(*Theology*, pp. 127 - 137) 예수는 존귀한 메시야적 명칭들을 결코 사용한 적이 없으며 인자라는 명칭도 마찬가지였다. 아주 최근에 한(F. Hahn)은 「기독론에서 예수의 호칭들」(1969; 독어판. 1966³)에서 공관복음서 전체를 통해 나타난 존귀한 메시야적 명칭들의 사용을 전승 비평의 입장에

---

8) Kümmel, *Investigation*, p. 287.

서 세밀하게 검토하였다. 본문들에 대한 연구 및 전승 비평적 주석의 상황에 대하여 광범위하게 논의한 후에 그는 핵심적 내용에서 자신의 스승인 보른캄에 의해 이미 주장된 결론에 도달하였다.

요약하면, 종교사학파의 업적에 기초한 연구 방향 속에서 행해진 예수의 메시야 의식에 관한 공관복음서의 진술들에 대한 전승사적 비평은 그 시작 단계에 비해서는 상당한 정도로 수정되었다. 그럼에도 불구하고 예수의 "메시야" 의식에 반대하는 무게 있는 논증들을 견지하고 있었다. 이와 관련하여 논의된 세 가지 전승 복합 — 메시야 비밀의 기원, 메시야적 명칭들에 대한 예수의 입장, 공동체에서의 기독론의 시작 — 중 그 어느 것도 만족할 만하게 해명되지 않았다. 하지만 처음으로 예수의 메시야 의식에 의문을 제기하였던 기본적인 명제, 즉 예수의 사역은 구약 및 유대교의 메시야 묘사들을 전혀 반영하고 있지 않다는 명제는 더 심화된 토론의 주제가 되지 않았다. 물론 예레미아스는 자신의 입장으로부터 팔레스타인 유대교의 어떤 집단들은 고난받는 메시야의 오심에 관하여 비의적인 기대들을 갖고 있었다는 것을 보여주려고 하였다. 하지만 이러한 증거는 정반대의 주장을 직접적으로 논박하는 데 성공하지 못했다.[9] 이 기본적인 명제는 종교현상학적으로 이의를 제기할 수 없는 것이다. 그것은 신학적으로 예수의 메시야됨에 대한 온갖 종류의 꼭 들어맞는 입증을 방해한다. 그럼에도 불구하고 그것은 더 심화된 혹독한 비평을 거쳐야 함은 물론이다. 예를 들면 이러한 문제 제기 방식이 예수의 사역의 구체적인 성격과 부합하는지를 물어보아야 한다. 후자에 대응하여 이러한 문제를 제기하는 것은 새로운 탐구 방향과 다른 결론들을 가져오게 된다. 이런 이유로 우리는 예수 자신이 자기의 정체를 밝히려는 다른 사람들의 시도들에 대하여 어떻게 대응하였는지를 검토해보고자 한다.

§17. 예수와 그에게 붙여진 명칭들

On 1: E. Fascher, "Jesus der Lehrer," *ThLZ* 79 (1954), 325-342; E. Lohse, *rabbi*, *TDNT* VI, 961-65; Hahn, *Titles*, pp. 73-78. **On 2**: Cullmann, *Christology*, pp. 13-50; R. Meyer and G. Friedrich, *prophētēs*, *TDNT* VI, 812-828, 841-48; Hahn, *Titles*,

---

9) *TDNT* V, 699; 참조. §16, 7b.

pp. 352-386; M. Hengel, *Nachfolge und Charisma* (1968), pp. 46-74. **On 3**: Billerbeck I, 11ff., 525; Cullmann, *Christology*, pp. 127-133; Hahn, *Titles*, pp. 240-278; E. Schweizer, *huios*, *TDNT* VIII, 366f. **On 4a**: J. Klausner, "The Messianic Idea in the Period of the Tannaim," in *The Messianic Idea in Israel* (1955), pp. 388-517; H. Ringgren, *The Messiah in the Old Testament* (Studies in Biblical Theology 18, 1956; 1967³); S. Mowinckel, *He that Cometh* (1956); A. S. van der Woude, *Die messianischen Vorstellungen der Gemeinde von Qumran* (1957); G. Jeremias, *Der Lehrer der Gerechtigkeit* (1963); Hahn, *Titles*, pp. 136-148; F. Hesse, M. de Jonge, A. S. van der Woude, *chriō*, *TDNT* IX, 505-527. **On 4b-d**: Cullmann, *Christology*, pp. 111-127; Hahn, *Titles*, pp. 148-161 (168); O. Betz, "Die Frage nach dem messianischen Bewusstsein Jesu," *NovTest* 6 (1963), 20-48; W. Grundmann, *christos*, *TDNT* IX, 527-534; A. Vögtle, "Messiasbekenntnis und Petrusverheissung," in *Das Evangelium und die Evangelien* (1971), pp. 137-170. **On 5**: W. Wrede, *The Messianic Secret* (1971); J. Schniewind, "Messiasgeheimnis und Eschatologie," in *Nachgelassene Reden und Aufsätze* (1952), pp. 1-15 (utilized in the revision of his commentary on the Gospel of Mark—NTD series); H. J. Ebeling, *Das Messiasgeheimnis und die Botschaft des Markusevangelisten* (1939) (report on research); E. Sjöberg, *Der verborgene Menschensohn in den Evangelien* (1955); T. A. Burkill, *Mysterious Revelation* (1963); E. Schweizer, "Zur Frage des Messiasgeheimnisses bei Markus," *ZNW* 56 (1965), 1-8 (utilized in the new revision of his commentary on the Gospel of Mark—NTD series; cf. *The Good News According to Mark* [1970], pp. 54-56); U. Luz, "Das Geheimnismotiv und die markinische Christologie," *ZNW* 56 (1965), 9-30; J. Roloff, "Das Markusevangelium als Geschichtsdarstellung," *EvTheol* 29 (1969), 84-92.

1. 랍비

표면적으로 예수는 동시대인들에게 마치 서기관과 같아 보였다.[1] 따라서 예수는 랍비[2]

---

1) K. H. Rengstorf, *TDNT* II, 153 - 56.
2) 'rab'에서 파생된 아람어 '랍비'(*rabbi*, "주인": "나의 주인" 나중에 팔레스타인에서 학자에 대한 호칭이 되었다)는 헬라어로 전사(轉寫)되는 과정에서도 예수를 부르는 호칭으로 그대로 남아 있었다. 이 호칭은 여전히 마가에 의해서 사용되었다(Q에 의해서는 사용되지 않음): 9:5; 11:21; 14:45; 막 10:51(요 20:16에서처럼)에서는 그 수정된 형태인 '라부니'(*rabbuni*, "나의 주")가 사용되었다(E. Lohse, *TDNT* VI, 961ff.). 마태는 서기관들을 호칭하는 이 방식은 제자들 가운데서 사용되지 않았다는 것을 강조하면서(23:7f.) 그 호칭을 실제적 또는 잠재적 배신자에 의해 예수가 호칭된 방식으로 남겨두었다(26:25, 49 par. 막 14:45). 누가에는 이 호칭이 전혀 나오지 않는데 비해 요한은 후대의 본문에 초기적 형태를 부여하기 위해서거나 자기 앞에 있는 전승에 의해 보존된 형태를 재현하기 위하여 그 호칭을 사용하였다: 요 1:38, 49; 3:2; 4:31; 6:25; 9:2; 11:8; (20:16); (3:26은 세례 요한에 대해). 요한복음 1:38; 20:16(참조. 3:2)에서 그는 "랍비(*rabbuni*)는 번역하

또는 이와 동의어로 사용되는 '디다스칼로스(didaskalos, "선생")로 불렸다.[3] 그러나 이와 아울러 예수의 가르치는 양식 및 자기를 따르는 자들에 대한 관계는 전형적인 서기관들과 같지 않았다.

a) 예수의 가르침에 대하여 불트만은 이렇게 생각하였다: "그 급진성에도 불구하고 율법에 대한 예수의 비판적인 해석은 서기관들의 논의 선상에 있다 …"[4] 하지만 이미 위에서 살펴본 바와 마찬가지로(§9, 1) 예수는 근본적으로 서기관들의 논의 — 할라카 — 를 기각하고 자신의 명령들을 율법과 대치되는 위치에 놓고 율법의 효력을 중지시켰다. 그는 개혁을 통해서가 아니라 종말론적 성취를 통하여 율법의 효력을 중지시켰다. 예를 들면 이혼에 관한 예수의 금지 명령은 구원의 때에 약속된 사람들의 새로워짐을 전제하였다(참조. §10, 3a). 쿰란의 의의 교사와는 대조적으로 예수는 자신의 가르침 속에서 토라를 급진화했을 뿐만 아니라 예언의 성취가 시작되었다는 전제 — 올바르게 이해되었을 때 — 위에서 행동하였다.

면 선생(*didaskale*)이라"고 설명하였다. 예수 당시의 환경에서 관례적으로 랍비라는 호칭으로 불린 사람 — 배타적인 의미로 사용되지 않는 한(요한복음의 시대에서와 같이) — 은 율법의 교사들, 즉 서기관들이었다(Billerbeck I, 916f. : Lohse, *TDNT* VI, 962) ; 그러므로 이 호칭을 "선생"으로 번역하는 것은 내용면에서 일관성이 있다고 하겠다.

3) 실질적으로 같은 의미인 헬라어 '디다스칼레'(선생)는 '랍비'라는 호칭이 있던 마가의 가장 오래된 전승층에서 열 번, 누가 특수 전승에서 네 번 사용되었다. 그 호칭은 적대자들과 외인들(막 10:17 par. 20; 12:14 par. 19, par. 32; 눅 7:40; 11:45; 12:13; 19:39)은 물론이고 사람들(막 9:17), 제자들(막 4:38; 9:38; 10:35; 13:1)도 사용한 것으로 되어 있는데, 이는 그 함축적인 의미를 생각지 않고 무차별적으로 사용한 것임을 보여준다. 많은 구절들에서 마태는 '랍비'와 마찬가지로 '디다스칼레'라는 단어도 제거하였으며, 그 호칭을 초연한 사람들과 적대자들로부터 나오는 호칭으로만 남겨두었다(마 8:19; 12:38; 19:16; 22:16, 24, 36). 그 호칭이 마가 자료에 등장할 때마다 누가는 보통 '디다스칼레'를 받아들였으나 스스로 만들어 넣지는 않았다. 그러므로 누가 특수자료에 나오는 네 구절들(눅 7:40; 11:45; 12:13; 19:39)은 전승으로부터 비롯된 것이다. 누가는 제자들과 도움을 구하는 자들이 예수를 '에피스타타(*epistata*, "주")'로 호칭한 것으로 하고 있다. 그는 신약 전체를 통하여 누가 외에는 나오지 않는 이 단어를 8:24과 9:45에서 '디다스칼레' 대신으로, 9:38에서 '랍비' 대신으로, 8:45에서 상실된 호칭 대신으로 사용하였다. 그러므로 '에피스타타'가 사용된 누가 특수 자료의 두 곳(눅 5:5; 17:13)에서도 마찬가지였을 것이다. '디다스칼로스'(*didaskalos*)를 호칭으로 사용하는 것을 억제함으로써 마태는 그것을 병행 전승보다 더 강조점을 가진 예수에 대한 호칭으로 사용하였다(눅 6:40과는 달리 마 10:24f.의 격언적 용법; 참조. 요 13:16; 15:20). 그는 그 호칭을 오로지 예수에 대해서만 사용하였고(마 23:8 〔Sp. Mt.〕), 막 5:35 par.에서 아직 강조되지 않았고 막 14:14 par.에서는 직함으로 사용되었던 절대적 용법을 받아들였다(요 3:2; 11:27f. ; 13:13f.에 나오는 호칭은 기능상으로 직함이었다. 참조. Hahn, *Titles*, pp. 75-78.

4) *Theology* I, §5, 2

b) 예수의 가르침의 내용과 마찬가지로 자기를 따르는 자들에 대한 예수의 관계도 전형적인 랍비의 모습을 훨씬 뛰어넘는 것이었다. 그가 추종자들을 얻는 방식조차도 유례가 없는 일이었다.[5] 랍비를 추종하는 자는 자신의 스승을 스스로 선택하였다. 하지만 예수의 추종자들은 유대적 환경 속에서 전례가 없었던 한 마디 명령, 즉 "나를 좇으라"를 통하여 부름을 받았다. 요한복음 15:16은 이것을 올바르게 해석하였다: "너희가 나를 택한 것이 아니요 내가 너희를 택하여 세웠나니".

추종자들과의 이러한 관계의 발생이 특이했던 것은 또한 그 목표에도 있었다. 예수의 추종자들은 랍비를 따르는 모든 추종자들이 자연스럽게 랍비가 되는 것과는 달리 예수와 같은 랍비가 될 것이 아니었다. 마태복음 23:8(Sp. Mt.)에는 이렇게 나와 있다: "그러나 너희는 랍비라 칭함을 받지 말라 너희 선생은 하나이요".[6] 그 한 선생은 누구였는가? 결론 부분인 9절에 따르면 하나님을 가리키려는 의도인 것 같기도 하다. 예레미야서 31:34에 따르면 구원의 때에 모든 사람은 하나님으로부터 직접 가르침을 받을 것이다. 이차적인 해석 부분인 10절에 따르면 예수가 유일한 선생이었다. 어쨌든 이 말씀 자체는 예수의 추종자들은 결코 랍비의 추종자들과는 대조적으로 스스로 랍비가 되지 않는다는 것을 표현하고 있었다. 예수 자신은 다른 사람들이 자기를 랍비라고 부르는 것에 동의한 것으로 보아 이것은 또한 예수는 자신의 제자들의 무리 속에서 유일한 선생으로 남아있기를 바랐다는 것을 의미한다. 이러한 해석은 예수의 제자도는 이후에 유대교에서 랍비 제도를 알지 못하는 유일한 분파였다는 사실과 일치한다. 가장 초기의 공동체에서 표준적인 인물은 예수의 대표자이자 증인인 사도가 되었다(참조. §19, 3b). 이후에 기독교 "선생들"은 랍비에 비견될 수 있는 기능을 하지 않았다.

따라서 예수는 랍비라 칭함을 받는 데 동의하였고 어느 정도는 서기관의 특징들을 지니고 사역을 했다는 결론을 내릴 수 있다. 그런데도 예수는 이러한 틀을 새로운 내용으로 채웠다. 그는 독특한 방식으로 선생이었고 또 그런 인물이기를 원했을 가능성이 아주 높다.[7]

---

5) K. H. Rengstorf, *TDNT* IV, 444.

6) 이 말씀은 팔레스타인 공동체에서 재형성되었을 것이다. 마 23:10은 이미 헬레니즘적 공동체를 위한 변용을 나타내 준다. 그 실질적인 내용은 예수의 상황과 완전히 들어맞는다.

7) M. Hengel, *Nachfolge und Charisma* (1968), pp. 46–63은 예수의 사역이 서기관의 사역과 어떻게 달랐는가를 정확하게 전개하고 있다. 하지만 그가 그의 사역의 양식은 조금도 그 모델을 좇지 않았다고 한 것은 지나치다. 예수는 Hengel과 Jeremias(*Theology* I, 76–85)가 생각하듯이 성령 충만한 카리스마적인 존재가 아니라 주로 선생으로 보였다. E. Schweizer, *TDNT* VI, 402–406도 마찬가지 의견이다.

그러나 "선생"은 이러한 면을 충분히 표현할 수 있는 명칭이 되지 못했다. 쿰란 공동체는 그 설립자를 "의의 교사"라 칭했지만, 기독교 공동체는 그에 걸맞는 어떠한 명칭도 만들어 내지 않았다.[8]

예수는 가르쳤을 뿐만 아니라 권세를 가지고 설교하고 이적을 행하기도 했기 때문에 그는 널리 선지자로 생각되었다.

2. 선지자

a) 당시의 배경

예수를 구약 및 유대의 선지자 부류와 비교하는 말은 공관복음서 전승에 널리 산재해 있었다.

마가가 재현한 확고한 전승 단편에 따르면(6:14b - 16; 8:28) 무리들은 예수를 세 가지 방향으로 선지자와 비교하였다. (1) 예수는 말라기 3:1, 23 이하에 따르면 세상의 종말 전에 다시 돌아오기로 되어 있었던 선지자 엘리야였다(막 6:15 par. 눅 9:7; 막 8:28 par.). (2) 예수는 헤롯에 의해 처형당했던 세례 요한(막 6:14 par. 16 par. 눅 9:9; 막 8:28 par.), 일반적으로 선지자로 생각되었던 세례 요한이 환생한 인물이었다(막 11:32b par. ; 14:5; 마 11:9 par.). (3) 예수는 일반적으로 "선지자, 옛 선지자 중의 하나"(헬. 막 6:15; 8:28)였다.

그렇다면 어떤 점에서 예수는 선지자로서의 존경을 한몸에 받았던 것일까? 누가(9:8, 19)는 마지막으로 언급한 진술에 "옛 선지자 중의 하나"라는 말을 삽입하였다. 마태는 이러한 용례와 보조를 같이 하여 "예레미야나 선지자 중의 하나"(16:14)라는 말을 삽입하였다. 따라서 이 문제에 대하여 프리드리히(G. Friedrich)[9]는 원래 사람들은 예수를 당대의 선지자들 중의 하나로만 생각하였다는 결론을 내렸다. 구약의 선지자들과 같은 반열로 높여진 것은 마태와 누가에 의해 처음으로 행해졌다. 하지만 이러한 설명은 부정확하다. 물론 사람들은 명칭에 특별한 무게를 싣지 않고서 단순히 예수를 "나사렛에서 나온 선지자"(참조. 마 21:11; 눅 7:16; 24:19)로 말할 수도 있었을 것이다. 그러나 예수 당시의 환경 속에서 선지자는 일상적으로 흔한 인물이 결코 아니었다. 주도적인 분파 — 바리새적 - 회당 유대교 — 에서 예언의 영은 에스라 이래로 사라져 버렸다.[10] 물론 에세네파는 영감에 친숙해 있었

---

8) '디다스칼로스'를 직함으로 사용한 것은 보잘 것 없는 시작에 부분적으로 남아 있다.
9) *TDNT* VI. 841ff. ; cf. also Billerbeck I, 125ff.

지만, 종말의 선지자인 의의 교사에게만 영감이 적용되었다. 그러므로 예수 당시의 예언은 세례 요한 및 열심당 가운데서 개별적인 광신자들과 같은 특별한 경우에 국한되어 있었다 (Josephus *Ant* 20.5.1; 8.6; *War* 2.13.5).[11] 따라서 예수의 동시대인들이 예수의 사역을 보고 엘리야를 떠올렸으며, 어떻게 희미하게나마 엘리야의 두번째 옴에 대한 무리들의 신앙을 예수에게 적용할 수 있었는가를 이해할 수 있다. 이러한 것은 공동체로부터 유래한 것이 아니었다. 왜냐하면 공동체는 세례 요한을 새롭게 나타난 엘리야(마 11:14)로 생각하였고 발전의 초기 단계에서 모세와 같은 종말 때의 선지자에 관한 예언(신 18:18)을 예수와 결부시켰기 때문이다(행 3:22; 7:22b, 25, 37ff.).[12] 이러한 배경과는 대조적으로 예수 자신이 자신의 사역을 구약의 선지자들 및 세례 요한과 관련시켰을 것이라는 것은 쉽게 이해할 수 있다.

b) 예수와 세례 요한

소위 세례 이야기(baptismal address)인 마태복음 11:7 - 19 및 그 병행구(Q)는 의심할 여지 없이 7b - 9, 11, 12f., 16 - 19절과 같은 진정한 전승 요소들을 담고 있다.[13] 이 말씀들 속에서 요한에 대한 평가는 매우 높았다: "선지자보다 나은 자"(9절 par. 눅 7:26), "여자가 낳은 자 중에 세례 요한보다 큰 이가 일어남이 없도다"(11a절 par. 눅 7:28). 요한은 사람들이 일반적으로 기대하고 있었고, 특히 에세네파에서 기대하고 있었던 종말 때의 선지자에 아주 가까웠다(예를 들면, 1QS 9:10f.).[14] 그림에도 불구하고 그는 프리드리히의 추측과는 달리 바로 그러한 인물과 직접적으로 동일시되지 않았고[15] 한(F. Hahn)이 표현하고 있듯이 "일련의 선지자들과는 완전히 다른" 인물이 아니었다.[16] 따라서 11절과 그 병행구인 누가복음 11:28, 12 이하와 그 병행구인 누가복음 16:16에 따르면 예언은 요한에

---

10) R. Meyer, *TDNT* VI, 816-19.

11) R. Meyer, *TDNT* VI, 823-28에 따르면 주목할 만한 예언 운동은 예수 당시의 유대 세계에서 진행중이었다. 하지만 내 견해로는 이 묘사에서 언급된 유대교의 카리스마적 요소들은 너무도 포괄적이며, 너무도 부정확한 방식으로 예언적 요소들과 대비되고 있다.

12) 참조. Hahn, *Titles*, pp. 356ff. and 372ff.

13) 16절 이하에 나오는 비유는 18절 이하의 오래된 해석에 의하여 예수와 세례 요한에게 적용되었다. Jeremias, *Parables*, pp. 140ff.에 따르면 이 해석도 예수에게로 거슬러 올라간다. 반면에 Hahn, *Titles*, pp. 366f.는 이에 동의하지 않는다.

14) Hahn, *Titles*, pp. 352-366에 나오는 이 기대에 대한 개관.

15) *TDNT* VI, 839ff.

16) *Titles*, pp. 366ff.

게서 그 절정과 목표에 도달하였다. 하지만 그 이후에 하나님의 통치가 도래할 것이었다. 그렇다면 예언을 이런 식으로 되돌아보고 있는 인물인 예수는 누구였는가?

c) 예수와 구약의 예언

마태복음 12:41 이하, 그 병행구인 누가복음 11:31 이하에 나오는 말씀들은 "요나보다 더 큰 이가 여기 있으며", 즉 선지자들보다 더 중요한 인물이 여기서 회개로 부르고 있다고 하고 있으며 또 "솔로몬보다 더 큰 이가 여기 있느니라", 즉 솔로몬을 대신한 하나님의 지혜의 계시가 여기에 있다고 하고 있다(참조. 마 12:6 〔Sp. Mt.〕). 이러한 말씀들 배후에는 구약 및 유대 전승에 잘 알려져 있었던 해석학적 원리, 소위 모형론이 자리를 잡고 있었다: 종말의 때는 과거에 선포된 구원의 때를 완성하는 갱신을 가져올 것이다(참조. 사 43:16 - 21; 54:9f.). 그리고 이제 유대교에 특이한 방식으로 예수는 '에스카톤'(eschaton)에 기대된 이러한 대체를 현재와 관련시켰다. 예수는 자기가 사람들이 기대하고 있는 종말 때의 선지자라고 공식적으로 주장하지 않았다는 점이 특징이다. 오히려 베일에 싸인 독특한 어법으로 예수는 자신의 사역의 정수(精髓)에 관하여 말함으로써 문제의 진실을 드러내었다. 자신의 사역을 하나님이 수행하고 있는 그 무엇으로 받아들인 사람은 누구나 그 내용에 관하여 이렇게 결론을 내릴 수 있었다: "요나보다 더 큰 이가 여기에 있으며". 여기서 회개는 궁극적인 의미로 요구되었고 수행되었다.[17] 마찬가지로 공동체에서도 예언과의 이러한 시사적인 관련성은 하나의 명칭을 통해서 표현된 것은 아니지만 아마도 드물게 사용된 명칭인 "하나님의 종"을 통해 표현되었을 것이다. 그럼에도 불구하고 예수의 사역과 그의 삶의 여정에 관한 기사들은 이러한 선지자 모형론의 도움을 받아 해석을 토대로 형성되었다.[18]

랍비라는 칭호와 선지자들과의 대비 이외에도 정체를 규정하는 여러 명칭들이 아주 산발적으로 예수에게 적용되었다.

3. 다윗의 자손

a) 마가복음에 나오는 대개는 역사성 있는 이야기에 따르면 여리고에 살던 한 소경이 예

---

17) L. Goppelt, *TDNT* VIII, 253-56에 나오는 문헌 증거.

18) Goppelt, *Typos*, pp. 70-97; Hahn, *Titles*, pp. 378 - 388는 신명기 18:15 이하에 의한 "모세와 같은" 종말론적 선지자에 대한 유대적 기대를 단순히 응용한 것이라고 함으로써 예수와 선지자들과의 이러한 관련성이 구원사적 성격은 물론이고 기독교 독자적인 기원을 갖고 있음을 간과하고 있다.

루살렘으로의 순례길에 있는 예수를 향하여 "다윗의 자손 예수여, 나를 불쌍히 여기소서" (막 10:46f.)라고 소리를 질렀다. 우리는 이 간청의 말을 이 전승의 역사적 알맹이로 볼 수 있을 것이다.[19] 이 말은 단순히 그 당시 널리 알려져 있었을 예수의 출신이 다윗 가문이라는 것을 의미하지는 않았다(참조. 롬 1:3). "다윗의 자손(히. *ben - dawid*)"은 종말 때의 구원의 왕을 가리키는 전문 용어였다. 바리새파적 회당 유대교의 기대는 점점 더 강렬하게 그의 오심에 집중되었다. 이와 같은 기대는 아주 일찍이 솔로몬의 시편(17f.; 참조. 17: 21)에 표현되어 있었으며 기도 속에서는 열여덟개의 기도문의 열네번째 간구로 들어있었다.[20] 물론 '벤 다윗'에게서 이적적인 치유가 기대되지는 않았지만, 그러한 것이 소경이 북받쳐오르는 말을 통하여 나사렛으로부터 온 선지자로부터 도움을 얻고자 하는 시도를 방해하지는 못했다.

마가에게서 '벤 다윗'에 대한 이러한 기대는 전설에 의한 첨가를 가진 예루살렘 입성에 관한 이야기 속에서 수수께끼 같은 환호에만 유일하게 언급되어 있다: "찬송하리로다 오는 우리 조상 다윗의 나라여"(막 11:10). 마태는 이렇게 바꾸어 놓았다: "호산나 다윗의 자손이여"(마 21:9, 15).

따라서 전승의 견지에서 우리는 보른캄이 주장했듯이(*Jesus*, pp. 172f.) 사람들이 예수에게 아주 빈번하게 메시야적 왕의 기대를 걸었던 것처럼 말할 수 없게 된다. 단지 사람들은 예수를 메시야를 참칭하는 사로 로마인들에게 고발할 수 있었다는 것은 옳은 말이다.

b) 예수는 이러한 개념들을 스스로에게 적용하였는가? 마가복음 12:35 - 37a 및 그 병행구에 따르면 예수 자신은 다음과 같은 질문을 제기했다고 한다: 메시야는 다윗의 자손인가, 다윗의 주인가? 더욱이 예수는 이에 대하여 시편 110:1에 따라 메시야는 다윗의 주가 되어야 한다고 대답했다고 한다. 그렇다면 — 당연한 질문이겠지만 — 사람들이 어떻게 예수를 다윗의 자손으로 부를 수 있었을까? 하지만 이러한 문제 제기 방식은 예수의 상황이 아니라 팔레스타인에 있던 초대 교회의 기독론과 일치했다. 이렇게 목적 지향적인 예수의 설명과 마찬가지로 로마서 1:3 이하에 나오는 고대의 신앙고백은 다윗의 혈통을, 부활을 통한 메시야적 통치자로의 취임과 반대되는 겸비함의 징표로 평가하였다. 사도행전 2:36에 나오는 정형어구도 그리스도와 주를 동일하게 놓았다. 초기 팔레스타인 교회의 이러한 이해가 마가

---

19) 그를 "다윗의 자손"으로 부르는 것은 그 눈먼 사람이 나중에 예수를 '라부니'(막 10:51)로 부르는 것을 막지 않았다. 더욱이 "불쌍히 여기소서"라는 외침은 고대의 유대 세계와 헬레니즘 세계에서 친숙한 표현이었다(R. Bultmann, *TDNT* II, 485 n. 102.).
20) 이 간구는 그 기원에서 예수 시대에까지 거슬러 올라간다(A. S. van der Woude, *TDNT* IX, 521ff.).

복음 12장의 단화에 나오는 형태를 넘어 발전되었던 예수의 논평들 속에 그 발단을 가지고 있었을 가능성이 있다. 어쨌든 자신의 파송에 관한 예수의 말씀들 속에서 다윗과 같은 구원의 왕에 대한 기대는 어떠한 역할도 하지 못했다.

c) 신약 기자들 가운데 마태만이 "다윗의 자손"(1:1; 9:27; 12:23; 15:22; 21:9, 15)이라는 명칭에 강조점을 두었다. 이렇게 함으로써 그는 변증의 목적을 가지고 오랫동안 기다렸던 메시야가 예수를 통하여 왔다는 점을 강조하려고 하였다.

자신의 파송에 관한 그 무엇을 시사해줄 수 있을 뿐 존귀한 명칭 "다윗의 자손"이 아니었던 예수의 다윗 혈통은 팔레스타인 전승에서 나와 헬레니즘적 교회의 기독론에서도 보존되었던 유일한 것이었다. 그것은 팔레스타인의 신앙고백적 정형 어구인 로마서 1:3 이하(=딤후 2:8), 요한계시록의 그림 같은 언어(5:5; 22:16), 두개의 족보(마 1:1-17; 눅 3:23-38)에 등장한다. 두개의 족보는 그 분류에서 성경적인 족보였다. 그것들의 목적은 예수의 다윗 가문의 조상들을 나타내보이려는 것이 아니었고 예수를 나름대로의 방식으로 구약의 구원사의 목표로 특징지우려는 것이었다. 이 두 경우에 혈통은 결국 동정녀 탄생으로 중단이 되고 만다. 하지만 적어도 마태에서는 이름들의 목록은 이러한 중단을 염두에 두고 처음부터 계획되었던 것이다.

결론적으로 회당에서 그토록 지배적으로 사용되었던 약속된 자에 대한 명칭은 예수의 지상 사역에서 거의 모습을 드러내지 않았다. 아마도 예수는 이따금 외부인에 의하여 이런 호칭으로 불렸을 것이고, 그는 지금은 사라지고 없는 정형적인 어구들을 통하여 이러한 기대에 비판적인 반응을 보였을 것이다. 회당에서 기본적으로 '벤 다윗'과 동의어로 사용되었던 "메시야"라는 호칭의 사용에 대해서는 사정이 완전히 다르다.

4. 메시야

교회와 신학은 관습적으로 예수의 메시야됨과 구약의 메시야 예언들에 관하여 질문을 던져왔다. 하지만 그렇게 하는 데에 그들은 구약 혹은 유대교에서 통용된 의미가 아니라 초기 팔레스타인 교회에서 먼저 발전되었던 의미로 "메시야"를 사용하여 왔다(히브리적 의미에서의 "메시야"는 신약에서 오직 요 1:41; 4:25에서만 나타난다.).

a) 구약에서

'마쉬야(*mashiah*)'(헬. *ho christos*, "기름부음 받은 자")라는 단어는 아직 종말에 구원을 중보하는 자를 지칭하지 않았다. 여호와와 그 기름부음 받은 자에 관하여 말하고 있는 시편들은 본질적으로 당시의 이스라엘 왕을 염두에 두고 그 단어를 사용하였다. 따라서 시편 2:2에서는 이렇게 말한다: "세상의 군왕들이 … 여호와와 그 기름부음 받은 자를 대적하며"(참조. 시 18:50; 20:6 등).

구약 이후 시대에 와서야 비로소 "기름부음 받은 자"는 왕의 시편들에 대한 종말론적 해석에 힘입어 종말 때에 구원을 중보하는 자를 가리키는 호칭이 된다. 그것은 이중의 의미로 사용되었다. (1) 일반적으로 "기름부음 받은 자"는 다윗 계열의 구원의 왕이었다. 이 인물은 솔로몬의 시편 17:32과 18:5, 7에서 "주의 기름부음 받은 자"로, 에스라4서(7:28; 12:32)과 수리아 바룩서(예를 들면, 29:3)에서 "기름부음 받은 자"(찰스는 "메시야"로 번역하고 있다. 이 용어를 절대적 용법으로 사용한 가장 오래된 문헌은 아마도 1QSa 2:12일 것인데, 거기서는 메시야적 왕을 염두에 두고 사용되었다)로 언급되었다. (2) 이러한 용법과 나란히 우리는 비록 드물기는 하지만 이 호칭이 일반적으로 종말 때에 구원을 중보하는 자를 의미하는 데 사용되었다는 것을 발견한다. 1QS 9:11에 따르면 에세네파는 기름부음 받은 자에 관하여 "아론과 이스라엘의 메시야들"이라는 표현을 쓰고 있다. 에녹1서 48:10; 52:4에서는 인자가 "그의 기름부음 받은 자"로 언급되어 있기도 하다. 이 호칭의 이러한 용례는 마치 그것이 극히 예외적인 것인 양 제쳐두어서는 안될 것이다.

b) 공관복음서에서의 용례

복음서 기자들은 때때로 "그리스도"(the Christ)에 관하여 보도하기도 하고 "그리스도"라는 이름을 사용하기도 했다(예를 들면, 막 1:1). 하지만 지상의 나날들로부터 유래하는 전승으로서의 이 호칭은 단지 두 군데 — 마가복음 12:35을 제외한다면 — 즉 베드로의 신앙고백 및 예수의 재판 장면에서만 등장한다.

c) "그리스도"에 대항하는 소송 절차

마가복음 15:26과 그 병행구에 따르면 예수는 십자가 위에 "유대인의 왕"이라고 씌어진 명패 아래서 죽었다고 한다. 이 언급은 역사성이 있을 가능성이 매우 높다. 이 명패는 마가복음 15:32과 그 병행구에 따르면 조롱하는 대제사장들이 "그리스도, 유대인의 왕"이라고 표현한 말을 로마식으로 진술한 것이다. 따라서 마가에 나오는 산헤드린 앞에서의 재판 장면은 "네가 찬송받을 자의 아들 그리스도냐"(막 14:61 par.)라는 대제사장의 질문에 초점을 맞추고 있다. 그러자 예수는 다음과 같이 대꾸하였다: "내가 그니라 인자가 권능자의 우편에 앉은 것과 하늘 구름을 타고 오는 것을 너희가 보리라". 이 진술들이 얼마나 역사적이냐 하는 것은 오직 수난 설화의 분석을 하는 가운데 논의될 수 있다. 하지만 그러한 것과는 무관하게 예수가 자기 자신을 그리스도 즉 구원의 왕으로 나타내고자 했다는 의심을 받았고 이에 따라 사형 선고를 받았다는 것은 여전히 기정 사실이다(§21, 2a).

d) 베드로의 신앙고백

마가복음 8:29 및 그 병행구와 요한복음 6:69이 상호 독립적으로 기록하고 있듯이 베드로는 가장 내밀한 제자들 가운데서 — 가장 오래된 정형 어구를 따르면 — "그리스도"라는 이름으로 예수에 대하여 신앙고백을 하였다.

마가복음 8:27-33의 단화는 여러 전승 요소들이 결합되어 짜여졌다. 불트만으로부터 퍼져나온 연구 학파 내부에서 보른캄[21], 콘첼만[22]은 그 요소들 가운데 어는 것도 예수에게로 거슬러 올라가는 것이 없다고 판단한 데 반해 한(F. Hahn)[23]은 27a, 29, 33이 원형이라고 주장하였다. 베드로는 예수가 스스로를 메시야적 왕으로 단언할 것이라고 기대하고 말을 했지만 심하게 꾸중을 들은 것이라고 그는 생각하였다. 29절 이하와 33절 사이의 부드러운 전환은 이러한 재구성을 밑받침하고 있다. 그런데도 베드로의 이러한 기대는 세베대의 아들들의 요구에도 불구하고(막 10:37 par.) 매우 가능성이 희박한 듯이 보인다. 왜냐하면 예수의 모든 말씀은 이와는 정반대의 것을 말하고 있기 때문이다. 후대에 예수에게 부가된 것이 아님이 분명한 33절의 꾸짖음("사단아 내 뒤로 물러가라")은 그 초점을 다가오는 고난의 선포에 대한 그의 저항에 맞추고 있었음이 거의 틀림없다.

지금 고찰 중인 본문에서 "그리스도"라는 호칭은 메시야적 왕을 의미하지 않았다. 마가복음 8:27-29a에 따르면 베드로는 백부장과 마찬가지로(마 8:5-13 par.) 예수는 자기에게 백성들이 생각한 것 "이상", 선지자 "이상"이라는 것을 믿음 속에서 밝히는 대화에 의해 촉발되었다. 선지자는 구원의 왕에 의해 대체되는 것이 아니라 일반적으로 예를 들면 인자와 같이 완전히 다른 형태로 나타날 수도 있었던 약속된 분에 의해 대체되었다.

이러한 일반적인 의미로 팔레스타인의 초대 교회는 "메시야"라는 호칭을 사용하였고 승귀되신 분과 관련하여 하나님이 그를 "주와 그리스도"로 삼으셨다고 고백하였다(행 2:36; 참조. 롬 1:3f.).

---

21) *Jesus* (1960), pp. 176f.
22) *Theology*, p. 130.
23) *Titles*, pp. 223-28.

그러므로 전승 비평적 질문은 실질적인 내용이라는 문제와 관련하여 다음과 같이 제기되어야 한다: 제자들은 부활절 이전에 예수를 약속된 분으로 인식하고 그를 이러한 일반적인 의미에서 "메시야"로 지칭할 수 있었을까? 불트만의 견해로는[24] 예수의 사역은 메시야에 대한 구약 및 유대의 어떠한 심상들과도 일치하지 않았고 예수가 자기 자신에 대한 새로운 메시야적인 심상을 제시하지 않았기 때문에 그러한 것은 불가능하였을 것이라고 한다. 물론 두 가지 핵심이 잘 지적되었다. 그러나 예수는 결코 정의라는 관점에서 개념들과 용어들을 전개하지 않았다. 오히려 예수는 "하나님 나라"나 "회개"와 같은 관습적인 용어들의 성취라는 관점에서 새로운 내용을 채웠던 것이다. 그러므로 세부적인 내용에 관한 질문을 던지는 것이 꼭 필요하다.

(1) 예수는 실제적인 성취를 통하여 약속된 자에 대한 새로운 심상을 형성하였는가? 그는 랍비 또는 선지자처럼 말하고 행동했지만, 그 이면에는 항상, 위에서 본 바와 마찬가지로, 자기를 통하여 구원의 약속이 성취되고 있으며 '바실레이아'(*basileia*)가 인류에게 다가오고 있다는 주장이 있었다. 그러므로 이러한 규정이 실질적 내용의 차원에서 어떻게 결론지어져야 하는가는 마태복음 11:2-6 및 그 병행구에서 분명해진다. 공관 전승에 따르면 세례 요한은 예수의 지상 생애 동안에 그의 "메시야됨"을 진지하게 고려하였던 유일한 인물이었다. 그리고 그는 예수의 사역이 구약 및 유대교의 메시야 상(像)과 어느 정도로 같은가에 대해서가 아니라 약속의 성취에 대해서 물었다. 그는 "오실 그이가 당신이오니이까"라고 물었고, 예수는 이에 대해 계산이 가능한 개별적인 예언들이 아니라 모든 예언들을 통하여 선포된 구원의 때의 핵심적인 내용들을 언급하였다. 따라서 예수는 수수께끼 같은 말을 던졌다: "누구든지 나를 인하여 실족하지 아니하는 자는 복이 있도다". 그러므로 이렇게 물어보아야 한다. (2) 예수가 이런 의미로 약속된 자이기를 원했다는 것이 제자들에게 이해가 되었는가? 마가복음 4:11 및 그 병행구, 마태복음 11:25 및 그 병행구에 따르면 예수는 다른 사람들로부터 숨겨진 이 차원, 즉 그의 사역의 숨겨진 비밀을 이해한 사람들에 대하여 말하였다. 이것은 바로 제자들 가운데 가장 내밀한 그룹에게 해당하는 말이 아니었을까? 믿음을 일으키는 것을 목표로 하는 대화가 그 사역의 본질적인 요소였던 예수는 그들을 이러한 믿음의 인식으로 이끌지 않았겠는가? (3) 그리고 그들은 이러한 믿음의 인식의 결과를 "메시야"라는 호칭으로 표현할 수 있었지 않았나? 부활절 이후의 최초의 공동체는 정확히 바로 그와 같이 했다. 바로 그러한 것의 예비적인 단계들이 예수의 지상 생애 동안에 그의 지도 하에 가능하지 않았을까? "메시야"라는 호칭은 이미 유내교에서 — 드물게 사용되긴 했지만

---

24) *Theology* I, §4.

— 이러한 일반적인 의미로 사용되고 있었다(§17, 4a).

이런 식으로 이해하게 되면 베드로의 진술은 희미한 기대로서만이 아니라 지상 생애 동안의 신앙고백으로 인식될 수 있다. 물론 그것은 미리 앞선 인식과 혼란스러운 의구심들로 뒤죽박죽된 급박한 상황 아래서의 신앙고백일 뿐이었다. 그리고 물론 그것은 실질적 내용의 견지에서 부활절 이후의 최초의 공동체의 신앙고백과는 아직도 거리가 먼 신앙고백이었다.

e) 이 신앙고백은 예수의 지상 생애라는 상황 속에서 어떤 의미를 가지고 있었는가? 예레미아스(J. Jeremias)[25]의 견해에 의하면 이 신앙고백은 예수와 그의 제자들 사이의 관계에서 전환점을 가져왔다: 그날 이후로 모든 식사는 메시야적 식탁 교제였다. 하지만 마가의 편집조차도 그 정반대의 것을 보여준다. 그 편집은 신앙고백을 지상 사역에 대한 전반적인 해석으로서 마가복음의 중간에 놓은 것이 분명하지만, 그 신앙고백은 다가오는 고난에 대한 선포에 의해 압도당함으로써 이 단화는 고백을 행한 자를 꾸짖는 것으로 끝나고 있다.

예수가 이 신앙고백 — 그 서술은 후대의 공동체에서 통용된 의미로 사용되었다 — 에 대하여 베드로를 인정한 보충적인 부분은 마태에 처음으로 나온다(16:17). 하지만 마가에서 그는 인자의 고난에 관한 최초의 말씀을 통하여 이 신앙고백을 발전시켰으며, 베드로는 처음에 좇을 수가 없었다. 그런 후에 아주 일관되게 마가는, 예수로 하여금 인자에 관한 말씀을 통하여 자신의 메시야됨에 관한 대제사장의 질문에 답하도록 하였다(막 14:62 par. 마 26:64).

역사적으로 가장 오래된 전승층의 전반적인 묘사는 이 신앙고백은 마지막으로 암중 모색하는 신앙의 돌출이었고, 무엇보다도 예수의 삶에서 전개되는 사건들로부터 생겨나는 곤혹스러운 의구심들로 인하여 즉시 의문이 제기되었다는 것을 보여준다.

그렇다면 이 신앙고백이 부활절 이전에 이미 때때로 표현되고 있었는지를 결정하려고 하는 의도는 무엇인가?

1) 물론 이 신앙고백이 표현되었다는 것이 본질적으로 중요한 것은 아니다. 그보다 더 중요한 것은 예수가 그 신앙고백이 표현하고 있는 바와 같았느냐의 여부이다. 이런 이유로 물론 마가도 그것을 자신의 복음서 한가운데에 놓았던 것이다. 결국 예수가 자기를 통하여 하나님 나라를 현재에 도래하게 하고 있는 분, 자기를 통하여 약속을 성취하고 있는 분이 아니라면 그의 말씀들은 공허하게 되고 그의 부활은 무의미한 이적이 되어 버린다. 한 사람의 랍비이자 선지자인 사람이 고립적으로 부활했다는 것이 무슨 의미가 있을 수 있는가?

2) 하지만 이 본질적인 고찰은 역사적 개연성에 관한 판단에 의하여 밑받침되고 있다. 예

---

25) *The Eucharistic Words of Jesus* (1966), p. 205.

수가 약속된 자였지만 스스로는 그것을 알지 못했고 그것을 자신의 가장 가까운 제자들에게도 밝히지 않았다는 가정은 훨씬 더 개연성이 없는 듯하다. 부활절 이전에 그가 메시야일 것이라는 생각이 오직 그의 대적들에 의해서만 미리 알려졌고 예수 자신에 의해서는 전혀 암시되지 않았다고 한다면 제자들이 부활절 이후에 이 신앙고백을 형성했을 것이라는 생각은 별로 개연성이 없는 것 같다 ― 예수는 부활을 통하여 메시야가 되었다.

가장 초기의 복음서 기자는 이 문제에 대한 부활절 이전과 이후의 관계를 "메시야 비밀"(막 8:30; 9:9f.)을 통하여 표현하였다. 하지만 메시야 비밀은 단순히 마가의 이론이었던 것은 결코 아니었다(§16, 2a). 그것은 분명히 여러 층의 핵심적인 전승 복합체였음이 분명하다. 그 전승 모체에 대한 분석은 예수의 "메시야됨"의 양식을 좀더 분명히 하는 데 도움이 될 수 있다.

5. 메시야 비밀

a) 마가의 전승 자료

브레데가 메시야 비밀이라고 언급한 마가복음의 복합체들은 네 부류의 말씀들을 포함하고 있었다. 브레데 이후의 신약 연구에서 분명하게 되었듯이[26] 그 말씀들은 문학적 통일체를 이루고 있었던 것이 아니라 여러 수준의 전승에 속해 있었다. 우선 우리는 선승사적으로 시로 다른 출처를 가지고 있었던 세 부류의 침묵 명령을 살펴보기로 하겠다.

1) 예수는 자기를 하나님에 의해 보내심을 받은 자라고 말한 귀신들에게 침묵을 명하였다(막 1:25 par. 눅 4:35; 1:34; 3:12 par. 마 4:16, 집합 기사). 귀신들의 방어적인 "환호"와 침묵 명령은 축사(逐邪)의 전형적인 요소에 속했다. 전자의 요소는 마가복음 5:7에도 나타난다. 마가는 이 특징을 전승으로부터 빌어와서 다시 강화시켰다.

2) 예수는 고침을 받은 자들에게 자신들의 치유에 관하여 다른 사람들에게 말하지 말라는 명령을 하였다: 막 1:44 (par. 마 8:4; 눅 5:14, 마가에 의해 강화됨); 5:43 (par. 눅 8:56; 마태에 의해 제거됨); 7:36, (병행구 없음). 마지막 전거는 마가에 의해 형성된 집합 기사였다: "예수께서 저희에게 경계하사 아무에게라도 이르지 말라 하시되 경계하실수록 저희가 더욱 널리 전파하니". 마찬가지로 마가복음 6:53-56의 요약문은 모든 병자들이 예수에게로 왔고 그는 그들을 고쳤다고 설명한다. 예수의 이적 사역을 대중들이 모르게 할

---

26) 가장 최근의 분석: J. Roloff, "Das Markusevangelium als Geschichtsdarstellung," *EvTheol* 29 (1969), 84 - 92.

수는 없었다. 침묵 명령은 이 원동력에 대한 인식을 고조시키는 은박지 역할을 했다. 이것들조차도 일부는 이미 전승에 속하는 것이었을 것이다.

3) 이와는 대조적으로 세번째 부류의 말씀들은 마가에 독특한 것들이었다. 그것은 세 요소로 이루어져 있었다. 베드로의 신앙고백과 변화산 사건에서 예수는 자기 제자들에게 ― 오직 그들에게만 ― 자신의 메시야됨을 밝혔다. 이와 아울러 그는 제자들에게 자기가 부활하기 전까지는 이 비밀에 대하여 함구하라고 명령했다(막 8:30 par. ; 9:9 par. 마 17:9). 그러나 제자들은 거듭거듭 예수를 오해하였다(막 4:13; 6:52; 8:17f., 21; 9:10; 10:32). 마지막 요소 ― 제자들이 이해하지 못했다는 사실 ― 는 다른 복음서 기자들에게 너무 못마땅한 것이었으므로 그들은 그것을 전혀 사용하지 않았다.

4) 이 말씀들과 결정적으로 구별되는 것은 네번째 부류의 말씀들이었다. 마가복음 4:11 및 그 병행구에 따르면 예수는 수수께끼 같은 강화(講話)를 통하여 "하나님 나라의 비밀"을 숨겼으므로 외부인들이 그것을 이해할 수 없었다. 이 말씀은 침묵을 지킬 것을 명한 바 있는 메시야됨이 아니라 은폐된 태도로 언급되고 있었던 하나님 나라의 비밀을 말하고 있었다. 이 구절은 분명히 전승을 토대로 마가에 의해 비유적 강화 속에 삽입되었다(이 구절은 '파라볼라이'(*parabolai*)를 말하고 있음에 반해 이 구절 이전과 이후에서는 오직 하나의 비유만이 언급되었다.).

따라서 좁은 의미의 메시야 비밀은 오직 세번째 부류의 말씀들, 즉 주로 마가에 독특한 전승 자료의 복합체에서만 찾아볼 수 있고, 이와 아울러 "하나님 나라의 비밀"은 마가에 앞선 전승임을 보여주는 네번째 부류의 말씀들 속에서 찾아볼 수 있다. 이제 이 두 전승 복합체를 좀더 자세하게 살펴보기로 하자.

b) 마가의 이해

마가는 그의 "메시야 비밀"에서 제자들을 향한 특별한 계시, 침묵 명령, 오해라는 일련의 내용이 어떻게 이해되기를 의도하였는가? 특별 계시와 침묵 명령 간의 연계는 팔레스타인 유대교에 널리 퍼져 있었던 비의적인 전승을 생각나게 한다.[27]

이 전승은 주로 두 분파에서 찾아볼 수 있었다. 그것은 묵시론의 본질적인 요소였다: 하나님의 비밀들은 이 세상이 지속되는 한 오직 의인들, 즉 묵시 사상가들과 그 추종자들에게만 계시되었다. 오직 나중에 때의 정점에 이르면 그 비밀들은 모든 사람에게 공개될 것이

---

27) E. Sjöberg, *Der verborgene Menschensohn in den Evangelien* (1955), pp. 1-10; Jeremias, *Jerusalem* (1969), pp. 237-245; cf. n. 28.

다. 묵시 사상가들에게 이 비밀의 내용은 하나님의 본성, 세상의 구조, 세상에 대한 하나님의 계획이었다. 무엇보다도 이 비의적 전승은 쿰란에서 찾아볼 수 있었다.[28] 여기서 그 전승은 제도적으로 통합되어 있었다: 비밀들은 오직 이 분파의 구성원들에게만 전수되었다. 비밀들은 영을 통하여 의의 교사에게 계시되었던 것들, 즉 토라의 본질적인 의미, 하나님의 본성, 하나님의 세계 계획이었다. 철저한 보안 훈련을 통하여 이 분파의 구성원들은 이러한 비밀들을 외부인들에게 누설하는 것이 금지되었다.

브라운(H. Braun)의 견해에 의하면[29] 예수 자신은 비의적 전승과 아무 관련이 없었는데, 마가가 그것을 유대교로부터 빌어와서 예수에게 적용하였다고 한다. 일련의 내용의 처음 두 요소, 즉 특별한 계시와 침묵 명령은 에세네파의 비의적 전승에서 공식적으로 그 병행을 찾아볼 수 있었지만, 세번째 요소인 제자들의 이해 결여는 그 병행이 없었다. 비의적 전승의 틀 내부에서 비밀을 전수받은 자들은 지식을 갖게 된 자들이 되었는데 반해 마가에서 제자들은 거듭거듭 이해하지 못한 자들로 묘사되었다. 그들은 믿은 자들이었지만 당혹스러운 불확실한 사건들에 종속되어 있었기 때문에 이해하지를 못했다. 마지막으로 특별한 계시를 통하여 제자들에게 전수된 것은 다른 사람들이 모르는 지식이 아니었다. 오히려 예수는 제자들에게 믿음에 대한 지식을 깨우쳤다. 베드로의 신앙고백을 가져온 대화는 믿음의 지식을 지향한 대화였다. 그들에게 깨우쳐진 믿음에 대한 지식은 예수의 생애가 그 목표점에 도달한 후, 즉 부활절 후에 모든 사람들에게 알려졌고, 제자들은 그때 그것을 좀너 분명하게 이해했을 것이다.

따라서 마가에 독특한 메시야 비밀에 관한 일련의 진술들은 비의적 전승의 특징들을 지니고 있기는 하였지만 그 개념의 핵심적인 내용은 비밀에 대한 지식이 아니라 믿음에 대한 지식이었기 때문에 그러한 표제어로 포괄될 수 없었다. 비밀에 대한 지식은 대중에게는 은폐된 주제를 포괄하고 있었지만, 믿음에 대한 지식 자체는 언제나 의심과 싸워야 했다.

그러므로 부활절 이전의 마가의 구도 — 예수의 메시야됨을 제자들로 하여금 알게함, 침묵 명령, 오해, 그리고 (부활절 이후에) 공공연한 선포 — 는 비의적 전승으로부터 빌어온 것이 아니었다. 오히려 마가는 예수 전승에 담겨 있는 예수에 관한 묘사와 부활절 이후의 공동체의 케리그마 사이의 차이를 표현하기 위하여 "하나님 나라의 비밀"에 관한 더 오래된

---

28) 물론 문자 그대로는 그것은 오직 1QS (예를 들면 5:15f.; 9:16f.)와 1QpHab에만 언급되어 있고 CD에는 나오지 않는다(참조. Josephus *War* 2.8.7f.). 참조. H. Braun, *Radikalismus* I, 162 under this term; Braun, Qumran II, 235 - 242.

29) *Radikalismus* II. 21 n. 4.

전승으로부터 비의적 전승의 도움을 받아 그것을 신학적으로 발전시켰다고 해야 한다. 더욱이 마가는 이러한 예수의 상(像)을 "복음"(막 1:1), 즉 그리스도의 은폐된 출현에 관한 구원의 메시지로서 나타내기 위하여 그렇게 했던 것이다. "메시야 비밀"이라는 구도는 "복음서"라는 장르의 창출에 도움을 주었다. 이제 마가가 이용할 수 있었던 전승에 대한 분석으로 넘어가 보기로 하자.

c) 마가 이전 및 동시대의 메시야 비밀

물론 마가는 이 말씀을 전승으로부터 빌어왔다: "하나님 나라의 비밀을 너희에게는 주었으나 외인에게는 모든 것을 비유〔수수께끼 같은 강화〕로 하나니"(막 4:11).

하나님 나라의 비밀은 무엇이었는가? 공관복음서에서 오직 이곳에만 나오는 "비밀"(*mysterion*)이라는 용어는 유대교 및 초기 기독교의 언어 용법에서(예를 들어, 롬 11:25) 종말의 때를 위한 하나님의 구원 계획을 가리켰다.[30] "하나님 나라의 비밀"은 하나님 나라의 종말적 도래의 양태였다. 예수 전승에서 이 비밀은 하나님 나라의 임박한 도래가 아니라(참조. 막 1:14f.) 예수의 사역 속에서의 그 현재적 도래 및 그 본질적 의미였다. 이 비밀의 인식은 실제로 제자들에게만 하나님에 의해 "주어졌다"(마 13:11f.).

이 말씀의 후반부에 나오는 이러한 계시에 대응되는 것은 수수께끼 같은 강화를 통한 은폐였다(우리가 이 말씀을 비유적 강화의 편집상의 문맥으로부터 제거한다면, '파라볼레(*parabole*)'는 히브리어 '마샬(*mashal*)'의 의미를 포함하여 "수수께끼 같은 강화"로 번역되어야 한다.). 수수께끼 같은 강화를 통한 은폐는 예수의 사역 속에서 관찰될 수 있었는가? 우리는 예수의 말씀과 행위의 배후에는 언제나 간접적으로만 표현된, 즉 특이하게 예수의 인격과는 거리가 먼 방식으로 표현된 주장이 있었다는 것을 되풀이하여 주목하게 된다.

따라서 (1) 하나님 나라의 현재적 도래는 특이하게 예수의 인격과 거리가 먼 방식으로 선포되었다: "그러나 내가 하나님의 성령을 힘입어 귀신을 쫓아내는 것이면 하나님의 나라가 이미 너희에게 임하였느니라"(마 12:28 par.), "하나님의 나라는 너희 안에 있느니라"(눅 17:21). 이렇게 은폐된 주장은 신학적 고찰을 통해서가 아니라 비유들을 통해서만 분명해졌다. 비유는 청중들에게 그 상황에 참여했을 때에만 이해할 수 있게 만들었고 신학적인 진

---

30) G. Bornkamm, *TDNT* Ⅳ, 817 - 19; 이미 묵시문학(예를 들면 Ⅰ Enoch 38:3; Ⅳ Ezra 14:5; Syr. Bar. 81:4.)과 쿰란(예를 들면 1QS 3:23; 4:18)에서는 종말 때의 계시가 어떻게 일어날 것인지에 관한 "비밀"(히. *raz*)은 전수자에게 전달되었다.

술들에 대한 순전히 지적인 토의를 불가능하게 만들었다. 그러한 토의는 이러한 강화의 목표에 훨씬 미달할 수 밖에 없을 것이다. 이런 식으로 이해하게 되면 비유들조차도 일종의 수수께끼 같은 강화였다.

(2) 마찬가지로 예언의 성취에 대해 말하는 방식도 은폐되었다. 예수의 요구들은 어떤 사람의 새로워짐이 현재에서 시작된다는 것을 전제하였다(§9, 3b). 세례 요한에 대한 예수의 답변(마 11:2-6 par.)은 예수의 사역이 행동을 통한 성취임을 단정적으로 보여주었다. 그런데도 예언에 대한 언급은 예수의 인물됨에 대한 언급과 마찬가지로 베일에 싸여 있었다. 마찬가지로 예수의 현재의 때가 구약에 대한 모형론적인 언급들을 통한 성취의 시기라는 특징을 갖고 있다는 것을 말하는 방식도 역시 은폐되었다: "요나보다 더 큰 이가 여기 있으며"(마 12:41 par.).

(3) 예수 자신이 입밖에 낸 유일하게 "메시야적인" 호칭, 즉 "인자"라는 호칭은 상대적인 의미로 사용되었다. 공관 전승에서 오직 예수만이 인자라는 말을 했다. 하지만 그가 이 말을 했을 때는 언제나 자기와는 일정한 거리를 둔 인물을 가리키는 듯 삼인칭 단수로 언급했다. 더욱이 "인자"라는 호칭은 수수께끼 같은 이중의 의미를 지니고 있었다. 아람어에서 "인자"는 기본적으로 "인간 존재"와 동의어였다(§18, 1a).

그러므로 우리는 놀랍게도 수수께끼 같은 강화에 관한 말씀이 예수 전승의 주요한 구조적 요소와 정확히 일치했다는 것을 알게 된다: 예수의 사역의 본질적인 의미, 하나님 나라의 임재, 예언의 성취, 약속된 분에 관한 가장 오래된 전승층에 나오는 모든 진술들은 특히 베일에 싸여있다. 우리는 이 모든 것들에 수수께끼 같은 강화라는 특징을 부여할 수 있을 것이다.

이렇게 베일에 싸인 형태의 화법은 어디로부터 유래하였는가? 그것이 널리 퍼져 있었다는 점을 볼 때 메시야적이지 않았던 사역을 메시야적으로 해석하기 위하여 고안된 것으로서 후대에 전승 속으로 도입되었을 가능성은 없다. 그 구조라는 측면에서 볼 때 그것은 초기의 기독론이 아니라 오히려 예수의 사역의 본질에 일치한다. 예수는 믿음을 통하여 사람들을 구원하기를 원했기 때문에 표적에 대한 요구를 거절하여야 했다. 이런 이유로 예수 사역의 본질적 의미는 그 초월적 중심을 떠나서는 이해할 수도 없었고 이해가 허용되지도 않았다. 이런 까닭에 예수의 주장은 자기의 인물됨과 거리를 두어야 했고, 그 인물됨이 이해될 수 있을 때까지 은폐되어야 했다. 청중들은 중요한 문제를 표상하고 있는 인물을 제한적으로나마 알지도 못한 채 그 중요한 문제에 부딪쳐야 했다. 이러한 은폐는 부활절 이후로 끝이 났고, 예수는 공개적으로 약속된 분으로 선포되었다. 하지만 종말론적 구원의 계시의 은폐는 여전히 계속되었다. 바울은 고린도교인들이 '소피아(*sophia*)', 즉 이성에 기초한 증거를 열망하는 데 대응하여 고린도전서 1:20-24에서 이 점을 강조하였다: 하나님은 믿는 자들을 구원하기 위하여 어리석음과 약함 속에서만 자신을 계시함을 통해 은폐하셨다. 신학사 속에서 루터의 '십자가의 신학'(*theologia crucis*)만큼 이 주제를 더 극명하게 다룬 사람은 없었다.[31] 믿음을 통한 구원의 계시라는 이 은폐는 예수의 지상 생애·동안에 수수께끼 같은 강화를 통한 은폐라는 사실을 조건지웠다.

수수께끼 같은 강화를 통한 은폐 이외에도 바로 그러한 은폐가 Q전승의 말씀 속에 표현되어 있다(마 11:25f. par. 눅 10:21). 내용의 견지에서 이 말씀은 지혜 전승으로부터 왔으며[32] '엑스호몰로게시스'(*exhomologesis*)의 양식으로 언급되었다.

> 천지의 주재이신 아버지여
> 이것을 지혜롭고 슬기있는 자들에게는 숨기시고
> 어린 아이들에게는 나타내심을 감사하나이다
> 옳소이다 이렇게 된 것이 아버지의 뜻이니이다

이 말씀은 하나님이 자기 자신을 드러내시고 예수의 사역을 통하여 그 구원을 드러내신 방법에 대한 감사이다. 이것은 팔복의 가르침에 맞춰서 일어났다. 모든 비밀들 가운데 가장

---

31) "영광의 신학자는 사도와 아울러 십자가에 못박히시고 감춰진 하나님을 인식하지 못하고 있다〔고전 2:2〕. 그는 이방인들 가운데에서의 하나님의 영광스러운 시현(示顯)에 대해서, 어떻게 하나님의 보이지 않는 본성이 보이는 것들에 의해 알려질 수 있는지〔참조. 롬 1:20〕, 어떻게 하나님이 어디에서나 만물 속에서 현존하시며 권능을 베푸시는지에 관하여 말한다. 하지만 영광의 신학자는 아리스토텔레스 … 십자가의 신학자(즉, 십자가에 못박히시고 감춰진 하나님에 관하여 말하는 자)로부터 배운다." (Heidelberg Disputation. *Luther's Works*, Vol. 31 〔1955〕, 227, 225; WA I, 614, 17ff.); 참조. W. von Loewenich, *Luther's Theology of the Cross* (1976).

32) F. Christ, *Jesus Sophia. Die Sophia - Christologie bei den Synoptikern* (1970), pp. 81-99. 는 예수가 여기서 지혜로서 말하고 있었다는 것을 보여주려 한다. 그의 견해로는 이 구절은 마 11:19b par. 28 - 30; 〔눅 11:49 - 51 par. 마 18:34ff.〕; 마 23:37 - 39 par. 에서도 발견되는 지혜 기독론의 표현이었다: "예수는 공관복음서에서 지혜의 대변자이자 담지자(擔持者)로 등장했다. 더욱이 그는 또한 지혜 그 자체로 등장했다"(p. 153). 이 지혜 기독론의 가장 오래된 청중은 — 그의 견해로는 — 아마도 "팔레스타인에 있던 '영지주의화된' 유대적 기독교인 분파들"이었을 것이다. 아마도 예수는 이미 스스로를 지혜로 이해하였을 것이다(p. 154). 내 견해로는 F. Christ는 지혜 전승에서 나온 표현을 빌어 너무도 성급하게 지혜와의 인격적 동일화가 일어났다고 결론내리고 있다(참조. 마찬가지로 U. Wilckens. *TDNT* VII, 515의 비판). 나중에 헬레니즘적 기독론이 지혜(예를 들면, 그 선재(先在))에 관한 진술들을 개념적 보조 수단으로 취했을 때 "지혜 기독론"을 의도한 것은 아니었다.

큰 것은 '하나윔'(*anawim*)에게 계시되었다. 이와 아울러 그것은 자기 자신의 꾀로 살려고 한 사람들에게는 닫혀졌다. 그들이 그것을 간과했을 뿐만 아니라, 그것은 그들로부터 은폐되어 있었다. 누가복음 15:29에 나오는 형은 마음의 완악함에 압도되었기 때문에 완강하게 반대를 나타내었다. 그는 마음의 완악함에 "내어버려졌다"(롬 1:24). 그는 자기와 마주친 예수의 사역을 흘려보냈을 뿐만 아니라 그것은 그의 멸망을 초래하였다(마 11:6 par.). 이것은 예수의 자신의 인물됨에 관한 주장을 은폐하였던 사역을 통하여 직접적으로 지상 생애에서 일어났다. 그 사역을 통하여 관련된 사람들은 어떤 사람의 공식적인 주장이 아니라 이 사람을 통하여 드러내었던 하나님의 활동에 맞부딪쳤다.

d) 메시야 비밀과 그 전승사

1930년대에 이 문제에 관한 논의는 하나의 대안에 그 초점이 맞춰졌다: 불트만과 그의 학파는 브레데와 나란히 메시야 비밀은 복음서 기자인 마가의 이론에 불과하다는 견해를 갖고 있었다. 이들과는 대조적으로 슈니빈트(J. Schniewind)는 마가복음과 마태복음에 대한 NTD 주석서들의 개정판에서 메시야 비밀은 예수의 지상 사역의 현실이었다는 명제를 전개하였다. 이 논의의 개관은 감춰진 인자에 관한 쉐베르그(Sjöberg)의 저서에 나와 있다. 오늘날 이 대안은 진부한 것이다; "메시야 비밀"에 관한 개념들은 네 가지 서로 다른 층으로 나누어진다.

1) 가장 오래된 층은 예수 사역의 구조의 한 요소로서의 메시야 비밀이었다. 예수는 하나님 나라의 현재적 도래, 성취, 인자에 관하여 언제나 특이하게 베일에 싸인 용어로 말을 하였다. 역사적으로 이것은 분명히 예수의 사역의 주요한 특징이었다.

2) 예수의 사역에서 이러한 구조의 요소는 하나님 나라의 비밀(마 4:11 par.)과 감춰진 계시(마 11:25f. par.)에 관한 말씀들에 표현되어 있다. 이 말씀들은 가장 오래된 공동체가 성령의 인도를 받아 회고한 것일 수도 있지만, 그보다는 그 말씀들이 예수 자신에게로 거슬러 올라간다고 하는 편이 가능성이 크다. 이 말씀들은 비밀의 특징을 계시의 은폐 또는 감춤으로 보고 있다.

3) 이러한 전승으로부터 마가는 제자들에게 예수의 메시야됨을 알게 함, 침묵 명령, 예수의 승귀(昇貴) 때까지의 오해라는 구도를 발전시켰다. 이러한 구도의 도움을 받아 마가는 "복음서"라는 장르를 형성하였고 그와 아울러 독자들에게 어떤 사람이 예수를 약속된 분으로 인식할 수 있는 것은 개인적인 성취의 문제가 아니라 그렇게 발견하도록 한 선물이라는 인상을 심어주었다.

4) 마가는 이러한 전승 복합체의 발전 과정에서 작업을 한 데 반하여 마태와 누가는 그것을 억압하였다. 그들은 단지 구원의 계시의 근본적인 은폐성만을 강조하였다(마 11:25f. par.; 16:17). 이 은폐에 관련해서만 전승의 요소들은 재현되었다. 이러한 것은 놀랍게도 공관 전승과는 무관했던 요한복음에서도 찾아볼 수 있다. 예를 들면, 요한복음 10:24에서는 이렇게 말한다: "당신이 언제까지나 우리 마음을 의혹케 하려나이까 그리스도여든 밝히 말하시오". 예수는 이들을 향하여 "내가 너희에게 말하였으되 믿지 아니하는도다"라고 대답하였다.

"메시야 비밀"이라는 맥락에서 보게 되면 "인자"라는 호칭의 사용은 더 뚜렷하게 해명이 된다.

§18. 인자

On 1-5: H. Lietzmann, *Der Menschensohn* (1896); R. Otto, *The Kingdom of God and the Son of Man* (1951); E. Sjöberg, *Der Menschensohn im äthiopischen Henochbuch* (1946); *Der verborgene Menschensohn in den Evangelien* (1955); P. Vielhauer, "Gottesreich und Menschensohn (1957)," in *Aufsätze zum Neuen Testament* (1965), pp. 55-91; "Jesus und der Menschensohn. Zur Diskussion mit Heinz Eduard Tödt und Eduard Schweizer," *Aufsätze*, pp. 92-140; H. E. Tödt, *The Son of Man in the Synoptic Tradition* (1965); E. Schweizer, "Der Menschensohn," *ZNW* 50 (1959), 195-209; Hahn, *Titles*; A. J. B. Higgins, *Jesus and the Son of Man* (1964); C. Colpe, *ho huios tou anthrōpou*, *TDNT* VIII, 400-477. **On 6-8**: G. Dalman, *Der leidende Messias nach der Lehre der Synagoge im ersten nachchristlichen Jahrtausend* (1887); H. W. Wolff, *Jesaja 53 im Urchristentum* (1942); H. Hegermann, *Jesaja 53 in Hexapla, Targum und Peschitta* (1954); E. Lohse, *Märtyrer und Gottesknecht* (1955; 1963²); E. Fascher, *Jes 53 in christlicher und jüdischer Sicht* (1958); W. Zimmerli and J. Jeremias, *pais theou*, *TDNT* V, 654-717; J. Jeremias, *polloi*, *TDNT* VI, 536-545; W. Popkes, *Christus Traditus. Eine Untersuchung zum Begriff der Dahingabe im NT* (1967); E. H. Steck, *Israel und das gewaltsame Geschick der Propheten* (1967); M. Black, "The 'Son of Man' Passion Sayings in the Gospel Tradition," *ZNW* 60 (1969), 1-8; H. Kessler, *Die theologische Bedeutung des Todes Jesu. Eine traditionsgeschichtliche Untersuchung* (1970); H. Patsch, *Abendmahl und historischer Jesus* (1972), pp. 151-225; J. Roloff, "Anfänge der soteriologischen Deutung des Todes Jesu (Mk 10, 45 und Lk 22, 27)," *NTS* 19 (1972/73), 38-64; H. Schürmann, "Wie hat Jesus seinen Tod bestanden und verstanden?" in P. Hoffmann, ed., *Orientierung an Jesus. Festschrift für Josef Schmid* (1973), pp. 325-363. **On 9**: J. Bieneck, *Sohn Gottes als Christusbezeichnung der Synoptiker* (1951); Hahn,

Titles, pp. 279-346; Cullmann, *Christology*, pp. 270-305; W. Kramer, *Christ, Lord, Son of God* (1966), pp. 108-126; B. M. F. van Iersel, *'Der Sohn' in den synoptischen Jesus-worten* (1964²); P. W. von Martitz, G. Fohrer, E. Lohse, E. Schweizer, *huios*, *TDNT* VIII, 336-340, 347-353, 360-62, 366-389; F. Christ, *Jesus Sophia. Die Sophia-Christologie bei den Synoptikern* (1970), pp. 85-99.

이 제목 아래서 우리는 이제 마지막으로 예수의 자기 이해, 그 중에서도 특히 예수의 수난의 비밀 및 예수와 하나님과의 관계의 비밀에 관하여 살펴보고자 한다. 왜냐하면 공관복음서들은 이 모든 문제들을 주로 "인자"에 관한 진술들 속에서 전개하였기 때문이다. 물론 예수가 자기 자신과 자신의 생애를 어떻게 이해하였는가 하는 문제는 궁극적으로 다음과 같은 질문에 달려 있지 않았다: 예수는 "인자"라는 칭호를 자기 자신에 대하여 어느 정도로 그리고 어떤 의미로 빌어썼느냐? 그보다 더 결정적으로 중요한 것은 예수가 사람들에 대한 행동을 통하여 스스로에 관하여 무엇을 표현하였는가 하는 것이다. 하지만 호칭 자체를 검토해보는 것도 이 문제 및 그의 사역의 배경을 정확하고 체계적으로 탐구하는 데 도움이 된다. 이런 이유로 신약 연구는 예수가 스스로 사용한 호칭인 이 호칭에 대하여 충분히 분석하는 데 관심을 보여왔다.

1. 용어의 사용 빈도와 의미

a) 우리는 공관복음서에서 예수가 스스로를 가리키는 호칭으로서 "인자"(*ho huios tou anthropou*)라는 특이한 표현을 70번 가량 사용했음을 볼 수 있다. 이 표현은 독어에서와 마찬가지로 헬라어로도 이상하게 들리는 표현이다. 그것은 상용 아람어 또는 히브리어 표현을 축자적으로 옮긴 것이었다: '바르 에나샤'(*bar' enasha*) 혹은 '벤 아담'(*ben 'adam*)은 예수 당시의 환경에서 집합 단수로서의 "사람" 또는 "한 사람", "어떤 사람"이라는 의미였다. 하지만 그것은 "나"를 나타내지는 않았다. 그것이 전문 용어로 이해되지 않았다면 축자적으로 헬라어로 옮겨지는 일은 생기지 않았을 것이다. 그것은 유대의 묵시론에서 이미 사용되고 있었던 것처럼 공관복음서에서 종말의 때에 구원을 가져오는 자를 가리키는 호칭으로 사용되었다.[1] 이 용어가 원래 이런 저런 경우에 유명 무실한 의미를 가지고 있지는 않았는지를 물어볼 수 있을 것이다.

b) 신약의 다른 곳에서는 이 표현은 요한복음에 12번, 죽어가는 스데반의 환상 가운데

---

1) C. Colpe, *TDNT* VIII, 401-405, 특히 n. 17.

독자적으로 한번, 그리고 마지막으로 다니엘서 7:13(계 1:13f. 와 14:14에서) 로부터의 인용문으로 두번, 시편 8:6(히 2:6에서) 으로부터의 인용문으로 한번 나온다. 마지막으로 언급된 구절에서는 "사람"이라는 일반적인 의미가 염두에 두어지고 있지만, 다른 구절에서는 우리가 "인자"라고 번역할 수 있는 호칭을 염두에 두고 있다.

2. 전승사적 기원에 대하여

단어에 대한 통계학적 분석으로도 이 호칭의 기원에 대하여 중요한 결론을 얻을 수 있다.

a) 분명히 "인자"라는 호칭은 헬레니즘적 교회의 기독론에서 사용된 것이 아니었다. 그것은 신약의 서신 문헌에서는 한번도 나오지 않는다.[2] 헬라어를 말하는 사람들에게 이것은 이해할 수 없는 말이었다. 이그나티우스(Eph. 20:2)는 예수의 인간적 내력을 표현하기 위하여 이 호칭을 사용하였다: "예수 그리스도 안에서 … 인자와 하나님의 아들 …"(LCL, *Apostolic Fathers* I, 195).

b) 그럼에도 불구하고 이 호칭은 주후 100년경에 쓰여진 요한복음에 나타난다. 그것이 복음서 기자 및 그의 공동체의 기독론에서 아무런 위치도 차지하고 있지 않음에도 말이다. 그러므로 그것은 복음 전승의 구조물 가운데 일부였다. 이 전승 속에서 인자에 관한 진술들은 전해졌을 뿐만 아니라 회고를 통하여 증보되었다.

요한의 인자에 관한 말씀들은 공관복음서에서 그것들과 상응하는 말씀들을 좀더 발전시킨 형태라는 것은 아주 분명하다. 예를 들면 마가복음 8:31에서는 "인자가 많은 고난을 받고 … 버린 바 되어 … 사흘 만에 살아나야"라고 말하고 있는데, 요한복음 3:14에서는 "들린다"는 것을 십자가 위에 들린다는 뜻과 하나님에게로 승귀된다는 뜻의 이중적 의미로 이해하여 "인자도 들려야 하리니"라고 표현하고 있다.

물론 인자에 관한 진술들도 공관복음 전승에서 끊임없이 개작되고 있었다. 무엇보다도

---

2) 바울은 아마도 이 직함을 잘 알고 있었을 것이다. 그는 "인자"에 관하여 말하고 있는 시편 8편을 메시야적으로 해석하였고(고전 15:27; 빌 3:21) 그리스도를 예표론적으로 아담과 대비하여 "사람"으로 놓았다(고전 15:21; 롬 5:15). 그러나 그는 결코 그 직함을 사용하지는 않았다.

3) J. Jeremias, "Die älteste Schicht der Menschensohn - Logien," *ZNW* 58 (1967), 159 - 172; Jeremias, *Theology* I, 262f. : 이 직함이 대명사에 의해 대체되었다는 예를 "단 하나도 들 수" 없다. C. Colpe, *TDNT* VIII, 408ff. 도 마찬가지이다. 하지만 나의 견해로는 고백에 관한 말씀의 경우에 예를 들면 누가복음 12:8과 같은 인자에 관한 수수께끼 같은 말은 후대에 마태복음 10:32에서 나-정형 어구를 통해 해독되었다고 본다.

병행 전승 내에서 이 호칭과 인칭대명사는 상호 대체적으로 흔히 사용되었다는 것이 두드러진다. 마가복음 8:27에서 베드로의 신앙고백으로 귀결되었던 그 대화는 "사람들이 나를 누구라 하느냐"는 질문을 도입부로 삼고 있다. 마태(16:13)는 "사람들이 인자를 누구라 하느냐"라는 말로 바꿔씀으로써 이 신비스런 호칭이 이어지는 신앙고백을 통하여 명백하여질 수 있도록 하였다: 인자는 "그리스도시요 살아계신 하나님의 아들이시니이다". 정반대의 방향이긴 하지만 여전히 명쾌하게 해명하려는 동일한 의도를 가지고 마태는 10:32에서 이렇게 표현하였다: "누구든지 사람 앞에서 나를 시인하면 나도 … 시인할 것이요". 이에 대해 누가복음 12:8에서는 이렇게 말하고 있다: "인자도 … 저를 시인할 것이요". 이 호칭은 대체로 인칭대명사가 있던 자리에 삽입되었을 가능성이 그 정반대의 가능성보다 훨씬 높다고 한 예레미아스와 그의 뒤를 이은 콜페(C. Colpe)의 주장은 입증될 수 없다.

c) 하지만 인자에 관한 말씀들의 전승사적 뿌리는 단어에 대한 통계학적 분석에 따라 예수 자신에게서 찾아져야 한다. 그러한 말씀들이 비록 전승 과정에서 상당한 정도로 증가되었다 할지라도 말이다. 왜냐하면 결국 이 말씀들은 철저히 예수 자신에 관한 진술들이기 때문이다.

그러므로 부세(W. Bousset)와 콘첼만(H. Conzelmann)의 저작들[4]에서 인자에 관한 진술들은 그 성격상 팔레스타인에 있던 초대교회의 기독론이었다는 주장을 대할 때 놀라지 않을 수 없게 된다. 하지만 이것은 이 기독론에는 공동체의 단 하나의 정형 어구, 하나의 케리그마, 하나의 신앙고백, 하나의 기도문도 복음서 바깥에 살아남아 있었다는 것을 의미할 것이다. 공관복음서 이외에 인자에 관한 몇몇 진술들은 모두 예언적 환상들(visions)이었다(행 7:56; 계 1:13ff.; 14:14). 그러므로 "인자 기독론"은 오로지 원래 초기 기독교적 예언의 표현이었을 것이다. 그렇다면 최초의 공동체에는 광신적인 묵시적 집단이 있었을 것인데, 이는 바울 서신들로부터의 추론과 반대되는 것이다. 그러나 세부적인 내용에 대한 논의를 통하여 밝혀진 무게 있는 고찰 사항들은 이러한 가정으로 이끌고 있다.

3. 말씀들의 부류 및 그 기원에 관한 논의

공관복음서의 인자 말씀들은 구체적인 부류들로 나누어질 수 있는 의미 심장한 세 가지 개념들을 발전시켰다: (1) 인자는 가까운 미래에 세상의 심판자로서 나타날 것이다. (2) 인

---

4) Bousset, *Kyrios*, pp. 35 - 42("더러는" 구절은 예수로부터 유래하였을 가능성이 있다는 조건을 붙여서); Conzelmann, *Theology*, pp. 132-36.

자는 하나님의 구원 계획에 따라 죽음을 겪고 부활하여야 할 것이다. 그는 다가오는 고난의 선포의 주인공이었다. (3) 인자는 완전한 권능으로 또는 겸비 속에서 이미 현존하고 있다.

이 세 부류의 개념들의 기원은 좀더 최근의 논의에서 다음과 같이 설명되고 있다.

a) 불트만(*Theology* §4, 3)에 따르면 첫번째 부류의 개념만이 예수에게까지 거슬러 올라간다는 것이다. 왜냐하면 인자를 도래하는 세상의 심판자로 기대하고 있었다는 합리적인 전제들이 유대의 묵시론에 존재하고 있기 때문이다. 불트만에게서 예수는 이 기대를 부여잡고 누가복음 12:8 이하에 따라 다음과 같이 밝히 말하였다: "누구든지 사람 앞에서 나를 시인하면 인자도 하나님의 사자들 앞에서 저를 시인할 것이요 사람 앞에서 나를 부인하는 자는 하나님의 사자들 앞에서 부인함을 받으리라". 인자는 여기서 예수와는 다른 어떤 인물로 보였지만, 그는 예수의 선포에 대하여 사람들이 현재 보이고 있는 결단을 자신의 결단의 토대로 삼을 것이다. 이것이 시사해주는 것처럼 최초로 예수를 인자와 동일시한 것은 공동체였다. 종교사적 배경이라는 견지에서 결코 예비되어 있지 않았던 다가오는 고난의 선포들은 예외 없이 '사후 예언'(*vaticinia ex eventu*), 즉 후대 공동체의 구성물임을 나타내고 있다. 현재의 인자에 관한 말씀들에 관하여 불트만은 몇몇은 진정한 것일 수 있을 것이라고 양보했지만(§18, 5) 이 용어는 직함과 관련된 의미를 가지고 있지 않았을 것이며 단지 "사람"으로 번역되어야 할 것이라고 덧붙였다.

전승사적 평가는 실질적 내용의 측면에서는 이해가 간다. 결국 인간 예수가 스스로를 하나님의 위치에 서 있는 우주적 심판자와 동일시했을 것임을 이해할 만하지 않은가? 따라서 불트만 학파는 대체로 이러한 판단을 따랐다. 예를 들면 구체적인 문제들에 대한 철저한 분석을 통하여 이 전승 복합체의 발전을 꿰뚫어보려고 하였던 보른캄(*Jesus*, pp. 175ff. 와 226ff.)과 퇴트(H. E. Tödt, 「공관 전승에서 인자」(영문판, 1965))와 한(F. Hahn, 「호칭들」)의 논문들은 이를 받아들였다.

b) 이러한 저작들과는 달리 이 학파의 다른 대표자들인 필 하우어(P. Vielhauer)[5], 케제만(E. Käsemann)[6], 콘첼만은 불트만의 출발점을 좀더 심화시켰다. 콘첼만의 견해에 의하면 시인과 부인에 관한 말씀(눅 12:8)은 두 가지를 전제하고 있었다: 예수와 인자의 동일성, 관리 앞에 서게된 제자들의 상황. 그러므로 이 말씀은 오직 부활절 이후의 공동체에서만 출현할 수 있었을 것이라는 것이다.[7] 예수와 관련해서는 필하우어가 이미 표현하고 있듯

---

5) "Gottesreich und Menschensohn in der Verkündigung Jesu" (1957), in *Aufsätze zum NT*, pp. 55 - 91.
6) *New Testament Questions of Today* (1969), pp. 104f.
7) *Theology*, pp. 135ff.

이 다음과 같이 주장되었다: "인자에 관한 말씀은 그 어느 것도 진정한 것이 아니다. 예수는 인자와 관련하여 자기와 인자가 동일하다거나 다른 어떤 사람이 인자로 나타나기를 기대하고 있다는 것을 선포하지 않았다."[8] 이 견해에 따르면 초대 교회의 예언자들이 예수의 이름으로 말한 이 말씀들을 누군가가 예수의 입속에 넣은 것이라는 것이다.[9] 이 말씀들의 내용과 관련하여 예수는 하나님의 왕적인 통치의 도래를 선포했기 때문에 예수의 선포와 공통점이 없었다. 이러한 하나님의 오심과 나란히 메시야 또는 인자는 어떠한 위치도 차지하고 있지 않았다. 이 말씀들 가운데 그 어느 것도 하나님 나라 및 인자와 관련되어 있지 않았다고 한다. 이러한 고찰은 옳다. 그러나 좀더 다르게 설명할 필요가 있다: 하나님 나라의 도래는 공공연하게 선포되었지만, 인자의 오심은 제자들에게 직접적으로 고해졌다.[10]

요약해서 말한다면 인자에 관한 말씀들을 묵시문학적 인자 혹은 세상의 심판자라는 개념의 견지에서 설명하기가 어렵다는 것은 분명하다. 이 인자는 어떻게 역사적 예수와 관련을 갖게 되었을까? 어떻게 사람들은 역사적 예수의 사역, 그중에서도 특히 역사 속에서의 예수의 고난에 관하여 말할 수 있었을까?

c) 이러한 문제들의 빛 속에서 슈바이처(E. Schweizer)[11]는 이 용어의 내력에서 또 다른 출발점의 가능성들을 탐사해보았다. 그는 선지자 에스겔이 87번이나 "인자"로 언급되고 있으며 그에 관하여 말한 것은 예수 및 그의 인자 말씀들과 꼭 들어맞는다는 점을 지적하였다. 슈바이처는 이렇게 말했다:

> "인자"로서의 그 〔에스겔〕 — 이스라엘의 파수꾼(3:17; 33:7)으로서 하나님의 성령으로 충만했던 — 는 하나님의 말씀을 구체적으로 표현하여 그것을 그의 백성들을 향하여 말하여야 한다(2:3ff.). 그러므로 그는 이스라엘의 죄를 볼 뿐만 아니라(8:5ff.) 눈이 있어도 보지 못하고 귀가 있어도 듣지 못하는 자들(12:2f.), 그에 관하여 말하고 그를 좇아 달리지만(33:30ff.) 심판은 아직 멀었다고 생각하여(12:27) 그의 말씀들을 순종치 않는 자들 가운데 거하여야 한다. 그러므로 그의 선포는 수수께끼 같은 강화의 형태를 띠게 된다(17:2; 참조. 21:5). 그는 그들에게 재난을 선포하고(6:1ff.; 7:1ff. 등), 실제로 자신의 설교를 통해 죄인들에게 평결을

---

8) "Jesus und der Menschensohn," *ZThK* 60 (1963), 170.

9) Ibid., p. 172.

10) Jeremias, *Theology* I, 267ff.도 마찬가지이다.

11) "Der Menschensohn (zur eschatologischen Erwartung Jesu)." *ZNW* 50 (1959), 195 - 209; *Lordship and Discipleship* (Studies in Biblical Theology 28, 1960), pp. 39-41 (그러나 독일어 제2판에서는 훨씬 확장되었다. *Erniedrigung und Erhöhung bei Jesus und seinen Nachfolger* 〔1962〕, pp. 33 - 52).

전하고(20:3f.; 22:2; 23:36) 실제로 그들을 죽인다(11:4, 13; 21:19ff.). 더욱이 그는 이스라엘의 결핍의 징표로서의 궁핍과 고난을 스스로 짊어져야 한다(4:9ff.; 5:1ff.; 12:6, 11, 17ff.; 21:11, 17; 24:16ff., 27). 그런데도 그는 오시는 선한 목자(34:23ff.), 하나님의 성령을 통한 종말론적 정화(淨化)(36:17, 25ff.), "죽은 자의 부활"(37:1ff.), 장래의 영광(40:4; 43:7, 10; 47:6)을 선포할 수 있었고, 실제로 그는 스스로 부활과 세상의 심판을 개진시키고 있었다(37:9f.; 참조. 15ff.; 39:17ff.).[12]

이 용어의 역사적 배경에 대한 이러한 출발점으로부터 슈바이처는 여기서 전승사에 대하여 예수는 스스로를 이런 의미로 "인자", 즉 종말 때의 선지자로 이해하였을 것이기 때문에 세 부류의 진술들은 각각 그 중심적인 말씀들과 나란히 예수 자신에게로 거슬러 올라간다는 결론을 내렸다.

슈바이처에게는 예수와 최초의 공동체에게 친숙하였던 이 용어의 이러한 용례가 공관복음서의 인자 말씀들의 형성에 합리적 전제로서 역할을 했다고 보는 것은 당연한 귀결로 보였을 것이다. 그런데도 우리는 이러한 사실을 보여주는 증거로서의 에스겔의 말에 대한 언급을 단 하나도 찾아볼 수 없다. 어쨌든 본질적인 출발점은 다니엘 7장에 따라 도래하는 하나님의 통치를 묘사하였던 묵시문학적 인자였다. 이런 이유로 인자에 관한 후대의 회고도 에스겔서나 시편 8편이 아니라 다니엘 7:13(막 13:26; 14:62; 계 1:13; 14:14)을 언급하고 있는 것이다.

d) 하지만 묵시문학적인 인자 개념은 부세(Bousset)와 불트만에 의해 전제된 것을 넘어서서 좀더 종교사적으로 분명히 할 필요가 있다. 이것은 *TDNT*, VIII, 400-430에서 콜페(C. Colpe)에 의해 시도되었다. 그는 구약 및 유대의 묵시문학 분야(단 7장, 에녹1서, 에스라4서)에 나오는 인자와 관련된 세 본문들은 극히 서로 다른 개념들을 발전시켰음을 분명히 했다. 그는 다음과 같은 명제를 통하여 이 개념의 관습적인 종교사적 도출을 수정하였다: "옛적부터 항상 계신 자"로부터 "인자"에게로의 통치의 이양(단 7:14)은 늙은 신으로부터 젊은 신에게로 통치가 이양되었다는 내용의 가나안 신화에 나오는 이야기와 아주 유사하다(pp. 415-420). 이와는 대조적으로 사람들이 흔히 자료로 사용되었을 것이라고 생각하였던 여러 가지 "원인(原人)", 그 중에서도 특히 아담에 관한 유대적 사상들 또는 영지주의에서 "원인"이라는 개념에서는 그 어떠한 진정한 유비도 발견되지 않았다(pp. 408-415).

콜페의 병행구에 발생학적인 관련성이 존재한다면, 그 관련성은 너무도 긴 시간적 간격

---

12) Schweizer, *Erniedrigung*, pp. 34f.

으로 말미암아 현재로서는 확인할 길이 없는 중간 단계의 일련의 연결 고리를 통하여 정립되었을 것이다. 더욱이 이 개념의 전이(轉移) 기간 동안 사용되었던 하나님에 관한 구약의 진술들은 하나님의 종말론적 출현에 관한 후대의 구약의 진술들(사 45:22ff.)이 기독론의 영역에서 주님으로서의 승귀된 분에게 전이되었던 것(빌 2:10f.)과 비견될 수 있는 방식으로 정리되었을 것이다. 어쨌든 이러한 도출은 인자가 하나님의 종말론적 기능들을 떠맡은 이유를 분명히 해줄 것이다.[13] 이러한 논의의 배경과는 달리 우리는 이제 아래에서 독자적인 해결책을 모색해 보기로 하겠다.

4. 인자의 오심

a) 이 시점에서 이 부류 가운데서 가장 중요한 전거들을 상기시켜 보도록 하자. 인자의 미래적 오심과 관련된 마가 전승의 세 구절들 가운데서 마가복음 13:26b과 14:62b은 다니엘 7:13을 근거로 하여 이차적으로 구성되었다. 반면에 마가복음 8:38과 그 병행구인 누가복음 9:26은 마태복음 10:32 및 그 병행구인 누가복음 12:8과 연계된 오래된 한 쌍의 전승이었다. Q자료로부터 나온 다른 세 구절들에서는 하나는 준비하고 있으라는 이차적인 부름을 나타내고 있고(마 24:44), 다른 둘은 "인자의 날"을 언급하고 있다(눅 17:24, 26; 마 24:27〔-30〕, 37에 나오는 병행구는 "인자의 임함"으로 대치하였다). 그 외에 몇몇 오래된 전승들이 예를 들면 마 10:23; 19:28(참조. 눅 22:30)과 눅 18:8과 같은 특수 자료에서 발견된다. 이와는 대조적으로 마 24:30과 25:31 그리고 아마도 눅 17:22, 30; 21:36은 편집에 의해 형성된 것이다. 콜페(pp. 433-38)에 따르면 오시는 인자에 관한 일곱개의 말씀들은 아마도 예수 자신에게로 거슬로 올라갈 것이라고 한다: 눅 17:24, 26 par. 마; 17:30(Sp. Lk.); 18:8(Sp. Lk.); 21:27(Sp. Lk.); 22:69(누가 특수 자료); 마 10:23(Sp. Mt.). 이 말씀들 — 눅 22:69에 나오는 편집에 의한 구절을 제외하고는(콜페의 견해에 따르면) — 은 모두 제자들을 향한 중요한 문맥에 있었다. 아주 시초부터 인자에 관한 말씀들은 제자들을 향해 있었을 가능성이 있다. 하지만 그 말씀들을 예수에게까지 소급하는 것은 궁극적으로 콜페가 내-말씀으로 취급하였던 시인과 부인에 관한 말씀의 문맥 안에서 판단되어야 한다(p. 438). 그것의 가장 오래된 형태인 누가복음 12:8 이하

---

13) 인자는 하나님에게로 이전되어서 다시 돌아올 인간 존재였다는 Jeremias, *Theology* I, 270ff.의 가설은 이것을 할 수 없다. 그것은 실제로 에녹의 이전(translation)을 묘사하고 있는 비유적 강화의 이차적인 첨가로부터만 지지 받을 수 있다(에녹1서 70f.).

에는 이렇게 나와 있다:

> 누구든지 사람 앞에서 나를 시인하면
> 인자도 하나님의 사자들 앞에서 저를 시인할 것이요
> 사람 앞에서 나를 부인하는 자는
> 하나님의 사자들 앞에서 부인을 받으리라

여기서 인자에게는 어떠한 기능이 돌려졌는가? 물론 인자는 세상의 심판에서 증인이 아니라 하나님을 대신한 심판자였다. 어떠한 전승과 어떠한 상황이 이 진술에 대한 가장 개연성있는 정황을 형성할 수 있을까?

b) 인자에 관한 진술들과 비견될 수 있는 것은 구약 및 유대 묵시문학의 세 가지 본문들에서 발견되었다.

1) 다니엘서 7장의 묵시문학적 환상을 보면 바다로부터 튀어나온 네 마리 육식 짐승들에 이어 하늘 구름을 타고 위로부터 온 "인자 같은 이"가 등장한다. 7:13 이하에 따르면 그에게는 "옛적부터 항상 계신 자"에 의해 세상에 대한 통치권이 수여되었다. 네 마리 육식 짐승들은 세상의 마지막 네 왕국들을 상징하는 것이었다. 위로부터 온 사람은 "지극히 높으신 자의 성민"(7:27)의 나라를 가리키는 상징이었다.

2) 아마도 주전 1세기에 편집되었을 에녹1서 37-41장의 비유적 강화에는[14] 인자는 좀더 이상 환상에 등장하는 상징이 아니라 종말에 세상의 통치자로서 뿐만 아니라 세상의 심판자로서 역사의 무대에 등장하게 되어 있는 선재하는 하늘의 인물이었다. 그는 이미 세상이 창조되기 전부터 지극히 높으신 자의 보좌에 존재하였다(48:3, 6f, ; 62:7). 종말의 때에 그는 다니엘서에서처럼 세상을 다스릴 뿐만 아니라(48:5; 69:26) 심판의 자리에 앉을 것이었다(62:5; 69:27, 29). 세부적인 내용들에서 이 진술들은 아주 다르다. 이 진술들은 실제로 "인자"가 아니라 "이 인자"를 말하고 있었다. 즉 "선택받은 자"를 가리키고 있었다.

---

14) E. Sjöberg. *Der Menschensohn imäthiopischen Henochbuch* (1946)과 Jeremias, *Theology* I, 270가 에녹1서 56:7을 토대로 결론을 내린 바에 따르면, 그것들은 파르티안의 팔레스타인 침공 이후에 쓰여졌다(주전 40/39); J. C. Hindley, "Towards a Date for the Similitudes of Enoch," *NTS* 14 (1967/68), 551 - 565는 트라얀의 파르티아 전쟁 후에 쓰여졌다고 했는데, 그런 것 같지는 않다. 지금까지 에녹1서에 대한 네 개의 추가적인 부분들의 쿰란 단편들이 발견되었지만 비유적 강화의 그 어느 것도 그것들이 예수 시대에 잘 알려져 있었다는 것과 아울러 유대적 기원을 갖고 있는 것에 대해 의문을 제기하지 않고 있다.

하지만 그는 아마도 인자와 동일 인물일 것이다.

3) 주후 90년경에 쓰여진 에스라4서에서 인자는 다니엘서에서처럼 다시 한번 기본적으로 묵시문학적 환상의 인물이었다. 바다의 중심으로부터 "사람처럼 생긴 것"이 올라왔고, "이 사람"은 하늘 구름을 타고 나르면서 자신의 맹렬한 숨으로, 공격해들어오는 무리들을 불태워버리며 평화를 좋아한 또 다른 무리를 자기에게로 불러들였다(13:1-13). 이 심상의 해석에 따르면(13:25-52) 하나님이 "자기의 피조물을 구원하는" 도구로 쓰실 "그 사람"(13:25)은 "나의 아들"(원래는 아마도 "나의 종"이었을 것이다; 13:32)이다. [15] 실제로 이 사람에게 솔로몬의 시편 17편에 따라 메시야에게서 기대된 것이 부가되었다: 하나님에게 적대적인 열방들의 평정 및 참 이스라엘을 모으는 일. [16]

이 세 가지 묵시문학적 본문들은 우리가 볼 수 있는 것처럼 인자에 대한 통일적인 묘사를 제공해준다. 우리가 그것들을 공관복음서의 인자 말씀들과 비교해 보면 우리는 에녹1서 및 에스라4서의 진술들은 이 말씀들과 그 어디에서도 직접적인 연관성이 없다는 것을 보게 된다. 그 두 심상도 내용면에서 공관복음서와는 판이하게 다르다. 예를 들면 공관복음서에서는 에녹1서에 나오는 것과 마찬가지로 선재(先在)라는 개념은 결코 인자와 연계되지 않는다. 선재라는 개념에 걸맞는 기독론이 이미 마가에게 친숙했음에도 말이다. 그러므로 공관복음서의 진술들은 에녹1서 및 에스라4서에 의해 대표되는 묵시문학적 전승들과 맥을 같이 하지 않았다고 할 수 있겠다.

이와는 대조적으로 다니엘서 7장은 자주 인용되기는 하지만, 그것은 오직 후대의 이차적인 구절들에서 뿐이다(막 13:26 par. ; 14:62 par.). 적어도 다니엘서에서 이 장만큼은 예수 및 초기 공동체가 익히 알고 있었다. 분명히 그것은 에녹1서, 에스라4서, 랍비들에서와 마찬가지로 인자 개념의 출발점이었다. 이런 이유로 인자에 관한 공관복음서의 진술들은 하나님 나라에 관한 말씀들과 마찬가지로 아주 일반적인 개념, 즉 인자는 종말에 구원을 가져오는 인물로서 세상의 심판을 수행할 것이며 하나님의 통치를 세울 것이라는 것만을 전제하고 있는 듯이 보인다. 콜페가 주장한 것과는 달리(pp. 429ff.) 공관복음서들은 독자적인 유대 전승을 빌어왔다고 생각해서는 안될 것이다. 인자 진술들의 구체적인 내용은 예수의 사역이라는 견지에서 발전될 수 있다. 이것이 어느 정도 예수 자신을 통하여 일어났고

---

15) 참조. J. Jeremias, *TDNT* V, 681f. n. 196.

16) 아마도 Sib. 5:256, 414 (주후 70-100년경)에 나오는 "사람"에 대한 언급도 기독교가 아닌 유대적 기원이다. (Jeremias, *Theology* 1, 270 n. 2). 랍비들 가운데서는 다니엘서 7:13은 메시야에 대한 언급으로 해석되었지만, 그런 일은 드문 일이었다(Billerbeck I, 486f. ; 956ff.); 이 해석은 Trypho in Just. *Dial.* 32:1 (ANF I, 210)에 의해서도 주장되었다.

어느 정도 공동체에서의 예수 전승에 대한 회고적인 재작업을 통하여 일어났느냐 하는 문제는 좀더 탐구해 보아야 할 문제이다.

c) 이 문제를 분명히 밝히기 위하여 누가복음 12:8에서 우리는 먼저 예수와 인자의 관계가 여기서 어떤 식으로 인식되고 있는지를 결정하여야 한다. "부인하다"는 자기가 알고 있는 사람을 알기 원한다는 것을 의미하지 않기 때문에 이 말씀은 동일시하고 있다고 보아야 한다(막 14:71f.). 하지만 인간 예수가 스스로를 세상의 종말론적 심판자와 동일시했다는 것이 가능한 일인가? 물론 그는 자기가 어떻게 하늘의 인자 혹은 세상의 심판자가 될 것인지에 대해서는 분명히 밝히지 않았다.

다가오는 고난을 알리는 말씀들도 부활로 이어질 것만을 얘기했을 뿐 '파루시아'(parousia)로 귀결된 것은 아니었다. 그런데도 이 진술이 특이하게 베일에 싸인 성격을 지니고 있다는 것은 공동체의 상황이 아니라 예수의 상황에 꼭 들어맞는 것이었다. 사실 이 말씀은 분명한 어조로 동일시를 하고 있지는 않았다. 그것은 묵시를 통하여 깨닫게 되는 비의적인 전승이 아니라 원래의 메시야 비밀의 전승층에 있는 은폐를 보여주고 있었다(§17, 5c).

권세를 가지고 제자들에게 하나의 약속, 즉 그들을 예수와 연결시키고 제자도의 실천 속에서만 이해될 수 있었던 약속이 허락되었다. 제자도로 들어갔던 사람에게서 세상의 심판자는 그 제자를 아는 자로서 자리를 잡을 것이다. 제자도 안에서 끝까지 견디는 자들은 누구나 영원히 구원받을 것이다.

심판자는 예수가 심판을 행할 때 그를 도우러 올 것이다. 그날에 이 도움은 예수의 시대에서와 마찬가지로 하나님의 은혜로운 선물이 될 것이다. 그러므로 그것은 환상적인 게임이 아니라 예수가 이 케리그마적 약속에서 스스로를 오시는 세상의 심판자와 은밀하게 동일시했을 때 그의 현재의 사역의 연장이었다. 예수는 자기가 이런 지위로 어떻게 올 것인가를 전혀 설명하지 않고 이것을 행했다(여기서 인자를 오직 변호 또는 고소를 위한 증인으로 본다면 그것은 난점들을 제거하지도 못하면서 이 진술의 날카로운 단면을 무디게 하는 것이다). 예수의 사역은 종말론적 기대에서 이런 식으로 개인에게 초점이 맞춰질 것을 시사하였다. 왜냐하면 그 사역은 바로 자신의 사역을 통하여 사람들을 사로잡기 위하여 뻗쳐오는 하나님 나라에 관심을 가졌기 때문이다. 예수는 사람들에게 단지 그 어떤 것을 준 것이 아니라 자기 자신을 주었다.

그러므로 예수 자신이 인자 개념을 모델로 사용하여 그것이 자신의 사명의 핵심적인 표현이 되도록 내용을 채워넣었을 가능성이 아주 높다. 또한 그는 좀더 이상 묵시문학적 인자 개념과는 직접적으로 관련이 없는 다른 두 부류의 진술들을 발전시켰는가?

5. 현재적 인자

현재적 인자에 관한 말씀 가운데서 마 13:37, 41; 16:13, 28과 눅 19:10; 22:48에 나오는 말씀들은 모두 편집된 것들이었다. 하지만 더 오래된 전승에 속하는 것으로서 두 부류의 말씀들이 두드러졌다. 하나는 마가 전승이고, 또 하나는 Q였다.

a) 마가에서는 두번 인자의 현재적 권세가 강조되었다: 그는 "안식일에도 주인"(막 2:28 par.)이었고 "땅에서 죄를 사하는 권세"(막 2:10 par.)가 있었다. 바로 이 두 진술은 호세아서 6:6의 인용문을 통한 마태의 편집에 의해 강조되었다(마 9:13; 12:7).

불트만에 따르면[17] 이 두 진술에서 "인자"는 원래의 호칭이 아니었고 "나'에 대한 완곡어법"이긴 하지만 그것들은 모두 예수에게까지 거슬러 올라간다고 했다. 이와는 대조적으로 콘첼만[18]은 이 두 말씀은 예수에게 특유한 권세를 의도했다고 올바르게 말을 했다; 따라서 그는 그 말씀들을 공동체에게로 돌렸다. 그러나 의심할 여지 없이 자기를 통하여 일어났던 것을 예수가 스스로 왜 표현하지 않았을까? 예수가 "인자"라는 말을 암호문자로 사용했다면 그는 그것의 도움을 받아 은폐의 목적으로 모호하게 "인자"의 종말론적이고 "사법적인" 행동을 말했을 수도 있나.

b) 이어서 인자의 겸비에 관한 Q의 세 말씀들에 대한 전승사적 고찰들이 나온다. 불트만의 견해에 의하면[19] 이 말씀들은 예수로부터 유래했을 수도 있지만 직함과 관련하여 사용된 것은 아니었다. 그런데도 마태복음 8:20, "여우도 굴이 있고 … 오직 인자는 머리 둘 곳이 없다"는 말씀은 인류의 정처없음에 관한 음울한 인식이 아니라 자신의 본향이 하늘이기 때문에 이 땅에서는 나그네로 살아야 했던 인자를 말하는 것이었다. "인자는 와서 먹고 마시매 … 세리와 죄인의 친구로다"라는 마태복음 11:19의 말씀및 그 병행구에서, 예수는 죄인들과 어울렸던 나그네이자 고결한 분이었다. 마태복음 12:32 및 그 병행구에 따르면, 그는 겸비 속에 은폐된 고결한 분이었기 때문에 "인자를 거역하는 말"은 용서될 수 있었다. 이 세 말씀들은 직함과 관련된 의미를 가지고 있었다. 어쨌든 첫번째 말씀은 공동체의 상황이 아니라 예수의 상황에 꼭 들어맞는 것이었다.[20]

---

17) *Tradition*, pp. 15, 149ff.
18) *Theology*, p. 133.
19) *Theology* I, §4, 3.

6. 인자의 고난

평가하기가 극히 어려운 것은 이 세번째 부류의 개념이다. 거기에서 "인자"라는 호칭은 예수의 인물됨에 관한 중요한 또 하나의 관점에 주목하게 한다. 첫번째 부류가 예수를 통한 종말론적인 하나님의 통치의 도래를 가리키고 있었고 두번째 부류가 예수 안에 있는 "전적으로 다른 사람"의 현존을 가리키고 있었던 반면에 세번째 부류는 수난을 통한 자신의 생애의 완성을 가리키고 있다. 전승사적 분석이라는 테두리 안에서 다음과 같은 두 가지 질문이 끊임없이 서로 중첩되어 나타났다. 수난 예고들은 어디로부터 유래했는가? 그리고 어떻게 그것들은 인자라는 인물과 결합되게 되었는가?

a) 첫번째 전승사적 질문은 그 시초부터 공관복음서의 자료들 안에서 인자의 수난에 관한 말씀들의 완전히 다른 용례에 의해 제기되었다. 첫번째 부류의 말씀들은 다소간 공관복음서 자료들을 통하여 일정하게 분포되어 있었고 두번째 부류는 마가와 Q에서 — 서로 다른 성격을 지니고 있긴 하지만 — 모두 발견되었는 데 반해 세번째 부류는 마가에서만 강조되고 Q자료에는 결여되어 있었다. Q자료에서 인자의 죽음에 관한 유일한 진술(마 12:40)은 누가에 나오는 병행구에 대해 이차적인 것이다.

이렇게 Q자료에 결여되어 있다는 사실은 어떻게 설명될 수 있는 것일까? 다가오는 고난에 관한 예고들은 너무도 늦은 시기에 도입이 되었기 때문에 그것들은 가장 오래된 공관복음서 자료인 Q에 포함될 수 없었다는 주장이 있어 왔다. 또 다른 사람들은 이러한 결여를 Q자료의 케리그마적 의도와 관련하여 설명하려 하였다. 즉 Q는 예수의 생애를 증거하려는 의도가 없었고 단지 "지속되는 선포를 위하여 예수의 선포"를 보존하려는 의도만을 가지고 있었다는 것이다.[21] Q는 수난 케리그마를 염두에 두고 편집되지 않았다. 하지만 우리는 좀 더 철저히 차이를 인정하여야 한다. Q도 예수의 사역 배후에서 이스라엘에 의한 예수의 거부를 보았다. 눅 13:34 이하 및 그 병행구 마 13:37-39에 따르면 예수는 모든 지혜의 사자(使者)들과 같이 거절당하였다. "그러나 너희가 원치 아니하였도다"라는 표현은 Q에서 예수가 죽임을 당할 것임을 내포하고 있었고, 예수가 새롭게 되어 오실 것이라는 선포는 인자, 즉 현재에 이미 존재하였던 자로서 그가 출현할 것을 의미하였다.[22] 그러므로 여기서도 비록 다른 곳에서의 다가오는 고난 예고들과는 근본적으로 다른 방식이긴 하였지만 인자의

---

20) Schweizer, *Lordship*, pp. 40f. (cf. *Erniedrigung*, pp. 44-46), 반대 의견: Conzelmann, *Theology*, p. 133.

21) H. E. Tödt, *The Son of Man in the Synoptic Tradition* (1965), p. 253.

22) P. Hoffmann, *Studien zur Theologie der Logienquelle* (1972), pp. 187 - 190.

수난이 암시되어 있었다. 이 예고들은 수난 설화와 결부되어 있었고 수난 설화로부터 형성되었다. 그 예고들은 Q에는 없었다. 왜냐하면 Q는 수난 설화를 담고 있지 않았기 때문이다. Q는 수난 설화를 마가 전승으로 전제하고 있었다(§1, 3a).

  b) 마가복음에 나오는 다가오는 고난에 대한 예고들은 여러 부류로 나누어질 수 있다: (1) 좁은 의미에서 다가오는 고난에 대한 세 예고들 (2) 배신의 예고, 막 14:21 및 그 병행구 (3) 자신의 죽음의 속죄적 효력에 관한 두 말씀들(막 10:45 par. 마 20:28; 14:24 par.; 참조. 고전 11:25); (4) 예수의 죽음에 관한 비유적 진술들(막 10:38a; 14:36 par. 막 10:38b; 눅 12:50 〔Sp. Lk.〕). 언제나 그런 것은 아니지만 대체로 이 예고들의 주어는 인자였다.

  c) 좁은 의미에서 다가오는 고난에 대한 세 예고들의 현재 형태는 전승 복합체 가운데 가장 최근의 것에 속했다. 그것들은 무엇보다도 마가가 베드로의 신앙고백과 승리의 예루살렘 입성 사이의 부분을 형성하는 데서의 편집 지침을 나타낸다(막 8:31; 9:31; 10:33f.). 자세하게 검토해 보면 세번째 구절인 마가복음 10:33 이하는 예고의 형태로 수난 설화를 요약한 것임이 분명해진다: "인자가 대제사장들과 서기관들에게 넘기우매 저희가 죽이기로 결안하고 이방인들에게 넘겨 주겠고 그들은 능욕하며 … ".

  다가오는 고난에 대한 첫번째 예고인 마가복음 8:31 및 그 병행구에서[23] 수난 케리그마와 수난 설화의 표현들은 좀더 오래된 모체와 분명히 구별이 된다는 것은 극히 주목할 만한 가치가 있다. 이 예고 속에서 우리는 본질상 수난 전체를 가리키고 있는 "많은 고난을 받고"와 "버린 바 되어"라는 표현들을 발견한다.[24] 이것들 및 다른 고찰들을 바탕으로 전승 모체를 추출해볼 수 있는데, 그것은 다음과 같이 표현될 수 있겠다: "인자는 많은 고난을 받고 버린 바 되어야 한다"(그리고 사흘만에 죽은 자 가운데서 살아나야 한다). 그러므로 마가복음 9:12(병행구 없음; 참조. 눅 17:25 〔Sp. Lk.〕)에 나오는 간단한 정형 어구가 원래의 모체에 가장 가까웠다. 우리가 다가오는 고난에 대한 이 첫번째 예고의 전승 모체의 출처를 탐구해볼 때 어원학적 지표들은 이 정형 어구가 아람어로부터 직접적으로 오지 않았음을 분명하게 보여준다. "… 해야 한다"(dei)는 헬라어 관용어구로부터 왔다. 성경 밖의 헬라어에서 그것은 '운명'(fatum)을 의미했다. 헬라어를 사용하는 유대 묵시문학에서 그

---

23) 누가복음 17:25(그가 먼저 많은 고난을 받으며 … ")과 마가복음 9:12b(기록하기를 많은 고난을 받고 … ")는 그것에 함께 속한다. 이 부류에 대한 전승사적 분석에 대해서는 H. Patsch, *Abendmahl und historischer Jesus*, pp. 186 - 197을 참조하라.

24) E. Lohmeyer, KEK on Mk. 8:31과 W. Michaelis, *TDNT* V, 913-16은 이에 주목하였다.

것은 종말 때에 하나님의 확고한 구원 계획을 가리켰다. 복음서에서 그것은 성경에 나오는 구원 약속의 성취를 의미하였다. 마가복음 9:12에서 마가복음 8:31의 '… 해야 한다'(*dei*)는 성경에 대한 준거로 대치되었다: "인자에 대하여 기록하기를 …."[25] 이러한 어원학적 관련성에 대한 고찰을 보면 전승 모체는 아마도 팔레스타인에 있던 헬라어를 사용하는 초기 교회에서 형성되었다는 결론이 나온다.

마가복음 9:31의 다가오는 고난에 대한 두번째 예고와 관련하여서는 첫째 줄이 전승 모체라 할 수 있다. 아람어로 번역하는 것은 필수적이다. 왜냐하면 그런 식으로 해야 단어 유희가 전면에 뚜렷이 부각되기 때문이다: "인자가 사람들의 손에 넘기워"(아람어. "사람들의 아들들").[27] 이 명백한 수수께끼는 예수 자신에게로 거슬러 올라갈 가능성이 극히 높다.[28] 하나님은 인자를 포기하고 — 이 말씀은 소위 신적 수동태를 사용하였다 — 그를 사람들에게 넘겼다. 그것은 심판을 의미했다! 이 말씀은 내용에서 마가복음 10:38에 결합되어 나오는 비유적인 진술들 — 분명히 진정한 것들이다 — 과 양립할 수 있었다: 예수는 구약에 의하면 심판을 의미했던 세례, 마찬가지로 하나님의 손에 의해 배분된 심판을 나타내었던 잔을 기대했다. 이와 동일한 관점은 아마도 예수 자신에게로 거슬러 올라가는 십자가 상의 유일한 말씀, 즉 마가복음 15:34 및 그 병행구인 마태복음 27:46에 표현되어 있다: "나의 하나님 … 어찌하여 나를 버리셨나이까". 예수는 자기에게 생명 자체였던 하나님과의 관계로부터 자신이 끊어져 나가는 것을 보았다.

따라서 배신의 예고와 잔에 관한 말씀을 한 배신의 저녁을 정점으로 한 마가에 나오는 다가오는 고난에 대한 예고들은 전승사적으로 다양한 층의 복합체였다. 콘첼만(*Theology*, p. 133)이 어떻게 여전히 그것들은 모두 '사후 예언'(*vaticinia ex eventu*)이라는 불트만(*Theology*, §4, 3)의 견해를 전폭적으로 인정할 수 있었는지 이해하기가 어렵다.

d) 이러한 인정은 다가오는 고난 예고들의 장르를 인식하지 못했다는 아주 간단한 이유

---

25) '*dei*'의 의미는 W. Grundmann, *TDNT* Ⅱ, 21 - 25, and E. Fascher, "Theologische Beobachtungen zu dei im AT," *ZNW* 45 (1954), 244 - 252에 의해 자세하게 근거를 들어 설명되었다.

26) 그것에 함께 속하는 것으로는 막 14:41c par. ("죄인의 손에 팔리우느니라")와 눅 24:7 (Sp. Lk.) ; 마 26:2은 편집에 의한 것이다.

27) J. Jeremias, *TDNT* Ⅴ, 715; Jeremias, *Theology* Ⅰ, 281ff.

28) Patsch, op. cit. (n. 23), pp. 194f도 마찬가지이다. Jeremias, *Theology* Ⅰ, 281ff. Popkes, *Christus Traditus*, pp. 165 - 69는 그 외에 중요한 이유들과 아울러 "인자"라는 명칭 때문에 이 문제를 개방해 놓고자 한다. 그럼에도 불구하고 이 명칭은 이 진술의 "구성 부분"이다 (Roloff, *Kerygma*, p. 39 n. 3).

로 인하여 과녁을 빗나간 것이었다. 마가복음 10:33 이하의 구절을 예외로 한다면 이 예고들은 '예언'(vaticinia)도 신탁의 말씀도 아니었고 바울이 예루살렘으로 마지막 여행을 했을 때 나왔던 것과 같은 예언적 예고도 아니었다(행 20:23; 21:4, 11). 그것들은 인간 예수의 운명을 예고하거나 설명하려고 하지 않았고 오히려 약속된 자의 인생 역정을 분명히 하기를 원했다. 다가오는 고난에 대한 마지막 예고들 가운데 하나, 즉 성찬 제도를 정하는 종말론적인 말씀(막 14:25 par.)은 그에 걸맞는 호칭을 사용하지 않고 예수에 관하여 말하고 있었다. 여기서 예수는 자기 자신이 그때까지 자기를 통하여 하나님과 결합되어 있었기 때문에 완성 때에 자기와의 관계가 새롭게 될 것을 약속하였다. 이런 이유로 다가오는 고난에 대한 두번째 예고의 주어는 처음부터 인자였다는 것은 아주 일관된 것이었다. 양식의 측면에서 마가복음 14:25의 말씀은 인자의 인생 역정에 관한 묵시적 예언이었다. 이 예언의 성취는 바로 예수 자신이라고 생각되었다. 전승과 양식에 대한 이러한 분석을 바탕으로 "다가오는 고난 예고들"의 출현에 관한 질문은 다음과 같이 제기되어야 한다: 약속된 자의 가야 할 길은 하나님의 구원 계획에 따라 고난과 죽음을 겪어야 했다는 개념은 어떻게 발전되었으며, "인자"는 어떻게 그 주어가 되었는가?

7. 약속된 자의 고난과 죽음

a) 복음서 기자들의 묘사에 따르면 공동체는 이 개념을 "성경"에서 찾아보는 것이 가능하다고 생각하였다. 마가복음은 예수를 통한 성경의 성취를 여섯 차례 언급하였다. 한 구절을 제외한다면 그것들 모두는 그의 고난에 대한 언급들이었다. 하지만 다섯번의 언급들 가운데 오직 두번만이 구체적으로 예언의 전거들을 명시하였다. 시편 118:22을 인용하고 있는 마가복음 12:10 이하, "건축자들의 버린 돌이 … ", 스가랴 13:7을 인용하고 있는 마가복음 14:27, "내가 목자를 치리니 … ". 나머지 세 구절은 단지 성경이라고만 언급을 하고 있다(막 9:12f.; 14:21, 49). 이와 동일한 묘사는 마태와 누가에 나오는 추가적인 언급들 가운데서도 나타난다. 그것들은 단지 하나 더 인용문을 제공하고 있다: 누가복음 22:37 = 이사야 53:12.

요약해서 말한다면 예수의 고난과 죽음은 약속된 자에 관한 성경의 예언과 일치한다는 것이 열심히 가르쳐졌다. 그런데도 성경에 나오는 그에 걸맞는 진술들은 거의 확인될 수 없었다. 약속된 자의 고난과 죽음이라는 개념은 분명히 구약으로부터 나오지 않았다. 그것은 실제로 — 이사야 5-3장에 나오는 애매한 구절을 제외한다면 — 구약에서 발견되지 않았다.

그 개념이 증명이 필요없는 가정으로서 성경으로 투사되어 억지 해석을 통하여 아주 후대에 문서화될 수 있었을 가능성도 많다. 그러므로 다가오는 고난 예고들의 뿌리는 단지 초기 기독교 신학자들의 증명이 필요없는 가정이었는가?

b) 약속된 자의 고난이라는 개념은 유대인들의 기대 속에 토대가 놓여져 있었는가?

1887년에 달만(G. Dalman)은 광범위한 연구를 통하여[29] 예수 당시의 유대교는 고난받는 메시야라는 개념에 전혀 친숙하지 않았다는 결론을 내렸다. 그런 후에 다른 사람들은 다가오는 고난 예고들에서 성경에 대한 언급들은 공동체의 증명이 필요없는 가정이었고 예고들 자체는 '사후 예언'(vaticinia ex eventu)이었다고 추론하였다. 이러한 추론들이 역사적으로 맞지 않음을 입증하기 위하여 예레미아스는 유대교가 고난받는 메시야에 관하여 비의적으로 가르쳤다는 것을 ─ TDNT의 '파이스 데우' pais theou)에 관한 항목에서 아주 최근에 ─ 보여주려 하였다.[30] 하지만 그의 논증은 쉐베르그(E. Sjöberg)[31]에 의해 논박되었기 때문에 지금은 다음과 같은 것들이 확실한 듯이 보인다.

(1) 에녹1서와 에스라4서에 나오는 인자의 심상들은 고난에 대한 언급을 전혀 포함하고 있지 않았다. 에녹서에서는 제2이사야에 나오는 하나님의 종 찬가들로부터의 몇몇 표현들을 인자에게 전가시키고 있음은 확실하다.[32] 그리고 에스라4서 13:32, 37, 52에서 인자는 때때로 "나의 종"으로 지칭되고 있지만, 그 어느 경우에도 고난은 암시되고 있지 않다. (2) 다른 호칭들 아래에서도 예수 당시의 유대 환경은 약속된 자의 고난과 죽음을 말하지 않았다. 빌러벡(Billerbeck II, 274ff.)과 쉐베르그는 이 점을 설득력 있게 보여주었다. (3) 이사야 53장에 나오는 순교당하는 선지자에 관한 묘사는 메시야적으로 해석되지 않았다(Billerbeck, I, 481ff.).

약속된 자가 하나님의 뜻에 따라 고난받아야 한다는 개념은 예수 당시의 환경에서는 생소한 것이었다. 이것은 예수가 고난의 길로 가는 것을 제자들이 완강하게 저항하는 것을 통하여 생생하게 볼 수 있다. 이러한 저항에 대하여 예수는 베드로에게 준열한 말씀을 한다(막 8:33 par.): "사탄아 내 뒤로 물러가라".

따라서 다가오는 고난과 관련된 예고 ─ 약속된 자는 고난과 죽음을 통하여 승귀될 것이라고 말했다 ─ 는 메시야에 대한 유대의 가르침으로부터 나오지 않았다. 이것은 그 예고가

---

29) *Der leidende und der sterbende Messias der Synagoge im ersten nachchristlichen Jahrtausend*, Schriften des Institutum Judaicum. Berlin 4 (1888).
30) *TDNT* V, 686 - 697.
31) *Der verborgene Menschensohn*, pp. 247 - 273.
32) Jeremias, *TDNT* V, 687ff.

후자와 직접적으로 배치되는 것이기 때문에 결코 우연한 일이 아니었다: 약속된 자는 불의로 인하여 고난을 당하는 것이 아니라 모든 불의를 끝장낼 것으로 생각되었다! 그러므로 이 진술은 초기 기독교 신학의 추상적인 공준(公準)으로부터 돌발적으로 등장했단 말인가?

 c) 놀라운 것은 고난에 관한 예고들이 말한 것은 예수의 지상 사역의 상황에서 자연스럽게 나올 수 있는 것이었다는 점이다. 의심할 여지도 없이 예수는 조만간 유대 당국의 개입을 예상해야만 했다. 그는 율법의 대표자들과 점점 좀더 상당한 정도의 근본적인 갈등을 겪게 되었다. 이 율법은 유대의 신정 정치에서 삶의 규범이었고, 예수는 자신의 가르침을 통하여 이 율법의 실천에 대하여 공공연히 의문을 제기했을 뿐만 아니라 안식일에 치유를 통하여 율법에 도전하였고 율법을 스스로 범했다. 예수가 제자들의 무리와 함께 예루살렘으로의 순례의 길에 참여해서 성전의 오용에 대하여 시위적으로 항의를 했을 때 그가 유대 당국으로부터 보복 이외에 다른 그 무엇을 기대할 수 있었을까? 예수는 당시의 유대 상황에서 선지자들의 운명으로 생각되었던 것을 예상할 수 밖에 없었다. 이것은 예수가 눅 13:31-33(Sp. Lk.); 13:34 이하 및 그 병행구, 마 23:37-39과 같은 말씀들에서 시사했던 것과 마찬가지로 확실한 것이었다.

 그러나 다가오는 고난 예고들은 단지 합리적인 사람이 상식적으로 예상할 수 있었던 것만을 표현하고 있지는 않았다. 실제로 이 예고들은 예수의 인생 역정이 하나님의 구원 계획이라는 특징을 지니고 있음을 분명히 했다. 이러한 사실이 부활절 이전에 인식될 수 있었을까? 예수가 스스로 이러한 사실을 알려주지 않았다면 그것은 부활 후의 출현과 마찬가지로 도저히 이해할 수 없는 것이었을 것이다. 예수는 자신의 설교와 사역의 행위들의 주요한 지향을 통하여 그것을 드러내었다.

 1) 예수는 '하나윔'('anawim), 특히 의를 위하여 핍박받는 자들은 복이 있다고 말했다(마 5:3 par. 10). 그리고 그는 스스로 그 길을 따라 갔다: 그는 하나님의 정의라는 대의를 짊어졌지만, 자신의 대의 속에서 정의를 위하여 싸우지는 않았다. 마태복음 11:29에 나오는 말씀은 예수 자신을 '하나윔'으로 부르고 있는데, 그것이 예수로부터 유래하지 않았다 하더라도 올바른 해석임은 분명하다.

 2) 예수가 스스로를 '하나윔'으로 이해하였던 것만큼이나 그의 인생 역정은 여러 가지 개념들로 미리 묘사되었다. 예수 당시의 유대적 상황에서는 율법에 대한 충성으로 인하여 핍박을 받았지만 순교를 당했을 때 결국 하나님에 의해 높이 들림을 받는 의로운 자에 대한 심상이 널리 퍼져 있다. 이 심상은 다가오는 고난에 대한 예고들을 고무시켰을 것이지만, 그것은 슈바이처가 생각했던 것과 마찬가지로 그 예고들의 토대가 되지는 못했다.[33] 무엇보

다도 예수는 이렇게 율법에 열심인 자들이 복이 있다고 한 것이 아니라 시편에 미리 묘사된 '하나윔'이 복이 있다고 했다. 그는 모든 지표들에 따라 의로운 자의 겸비와 승귀에 대한 시편들에 직접적으로 비추어서 자기 자신의 인생 역정을 보았다. 그는 죽어가면서 기도 속에서 하나님께 부르짖었다(막 15:34). 이 부르짖음은 너무도 거슬리는 것이었기 때문에 오직 마태에 의해서만 재현되었을 뿐(마 27:46) 다른 복음서 기자들은 그것을 사용하지 않았다. 그것은 누군가에 의해 만들어진 것이 아니었다. 그것은 고난받는 의인에 관한 시편들 중의 하나인 시편 22:2로부터 왔다. 그러므로 고난받는 의인에 관한 시편들을 끊임없이 전거로 하여 그 묘사와 전개를 하였던 수난 설화의 경향은 아마도 예수 자신에 의하여 고무받은 듯하다. 사람들은 예를 들면 시편 22:17에서 손과 발이 꿰뚫리는 것을, 7절에서 사람들의 조롱을, 19절에서 옷을 나눠 갖는 것을 발견하였다.[34]

마찬가지로 예수는 아마도 개념적으로 고난당하는 의인과 가까웠던 순교당하는 선지자에 관한 모호한 말씀(사 53장)을 자기를 가리키는 것으로 빌어왔을 가능성이 있다. 속전(贖錢)에 관한 말씀과 잔에 관한 말씀(막 10:45; 14:24)은 이 구절을 전거로 형성되었다(§18, 8b). 예수 자신이 누가복음 13:31-33의 특수 자료 전승 및 누가복음 (6:22이하); 11:47-51; 13:34 이하 및 마태의 병행구에 나오는 Q전승들 배후에 있는 요소들을 "선지자들의 살인"에 관한 유대 전승으로부터 이미 빌어왔을 가능성이 매우 높다.[35]

이 모든 것은 예수가 이 시편들이나 이사야 53장을 자신에 대한 예고로서 적용했다는 것을 의미하지는 않는다. 기본적으로 예수는 그것들의 도움을 받아 모든 경건한 이스라엘인들과 마찬가지로 자신의 인생 역정을 성경에 비추어 이해하려고 하였다. 그는 성경에서 한 구절도 인용하지는 않았지만 자신의 인생 역정을 성경에 준거하여 말하였다.

3) 하지만 예수의 인생 역정은 궁극적인 구원의 동터옴을 백성들에게 오게 하고 있는 통로였다. 그는 자기 자신을 많은 의인들 가운데 하나가 아니라 선지자와 의인 "이상"인 자로 보았다. 이런 이유만으로도 그는 이사야 53장을 빌어올 수 있었다. 이러한 구약의 매우 특이한 말씀은 결코 유대의 순교 신학에서 적용되지 않았다는 것은 우연이 아니었다.[36] 예수가 구원의 도래를 억압받는 하나님의 사람으로서의 자신의 생애 역정과 결합시켰다면 — 그것은 실제로 자신의 사역의 근본적인 구조였다 — 다가오는 고난 예고들의 핵심적인 내용은

---

33) *Ernidrigung*, pp. 46 - 52.
34) 더 자세한 것은 Goppelt, *Typos*, pp. 120 - 27을 참조하라.
35) O. H. Steck, *Israel und das gewaltsame Geschick der Propheten* (1967)는 이 유대 전승의 기원을 추적한다.
36) E. Lohse, *Märtyrer und Gottesknecht*, pp. 120f.

그에 관하여 매우 독특한 것을 표현하였다.

4) 예수가 아무튼 인자라는 호칭을 사용하였다면 인자가 고난에 관한 이 진술의 주어가 된 것은 아주 자연스러운 일이었다. 물론 고난은 유대의 묵시문학에서 인자와 결부되지 않았지만, 다니엘서 7장에서 환상을 통한 인자에 관한 심상은 세상의 열방들 가운데서 한동안 고난을 당해야 하는 하나님의 백성과 결부되어 있었다(참조. 단 7:25). 마태복음 8:20의 진정한 말씀 및 그 병행구에 따르면 예수는 인자를 유배당한 나그네로 묘사하였다. 따라서 다가오는 고난 예고들과 인자와의 관련성은 아마도 부활절 이후의 후대 신학이 아니라 예수 자신에 의해 이루어졌을 것이다.

따라서 다가오는 고난 예고들의 출발점은 자연스럽게 예수의 사역의 합리적인 전제들로부터 도출될 수 있다. 그 출발점의 형성을 초기 기독교 교사들의 작업이라고 하는 것은 증명이 필요없는 가정으로 이루어진 구성물일 것이다. 인자라는 호칭은 실제로 정확하게 그 사역의 요체를 반영했던 방식으로 그 예고들에 주어로 삽입되었다. 결국 이 호칭은 그와 같이 삽입되었을 것이다. 왜냐하면 그것은 묵시문학적인 메시야 상(像)이 취해진 것이 아니라 그 그릇만을 빌어서 거기에 예수의 사명으로 내용물을 채울 수 있었기 때문이다. 어쨌든 출발점의 견지에서 이것은 예수 자신에 의하여 주도되었다고 할 수 있겠다.

그 전승 모체에서 다가오는 고난 예고들은 재난의 충격을 완화시키기 위한 예고들이 아니었다는 것은 중요하다. 그것들은 제자들로 하여금 예수의 인생 역정이 하나님의 구원의 뜻이라는 목표를 이루기 위한 방식이라는 것을 이해시키는 데 도움이 되도록 하였다. 하지만 두 진술들은 이보다 나아가서 구원의 사역을 예수의 죽음에 돌리고 있다.

8. 대속으로서의 예수의 죽음

대속물에 관한 말씀인 마가복음 10:45 및 그 병행구인 마태복음 20:28과 잔에 관한 말씀인 마가복음 14:24 및 그 병행구인 마태복음 26:28은 예수의 죽음을 인류를 위한 대속으로 규정하였다.

a) 마가복음 10:45의 전승사적 기원

마가복음 10:4 5 및 그 병행구인 마태복음 20:28은 두 부분으로 된 '엘돈'(*elthon*) 말씀이었다. 첫번째 부분은 제자들의 섬김에 관한 이전의 말씀(막 10:42-44 par. 마 20:25-27)을 예수의 모범적인 섬김의 견지에서 설명하고 있다: "인자의 온 것은 섬김을 받으려 함이 아니라 도리어 섬기려 하고". 두번째 부분은 예수의 모범적인 행실과 나란히 예수의 대속 행위를 말하고 있다: " … 자기 목숨을 많은 사람의 대속물로 주려 함이니라". 이와는 대조적으로 Sp. Lk. 전승은 첫번째 부분으로 만족하면서 다음과 같은 문장을 통해 제자들의 섬김의 의무에 동기를 부여하였다: "그러나 나는 섬기는 자로 너희 중에 있느니라"(눅 22:27).

이러한 본문 배열은 전승사적으로 어떻게 설명되어야 하는가? 대속물에 관한 말씀인 마가복음 10:45b는 후대의 증보를 나타내고 있다는 여러 진영에서의 주장은[37] 얼핏 보기에는 설득력 있는 것처럼 보인다. 하지만 조금만 더 자세히 검토해보면 다음과 같은 것들이 밝혀진다.

1) 마가복음 10:42-45 및 그 병행구인 마태복음 20:25-28; 누가복음 22:24-27은 독립적인 전승들이었다. 그 중의 어느 것도 다른 것에서 나온 것이 아니다

2) 제자들의 섬김에 관한 말씀들에서 누가복음 22:24-26은 마가복음 10:42-44보다 더 직접적으로 공동체의 상황에 맞춰 편집되었다. 누가복음 22:26 이하는 '헤구메노이'(*hegoumenoi*)를 '디아코노이'(*diakonoi*)와 나란히 놓았고(참조. 행 15:22; 히 13:7, 17, 24) 주님이 자신의 식탁에서 자신의 시중을 들었다고 함으로써(참조. 고전 10:21) 공동체의 사정들을 암시하고 있다. 반면에 마가복음 10:43 이하는 "크고자 하는 자"와 "으뜸이 되고자 하는 자"가 있는 하나님 나라의 상황을 염두에 두고 있었다. 즉 하나님 나라의 도래로부터 제자들을 위한 결론들을 이끌어 내었다. 이것은 예수의 상황과 일치하였다. 이것은 '디아코네인'(*diakonein*), "섬기다"라는 동사의 사용에 대해서도 마찬가지이다. 이 동사는 바울에게 이미 교회에서의 행실과 관련된 전문 용어가 되어 있었다(롬 12:7; 고전 12:5 등). 그렇지만 마가복음에서 그것을 전문 용어로 사용하게 만든 것은 바로 이 의미였다. 다른 곳에서 그것은 헬라어에서의 그 기본적인 의미와 동일하게 식탁에서 시중드는 것을 의미하였다(막 1:13, 31; 15:41). 이 심상에 따라 공동체에 사는 사람은 "섬겼다". 사람들은 힘과 권리를 사용하여 지배하려 하지 않았고 사랑에서 우러나오는 마음으로 필요에 따라 다른 사람들을 도왔다. 더욱이 이 심상은 예수의 "섬김"을 준거로 함으로써, 즉 마가와 누가에 나오는 제자들을 섬김에 관한 말씀들에 뒤이어 나오는 구절을 준거로 함으로써 더 풍부하게 되었다.

3) 예수의 모범적인 섬김에 대한 기본적인 준거는 예수의 전 사역 — 마가복음 10:45a

---

37) Bultmann, *Tradition*, pp. 143f. 은 "헬레니즘적 기독교의 구속론들"이라는 의미에서 섬김에 관한 말씀을 주석하고 있다. Tödt, op. cit. (n. 21), p. 191에 의해 발전되었다.

에서처럼 ― 및 제자들과의 식탁 교제에서의 예수의 역할 ― 누가복음 22:27에서처럼 ―
과 맥을 같이 하고 있다. 이 둘은 이 심상의 의미에서의 "섬김"이라는 특징을 갖고 있다고
할 수 있다. 예수는 권리와 자기 자신을 세우기 위하여 힘을 사용하지 않았고, 사람들을 믿
음으로 이끌어 하나님의 통치 속으로 포용하기 위하여 유일 무이한 권세로써 하나님의 사랑
을 드러내었다. 이것은 특히 예수가 식탁 교제를 허용한 방식을 통하여 뚜렷이 드러났다.
이런 이유로 하나님의 통치에 속하는 것은 오직 섬김을 통해서만 그 의미와 효력을 가질 수
있었다.

4) 대속물에 관한 말씀인 마가복음 10:45b는 이 개념적 틀 안에 존재하는가? 이 말씀은
모범과 "많은 사람들을 위한" 대속을 그 토대로서 강렬한 방식으로 결합하였다. 그런데도
그것은 잠시 후에 예수가 자신의 사역 행위들로 말미암아 처할 수 밖에 없었던 극단적인 상
황을 가리킨다는 점에서 섬김에 관한 진술과 공통점이 있다고 하겠다. 그의 사역이 섬김이
었고, 그는 권리들을 자신의 행동을 위한 표준으로 삼지 않고 오직 스스로 거부당한 바 사
랑만을 나타내보였다는 것 때문에 이러한 결론은 불가피했다. 하지만 45b절에 나오는 이
말씀에 따르면 그의 죽음 자체도 섬김의 행위였다. 이것도 역시 옳았다. 예수의 죽음은 섬
김에 바쳤던 자신의 일생 가운데서 최후로 주는 행위였다.

5) 그러나 어떻게 이 죽음을 "많은 사람들을 위한 대속물", 즉 "많은 사람들"을 자유롭게
할 대속으로 해석하게 되었는가? 이 말씀의 형성을 니모데전서 2:6에 나오는 헬레니즘적인
형성과 비교해보면 그것이 아람어를 재현한 것이며[38] 인자에 관한 독립적인 말씀로 유포되
었음을 알 수 있다. 잔에 관한 말씀(막 14:24 par. 마 26:28; 고전 11:25)과 나란히 그
것은 공관 전승의 가장 오래된 층에 속했다. 이 점은 그 내용, 즉 예수의 죽음을 속죄로 해
석한 것이 어떻게 출현했는가를 분석해보면 매우 분명해질 것이다.

하지만 이 문제로 들어가기 전에 우리는 누가 전승의 전승사적 관계와 관련하여 다음과
같은 것을 주목하여야 한다. 원래 제자들을 대상으로 한 섬김에 관한 말씀들은 오직 예수의
모범적인 섬김에 대한 언급과만 연결되어 있었다. 반면에 마가에게 전해진 전승에서 주의
만찬에 관한 말씀 전후에 등장했던 예수의 섬김에 관한 상대적으로 독립적인 말씀과 인자의
생명을 버리는 것은 토대로서 추가되었다. 그 결과 베드로전서 2:21에 나오는 것과 같은 동
기 유발의 기초가 되었다. 섬김에 관한 모든 말씀들이 예수와의 식사 교제라는 상황, 특히
최후의 만찬 또는 그 전승 과정에서 비롯되었을 가능성은 매우 높다.[39] 이러한 연결은 누가

---

38) J. Jeremias, "Das Lösegeld für viele (Mk. 10:45)," in *Abba*, pp. 216‐229; Lohse, op.
   cit. (n. 36), pp. 117ff.

복음 22:15-30에서처럼 편집일 뿐만 아니라 원래의 '삶의 정황'(*Sitz im Leben*)에 속했다는 것은 '디아코네인'이라는 말의 근본적인 의미와 요한복음 13장에 나오는 최후의 만찬에서 "발을 씻긴 것"에 관한 전승에 의해 시사되어 있다.

이러한 전승사적 추측들이 결정적인 문제, 즉 예수의 죽음의 대속적 성격에 관한 진술들 배후에 있는 출현의 역사에 의해 밑받침될 수 있다면 그것들은 정당화된다.

b) 예수의 죽음을 대속으로 보는 해석의 출현

이러한 해석을 가능케 한 하나의 원천은 분명히 이사야 53장에 나오는 하나님의 종의 죽음에 관한 예언이었다. 대속물에 관한 말씀은 이사야 53장, 그중에서도 무엇보다도 53:10-12에 준거하여 형성되었다: "그 영혼을 속건 제물로 드리기에 이르면 그가 그 씨를 보게 되며 … 이러므로 내가 그로 존귀한 자와 함께 분깃을 얻게 하며 … 이는 그가 자기 영혼을 버려 사망에 이르게 하며 … 실상은 그가 많은 사람의 죄를 지며".[40] 이 구절에서 네 차례나 나오는 "많은 사람"(사 52:14f. ; 53:11f.)과의 결합은 마가복음 14:24 및 그 병행구인 마태복음 26:28에 따르면 잔에 관한 말씀에서도 취해졌다: 피는 "많은 사람을 위하여 흘리는" 것이었다. 이 두 경우 모두에서 그 의도는 예수는 하나님의 종과 마찬가지로 모든 인류를 위한 속죄로서 대신 죽었다는 것이었다(잔에 관한 말씀에 따르면, "언약", 즉 예레미야 31:31 이하의 새 언약이 이 죽음을 통해 세워졌다. 인류는 하나님과 새로운 관계로 들어서게 되었다.).

어떻게 예수의 죽음이 이런 식으로 이사야 53장의 관점에서 해석되게 되었는가? 흔히 팔레스타인 교회 당시의 유대적 상황에서 순교자들의 죽음은 부분적으로 다른 사람들을 위한 속죄로 생각되었다는 개념이 널리 유포되어 있었다고 주장되어 왔다.[41] 공동체는 이 개념을 예수에게 전이시켰다고 한다. 이것이 초대 교회 케리그마의 휘페르 정형구(*hyper - formular*)가 발생하게 된 유래라고 한다: "성경대로 그리스도께서 우리 죄를 위하여 죽으시고"(고전 15:3). 이 정형 어구는 한동안의 반성 과정을 통하여 이사야 53장의 견지에서 그 내용이 채워졌고 대속물과 잔에 관한 말씀들에서 속죄에 관한 내용이 형성되었다고 생각되었다.

한동안 이러한 재구성의 전제들은 비역사적인 것으로 보였다. (1) 신약 시대에 순교자의

---

39) 후자에 대해서는 J. Roloff, *NTS* 19 (1972/73), 50을 참조하라.

40) Patsch, op. cit. (n. 23), pp. 177f. 에서 이 관련성에 대한 더 정확한 분석.

41) Bousset, *Kyrios*, p. 115; Hahn, *Titles*, p. 56.

죽음은 오직 헬레니즘적 유대교에서만 다른 사람들을 위한 속죄로 해석되었다. 오직 나중에 가서야 이것은 팔레스타인의 유대교에서도 통용되었다. 이 개념은 — Test. Ben 3:8에 나오는 특이하고 불확실한 언급을 제외한다면 — 마카비4서(6:28f. ; 17:20ff.)에 처음으로 등장하였다.[42] (2) 분명히 초기 공동체의 신학적 반성에서도 이사야 53장을 이끌어오지 않았을 것이다. 신약 문헌에서 그 언급들이 숫적으로도 적고 연대에서도 후대의 것이기 때문이다.[43]

이러한 고찰들로 볼 때 그 출현과 관련하여 대명제와 속죄에 관한 말씀들 사이의 관계는 뒤바뀔 가능성이 높다. 휘페르 정형구는 속죄 말씀들을 일반화하면서 생긴 것이었다. 후자는 신학적 반성이 아니라 이사야 53장에 걸맞는 삶으로 인하여 생긴 것이었다. 그러므로 놀라운 일이지만 이 말씀들은 아마도 예수 자신으로부터 직접적으로 유래했다고 생각하여야 한다.[44] 따라서 예수는 산상수훈의 계명들에서와 마찬가지로 자신의 거절에 대한 해석에서도 교회보다 훨씬 앞섰다고 해야 한다. 이 말씀들은 바울의 정형 어구들보다도 더 정확하게 실질적 내용의 견지에서 예수의 죽음의 속죄적 성격을 말하고 있었다!

c) 예수의 속죄 말씀들의 의미

1) 고대 세계에서 친숙하였던 종교적 의미에서의 속죄 개념은 이 세계가 어떤 질서에 종속되어 있으며 그 질서를 파괴하면 빈드시 신적인 권세들에 의해 형벌을 받게 된다는 것을 전제하고 있었다. 그러므로 속죄만이 죄와 재난이라는 연결 사슬을 끊을 수 있었다. 여러 가지 다양한 유형의 권세들과 그 질서에 따라 속죄는 서로 다른 성격을 띠고 있었다.

구약에서[45] 속죄는 포로기 이후의 시대에 처음으로 등장하였다. 제사장 제도에서 발전된 속죄 의식들은 신의 관용을 빌기 위한 고안물이 아니라 하나님 자신이 죄와 재난 사이의 연결고리를 끊기 위한 은혜로운 제도들이었다. 그러므로 그 본질적 의도에서 이 의식들은 구약의 하나님의 개념과 일치하였다. 하나님은 백성들과 언약 관계를 맺었다. 사람들은 보통 그러하듯이 신을 부리지 않았다. 그러나 그럼에도 불구하고 동물 희생제사를 통한 속죄 행

---

42) 이점은 Lohse, op. cit. (n. 36)와의 논쟁을 통하여 K. Wengst, *Christologische Formeln und Lieder des Urchristentums* (1972). pp. 62 - 70에 의해 보이고 있다. 또한 Patsch, op. cit. (n. 23), pp. 155-58.

43) Patsch, op. cit., pp. 159-167.

44) Patsch, op. cit., pp. 176-180; 또한 다른 이유로 C. Colpe, *TDNT* VIII, 455ff.; Jeremias, *Theology* I, 294.

45) Patsch, op. cit., pp. 151-58에 나오는 개관과 문헌.

위는 여전히 객관적인 의식이었다. 이와는 대조적으로 마카비4서에 나오는 유대의 순교신학에 의해 표현된 속죄 개념은 인격적인 것이었다. 그런데도 그것은 율법의 공로들의 계산 근거가 되는 성취라는 기준을 토대로 하고 있었다. 예수의 사역은 이 두 가지 속죄 개념들의 전제들과 모순되는 것이었다. 예수는 객관적인 거룩과 성취의 계산을 모두 단호하게 거부하였다. 이런 이유로 우리는 유대적 개념을 가져와서 예수의 죽음을 "속죄의 능력"이라거나 "속죄의 성취"라고 말해서는 안된다.

따라서 실질적인 내용의 차원에서 예수의 죽음을 속죄로 해석하는 데 토대를 제공해준 이 두 말씀들은 유대적 환경으로부터 일반적인 속죄의 개념들을 빌어오지 않았고 구약에 홀로 나오는 이사야 53장의 하나님의 종에 관한 심상으로부터 빌어왔다는 것은 대단히 중요하다. 이사야 53장에 묘사된 하나님의 종의 죽음은 모든 형태의 의식 및 계산과 일치되지 않았다. 하나님의 종은 순종 가운데 섬겼고 하나님이 이러한 퇴장을 속죄를 위한 장치로 정하셨기 때문에 죽었다. 예언의 영으로[46] 제2이사야가 이 심상을 묘사했을 때 그는 위대한 선지자들의 인생 역정을 모델로 염두에 두고 있었다. 그는 하나님에 대한 백성들의 저항을 겪었고 그와 동시에 하나님의 심판 아래에서 백성들과 함께 고통을 겪었던 예레미야 혹은 신명기에 따르면 하나님의 메시지를 백성들에게 나타내었을 뿐만 아니라 하나님 앞에서 그들을 위해 중보 기도하고 그들의 운명의 짐을 같이 나누어졌던 모세를 생각하였다(신 3:26; 9:18). 하지만 하나님의 종에 관한 심상은 모든 역사적 체험들은 물론이고 이러한 모든 모델들을 능가하였다. 그것은 예언이었다. 이 예언은 하나님의 종에게 고통을 겪게 하였던 백성들로 하여금 그의 승귀 후에 다음과 같이 고백하도록 만들었다: "그 영혼을 속건 제물로 드리기에 이르면 그가 그 씨를 보게 되며 그 날은 길 것이요"(사 53:10).

2) 예수 전승의 관점에서 본 예수의 죽음은 이와 비견될 만한 구조를 가지고 있었는가? 예수 자신은 이사야 53장에서 자신의 삶의 역정을 인식할 수 있었는가? 예수도 자신의 죽음을 마가복음 10:38(par. 마 20:22)에 나오는 두 개의 비유적인 진술들에 따르면 심판을 의미하는 잔과 큰 물로 보았다. 여기에 나오는 이 진술들의 진정성을 밑받침하는 것이 있다. 구약의 백성들에게와 마찬가지로 예수에게 고난과 죽음은 본질적으로 하나님 앞에서의 삶으로부터의 제거, 즉 심판을 의미하였다. 그러므로 예수는 시편 22:2의 탄원하는 부르짖음을 자기 입 밖으로 내면서 죽었고 이와 아울러 "나의 하나님"이라는 직접적인 말을 통하여 하나님을 가리는 심판의 어둠을 꿰뚫었다.

그러므로 예수의 죽음은 그 핵심적인 구조의 견지에서 모든 사람을 위한 속죄였다. 왜냐

---

46) 이하에 대해서는 von Rad, *Theology* II, 250 - 262를 참조하라.

하면 하나님의 뜻에 따라 죽음으로써 그도 모든 사람의 불의에 대해 내려진 하나님의 심판을 스스로 짊어졌기 때문이다. 이렇게 함으로써 예수는 하나님이 인류에게 주신 헌법적인 기준인 율법의 거룩을 굳게 세웠다.

3) 그러나 그러한 속죄의 개념은 예수가 자신의 지상 사역 동안에 사람들에게 허용하였던 단순한 죄사함과 모순되는 것은 아니었는가? 많은 사람들은 예수에 의하면 진지하게 자기 잘못을 뉘우친 모든 사람은 하나님의 용서를 받았으며 속죄의 희생적 죽음을 필요로 하지 않았다는 홀츠만(H. J. Holtzmann)의 평가에 의견을 같이 했다.[47] 이 경우에 예수는 회당이 제공하였던 죄 사함의 체제를 단지 단순화했을 것이다(§4, 2b)! 하지만 그는 참회를 요구하는 것과 같은 어떠한 전제 조건들을 두지 않으면서 스스로 개개인을 돕고 하나님과의 새로운 관계를 중보함으로써 죄사함을 허락하였다. 이런 이유로 예수의 죄사함은 그의 인생 역정으로부터 벗어나 있는 것이 아니었다. 그는 자기 자신을 드려서 죄사함을 수행하고 보증하였기 때문에 그는 하나님과 백성을 위하여 동시에 중보 기도를 한 선지자의 길을 걸었던 것이다. 그러므로 예수가 모든 사람을 위한 속죄로서 죽었던 하나님의 종에 관한 구약의 특이한 표현, 유대교의 그 어느 곳에서도 찾아볼 수 없었던 표현을 자기 자신에게 적용한 것은 그의 사역과 조화되는 것이었다.

자신의 거부에 대한 이러한 해석은 실질적으로 구원에 대한 예언적 약속이라는 틀 안에서 이사야 53장의 속죄적 죽음이라는 특이한 개념과 유사한 방식으로 이해될 수 있다. 언약을 범한 것과 관련하여 예언은 하나님과 그의 백성들의 관계를 궁극적인 의미에서 온전하게 만들 더 좋은 새로운 언약을 약속하였다.[48] 하지만 이사야 53장에 따르면 이 "새것"은 하나님의 종의 속죄적 죽음을 통하여 중보되어야 했다. 이 하나님의 종은 이사야 53:11에 따르면 "많은 사람", 즉 모든 백성들을 의롭게 만들 것이었다. 그는 백성들을 하나님과의 올바른 관계로 이끌 것이다. 왜 "새것"은 저주받을 "옛것"을 속죄 없이 대체할 수 없었을까? 예언은 "새것"이 "옛것"을 아무 관련도 없이 대체하지는 않을 것이라는 점을 지적하는데 아주 많은 관심을 가지고 있었다.[49] 결국 이스라엘은 하나님이 그의 언약의 약속 곁에 서 있으며 이 "옛것"은 그의 실존의 현실이라는 확신 속에서 살았다. 이런 이유로 옛 언약 질서, 이스라엘과 열방들에 대한 심판은 단지 제쳐놓아졌을 뿐만 아니라 대속을 통하여 그 효력이 정

---

47) *Theology* I, 255.

48) 렘 31:31ff. ; 겔 34:25; 37:26; 사 54:10; 55:3, (4절 이하; 열방들의 포함); 61:8; (사 42:6; 49:8; 언약의 대표자로서의 하나님의 종); 참조. W. Eichrodt, *Theology of the OT* I (1961), 61 - 65; von Rad *Theology* II, 275 - 285.

49) Von Rad, *Theology* II, 285 - 290.

지되었다. 속죄를 겪은 그는 백성과 열방들에게 옛 언약의 하나님의 정의를 드러냄과 아울러 새 언약을 선포한 분과 동일 인물이었다 — 선지자. 이러한 고찰들을 통해 우리는 예수의 사역의 속죄적 성격에 합리적으로 접근할 수 있게 된다.

예수가 이사야 53장을 따라 생각하고 있었다면 그는 — 내용의 응집성이라는 측면에서 볼 때 — 율법이 말하고 있는 인간 사회의 현실을 사랑이라는 추상적인 이데올로기를 통하여 무시하려고 한 광신자가 아니라는 것을 알리고 있었다. 그는 기존 현실을 자신의 사랑의 시현을 통하여 꿰뚫었다. 그의 속죄 행위는 이러한 현실을 인정하였다. 그는 자신의 도움과 죄사함을 속죄로 밑받침 하였기 때문에 그것들은 하나님의 현실을 그 배후에 갖고 있는 세상의 현실에 비추어 볼 때 믿을 만하게 되었다.

속죄하는 자로서 예수는 인간 존재로서 하나님과 대치하고 서 있었다. 그런데도 속죄 중에서도 그는 완전히 하나님께 속해 있었다. 그의 모든 사역은 하나님과의 유일 무이한 관계에 의해 수행되었다. 그러므로 우리는 예수의 자기 이해에 관한 묘사를 이 관계에 대한 고찰로 끝내야 한다.

9. 하나님의 아들

예수의 전 사역 속에서 표현되었고 마지막으로 부활절 사건을 통해 그 형태가 갖추어졌던 하나님과의 유일 무이한 관계는 사람들로 하여금 공동체 속에서 그를 "하나님의 아들"로 고백하게 하였고 신약의 저작들 속에서 그를 이와 같은 표준적인 호칭으로 지칭하게 만들었다. 이 기독론적인 진술의 발전은 공관 전승에도 어느 정도 반영되어 있었다. 마찬가지로 유대인들과 헬라인들이 신의 아들에 관하여 말하는 여러 가지 방식들도 그것에 영향의 궤적을 남겼다. 우리는 공관 전승에 나오는 예수의 신의 아들됨에 관한 여러 층의 진술들 가운데서 최소한 몇몇 출발점들은 예수의 지상 생애까지 거슬러 올라갈 수 있는지를 확인해 보려고 한다. 이러한 시도를 하는 데에 우리는 호칭 자체를 검토해 보는 것으로 시작해서 예수의 "아들"됨과 하나님의 "아버지"됨의 관계를 예시적으로 보여주는 진술들을 살펴보고자 한다.

a) "하나님의 아들"이라는 호칭

공관 전승에 따르면 예수는 스스로 "하나님의 아들"이라는 호칭을 말한 적이 없었다(마태복음 27:43 〔Sp. Mt.〕은 복음서 기자의 첨가이다). 그러나 이 호칭이 다양한 진영들에서 아주 다양한 의미로 그에게 적용되었다는 것은 확실하다.

1) 산헤드린 앞에서의 재판에 관한 기사(막 14:61 par. 마 26:63)에서 대제사장은 이렇게 물었다: "네가 찬송받을 자의 아들 그리스도냐". 여기서 두 호칭은 동의어로 사용되었다. 누가에서 예수는 다르게 질문을 받았다: "네가 그리스도여든 우리에게 말하라"(눅 22:67)와 "그러면 네가 하나님의 아들이냐"(눅 22:70). 이 기사에 관하여 말할 수 있는 전승비평적 제약 조건들을 차치한다면 이 질문이 예수 당시의 상황에까지 거슬러 올라간다고 할 수 있는가? 예수 당시의 정황에서 어떻게 사람들이 하나님의 아들됨에 관하여 말할 수 있었는가?

구약에서 여호와와 이스라엘의 관계는 흔히 아버지와 아들 관계로 묘사되었다. 여호와는 이스라엘을 자기의 "장자"라 불렀다(출 4:22 〔J〕; 렘 31:9); 그는 이스라엘을 양자로 삼았다(렘 3:19). 다른 측면에서 여호와는 이스라엘의 아버지로 이해되었다(신 32:6, 18; 렘 3:4).[50] 동일한 의미로 왕을 하나님의 아들로 본 구절이 셋 있다. "여호와께서 내게 이르시되 너는 내 아들이라 오늘날 내가 너를 낳았도다"(시 2:7). 왕은 즉위를 통해 "낳아졌다", 즉 양자로 삼아졌다. 시편 89:26 이하는 사무엘하 7:14 이하를 취해 언약으로서의 이러한 관계를 자세히 설명하고 있다: "저가 내게 부르기를 주는 나의 아버지시요 … 내가 또 저로 장자를 삼고 … 저로 더불어 한 나의 언약을 굳게 세우며".

메시아적 왕에 관한 이에 걸맞는 진술들은 구약에는 없었고(참조. 사 9:6f.) 유대교에서도 극히 드물었다. 4QFlor에서는 시편 2:1을 종말론적으로 해석하고 있다. 하지만 이 단편적인 본문은 사무엘하 7:7이 아니라 14절을 인용하고 있다: "나는 그의 아비가 될 것이고 그는 나의 아들이 될 것이다". 직함으로서의 "하나님의 아들"은 메시야를 가리키는 그 어떠한 구절에서도 나와 있지 않았다. 빌러벡(Billerbeck, III, 17)은 여기서 에녹1서 105:2 — 후대의 삽입 — 과 에스라4서 7:28 이하; 13:32을 전거로 들었다. 하지만 여기서는 '필리우스 메우스'(*filius meus*) 대신에 히브리어 '에벱'(*ebed*, "종")이 있었다.[51] 랍비 저작들에서는 메시야적으로 해석된 구약 본문들, 특히 시편 2편이 그에 관한 이유를 제공했을 때에만 메시야를 하나님의 아들로 규정하였다.[52]

그렇다면 대제사장의 질문에 관한 전승은 어떻게 해석되어야 하는가? 공동체에서 이 호칭을 강조한 것은 아마도 유대의 메시야 사상에서 이 진술들을 억압했기 때문일 것이고, 역

---

50) *TDNT* VIII, 351 - 53.
51) *TDNT* VIII, 360 - 62.
52) Billerbeck III, 19f., 676.

으로 그것은 공관 전승에서 그 진술들을 강조했기 때문임이 틀림없다. 누가복음 1:32에서 예수는 다윗 예언의 의미로, 또 이와 아울러 "저가 … 지극히 높으신 이의 아들이라 일컬을 것이요"라는 정형 어구로 메시야로 선포되었다. 마태는 편집을 통해 베드로의 신앙고백에서 "살아계신 하나님의 아들"이라는 말을 "그리스도"와 나란히 놓으면서 이 둘을 기독교적 신앙고백의 의미로 이해하였다(마 16:16). 이러한 경향의 산물로서, 승귀의 기독론과 일치한 마가복음 14:62 및 그 병행구인 마태복음 26:64에 나오는 대제사장의 질문과 예수의 대답은 초기 팔레스타인 유대 기독교에서 형성되었을 가능성이 매우 높다. 이 호칭은 여기서 구약 및 유대의 어법에 따라 메시야가 다스리는 권세를 갖는 것은 하나님과의 특별한 언약 때문이라는 것을 표현하고자 했다.[53] 이와 동일한 의미로 예수는 Q(마 4:3, 6)에 따르면 시험 이야기에서 사단에 의해 불려졌고 마태복음 27:40(Sp. Mt.)에서 십자가 밑의 조롱하는 자들에 의해 불렀다: "네가 만일 하나님의 아들이어든 … ", 즉 예수는 메시야 또는 (솔로몬의 지혜서 2:18에 따르면) 의로운 자로 불렀다. 사단 및 대제사장에 대한 예수의 답변은 자기에게 주어진 권세를 자기가 사용하는 것은 자기를 그렇게 부른 사람들이 메시야에게서 기대했던 것과는 판이하게 달랐다는 것을 분명히 보여준다.

2) 이 호칭은 귀신들을 쫓는 기사에서도 동일한 의미로 등장하였다. 거기에서 귀신들은 쫓겨나기 전에 방어를 위해 예수를 "하나님의 아들"로 규정하였다. 마가복음 3:11 및 그 병행구인 누가복음 4:41에 나오는 집합적인 기사를 제외한다면 여기에서 이 호칭은 약간 수정된 형태로 사용되었다: "나는 당신이 누구인 줄 아노니 하나님의 거룩한 자니이다"(막 1:24 par. 눅 4:34). 비유대 지역인 거라사에서 광인을 치유하는 장면에서는 "지극히 높으신 하나님의 아들"(막 5:7b)이라는 "혼합적인" 표현이 그 호칭으로 사용되었다.[54] 이러한 발화(發話)들 배후에 있는 역사적 사실들은 그 역사적 의미와 마찬가지로 한층 분명하게 확인할 수가 없다. 전승들을 연결해서 마가복음 1:24의 기자는 엘리야에 관한 열왕기상 17:18에 나오는 항의를 언급하였다: "하나님의 사람이여 당신이 나로 더불어 무슨 상관이 있기로".[55] 이 기자에게 이 방어적인 절규들은 예수가 귀신들을 쫓아냄으로써 "하나님의 아들", 즉 신적 권능들의 도관(導管)이었던 헬레니즘적인 '신적 인간'(*theios aner*)으로서가 아

---

53) 예수를 하나님의 아들로 부르는 유대의 어법에 속한 초기 공관복음서 말씀들을 원래의 "하나님의 종", 대제사장의 메시야 기대, 인자 개념으로부터 도출하려는 시도들은 성공하지 못했다. Hahn, *Titles*, pp. 279f.에 나와 있는 논의를 참조하라.

54) 이와는 달리 헬레니즘적 유대인들은 그들의 하나님을 "지극히 높으신 하나님"으로 불렀다(G. Bertram, *TDNT* VIII, 618ff.).

55) 참조. E. Schweizer, *TDNT* VIII, 377.

니라 모세 및 엘리야와 같이 이스라엘의 하나님과 언약 관계에 있는 자로서 역사하고 있다
는 것을 표현하는 것이었다.

3) 예수의 수세와 변모에서 하늘로부터 들려온 음성에서 구약 및 유대의 호칭을 빌어와
발전시킨 방식은 그보다 훨씬 더 중요했다. 이 두 경우에 예수는 "내 사랑하는 아들"(막 1:
11 par. ; 9:7 par.)로 규정되었다. 이 말은 시편 2:7, "너는 내 아들이라"에서 빌어와
거기에 "사랑하는"(ho agapetos)을 추가한 것이었다. 구약에서 "사랑하는 아들"은 유일
한 아들이란 뜻이었다(예를 들면, 창 22:2, 12, 16에서의 이삭). 그러므로 하늘로부터의 음
성에 따르면 예수는 이스라엘, 이스라엘의 왕, 경건한 자, 메시야적 왕과도 구별되는 방식
으로 하나님의 아들이었다.[56] 그는 하나님과 독특한 언약 관계 속에 서있었다. 수세 이야기
와 마찬가지로 이 표현은 초기 팔레스타인 교회에서 형성되었다. 신약에서 이 표현은 이 두
이야기에 국한되어 있다. 요한은 그것을 그와 동일한 의미를 갖고 있는 "독생자"(헬. ho
monogenes huios)라는 표현으로 대체하였다: 1:14, 18; 3:16, 18; 요일 4:9. (히 11:
17에서 이삭은 '호 모노게네스'(ho monogenes)이다). 예수를 부르는 이러한 위탁들 또
는 확인하는 말씀들 가운데서 몇몇 출발점들은 예수의 지상 생애까지 거슬러 올라갈 수 있
었다.

4) 이와는 대조적으로 사람들이 예수를 하나님의 아들이라고 고백한 것들은 후대에 속하
는 것으로서 일부는 편집을 통해 전승층들에 삽입되었다.

마가복음에서 예수를 "하나님의 아들"이라고 부른 유일한 사람은 십자가 아래에 있었던
로마 백부장이었다(막 15:39 par. 마 27:54). 물론 복음서 기자는 여기에 나온 진술을
변화산에서 제자들에게 계시되었던 것과 같은 방식으로 하나님의 아들됨을 인정하는 신앙고
백으로 이해하였다. 수난 설화의 전승 속에서 이 말씀은 어느 정도까지 거슬러 올라가며 그
것이 초기 전승층들에서 어떠한 의미를 가지고 있었느냐 하는 것은 확인하기 어렵다.[57] 누가
복음 23:47에서는 단지 이렇게 말하고 있다: "이 사람은 정녕 의인이었도다". 이 문구는 후
대의 편집을 역사화하고 있는 것인가 아니면 이 전승에 나오는 고난받는 의인은 솔로몬의
지혜 2:18에 언급된 "하나님의 아들"이었는가?

마태는 편집을 통해 이 호칭을 제자들의 신앙고백들, 베드로의 신앙고백(마 16:16), 풍

---

56) 이 구절에 대한 타르굼에서 이미 그와 같은 형용사가 발견된다 할지라도 그것은 사실이다(Schweiz-
　　er, *TDNT* VIII, 367ff.).
57) V. Taylor(Mark, 이 구절에 대한 부분과 p. 650)에 의하면 백부장이 예수의 신성을 인정한 것은
　　역사적 사실이라 하고, E. Schweizer(*Mark*, 이 구절에 대한 부분)는 복음서 기자의 편집에 의한
　　것이라고 보고 있다.

랑을 잔잔케 한 것에 대한 제자들의 반응 속으로 삽입하였다(마 14:33). (28:19에서 마태는 신약에서 삼위일체적인 세례식 정형 어구를 도입한 최초이자 유일한 인물이었다.)

누가는 성령에 의해 수행된 예수의 탄생을 예수가 하나님의 아들이라는 것의 토대로 삼았다(눅 1:32, 35).

이상의 모든 것을 고려해 볼 때 오직 몇몇 예비적인 단계에서만 "하나님의 아들"이라는 호칭은 그의 지상 사역 동안에 예수에게 적용되었다고 할 수 있다. 중요한 것은 이 호칭의 사용이 구약에 표현된 하나님과의 관계의 구조를 토대로 하고 있었다는 것이다. 그리고 예수가 이 하나님과의 독특한 유대 관계를 인식하고 있었다는 것도 대단히 중요하다. 그는 이러한 인식을 호칭을 통해서가 아니라 하나님을 아버지로 부르는 예시적이고 직접적인 말, 게다가 아마도 자기 자신을 아들로 부르는 것을 통하여 훨씬 더 참되게 표현하였다. 예수의 말의 이러한 심상들은 결코 호칭과 연관되지 않았다. 포도원에서의 악한 종들에 관한 비유 (후대에 알레고리적으로 수식이 되었지만)는 이 둘 사이를 잇는 가교 역할을 하였다: 마침내 주인은 "그의 사랑하는 아들"(막 12:6)을 보낸다.

b) 아버지-아들 심상

아버지-아들 관계의 심상은 세 부류의 말씀들 속에 나타나 있다.

1) **기도 속에서의 '아바'(abba)라는 호칭.** 예수의 기도에 관한여 전승된 모든 단어들 가운데서 그는 하나님을 아버지(헬. pater)로 불렀다 ― 마가복음 15:34 및 그 병행구인 마태복음 27:46에 나오는 십자가로부터의 말씀 ― 인용문을 예외로 한다면.[58] 아람어에서도 '아바'(막 14:36에 재현된 단어)는 그대로 사용되었을 것이다. 기도에서 이러한 형태의 부름말은 제자들에게 너무도 의미심장하였기 때문에 그것은 헬레니즘적 교회에서조차도 아람어 원어 그대로 보전되었다(롬 8:16; 갈 4:6). 예수 당시의 유대적 정황에서 그것은 새롭고 독특하였다.[59] 유대의 기도들에서는 때때로 "우리 아버지"(abinu, 'abuna') 또는 디아스포라의 헬라어로는 '파테르'(pater)를 사용하였다(벤 시락서 23:1, 4〔LXX〕. 마카비 3서 6:3, 8; 솔로몬의 지혜서 14:3). 하지만 '아바'는 기도 속에서 유대의 탄원자들에게 친숙하지 않았다. 그것은 자녀가 친밀감과 신뢰감을 가지고 아버지를 부르는 말이었다. 하나님을 그런 식으로 부름으로써 예수는 독특하게 친밀한 유대 관계와 헌신을 증거하고 있었

---

58) 막 14:36 par. ; 마 (6:9); 11:25f. ; 눅 23:34, 46; 마 26:42, 참조. 요 11:41; 12:27f. ; 17:1, 5, 11, 21, 24f.

59) J. Jeremias, "Abba," in Abba, pp. 15-67; Jeremias, *Theology* I, 63-67.

다. 예수는 하나님과의 이러한 관계를 제자들에게도 가능하게 만들었다. 주기도문은 원래 이러한 호칭으로 시작되었다(눅 11:2; 참조. 롬 8:15). 그것은 제자들에게는 종말론적 회개의 표현이었다: 그들은 "어린아이같이"(마 18:3 par.) 되었다. 하지만 예수에게서 이러한 헌신은 분명히 회개를 통하여 처음으로 온 것이 아니라 자신의 존재에 뿌리박은 유대 관계를 통하여 주어졌다. 아마도 그가 세례시에 들은 것은 바로 이러한 유대 관계와 관련된 말이었을 것이다(§4, 2; §18, 9a).

이러한 독특한 기도의 부름말은 예수가 하나님을 대신하여 요구하고 죄사함을 주었을 때 사람들로 하여금 대면케 했던 주장의 내적 측면에 빛을 던져 준다. 이 주장은 주제넘은 것이 아니라 궁극적인 헌신의 표현이었다: 예수는 어린아이가 그의 아버지에게 순종하듯이 하나님의 뜻에 스스로를 복종시켰다. 이것은 요한복음 5:19 이하에서 기독론적으로 발전되었다.

기도문 속에서 '아바'라는 예수의 부름말에 의해 표현된 유대 관계는 또한 "아버지"라는 예시적인 호칭의 사용 배후에도 있었다.

2) **"내 아버지"와 "너희 아버지".** 공관 전승의 모든 층들에서 강조되지는 않았지만 그래도 눈에 띄는 구별이 집요하게 행해졌다: 예수가 하나님을 예시적으로 아버지로 지칭하였을 때, 그는 "우리 아버지"라고 말함으로써 그의 제자들과 같은 반열에 자기를 놓은 적이 없고 "내 아버지"와 "너희 아버지"를 구별하였다(주기도문에서 유대의 기도 관습과 일치했던 "우리 아버지"라는 부름말은 원래의 "아버지"[눅 11:2] 대신에 마태에 의해 삽입되었다.). 그렇지만 이러한 구별을 하고 있는 구절들은 대다수가 공관 전승의 좀더 후기의 층들에 속해 있었다: "내 아버지"는 Q에서는 오직 마태복음 11:27에만, 마가 전승에서는 오직 8:38에서만 나타나는데, 누가복음 12:9(Q)과 배치되는 이 후자의 정형 어구는 원래의 것이 아니었다.[60] 첫번째 구절에서 이 호칭은 하나님과의 이러한 관계의 실질적인 구조에 대한 언급과 연계되어 있었는데, 그렇게 함으로써 아버지에 관한 예시적인 말을 좀더 나아가게 했다.

3) **절대적 용법: "아들"과 "아버지".** 마태복음 11:27 및 그 병행구에 따르면 예수는 자기가 무제한적인 권한 위임과 하나님에 대한 독점적인 인식을 가지고 있다는 것을 그 전제 조건으로 주장하였다:

내 아버지께서는 모든 것을 내게 주셨으니
아버지 외에는 아들을 아는 자가 없고

---

60) 더 정확한 분석을 보려면 E. Schweizer, *TDNT* VIII, 366을 참조하라.

> 아들과 또 아들의 소원대로 계시를 받는 자 외에는
> 아버지를 아는 자가 없느니라

하나님과 인간 존재 사이의 쌍방적인 인식은 신약에서 오직 요한 저작들, 이를테면 요한복음 10:14 이하에 언급되어 있다: "내가 내 양을 알고 양도 나를 아는 것이 아버지께서 나를 아시고 내가 아버지를 아는 것 같으니". 신약 밖에서 그것은 헬레니즘적인 신비주의 또는 영지주의에서 발견될 수 있다: "나는 너, 헤르메스를 알고 너는 나를 안다. 나는 너고 너는 나다".[61] 여기서 쌍방적인 인식은 본질의 유사성에 토대를 두고 있었다: 영혼에 있는 빛은 빛의 나라로부터 파송된 자를 알아보았다. 물론 그 역도 성립되었다. 그렇지만 이러한 쌍방적인 형태를 사용함으로써 요한복음은 예수의 선교 속에서 효과를 발휘하였고 그것을 통하여 일어났던 하나님과의 종말론적인 관계를 가리키고 있었다. 이러한 관계 및 새로운 인식은 구원의 때를 위해 예언되었다: "다 나를 앎이니라 … 다시는 그 죄를 기억지 아니하리라"(렘 31:34; 참조. 사 52:6). 이에 따라 요한에게 구약에 관한 인식은 하나님 편에서는 택함이었고 예수 혹은 인간 편에서는 인식과 인정이었다(참조. 요 5:19, 20a).

쌍방적인 인식에 관한 이러한 요한의 말하는 방식의 예비적인 단계는 그 "요한적인" 어조로 말미암아 공관복음서의 개념적 언어들과 구별된 마태복음 11:27에 나오는 말씀에 나타나 있다. 그것은 부분적으로 Q에 전형적인 개념적 연결들, 예를 들면 택함, 하나님에 대한 인식, 다른 사람들에 대한 계시를 확장하는 듯이 보인다.[62] 이 말씀은 어쨌든 그 언어학적 구조가 어떤 지표가 된다면 많은 사람들이 생각하듯이 헬레니즘의 영역에서가 아니라 팔레스타인 유대교의 영역으로부터 유래하였다.[63] 그것은 "오직 아버지만이 아들을 안다", 즉 아버지가 아들을 택하여 그에게 권세를 부여함으로써 그의 사명은 오직 아버지만 알고 있다고 말하였다. 또 "오직 아들만이 아버지를 안다", 즉 아들만이 스스로를 하나님께 복종시키고 그 눈앞에 하나님을 두고 있다는 것이다. 이런 이유로 아들만이 하나님을 다른 사람들에게 "계시할" 수 있었다. 즉, 구원의 때에 약속된 대로 하나님의 자기 계시와 하나님과의 교제를 중보할 수 있었다.

이런 식으로 예수는 집으로 돌아와서 탕자처럼 받아들여졌기 때문이 아니라 "아버지"에 대한 "아들"로서 굳게 연합되어 있었기 때문에 하나님을 알았다. 여기서 배타적이고 절대적

---

61) Bousset, *Kyrios*, p. 87에 인용된 마법에 관한 파피루스로부터.

62) 1QS 4:22; 참조. 1QH 18:23f.; 또한 1QS 9:17; 11:15-18; 1QH 2:13(더 자세한 것은 E. Schweizer, *TDNT* VIII, 373 n. 281, and Braun, *Qumran* I, 24f.).

63) Hahn, *Titles*, pp. 308-314.

으로 사용된 이 용어들은 후대에 예수와 하나님의 본질적인 연합을 표현하기 위하여 신약
— 무엇보다도 요한 — 의 기독론에서 직함으로 사용되었다.[64] 그러나 이 용어들은 마가 전
승인 마가복음 13:32 및 그 병행구인 마태복음 24:36에 나와 있는 것과 같은 Q의 말씀에
서 사용된 예시적인 호칭들을 효과적으로 도울 수 있었다: "그러나 그 날과 그 때〔즉, '파
루시아'〕는 아무도 모르나니 … 아들도 모르고 아버지만 아시느니라". 이 말씀은 예수에게
로 거슬러 올라간다고 보는 것이 좋다. 왜냐하면 공동체 안에 있는 그 누구도 예수가 그런
것을 모른다고 할 어떤 이유도 가지고 있지 않았을 것이기 때문이다.[65]

따라서 지금 고찰 중인 이 말씀은 앞의 "아버지" — 말씀(마 11:25f.)과 마찬가지로 팔레
스타인 교회의 지혜 전승의 견지에서[66] 혹은 아마도 예수 자신에 의해 형성되었을 것이다.[67]
어쨌든 그것은 예수의 사역을 떠받치고 있었던 것을 표현하였다.

예수가 하나님을 아버지로서 예시적으로 말한 그 독특한 방식은 부활절 이후의 기독론의
실질적인 토대가 될 수 있었고, 특히 곧 등장하였던 예수를 "하나님의 아들"로 부르는 신앙
고백을 의미심장하게 채울 수 있었다. 하지만 "하나님의 아들"이라는 호칭은 이 심상으로부
터 유래한 것이 아니라 무엇보다도 구약 전승으로부터 가져왔다.

이 장의 주제인 예수의 자기 이해에 관한 문제는 예수의 사역의 숨겨진 뿌리들을 소급해
들어가 파헤쳐보는 것이었다. 이제 우리는 역사 속에서 예수의 사역의 목표에 관한 질문을
제기해야 한다.

---

64) 요한 저작들에 앞서서는 오직 고립적으로만 나타난다: 고전 15:28; 히 1:8에서 바울에 의해, 마
28:19의 세례 정형어구에서.

65) 이 구절에 대한 Taylor, *Mark*; van Iersel, op. cit. (§18 Lit,), pp. 117f.

66) Sjöberg, *Der Menschensohn*, pp. 187ff., 230ff.; Hahn, *Titles*, pp. 313ff.: "'아들'이라는
호칭은 주로 예수에게 특징적이었던 '아바'(*abba*)로부터 나왔는데, 초기 교회의 극히 특이한 개
념"; Schweizer, *TDNT* VIII, 366.

67) Cullmann, *The Christology of the NT* (1959), p. 286; van Iersel, op. cit. (§18 Lit.),
p. 182, Jeremias, *Theology* I, 56 - 61은 인위적인 번역을 토대로 하고 있다: "나의 아버지는
내게 모든 것을 주었다. 오직 아버지만이 (실제로) 그의 아들을 알듯이 오직 아들만이 (실제로) 그
의 아버지를 안다. 그리고 아들이 그를 나타내려고 선택한 자들이 안다."

제 7 장
예수와 교회

세기의 전환점에서 현대 가톨릭 개혁 운동의 옹호자인 로이지(A. Loisy)는 다음과 같은 문구를 만들어 내었다. "예수는 하나님 나라를 예고했고, 그것은 교회였다".[1] 예수는 교회를 세우려는 의도를 가지고 있었는가?

§19. 제자도와 하나님이 통치하는 백성들

K. L. Schmidt, *ekklēsia*, TDNT III, 518-527; W. G. Kümmel, *Kirchenbegriff und Geschichtsbewusstsein in der Urgemeinde und bei Jesus* (1943; 1968²); A. Oepke, *Das neue Gottesvolk* (1950); A. Kretzer, *Die Herrschaft der Himmel und die Söhne des Reiches* (1971); K. Kertelge, *Gemeinde und Amt im NT* (1972). **On 2**: E. Schweizer, *Lordship and Discipleship* (1960); M. Hengel, *Nachfolge und Charisma* (1967). **On 3**: K. H. Rengstorf, *apostolos*, TDNT I, 413-437; *dōdeka*, TDNT II, 325f.; B. Rigaux, "Die 'Zwölf' in Geschichte und Kerygma," in *Historische Jesus*, pp. 468-486; G. Klein, *Die zwölf Apostel. Ursprung und Gehalt einer Idee* (1961); J. Roloff, *Apostolat—Verkündigung—Kirche* (1965); K. H. Schelkle, *Discipleship and Priesthood* (1965).

---

1) A. Loisy, *The Gospel and the Church* (1912), p. 166; F. Nietzsche도 마찬가지였다: "교회는 예수가 통렬히 비난했던 바 바로 그것이었다 — 이에 맞서 싸우라고 예수는 제자들에게 가

1. 예수의 목표: 모든 사람들의 회개

예수의 사역에 함축되어 있는 사회학적 의미들을 생각해본다면 그 당시의 이 운동과 이에 비견되는 다른 운동들 사이에 현격한 격차가 존재하였다는 것은 주목할 만하다. 이스라엘은 일종의 "민족 국가 교회"를 이루고 있었고 그러한 제도의 모든 단점들을 지니고 있었다. 그러므로 모든 개혁 운동들은 이 민족 공동체 안팎에서 영향력 있는 집단을 형성하는 데 주안점을 두어야 했다. 따라서 열심당과 에세네파와 마찬가지로 바리새파도 그런 집단 또는 분파로 뭉쳐 있었다. 신약과 요세푸스의 저작들에서는 이러한 집단들을 '하이레시스' (*hairesis*, "학파, 분파"; 참조. 행 15:5; 26:5)라 불렀다. 처음에 이 용어는 단지 떨어져 나가 있다는 속성만을 지칭했는데, 1세기 말이 되어서는 이단(異端)이란 의미를 띠게 되었다.

놀랍게도 예수는 자신의 사역 기간 동안에 남들이 하는 대로 그러한 '하이레시스' 또는 분파를 세우려는 시도를 결코 하지 않았다. 사회학적으로 인식될 수 있을 만하게 출현한 집단은 추종자들의 소집단이었다. 몇몇 다른 영역에서와 마찬가지로 여기서도 예수는 세례 요한을 닮았다. 요한과 마찬가지로 그의 사역은 처음부터 끝까지 모든 이스라엘을 향하여 있었다. 그는 모든 사람을 회개로 불렀고, 모든 사람을 도래하는 하나님의 구원으로 초대하였다. 하지만 그는 주도적으로 어떤 집단을 형성하지 않았다. 그는 충성스러운 남은 자를 구별힘으로써 바리새파와 에세네파의 구원사적 방향을 따라 생각하지 않았다.[2]

그럼에도 불구하고 우리는 예수가 어떠한 역사적 사회적 효과를 얻었으며 또 얻기를 원하였는지를 물어보아야 한다. 몇몇 학자들은 이렇게 대답하였다: "예수가 나타나는 곳마다 자기들의 가족들과 함께 하나님의 통치를 기다리고 하나님과 그의 사자들을 받아들이는 추종자들이 생겨난다".[3] 또 어떤 학자들은 이와는 대조적으로 예수는 실제로 세례 요한과 마

르쳤다". *The Complete Works of Friedrich Nietzsche* XIV (=LX, "The Will to Power" [II, 168]) (1909), p. 138.

2) Jeremias, *Theology* I, 170 - 78 contra K. L. Schmidt, *TDNT* III, 520, 525ff. 에세네파는 스스로를 분명하게 "하나의" 또는 "유일한 남은 자"라고 지칭하였다(CD 1:4f.; 2:6; 1QH 6:8; 1QM 13:8). 그렇지만 초기 기독교는 이스라엘의 대다수가 복음을 거부한 후에야 비로소 "남은 자" 약속을 자기들과 관련시켰다(롬 11:4 [=왕상 19:18]; 참조. 사 7:3; 10:21: "남은 자가 돌아올 것이라"; 습 3:12f.). 이에 대해 더 자세한 것은 V. Herntrich and G. Schrenk, *TDNT* IV, 194 - 214를 보라.

3) Jeremias, *Theology* I, 167; Kertelge, *Gemeinde und Amt im Neuen Testament*, pp. 47f.도 비슷하다: " … 예수의 제자들의 무리"는 근본적으로 "하나님 나라를 찾는 자들의 [개방된] 공동체"[Sohnackenburg]였고, "공동체가 예수에 의해 도래하는 하나님 나라로 전적으로 지향하면

찬가지로 단지 회개 운동만을 정착시키기를 원했다고 주장하였다.[4] 이 두 가설들은 마태복음 4:17에 나오는 예수의 공적 사역에 관한 요약문으로부터 그 증거를 끌어오는 듯하다. 그런데도 공관 전승은 그 어느 곳에서도 예수의 사역에 의해 생겨난 사람들이 소망 또는 회개 가운데 살아가고 있다는 것을 말하지 않았다. 오히려 제자도 가운데 그를 좇는 사람들 혹은 현재적 신앙을 갖게 된 사람들만을 이야기하고 있을 뿐이다. 앞의 가설들은 예수의 의도를 이해하는 데 핵심적인 역할을 하는 그 무엇을 간과하고 있었다: 예수가 하나님의 통치를 위하여 요구했던 회개는 제자도 또는 예수가 개개인들과 인격적으로 어울리는 데서 비롯되었던 믿음 속에서 실현되었다.

2. 예수의 목표: 제자도와 믿음

의문의 여지 없이 제자도로의 부르심은 회개에로의 부르심과 마찬가지로 역사적인 사실이었다. 이 시점에서 이 둘 사이의 관계를 주목하는 것은 중요하다.

a) 회개와 제자도

제자도는 기본적으로 두 가지 방향에서 볼 수 있다. 제자도 이야기들에 따르면 예수는 독특한 명령을 통해 사람들을 모아 지속적인 교제의 삶을 살도록 하였다: "나를 따라 오너라"(막 1:17f. par. 마 4:19; 2:14 par.; [10:21 par.]). 이 교제의 구조는 Q(마 8:19 - 22 par. 눅 9:57 - 60 [62])와 마가(막 8:31 - 9:1)의 제자도 말씀들에 특징지워져 있다. '아콜루데인'(*akolouthein*, "따르다") 동사는 여기서 일관되게 "∼ 를 따르다"라는 특별한 의미로 사용되었다. 이러한 제한된 의미로 사용된 것은 구약 및 유대의 개념과 일치하였다. 예를 들면 어떤 랍비의 문도(門徒)가 되기로 결심한 문하생들에 대하여 그들이 "그를 따랐다"고 표현하였다.[5] 그러므로 자기와 함께 하자는 예수의 도전은 자기의 문도가 되라는 초청의 의미로 이해될 수 있었다. 예수가 자기 제자들을 선택하고 부른 바로 그 방식을 통하여 그는 "∼ 를 따르다"라는 표현에 새로운 의미를 채워 넣었고 그와 동시에 그의 사역의 목표가 무엇인지를 알렸다.

서 서서이 예수가 의도했고 다른 사람들에게 전했던 이 지향을 취하게 되었다." 그 공동체는 "예수의 운명을 공유했고 그가 죽었을 때 흩어졌다. 그럼에도 불구하고 그 공동체는 계속해서 예수에 의해 점화된 소망을 지니고 부활절 이후의 공동체의 출발점이 되었다."

4) M. Dibelius, *Jesus*, pp. 50ff.
5) G. Kittel, *TDNT* I, 212f.; K. H. Rengstorf, *TDNT* IV, 444.

1) 어떠한 랍비도 그의 문도들을 예수의 경우처럼 "나를 따라 오너라"라는 명령을 통해서 얻지 않았다. 이러한 접근 방식은 오직 구약에서 선지자들을 부르신 것과 비견될 수 있었다.6) 그러한 부르심은 어떤 학파의 설립이 아니라 근본적으로 새로운 형태의 교제로 이끌었다.

2) 그 부르심 자체에 하나님의 통치의 동터옴에 의해 부가된 회개에 대한 요구의 전체 중량이 집약되어 있었다. 이 부르심은 다른 모든 관계들, 예를 들면 직업, 가족 심지어 자기 자신보다도 우선 순위가 두어졌다: "무릇 내게 오는 자가 자기 부모 … 자기 목숨까지 미워하지 아니하면 …"(눅 14:26). 제자가 된 사람은 누구나 "자기 십자가"(막 8:34)를 졌다. 즉 자기 자신을 사망 선고 받은 자로 여겼다. 이러한 사람은 역사적 실존으로부터 놓여나서 종말론적 실존으로 불림을 받았다.

3) 그럼에도 불구하고 이 부르심은 단지 절대적인 요구로만 해석되어서는 안된다. 그것은 뭐니뭐니 해도 절대적인 은혜의 시현(示顯)이었다. 예수가 세리 레위에게 자기를 따르라고 도전을 주었을 때 예수는 그에게 미리 자기와의 교제를 수여하였고 그와 동시에 하나님의 통치에 참여함을 수여하였다.

이러한 관점으로부터 보면 제자도는 하나님 나라로 이끄는 좁은 길이었다. 그것은 유일한 길이었는가? 큄멜(W. G. Kümmel)은 예수도 예를 들면 팔복의 가르침 같은 데서 제자도를 특별히 언급하지 않고서도 하나님 나라에의 참여를 사람들에게 약속하였다고 주장하였다.7) 그러나 우리는 위에서 가난한 자에게 그러한 약속을 준 팔복의 가르침은 오직 예수가 어떤 사람을 제자로 만들었거나 이미 표현했듯이 어떤 사람을 현재적 신앙으로 이끌었을 때에만 성취되었다는 것을 보았다(여기서도 믿음은 또한 예수와의 인격적 만남이라는 맥락에서만 생겨났다는 점을 잊어서는 안된다.). 공관복음서 전승은 예수의 인격과의 관련, 제자도 혹은 믿음을 — 예수에 대한 믿음이 아니라 예수와의 관련 속에서의 믿음이라는 점을 주목하여야 한다 — 통하여 전달되지 않은 하나님 나라에의 참여에 관하여 알지 못했다.

b) 제자도와 교회의 출현

이러한 통찰은 왜 예수가 자신의 사역 기간 동안에 어떠한 '하이레시스'도 모으지 않았는

---

6) 공관복음서 설화들 속에는 엘리사의 소명 이야기가 어느 정도 반영되어 있다(왕상 19:19 – 21; 참조. 눅 9:61f.); 바울은 자신의 소명(갈 1:15)을 예레미야의 소명과 동일한 견지에서 서술하였다(렘 1:5).

7) *Kirchenbegriff und Geschichtsbewusstsein in der Urgemeinde und bei Jesus*, p. 29.

가 하는 것을 핵심적으로 설명해준다. 예수의 가르침이 아니라 그의 인격에 붙들려야만 온전한 축복을 가져올 수 있었다. 하지만 지상 사역 동안에 예수의 임재와 함께 하는 것은 오직 소수의 사람들에게 제한된 시간 동안 주어진 가능성이었다. 오직 극소수의 사람들만이 더 연장된 기간 동안 그와의 동반 관계의 기쁨을 누렸다. 이런 이유로 예수는 쿰란의 의의 교사처럼 자신의 공적 사역 기간 동안에 회중을 모아서 그 구성원들에게 종말론적인 구원을 약속하지 않았다. 새로운 하나님의 백성, 자신의 왕적 통치의 백성을 모으는 것조차도 그의 의도 속에 있지 않았다.[8] 예수가 시간과 공간에 묶여 있는 동안에는 그의 사역의 성격은 궁극적으로 종말론적이었기 때문에 그의 사역의 목표는 역사 무대의 주어진 상황 내에서는 달성될 수 없었다. 사람들이 예수의 수년 간의 공적 사역 동안에 예수를 통하여 경험하게 된 모든 것은 구원의 개시 또는 그 현재적 생명력의 표징이었다. 제자도 안에서 예수를 좇은 사람들조차도 경건한 상태를 얻지 못하였다. 그 대신에 그들은 예수의 미래에의 참여와 궁극적 갈등들에서 의미한 바를 허락받았다. 예수의 지상 사역은 그 자체를 넘어 모든 사람들이 예수의 인격과 연결될 수 있는 때를 가리켰다. 실제로 이것은 예수는 교회를 세우려는 의도를 가지고 있었는가라는 질문에 대한 결정적인 답변이다. 예수의 사역은 그 자체를 넘어 자기의 죽음 직후에 모든 사람들이 눈으로 분명히 보게 될 하나님의 통치의 극적인 도래가 아니라 교회의 때를 가리키고 있었다. 이러한 결론은 예수가 제자들의 무리에 대해 의도하였던 것에 관하여 예수 스스로 시사적으로 말했던 것과 일치하였다.

3. 제자들에 대한 예수의 의도

제자들에 대한 예수의 의도는 두 전승 복합체에 시사되어 있다.

a) 열둘이라는 숫자와 "하나님의 백성"이라는 용어

공관복음서 전승에 따르면 열두 제자는 끊임없이 예수와 함께 한 무리들 가운데 핵심을 이루고 있었다. 마가복음 3:13 - 19은 열두 제자가 예수의 추종자들의 수많은 무리들 가운데서 어떻게 택해졌는지를 이야기한다. 하지만 이 기사는 ― 테일러(Taylor)의 주석서가 지적하고 있듯이 ― 복음서 기자의 편집에 의한 것이었다. 그 가운데 역사성이 있는 알맹이

---

8) Jeremias가 다음과 같이 말할 때 이 점을 간과하고 있다(*Theology* I, 170): "예수는 거듭거듭 매우 다양한 심상들을 동원하여 자기가 하나님의 백성을 모으고 있음을 말한다." 이 관계절은 정확하지 않다. 이 견해를 바탕으로 예레미아스는 부활절 사건은 물론이고 최후의 만찬의 전체적인 의미도 완전히 잘못 해석하고 있다(*Theology* I, 310): "그들은 파루시아를 경험하였다".

부분은 오직 3:17 이하에서 예수의 열두 제자들의 이름을 열거하고 있는 목록뿐이다. 더욱이 이 열두 제자는 마가복음 14:10, 20, 43 및 그 병행구의 고대적인 정형적 표현에 언급되어 있는데, 거기에는 유다가 "열둘 중에 하나"로 거명되고 있는 바, 이것은 허구적인 논평이 아닌 듯하다. 마태복음 19:28(Q)에 따르면 열두 제자는 예수의 오심 때에 이스라엘에게 인자를 증거하는 종말론적인 증인들이 되기로 되어 있었다. 고린도전서 15:3 - 5의 오래된 케리그마는 열둘을 부활절 증인으로 언급하였다. 이 언급만은 열두 제자가 예수의 공적 사역의 기간이 아니라 예루살렘의 최초의 회중에만 존재하였다는 증거로 채택될 수 있다. 결국 부활한 분은 고린도전서 15장에 따르면 열두 제자에게 나타났다는 것이다. 그런데 사실은 유다가 죽고난 후이기 때문에 오직 열한명밖에 없었다![9] 그렇지만 이러한 논증은 거의 설득력이 없다. 왜냐하면 고린도전서 15장의 신앙고백적 정형 어구는 "열두 제자"라는 용어를 숫적으로 계산해서가 아니라 고정된 호칭으로 사용하였기 때문이다.

열둘이라는 숫자는 제자들의 내부 집단에게 어떠한 의미를 지니고 있었는가? 마태복음 19:28은 이스라엘의 열두 지파와의 관련성을 도출하였다. 하지만 열두 지파는 예수 당시의 실제 역사적 상황을 반영하고 있지 않았다. 왜냐하면 북왕국의 열 지파는 포수(捕囚)로부터 돌아오지 않기 때문이다. 그럼에도 불구하고 이 민족의 열두 지파는 구원의 날에 회복될 것이라는 기대가 있었다. 그 중간기에서 사람들은 이스라엘의 선택과 운명을 표현하기 위하여 이스라엘을 열두 지파를 가진 백성으로 비유적으로 언급하였다(행 26:7). 따라서 제자들에게 열둘이라는 숫자는 두 가지를 의미할 수 있었다: (1) 예수는 전체 약속의 백성을 하나님의 통치로 불렀다. (2) 예수는 열두 지파로 된 새로운 백성을 창출하기를 원했다. 따라서 예를 들면 요한계시록 21:14의 팔레스타인 전승은 열두 지파를 종말론적 회중의 기초석으로 해석하였다. 그러나 예수 자신은 이러한 두번째 선택 사항을 염두에 두었는가?

백성이라는 개념은 필연적으로 하나님의 통치의 일부였다. 그러나 예수는 그러한 백성의 출현을 언급했던가? 제자도 안에서 그를 따르는 자들에 관하여 말하면서 예수는 때때로 구약에 나오는 하나님 백성에 대한 심상들을 사용하였다.[10] 진정한 것일 가능성이 높은 한 말씀은 이렇게 말했다: "적은 무리여 무서워 말라 너희 아버지께서 그 나라를 너희에게 주시기를 기뻐하시느니라"(눅 12:32 [Sp. Lk.]). 반면에 예수의 입 속에 넣어진 인용문인 "내

---

9) G. Klein, *Die zwölf Apostel*, pp. 34 - 38.은 P. Vielhauer, contra J. Roloff, *Apostolat - Verkündigung - Kirche*, pp. 151 - 161에 동의한다.

10) "무리"(J. Jeremias, *TDNT* VI, 499ff.에 따르면)와 "하나님의 가속"(familia dei) : 고대 유대의 어법으로는 형제도 동포였다(H. F. von Soden, *TDNT* I, 145; J. Schniewind, *Markus*, at 3:34f.).

가 목자를 치리니 양들이 흩어지리라"(막 14:27 par. 마 26:31)는 아마도 이차적인 첨가였을 것이다. 구약에서의 무리는 하나님 백성을 가리키는 전통적인 심상이었다. 아마도 "… 내 형제요 자매요 모친이니라"는 마가복음 3:34 이하의 말씀 배후에 있었던 것은 '파밀리아 데이'(*familia dei*)로서의 이스라엘에 대한 구약의 심상이었을 것이다. 이러한 구절들은 예수가 자신의 제자 집단을 종말론적인 하나님 백성으로 지칭하였다는 것을 의미했다고 볼 수는 없다. 오직 마태만이 마태복음 13:24 - 30, 47 - 50; 18:1, 4; 21:43에 나오는 일련의 진술들 속에서 이 집단을 하나님의 통치의 백성과 동일시하는 단계로 나아갔다. 그렇지만 공관복음서를 비교해보면 이 진술들이 편집에 의한 것임을 알게 된다. 실제로 예수는 이 집단, 특히 열두 제자 속에서 하나님 백성의 선포 또는 일종의 상징적 예표(prefiguration)를 보았을 가능성도 있다. 하지만 예수의 생애 동안과 마찬가지로 그 이후에도 하나님의 통치는 제자들을 통해서가 아니라 예수의 사역을 통해서만 나타내었다.[11]

b) 위탁과 사도직

제자 집단에 대한 예수의 두번째 의도도 단지 암시만 되어 있다. 마가복음 6:7-13과 30 이하에서 마가는 예수가 열둘을 사도로 파송했다고 말했다. 이 기사는 열두 제자를 "선택한" 기사와 마찬가지로 그 성격상 편집에 의한 것이었다. 마가는 아마도 여기서 제자들이 갈릴리 사역 동안에 파송되었던 한 번의 경우에 관한 정보만을 담고 있었던 전승을 사용하였을 것이다. 위탁 말씀들의 기본적인 의도는 예수가 가능하게 했던 것을 어떻게 전했는가를 보여주기 위한 것이었지만 이 위탁 말씀들은 그러한 전승을 전제하고 있었을 가능성이 매우 높다. 이 말씀들의 핵심은 무엇보다도 교훈의 말씀들로 구성되어 있었다. 이 점에 대해서 Q(눅 10:1 - 16 par.)와 마가 전승(막 6:7 - 13 par. 눅 9:1 - 6) 사이에는 기본적인 일치점이 있었다. 이 핵심은 아마도 진정한 것이었을 것이다. 왜냐하면 그것은 부활절 이후의 교회의 선교 활동에서 따랐던 명령들을 포함하고 있지 않았기 때문이다.[12] 누가복음 10:16 및 그 병행구인 마태복음 10:40의 말씀, '너희 말을 듣는 자는 곧 내 말을 듣는 것이

---

11) R. Schnackenburg, *God's Rule and Kingdom* (1963), p. 224: "교회를 하나님 나라의 '현세적 형태'라고 말하지 않는 것이 더 낫다."

12) 예를 들면 베드로는 자신의 선교 사역을 이런 식으로 하지 않았다(고전 9:5). 오직 Did. 11:3 - 6 에서만 위탁의 말씀들은 갈릴리와 수리아의 상황을 염두에 둔 채 공동체의 준칙으로 취해졌다. 하지만 마태는 첫번째 경우에 10:5-16에서 지상의 생애를 위해 의도되었던 말씀을 재현하기를 원했다. 그는 10:7-8a에서 그것들을 편집을 통해 예수의 사역에 대한 자신의 요약문들로부터 도출한 교훈들로 보충하였다. 이 논의에 대해서는 F. Hahn, *Mission in the New Testament* (1965), p. 54; H. Kasting, *Die Anfänge der urchristlichen Mission* (1969), pp. 110ff.를 보라.

요 너희를 저버리는 자는 곧 나를 저버리는 것이요 나를 저버리는 자는 나 보내신 이를 저버리는 것이라"는 아마도 마찬가지로 이 전승 복합체에 속해 있었을 것이다. 이와 또 다른 말씀들에 따르면 제자들은 예수의 가르침이 아니라 예수 자체를 나타내도록 되어 있었다. 그들의 위탁의 모델은 랍비의 문도의 서임식이 아니라 비종교적인 제도의 모델, 즉 법적인 거래에서 위임장으로 한 개인을 대표하는 것 — 현대적 심상을 선택한다면 — 이었다. 이 사람은 '샬리아흐'(*shaliah*), 즉 다른 사람을 대신하여 파송된 자로 불렸다. 그러한 사자(使者)에 대해서 이렇게 말하고 있다(Mishnah Berakoth 5:5): " … 어떤 사람의 대리인은 자기 자신과 같기 때문에". 예수가 실제로 '샬리아흐'라는 호칭을 사용하였는지는 확실치 않다. 하지만 예수는 자기 제자들이 자신의 공인된 대표자들이 될 때를 예상하고 있었다고 우리는 생각할 수 있다.[13] 예수가 그러한 준비를 하였다는 바로 그 사실은 예수가 자신의 가르침을 선전하는 것이 아니라 예수에게 붙어 있으라고 전하는 것이 그의 사명의 성취라고 생각하였음을 보여준다.

이것은 역사적으로 복음서 기자들이 편집을 통해 묘사했듯이 예수가 열둘을 사도로 만들었다는 것을 의미하지 않는다. 마가복음 6:7, 30과 마태복음 10:2에서 — 이 두 복음서 기자에게서는 오직 이곳에서만 — 열둘은 파송 일화들 속에서 사도로 지칭되는 반면에, 누가는 복음서 전체를 통해 "사도"와 "열둘"을 동일시하였다. 그렇지만 고린도전서 15:3-7의 전승 — 기독교 초기의 가장 이른 시기에 대한 증인 — 은 사도들의 숫자가 원래 열둘을 넘었다는 것을 보여준다.

그러므로 전승 자료들은 예수가 자기 제자들과 관련하여 이중의 의도를 가지고 있었다는 것을 시사해준다: (1) 예수의 제자 집단은 제자도 안에서 예수를 따른다는 좀더 직접적인 의미를 넘어 서서 나중에 예수를 통하여 생겨나고 모든 사람들을 포괄할 하나님의 통치의 나라를 상징적으로 가리켜야 한다.[14] 또한 (2) 이 집단은 개인을 대표하는 일을 부여받은 수임자(受任者)라는 의미에서 예수의 사역을 수행하여야 한다. 그렇지만 이 두 가지 측면은 실제로 암시만 되어 있기 때문에 절대적인 확실성은 결여되어 있다고 하겠다.

그러므로 이 두 측면이 어떤 본문, 즉 베드로를 향한 말씀과 아주 직접적으로 그리고 그토록 가까이에 표현되어 있다는 것은 특히 흥미롭다.

---

13) Roloff, op. cit. (n. 9), p. 163 n. 113과 Kertelge, op. cit. (n. 3), pp. 50f. n. 43.에 나오는 전승사적 논의에 관한 문헌.

14) 그것은 예수의 사역의 확정적인 초점에 따르면 단순히 새로워진 이스라엘이 아닐 것이다(참조. §18, 8; 19, 1).

4. 베드로를 향한 말씀

마태복음 16:17 – 19에 나오는 베드로를 향한 말씀은 이것과 비견될 수 있는 모든 다른 예수의 말씀들과 너무도 현격하게 차이가 나기 때문에 이 말씀이 원래 예수로부터 유래하였다고 할 수 없다. 문학적 장르에서 이 말씀은 베드로의 신앙고백에 대한 답변으로 능숙하게 구성되어 있음을 보여준다. 도입문인 17절은 분명히 신앙고백과 연결되어 있었다. 18절의 말씀, "너는 베드로라"는 앞의 신앙고백에 나오는 "주는 그리스도시요"라는 말과 형식적으로 상응하고 있다. 이 말씀 다음에 특이한 용어들이 번갈아 나오면서 일련의 변화하는 장면들이 빠르게 등장한다. 능숙하게 구성된 이 말씀은 아람어를 모델로 하고 있었다. 더욱이 그 용어 사용을 보면 이 말씀이 초기 팔레스타인 교회의 시기에 유래되었음을 알 수 있다. 아마도 예수로부터 비롯된 요소들도 실제로 통합되어 있었을 것이다(참조. 막 3:16; 눅 22:31f. ; 요 20:22; 21:15ff.). 그러므로 이 말씀 자체는 예수 자신의 기대에 관한 정보가 아니라 가장 초기의 회중의 자기 이해에 관한 정보를 전달해 준다(참조. §23, 3).

예수 스스로는 자신의 사역의 지속을 어떻게 이해하였으며 선포하였는가 하는 것은 최후의 만찬에 나오는 예수의 훨씬 더 유보된 — 그러나 따라서 극히 더 중량감있는 — 진술들로부터 도출되어야 한다.

§20. 약속으로서의 최후의 만찬

On the history of research: E. Lohmeyer, "Vom urchristlichen Abendmahl," *ThR* NF 9 (1937), 168-227, 273-312; 10 (1938), 81-99; H. Lessig, "Die Abendmahlsprobleme im Lichte der neutestamentlichen Forschung seit 1900," (diss., Bonn, 1953); H. Lietzmann, *Mass and Lord's Supper; A Study in the History of the Liturgy* (1953); J. Jeremias, *The Eucharistic Words of Jesus* (1955); K. G. Kuhn, "Über den ursprünglichen Sinn des Abendmahls und sein Verhältnis zu den Gemeinschaftsmahlen der Sektenschrift," *EvTheol* 10 (1950/51), 508-527; L. Goppelt, *pinō*, TDNT VI, 141-44, 153-56; H. Schürmann, "Das Mahl des Herrn," in *Ursprung und Gestalt, Erörterungen und Besinnungen zum Neuen Testament* (1970), pp. 75-117; B. Sandvik, *Das Kommen des Herrn beim Abendmahl im NT* (1970); R. Feneberg, *Christliche Passafeier und Abendmahl. Eine biblisch-hermeneutische Untersuchung der neutestamentlichen Einsetzungsberichte* (1971); H. Patsch, *Abendmahl und historischer Jesus* (1972) (Lit.!). **On 6**: N. A. Dahl, "Anamnesis," *StTh* I, 1-2 (1947), 69-95; B. Reicke, *Diakonie, Festfreude und Zelos* (1951), pp. 257ff.

1. 최후의 만찬에 관한 전승사적 분석에 대하여

a) 서로 독립되어 있는 세 기사들은 예수의 최후의 만찬에 관한 한 전승을 재현하고 있다: 막 14:22 - 25 및 그 병행구인 마 26:26 - 29; 고전 11:23 - 25; 눅 22:15 - 20(동방 사본들에 의해 지지되고 있는 긴 본문이 원형이었고, 짧은 본문은 아니었다.). 문헌적으로 이 세 기사들 가운데서 가장 오래된 것은 고린도전서 11장의 기사였다. 전승사적 견지에서 볼 때 고린도전서 11장과 누가복음 22장의 몇몇 특징들은 좀더 초기의 전승을 표현하고 있긴 하지만 대체로 마가가 더 오래된 것이다.

b) 이 기사들의 '삶의 정황'(*Sitz im Leben*)은 어디였는가? 고린도전서 11장이 보여 주듯이 현재 형태의 이 기사들은 성만찬의 전례(典禮)에 관한 전승을 나타내고 있다. 그것들의 '삶의 정황'은 예수의 지상 사역에 관한 교리문답이 아니라 성만찬을 거행하는 전례였다.

c) 이 전승은 어디로부터 유래하였는가? 고린도전서 11:23에 따르면 주후 50년경에 바울은 이 전승을 공동체에 전해 주었다. 바울 자신은 아마도 부활절 케리그마(고전 15:1-3)를 자기가 받은 것과 유사한 방식으로 안디옥에 도착한 이후에 처음으로 받은 것이 아니라 다메섹에서의 회심 직후에 그 전승을 전해받았을 것이다. 예루살렘을 방문한 동안에(갈 1:18; 2:1), 바울은 의심할 여지 없이 공동체의 성찬 예배에 참여하였을 것이고 거기에서 완전히 다른 형태를 만나지는 않았을 것이다. 그러므로 최후의 만찬에 관한 전승은 꽤 잘 문헌화되었다고 볼 수 있다.

그럼에도 불구하고 역사성의 문제에서 의문을 제기할 만한 근거들이 있다. 그러한 의문은 (1) 역사적 탐구가 반드시 갖추어야 하는 유비(類比)와 상관(相關)의 원칙을 토대로 제기된다. 불트만(*Theology* §13, 2)은 ― 하이트뮐러(W. Heitmüller)와 종교사학파의 다른 대표자들을 좇아 ― 떡과 잔에 관한 말씀들은 문자적으로 취하면 구속의 신과 함께 하는 성례적 '친교'(communio)를 의미한다고 주장하였다. 이 개념은 팔레스타인 유대교의 합리적인 전제들 안에서 아무런 위치도 차지하고 있지 않았다. 그것은 신비종교들의 헬레니즘적인 경건으로부터 한 요소를 취해왔다.

(2) 종교사적 유비를 토대로 도출된 이러한 결론은 누구보다도 리츠만(H. Lietzmann)이 언급했던 역사적 고찰을 통하여 강화되었다.[1] 사도행전 2:46에 따르면 예루살렘의 초대 공동체는 그 예배 의식에서 종말론적 기쁨을 주조로 하는 성찬을 매일 거행

---

1) *Messe und Herrenmahl*, p. 253.

하였다고 한다. 반면에 식사에 대한 바울 전승은 예수의 죽으심에 의해 형성되었다. 고린도전서 11:26에 따르면 이 식사를 통하여 주의 죽으심이 선포되었다. 리츠만과 그를 따르는 많은 사람들 — 불트만을 포함하여 — 은 초대 공동체의 성찬 거행, 즉 "떡을 떼는 것"이라 불린 것은 바울의 "성찬"과는 다른 유형의 식사였다. 전자는 디다케 9 이하의 성찬 기도들을 통하여 문서화되었다고 생각되었다.[2] 이 두 논증을 토대로 하이트뮐러와 불트만은 고린도전서 11장에 나오는 전승은 헬레니즘적 교회에서 나온 원류가 되는 제의 전설이었으며 바울은 그것이 기원했던 공동체인 안디옥에서 그것을 빌어왔다는 것을 인정하였다.

이러한 견해와는 대조적으로 예레미아스와 쿤(K. G. Kuhn)[3]은 성찬 전승은 셈어투로 혼입(混入)되어 있기 때문에 어원학적으로 팔레스타인 유대교로부터 유래하였다는 것을 보여주었다. 더욱이 불트만에 의해 이 전승과 관련있는 것으로 지목된 신비종교들의 식사는 드러내 보일 수 없다.[4] 그러므로 신약이 어떤 점들을 팔레스타인 영역과 공유하고 있는지를 결정하는 것은 좀더 연구해 보아야 할 과제라 하겠다.

d) 마가에 의하면 예수의 최후의 식사는 유월절 식사였다. 하지만 그의 기사에서 이것은 오직 도입부에서만 언급되어 있다(막 14:2) ; 누가(22:15)는 기사 자체에서 그 점을 직접적으로 언급한 최초의 인물이었다. 요한복음은 이러한 언급과 반대되었다. 왜냐하면 요한복음 18:28에 따르면 성금요일은 공관복음서에서 니산월 15일이 아니라 14일이었기 때문이다. 요한복음 19:36에 따르면 예수는 성전에서 유월절 양들이 도살되는 기간에 스스로 참된 유월절 양이 되어 죽었다. 아마도 이러한 신학적 상징주의가 역법(曆法)상의 차이와 관련하여 요한의 연대 계산법의 자료가 되었을 것이다. 그럼에도 이러한 연대 계산의 차이는 명확히 해명될 수 있다.[5] 그것은 차치하고라도, 전승된 성찬 기사가 마가가 그 기사를 위치시켜 놓고 있는 유월절의 틀과 일치하느냐의 여부는 여전히 의문으로 남는다.

예레미아스는 이것을 보여주려는 시도를 하였다. 그는 그것을 밑받침하는 무게있는 논증들을 행했다. 하지만 쿤(Kuhn)은 반론들을 통해 그 증거에 대해 의문을 제기하였다. 그의 견해에 의하면 몇몇 이음새들에서 이 기사는 쿰란의 친교 식사를 생각나게 한다는 것이다.[6] 이 식사 및 그것의 배경에 대한 광범위한 논의를 고려해 볼 때 성찬 기사들이 유월절 식사라는 일반적인 배경을 전제하였다는 것을 역사적으로 결정적으로 입증할 수 없다고 말할 수

---

2) 참조. pp. 220
3) Jeremias, *Eucharistic Words*, p. 196; Kuhn, *EvTheol* 10(1950/51), 513.
4) Patsch, *Abendmahl*, §3.
5) Jeremias, *Eucharistic Words*, p. 41; Braun, *Qumran*, II, 43-54.
6) IQS 6:1-6; IQSa 2:11-22; cf. Braun, *Qumran* II, 29-43.

있다. 실질적으로 이 기사들이 그것들의 해석을 근본적으로 이러한 역사성에 관한 문제에 의존하지 않았다는 것은 대단히 중요하다. 이 기사들은 예수의 행위를 유월절 식사의 특이한 사항들이 아니라 모든 유대 식사의 기본적인 요소들과 관련시켰다: 떡을 떼는 것과 축복의 잔. 보도된 것은 단지 그것을 유월절 식사와 관련시킴으로써 몇 가지 점에서 해명이 되고 그 중요성이 강조되는 것 뿐이다.

따라서 출처에 관한 질문은 다음과 같은 방향으로 전개되어야 한다: 예수의 상황에서 어떠한 평범한 식사 시간도 보도된 예수의 행위를 위한 접촉접이 될 수 있는가? 의심할 여지 없이 "죄인들"과의 예수의 식탁 교제는 중요한 의미를 가지고 있었다. 그러한 경우들은 예수와의 교제, 특히 예수와의 식탁 교제가 일반적으로 표현하는 바를 생생하게 나타내었다. 그의 사역의 이러한 중심적인 특징의 견지에서, 보도된 것을 분명히 할 수 있을까? 이 질문에 답하기 위하여 우리는 이제 기사의 전승 요소들의 세부적인 내용들을 살펴보아야 한다.

e) 이 전승은 합해서 모두 네 가지 전승 요소들을 포함하고 있었다: (1) 종말론적 말씀 (막 14:25 par. 마 26:29; 눅 22:16-18), (2) 떡에 관한 말씀, (3) 잔에 관한 말씀, (4) 반복 시행의 명령(고전 11:24f. ; 눅 22:19).

우리는 상대적으로 독립적인 종말론적 말씀으로부터 살펴보고자 한다. 이 말씀이 예수로부터 유래했다는 것은 거의 의심의 여지가 없다.

2. 종말론적 말씀

a) 이 말씀은 식사의 구조 속에서 어디에 그 위치를 차지하고 있었는가? 마가복음 14:25 및 그 병행구인 마태복음 26:29에서 이 말씀은 끝에 있는 반면에 누가복음 22:15-18에서는 유월절 식사의 첫번째 잔과 관련하여 처음에 나온다. 누가의 묘사는 그 양식과 용어로 볼 때 마가에 비해 이차적인 듯이 보임에 틀림없다. 누가는 자신의 특수 자료 전승으로부터 자신이 사용할 수 있는 기사를 역사화하는 방식으로 재형성하였다. 그런데도 이 특수 전승은 아마도 식사의 틀 안에서 이 말씀의 원래 위치를 보존하고 있었을 것이다. 왜냐하면 끝에 위치하는 것이 공동체의 식사에서의 예전(禮典)과 일치하기 때문이다. 후자는 주의 오심에 대해 종말론적으로 초점을 맞추는 것으로 결론을 내린다: "너희가 이 떡을 먹으며 이 잔을 마실 때마다 주의 죽으심을 오실 때까지 전하는 것이라"(고전 11:26).

이 말씀이 원래 예수와 제자들과의 식사의 처음에 있었다면, 그것은 아마도 유월절 식사의 첫번째 잔 또는 ― 가능성이 덜 하긴 하지만 ― 보통의 유대 식사에서 첫번째 포도주 잔의 축사와 함께 말해졌을 것이다(Billerbeck IV, 621). 이 말씀이 전체 식사를 위한 해석적인 묘사를 아주 초기에 설정하고 있다는 것은 대단히 중요하다.

b) 좀더 오래된 어구인 마가복음 14:25에 따르면, 이 말씀은 다음과 같은 선포였다: "진실로 너희에게 이르노니 내가 포도나무에서 난 것을 하나님 나라에서 새 것으로 마시는 날까지 다시 마시지 아니하리라". 예수는 제자들과의 식사 교제가 이제 끝이 왔다는 것을 알렸다. 그것은 하나님 나라가 눈에 보이게 동터올 때에야 비로소 새로워질 것이다. 이 선포는 예수와 제자들이 함께 모인 이 식사를 완성 때의 식사를 가리키는 고별 식사로 규정하였다. 후자는 중간기 이후에 올 가까운 미래에 기대되었다.

c) 이 선포는 필연적으로 제자들 가운데 다음과 같은 의문을 불러 일으켰다: 예수의 마지막과 완성 때 사이의 중간기에서는 예수와의 교제는 어떻게 유지되어야 하는가? 하나님 및 구원에의 접근은 물론 예수와의 교제, 제자도를 통하여 제자들에게 중보되었다. 식탁 교제는 이러한 교제의 가장 직접적인 경우였다. 이 교제로부터 예수가 배제되고 난 후에는 무슨 일이 일어날 것인가? 이 질문에 답하는 떡과 잔에 관한 말씀들은 종말론적 말씀에 포함되어 있었다. 그 말씀들은 새로운 종류의 공동체를 함축하고 있었다. 하지만 떡과 잔에 관한 말씀들에서 이러한 관련은 예수가 자기의 죽음 이후에 중간기가 있을 것이라고 예상하였을 때에 한하여 존재할 수 있었다.

3. 중간기의 문제

예수는 자신의 죽음과 인자의 오심 혹은 하나님 나라의 가시적인 동터옴 사이에 시간적인 거리가 있을 것이라고 생각하지 않았다고 흔히 생각해 왔다.[8] 그렇지만 적지 않은 예수의 말씀들이 예수 없이 제자들이 살아가야 할 상황을 가리키고 있다. 이런 상황에서 그들은 핍박을 받고(마 10:28) 인자의 오심을 기다리며 소망할 것이었다(눅 17:22 〔Sp. Lk.〕); 그 상황에서 성전의 황폐도 일어날 것이다(막 14:58). 아주 당연하게도 이러한 구절들은 후대에 공동체의 상황이라는 견지에서 발전되고 증폭되었지만, 여기에 언급된 구절들은 예수 자신에게로 거슬러 올라갈 수 있었다. 물론 예수는 중간기에 대한 프로그램을 묘사하지는

---

7) 아오리스트 가정법과 함께 쓰이는 'ou me'는 미래 사건에 대한 강조적 부정이기 때문에 그렇게 해석되어야 한다.

8) Kümmel, *Promise and Fulfilment* (Studies in Biblical *Theology* 23, 1961²), pp. 19-43, 64-83; and Patsch, *Abendmahl*, pp. 142 - 150에 나오는 논의. 이 두 사람은 예수가 중간기를 예상했다고 주장한다.

않았다. 그러나 다음 단계가 꼭 필요하게 된 시기에 예수는 종말론적 말씀에서 중간기를 언급하였고 떡과 잔에 관한 말씀들에서 거기에서 본질적인 것은 새로운 종류의 교제일 것임을 약속하였다. 실질적으로 예수의 전체 사역은 자기의 죽음 이후의 '파루시아'가 아니라 모든 사람이 구원을 받고 예수에게 붙어있는 것이 가능한 중간기에 초점을 맞추고 있었다(§19, 2b).

　이러한 고찰들에 비추어 볼 때 식사 전승이 말하고 있는 바의 올바른 위치는 다른 곳이 아니라 바로 예수의 사역의 막바지였다. 왜냐하면 그 전승은 예수의 죽음 이후에 지상의 예수와의 식탁 교제를 대체하는 것이 무엇인지를 분명히 밝히고 있기 때문이다.

4. 새로운 자기 헌신

　a) 떡에 관한 말씀 앞에는 간단한 도입문이 나와 있다(고전 11:23f.; akr 14:22 〔par. 마 26:26 전례에 사용하기 위해 증보되었다!〕): "예수께서 떡을 가지사 축복하시고 떼어 제자들에게 주시며"(마가복음). 예수는 여기서 모든 식사의 처음에 유대의 가장(家長)처럼 행동하였다.[9] 유대의 가장은 손가락만큼 두껍고 접시만큼 큰 납작한 떡을 손으로 잡고 "땅으로부터 떡을 생산하는 사람들에게 축복 있으라"고 축사한 다음에 떡을 떼어 식탁에 둘러앉은 사람들에게 주었다. 제자들이 그 떡 조각들을 돌려서 먹기 시작하는 동안에 아마도 그들과 같이 먹지 않았을 예수는 그들에게 떡에 관한 말씀을 하였다. 이 말씀의 가장 오래된 형태는 "이것은 내 몸이다"였다.[10] "몸"이라는 용어는 어떤 의도로 사용되었는가? 헬라어 '소마'(soma, "몸")는 예수의 언어에서 '굽'(gup, "등, 몸, 사람") 혹은 '바사르'(basar, "육(肉)")에 대응될 것이다.[11] 구약에서 인류학적 용법으로 사용된 "육"은 이 땅에 잠시 있다 가는 피조물로서의 인간 존재를 의미하였다.[12] '굽'이 사용되었든 아니면 그보다 가능성

---

9) 유대 식사가 어떤 식으로 진행되었는가 하는 것은 Billerbeck IV, 620-634에 묘사되어 있고, 유월절 식사에 대해서는 IV. 54-76과 Jeremias, *Eucharistic Wards*, pp. 84-88에 잘 묘사되어 있다.

10) 공동체에의 적용: "이것은 너희를 위하는 내 몸이니"(고전 11;24; 눅 22:19)는 예를 들면 마가 전승에 의해 보전되지 않았다. 이와는 반대로 그것은 무엇보다도 잔에 관한 말씀과 관련하여 "많은 사람을 위하여"라는 셈어적인 표현의 산물이었다(자세한 논의를 거친 후 Patsch, *Abendmahl*, pp. 73-79는 그렇게 말한다).

11) 히브리어와 아람어에는 '소마'에 상당한 말이 없다(F. Baumgärtel and E. Schweizer, *TDNT* VII, 1044-1059.). 또한 R. Meyer, *TDNT* VII, 116ff.; and Patsch, *Abendmahl*, p. 269 n. 244.를 참조하라.

이 있는 '바사르'라는 흔한 표현이 사용되었든[13] 그것은 실질적으로 거의 차이를 가져오지 않는다. 왜냐하면 두 경우 모두 "몸"은 인간 존재, 사람을 의미하였기 때문이다. 공동체에서는 헬라어 '소마'가 그와 동일한 의미를 나타내었다. 헬라어의 인류학에서 '소마'는 형태를 갖춘 실체였다 — 인간은 몸, 혼, 영으로 구성되어 있었다. 신약의 인류학에서 인간 존재는 역사 내에서 활동하는 "나"로 보았다. 예를 들면 로마서 6:6, 12 이하에서 우리는 '소마'의 동의어들로서 "사람", 인칭대명사, "지체"(*ta mele*)를 발견한다.

우리가 이 용어에 대한 이러한 이해를 떡에 관한 말씀에 적용한다면, 예수는 이렇게 말하고 있는 것이 된다: 사람인 나, 역사적 실존으로서의 나, 나는 제자들이 먹고 있는 "것", 즉 떼어서 나누어준 떡이다. 고린도전서 11:24은 잔에 관한 말씀에 준하여 이차적이긴 하지만 실질적인 내용상의 일관성을 가지고 '토 휘페르 휘몬'(*to hyper hymon*, "너희를 위하는")을 첨가하였다. 주어질 것은 방금 선포된 죽음 이후에 만나게 될 바로 예수 자신이었다. 이러한 연관은 잔에 관한 말씀에 의해 분명하게 통합되었다.

b) 잔에 관한 말씀 앞에는 다음과 같은 도입문이 나와 있다: "또 잔을 가지사 사례하시고 저희에게 주시니 …"(막 14:23 par. 마 26:27). 유대의 관습에 맞게 예수는 식사 말미에, 즉 "식후에"(고전 11:25 par. 눅 22:20) 포도주가 가득 채워진 잔을 들어 그것을 식탁 위에서 손으로 붙잡고 감사의 식사 기도를 올린 다음[14] 식탁에 앉은 사람들에게 돌렸다. 그러나 관습과 어긋나게 그것을 스스로는 마시지 않았다. 잔이 돌고 있을 때 예수는 잔에 관한 말씀을 하였다.

이 말씀은 매우 무거운 어투로 마가(병행구인 마태)에 나와 있는데, 고린도전서 11장에

---

12) 사 40:6; 욥 19:20; 34:14f. ; 참조. *TDNT* VII, 107.

13) Patsch, *Abendmahl*, p. 269 n. 244에 나오는 논의.

14) Jeremias, *Eucharistic Words*, p. 110에 나오는 기도문의 재구성.

15) 이 전승사적 평가에 반대하여 여러 가지 주장이 제기되었다: (1) 마가의 정형 어구는 그것을 떡에 관한 말씀과 병행이 되게 만들기 위하여 후대에 전례적으로 첨가한 것이었다. (2) 그것은 해석적인 손질로 수식되었다. (3) 이 수식, 즉 "내 언약의 피"라는 표현은 아람어로 번역될 수 없다. 답변에서 이 점을 주목할 필요가 있다: (1) 마가와 그 병행구 마태 그리고 누가 본문은 다른 곳에서 고린도전서 11장과 일치하는데, "쏟는 바 피"에 관하여, 즉 자신의 희생에 관하여 완전히 구약의 방식으로 말하였다. 반면에 고린도전서 11장에 나오는 "나의 피"라는 표현은 "그리스도의 피", 즉 그리스도의 죽으심이라는 초기 기독교적 정형 어구에 가깝게 하려는 결과로서 생겨났다. (2) "나의 언약의 피"라는 난해한 마가의 표현에 대한 가능한 해결책으로서 여러 가지 아람어의 제한적인 표현들이 제시되어 왔다(Pastsch, *Abendmahl*, pp. 80f.에 다 수록되어 있다). 이에 따르면 고린도전서 11장에 나오는 "내 피로 세운 새 언약"이라는 정형 어구는 마가 본문을 단순화시킨 것일 가능성이 매우 높다. 이와 아울러 신학적인 동기도 있었을 것이다.

서는 상당한 정도로 단순화되어 있다.[15] 하지만 주어지는 것의 내용은 두 구절에 의해 비슷한 방식으로 규정되어 있다.

마가복음 14:24 및 그 병행구 마태복음 26:28에는 이렇게 쓰여 있다: "이것은 많은 사람을 위하여 흘리는 바 나의 피 언약의 피니라". 구약에 따르면 신학적 의미에서 피는 단지 붉은 물체였던 것이 아니라 생명을 담고 있는 것이었다(레 17:11, "육체의 생명은 피에 있음이라 … "). 그러므로 "흘리는 바 피"는 희생당한 피, 즉 죽음이었다. 두 가지 추가된 표현들은 이 죽음의 의미, 즉 이 죽으심이 가져오는 구원의 효력을 분명히 하고 있다. 그것은 "많은 사람을 위한", 즉 모든 사람을 위한 죽음이었다. 이사야 53:12에 준거하여 형성된 이 표현은 보편적인 구속을 선포하였다(§18, 8). 더욱이 그 죽으심은 "언약", 즉 사람들을 자기와 특별한 관계에 놓기 위하여 하나님이 세우신 것을 전달하였다. 예수의 구속적 죽음을 통하여 하나님은 모든 인류를 자기와의 새로운 유대 관계, "새" 언약에 놓았다(렘 31:31). "새 것"에 대한 더욱 정확한 묘사는 고린도전서 11장에 처음으로 나오긴 하지만 여기서 의미한 것은 이스라엘의 언약의 갱신이 아니라 바로 이것이었다.

고린도전서 11:25에서는 이렇게 말한다: "이 잔은 내 피로 세운 새 언약이니". 마가에서도 말씀의 주제는 잔이었지 포도주가 아니었다. 여기서 주어지는 것은 예레미야 31:31에서 약속된 "새 언약"이었다. 이 언약은 지금 예수의 죽으심을 통하여 세워지고 있었다. "그의 피"는 초기 기독교의 어법에 따르면(참조. 롬 5:9f.) 그 구속적 의미에서의 예수의 죽으심이었다. 따라서 여기 마가의 의미에서도 주어지는 것은 그의 죽으심의 구속적 효력, 즉 하나님의 새 언약이었다. 한편 고린도전서 11장의 다른 용법에서 주어지는 것은 그 구속적 효력에서의 예수의 죽음, 즉 십자가에 못박히신 자의 자기 포기였다. 그러므로 고린도전서 11장에서 주어지는 것은 하나님의 관점으로부터 규정되었고, 마가에서는 예수의 관점으로부터 규정되었다. 다른 곳에서와 마찬가지로 바울도 예수의 사역을 주로 하나님의 활동으로 묘사하는 데 익숙해 있었기 때문에 그의 저작 속에 나오는 전승이 이러한 형태를 띠고 있다는 것은 우연이 아니었다. 그럼에도 불구하고 이러한 견해와 나란히 바울은 고린도전서 10:16에서 오래된 해석 전승을 보전하였다. 이 전승에 따르면 "그리스도의 피에 참예함", 즉 십자가에 못박힌 자로서의 그에 참예함은 잔을 통하여 전달되었다.

그러므로 가장 오래된 형태의 전승에 따르면 떡과 잔에 관한 말씀들은 기본적으로 동일한 선물, 즉 예수 자신을 제공하였다. 전자는 그때까지 여전히 제자들과 함께 어울렸던 역사적 인물로서의 예수를 더 강조하였고, 후자는 그의 섬김의 사역이 목표로서 도달한 바 죽음을 더 강조하였다. 주어지고 있는 것은 그의 지상 사역 및 무엇보다도 그의 죽으심을 통하여 자격이 주어진 예수 자신이었다.

c) 우리가 이 설명을 흔히 고려되는 다른 두 해석들로부터 구별한다면, 이 설명은 정확성을 획득한다. 불트만(*Theology*, §13, 2)은 헬레니즘적 공동체를 배경으로 한다는 견지에서 몸, '소마'는 "(부활 덕택으로) 영광의 몸으로서 강력한 효력이 있는 십자가에 못박힌 그리스도의 몸"이었다는 입장을 밝혔다. 그러나 콘첼만(*Theology*, p. 59)도 동의한 이러한 설명은 성만찬 전승의 문맥과 모순된다. 그것은 엄밀하게 병행구를 이루고 있는 피에 관한 진술에 적용될 수 없다. 영화롭게 된 하늘에 속한 피와 같은 것은 존재하지 않는다.

이와 대조되는 해석은 예레미아스(*Eucharistic Words*, p. 236)에 의해 제시되었다: 예수는 "그의 죽으심의 구속하는 능력에의 참여"를 주었다. 이러한 설명은 유대의 유비들의 영역 안에 남아 있었다. 그러나 지상 생애 동안에 예수는 어떤 것, 즉 죄사함을 허용했을 뿐만 아니라 그와 동시에 바로 자기 자신도 주었다. 그는 사람들과 인격적으로 어울림으로써 죄사함을 베풀었다.

예수로부터 유래한 바로 이러한 독특한 사고 방식이 떡과 잔에 관한 말씀들에 의해 채택되었고 약속을 통해 예수의 죽음 이후까지 연장되었다: 예수는 지금 다른 모든 사람들을 위하여 죽은 자로서 자기 자신을 줌으로써 죄사함을 주는 교제를 허락하였다. 주어진 것은 하늘에 속한 몸도 아니었고 영적인 실체도 아니었다. 주어진 것은 구속의 능력만이 아니라 모든 사람을 위하여 죽은 자로서의 예수였다.

5. 자기 헌신의 양식

a) 예레미아스(*Eucharistic Words*, pp. 231-37)에 따르면 예수가 떡과 포도즙을 상징적으로 해석한 것은 유대의 가장들이 유월절 학가다에서 '맛소트'(*massot*), 즉 쓴 풀잎과 양을 해석하는 것과 비슷하였다. 이런 관점에서 "~이다" — 아람어에서 이에 해당하는 독립적인 단어가 사용되지 않았다 하더라도 이렇게 증보되어야 한다 — 는 "의미한다"를 뜻했다. 하지만 식탁 교제에 관한 유대적 개념에 따르면 떡과 포도즙을 주는 것은 식탁 축복, 따라서 축복과 관련된 "해석의 말씀"에 실제적으로 참여함을 전달하였다. 이러한 설명은 종말론적 말씀이 선포하고 있는 새로운 상황을 고려하지 못한 것이다.

b) 이 종말론적 말씀과 함께 예수는 그가 식탁 교제로부터 배제될 것임을 알렸다. 그는 아마도 더 이상 남들과 함께 먹고 마시지 않음으로써 이것을 수행하였다. 떡과 잔에 관한 말씀들은 예수가 지금 새롭게 알려질 자기 자신을 제공하고 있다는 것을 약속하였다. 더 이

상 식탁 교제가 아니라 먹고 마시는 것이 친교의 수단이 되었다. 종교현상학적 관점에서 본다면 먹고 마시는 것이 승화된 셈이었다. 그것들은 영적인 선물들을 전달해주었다. 그것들은 "성례적" 성격을 띠었다 ― 이 모호한 용어를 채택해서 말한다면.

c) 불트만(*Theology*, §13, 2)은 떡과 잔에 관한 말씀들은 "이것은 … 이니"라는 표현과 함께 "그 행위의 성례적 해석"을 표현하였다. 어법이 시사하고 있는 이러한 성례적인 의미는 불트만으로 하여금 "제도를 제정하는 기사"를 신비종교들의 헬레니즘적 경건으로 도출하여 거기에 따라 이를 해석하도록 만들었다. 그러나 우리가 이미 보았듯이 이 말씀들은 팔레스타인으로부터 나왔으며 그 핵심적인 내용은 예수의 배신의 밤까지 거슬러 올라갔다. 하지만 팔레스타인 유대교의 일반적인 합리적 전제들과 일치하는 상징적 해석은 그 문자적 의미와 모순이 되었다. 여기에서 배타적으로 적용된 종교사적 유비(類比)의 원칙은 해결할 수 없는 순환으로 이끌었다. 본문에서 발견되는 사항들을 보면 그 내용을 밝히는 데에 이러한 역사적 탐구의 유효한 가설을 배타적인 전제로 사용하는 것은 불가능해진다. 예수는 비록 인간의 합리성의 연속성 상에서 인간 존재로서 서 있긴 했지만 다른 곳에서와 마찬가지로 여기에서도 유대의 합리적인 전제들의 한계를 뛰어넘는 하나님과의 새로운 관계를 제공하였다.

d) 따라서 예수의 제자들은 떡과 포도즙의 헌신에 싸여있고 떡과 잔에 관한 말씀들에 표현되어 있었던 이 사건을 유대의 유비들에 의존하여 이해할 수 없었다. 그들이 제자도로이 부르심에서 유례없는 말씀 ― "나를 따라 오너라" ― 을 마주친 것과 마찬가지로 지금 고별의 시간에서도 그러하였다. 예수의 신비스러운 말과 행위는 이 시점까지의 그의 사역의 맥락 속에서 그가 지금 그들의 식탁 교제로부터 제거될 것이며 그 이후로는 새로운 방식으로 알려질 자기 자신을 제공할 것이라는 것을 그들에게 말하였다. 어떻게 예수가 그의 말씀들 속에 표현된 것과 같이 떡을 먹고 포도즙을 마시는 것을 통하여 자기 자신을 알게 할 수 있는지는 그가 그들을 새로운 방식으로 만났을 때에야 비로소 이해될 수 있는 것이 되었다.

부활절 현현(顯現) 후에 예수는 성령을 통하여 역사할 것이었다. 그때 그들은 어떻게 죽은 자로서의 그가 그들에게 들어오는 방식으로 그들로 하여금 예수 자신을 알게 할 수 있는지를 이해할 수 있게 될 것이었다. 그들에게 임한 성령의 체험, 신비종교에서와는 달리 사고(思考)가 아니라 승귀된 자가 그들을 만난 이 체험은 성례적 친교의 개념을 낳았다. 이러한 결론은 신약의 전승들을 통해 입증될 수 있는가?

e) 성전 또는 회당에 출석하는 것에 더하여 최초의 공동체에 의해 거행된 독특한 예배 이식은 의례적(儀禮的) 식사였다(행 2:42, 46). 신약 연구에서는 흔히[16] 부활절 현현으로 말미

암아 그들에게 주어진 인상에 의해 인도된 제자들은 지상 생애 동안의 식탁 교제를 갱신하였고 자기들 가운데 부활한 자의 보이지 않는 임재를 인식하였다고 생각하여 왔다. 이러한 생각은 본질적인 전제들과 역사적 추론들과 모순된다. (1) 바울 전승만이 아니라 팔레스타인 전승에 의해서도 부활하신 자는 영화롭게 되신 사람으로서가 아니라 성령 또는 '쉐키나'(shekinah, 마 18:20) 같은 것을 통하여 신적으로 임재하였다. (2) 더욱이 고린도전서 11장에 나오는 초기 기독교 성찬 예배 의식에 관한 가장 오래되고 더 정확한 자료는 성례적인 먹고 마시는 것을 일상의 식사와 결합하는 방향이 아니라 분리하는 방향으로 발전하였음을 보여준다.[17] 성례적 식사와 일상의 식사를 결합하는 것은 예루살렘에 있던 최초의 공동체의 상황과 일치하였다. 이 공동체는 영양분 섭취를 위한 일상의 식사에 의존하고 있었다. 이 둘의 결합은 고린도전서 11장에 나오는 제도를 정하는 기사에도 여전히 반영되어 있다: 잔은 "식후에"(고전 11:25) 취해졌다. 성례적 성찬과 애찬(agape meals)이 아주 유사하면서도 구별된 것은 발전의 종결 단계가 아니라 그 초기 단계였다. 그러므로 역사적 근거는 물론이고 실질적이고 신학적인 근거 위에서도 부활절 이후에 제자들은 그들의 일상적인 식탁 교제에 부활하신 자의 임재를 상기한 것이 아니라 배신의 밤에 그들에게 주어졌던 약속에 따라 그의 오심을 기다린 것이라고 결론을 내려야 할 것 같다.

떡과 잔에 관한 말씀들은 히브리적 사고에 일치되는 것으로서 배신의 밤에 예수의 행동과 관련된 확실한 약속, 다가오는 고난 예고의 내용을 예상하고 기다리는 것이었다. 성만찬을 반복해서 시행하라는 명령은 이 약속을 공동체 식사의 제도로 변화시켰다.

6. 성만찬을 반복해서 시행하라는 명령

이 명령은 고린도전서 11:24 이하와 누가복음 22:19에만 나오고 마가와 마태에는 나오지 않는다. 이것은 분명 예수에게로 거슬러 올라가는 전승 모체에 속하지 않았다. 예수의 행위가 반복해서 시행되어야 하는 것은 그 의미로부터 나온 결론이었다. 그것이 반복해서 시행될 수 있고 또 그렇게 시행되는 일은 예수가 성령을 통하여 스스로 역사를 계속 했을 때 일어났다. 이런 식으로 예수의 최후의 만찬에 관한 기사들은 제도를 정하는 기사들이 되었다.

---

16) Lietzmann, *Messe und Herrenmahl*, pp. 249-255; 그 뒤로 Bultmann, *Theology* I, § 6, 4; 8, 3; 그리고 마지막으로 W. Marxsen, *The Lord's Supper as a Christological Problem* (1970), pp. 23f.

17) Goppelt, *Apostolic Times* (1977), pp. 45-47, 212f.

이 특별한 의미는 식사를 반복해서 시행하라는 명령에 의해 표현되었다: "이것을 행하여 나를 기념하라". "이것"은 제도를 정하는 말씀들 가운데서 떡과 잔을 바치는 것이었다. 그 것은 "기념"하는 가운데 행해져야 했다. 즉 바울이 고린도전서 11:25 이하에서 설명하고 있 듯이, 이러한 헌신을 통하여 예수의 구원 행위는 선포되었고 현재적으로 효력을 발휘하게 되었다. 시편에서도 "기념"은 본질적으로 "선포"와 "고백"의 동의어로 사용되었다.[18] 성만찬 을 반복해서 시행하라는 명령은 구약으로부터 공통된 화법을 빌어왔다. 그것은 고인(故人) 을 추모하는 정기적인 식사를 제도화하였던 헬레니즘적 상황에서의 계약의 규례들과 오직 외관상으로만 조화되었다.[19]

예수의 최후의 만찬에 관한 기사가 그토록 광범위하게 교회 전승에서의 신성한 공동체 식사의 제정에 초점을 맞추고 있는 반면에 요한복음은 그 전반적인 의미를 발전시켰다. 그 위치에서 요한은 13-17장에 고별 강화들을 배치하였다. 이 강화들은 아버지와 아들과 성령 이 함께 오시게 될 예수의 재림을 약속하였다.

이 고별 식사 후에 나오는 수난 설화에서는 놀랍게도 겟세마네가 나온다. 최후의 만찬에 서 예수는 모든 사람을 위한 자신의 죽음에 관하여 말한 다음 자기 자신을 만찬으로 제공하 였다. 그런 다음에 그는 이 잔이 자기로부터 지나가게 해 달라고 겟세마네에서 기도하였다. 이러한 긴장 관계는 여러 전승층에 의존하는 것 말고 다른 방식으로 만족스럽게 설명될 수 있을까? 하나님의 백성들에게 당혹스러운 의구심들이 있었다고 볼 때 예수의 수난이 그 자 체로 매우 복잡하였나는 것을 우리는 충분히 이해할 수 있게 된다.

---

18) 시편 111:4: "그 기이한 일을 사람으로 기억케 하셨으니"; 즉 그의 구원사적 행위를 상기시키는 제 의적 행위들, 예를 들면 "기념의 날"(출 12:14)로서 준수되어야 하는 유월절 예식. 반면에 백성들에 의해 준수된 이러한 기념 예식(*mneian poieisthai, mimneskesthai*) — 또한 그의 행위들에 대하여 말하고 (*exor ap-angellein*: 시 71:15-18) 찬양과 함께 신앙고백하는 것(*exhomolo- geisthai*: 시 71:22) — 은 하나님이 자신의 언약을 기억하는 것(시 111:5과 기타; O. Michel, *TDNT* IV, 675ff.)에 대응되었다. 하지만 여기서는 후자가 아니라 전자의 의미였다.

19) 에피쿠로스는 자신의 최후의 유언에서 제자들이 한달에 한 번씩 식사로 모이라는 제도를 만들었다. "*eis ten hemon* …"(*mnemen*), 즉 "우리를 기념하는 것으로서" (Diogenes Laertius X:18; LCL, II, 546f. = "나 자신을 … 기념하기 위하여"). 고인의 생일에 식사 의식을 거행하라고 'in memoriam(— 를 기념하여)'라는 라틴어 정형 어구로 유언하는 일이 아주 흔했다. 하지만 '*eis anamnesin*'이라는 표현은 찾아볼 수 없다(Jeremias, *Eucharistic Words*, pp. 238-243에 나 오는 문헌 증거).

제 8 장
예수의 퇴장

§21. 수난

On 1: H. Lietzmann, *Der Prozess Jesu* (*SAB*, 1931), pp. 313-322; K. L. Schmidt, "Der Todesprozess des Messias Jesus," *Judaica* 1 (1945), 1-40; J. Blinzler, *The Trial of Jesus* (1959²). **On 2:** Bultmann, *Tradition*, pp. 262-284; Dibelius, *Tradition*, pp. 178-217; Taylor, *Mark*, on 14:1 and pp. 653-664; P. Benoit, *The Passion and Resurrection of Jesus Christ* (1969); C. D. Peddinghaus, "Die Entstehung der Leidensgeschichte" (diss., Heidelberg, 1966); E. Linnemann, *Studien zur Passionsgeschichte* (1970); J. Schreiber, *Die Markuspassion. Wege zur Erforschung der Leidensgeschichte Jesu* (1969); L. Schenke, *Studien zur markinischen Passionsgeschichte* (1971); V. Taylor, *The Passion Narrative of St. Luke* (1972); A. Dauer, *Die Passionsgeschichte im Johannesevangelium. Eine traditionsgeschichtliche und theologische Untersuchung zu Joh 18, 1-19, 30* (1972).

1. 역사적 문제

누가 예수를 십자가에 못박았는가? 사도행전에 나오는 베드로 설교의 구도에 기초를 제공하였던 가장 오래된 선교 케리그마는 "너희가 법 없는 자들의 손을 빌어 못박아 죽였으나"라고 고발하면서 유대 백성들을 지목하였다(행 2:23; 4:10; 5:30; 7:52; 10:39). 이 케리그마는 데살로니가전서 2:14 이하에 나오는 정형적인 표현과 일치하였다: "유대인은 주 예수 … 을 죽이고". 전승사적으로 이 선포는 복음서에 나오는 수난 설화의 기사들에 영향을 미쳤다. 후자에 따르면 예수를 처형한 것은 실제로 로마 총독이었지만 그 총독은 유대 백성들의 대표자들과 그들에 의하여 선동된 무리들로부터 압력을 받았다.

오랫동안, 특히 지난 25년 동안 이 진술은 유대 백성을 차별하는 것으로 생각되어 왔다.[1] 이런 이유로 유대 역사가들은 백년 이상 동안이나 복음서의 이러한 묘사는 위조된 것임을 입증하려고 노력하여 왔다. 그들의 견해에 따르면 예수를 처형한 책임은 로마 총독 및 그와 공모한 유대 귀족 정치의 일파가 져야 하지 유대 백성들, 특히 유대 종교가 져야 할 것은 아니라는 것이다.[2] 개신교 진영에서의 역사적 탐구도 이와 비슷한 결론에 도달하였다. 이 결론들은 리츠만(H. Lietzmann)에 의해 그의 연구서인 「예수의 재판」(Der Prozess Jesu(SAB, 1931)에 고전적인 형태로 요약되어 있다.[3] 하지만 이러한 주장은 유지될 수 없는 것으로 밝혀졌다. 그것은 예수의 퇴장에 관한 모든 역사적인 문제들을 광범위하게 다룬 블린츨러(J. Blinzler)의 연구 논문 「예수의 재판」(1951, 1969[4])의 결론이었다.[4]

학문적 논의의 전개 과정에서, 여기서 역사적인 문제들은 거듭거듭 신학적 이해에 좌우된다는 것이 분명해졌다. 외부로부터 보면 예수의 퇴장은 정치적 종교적 집단들과 인물들의 다소 우연한 협동의 결과였다. 예수가 유대교의 토대를 실질적인 내용의 차원에서 어느 정도 문제를 제기했으며 무엇 때문에 그가 거부당했는지가 신학적으로 분명히 밝혀질 때에야 진정으로 결정적인 문제에 초점이 맞추어지게 된다. 그러므로 결정적이고 실질적인 답변은 율법에 대한 예수의 입장을 검토해봄으로써 제공되었다. 그러한 입장에 비추어 볼 때 바울과 요한에 의해 제기된 신학적 명제는 이해 가능하게 된다: 예수는 "유대인"에 의해 거부당했지만, 유대인들은 그렇게 할 때 인류의 대표자로서 행동하였다. 놀랍게도 이러한 해석은 수난 설화로부터 확인될 수 있는 일련의 역사적 사건들에 의해 확증된다.

---

1. W. P. Eckert, N. P. Levinson, M. Stöhr, eds, *Antijudaismus im NT?* (1967).
2) 기독교 밖의 전승들에 대해서는 G. Lindeskog, *Die Jesusfrage im neuzeitlichen Judentum* (1938), pp. 277-296; J. Blinzler, *The Trial of Jesus* (1959), pp. 3-21; cf. pp. 32-39
3) 누가와 요한이 재현하고 있지 않은 산헤드린에 의한 예수의 정죄에 관한 마가의 기사(14:55 – 65 par. 마)는 전승사적으로 볼 때 마가복음 15:1과 중복되는 것으로 생각되었다. 그것은 비역사적인 것임에 틀림없다. 왜냐하면 그것은 미쉬나의 절차 요건에 어긋나기 때문이다. 무엇보다도 요한복음 18: 31과 반대로 산헤드린은 실제로 범죄자를 심문하고 선고할 수 있는 완전한 사법권을 가지고 있었지만 십자가 형은 로마의 처형 방식이었다. 이러한 명제들은 아주 최근까지 유대인들에 의해 취재되었다. P. Winter, *On the Trial of Jesus* (1961) (참조. E. Stauffer, *ThLZ* 88 (1963), 97-102)와 S. G. F. Brandon, *The Trial of Jesus of Nazareth*(1968).
4) 예수가 실제로 산헤드린에 의해 정죄를 받은 것은 사실이다. 하지만 이 집단은 형사 사건에서 심문하고 선고할 수 있는 사법권을 소유하고 있지 못했기 때문에 로마 총독이 관여하게 되었다. 그것은 미쉬나에 나오는 소송 규정에 의해 세부적으로 측정될 수 없는 이례적인 소송이었다.

2. 수난 설화의 근본적인 측면들

전승사적으로 볼 때 수난 설화는 두 가지 서로 독립적인 전승들, 즉 마가복음 14장 이하 (par. 마/눅)와 요한복음 18장 이하에 의해 표현되었다. 이 기사들은 체포로부터 장사됨까지의 사건들의 연속과 보도들의 특성이라는 면에서 일치하고 있다(막 14:32-15:47; 요 18: 1-19:42); 하지만 그 기사들은 세부적인 내용에서는 달랐다. 이 공통적인 묘사가 수난 설화의 전승 모체였다. 이 모체는 마가복음 14:1-31에 있는 요소들의 첨가, 그 외에도 승리의 입성, 성전을 청결케 함, 권세의 문제에 대한 기사들을 통하여 소급적으로 확대되었다. 양식비평학적으로 전승 모체는 본질적으로 서로 독립되어 있었던 개별적인 단화(單話)들을 요약문의 순서대로 연속적인 보도로 결합하였던 것이다. 연속적인 기사는 베드로 설교의 구도 (행 2:22ff.; 3:13f. 등)와 다가오는 고난에 대한 세번째 예고(막 10:33f.)에서 발견되는 수난에 대한 요약문과 일치하였다. 그러므로 이 기사는 선교 케리그마로부터 유래하였다. 아마도 그것은 먼저 마가에 의해 인식된 것이 아니라 구전된 기사를 선교 목적으로 짧은 요약문의 형태로 빌어왔던 것같다.[5] 그 전체를 훌륭한 헬라어로 옮긴 최초의 인물은 마가였지만, 그 이전 역사에 따라 그것은 오래된 전승을 나타내고 있었다. 개별적인 단화들은 대부분 셈어화된 헬라어로 쓰여져 있었으므로 아마도 매우 이른 시기에 형성되었던 것같다. 초기부터 그것들은 선별적으로 함께 어우러져 이 짧은 기사 속으로 들어왔다.

이미 마가 이전의 전승층들에서 다음과 같은 구조의 핵심적인 측면들이 수난 설화에 분명히 드러나 있었다.

a) 관련된 사람들의 행동은 '파라디도나이(*paradidonai*, 여기서는 "넘기다")라는 슬로건을 가진 짧은 기사에 특징적으로 서술되었다.[6] 예수를 넘긴 사람들의 연쇄(連鎖)는 제

---

5) 참조. Jeremias, *Eucharistic Words*, pp. 93-96. Bultmann, *Tradition*, p. 279에 의해 추정된 전승 모체의 짧은 기사의 부분들은 14:43-52, 53a; 15:1-5, 15b, 20b-24a, (27), 37이다. 이와는 대조적으로 Taylor, *Mark*, pp. 660 ff.은 그것들을 14:1f., 10f., 17-21, 26-31, 43-46, 53a; 15;1, 3-5, 15, 21-24, 26. 29f., 34-37, 39, 42-46으로 보고 있다. 마가 이전에 부활절 현현 및 수난과 관련하여 오직 일련의 산발적인 기사들만이 있었는데 그것들이 자의적으로 결합되었다는 E. Linnemann, *Studien zur Passionsgeschichte* (1970)의 주장은 마가복음 10:33 이하의 요약문 전승의 존재에 의해 논박되었다. 수난 사건은 이른 시기부터 부활절 현현과는 달리 시간적으로 연속된 내용들로 묘사되었을 것이다. 수난 설화는 복음 전승 중에서 시간적으로 연결된 가장 오래된 것이 되었다.

6) 이 용어의 사용은 W. Popkes, *Christus Traditus* (1967)에 의해 연구되었다. 무엇보다도 pp. 181ff.; 217ff.를 참조하라.

자들의 무리에서부터 시작되었다: 유다가 예수를 산헤드린에 넘겼고,[7] 산헤드린은 빌라도에게(막 15:1, 참조. 10), 빌라도는 사형집행인들에게 넘겼다(15:15). 이 연쇄 안에서 이 용어의 더 정확한 의미는 변경되었다. 유다에게 '파라디도나이'는 좀더 일반적인 의미로 버리는 것이었다. 그후에 이 용어는 전문적인 법정 용어의 의미로 정죄받은 사람을 강제로 넘기는 것을 의미하는 것으로 사용되었다. 그러므로 수난 설화에서 예수와 제자들과 대치해 있었던 것은 유대인들과 빌라도가 아니라 ― 제자들을 비롯하여 ― 모두가 예수를 반대하였다. 모든 사람이 예수와 하나님에 대하여 죄를 범한 것이 되었다.

우리가 역사적 상황을 깊이 생각해보면 예수를 넘긴 사람들의 동기 유발이 너무도 유사하다는 것에 놀라게 된다. 관련된 모든 사람들은 그렇게 하는 것이 자신의 생존에 꼭 필요했기 때문에 예수를 넘겼다. 총독 휘하에 있는 군사들은 그의 명령을 수행하여야 했다. 그러나 책임있는 당국의 대표자(벧전 2:13f.)인 빌라도조차도 그 기사들이 시사하고 있는 바와 같이(참조. 요 19:12) 어쩔 수 없는 상황에서 행동하였다. 디베료 황제가 주후 31년 경 자신의 반유대적인 입장을 바꿨기 때문에 빌라도의 입장은 위험에 처해 있었다. 빌라도는 그때까지 이 정책을 강행하여 왔기 때문이다. 빌라도가 자신의 위치를 안전하게 확보하려 한다면, 그는 제국 행정에서 사법적으로 올바르게 행동하여야 했다. 유대인들에게 빌라도는 자기가 정치적으로 기꺼이 의무를 이행하려는 의지를 갖고 있음을 보여야 했다.[8] 요한복음 19:11은 실질적인 일관성을 가지고 예수로 하여금 "나를 네게 넘겨준 자의 죄는 더 크니라"고 말하게 하였다. 대제사장들과 사두개인들도 예수의 제거를 위해 나서지 않을 수 없었나. 왜냐하면 모든 메시야 운동은 그들의 위치를 위험하게 했기 때문이다. 주후 66년의 메시야적 반란은 성전은 물론이고 그들에게도 종지부였음이 입증되었다.

하지만 제사장 및 속세의 귀족 정치는 바리새인들의 동의 없이 산헤드린을 통하여 자신의 의지를 관철시킬 수 없었을 것이다(참조. 행 5:17f., 34). 위에서 보았듯이(§9, 1, 2) 이 집단은 이미 율법, 특히 안식일과 관련된 예수의 행실에 관한 논쟁에서 그 반대 의사를 분명히 하였다. 그들이 율법의 토대 위에 계속해서 살아가려 한다면 이것 또한 어쩔 수 없는 일이었다. 그러므로 그들 모두는 그때까지 자기들의 삶을 구성하고 있었던 것을 보전하려 한다면 그 상황에 의해서 예수를 넘기지 않을 수 없었다. 아울러 이것은 예수가 그러한 반작용을 촉발시켰다는 것을 의미하기도 했다.

b) 예수 자신은 이스라엘에 의한 자신의 거부의 문제를 강요했다. 예를 들면 갈릴리에

---

7) 막 14:44에 나오는 짧은 기사; 참조. 14:10f., 18, 21, 42와 고전 11:23.
8) Blinzler, *Trial*, pp. 182ff.

물러가서 예수는 도발적으로 안식일에 치유를 행함으로써 바리새인들의 항의를 자초하였다. 마지막으로 유월절에 제자들과 함께 예루살렘으로 여행하면서 그는 의도적으로 이스라엘의 대표자들로 하여금 자기가 권세가 있다는 주장에 관하여 저항하지 않을 수 없도록 했다. 성전 청결 ─ 그 구체적인 의도가 무엇이든 간에 ─ 은 어쨌든 지배 계층을 자극하는 것이었다. 지배 계층은 율법과 성전을 위하여 예수를 제거해야 했다. 요한복음은 유대인들로 하여금 다음과 같이 말하게 함으로써 진정한 문제에 접근하게 되었다: "우리에게 법이 있으니 그 법대로 하면 저가 당연히 죽을 것은"(19:7). 그들은 여기서 율법을 오해하였고 오용하였다. 하지만 그들은 자기들의 상황 아래서 필연적으로 율법을 오해하고 오용할 수 밖에 없었다.

예루살렘에서 고조된 위기 상황을 통하여 예수는 유다를 자기를 희생시키는 시점까지 데려왔다. 우리가 마가복음 14:10 이하, 17-21, 43-45에 나오는 개별적인 전승들을 어떻게 판단하는가와는 상관없이 유다의 배신 행위는 믿을 만하게 문서화되었다(고전 11:23). 그러나 좀더 오래된 전승에는 그 동기가 언급되어 있지 않다. 하지만 별 어려움 없이 그러한 동기를 추론하여 확인할 수 있다. 유다도 개인적인 이유에 의해서 행동한 것이 아니었다. 배신 예고에 관한 설화는 모든 제자들이 "내니이까"(막 14:19 par. 마 26:22; 참조. 눅 22:23)라고 물었다고 한다. 베드로는 이미 예수의 가야 할 길에 동의하지 않았다는 이유로 심하게 꾸중을 들은 상태였다(막 8:33 par. 마 16:23). 물론 예수의 가야 할 길에 거침돌이 된 것은 그 근본적인 성격 때문이었다. 예수는 "섬김"의 길을 따라갔다(막 10:35-45 par. 마 20:20-28; 눅 22:24-27; 참조. §18, 8a). 이 길은 고난으로 닿아 있었다(참조. 마 5:10, 44f.). 예수는 그 자신을 확고히 하고자 했던 인간 존재로부터 하나님의 도움을 힘입어 모순의 문제를 강요하였다.

제자도의 모든 단계는 이 인간 존재로부터 멀어지는 것이었지만(막 8:34f. par. 등) 이 "인간 존재"는 제자들에게서 과거 시제로 존재하지 않았다. 제자도 가운데서 예수를 좇던 유다가 자기 존재 이전의 지향(指向)을 따를 것이냐, 예수를 따를 것이냐가 마침내 분명히 되었을 때 그것은 유다에게 힘을 행사하여 예수를 밀어젖힌 실체였다.

따라서 예수는 자신의 요구들, 특히 자신의 섬김을 통하여 변화를 가져오는 방식으로 사람들의 실존에 권세있게 개입했기 때문에 자기가 제거당하는 일을 자초하였다. 사람들이 예수에 대항하여 자기들의 현재 상태에 있는 모습 그대로를 인정하기를 원했기 때문에 예수는 넘기워졌다.

c) 하지만 예수의 수난의 깊이는 모든 사람들이 자기를 넘기는 것에 앞서서 하나님이 자

기를 넘기는 것이었다는 것을 그가 스스로 선언했을 때 분명하게 되었다: "인자가 사람들의
손에 넘기워"(막 9:31 par.; 아마도 이 인자 말씀은 부분적으로 "넘기다"라는 설명을 촉발
시켰던 것같다). 이 선언에 따르면 실제로 하나님의 일에 관여하였기 때문에 백성들에 의해
제거당한 예수는 하나님에 의해 희생당하는 체험 ― 처음에 우리에게 이해될 수 없었던 것
― 으로서 이 제거당함을 겪었다. 다른 말씀들에 따르면 예수는 자신의 배제를 모든 역사의
무서운 일들은 궁극적으로 하나님으로부터 나온다는 구약의 신앙에 대한 핵심적인 가르침
(암 3:6) 아래에 두었다. 더욱이 그는 자기의 가야 할 길에 대한 하나님의 뜻을 백성들을
위하여 고난받은 의인이라는 구약의 심상으로부터 확인하였다(§18, 7c). 이것은 그의 눈에
는 스토아학파와는 달리 자기의 운명과 내면적인 거리를 허용하였던 운명이 아니었다.

예수는 구원을 위한 하나님의 뜻에 대하여 이미 자기의 입장을 굳건히 했던 것처럼 이러
한 하나님의 뜻을 자기 자신의 것으로 받아들여야 했다. 그러므로 그는 백성들에 의한 자신
의 거부 속에서 궁극적으로 하나님의 손에 의한 심판의 잔을 보았던 것이다(막 10:38; §18,
6c와 8c 2). 겟세마네에서 예수는 이 잔이 자기를 지나가게 해달라고 간청하였다(막 14:
36b par.). 이 기도는 기독론에 대한 숙고로부터 나온 것이 아니었다. 오히려 그것은 기
독론에 그 토대를 제공해주었다(히 5:7). 그 슬로건은 지상 사역에서 미리 묘사되어 있었다
(막 10:39; 마 6:10). 제자들은 그 슬로건을 통해 겟세마네로부터 예수는 자기의 가야 할
길을 받아들이기 전에 스스로를 극복해야 했다는 인상을 받았다. 그들은 그에 대한 증인들
의 진술들이 입증될 수 없다 할지라도 그것을 굳게 고수하였다.[9]

예수는 소크라테스처럼 묵묵히 죽음을 맞이하지 않았다.[10] 소크라테스는 예수의 아버지를
몰랐기 때문에 궁극적으로 죽음이 무엇인지를 몰랐던 것이다. 예수는 다가오는 폭력적인 종
언(終焉) 앞에 서 있으면서 고민스러웠다(막 14:33f. par.). 왜냐하면 그것은 하나님 앞에
서의 삶과 하나님을 대신한 사역으로부터의 끊어짐이었기 때문이다(참조 시 90:7). 그는 시
편 22편(막 15:34 par. 마 27:46)에서 유래하는 기도의 부르짖음을 자신의 입밖에 내면서
죽었다. 그는 자기가 하나님에 의해 버림받고 정죄당하는 것을 보았다. 그런데도 겟세마네
의 기도에서와 마찬가지로 이 부르짖음에서도 그는 자기를 위하여, 궁극적으로 사랑의 뜻을
가진 하나님을 위하여 손을 내밀었다.

따라서 예수는 스스로 자기의 죽음이 의로운 자의 거절당함이며 인류의 현재 상태에 대
한 속죄라는 해석을 위한 실질적인 토대를 제공해주었다. 그는 자신의 행실을 통하여, 끝까

---

9) 전승사적 논의에 대해서는 Taylor, *Mark*, at 14:32를 참조하라.
10) E. Fascher, "Sokrates und Christus," *ZNW* 45 (1945), 1 - 41.

지 섬김의 길을 걸음으로써, 자신의 고난을 하나님의 심판 아래에서의 고난으로 받아들임으로써 이 일을 해냈다. 이 모든 것 속에서 이 행위의 심상 및 특히 그 사회학적 의미는 개별적인 발화(發話)들의 역사성과는 독립되어 있었다.

d) 하지만 제자들에게 이러한 죽음은 그들로 하여금 걸려 넘어지게 한 '스칸달론'(*skandalon*, "걸림돌")이 되었다. 이미 다가오는 고난 예고를 반대한 바 있는 제자들은 그 예고가 기대 이상으로 혐오감을 주는 방식으로 현실이 되어 예수가 저주받은 나무 위에서 삶을 마감했을 때 완전히 실패하고 말았다. 그들의 모든 약속과는 반대로 그들은 예수가 죄수로 되자마자 예수를 버렸다: "제자들이 다 예수를 버리고 도망하니라"(막 14:50; 참조. 10:39 par.; 14:29ff.). 그리고 이 드라마의 마지막 장면을 보려고 따라왔던 제자는 예수를 부인했다(막 14:54, 66-72 par.). 예수의 추종자들 가운데서 오직 소수의 여인들만이 저 멀리 서서 예수의 마지막을 지켜보는 증인들이 되었다(막 15:40 par. 마 27:55). 이 전승은 이 시간에서 예수의 우월성을 전면에 부각시키기 위하여 이러한 제자들의 실패를 강조했을지도 모른다. 그러나 이러한 특징은 조작해낸 것이 아니었다. 그것은 개별적인 전승들의 총합에 의해 확인된다.

이렇게 해서 불과 수년에 걸쳐 행해졌던 예수의 공적 활동은 끝이 났다. 누가복음 24:21은 신약에서 제자들이 그 결말을 어떻게 이해하였는지를 재현하고자 했던 유일한 본문이었다: "우리는 이 사람이 이스라엘을 구속할 자라고 바랐노라". 이 진술은 누가에게 특유한 이스라엘을 위한 구원 기대와 맥을 같이 하고 있다(눅 1:68; 행 1:6 등). 모든 실제적인 목적을 위해 완전히 새로운 종류의 실존은 제자들에게 갑작스럽게 단절되어 버렸다. 실제로 제자도가 지금 자신의 구원의 통치를 이룩하고 있었던 하나님에 대한 관계로서 그들에게 가져왔던 것과 관련하여 모든 것이 원점에서 의문시되었다. 그들은 실망해서 일상의 실존으로 되돌아갔을 가능성이 높다. 그들 가운데 대다수는 고향인 갈릴리로 돌아갔을 것이다.

하지만 짧은 시간이 지난 후에 — 아마도 그로부터 7주 후인 오순절에 다시 순례를 왔을 때 — 그들은 예수가 죽은 자로부터 살아나셨다는 소식을 듣고 저 멀리 갈릴리의 촌구석이 아니라 예루살렘에 모습을 나타냈다. 그들은 이 소식에 예수의 지상 생애 동안에 일어나지 않았던 두 가지 것을 결합하였다. 그들은 예수가 이스라엘을 위한 하나님의 메시야라는 것을 공개적으로 선포했고 종말의 때를 위한 메시야적 구원의 공동체를 모았다. 도대체 무엇이 예수의 지속적인 사역의 모든 측면들을 가져온 이 새로운 시작을 야기시켰는가?

§22. 부활절 사건과 부활절 케리그마

The Question as a Whole: Reports on the Status of Research: E. Schick, "Die Bemühungen in der neueren protestantischen Theologie um den Zugang zu dem Jesus der Geschichte, insbesondere zum Faktum seiner Auferstehung," *BZ* NF 6 (1962), 256-268; F. Viering, ed., *Die Bedeutung der Auferstehungsbotschaft für den Glauben an Jesus Christus* (1968⁶); B. Klappert, ed., *Diskussion um Kreuz und Auferstehung* (1967); P. de Surgy, P. Grelot et al., *The Resurrection and Modern Biblical Thought* (1970). **Presentations as a Whole:** K. H. Rengstorf, *Die Auferstehung Jesu* (1952; 1967⁵); H. Grass, *Ostergeschehen und Osterberichte* (1956; 1970⁴); L. Goppelt, *Apostolic and Post-Apostolic Times* (1970), §3 and §4; E. Ruckstuhl and J. Pfammatter, *Die Auferstehung Jesu Christi* (1968); F. Mussner, *Die Auferstehung Jesu* (1969); W. Huber, *Passa und Ostern. Untersuchungen zur Osterfeier der alten Kirche* (1969); U. Wilckens, *Auferstehung. Das biblische Auferstehungszeugnis historisch untersucht und erklärt* (1970); C. F. Evans, *Resurrection and the New Testament* (1970). **On the Systematic Theological Discussion:** W. Künneth, *The Theology of the Resurrection* (1965); R. R. Niebuhr, *Resurrection and Historical Reason* (1957); G. Koch, *Die Auferstehung Jesu Christi* (1965²); W. Pannenberg, *Jesus, God and Man* (1968). **On 2 and 3: (The Formulaic Tradition):** J. Jeremias, *Eucharistic Words*, pp. 101-105; K. Wegenast, *Das Verständnis der Tradition bei Paulus und in den Deuteropaulinen* (1962); U. Wilckens, "Der Ursprung der Überlieferung der Erscheinungen des Auferstandenen. Zur traditionsgeschichtlichen Analyse von I Kor 15, 1-11," in *Dogma und Denkstrukturen (Festschrift für Edmund Schlink)* (1963), pp. 56-95; W. Kramer, *Christ, Lord, Son of God* (1966), pp. 65-150; J. Kremer, *Das älteste Zeugnis von der Auferstehung Christi* (1967²); J. Blank, *Paulus und Jesus* (1968), pp. 133-183; K. Lehmann, *Auferweckt am dritten Tag nach der Schrift* (1968); G. Kegel, *Auferstehung Jesu—Auferstehung der Toten. Eine traditionsgeschichtliche Untersuchung zum NT* (1970); J. Gnilka, *Jesus Christus nach frühen Zeugnissen des Glaubens* (1970), pp. 44-60; K. Wengst, *Christologische Formeln und Lieder des Urchristentums* (1972); B. Spörlein, *Die Leugnung der Auferstehung. Eine historisch-kritische Untersuchung zu I Kor 15* (1971). **On 4: (Easter Narratives):** L. Brun, *Die Auferstehung Christi in der urchristlichen Überlieferung* (1925); C. H. Dodd, "The Appearances of the Risen Christ. An Essay in Form-Criticism of the Gospels," in *Studies in the Gospels. Essays in Memory of R. H. Lightfoot* (1967), pp. 9-35; W. Michaelis, *horaō*, *TDNT* V, 334-361; M. Hengel, "Die Ursprünge der christlichen Mission," *NTS* 18 (1971/72), 15-38; P. Seidensticker, *Die Auferstehung Jesu in der Botschaft der Evangelien* (1971); R. H. Fuller, *The Formation of the Resurrection Narratives* (1972); J. E. Alsup, *The Post-Resurrection Appearance Stories of the Gospel Tradition. A History-of-Tradition Analysis* (1975) (Lit.!). **(Ascension):** B. M. Metzger, "The Meaning of Christ's Ascension," in J. M. Myers et al., eds., *Search the Scriptures. NT Studies in Honor of Raymond T. Stamm* (1969), pp. 118-128; G. Lohfink, *Die Himmelfahrt Jesu* (1971) (Lit.!). **(Damascus Road Experience):** U. Wilckens, "Die Bekehrung des Paulus als religionsgeschichtliches Problem," *ZThK* 56 (1959), 273-293; G. Lohfink, *The Conversion of Saint Paul: Narrative and History in Acts* (1976); J. Blank, *Paulus und Jesus* (1968), pp. 184-248. **On 5: (The Empty Tomb)**: W. Nauck, "Die Bedeutung des leeren Grabes für den Glauben an den Auferstandenen," *ZNW* 47 (1956), 243-267; H. F. von Campenhausen, *Der Ablauf der Osterereignisse und das leere Grab* (1966³); L. Schenke, *Auferstehungsverkündigung und leeres Grab. Eine traditionsgeschichtliche Untersuchung zu Mk 16.1-8* (1968) (cf. *The Glory and the Way of the Cross: The Gospel of St. Mark* [1972]); I. Broer, *Die Urgemeinde und das Grab Jesu. Eine Analyse der Grablegungsgeschichte im NT* (1972). **On 7: (Pentecost)**: G. Kretschmar, "Himmelfahrt und Pfingsten," *ZKG* 66 (1954/55), 209-253; E. Lohse, *pentēkostē*, *TDNT* VI, 44-53; E. Schweizer, *pneuma*, *TDNT* VI, 410f.; J. Kremer, *Pfingstbericht und Pfingstgeschehen. Eine exegetische Untersuchung zu Apg 2,1-13* (1973).

1. 논의

무엇이 제자들로 하여금 성금요일을 지나 오순절에 증인이 되게 하였는가? "순전히 역사적인" 탐구 방식은 오직 두 가지를 역사적으로 식별할 수 있다고 답변하였다: 한편으로는 예수의 역사적 실존, 다른 한편으로는 부활절 신앙 또는 제자들의 부활절 증거. 이 둘 사이의 연관은 제자들의 신앙의 내력 안에서 찾아야 했다. 하지만 이 내력은 다양한 방식으로 판단되어 왔다.

a) 자유주의적 역사주의는 제자들의 신앙의 내력을 심리학적 발전으로서 재구성하였다. 바이스(J. Weiss)는 많은 사람들을 대변하여 부활절 현현은 "그들[제자들]에게 소급적으로 보였던 바와 같이 그들의 신앙의 토대가 아니라 그 효과"였다고 말했다.[1] 부활절 신앙은 궁극적으로 ─ 부세(Bousset)의 말에 의하면 ─ "예수의 인격이 제자들의 영혼에 남겼던 유례없고 강력하고 지울 수 없는 인상"을 통하여 일어났다.[2] 그들은 자기들이 믿은 바를 보았다고 생각했다. 이렇게 해서 부활절 환상들이 생겨났다. 부활은 오직 무덤으로부터의 출현으로서만 인식되었기 때문에 빈 무덤에 관한 이야기들이 후대에 첨가되었다.

이러한 재구성의 배후에는 두 가지 합리적인 전제들이 있었다. 첫번째는 바이스(*Urchristentum*, p. 20)에 의해 이렇게 분명히 설명되었다: "이와는 반대로 연속된 인과 관계의 문맥을 중시하는 현대적 접근 방식은 제자들의 이러한 체험들을 '환상'으로 볼 수 밖에 없다." 그는 여기서 그 어떠한 외부적 실체가 없는 주관적인 인식을 말하고자 했다. 세계와 역사는 원인과 결과의 닫힌 틀로 보였기 때문에 다른 한편으로 자연과 역사로부터의 종교적 요소를 다시 인간 존재의 내면적 의식에 투사할 필요가 신학적으로 있었다. 하지만 이 두 가지 전제를 바탕으로 발전된 부활절 사건의 역사적 재구성은 역사적으로 볼 때

---

1) *Earliest Christianity* I (1970), 30.
2) Bousset, *Kyrios*, p. 50.

소설적 허구임을 드러내었다. 자료들을 살펴보면 제자들이 그들 자신의 주도 하에 이전의 의식을 회복했다는 것을 시사하는 전거를 찾아볼 수 없기 때문이다.

b) 그러므로 1918년 이후 불트만(R. Bultmann)은 신학적 이유만이 아니라 역사적 이유로도 이러한 재구성의 시도를 포기하였다. 그는 바르트(K. Barth)의 영향으로 신앙은 종교성이 아니라 하나님의 부르심에 대한 응답이라고 보았다. 그는 부활절 신앙은 십자가의 빛 아래서 새로워지고 궁극적인 의미를 갖게 된 예수의 결단으로의 부르심에 응답하는 믿음의 결단으로 등장하였다고 주장하였다(*Theology*, §7, 3). 어떻게 사람이 이러한 결단을 하게 되었는지는 역사적으로 불분명하고 신학적으로 중요하지 않았다. 이러한 믿음의 결단은 부활절 케리그마에 표현되었다. 더욱이 이 케리그마를 통하여 지속적으로 믿음의 결단과 선포가 불러일으켜졌다. 그러므로 이렇게 말할 수 있었다(*Theology*, §33, 6c): "부활에 대한 신앙과 그리스도 자신, 아니 하나님 자신이 선포된 말씀(고후 5:20)을 통해 말씀하신다는 신앙은 동일하다."

부활절 신앙에 대한 이러한 설명은 이후의 논의 속에서 다음과 같은 의문을 불러일으켰다: 불트만에게 살아 계시고 부활하신 주님은 현실인가 아니면 단지 부활절 케리그마에 불과할 뿐인가? 불트만에게 예수는 케리그마로 부활하였는가? 불트만은 그 답변을 개방해 놓았다. 왜냐하면 그는 신학적 진술들을 오직 실존주의적 형태로 하기를 원했기 때문이다.[3] 그는 우리와 관련된 승귀되신 주님에 관하여서가 아니라 오직 우리와 관련된 말씀에 관해서만 이야기할 수 있었다. 따라서 그는 믿음이 신약의 의미로서의 믿음으로 남아 있으려 한다면 결코 그대로 두어서는 안되는 것을 그대로 방치해 두었다. 왜냐하면 살아계신 주님이 케리그마 배후로 사라진다면 믿음으로의 부르심은 율법적인 요구가 되기 때문이다. 이런 이유로 불트만의 입장은 그로부터 파생된 분파 안에서조차도 한동안 대체로 포기되어 왔다.

c) 이 연구 분파는 대체로 두 방향을 따랐다. 예를 들면 보른캄(G. Bornkamm)을 비롯한 몇몇 학자들[4]은 부활절 신앙이 성 금요일 이후에 제자들에게 내린 새로운 계시에 의해 정립되었다는 점을 강조하였다. 하지만 지상의 예수는 여기서 언제나 약속된 자 자체로서가 아니라 하나님의 구원 행위의 도구로서만 보였기 때문에 우리는 왜 이러한 순전히 기능적인 인물이 자신의 죽음 이후에 다시 한번 활동하게 되어야 했는지를 전혀 이해할 수 없다.

이 학파의 또 다른 집단은 부활절 케리그마의 배후에 있는 역사적 예수를 통한 신앙의 토

---

3) Grass, pp. 244f. n. 1; R. Bultmann, *Das Verhältnis der urchristlichen Christusbotschaft zum historischen Jesus* (*SAH*, 1965[4]), p. 27.
4) *Jesus*, pp. 183ff.

대에 주목하였다. 그러므로 푸크스(E. Fuchs)[5]는 이렇게 말할 수 있었다: "이제 소위 '부활절 신앙'을 비신화화하는 것이 올바르지 않은가? … 그렇게 하지 않는다면 어떻게 우리는 이 부활절 신앙과 이를테면 탕자의 비유에서 표현되고 있는 바와 같은 죄사함에 대한 신앙 사이를 구별할 것인가?" 이와 비슷한 방식으로 마르크센(W. Marxsen)[6]은 부활절 사건을 역사적 구성을 통하여 승화시켰다: 가장 오래된 기사들에 따르면 십자가에 못박히신 분을 모호하게 본 "목격"만이 제자들에게 있었다. 제자들은 이 목격을 원래 엄밀하게 "예수 운동"을 수행하라는 위탁의 견지에서 — 그의 견해로는 — 이해하였다. 오직 후대에 가서야 그것은 부활에 대한 전거로 해석되었다. 이러한 재구성은 역사적으로 지지받을 수 없다. 왜냐하면 가장 오래된 기사들은 모호한 목격이 아니라 출현, 즉 예수가 스스로를 나타내보인 사건에 관하여 말하고 있기 때문이다. 그러므로 이러한 해법들은 불트만을 능가하는 것이 아니라 신학적 전망에서나 역사적 전망에서나 불트만에게 뒤지는 것들이었다. 브라운(H. Braun)은 역사적 자유주의의 입장으로 완전히 돌아섰다.[7]

1960년대로부터 쓰여진 몇 권의 수필 모음집은 신약 기사들과 그 철학적-신학적 배경에 관한 이러한 결정적인 해석에 대한 논의를 보도하고 있다.[8] 현재까지 신약 연구의 현재 상태를 고찰하는 가운데 이를 능가하는 연구 논문들은 없다.[9] 이런 이유로 우리는 아래에서 독자적으로 해결책을 찾아보고자 한다.

---

5) "Das NT und das hermeneutische Problem," *ZThK* 58 (1961), 205.

6) *Die Auferstehung Jesu als historisches und als theologisches Problem* (1967⁵), pp. 19, 24f.; also Marxsen. *The Resurrection of Jesus of Nazareth* (1970).

7) *Jesus* (1969), p. 154: "부활〔원문에는 예수〕에 대한 신앙은 오래된 기독교적 표현 양식이었다. 주변 환경에 의해 조건지워진 표현 양식으로서 그것은 예수가 사람들에 대하여 얻었던 권세를 나타내었다. 오늘날 우리는 이러한 표현 양식을 우리를 구속하는 것으로 말할 수 없을 것이다. 하지만 이 표현 양식에 의해 의도된 예수의 권세는 우리에 대해서 구속력있는 것으로 받아들이는 것이 좋다." 부활절 신앙이 "주변 환경에 의해 조건지워졌다"는 이러한 인정은 이것은 "자연신, 영웅, 대철학자, 강력한 통치자들에 관하여 고대 세계에서" 이야기되었다고 하는 것과 같은 무비판적으로 조화를 추구하는 명제에 그 토대를 두고 있다. 참조. 아래의 내용.

8) Viering, op. cit., and Klappert, op. cit. (§22, Lit.).

9) 하지만 최근에 J. E. Alsup, *The Post‐Resurrection Appearance Stories of the Gospel Tradition* (1975). (Roloff)를 참조하라.

2. 신앙고백문 전승

a) 장르 면에서 부활절 사건의 기사들은 두 가지 서로 다른 전승들, 즉 복음서의 부활절 이야기들과 예를 들면 고린도전서 15:3-8과 같은 신앙고백적인 진술들에서 발견된다. 의심할 여지 없이 현재 형태에서 좀더 오래된 전승은 신앙고백문들이다. 이런 이유로 그것들부터 살펴보아야 한다.

b) 사건들과 매우 밀접하고, 증인들을 분명히 거명하고 있는 두 가지 전승은 예수의 부활에 관한 수많은 신앙고백적인 진술들[10] 가운데서 구별이 된다.

1) 고린도전서 15:3b-7(8)에 나오는 예수의 퇴장에 관한 진술은 바울 자신이 이미 축자적이고 확고한 전승으로서 빌어왔던 신앙고백문으로서 1절과 3a절에 분명하게 도입되어 있

---

10) 이하의 언급에 나오는 두세 가지의 전승들은 예외로 하고 예수의 부활은 수많은 신앙고백문들과 신앙고백적 표현들에서 표현되었다. 이것들은 주로 바울서신들에서 전승으로서 발견될 수 있으며 신약의 후기 저작들에서는 좀더 드물게 된다. 어떤 곳에서는 하나님이 주어이며 또 어떤 곳에서는 그리스도가 주어이다. 이 둘은 부분적으로는 정형 동사의 형태로, 부분적으로는 분사로 구성되었다. 흔히 그 진술들은 신앙의 내용으로 지칭되었다. 그런 이유로 그것들은 신앙고백문들(*pistis - formulae*)로 불린다(W. Kramer, *Christ, Lord, Son of God* (1966), p. 21).

1) 하나님을 주어로 하는 부활 진술들은 오직 롬 10:9("네가 만일 … 하나님께서 그를 죽은 자 가운데서 살리신 것을 네 마음에 믿으면")과 살전 1:10에서만 기독론적 고백들이었다. 하지만 이외에도 그것들은 하나님에 대한 순부를 구성하고 있었나: 롬 4:24, "예수 우리 주를 죽은 자 가운데서 살리신 이를 믿는 자". 갈 1:1; 벧전 1:21도 마찬가지이다. 나아가 롬 8:11; 고전 6:14; 고후 4:14; 골 2:12; 엡 1:20도 그렇다. 이 정형 어구들은 죽은 자를 소생시키시는 자로 하나님을 지칭한 고대 유대의 정형적인 전승들을 새로운 형태로 취했다: 신 32:39, "내가 죽이기도 하며 살리기도 하며"; 또한 삼상 2:6; 왕하 5:7; 종말론적으로 그것은 18개의 기도문의 두번째에서 표현되었다: "죽은 자를 살리시는 그분"(Billerbeck III, 212); 신약에서는 롬 4:17; 고후 1:9; 히 11:19.

2) 그리스도를 주어로 하는 것으로는 우리는 a) 정형 동사를 사용한 두 부분으로 된 신앙고백적 말씀들: 롬 4:25(구원론적); 살전 4:14(오직 여기에서만 사도행전에서처럼 '*egerthe*' 대신에 '*aneste*'가 사용되었다); 롬 14:9(*ezesen*); 분사를 술부로 한 예는 롬 8:34; 고후 5:15c; b)' *egerein*("일으키다")가 보통 더 정확하게 "죽은 자로부터"에 의해 수식되고 있는 한 부분으로 된 정형 어구들: 고전 15:12, (13, 14, 15, 16, 17), 20에 나오는 수많은 표현들은(15절을 제외하면) 보통의 경우처럼 아오리스트가 아니라 완료 시제를 사용하였다. 그것들은 원시 케리그마를 취하였다. 분명히 딤후 2:8도 마찬가지이다. 그러나 롬 6:4, 9에 나오는 표현들(*synetaphemen*("함께 묻히다")을 비롯하여)조차도 고린도전서 15:3-5로부터 떨어져 나온 단편들로 작용한다. 이 신앙고백적 전승에 속하는 것으로는 눅 24:34; 막 16:6 par. 마 28:6; 마 27:64이 있다. 분사를 술부로 사용하는 예는 롬 7:4, "죽은 자 가운데서 살아나신 이". Lit.; Kramer, op. cit. (n. 10), pp. 19-44; Kegel, op. cit. (§22, Lit.), pp. 12 32; Wengst, op. cit (§22, Lit.). pp. 27-48.

다(§1, 1a). 이 진술 안에서 문체에만 근거해서도 서로서로 구별되는 세 가지 전승층을 식별해낼 수 있다: 3b-5절에 나오는 네 개의 절(節) 다음에 6절 이하에서 "그 후에"라는 도입어가 붙은 세 개의 진술들이 나오고 마지막으로 8절에는 바울에게의 현현, 즉 그의 다메섹 도상의 체험에 대한 언급이 부록으로 나온다(§22, 4d). 3b-7절의 결합은 바울이 스스로 한 것이 아닐 것이다. 그는 다른 것들 가운데서 그것을 결합된 전승으로 빌어와서 논평을 했다. 3b-5절은 가장 오래된 모체, '기억을 위한 병행법'(*parallelismus membrorum*)으로 되어 있는 완벽한 신앙고백문으로서 구별되었다:

> 이는 성경대로 그리스도께서 우리 죄를 위하여 죽으시고
> 장사 지낸 바 되었다가
> 성경대로 사흘 만에 다시 살아나사
> 게바에게 보이시고 후에 열두 제자에게와

이 신앙고백문은 어디로부터 왔는가? 그 언어는 바울의 것이 아니었다. 그것은 헬라어를 사용하던 초기 유대 기독교로부터 왔으며 아마도 아람어 원형(原型)에까지 소급될 것이다.[11] 바울은 다메섹에서의 회심 직후 또는 삼년 후에 예루살렘을 처음으로 방문한 동안에, 즉 예수의 퇴장 후 3년에서 6년 사이에 이 신앙고백문을 빌어왔을 것이다(갈 1:18). 하지만 이 신앙고백문은 단지 부활절 신앙의 기원에 매우 가까이 소급될 뿐만 아니라 일반적으로 널리 받아들여졌다. 고린도전서 15:11에서 바울은 이 선포 속에서 그가 예루살렘의 사도들과 일치하고 있음을 강조하였다. 이 신앙고백문의 발생과 관련하여 몇몇 학자들[12]은 그것이 한 요소만을 포함한 짧은 신앙고백문들, 예를 들면 로마서 5:8, "그리스도께서 우리를 위하여 죽으심으로" 또는 누가복음 24:34, "주께서 과연 살아나시고 시몬에게 나타나셨다" 또는 로마서 10:9b, "하나님께서 그를 죽은 자 가운데서 살리신" 같은 것들을 결합한 것이라고 생각하였다. 하지만 이러한 생각과는 반대로 '에게르데'(*egerthe*, 근본적으로 "깨움"을 의미함)는 좀더 구체적으로 '에크 네크론'(*ek nekron*, "죽은 자 가운데서"; 롬 10:9 등) 또는 여기에서처럼 앞서서 예수의 죽음을 언급함을 통하여 수식을 받을 때에만 "일으키심을

---

11) B. Klappert. "Zur Frage des semitischen oder griechischen Urtexts von 1 Kor 15, 3-5," *NTS* 13 (1966/67), 168-173, 반대 의견: H. Conzelmann, "Zur Analyse der Bekenntnisformel 1 Kor 15, 3-5," *EvTheol* (1965), 1-11.

12) H. Conzelmann, *RGG* I³, 698f.; Kramer, *Christ*, pp. 36ff.

13) Kegel, op. cit. (§22, Lit.), pp. 30f.은 W. Marxsen의 자취를 좇아 아주 단순하게 재구성하고 있다.

받았다"를 분명하게 의미하였다. 이런 이유로 다른 학자들[13]은 이 신앙고백문이 "그리스도가 죽으셨다가 살아나셨다"와 같은 두 가지 요소로 된 "원래의 신앙고백문"을 바탕으로 해석을 통하여 출현하였다는 것에 의구심을 가져왔다. 그러나 데살로니가전서 4:14, "우리가 예수의 죽었다가 다시 사심을 믿을진대 …" 또는 로마서 8:34; 14:9; 고린도후서 5:15과 같은 표현들은 모두 고린도전서 15장과는 다른 '삶의 정황'을 갖고 있다. 그것들은 한 요소로 된 짧은 신앙고백문의 경우와 마찬가지로 좀더 긴 신학적 표현 또는 예전 행위들을 배경으로 해서만 이해될 수 있다. 하지만 고린도전서 15:3-5은 복음의 핵심을 교리문답을 위해 요약하여 만든 것인 반면에 로마서 10:9은 이러한 선포에 대한 세례 후보자의 응답이었고 누가복음 24:34은 예전의 메시지에서 사용되었다. 짧은 신앙고백문들은 확장되어 긴 신앙고백문으로 되었을 뿐만 아니라 이 둘은 그 케리그마적 또는 예전적 목적에 따라 교대로 또는 나란히 등장하였다. 이런 의미에서 고린도전서 15장의 신앙고백문은 원시 케리그마로 지칭할 수 있을 것이다. 그것은 물론 부활절 현현에 대한 직접적인 인상을 재현하고 있지는 않았고 근본적인 신학적 성찰(省察)의 산물이었다. 하지만 그것은 주로 개별 자료의 취합을 통해서 출현한 것이 아니라 내용과 형식 면에서 하나의 통일체로 등장하였다. 그러므로 여기서 "장사 지낸 바 되었다가", 두 번의 "성경대로", "사흘 만에"와 같은 요소들이 결여되어 있었던 이전 단계들로부터 이것들이 어떻게 결합되었는지를 상상하기란 결코 쉽지 않다. 그러한 것은 고린도후서 5:15에 나오는 요소들의 상태를 많이 반영하고 있는 듯하다.

2) 이에 덧붙여 동일하게 근본적인 요소들이 팔레스타인에 있던 초대 교회로부터 유래한 두번째 신앙고백적 진승, 즉 사도행전 2-5장의 베드로 설교의 구도 안에서 그 초기부터 결합되어 있었다. 이 네 개의 베드로 설교들은 사도행전의 저자에 의해 현재 형태로 형성되었다. 하지만 그 설교들의 밑바탕에는 그 네 개의 근본적인 요소들에서 고린도전서 15:3-5에 나와 있는 케리그마와 일치하는 공통적인 구도가 있었다. 이 두 경우에서 비록 설교들에서는 대비를 통한 반정립적 정형 어구로 되어 있긴 하지만 그 핵심부에는 예수의 죽으심과 부활에 관한 진술이 서 있었다: 너희는 예수를 죽였으나, 하나님은 그를 다시 살리셨다(행 2:23f.; 3:15; 4:10; 5:30; 10:39f.). 이 진술들과 관련하여 이 두 경우에 성경과 부활절 현현의 증인들이 분명하게 언급되어 있다.

그럼에도 불구하고 그와 아울러 상당히 중요한 두 가지 차이점을 식별해낼 수 있다. 고린도전서 15장은 예수의 지상 사역에 관하여 침묵하고 있는 반면에 베드로 설교들의 구도는 그것을 분명하게 소급하여 언급하고 있다(행 2:22; 3:13f.). 더욱이 고린도전서 15장은 예수의 죽으심의 구속적 의미에 관하여 말하고 있는데, 다른 구도는 그러한 것에 관하여 침묵하고 있다. 이 두 가지 차이는 그것들의 케리그마적 목표에 비추어볼 때 분명해진다: 사도행전에 나오는 구도는 외인들에게 회개하라는 선교적 부름이었다. 고린도전서 15장에 나오는 신앙고백문은 공동체의 교리문답을 요약한 것이다. 전자는 사람들의 행위와 하나님의 행위 사이의 대조점을 이인칭으로 증거하였다. 후자는 지속된 구원을 삼인칭으로 증거하였다.

3) 또 하나의 신앙고백적 전승으로서 공관복음서의 도래하는 고난 예고들도 예수의 부활을 언급하였다. 마가복음 8:31과 9:31의 두 원래의 말씀들에 나오는 "사흘만에 살아나야"라는 표현 — 이것은 마태와 누가에 의해 이미 케리그마로부터 "제삼일에"를 사용함을 통해서 대체되었다 — 원래의 모체에 속해 있었을 것이다. 이 표현을 요약에 의한 증보로 분류함으로써 누가복음 17:25; 마가복음 9:12b 또는 마가복음 14:41c; 누가복음 24:7에 나오는 이에 상응하는 짧은 신앙고백문들이 더 원형이라고 할 필요는 없다.[14] 물론 예고의 형태로 된 이 전승들은 증인들에 대한 언급을 포함하고 있지 않다.

이후의 분석에서 우리는 고린도전서 15:3b-5에 나오는 원시 케리그마의 증거로부터 시작해보자. 왜냐하면 거기서 신앙고백적 전승의 주요한 요소들이 가장 뚜렷하게 확인될 수 있기 때문이다.

3. 원시 케리그마에 따른 부활절 증거의 내용

a) 고린도전서 15:4 이하에 나오는 부활절 증거는 — 그 기원과 관련하여 — 명확히 구별되는 두 가지 진술들을 담고 있다. 그것은 한편으로 그 누구도 보지 않은 사건, 즉 "다시 살아나사"를 표현하고 있다. 다른 한편으로 그것은 역사성에 대하여 그 누구도 이의를 제기하지 않았던 역사적 체험들, 즉 부활절 현현을 보도하고 있다: "게바에게 보이시고 후에 열두 제자에게". 분명히 첫번째의 것은 두번째로부터 유추하였을 것이다. 이런 이유로 어떻게 이러한 추론(그가 다시 살아났다)이 부활절 현현의 인지로부터 생겨났는지를 물어야 한다. 예를 들어 죽은 사람을 꿈 속에서 보았다면, 그 사람이 살아났다고 하지는 않을 것이다.

b) 현현(顯現)의 내용은 무엇이었는가? 예수의 나타나심은 '오프데'(ophthe, "보이셨다")라는 동사로 표현되었다.[15] 바울은 고린도전서 15:8에 나오는 자신의 다메섹 체험을 이

---

14) Rlolff, *NTS* 19 (1972/73), 40 n. 1.에 나오는 논의.

15) 누가의 다른 곳에서는 눅 24:34; 행 13:31(다메섹 도상의 체험에 관하여 9:17과 26:16)은 이 용어를 구약의 신의 현현에 대하여 행 7:2, 30, 35에서 사용하였다. 동일한 의미로 행 1:3: "저희들에

표현을 사용하여 설명하였는데, 그는 신약에서 자신의 체험에 관하여 직접적이고 개인적으로 이야기한 유일한 부활절 증인이었다. 어쨌든 수동형 동사 형태는 이런 일이 자기에게 닥친 그 무엇이었음을 보여준다. 왜냐하면 주도적인 역할은 현현하신 분이 했기 때문이다. 이 이유만으로도 "보이셨다"보다도 "나타나셨다"로 번역하는 것이 더 좋을 뻔 하였다. 이러한 것은 '오프데'가 이미 칠십인역에서 전문 용어였으며 원시 케리그마와 바울에 의해 이런 의미로 사용되었다는 사실에 의해서도 더욱 암시되고 있다. 칠십인역에서는 하나님이 백성들과 유대 관계를 맺기 위하여 은둔처로부터 나오셔서 백성들에게 말씀을 하실 때 그 용어를 사용하였다. 그러므로 창세기에서는 이렇게 말하고 있다: "여호와께서 아브람에게 나타나…"[16] 이러한 표현 양식은 사도행전 7:2, 30, 35에서도 취해졌다. 따라서 이 용어 자체도 부활절 현현의 요체를 하나님의 계시로 특징짓고 있다. 이에 따라 바울은 자신의 다메섹 체험과 관련하여 자기에게(자기 안에가 아니다) "그 아들을 … 나타내시기"를 하나님이 기뻐하셨다고 분명하게 말하였다(갈 1:15f.). 그러므로 부활절 현현에서 지상 사역의 범위였던 바 예수를 통하여 하나님께 가까이 가는 것은 제자들에게 새로이 갱신되었다. 이 현현에서 예수는 하나님을 대신하여 그들에게 새로이 말씀하였으며 그들에게 자기와의 교제, 하나님과의 교제를 허락하였다.

c) 현현의 이러한 내용을 토대로 고린도전서 15:4b의 "다시 살아나사"라는 진술은 가능한 추론이 아니라 필연적인 추론으로서 그 자체를 확증하였다. 현현하신 분은 그림으로서가 아니라 인격적인 "너"로서 그들을 만났다. 이 만남을 통하여 바울은 몇몇 첫 증인들과 마친가지로 사도, 즉 이 운동의 옹호자가 아니라 어떤 인물의 대표자가 되었다(고전 9:1; 15:8). 그는 자기 자신의 사역에 대하여 이렇게 말할 수 있었다(고후 5:20): "이러므로 우리가 그리스도를 대신하여 사신이 되어 하나님이 우리로 너희를 권면하시는 것". 하지만 죽으신

게 … 친히 사심을 나타내사 … 저희에게 보이시며"(*ophthe*의 현재 시제로서 *optanomenos*), 행 10:40: "하나님이 … 나타내시되"(*emphanes genesthai* = 사 65:1 LXX = 하나님의 자기 계시의-롬 10:20). 신들 또는 하늘로 옮겨진 영웅들의 현현에 대한 헬레니즘적 전문 용어인 *ephane*(n. 28)는 막 16:9(*epiphaneia*는 완전히 결여되어 있다)에서 처음으로 사용되었다. 실물을 보고 싶어하는 것을 일축하기 위하여 요한만이 제자들이 실제로 보았다는 것을 강조하였다(20:20, 25, 29; 고전 9:1에서는 다르다); 요 21:1: *ephanerosen heauton*, "자기를 나타내셨으니"(막 16:14도 마찬가지이다. *ephanerothe*). 마 28:17에서도 "본 것(*idontes*)"에 뒤따르는 것은 의심이었다!

16) 창 17:1; 18:1; 26:2; 35:9; 출 3:2 등. 참조. W. Michaelis. *TDNT* V, 357ff.; Rengstorf, op. cit., pp. 117 - 127; 이상(異像)이라는 현상에 관한 더 많은 자료는 E. Benz, *Die Vision* (1969)에 나와 있다.

그분이 사람들을 인격적인 "너"로서, 즉 인격으로서의 자기 자신으로서 만났다면(§20, 4a), 모든 예상과는 반대로 그분과 관련하여 하나님이 그를 살리셨다고 고백하지 않을 수 없다.

　이것이야말로 바로 "살리다"와 "살아나다"라는 용어의 배후에 있는 의도였다.[17] 여기서 사용된 두 헬라어, '에게이로'(egeiro)와 '아니스테미'(anistemi)는 죽은 사람에게 적용되었을 때 그가 잠을 자다가 일어났다는 것을 의미하였다. 이런 이유로 이 단어들은 헬레니즘 세계에서 예를 들면 죽었다고 생각되는 사람들을 소생시키는 것, 그리고 몇몇 경우, 주로 소설 문학에서 진짜로 죽은 사람들을 소생시키는 것을 가리키는 데 사용되었다. 하지만 후자의 경우에 그것은 언제나 나중에 사실을 잘못 알았거나 기만으로 밝혀졌다. 어쨌거나 그것은 죽음 이후에 영혼의 계속적인 실존을 가리키는 데 사용되지 않았다. 구약 및 유대 묵시문학에서 이 두 용어는 죽은 자가 종말에 새 생명으로 되살아나는 것을 가리키는 전문적인 용어들이 되었다. 이렇게 해서 그것은 "살아나다" 또는 "살리다"라는 특수한 의미를 획득하였다. 이사야서의 묵시문학 부분에서는 이 두 용어가 이미 거의 동의어로 사용되었다: "주의 죽은 자들은 살아나고 우리의 시체들은 일어나리이다"(사 26:19, LXX) (신약에서도 "예수께서 살아나셨다"라는 표현은 "하나님이 그를 살리셨다"와 같은 의미였다.).

　구약 및 유대 묵시문학이 도래하는 종말의 때에 기대했던 것[18]은 제자들이 부활절 현현을 바탕으로 예수에 관하여 표현할 수 밖에 없었던 것과 같았다: 새 세상을 동터오게 할 이 종말의 사건(참조. 마 11:5)은 예수 안에서 일어났다. 그들은 기존의 기대들 또는 개념들을 예수에게 전이한 것이 아니었다. 왜냐하면 한 개인의 부활은 묵시문학이나 유대교의 다른

---

17) 언어적 용법의 발달 과정은 E. Fascher, "Anastasis‐Resurrectio‐Auferstehung," *ZNW* 40 (1941/42), 166‐229; cf. A. Oepke, *TDNT* Ⅰ, 368‐370; Ⅱ, 333‐335에 철저히 연구되어 있다.

18) 한편으로 그것은 이사야 묵시록인 사 24‐27장에 표현되어 있는 것처럼 죽은 의인이 새로운 세상에서 회복된 영원한 삶으로 다시 살아날 것을 기대하였다: "주의 죽은 자들은 살아나고"(26:19), "사망을 영원히 멸하실 것이라"(25:8); Ⅱ Macc. 7:9, 14; Ps. Sol. 3:10ff.; 다른 한편으로 (모든 사람이) 부활하여 심판 때 분리될 것으로 기대되었다: 단 12:2f.: "땅의 티끌 가운데서 자는 자 중에 많이 깨어 영생을 얻는 자도 있겠고 … 무궁히 부끄러움을 입을 자도 있을 것이며"; Ⅰ Enoch 22; 51:1 f.; Ⅳ Ezra 7:(5), 30‐33; Syr. Bar. 30:1‐5; 50:2‐51:3. 예수가 살아 있을 당시에 이러한 기대는 묵시론적 분파들의 경계를 뛰어넘어 바리새파 랍비 유대교의 구속력 있는 교의가 되어 있었다. 하지만 예수의 사두개인과의 대화에 관한 단화에서 볼 수 있는 바와 같이 그것을 조롱하며 반박하는 사람들도 있었다(막 12:18‐27 par.). Lit.: Bellerbeck Ⅱ, 223‐233; Ⅲ, 827ff.; Ⅳ, 971ff., 1166‐1198; K. Schubert, :Die Entwicklung der Auferstehungslehre von der nachexilischen bis zur frührabbinischen Zeit, *BZ* NF 6 (1962), 177‐214.

어떠한 분파에서도 기대되고 있지 않았고, 역사적인 한 인간에게 그런 일이 일어나리라는 표현은 더더욱 없었다.[19] 오히려 제자들은 자기들에게 일어났던 유례없는 체험을 표현하기 위하여 하나님에 대한 구약 및 유대의 신앙으로부터 나온 용어를 사용하였다. 이런 식으로 그들은 이 시점까지 관련되어 왔던 유대적 개념들을 근본적으로 변화시킨 실질적인 의미를 그 용어에 채워넣었다. 그들의 진술은 후대에 헬레니즘적 환경에서와 마찬가지로 유대적 환경에서도 특이하고 기이한 것이었다.[20]

d) 이 케리그마는 새 세상을 동터오게 하였던 이 종말의 사건을 진행 중인 역사의 연대 계산과 연결시켰다: 그는 죽으신 후에 "제삼일에" 살아나셨다. 이 케리그마로부터 기원하지 않은 이 연대 계산(§22, 5a)은 '에스카톤'(*eschaton*)이 역사 속에 현존한다는 것을 신학적으로 보여준다. 실제로 구약 및 유대 전승에 따르면 하나님은 "제삼일에"(호 6:2) 구원을 위해 개입하실 것이라고 하였다. 부활하신 분 안에서 세상을 향한 하나님의 적극적인 참여는 궁극적인 타당성을 지니고 현존하였다.

e) 이러한 고찰은 가장 초기부터 십자가에 못박히신 분과 관련하여 그가 살아나셨을 뿐만 아니라 승귀되셨다는 것이 고백되었다는 것을 이해하는 데 도움을 준다. 이것은 팔레스타인의 초대 교회에서 유래한 로마서 1:3 이하; 사도행전 2:36; 13:33에 나오는 기독론

---

19) 마태복음 27:52 이하는 예수의 부활이 무엇을 의미하는지를 생생하게 표현하였디. 마가복음 6:14은 살아난 것에 대하여 언급하였다. 에녹이나 엘리야와 같은 특정한 개인들이 죽지 않고 옮겨졌나는 개념만은 공통적이었다. 싱선의 파괴 후에 하늘로 옮겨진 엘리야가 종말의 때에 다시 돌아올 것이라는 것과 아울러 현재에 이스라엘의 수호신으로서 활동하고 있다는 것은 랍비들에 의해 광범위하게 발전되었다(Billerbeck IV, 764f.).

20) 헬레니즘 세계에서 이와 가장 가까운 유비들은 오시리스, 아티스, 아도니스와 같은 신들의 죽음과 부활을 말하고 있는 신화들이었다. 그러한 것은 영원 전에 일어나서 현재에는 신비의 의식들을 통하여 효력을 발휘하는 것으로 묘사되었다(참조. G. Wagner, *Das religionsgeschichtliche Problem von Rom 6, I - II* (1962), pp. 69 - 269). 또 부활절 기사들과 아주 가까운 것으로는 하늘로 옮기운 자의 현현을 통하여 스스로 입증되는 바 신들의 세계에로의 옮김을 통한 신격화일 것이다. 그러한 것은 처음에 헤르쿨레스와 아스클레피우스와 같은 영웅들에 대해서, 나중에는 로물루스와 같은 인물들에 대해서, 그리고 마침내는 헬레니즘 세계의 통치자들과 로마의 황제들에 대해서, 마찬가지로 티아나의 아폴로니우스와 같은 "신적인 인간"에 대해서도 그리스-헬라의 전설(saga)에서 언급되었다. 참조. E. Rohde, *Psyche II* (1921), 371-78; J. Leipoldt, "Zu den Auferstehungs - Geschichten," *ThLZ* 73 (1948), 737-742; D. Roloff, *Gottähnlichkeit, Vergöttlichung und Erhöhung zu seligem Leben. Untersuchungen zur Herkunft der platonischen Angleichung an Gott* (1970). Alsup. op. cit. (§22, Lit.), pp. 215-239의 자료들에 대한 광범위한 검토.

적 신앙고백문에 의해 확증된다. 여기서 승귀는 예수의 지위들에 관한 초기의 개신교 교의에서 말한 것과 같이 부활 이후의 다음 단계가 아니라 부활의 다른 측면이었다. 이런 이유로 신약의 증인들은 부활 대신에 승귀에 관하여 계속해서 말할 수 있었다. 빌립보서 2:8 이하의 그리스도 찬가에서 승귀는 그의 죽으심에 이어서 왔다. 히브리서는 "부활"이라는 말을 한번도 하지 않은 채 그 기독론을 전개하였다. 히브리서는 승귀에 관하여 말하고 그것을 대제사장에의 즉위라는 심상을 통하여 묘사하였다. 요한복음은 이와 비슷한 노선을 따라 이중의 의미를 갖고 있는 "들림을 받다", "영화롭게 하다", "오르다"라는 용어들로 도래하는 고난 예고들을 재형성하였다.

이러한 고찰은 "승귀되다"라는 용어의 이전 역사를 검토해보면 더욱 뚜렷해진다.[21] "부활"이라는 개념과 아울러 "승귀"라는 개념은 실제로 그 용어들을 사용하지 않은 채 구약에서 죽음 이후의 삶에 대하여 언급하고 있는 가장 오래된 구절들 가운데 하나인 이사야 53장에서 발견된다.[22] 하나님의 종은 순교자로서의 그의 속죄적 죽음 후에 "그의 날은 길 것"(사 53:10)이다. 그리고 이것은 아울러 멸시받은 자가 "받들어 높이 들려서 지극히 존귀하게 되리라"(사 52:13)는 것을 의미할 것이다. 구약의 증인들로 하여금 궁극적으로 무덤 너머의 삶에 대한 소망을 촉발시켰던 것은 바로 여기에서 솟아나고 있었다. 그 증인들은 헬라인들과는 달리 자신의 실존이 불멸을 통하여 의미로 가득 채워진다는 것을 기정 사실로 받아들이지 않았다. 오히려 그들은 그들의 하나님과의 유대 관계가 죽음 이후에도 지속될 것이라는 확신을 갖고 있었다.

시편 73편에서 예배자는 이렇게 고백하였다: "내가 항상 주와 함께 하니 주께서 내 오른손을 붙드셨나이다 주의 교훈으로 나를 인도하시고 후에는 영광으로 나를 영접하시리니 … 내 육체와 마음은 쇠잔하나 하나님은 내 마음의 반석이시요 영원한 분깃이시라"(시 73:23-26). 따라서 예수 자신도 이미 자신이 가야 할 길을 구약의 겸비와 승귀의 개념의 도움을 받아 해석하였다(§18, 7c). 이러한 전거들은 제자들이 부활절 현현을 이해하고 그 현현으로부터 하나님이 십자가에 못박히신 분을 인정하셨고 그분을 그의 목표 지점까지 데려가셨다는 것을 이해하는 데 도움을 주었다. 하나님은 그를 통하여 하나님 나라를 이루기 위하여 그를 자기에게로 들어올렸다. 여기서 아무나 자의적으로 모습을 변모시켜서 하나님 편으로 옮긴 것이 아니었다. 그분은 독특한 방식으로 백성들의 구원을 위한 하나님의 뜻을 대표했

---

21) G. Bertram, *TDNT* VIII, 606 - 613.
22) W. Zimmerli, *Man and his Hope in the Old Testament* (Studies in Biblical Theology 20, 1971).

던 분이었으며 하나님과의 교제 속으로 들어감으로써 그때부터 하나님의 구원 사역이 그를 통하여 만나게 될 수 있도록 하신 분이었다.

f) 부활은 동시에 승귀이기도 했기 때문에 현현의 구조에 대하여 다음과 같이 말할 수 있을 것이다. 바울을 비롯한 가장 오래된 전승에 따르면 이 현현은 하나님으로부터 나온 — 이것은 "하늘로부터"라는 말로 생생하게 표현되었다 — 승귀되신 분의 계시였다. 이 현현이 새로운 구성체의 시현(示顯)이 아니라 하나님으로부터 나온 예수를 나타내보인 것이었다면, 그 현현들이 시위적인 지식이 아니라 믿음, 실제로 예수를 죽은 자로부터 살리셔서 모든 사람들에게 생명의 문을 열어놓으셨던 분으로서의 하나님에 대한 믿음을 낳았다는 것을 이해할 수 있게 된다(롬 4:24).

이렇게 해서 가장 오래된 신앙고백적 전승으로부터 나온 부활절 증거가 어떻게 생겨났으며 그것이 무엇을 의미했는지를 볼 수 있게 되었다. 이제 이 전승을 부활절 이야기들과 비교해 보기로 하자.

4. 부활절 이야기들

4복음서는 모두 그 마지막 장에 부활절 기사를 기록하고 있다. 요한복음의 첨가된 장(21장)과 사도행전의 서론(1:1-14)은 부활절 현현을 분명한 케리그마적 목표라는 범위 내에서 묘사하였다. 마가의 비진정한 말미에서의 부활절 사건의 묘사(16:9-20)는 비록 그것이 신약의 복음서들을 모방하여 편집되었고 상당 부분 그 내용을 복음서들로부터 가져왔음에도 불구하고 신약의 복음서들과는 다른 성격을 보여준다. 그것은 대체적으로 정경의 전승들에 나와 있는 묘사를 특별한 흥미에 맞춰 기본적으로 확대하고 나서 몇몇 독립적인 전승들만을 첨가한 외경의 부활절 본문들에 비견될 수 있다.[23]

a) 기사들과 케리그마

마가(16:1-8), 마태(28:1-20), 누가(24:1-53), 요한(20:1-29)에 나와 있는 부활절 장들은 다른 종류의 구성으로 인하여 고린도전서 15:3-5에 나오는 부활절 케리그마와 구별되고 있다. 한편 그것들은 내용 면에서 서로 다르다. 그것들은 두 개의 초점을 가진 타원과 비슷하다: 하나는 빈 무덤을 발견한 이야기였고, 다른 하나는 열한 제자 앞에 현현하신 것이었

---

23) Hennecke I, 164f., 185, 188 - 227.

다. 이와는 대조적으로 부활절 케리그마는 "그가 살아나셨다"는 신앙고백으로 시작되고 있고 일련의 현현을 통하여 그것을 밑받침하고 있다. 이 차이는 어떻게 설명되어야 하는가?

1) 케리그마가 빈 무덤의 이야기로부터 시작했다는 것(막 16:1-8)은 부활절 기사를 수난 설화와 연결시키려 하는 데서 나온 자연스러운 결과였다. 수난 설화는 장사되는 것으로 끝이 났다(막 15:42-47 par.). 그러므로 복음서에 나오는 부활절 기사의 배치는 복음서 장르 내에서 발전되었다. 2) 왜 사람들은 무덤이 비었음을 알게 된 이후에 "열한" 제자 앞에 나타난 집단 현현에 초점을 맞추고(마 28:16-20; 눅 24:36-53; 요 20:19-23) 모든 다른 현현들은 일부는 빈 무덤(마 28:9f.; 요 20:14-18)에, 일부는 집단 현현에 그 도입부(엠마오, 베드로: 눅 24:13-35) 또는 그 보완(도마: 요 20:24-29)으로 부가되어 있는가? 복음서에서와 마찬가지로 고린도전서 15장에 거명된 구체적인 부활절 증인들은 당시의 교회에서 나침반이었다. 바울 시대에 그들은 고린도전서 15장에 언급된 사람들 — 물론 이 명단이 그러한 이유로 등장한 것은 아니지만 — 즉, 게바, 열두 제자, 주의 형제 야고보, 모든 사도들, 바울이었다. 하지만 바울 이후 시대에 마태(10:2), 특히 누가(§19, 3b)에 의해 열두 제자와 비슷한 무게가 주어진 것은 "사도들"이라는 용어였다. 이런 이유로 바울 시대의 부활절 케리그마와의 이러한 구조적 차이는 무엇보다도 선포의 환경이 변화되었다는 측면에서 설명될 수 있다. 복음서 기사들 간의 차이들도 주로 그러한 변화의 관점에서 이해될 수 있다.

b) 부활절 기사들 상호간의 관계

4복음서의 부활절 기사들을 서로 비교해보면 다음과 같은 점들을 고찰하게 된다.

1) 공관복음서들이 공유하고 있는 유일한 부분은 빈 무덤에 관한 이야기였다(막 16:1-8 par.). 그것은 마가 전승으로서 마태(28:1-7)와 누가(24:1-11)는 이를 빌어와 수정을 하였다. 실질적인 내용으로 볼 때 요한(20:1-13)은 이에 일치하는 전승을 보여준다.

2) 마태(28:9f., 16-20)와 누가(24:13-32, 36-53)에 나오는 현현 이야기들은 전체를 통하여 특수 자료임을 보여준다. 그것들 가운데 어느 것도 마가복음에 나오는 현현 이야기들을 참조하지 않았음이 분명하다.

3) 마가복음은 원래 마가복음 16:8로 끝이 났었다:[24] 여자들이 "심히 놀라 떨며 나와 무

---

24) Kümmel, *Introduction*, pp. 98 - 101; G. W. Trompf, "The First Resurrection Appearance and the Ending of Mark's Gosel," *NTS* 18 (1971/72), 308 - 330에 나오는 논의는 잃어버린 끝부분을 다시 한번 재구성하려고 시도하였다.

덤에서 도망하고 무서워하여 아무에게 아무 말도 하지 못하더라". 마가는 고린도전서 15장의 부활절 케리그마가 복음의 근본적인 요약문이었던 교회를 위해 마가복음을 썼다. 그의 복음의 본질적인 내용은 부활절 케리그마를 통해 알려질 때까지는 닫혀진 비밀(막 9:9)로 남아 있었다. 여인들이 빈 무덤에서 천사로부터 들은 부활절 메시지는 여인들에 의해서가 아니라(막 16:6-8) 부활절 케리그마에 의해서 공동체에 전달되었다. 따라서 마가의 놀라운 결론은 새로운 복음을 기존의 부활절 케리그마와 결합시키는 것이었다.

4) 빈 무덤의 발견 후에 마태와 누가는 자신들의 기사들 속에 자신들의 특수 자료로부터 가져온 현현 이야기들을 통합해 넣었다. 이렇게 함으로써 서로 독립적으로 그들은 위에서 고찰한 바 있는 양극적인 설화 구도를 추구하였다. 두 복음서 기자가 이 구도를 사용한 것에서 볼 수 있듯이 이 구도는 케리그마적 관심으로 인하여 발전되었다. 현현 이야기들을 통하여 두 복음서 기자는 자신들의 복음서의 말의 초점을 공동체의 상황에 맞추었다. 하나의 본질적인 현현인 두 기사에서 모두 위탁으로 끝이 난다. 마태와 누가에서 예수의 지상 사역의 기사는 마가에서와는 달리 더 이상 부활절 케리그마를 통하여 비로소 알려진 폐쇄된 비밀이 아니었다. 그들에게 예수의 역사는 부활절 현현들을 통하여 공동체의 상황 속으로 연장되었다. 부활절 기사가 지상 사역과 공동체의 상황 사이의 간격을 메워주는 가교(架橋) 역할을 했기 때문에 그것은 예수의 지상 생애의 기사들을 제외하고는 복음서의 다른 어느 곳에서보다도 더 편집 활동이 가해지는 초점이 되었다. 더욱이 여기서 채택된 전승은 아마도 지상 사역의 전승보다 더 유동적이었을 것이다.

5) 편집 활동은 특히 지지학(地誌學)적 구도를 형성하는 문제에 집중되었다. 마가복음 16:7은 (14:28과 일치하게) 갈릴리에서의 현현을 선포하였다. 이 선포는 제자들 앞에서의 처음이자 유일한 현현(28:16f.)을 설명하고 있는 마태(28:7, 10)에 의해 빌어왔다. 누가는 이 선포를 변경하여(24:6) 부활절 그날 저녁에 예루살렘과 그 주변에서의 현현들을 마지막으로 말한 후에 승천으로 끝을 맺고 있다(24:50-53). 요한복음 20장은 다른 특징들과 마찬가지로 장소 문제에서도 누가와 일치하였다. 하지만 요한복음 21장은 갈릴리에서 유래한 매우 오래된 전승들을 보존하였다. 지지학적 구도와 관련된 이러한 차이점들은 조화롭게 해결될 수 없다. 그것들은 대체로 편집 경향들에 의해 설명되어야 한다. 누가에게 예루살렘은 구원의 계획에 따라 보편적인 선교를 위한 출발점이었다(눅 24:47; 행 1:8). 이와는 대조적으로 마태는 처음부터 갈릴리를 강조하였고(4:12-16) 오직 죽음을 위해서만 예수를 예루살렘으로 가게 했을 뿐이다. 개별적인 전승들이 전제하고 있듯이 현현들은 예루살렘에서와 마찬가지로 갈릴리에서도 일어났을 가능성이 역사적으로 매우 높다. 하지만 사건들을 시간적

연속선상에 재배치하는 일은 반복해서 시도되어 왔지만 가능하지 않은 일이다.[25]

c) 현현 이야기들의 전승사적 분석에 대하여

부활절 이야기들의 양식은 분명히 스데반이 본 그리스도의 환상(행 7:55f.) 또는 선견자 요한이 본 그리스도의 환상(계 1:12-20)과 같은 부류로 묶어져야 한다. 이것들은 묵시문학적 환상의 유형과 일치한다(단 7:13f.). 바울도 이러한 종류의 영적인 그리스도의 환상(고후 12:1-7)을 잘 알고 있었지만 그것들을 자신의 다메섹 도상의 체험과 구별하였고 후자를 부활절 현현들과 동일한 범주에 두었다. 그는 그 양식에 대한 문제에 대한 견해를 표명함이 없이 그렇게 하였다.[26] 실제로 신학적으로 다메섹 도상의 체험은 사도행전에 의한 영적인 환상으로 규정되지 않고 있지만 그런데도 그러한 모형에 따라 묘사되었다(9:3-9; 22:6-11; 26:12-18). 다메섹 도상의 체험에 대한 이러한 설명을 토대로 부활절 현현들은 원래 묵시문학적인 "광채 현현"이었거나 그런 것으로 묘사되었다고 결론내리는 것[27]은 전승의 발전을 거꾸로 되돌리는 것이다. 이와는 반대로 현현 이야기들이 원형임을 말하는 주장은 그것들은 공동체에 알려진 묵시문학적 그리스도의 환상이라는 이러한 양식에 의해 형성되지 않았다는 것이다.

부활절 이야기들에 나오는 현현들의 유형과 설명 양식과 대비해 볼 수 있는 두 가지 유비가 존재한다.

설화들의 언어와 내용은 변모된 영웅들 또는 "신적 인간"의 현현, 그중에서도 특히 로물루스(Romulus)와 티아나의 아폴로니우스(Apollonius of Tyana)의 현현에 관한 헬레니즘적인 기사들과 몇 가지 공통점들을 보여준다.[28] 이 사람들은 역사적 실존으로부터 떠

---

25) 가장 최근에 H. F. von Campenhausen, *Der Ablauf der Osterereignisse und das leere Grab* (1966³).

26) 고후 4:6은 생생한 말이다. 고후 12:1-7은 다메섹 도상의 체험이 아니라 성령을 통한 이상(異像)을 언급하고 있다(참조. 고전 15:8).

27) 가장 최근에는 Seidensticker, op. cit. (§22, Lit.), pp. 43-55가 있고, 상당히 유보적인 입장으로는 Fuller, op. cit. (§22, Lit.), pp. 43-49가 있다. 다니엘 7:13 이하에 나오는 인자에 관한 이상(異像)은 마태복음 28:16 - 20(이 구절에 대한 Grundmann의 *Markus*의 논의)에 대한 유비가 아니다 — 흔히 이와는 반대로 주장되고 있다. 부활절 케리그마의 'ophthe'조차도 구약의 신인동형론적 현현 이야기들을 생각나게 한다.

28) Plutarch, *Parallel Lives: Romulus*, chs, 27ff. (LCL I, 173ff.)에 따르면 로물루스는 군중들이 모여 있는 곳의 외곽에 있다가 폭풍이 칠 때 갑자기 사라져버렸다. 어떤 사람들은 그가 원로원에 의해 살해되었다고 주장했다. 하지만 그들은 모든 사람에게 그가 신들에게로 옮겨졌다는 것을 확신시켰다. 얼마 후에 그의 친구들 가운데 한 사람이 로물루스가 "지금까지 본 적이 없는 뚜렷하고

난 후에 자신의 추종자들에게 이 땅에서 잠시 당당한 인간의 형태로 스스로를 나타내었다. 하지만 이 떠남은 죽음이 아니라 승천(translation)으로 생각되었다. 이 이야기 유형과 공통점들을 보이는 것은 신적 형태의 실존 위에서 산 사람들의 현현을 묘사하는 한 방식 — 고대 세계에 공통적인 — 이었다. 하지만 이러한 고대적 상황에서는 죽음을 통해 부가된 제한은 신적 영혼의 불멸성에 대한 그리스-헬라적인 개념, 예수 전승에는 낯설은 개념에 의해 극복되었다. 이 이야기 유형의 전승사적 연관은 고찰하기 불가능하다.

이와는 대조적으로 현현 이야기들은 언어 면에서 뿐만 아니라 구조와 내용 면에서도 구약의 신인동형론적(神人同形論的) 신의 현현 이야기들 — 유대 문헌에서 계속해서 융성하였던 장르 — 과 일치한다. 그러한 신의 현현들은 죽은 사람의 현현이 아니라 하나님 또는 그의 천사에 관하여 보도하고 있기 때문에 이러한 일치가 존재한다. 이 둘에서 묘사는 이상한 존재가 인간의 형태로 "오는 것"과 "보는 것"으로 시작되었다. 이 현현하는 자는 소개를 위한 대화를 통하여 자신의 정체를 알렸다. 이 드라마의 중요한 순간은 보통 약속 또는 위탁이었다. 그런 다음 이 기사는 현현하는 자의 사라짐으로 끝이 난다.[29] 이 이야기 양식에서 이러한 구조의 요소들은 마므레에서 아브라함 앞에 나타난 여호와의 현현(창 18:1-33), 위탁으로 끝이 난 모세 앞에서의 불타는 가시덤불(출 3:2-10), 정체성의 표지가 주어지는 가운데 기드온 앞에 나타난 여호와의 현현(삿 6:11-21), 사무엘 앞에서의 현현(삼상 3:1-14)에서 발견된다. 이 양식은 토빗서 5:4-8; 12:11-21; 요셉과 아스넷 14:5-9; 에스라4서 14(12):1-5에 살아 남아 있었다.

부리부리한 눈을 한 채 눈부신 갑옷을 입고"(p. 179) 도성에서 자기에게 나타났다(phaneie)고 광장에서 맹세하며 말했을 때 그들의 말을 믿었다. 더욱이 로물루스는 그 사람에게 자기가 큰 도성을 세우기 위하여 신들의 충고에 따라 나왔던 바로 그 하늘로 되돌아갔다고 설명하였다: "나는 너희의 상서로운 신, 퀴리니우스(quirinius)가 될 것이다"(p. 179). 하늘로 옮기운 아폴로니우스가 친구들 앞에 현현한 사건(Philostratus, *The Life of Apollonius of Tyana*, VIII: 11f. [LCL II, 358f.])은 특히 누가의 부활절 설화들을 생각나게 한다. 자세한 것은 A. Ehrhard, "Emmaus, Romulus and Apollonius, in *Mulus, Festschrift für Theodor Klauser* (1964), pp. 93 - 99; F. Schnider and W. Stenger, "Beobachtungen zur Struktur der Emmaus - Perikope (Lk 24, 13 - 35)," *BZ* NF 16 (1972), 94 - 114; G. Petzke, *Apollonius von Tyana und das Neud Testament* (1970). Like H. Braun (*Gesammelte Studien zum NT und seiner Umweit* [1967²], pp. 263f.)을 보라. Petzke는 이것들 및 이와 비슷한 헬레니즘적 관념들을 너무도 무차별하게 신약의 진술들과 동일시하고 있다.

29) 참조. J. Barr, "Theophany and Anthropomorphism in the Old Testament," *Suppl. to Vetus Testamentum* 7 (1970), 31 - 38; E. Pax, *Epiphaneia* (1955), pp. 100-112; Alsup, op. cit., pp. 239-265.

구약 및 유대 장르와 비교를 해 보면 복음서의 현현 이야기들은 그 개별 현현 유형이든 집단 현현 유형이든 특수한 장르의 구조적인 지표들을 드러내고 있고 이 양식을 이 신의 현현 이야기들로부터 빌어왔다는 것을 보여준다. 그러므로 이 설화들은 환상 체험을 설명하거나 생생하게 묘사하려고 하지 않았다. 그것들은 부활절 케리그마와 마찬가지로 하나님이 백성들에게로 은밀하게 돌아오셨다는 것, 즉 믿음으로 사는 행위로 부르시는 계시를 증거하기를 원했다.

현현 이야기들의 이러한 독립적인 케리그마적 의도는 현재까지 많은 사람들에 의해 공유되어 온 디벨리우스(M. Dibelius)의 명제, 즉 그것들은 단지 부활절 케리그마의 신앙고백적 전승을 설화의 양식으로 나타내기를 원했다는 명제에 반한다.[30] 하지만 무엇보다도 부활절 케리그마 가까이에 독립적으로 서 있지만 대체로 실질적 내용의 차원에서 후자와 일치하는 전승 요소들은 그러한 전승 장르의 도움을 받아 함께 결합되었다는 것을 볼 수 있다. 이것은 세부적인 내용들, 특히 엠마오 이야기(눅 24:13-32)와 해변에서의 현현(요 21장)의 내용을 분석해보면 알 수 있다. 이 주제에 관한 좀더 최근의 연구논문이 없다는 것은 불행이다. 여기서 우리는 현현 이야기들이 공통적으로 가지고 있는 근본적인 진술들만을 분석할 수 있다.

d) 현현 이야기들의 근본적인 진술들

복음서의 현현 이야기들은 그 어느 것도 서로에 대해 직접적으로 의존하고 있지 않고 대부분 독립적인 특수 자료의 내용을 재현하고 있지만 그것들의 결정적인 내용들은 일치한다. 이차적인, 특히 편집에 의한 증보들은 이 공통적인 진술들로부터 분명하게 구별이 된다. 이 근본적인 진술들이 신의 현현 장르의 공통적인 이야기 구도에 의해 조건지워진 정도 및 역으로 증거들의 일치하는 전승들이 이야기 구도의 도움을 받아 형성된 정도가 결정되어야 한다. 이 차이는 본질적으로 유동적이지만 몇몇 역사적 출발점들은 주로 부활절 케리그마와의 대비를 통하여 결정될 수 있다.

다음과 같은 근본적인 진술들은 공통적으로 발견된다.

1) **인지(認知).** 현현하는 자는 내내 눈에 보이는 특징들을 토대로 해서 규정되는 것이 아니라 오직 그의 행동에 비추어 규정되었다. 눈에 보이는 측면은 처음에 많은 의문들과 의심들을 일으키는 원천이 되었다(마 28:17; 눅 24:16, 31, 41; 요 20:14, 16; 21:4; 행 9:5). 그를 규정하는 근거가 되는 행동은 제자들과의 적극적인 어울림이었는데, 이를

---

30) *From Tradition to Gospel* (1965), pp. 16ff.

통하여 지상 생애의 만남을 갱신하고 위탁으로써 그러한 관계를 좀더 진전시켰다.

　이 적극적인 어울림은 누가와 요한에 의해 흔히 보통의 식사가 따라오지 않은 식탁 교제로의 초대로 묘사되었다. 요한복음 21:5, 9, 12 이하에 따르면 디베료 바다에서 그는 제자들을 식사로 초대하였다. 엠마오 이야기에서 그는 떡을 떼는 가운데 인지되었다(24:30f.). 이 소재는 그를 버리고 부인하였던 자들과의 교제의 회복을 표현하고자 했다. 이러한 묘사는 사람들을 먹이시는 설화들과 몇 가지 공통점들을 갖고 있었지만 공동체의 성찬식에 대한 언급을 담고 있지 않았다.[31] 이 소재는 사도행전 1:4; 10:41에서 요약의 형태로 확장되었고 누가복음 24:41-43에서는 왜곡되었다. 왜냐하면 여기서 현현하는 자가 육체를 갖고 있다는 것이 먹는 것을 통하여 보여졌기 때문이다.

　마찬가지로 현현하는 자의 정체성이 그의 상처들을 보임을 통해 확인되었을 때(눅 24:39a; 요 20:20, 25a) 그리고 마지막으로 현현의 현실성이 만지는 것을 통해 확인되었을 때(눅 24:39b; 요 20:25b, 27) 그것은 부활의 실체의 본질과 모순되는 이차적인 발전이었다. 바로 이 소재가 외경 복음서들에서 확장된 것은 우연이 아니었다.

　누가는 현현하는 자가 도래하는 고난 예고들을 설명하였다고 하고 있다(24:6f., 25f., 45f.). 따라서 실제로 현현들에서 유래하였던 신학적 성찰은 교훈으로서 그것들 속에 삽입되었다.

　바로 이 이차적인 증보들은 예수가 제자들의 실패를 용서하고 자기 자신이 부활했음을 보여주면서 제자들과의 교제를 회복했다는 것을 역사저으로 근본저인 특징으로써 강조하였다. 이것은 인간의 형태로 은폐한 채 사람들을 만난 하나님의 자기 계시에 대한 기존의 관점의 도움을 받아 묘사되었다.

　2) **위탁.** 모든 부활절 기사들에 따르면 현현들은 제자들을 향한 위탁과 결합되어 있다(마 28:18b-20; 눅 24:46-49 〔행 1:8〕; 요 20:21-23; 21:15-23 〔막 16:15-18〕). 위탁의 말씀은 용어 사용 및 경향에서 복음서 기자들의 편집과 일치하는데, 구조와 실질적 내용 면에서 그것들은 서로 서로 놀라운 일치를 보여준다. 예외 없이 그것들은 부활을 통한 예수의 승귀를 먼저 언급하고 난 다음에 위탁을 표현하고 후원의 약속으로 끝을 맺는다. 이 공통적인 특징들은 매우 오래된 전승을 토대로 편집 활동을 통해 여러 방식으로 수식이 되었다. 이 전승의 출발점은 역사적이었음에 틀림없다. 왜냐하면 고린도전서 15:7 이하에 나오는 케리그마는 이미 교회에 공통적인 전승을 토대로 사도직은 부활절 현현들을 통하여 정립되었음을 전제하고 있기 때문이다.

---

31) Roloff, *Kerygma*, pp. 254-260.

원래 위탁의 내용은 분명히 보편적인 복음 선교가 아니라(참조. 갈 2:7) 그리스도로의 예수의 승귀에 관한 모든 것을 그의 공인된 증거들, 즉 사도들로서 증거하라는 위탁뿐이었음에 틀림없다. 세례를 주라는 명령이 이 위탁에 결합되어 있었는지를 결정하기는 어렵다. 세례는 아주 초기부터 선교적 설교의 일반적인 목표로 언급되었다. 이와 일치하는 명령이 부활절 현현들에서 언급되었다면, 역사적으로 그것은 그러한 사정을 가장 간단하게 설명해주는 것이 될 것이다. 하지만 그러한 것은 오직 마태복음 28:19b와 마가복음 16:16에 나오는 후대에 정형화된 표현들에만 언급된다. 약속이 무엇을 내포하고 있었느냐 하는 문제도 마찬가지로 불명확하다. 그 현재의 형태로 우리는 마태복음 28:20에서 시간과 공간에 구애받지 않는 승귀되신 분의 임재에 대한 약속을 발견하며 누가복음 24:49(행 1:7f.)에서는 그 대신에 성령에 대한 약속을 발견한다(요한복음 20:22에서 이 약속은 오순절의 성령의 수여와 결합되어 있다.).

3) 현현들의 두 가지 내용은 그 이외의 근본적인 특징을 조건지웠다: 현현은 지상 사역 동안에 예수와 가까웠던 사람들에게 제한되어 있었다. 물론 그들은 고린도전서 15:6에 나오는 주의 형제 야고보 또는 오백명의 경우처럼 제자도로 들어오지 않은 사람들이었다. 바울은 자기 자신을 예외로 지칭하였다: "맨 나중에 만삭되지 못하여 난 자 같은 내게도 보이셨느니라"(고전 15:8).

바울은 다메섹 도상의 체험이 있은 지 이십년 후에 이 말씀들을 썼다. 그러므로 바울에게 이 현현들은 종결이 되었다. 누가는 이 종결을 자신의 구원사의 개념과 일치하는 승천 이야기들을 통하여 도식적으로 표현하였다. 베다니(눅 24:50-53)와 감람산(행 1:9-11)에서의 고별에 관한 기사들은 상호 경쟁적이다. 그 기사들의 형태가 서로 다른 것은 그 기사들의 기능이라는 측면에서 설명될 수 있다: 한 사람은 복음서를 끝내고자 했고, 또 한 사람은 사도행전으로 진입하려고 하였다. 하지만 이 두 경우에 소위 승천은 하나님의 오른손으로의 승귀를 묘사하려 했던 것이 아니고 현현들의 종결을 선포하고자 했던 것이다. 이런 의미에서 사도행전 1:11에 나오는 천사는 무슨 일이 일어났는가를 설명하였다. 제자들은 '파루시아' 때까지 예수를 다시 보지 못할 것이다. 이것은 현현하는 분이 통상적인 방식으로 사라진 것이 아니라 땅으로부터 들어올려져서 구름에 의해 휩싸였다(보통 생각하듯이 실려간 것이 아니다)는 사실을 통해 보여졌다. 승천 이야기들은 그 문제에 대해 정확히 성찰하지 않은 채 그때까지 지상에서 거닐고 계셨던 분이 하늘로 이동했다는 것과 같은 것이 아니라 현현들의 상징적인 종결을 설명하기를 원했다[32]

이 주석적 결론을 바탕으로 현현의 본질에 함축되어 있는 광범위한 의미들이 뒤따라 등장한다. 바울에게 부활절 현현들은 부활하시고 승귀되신 분에 대한 하늘로부터의 계시들이었으며 누가에서 현현들은 여전히 변모된 몸을 지니고 이 땅위를 거닐고 있었던 분과의 만남들이었다는 명제가 흔히 제기되어 왔다.[33] 하지만 모든 지표들을 검토해 볼 때 누가에게 서조차도 여러 가지 현현들은 하나님'주위의 은둔처로부터의 계시였음이 틀림없다.

승천 이야기와 바울의 기사 간의 유일한 차이는 바울은 자신의 다메섹 도상의 체험을 고린도전서 15:8(또한 9:1; 갈 1:15f.)에서 근본적으로 사도들의 부활절 체험들과 동일선상에 두고 있는데 반해 전자에서 다메섹 도상의 체험(행 9:1-9; 22:6-11; 26:12-18)은 원래의 사도들의 부활절 체험들과 구별되어 있다는 것이다. 이것은 누가가 열두 제자만을 사도로 지칭하고 있다는 사실과 일치한다. 부활절 현현의 범위를 제한함을 통하여 누가는 그 현현들의 의미를 도식에 따라 보호하기를 원했다: 그 현현들은 최초의 증인들에게 닥친 특이한 체험이었다. 이 현현들은 지상 생애의 사역을 그 목표로 가져다 주었다. 그것들은 교회가 아니라 사도직을 창설하였다.

그러므로 이에 따라 이 케리그마는 현현 이야기들의 전승사와 실질적인 핵심을 통하여 적절하게 해명된다. 현현들과 나란히 빈 무덤의 발견에 관한 이야기는 어떠한 의미를 지니고 있었는가?

5. 빈 무덤의 발견

a) 전승사적 평가

---

32) Lohfink (op. cit., pp. 272-75)가 사도행전 2:33과 5:31에서 승귀는 승천을 목격한 것을 토대로 표현되었다고 생각하는 것은 주제넘은 것이다. 그러므로 그의 견해에 의하면 누가는 승천 이야기에서 부활과 결합된 비가시적인 승귀를 역사화시켰다. 그는 예수가 부활과 승귀 사이에 어디에 머물렀는가에 관한 문제를 제기하지 않았다. 실제로 누가는 이미 "승천 – 승귀"의 문제를 개방해 놓고 있었다! 더욱이 부활하신 분이 지상에 머물렀다는 것은 요한복음 20:17 – 비록 이것은 분명히 2세기 초에 나온 사도서신(Epistula Apostolorum)에 있었지만 – 에 전제되어 있지 않았다(Hennecke I, 189 – 227): 부활하신 분은 여인들과 함께 빈무덤으로부터 의심하는 열한 제자에게로 걸어나왔다. 그들은 그의 발자국을 볼 수 있었다(9-11장). 그와의 긴 대화 후에 그들은 그가 천사들의 천상 세계로 받아들여지는 그의 승천을 보았다: " … 밝은 구름이 와서 그를 데려갔다. 그리고 〔우리는〕 많은 천사들이 기뻐하는 목소리를 〔들었다〕 … 그가 하늘의 창공에 가까이 갔을 때 우리는 그가 '평안히 가라'고 말하는 소리를 들었다."(51장 〔p. 227〕).

33) 특히 E. Hirsch, *Die Auferstehungsgeschichten und der christliche Glaube* (1940)를 보라; P. Althaus, *Die Wahrheit des christlichen Osterglaubens* (1941²)의 비판적인 답변을 참조하라.

빈 무덤에 관한 마가의 이야기(16:1-8)는 전설의 문체로 쓰여졌다. 우리는 이 이야기를 실증적인 서술로 읽어서는 안된다. 그러면 쉽게 관찰되는 불합리점들을 찾아낼 수 있기 때문이다. 그 대신에 우리가 이 전승의 근본적인 요소들에 관하여 탐구한다면, 우리는 다음과 같은 이유들을 통해 볼 수 있듯이 그 역사성을 지지하는 많은 증거들을 발견하게 된다.[34]

(1) 이 이야기가 교의적이고 변증적인 이유로 만들어진 것이라면 하나 또는 세 여인들만을 증인들로 거명하지 않았을 것이다. (2) 이 이야기의 전제가 되는 예수의 장사됨은 고린도전서 15:4과 마가복음 15:42-47에서 서로 독립적으로 언급되어 있다. (3) 부활은 이미 고린도전서 15:4에 나오는 케리그마에 의해 제삼일로 날짜가 지정되어 있었다. 이런 이유로 아주 초기에 예배 의식의 거행은 안식일에서 주간의 첫째날로 옮겨졌다. 이것은 이미 고린도전서 16:2에 전제되어 있다. 이러한 날짜 산정은 베드로 앞에 나타난 최초의 현현을 토대로 해서나 호세아서 6:2로부터의 "성경 증거"를 토대로 해서 설명될 수 없다(후자는 2세기에 비로소 나타났다.). 그 날짜 산정은 빈 무덤의 발견에 관한 전승과 하나님이 제삼일에 구원을 위해 개입하실 것이라는 구약 및 유대의 개념, 아마도 도래하는 고난 예고들의 전승 모체에도 반영되어 있었을 개념을 수렴한 데서 기원했다.[35] (4) 마지막으로 유대교의 변증은 빈 무덤의 사실성에 대해서는 다투지 않았고 다만 그 사실을 다르게 설명하려고 하였다는 것, 즉 제자들이 시신을 훔쳤다거나(마 28:15) 동산지기가 그 시신을 옮겼다거나(요 20:15; Tertullian, *De spec.* 30) 하는 식으로 설명하려고 하였다는 것도 눈여겨 보아야 한다. 예루살렘의 공동체가 이른 시기부터 예수의 빈 무덤을 보았을 가능성도 있다.[36]

모든 지표들에 비추어 볼 때 제삼일에 예수의 무리들에 속해 있었던 여인들이 그의 무덤 또는 그의 것이라고 생각되는 무덤이 비어있음을 발견하였을 가능성이 역사적으로 아주 높다고 하겠다. 이 사건은 무덤 이야기를 전설의 양식으로 재현한 전승의 기원이었다. 고린도

---

34) Nauck, op. cit. (§22, Lit.), pp. 262 - 65; Schweizer, *Mark*, p. 369.

35) 이 개념을 연대 설정을 위한 자료로 주장하는 사람은 Lehmann, op. cit. (§22, Lit.), p. 335, and H. K. McArthur, "On the Third Day," *NTS* 18 (1971/72), 81 - 86이다(G. Delling, *TDNT* VIII, 220에 나오는 이에 대한 더 오래된 자료들). 그것은 호세아 6:2, "여호와께서 이틀 후에 우리를 살리시며 제삼일에 우리를 일으키시리니 우리가 그 앞에서 살리라"와 예수의 퇴장과 관련된 예수 전승의 핵심으로부터 온다. 성전에 관한 말씀(막 14:58 par. 마 26:61; 15:29 par. 27:39f.; 요 2:19f.)과 도래하는 고난 예고들(막 8:31; 9:31; [10:34])은 새롭게 "삼일 후"를 약속한다. 이미 par. 마 16:21 등과 눅 9:22 등에서 이것은 케리그마에 아주 근접해 있었다. 이미 시작되었던 나날들이 계수되었기 때문에 때에 대한 이 두 언급은 실질적으로 서로 같다고 할 수 있다. 마태복음 12:40("밤낮 사흘")에 나오는 요나에 관한 말씀을 편집에 의해 해석했을 가능성도 있다.

36) J. Jeremias, *Heiligengräber in Jesu Umwelt* (1958), pp. 144f.

전서 15:3-7에 나와 있는 케리그마가 이 사실에 대해 침묵하고 있는 것은 빈 무덤에 대한 언급이 양식 비평적으로 케리그마에 적합하지 않았고 복음서에서 수난 설화와 한 짝을 이루는 것이 더 어울리는 것이었다는 고찰에 의해 설명될 수 있다. 비록 누가가 빈 무덤을 복음서에서 미리 설명하긴 했지만, 사도행전의 부활절 케리그마조차도 빈 무덤의 발견에 대한 언급을 하지 않았다. 케리그마에서 이렇게 언급하고 있지 않은 것도 빈 무덤의 발견에 관한 이야기의 원래의 의도와 일치하는 것이었다.

b) 이 이야기의 케리그마적 의도

마가의 이야기에 따르면 제자들의 부활절 신앙은 빈 무덤의 발견에 토대를 둔 것이 아니었다(막 16:8). 이러한 사실은 누가의 설화에서도 다시 강조되었다(눅 24:11, 22f.). 빈 무덤은 오로지 제자들로 하여금 다가오는 현현을 지향하게 하였을 뿐이었다(막 16:7). 이 이야기를 마태가 편집을 통해 개작한 것은 이차적인 변증임을 보여준다. 요한복음 20:8 ― "그 다른 제자도 들어가 보고 믿더라" ― 은 역사상의 제자는 아니지만 진정한 제자가 빈 무덤을 어떻게 해석하였는가를 표현하기를 원했다. 이에 따라 빈 무덤의 발견은 가장 오래된 신약 기사들에서조차도 부활절 현현들을 위한 길을 예비한 단지 모호한 징후로 남아 있었다.

우리에게 전승사적 결론 ― 그것을 냉정하게 말한다면 ― 은 신학적으로 도움이 되기보다는 오히려 곤란하다고 해야 한다. 왜냐하면 예수의 부활은 그가 요한복음 11장의 상징적인 이야기에 나오는 나사로와 같이 죽은 자로부터 현세의 생명으로 되돌아왔다는 것을 의미하지 않기 때문이다. 부활의 몸은 땅에 속한 몸이 다시 소생한 것이 아니라 완전히 새로운 몸이었다. 이것은 고린도전서 15:35-44에서 바울에 의해 강조될 뿐만 아니라 마가복음 12:24 이하 및 그 병행구에 나오는 말씀에 의해서도 강조되었다. 예수는 부활을 소생(蘇生)으로 오해하고 있었던 사두개인들의 생각을 비웃으며 이렇게 대답하였다: "너희가 성경도 하나님의 능력도 알지 못하므로 오해함이 아니냐 사람이 죽은 자 가운데서 살아날 때에는 장가도 아니가고 시집도 아니가고 하늘에 있는 천사들과 같으니라 …". 케리그마에서 수정된 형태로 계속 등장하는 "하나님의 능력"과 "성경"에 대한 이러한 언급들은 몇몇 부활절 증인들의 부활절 증거가 어떻게 다른 사람들에게 접근할 수 있게 되었는지를 알려준다.

6. 부활절 증거의 증언

a) 부활절 증거 자체는 이미 부활을 이해할 수 있게 하는 실질적인 맥락을 언급하고 있었다.

1) 현현들에서 지상 생애의 만남은 마감하는 형식으로 갱신되었다. 부활절 사건을 통하여 예수의 사역은 공식적으로 확증되었을 뿐만 아니라 근본적으로 그 목표에 이르렀다. 그의 부활을 통해 그가 궁극적으로 원하였던 바로 그것, 종말론적인 하나님의 통치에 걸맞는 인간 존재의 총체적 갱신이 동터올랐다. 예수의 지상 사역이 "참된" 것이었다면, 그 완성으로서의 이것도 그러하였다.

2) 예수의 지상 사역이 성경(구약)의 관점으로부터 행위를 통한 성취로 이해되기를 바랐던 것과 마찬가지로 그의 부활도 그 완성으로 이해되기를 바랐다. 그것은 사람들이 버린 의로운 자의 승귀, 하나님의 종의 승귀였다. 이 승귀를 통하여 하나님은 자신의 약속을 궁극적으로 입증하였다.

3) 부활은 예수의 전체 사역과 마찬가지로 하나님의 궁극적인 자기 계시로서 보아질 때에야 실제로 이해할 수 있게 된다: 하나님은 그 이름에 걸맞게 생명을 창조함으로써 분명하게 자신이 하나님임을 보여주었다. 부활절 증거는 하나님으로서의 하나님, 즉 자신의 약속과 일치하게 없는 것을 있는 것처럼 부르시는 분으로서의 하나님에 대한 신앙을 확고하게 정립하였다(참조. 롬 4:17, 24).

따라서 부활절 사건은 성경 계시의 전반적인 맥락에서 이해할 수 있게 되었다.

b) 예수가 스스로를 살아계신 자로서 드러내었을 때에야 부활절 사건은 하나님에 대한 신앙을 통합하는 준거점이 되었다. 그 이후로는 이것은 더 이상 부활절 현현이라는 방식으로 일어나지 않았다. 바울은 이미 고린도후서 12:1에 따라 자기에게 계속해서 일어난 성령을 통한 그리스도의 환상과 자신의 다메섹 도상의 체험(고전 15:8)을 근본적으로 구별하였다.[37] 상당한 정도의 역사적 신뢰성이 있다는 것을 스스로 나타내 보이고 있는 사도행전의 정보에 의하면 기독교 초기에는 승귀되신 분은 두 가지 방식으로 스스로를 계속해서 드러내었다. 그의 이름을 부를 때 그는 구원을 전하는 하나님의 능력으로서 효력이 있었다. 이와 동시에 제자들에게 임했던 하나님의 영은 그로부터 나왔다.

7. 성령의 오심

---

37) 계시들(*apokalypseis*) 속에서 그에게 전해졌던 이 이상들(*optasiai*)은 분명히 계 1:10; 4:2; 행 7:55에서처럼 성령을 통해 전달되었을 것이다. '*kyrios*'(근원의 소유격)는 여기서 성령과 마찬가지로 역사하였다(고후 3:17); 참조. W. Michaelis, *TDNT* V, 353.

a) 기사들

성령의 역사의 개시는 사도행전 2:1-13에 나오는 오순절 이야기와 요한복음 20:22에 나오는 대로 부활하신 분을 통한 위탁에서 성령이 수여되었다는 기사 등 여러 가지로 묘사되었다. 초기 교회의 주석자들조차도 이 두 진술을 조화롭게 해석하려고 시도하였다. 하지만 이것은 가능하지 않다.[38] 이 두 진술은 실제로 제자들의 무리 안에서 성령의 활동은 부활절 사건에서 개시되었다는 것을 전제한다는 점에서 일치하고 있다. 하지만 요한은 고별 강화 (요 14:16-26)의 약속이 어떻게 성취되었는가를 묘사함으로써 부활절과 오순절을 하나로 통합하였다. 반면에 누가는 아마도 역사적이었을 제자들의 황홀경 체험에 관한 전승을 해석하여 재현하였다. 더욱이 그는 이 사건을 성령의 역사가 시기별로 구분되는 자신의 구원사적 도식으로 통합하였다. 성령은 최초로 선지자들을 통하여, 예수를 통한 세례(눅 3:20, 세례자의 체포; 3:21f., 예수에게 성령이 임함) 그리고 휴지 기간 후에 오순절 이후의 공동체에서 활동하였다.

b) 역사적 사건

부활절 현현의 결과로서 예수의 제자들은 예수가 죽은 유월절 바로 다음의 절기 ― 오순절 ― 에 갈릴리로부터 예루살렘으로 여행하였고 아마도 조금 더 계속된 현현들 이후에 유대의 제자들과 함께 나중의 방언에 비견될 수 있는 황홀경 체험을 했을 것이다.[39] 이 사건 뒤에 성령의 역사로 이해된 몇몇 체험들이 뒤따랐다. 예언의 말씀은 예수의 헌헌을 해석하고 그것을 직접적인 방식으로 제자도의 맥락 안과 밖의 상황과 결부시켰다. 그리고 이와 아울러 그와 동일한 것을 드러내주는 환상과 꿈들이 왔다(행 2:17f.; 4:29ff.; 5:9; 7:55f.; 8:29; 11:28). 이 현상들은 그 누가 그 현상들의 원천인 성령에 관하여 신학적으로 성찰하기 훨씬 이전에 공동체에서 일어났다.

어떻게 이 현현들을 성령의 역사라고 규정할 수 있었는가? 그것들은 유대적 환경에 그 유례들이 있었는가? 바리새파-랍비적 유대교는 예언의 영은 에스라 이후에 소멸되었다고 가르쳤다. 반면에 에세네파는 자기들의 율법 이해와 율법에 대한 순종은 모든 인간의 능력을 훨씬 능가하는 것으로서 그 모든 것을 성령에 돌렸다. 열심당들 가운데서 예언자들과 광신적

---

38) E. Schweizer, *TDNT* VI, 442.

39) E. Lohse, *TDNT* VI, 51ff., and E. Schweizer, *TDNT* VI, 410ff. 후자와 일치하여 성령의 체험과 이 황홀경 속에서의 말은 나중에 헬레니즘 교회에서만이 아니라 이미 팔레스타인 교회에서 일어났다(ibid., p. 403 n. 457, and p. 404 n. 462).

인 운동들이 일어났다. 그러므로 제자들의 주변 정황[40]은 이러한 체험들의 해석을 위한 어떤 출발점을 제공해주었다고 보아야 한다.

하지만 예수의 사역과 구약의 예언은 그 체험들을 이해하는 데에 결정적이었다. 모든 지표들에 따르면 예수는 성령에 관하여 아주 드물게 언급하였다. 아마도 그는 이따금 자기가 사역하는 권능으로서 성령을 언급하였고(막 3:28f. par.; 참조. 마 12:28) 제자들에게 위기시에 자신의 후원을 약속하였다(막 13:11 par.). 그렇지만 무엇보다도 그는 자신의 사역을 성경을 행위 가운데서 성취하는 것으로 모호하게 언급하였다. 마찬가지로 세례 요한에 따르면 그러한 "성취"는 성령의 오심이었다. 그러므로 우리는 제자들의 무리 안에서 일어난 아주 초기에 황홀경과 예언과 환상의 체험들을 요엘서 3:1-5과 다른 구약의 예언들의 성취로 이해하는 것이 좋을 듯하다(참조. 행 2:17-21; 롬 10:13).

c) 성령의 본질

이러한 맥락 안에서 성령은 내적으로 사람을 사로잡아 이 땅에 속한 인간의 힘으로는 불가능한 것을 수행하는 하나님의 기적적인 권능으로 이해되었음이 분명하다. 19세기에 신약 연구에서 "순전히 역사적인" 연구 분파[41]에서는 성령을 처음에는 관념론 철학에 의해 인식된 정신으로, 후에는 단지 물질적 측면과 대조되는 정신적 측면, 인지(認知)와 도덕적 행동의 원천으로서 이해하였다. 이 견해에 반대하여 종교사학파는 성령은 황홀경적인 현시(顯示), 방언, 환상을 낳는 기적적이고 초자연적인 힘으로 체험된다는 것을 지적하였다. 하지만 이 학파는 이례적인 현상을 넘어서서 성령의 본질 및 그 활동의 본질적 형태를 인식하는 데는 실패하였다: 성령은 사람의 내적 존재를 사로잡아 사람이 스스로 할 수 없는 것, 즉 "회개"를 수행하는 것으로서 종말 때를 위해 약속한 하나님이 인류에게 돌아오는 것이었다. 성령은 예수가 자신의 적극적인 참여를 통하여 의도하였고 개시하였던 것을 수행하였다. 그러므로 성령은 예수를 통하여 전달된 하나님의 영으로 이해되었다. 이러한 출발점으로부터 신약에 있는 성령에 대한 더 진전된 해석이 발전되었다.

오순절 사건의 효과는 사도행전 2:11 — 아마도 누가 이전의 해석 — 에 다음과 같은 말로 다시 정형화되어 있다: "우리가 다 … 하나님의 큰 일을 말함을 듣는도다". 하나님을 찬양하며 고백하는 것은 종말 때에 구원받은 자들의 공동체의 특징을 이루었다(빌 2:10에 있

---

40) E. Sjöberg and E. Schweizer, *TDNT* VI, 381 - 392.

41) 결정적인 통찰력은 R. Bultmann, "Zur Geschichte der Paulusforschung," *ThR* NF 1 (1929), 26 - 59에 의한 연구 보고서에서 찾아볼 수 있다.

는 사 45:23; 계 5:8-14). 성령의 오심을 통하여 부활절 현현을 통하여 새롭게 부르심을 받은 자들은 공동체가 되었다. 최초의 공동체가 자기들에게 일어났던 일을 어떻게 이해하고 적용하려고 했던가는 제2권에서 묘사될 것이다.

부록

신약신학 분과:
그 역사와 연구 범위

§23. 연구의 경과

A. Schweitzer, *The Quest of the Historical Jesus* (1910); L. Goppelt, *Jesus, Paul and Judaism: An Introduction to New Testament Theology* (first half of German) (1964); "The Plurality of New Testament Theologies and the Unity of the Gospel as an Ecumenical Problem," in V. Vatja, ed., *The Gospel and Unity* (1971), pp. 106-130; W. G. Kümmel, *The New Testament: The History of the Investigation of Its Problems* (1972); *Das Neue Testament im 20. Jahrhundert. Ein Forschungsbericht* (1970); R. Schnackenburg, *New Testament Theology Today* (1963; partial trans. of: *Neutestamentliche Theologie. Der Stand der Forschung* [1965²]); B. Rigaux, *The Letters of St. Paul: Modern Studies* (1968); H. Schlier, "Über Sinn und Aufgabe einer Theologie des Neuen Testaments," in *Besinnung auf das Neue Testament* (1964), pp. 1-24; S. Neill, *The Interpretation of the New Testament, 1861-1961* (1964); G. Ebeling, "The Meaning of 'Biblical Theology,' " in *Word and Faith* (1963), pp. 79-97; P. Stuhlmacher, "Neues Testament und Hermeneutik—Versuch einer Bestandsaufnahme," *ZThK* 68 (1971), 121-162; "Zur Methoden- und Sachproblematik einer interkonfessionellen Auslegung des Neuen Testaments," in *Evangelisch-Katholischer Kommentar zum Neuen Testament. Vorarbeiten* 4 (1972), 11-15; J. Ernst, ed., *Schriftauslegung. Beiträge zur Hermeneutik des NT und im NT* (1972); O. Merk, *Biblische Theologie des NT in ihrer Anfangszeit* (1972) (pp. 205-270, overview of the development up to the present); H. Gese, "Erwägungen zur Einheit der biblischen Theologie," *ZThK* 67 (1970), 417-436; H.-J. Kraus, *Die Biblische Theologie. Ihre Geschichte und Problematik* (1970); E. Käsemann, "The Problem of a New Testament Theology," *NTS* 19 (1972/73), 235-245; J. M. Robinson, "Die Zukunft der neutestamentlichen Theologie," in *Neues Testament und christliche Existenz, Festschrift H. Braun* (1973), pp. 387-400.

On the History of Hermeneutics: G. Heinrici, "Hermeneutik," *RE* 7³ (1899), 718-750; G. Ebeling, "Hermeneutik," *RGG* III³, 242-262 (Lit.); E. Betti, *Allgemeine Auslegungslehre als Methodik der Geisteswissenschaften* (1967).

I. 신약신학의 출현

J. J. Wettstein, *Novum Testamentum Graecum* editionis receptae cum lectionibus variantibus . . . necnon commentario pleniore . . . opera et studio Joannis Jacobi Wetstenii I/II (1751/1752); J. S. Semler, *Abhandlung von freier Untersuchung des Canon I-IV* (1771-75); *Vorbereitung zur theologischen Hermeneutik* (1760); M. Meinertz, *Theologie des Neuen Testaments* I/II (1950); J. Bonsirven, *Theology of the New Testament* (1963); K. H. Schelkle, *Theology of the New Testament* I-III (1971); J. Schreiner, ed., *Gestalt und Anspruch des Neuen Testaments* (1969).

성경에 대한 역사적 탐구의 한 분과로서의 신약신학이 어떻게 출현하여 발전하였는가 하는 문제는 오늘날 신학사에서 진정으로 매력적인 수제를 가운데 하나이다. 왜냐하면 이 분과는 기독교가 현대의 성찰 기법들과의 가장 직접적인 만남을 통하여 생겨난 산물이기 때문이다.

신약신학은 18세기에 시작되었다. 이 시기 이전에는 오직 교의(教義), 즉 주어진 시기에 크든 작든 성경에 기초한 교회의 공인된 가르침의 설명들만이 있었다 — 오늘날 우리들로서는 거의 상상하기 어려운 일이다. 성경신학의 출현을 어렵게 만든 장애물들은 출현 단계의 신약이 2세기에 교회에서 했던 역할을 생각해보면 분명하게 알 수 있다.

1. 초기 교회

2세기말경에 형성되었던 초기 가톨릭 교회는 예배 의식을 위한 성구집의 형태로 전해져 온 이러한 "사도적" 저삭들을 유일하게 진정하고 규범적인 그리스도에 대한 증거로 받아들였다. 이 저작들은 신약의 정경(正經)이 되었다. 물론 처음에는 이러한 명칭이 사용되지 않왔다. 그런데도 교회는 이와 아울러 이 저작들이 여러 가지 해석을 할 여지가 있다는 것을 깨닫게 되었다. 이단들도 자기들의 해석이 이 저작들에 맞는다고 주장하였다. 이런 이유로 초기 가톨릭 교회는 올바르게 이해된 정경의 실질적인 내용은 '카드홀렌 텐 겐'(전 세계에 있는) 교회에 의해 받아들여진 가르침과 동일하다는 원칙을 발전시켰다. 즉 그 내용은 사도 신경에 요약되어 있고 합법적인 주교직을 지지한 교회의 보편적인 가르침과 일치하였다.[1] 교회의 가르침, 즉 사도적 전승은 "어느 곳에서나 언제나 누구에 의해서나 믿어져 왔던" 것이었다.[2] 이 표준은 성경에 대한 이단들의 모든 주장들과 맞서서 천년이 넘게 확고한 위치를 고수하였다. 이 원칙을 바탕으로 신약 저작들은 교회와 신학에서 여러 가지 방식으로 활용되었지만 결정적인 대응의 목소리는 아니었다. 왜냐하면 그 저작들은 교회 전승의 관점과 조화되게 그리고 그 후원 하에서 끊임없이 읽혀졌기 때문이다.

2. 현대 가톨릭교

전승이라는 개념 자체가 트렌트 공의회 이후 특히 현대 가톨릭교에서 근본적인 변화를 겪었지만 이렇게 성경을 교회 전승과 동일시하는 일은 지속되었다. 이러한 맥락에서 전승은 교회라는 가르침의 기관을 통하여 지속적으로 발전을 거듭해나가는 살아있고 영적인 특질을 지니고 있었다. 이와 같이 진화적인 전승의 개념은 우리 시대 20세기 중엽에 학문적인 성경 연구의 길을 터놓게 되었다.

이백여년 전에 개신교의 연구가 그러했듯이 이 분야에서의 가톨릭의 연구를 양산한 것은 바로 이 현대의 역사적 사고 구조였다. 이러한 사고 구조는 개신교의 성경 연구에 점점 더 분명하게 침투되었다. 가르침의 감시에서 교회의 목소리가 성경에 대한 역사적 연구를 위한 좀더 많은 자유를 허용한다는 입장을 채택했을 때 가톨릭 성경 연구는 개신교 측과 어깨를 겨루는 파트너로 급속히 발전하였다. 이러한 자유는 교황 비오 12세의 *Divino afflante spiritu*라는 회칙 및 무엇보다도 1964년 4월 21일의 성경 위원회의 방대한 교서(敎書) 이

---

1) 예를 들면 Tert. *Praescr. haer.* 13, 15, 19, (20 - 32). O. Kuss, "Zur Hermeneutik Tertullians," in Ernst. *Schriftauslegung* (§23, Lit.), pp. 55 - 87.

2) Vinzenz of Lerinum (주후 450년경)는 경험에 비추어 이렇게 말했다: "Quia videlicet scripturam sacram pro ipsa sui altitudine non uno eodemque sensu universi accipiunt, sed eiusdem eloquia aliter atque aliter alius atque alius interpretatur, ut paene, quot homines sunt, tot illinc sententiae erui posse videantur. Aliter namoue illam Novatianus. aliter Sabellius … " (*Commonitorium* C.2).

후에 나온 제2차 바티칸 공의회의 하나님의 계시에 관한 교의적 본질을 통하여 가능하게 되었다.[3] 흥미롭게도 교회의 이 진술들은 트렌트 공의회의 제4기 회의에서 엄격하고 준엄하게 개혁을 반대하여 공식화하였던 것을 원칙적으로 굳게 고수하고 있었다: 주석학적 탐구는 교회의 전통적인 가르침의 범위 안에 머물러야 한다. 그럼에도 불구하고 가톨릭의 성경 연구는 이것을 학문적인 추구에 대한 제한이라고 생각하지 않았다. 이와는 반대로 그 가장 탁월한 대표자들 중의 한 사람인 슈나켄부르그(R. Schnackenburg)는 1958년에 가톨릭은 신약 성경과 교회 전통 사이에 어떤 틈이 있음을 알지 못한다고 설명하였다. 그리스도는 사람들을 교회에서 살아계시는 분으로서 만난다. "그러므로 가톨릭 주석학자들은 자신의 가장 내밀한 신학적 확신의 견지에서 교회의 권위있는 해석을 필요로 하지만, 그는 문자적 의미를 탐구해 나갈 때 방법론의 의미로서 그러한 것을 사용하지는 않는다. 그것은 그에게 연구 방법론이 아니라 해석학적 토대, 규율하고 측정하는 기구로서 봉사한다."[4] 이 진술은 오늘날에도 여전히 대표적인 견해이다.

한동안 가톨릭교 내에서의 성경 연구는 교회 내적 개혁과 교회연합의 주도를 위한 가장 중요한 단일한 충동이 되었다. "Stuttgarter Bibelstudien"과 같은 연구 총서들은 여러 부류의 유능한 학자들에게 학문적인 기여들을 할 기회를 제공하였다.

가톨릭 최초의 신약신학은 본시르벤(J. Bonsirven, 1951)과 마이네르츠(M. Meinertz, 1950)의 책들 — 좀 덜 중요한 몇몇 선구자를 제외한다면 — 을 이었다. 히지만 이 분과를 위한 연구 과정에서 개발된 접근 방식과 방법론을 아무런 제한 없이 사용한 **최초의** 책은 슈나켄부르그의 「현대 신약신학」(1963)이다. 이 책은 "현재의 연구 상황"이라는 부제가 붙어 있다. 따라서 이 책은 그 주제를 광범위하고 독자적으로 전개한 것이 아니라 저자 자신의 입장을 분명히 알 수 있도록 하는 가운데 현황 보고를 한 것이었다. 역사적 발전 과정이 아니라 신학적 주제들에 따라 조직된 것으로 진정 독창적인 것은 쉘클레(K. H. Schelkle)의 「신약신학」(I - Ⅲ권, 1968/73)이었다. 이 맥락에서 슈라이너(J. Schreiner, 1969)에 의해 편집된 개별 신약 저작들과 전승층들의 신학적 의도들에 대한 유용

---

3) H. Grass, "Grundsätze katholischer Bibelauslegung," *ThLZ* 77 (1962), 487-494; R. Schnackenburg, "Der Weg der katholischen Exegese," *BZ* NF 2 (1958), 161-176 (지금은 *Schriften zum NT* 〔1971〕, pp. 15 - 31에도 수록되어 있다) (참조. Lit.); G. Hasenhüttl, "Rudolf Bultmann und die Entwicklung der katholischen Theologie," *ZThK* 65 (1968), 53 - 69; *Ernst*, Schriftauslegung (§23, Lit.), pp. 45-49.
4) R. Schnackenburg, "Der Weg der katholischen Exegese," *BZ* NF 2 (1958), 172 and passim.

한 입문서도 주목할 가치가 있다. 이 책은 젊은 가톨릭 주석학자들의 저작들도 포함하고 있다. 몇 가지 면에서 그 책은 불트만 학파에서 나왔음직한 것과 비슷하다. 독어로 된 가톨릭 최초의 학문적인 신약 주석 총서인 헤르더 주석(the Herder Commentaries)의 신학적 추기(追記)들도 상당히 중요한 가치가 있다.

이렇게 해서 지난 25년 동안 학문적인 성경 연구는 가톨릭 신학에서 주도적인 위치를 차지하여 왔다. 종교 개혁의 측면은 받아들여졌는가?

3. 종교개혁

종교개혁은 개신교의 학문적 성경 연구 자체를 낳지는 않았고 실제로 18세기에 그러한 연구에 중요한 기동력을 제공해주었다. 교회의 가르침에 반하여 성경에는 결정적인 타당성이 부여되었고, 이러한 타당성은 계몽운동에 의한 반정립 또는 확장선상에서 받아들여졌다.

루터는 당시에 교회 가르침의 관점으로부터 성경에 접근하였고 몇몇 근본적인 분야들에 모순들이 존재하고 있음을 발견하였다. 그가 모순들을 발견하였을 때 그는 성경 편에 서서 한 사람의 주석학자로서 자신의 신학을 발전시켰다. 그런데도 그는 성경주의자가 되지는 않았다. 무엇보다도 그는 모든 사람이 일종의 휘황찬란한 고립 속에서 하나님의 말씀으로서의 성경을 귀담아 듣고 증거해야 한다는 개인주의의 극단적인 결론으로 건너뛰지 않았다. 실제로 그는 왜곡된 교회 전통들을 비판하였지만, 전통 그 자체를 거부하지는 않았다. 예를 들면 그는 초기 교회의 세 가지 상징들을 설명하였다. 하지만 이 과정에서 그는 2세기 이후로 타당성을 지녀왔던 성경과 전통의 관계를 역전시켰다. 전통과 교회의 선포가 아니라 성경이 오늘날 교회 안에서 정당한 관심의 초점이 무엇인가를 결정한다는 것이다.

그러나 성경의 해석들이 너무도 다양한데 어떻게 성경이 규준이 될 수 있는가? — 이것은 이미 2세기에 인식되었다. 이 질문에 대한 루터의 답변은 많은 논란을 불러 일으켰고 결코 종결될 수 없는 종교개혁의 원칙으로 표현되었다. 우리가 성경 자체의 구조에 따라 성경을 해석한다면 결정적으로 중요한 문제는 성경에 분명하게 표현되어 있다고 그는 말하였다. 이것은 우리가 성경 자체가 요구하는 두 가지 해석학적 원칙을 적용한다면 가능하게 된다. (1) 성경은 성경을 통하여 해석되어야 한다. 즉 'Scriptura sacra sui ipsius interpres'.[5] 이와 동시에 (2) 성경은 그 중심, 즉 그리스도로부터 해석되어야 한다. 이것은 그리스도가 루터에게 단지 부호 문자였다는 것을 의미하지 않았다. 그리스도는 그가 로마서

---

5) *WA* 7, 97, 23.

의 의롭다하심의 메시지에서 발견하게 된 분이며[6] 종교개혁의 회중들에 의해 신조들에서 '만장일치'(*magno consensu*)로 고백된 분이었다. 따라서 신학적 작업에서 성경에 관한 종교개혁의 이 원칙을 통한 해석에 중요한 위치가 부여되었다. 하지만 종교개혁의 해석학은 그 뿌리를 한편으로는 성경의 자기 이해에, 다른 한편으로는 회중의 신앙고백에 두었다.

초기 개신교 신학에서 루터의 해석학적 원칙은 다음과 같은 정식(定式)으로 바뀌어졌다: 성 아우구스티누스가 이미 언급했던 것처럼 성경은 '성경의 유비'(*analogia scripturae sacrae*)에 따라 해석되어야 하고 '신앙의 유비'(*analogia fidei*)에 따라 해석되어야 한다. 하지만 신앙고백적 문서들에서 언급되었듯이 '신앙'(*Fides*)은 성경의 중심으로서의 그리스도에 대한 신앙이었음은 물론이다. 그럼에도 불구하고 신앙고백적 진술들과 성경과의 관계는 결정적으로 중요한 대화의 관계였지만 성경이 최종적인 권위를 가지고 있었다. 이러한 실존적인 의미에서 성경은 콘코르디아(Concordia) 신앙고백문의 초록(抄錄)에서 말하고 있는 것처럼 '유일한 준칙이자 규범'(*unica regula et norma*)였다.

성경과 관련된 이러한 원칙에도 불구하고 초기 개신교 신학은 성경신학을 낳지 않았다. 성경을 경청하는 방식이 직접적으로 현재를 향하여 발해지는 말씀을 듣는 것이었기 때문에 그러했다. 결과적으로 그것은 개별적인 성구들을 직접적으로 그 자신의 진술들로 통합시켰다. 초기 개신교 교의학은 오직 증거 본문의 모음집, 증언들에만 친숙하였다.

초기 개신교 신학에서 교의학이 점점 더 학문적으로 탄탄해지는 것에 반대하여 경건주의는 성경의 타당성을 새롭게 정립하고자 했다. 경건주의는 신학 교육의 개혁을 통하여 성경 연구를 중심적인 위치에 올려놓았다. 그런데도 여전히 성경신학은 탄생되지 않았고, 그 대신에 성경주의적 교의만이 탄생하였다. 성경의 진술들은 여기서 너무도 성급하게 적용되었다. 이러한 경향은 현대의 신약 연구에서도 때때로 느껴진다.

4. 계몽운동의 시대

성경에 관한 종교개혁의 원칙 — 대부분 경건주의적 수정을 거쳐서 — 이 계몽운동 및 그 역사적 사고의 범주들과 접촉하게 되었을 때 성경신학은 최초로 생겨났다.[7]

역사적 사고는 언제나 실행되어 왔던 역사적 - 어원학적 연구 이상을 의미하였다. 예를

---

6) *WA* 39, I, 46, 1. 19;56, 5, 1. 10; *DB* 7, 2.25.
7) Merk, *Biblische Theologie* (§23, Lit.), pp. 29 - 37.

들면 17-18세기의 인문주의자들과 수많은 학자들은 말할 것도 없고 이미 오리겐(Origen)과 제롬(Jerome)은 이 분야에서 중요한 기여를 했다. 아주 중요한 연구들이 경건주의 진영에서 나왔다. 현대의 연구에 그가 한 역할로 인하여 특히 한 사람을 거명하지 않을 수 없다. 1751/52년에 베트슈타인(J. J. Wettstein)은 오늘날에조차 풍부하게 사용할 수 있을 정도로 광범위한 본문 비평 자료와 유대 및 헬레니즘의 체계적인 병행구 모음을 제공하는 신약성경을 간행하였다. 하지만 엄밀한 의미에서의 역사적 사고는 주로 18세기와 계몽 운동의 산물이었다. 그것은 현재를 전통의 지배로부터 해방시키기 위하여 현재를 과거로부터 분리해내었다.

이러한 인식과 성찰의 차원으로부터 성경에 대한 역사비평적 탐구의 강령적 관심들이 일어났다. 그러한 탐구는 성경 저작들도 일차적으로 현재에 대하여 권리를 주장하는 말씀으로서가 아니라 과거의 역사적 문서로 보아야 한다고 주장하였다. 이런 이유로 그 저작들은 플라톤과 세네카의 작품들을 접근할 때와 마찬가지로 당시의 다른 문서들과 동일한 방법론을 가지고 탐구되었다. 그것들이 현재에 의미를 갖느냐 하는 것은 자율적인 이성을 통한 해석에 의해 도출되어야 한다. 이러한 해석의 전개를 위한 자연적인 출발점은 당시의 철학 사조, 특히 역사 이해가 될 수 밖에 없었다. 하지만 본문들에 대한 역사적 분석과 본문들의 철학적 해석은 모두 결국 현대 세계에 사는 사람들에게 그들에게는 중요하지만 교회 전통에 의해 감추어진 신약의 내용을 전달해주어야 했다. 이러한 의도는 성경에 대한 역사적 탐구를 고도로 매력적인 일로 바꾸어놓은 신학적 관심을 나타내었다. 이러한 해석 프로그램이 요구하는 것들은 다음과 같이 짧게 요약될 수 있을 것이다: 일반적인 역사 과학의 도움을 받아 본문들을 신학적 과제로서 분석하고 현재를 위한 철학적 해석을 행하라. 이 프로그램은 18세기에 제믈러(J. S. Semler)에 의해 가히 혁명적인 충격파를 던지면서 토대가 놓여졌고 19세기에 바우어(F. C. Baur)에 의해 고전적으로 표현되었으며 마지막으로 20세기 초에 트뢸취(E. Troeltsch)에 의해 정식화되었다.

이 프로그램의 의의는 무엇이었는가? (1) 오늘날 교회의 관점에서 본다면 성경에 대한 역사적 탐구의 출현은 종교개혁 이래로 가장 중요한 교회사적 사건이었다. 성경은 무엇보다도 교회의 현재적인 대화 상대방의 위치로부터 요원한 역사적 문서의 위치로 다시 자리를 잡았다. 신학적인 직접성은 역사적 간격으로 대체되었다. 하지만 바로 이런 식으로 해서 새로운 성경의 타당성이 해석을 통하여 현대를 위하여 출현할 것이라고 소망하게 되었다. (2) 물론 시간과 사고의 진행 과정에서 본다면 이러한 경과는 불가피하였다. 중세 시대가 막을 내린 이후로 새로운 시대를 열었던 자율적인 학문에 의해 성경이 아무런 영향도 받지 않고 그대로 내버려진다는 것은 불가능한 일이었고 용인될 수 없는 것이기도 했다. 성경에 대한 역사적 탐구 속에서 현대의 사고방식은 성경의 메시지와 정면으로 맞서게 되었다. (3) 그렇지만 이러한 문제 제기 방식은 외부로부터만이 아니라 상당 부분 성경 자체에 의해 요구되었다. 사실 성경은 일반적인 견지에서 하나님의 말씀을 전달하기를 원하지 않는다. 성경은 언제나 구체적인 역사적 상황이라는 맥락에서 하나님의 말씀을 전달한다. 예를 들면 로마서는 우리를 향하여 쓰여진 것이 아니라 고대 로마에 있던 회중들을 상대로 쓰여졌다. 그러므로 역사적 성경 연구는 성경 자체에 의하여 요구되었다고 말하는 것은 극히 옳다.

이런 식으로 생겨난 "순전히 역사적인" 성경 연구에서 문제점이 될 만한 것들은 우리가 그 발전 과정을 추적해나갈 때 분명해질 것이다.

II. "순전히 역사적인" 문제 제기 방식의 전개 과정과 그 결론들

F. C. Baur, *Vorlesungen über Neutestamentliche Theologie*, ed. by F. F. Baur (1864, repr. 1973); H. Gunkel, *Schöpfung und Chaos* (1895); *Zum religionsgeschichtlichen Verständnis des Neuen Testaments* (1903); H. J. Holtzmann, *Lehrbuch der Neutestamentlichen Theologie* I/II (1897; 1911²); W. Wrede, *The Nature of New Testament Theology* (1973); *The Messianic Secret* (1971); E. Troeltsch, "Über historische und dogmatische Methode in der Theologie" (1898) in G. Sauter, ed., *Theologie als Wissenschaft* (1971), pp. 105-127; W. Bousset, *Kyrios Christos* (1970).

이 제목을 붙일 때 우리는 "성경에 대한 역사적 탐구"라는 명칭을 사용하지 않았다. 왜냐하면 오늘날 모든 학문적 성경 연구는 역사비평적이기 때문이다. 우리는 여기서 위에서 살펴보았고 또 트뢸취가 "순전히 역사적인"이라는 대단히 함축적인 용어를 써서 지칭한 바 있는 프로그램의 이해와 수행을 추구한다.

"순전히 역사적인" 성경 연구의 프로그램은 본질적으로 독일 신학에서 추구되었다. 그 주창자들이 신약 연구의 역사적 문제들과 관련하여 중요한 발견들을 하긴 했지만, 그들은 급진적이고 일방적인 방식으로 이 접근 방식의 가능성들을 모두 사용하였다. 나일(S.

Neill)은 「신약의 해석, 1861-1961」에서 이러한 발전 과정에 관하여 썼다. 독일 및 독일의 논의와 보조를 같이 했던 스칸디나비아에서의 연구의 흐름들이 앵글로 색슨계의 연구로 침투한 것은 1935년경이었다. 그리고 이제 점차로 이 흐름들은 프랑스의 가톨릭 학자들 가운데서도 그 협력자를 발견하고 있다. 큄멜(W. G. Kümmel)은 「신약: 그 문제들의 연구사」(1958)에서 이러한 발전 과정, 특히 독어계의 발전 과정에 대한 광범위한 서술을 하고 있다.

성경에 대한 "순전히 역사적인" 탐구에서 해석학적 문제점들에는 충분한 관심이 기울여지지 않아 왔다. 우리가 그 세 가지 주요한 질문들에 대한 답변들을 분석할 때 그것에 대한 윤곽이 잡힐 것이다.

1. 역사적 예수에 대한 탐구

새로운 문제 제기 방식의 가장 중요한 일차적인 목표는 교의(敎義)상의 예수를 성격 속에서보다 더 역사적인 예수 상(像)의 이해로 대체하는 것, 즉 예수를 전기적으로 묘사하려는 것이었다. 이 프로그램의 구조는 그 초창기를 고찰함으로써 분명하게 인식할 수 있다. 1774년 이래로 레싱(G. E. Lessing)은 볼펜뷔텔의 "익명의 단편들"을 간행하였는데, 그 가운데는 「예수와 그 제자들의 목적에 대하여」라는 논문이 들어 있었다. 이 단편들은 1768년에 죽은 함부르크 출신의 동양학자인 라이마루스(H. S. Reimarus)의 매우 철저한 연구로부터 유래하였다. 레싱은 투철한 인식을 통해 특이한 일방성에도 불구하고 역사적 문제 제기 방식과 연구 방법론은 계몽운동에 기여할 수 있다는 인식을 하게 되었다. 라이마루스는 초보적 일방성을 지닌 채 역사적 성경 연구의 해석학적 원칙을 설명하였다. 그는 서문에서 예수의 상을 역사적으로 파악하기를 원하는 사람은 누구나 교리문답에서 가르치는 신 - 인에 관한 개념들을 뒤로 하고 제자들이 예수에 관하여 말한 것을 기각하여야 한다고 말하였다. 우리는 예수의 사역을 그 당시의 유대적 상황의 견지에서 설명하여야 한다.[8] 이러한 해석학적 프로그램은 종교개혁의 해석학적 원칙과의 완전한 결별을 의미하는 것이었다. 다음과 같은 이중의 부정이 함축되어 있었다 — 저자는 그것을 알지 못했지만: '신앙의 유비'(*analogia fidei*), "교리문답"도 아니고 '성경의 유비'(*analogia scripturae sacrae*), "사도들"도 아니고 그 대신에 '역사의 유비'(*analogia historica*), "유대적 상황"이 있다.

---

8) Schweitzer, *Quest* (§23, Lit.), pp. 11f.

「역사적 예수 탐구」에서 "역사적 예수"에 대한 순전히 역사적인 탐구의 과정을 극적으로 묘사한 사람은 슈바이처(A. Schweitzer)였다. 제1판(1906)의 제목은 「라이마루스에서 브레데까지」였다. 이 두 이름은 이 과학적인 탐구의 처음과 끝을 의미했다. 1세기가 넘도록 이 탐구는 단순히 역사적으로 촉발된 관심에서만이 아니라 많은 신학자들을 매혹시켰다. 그들은 이런 식으로 하면 당시의 지식인들, 즉 더 이상 교회에서 신앙고백하는 신-인에 가까이 갈 수 없었던 사람들에게 예수의 진정하고도 영속적인 위대성을 보여줄 수 있을 것이라고 생각하였다. 슈바이처가 마지막 판의 서문(p. 5)에서 쓰고 있듯이 이 탐구의 과정은 다음과 같았다: "세상은 … 그토록 고통과 극기로 가득찬 진리를 향한 투쟁을 … 이전에 결코 본 적이 없었다 … ".

예수의 생애 탐구의 역사는 실패의 역사였다. 역사적 진실에 대한 탐구는 예수의 각각의 심상들을 자료들과 끊임없는 역사 비평에 의해 시험했을 때 거듭 거듭 원점으로 돌아가야 했다. 마침내 세기의 전환기에 브레데(W. Wrede)의 급진적인 역사적 문제 제기는 이 일을 아주 결정적으로 붕괴시켰다. 브레데는 1901년에 발표한 소논문인 「메시야 비밀」에서 가장 오래된 자료인 마가복음조차도 예수의 전기를 위한 자료를 제공하지 않는다는 것을 보여주었다. 여기에서조차도 예수의 사역과 운명은 인간적인 소재와 관계들의 견지에서 설명된 것이 아니고 하나님의 계시로서 해석되고 선포되었다.

자료들의 성격은 "예수의 생애"를 쓰는 것, 즉 과학적으로 믿을 만한 전기 형태로 예수의 역사적 사역을 묘사하는 것을 불가능하게 하였다. 따라서 자료들은 "순전히 역사적인" 문제 제기 방식에 협조하기를 거부하였다. 그 자료들은 문제를 제기하는 자가 기대한 대답과는 근본적으로 다른 것을 말하고자 하였다. 적나라한 역사적 사실들에 관한 한 그 자료들은 실제로 단지 단편들만을 제공해주었다: 개별적인 말씀들과 치유들, 소수의 업적들 그리고 종국에 처형! 그것들의 의미와 연관 관계는 역사적으로 설명될 수 없었다.

2. 교회의 초창기에 대한 역사적 심상

마찬가지로 사도행전은 교회의 개시와 성장을 정확히 역사적으로 묘사한 것으로 생각되지 않았다. 물론 이러한 문제 제기 방식은 자료들의 구조, 초대 교회가 그 주변 환경과 함께 공유했던 공통적인 지반으로서의 여러 측면들, 역사적 사건들 및 그것들에 대한 사도행전의 후속적인 묘사에 관한 많은 중요한 세부적인 사항들을 주목하였다. 그러나 전체에 대한 묘사에서 역사적 전개 과정에 대하여 이렇게 생겨난 재구성물은 일관되게 역사적이지 않앞을 뿐만 아니라 철학적 가설들의 도움을 받아 도출된 것이었다. 이점은 우리가 세번째 질문으로 주의를 돌릴 때 분명해질 것이다.

3. 신약 및 초기 기독교의 본질적인 내용

역사적 탐구는 대체로 다음과 같은 질문에 온 관심을 집중시켰다: 초기 기독교의 본질적 내용 — 역사로부터 도출된 — 은 현재와의 관련성에 비추어 보아 무엇인가? 이 질문에 대한 답변들은 다채로운 일련의 신약신학의 구조적 분석들을 낳았다. 이 묘사들은 해석학적으로 매우 시사하는 바가 크다.

a) 1800년대 (신학적) 합리주의 시대에서 신약 탐구의 유일하게 역사적이고 종교적인 흥미 분야는 나사렛 출신의 사람 예수였다. 하지만 이 예수는 하나님을 "지극히 자애로우신 만물의 창조주이자 통치자"로 가르쳤고, 덕에 관하여는 "올바른 존재에 대한 가장 고상한 추구"라고 가르쳤으며 불멸을 가르쳤다. 간단히 말해서 계몽운동의 이성(理性)의 종교를 가르쳤다. 이러한 묘사는 합리주의 자체가 표현하고 있듯이 후기 계몽운동의 합리적인 전제들에 따라 역사적 실존을 평가하는 것에 의해 양산되었다.[9]

b) 19세기 전반기에 순전히 역사적-철학적인 초기 기독교 탐구는 바우어(F. C. Baur)에 의해 독창적으로 개념화되었고 그가 세운 튀빙겐 학파에 의해 대변되었다. 바우어[10]는 초기 기독교를 예수라는 단일한 차원으로 환원해서는 역사적으로나 철학적으로 초기 기독교를 공정하게 나타낼 수 없다고 생각하였다. 초기 기독교는 전체 역사의 지평으로부터 그 전체의 광활한 영역 속에서 이해되어야 한다. 그것은 역사를 인간 존재를 위한 "영" 또는 는 진리, 신적 의식의 자기 해명으로 이해할 때 가능하였다. 이런 견해에 의하면 초기 기독교의 핵심은 지고(至高)의 종교적 사상의 자기 확증이 되었으며, 그것은 정립, 반정립, 종합이라는 변증법을 통해 일어났다. 바우어에게 인류의 지식 추구의 역사는 그리스와 헬라 - 유대 철학으로부터 최상의 종교적 사상이라는 정상을 향한 끊임없는 전진이었다. 이 사상은 예수 안에서 구현되었다. 더욱이 바울은 이 사상, 즉 종교적 보편주의와 도덕적 자율의 원리를 파악했다. 이와는 반대로 예루살렘에 있던 최초의 사도들은 예수의 겉모습에만 집착하여 예수를 유대의 메시야로 생각하였다. 따라서 바우어에 따르면 가장 초기의 기독교는 전

---

9) H. Hohlwein, *RGG* V[3], 796f.

10) F. C. Baur, Paul (A. Menzies가 독어본 제2판으로부터 번역한 영문판) I (1876), II (1875); *The Church History of the First Three Centuries* (1976).

통적인 견해가 사도행전을 토대로 생각한 것과는 달리 개념적인 통일체가 아니었다. 오히려 그것은 바울 서신들에서 볼 수 있듯이 예루살렘 사도들의 유대주의와 바울의 자유로운 보편주의와의 대립으로 나누어져 있었다. 이 대립은 150년경에 와서야 가톨릭이라는 종합을 통해 해소되었다. 그 새로운 개념적 표현은 요한복음에서 발견될 수 있었다. 날카로운 역사적 고찰들의 지지를 받은 이 인상적인 완벽한 견해는 헤겔 철학에 의해 고무되었음이 분명하였다.

c) 이렇게 고안된 이상주의와는 대조적으로 리츨(A. Ritschl)[11]은 다음 세대에서 역사적 실증주의를 정립하였다. 그의 학파는 세밀하게 구별하는 역사적 연구를 통하여 초기 기독교 — 특히 예수 — 의 "종교적인 개성들"을 묘사하려 하였다. 왜냐하면 오늘날처럼 그때에도 변화를 위한 결정적인 기동력은 그러한 개성들로부터 나왔기 때문이다.

초기 기독교에 대한 이러한 접근 방식은 1900년에 「기독교란 무엇인가」라는 강의를 통해 하르낙(A. von Harnack)에 의해 다듬어졌다. 그의 효과적인 언어 사용은 전문적인 신학 집단들을 뛰어넘어 광범위하게 영향을 미쳤다. 그는 "예수가 선포한 바 복음은 아들이 아니라 오직 아버지와만 관계가 있다"(영문판, 1957, p. 144)라고 말했다. 따라서 꼭 필요한 것은 예수에 대한 신앙이 아니라 아버지로서의 하나님의 사랑과 인간 영혼의 영원한 가치를 믿는 것이라는 개념이 등장할 수 있었다(참조. pp. 181ff.; pp. 63ff.). 바로 이 점이 모든 윤리적 행위를 위한 동기 유발로서의 사랑과 아울러 자유주의 신학의 혼과 얼이었다. 신칸트주의와 아울러 자유주의 신학은 초기 기독교에 대한 이러한 견해를 형성하는 데 결정적인 영향을 미쳤다. 신약신학을 그런 식으로 고전적으로 서술한 책은 홀츠만(H. J. Holtzmann)에 의해 쓰여졌다. 그의 두 권으로 된 책(1897)은 바우어와 율리허(A. Jülicher)에 의해 1911년에 2판이 간행되었다. 오늘날도 그 책은 여전히 읽기를 자극한다.

d) 잠시 후 1900년 경에 새로운 시대가 이미 시작되었다. 1897년에 브레데는 「소위 신약신학의 과제와 방법론에 대하여」(*über Aufgabe und Methode der sogenannten neutestamentlichen Theologie*)라는 분량은 작지만 효과는 엄청났던 변증적 논문을 간행하였다. 그는 19세기의 바우어와 리츨 학파의 역사적 신학 탐구와 관련하여 초기 기독교를 당시의 철학의 안경을 통하여 보았다고 비난하였다. 그는 신약 저작들은 일관되게 역사적인 방식으로, 즉 그 저작들이 생겨난 상황들에 비추어 보고 해석되어야 할 것이라고 주장하였다. 트뢸취가 이 입장을 체계적으로 대변했을 때 그랬던 것처럼 그것을 더 정확한 해석학적 용어들로 표현한다면, 초기 기독교에 대한 역사적 묘사는 "비평, 유비, 상호 관

---

11) *Die Entstehung der altkatholischen Kirche* (1857²).

계"의 원리를 따라 행해져야 한다".[12] 브레데가 상세하게 설명했듯이 신약신학의 묘사에서 그 결과는 그러한 신학을 소위 교훈적 개념에 의한 방법론(*Lehrbegriffmethode*)에 따라 전개하는 것은 더 이상 불가능하다는 것이었다. 이것은 바우어와 다른 옹호자들이 신약 저작들을 19세기의 신학 교수들의 논문과 동일한 취급을 했던 이래로 관례가 되어 있었다. 그들은 신약 저작들로부터 저자의 구체적인 "교훈적 개념", 즉 저자의 신학적 체계를 수집하려고 하였다. 이 접근 방식의 반대자들은 이것을 잘못이라고 생각하였다. 왜냐하면 신약 저작의 저자들은 종교 운동의 해설자로 이해되었기 때문이다. 이런 이유로 신약신학은 신학 체계들의 연속적인 발전이 아니라 고대의 유물에 대한 종교사 안에서의 한 장(章)으로 묘사되었다. 이런 식으로 브레데는 신약에 대한 종교사학파의 강령을 도출해내었다. 하지만 그 이전에 궁켈(H. Gunkel)은 구약 연구를 통하여 이러한 접근 방식에 대한 길을 준비해 놓았다.

부세(W. Bousset)는 「주 그리스도」(*Kyrios Christos*, 1913)라는 책에서 신약신학의 핵심인 기독론과 관련하여 이 강령을 실천에 옮겼다. 이렇게 함으로써 그는 초기 기독교의 전체 구조에 관한 순전히 역사적인 묘사를 산출해내고자 하였다. 그가 찾아낸 것은 철저한 전승 비평을 통하여 극소수의 형체만이 남은 예수 상(像)이었다. 그가 보기에는 예수는 랍비와 선지자로서 인류의 원시 종교를 가르쳤다. 예수가 죽은 후에 어떻게 신약을 가득 채우고 있는 종교적 경외심이 그에게로 부가될 수 있었는가 라는 질문에 대하여 부세는 이렇게 대답하였다: "이 모든 것 가운데 가장 중요한 것은 그의 죽음과 명백한 실패에도 불구하고 예수는 속세를 초월하는 메시야가 되었으며 세상을 심판하러 다시 오실 것이라는 바위같이 굳건한 확신이 제자들의 마음 속에 생겨났다 … 이러한 확신을 통해 그들은 예수가 제시한 복음의 실질적인 내용을 믿게 되었다." "그러한 새로운 확신"의 배후에 있었던 결정

---

12) 1898에 간행된 논문, "Über historische und dogmatische Methode in der Theologie (*Gesammelte Schriften* II 〔1913〕, 729 - 753= G. Sauter, ed., *Theologie als Wissenschaft* 〔1971〕, pp. 105 - 127; *Gesammelte Schriften* II에 수록된 세 편의 논문과 역사적 예수에 관한 강연은 C. Troeltsch, *Writings on Theology and Religion* 〔1977〕에 번역되어 간행되었다. 그러나 이 논문은 거기에 포함되지 않았다). "비평" — 방법론을 토대로 주어진 전승의 개연성에 관한 판단들 — 은 "유비", 즉 현재의 사건과 과거의 사건과의 유사성을 통하여 가능하게 된다. 전제되는 것은 "인간의 정신과 그 역사적 활동의 〔근본적인〕 유사성"이다. 그 결과는 "상관 관계" 또는 "삶과 진보에서 모든 발전들의 상호적인 효과"인데, "이로 인하여 그 궤적 속에 앞선 또는 후속적인 어떤 변화 없이는 주어진 시점에서 그 어떠한 변화도 있을 수 없게 된다. 그러므로 발생하는 모든 것은 끊임없이 상호적인 관계 속에 있게 되고 필연적으로 각각의 것이 결합되고 각각의 사건이 상호 관계 속에 있게 되는 한 흐름을 형성하여야 한다."(p. 733).

적인 기동력은 "예수의 개성이 제자들의 마음 속에 남겨놓았던 강력하고 지울 수 없었던 인상이었다 … "(p. 50). 또 과소 평가되어서는 안될 중요한 요소는 유대 묵시문학과 그 메시야 관이었다. 이것은 "제자들이 경험한 완전히 혼란스러운 수수께끼를 푸는 실마리를 갖고 있는 것처럼 보였다."(ibid.) 이 견해의 도움을 받아 제자들은 자신들의 확신을 분명히 할 수 있었다.

제자들은 이미 예수의 공생애 기간 동안에 예수에게 적용된 바 있던 이러한 메시야 기대들을 이용하였다. "그들은 이미 존재해 있던 왕의 외투를 그들의 주인에게 던졌다 … 그리고 예수를 고난과 죽음을 통하여 영광으로 들어가신 인자로 고백했다"(pp. 50f.). 따라서 복음서에 나오는 인자에 관한 말씀들은 "공동체의 교의(敎儀)"(p. 49)이다. 단지 이십 년 후에 바울 서신들은 예수를 위하여 "새로운 옷과 의상들"을 "짠" 헬라의 성읍들에 있는 교회들을 전제하였다. "인자"라는 호칭은 그들에게 이해가 되지 않았다. 그들은 예배 가운데서 예수를 하늘에 속한 주(主)로 환호하였고 성찬을 통해 그와의 성례적인 친교(*communio*)를 경험하였다. 그들은 주에 대한 고대 근동의 제의(祭儀)를 예수에게 전이시켰다. 더욱이 부세는 원리에 관한 말을 하였다: "그러한 과정들은 공동체의 집단 의식이라는 무의식적이고 통제할 수 없는 깊은 차원을 통해 일어났다"(p. 146). 바울이 전개하였던 것과 같은 신학적 성찰은 언제나 후속적인 발전 과정이었다. 바울 신학과 그 후의 요한 신학에서 헬레니즘적인 그리스도 종교는 시성적으로 진개되었다.

종교사적 견지에서의 초기 기독교에 대한 이러한 분석은 임청난 역사적 업적이었다.[13] 그러나 이런 식으로 초기 가톨릭 교회의 모습은 적절한 역사적 설명을 발견했던가? 그것이 실제로 여기서 묘사된 대로 유대교와 헬레니즘과의 역사적 연속성 안에서 자라났다면 왜 그것은 유대교와 헬레니즘으로부터 이질적인 요소라 하여 거부되어야 했던가?[14] 순전히 역사적인 서술 방법론으로는 이러한 간격을 설명할 수가 없고, 따라서 전체를 적절하게 서술할 수도 없었다. 왜냐하면 이 방법론은 역사적 연속성이라는 원칙을 그 합리적인 전제로 고집하

---

13) 이 관점에서 쓰여져서 1911(1928⁴)에 간행된 H. Weinel에 의한 교과서인 *Biblische Theologie des NT: Die Religion Jesu und des Urchristentums* 은 다른 것들만큼 중요하지 않다. 1904년 이래로 종교사학파의 학문적인 "결과물들"은 "Religionsgeschichtliche Volksbücher," J. C. B. Mohr (Paul Sibeck), Tübingen 총서로 간행됨으로써 지식인들 사이에 널리 알려지게 되었다.

14) 이 문제는 1924년에 저명한 교회사가인 K. Holl에 의해 종교사의 옹초자들을 향해 제기되었다(" Urchristentum und Religionsgeschichte," in Gesammelte Aufsätze zur Kirchengeschichte II 〔1928〕, 1-32).

고 있었기 때문이다. 이와 정확히 똑같은 방식으로 이 견해는 초기 기독론을 이해하는 데에 상호 관계라는 역사적 원칙의 규정들을 따랐다: 종교적 세계의 구속자 신화들이 예수에게로 "이식되었다"는 것이다! 이식되었던 것이 제거되었을 때 특히 기독교적 성격을 지닌 채 남는 모든 것은 역사적 예수, 모든 인간 존재 안에 내재해 있는 원시 종교를 사람들로 하여금 알게 하였던 분이었다.

초기 기독교를 바라보는 이러한 방식 및 그 본질적인 내용의 범위는 "순전히 역사적"이라는 것이 객관적인 과학적 방법론을 의미하지 않는다는 것을 그 모든 선구자들보다도 더 잘 보여주었다. 트뢸취가 분명히 했듯이[15] "전체 세계관"이 합리적 전제로서 활동하였다. 성경 연구를 특정한 시대의 철학으로부터 더욱 더 독립적이게 하기 위하여 역사비평적 원칙을 통하여 성경 연구를 해방시키는 것이 목적이지 않았는가? 이러한 고군 분투의 목표는 교회 전통이나 형이상학의 범주들 ― 흔히 이야기하듯이 ― 로부터 벗어나려는 것이 아니었던가? 이러한 딜레마를 해결할 방법은 과연 있었는가? 우리는 어쩔 수 없이 자기 시대의 합리적 전제들에 결박될 수 밖에 없는 것인가? 1920년은 신학사에서 "순전히 역사적인" 연구 방법론 자체 안에서 근본적인 변화가 생겨났던 새로운 시대였다. 이 변화는 역사적 탐구의 진보와 철학적 사고의 고양에 의해서만이 아니라 신학적 지향의 근본적인 변화에 의해 촉진되었다.

III. "순전히 역사적인" 문제 제기 방식의 신학적 확대

R. Bultmann, *Faith and Understanding* I (1969); *Theology of the New Testament* (1951/55); H. W. Bartsch, ed., *Kerygma and Myth: A Theological Debate* (Eng. Vol. I only, 1953); H. Braun, "Die Problematik einer Theologie des Neuen Testaments," in *Gesammelte Studien zum Neuen Testament und seiner Umwelt* (1962), pp. 325-341; H. Koester and J. M. Robinson, *Trajectories through Early Christianity* (1971); P. Stuhlmacher, "Das Bekenntnis zur Auferweckung Jesu von den Toten und die Biblische Theologie," *ZThK* 70 (1973), pp. 365-403; "Kritische Marginalien zum gegenwärtigen Stand der Frage nach Jesus," in *Fides et Communicatio, Festschrift für M. Doerne* (1970), pp. 341-361.

---

15) *Gesammelte Schriften* II (1922²), 734.

1. 칼 바르트(K. Barth)

이 새로운 시대는 대학의 신학이 아니라 한 국외자가 쓴 책, 즉 스위스의 목회자였던 칼 바르트의 로마서 주석으로부터 시작되었다. 칼 바르트와 그의 동료 투르나이젠(E. Thurneysen)은 젊은 목회자로서 로마서가 마르부르그의 자유주의적인 스승들로부터 들었던 것 이상의 것을 말하고 있음을 발견하였다.[16] 그들이 발전시킨 문제 제기 방식은 바르트에 의해 제2판 서문(1922; 영문판, pp. 7 - 11)에서 자세히 설명되었다. 로마서에 대한 순전히 역사적인 설명은 해석이 아니었다. 그것은 본문이 실제로 말하고 싶어한 것을 허용하지 않았다. 달리 말하면 그것은 이해를 전달하지 않았다: "내가 말하는 진정한 이해와 해석은 루터가 자기의 주석에서 직감적인 확신을 가지고 행했던 창조 에너지를 의미한다. 그것은 칼빈의 체계적인 해석의 밑바탕을 이루고 있다. 그리고 그것은 적어도 호프만(Hofmann), 벡(J. T. Beck) … 슐라터(Schlatter)와 같은 현대 저술가들에 의해서도 시도되고 있다." 이 목표를 달성하기 위해서는 두 가지 해석학적 준칙들이 적용되어야 했다. 우리가 로마서의 본문과 오랫동안 힘들여 씨름을 한 결과로 마침내 1세기와 20세기의 "벽"이 "투명하게 되고" "바울이 말하고 (20세기의) 사람들이 들으며" "원래의 기록과 독자 간의 대화가 주제를 가운데 놓고 맴돌 때" 비로소 로마서는 해석되었다.

이것은 간단히 말해 다음과 같은 것을 의미했다: (1) 단순히 역사적으로 멀리 떨어져서 관찰한 것만으로 만족하지 말고 자발적으로 들려오는 말씀의 차원을 추구하라! (2) 전제들이 없는 외관상의 중립성을 견지한 채 연구를 진행하지 말고 하나님은 하나님이지 인간이 아니라는 중심적인 문제에 관심을 집중시키고 연구를 진행하라! "종교"가 아니라 하나님의 신실하심과 하나님의 말씀에 집중하라!

칼 바르트가 여기서 신약에 대한 순전히 역사적인 연구에 대하여 반대했던 것은 슐라터의 전통 속에서 주석자들이 오랫동안 중심적인 것으로 받아들였던 바로 그것이었다. 이제 처음으로 그것이 그들 자신의 지위와 상황으로부터 나와 자신의 이점을 분명히 말했을 때 종교사학파 출신의 젊은 세대의 주석학자들은 주목을 받게 되었다. 그들 가운데 한 사람은 불트만이었다. 물론 논의가 진행됨에 따라 바르트의 해석학적 원칙이 신약을 어느 점에서 부당하게 다루었는가 하는 것이 점점 더 분명해졌다: 자발성의 원칙은 역사적 간격을 뛰어 넘는다. 그것은 신약의 역사적 성격을 정당하게 다루지 못했다. 달리 말하면 바르트는 성경의 한쪽 측면만을 주목했다. 즉 하나님의 말씀, '로고스'(logos)만을 전달하려고 했다. 하

---

16) K. Barth, *The Epistle to the Romans* (1933) ; E. Thurneysen, *Karl Barth - "Theologie und Sozialismus" in den Briefen seiner Frühzeit* (1973).

지만 그는 이것이 구체적인 상황과 결부된 가운데 "육체 안에서", 역사적 형태로 일어났다는 사실을 너무도 경시하였다.

2. 불트만(R. Bultmann)

성경의 두 측면을 공정하게 다루려고 한 것은 불트만의 공(功)이었다. 그는 급진적이고 역사적인 문제 제기 방식을 통하여 성경의 역사적인 측면을 다루었고, '로고스'로서의 성경의 특성을 케리그마로 해석하였다. 신약 연구에서 새로운 경향을 형성한 것은 칼 바르트의 방법론이 아니라 바로 이 접근 방식이었다 — 불트만 학파. 1945년 이후 이 접근 방식은 칼 바르트를 전반적인 신학 논의에서 더욱 더 물러나지 않을 수 없게 만들었다.

불트만은 1920년대에 자신의 사상들을 전개하였는데, 그것들을 주요한 단행본이 아니라 소논문들로 간행하였다. 그 첫번째 성과가 「신앙과 이해」(1933)라는 논문 모음집으로 나타났다.

a) 발생학적으로 볼 때 그는 세 가지 접근 방식을 결합하였다. (1) 그는 사상면에서 "순전히 역사적인" 학파, 즉 종교사학파의 후예, 구체적으로 말하면 일관된 종말론(*konsequente Eschatologie*)이라는 개념에 의해 영향을 받은 분파의 후예였다. (2) 아울러 이 분야에서의 선구자들과 마찬가지로 그는 자신의 일반적인 합리적 전제를 위해 당시의 철학에 아주 의도적으로 눈을 돌렸다. 그것은 바르트와 마찬가지로 키에르케고르(S. Kierkegaard)의 사상에 강하게 영향을 받은 마르부르그의 젊은 동료였던 하이데거(M. Heidegger)의 실존주의 철학이었다. 그러나 불트만에게 — 바우어 이래의 선구자들과는 대조적으로 — 이전 세대를 뛰어넘는 자신의 운동에 주로 영향을 미쳤던 것은 역사적 탐구의 분야에서의 진보가 아니라 당대 철학의 고양이었다. 이 두 가지에 불트만은 세번째 요소를 더했는데, 다른 모든 사람들은 고의적으로 이것을 제쳐두었다. (3) 바르트의 영향 아래에서 그는 신약이 인간의 종교성으로 이해되는 종교가 아니라 하나님의 말씀을 전달하기를 원한다는 것을 보았다. 그러므로 불트만은 이 특정한 신학적 원칙을 자기 자신의 것으로 만들었다.

b) 어떻게 불트만은 이 세 가지 접근 방식의 결합을 해석학적으로 해내었는가? 신약 본문들을 연구하는 가운데 불트만은 마치 그것들이 분석에서 건전한 도구들인 것처럼 그것들을 하나 하나 번갈아 사용해 보았을 것이다. 이것은 다음과 같이 예시될 수 있다.

1) 그는 언제나 자신의 탐구를 본문에 대한 "순전히 역사적인" 분석으로부터 시작하였다.

그의 판단으로는 부세는 이러한 접근 방식 아래에서 전개하였던 초기 기독교에 대한 전반적인 견해에서 본질적으로 옳았다.[17] 이에 따라 1953년에 비로소 완간된 그의 「신약신학」은 그 역사적 개요에서 이러한 견해를 따랐다.

2) 하지만 그는 역사적 현상만을 서술하는 것으로 만족하지 않았다. 예를 들면 우리는 예수가 하나님 나라의 임박한 도래를 선포했음을 결정할 수 있었다. 이것은 "순전히 역사적인" 고찰로서 예수가 세상에 대한 임박한 종말과 새로운 우주의 정립을 말하였다고 하는 것이다. 하지만 이 선포는 성취되지 않았기 때문에 우리는 그것을 묵시문학적 신화라고 생각하여야 할 것이다. 우리가 순전히 역사적인 범주들에 매달리는 한 우리는 예수가 이 선포를 통하여 실제로 말하고자 했던 것을 이해할 수 없게 된다. 불트만에게서 이해로 들어가는 문은 실존주의적 해석이라는 열쇠를 통하여 열려졌다. 그에게 이것은 신학적 공리일 뿐만 아니라 실존주의 철학에 의해 전개된 의미로서 과학적 사고의 정언명령이었다. 그는 다음과 같은 정의를 제시하였다(「신앙과 이해」, I, 154): "본문에 대한 해석은 그 본문이 인간 실존을 어떻게 파악하고 있는지를 이해하는 것을 포함하며 그러한 이해는 자기 자신의 실존에 대한 주석자의 인식에 좌우된다 … " 실존주의적 해석은 다음과 같은 질문을 제기하여야 했다: 이 본문에는 모든 시대에 인간의 실존에 대한 어떠한 이해가 표명되어 있는가? 그렇게 해서을 하게 되면 하나님 나라의 임박한 도래에 관한 예수의 선포는 인간 존재를 "하나님을 향한 결단의 시간으로서의 그의 현재로" 향하게 하는 의도를 지니고 있었다고 불트만은 주장했다.[18]

그러므로 불트만에게 실존주의적 해석은 신약 진술들의 내재적인 의미를 전면에 부각시키는 것을 가능하게 만들었고, 그와 동시에 본질적이지 않은 것들은 막후로 사라지게 하였다. 본질적이지 않은 것이란 시대에 뒤떨어진 신화적 세계관을 보여주는 표현의 외피(外皮)들을 의미했다. 그 예를 들자면 이 세상의 멸망에 관한 개념, 새로운 우주의 창설 등과 같은 것들이다. 달리 말하면 실존주의적 해석은 신약을 "비신화화하는" 능력을 가져왔다. 실존주의적 해석의 이면을 보여주는 이 표어는 1941년에 행한 「신약과 신화학」에 대한 강연에서 처음으로 불트만에 의해 사용되었다.[19] 그것은 슬로건이 되었고, 1945년 이후에 그것은 그의 해석학을 담는 그릇이 되어 교회에서나 학계에서의 논의에서 각광을 받게 되었다. 그것은 1954년경 적절한 해명도 없이 갑자기 자취를 감췄다. 이 논의에 대한 이후의 보고

---

17) Bultmann, *Faith and Understanding* I (1969), 273f.
18) Bultmann, *Theology*, §2, 5.
19) *Kerygma and Myth*, ed. H. W. Bartsch, I (1948; Eng. 1953), 1-44에 수록되어 있다.

는 「케리그마와 신화」(*Kerygma und Mythos*)(1948ff.) 총서 속에서 바르취(H. W. Bartsch)에 의해 편집되었다.

3) 불트만은 신약의 본질적 내용에 관한 이러한 분석과 해석으로부터 어떠한 결론들을 도출해내었는가? 이미 살펴본 대로 불트만에게 예수의 설교의 핵심은 결단으로의 하나님의 부르심이었다. 이 시점에서 그의 접근 방식의 세번째 요소는 그 힘을 발휘하였다. 바르트의 영향 아래에서 그는 이 시점까지 그의 전통에 결정적인 역할을 했던 개념, 즉 신약은 인간의 종교성의 표현이라는 개념과 결별하였다. 그는 신약의 본질적 내용이 바우어에서와는 달리 종교적인 사상이라는 점에 동의할 수 없었다. 또한 자유주의적 실증주의에서와는 달리 그것은 종교성에 불을 붙이는 종교적 개성이 아니었다. 또한 그것은 종교사학파의 주장과는 달리 인간의 원시 종교도 아니었다. 오히려 불트만에게 그 본질적 내용은 케리그마였는데, 이것은 신약이 믿음의 결단을 요구한 하나님의 직접적인 말씀을 전달한다는 것을 의미했다. 특히 이것은 예수 자신이 인류를 향한 하나님의 최후의 말씀이라는 것을 의미하였다. 예수의 제자들은 십자가의 빛 아래에서 이것을 새롭게 고백해야 했고, 그들은 부활절 케리그마에 표현되어 있는 부활 신앙을 통해 바로 그렇게 했다. 이것은 대단히 중요했다. 왜냐하면 그것은 불트만에게 지상적 예수가 아니라 부활절 케리그마가 신약신학은 물론이고 신약 메시지의 출발점이었다는 것을 의미했기 때문이다.[20] 그러므로 부세(Bousset)로부터 이어받은 그 역사적 배열 속에서 불트만의 신약신학은 "초대 교회의 케리그마" 또는 "헬라니즘적 교회의 케리그마", "바울의 신학" 또는 "요한의 신학"과 같은 용어들을 사용하였다(그는 이들을 헬레니즘적 교회의 케리그마의 해설자들로 생각하였다).

c) 이러한 도식(圖式)은 독일어권의 나라에서 20세기 중엽의 신학적 논의를 주도했고 그 영향력을 이 지역의 경계들을 훨씬 넘어까지 급속하게 확장시켰다. 이제 이 프로그램을 회고적으로 평가해 볼 때 무엇을 말할 수 있는가?

불트만은 이 분야에서 다른 사람들의 연구에 의해 제기된 해석학적 문제에 대해 날카로운 이해를 보여주었다. 실제로 성경 연구는 역사적 분석과 신학적 이해를 결합하는 과제에 직면해 있다. 하지만 그렇게 하기 위해서는 서로 긴장 관계에 있는 세 요소들을 잘 결합하여야 한다: (1) 현대의 합리적 전제들, (2) 역사적 분석의 원칙들, (3) 문서의 독특한 주장. 불트만은 이 세 요소들 간의 조화롭고 적절한 관계를 획득하였는가? 저자의 견해로는 불트만은 첫번째 두 가지 요소를 세번째를 위해 지나칠 정도로 정적(靜的)인 전제들로 변화시켜 버렸다. 그는 그 두 요소를 여과기로 사용하였다. 본 저자의 관점에서 보면 그 두 요소는

---

20) Bultmann, *Theology*, §7, 3, §1 서문.

세번째, 즉 계시라는 문서들의 주장과 끊임없이 비판적인 대화를 전개해야 했다. 그렇게 하지 않는다면 그것은 불트만이 1950년대의 해석학적 논의에서 비판했던 것처럼 두 측면 모두에서 불완전한 상태로 끝나버리고 만다. 예를 들면 야스퍼스(K. Jaspers)와 같은 철학자의 견해에 의하면 신약으로부터 하나님의 말씀, 즉 케리그마를 추출해내는 것은 여전히 신화학이었다[21] 그리고 많은 신학자들에게 그것은 너무도 알맹이가 없었다. 바로 이 점에 대하여 한때 불트만의 제자였던 슐리어(H. Schlier)는 이렇게 반론을 폈다: "로고스는 말씀이 된 것이 아니라 육체가 되었다!"[22] 여기서 케리그마의 실질은 "실질이 결여된 역설"이 될 위험성이 있다. 더욱이 믿음의 결단으로의 부름은 율법이 될 위험성이 있다. 이와 비슷한 반론들은 1955년경 이래로 불트만 학파 내에서도 제기되어 왔다.

3. 불트만 사상의 이후의 발전: 그의 학파의 분열

1955년경 이래로 불트만으로부터 연유한 연구 분파를 대표하는 학자들은 역사적 예수에 의거하여 케리그마의 문제점을 해결하려고 다양한 시도를 하여 왔다.[23] 어떤 부류는 케리그마를 예수의 생애와 사역으로부터 오는 실질적 내용으로 채워넣으려고 했고, 다른 부류들은 케리그마를 궁극적으로 비신화화하고 그것을 예수로 대체하려고 하였다. 불트만은 하이델베르그 학술원에서 행한 "원시기독교의 그리스도직과 역사적 예수의 관계"(Das Verhältnis der urchristlichen Christusbotschaft zum historischen Jesus), (SAH, 1960)라는 제하의 강연에서 이러한 발전 과정에 대하여 반대 의사를 표명하였는데, 이것은 불트만의 최후의 뜻이자

---

21) *Kerygma und Mythos*, III (1954; 1965³), 20-23, 27-29, 40.

22) H. Schlier, in *Bekenntnis zur katholischen Kirche* (1955), p. 181.

23) 역사적 예수의 문제로 방향 전환하는 데 가담하지 않았던 소수 중의 한 사람이었던 H. Conzelmann은 이 학파에서 신약신학 책을 간행한 유일한 인물이었다: *An Outline of New Testament Theology* (1968; Eng. 1969). 그는 이렇게 말한다: "그러나 나는 — 자의적인 이유가 아니라 방법론적인 일관성과 나의 접근 방식에 대한 주석학적 토대의 결과로서 — '역사적 예수'는 신약신학의 한 주제가 아니라고 주장하지 않으면 안된다고 느낀다"(p. xvii) - Bultmann이 *Theology*, I, 3f.에서 강령적으로 말했던 것과 마찬가지로.

24) 1960년대 초의 논의의 현황은 H. Ristow and K. Matthiae, *Der hestorische Jesus und der kerygmatische Christus* (1961)에 의해 편집된 논문 모음집에 반영되어 있다. 이와 마찬가지로 H. Zahrnt, *The Question of God; Protestant Theology in the Twentieth Century* (1969)에 의한 평신도들을 위한 논의의 묘사 및 A. Stock, Einheit des Neuen Testaments. Erörterung hermeneutischer Grundpositionen der heutigin Thelogie" (1969)의 학위 논문도 비교해보라.

유언이 되었다. 케리그마와 역사적 예수가 서로 연관되는 방식에 관하여 불트만 학파의 구성원들은 각자의 길을 걸어 왔다. [24]

 a) 케제만은 1954년에 "역사적 예수의 문제"(Das Problem des historischen Jesus)라는 강연을 통하여 이러한 역사의 예수에 대한 탐구에 기동력을 제공하였다. 더욱이 그는 "'역사의 예수' 논쟁의 어두운 길들"이라는 소논문에서 날카로운 묘사를 통하여 이러한 탐구의 의도를 아주 극명하게 설명하였다. [25] 이 소논문에서 그는 예수의 말씀이 케리그마의 근거이자 판별 기준이기 때문에 예수의 말씀에 대한 탐구는 신약에서 요구되고 복음서에 의해 답변된다고 말했다. 그 말씀들이 없다면 기독교가 설교하는 그리스도는 "종말론적 자기 인식의 투사"로 해소되고 말 것이며 "종교적인 이데올로기의 대상"이 되고 말 것이다(New Testament Questions of Today, p. 63). 따라서 예수의 "역사"는 실제로 그 타당성을 갖는다.

 이러한 출발점에서 시작하여 케제만은 케리그마를 인간적인 내용으로 채워넣는 것으로 나아갔다. 그렇지만 케리그마를 지상적 예수로 환원시키지는 않았다. [26] 그에게 케리그마는 십자가에 못박힌 주님을 의미했다. [27] 이에 따라 믿음은 그리스도의 주권을 섬기는 가운데서의 순종이었다. 순종을 통하여 그 주권은 세상에 이루어져야 한다. 케제만에게 케리그마의 가장 중요한 표현은 고린도전서 15:23 ‑ 28이었다: "저가 모든 원수를 그 발 아래 둘 때까지 불가불 왕노릇하시리니" ― 불트만은 이것을 묵시론적 사고로 규정하였다. [28] 묵시문학은 마음대로 대체될 수 있는 단순한 신화적 표현 양식일 뿐이라고 전제했던 부세와 불트만과는 대조적으로 케제만은 묵시문학은 초기 기독교 신학의 핵심적인 구조적 요소 자체라고 주장하였다. 그는 "묵시문학은 모든 기독교 신학의 어머니였다"[29]라고 말했다. 이 주제는 「기독교 묵시문학의 주제에 관하여」라는 그의 소논문에서 주요하게 전개되었다. [30]

---

25) 지금은 *Essays on New Testament Themes* (1964), pp. 15 ‑ 47, and *New Testament Questions of Today* (1969), pp. 23 ‑ 63에 수록되어 있다.

26) G. Bornkamm이 *Jesus of Nazareth* (1956; Eng. 1960)을 쓴 것은 바로 이러한 의도에서였다.

27) The Saving Significance of the Death of Jesus in Paul," *Perspectives on Paul.* (1971), pp. 32 ‑ 59: " … 부활하신 분은 다름 아닌 십자가에 못박히신 그분이며, 부활하신 분의 주되심은 십자가에 못박히신 분의 현재적인 섬김과 보조를 같이 한다"(p. 57).

28) *New Testament Questions of Today*, pp. 132f., 180f.

29) *ZThK* 57 (1960), 180; cf. *ZThK* 58 (1961), 378.

30) *New Testament Questions of Today*, pp. 108 ‑ 137. 묵시론은 그에게는 미래의 종말론이다. 그에 따라 그리스도의 주되심은 역사 속에서 획득된다. 참조. Goppelt, *Christologie und Ethik*, p. 241.

그러므로 원칙의 문제에서와 아주 일관되게 실존주의적 해석은 이 소논문의 서론적인 고찰에서 억제되었고 그 강조점이 역사의 타당성에 두어졌다. 그는 이해가 어떤 사람의 개인적인 결단과 동일시될 수는 없다고 지적하였다. 그의 말에 의하면 "먼저 '다른 것'에 의해 주어지거나 버려지고 있는 것을 경청하며 기다리지 않고 언제나 즉각적으로 어떤 입장을 취하라고 강요하는 것은 이해의 죽음, 진정한 문제를 질식시키는 것, 배워서 자라갈 기회를 잃는 것이다." 우리에게 낯설고 우리와 다르기는 하지만 우리의 상황과 관련이 되는 "역사"의 차원을 먼저 경청하여야 한다. 그렇지 않으면 "해석은 더 이상 조명되어야 하는 역사의 종이 아니라 후자를 정처없는 현대인들을 위해 자의적으로 구축된 건물들에 쓰는 채석장이 되게 한다."[31]

b) 푸크스(E. Fuchs)와 에벨링(G. Ebeling)은 정반대의 방향으로 나아갔다. 그들에게 역사적 예수는 케리그마의 토대가 된 것이 아니라 예수 자신이 믿음의 토대로 그 자리에 서 있었다. 예수는 믿음을 정의하고 요구했기 때문이 아니라 자기 자신의 믿음을 보이는 것을 통하여 그 토대가 되었다.[32] 부활절은 이 차원에 새로운 것을 더하지 못했다. "부활절 이후의 나날들의 믿음은 부활절 이전의 나날들에 대한 올바른 이해일 뿐임을 스스로 안다."[33] 결과적으로 부활절 케리그마 자체는 비신화화가 가능한 후보자가 되었다. 우리는 예를 들면 다음과 같은 말을 듣는다: "소위 '부활절 신앙'을 비신화화의 대상으로 삼는 것이 더 올바른 것이 아닐까? … 또는 어떻게 부활절 신앙이 이를테면 탕자의 비유에 나와 있는 죄 사함에 대한 신앙과 구별되는가?"[34]

c) 이러한 경향은 브라운(H. Braun)의 연구에 가장 급진적으로 표현되었다. 여기서 하나님 자신은 비신화화의 과정에 포함되었다. 불트만은 그렇게 하려 하지 않았다. 왜냐하면 하나님은 신약의 지세에 대한 전반적인 개관과는 구별되는 "빙하기의 표석"(漂石)이기

---

31) *New Testament Questions of Today*, pp. 109f. n. 2.
32) 이 출발점은 두 편의 논문에서 전면에 부각되어 있다: E. Fuchs, "Jesus and Faith," in *Studies of the Historical Jesus* (1964), pp. 48 - 64; and G. Ebeling, "Jesus and Faith," in *Word and Faith* (1963), pp. 201 - 246.
33) G. Ebeling, "The Question of the Historical Jesus and the Problem of Christology," in *Word and Faith* (1963), 302.
34) Das Neue Testament und das hermeneutische Problem," *ZThK* 58 (1961), 205.
35) In *ZThK* 58 (1961), Beiheft 2, 3-18; also in *Gesammelte Studien zum Neuen Testament und seiner Umwelt* (1962), pp. 325-341, and G. Strecker, ed., *Das Problem der Theologie des Neuen Testaments* (WB - Wege der Forschung CCCLXVII, 1975), pp. 405 - 424.

때문이다. "신약신학의 문제"(Die Problematik einer Theologie des NT)[35]에 관한 소논문에서 브라운은 부세에 의해 정의된 대로 신약에 대한 역사적 분석을 계속해서 극단적인 입장에 도달하였다. 이를테면 그는 이렇게 말했다: 신약의 기독론은 너무도 들쑥날쑥하며 신약에서 유일하게 일관된 요소는 그 인류학이었다. 브라운의 견해에 의하면 일관된 것은 유일하게 신자들의 자기 이해뿐이었다. 그들은 자신의 실존이 무조건적인 "나는 해도 좋다"와 "나는 해야 한다", 즉 "허용과 의무의 상태"에 의해 결정된다고 이해하였다. 하지만 이러한 허용과 의무의 상태는 위에 있는 세상으로부터 온 것이 아니라 "이웃"(Mit-mensch)으로부터 왔다고 해석되어야 한다. 이에 따라 하나님은 "나의 이웃에서 만나는 나의 허용과 의무의 근원지"였다. 내가 무조건적인 "나는 해도 좋다"와 "나는 해야 한다"에 따라 참여하는 곳마다 하나님은 거기에 계신다(p. 18; 참조. p. 15).

브라운의 Jesus(1969)에 따르면 신약에서 예수의 설교의 유일하게 본질적인 내용은 바로 이 일관된 요소였다. 여기서 도래하는 하나님 나라의 선포는 더 이상 실존주의적으로 해석되지 않았다. 오히려 그것은 먼 과거와 결부되어 있고 묵시론으로부터 빌어온 어떤 사상으로 특징지어졌다. 즉 그 선포는 역사주의 학파에서와 마찬가지로 다시 한번 객관화되어 제거되었다. 브라운이 보았듯이, 예수에게 특이했고 그의 사상에서 최고였던 것은 사회적으로 소외된 자(declasse)를 돕는 것과 관련된 그의 윤리적 명령들 뿐이었다. 하지만 예수의 명령과 사역에서 예수는 그렇지 않았으면 알려지지 않았을 어떤 것을 계시하는 자로서 행동한 것이 아니라 ― 이 견해에 의하면 ― 인간 존재들 가운데 한 인간으로서, "환자가 필요로 하는 의사"로서 행동했다. 하나님은 단지 한 개인을 진정으로 인간이 되게 하는 인간의 만남의 사건에 대한 환유(換喩)였다. "너희가 여기 내 형제 중에 지극히 작은 자 하나에게 한 것이 곧 내게 한 것이니라"(마 25:40).

브라운의 Jesus는 역사주의의 길을 그 극단까지 몰고감으로써 신약신학이 그 존재 자체를 상실하는 지경까지 이르게 되었다. 그의 제자들은 개인의 인도주의적인 사랑의 윤리학을 뛰어넘어 정치적 성향을 지닌 인도주의의 "하나님의 죽음" 신학으로 옮겨갔다.[36] 물론 브라운의 책은 "하나님", "부활", "하나님의 아들됨"에 대한 값싼 대화에 반대하는 중요한 항의였지만, 신약 연구사의 견지에서 보면 그것은 한 시대의 종언을 의미했다.

---

36) 예를 들면 L. Schottroff, "Der Mensch Jesus im Spannungsfeld von politischer Theologie und Aufklärung," *Theologia Practica* 8 (1973), 243 - 257.

4. 새로운 충동들

1967년과 1970년 사이에 불트만의 접근 방식 및 그 수정 형태들은 다양한 연구 방법론 가운데서 그 역사적이고 신학적인 타당성을 상실하였다.[37] 종교사에서와 마찬가지로 방법론의 영역에서도 연구의 진보는 신약에 대한 역사적 분석이라는 불트만의 접근 방식을 너무도 철저하게 갉아먹어버렸기 때문에 전체적인 모습은 변화되어 있었다. 이보다 더 중요한 것은 해석학적 토대조차도 교체되었다는 것이다. 모든 것은 역사에 대한 실존주의적 이해에 따라 해석되고 묘사되었다. 그러나 그것은 최근 수년 동안에 정립된 현실 체험과 이해로 대체되었다. 개인은 역사로부터 물러나서 실존의 역사성으로 들어가거나 주관적으로 타당한 개인주의적인 나-너 관계에 의거하는 것만으로는 진정한 자아에 도달할 수 없다. 개인은 개인주의를 훨씬 능가하는 방식으로 역사에 의해 조건지워진다. 더욱이 사람들은 역사가 미래를 형성하기 때문에 역사에 대하여 책임을 진다. 역사에서 진정으로 결정적인 것은 개개인을 능가하는 사회 구조들이다. 이 구조들은 사회 비판이라는 깨어 있는 눈 아래 두어야 하고 정치적 수단을 통하여 변화를 겪어야 한다. 하지만 불트만은 신약으로부터 개인주의적이고 인격적인 결단의 에토스만을 도출해 내었다. 그는 거기서 사회 윤리의 전개를 위한 어떠한 충동도 미래에로의 발걸음을 인도할 어떠한 종말론도 발견하지 못했다. "교회의 임무는 정치적 판단이 아니라 하나님의 말씀을 선포하는 것이다"[38]라고 함으로써 그는 원리적인 진술을 하였다.

이 접근 방식은 새로운 인식에 대한 확신을 표현하고 있던 우리 시대의 주요한 철학적 저작들에서 직접적으로 거부당했다. 신마르크스주의 철학자인 블로흐(E. Bloch)에 의하면 불트만은 현실 자체는 물론이고 신약과 관련해서도 제대로 과녁을 맞추지 못했다. 이를테면 블로흐는 이렇게 말했다: "그리고 이 나 자신의 〔하이데거〕는 그 의미가 성경에서 순전히 개인주의적인 양식으로 언급되었다는 것과 아울러 … 기독교의 남은 자들이 매어달리는 사사로운 대롱이다. 육체적인 것, 사회적인 것, 우주적인 것: 그 모든 것은 그들에게 세상적

---

37) 그런데도 1860 이후의 중요한 연구자들이 19세기 말엽까지 계속해서 튀빙겐 학파의 방향을 따라 연구를 계속했던 것과 마찬가지로 불트만의 입장 역시 — 구체적인 점들에서는 다양한 편차가 있었지만 — H. Conzelmann, P. Vielhauer 및 그 제자들, G. Klein과 같은 학자들에 의해 계속해서 대변되었다. (참조. "Die historische und theologische Problematik der Jesusfrage," *EvTheol* 29 (1969), 453-476), and W. Schmithals ("Kein Streit um des Kaisers Bart," *EvK* 3 〔1970〕, 76-85).

38) *Glauben und Verstehen*, III, 195 (= "Theology for Freedom and Responsibility," *Christian Centurty* LXXV, 35 (August 27, 1958), 969.

인 것으로서 종교로부터 버려질 수 있다: 영혼은 그런 것에 고심할 필요가 없다 … ” 그리고 “불트만의 이론들은 전체적으로 이 종말론을 제거하지 않는다 ― 그것이 순전히 신화이든 아니든. 그들이 하는 것은 그것을 우주적 역사의 위험 지대로부터 뽑아내어 그 지대에서 아주 폭발하기 쉬운 위치에 있는 그리스도라는 인물로부터 멀리하여 고독한 영혼의 영역과 그 확고한 중산층 하나님으로 두는 것이다.”[39] 점점 더 영향력을 발휘하게 된 프랑크푸르트 학파도 여기서 사회학적 관심의 결핍에 관한 문제와 관련하여 그와 비슷한 반론을 제기하였다. 원칙적으로 그 요구의 핵심은 “삶의 사회적 영역의 총체성”이 학문적인 해석학에 포함되어야 한다는 것이었다.[40] 지금까지 특히 딜타이(Dilthey), 하이데거, 가다머(Gadamer)의 연구들[41]에서 철학적 해석학을 적용한 기반이 된 합리적 전제들은 이 요구에 의해 실질적으로 변경되었다.

역사적 및 해석학적 성찰의 전제들에서 이러한 근본적인 이동의 영향으로 인하여 불트만 학파의 주석자들은 새로운 두 가지 접근 방식을 발전시켰다.

a) 한 접근 방식은 미국에서의 불트만 사상을 정력적으로 대변하고 있었던 두 학자인 쾨스터(H. Koester)와 로빈슨(J. Robinson)에 의해 전개되어 「초기 기독교의 궤적」 (*Trajectories through Early Christianity*)(참조. 특히 pp. 8‑16, 269‑279) 이라는 논문 모음집에 제시되었다. 변화된 상황에 비추어 두 저자는, 우리는 역사적 탐구의 방향을 맹렬히 공격하여야 한다고 결론을 내렸다. 신약 연구는 오직 이해 추구의 해석학적 측면으로 하여금 때를 위한 날개를 기다리도록 허용해줌으로써만이 현재의 “위기”로부터 벗어날 수 있다고 그들은 주장한다.

즉각적인 탐구 과제는 초기 기독교에 대한 새로운 상(像)을 발전시키는 것이다. 이렇게 하기 위하여 우리는 오늘날 이용할 수 있는 온갖 종류의 역사적 탐구의 도구들의 도움을 총동원하여야 한다. 더욱이 초기 기독교의 출현은 신약 정경(正經) 및 그 영향의 역사에 의거하지 말고 광범위하고 다채로운 종교 안에서 묘사되어야 한다. 즉 신약 연구는 일반적인 종교사 연구에 기여함을 통하여 스스로를 해명하고 오늘날 사람들이 찾고 있는 것, 즉 종교성

---

39) *Atheism in Christianity* (1972), pp. 40f.

40) J. Habermas, *Der Positivismusstreit in der deutschen Soziologie* (Soziologische Texte 58, 1969), pp. 155‑191; also, “Der Universalitätsanspruch der Hemeneutik,” in *Hermeneutik und Dialekrik*, Hans‑Georg Gadamer zum 70. Geburtstag, Ⅰ (1970), 73‑103; 참조. G. Stachel, *Die neue Hermeneutik. Einüberblick* (1968).

41) H.‑G. Gadamer, *Truth and Method* (1975); W. Schulz, “Anmerkungen zur Hermeneutik Gadamers,” in *Hermeneutik und Dialektik* Ⅰ, 305‑316.

을 제공하는 것이다. 물론 불트만이 대체로 종교사학파로부터 이어받은 초기 기독교의 역사적 모습을 오늘날의 가능성들에 비추어 더욱 발전시켜야 할 필요는 있다. 그런데도 이 과제를 지도하는 해석학적 규정은 연구사적 견지에서 볼 때 종교사학파의 프로그램으로 되돌아가는 것을 의미한다. 하지만 우리는 오늘날 전체적인 사회의 견지에서 역사를 이해해야 한다는 요구들을 무시할 수 없다. 실제로 우리는 그 자신의 영향사의 사회학적 문헌 속에서 신약 저작들의 특별한 요구를 역사적으로 고려하여야 한다. 신약 연구는 신약 저작들의 구체적인 영향의 역사를 배제해서는 안되고 이해에 기여하기 위한 해석이라는 과제 — 이전과 마찬가지로 오늘날도 아주 중요한 — 를 배제해서도 안될 것이다. 이전의 프로그램을 갱신하는 이 제안은 역사에 대한 신약의 의미가 주로 미리 규정된 형이상학적 결정을 통해 제거되는 방식으로 신약을 역사에 맞출 것이다.

b) 이와는 완전히 다른 방향으로 나아가고 있는 학자는 슈툴마허(P. Stuhlmacher)였다. 그는 케제만에 의해 대변된 불트만 학파의 수정으로부터 유래하였다. 그는 "신약과 해석학 — 현황 연구"(*ZThK* 68 〔1971〕, 121 - 161)라는 소논문에서 역사에 대한 실존주의적 이해의 위기의 영향 속에서 우리는 역사에 대한 새로운 이해로부터 또 새로운 이해를 위해 신약을 재평가해야 할 필요가 있다고 말했다. 이렇게 할 때에야 신약 연구는 현재의 역사 체험 및 더 나은 미래를 설계하는 계획에서 실행 가능한 기여를 할 수 있다. 이와 관련하여 우리는 주로 종교사학파에 의하여 오늘날까지 우리에게 전해져온 방법론들을 재검토해야 한다. 왜냐하면 그 방법론들은 지나치게 데카르트식의 사고의 표현이기 때문이다. 더욱이 신약과 구약의 관계는 성경신학의 견지에서 신중히 숙고될 필요가 있으며 신약은 그 영향의 역사, 특히 교회의 전통 속에서 신약이 어떻게 사용되었는가와 좀더 직접적으로 맞부딪쳐야 한다.

첫번째 프로그램은 "순전히 역사적인" 입장으로 우리를 되돌리는 반면에 두번째 프로그램은 1920년대 이후의 불트만의 입장을 넘어 신약 연구의 또 다른 입장, 즉 "구원사"라는 입장 가까이로 우리를 데려다 준다. 연구사 속에서 "순전히 역사적인" 입장과 대극을 이루고 있는 입장으로 넘어가기 전에 우리는 먼저 그것들 사이에 있는 대안적인 입장인 역사 실증주의적 입장을 고찰해보려고 한다.

IV. 역사 실증주의적 입장

A. Neander, *History of the Planting and Training of the Christian Church by the Apostles* I/II (1884/86); B. Weiss, *Biblical Theology of the New Testament* (1885/88); W. Beyschlag, *New Testament Theology; or, Historical Account of the Teaching of Jesus and of Primitive Christianity according to the New Testament Sources* I/II (1895/96); P. Feine, *Theologie des Neuen Testaments* (1910; 1951[8]); E. Stauffer, *New Testament Theology* (1955); C. Colpe, *Die religionsgeschichtliche Schule* I (1961); W. G. Kümmel, *The Theology of the New Testament according to Its Major Witnesses: Jesus–Paul–John* (1973); J. Jeremias, *New Testament Theology I: The Proclamation of Jesus* (1971).

직접적인 변증법적 필연성로부터 이 연구 방법론은 "순전히 역사적인" 입장에 대한 반정립(反定立)으로 생겨났다. 후자는 신약 전승들의 역사성에 대한 "비판"을 그 자신의 원칙들 가운데 하나로 삼았다. 이제 이 대안적인 접근 방식은 한편으로 그러한 전승들을 "실증적으로"(*in dubio pro tradito*) 보려고 했다. 다른 한편으로 그것은 역사적 변증을 통하여 주로 성경의 예수 묘사에 그 바탕을 두었던 "경건주의적" 신학의 토대들을 (많은 경우에) 보호하려고 하였다.

1. 초자연주의

초라한 초기 단계는 19세기의 전환기에 나타난 초자연주의였다. 이를테면 그것은 합리주의에 대항하여 예수의 이적들을 옹호하려고 하였다. 그럼에도 불구하고 역사 실증주의적 입장의 본질적인 출발점은 신앙고백 이전의(pre - confessional) 각성 운동의 산물로서 등장한 성경 해석에서 찾아볼 수 있다. 베를린의 네안더(A. Neander)와 할레의 톨룩(A. Tholuck)은 합리주의와 튀빙겐 학파의 역사비평을 신약에 대한 역사실증주의적이고 경건주의적인 주석을 통하여 논박하였다. 예수의 생애에 관한 묘사들은 사도 시대의 역사에 대한 서술과 아울러 이러한 지배적인 지향을 반영하고 있었다.

2. "현대 실증주의적" 입장

튀빙겐 학파의 후계자들과 자유주의 주석학자들의 점증하는 침투에 반대하여 베를린의 바이스(B. Weiss)와 할레의 바이슐라그(W. Beyschlag)는 19세기 후반에 보수적인 중보 신학과 온건한 비평에 의한 역사 탐구를 결합하였다. 이 과제는 "현대 실증주의"로 지칭되었다. 이 두 학자는 신약신학을 간행했는데, 이것들은 좋은 매개물인 교과서로 널리 받아들여겼다(특히 바이스의 「신약 성경 신학 교과서」〔1868; 1903⁷〕). 이와 비슷한 입장을 대변했던 파이네(P. Feine)의 「신약신학」이 간행된 후인 1906년 이후에야 그것은 대체되었다. 이 다소 흐리멍텅한 학교 교과서는 1951년까지 8판을 거듭했다. 뷔크젤(F. Büchsel)은 1935년에 더 뚜렷한 신약신학을 썼으나, 그것도 궁극적으로 동일한 부류에 속했다. 우리는 바이스(B. Weiss)의 강령적인 진술을 전체 입장을 대변하는 것으로 받아들일 수 있다: "성경신학은 신약의 책들의 기원에 관하여 자세한 비판적 검토를 해서는 안된다. 성경신학은 역사비평적 학문이 아니라 역사기술적 학문이다"(*Biblical Theology of the New Testament* I 〔1885〕, 9).

이 교과서들은 신약신학을 내내 일련의 "교훈적 개념들"(*Lehrbegriffe*), 즉 신학적 체계들로 서술하였다. 예를 들면 파이네는 "예수의 가르침", "초대 교회의 신학적 견해", "바울의 가르침", "요한복음의 가르침", "일반 서신 및 저작들의 신학적 견해"를 연속적으로 제시한 다음 "신약신학의 주요 개념들"이라는 결론적인 장에서 이를 체계적으로 요약하였다. 바이스는 「신약의 종교」(1908²)라는 책에서 이와 동일하게 체계적인 단면을 제시하였다.

3. 슈타우퍼(E. Stauffer)

위에서 언급한 바이스의 마지막 책은 「신약신학」(1941, §9)에서 슈타우퍼에 의해 사신의 출발점으로 발췌되었다. 바이스와 마찬가지로 슈타우퍼는 신약신학을 저작 집단들에 따른 역사적 순서에 따라서가 아니라 신학적 주제에 따라 체계적으로 배열하였다. 그는 "그리스도 중심적인 역사 신학"이라는 주도적인 규정 아래에서 내용을 배치하여 그것들을 서술하였다. 이러한 서술 방식은 문제시된 주제를 근본적으로 정당하게 다루었는가? 처음에 그것은 광범위한 지지를 받았는데, 특히 보수 진영에서 그러하였다. 이 책은 바울, 누가, 마태와 마찬가지로 예수와 바울을 역사비평을 통하여 갈갈이 찢어놓았지만 신약을 본질적인 통일성을 갖춘 투명한 문서로 만들어놓은 것처럼 보였기 때문에 촉망을 받았다.[42] 하지만 이러한 통일적인 묘사는 예수의 지상적 사역이 주로 버려졌기 때문에 가능했다. 나머지 것들은 유대 묵시론의 도식화된 사고 세계에 절충을 통해 끼워맞춰졌다. 이에 따라 그것은 신화화되고 기각되었다. 하지만 우리가 신약 진술들의 케리그마적 성격을 고려한다면, 역사적 서술

---

42) 예수에 관한 자신의 책(*Die Botschaft Jesu Damals und heute* 〔1959〕)에서 Stauffer는 완전히 전향을 해서 인본주의적인 자유주의의 방식으로 예수와 바울을 서로 대비적인 관계로 놓았다.

에서 그 진술들을 그것들과 결부되어 있는 상황과 분리하는 것은 불가능하다. 이 상황 및 선포 자체는 부활절 이후와 이전, 헬라인들 가운데서와 유대인들 가운데서, 두번째 세대에서와 첫번째 세대에서 서로 완전히 다른 성격을 가지고 있었다. 이런 이유로 신약신학은 세로줄을 따라서만 적절하게 서술될 수 있다.[43] 신약의 통일성은 자주 반복되는 가르침의 진술들 속에서가 아니라 공통적인 출발점과 그 발전에서의 기본적인 방향의 일치에서 찾아져야 한다.

4. 예레미아스와 큄멜(W. G. Kümmel)

1950년대에 누구보다도 예레미아스에 의해 대표되었던 역사 실증적 연구라는 입장은 불트만 신학의 광범위한 영향에 반대하여 집중적인 역사적 반비평(反批評)을 발전시켰다. 이 시기의 흐름들과 관련하여 케제만은 본지(本旨)의 역전이 일어난 반면에 이전에 순전히 역사적인 지향을 대변하고 있던 입장은 이제 신학적으로 활동하게 되었고, 이전에 "경건주의적"이었던 입장은 이제 역사적으로 활동하게 되었다고 말했다.[44] 예레미아스와 그의 제자인 콜페(C. Colpe)는 불트만 학파에 대항하여 역사에 대한 집중적이고 독자적으로 진행하는 프로그램의 엄격한 준칙들을 설정하였다. 불트만 학파는 주로 종교사학파로부터 물려받은 내용들을 처리하는 데 몰두하였고 나아가 내적인 신약 자료 비평과 신학적 해석에 집중하였다. 하지만 예레미아스의 프로그램은 역사적 진실을 기여하는 것 뿐만 아니라 육체가 된 말씀의 가현설적인 증발을 막는 의도도 있었다. 그러므로 그것은 무엇보다도 예수 전승의 역사적 신빙성 및 종교사적 독특성을 정립하려고 하였다. 그 프로그램은 역사적 예수에 대한 탐구가 불트만 학파에서 첨예하게 되기 훨씬 이전에 이러한 방향으로 연구하였다는 것을 덧붙일 수 있을 것이다.

a) 예레미아스는 "역사적 예수의 문제에 관한 논쟁의 현위치"(*Expository times* 69 [1957/58], 333 - 39)라는 논문에서 국제적으로 유명해진 자신의 단행본들에서 개진한 신학적 프로그램을 아주 직접적으로 개관하였다. 이 주제에 관한 또 다른 간행물에서 그는 이렇게 말한다: "우리는 끊임없이 역사적 예수와 그의 메시지로 되돌아가야 한다. 자료들이 그것을 요구한다. … 성육신이 [그것을] 함축하고 있다 … "(*The Problem of the*

---

43) Schelkle (참조. §23, I, 2)는 자신의 저서인 *Theology of the New Testament* 에서 세로줄을 따라 신학적 주제들을 나누고 이를 전개하였다.

44) *New Testament Questions of Today*, pp. 24 - 35.

Historical Jesus 〔1965²〕, p. 14〕.

이에 따라 그는 자신의 「신약신학」(1971)의 첫번째 권 전체를 예수의 선포를 탐구하는 데 할애하였다. 여기서 그는 불트만이 인정했던 것보다 훨씬 더 많은 예수의 말씀이 진정하다는 것을 역사적으로 보이려 하였다(pp. 1 - 37). 불행히도 이 전승의 모체는 지나치게 유대 세계에 적용된 유비의 원칙을 따라 해석된 감이 있다. 그 결과는 예수의 사역 ― 모든 상대적인 독특성에도 불구하고 ― 은 본질적으로 유대적 현상으로 머물게 되었다.

예레미아스는 말씀이 육신이 되었다는 이유로 예수의 '진정한 말씀'(*ipsissima*)을 신앙의 토대로 정립하기를 원했다. 그러나 말씀이 육신이 되었다는 것은 역사 내에서의 하나님의 임재만을 뜻하는 것이 아니라 하나님의 은폐성도 뜻하는 것이라는 사실을 거의 알지 못했다. 예수가 진정으로 누구인가 하는 것은 역사적 현상을 실증하는 것을 통해서 결정될 수 없다. 이것은 오직 그가 제자도와 믿음을 통해 전달하는 것에 대한 이해를 통해서 파악될 수 있다. 이런 이유로 예수의 말씀은 랍비의 어록과는 달리 완전한 문자적 정확성을 가지고 전해지지 않았다. 그보다 예수의 전체 사역의 구성 부분으로서 부활절의 관점으로부터 해석되어서 보였고 전해졌다.

b) 큄멜의 「신약신학」(1969)은 균형잡힌 비평적 주석을 토대로 그의 수많은 다른 간행물들을 생각나게 하는 문체로 신약의 주요한 주제들을 다시 설명하려 하였지만, 흔히 해석의 문제들을 개방하여 놓는 일이 많았다. 그 개인적인 결론들 가운데 다수는 쿨만(O. Cull-mann)의 결론에 가까웠지만, 세부적인 사항들을 결합하여 하나의 통일된 선체로 믄드는 그의 경향을 공유하지는 않았다. 이 저작은 역사 실증적 입장 내에서 또 하나의 대안을 대표했다.

위에서 언급한 바 있는 예레미아스와의 논쟁에서 케제만은 슐라터를 이 입장의 원형(原型)으로 지적하면서 이 그룹이 그의 저작들을 거의 이용하지 않는 데 놀라움을 표시했다. 그러나 사실 이 놀라움은 불필요한 것이었다. 왜냐하면 슐라터는 또 다른 부류, 즉 여기서 도식적으로 "구원사"(*Heilsgeschichte*)의 입장이라고 부를 수 있는 세번째 연구 방법에 속해 있기 때문이다.

V. 역사적 성경 연구의 구원사적 입장

J. C. K. von Hofmann, *Weissagung und Erfüllung im Alten und im Neuen Testamente* (1841/44); *Der Schriftbeweis* (1852-55; 1857-59^2); J. T. Beck, *Die christliche Lehrwissenschaft nach den biblischen Urkunden* I (1847; 1875^2); A. Schlatter, "Atheistische Methoden in der Theologie" (1905), in *Zur Theologie des Neuen Testaments und zur Dogmatik* (1969), pp. 134-150; "The Theology of the New Testament and Dogmatics," in R. Morgan, ed., *The Nature of New Testament Theology* (1973), pp. 117-166; *Die Theologie des Neuen Testaments* I/II (1909/10); *Die Geschichte des Christus* (1923) (2nd edition of his New Testament Theology); *Die Theologie der Apostel* (1922) (2nd edition of his New Testament Theology); G. Kittel, *Die Probleme des palästinensischen Spätjudentums und das Urchristentum* (1926); T. Zahn, *Grundriss der Neutestamentlichen Theologie* (1928); E. C. Hoskyns and F. N. Davey, *The Riddle of the New Testament* (1931); L. Goppelt, *Typos. Die Typologische Deutung des Alten Testaments im Neuen* (1939; repr. 1966); "Apokalyptik und Typologie bei Paulus," *ThLZ* 89 (1964), 321-344; "Textpredigt und wissenschaftliche Exegese in der Krise," in J. Roloff, ed., *Die Predigt als Kommunikation* (1972), pp. 93-99; O. Cullmann, *Christ and Time* (1962); *Salvation in History* (1967); J. Schniewind, *Nachgelassene Reden und Aufsätze* (1952); G. von Rad, *Old Testament Theology* I/II (1962/65).

1. 호프만(J. C. K. von Hofmann)과 잔(T. Zahn)

구원사적 입장은 에를랑겐(Erlangen) 출신의 저명한 학자인 호프만의 주석학적 접근 방식에서 자신의 정당성을 주장한다. 이 접근 방식은 건전한 연구 대안을 실행에 옮겼으며 하나의 문제 제기 방식을 창출하였는데, 오늘날까지 그것은 수정된 형태로 유지되고 있다.

a) 호프만은 소위 에를랑겐 신학의 공동 창시자 가운데 한 사람이었다. 대 각성을 통하여 그는 루터의 종교개혁의 원칙들을 재발견하였었다. 이 원칙들을 토대로 그는 현대의 사고 구조, 역사적 탐구, 신학적 이해의 종합을 얻으려고 했는데, 이것은 불트만이 시도했던 것과 정반대의 순서였다. 그는 종교개혁의 해석학적 원리를 현대의 역사적 이성으로 보충하고, 이런 식으로 성경신학을 통하여 "옛 진리를 새로운 방식으로 가르치려고" 하였다. 이에 따라 그는 두 개의 주요한 준거틀 안에서 신약신학을 전개하였다.

1) 그와 동시대인이었던 바우어와 마찬가지로 호프만은 신약에 대한 역사적 관점에 의지하였다. 그러나 바우어와는 달리 그는 신약을 인류의 일반적인 지성사 안에 위치시킨 것이 아니라 구약이라는 그 자신의 역사적 맥락, 구원사의 맥락 안에 위치시켰다. 해석학적으로 볼 때 여기서 종교개혁의 근본적인 원칙 — 성경은 성경에 의해 해석되어야 한다 — 과 현대의 역사적 이성의 합일(合一)이 얻어졌다. 「구약과 신약에서 예언과 성취」(*Weissagung und Erfüllung im Alten und im Neuen Testamente*) (1841/44)라는 자

신의 저작에서 그는 신약 역사의 구체적인 사건들을 특정한 구약 예언의 "성취"로 보았던 예언적 증거에 관한 관례적인 견해를 거부하였다. 그는 구약에서의 좀더 포괄적인 예언 사건에 일치하여 신약에서 포괄적인 성취가 일어났다고 보려고 하였다. 더욱이 이 전체로서의 역사적 사건 ─ 구원사 ─ 을 나머지 역사와 구별한 것은 바로 이 사건이었다. 그러나 이 접근 방식의 전개를 따라가다 보면 우리는 그것이 인류의 지성사에 맞추어 재단된 바우어의 구성물보다 인위적이라는 인상을 받는다. 물론 호프만은 이 경우에 쉘링(Schelling)의 철학 및 관념론 철학에 지나치게 의존하였다. 그럼에도 불구하고 그 개념은 우리 시대에 폰 라드의 구약신학을 통해 잘 알려진 문제 제기 방식의 발전을 터놓았다.

2) 호프만의 두번째 주요 저작은 「성경의 증거」(*Der Schriftbeweis*) (1852/55) 였다. 해석학적 견지에서 볼 때 그것은 종교개혁의 또 다른 원리인 '신앙의 유비'(*analogia fidei*) 를 역사적 탐구의 핵심으로 취했다. 그것은 성경의 구절들을 그 문맥에서 떼어내어 교리적 진술들로 문서화하는 통상적인 비역사적인 방식 ─ 소위 본문 증거 집적법(*Lokalmethode*) ─ 이 잘못된 것임을 보여주려 하였다. 각각의 구체적이고 체계적인 진술에 대하여 우리는 모든 성경을 통한 유기적이고 구원사적인 관주를 만들어야 한다. 이러한 성찰들은 신약의 진술들과 조직신학의 진술들 사이의 상호 관련성을 의식의 수준으로까지 올려놓았다. 게다가 그 성찰들은 신약 연구의 다른 두 입장과는 달리 철학적 또는 명상적 해석에만 의거하여 성경 진술의 실질적 내용을 결함이 있게 시술하는 것을 금했다. 이에 따라 우리는 호프만의 접근 방식을 주로 다음과 같이 위치시키고 특징지울 수 있을 것이다. 성경에 대한 역사적 탐구가 첫번째 입장에서는 철학적 해석과 결합되고 두번째 입장에서는 성경주의적 신학과 결합된 반면에 호프만은 그것을 성경 자체에 의해 시사된 루터의 종교개혁의 해석학적 원칙들과 결합하려 하였다.

b) 호프만의 뒤를 이은 사람은 나중에 에를랑겐에서 그를 계승한 인물인 잔(T. Zahn)이었는데, 그는 하르낙(A. von Harnack)의 최대의 논적이었지만 결코 호프만의 수준에 이를 수는 없었다. 그의 저작들은 역사적 ─ 어원학적 분야에서 비상한 재능을 나타내었는데 아직도 그러한 면에서 유용하다. 그러나 그 저작들은 역사적 보수주의에 지나치게 함몰되었다 ─ 아마도 이것은 실증주의와 역사주의에 의해 주도된 당시의 시대 정신에 의해 강요된 희생물이었다.

2. 슐라터(A. Schlatter), 키텔(G. Kittel), 슈니빈트(J. Schniewind)

튀빙겐의 두 학자인 벡(J. T. Beck)과 슐라터는 그들 자신이 생각한 것보다 훨씬 더 밀접하게 에를랑겐의 호프만 및 잔과 연관되어 있었다. 슐라터의 해석학적 출발점은 1900년과 1910년 사이에 나온 그의 변증적 저작들을 정독해 보면 극명하게 드러난다.[45] 그것들 가운데 두 개의 저작은 특히 특징적이다.

a) 이 간행물들 가운데 첫번째 책은 그가 뤼트게르트(W. Lütgert)와 함께 시작했던 *Beiträge zur Förderung christlicher Theologie* 총서의 일환으로 1905년에 등장했다. 그 책은 도발적인 — 오늘날에도 중요한 — 제목을 달고 있었다:「신학에서 무신론적 방법론들」(*Atheistische Methoden in der Theologie*. 그는 이 방법론들을 "무신론적"이라 칭했는데, 이는 기독교의 출현을 하나님의 개념에 의거함이 없이 순전히 역사적인 방식으로 설명하려 하였다. 그는 학문적인 통찰이라는 이름으로 그러한 절차를 거부하였고, 그렇게 함으로써 1918년의 새로운 시대를 열었다. 그 자신의 말에 의하면 "일화들을 연결시키는 방법만을 알고 그렇게 함으로써 지각없고 하찮은 상태에 머물러 있는 신학은 비록 그것이 그 역사 소설에 '예수의 생애' 또는 '신약신학'이라는 이름을 붙일지라도 과학적 기준들에 의해 사소한 것으로 기각되고 만다."(p. 139). 이런 이유로 슐라터는 신약에 대한 그의 대단히 뛰어난 종교사적/어원학적 연구를 성경 기사들을 "이해한다는 것"의 신학적으로 성찰된 의미와 결합하였다(pp. 222ff.). 그는 그 기사들을 현실을 주관하는 하나님의 자기 시현(示顯)에 대한 증거들로 "이해하기"를 원했다. 이러한 이해는 생애와 성찰의 합일을 이루어 내었다. 이런 의미에서 그의 출발점은 호프만과 잔과 일치하였다. 하지만 그들과는 대조적으로 그는 이러한 하나님의 자기 시현의 구원사적 맥락에 관하여는 성찰하지 않았다.

b) 두번째 해석학적 원칙도 그를 이미 언급한 에를랑겐의 학자들에 근접하게 했다. 그들과 마찬가지로 그는 신약신학을 축약된 교의학으로 바꾸지 않았다.「신약신학과 교의학」(1909)에서 그는 교의학에 성경신학과 나란히 독립된 중요성을 허용할 것을 주장하였다. 더욱이 그는 이런 식으로 "신학적 경건주의" — 케제만은 그를 이와 결부시켰다 — 와 자기 자신을 분명히 구별하였다.

이 근본적인 원칙들에 따라 그는「신약신학」을 저술하였는데, 이 책은 제2판에서 두 권으로 나왔다(1922/23). 이 두 권으로 된 책의 제목들을 보면 그의 의도를 분명히 알 수 있다. 제1권의 제목은「예수의 가르침」(파이네),「예수의 선포」(불트만 등등)가 아니라「그리스도의 역사」였다. 예수의 말씀은 예수의 인격과 삶과 뗄래야 뗄 수 없게끔 결합되어 있었다.

---

45) 지금은 A. Schlatter, *Zur Theologie und zur Dogmatik*, ed. U. Luck (1969)에 수록되어 있다.

제2권 ―「사도들의 신학」― 은 사상 체계들(*Lehrbegriffe*)을 재구성한 것이 아니라 역사적 정황과 결부된 케리그마적-신학적 진술들이었다. 그는 바울신학만이 아니라 누가와 마태의 신학도 전개하였다.

c) 위에서 언급한 네 사람에 의해 대표되는 연구 경향은 좁은 의미에서의 학파를 형성하는 데까지 이르지 못했다. 두 번의 세계대전 사이의 기간 동안에 이 입장은 튀빙겐의 키텔(G. Kittel) ―「신약신학사전」(*TDNT*) 을 기획하고 그것을 자신의 스승인 슐라터에게 헌정했다 ― 과 처음에는 쾨니히스베르그, 후에는 할레에서 활동한 슈니빈트(J. Schniewind)에 의해 수행되었다.

다음의 예는 그들의 연구 방법론을 도식적으로 예시해 줄 것이다. 불트만은 예수의 메시야 의식에 이의를 제기했다. 왜냐하면 예수의 모습은 메시야에 대한 구약 및 유대교의 견해와 일치하지 않았기 때문이다. 이러한 고찰에 반대하여 역사적 변증가들은 예수의 정체를 밝혀줄 수 있는 유대교에서의 종말론적인 순교 - 선지자의 심상의 존재를 입증하려 하였다. 하지만 이러한 시도는 성공하지 못했다. 그보다 더 중요한 것은 예수의 그 어떠한 말씀도 그러한 동일시를 하려는 의도를 가지고 있지 않았다는 것이다. 모든 경우에서 말씀들은 예수의 말씀을 듣는 사람이 실존적으로 어우러지는 것이 언제나 중요시되었다는 예수에 대한 이해로 귀결되었다(참조. 마 11:6). 슈니빈트는 마가복음(1936; 1963[10]과 1968은 보급판)과 마태복음(1937; 1968[12])에 대한 NTD 주석시에서 그렇게 말하였다. 여기서 그는 "'진정한 말씀'이 아무리 희소하게 남아 있을지라도 그것늘은 여선히 그 자체 안에 예수의 상황의 특이성을 감추고 있다 … 메시야 비밀에서 그 진정한 핵심과 실질적 내용을 발견할 수 없는 말씀과 이야기는 단 하나도 없다!" 이 메시야 비밀의 핵심은 예수 안에서 하나님이 자신의 오심의 약속에 대한 소망이 성취되었다는 것을 간접적으로 선포하는 것이었다.[46] 현상들에 대한 역사적 분석 ― 반비평적 분석이든 비평적 분석이든 ― 이 성과가 있게 되는 것은 바로 이러한 이해의 차원이 고려될 때 뿐이다. 호스킨스(E. C. Hoskyns)와 데이비(F. N. Davey)의 공저인 「신약의 수수께끼」 ― 1938년에 키텔과 슈니빈트에 의해 독어로 번역되었다 ― 는 이와 비슷한 방법으로 신약에 대한 역사적 분석의 의미에 대한 문제에 대답하려 하였다.[47]

---

46) J. Schniewind, "Zur Synoptikerexegese," *ThR* NF 2 (1930), 187; J. Schniewind, NTD on Mk. 8: 29; J. Schniewind, "A Reply to Bultmann" in *Kerygma and Myth* I (1948; Eng. 1953), 45f.

47) Repr. 1957, pp. 252f.: "구약 성경의 의미에 대한 창의적이고 날카로운 통찰에 의해 생겨난, 반대와 완전한 오해 속에서 예수의 순종의 독특성은 신학자들이나 복음서 기자들의 창작물이 아니다.

d) 1945년 이후에 슈니빈트는 당시에 신학 전체의 초점이 되어왔던 불트만의 비신화화라는 프로그램에 대한 높이 평가받는 반박을 통하여 신약계에서 일약 일인자의 자리로 올라섰다.[48] 그러나 1948년에 키텔과 마찬가지로 돌연히 죽었으므로 그의 참여는 갑자기 단절되었다. 따라서 불트만이 슐라터와의 토론을 통해 연구사에서 그 자신의 위치를 기술하는 것으로 그의 「신약신학」의 '결어'는 완성되었다. 흥미롭게도 그 토론도 그들이 공통적으로 갖고 있는 것을 강조하였다는 것이다.

3. 쿨만(O. Cullmann)과 폰 라드(G. von Rad)

a) 1945년과 1970년 사이에 바젤의 오스카 쿨만은 신약의 구원사적 성격을 옹호하였다. 그의 입장은 「그리스도와 시간」(1946; 1962³), 「역사에서의 구원」(1965; 1967²)에 잘 요약되어 있다. 그는 거기서 불트만이 역사가 결여된 실존의 역사성과 "소망이 결여된 종말론"을 통해 그의 신약 연구로부터 멀어졌다고 말했다. 하지만 성경적 사고에서는 시간은 본질적인 구성 성분이었다. 그리스도는 "시간의 중심", 즉 하나님의 역사의 모든 흐름들이 인류와 만나고 거기로부터 모든 흐름들이 흘러나가는 중심점이었다. 하지만 저자의 견해로는 신약은 구원사를 이레내우스(Irenaeus)의 의미에서의 보편사에 대한 설계로서가 아니라 오직 약속과 성취의 상호 관련으로서 이해하였다. 예를 들면 로마서 4장과 5장의 구원사적 진술들은 하나의 포괄적인 모습으로 결합될 수 없다. 그것들은 나름대로의 방식으로 믿음과 그리스도를 약속의 성취로 규정하였다.[49]

b) 구원사에 대한 신약적 관점에 아주 가까이 접근한 것은 구약에 대한 폰 라드의 해석학적 개념이었다. 불트만의 프로그램 다음으로 그것은 1950년대의 가장 영향력 있는 신학적 추진력이 되었다. 이 접근 방식은 우리가 구약을 그 본지(本旨)에 따라 해석하려 한다면 모든 어원학적이고 종교사적인 내용을 모두 고려한 후에 마지막으로 그것을 그 내재적 목표인 그리스도에 비추어 해석해야 한다고 주장하였다. 따라서 신약에 대해서도 그 본지에 따라 해석하려 한다면 궁극적으로 역사적 분석을 뛰어넘어 구약의 "성취"라는 견지에서 해석해야 한다고 말해야 했을 것이다. 사실 신약은 성취라는 상황 안에서 스스로를 이해하였다는 것이 「모형론. 신약에서 구약의 머형적 의미」(1939; 1966, 1973 재간행)에서의 저자의

---

48) *Kerygma and Myth* I, 45 - 123.
49) L. Goppelt, "Paulus und die Heilsgeschichte," in *Christologie und Ethik*, pp. 220 - 233.

연구 결론이었다. 폰 라드는 그 결론들에 동의를 표시하였다. 불트만 자신은 어느 정도 이러한 탐구에 귀를 막았지만,[50] 그의 제자들은 1960년대에 한층 큰 관심을 표명하였다. 광범위한 영향을 끼친 폰 라드의 「구약신학」(1957/60)과 그에 관한 구약 학자들의 신학적 업적들은 그것을 무시하는 것을 불가능하게 했다.[51] 그럼에도 불구하고 우리는 폰 라드가 자신의 구약신학(Vol. Ⅱ, 386)의 말미에 쓴 내용을 통해 1967/70년의 주요한 변화를 확인할 수 있다: "첫번째 명제 ─ 구약은 그리스도의 빛 안에서 이해되어야 한다 ─ 는 그리스도를 이해하기 위해서는 구약을 필요로 한다는 두번째 명제보다 현재의 신학에 의해 덜 도전을 받고 있다."

4. 전망

신학 연구의 현재의 상황에 대한 건전한 평가는 우리 자신의 출발점이 다음과 같은 것을 고려하여야 한다는 것을 시사해준다: 전체로서의 신학이 하나님과 역사의 문제에 초점을 맞추면 맞출수록 신약과 구약의 관계는 신학 전반에서 더욱 더 중요한 문제로 될 것이다.[52] 더욱이 이것은 신약 분과에서 특별한 의미를 갖게 될 것이다. 왜냐하면 예수는 구약의 하나님을 자신의 출발점으로 삼아 스스로를 신약에서 ─ 위에서 살펴보았듯이 ─ 하나님의 최후의 계시로 이해하고 있기 때문이다. 우리는 이러한 자기 이해를 우리의 시고 구조를 통해 다시 설명하고 근본적인 신학적 고찰들의 견지에서의 타당성을 그 안에서 발견할 수 있을까? 이러한 질문은 신약에 대한 역사적 - 어원학적 분석을 기타 다른 해석의 차원들과 분리하지 않는다. 오히려 그것은 그것들을 결합한다. 신약은 "성경"으로서의 구약을 경청하였지만, 오직 헬레니즘 세계의 종교사 및 구약 - 유대의 매개 안에서만 그 귀를 빌려주었다.

이러한 신학적 평가와 연구의 여러 대안들에 대한 고찰에 비추어 보아 우리는 우리 자신의 해석학적 출발점과 관련하여 구원사적 문제 제기 방식으로 규정되는 세 가지 가능성들 가운데 마지막의 연장선상에서 그것을 찾아야 한다고 결론을 내리게 된다. 따라서 우리는 우리의 해석학적 원칙을 미리 정적(靜的)인 관계로 고정할 수 없다. 그 대신에 우리는 단지

---

50) R. Bultmann, "Ursprung und Sinn der Typologie als hermeneutischer Methode," *ThLZ* 75 (1950), 205-212; 참조. L. Goppelt, "Apokalyptik und Typologie bei Paulus," in *Christologie und Ethik*, pp. 234 - 267; also, *TDNT* Ⅷ, 253 - 56.
51) *EvTheol* 24 (1964), 113ff., 126ff., 388ff.; 27 (1967) 390 - 97.
52) H. - J. Kraus, *Die biblische Theologie* (1970)는 이 점을 지적한다.

우리의 해석학적 원칙을 의도와 과제로 정의할 수 있을 뿐이다. 우리는 역사비평적 성경 연구, 비평, 유비, 상호 관계의 원칙을 신약의 자기 이해와 진지하게 대화를 시킬 것이다. 신약은 구약의 하나님으로부터 유래함과 아울러 예수를 그 중심에 갖고 있는 성취 사건임을 입증하기를 원한다는 것이 신약의 자기 이해에서 근본적인 것 — 그 개별 저작들의 온갖 편차들을 과소 평가하지 않으면서 — 이라고 저자는 생각한다. 이러한 대단히 중요한 대화의 결론으로서 우리는 역사비평적 성찰의 산물인 동시에 실질적 내용의 견지에서 이해될 수 있는 신약신학의 전모를 그 다양한 편차와 함께 파악하고자 한다. 이렇게 함으로써 그것은 그 자체의 신임장을 갖는 셈이 될 것이다. 초기 기독교 당시의 목소리와 후대의 목소리에 가해지는 정경의 제한들은 우리의 탐구와 서술에서 미리 규정된 장애가 아니다. 하지만 그것은 진리와 타당성에 대한 독자적인 탐구에 어느 정도 윤곽을 정해줄 것이다.

이 부록에서 전개한 연구사 개관은 결정들을 미리 배제하려는 것이 아니라 결정들을 가능케 하려는 의도였다는 것을 주목하여야 한다. 영속적인 가치가 있는 결정을 하는 것은 오로지 우리가 우리 앞에 펼쳐진 모든 가능성들을 고려하기 위하여 당대의 논의와 편협한 견해들의 담 너머로 우리의 시선을 던질 수 있을 때에만 가능하다.

신약신학 II

신약신학 II

차 례

편집자 서문

이 제2권의 간행으로 레온하르트 고펠트의 신약 신학에 대한 이해는 이제 현 상황에서 최대한도의 형태로 접할 수 있게 되었다. 적어도 이 저작의 전반적인 개략에서는 종합성을 획득할 수 있게 되었다. 그것은 본질적으로 저자의 의도를 그대로 보여주고 있다. 고펠트가 그 이외의 중요한 장 절을 계획했다는 것을 보여주는 것은 아무것도 없다. 어떤 신약에 관한 글들이 그의 시계(視界) 밖에 남아 있다면 그것은 고펠트가 아직 그러한 것들을 묘사하거나 평가하는 것이 가능하지 않다고 생각했기 때문이다. 여기서 그는 연구의 현황에 비추어 보아 그것이 아직 무르익지 않았다는 의견을 가지고 있었다. 이것은 특히 마가복음의 경우에 적용된다. 최근의 편집사적 연구들은 고펠트에게 현재 상태에서 신약 신학을 위하여 가장 오래된 복음서 기자의 신학적 윤곽을 재구성하는 데에 중요한 많은 점들이 발견되었다는 확신을 줄 수 없었다. 그는 그러한 연구들이 방법론과 내용의 문제에서 너무도 이견이 분분하다는 것을 알았다. 저자 특유의 판단의 신중성 때문에 그는 제2바울 서신에 별도의 장(章)을 할애할 수 없었다. 여기서 고펠트는 골로새서에 대해서는 끝까지 바울의 저작이라고 주장했지만 에베소서는 — 그의 이전의 견해와는 달리 — 목회서신과 아울러 제2바울 서신에 속한다고 생각하였다는 것을 말해두는 것이 중요하다(참조. §28, 1).

물론 전체 범위에서의 포괄적인 성격에도 불구하고 몇몇 장들에서는 불행하게도 틈새들이 메워질 수 없었다는 것을 독자들은 금방 알게 될 것이다. 예를 들면 칭의(§39)와 교회론(§10)에 관한 바울의 가르침에 대한 서술은 요한 신학의 마지막 장(§49)과 마찬가지로 초고의 형태로 간략히 처리되었다. 고펠트의 집필 계획에 따르면 세번째 주요한 장 절로 계획되었던 바울의 윤리학과 종말론에 대한 두 장 절은 대체로 더 전개되지 못한 채 남아있게 되었다. 하지만 이 경우에 이 두 주제는 네번째 주요한 장 절에서 비교적 완결된 상태로 논의되고 있기 때문에 큰 문제는 되지 않는다. 그러므로 바울의 윤리학은 §43과 §45에서 베드로전서와 야고보서의 윤리와의 대비를 위한 토대로 취급되었다. 마찬가지로 바울 이후의 저작들의 종말론에 대한 장 절들(§44, 8; 48, 3; 49, 6)은 바울의 종말론에 대한 상세한 설명을 포함하고 있다. 더 자세히 알고 싶다면 주제 색인을 보라.

제2권에서의 부인할 수 없는 틈새들은 이 책이 지금까지의 다른 신약 신학들이 주를 통해 간략하게 언급했던 분야들을 포괄적으로 다루고 있다는 사실을 통해 보상되고도 남음이 있다. 그렇지 않았더라면 사도 이후 세대의 저작들, 예를 들면 누가의 역사적 저작, 베드로서와 야고보서, 요한계시록에서 고펠트가 보여준 날카로운 관심이 그의 신약 신학에 대한 전반적인 서술에 나타날 수 없었을 것이다. 그는 이 저작들이 사도적 케리그마를 새로운 역사적 상황을 배경으로 해서 해석하였으며 그 과정에서 그 케리그마의 결정적인 특징들을 훼손하지 않았음을 보여주기를 원하였다. 그는 그것들 속에서 모든 세대의 교회에게 새롭게 주어지는 구원의 메시지를 해석하는 과제를 위한 규범적인 모델들을 보았다.

제2권에서는 제1권보다도 자료들의 상태가 다양했기 때문에 상당한 정도의 편집 작업이 필요하였다. 따라서 독자들을 위하여 나의 편집 작업의 성격과 목표를 설명해두는 것이 좋을 듯하다. 두번째와 세번째 주요한 장 절들에서는 대부분 고펠트 자신에 의해 완성된 원고를 사용할 수 있었다. 여기서는 단지 내용을 읽으면서 문장을 가다듬고 사소한 틈새들을 관련된 주제에 대한 저자의 논문과 강연을 통해 메워넣기만 하면 되었다. 이와는 대조적으로 네번째 주요 장 절에서는 오직 하나의 강의 원고와 1973년 여름 학기에 강연한 내용을 테이프에 녹음하여 타자로 친 원고만을 구할 수 있었다. 여기서는 제2권을 완결된 형태로 제공하기 위하여 때때로 문장을 만들어 내고 가다듬고 전거를 덧붙이는 일이 필요하였다. 그러한 모든 일에서 나의 단 하나의 관심은 레온하르트 고펠트로 하여금 가능한 한 분명하게 그 문제들을 말할 수 있도록 하는 것이었다.

이 기획의 편집 책임을 맡게 된 것은 단순히 스승에 대한 제자에게 기대될 수 있는 감사의 몸짓만이 아니었다. 오히려 나는 고펠트의 목소리는 현재의 신학적 상황 속에서 정확하게 들려줘야 할 필요가 있다는 확신에서 이 책임을 수락하였다. 고펠트의 목소리는 우리로 하여금 과거나 현재의 혼란스러울 정도로 다양한 신학적 입장들에 안주하여 만족하는 것이 아니라 그것들 배후에 있는 그리스도에 대한 사도적 증언을 찾으라고 격려하는 목소리이다.

그 증언만이 오늘날의 현실 상황 속에서 반성적으로 발전시켜야 할 기독교 신앙과 삶의 규범이다.

고펠트의 「신약신학」이 간행된 지 5년이라는 긴 세월이 흘렀다. 그의 저작은 수 판을 거듭하면서 독어권 신학계에 영향을 미쳐왔다. 그 특유의 겸손을 가진 저자로서는 감히 기대하지도 않았던 일이었으리라. 이제 이 책은 학생들에게 없어서는 안되는 신학 교과서가 되었다. 더욱이 이 책은 신학 논의에 새로운 자극을 제공하여 왔다. 무엇보다도 이 책은 구약과 신약을 포괄하는 성경 신학의 부활을 요구하는 시도에서 근본적인 중요성을 획득하였다. 나는 나의 동료이자 친구인 존 알숩이 이 책을 영어로 번역하는 어려운 과제를 완수함으로써 이 책이 더 널리 읽힐 수 있게 한 것을 기쁘게 생각한다.

1981년 11월 6일, 에를랑겐에서
위르겐 롤로프

해설

제2권의 출간으로 독자들은 이제 완결된 레온하르트 고펠트의 「신약신학」을 갖게 되었다. 제1권의 해설 및 자료에 독자들이 익숙해 있다는 것이 제2권에서는 어느 정도 전제되고 있다. 편집자 서문이 분명히 하고 있듯이 제2권에는 고펠트 교수가 더 살았더라면 자신의 스타일대로 용의주도하게 완결시켰을 몇몇 분야들이 있다. 그러나 이 점은 제2권이 교회와 신학계에서의 신약 신학 논의에 기여하고 있는 가치있는 공헌을 조금도 손상시키지 않는다. 이 책이 신약의 저작들을 방향성과 실질적인 내용의 유사성에 근거하여 분류하는 방식은 신학생들에게 심화된 성찰을 위한 가치있는 개관을 제공해준다.

고펠트 교수의 다른 저작들 및 다른 대표적인 목소리들에 대한 각주의 전거(典據)들은 독자들에게 심화 학습을 위한 유용한 지침을 제공해 주고 있다. 이 점에서 제2권에 붙어 있는 레온하르트 고펠트의 저작 목록과 일반적인 문헌 목록은 독자들에게 상당한 도움을 줄 것이다.

제1권 서문에서 나는 영어권 독자들에게 현대의 신약 신학, 예를 들면 '구속사'의 다른 대표자들에 대한 그의 관계에서 레온하르트 고펠트의 위치에 대한 통찰을 제공하려고 하였다. 이제 저자 자신의 말을 통해 ― 그의 예기치 않은 돌연한 죽음으로 인해 더욱 ― 레온하르트 고펠트라는 인물이 기독교 신앙과 소망, 교회의 삶에 관하여 개인적으로 말하고 있는 제2권에 나오는 몇몇 구절들을 소개하고자 한다. 여기에 부활 소망에 대한 고펠트 자신의 체험을 표현하고 있는 짧은 글을 인용한다. 그 이외의 구절들은 해당 페이지만을 적어두기로 한다.

그러므로 바울에게 구원에 이르는 것은 믿는 자들이 예수와 마찬가지로 인격적 총체 속에서 일으키심을 받아 하나님 앞에 영원히 거할 것이라는 현실을 두고 성공하거나 실패하였다. 그에게 믿는 자들의 칭의는 몸의 구속과 모든 피조물들의 구속을 통해 그 완성에 이르는 것이었다(롬 8:18-30). 하지만 인격으로서의 새로운 실존은 다른 사람들과 새로운 의사 소통, 새로운 교제, 삶을 위한 새로운 상황을 의미하였다 ― "새 세상". 요한복음을 비롯한 신약 전체는 이러한 견해를 주창하였다. 오늘날까지도 하나님과의 '나-너' 관계가 지속되는 가운데 죽음을 넘어 완성에 이를 것이며 예수가 주장하였고 은밀하게 중보하였던 새로운 인간 존재가 부활절 사건에 의해 틀이 잡힌 형태로 등장할 것이라는 소망이 믿음과 굳게 결합되어 있다(p. 257, 또한 pp. 56 이하, 157 이하, 173 이하, 271 이하).

여기에서 나는 이 번역 작업을 끝마칠 수 있도록 안식년을 관대하게 허락해주신 오스틴 장로교신학대학원과 제2권을 작업하는 동안 자신의 집을 일할 장소로 제공하고 환대해 주신 도라 고펠트 부인 그리고 끊임없는 지원을 아끼지 않은 뮌헨과 오스틴의 가족과 친지들에게 무한한 감사를 표한다.

나의 조교 캐더린 로빈슨 양과 고펠트의 종합적인 저작 목록을 작성해 주신 에를랑겐 대학의 발터 코첸로이터도 내게 유용한 도움을 주었다. 이 원고는 도로시 앤드류스가 세심하고 능숙하게 타자를 쳐주었다. 끝으로 나는 이 작업의 모든 단계에서 지원해준 이 「신약신학」의 편집자인 에를랑겐 대학의 위르겐 롤로프 교수에게 감사를 표한다. 에를랑겐을 방문하는 동안 가진 장시간의 대화를 통해 원래의 본문과 각주를 수정할 수 있었다.

독일 투칭에서
1981년 11월 6일
John E. Alsup

제 2 부
초대 기독교 공동체
(이스라엘 안의 교회)

§24. 자료들 및 자료에 대한 평가

Goppelt, *Apostolic Times*, pp. 1-7 (review of research and older literature); pp. 25-81 (the primitive community); F. V. Filson, *A New Testament History* (1964), pp. 153-174; H. Conzelmann, *History of Primitive Christianity* (1973), pp. 21-67; for further Lit. cf. below, n. 2.

1. 자료들

유대 자료들은 예수의 퇴장 후에 팔레스타인의 유대적 신정 정치 내에서 예수의 제자들이 형성한 집단들의 문제에 대해서는 거의 완전히 침묵을 지키고 있다. 또한 예수에 대해서도 침묵을 지킨다.[1] 그럼에도 불구하고 이 자료들은 가장 초기의 기독교 공동체의 환경에

---

1) 이 시대의 유대 역사가인 요세푸스는 야고보의 죽음과 관련하여 단지 짤막한 말 한 마디만을 하고 있다(*Ant.* 20.9.1); *Ant.* 18.3.3에 나오는 언급은 후대의 삽입이다. 문헌으로는 H. I. Strack, *Jesus, die Häretiker und die Christen nach den ältesten jüdischen Angaben* (1910); H.-J. Schoeps, *Aus frühchristlicher Zeit* (1950), pp. 239-254; Billerbeck IV, 1241 (s. v. *Jünger*)이 있다.

관한 정확한 정보를 제공해 주기 때문에 역사적으로 가치가 있다. 하지만 그 공동체 자체와 관련하여서는 우리는 전적으로 기독교 자료들에 의존하여야 한다. 가장 초기의 기독교 문헌인 바울 서신은 주후 50년에서 62년 사이의 기간에 생겨났으며 소아시아와 로마에 걸쳐 있는 공동체들을 향하여 쓰여졌다. 그러므로 그 공동체들과 팔레스타인에 있던 초기 기독교 사이의 시간적, 지리적 거리는 상당하다. 예수의 삶의 마감과 바울 서신 사이의 20년간의 "어두운" 세월은 다음과 같은 자료들에 토대를 둔 추론을 통해서만 확인될 수 있다.

a) 바울 서신은 이따금 과거를 회상하면서 초기의 기간을 언급한다.

갈라디아서 1장 이하가 그런 경우이다. 바울 서신은 초대 기독교 공동체와 그 아람어 근원이 추적될 수 있는 구체적인 교훈적 전승들을 인용한다(고전 11:23; 15:1-3). 더욱이 양식비평의 기준을 통하여 이 서신들 속에서 바울 이전의 시기로부터 전해져온 상당수의 정형적인 표현들을 발견해낼 수 있다(§26, 2).

b) 기독교가 시작된 지 4, 50년이 지난 주후 80년경, 누가는 사도행전을 썼다. 누가는 사도행전을 통하여 복음이 예루살렘으로부터 로마로 퍼져나가는 모습을 서술함으로써 교회 출현의 토대를 제시할 의도를 가지고 있었다. 초대 기독교 공동체에 관한 이 광범위한 보도 속에서 우리는 적절한 비평적 수단들을 이용하기만 한다면 중요하게 되는 전승들을 마주치게 된다.[2] 물론 기본적인 판별 기준 가운데 하나는 바울 자신의 실제의 진술들과 대비해 보아야 한다는 것이다.

c) 예수의 지상적 사역에 관한 전승들이 기본적인 형태를 띠게 된 것은 팔레스타인 교회에서였다. 그런 다음 이 전승들은 주후 65년과 85년 사이의 기나 긴 전승사적 발전의 기간을 거쳐 공관복음서에 기록되었다. 공관복음서의 정형 어구들은 언제나 공동체의 상황을 염두에 두고 형성되었다.

이런 이유로 공동체의 상황은 공관복음서 전승에 반영되어 있다: 공관복음서 전승은 생겨나서 전해졌고 마지막으로 공동체의 상황과 관련하여 편집되었다. 물론 팔레스타인 교회의 초기 단계들을 가리키는 지표들이 공관복음서 전승에 발견되는 정도는 아주 불확실하고

---

2) 연구사에 대해 개관하고 있는 문헌들: E. Grässer, "Die Apostelgeschichte in der Forschung der Gegenwart," *ThR* NF 26 (1969), 93-167; I. H. Marshall, "Recent Study of the Acts of the Apostles," *Expository Times* 80 (1968/69), 292-96; Marshall, *Luke: Historian and Thelologian* (1970); the commentaries by H. Conzelmann (HNT 5 [1972²])와 E. Haenchen (Westminster, 1971)은 사도행전을 너무 일방적으로 그 당시의 공동체를 위한 케리그마로 보고 있다. 이와는 대조적으로 G. Stählin (NTD 5 [1970⁴]), C.S.C. Williams (Harper/Black, 1964²)와 K. Lake-H. J. Cadbury(*Beginnings* I-V)는 주로 공동체와 관련하여 보도된 것을 탐구하고 있다.

논란이 되는 문제이다. 양식 비평적 분석의 도움을 받아 명백해지는 그러한 지표들을 학문적으로 책임있는 방식으로 다루는 것은 그 지표들을 바울 총서와 사도행전에 반영되어 있는 역사적 상황과 비판적으로 대비하는 것에 달려있다(이에 대한 논의는 §2를 참조하라).

d) 위에서 언급한 자료들은 요한계시록, 디다케, 교부들의 산발적인 언급들에서 발견되는 팔레스타인 전승들에 의해 약간 보충받을 수 있다.

이용할 수 있는 자료들을 통해서 볼 때 초대 기독교 공동체와 그 증거에 관한 모습은 아주 우연적인 단편 정보들을 토대로 하고 있는 듯이 보인다. 하지만 더 자세히 검토해 보면 그러한 정보는 우연한 것이 아니고 그러한 정보들을 담고 있는 자료들의 초점있는 질문 제기 방식과 관련하여 일관되게 등장한다.

2. 자료들과 그 서술의 문제 제기 방식

위에서 언급한 세 가지 신약의 자료들은 초대 기독교 공동체의 몇몇 개별적인 구성원들에 의해 믿어지고 가르쳐졌던 것을 재현하는 것을 그 목표로 하지 않았다. 그 자료들은 규범적이고 타당한 선포였던 내용을 말하려고 하였다. 이것을 전하기 위하여 바울은 초대 기독교 공동체의 정형적인 전승들을 빌어왔고 사도 회의 기간 동안에 예루살렘에서 사도들과 공동체의 대표들로부터 이에 대한 동의를 구했다(갈 2:2, 8f.; 고진 15:1-5, 11). 물론 역사적으로 말해서 바울은 언제나 자기 자신의 신학저 긴짐에 따라 전승들을 선택했고 해석하였다. 누가에 의하면 먼저 예루살렘에서 "사도들"에 의해 가르쳐졌고 이어서 바울에 의해 예루살렘과 로마 사이에 있는 지역에서 가르쳐졌던 것(눅 1:1-4; 행 1:21f., 42; 28:23-31)과 교회가 이런 식으로 확장되어감에 따라 문서화되었던 다른 것이 교회에서 언제나 효력이 있었다.

역사적으로 볼 때 누가는 흔히 작은 전승 단편들을 자유로운 해석 방식으로 재현함으로써 "사도들"과 바울의 말과 행동을 역사적으로 서술하였다. 결국 공관복음서 전승에서 도출된 이 지표들 배후에는 바울과 누가에 의해 공유된 다른 원칙이 있었다: 예수의 삶과 사역으로부터 공동체의 상황에 이야기된 것이 궁극적으로 규범적이다. 그러므로 역사적으로 특히 예수 전승을 이런 식으로 해석한 것이 예수의 의도와 일치하였는지의 여부를 물어보아야 한다.

신약 자료들의 이러한 기본적인 관점들은 필수적인 비판적 문제 제기에도 불구하고 근본적으로 실질에서 정확히므로 역사적 이유들만이 여기서 이러한 관점들을 고려하는 데에 유일한 이유들이 아니다.

반면에 우리는 이렇게 물어야 한다: 어떠한 신학적 관점들이 팔레스타인의 초대 교회, 특히 예루살렘의 초대 기독교 공동체의 설교에 나타나 있었는가? 하지만 이와 아울러 우리는 이렇게 묻는다: 위에서 언급한 신약 자료들로부터 비롯된 판별 기준에 따라 규범적이라고 생각되는 것은 무엇이었는가? 이 두 질문은 정보의 부족으로 인하여 오직 한정적으로만 대답될 수 있다. 그러나 이러한 사정은 나중에 바울의 사역에 의한 헬레니즘 세계의 교회에 대해서는 전혀 다를 것이다. 이 전승사적 질문은 우리가 연구를 하는 동안에 계속해서 던져질 것이고 이 세 가지 자료들로부터 나오는 자료들의 상호 관계와 그것들의 서로 다른 정향(定向)들이라는 문제를 취할 것이다.

내용 면에서 볼 때 최초의 공동체의 진술들에 나타나 있는 신학적 성찰은 역사적 상황에 의해 결정된 두 가지 주제들로 시작될 것이다: (1) 유대의 민족 공동체를 배경으로 한 공동체의 자기 이해와 그 공동체의 예배 수행; (2) 이스라엘의 종교적 전통이라는 배경에 반하는 예수의 활동에 대한 해석. 이 주제들은 서로 관련되어 있다: 제자도 안에서 사람들은 자신의 상황을 자기들의 주님의 관점에서 끊임없이 새롭게 해석하려 하였고, 그러는 가운데 그들은 주님의 활동에 관한 새로운 측면들을 배우게 되었다.

지금까지(§5-22) 우리는 예수의 활동에서 오순절 사건이 일어난 시기까지 사람들에게 일어났던 것을 다루어왔다. 이제 우리는 최초의 기독교 공동체의 자기 이해에 대한 묘사 — 단지 매우 짤막하긴 하지만 — 에 주의를 돌리려고 한다. 그렇게 함으로써 우리는 그 공동체가 자신의 상황을 위해 발전시켰던 기독론적 성찰을 추적할 수 있을 것이다.[3]

§25. 제자도 가운데서 예수를 좇는 교회

On 1 and 5a: A. von Harnack, *The Mission and Expansion of Christianity in the First Three Centuries* I–II (1904-05; repr. 1972); J. Jeremias, *Jesus' Promise to the Nations* (1958); F. Hahn, *Mission in the New Testament* (1965); D. Georgi, *Die Gegner des Paulus im 2. Korintherbrief. Studien zur religiösen Propaganda in der Spätantike* (1964); H. Kasting, *Die Anfänge der urchristlichen Mission* (1969); M. Hengel, "Die Ursprünge der christlichen Mission," *NTS* 18 (1971/72), 15-38. **On 2**: O. Cullmann, *Baptism in the New Testament* (1950); J. Jeremias, *Infant Baptism in the First Four Centuries* (1960);

---

3) 참조. Goppelt, *Apostolic Times*, pp. 25-60.

G. Braumann, *Vorpaulinische christliche Taufverkündigung bei Paulus* (1962); O. Kuss, "Zur vorpaulinischen Tauflehre im Neuen Testament," in Kuss, *Auslegung und Verkündigung* I (1963), 98-120; G. Delling, *Die Taufe im Neuen Testament* (1963); G. Kretschmar, "Die Geschichte des Taufgottesdienstes in der alten Kirche," in *Leiturgia* V (1964/65), 1-160; G. R. Beasley-Murray, *Baptism in the New Testament* (1962); F. Lentzen-Deis, *Die Taufe Jesu nach den Synoptikern* (1970); K. Aland, *Taufe und Kindertaufe* (1971). **On 3**: K. Holl, *Der Kirchenbegriff des Paulus in seinem Verhältnis zu dem der Urgemeinde* (*SAB*, 1921), in Holl, *Gesammelte Aufsätze* II (1928), 44-67; O. Linton, *Das Problem der Urkirche in der neueren Forschung* (1932; older Lit.!); N. A. Dahl, *Das Volk Gottes* (1941; repr. 1963); A. Oepke, *Das neue Gottesvolk* (1950); E. Schweizer, *Church Order in the New Testament* (Studies in Biblical Theology 32 [1961]); R. Schnackenburg, *The Church in the New Testament* (1965); W. G. Kümmel, *Kirchenbegriff und Geschichtsbewusstsein in der Urgemeinde und bei Jesus* (1943; 1968²). **On 4a**: cf. §21 Lit. and Goppelt, *Apostolic Times*, pp. 45ff., 202ff.; G. Delling, *Worship in the New Testament* (1962); G. Dix, *The Shape of the Liturgy* (1945; 1959⁷); O. Cullmann, *Early Christian Worship* (1953); F. Hahn, *The Worship of the Early Church* (1973). **On 4c**: M. Simon, *St. Stephen and the Hellenists of Acts* (1958); J. Bihler, *Die Stephanusgeschichte im Zusammenhang der Apostelgeschichte* (1963). **On 5d**: I. H. Marshall, "Palestinian and Hellenistic Christianity: Some Critical Comments," *NTS* 19 (1972/73), 271-287.

1. 선교적 증거

a) 예수와 그가 개시한 운동

예수는 종교적 명상이 아니라 사람들 가운데에서 사역에 헌신하였다. 예수는 소수의 마음이 맞는 사람들의 집단들을 모으려 한 것이 아니라 이스라엘 전체에 관심을 가졌으며 이에 따라 궁극적으로 예루살렘에 관심을 집중하였다. 그러므로 예수의 지시를 따라 그의 제자들은 예수가 퇴장한 후에 이 운동과 여러 측면에서 비견될 수 있는 에세네파와는 전혀 다른 길로 나서게 되었다. 제자들은 사회와 접촉을 거부하지도 않았고 스스로를 인자의 임박한 출현을 기다리는 열광적인 묵시론자들로 생각하지도 않았다. 주로 갈릴리에 뿌리를 두고 있었던 대다수의 제자들은 거처를 예루살렘으로 옮겼다. 이것은 사도행전만의 견해가 아니었다(1:4; 8:1); 바울도 바로 예루살렘에서 주후 35년과 40년 사이에 일어난 회심 후에 제자들 가운데서 주요한 의견들을 구했다(갈 1:18). 제자들은 예루살렘에서 모든 이스라엘과 접촉하기를 원했다. 사람들은 디아스포라로서 순례 절기 동안에 예루살렘으로 모여들었다. 예루살렘에서 제자들은 동터오고 있었던 구원을 기다렸다(사 2:1-4; 60징; 마 8: 11f. par.; 계 21장). 하지만 물론 예루살렘 외부, 즉 유대와 갈릴리 전역(행 9:31; 살 1:22)과 디아스포라 가운데서도 아주 초기부터 증언은 선포되었다. 회심한 시기에 바울은 멀리 떨어져 있는 다메섹에서 예수의 제자들을 만났다(고후 11:32f. ; 행 9:1f.).

이러한 운동 배후에는 부활절 현현에서 생겨났고 성령에 의해 강화되었던 증인들의 파송이 있었다. 이러한 임무는 사도행전에 의하면 "사도들"[1]과 스데반, 나중에 전도자로 지칭되는 빌립(21:8)과 같은 인물들에 의해 수행되었다(행 6:8; 8장). 하지만 이러한 사역은 예루살렘으로 피신했던 헬라파들, 공동체의 무명의 구성원들에 의해 아주 광범위하게 수행되었다(8:4; 11:19ff.). 이 도식화되고 산발적인 단편 정보들은 대체로 역사적 사건들과 일치한다. 우선 이러한 선교는 부활절 현현을 통해 위탁을 받은 사도들에 의해 수행되었는데, 바울에 의하면 이 사도들은 열두 제자들만을 지칭하는 것이 아니었다(참조. 고전 15:7; 롬 16:7).[2] 여행하는 선교자들도 곧 생겨났다. 그들은 성령 또는 공동체에 의해 위탁을 받았다. 그들은 팔레스타인에서 사도들로 지칭되었는데(행 14:4, 14; 고후 11:13), 바울의 영역에서는 나중에 그들은 전도자로 불렸다(엡 4:11; 딤후 4:5). 이렇게 선교가 급속히 확산된 이유는 단 한 가지, 즉 모든 제자들이 자신의 삶의 무대에서 선교적 증인이 되었다는 것이다.

선교 활동은 예루살렘에서 사도행전에서 묘사하고 있는 것과 같은 방식으로, 즉 대중 집회를 통해서 일어난 것이 일반적인 것이 아니었고 사람들이 자신의 일상적인 삶 속에서 다른 사람들을 만나서 소집단으로 또는 개인 대 개인으로 하는 대화를 통해서 일어났다(2:6, 41; 4:4, 33; 5:12-16, 28). 공관복음서 전승의 위탁 강화들에 묘사되어 있듯이 둘씩 짝을 지어 가가호호를 방문하는 선교자들의 모습(막 6:7-11 par. 눅; 눅 10:3-12 〔Q〕; 마 10:5-16)은 결코 우리가 바울 서신과 사도행전으로부터 확인할 수 있는 모든 것과 합치하는 관행이 아니었다. 이와 같은 것은 팔레스타인의 초기에서나 그 이후에서나 결코 수행되지 않았다. 고린도전서 9:4 이하는 사도들의 여행에 관한 아주 다른 모습을 보여주고 있다. 디다케 11-13장에 따르면 이 지시 사항들을 문자 그대로 따르게 된 것은 후대에 수리아에서였음을 알 수 있다.

b) 가장 오래된 선교 케리그마

사도행전 2-5장에 나오는 베드로의 설교들은 누가에 의해 정형화되었다. 그와 같은 사실

---

1) 사도 직임의 기원에 관한 논의에 대해서는 J. Roloff, *Apostolat-Verkündigung-Kirche* (1965), pp. 9-37을 참조하라.
2) Ibid, pp. 57-64.
3) U. Wilckens, *Die Missionsreden der Apostelgeschichte* (1974³).

은 그 문체, 칠십인역의 사용 및 다른 지표들을 통하여 확인될 수 있다.[3] 누가는 자기가 기술하고 있는 상황의 특징을 묘사하려고 하는 고대의 역사가에게 기대할 수 있는 것과 같은 독자적인 구성으로서 그 설교들을 입안한 것이 아니었다. 오히려 누가는 여기에서도 교회를 탄생시킨 사건을 증거하겠다는 의도를 가지고 전승들을 활용하였다. 이 증거를 위해 누가가 전승을 사용한 것은 독자를 곧장 염두에 둔 것이었다. 또한 이것은 이 설교들이 그의 신학에 생소한 적지 않은 요소들을 포함하고 있다는 것을 의미하였다. 하지만 설교들의 밑그림은 고린도전서 15:3-5에 나오는 가장 초기의 케리그마와 놀라울 정도의 일치를 보여주고 있고, 따라서 그 기저에서 역사적임을 입증하고 있다.[4]

이로부터 부활절 증거가 선교적 선포의 중심부에 자리잡고 있었다는 것이 아주 명백해진다: "이 예수를 … 너희가 십자가에 못 박았다" — 그러나 하나님이 그를 일으키셨다"(행 2:22ff.; 3:13ff.; 4:11; 5:30f.); "이 일은 성경대로 일어났다"(2:25-31; 3:18; 4:11); "이에 대해 우리 모두가 증인이로라"(2:32-36; 3:15b, 16; 5:32). 이 증거를 토대로 모든 이스라엘은 지금 예언을 성취하는 가운데 궁극적인 방식으로 자기 백성에게 말씀하고 계시는 하나님에게 돌아오라는 부르심을 받았다(2:38f.; 3:19; 4:12; 5:31b). 의심할 여지 없이 이러한 회개로의 부르심은 원래 사도행전이 보여주는 것보다 더 강력했으며, 메시야이신 예수의 오심을 통한 종말이 임박했다는 말에 의해 강조되었다(참조. 행 3:19f.와 §25, 5). 그럼에도 불구하고 세상의 임박한 종말에 대한 기대는 제자들 당시의 환경에서 다른 사람들에 의해 신포되기도 하였다. 이와는 대조적으로 부활절 증거는 그들에게 독특한 것이었다. 부활절과 오순절에 일어난 것 속에서 종말의 사건은 그들에게 시작되었다. 아주 짧은 기간 안에 구원의 공동체가 모여들고 마지막 때가 닥쳐와서 "그들의 주님"이 오셔서 모든 것을 변화시킬 것이라고 그들은 주장하였다.

하지만 이러한 종말론적 준거틀 속에서 선교적 증거가 지향했던 목표는 처음부터 세례였다. 꼭 필요한 것으로 요구된 회개 및 구원의 공동체로의 입회는 세례를 통해서 완수되었다(행 2:38).

2. 세례

a) 기원

---

4) Goppelt, *Apostolic Times*, pp. 36ff.

아주 초기부터 제자도 가운데서 예수를 좇는 것이 입회 의식으로서 세례에 수반되었다. 사도행전에서 나온 이 정보(2:38, 41; 8:12f., 36, 38; 9:18 등)는 바울에 의해 그의 서신들 속에서 구체적으로 그 내용이 제시되고 있다. 바울은 자기가 회심한 그 당시에 이미 세례는 널리 행해지고 있었으며(고전 12:13) 로마의 공동체에 있던 모든 사람들 — 바울은 이들을 직접적으로 알고 있지 않았다 — 은 세례를 받았다는 것을 전제하였다.

b) 의미

사도행전 2:38에 따르면 기독교 선교자들에 의해 베풀어진 세례는 다음과 같이 서술되었다: "너희가 회개하여 각각 예수 그리스도의 이름으로 세례를 받고 죄사함을 얻으라 그리하면 성령을 선물로 받으리니". "예수 그리스도"라는 표현이 보여주듯이 이 서술은 후대, 아마도 누가의 정형 어구임을 보여주고 있지만, 좀더 오래된 전승을 포함하고 있었다. 우리는 여기에 구체화되어 있는 세 요소들이 초기에 세례와 어느 정도 관련을 맺고 있었는지를 결정하여야 한다.

1) 제자들의 세례는 의심할 여지 없이 세례 요한의 세례, 죄 사함을 위한 회개의 세례, 즉 이전의 것들로부터 깨끗케 하는 침례와 비슷했다. 그 세례는 죄 사함과 회개를 전달해주었다(초기부터 세례는 아마도 일부에서는 침례로, 일부에서는 물을 뿌리는 것으로 시행되었던 것 같다.).[5]

2) 이 행위는 처음부터 어떤 사람이 예수의 이름을 부르는 것과 관련되어 있었을 가능성이 높다. 어떤 사람이 치유를 행할 때에 예수의 이름을 불렀던 것과 마찬가지로(행 3:6) 그러한 것은 세례에서도 기본이었다. 제자들에게 회개 및 죄사함은 예수에 의해 중보되었기 때문이다. 물 또는 세례받는 사람과 관련해서가 아니라 세례 행위 자체와 관련하여 예수의 이름이 불렸다. 이렇게 이름을 부르는 것은 흔히 사도행전 22:16을 토대로 추론하는 것과는 달리 세례받는 자가 기도 가운데서 행한 것이 아니라 세례를 주는 사람에 의해 행해졌다.[6] 세례와 관련된 신앙고백을 통하여 이러한 이름 부름을 확증하는 것이 세례받는 자의 역할이었다(예를 들면, 롬 10:9; 참조. 행 8:37). "이름"을 부르는 것은 제의에서 인과 관

---

5) *baptizein*(*baptisma*), "물에 잠그다"는 칠십인역에서 tabal(tᵉbilah)를 번역할 때 사용되었다. 유대교에서 그것은 정결을 얻기 위한 종교적인 침수를 가리키는 전문 용어였다(A. Oepke, *TDNT* I, 535). 그 공식적인 수행과 관련해서는 사도행전 8:36; Did. 7:1-3과 L. Goppelt, *TDNT* VIII, 332를 참조하라.

6) 예를 들면 G. Stählin, *Die Apostelgeschichte* (1970⁴). p. 285; 이에 대한 반대 의견으로는 G. Delling (Lit., §25, 2), pp. 32-36.

계를 나타내는 결정적인 관계를 정교하게 표현했던 히브리어 표현인 '르쉠' (*l°shem*) 을 본떠 형성되었음이 확실하다.[7] 이 배경에 있는 것을 헬라어로 옮기기 위해서는 두 가지 표현이 사용되어야 했다. 어떤 사람은 "예수의 이름으로" (*en* [*epi*] *to onomati Iesou*, 행 10:48; 2:38) 세례를 베풀었다. 이렇게 말함으로써 그는 세례를 통하여 승귀되신 분이 세례가 약속한 것, 즉 죄 사함과 회개를 수행하고 계시다는 것을 표현하였다.

"이름과 합하여" (*eis to onoma*) 세례를 받았다는 표현이 이보다 더 흔히 사용되었다.[8] 이것은 세례가 그 사람을 승귀되신 분과 연결시킨다는 것을 표현하였다. 둘이 함께 속한다: 승귀되신 분이 세례받는 사람을 자기 자신과의 관계로 이끄시기 때문에 세례는 회개와 죄 사함을 수행한다.

3) 이런 식으로 세례를 받은 사람에게는 성령이 약속되었다.

불트만[9]은 이 세번째 요소 그리고 아마도 두번째 요소도 헬레니즘적 교회에서 후대에 첨가된 것으로 추측하였다. 이러한 추측은 아무런 근거가 없다. 물론 사도행전은 이따금 세례와 성령의 수여가 따로따로 일어났음을 보도하고 있다(8:12; 10:44, 47f.; 11:15f.; 19:2-6). 그러나 이것은 항상 이례적인 상황으로 인해서였다. 그러므로 이러한 보도들은 세례와 성령의 수여가 통상적으로 결합되었음을 전제하고 있었다. 물론 성령의 오심이 오로지 세례와 결합되어 있었던 것은 아니었지만, 성령의 오심은 아주 초기부터 세례받는 자들에게 약속되었고 그들에 의해 광범위하게 체험되었다. 이러한 것은 승귀되신 분과 관계를 맺게 된 이들은 누구나 성령의 역사를 체험했다는 실질적인 배경과 맥을 같이 하고 있었다.[10]

사도행전 2:38에 나온 세 가지 요소들은 세례 사건에 대한 신학적 해석일 뿐만 아니라 실질적인 배경에 기본적이었다. 이러한 출발점으로부터 거듭남, 또는 예수의 이름을 부르는 것에서 마태복음 28:19에 나오는 삼위일체적 정식의 확장과 같이 세례의 효력을 그 이상으로 설명하는 것이 발전되었다. 하지만 진정으로 결정적인 질문은 다음과 같은 것이다: 어떤 수단을 통해서 제자들은 이런 식으로 세례를 베풀 권세를 얻게 되었는가?

c) 세례의 토대

---

7) H. Bietenhard, *TDNT* V, 274-76.

8) 행 8:16; 고전 1:13, 15; 참조. 롬 6:3; 갈 3:27; *eis Christon*; 고전 10:2: *eis ton Mousen*; 마 28:19은 이 표현을 최초로 삼위일체적으로 발전시켰다. 그것은 Did. 7:1; Just. *Ap.* 1:61에서 더욱 발전되었다. G. Kretschmar (Lit., §25, 2), pp. 32-36.

9) *Theology* I, §6, 3.

10) 참조. E. Schweizer, *TDNT* VI, 413; Goppelt, *Apostolic Times*, pp. 68-71.

예수 자신은 그 누구에게도 세례를 주지 않았지만,[11] 예수는 사람들과의 인격적인 사귐, 특히 제자도로의 부르심을 통하여 회개와 죄 사함을 수여하였다(§12.). 제자들의 이러한 체험과 나란히 세례 요한에 의해 시도된 것과 같은 의식을 통한 중보 — 기본적으로 무익했던 — 를 위한 여지가 실질적으로 있었는가? 종교사적인 상호 관련의 원칙에 의거해서 "교회는 이 관행을 세례 요한으로부터 취해왔다"[12]고 말함으로써 제자들의 세례 활동을 설명하는 것만으로는 충분치 않다. 물론 초대 교회의 세례는 요한의 세례와 관련되어 있었고 그것과 마찬가지로 유대의 결례의 흐름 안에 자리잡고 있었다(§4, 3). 그러나 어떤 수단을 통하여 사람들은 요한의 세례로 거슬러 올라가서 그것을 빌어오리라고 실질적으로 생각하게 되었던 것일까? 초기 교회에서는 두 요인을 들었다. 하지만 근본적인 역사적 실질적 수정이 필요하다.

1) 마태복음 28:19 이하와 마가복음의 비진정한 끝부분(막 16:15f.)에 따르면 "세례를 주라는 명령"이 부활절 현현에서 제자들에게 주어졌다. 이 지시들은 이 어구를 편집할 당시에 행해졌던 세례의 관행에 맞춰 형성되었다. 전승사적 관점에서 볼 때 세 부분으로 된 공통적인 도식이 마태복음 28:18b-20b; 눅 24:46-49; 마 16:15-18에 나오는 위탁의 말씀을 위한 기저를 이루고 있었다. 이 도식은 예수가 승귀를 통하여 권세를 수여받았다는 것, 예수의 위탁의 말씀, 예수의 현존의 약속을 표현하였다. 위탁이 부활절 현현까지 거슬러 올라간다는 것은 거의 확실하다(참조. 고전 15:7f.). 하지만 세례를 주라는 지시가 부활절 현현과 관련이 있는 것인지에 대해서는 어느 정도 의문이 있다. 만약 관련이 있다면 왜 세례가 초기부터 일반적으로 행해졌는지를 만족스럽게 설명할 수 있을 것이다. 그러나 전승사적 근거 위에서 그러한 사실을 입증해 보일 수 없다. 어쨌든 신학적으로 원칙상 성찬을 제정하는 말씀 속에서 반복해서 시행하라는 명령보다 이 명령에 더 높은 덤을 얹어줄 수는 없다(§20, 6).

분명히 제자들은 위탁의 말씀을 통하여 "예수의 이름으로" 사역하며 세례를 줄 때 예수의 이름을 부를 사도직의 권세를 부여받았다. 더욱이 배신당하던 날 밤에 예수는 자신의 인격적인 사귐이 상징적 행위를 통하여 계속 이어질 것임을 제자들에게 다짐하였다.

2) 예수 자신은 요한의 세례를 통하여 새로운 실존으로 부르심을 받았다. 이것을 부활절 이후의 제자도로의 부르심을 제정한 것으로 이해할 수 있을까? 예수의 세례를 이런 식으로

---

11) 공동체의 상황을 반영하고 있는 요한복음 3:22의 말씀을 역사화하는 것은 요한복음 4:2에 의해 금지된다.

12) Conzelmann, *Theology*, p. 47.

보는 것은 신약에 나와 있지 않다. 그와 같은 견해는 이그나티우스(Ignatius)에서 처음으로 발견되는데, 그것도 약간 이상한 방식으로 표현되어 있다.[13] 예수는 스스로 요한의 세례 받기를 자청했으며(막 1:9ff.) 그러한 자신의 행위를 통해 자기가 요한의 세례를 하나님에 의해 주어진 종말론적 회개의 표지로 인정한다는 것을 알렸다(막 11:30 par.). 공관복음서 전승에서 예수의 세례에 관한 단화(막 1:9ff. par.)는 주로 기독론적 진술을 하기 위한 의도로 구성되었다(참조. 요 1:31); 이 편집에 의한 개작에서는 어느 곳에서도 기독교의 세례를 사용하지 않았다.

그런데도 예수의 이름과 합하여 세례를 받는 것에서 전달되는 것은 예수가 요한의 회개의 세례를 맛보았을 때 일어났다는 것은 이 단화의 여러 편집자들이나 독자들을 피할 수 없었을 것이다. 후자에서처럼 전자에서도 아들됨과 성령이 전달되었다.[14] 우리가 이 실질적인 맥락을 주어진 그대로 본다면,[15] 세례는 성찬과 마찬가지로 다소 우연히 생겨난 또는 제정된 의식(儀式)이 아니었다. 오히려 세례는 성찬과 마찬가지로 예수가 회개로 부르심을 받은 죄인들과 실제로 교제한 행위로부터 싹텄다고 할 수 있다.

이러한 세례를 위한 두 가지 신학적 기저들 — 상징적 행위를 예수의 이름으로 권세를 부여함과 예수 자신의 행위를 통하여 그것을 "제정한 것" — 은 비록 그것들이 얼마나 광범위하게, 초대 교회가 분명하게 의식하는 가운데 공유되었는지는 불분명할지라도, 예수에게 그 뿌리를 두고 있었다. 그러므로 세례는 단순히 고대의 의식주의(儀式主義)로 되돌아간 것이 아니다. 예수조차도 단순히 회개로 일반적인 부르심을 행한 것이 아니라 결정적인 제자도의 제안을 통하여 그 부르심을 수행하게 하였다. 부활절 이후의 상황에서 세례라는 보편적인 상징적 행위는 실질적으로 부활절 이전에 소수에게 국한되었던 제자도로 부르심을 대신하였다.

세례는 세례받은 사람을 승귀되신 분만이 아니라 다른 세례받은 사람들 또는 오순절에 세례 없이 성령을 받은 제자들과도 결합시켰다. 또한 세례는 그러한 사람을 유대의 민족 공동체의 나머지 성원들과 구별하였다.

---

13) Ign, Eph. 18:2: "그는 자신의 고난을 통하여 물을 깨끗케 하기 위하여 태어났고 세례를 받았다"(LCL, *Apostolic Fathers*, I, 193); Clem. Al. *Paedagogos* I.6.25f.; *Eclogae propheticae* 7.1; Tert. *Bapt.* 4.8.9; Pseudo-Cyprian *De pascha computus* 22; 하지만 세례와 관련된 단화(單話)는 성찬 제정의 기사와는 대조적으로 제정의 말씀으로 초기 교회의 예전에 수용되지 않았다(Kretschmar, op. cit. [n. 8], pp. 89ff.).

14) 기독교인들의 세례 체험은 이 단화의 형성에 기여하였음이 분명하다.

15) 또한 Kretschmar, op. cit. (n. 8), pp. 16f.

3. 에클레시아

세례 요한에 의해 세례를 받고 나서 집으로 돌아온 사람들과는 달리 세례받은 기독교인들은 유대 백성의 종교 공동체 내부에서 하나의 구별되는 집단이 되었다. "저희가 사도의 가르침을 받아 서로 교제하며 떡을 떼며 기도하기를 전혀 힘쓰니라"(행 2:42). 여기에 언급되어 있는 요소들은 이 집단의 공동 생활과 예배 의식에 특징적인 구조적 요소들이었다.

이 집단은 스스로를 어떻게 이해하였는가? 사도행전을 읽을 때 우리는 오순절 이후에 이 집단은 열두 제자에 의해 지도되었고 교회로서 자율적으로 살았다는 인상을 받는다. 이 집단은 유대 내에서 선교를 수행하였는데 초기에는 대체로 도전을 받지 않고 상당히 성공적으로 그렇게 하였던 것 같다. 1904년에 이러한 모습을 논평하면서 돕쉬츠(E. von Dobschütz)는 초대 공동체는 유대인들 가운데 하나의 교회가 아니었고 그렇게 되기를 바라지도 않았다는 것은 일백여년에 걸친 역사적 탐구의 확고한 결론이었다고 말했다.

그의 견해로는 초대 공동체는 "자신의 스승 안에서 메시야를 보았고 자신들의 신앙고백의 방향을 따르는 동료 유대인들을 가능한 한 조용한 선전 가운데서 얻으려고 하였던 유대인들의 한 '학파'였다.[16] 이러한 견해는 사도행전이 별다른 강조 없이 전제했던 사회학적 사실을 아주 정확하게 강조하는 것이었다. 사회학적 관점에서 예수 제자들의 집단은 유대 민족의 종교 공동체 안에서 살았다. 이 집단은 유대인들에 의해 바리새파(행 15:5; 26:5) 또는 에세네파(Josephus *War* 2. 8. 7)와 마찬가지로 '하이레시스'(*hairesis*, 행 24:5, 14; 28:22)로 불렸다. '하이레시스'(히. *min*)는 유대 사회 내에서 종교적 정치적 집단을 가리키는 말이었다. '이단'이라는 의미는 1세기 말경에야 비로소 이 말에 부가되었다. 유대교에서 구성원의 판별 기준은 모세 율법을 근본적으로 받아들이느냐에 달려있었다. 종말과 관련하여 무엇을 기대하는가 하는 것과 다른 많은 문제들에서의 의견 차이는 흔했다. 모든 지표들을 살펴볼 때 예수의 제자들 ― 예수 자신과는 대조적으로 ― 은 율법을 준수하였을 뿐만 아니라 결례에 대한 레위적인 규례들도 준수하였다. 사도행전 10:14에 따르면 베드로는 그러한 것을 확증하였다. 안디옥에서 일어난 사건에 관한 갈라디아서 2:12의 말은 사도행전의 이러한 묘사를 확증해준다. 또한 예수의 제자들은 계속해서 성전의 예배 의식에 참여하였고(행 2:46; 3:1) 회당에 출석하였다(마 10:17). 그들은 에세네파와는 달리 유대인들의 종교 공동체와 더 밀접한 관련을 맺고 살았다. 사회학적으로 기독교 공동체와 가장 유사한 것은 바리새파의 공동체였다.

그러나 그들은 스스로를 어떻게 이해하였는가? 그들의 자기 이해는 그들이 스스로를 언

---

16) *The Apostolic Age* (1910), pp. 20f.

급한 방식들에 표현되어 있다. 바울 서신과 사도행전에서 예루살렘 공동체는 특별한 강조를 두는 가운데 "성도들"(*hoi hagioi*)로 지칭되었다. 아마도 이 호칭은 내부로부터 나왔을 가능성이 크다(롬 15:25f., 31; 고전 16:1; 고후 8:4; 9:1, 12; 행 9:13, 32, 41; 26:10). 공관복음서의 묵시록이 "택하신 백성"(막 13:20, 22, 27 par. 마)에 관하여 말했을 때, 베드로를 향한 말씀(마 16:18) 가운데서 '에클레시아'(*ekklesia*), 하나님 또는 예수의 백성이 언급되었을 때 이와 동일하게 말할 수 있다. 팔레스타인에 있던 유대 기독교인들은 스스로를 "가난한 자들"(the Ebionites)이라 불렀다. 하지만 그러한 호칭은 1세기 말경에 처음으로 등장하였다. 연구사를 보면 이 문제들에 관하여는 일반적으로 의견이 일치된다. 그럼에도 불구하고 이러한 스스로에 대한 호칭들을 통해서 정확히 무엇을 의도하였는지는 논란이 많다.

「신약신학」의 서문에 나와 있는 불트만의 이해는 사해 사본이 발견된 후에 정확한 표현을 얻게 되었다: "가장 중요한 유비[즉, 쿰란 공동체와]는 쿰란 분파와 마찬가지로 초대 기독교 공동체는 스스로를 종말 때의 참 이스라엘로 이해하였다고 하는 것이 좋을 것이다."[17] 쿰란 집단은 실제로 자기들만을 성도들, 택한 백성, '에클레시아'(히. qahal)라고 하였다. 그들은 이스라엘의 약속들을 곧 상속할 참 이스라엘이기를 원했다. 본질적으로 바리새파도 스스로를 "성도들"로 자처하며 그러한 주장을 하였다.

제자도 가운데서 예수를 좇은 사람들은 스스로를 미지막 때에 앞서 이스라엘의 구원을 상속받기 위하여 파산한 이스라엘의 "민족 교회"의 대중으로부터 스스로를 분리한 "참 이스라엘"로 이해하였는가? 이 모든 호칭들을 그것들이 선포된 맥락과 분리해서 볼 때는 그런 식으로 이해하는 것도 가능하다. 오직 하나만 그렇게 해석될 수 없다. 마태복음 16:18에 따르면,[18] 제자들은 더 이상 스스로를 다른 사람들과 같이 하나님의 '에클레시아'가 아니라 예수의 '에클레시아'로 지칭하였다: "너는 베드로라 내가 이 반석 위에 내 '에클레시아'를 세우리니 … ". '에클레시아'는 칠십인역의 '카할'(*qahal*)을 번역한 것이다. '크할 야웨' (*qᵉhal Yahweh*)(LXX=*ekklesia kyriou*)는 하나님에 의해 부르심받은 백성이었다.[19]

---

17) *Thelolgie* (1958³), p. VII.

18) 초기 팔레스타인 교회에서 형성된 이 단어에 대한 철저한 분석은 O. Cullmann, *Peter-Disciple, Apostle, Martyr* (1962²)와 A. Vögtle, "Messiasbekenntnis und Petrusverheissung. Zur Komposition Mt. 16,13-23 par.," in A. Vögtle, *Das Evangelium und die Evangelien* (1971), pp. 137-170에서 찾아볼 수 있다.

19) K. L. Schmidt, *TDNT* III, 530.

기독교 공동체가 스스로를 이 배경과 구별되는 예수의 '에클레시아'로 지칭하였을 때 그 것은 메시야적 통치자인 예수의 백성이라고 말하는 것이었다. 그 공동체는 예수를 통하여 하나님께 속해 있었다. 이 공동체는 종말 때의 구원의 공동체였다. 다음 구절에 나오는 말 은 그것을 보여준다: "음부의 문" ─ 모든 인간 존재의 배후에 닫혀 있다(사 38:10) ─ 이 "이기지 못할 것이다 … " 공동체는 베드로, 즉 반석 위에 영적인 성전 ─ 에세네파도 이와 같은 심상을 스스로에게 적용하였다 ─ 으로서 세워질 것이었다. 베드로는 예수를 그리스도 로 고백하고 예수로부터 그 열쇠의 직임을 위임받았고 한 사도였기 때문에 반석일 수 있었 다. 베드로에 관한 말씀은 에베소서 2:20과 요한계시록 21:14에서 모든 사도들에게 적용되 었던 것을 표현하고 있다. 그러므로 고린도전서 3:11에 따르면 교회는 예수 위에 지어졌기 때문에 사도들은 그 토대였다. 즉 사도들은 예수에 대한 원시의 증언을 전했다는 것이다. 사도들은 교회의 토대였지만 청지기의 계승을 위한 기초를 구성하는 것은 아니었다. 로마에 있는 성 베드로 성당의 천장에 조각되어 있는 이 말씀은 ─ 정확히 이해된다면 ─ 교황권의 주장과 반대된다. 그 말씀은 베드로를 로마 감독들의 상속이 아니라 에클레시아가 세워질 반석으로 부르고 있기 때문이다.

이 모든 것으로부터 예수의 '에클레시아'는 에세네파와 바리새파와 같이 스스로를 참 이 스라엘로 이해한 것이 아니라 이미 종말 때의 메시야와 하나님의 '바실레이아'(*basileia*) 로 들어간 종말론적 이스라엘로 이해하였다는 것이 분명해진다. 그것을 나중에 발전된 어구 로 표현한다면, 에클레시아는 거짓된 이스라엘 내부에서의 참 이스라엘이 아니라 새 이스라 엘이었다. 에클레시아는 아브라함에 대한 약속의 백성과 시내산 언약의 백성을 예수의 거절 당함과 부활에 의해 생겨난 장애를 넘어 새로운 차원으로 불렀다. 이런 이유로 예수의 제자 들이 에세네파와 달리 이스라엘 밖으로 이주할 필요가 없었으며 나중에 헬레니즘 사회 밖으 로 이주할 필요도 없었다. 오히려 그들은 "지금"과 "아직"의 간격 속에서 그들과 함께 살아 갈 수 있었다.

4. 옛 예배와 나란히 드린 새로운 예배 의식

a) 떡을 뗌

사도행전 2:46의 전승에 토대를 둔 요약 보도의 문맥 안에서 다음과 같은 말이 나온다: "날마다 마음을 같이 하여 성전에 모이기를 힘쓰고 집에서 떡을 떼며 기쁨과 순전한 마음으 로 음식을 먹고". 그들은 단지 선교 활동을 하기 위해가 아니라 성전의 예배 의식에 참여하기 위하여 성전에 갔다(행 3:1). 그러므로 성전에 출석한 것과 아울러 나란히 언급된 식사들은 그 자체가 예배였다. 그것들은 기독교 공동체에서 새로운 특별한 예배 의식이었다.

이 식사들은 "떡을 떼는 것"으로 불렸다. 유대교에서 떡을 떼는 것은 모든 식사의 처음에 행해지는 행위였다(§20, 4). 기독교 공동체에서 그것은 특별한 식사 예배 의식을 가리키는 용어가 되었다. 나중에 사도행전 20:7에서 누가는 그 예배 의식을 "떡을 떼는 것"으로 불렀다. 고린도전서 11:20에서 바울은 그것을 성찬으로 불렀다. 누가와 바울이 묘사한 의식의 모습에는 차이점이 존재하였다. 그런데도 이 두 설명 모두 이 의식은 소위 성찬 제정의 말씀으로 불리는 고린도전서 11:23 이하의 의례적 정형에 표현되어 있는 성례적으로 먹고 마시는 것으로 구성되어 있었다고 하고 있다. 이것은 예루살렘에 있던 초대 교회의 "떡을 떼는 것"에도 타당하였을까? 리츠만(H. Lietzmann)[20]과 불트만의 견해에 의하면 초대 교회의 식사 의식은 헬레니즘적 공동체의 성찬과는 다른 유형의 식사였다고 한다. 전자는 종말론적 기쁨의 식사로서 "기쁨으로"(종말 때의 구원과 관련하여) 거행되었고(행 2:46), 후자는 주님의 죽으심을 선포하였다(바울의 해석에 의하면, 고전 11:26).

성찬 제정의 기사들과 관련이 없는 기쁨의 식사는 디다케 9장 이하에 나오는 식사 기도문에 의해 전제되어 있었다. 그래서 리츠만은 팔레스타인 유형의 식사는 그러한 기도문들에 살아있다고 생각하였다. 그가 보았던 대로 최초의 공동체는 배신의 밤에 성찬 제정의 말씀을 취하지 않았고 예수의 지상 사역의 나날들로부터 식탁 교제를 계속해 왔다. 그 죄조의 공동체는 엠마오 도상의 제자들이 이마도 가시직인 방식으로 예수를 체험했던 것과 마찬가지로 공동체 가운데 부활하신 분이 보이지 않게 임재해 계신다고 생각하였다고 리츠만은 추론하였다. 이 가설과 관련하여 한 동안 디다케 9장 이하의 식사 기도문들은 아주 초기부터 성례적인 먹고 마심과 관련되어 있던 식사(*Sättigungsmahl*)에 대한 전거였다는 것이 분명해졌다. 더욱이 성찬 제정의 기사들의 핵심적인 내용은 역사적임을 스스로 보여주고 있다(§ 20, 1). 이 기사들에 표현되어 있는 약속은 승귀되신 분이 실제로 오순절 후에 계속해서 사역한 방식과 일치하였다. 예수는 신적인 방식으로 공동체 가운데 임재하였다.

팔레스타인 전승(마 18:20; 28:20; 계 3:20)은 바울이나 요한보다 더 극적으로 이 점을 강조하였다. 예수는 성령을 통해서 또는 자신의 이름을 통하여 자신의 공동체 가운데서 사역함으로써 임재하고 있었다. 따라서 공동체의 성원들은 성찬 제정의 말씀을 따라 먹고 마시는 것을 자신들의 일상적인 공동 식사와 결합시켰다. 부활절 사건을 통하여 그들에게 주어진 다른 모든 것과 마찬가지로 이 먹고 마시는 것은 당시의 유대 상황에서 독특한

---

20) *Mass and Lord's Supper* (1979), pp. 193-99.

것이었다.

b) 소위 통용(通用) 공동체

공동 식사는 예수의 지상 사역의 의미 있는 식탁 교제에 의해 시사되었을 뿐만 아니라 사회적 환경에 의해서도 조건지워졌다. 제자들 가운데 많은 수는 갈릴리에서 생업을 포기하고 예루살렘으로 옮겨왔다. 거기에서 그들은 생계를 유지하기가 어려웠다. 모든 사람들은 자산을 소유한 소수의 자발적인 헌납을 통하여 생활 필수품들을 얻었다. 그러한 헌납은 집이나 전답과 같은 개인의 경제적 자원을 잃는 것을 의미하였다. 사도행전 2:44 이하, 4:32, 34 이하의 요약 보도들은 통용 공동체의 인상을 전해준다. 하지만 사도행전 4:36 이하, 5:1-11의 개별적인 기사들에 의하면 그들은 쿰란과는 달리 강제적인 집단 경제를 도입한 것이 아니라[22] 그 구성원들은 자발적인 헌납을 통하여 공동체에 기부하였다. 이 헌납은 생활 필수품을 이용할 수 있게 하는 것을 포함하였고 회당 공동체에서 가난한 자들을 돌보기 위해 제공되는 상당한 양의 돈을 훨씬 능가하였다. 이 이례적인 헌납은 초대 공동체의 특이한 사회적 상황에 의해 형성되었다. 따라서 그와 같은 것은 이후의 초기 기독교에서 다시 되풀이되지 않았다. 누가가 그것을 보도한 것은 그것을 따라야 할 모범으로 보여주기 위해서가 아니라 교회가 무엇인지를 예시하기 위해서였을 것이다. 그것은 예수에 의해 이루어진 믿음, 이웃에게 삶에 필요한 것들을 자유로이 나누어주는 믿음을 예시하는 것이었다. 그것은 계산하는 수고를 포기하였기 때문에 자유로운 것이었다(마 6:25).

c) 복음과 율법 — 갈등과 타협

공동체가 예수의 산상수훈에 따라 케리그마를 토대로 하여 살았음은 분명하다. 그런데도 이와 아울러 공동체는 여전히 시민법이기도 한 모세 율법을 준수하였다. 공동체는 "이것도 행하고 저것도 버리지 말아야 할지니라"(마 23:23)라는 규율에 따라 살았다. 공동체는 이상하게 들릴지 모르지만 일종의 두 왕국론적 윤리로 살았다. 오래지 않아 여기에서도 이 둘 사이의 긴장을 유지하기가 어렵다는 것이 분명해졌다. 이 긴장은 갈등으로 이어졌고 또한 이 긴장을 상대화시키는 타협으로 이어지기도 했다.

---

21) *Theology* I, §6, 4; §8, 3.

22) Josephus, *War* 2.8.3f.; *Ant.* 18.1.5; IQS I:11-13: 5:2f.;6:18-23; *CD* 16; 가난한 자들에 대한 회당의 보살핌에 대해서는 Billerbeck II, 643ff.; Lit. in H. Bolkestein, *Wohltätigkeit und Armenpflege im vorchristlichen Altertum* (1939); M. Hengel, *Property and Riches in the Early Church* (1974), 특히 pp. 31-34를 참조하라.

그러한 갈등은 "헬라파"(행 6:5) 가운데 한 사람인 스데반이 선교적 대화의 문맥에서 새로운 것의 우선 순위를 강조하였을 때 발생했다. 그의 유대인 대화 상대자들은 성전에 하나님의 은혜로운 임재를 가리키면서 급진적인 회개로 부르심을 회피하기를 원했을 가능성이 있다. 어쨌든 스데반은 성전의 멸망에 관한 예수의 말씀, 팔레스타인 제자들이 전하기는 했으나 깨닫지는 못했던 말씀을 전거로 들었다(행 6:14; 참조. §24, 1). 이것은 본질적으로 하나님의 구원은 궁극적으로 성전으로부터 오지 않는다는 것을 말하고 있었다. 더욱이 우리가 제한된 전승들로부터 말할 수 있는 것은 스데반은 율법을 비판하는 예수의 진술들을 빌어오지 않았다는 것이다. 스데반이 대표하고 있었던 예루살렘의 헬라파들은 분명히 율법으로부터의 자유를 아직 주창하고 있지 않았다. 이것은 예루살렘에서 중대한 것이 아니었다.

이 성전을 향한 중대한 진술은 스데반을 유대의 민족 공동체로부터 축출해내기에 충분하였다. 유대의 관습에 따른 그의 출교는 기독교인들에 대한 그 이상의 공격으로 이어졌다. 스데반의 견해에 동의하고 있던 모든 제자들은 비슷한 운명의 희생물이 되기를 원치 않는다면 예루살렘에서 피신하여야 했다. 그들은 기본적으로 헬라파 집단, 즉 예루살렘으로 돌아온 디아스포라 유대인들 가운데서 생겨난 헬라어를 사용하는 공동체의 일부 집단에 속해 있었다(사도행전 7:54-8:3의 기사는 이런 식으로 이해하여야 한다.). 이 제자들에게 디아스포라로 돌아가는 것은 그리 어렵지 않았다. 성전의 멸망에 관한 예수의 말씀이 시온에서의 구원의 성취라는 사상에 맞서 그것을 무효하시켰을 때 특히 그러했다.

스데반과 헬라파를 둘러싼 이 사건들은 예루살렘에 있던 기독교 공동체의 나머지 성원들이 어느 정도로 율법을 견지하였는가를 보여준다. 이 공동체는 예수에 관한 공관복음서 전승에 기록된 것과 같은 방식으로 안식일을 범한다거나 결례를 범하는 일을 상상할 수도 없었다(§9, 2). 마가복음 2:21-28, 3:1-6과 같은 단화들은 공동체의 행동을 정당화하기 위하여 형성된 것이 아니었다. 그것들은 유대인들이 걷는 단일한 길을 분명히 보여주기 위한 목적으로 쓰여졌다.[23] 이것은 다음에서 한층 더 분명하다: 헬라파들이 떠난 후에 예루살렘에 남아 있던 기독교 공동체는 더욱 더 율법을 고수하였다. 이로 인하여 공동체는 이전 것에 속한 것에 대한 예수의 비판과 새로운 것으로 부르심의 우선 순위를 상실해 버렸다. 이후의 팔레스타인 교회는 그 구조에서 예수를 메시야로 받들고 급진화된 율법에 따라 살아가는 유대의 한 '하이레시스'(hairesis)로 될 위기에 처해 있었다. 팔레스타인 교회 전체에서 이 위기는 무엇보다도 헬라파의 피신에 의해 촉발된 비전의 확대를 통해 피할 수 있었다.

---

23) R. Bultmann (Theology I, §8, 2)은 예루살렘 공동체는 그와는 달랐던 초기의 자유로운 시기를 알고 있었다고 생각하였지만, 그러한 주장은 결코 역사적 전거를 통해서 입증될 수 없다.

5. 변화된 선교 상황과 율법에서 자유로운 이방 기독교의 시작

a) 예루살렘에서의 중앙집권적인 선교

놀랍게도 예수의 퇴장 이후의 처음 수년 동안 사도들은 예루살렘에 남아 있었고 선교 여행을 시도하지 않았다. 갈라디아서 1:18 이하에 따르면 바울이 사도들을 찾아낸 것은 예루살렘에서였다. 사도행전도 그와 비슷한 모습을 묘사한다(참조. 8:1). 이러한 일은 실질적인 관련에 토대를 두고 있었다: 그들은 이스라엘이 아주 속히 메시야에게로 돌아올 것이며 열방들이 뒤를 따를 것으로 기대하고 있었다. 즉 그들은 열방들의 시온으로의 순례에 관한 전승에 일치하는 사건 전개를 소망하였다(사 2:2-4). 그들은 다음의 말씀을 이런 의미로 이해하였다: "동서로부터 많은 사람이 이르러 아브라함과 이삭과 야곱과 함께 천국에 앉으려니와 …"(마 8:10f. par.).

b) 선교 여행의 시작

하지만 불과 수 년 후에 이스라엘의 대중들과 그 지도자들이 사도들의 메시지에 귀를 기울이지 않는다는 것이 명백해졌다. 팔레스타인에 있던 사도들과 제자들은 처음에 이것을 받아들이려 하지 않았다.

헤게시푸스(Hegesippus)에 관한 전설적인 기사를 보면 주의 형제인 야고보가 주후 62년에 대제사장에 의해 기소되어 성전과 공동체의 접촉이 단절될 때까지 수십년 동안 이스라엘의 회심을 위하여 성전에서 날마다 기도했다고 한다.[24] 예루살렘에 있던 공동체는 계속해서 이스라엘에 관심을 갖고 있었던 반면에 예루살렘으로부터 쫓겨난 헬라파들은 그들이 여행하면서 자발적으로 선교를 시작하였다. 이렇게 해서 예수의 퇴장 후 불과 3년 만에 예루살렘에서 중앙집권적인 선교와 나란히 순회 선교자들의 지방 분권적인 선교가 등장했다 (행 8:4f. ; 11:19f.).

c) 이방 기독교의 모교회

순회 선교자들의 자발적인 사역을 통하여 짧은 기간 후에 주로 이방 기독교인들로 구성된 공동체가 생겨났다. 그 공동체는 당시 약 30만의 인구를 가진 주요한 헬라 도시인 수리아의 오론테스 지역에 있는 안디옥에 자리를 잡았다. 이 기독교 공동체는 더 이상 모세 율법에 따라 삶을 영위하지 않았다(참조. 갈 2:11f.). 이 공동체는 이방 기독교의 모교회가

---

24) Eus. *EH* 2.23.11-19.

되었다. 이 공동체는 신학적 프로그램이나 교회론적 전략에 의해서가 아니라 복음의 동력에 의해 탄생되었다. "헬라파"가 회당에서 설교했을 때 다른 곳에서와 마찬가지로 여기에서도 회당들과 접촉을 가졌던 무할례자 헬라 사람들이 신자가 되었다. 그들은 할례를 받거나 율법에 복종하는 위치로 되는 것이 없이 세례를 받았다.

누가는 이 획기적인 사건들을 사도행전 11:20 이하에서 아주 간단히 언급할 뿐이다. 그는 그 사건을 근본적으로 예루살렘에 뿌리를 둔 것의 발전일 뿐이라고 설명하려 하였다. 그는 베드로에 의한 무할례자 고넬료의 세례와 그 사건에 대한 예루살렘에서의 논쟁을 안디옥에서의 이 사건 앞에 언급함으로써 그러한 의도를 드러내었다(행 10:1-11:18). 그는 베드로로 하여금 다음과 같은 말로써 예루살렘 공동체 앞에서 무할례자에 대한 세례를 정당화하도록 하였다: "그런즉 하나님이 우리가 주 예수 그리스도를 믿을 때에 주신 것과 같은 선물을 저희에게도 주셨으니 내가 누구관대 하나님을 능히 막겠느냐"(행 11:17). 이 문장은 경험적 사실을 정확히 기술하고 있다. 이것은 교회가 존재하게 된 방식이었다. 하지만 이와 같이 하여 생겨난 헬레니즘적 이방 기독교는 오로지 신학적 명료화라는 수단을 통해서만 살아남을 수 있었고 그 자신의 모습을 획득할 수 있었다. 거기에는 고넬료 이야기에 언급되어 있는 것보다 신학적으로 해명해야 할 훨씬 많은 문제들이 있었다. 필요한 것은 이스라엘 안에서의 설교와 교회의 기초 자체를 유대인과 이방인으로 구성된 교회라는 새로 등장한 모습에 맞춰 진보시키고 그들을 모으고 밑받침할 선포와 신학을 발진시키는 것이었다.

d) 헬레니즘적 기독교로 넘어가기 위한 준비

안디옥에서 시작된 확대된 발전에서 이미 예루살렘에서 초기 수년 동안 아람어에서 헬라어로 넘어간 것은 참으로 중요하였다. 이것은 가장 초기부터 초대 공동체의 전승은 두 언어를 사용한 것이었음을 의미했다. 또한 이것은 팔레스타인 유대교의 사고와 심상으로부터 헬레니즘의 사고와 심상으로 넘어가는 첫 단계를 완수했다. 물론 ― 현대의 연구를 통해 분명하게 되었던 것처럼 ― 유대교와 헬레니즘의 교류는 팔레스타인에서도 오랫동안 진행되어 왔다.[25] 그럼에도 불구하고 하나의 언어권에서 다른 언어권으로 넘어가는 단계는 기독교에서 문제가 별로 없었다. 예루살렘에서조차도 팔레스타인에서 생겨난 초대 공동체의 분파와 유대 디아스포라에서 생겨난 분파 사이에는 상당한 긴장이 생겨났다.

초기의 논쟁들을 아주 많이 억제하고 단순화시켰던 누가 자신은 이 두 집단, 즉 "히브리파"와 "헬라파"(행 6:1-6) 사이의 갈등을 보두하였다. 이러한 차이는 초기 팔레스타인 교회

---

25) M. Hengel, *Judaism and Hellenism* (1974).

에서 유래한 소수의 교훈 전승들 가운데서도 관찰될 수 있는지의 여부를 결정해야 한다. 우리는 이제 공동체의 출현과 삶을 밑받침하고 그 이상의 발전을 근본적으로 준비하게 된 중심적인 문제를 탐구하는 것으로 넘어가면서 이 질문을 염두에 두어야 한다. 이것은 공동체의 설교, 고백, 기도에 의해 표현된 기독론에 대한 탐구를 의미한다.

§26. 기독론의 시작

Presentations as a Whole: Bousset, *Kyrios*; Cullmann, *Christology*; Schweizer, *Lordship*; Hahn, *Titles*; Kramer, *Christ*; P. Vielhauer, "Ein Weg zur neutestamentlichen Christologie? Prüfung der Thesen Ferdinand Hahns," *EvTheol* 25 (1965), 24-72; K. Wengst, *Christologische Formeln und Lieder des Urchristentums* (1974²). **On Methodology**: H. R. Balz, *Methodische Probleme der neutestamentlichen Christologie* (1967); F. Hahn, "Methodenprobleme einer Christologie des Neuen Testaments," *VF* 15 (1970), 3-41. **On 2 and 6**: E. Haenchen, "Die frühe Christologie," *ZThK* 63 (1966), 145-159; W. Thüsing, "Erhöhungsvorstellung und Parusieerwartung in der ältesten nachösterlichen Christologie," *BZ* NF 11 (1967), 95-108; J. Ernst, *Anfänge der Christologie* (1972); M. Hengel, "Christologie und neutestamentliche Chronologie," in *Neues Testament und Geschichte, Festschrift für O. Cullmann* (1972), pp. 43-67. **On 3**: A. von Harnack, *Die Bezeichnung Jesu als "Knecht Gottes" und ihre Geschichte in der alten Kirche* (*SAB*, 1926), pp. 212-238; J. Jeremias, *pais theou*, *TDNT* V, 700-05. **On 5**: K. G. Kuhn, *maranatha*, *TDNT* IV, 466-472; S. Schulz, "Maranatha und Kyrios Jesus," *ZNW* 53 (1962), 125-144; B. Sandvik, *Das Kommen des Herrn beim Abendmahl im Neuen Testament* (1970).

1. 예수의 설교와의 관계

a) 차이

사도행전 2-5장의 베드로 설교들이 토대를 두고 있는 구조적 개요에 따르면 가장 초기의 선교 케리그마는 다음과 같았다: 너희가 예수를 죽였다. 하나님은 그를 죽은 자로부터 일으키셨다. 그러므로 회개하라!(§25, 1b). 반면에 예수는 이렇게 설교했다: 회개하라. 하나님 나라가 가까웠다! 차이는 분명하다: 예수는 하나님 나라의 임박한 도래라는 관점에서 사람들을 회개로 불렀다. 제자들은 이미 일어났던 예수의 부활의 관점에서 그와 동일하게 행했다.

”기독교란 무엇인가”(1900)라는 강연에서 하르낙(A. von Harnack)은 기억될 만한 정식을 통해 이 차이를 표현하였다: 예수의 복음은 예수 그리스도에 관한 복음으로 변화되었다.[1] 불트만은 이렇게 표현한다: “선포의 주체가 선포의 객체로 되었다 … ”[2]

b) 이러한 이동은 어떻게 이해되어야 하는가? 불트만을 신학적으로 추종하였던 하르낙, 자유주의 신학, 종교사학파에게 이러한 변화는 예수의 단순한 복음의 실효를 만들어낸 결정적인 단절이었다. 하르낙은 이렇게 말했다: “예수가 선포한 복음은 아들이 아니라 오직 아버지와만 관계되는 것이다.”[3] 부활절 케리그마와 그로부터 발전된 기독론은 배제되어야 했다. 반면에 불트만은 그 차이를 “묵시적-명시적”이라는 정식의 견지에서, 즉 “예수의 결단으로의 부르심은 기독론 … (즉) 그의 결단의 요구에 대한 긍정적인 대답, 예수 안에서 하나님의 계시를 인정하는 순종의 응답의 함의들을 함축하고 있다”고 설명하였다.[4] 콘첼만(H. Conzelmann)의 판단도 이와 비슷하다. 부활절 이전에는 “간접적인” 기독론의 문제였고, 부활절 이후에는 “직접적인 기독론”의 문제였다. 그의 견해에 의하면 역사적 예수는 스스로를 하나님의 메시지의 대변자로 생각했을 뿐 중보자로 생각하지는 않았다. 이런 이유로 “부활절 이전과 이후의 예수의 통일성”은 “믿음의 선포에서만 분명하게” 되었다.[5]

지상적 예수가 이미 “중보자”였다는 것은 위에서 분명해졌다. 예수는 하나님 나라의 도래를 알렸을 뿐만 아니라 회개와 죄 사함을 가능하게 하였고 이를 통하여 하나님 나라를 소유할 수 있게 하였다(§6, 3). 그런데도 예수는 이것을 오직 예비적으로민 가져왔다. 왜냐하면 그 자신이 시간과 공간에 매여 있었고 죽음과 부활을 통한 사신의 섬김의 완성을 향하여 나아가고 있었기 때문이다. 결론적으로 예수의 선포는 베일에 가려진 예비적인 구원의 제안이었고 부활절 이후의 사도들의 선포는 공개적이고 궁극적인 구원의 제안이었다. 이런 의미에서 예수는 스스로에 대한 베일에 가린 증거로서 기독론을 제시하였고, 사도들은 이 기독론을 공개적인 신앙고백과 이 신앙고백에 명료성을 부가해준 가르침으로 발전시켰다.

2. 기독론의 출발점

---

1) A. von Harnack, *What is Christianity?* (1957), pp. 142ff. and 178ff.
2) *Theology* I, 33.
3) Op. cit. (n. 1), p. 144.
4) *Theology* I, 43.
5) “Jesus von Nazareth und den Glaube an den Auferstandenen,” in *Historische Jesus*, p. 198.

팔레스타인의 초대 교회가 그 상황에서 발전시켰던 기독론은 어디에서 발견될 수 있느냐 하는 것을 묻게 될 때 우리는 몇몇 어려운 방법론적이고 실질적인 문제들에 부딪친다.

a) 방법론과 관련하여

초대 교회로부터 우리에게 전해져 온 전승들 속에서 우리는 칭호들과 정형 어구들을 발견하지만, 연관된 논의는 찾아볼 수 없다. 그러므로 기독론에 대한 연구 가운데 일부는 칭호들에서, 다른 일부는 정형 어구들에서 그 출발점을 잡는다.[6] 한(F. Hahn)의 최근의 저작은 칭호들에 초점을 맞춘 반면에, 크라머(W. Kramer)의 저작은 정형 어구에 초점을 맞추었다(*Christ*, 1963). 칭호들과 짧은 정형어구들이 무엇을 의미했는지를 우리는 어떻게 이해하게 되는가? 종교사학파의 견해에 의하면 — 여기서 우리는 부세(W. Bousset)의 고전적인 표현들을 살펴보겠다 — 제자들은 예수의 종교적 개성이 부활절 신앙을 통하여 그들에게 각인시킨 지속적인 인상에 응답하였다. 더욱이 그들은 예수에 관하여 말할 때 당시에 통용되고 있었던 신화적 도식들, 예를 들면 유대 묵시문학의 인자 기대와 같은 것을 취하여 예수에게 적용하였다.[7] 한 동안 이 기대의 내용에 관한 세심한 탐구를 통하여 정확히 이 인자 칭호는 공관복음서와 유대의 묵시문학에서 근본적으로 다르게 사용되었다는 것이 밝혀져왔다(§18). 다른 칭호들에 대해서도 동일하게 말할 수 있다. 교회의 주변 상황 속에서 한 칭호의 의미에 관한 종교사적 분석으로부터 도출될 수 있는 것은 아무 차별 없이 기독교적 용례에도 타당한 것으로 가정할 수는 없다. 주변 환경의 용례와 교회의 용례를 서로 맞닥뜨려서 대비를 시킴으로써 그 칭호 및 진술 전체의 기독교적 의미를 분명히 해야 한다. 기독교 정형 어구에 대한 연구는 공동체의 실제적 삶이라는 배경, 즉 '삶의 정황'(Sitz im Leben)과 그 행동을 진정으로 촉발시킨 것의 견지에서 수행되어야 한다는 것은 필수적이다. 무엇이 사람들로 하여금 특정한 칭호들을 예수에게 적용하도록 하였고 예수에 관한 특정한 신앙고백적 진술들을 만들도록 하였는가? 부세는 여기서 예수의 개성이 준 인상을 지적하고 있지만, 불트만은 기독론적 칭호들은 예수의 결단으로 부르심에 대한 실존적 응답이라고 생각하였다(*Theology* I, §7, 2). 「주되심과 제자도」라는 책에서 이

---

6) A. Seeberg, *Der Katechismus der Urchristenheit*(1903; repr. 1965)는 신약에서 사도신경의 초기 단계들을 찾는 가운데 이 정형 어구 전승에 도달하였다. 이 전승에 대한 자세한 연구와 관련해서는 K. Wengst (Lit., §26), pp. 13-25를 참조하라.

7) 역사주의의 상호 관련의 원칙을 토대로 Bousset, *Kyrios*, pp. 45f.는 다음과 같이 천명하였다: "하지만 이 칭호(인자)와 나란히 초기 공동체 — 여기서 우리는 매우 결정적으로 중요한 사실에 직면해 있다 — 도 그것과 관련된 기술들의 전체 내용을 빌어왔다."

문제를 집중적으로 다룬 바 있는 슈바이처(E. Schweizer)는 예수에 의해 세워진 제자도라는 자리를 출발점으로 보았다.

방법론의 견지에서 여기에서와 다른 곳에서 우리가 기독론에 관하여 이해하게 되는 것은 칭호들과 정형 어구들의 내용, 그 종교사적 배경, 그것들을 공동체에서 사용하게 된 실제적인 동기에 대한 서로 중복되는 연구들의 산물일 것이다.

b) 실질적인 문제

초대 공동체의 기독론을 재구성하려고 할 때 하나의 질문이 생겨난다. 그 질문은 우리가 기독론을 연구하면서 부딪치는 전반적인 문제라는 특징을 갖고 있으며 자료들 자체로부터 생겨나는 문제이다: 바울 서신과 사도행전의 전승들에서 발견되는 기독론과 공관복음서의 초기 전승층들에서 발견되는 기독론의 관계는 무엇인가? 종교사학파와 관련된 해석자들은 초대 공동체는 인자에 관한 공관복음서 말씀들의 기독론으로 살았으며 그 분이 가까운 장래에 '파루시아'(*parousia*)를 통해 나타나실 것을 기대하였다고 가정하였다. 이것은 부활절 케리그마를 토대로 사람들의 주의를 승귀되신 분에게 돌렸던 칭호들과 정형 어구들을 통하여 바울 서신과 사도행전에 표현되어 있는 기독론과 어떻게 비교되었는가? 이 기독론은 전승들 가운데서 일부만을 선택한 것에 의존하였는가? 이 기독론은 인자 개념을 주장하는 사람들과 구별되는 공동체의 일부 분파들 또는 전체 공동체들에서 통용되었는가? 이 관계는 연속적인 또는 병행적인 역사적 발전들의 견지에서만 실명될 수 있는가? 그것들의 내용은 상호 보완적으로 이해되어야 하는가?

c) 과제에 대한 접근 방식

이 문제를 해결하는 데에 우리는 구별되는 전승들을 처음부터 서로 분리하는 일을 피해야 한다. 우리는 그것들 서로의 관계의 특징을 알아내려고 해야 한다. 우리는 바울 서신과 사도행전에 나와 있는 초대 공동체의 기독론에 관한 정보를 출발점으로 삼아서 공관복음서 전승에서 발견되는 그와 대응되는 요소들과 끊임없이 비교를 해야 할 것이다. 두번째 탐구 단계에서는 공관복음서 전승을 출발점으로 삼아서 그 과정을 다시 밟아나갈 것이다. 그런 다음 이 두 연구 결과로부터 우리는 전체적인 기독론적 구조의 특징을 찾아보고자 할 것이다.

d) 기독론적 칭호들

바울과 누가 전승에서 ― 이들 사이에 존재하는 차이에도 불구하고 ― 우리는 각각 아주 다른 방향으로 귀결되기는 하지만 초대 공동체에서 사용되었던 네 가지 기본적인 기독론적 칭호들을 발견한다.

"하나님의 종"이라는 칭호는 예수의 사역의 경로를 공동체의 현재의 삶과 연결시켰다. "그리스도"와 "하나님의 아들"은 승귀되신 분의 활동을 가리켰다. "오소서! 오, 주여!"라는 기원은 예수의 임박한 오심과 종말을 바라보았다. 이 넷 중에서 첫번째와 마지막의 것은 주로 기도문 정식들에서 사용되었고, 두번째와 세번째는 케리그마적이고 신앙고백적인 정식들에서 사용되었다. 우리는 가장 초기의 기독론의 뿌리와 구조에 관하여 가능한 한 많은 이해를 얻기 위하여 조금 빈약한 전승들을 하나하나 살펴보고자 한다.

3. 하나님의 종

a) 칭호의 기원

초기 자료들에서 나온 상당한 양의 내용을 담고 있는 사도행전 3:1-4:31의 기사에서 예수는 네 차례 "하나님의 (거룩한) 종"(3:13, 26; 4:27, 30)으로 지칭되었다. 신약의 다른 곳에서 예수는 오직 한 번, 즉 마태복음 12:18-21(=사 42:1-4)의 예언 전거로부터의 증명에서 그렇게 불렸다. 이 전거에서 18-20c절은 히브리어 본문을 따랐고 21절은 칠십인역을 따랐다. 이것은 이 전거가 이미 상당한 전승사적 발전을 겪었다는 것을 보여준다. 주후 160년경까지 경전 이외의 기독교 문헌에서 예수에 대한 이러한 칭호는 단지 17회 정도 발견되고 전례의 기도문들에서는 언제나 발견된다.[8] 따라서 예를 들면 이 칭호는 클레멘트1서 59:4과 폴리캅의 순교 14:1 이하의 송영에서 사용되었고, 다른 곳에서는 언제나 "당신의 (사랑하는) 종 예수 (그리스도)를 통하여"라는 어구로 사용되었다. 또한 이것은 디다케 9:2 이하; 10:2 이하의 애찬 기도문들, 클레멘트1서 59:2 이하에 나오는 교회를 향한 대기도문, 폴리캅의 순교 14:3; 20:2의 기도문들의 용례이기도 했다.

사도행전 3장 이하에서 이 칭호는 4:30에서는 기도문의 어구, 3:13, 26, 4:27에서는 케리그마의 어구와 결합되었다. 이 칭호는 어디서 유래했는가? 사도행전과 마태복음 12장의 용례는 우리가 여기서 단순히 다윗과 같은 하나님의 종들에 관한 유대적 진술들에 맞춰

---

8) Hahn, *Titles*, p. 376 n. 172(=pp. 400f.).

9) E. Haenchen, *Acts*와 H. Conzelmann, *Apostelgeschichte*는 이 견해에 반대한다. 사도행전 3:13과 관련하여 누가 자신은 분명히 'pais' — 나머지 예전 전승과 마찬가지로 — 를 "아들"이 아니라 "종"으로 이해하였다.

구성된 기도문 표현만을 다루고 있지 않다는 것을 보여준다.[9] "하나님의 종"은 실제로 예수에 대한 칭호였다. 헬레니즘적 교회에서는 이 칭호를 예수에게 부여하지 않았음이 분명하다. 왜냐하면 거기에서는 하나님과의 관계에서 예수는 종이 아니라 아들이었기 때문이다. 최초로 히브리 본문으로부터 나왔던 마태복음 12장의 용례와 디다케 9장 이하의 용례도 팔레스타인 교회에 그 기원이 있음을 시사해준다. 누가 기사도 이 교회로부터 유래한 다른 전승 자료를 담고 있었다. 누가가 다른 곳에서는 사용하지 않은 이 표현을 이 전승 자료로부터 취해왔을 가능성이 크다. 정형 어구들을 바탕으로 도출되었을 내용은 이러한 기원을 강력히 웅변해 주고 있다.

b) 표현된 내용

종의 심상은 마태복음 12:18-21의 예언 전거로부터의 증명 및 후대의 전례 전승에 두드러지게 비견될 수 있는 사도행전의 네 진술들에 반영되어 있었다. 두 가지 동기(motif)가 뚜렷하게 등장한다: (1) 하나님이 예수를 통하여 치유를 행하셨고(행 3:13; 4:30; 마 12:15-21) 실제로 공동체가 겪었던 바로 그 구원을 성취하셨기 때문에 예수는 "하나님의 종"이었다(Did. 9:2f.; 10:2f.; 1Clem. 59:2f.). (2) 권세자들에 의해 거절당했던 분이 지금 부활절 이래로 "그의 이름으로" 수행된 구원의 동터옴을 통하여 하나님에 의해 "영화롭게" 되었기 때문에 예수는 종이었다 — 종은 원래 그를 지칭하는 것이었다. 즉 예수는 약속된 메시야로 확인되고 승귀되고 세우심을 받은 분으로서 종이었다(3:13; 참조. 3:26; 4:26f.).

이러한 내용은 이 호칭의 이전 역사에서 예감되었는가? (1) 이 심상의 핵심적인 제재들은 본문들에 언급된 구약 전거들과 놀라울 정도로 일치한다. 이 제재들은 제2이사야가 42:1-4(마 12:18-20a)에 나오는 종의 이름으로 약속한 메시야적 선지자의 파송과 이사야 52:13 이하(=행 3:13)에 나오는 상상할 수 없을 정도의 비하(卑下)로부터 종의 승귀에 대한 선포였다. 그러므로 이 호칭은 이 전거들에 의해 이해된 방식으로 원래 예수에게 적용되었을 것이다. (2) 하지만 이 호칭은 전적으로 성경에 대한 숙고를 바탕으로 발전된 것이 아니었다. 그보다 훨씬 더 이 호칭은 "하나님의 종"이라는 널리 알려진 칭호의 사용으로 인한 자극의 산물이었다. 몇몇 군데에서 다윗도 "하나님의 종"(행 4:25; Did. 9:2)으로 불렸다. "하나님의 종"은 흔히 구약 및 유대권에서 그 백성과 관련한 하나님의 명령을 받은 자, 예를 들면 선지자들에 대한 영예로운 칭호였다(참조. 게 11:18; 22:9). 그러므로 몇몇 사람들이 쿰란의 의의 교사에게 느꼈던 것과 마찬가지로 예수가 종말 때의 선지자로 이해되었을 때 이 칭호는 예수에게 적절하게 보였다. 예수를 이런 견지에서 보는 것은 예수의 지상 사역에 의해 시사되었다. 예수 자신은 자기 자신과 구약의 선지자들을 모형론적으로 비교하였고(§17, 2), 이 비교는 팔레스타인 교회에서 즉시 확장되었다. 사도행전 7:22b, 25, 37-52a, 53의 모세 모형론의 배후에는 팔레스타인에 있던 유대 기독교까지 거슬러 올라가는 전승들이 있었다.[10]

그러므로 초대 공동체에서 예수에 대해 "하나님의 종" 칭호를 사용한 것을 어느 지방으로 국한 시키기 위해서는 많은 것들을 말해야 한다. 그렇게 함으로써 초대 공동체는 예수가 약속된 종말 때의 선지자였다고 말하고 있었다. 하지만 특히 초대 공동체는 이사야 42:1-4과 52:13 이하에서 예수의 심상을 보았다.[11] 하나님의 종은 일상적인 눈으로는 볼 수 없는 방식으로 일하는 가운데 사람들 속에 하나님의 구원을 가져왔다. 예수는 비하되었다가 승귀되신 분이었다. 하지만 예수를 "하나님의 종"으로 언급하고 있는 어구들 가운데 그 어느 것도 속죄 및 그에 따르는 "예수로 인하여"와 같은 예전적 정식들을 가리키는 것을 담고 있지 않았다. 그러므로 이사야 53장은 여기서 고려에 넣어지지 않았다.[12]

이 호칭이 자라난 개념적 배경은 이 호칭의 사용보다 더 넓었고 이 호칭이 표현한 것보다 더 넓었다. 예수의 생애를 강령적으로 표시해 주었던 예수의 수세 시의 하늘의 음성(막 1:11 par.)과 예수의 변모(막 9:7 par.)는 제2이사야에 나오는 하나님의 종의 소명적 부르심을 빌어왔지만(사 42:1),[13] 그 직접적인 말은 시편 2:7에 나오는 메시야적 왕의 소명적 부르심, "너는 내 아들이라"로부터 취해왔다. '파이스'(pais)라는 단어가 원래 여기에 사용되었을 가능성은 없지만 이중적인 의미를 바탕으로 나중에 "아들"로 이해되었다.[14] 전승사적 관점에서 볼 때 시편 2:1 이하의 반대 해석이 사도행전 4:27의 종으로 소급되는 정도는 불확실하다.

적어도 "하나님의 종"이라는 호칭의 사용은 초대 공동체에게 그 설교와 기도의 사고 흐름

---

10) 참조. Hahn, *Titles*, pp. 372-74.

11) 또한 Cullmann, *Christology*, pp. 69ff.; J. Jeremias, *TDNT* V, 704; Schweizer, *Discipleship*, pp. 49ff. 이와는 대조적으로 Bultmann, *Theology* I, §7, 5와 Conzelmann, *Theology*, p. 85는 그 의미를 일반적인 영예로운 호칭으로 제한하였고, Hahn, *Titles*, pp. 372f.는 모세와 같은 종말 때의 선지자로 제한하였다(신 18:18).

12) 초기 기독교 신학에서 이사야 53장은 그 어디에서도 영향을 미치지 않았다. J. Jeremias는 *TDNT* V, 704-712에서 이 점을 주목하지 못했다. §18, 8b를 참조하라.

13) 우리가 마태복음 12:18에 나오는 맞소라 본문에 따른 이사야 42:1의 번역문을 비교할 때 이러한 연관은 특히 분명해진다.

14) 반대 의견으로는 Jeremias. op cit. (n. 11). 701f.

이 결국 종합적인 개념적 저장소가 되어서 그 도움으로 예수의 생애가 "선지자" 또는 "의인"의 생애로 해석되었다는 것을 보여주었다. 그 호칭이 예수 자신에게서 유래하였든 그의 증인들에게서 유래하였든, 그 뿌리는 공관복음서 전승의 가장 오래된 전승층으로부터 입증되었다.

시사하는 바가 많은 이사야 53장에 대한 언급이 없다는 것은 초대 공동체에게 예수의 죽으심은 우선적으로 선교적 케리그마(참조. 행 3:13-15), 수난 설화, 다가오는 고난에 대한 예고들의 견지에서 이스라엘 역사와 결부되었다는 것을 보여준다. 예수의 죽으심은 공동체에서 특별한 구원의 의미로서 발전되지 않았다. 최후의 만찬의 전승으로부터 '휘페르' 정식을 취해 와서 그것을 케리그마와 통합하는 것으로 충분했다(고전 15:3-5; 롬 4:25). 이런 이유로 우리는 이 전승의 배경을 무엇보다도 바울에서 발견한다(§35, 3). "그의 종 예수를 통한" 하나님의 구원 활동은 이제 승귀되신 분에 의해 총괄적으로 수행되고 있다는 식으로 구원은 기대되었다. 그러므로 예수의 승귀는 "그리스도" 또는 "권능 있는 하나님의 아들"로서 역사적으로 사역할 그의 권세로서 신앙고백되었다.

4. 메시야적 통치자로의 승귀 : 부활

a) 문헌적 근거

신약의 세 어구들은 예수가 부활을 통하여 메시야적 통치자가 되었음을 지적하였다. 사도행전 2:36, "너희가 십자가에 못 박은 이 예수를 하나님이 주와 그리스도가 되게 하셨느니라". 사도행전 13:33에 따르면 예수는 부활을 통하여 시편 2:7을 성취하였다: "너는 내 아들이라 오늘 너를 낳았다". 시편 2:7에서 메시야적 왕은 "하나님의 아들"로 지칭되었다. 그러므로 그 내용은 사도행전 2:36에 표현된 것과 동일하였다. 가장 중요한 세번째 어구는 전승사적 관점에서 볼 때 가장 믿을 만한 것이기도 하다. 그 주어가 원래 예수였던 로마서 1:3, 4a의 정형 어구는 이렇게 말하고 있다:

> 이 아들로 말하면 육신으로는 다윗의 혈통에서 나셨고 성결의 영으로는 죽은 가운데서 부활하여 능력으로 하나님의 아들로 인정되셨으니.

이 세 어구들에 따르면 예수는 부활을 통하여 그리스도 또는 하나님의 아들이 되었다.

b) 이것은 어떤 종류의 기독론인가?

이 기독론은 거듭해서 "양자론적"이라는 딱지가 붙여져 왔다. 이것은 불트만에 의하면[15] 이 가장 초기의 기독론은 예수의 지상 사역을 메시야적인 것으로 생각하지 않았다는 것을 의미하는 것으로 생각되고 있다. 예수는 부활을 통하여 비로소 메시야가 되었다는 것이다. 하지만 차후의 유대 기독교의 양자론적 기독론의 특징을 이루는 지상 사역의 부인은 이 정형 어구들에 아직 포함되어 있지 않았다. 부활 이전에 예수는 무엇이었는가 하는 것은 적어도 그 정형 어구들에서는 개방된 채로 있었다. 로마서 1:3 이하의 정형 어구에 따르면 예수는 실제로 승귀되기 전에 다윗의 혈통, 즉 메시야로 예정된 분으로 특징지워졌다.

우리는 예수가 승귀를 통하여 권능 있는 하나님의 아들로 되었다면 예수는 그 이전에는 약점 가운데 있는 하나님의 아들이었다고 분명하게 결론을 내릴 수 있다. 이 정형 어구들이 존재론적 칭호가 아니라 기능의 전달을 말하고 있었다는 것은 결정적으로 중요하다. 물론 부활하신 분의 기능은 지상적 예수의 기능과는 아주 달랐다. 그러므로 이러한 진술들은 승귀되신 분의 기능을 표현하고자 했기 때문에 승귀 기독론으로 분류되어야 한다. 이것은 세 가지 호칭의 도움을 빌어 수행되었다: 그리스도, (하나님의) 아들, 주.

c) 진술

승귀되신 분은 "그리스도"로서 사역하였다. 유대적 배경 아래 "기름부음 받은 분"은 대망의 다윗 가문의 구원의 왕 또는 더 일반적인 의미로 종말 때 구원을 가져오는 자였다(§17, 4). 주(행 2:36), 권능 있는 하나님의 아들(롬 1:3f.), 아들(시 2:7을 따르고 있는 행 13:33)과 같은 호칭들이 명확한 해석을 위하여 "그리스도"라는 술부와 나란히 쓰이는 한 그리스도는 분명히 자기 백성을 다스리는 자로 생각되었다(참조. 마 16:18) ; 그는 역사 내에서 통치를 세우실 분이었다. 하지만 그의 통치의 양식과 배경은 오직 예수의 역사적 출현으로부터만 도출될 수 있었다. 그의 통치권의 행사를 통하여 하나님의 통치, 예수가 선포하였던 '바실레이아'는 이루어졌다(§6).

"그리스도"와 "하나님의 아들"이라는 용어는 구약 및 유대교의 이전 역사로부터 발전되었지만, "주"라는 호칭에는 그러한 접촉점이 존재하지 않았다. 이 호칭은 문자 그대로 보존되어 왔던 아람어 사용의 초대 공동체의 한 기독론적 정형 어구, 즉 '마라나다' (*maranatha*)라는 부름에서 한 칭호의 형태로 발견되었다.

---

15) *Theology* I, §4, , 1.

5. 마라나다 !

a) 전승과 의미

고린도전서 16:22과 디다케 10:6에서 '마라나다'라는 부름은 성찬의 예전에 나타나 있다. 헬레니즘적 교회는 이 정형 어구를 아람어 용례로부터 전해받았다. 이 표현은 두 단어를 나타내고 있다. 이 두 단어를 어떻게 관련시켜서 해석하느냐 하는 것은 어원학적 불확실성의 문제이다. 팔레스타인 아람어에 따르면 이 표현은 다음과 같이 나누어져야 할 것이다: '마란 아다'(*maran' atha'*, 우리 주님이 오셨다) 또는 '마란 아다'(*maran' atha'*, 우리 주님, 오시옵소서!). 후자를 선택한다면 이렇게 독해할 수도 있다: '마라나다'(*marana' tha'*).[16] 디다케 10:6의 문맥은 명령법의 사용을 요구하고 있었다. 또한 가장 오래된 헬라어 번역문도 그렇게 하였다(계 22:20): "아멘 주 예수여 오시옵소서!". 요한계시록 22:20과 디다케 10:6에 나오는 이 부름은 성찬에서 현재적 오심이 아니라[17] '파루시아'에서 종말론적 오심을 언급하였다. 시초부터 이 부름은 아마도 예배 가운데서 식사 의식에 자리잡고 있었을 것이다;[18] 아마도 이 부름말의 사용은 성찬을 제정하는 기사에 나오는 종말론적 말씀에 의해 촉진되었을 것이다(막 14:25; 참조. 고전 11:26b).

b) 부름말의 출현

1) 이 부름말은 결코 구약 및 유대교의 메시야 기대에 외헤 준비되지 않았다. 이 기대는 메시야에 대한 부름이나 그를 주로 부르는 것을 포함하고 있지 않았다. 더욱이 다른 문맥들에서 '마리'(나의 주)라는 부름말과 '마레'(주)라는 호칭은 아람어 용례에서 신들에게 적용되지 않았다. 오히려 그것은 존중의 부름말이었다. 그것은 사법 행정에 관여하는 고위 관리들에게 특별히 적용되었다.[19] 독립된 종교적 용례는 쿰란의 외경 창세기에서 찾아볼 수 있다. 거기서 아람어 '마리'(나의 주)는 기도 가운데서 부름말의 한 형태로 사용되었다. 반면에 회당에서 구약의 하나님에 대한 호칭은 관례적으로 히브리어 '아도나이'(*'adonai*, 주)를 사용하였다. 이러한 주변 환경의 언어학적 용례와는 구별되는 방식으로 예수의 사역은

---

16) K. G. Kuhn, *TDNT* IV, 466-472; 이 논의에 대해서 H. Conzelmann, *A Commentary on the First Epistle to the Corinthians* (Hermeneia)의 고전 16:22에 대한 주석을 참조하라.

17) 반대 의견으로는 B. Sandvik (Let., §26, 5), pp. 13-36.

18) 반대 의견으로는 K. Wengst (Lit., §26), pp. 49-54.

19) 참조. S. Schulz (Lit., §26, 5), 136f.; M. Hengel의 반론(Let., §26, 2 and 6;p. 56, n. 43)은 이 전반적인 묘사를 변경시키지 못한다.

이 부름말의 형성에 실질적이고도 언어학적인 전제들을 제공하였다.

2) 실질적인 내용 면에서 예수의 종말론적 오심에 대한 간구는 예수 자신이 이중적인 오심을 선포했기 때문에 생겨났다: 하나님 나라의 도래와 인자의 오심. 제자들은 주기도문에서 하나님 나라의 도래를 기도하였다(마 6:10 par.). 이 간구는 언제나 그들에게 그 나라가 예수를 통하여 도래할 것이라는 의미를 지니고 있었다. 예수의 승귀 후에 이 간구는 인자의 오심이라는 인격적 지향을 통해 더 공고해졌다(참조. 눅 12:8). 그런데도 "인자"라는 호칭은 기도, 신앙고백, 선포 속으로 도입되지 않았다. 그 호칭은 그러한 것에 대해서는 언어학적으로 적합하지 않았고 오직 예수가 자신에 대하여 수수께끼 같은 증거를 하는 데에만 적합하였기 때문이다.[20] 그 호칭은 "우리 주"라는 부름말로 대치되었다.

3) 이 용어의 내력과 관련하여 예수의 지상 사역 동안에 사람들이 그를 '랍비'가 아니라 '마리'(주)로 부름으로써 예수의 자비로운 개입이 이미 구해졌기 때문에 이 부름말은 이미 시사되었다고 보아야 한다. 하지만 이 용어는 Q에서는 오직 마태복음 8:8과 그 병행구에만 언급되어 있는데 여기서 가버나움의 백부장은 "주여 내 집에 들어오심을 나는 감당치 못하겠사오니 다만 말씀으로만 하옵소서 … "라고 말하고 있으며, 마가에서는 오직 수로보니게 여인의 말을 통해서 7:28(마태의 병행구)에만 나온다. 예수에게 향한 '마리'라는 존중의 부름말과 '랍비'라는 부름말은 그의 '엑수시아'의 개념과 결합되어 있었다.

지상적 예수가 오직 이따금씩만 "주"로 불렸던 반면에 전자의 용례를 끌어와서 예수를 "주"로 지칭한 것은 아마도 팔레스타인 공동체에서 아주 초기에 관례화되었던 것 같다. 사람들은 아마도 "주의 형제들"이 중요한 역할을 했던 상황에서 이 말을 처음으로 사용하였을 것이다(갈 1:19; 고전 9:5); "주의 말씀"(고전 7:10 등)에 대한 언급도 아마도 이 상황에서 생겨났던 것 같다.

사람들이 통치자로서 "그리스도"를 지칭하기 위하여 승귀되신 분을 "주"로 부를 수 있었던 것은 그의 '엑수시아'에 대한 그들의 기본적인 이해와 아울러 지상적 예수를 이렇게 호칭한 데서 비롯되었다. 사람들이 "우리 주"라는 부름말을 가지고 그의 종말론적 오심을 구하고 이 부름 속에서 예수에 의해 약속된 '바실레이아'의 도래와 총체적인 구원 기대를 위한 간구를 집약하였을 때 이러한 언급은 다른 뉘앙스를 띠게 되었다.

c) 부름말의 내용

---

20) 선지자 에스겔과 관련하여 사용된 "너 인자여"라는 부름말은 인간의 입술이 아니라 하나님을 화자(話者)로 했을 때 의미를 갖게 된다.

물론 이 부름은 '파루시아'를 가져올 "우리 주"를 지칭하였지만, 그것은 승귀되신 분을 염두에 둔 것이었다. 이런 식으로 이 부름은 승귀되신 분에게 유대교의 개념 세계에서는 유비가 없는 기능을 부가시켰다. 이 부름말은 유대교에서는 메시야가 아니라 오직 하나님만을 대상으로 하였다. 따라서 이 부름은 성찰되지 않은 방식으로 기도의 성격을 띠었다. 이런 식으로 본능적으로 승귀되신 분에게 적용되었던 이 개념은 아주 초기에 시편 110:1의 도움을 받아 명확히 되고 그 내용성이 채워졌다: "여호와께서 내 주에게 말씀하시기를 … 너는 내 우편에 앉으라 하셨도다". 원래 이것은 제의 예언자가 왕에게 말한 예언적 말씀이었다. 사도행전 7:55과 마가복음 14:61 이하에 따르면 이 구절은 이미 팔레스타인 교회 내에서 예수의 메시야적 통치자로 승귀와 연결되어 있었다. 따라서 예수와 하나님의 관계는 "내 우편에"라는 비유적 표현을 통하여 분명히 되었다. 즉 그는 하나님의 '바실레이아'를 공유하였다. 그것은 그에 의해 이루어졌다.

시편 110:1을 사용함으로써 마가복음 12:35-37의 단화는 유대의 메시야 사상과는 대조적으로 예수는 단순히 '벤 다윗'(*ben-dawid*)이 아니라 하나님의 우편에 계신 "주"로서 그리스도라는 것을 표현하였다(§17, 3). 이러한 이해는 시편의 히브리어 본문에서보다도 헬라어 본문에서 더 분명해진다. 따라서 이 단화는 팔레스타인의 헬라어 사용의 유대 기독교에서 형성되었을 것이다.

사도행전 2:36에 나오는 정형 어구와 마찬가지로 이 단화는 "주"를 칭호로 변화시키지 않았고 단지 승귀되신 분의 위치와 기능만을 묘사하였다. 지상적 예수에 대한 지칭으로서의 "주"와 예전의 환호로서 "우리 주"는 칭호적 성격을 띠고 있었다.

바울에 의해 전해진 이 정형 어구들은 인자의 오심에 관한 공관복음서 말씀들에 대한 가교를 이루고 있었다. 이러한 관련으로부터 초대 교회 기독론의 핵심적인 문제를 더욱 분명히 해명할 가능성이 생겨난다.

6. 초기 기독론적 진술들의 구조에 관하여

a) 공관복음서 전승의 초기 전승층들의 기독론에 대한 연구

부세(W. Bousset)는 팔레스타인의 초대 공동체의 기독론은 공관복음서의 인자 말씀들에서 찾아볼 수 있다고 생각하였다.[21] 쾨스터(H. Koester)[22]는 종교사학파의 문제 제기 방식을 새롭게 갱신한 것을 자신의 출발점으로 삼아서 공관복음서 전승에 나타난 기독론의 네 가지 종교사적 유형을 최근에 확인하였다.

(1) 가장 초기의 공동체는 열광적 묵시론적 분파였다. 이 공동체는 자신의 삶의 토대를 부활절 케리그마가 아니라 "예언적 발언들과 묵시론적 전승들 … 그리고 그 미래에 대한 제의적 예기(豫期)"에 두었고 "인자", "주"로서 예수를 대망하였다. [23] (2) 그 외의 기독론들도 공관복음서 자료를 초기에 수집하고 형성한 것으로 시작하였지만 그것들이 헬레니즘적 기독교로 통합되었을 때에야 충분한 발전을 보게 되었다. 거기서 예수와 관련된 이적 이야기들의 수집에 바탕을 둔 "데이오스 아네르"(*theios aner*, 신적 인간) 기독론이 등장하였다. 이런 관점에 의하면 예수는 바울이 고린도후서에서 맞서 싸웠던 자들과 같은 순회하는 이적 행위자-선교자들의 원형(原型)이었다. [24] (3) 말씀 모음들 속에서 예수는 이미 팔레스타인-수리아 상황에서 지혜의 사절로 이해되었다. 그에 걸맞는 격언적 말씀들의 도움을 받아 예수는 곧 지혜 기독론에 의해 지혜로 알려졌다. 고린도전서 1-4장이 쓰여진 것은 바로 지혜 교사들의 그러한 분류에 맞서기 위해서였다. [25] (4) 바울 이전의 공관복음서 전승 가운데서 오직 수난 설화만이 부활절 케리그마를 지향하고 있었다. 그런데도 수난 설화는 다른 경향들을 억누르고 정경 복음서들에 그 형태를 부여해주었다. [26] 여기서 예수는 "그리스도"로 지칭되었고 그의 고난을 통하여 화해를 이루었고 "죽었다가 다시 살아난" 분으로 고백되었다. [27] '에클레시아'로서 제자들의 자기 이해는 이 고백과 일치하였다. [28]

이 상상력이 풍부한 재구성의 세부적인 내용은 역사적으로나 주석학적으로 입증해보일 수는 없지만, 그것은 가장 초기에는 분명히 통일된 기독론이 없었다는 것을 올바로 보여주고 있다. 쾨스터의 사고의 특징을 이루는 것은 그가 — 부세와 불트만처럼 — 신약의 진술들을 종교적 현상들의 추출을 바탕으로 한 유형들로 나누고 있다는 것이다. 그 유형들 가운데는 서로에 대한 관계가 이 시점에서 우리의 연구 주체인 두 가지 기독론적 발전들이 있었다: 공관복음서의 인자 기대와 바울-누가 전승에 따른 그리스도로 승귀. 쾨스터가 보고 있듯이 그것들은 넓게 퍼져 있는 서로 다른 기독론들의 양 극단이었고 교회 내부에서 서로 상반된 두 집단에 의해 대변되었다. 그러나 그것들을 다른 방식으로 서로 관련시킬 수는

---

21) *Kyrios*, pp. 35-42; Conzelmann, *Theology*, pp. 136f.

22) Koester-Robinson, *Trajectories*, pp. 205-231.

23) Ibid., pp. 214f.

24) Ibid., pp. 216-19.

25) Ibid., pp. 219-223.

26) Ibid., p. 228.

27) Ibid., pp. 224-231.

28) Ibid., pp. 228f.

없을까?

b) 다양한 기독론 전승들의 대화 관계

'마라나다' 정형 어구의 도출과 관련하여 "우리 주"라는 부름말과 "인자"라는 칭호는 공동체의 기독론에서 나란히 사용되지 않았다는 것이 분명해졌다. 인자 말씀들은 예수가 스스로에 대해 증거하는 말, 그의 주장과 약속으로서 공동체에게 이야기되었고, 공동체는 인자의 오심에 관한 말씀들(예를 들면, 눅 12:8)을 빌어와서 자기들의 주의 오심을 기도하였다. 물론 인자 말씀들은 단순히 지상적 예수의 말씀들의 모음이 아니었다. 위에서 말한 대로(§ 18, 2) 그것들은 개작되었고 증가되었다. 하지만 그것들이 개작되었다는 사실 자체가 그것들은 자발적으로 만들어진 예언자들의 말들이 아니라 계속적인 발전 과정에서 예수 전승을 나타내 주고 있음을 보여준다. 따라서 최초의 공동체의 기독론은 동시에 두 궤도를 따라 공동체의 독특한 상황에 맞춰 발전되었다. 한편으로는 부활절 케리그마로부터 시작해서 예수 전승은 기독론적으로 개작되었고, 다른 한편으로는 케리그마-신앙고백 기독론이 발전되었다. 두 전승이 형태를 갖추고 있었던 초기에 그것들은 상호 대화하는 방식으로 관련을 맺고 있었다. 예수 전승은 공동체의 기독론적 이해를 바탕으로 형태를 갖추었다. 비록 예수 전승이 새로운 상황 속에서 케리그마적인 재해석을 통하여 진보해 나갔다 할지라도 공동체의 기독론적 이해에서 전자는 판별 기준과 자료로 남아 있었다.

초대 공동체에서 승귀되신 분의 기능을 표현하고 있었던 "그리스도"와 "하나님의 아들"이라는 두 칭호조차도 공관복음서 전승에서 동의어로서가 아니라 서로 대화를 하는 가운데 사용되었다.

"그리스도"라는 칭호는 공관복음서 전승의 가장 오래된 전승층에서 두 가지 독특한 상황을 배경으로 해서만 나타났다. 제자의 신앙고백적 반응, "주는 그리스도시요"(막 8:29 par.)와 예수를 심문할 때 유대교의 대표자들의 질문(막 14:61 par.). 이러한 고백과 질문의 순간들은 초대 공동체에서 일반적으로 일어나는 일이었다. 이 공관복음서 구절들에서 우리는 초대 공동체의 고백 행위를 보거나 예감하지 못한다. 오히려 그것들을 통하여 공동체는 다음과 같은 질문에 부딪쳤다: 지상적 예수는 어떤 의미로 공동체의 상황 속에서 그리스도였는가? 공동체의 고백은 예수가 누구였는가가 아니라 승귀하신 분이 자기들에게 누구였는가를 분명히 하고 있었다.

"하나님의 아들"이라는 칭호도 오직 이떤 측면에서만 가장 초기의 공관복음서 전승층에 나타났다. 그것은 공동체의 상황을 재현한 것이 아니라 공동체에게 말하는 개별 상황들에서 발견되었다. 예수가 하나님의 아들이라는 것은 예수의 수세와 변모에서 하늘의 음성을 통해 예수에게 들려왔다(막 1:11 par. ; 9:7 par.). 어떤 제자도 예수를 그런 식으로 부르지 않았다. 그것은 오로지 외부인, 즉 예수의 처형을 지휘했던 자에 의해서만 표현되었다(막 15:39 par.). 이 구절들은 승귀되신 분에 대한 공동체의 신앙고백과 그 구약적 배경의 도움을 받아 다른 것들 가운데서 형성되었다. 이 구절들은 신앙고백의 예시가 아니라 신앙고백을 요구하고 그것을 내용의 견지에서 정의하기를 원했다. 공동체의 상황이 처음으로 반영된 것은 마태복음 14:33 이하와 같이 편집 작업을 하는 동안이었다.

"하나님의 종"이라는 호칭은 예수의 퇴장에 관한 진술들을 배경으로 자라났다. 이 호칭은 예수 전승 속에서 오직 예수의 생애에 대한 성찰로서 말해졌고(마 12:18) — 우리가 보았듯이 — 이 전승의 광범위한 복합체를 공동체의 상황과 관련된 구체적인 강조와 결합하였다.

따라서 우리는 이렇게 결론을 내릴 수 있다: 예수 전승은 부활절 케리그마의 성장과 나란히 그와 경쟁적인 기독론으로서 형성된 것이 아니었다. 오히려 그것은 아주 초기부터 구원사의 기원을 나타내려고 하였다. 예수의 생애, 예수의 말씀과 행위는 주장과 약속으로 보도되었고 승귀되신 분과 관련된 공동체는 자신의 상황의 견지에서 그것들에 응답하기로 되어 있었다. 그럼에도 불구하고 역으로 응답하는 것은 집단의 대화를 통하여 이전에 일어났던 것을 이해하고 나타낼 가능성을 포함하고 있었다.

c) 신학적 원칙들

예수 전승의 형성과 부활절 케리그마의 반성적 발전 사이의 대화적 관련은 초대 공동체의 설교와 가르침의 원칙이었다. 여기서 적극적인 신학적 활동이 수행되었다.

이후에 생겨났던 모든 공동체들과는 대조적으로 초대 공동체는 예수 전승과 초기의 케리그마를 전승받지 않았다. 공동체의 삶을 배경으로 이 둘은 기본적인 형태를 형성하였다. 몇몇 말씀들과 비유들이 이미 예수의 지상 사역 동안에 전승으로 전해졌다 할지라도 전승을 위해 말씀들을 수집하고 예수에 관한 설화들을 형성하는 행위는 부활절 이후의 현상이었다. 부활절 케리그마의 형성과 마찬가지로 이러한 수집과 형성 행위는 대체로 종교적 전승들의 흐름과 팔레스타인 유대교의 언어에 의해 가능했고 고양되었다. 그런데도 비전의 차별화와 지각력 있는 표현이라는 이러한 신학적 성과의 독특한 가치를 과소평가해서는 안된다. 유대교에서와 마찬가지로 신학적 성과의 핵심은 성경에 비추어 현재 — 예수의 사역과 교회의 출현 — 를 이해하고자 한 결정이었다. 위에서 내린 우리의 결론들은 놀라울 정도로 초대 공동체는 단순히 기존의 전승들을 빌어온 것이 아니라 개념적 언어와 성경의 해석에서 본질적으로 새로운 지향들을 부여하였다.

　주로 예수 전승의 형성에 초점을 맞추었던 이 적극적인 신학적 활동은 단순히 "공동체"의 집단적인 성취로서만이 아니라 "사도들 … 선지자들 … 교사들"(고전 12:28)에 의해 수행되었다. 주로 그것은 갈라디아서 1:18 이하에 따르면 온 교회에서 입법권이 있는 증인들로 인정을 받고 있었던 예루살렘의 "사도들"의 활동이었다. 하지만 그들의 활동은 연대기 편찬자들이 아니라 선교와 교리문답에서 교사 자격으로 수행되었다. 이러한 점에서 그들의 활동은 공동체와의 규칙적인 대화 가운데서 수행되었다(행 2:42; 롬 1:11f.). 그들의 사고의 지향에서 결정적인 자극은 예수 자신으로부터 그들에게 왔다(§18, 6-9). 예수 전승은 공동체들 내부에서 교훈의 중심적인 내용으로 전해졌고 그들 각자의 이해에 따라 처음으로 재형성된 것이었다. 그러나 마태와 누가의 편집이 있을 때까지 예수 전승은 현재의 공동체가 자신의 상황에서 부활절 케리그마의 관점으로부터 응답한 이전 시대의 사건들에 대한 기사로 이해되었다. 각각의 단화와 각각의 단화들의 모음집은 독립성을 지니고 있었지만 이 전승은 총체적인 전승 모체로서 자라났다. 이 점은 특수 자료의 내용조차도 문체적으로 일치하고 있다는 점에서 확인된다.

　그러므로 가장 오래된 기독론은 쾨스터가 생각했던 것과는 달리 예수 전승을 케리그마적으로 해석하였던 병행적이고 연속적인 신학적 구성물들로서가 아니라 주로 예수 전승과 공동체의 케리그마적 고백 사이의 대화를 통해 빌진되었다. 의심할 여지 없이 이 대화는 이미 팔레스타인의 초대 교회 내에서 놀라울 성도로 다양한 방식으로 진행되고 있었다. 그 공동체의 구성원들은 다양한 유대 전승들에 친숙해 있었고, 따라서 공동체에 유대교의 위대한 종교적 변용을 도입하였다. 이에 더하여 최근에 그들에게 닥친 문제들, 특히 선교적 확장 및 행동의 결과로서 율법 및 성전과 관련된 문제들에 대하여 그들이 취한 입장은 이러한 차이를 더 심화시키기에 이르렀다.

　"히브리파"와 "헬라파" 사이의 긴장은 오직 하나라는 원칙과는 거리가 멀었다(행 6:1). 팔레스타인 교회의 후원을 받고 있다고 주장한 것은 바울만이 아니라 갈라디아에서 유대주의자들(갈 2:6-9), 고린도의 "신령주의자들"도 마찬가지였다(고전 1:12). 베드로와 주의 형제인 야고보의 서로 다른 관점들은 안디옥을 비롯한 더 먼 지방에서도 느껴졌다(갈 2:11-13). 하지만 대부분 팔레스타인 교회로부터 퍼져나간 것은 공관복음서의 예수 전승만이 아니라 요한 전승의 초보적 형태들도 마찬가지였다. 이 신학적 다양성이 ― 현재까지 일반적으로 받아들여지고 있는 바우어(F. C. Baur)의 개념과는 대조적으로 ― 유대교의 분파들(*hairesis*)의 모델, 즉 바리새파와 에세네파와 같은 특수한 집단들은 물론이고 헬레니즘 세계의 철학 학파들과도 비견되어서는 안된다는 것을 인식하는 것은 중요하다. 이러한 집단들과 학파들의 형성은 공동체의 본질과 모순될 것이다. 후자에서는 섬김이 기본적인 것이었다. 공동체는 다양한 은사들을 사용하는 섬김이었다.

이것이 고린도의 공동체가 그 주변의 학파들과 집단들의 형성에 스스로를 적응시키려고 했을 때 고린도전서 11:18 이하, 12:4-6에서 바울이 말한 핵심이었다(고전 1:12). 이 관점은 예수 전승의 확대였다(참조. 눅 11:39-47; 막 10:41-45).

그러므로 서로 다른 기독론적 개념들은 다양한 공동체와 공동체 내의 집단들로 소급되는 이러한 모델들을 따라 추적되어서는 안된다. 오히려 그것들은 동일한 공동체에서 선포의 다양성으로서 상호 보완적인 방식으로 이해될 수 있는지의 여부에 관한 검토가 있어야 한다. 이렇게 하는 것은 서로 구별될 수 있는 것을 조화로운 방식으로 환원시키는 것이 아니고 역사적 상황에 맞춰 윤곽을 얻는 것이다. 이와 동시에 다양성의 한계에 관한 질문이 생겨난다. 이 한계는 유대 및 헬레니즘 세계의 학파 개념을 통하여 상대화된다. 팔레스타인의 초대 교회의 구조를 바라보는 한 방식은 자료들과 일치하는 이러한 문제 제기 방식을 통하여 얻어진다. 왜냐하면 바울 서신에 따르면 이 교회는 긴장을 잘 알고 있었던 섬김의 공동체였다. 그 교회는 서로 분리된 집단들의 공존으로 되지 않았다.

그러므로 팔레스타인의 초대 교회의 심상은 대체로 헬레니즘적 교회에서 그 역사의 확장된 발전들을 통하여 생겨났다. 그 기독론의 기본적인 구조 — 예수 전승과 공동체의 케리그마적 고백 사이의 대화 — 가 헬레니즘적 공동체에서 지속되었느냐의 여부는 "바울과 공관 복음적 예수 전승"(§28, 4)이라는 질문 아래 결정되어야 한다. 더욱이 초기 기독교 신학의 반성적 발전 동안에 채용되었던 해석의 보조 도구들이라는 문제도 더 정확하게 해명될 필요가 있을 것이다. 이것은 바울이 이용할 수 있었던 폭넓은 자료들을 분석함으로써 가능하다(§29).

제 3 부
바울과 헬레니즘적 기독교

서론

§27. 헬레니즘적 기독교의 문제

W. Heitmüller, "Zum Problem Paulus und Jesus," *ZNW* 13 (1912), 320-337 (repr. in *Das Paulusbild in der neueren deutschen Forschung*, ed. K. H. Rengstorf [1964], pp. 124-143); R. H. Fuller, *The Foundations of New Testament Christology* (1965); H. R. Balz, *Methodische Probleme der neutestamentlichen Theologie* (1967), esp. pp. 129-137; J. N. Sevenster, *Do You Know Greek?* (1968); M. Hengel, "Christologie und neutestamentliche Chronologie," in *Neues Testament und Geschichte, Festschrift für O. Cullmann*, ed. H. Baltensweiler and B. Reicke (1972), pp. 43-67; I. H. Marshall, "Palestinian and Hellenistic Christianity: Some Critical Comments," *NTS* 19 (1972/73), 271-287; Bultmann, *Theology* I (1951), §§9-15; Hahn, *Titles* (1969), esp. pp. 12ff.; Conzelmann, *Theology*, pp. 29-32.

1. 논의에 관하여

a) 1912년에 하이트뮐러(W. Heitmüller)는 다음과 같은 명제를 내놓았다: "바울은 초대

공동체에 의해서 뿐만 아니라 그 연쇄의 다른 하나의 연결고리에 의해서도 예수로부터 분리되었다. 그 순서는 다음과 같았다: 예수-초대 공동체-헬레니즘적 기독교-바울."[1] 하이트뮐러에게 이것은 바울이 지금까지 생각되어왔던 것보다 훨씬 더 예수와 팔레스타인 기독교로부터 멀리 떨어져 있다는 것을 의미하였다. 이 견해에 따르면 바울은 예루살렘의 기독교가 아니라 다메섹과 안디옥의 헬레니즘적 공동체들의 기독교를 알게 되었다고 한다. 그의 예루살렘과의 접촉은 회심한 지 삼년 후에 베드로와 야고보를 십사일 동안 방문한 것밖에 없었다(갈 1:18). 다른 모든 점에서 바울의 출발점은 헬레니즘적 기독교였다. 바울이 고린도전서 11:23 이하와 15:3 이하에서 언급한 전승들은 예루살렘이 아니라 안디옥에서 유래하였다. 실제로 헬레니즘적 기독교의 구조는 팔레스타인 기독교의 구조와 근본적으로 달랐다.

부세(W. Bousset)는 바울이 의존하고 있다고 생각되는 헬레니즘적 기독교의 모습을 재구성하려고 하였다.[2] 그의 재구성은 팔레스타인 기독교와 헬레니즘적 기독교는 두 개의 서로 다른 종교였다는 인상을 불러일으키도록 설계되었다. 예루살렘의 기독교인들은 오시는 인자로서의 예수를 대망한 반면에, 안디옥의 기독교인들은 예수를 하늘에 계신 주로 받들어 모셨다. 예루살렘에서의 예식의 식사는 기쁨의 식사였지만, 안디옥에서 그것은 신비 의식으로서 거행되었다.

b) 불트만은 이러한 역사적 견해에 분명하게 동감을 표시한 가운데 신약신학의 구도 안에서 이에 걸맞는 헬레니즘적 기독교의 전반적인 모습을 구성한 최초의 인물이었다.[3] 그의 헬레니즘적 공동체들의 케리그마의 재구성은 바울 서신으로부터 사도 교부들에 이르는 기독교 문헌에서 일반적으로 받아들여진 이해로서 전제되었다. 실제로 이러한 재구성은 가설이었을 뿐만 아니라 추상이기도 하였다: 케리그마는 결코 이런 형태로 나타난 것이 아니었다. 이 재구성은 헬레니즘적 기독교의 구조를 정당하게 다루지 않았다.

2. 헬레니즘적 기독교의 구조

주후 40년경 율법과는 거리가 먼 유대인들과 이방인들로 구성된 한 공동체가 안디옥에 출현하였다. 그 공동체는 헬레니즘 세계에 있는 "이방 기독교"의 모교회였다(행 11:20-26; 갈 2:3ff., 11ff.). 이 공동체의 출현 이후 채 십년도 되지 못해서 글라우디오 황제

---

1) Op. cit. (Lit., §27), 330.
2) *Kyrios*, esp. pp. 119-152.
3) *Faith and Understanding*, pp. 220ff.; *Theology* I, §9-15.

는 주후 49년에 로마에서 유대인들을 추방하였다. 그들이 "크레스투스의 선동으로(*im-pulsore Chresto*) 끊임없이 소동을 일으켰기" 때문이었다.[4] 회당에서의 이러한 소동들은 당시의 많은 여행자들 가운데 섞여서 로마로 들어왔던 유대 기독교인들이 회당에서 안디옥 교회의 특징을 지닌 기독교를 대변하였기 때문에 일어났다.

사도행전이 안디옥 교회의 상황을 전제로 했던 것처럼 로마서는 로마에서의 그 동일한 공동체의 상황을 전제로 하고 있었다. 안디옥에서 일어났던 일은 곧 많은 헬라 도시들에서 재현되었다. 예루살렘으로부터 안디옥까지 이 운동에 수반되었던 신학적 문제는 무엇이었는가?

a) 종교사학파는 하나의 문화적 배경으로부터 다른 문화적 배경으로의 전이(轉移)가 무엇이었는가에 초점을 맞추었다. 이러한 견해는 모든 차이들을 언제나 바울, 베드로, 야고보 사이의 율법에 관한 토의까지 소급해 올라갔던 학문적 논의 속에 하나의 중요한 측면을 도입하였다. 복음과 교회의 실존이 팔레스타인 유대교의 언어 및 개념 세계로부터 헬레니즘의 언어 및 개념 세계로 이식되어야 했던 것은 실제로 사실이었다. 하지만 오늘날 우리는 이 둘 사이의 경계들은 종교사학파가 생각했던 것보다는 더 유동적이었다는 것을 안다. 기독교가 뿌리를 내렸던 바로 그 집단들 속에서는 팔레스타인-유대적 문화와 헬레니즘적 문화는 상당한 정도로 중복되었다. 헬레니즘적 세계관의 요소들은 여러 저항에도 불구하고 팔레스타인 유대교 속으로 상당한 정도로 침투해 들어왔다.[5] 하지만 가장 중요한 것은 유대의 디아스포라로부터 비롯된 헬라어 사용의 공동체가 이미 아람어 사용의 공동체와 거의 동시에 예루살렘에서 자라고 있었다는 사실이었다. 이것은 기본적으로 아주 초기부터 기독교 전승들은 두 언어로 형성되었다는 것을 의미하였다(§25, 5d). 하지만 팔레스타인의 외부에서 최초의 공동체들은 디아스포라 유대교의 연결망의 모든 요지들에서 자라났고 형성되었다.

이 요지들의 대부분의 곳에서 유대 기독교인들은 자신들의 영향을 미쳤다. 그러므로 여기에서 차이는 오직 정도의 차이라 할 수 있다. 예루살렘에서 복음과 교회는 주로 팔레스타인-유대적 사고의 영역 안에 있었던 반면에, 안디옥에서는 주로 헬레니즘적 사고 안에 있었다. 이러한 배경들 속에서 출현한 선포, 교회 생활, 신학의 다양한 표현들은 그러한 제한 요건을 염두에 둔 채 들어야 했다. 기독교 저술가들의 중요한 진술들 안에서 그러한 것에 주의를 기울일 때 아람어 사용의 유대 기독교로부터 헬레니즘적 기독교를 거쳐 헬레니즘적

---

4) Suctonius *Vita Claudii* 25 (*Lives* V. 25. 4=LCL II, 52f.). 연대에 대해서는 *Apostolic Times*, p. 62. n. 4를 참조하라.
5) M. Hengel, *Judaism* (1974).

이방 기독교에 이르는 스펙트럼이 드러난다. 하지만 이 스펙트럼은 완전히 사회학적으로 공동체들과 공동체 내의 집단들의 연대기적이고 지리학적인 분포로 드러나는 것이 아니라 거의 나란히 흐르는 사고의 흐름들의 형태로 드러난다.[6] 예루살렘(행 6:1)과 고린도(고전 1:11f.)의 분파들에서 볼 수 있는 것처럼 그것들은 흔히 동일한 장소에서 활동하였다. 더욱이 그것들은 "순수한" 유형으로서 존재한 경우는 거의 없었다. 이러한 관점에서 볼 때 그럼에도 불구하고 이 유형들의 차별화는 초기 기독교 진술들의 역사적 유래와 특징 부여를 위한 목적에 기여한다. 그렇게 하는 데에 우리는 그것들의 구조적 분석의 다른 측면들을 무시하지 않도록 주의를 기울여야 한다.

실질적으로 복음이 처음으로 한 문화권에서 다른 문화권으로 전이됨으로써 일어난 사건들은 아시아와 아프리카에서 그와 상응하여 일어난 일들을 신학적으로 분석하고 어떤 태도를 취할 것이냐를 놓고 연구하고 있는 오늘날의 우리들에게 특별한 중요성을 갖는다. 복음이 처음으로 그 경계를 넘었을 때 그 복음이 기존의 그릇들에 그저 부어지기만 하지 않았다는 것은 특히 주목할 만하다. 새로운 내용은 새로운 그릇을 만들어내었다. 새로운 내용은 그 자신의 개념적 언어와 삶의 양태들을 만들어내었다. 새로운 선포 상황들 속에서 새로운 신앙 표현 정식들과 윤리적 배열들이 생겨났다. 하지만 그와 아울러 팔레스타인의 초대 교회에서 유래한 근본적인 전승들이 전해져서 부가되었다. 헬레니즘적 공동체들은 헬레니즘 세계의 사람들을 얻으려고만 한 것이 아니라 팔레스타인의 공동체들과 교제를 유지하려고 하였다. 가르침과 삶의 모습에서 그들은 서로에 대하여 책임이 있다고 생각하였다. 밀접한 인격적 접촉이야말로 이러한 목적을 위해 높은 우선 순위가 있었다. 팔레스타인 기독교와 헬레니즘적 기독교는 개념 언어 유래의 폭넓은 차이가 시사해주는 것과는 달리 서로를 멀리 하는 가운데 살아온 것이 아니었다.

b) 하지만 예루살렘으로부터 안디옥으로 가는 발걸음은 현재까지도 너무도 자주 되풀이되고 있는 것과는 달리 단순히 복음을 한 문화권으로부터 다른 문화권으로 이전하는 것 이상을 포함하고 있었다. 그것은 옛 언약 백성의 영역으로부터 단 한번의 근본적인 결별을 포함하고 있었다. 구약의 하나님에 대한 자신의 이해를 바탕으로 팔레스타인의 유대 기독교인

---

6) 이것은 I. H. Marshall (Lit., §27), 272f. 및 286과 M. Hengel (Lit., §27), pp. 43-67)에 의해 올바로 강조되었다. 후자는 무엇보다도 예수의 퇴장으로부터 바울에 의해 서술된 기독론으로의 발전은 기껏해야 15년, 아니 그보다 더 짧은 기간 안에 일어났음을 지적하였다. 물론 우리는 바울이 고린도전서에서 싸운 바 있던 기독교의 헬라화로부터 총체적인 일탈이 얼마나 급속하게 이루어질 수 있었는가를 볼 수 있다. 어쨌든 Hahn은 *Titles*, esp. pp. 12-14에서 기독론적 형용 어구들의 발전을 네 가지 사상 흐름에 따라 너무도 도식적으로 나누고 있다.

들은 예수가 약속된 분이라는 고백에 이르게 되었다. 그들은 이스라엘을 하나님의 약속 앞에 불러세웠다. 그들은 율법의 영역 안에서 이스라엘과 함께 살았다. 그러나 안디옥의 무할례자 이방 기독교인들에게 예수는 누구였는가? 예수가 그들에게 구약의 약속된 분으로 남아 있지 않는다면 예수는 세라피스(Serapis)와 이시스(Isis)와 같은 하나의 헬레니즘적인 구속자 신이 되어야 했다. 그러므로 그들도 구약을 정경으로 채택해야 했는가? 그러나 그들은 — 유대 기독교인들과는 대조적으로 — 유대인들에게 결정적으로 중요했던 성경의 부분인 율법을 준수하지 않았는데, 그것은 정확히 그들의 신앙을 위해서였다. 이것은 그들이 유대 기독교인들의 정경이 없이도 아무 지장 없이 살아갈 수 있다는 것을 시사해 주었다.

고린도전서와 골로새서에서 바울이 그 선구자들과 싸운 바 있는 영지주의 운동에서 예수는 구약의 하나님과 구별되었고 헬레니즘적인 구속자로 오해되었다. 비록 그 주창자들은 구약 및 유대 전승들을 헬레니즘적인 전승들과 마찬가지로 자유롭게 채택해도 좋다고 느꼈지만 이것은 사실이었다. 이방 기독교인들이 혼합주의적인 종교적 교제 집단으로 끝나버리지 않으려면, 예수의 삶과 사역은 구약과 결합되어 신학적으로 새로운 통일체로 형성되지 않으면 안되었다. 더욱이 예루살렘의 유대 기독교인들이 하나의 유대교 분파로 끝나버리지 않기 위해서는 이와 동일한 일이 다른 지표들과 함께 일어나야 했다. 이렇게 예수를 구약과 신학적으로 결합해서 유대인과 이방인로 구성된 한 교회를 위한 복음을 형성하는 과제는 당시에 결정적으로 중요한 교회론직, 신학적 문제였다.[7]

이 독특한 과제를 수행하기 위하여 예수의 제자가 아니었던 한 인물이 너무도 예기치 않게 사도로 부르심을 받았다. 그 인물은 디아스포라 유대인이었던 다소의 바울이었다. 그는 보편적 기독교의 한 학파의 영향을 받은 신학적 인물(F. C. Baur)이 아니었다.[8] 그는 당시 이방 기독교에서 유명했지만 거의 이해를 받지 못한 신학자(A. von Harnack)도

---

7) 예수의 출현은 진지하게 성경의 성취로 이해된 것이 아니라 구약 및 유대 그리고 헬레니즘적 전승의 도움을 빌어 해석되었다고 생각되었기 때문에 대부분 이것은 연구에서 인식되어 오지 않았다(참조. § 30).

8) "바울의 훈계적 용어는 초기 기독교의 발달사에서 가장 중요한 계기였다 … 기독교가 유대교의 원리와 구별되는 그 원리에 대한 구체적인 인식을 통하여 일차적으로 유대교와 구별되는 그 진정한 핵심과 일치하는 것이었다면, 그것은 최초로 사도 바울을 통하여 독자적이고 절대적인 의미로 고양되었다 …"(F. C. Baur, *Vorlesungen über neutestamentliche Theologie*, ed. F. F. Baur 〔1864; repr. 1963〕, p. 128).

9) " … 이방적 교회에서 교리 형성은 바울 신학의 전체 현상이 아니라 오직 **부분적으로만** 사도에게 특유했던 몇몇 주요한 사고들과만 결부되어 있다. 그의 가장 특유한 사고들은 때때로의 자극에 의해서만 교회론의 발전에 영향을 미쳤다"(A. von Harnack, *History of Dogma* I 〔1961〕, 92).

아니었고,[9] 중요한 전유(專有)를 통하여 신화를 적재한 헬레니즘적 기독교를 해명한 영향력 있는 신학자(R. Bultmann)도 아니었다.[10] 바울은 선교와 목회 활동을 배경으로 근본적인 신학적 해결들을 통하여 유대인들과 이방인들을 위해 복음을 정교하게 다듬었던 인물이었다. 이런 식으로 이해하면 그는 자신이 이방인들을 위한 예수 그리스도의 사도로 되기를 원했던 인물이었다(롬 1:1, 5).

동방에서 자신의 사역의 말기에 그는 세계의 수도에 있는 공동체를 위한 복음서를 썼다. 그는 그 공동체를 선교하여 세운 사람이 아니었다. 그가 복음에 관하여 말하고자 했던 것은 바로 전세계의 교회에 대한 자신의 이해를 통하여 형성되었다. 그것은 유대인과 이방인들을 "율법 외에", 그렇지만 "율법과 선지자", 즉 성경을 따라 믿음에 의해서 의롭다 하심을 받는 복음이었다(롬 1:16f.; 3:21). 이런 유의 사도로서 바울은 안디옥과 로마 사이에 걸쳐 있는 교회에서 근본적인 인정을 받았다. 클레멘트1서(주후 96년경 로마에서)와 안디옥의 이그나티우스(주후 110년경)에서처럼 초기부터 바울의 서신들은 그리스도에 대한 규범적인 증거로 자리를 잡고 있었다. 이것은 오직 그 사이의 기간 동안에 그 서신들이 그와 같은 인정을 받았기 때문에 가능했을 것이다. 역사적으로 중요한 것은 바울의 신학적 영향력 — 그것은 실제로 놀라울 정도로 제한되어 있었다[11] — 이 아니라 그의 복음이 구속력 있는 해석의 방향으로 근본적으로 인정받고 있다는 것이다.

3. 신약신학의 제시를 위한 결론들

이러한 헬레니즘적 기독교의 구조로부터 신약신학의 제시를 위해 어떠한 결론들이 도출되어야 하는가? 불트만이 했던 것처럼 헬레니즘적 교회의 케리그마를 교차적으로 제시하려고 하면 결국 비역사적인 추상에 빠지게 된다. 역사적 실체들은 언제나 전승들과 구체적인 선포의 말씀과 삶의 형태 및 이 전승들로부터 자라난 신학적 성찰이었다. 하지만 바울의 설교와 신학은 역사적 결과와 신학적 표현의 견지에서 역사적으로 식별 가능하고 특히 관련이 있었다. 그것들은 바울이 대화를 했던 전승들, 바울이 논쟁을 벌였던 상황을 함께 고려할

---

10) "바울의 역사적 위치는 다음과 같이 말할 수 있다: 헬레니즘적 기독교의 틀 안에 서서 그는 헬레니즘적 교회의 선포에서 사용되고 있었던 신학적 동기(motif)들을 신학적 사고을 분명히 하는 것으로 끌어올렸다. 그는 헬레니즘적 선포 속에 잠재해 있었던 문제들에 주의를 환기시키고 그것들을 결정되도록 하였다. 이렇게 해서 … 그는 기독교 신학의 창시자가 되었다"(Bultmann, *Theology* I, 187).

11) K. H. Schelkle. *Paulus, Lehrer der Väer* (1959²).

때 그것들 자체의 기원과 의도에 맞춰 재현될 수 있다.

이 두 가지가 제시될 때 초기 헬레니즘적 교회의 설교 상황과 모든 세대의 교회들에게 해석의 방향을 부여해 주었던 바울의 복음에 대한 역사적으로 타당한 모습이 드러난다.

제 1 장
바울 신학의 전제들

§28. 바울의 삶의 역정(歷程)과 기독교 전승들

On the History of Research: A. Schweitzer, *Paul and His Interpreters* (1951);
R. Bultmann, "Zur Geschichte der Paulusforschung," *ThR* 1 (1929), 26-59; 6 (1934),
229-246; 8 (1936), 1-22; A. M. Denis, "S. Paul dans la littérature récente," *ETL* 26
(1950), 383-408; G. Delling, "Zum neueren Paulusverständnis," *NovTest* 4 (1960), 95-121;
B. Rigaux, *The Letters of St. Paul* (1968 [Lit.!]). **Presentations as a Whole of Paul's
Life and Work**: W. Bousset, *Der Apostel Paulus* (1906); W. Wrede, *Paul* (1962);
A. Deissmann, *Paul, a Study in Social and Religious History* (1926); P. Feine, *Der
Apostel Paulus. Das Ringen um das geschichtliche Verständnis des Paulus* (1927);
K. Pieper, *Paulus, seine missionarische Persönlichkeit und Wirksamkeit* (1929); A. D.
Nock, *St. Paul* (1938); W. von Loewenich, *Paul, His Life and Work* (1960); J. Knox,
Chapters in a Life of Paul (1950); G. Ricciotti, *Der Apostel Paulus* (1950; comprehensive
overview of historical background and of older research!); M. Dibelius-W. G. Kümmel,
Paul (1953); E. Fascher, "Paulus," in PW Suppl. VIII (1956), 431-466; J. Perez de Urbel,
S. Paul, Sa vie et son temps (1956); G. Bornkamm, "Paulus," *RGG*[3] V, 166-190;
G. Bornkamm, *Paul* (1971); O. Kuss, *Paulus. Die Rolle des Apostels in der theolo-
gischen Entwicklung der Urkirche* (1971). **Representations of Pauline Theology**:
E. Lohmeyer, *Grundlagen paulinischer Theologie* (1929); A. Schweitzer, *The Mysticism
of Paul the Apostle* (1931); H.-J. Schoeps, *Paul, the Theology of the Apostle in the Light
of Jewish Religious History* (1961); D.E.H. Whiteley, *The Theology of St. Paul* (1964);
R. C. Tannehill, *Dying and Rising with Christ. A Study in Pauline Theology* (1967);
E. Käsemann, *Perspectives on Paul* (1971); H. N. Ridderbos, *Paul: An Outline of His
Theology* (1975); G. Eichholz, *Die Theologie des Paulus im Umriss* (1972). **On 1**: W. G.
Kümmel, *Römer 7 und die Bekehrung des Paulus* (1929; repr. in Kümmel, *Römer 7 und
das Bild des Menschen im Neuen Testament* [1974]); H. Windisch, *Paulus und das Ju-
dentum* (1935); W. L. Knox, *St. Paul and the Church of the Gentiles* (1939); E. Pfaff,
Die Bekehrung des H. Paulus in der Exegese des 20. Jahrhunderts (1942; older Lit.!);

P.-H. Menoud, "Révélation et Tradition. L'influence de la conversion de Paul sur sa théologie," *Verbum Caro* 7 (1953), 2-10; J. Munck, *Paul and the Salvation of Mankind* (1959); H. G. Wood, "The Conversion of St. Paul: Its Nature, Antecedents and Consequences," *NTS* 1 (1954/55), 276-282; U. Wilckens, "Die Bekehrung des Paulus als religionsgeschichtliches Problem," *ZThK* 56 (1959), 273-293 (= Wilckens, *Rechtfertigung als Freiheit. Paulusstudien* [1974], pp. 11-32). **On 2-4**: O. Michel, *Paulus und seine Bibel* (1929); H. Windisch, *Paulus und Christus. Ein biblisch-religionsgeschichtlicher Vergleich* (1934); E. Jüngel, *Paulus und Jesus* (1964; 1972⁴); J. Blank, *Paulus und Jesus. Eine theologische Grundlegung* (1968).

1. 예비적 고찰: 자료들[1]

바울의 이름으로 신약에 전해져 오는 열세 개의 서신들 중 대부분은 바울에 관한 지식을 위해 진정한 자료들이라는 것이 일반적으로 인정되고 있다. 그것들은 로마서, 고린도전후서, 갈라디아서, 빌립보서, 빌레몬서, 데살로니가전서이다. 몇몇 특성들에도 불구하고 골로새서와 고린도후서도 이에 더해질 수 있을 것이다. 하지만 이 두 경우에 우리는 바울의 진술들과의 내적인 일관성에 특별한 주의를 기울여야 한다. 골로새서와 관련되어 있는 에베소서는 묘사의 언어와 문체 면에서 다른 서신들과는 너무도 다르기 때문에 그 진술들은 바울 신학을 묘사하는 과제에서는 경원시되고 있다. 마지막으로 개념적 언어와 신학적 내용에 비추어 볼 때 목회 서신들은 분명히 후대의 바울 학파의 저술들로 보아야 한다. 나중에 그것들만을 다룰 것이다. 사도행전에 나오는 바울의 말들은 직접 그로부터 나오지 않고 누가와 그의 전승들로부터 나왔다는 것은 너무도 분명하다.[2] 사도행전의 전기적 자료들과 서신들에 나오는 바울 자신의 진술들을 규칙적이고도 비판적으로 비교해 보는 것은 꼭 필요한 일일 것이다.[3] 바울에 대한 외경적 문헌은 신뢰할 만한 전승을 하나도 보존하고 있지 않다.

바울 총서 내에서 용어 사용과 내용의 차이점들을 고찰할 때 우리는 다음과 같은 질문들을 던진다: 어느 정도 그것들을 무관한 전승들의 개작으로 돌릴 것인가? 바울 신학의 성장

---

1) 이 자료들에 대한 이하의 평가는 본질적으로 W. G. Kümmel, Introduction, pp. 250-387의 판단과 일치한다.

2) M. Dibelius, "Die Reden der Apostelgeschichte und die antike Geschichtsschreibung," in M. Dibelius, *Aufsätze zur Apostelgeschichte* (1953²), pp. 120-162.

3) 최근에 나온 C. Burchard, *Der dreizehnte Zeuge* (1970)를 참조하라..

4) 이 논의에 관해서는 C. Buck and G. Taylor, *Saint Paul. A Study of the Development of his Thought* (1969); W. G. Kümmel, "Das Problem der Entwicklung in der Theologie des Paulus," *NTS* 18 (1972), 457f.를 참조하라.

과 발전으로 보아야 하는가?[4] 사도의 동역자들이 그의 서신의 작성에 관여하였는가?

2. 바울의 생애와 편력

우리는 여기서 바울의 전기를 자세하게 연구할 수는 없다.[5] 우리는 바울 신학의 이해에서 중요한 것에 집중할 것이다.

a) 사도의 편력의 세 측면이 그의 신학에서 중요하게 되었다[6]:

1) 바울은 아마도 주후 1세기의 첫 수년 사이에 길리기아에 있는 다소라는 헬라의 도시에서 태어났을 것이다. 그는 "히브리인 중의 히브리인", 즉 조상들의 전승에 충실한 가정에서 태어났다(빌 3:5f. ; 행 21:39; 22:3). 그러므로 그는 디아스포라 유대인이었고 어릴 때부터 율법에 충실한 유대인으로서 가능한 정도로 헬라 세계를 잘 알고 있었다.

2) 유대교에 대한 바울의 충성은 예루살렘에서 서기관 수업을 통하여 깊어졌다(행 26:5). 바울은 갈라디아서 1:22에서 자기가 유대의 기독교 공동체들에게 개인적으로 알려져있지 않았다고 말하고 있지만, 그렇다고 하여 기독교인이 되기 이전에 바울이 예루살렘에 결코 거주한 적이 없었다고 결론을 내릴 필요는 없다.[7] 물론 핍박자로서 그의 활동에 대한 사도행전의 언급들 중 몇몇은 무시할 수도 있다.[8] 그러므로 회심 이전에 바울은 바리새파의 지시를 따르는 랍비 유대교의 문도였다. 이 후자의 측면을 바울은 갈라디아서 1:14에서 강조하였다. 전자는 그의 서신들에서 성경에 대한 집중적이고도 독창적인 평가를 통해 매우 훌륭하게 드러난다.

3) 바울이 갈라디아서 1:13 이하에서 자기가 기독교인이 되기 전에 예수 운동에 대하여 보였던 태도에 관하여 말하고 있는 것은 바울의 발전의 이러한 경로와 일치한다: 그는 율법에 열심이었고 십자가에 못 박힌 그리스도의 공동체를 핍박하였다 ! 바울에게 다메섹 도상의 체험은 정신적인 편력의 정점의 순간이 아니라 이전에 겪었던 것과의 예기치 않은 고통스러운 단절이었다(빌 3:6). 그는 그 단절을 부활하신 분의 인격적 계시로 볼 수밖에 없었다. 그 일은 바울의 주도권과는 아무 상관 없이 일어났고, 그는 그 일을 근본적으로 처음

---

5) 참조. G. Bornkamm, *Paul* (1971), pp. 3-106.
6) 바울이 기독교인이 되기 전의 과거에 관한 질문들은 Blank, Ioc. cit. (Lit., §28), pp. 238-249와 Burchard (Ioc. cit. 〔n. 3〕)에서 마지막으로 검토되었다.
7) R. Bultmann, *Theology* I, 187; H. Conzelmann, *History of Primitive Christianity* (1973), pp. 60f. ; 그러나 Hengel, op, cit, (Lit., §27), p. 49는 이에 반대한다.
8) Burchard, op. cit. (n. 3), pp. 40-50.

사도들의 부활절 현현들에 비견될 수 있는 것으로 생각하였다(고전 15:8; 9:1; 갈 1: 15f.; 참조. 행 9:1-9; 22:3-11; 26:9-18). 바울에게 그 일은 믿음으로 부르심임과 동시에 사도직으로 부르심이었다. 자기 자신의 발전을 토대로 바울은 율법에 대한 열심과 메시야로서 십자가에 못 박힌 분에 대한 믿음을 서로 배타적인 것으로 이해하였다. 여기에 바울의 기독교적 실존 및 바울 신학의 출발점이 있다.

b) 사도로서 바울은 다음과 같은 단계들을 거쳤다:

1) 주후 32/34년경부터 주후 40년경까지 바울은 아라비아(나바테아 왕국)와 길리기아에서 제한된 사역을 하면서 준비 기간을 보냈다(갈 1:15-24; 고후 11:32f.; 행 9:19-30). 이 기간 동안에 회심한 지 3년 후에 예루살렘의 초대 공동체의 대표자들과 회동하는 주목할 만한 사건이 있었다(갈 1:18f.).

2) 바울이 이방 기독교의 모교회인 안디옥으로 초빙을 받았을 때 바울이 해야 할 일이 그에게 분명해졌다(행 11:25-30).

3) 여기서부터 소위 제1차 선교 여행 및 광범위한 선교와 목회 활동이 시작되었다. 역사적으로 말해서 이 활동을 통하여 당시에 알려진 세계의 문화적 중심지, 소아시아와 헬라로 이루어진 그리스 세계에 교회가 세워졌다. 이 활동의 정점은 예루살렘에서의 사도 회의(갈 2:1-10; 행 15:1-35)와 예루살렘에 성도들의 연보를 전달하려고 여행하였다가 체포로 끝나게 된 사건(롬 15:25-32; 행 21:15-36)이었다. 사도로 인정을 받게 된 기간인 이 단계는 주후 46년부터 56년까지 십 년 간 지속되었다.

4) 가이사랴와 로마의 감옥에서 보낸 마지막 단계는 주후 56년부터 주후 62/63년까지 지속되었다. 이 기간은 로마에서 그의 순교로 끝이 났다(I Clem. 5:4-7; 딤후 4:16). 그는 이 마지막 단계에서 잠시 동안 놓여나서 동방에 있는 공동체들을 방문하였을 것이다(딤후 4:13에 따르고 있는 Eus. *EH* 2.22.2ff.).

3. 바울에게 복음이 전해짐

a) 출발점과 문제

바울이 30년 동안 그 설교를 자신의 삶의 초점으로 삼았던 복음을 바울은 그의 편력을 바탕으로 할 때 어디서 알게 되었을까? 갈라디아서 1장과 고린도전서 15장에서 바울은 표면적으로는 모순되게 들리는 방식으로 대답하였다. 그것들 사이의 긴장은 우리 앞에 근본적인 문제를 분명히 해 준다. 갈라디아서 1:11 이하에서는 이렇게 말한다: "형제들아 내가 너희에게 알게 하노니 내가 전한 복음 … 이는 내가 사람에게서 받은 것도 아니요 배운 것도 아니요 오직 예수 그리스도의 계시로 말미암은 것이라". 그리고 고린도전서 15:1, 3에는 이렇게 되어 있다: "형제들아 내가 너희에게 전한 복음을 너희로 알게 하노니 … 내가 받은 것을 먼저 너희에게 전하였노니 이는 성경대로 그리스도께서 우리 죄를 위하여 죽으시고 장사 지낸 바 되었다가 … ". 그러므로 갈라디아서 1장에서 복음은 십자가에 못 박힌 분이 하나님의 대표자라는 계시였고, 고린도전서 15장에서 복음은 믿음에 의해 구원사의 사건들을 증거했던 전승이었다(§36, 4).

복음에 대한 이러한 두 규정은 어떻게 서로 관련되는가? 주석학자들의 대답은 다양한 신학적 교회적 관점들을 반영하고 있다. 불트만에 따르면 갈라디아서 1장은 진정한 것이고 고린도전서 15장은 사도의 조리에 맞지 않은 진술이었다는 것이다.[9] 복음은 본질적으로 영적이고 케리그마적인 전승이었고, 불트만이 보았던 것처럼 교훈적 정형 어구들에 포착될 수 없었다. 복음은 오로지 계속해서 선포를 낳는 선포를 통해서만 전해질 수 있었다. 이러한 케리그마적 신학의 관점과는 대조적으로 로마 가톨릭의 신약학자인 슐리어(H. Schlier)와 영국 성공회의 교부학자 켈리(J. N. D. Kelly)는 고린도전서 15장에 강조점을 두었다. 그들은 복음은 확고한 전승의 구체적인 상황으로의 전유(專有)임을 강조하였다.[10]

그렇다면 바울은 모순되었을까? 바울은 이 두 진술을 했을 때 상황에 의해 지나치게 영향을 받았던 것일까? 갈라디아서 1장에서 바울이 역사적 구도 안에서 스스로를 법제화하려고 하는 유대교에 반대하여 위로부터 계시의 직접성을 강조하였고, 고린도전서 15장에서는 역사가 결여된 정신주의적인 견해에 반대하여 역사적 전승임을 강조하였다는 것은 분명하다.

바울은 그 둘이 결합되어 있었기 때문에 그 둘을 동일하게 강조할 수 있었다.

그것들은 바울의 체험 속에서 결합되어 있었다: 다메섹 도상에서 바울은 십자가에 못 박힌 분의 하나님께로의 승귀를 체험함으로써 역사 속에서 예수 출현의 의미를 알게 되었다. 그런데도 이것은 오직 바울이 이미 기독교 전승을 통하여 역사 속에서의 그러한 출현을 잘 알고 있었기 때문에 가능한 것이었다. 바울은 십자가에 못 박힌 분이 메시야라는 직접적인 단언만이 아니라 부활절 케리그마와 몇몇 예수 전승, 예를 들면 선교적 설교의 모체도 잘 알고 있었다(§25, 1). 그러나 바울 자신의 체험으로부터 한 가지가 근본적으로 분명하다: 본질적으로 복음은 언제나 역사적 전승인 동시에 영적인 케리그마이다. 복음이 예수의 삶,

---

9) *Theology* II §54, 2f.
10) H. Schlier, *Die Zeit der Kirche* (1956), pp. 216f. ; J. N. D. Kelly, *Early Christian Creeds* (1952²), pp. 11f.

사역, 인격에 관한 — 그러므로 역사적 사건들에 관한 — 정보인 한 복음은 오직 정식화된 역사적 전승을 통해서만 전해질 수 있었다. 이 전승은 케리그마적 말씀으로 만날 때에야 복음, 하나님으로부터 유래하는 구원의 좋은 소식이 되었다. 실제로 바울 자신은 고린도전서 15장에서 그 전승을 다시 진술하였을 뿐만 아니라 그 장의 문맥을 따라 그것을 케리그마적으로 해석하였다. 동일한 방향을 따라 로마서 1:2-4에 나오는 복음의 전통적이고 기독론적인 표현은 이 서신의 주제가 되는 진술들을 통해 구원론적으로 즉각 해석되었다(1:16f.) ; 이런 의미로 복음은 이 서신의 끝부분을 통해 케리그마적으로 증보되었다.[11]

그러므로 바울 신학의 내용은 부활절 케리그마와 다메섹 도상의 체험으로부터 자라났다. 직접적인 계시는 바울에게 전승을 이해할 수 있는 길을 열어주었다. 하지만 바울에게 일어났던 것은 근본적으로 적어도 영적인 케리그마에 의해 감동을 받은 모든 사람의 체험과 다르지 않았다. 이런 이유로 로마서 1장과 고린도전서 15장에서 바울은 다메섹 도상의 체험이 아니라 전해받은 부활절 케리그마의 케리그마적 증보를 자신의 신학의 원칙으로 삼았다.

b) 바울의 복음 배후에 있는 전승들

분명한 언급들과 양식비평적 분석은 서신들에 나타나는 서로 다른 세 가지 유형의 전승들을 밝혀준다:

1) 예수의 죽음과 부활을 기독론적이고 구원론적으로 해석한 교훈적이고 신앙고백적 정형 어구들[12]은 분명히 근본적으로 중요했다. 그것들 중의 일부는 팔레스타인 교회로 거슬러 올라갈 수 있으며(고전 15:3-5; 롬 1:3f. ; 4:25; 아마도 3:25f. 등) 일부는 헬레니즘적 교회로 거슬러 올라갈 수 있다(고전 12:3; 롬 10:9 등). 후자는 신학적 고백들을 통하여 데살로니가전서 1:9 이하, 고린도전서 8:6에서 확대되었고 송영적 발전을 통하여 빌립보서 2:6-11, 골로새서 1:15-20에서 확대되었다.

2) 이 외에도 바울은 교회 전승으로부터 교훈적인 내용을 빌어왔다. 예를 들면 로마서 12장 이하의 권면은 몇 가지 점에서 베드로전서 2:11-3:22에 나오는 것과 관련되어 있었다. 이러한 접촉점들은 문헌적 의존성이 아니라 — 오늘날 일반적으로 인식되고 있듯이[13] — 공통의 구전(口傳)에 기인한다. 이것은 때때로 로마서 12:17과 베드로전서 3:9, 로마서

---

11) P. Stuhlmacher, "Theologische Probleme des Römerbriefpräskripts," *EvTheol* 27 (1967), 374-389.
12) Kramer, *Christ*, esp. pp. 19-128.
13) E. Käsemann, *Commentary on Romans* (1980), at Rom. 12:1.

13:1-7과 베드로전서 2:13-17이 축자적으로 일치하고 있는 현상을 설명해준다.

3) 단지 네 차례만 바울은 자신의 서신들 속에서 "주의 말씀", 즉 지상적 예수의 어록(*logia*)을 언급하였다. 바울은 이 말씀들에 특별한 우위성을 부여하였다. 그는 자신의 모든 영적인 의견들과 가르침들을 공동체에서 역사하고 있는 성령 안에서 협의할 수 있도록 했지만(고전 14:37), 주의 말씀들은 성령의 판별 기준 자체였다(고전 7:10). 그런데도 이 말씀들은 그것들 자신의 전승 모체를 형성하고 있지 않았다. 그 말씀들은 권면 전승(고전 7:10; 9:14), 예전 전승(고전 11:23ff.), 묵시 전승(살전 4:15) 안에 자리를 잡고 있었다. 특히 권면 전승에서 우리는 전승사적 분석을 통하여 직접적인 인용 없이 그 외의 예수의 '어록'(*logia*)을 암묵적으로 빌어왔음을 관찰할 수 있다. 예를 들면 로마서 12:14, 17; 13:7, 10; 14:14; 고전 4:12; 6:1ff., 7이 그러한 경우이다.

그 어느 곳에서도 바울은 사도의 죽음 이후 이십년 동안 공관복음서에 기록된 예수 전승을 직접적으로 말하거나 축자적으로 빌어오지 않았다. 이 특이한 사실을 이해하기 위하여 바울과 예수의 관계를 종합적으로 설명할 필요가 있다.

4. 바울과 예수

a) 바울은 예수를 개인적으로 알았는가?

사도행전에 나오는 전기적 구절들에 따르면 랍비가 되기 위하여 예루살렘에서 공부하고 있는 동안에 바울은 예수가 죽는 것을 보았을 가능성이 있다(행 22:2ff. ; 26:4). 이 문제에 대하여 바울은 오직 한 번 말을 했다. 고린도후서 5:16에서 바울은 자신의 사도직을 의심하고 지상적 예수를 들먹이면서 바울로부터 자신들을 구별했던 대적자들에게 "비록 우리가 그리스도도 육체대로 알았으나 이제부터는 이같이 알지 아니하노라"고 선언하였다. "육체대로"(*kata sarka*)라는 표현은 문법적이거나 내용상으로 동사에도 속하고 목적어에도 속한다.[14] 그러므로 이 진술은 바울에게 인간적인 예수에 대한 엄밀하게 인간적인 지식은 이제 지나갔다는 것을 의미하였다. 예를 들면 이제 바울에게는 빌라도 혹은 가야바가 예수에 관하여 어떤 인상을 받았는가 하는 것은 아무 상관이 없다는 것이다. 바울이 이러한 외적인 인간적인 방식으로 예수를 만날 기회를 가졌었는지의 여부는 이 진술에 의해서 확인될 수 없다. 이 진술은 사실에 따른 또는 사실과 반대되는 조건 문장, 그 어느 것으로도 해

---

14) Blank, op. cit. (Lit., §28), pp. 304-326(여기에는 해석에서 다양한 시도들과 자세한 논쟁이 나와 있다).

석될 수 있다. 동사의 완료 시제는 전자에 가능성을 부여하고 있지만, 궁극적으로 이 문제는 대답되지 않은 채로 남아 있음에 틀림없다.[15] 그럼에도 불구하고 그 이상의 질문이 훨씬 더 중요하다.

b) 기독교인으로서의 바울 및 그의 신학에서 예수의 지상 사역의 의미는 무엇이었는가?

불트만은 고린도후서 5:16에 나오는 "육체대로"라는 표현의 실질을 오직 "그리스도"에게만 적용되는 것으로 해석하였다. 이 해석을 바탕으로 그는 바울의 견해로는 지상적 예수는 더 이상 믿음에서 중요하지 않았다는 명제를 내놓았다. 불트만이 이 명제를 그의 스승들의 자유주의 신학의 역사적 예수를 향하여 말하였을 때는 이 명제는 옳았다. 물론 그 예수는 엄밀하게 역사적인 지식, 즉 "육체대로" 안 지식의 산물이었다.[16] 그러나 그 명제를 일반적으로 적용할 때 그것은 결코 정당화되지 못한다.

얼핏 보면 이 명제는 바울이 예수로부터 그 어떤 것도 직접적으로 빌어오지 않았다는 사실과 일관되는 것처럼 보인다. 이용할 수 있는 자료에 비추어 보아 이렇게 주장하는 것은 분명히 옳다:

> 예수 이야기에서 그에게 중요한 모든 것은 예수가 유대인으로 태어나서 율법 아래 살았고 (갈 4:4) 십자가에 못 박혔다는 사실이다(갈 3:1; 고전 2:2; 빌 2:5ff. 등). 그러므로 예수의 죽음과 부활은 바울에게 예수의 인격과 그의 삶 체험에서 결정적인 것이다 … 그것은 그에게 유일하게 중요한 것이다 ― 순수한 사실로서 예수의 성육신과 지상적 삶은 암묵적으로 포함되어 있다.
> 즉 바울은 오직 예수가 사람이 되었고 이 지상에 살았다는 사실에만 관심이 있다. 예수가 '어떻게' 태어났으며 살았는가 하는 것은 오직 예수가 분명히 구체적인 사람, 한 유대인이었다는 것을 아는 정도만 바울의 관심거리였다 … 그러나 이를 넘어서서 예수의 삶의 방식, 그의 사역은 … 결코 아무런 역할도 하지 못한다. 예수의 메시지도 마찬가지이다.[17]

이러한 평가는 다음과 같은 질문을 크게 부각시킨다: 바울은 참으로 오직 "사실" ― 하나님에 의해 보내심을 받은 분이 십자가에 못 박혔지만 하나님은 그를 높이셨다는 것 ― 에만

---

15) ibid., pp. 313-325.
16) *Theology* I, §22, 3("육신으로", pp. 236-39). 궁극적으로 불트만은 이 해석을 통하여 고린도후서 5:16에 대한 자신의 어원학적인 분석과 모순되는 말을 한 셈이다.
17) *Theology* I, 188, 293f.

관심이 있었고 "어떻게"에는 관심이 없었는가? 이 시점에서 내용 면에서 예수의 설교와 바울의 신학을 대비해보는 것이 도움이 될 것이다.

c) 바울의 신학과 예수의 설교

학문적인 논의를 개관해보는 것은 우리가 오늘날 직면해 있는 이 문제에 접근하는 데 도움을 줄 것이다. 1905년에 브레데(W. Wrede)는 종교사학파의 대변인으로서 바울은 기독교의 제2의 창설자라는 도발적인 명제를 제기하였다. 바울은 "기독교를 구속(救贖)의 종교로 바꾸어놓았다 … 바울에게 모든 것인 이것에서 예수를 어느 정도 알고 있는가? 아무것도 알지 못한다."[18] 바울에 따르면 사람들은 구속의 행위들을 믿어야 했고, 예수에 따르면 사람들은 스스로를 하나님께 복종시켜야 했다. 하이트뮐러(W. Heitmüller)는 예수와 바울 사이에는 초대 공동체만이 아니라 헬레니즘적 기독교도 있었다는 위에서 언급한 바 있는 명제를 통하여 역사적으로 차이점을 설명하였다(참조. §27, 1). 그러므로 부세의 재구성에서 후자는 다른 종교로 간주되었다.

불트만은 이 역사적/ 종교사적 관점을 빌어왔지만,[19] 바울은 율법과 칭의에 관한 가르침에서 예수와 실질적으로 일치하였다는 완전히 다른 신학적 평가에 도달하였다.[20] 하지만 이 일치는 역사적/전승사적 관련을 통해서가 아니라 동일한 합리적 출발점을 통하여 해명될 수 있다. 예수와 바울은 모두 인간의 상황이 하나님의 종말론적 개입에 의해 결정된다고 생각하였다.[21]

반면에 슐라터(A. Schlatter)[22]와 슈니빈트(J. Schniewind)[23]에게 바울과 예수의

---

18) *Paul* (1962), p. 163; 또한 pp. 147f.도 참조하라. 같은 시기에 바울에 대한 신랄한 비판은 P. de Lagarde, *Deutsche Schriften* (1886); F. Nietzsche, *Antichrist* (1888); H. S. Chamberlain, *Foundations of the Nineteenth Century* (1899; Eng. 1910)에 의해 표현되었다. 1933년 이후에 A. Rosenberg, *Der Mythos des 20. Jahrhunderts*는 그들의 주장들을 선전하였다 (참조. M. Dibelius, *Paulus* [1964³], pp. 6f.). 신 마르크스 주의의 입장에서 바울을 철학적으로 비판한 대표자는 E. Bloch, *Atheism in Christianity* (1972), pp. 131, 173-77이다.

19) *Theology* I, §16.

20) *Faith and Understanding*, pp. 223-35.

21) *History and Eschatology* (1957), pp. 44ff. (참조. 구체적인 전거에 대해서는 독어판 *Geschichte und Eschatologie* [1964²], p. 53을 참조하라).

22) *Theology* II, 389-397; E. Güttgemanns, *Der leidende Apostel und sein Herr* (1966), pp. 373-383에 나오는 설명을 참조하라.

23) *Nachgelassene Reden und Aufsäze* (1952), pp. 16-37.

근본적이고 실질적인 일치는 승귀되신 분과 십자가에 못 박힌 분은 하나이며 동일한 인격이라는 확신 아래서 예수 전승을 재작업한 데서 비롯되었다고 한다. 슈니빈트는 해석학적 프로그램에서 자신의 고찰 사항들을 이렇게 요약하였다: "우리는 바울의 빛 아래서 읽지 않는다면 복음서의 단 한 단어도 읽을 수 없다." 그리고 "우리는 복음서의 빛 아래서 이해하지 않는다면 바울의 단 한 단어도 이해할 수 없다."[24] 하지만 슐라터나 슈니빈트는 이 재작업이 실제로 어떻게 일어났는지를 보여줄 수 없었다.

따라서 우리는 결국 슐라터, 슈니빈트, 불트만은 오늘날 바울과 예수의 문제에 관하여 매우 진지하게 다루어지는 세 가지 선택을 대변하였다는 결론을 내리게 된다. 그러나 불트만의 견해는 명확한 해석학적 열쇠를 제공하였다는 이점을 갖고 있다.[25] 이를 다음과 같이 말할 수 있다: 본질적인 진술들과 관련하여 바울은 예수와 실질적으로 일치하고 있는 듯하다. 그러나 바울이 예수 전승에 의존했다는 외적인 지표는 전혀 없다. 그러므로 문제는 다음과 같은 해석학적 질문으로 집약될 수 있다: 외적인 침묵에도 불구하고 바울은 예수 전승을 알았고 빌어올 수 있었는가?

5. 예수 전승과 바울의 해석학적 방법론

a) 바울은 예수 전승을 언급하지 않았음에도 그 전승을 알고 있었을 수 있는가?

복음서 바깥의 나머지 초기 기독교 문헌을 유비적인 탐구 방식으로 검토해볼 때 우리는 그 문헌들이 바울이 했던 것처럼 거의 복음서 전승을 인용하지 않았으면서도 그 전승을 잘 알고 있었다는 것을 알게 된다. 예를 들면 누가는 사도행전의 선교적 설교들에서 자신의 복음서의 기사들을 지적하지 않았다. 사도행전에 인용된 유일한 예수의 말씀(20:35)은 '아그라폰'(*agraphon*)이었다! 요한일서의 저자는 제4복음서에 직접적으로 주의를 돌리기를 꺼려했다. 2세기 중엽에 쓰여진 강해인 클레멘트2서에서도 의심할 여지 없이 복음서 전승을 잘 알고 있었지만 그 전승을 거의 사용하지 않았다. 그러므로 바울도 나중에 공관복음서에 기록된 예수 전승을 알고 있었을 것이지만 그것을 인용하지 않았다. 이것은 그가 그 전승을 인용하지 않은 이유를 생각해볼 때 더욱 더 개연성이 있게 된다.

---

24) Ibid., pp. 22, 29.
25) Güttgemanns, op. cit. (n. 22), pp. 372-412는 연구의 현황에 대하여 광범위하게 섬토한 후에 그렇게 결론을 내렸다(pp. 329-372). 다른 차원에서 연구에 내해 검토한 것으로는 Blank, op. cit, (n. 14). pp. 61-132를 들 수 있겠나.

b) 하나의 시도: 바울의 개인적 거부

예수 전승을 인용하지 않은 이유와 관련하여 최근에 학계의 한 분파에서는 바울이 공관 복음서 전승의 초기 단계들을 개별적이고 실질적으로 거부하였기 때문이라고 하였다. 고린 도후서 10-13장에서 바울은 예수를 이적을 행하는 영웅, 즉 '데이오스 아네르'(*theios aner*)로 특징짓는 유대의 순회 전도자들을 거부하였다. 그들은 공관복음서의 이적 이야기 들의 전신(前身)을 발전시켰으며, 마가는 수난 케리그마의 관점으로부터 이를 수정하였다고 주장되고 있다.[26] 같은 맥락에서 고린도전서 1:18-3:23에서 논박되고 있는 지혜의 가르침 은 Q와 가까운 말씀 전승을 대변하는 것으로 생각되고 있다. 이런 이유로 바울은 고린도전 서에 나오는 몇몇 예수 말씀들을 빌어왔지만 이러한 지혜 말씀들의 모음을 거부하였다.[27] 결 론적으로 바울은 당시에 공관복음서 전승의 발전적 경향들을 대부분 실질적 내용을 토대로 거부하였다. 왜냐하면 그것은 예수를 이적을 행하는 영웅 또는 지혜의 교사로 묘사하였기 때문이다. 이 가설들이 일말의 진실을 담고 있을지라도 그것들은 왜 바울이 초기 기독교 서 신 문헌의 전체와 보조를 맞춰 복음서 전승을 이용하지 않았는가 하는 실제적인 문제를 해 명해줄 수는 없다.

c) 해석학적 이유

우리가 지상적 예수의 사역은 엄격하게 그 구체적인 종말론적 상황과 결부되어 있었으며 그러한 상황이 역사적으로 종언을 고했을 때 그 실질적인 중심 ― 즉 그 인격 ― 을 잃었 다는 것을 관찰할 때 서신 문헌의 일반적인 침묵은 실질적으로 해명된다. 그러므로 그것은 다양한 해석 방향들에도 불구하고 부활절 사건을 그 출발점으로 삼았던 공동체의 상황 속으 로 빌어올 수 없었다.

이것은 다른 것들보다도 더 직접적이고 더 흔히 빌어왔던 예수의 지상 사역의 부분들, 즉 교훈의 말씀들에 대해서 더욱 분명했다. 그것들은 공관복음서 전승과는 다른 형태인 권면 전승을 통하여 전해졌다. 예를 들면 로마서 12:17a, 데살로니가전서 5:15a, 베드로전서 3:9에 나오는 원수를 사랑하라는 계명의 표현들은 상당히 높은 상호 일치를 보존하고 있지 만 누가복음 6:27a과 마태복음 5:44a에 나오는 말씀들과는 전형적으로 다른 형태를 보 여주었다. 복음서에서 이 계명은 예수의 종말론적 회개로 부르심의 두드러진 표현이었다.

---

26) D. Georgi와 관련하여 H. Koester, in Koester-Robinson, *Trajectories*, pp. 189f.

27) 각주 26에서 언급한 것들과 관련하여 H. W. Kuhn, "Der irdische Jesus bei Paulus als traditionsgeschichtliches und theologisches Problem." *ZThK* 67 (1970). 295-320.

권면 전승에서 그것은 이미 종말론적 회개 안에 있었던 사람들에게 이야기되었다. 종말론적 실존으로부터 살아가는 사람들에게 방향을 제시해줄 목적으로 그것은 역사적 체험의 격언적 표현들과 연결되었다. 그러나 이것은 그것이 그러한 실존을 위한 선택 기준으로 남아 있는 방식으로 행해졌다. 그것은 "서신", 서신으로 완벽하게 서술된 도덕적 이상 또는 새로운 율법이 되지 않았다. 이혼을 금지한 예수의 말씀조차도 고린도전서 7:10에서는 결단을 위한 최후의 표준으로 도입되었지만, 그것은 율법이 되지는 않았다. 고린도전서 7:15에서 바울은 비기독교인 상대방이 이혼을 우길 때에는 서로 다른 종교를 가진 부부 사이의 결혼에서 이혼의 길을 열어놓았다. 교훈의 말씀은 구원으로 부르는 케리그마의 구도 안으로 통합되었다.

이와는 대조적으로 복음서에서 그것은 회개로의 종말론적 부르심이었다. 또는 다른 말로 표현하자면 그것은 케리그마 자체의 부활절 이후의 형태였다 ! 지상적 예수의 가르침들조차도 바울에 의해 자신의 선포에 직접적으로 빌어올 수 없었다. 그것들은 역사적으로만이 아니라 구원사적으로도 다른 상황으로 이식되어야 했다 ! 하지만 복음서들은 주로 예수의 과거의 사역을 묘사하기를 원했다. 공동체의 상황과의 융합은 대부분 편집을 통해 오직 암시적으로만 행해졌다. 바울의 것과 비견될 수 있는 변형은 오직 요한복음의 경우에만 일어났다. 그런데 거기서도 — 바울과는 달리 — 전승은 본문으로 지속되었다. 예를 들면 요한복음 6:1-15에서 이적적으로 많은 사람들을 먹이신 사건을 먼저 말한 다음 요한복음 6:26-58의 생명의 떡에 관한 강화를 통해 부활절 이후 상황에서 그 이적의 의미가 진개되었다.

그러므로 예수 전승에 내한 바울의 태도에 관한 우리의 연구는 바울의 진술들이 그러한 예수 전승의 변형으로부터 어느 정도 유래하였는지를 연구함으로써만 적절한 해결책을 찾을 수 있다. 이것을 자세하게 검토하는 것은 바울 신학의 해석을 위한 열매 있는 해석학적 원칙이라는 것이 밝혀질 것이다. 반면에 그것은 또한 이런 방식으로 개작된 예수 전승은 지금까지 거의 인식되지 않을 정도로 바울 신학의 배후에 있었음이 밝혀질 것이다.[28]

이러한 문제 제기 방식을 성공적으로 형성하느냐 하는 것은 바울이 이러한 변형을 하는 동안에 사용하였고 그 아래에서 부활절 케리그마와 공동체의 구체적인 상황을 제기하였던 해석 도구들의 식별에 달려있다.

---

28) D. L. Dungan, *The Sayings of Jesus in the Churches of Paul* (1971)은 바울에 대힌 예수 전승의 폭넓은 영향을 보여주려고 애썼지만 정확한 문세 제기를 발전시키지 못했다. B. Fäjrstedt. *Synoptic Traditions in I Corinthians* (1974)에 대해서도 마찬가지로 말할 수 있다.

§29. 그리스도 사건과 종교적 환경의 해석 도구들

On 1: U. Wilckens, "The Understanding of Revelation Within the History of Primitive Christianity," in *Revelation As History*, ed. W. Pannenberg (1968), pp. 55-121; R. Bultmann, "Ist die Apokalyptik die Mutter der christlichen Theologie?" in *Apophoreta. Festschrift für E. Haenchen* (1964), pp. 64-69; E. Käsemann, "On the Subject of Primitive Christian Apocalyptic," in *New Testament Questions of Today* (1969), pp. 108-137; H. H. Rowley, *The Relevance of Apocalyptic* (1964); P. Stuhlmacher, *Gerechtigkeit Gottes bei Paulus* (1965; 1966[2]); H. D. Betz, "Zum Problem des religionsgeschichtlichen Verständnisses der Apokalyptik," *ZThK* 63 (1966), 391-409; J. M. Schmidt, *Die jüdische Apokalyptik. Die Geschichte ihrer Erforschung von den Anfängen bis zu den Textfunden von Qumran* (1969 [Lit.!]); J. Becker, "Erwägungen zur apokalyptischen Tradition in der paulinischen Theologie," *EvTheol* 30 (1970), 593-609; K. Koch, *The Rediscovery of Apocalyptic* (1972); W. Schmithals, *The Apocalyptic Movement* (1975).
On 2: R. Reitzenstein, *Hellenistic Mystery Religions* (1978); C. Colpe, *Die Religionsgeschichtliche Schule. Darstellung und Kritik ihres Bildes vom gnostischen Erlösermythos* (1961); C. Colpe, "Gnosis," *RGG* II[3], 1648-1652; G. Wagner, *Pauline Baptism and the pagan mysteries: the problem of the Pauline Doctrine of Baptism in Romans VI.1-11 in light of its religio-historical "parallels"* (1967); H. D. Betz, *Der Apostel Paulus und die sokratische Tradition. Eine exegetische Untersuchung zu seiner "Apologie" 2 Korinther 10–13* (1972).

학문적 연구는 바울 신학과 그의 비기독교적 환경의 수많은 종교적 전통들 사이의 관련을 탐구한 긴 일련의 연구들을 산출하였다. 바리새파적 랍비 유대교, 묵시론, 여러 유형의 헬레니즘적 유대교에서 발견된 팔레스타인 에세네파의 신념들로부터 헬레니즘적 혼합주의의 표현들, '퀴리오스' 제의들, 신비종교들, 영지주의, 통속 철학에 이르기까지 모든 것이 검토되었다.[1] 이것들 가운데 두 분야가 특별한 주목을 끌었다: 구약 및 유대교의 묵시론과 헬레니즘적 혼합주의.

1. 구약 및 유대교의 묵시론

a) 논의

슈바이처의 선도를 따라[2] 쇼엡스(H. -J. Schoeps),[3] 케제만(E. Käsemann),[4] 빌켄스

---

1) H. -J. Schoeps, Paul (1961), pp. 13-50은 학문적 연구에 대한 훌륭한 개관을 제공해주었다.
2) *The Mysticism of Paul the Apostle* (1931).

(U. Wilkens)[5]는 각자 나름대로의 방식으로 묵시론은 바울 신학의 "어머니"라는 관점을 제시하였다. 쇼엡스에게 종교사적 범주로서의 묵시론은 신약 시대의 지배적인 유대 종말론을 의미하였다. 유대 묵시문학과 랍비 저작들은 기본적으로 이 종말론을 대변하는 것으로서 서로 일치하고 있었다. 하지만 빌켄스에게 묵시론은 구약 신학의 산물로서 등장한 신학 체계를 의미하였다. 그것은 고전적인 묵시문학들(다니엘서, 에녹1서, 에스라4서, 수리아의 바룩 묵시록)에 의해 제공된 것과 같은 가늠자로부터 역사의 모든 것을 바라보는 방식이었다. 마지막으로 케제만에게 묵시론은 임박한 '파루시아'의 기대를 통해 형성된 미래적이고 우주적인 종말론을 체계적으로 지칭하는 것이었다. 세 접근 방식의 그 이상의 차이들은 바울이 해석 도구로서 묵시론을 사용한 방식과 관련하여서도 찾아볼 수 있다.[6]

b) 묵시론은 무엇인가?

이 문제에 관하여 지향점을 찾기 위하여 우리는 다음과 같은 일반적인 말을 할 수 있을 것이다:

1) 묵시론이라는 다채로운 말은 기본적으로 상당한 편차에도 불구하고 다음의 구약 및 유대교 문헌들에 나타나는 역사와 우주에 대한 특별한 신학적 관점을 지칭하였다: 이사야 24-27장, 다니엘, 에녹1, 2서, 에스라4서, 수리아의 바룩 묵시록. 다니엘 7장에 고전적인 형태로 표현되어 있는[7] 이 관점은 종말 때의 보편적 역사와 우주의 임박한 정점을 결합하였는데, 이로부터 새로운 세계가 이어질 것이나. 오직 종말 때의 역시 동안에 견디어낸 택함 받은 자들의 공동체만이 이 급격한 정섬으로부터 구원을 받을 것이다. 이 종말 때의 역사는 확고한 시대들이 연속으로 진행되는 것으로 이해되었다(전적으로 허구적인). 이에 대한 예언은 세계가 토대로 하고 있는 시간을 계산하는 것을 가능케 하였다. 그러한 은밀한 지식을 갖춘 경건한 자들은 율법에 대한 충성스러운 복종과 이를 위해 핍박을 견디어내는 것을 통해 보강되었다.

아래에서 일어나는 사건들을 미리 정하고 보호하는 천상 세계는 정점을 향해 나아가고

---

3) Loc. cit. (n. 1).

4) *New Testament Questions of Today* (1969), pp. 108-137.

5) Op. cit. (Lit., §29) ; 이와 동일한 관점은 가장 최근에 K. Koch, *The Rediscovery of Apocalyptic* (1972)의 "논쟁적인 저작"에 서술되어 있다.

6) L. Goppelt, "Apokalyptik und Typologie bei Paulus," in *Christologie*, pp. 237-244에 의한 설명과 입장.

7) 참조. I Enoch 89:59ff. · Syr. Bar 36-40; IV Ezra 11f.

있는 때를 따라 일어나는 사건들 위에 존재하고 있었다. 이 위의 세계는 대체로 다가오는 새로운 세계, 다가오는 세대와 일치하였다.[8]

2) 묵시론의 개념적 세계와 그 용어 사용법은 일부는 유대 전승(그가 구약에서 발견한 것을 넘어서서 — 하지만 문헌적으로는 아니다)으로서 직접적으로, 일부는 그것을 기독교 묵시론으로 재구성한 초기 기독교 전승의 매개를 통하여 바울에게 알려졌다(§44, 1).

3) 바울이 예수의 삶, 교회의 출현, 자신의 편력을 이해한 토대가 되었던 구약 및 유대교의 역사적 우주적 개념 구도와 초기 기독교 묵시론 외에도 또한 바울은 그에 걸맞는 용어 사용법을 빌어왔다.

4) 이러한 전유(專有)를 통해 그가 사용한 판별 기준은 그리스도에 관한 케리그마였다. 이것은 이를 위해 이 개념적 구도로부터 본질적인 요소들이 제거되어야 했다는 것을 의미하였다. 우주적 현상들의 묘사와 역사의 경로를 시대로 나누는 것과 같은 요소들은 제거되었다. 특히 바울은 결코 "다가오는 세대"[9]에 관하여 말하지 않았다. 바울에게 '에스카톤'(종말)은 다가오는 새 세계와 동일하지 않았기 때문이다. '종말'은 더 이상 시간 및 공간과 결부되지 않았다. 오히려 종말은 이미 그리스도와 함께 출현하였으며 그리스도와 함께 올 것이었다.

5) 결론적으로 새로운 차원들은 묵시론적 개념 구도로 도입되었고 그 용어 사용법은 그 내용을 변화시켰다. 예를 들면 "부활"이라는 용어는 그 내용을 부활절로부터 취해왔으며, 오시는 세상의 심판자는 예수만을 의미했을 뿐만 아니라 이 심판자는 지금 유대 묵시론의 기대들과 아주 다르게 행할 것이었다. 바울은 이미 발전된 초기 기독교 묵시론으로부터 일부분 이러한 변화들을 빌어왔다.

c) 바울에게 묵시론의 의미

그러므로 우리는 일반적으로 구약 및 유대교의 묵시론을 다음과 같이 해석 도구로 사용했다고 특징지을 수 있다: 그것은 바울에게 역사적이고 우주적인 구도와 종말론적 상황을 표현할 용어 사용법을 제공해 주었다. 그러나 그것은 결정적으로 중요한 문제, 즉 이미 동터올랐던 '에스카톤'이 그리스도의 죽음과 부활을 통해 현존한 방식을 정교화할 수는 없었다. 그것은 바울과는 달리 역사 내적인 '에스카톤'이 아니라 오직 역사의 정점으로서의 '에스카톤'에만 친숙해 있었기 때문에 그럴 수가 없었다. 바울은 역사 안에서 신의 새로운 임

---

8) I Enoch 91:16;Sib. 5:420; Syr. Bar 32:6.
9) 신약의 다른 곳에는 오직 엡 2:7; 막 10:30 par. 눅 18:30에만 나온다.

재를 표현하기 위하여 다른 곳에서 해석 도구들을 구했던 것으로 보인다. 바울에게 현존하는 구약 전승을 대표했던 유대교의 범위는 결코 묵시론에 한정되지 않았다. 사실 그는 좀더 심원하게 바리새주의의 영향을 받았다: 그것은 율법 아래에서의 삶이었다. 그가 스스로 강조해서 말했듯이(빌 3:5) 그는 바리새주의의 산물이었다.[10]

2. 헬레니즘적 혼합주의

a) 연구의 경과

우리는 헬라 사상과 반대되는 바울적인 개념들에 대한 종교사적 분석들의 첫번째 시도로부터 나온 몇몇 뛰어난 연구들을 살펴보고자 한다. 고대 세계의 언어와 사고에 대한 연구로 유명해진 라이첸슈타인(R. Reitzenstein)[11]은 인간의 새로워짐에 관한 바울의 진술들을 신비종교들 및 헤르메스 문집(the Corpus Hermeticum)의 논문들에 나오는 거듭남의 신비를 반영하는 것으로 보았다. 부세(W. Bousset)[12]는 더 나아가 승귀되신 분을 주로서 존경하는 것은 '퀴리오스' 제의에 기인한다고 말했다. 불트만(R. Bultmann)[13]은 주요한 인물이 빛의 세계로부터 내려와서 자기 몸으로서의 구속된 자들을 그 나라로 데리고 간다는 기독교 이전의 영지주의로부터 선재하는 구속주의 기독론을 확증하였다. 지난 십년 동안 종교사에서 점진적인 연구들은 대부분 이러한 개념적 가능성들이 사람들이 생각한 방식으로 초대 기독교에 의해 직접적으로 변용되었다는 구체적인 역사적 증거가 결여되어 있다는 것을 분명히 보여주었다. 초기의 연구들은 종교 현상학으로부터 나온 추상들을 바탕으로 하고 있었다. 콜페(C. Colpe)[14]는 영지주의에 대한 불트만의 견해가 자료들에

---

10) 참조. 행 23:6; 26:5. 바리새적이고 랍비적인 사고 형태들이 바울에게 지속적으로 영향을 미쳤음을 추적한 학자들로는 J. Bonsirven, *Exegese rabbinique et exegese Paulinienne* (1939); W. D. Davies, *Paul and Rabbinic Judaism, Some Rabbinic Elements in Pauline Theology* (1955²); D. Daube, *The New Testment and Rabbinic Judaism* (1956) ;H.Müller, *Die Auslegung alttestamentlichen Geschichtsstoffes bei Paulus* (Diss. Halle, 1960 [typewritten]), pp. 64-179 등이 있다.

11) *Hellenistic Mystery Religions* (1978) (K. H. Rengstorf, *Das Paulusbild in der neueren deutschen Forschung* [1964], pp. 246-303에 나오는 Reitzenstein의 초록); 참조. Bultmann, *Theology* I, §13, 3.

12) *Kyrios*, pp. 138-148.

13) *Theology* I, §12, 3; 또한 §1b도 참조하라.

14) *Die Religionsgeschichtliche Schule* I (1961); C. Colpe, "Gnosis," *RGG* II³, 1648-1652.

의해 밑받침되지 않고 있다는 것, 특히 그가 전제했던 영지주의적 구속주에 대한 신화가 기독교 이전 시기에서 발견될 수 없다는 것을 보여주었다. 바그너(G. Wagner)[15]는 세례를 생명을 나누기 위한 죽음의 나눔으로 해석하는 것은 신비종교들로부터 직접적으로 도출될 수 없다는 점을 지적하였다.

b) 바울에게 헬레니즘적 혼합주의의 의미

오늘날 우리는 바울 신학과 그에 앞서 헬레니즘의 종교적 환경에 둘러싸여 있었던 헬레니즘적 교회 사이의 접촉점들이 이 연구를 선도했던 세대들이 생각했던 것보다 훨씬 더 구별되었다는 것을 안다. 신화들의 도식을 단순히 취해온 것이 아니었다. 오히려 믿음은 새로운 선포의 상황에 맞는 믿음의 내용의 측면들을 전개하기 위하여 기존의 용어들과 개념들을 선별적으로 활용하였다. 따라서 헬레니즘 세계의 개념들을 바울은 다양한 방식으로 이용하였다. 바울은 그 개념들을 헬레니즘 세계의 사람들과의 직접적인 접촉, 헬레니즘적 유대교, 헬레니즘적 기독교를 통하여 접촉하였다.

유대교 및 헬레니즘적 종교 환경이 각각의 독자적인 영향력을 갖고 바울 신학 및 그가 발전시킨 교회 전승들에 긍정적인 자극과 개념적 언어적 도움들을 제공한 방식들은 이하의 분석에서 주제별로 분명히 될 것이다. 바울이 이 두 분야에 빚진 것은 세번째 해석 도구, 즉 구약에 빚진 것과는 전혀 다른 유형이었다.

3. 구약

바울은 의도적으로 유대교와 헬레니즘에 대하여 결정적인 거리를 유지하고 있었지만, 그가 처음으로 "구약"(고후 3:14)으로 지칭한 문헌과 관련해서는 강조해서 스스로를 표현하였다. 고린도전서 10:1-11에서 바울은 세례와 성찬에 대한 헬레니즘적인 오해를 구약의 하나님과 대치 관계에 놓았다: 이스라엘이 광야의 유랑 세월을 하면서 알고 있었던 하나님은 성례들에서 불가피하게 만나야 했던 분과 동일했지만, 그분은 사람이 마음대로 할 수 있는 분이 아니었다. 마찬가지 방식으로 바울은 유대주의자(갈 3:6-18) 및 구원의 방식에 관한 유대적인 오해(롬 4:1-25)에 대하여 논쟁하면서 아브라함의 칭의에 대한 구약의 증거를 옹호하였다. 바울에게 구약은 그리스도 사건에 대한 결정적인 해석 도구였던 것처럼 보인다.

---

15) *Pauline Baptism and the pagan mysteries: the problem of the Pauline Doctrine of Baptism in Romans VI. I-II in light of its religio-historical "parallels"* (1967).

19세기의 성경에 대한 역사적 탐구는 이미 사도의 주석학적 방법론은 형식 면에서 당시의 유대교의 방법론과 일치하고 있다는 근본적으로 올바른 인식에 도달하였었다.[16] 하지만 지난 150년 동안의 폭넓은 흐름의 연구는 바울은 랍비들 및 필로와 마찬가지로 자신의 신학을 성경으로부터 끌어온 것이 아니라 성경으로부터 자신의 신학의 토대를 획득하였다는 결론을 도출하였다.[17]

바울이 묘사한 방식과는 대조적으로 한편으로 자신의 신학과 유대교 및 헬레니즘과의 관계, 다른 한편으로 자신의 신학과 구약과의 관계는 정확히 반대일 것이다. 이 연구의 흐름이 보여주듯이 바울 신학은 유대 전승 및 헬레니즘적 전승들의 도움을 받아 그 모습을 형성하였고 이후에 구약을 끌어왔다. 그러므로 사도의 구약에 대한 언급들은 실질적으로 자신의 신학에서는 별 상관이 없었을 것이다. 이와는 대조적으로 19세기 중엽 이래로 성경에 대한 역사적 탐구의 또 다른 방향[18]은 당시의 해석 형태들과 관련하여 바울에 의해 사용된 구약을 이해하는 데에 실질적인 원칙들 — 그때와 지금에 타당한 — 을 찾아보려고 하였다. 바울과 예수 사이의 관계에 관한 문제를 제외한다면, 이 문제는 바울 신학을 이해하는 데에 유일하게 중요한 문제를 나타낸다. 우리는 이제 이 문제로 주의를 돌려보고자 한다.

§30. 바울에 따른 그리스도 사건과 구약

On 1-3: N. J. Hommes, *Het Testimonialboek. Studien over OT citaten in het NT* (1935); W. D. Davies, *Paul and Rabbinic Judaism* (1948); C. H. Dodd, *According to the Scriptures. The Substructure of New Testament Theology* (1952); E. E. Ellis, *Paul's Use of the Old Testament* (1957); P. Vielhauer, "Paulus und das Alte Testament," in *Studien zur Geschichte und Theologie der Reformation, Festschrift für Ernst Bizer* (1969), pp. 33-62. **On 4**: L. Goppelt, *Typos* (1939; repr. 1963; Eng. trans. 1982); idem, "Apokalyptik und Typologie bei Paulus," in *Christologie und Ethik* (1968), pp. 234-267; R. Bultmann, "Ursprung und Sinn der Typologie als hermeneutischer Methode," *ThLZ* 75 (1950), 205-212; J. Daniélou, *Sacramentum futuri. Études sur les origines de la typologie bib-*

---

16) Goppelt, *Typos*, pp. 8-10.

17) 그것은 F. C. Baur, A. von Harnack, and R. Bultmann에 의해 대변되었다. 이와 관련하여 Vol. I §23, II-III을 참조하라.

18) J.C.K. von Hofmann, J. T. Beck, A. Schlatter, J. Schniewind; 이 점에서 Vol. I, § 23, V and Goppelt, *Typos*, pp. 11-18을 참조하라.

lique (1950); S. Amsler, *L'Ancien Testament dans l'église. Essai d'herméneutique chré-tienne* (1960); K. Galley, *Altes und neues Heilsgeschehen bei Paulus* (1965); W. G. Kümmel, "Schriftauslegung," *RGG* V³, 1517-1520; J. Schniewind-G. Friedrich, *epan-gellō*, etc., *TDNT* II, 576-586; L. Goppelt, *typos*, *TDNT* VIII, 246-259 (Lit.!). **On 5**: O. Cullmann, *Christ and Time* (1950); O. Cullmann, *Salvation in History* (1967); U. Luz, *Das Geschichtsverständnis des Paulus* (1968); G. Klein, "Römer 4 und die Idee der Heilsgeschichte," in *Rekonstruktion und Interpretation* (1969), pp. 145-169; U. Wilckens, "Die Rechtfertigung Abrahams nach Römer 4," in U. Wilckens, *Rechtfertigung als Freiheit. Paulusstudien* (1974), pp. 33-49; U. Wilckens, "Zu Römer 3,21–4,25. Antwort an G. Klein," ibid., pp. 50-76; O. Michel, *oikonomia*, *TDNT* V, 151-53.

1. 구약 정경에 대한 근본적인 인정

a) 전유(Appropriation)

보통 바울은 구약을 "경"(*he graphe*)이라 불렀으며 그것을 인용할 때는 "기록된 바"(*gegraptai*)라는 정형 어구를 흔히 사용하였다. 유대적 언어 용법에 따르면 이것은 바울이 구약을 정경으로 지칭하고 있다는 것을 의미하였다.[1] 정경의 범위는 바울의 사후 15년 후에 얌니아 회의가 있을 때까지 확정되지 않았지만, 대다수의 문헌들의 타당성은 오랫동안 굳건하게 확립되어 있었다.[2] 나머지 신약 기자들과 마찬가지로(유다서 14절 이하를 제외하면) 바울은 쿰란에서 표준이기도 하였던 요세푸스(*Ap.* I. 40)에 의해 열거된 스물두 권만을 성경으로 인용하였다.[3] 16세기 이래로 분명하게 외경으로 지칭되었고 히브리 정경의 연장으로 칠십인역의 초서체로 전해진 책들은 필로에 의해서도 정경으로 판단되지 않았다.

b) 새로운 전망

그런데도 바울은 단순히 구약을 공식적인 권위로서 빌어왔던 것이 아니었다. 아마도 우리는 용어 사용의 변화를 그의 새로운 이해의 지표로 볼 수 있을 것이다. 유대의 언어 용법에서 구약은 보통 "성경들", 때로는 "경들" 또는 "경"으로 지칭된 반면에, 바울에서 "경"은

---

1) 랍비들과 필로는 구약의 책들을 구속력있는 계시의 문헌들로서 "거룩한 경들", "경들"이라는 표현으로 특징지었다. 때때로 "경들"이라는 표현은 랍비들 가운데서도 사용되었다(G. Schrenk, *TDNT* I, 751-55).

2) O. Eissfeldt, *The Old Testament. An Introduction* (1965), pp. 568-570.

3) 고린도전서 2:9과 15:45b(엡 4:8; 5:14)에 나오는 인용문들은 구체적으로 확인할 수 없는 것들이다. 그것들은 아마도 구약 본문들을 자유롭게 재현한 것들로서 외경으로부터 가져온 것은 아니었을 것이다(Ellis, op.cit. 〔Lit., §30〕, pp. 34-37).

가장 지배적인 호칭이었다. 그는 이 호칭을 통하여 책 전체를 가리켰다.[4] 로마서 1:2을 제외하면 바울은 그 책을 "성경"이라 부르지 않았으며 구체적인 진술들의 영감을 추출해내지 않았다. 나중에 목회 서신들(딤후 3:16)과 베드로후서(1:20f.)는 유대교에서처럼 다시 한번 이 점을 강조하였다. 어쨌든 바울은 경(經)은 "죽이는" "의문"(*gramma*)일 수도 있음을 알았다(고후 3:4-11). 바울에게서 성경 중의 성경은 유대교에서의 모습과는 근본적인 변화를 겪었다. 구약 정경의 기초석이었던 책인 신명기의 편찬 이후에 율법에 대한 복종과 예언적으로 해석된 역사적 경험은 상호 연결된 성경의 기둥들이었다.[5] 하지만 바울에 따르면 더 이상 토라가 아니라 그리스도가 신자의 실존의 토대를 이루었다(롬 10:5). 이런 이유로 바울에게 구약은 더 이상 토라가 아니라 약속의 역사였다(롬 4:13-15; 갈 3:17f.).

물론 토라도 "거룩"했지만(롬 7:12) 성경은 주로 역사의 경과 속에서 이스라엘을 향한 말씀과 행위들에 관하여 하나님 스스로에 의해 생성된 권위있는 증거였다. 그 증거는 이제 막 동터오고 있었던 종말의 때를 가리키고 있었다(고전 10:11). 물론 이러한 구약의 구조와 그 의미는 그리스도에 대한 믿음으로 돌아선 사람에게 밝혀졌다(고후 3:12-18). 아마도 이런 이유로 바울은 "경들"이 이러한 새로운 입지로부터 하나의 통일체로 보였기 때문에 구약을 "경"이라고 단수로 지칭하였을 것이다. 어쨌든 바울에게 구약은 바울이 그것을 토대로 변증적 관심으로 자신의 신학을 세운 바 물려받은 권위가 결코 아니었다. 그는 구약을 새로운 전망에서 보았다.

c) 새로운 권위의 토대

그러나 바로 이 새로운 전망으로부터 바울은 구약을 확고히 인정하였다. 왜냐하면 구약의 하나님은 새로운 방식으로 자신의 하나님으로 바울과 만났기 때문이다. 그의 믿음으로의 호출은 유대교로부터 기독교로 옮기는 것이 아니라 언제나 자신의 하나님이었던 성경의 하나님에 관한 새로운 계시였다. 바울은 구약의 예레미야 소명 기사를 이끌어옴으로써 이 변화를 나타내었다: "그러나 내 어머니의 태로부터 나를 택정하시고 은혜로 나를 부르신 이가 … 그를 내 속에 나타내시기를 기뻐하실 때에 … "(갈 1:15f.).

---

4) 공관복음서, 사도행전, 요한복음과는 달리 엄밀하게 개별적인 성경 구절들은 아니다! 이것은 특히 갈라디아서 3:8, 22에서 성경의 이인칭를 통하여 Schrenk, op. cit. (n. 1), 752ff에 의해 보여졌다.

5) J. Maier, *Geschichte der jüdischen Religion* (1972), pp. 20-30.

바울에게 복음은 마르키온과는 달리 그때까지 알려지지 않았던 하나님의 구원의 메시지가 아니라 이사야 52장에 선포된 약속된 최후의 선포(참조. 롬 10:15)였다: "네 하나님이 통치하신다". 바울이 초대 케리그마(고전 15:3-5)에 따라 이미 이해하였듯이 복음의 내용은 "성경대로"였다. 로마서 1:2에서 바울은 (전통적으로 말해서) 자기가 모르는 로마에 있는 공동체와 관련해서 온 교회의 이러한 이해를 자기 자신의 것으로 분명하게 채택하였다: "이 복음은 하나님의 선지자들로 말미암아 … 성경에 미리 약속하신 것이라". 그러나 어떻게 바울은 예수 그리스도의 복음이 구약에 선포되어 있다는 것을 알 수 있었을까?

2. 공식적인 해석학

성경을 취급하는 사도의 관례적인 양식에 주의를 기울임으로써 우리는 그의 이해의 몇몇 특징들을 발견하게 된다.

a) 인용문들을 통계적으로 분류해 보면[6] 성경을 전거로 사용하는 것은 형식적으로 권위에 의존할 필요성에 의해서가 아니라 그가 다루었던 주제와 관련된 내용에 의해서 결정되었다는 것을 보여준다. 가장 많은 수의 인용문은 단연 로마서에서 발견된다. 로마서에는 52회의 인용문이 나오는데, 서기관적인 변증이 아니라 바울의 실존적 프로그램에 관심을 쏟고 있는 9-11장에 28회 나온다. 거의 동일한 분량인 고린도전서에는 단지 16회의 인용문만이 나온다. 고린도후서는 9회, 반면에 그보다 훨씬 짧은 갈라디아서에는 10회의 인용문이 나온다. 그 외에 바울의 나머지 서신들에는 간접적인 언급들은 나오지만, 명백한 인용문은 찾아볼 수 없다.

b) 바울에 의해 사용된 인용을 위한 정형 어구들[7]은 관례적인 유대적 표현들이었다: "기록된 바"(롬 1:17; 2:24; 3:4, 10; 4:17; 8:36 등 29회), "성경에 이르되"(롬 4:3; 9:17; 10:11; 11:2; 갈 4:30; 참조. 딤전 5:18), "다윗의 말한 바"(롬 4:6; 11:9), "이사야가 가로되"(롬 10:16, 20; 15:12), "모세가 이르되"(롬 10:19), "율법에 이른 것같이"(롬 3:19; 고전 14:34), "하나님께서 가라사대"(고후 6:16; 참조. 롬 9:15; 고후 6:2; 롬 11:4), 또는 하나님(또는 성경)이 선행사로 보충되어 있을 때는 "그가 이르되"(롬 15:10; 갈 3:16). 우리는 이 인용을 위한 정형 어구들로부터 — 로마서 10:20 이하에도 불구하고 — 바울이 하나님의 계시와 인간적인 저자들의 차이를 강조하려고

---

6) 믿을 만한 개관은 Ellis, op. cit. (n. 3), pp. 150-188에 나와 있는 목록에서 찾아볼 수 있다.
7) 참조. 이하의 서술에 대해서는 ibid, pp. 22-25, 48f. 을 참조하라.

하였다고 결론을 내릴 수 없다. 바울의 인용을 위한 정형 어구들이 대단히 다양하다는 것은 그가 영감의 이론을 자신의 출발점으로 삼지 않았고 — 필로와는 대조적으로[8] — 정중하게 말해서 성경에 대하여 대단히 융통성 있는 자세를 유지했다는 것을 보여준다. 또한 그것은 바울에게 중요했던 것은 구체적인 구약의 진술들의 내용이었다는 것을 보여준다.

c) 이와 일치하는 전망들은 인용문들의 양식으로부터도 도출될 수 있다. 여기서 바울은 필로와 마찬가지로 칠십인역을 따랐다. 바울은 칠십인역이 히브리 본문으로부터 이탈했을 때에도 그렇게 했다(예를 들면 롬 4:3, 7f.). 그러나 그의 인용문 중 3분의 1 이상은 입증할 수 있는 본문과 차이를 보여주었다.[9] 이것은 잘못된 기억의 결과일 뿐만 아니라 — 필로와 에세네파와는 대조적으로 바울은 여행 중에 글을 썼다 — 직감적인 선별과 해석의 결과이기도 하였다. 이런 이유로 우리는 본문들이 자유롭게 섞여 짜진 결합된 인용문들의 한 묶음을 발견하기도 한다. 이러한 특징은 실제로 독특한 바울적인 특징을 나타내는 것이었다.[10] 다른 신약 문헌들에서의 구약 인용문들과 대비해보면 오직 이따금만 인용문들의 순서 배열에서는 일치하지만 구체적인 단어 배열에서는 일치하지 않는 경우들을 보게 된다.[11] 우리는 이로부터 쿰란 분파와는 대조적으로 초기 기독교는 메시야적인 약속/성취 본문들(발췌록)을 가지고 작업한 것이 아니라 기껏해야 다양한 경우들에서 전승으로 전해 온 비슷한 인용문들과 인용문 묶음들을 사용했다는 결론을 내릴 수 있다.[12]

d) 그 인용문들이 필로나 랍비들에서보다도 바울에게서 훨씬 더 통일되시 않았다는 것은 바울의 해석이 관행과 방법본의 특징을 이루고 있었다.

바울은 인세든 자료들을 인용함이 없이 구약의 진술들을 끼워넣을 수 있었고(예를 들면, 롬 12:20) 해석 없이 그 진술들을 자기의 말을 입증하는 증거로 인용할 수 있었다(롬 1:17); 또한 바울은 구약의 말씀들과 사건들을 취하여 폭넓은 주석학적 전개를 할 수도 있었다(롬 4장과 고전 10:1-11). 또한 이러한 전개들과 관련하여 바울은 때때로 방법론적으로 힐렐 학파에 의해 랍비적 주석에서 도출된 일곱 준칙들 가운데 둘,[13] 즉 소수로부터 다수로

---

8) *Spec. Leg.* IV:49.

9) 롬 2:24; 3:10-12, 14, 15-17: 9:9, 17, 25, 26, 27f., 33; 10:6-8 등; 참조. Ellis, op. cit. (n. 3), pp. 150-52.

10) 롬 9:32f.; 11:26f., 34f.; 고전 15:45, 54f.; 고후 6:16-18. 이것들과 롬 9-12f., 25-29; 10: 5-8, (11-13), 19f.; 11:8-10; 15:9-12에 나오는 일련의 인용문들은 구별되어야 한다.

11) 예를 들면 우리는 로마서 9:32 이하에서처럼 베드로전서 2:6-8에서 이와 동일한 인용문 연결 고리를 발견한다. 완전한 개관을 위해서는 Ellis, op. cit. (n. 3), p. 187을 참조하라.

12) Vielhauer, op. cit. (Lit., §30), p. 39에 나오는 논의.

13) Ellis. op. cit (n. 3), p. 41.

의 결론(*a minore ad maius*, 롬 5:15, 17)과 유비의 원리에 바탕을 둔 결론(롬 4:3-8)을 방법론적으로 빌어올 수 있었다. 반면에 바울은 필로와 마찬가지로 알레고리적인 해석을 세울 수도 있었다(고전 9:9f.). 또한 바울은 랍비적 해석 전통과 헬레니즘 세계의 유대적 해석 전통들을 결합하였다: 고린도전서 10:4에서 바울은 팔레스타인의 미드라쉬와 마찬가지로 사막에서 물을 나오게 했던 그 바위는 이스라엘을 동반했다고 말한 다음에 헬레니즘 유대교가 그것을 지혜(Sophia) 또는 말씀(Logos)과 결부시켰던 것과 동일한 방식으로 그 바위를 선재하는 그리스도와 결부시킬 수 있었다.

요약해서 말하자면 바울이 헬레니즘 세계의 유대적 해석 방법론보다는 팔레스타인의 랍비적 해석 방법론과 전통들에 더 많은 빚을 졌다는 것만을 확증할 수 있다고 하겠다. 하지만 랍비들 및 필로와는 대조적으로 바울은 구체적인 해석 준칙이나 전통을 따르지 않았고 독자적으로 특이하게 행하였다는 것은 중요하다. 이러한 바울의 해석 방법 배후에 옹호할 수 있는 실질적인 해석학적 원칙들이 있지 않았다면, 그 방법은 동시대인들의 생각에도 이상하게 보였을 것이다.

3. 해석학적 출발점 및 그 문제점

a) 바울은 스스로 자신의 성경 해석을 유대인들에게 입증할 수 없는 것으로 보았다. "오늘까지라도 구약을 읽을 때에 그 수건이 오히려 벗어지지 아니하고 있으니 그 수건은 그리스도 안에서 없어질 것이라 … 그러나 언제든지 주께로 돌아가면 그 수건이 벗어지리라". 고린도후서 3:14과 16절에 나오는 이 진술들은 구약의 실제적인 의미는 오직 그리스도에 대한 믿음의 전망으로부터만 이해될 수 있다는 것을 보여준다.

b) 우리는 이 입장을 어떻게 평가하여야 하는가?

1) 필하우어(P. Vielhauer)[14]는 바울의 구약 해석은 역사적 성경 해석을 따르는 사람들에 의해 받아들여질 수 없다고 했을 때 불트만에 의해 대표되는 학파[15]의 한 옹호자였다. 분명히 그럴 뿐만 아니라 그보다 더 나아가 그러한 해석자들은 바울의 동시대인들의 주석학적 표준들을 준수하지 않는다고 그는 주장하였다(후자 가운데 특정한 집단들은 실제로 구약을 전승의 프리즘을 통하여 본 상황에 대한 그들의 이해와 다양하게 결부시켰지만, 그렇게 하는 데에 주석학적 준칙들과 해석 전통에 대한 복종을 통하여 변덕을 제거하였다.). 바울

---

14) Op. cit. (n. 12), p. 51.
15) *Theology* I, §11, 3b. c.

의 경우에 한 검토는 "바울은 고린도후서 3:14에서 그가 함축한 바와 일치하게 언제나 미리 '실질적인 의미'를 알았고 그것을 구약으로부터 도출하지 않았다. 오히려 바울은 구약으로 부터 가져온 것을 해석에 따라 본문에 끼워넣었다는 것"[16]을 보여준다고 필하우어는 말했다. 필하우어에 의해 세워진 하나의 해석학적 원칙은 구약의 하나님은 기독교인들의 그분과 동일하다는 확실성이었다. 즉 그는 불경건한 자들을 의롭다 하시는 하나님이었다. 또한 우리도 ― 필하우어가 결론지었듯이 ― 이 원칙만을 구약과 신약의 관련으로서 취할 수 있다.[17] 하지만 이 확실성은 오직 그리스도 사건으로부터 도출될 수 있었다. 반면에 구약은 그리스도 사건의 이해에 아무것도 기여하지 않았다.[18]

2) 이와 정반대되는 견해는 폰 라드(G. von Rad)에 의해 대표되었다. 그의 눈에는 구약과 신약은 이전과 마찬가지로 지금도 서로 상호적으로 해석한다! 폰 라드에게 구약은 궁극적으로 예수 그리스도와 관련 아래 해석되어야 한다. 이것은 구약 자체의 의도와 일치한다. 그리고 그 역도 진실이다: 신약은 궁극적으로 구약의 성취로 파악되어야 한다.[19]

그러므로 바울을 공정하게 다루기 위해서 우리는 바울이 옹호할 수 있는 해석학적 원칙들을 통해 자신의 입장을 전개하였는지의 여부를 검토하여야 한다.

4. 해석학적 원칙들

바울이 고린도후서 3상에서 전개한 해석학적 출발점은 영적인 공리(公理)로 남아 있지 않았다. 그것은 바울이 부분적으로 나름대로의 용어 사용법을 통하여 전개하였던 명확한 해석학적 원칙들에 따라 검토되었다.

a) 약속

필로와 같은 해석자와는 대조적으로 바울은 영원한 진리로서 알레고리적 해석의 도움을 받아 철학적-종교적 체계를 구약에 도입하지 않았다. 바울에게 구약은 복음이 아니라 약속(*epangelia*)과 율법(*nomos*)을 담고 있었다. 구약의 구조에 대한 이러한 형태 규정은 그리스도는 하나님의 모든 약속에 대한 '예'인 동시에(고후 1:20) 율법의 마침(롬 10:4)

---

16) Op. cit. (n. 12), pp. 51f.
17) Ibid., p. 61.
18) Ibid., p. 56.
19) *Theology* II, 244-48.

이라는 믿음의 인식으로부터 도출되었다. 바울은 이러한 구약관을 은혜로 말미암은 칭의의 복음을 전개하는 서론으로 삼았던 역설적인 핵심 진술을 통해 요약하였다: "이제는 율법 외에 하나님의 한 의가 나타났으니 율법과 선지자들에게 증거를 받은 것이라"(롬 3:21). "율법과 선지자들"은 "성경"을 지칭하는 호칭이었다.[20] 그러므로 성경 자체가 율법의 효력을 중단시키고 모세와의 언약을 "옛 언약"으로 바꾸어버린 믿음에 의한 칭의의 구원의 길을 가리키고 있었다. 율법이 그리스도를 통하여 체험되는 구원을 선포하는 정도만큼 율법은 '약속'(epangelia)이었다.

신약 시대 직전에서야 '약속'(epangelia)라는 단어는 헬라어 사용의 유대교 영역에서 구약의 약속들을 가리키는 말로 때때로 사용되었다. 칠십인역의 용례는 고지(告知), 약속을 하는 것이라는 관례적인 헬라어의 용례와 일치하였다. 이 단어에 최초로 함축성 있는 신학적 의미를 부여한 사람은 바울이었다.[21] "약속들" 또는 "약속" — 복수와 단수는 동의어로서 상호 대체적으로 사용되었다 — 은 모든 다른 사람들 이전에 아브라함에게 주어진 종말론적 구원의 약속을 나타내었다(갈 3:16, 18; 롬 4:13). 로마서 4장과 갈라디아서 3장에서 바울은 이 약속은 할례와 율법을 능가하며 그 둘과는 상관없이 타당한 것이기 때문에 그 약속은 아브라함을 따라 믿는 자들에게서 성취되었다는 사상을 전개하였다(롬 4:23f.). 로마서 4:21-23, 9:8 이하를 비롯한 많은 구절들은 이 약속은 오직 하나님의 택함받은 자들에게만 주어졌으며 아브라함의 육체적 자손들에게만 국한된 것이 아니라는 것을 강조하였다. 바울이 아브라함과의 분명한 관련 없이 약속들 또는 약속을 말할 때 바울은 구약의 다른 구원 약속들을 생각하고 있었을 가능성이 크다(롬 9:4; 15:8; 고후 1:20; 7:1). 그러므로 바울은 "약속"을 개별적인 구약의 언급들로서 약속들이 갖고 있었던 의미를 대신하는 구원 약속들 — 그 내용과 관련하여 — 을 지칭하는 집합적인 용어로 변화시켰다. 약속의 내용으로 구체적으로 열거된 것은 생명(갈 3:21; 롬 4:17), 의(갈 3:21), 성령(갈 3:14; 참조. 엡 1:13), 아들됨(롬 9:8f.; 갈 4:22ff.), 즉 간단히 말해서 종말론적 구원이었다. 이 약속은 '언약'(diatheke), 즉 구속력 있는 유언 규정의 성격을 지니고 있었다(갈 3:17; 참조. 엡 2:12).

따라서 그리스도에 이르는 구약의 맥은 예언이 아니라 약속으로 이해되었다. 여기서 본질적으로 중요한 것은 예언의 실현이 변증적으로 입증될 수 있느냐 하는 것이 아니라 하나

---

20) 성경의 세 가지 구성 부분들은 이미 집회서의 서문(주전 130년경)에서와 마찬가지로 누가복음 24:44에서 종합적으로 거명되었다: "모세의 율법과 선지자의 글과 시편에서".

21) J. Schniewind/G. Friedrich, *TDNT* II, 579-584.

님이 자신의 약속을 입증하셨으며 하나님이 약속에 충실하신 분이심을 입증하였다는 것이다 (롬 15:8). 이에 따라 그리스도 사건은 마태와 같이 "성취"로서가 아니라 하나님의 "예" (고후 1:20; 참조. 롬 15:8) 또는 약속의 "보증"(롬 4:16)으로 특징지어졌다.[22] 이런 식으로 "약속"이라는 길잡이가 구약에 보도된 것과 같은 이스라엘의 모든 역사를 향해 세워졌다. 더욱이 그 역사 자체가 약속이 되었다.

b) 모형(*typos*)

로마서 4장에서 아브라함의 칭의에 관한 보도는 먼저 주석학적으로 다루어졌다(1-8절); 그런 다음 구약에 대한 유대교 및 역사적 관점과 대조적으로 이러한 의의 선포는 할례 및 율법과 아무 상관이 없는 것이라는 주장이 나온다(9-12, 13-17절). 마지막으로 18-25절에서 아브라함의 칭의와 기독교인의 칭의 사이에 구름다리가 놓인다. 이 둘은 역사의 연속성을 통해 서로에게 연결된 것이 아니었다. 그러한 연속성은 할례와 율법을 통해 존재하였는데, 그것은 그것들과 아울러 여기서 폐기되었다.

아브라함은 거기에서의 약속(18-22절)과 여기에서의 실현(23-25절)으로부터 나온 믿음으로 부르심의 유사성을 통해 기독교인들과 연결되었다. "저에게 의로 여기셨다 기록된 것은 아브라함만 위한 것이 아니요 의로 여기심을 받을 우리도 위함이니 곧 예수 우리 주를 죽은 자 가운데서 살리신 이를 믿는 자니라"(롬 4:23f.). 이와 동일하게 늘리는 구절(고전 10:11) 속에서 바울은 여기서 의도된 구약과 신약 사건 사이의 관계를 표현하는 데 전문적인 용어를 사용하였다. "저희에게 당한 이런 일이 거울(*typikos*)이 되고 또 말세를 만난 우리의 경계로 기록하였느니라". 위에서 말했듯이 광야의 사건들은 구원의 때의 약속의 심상들(*typoi*)이었다. 로마서 5:14에서 바울은 아담을 '오실 자의 표상'(*typos tou mellontos*)이라고 불렀다. 아담은 두번째 아담인 그리스도에 대한 반정립적인 미리 알려둠이었다.

헬라어 '튀포스'(*typos*)는 의미가 풍부한 단어로서 그 어원은 인쇄 활자의 면(面)이나 각인된 흔적을 남기는 인장과 같은 양각(陽刻)을 가리켰다. 바울은 이 단어를 제2이사야 이래로 구약 전승 속에서 통용되어왔던 구약 역사를 해석하는 수단으로서 전문 용어[23]로 변화시켰다. 택함받은 자들의 과거 역사의 사건들은 하나님의 종말론적 개입을 알리는 것으로

---

22) G. Delling, *TDNT* VI, 294ff.; 갈라디아서 4:4; 에베소서 1:10에 나오는 'pleroma'에 관해서
   는 ibid., 305를 참조하라.
23) L. Goppelt, *TDNT* VIII, 251-56.

이해되었다.

첫번째 출애굽은 두번째의 좀더 영화로운 출애굽의 알림이 되었다(사 43:18f.); 다윗은 구원의 왕을 가리키는 지표로 되었고(삼하 7:12; 사 11:1), 모세는 종말 때의 선지자를 가리키는 지표로 되었다(신 18:18).[24] 예수는 종말 기대에서 택함받은 백성의 역사에 대한 평가를 종말론적 미래가 아니라 자기 자신의 때와 결부시킨 최초의 인물이었다(§6, 3). 바울은 사물을 바라보는 방식에서 예수의 선도를 따랐다. 구약에 대한 모형론적 이해는 주석학적 방법론이 아니라 묵상에 의해 적용되었던 독특하게 규정된 시각이었다. 그리스도 사건으로부터 회고적으로 바라보면서 바울은 구약의 인물, 제도, 사건들 속에서 종말 때의 하나님의 활동에 대한 사전의 신호들을 보았던 것이다. 이러한 모형들은 역사적 유비들과 같은 것이 아니었다. 이 모형들은 그에 걸맞지만 종말론적으로 고양된 최후의 교섭을 알리고 있는 — 긍정적이든 반립적이든 — 구약에 의해 증거된 인간에 대한 하나님의 교섭들이었다. 이 고지(告知)의 성격은 자신의 약속에 대한 하나님의 충실도에 의존했다. 이런 이유로 모형론은 구약의 역사 묘사의 역사성과는 상당한 정도로 독립되어 있었다. 예를 들면 창세기 15:6에 표현되어 있는 아브라함과 하나님의 관계는 아브라함이 역사적으로 얼마나 경건했느냐를 떠나서 아주 타당한 예언적 기사였다.

어떻게 바울은 구약의 모형들을 이끌어왔는가? 구약에서 이미 진행 중에 있었던 모형론적인 해석 전통에 의해 촉발되어 그리스도 사건을 구약 역사와 관련 아래 해석하기 위하여 바울의 눈은 그리스도 사건으로부터 구약 역사로 반복하여 움직였다. 이런 식으로 인간 역사의 모든 길이에 걸친 로마서 5:12-21(참조. 고전 15:21, 44-49)의 아담-그리스도 모형론이 생겨났고, 선택받은 자의 역사를 조명해준 로마서 4:1-25, 갈라디아서 3:6-18의 아브라함 모형론이 등장했다. 또한 특히 고린도전서 10:1-11에서 광야 모형론에 의해 성례들에 관한 오해들을 피하고 성례들의 윤리적 함의(含意)들을 극명하게 하기 위하여 그렇게 할 필요가 있었다. 그러므로 신약의 통찰들은 단순히 변증적 관심으로부터 구약으로 가져왔다는 주장은 거의 근거가 없는 것이라 하겠다.

양적으로 볼 때 구약에 대한 사도의 많은 언급들 가운데서 모형론적인 것들은 실제로 소수에 불과하지만,[25] "약속"에 대한 언급과 아울러 그것들은 성경을 전반적으로 이용하는 것

---

24) von Rad, *Theology* II, 244-48.

25) 바울은 이러한 해석 방법을 엄밀하게 발전된 대비의 형태로 발전시킨 것이 아니라 구약 본문들에 대한 암시들(예를 들면, 고전 5:7) 또는 "하나님의 이스라엘"(갈 6:16)과 "할례"(빌 3:3; 골 2:11)와 같은 지칭들의 방식으로 그것을 수행했기 때문에 바울의 저작들 속에 나오는 다른 모형론들은 날카롭게 분리될 수 없다. 갈라디아서 4:21-31에 나오는 이스마엘과 이삭의 관계(참조. 창 21:2, 9)에

을 특징으로 하고 있으며 바울에게 표준을 정립해주었다. 바울은 "약속"과 "모형"이라는 두 핵심 단어들에 의해 구획되는 준거틀 안에서 모든 성경을 하나의 통일체로 보았다. 바울에게 이 통일성은 "구약"(고후 3:14)이었다.

5. 해석 수단으로서의 성경 해석

이러한 입지점으로부터 이제 우리는 해석 수단으로서의 구약의 신학적 의미를 탐구해 보아야 한다. 구약에 대한 이러한 평가가 그리스도 사건의 이해에 주는 결과는 무엇이었는가?

a) 약속과 성취 사이의 대응과 구약과 신약 사건의 모형론적 관계는 모두 이 영역에 존재하였던 기독교의 상황에 구약의 말씀들을 일반적으로 적용할 수 있는 것과 마찬가지로 하나님의 활동의 동일성을 표현하였다. 이 동일성은 하나님에 대한 유대주의화된 개념들과 마찬가지로 헬레니즘적 하나님 개념들로부터 그리스도 사건을 잘못 이해하는 것을 경계하였다 (참조. 고전 10:1-11; 갈 3:1-5). 그것은 종말론적 구원의 메시지가 창조와 역사의 지평으로부터 분리되어 허공에 떠다니는 유토피아가 되는 것을 막아주었다.

예수를 통하여 자신을 드러내었던 하나님은 창조주와 역사의 주로 남아 있었기 때문에 이를테면 로마서 12:9-21에 나오는 사랑의 선포에 이어서 로마서 13:1-7의 정치적 권세에 대한 의무의 말씀이 뒤따라올 수 있었다. 사람들을 통하여 밀하는 것으로서 그의 계시의 성격은 효과적으로 구체적인 역사적 상황과 결부되어 있었다. 그러한 계시는 구약을 통하여 매우 생생하게 되었고 근본적으로 역사적인 전망 가운데서 이해되었기 때문에 예를 들면 십자가의 계시는 그렇게 쉽사리 명상적인 지혜라는 자족적인 체계에 의해 대치될 수 없었던 것이다(고전 1:19, 31; 2:16; 3:19f.).[26] 하나님의 활동의 동일성으로 인하여 그리스도 사건은 궁극적으로 믿음에서 내적으로 입증되었다. 예를 들어 아브라함 모형론에 따르면 오

관한 사고의 발전은 상당한 정도로 알레고리화된 모형론이었다. 고린도후서 3:4-18에서 율법의 언약과 그 직임에 대한 언급은 반립적인 모형론으로 이해될 수 있다. 바울이 공동체(고전 3:10-17; 고후 6:16; 참조. 엡 2:20ff.) 또는 개별 기독교인들(고전 6:19)을 하나님의 참 성전이라고 말하였을 때 이것은 그 모형론적 배경이 더 이상 시야에서 사라진 생생한 표현 양식이 되어 있었다. 이와는 대조적으로 로마서 3:25은 바울에게 진정하고 중요한 모형론이었다; 성 금요일은 종말론적 속죄일이었다(§35, 4a). 이 모든 내용에 대해서는 Goppelt, *Typos*; Ellis, op. cit. (n. 3), p. 126-134를 참조하라.

26) Bultmann, *Theology* I, §11, 3b는 초기 기독교 이래로 구약에 대한 고수를 통하여 "인간은 자유롭게 날아오르는 사고를 통해서가 아니라 역사적 만남을 통하여 하나님과 그분의 본성을 알게 된다"(p. 117)는 근본적인 인식을 전해 받았다고 올바르게 말하였다.

직 믿음에 의한 칭의는 자의적인 사건이 아니라 하나님의 선택 활동으로부터 기본적인 준거 점이었다(롬 4:23f.). 동일한 의미로 율법의 역할은 내적으로 인지할 수 있게 되었다.

b) 하지만 구약에서 하나님과 관계된 예표론적 변화와 약속의 성취로서 그리스도 사건의 성격은 결정적인 고지였다. 여기서 '새 언약'(*kaine diatheke*, 고전 11:25; 고후 3:6) 의 형태를 띤 '에스카톤'(종말)은 모든 것을 거룩하게 만드는 하나님과의 궁극적이고 거룩 한 관계였다! 그것은 의문(儀文)이 아니라 성령에 의존하였다. 하나님의 뜻은 더 이상 "돌 비"가 아니라 "심비"에 쓰여졌다(고후 3:3). 역사는 계속 행진한다 할지라도 '종말'은 현재 적 실체가 되었다. 그리스도 사건이 구약과 연결되어 있다는 것으로부터 따라나오는 것은 묵시론으로부터 도출될 수 없는 것, 즉 믿음에서 '종말'은 현존한다는 것이었다(고후 5: 17). 물론 종말은 눈에 볼 수 있게 이 세계에 시현될 수 있는 변화로가 아니라 창조로부터 따라오는 보편적이고 물리적으로 새롭게 되는 것으로서 현존하였다(롬 8:18-30). 그러므로 바울은 위대한 "지금"(*nyn*)이라는 말을 통하여 현재를 이전에 지나간 것과 구별할 수 있 었다. "보라 지금은 은혜 받을 만한 때요 보라 지금은 구원의 날이로다"(고후 6:2). 이 "지 금"은 단순히 연대기적인 시점 또는 기간이 아니었다.

오히려 그것은 예수의 부활 이래로 예수에 관한 복음이 선포되고 받아들여질 때마다 언 제나 현존하는 때였다. 이 케리그마적이고 시간과 관련된 의미는 이미 로마서 3:21의 "이 제"(*nyn*) ― 비록 이 말이 단지 대조적 의미로서, "그러나 이제"라는 의미로 사용되었을 지라도 ― 에 의해 의도되었을 것이다. 어쨌든 그것은 로마서 3:26(*en to nyn kairo*, "이 때에"; 11:5; 고후 8:14도 마찬가지이다); 로마서 5:9, 11; 6:19; 8:1; 11:30; 13:11; (16:26); 고린도후서 5:16; 갈라디아서 2:20; 4:9, 29의 의미였다.[27]

6. 그리스도와 역사

바울이 그리스도 사건과 세계 사건들의 경과 사이의 관련을 어떻게 이해하였는가 하는 문제와 관련하여 바울 연구에서 견해의 전 범위가 갈라져있다. 실제로 다양한 입장들은 로 마서 4장에 대한 그들의 해석을 비교봄으로써 체계적으로 예시될 수 있다. 우리는 비판적으 로 이렇게 물을 수 있다: 그들은 바울이 로마서 4장에서 그리스도 사건을 아브라함으로부터

---

27) G. Stählin, *TDNT* Ⅳ, 1112-1123은 이 '*nyn*'의 성격에 관하여 실질적인 논평을 하였다. 이와 는 대조적으로 P. Tachau, *"Einst" und "Jetzt" im Neuen Testament* (1972)는 단지 이 도 식의 기원만을 추적하였다.

시작된 역사와 연결시킨 방식을 어떻게 다루고 있는가?

 a) 쿨만(O. Cullmann)은 「그리스도와 시간」, 「역사 속에서의 구원」에서 그리스도의 사역을 "시간의 중심"으로 평가하였다. 거기서 그리스도는 역사 내에서 하나님의 시현들의 모든 방향들이 질서 있게 수렴하고 또 거기로부터 방사되어 나가는 교차점으로 묘사되었다. 하지만 바울에게 로마서 4장과 5:12-21의 모형론적 심상들은 보편적인 구원 계획의 모자이크 타일과 같은 것이 아니었다. 그 심상들은 그런 식으로 잘 들어맞을 수 없었다. 바울은 '에팡겔리아'(약속)와 '튀포스'(모형)라는 말을 만들어냈지만 "구원의 계획"이나 "구원을 위한 과정"이라는 용어를 전개하지는 않았다.

 기본적으로 "가정 경영"을 의미하는 '오이코노미아'(*oikonomia*)는 에베소서 1:10과 3:2, 9에서 처음으로 "신의 뜻, 구원의 계획 또는 구원의 경륜"이라는 의미의 초보적 형태를 띠었다;[28] 이 용례는 2세기의 신학을 반영하고 있었다(Ign. Eph. 18:2; 20:1). 그 때 이레내우스는 그 용어를 그리스도가 "시간의 중심"으로 서 있는 ― 쿨만의 입장과 비슷하게 ― 구원사의 과정을 위한 주요한 주제로 변화시킨 최초의 인물이었다.[29] 하지만 묵시론적 용어인 '뮈스테리온'(*mysterion*, 비밀)은 바울에게 역사를 위한 계획이 아니라 종말에 관한 하나님의 비밀스런 의도를 의미하였다.[30]

 b) 빌켄스(U. Wilckens)[31]가 바울에게서 그리스도 사건을 묵시론적인 보편사로 변화시키려는 욕구를 발견했다고 주장했을 때 그것은 바울의 생각과 전혀 일치하는 것이 아니다. 빌켄스에 의하면 바울은 예수의 부활, 믿음의 공동체의 모음, '파루시아'를 종말 때의 하나의 단일한 묵시론적 사건으로 보았다는 것이다. 그는 이것이 고린도전서 15:20-28에 묘사되어 있는 것을 발견하였다. 하지만 로마서 4장에서 빌켄스는 바울은 그리스도가 율법의 마침으로서 율법을 대치하였기 때문에 종말 때의 사건이 선택 전승들의 역사로부터 연속선 상에서 자라가는 것으로 이해하였다고 생각하였다.

 c) 이와는 대조적으로 불트만[32]은 그리스도는 오직 케리그마를 통해서만 만날 수 있는 것

---

28) 골로새서 1:25에 관한 E. Lohse, *Colossians* (Hermeneia)에 나오는 논의와 O. Michel, *TDNT* V, 151-53.

29) 이 점에 대해서는 J. Reumann, "*Oikonomia*-Terms in Paul in Comparison with Lucan Heilsgeschichte," *NTS* 13 (1967), 147-167을 참조하라.

30) 롬 11:25; 고전 2:1, 7; 13:2; 14:2; 15:51; 골 1:26f.; 2:2; 4:3; 참조. E. Lohse, *Colossians* (Hermeneia), at Col. 1:26.

31) "Die Rechtfertigung Abrahams nach Römer 4," in *Rechtfertigung als Freiheit. Paulusstudien* (1974), pp. 33-49.

으로 이해하였다. 거기서 그리스도는 개개인에게 역사의 한복판에서 새로운 자기 이해를 제
공해주는 역사를 향해 발하는 결단의 종말론적 부르심으로 생각되었다. 묵시론적 구도는 단
지 종말의 가까움을 통하여 메시지의 종말론적 성격을 보여줄 따름이었다. 이와 동일한 것
은 그리스도가 이원론적인 천상 세계로부터 이 세상으로 내려온 다음 다시 천상 세계로 돌
아갔다고 하는 영지주의적인 구속주 신화를 통한 기독론의 은폐 속에 표현되고 있었다. 불
트만은 그리스도를 결단의 부르심으로 이해하였기 때문에 그는 그리스도에 앞서 구약에 있
었던 것 속에서 오직 "실패"의 역사만을 파악할 수 있었다. 불트만에게 구약이 계시의 역사
적 성경을 보여주는 것으로서 아무리 중요했다 할지라도 그는 단지 거기서 하나님의 부르심
에 대한 거부만을 볼 수 있었다. 이와 같은 경향을 따라 클라인(G. Klein)[33]은 빌켄스와
논쟁을 벌이면서 로마서 4장을 해석하였다. 클라인에게 아브라함은 단지 "모범의 무시간적
인 측면 아래에서만" 그리스도와 결부되었다. 아브라함은 "이스라엘의 역사를 속되게 하고
이방화했으며" "믿는 자를 역사의 힘으로부터" 해방시킨 "연대기적 거리라는 역사적 측면
아래에서는" 그리스도로부터 분리되었다.

  d) 하지만 바울이 그리스도 사건을 구약과 결부시켰을 때 그는 구원사적 또는 보편사적
기본 계획을 염두에 둔 것도 아니었고 신화적 용어로 표현된 결단으로 부름을 생각한 것도
아니었다. 내 견해로는 그의 취지는 약속의 사건들과 성취의 사건들과의 조응(照應)이었다.
하지만 바울에게 이 둘은 말뿐만 아니라 언약 관계들 속에 주어진 언질들이었다. 그것들은
분명히 역사적 연속성이 아니라 약속의 구름다리를 통하여 서로에게 연결되어 있었다. 약속
의 실현은 우연히 일어난 것이 아니었다. 그것은 역사 내에서 "부르심"으로 효과적이 되었
던 하나님의 "의도"와 "선택"과 일치하였다(롬 8:28-30; 11:28f.). 그러므로 바울은 역
사적 과정의 의미로서가 아니라 역사적 사건들에 방향을 부여해준 역사 내에서의 언약에 의
한 언질들이라는 의미에서 "구원사"를 잘 알고 있었다. 물론 이 언약에 의한 언질들은 오직
약속의 구름다리에 의해서만 결합되어 있었지만 구체적인 "지금"에서 하나님의 "신적인 뜻"

---

32) "History and Eschatology in the New Testament," *NTS* 1 (1954), 5-16(16); Bult-
    mann, "Prophecy and Fulfillment," in *Essays on Old Testament Hermeneutics* (ed.
    C. Westermann [1963]), pp. 50-75 (특히 pp. 72ff.); 또한 Bultmann, *Essays Philo-
    sophical and Theological* (1955), pp. 182-208 (esp. pp. 205ff.); 특히 로마서 4장과 관련하
    여 Bultmann, "Ursprung und Sinn der Typologie als hermeneutischer Methode,"
    ThLZ 75 (1950), 210 (또한 *Exegetica*, pp. 369-380).

33) Op. cit. (Lit., §30, 5); 또한 *EvTheol* 24 (1964), 57-73, 113-125, 388-394에 나오는 H.
    Conzelmann과 G. von Rad 사이의 논의를 참조하라.

을 따른 "부르심"으로서 만났다. 바울은 선택, 약속, 부르심의 역사로서의 구원사를 잘 알고 있었다. [34]

고린도전서 15:20-28과 로마서 8:18-30에서 바울은 묵시론적 용어 사용을 통하여 믿음의 "이미"에서 성취는 (미래의) 가시적인 성취에 의해 정점에 도달할 것이라고 말하였다. 이 묵시론적 진술들은 약속의 역사라는 출발점의 토대가 아니라 결과였다.

폰 라드(G. von Rad)가 그토록 근본적으로 설득력 있는 방식으로 구약에 대한 현대의 역사비평적 연구를 통해 약속에 관한 바울의 신학적 모형론적 견해를 보여주는 데 성공한 것은 20세기의 전체 신학적 논의에서 상당히 중요했다. 하지만 구약과 신약의 하나님은 동일하다는 불트만의 최소한의 명제는 브라운(H. Braun)에 의해 몇몇 결론들을 수반한 "하나님"이라는 암호 문자로 바뀌었다. [35] 오늘날 하나님에 관한 질문은 다른 어느 때보다도 모든 신학에서 시험 질문이 되었기 때문에 바울에 따른 그리스도와 구약이라는 주제는 바울 해석이 아니라 모든 신학의 주요한 문제이다.

바울은 이런 식으로 그 시대의 신학적-교회적 문제를 열어놓았다(§27, 2b): 유대 기독교인과 이방 기독교인에게 예수와 구약은 어떻게 새로운 통일체로 결합될 수 있었는가? 그러므로 우리가 여기서 구약의 구조 및 구약과 그리스도의 관계에 대한 새로운 전망에 직면하는 것은 전혀 우연이 아니다. 그것은 예수의 설교와 그의 생애에 의해 제공된 출발점들과 일치하며, 따라서 이 새로운 전망이 분명하게 채택되는 것이 신학에서 오직 드물게 일어날지라도 교회를 위한 효과적인 지침으로 서 있어야 한다.

또한 바울은 직접적으로 구약에 의거함이 없이도 복음에 관하여 말할 수 있었다. 예를 들면 데살로니가전후서, 빌립보서, 골로새서, 빌레몬서에는 직접적인 인용문들이 없다. 그러나 복음을 유대 기독교인과 이방 기독교인에게 중점적이고 분명하게 설명하고자 했을 때 복음은 성경의 도움을 빌어 성취된 약속과 율법의 효력 중단의 메시지로서 묘사되어야 했다. 로마서가 바로 그러한 경우였다.

---

34) Goppelt, "Paul and Heilsgeschichte. Conclusions from Romans 4 and I Corinthians 10:1-13," *Int* 21 (1967), 315-326 (Christologie, pp. 220-233에서는 약간 다른 형태로 나온다)에 나오는 이 개념에 대한 좀더 자세한 전개.

35) Vom Verstehen des Neuen Testaments," in *Gesammelte Studien zum Neuen Testament und seiner Umwelt* (1962), pp. 297f.

§31. 바울 신학의 배열

참고문헌: §28 참조.

바울 서신에 표현되어 있기는 하지만 그 어디에도 — 로마서에조차도 — 체계적으로 요약되어 있지 않은 바울 신학을 우리는 어떤 순서로 배열하여야 하는가? 바울은 가르침들과 구원의 자료로 표명되는 객관화된 신학의 길도, 주관적인 체험들과 통찰들을 그 토대와 판별 기준으로 삼는 관념적이고 변증적인 신학의 길도 따르지 않았다. 그의 신학은 믿음을 향한 대화였다(참조. 롬 1:16f.). 그것은 그리스도를 통하여 선포된 하나님의 약속의 말씀을 글로 표현하려 하였다. 그것은 하나님을 믿고 받아들이는 인간의 응답을 불러일으키려고 하였다. 그러므로 바울의 진술들은 모든 실체를 질서 정연하게 담을 수 있는 잘 짜여진 신학적 구도를 이루고 있지 않았다.

a) 불트만은 이 통찰을 정당하게 다루어서 바울 신학을 말씀을 듣고 있는 인간의 입지로부터 묘사하려고 하였다. 그는 이렇게 썼다: "하나님에 관한 모든 단언은 동시에 인간에 관한 단언이며 그 역도 성립한다. 이런 이유와 이런 의미로 바울의 신학은 동시에 인류학이다." 또한 불트만에게 " … 그리스도에 관한 모든 단언도 사람에 관한 단언이며 그 역도 성립한다. 그리고 바울의 기독론은 동시에 구원론이다. 그러므로 바울의 신학은 그의 인간론으로 다루어지는 것이 가장 바람직하다"[1]라는 통찰도 바울 신학의 구조에 대한 인식에서 중요한 것이었다. 이런 이유로 불트만은 케리그마적인 인류학의 형태로 바울 신학에 관하여 썼다. 그러나 불트만이 — 이러한 지향 덕분으로 — 몇몇 핵심적인 문제들을 말할 수 있었긴 하지만, 그럼에도 불구하고 그는 지나치게 한 측면만을 제시할 수 있었다: 인간 실존에 반영된 하나님의 계시. 그는 이 계시 자체에 관해서는 거의 말을 하지 않았다.

b) 이와는 대조적으로 큄멜(W. G. Kümmel)[2]과 리더보스(H. Ridderbos)[3]는 바울이 로마서 4장에서 자신의 생각을 피력했던 구원사의 영역으로부터 시작하였다. 하지만 바울에게 이 영역은 표준적이고 합리적인 출발점이 아니었다 — 이 점은 두 사람 모두 인정하고 있다. 바울은 성경에 비추어 예수의 공적 사역을 해석함을 통하여 후자에 도달하였다.

---

1) *Theology* I, 191.
2) *Theology*, pp. 141-150.
3) *Paul* (1975), pp. 44-57.

c) 전술한 바에 비추어 바울 신학을 그리스도에 관한 전승을 전해받은 것으로부터 전개하는 것이 일의 성격과 일치하는 것으로 보인다. 또한 이것은 로마서의 배열된 순서를 통해서도 시사되고 있다. 바울은 먼저 복음을 예수 그리스도에 관한 약속된 메시지로 특징짓는 동시에(롬 1:2-4) 자신의 설교를 통하여 그 복음이 전파된다는 점을 지적한 다음(롬 1:1, 5-15; 15:14-33) 그것을 구원론적으로 확장시켰다(이 서신의 주제인 롬 1:16f.). 하지만 구원론은 믿음의 공동체[4]와 새로운 윤리적 행실(참조. 롬 12f.)로서 역사 속에서 형성되었으며 모든 눈들이 볼 그 완성을 예감하였다(참조. 롬 8:18-30). 이제 우리는 이 순서를 따라 바울 신학을 전개해나가고자 한다.

---

4) 이것은 로마서에서는 명시적으로 전개되어 있지 않다. 그러나 고전 12:4-31을 참조하라.

제 2 장
예수 그리스도(기독론)

§32. 문제 제기

O. Michel, "Der Christus des Paulus," *ZNW* 32 (1933), 6-31; O. Cullmann, *The Earliest Christian Confessions* (1949); N. A. Dahl, "Formgeschichtliche Beobachtungen zur Christusverkündigung in der Gemeindepredigt," in *Neutestamentliche Studien für R. Bultmann zu seinem 70. Geburtstag* (1954), pp. 3-9; 993-96; Cullmann, *Christology*, pp. 166-181; I. Herrmann, *Kyrios und Pneuma. Studien zur Christologie der paulinischen Hauptbriefe* (1961); H. Lietzmann, "Die Anfänge des Glaubensbekenntnisses," *Kleine Schriften* III (1962), 163-181; Schweizer, *Lordship*; Hahn, *Titles*, pp. 189-193; A. Vögtle, "Der Menschensohn," in *Studiorum Paulinorum Congressus Internationalis Catholicus 1961* I (1963), 199-218; W. Thüsing, *Per Christum in Deum* (1965); H. R. Balz, *Methodische Probleme der neutestamentlichen Christologie* (1967); E. Güttgemanns, "Christos in 1 Kor. 15,3b—Titel oder Eigenname?", *EvTheol* 28 (1968), 533-554; J. Jeremias, "Nochmals: Artikelloses *Christos* in I Kor. 15,3," *ZNW* 60 (1969), 214-19; F. Hahn, "Methodenprobleme einer Christologie des Neuen Testaments," *VF* 15 (1970), 3-41; C. Burger, *Jesus als Davidssohn* (1970); W. Grundmann, *chriō, TDNT* IX, 551-560.

1. 바울의 기독론적 진술들의 전승사적 구조

바울에 의해 제기된 기독론은 칭호들, 정형 어구들, 짤막한 진술들에 표현되어 있다. 자신의 서신 그 어디에서도 바울은 기독론을 주제로 삼아 전개한 적이 없다. 물론 기독론은 자신의 중요한 변화들과 글로 쓰여진 성찰들의 출발점이요 판별 기준이었지만 그것들의 주제는 아니었다.

이하의 분석에서 보겠지만, 칭호들과 정형 어구들은 일반적으로 교회 전승으로부터 전해받은 것이었다. 사실 바울이 이용할 수 있는 이 전승층에 표현되어 있는 것은 헬레니즘적 교회의 기독론이었다. 이 기독론은 분명히 팔레스타인 교회의 기독론과는 달랐다. 후자는 바울의 저작들 가운데서 그대로 빌어와 사용한 정형 어구들을 통하여 직접적으로 나타나지만, 예를 들면 로마서 1:3 이하의 경우처럼 문맥이나 수정을 통하여 변경되었다.

이와는 대조적으로 바울이 취한 헬레니즘적 교회의 전승들은 그것들의 기독론을 단순히 되풀이한 것이 아니었다. 그것들은 바울이 선별한 것이었고 어떤 전승의 흐름들과 일치하는 것들이었다. 이미 바울 시대에 베드로전서, 공관복음서 전승의 후기 전승층들, 히브리서, 요한 저작들에 그 모습을 나타낸 — 더 발전된 형태이긴 하지만 — 전승들이 공존하고 있었다.

그러므로 독립적인 주제가 되지는 않았지만 바울에 의해 전개된 기독론은 어떤 측면에서는 그의 작업이 없었다면 나타나지 않았을 전승의 비판적인 선별에 의존하였기 때문에 다른 것들과 다를 수 밖에 없었다. 더욱이 그 차이는 차별화되고 발전된 적용이라는 특성을 가진 그의 해석에 의존했다.

우리는 필수적인 전승사적 차별화를 사용하지 않더라도 팔레스타인의 초대 교회의 것과는 일반적으로 전형적으로 차이가 나는 헬레니즘적 교회의 기독론의 기본적인 요소들이 바울에 의해 빌어온 전승들에 반영되어 있음을 알 수 있다.

2. 팔레스타인의 초대 교회와 대비해 본 변화들

a) 칭호들

우리가 여기서 바울을 대표자로 본다면, 헬레니즘적 교회에서 기독론적 칭호들은 팔레스타인 교회와는 근본적으로 다른 방식으로 사용되었다.

예를 들면 공관복음서 전승에서 지배적인 칭호인 "인자"는 아마도 바울이 알고 있었을 것이다. 고린도전서 15:28에서 바울은 시편 8편에 비추어 그리스도를 해석하고 있는데, 그럼에도 인용문에 이 단어를 포함시키지는 않았다. 그는 이 호칭을 통하여 그리스도를 두번째 아담으로 해석할 마음이 생겼을 가능성이 있다(§35, 6c). 신약의 나머지 서신 문헌과 헬레니즘적 교회의 공동체의 언어 속에서 "인자"라는 호칭은 헬레니즘 세계의 사람들에게는 이해될 수 없는 것이었기 때문에 사용되지 않았다. 그 칭호는 공관복음서 전승에 자리를 잡고 있었으며(§18) 이 문맥 밖에서는 묵시론적 이상(異像)들에 관한 묘사 속에 아주 산발적으로 나타난다(행 7:55f.; 계 1:13).

또한 바울에게서나 다른 신약의 서신들 속에는 "다윗의 자손"(막 12:35-37 par.; 참조. §17, 3)이라는 호칭은 발견되지 않는데, 이 호칭은 팔레스타인 교회에서조차도 단서를 달아 사용하였다. 예수의 다윗 혈통에 관한 전승은 바울(롬 1:3f.)과 그 이후(딤후 2:8; 계 5:5; 22:16)에 보존된 유일한 전승이었다.

팔레스타인 공동체의 언어로부터 유래한 네 가지 기독론적 칭호들 가운데서 가장 통상적인 용어인 "하나님의 종"은 바울에 의해 전혀 사용되지 않았다. 주로 사용된 "그리스도"라는 칭호는 하나의 이름이 되었으나 "하나님의 아들"과 "주"는 새로운 개념적 연관을 지니게 되면서 기독론적 담론(address)의 중요한 수단이 되었다.

b) 내용

이 진술들의 실질적인 내용상의 구조는 어떻게 변화되었는가 하는 것은 예를 들면 로마서 1:3 이하에 나오는 팔레스타인 정형 어구의 문맥에서 볼 수 있다. 바울은 이 정형 어구 앞에 "그 아들에 관하여"라는 전치사구를 갖다 놓음으로써 다윗의 가계로부터의 출생을 선재하는 아들의 성육신으로 변화시켜 놓았다. 그는 말미에 이렇게 덧붙였다: "우리 주 예수 그리스도". "능력으로 하나님의 아들"로 승귀되신 분은 지금 "예수 그리스도"라 불리며 "우리 주"라 호칭되었다.

이 변화들은 변화된 환경에 맞추어 언어를 적응시킨 것이었는가 아니면 새로운 영역을 위한 실질적인 내용의 확장이었는가 아니면 예수의 삶과 사역에 대한 또 다른 해석이었는가? 브라운(H. Braun)에 따르면 이 변화는 사실 이전의 해석과는 내용상의 단절이기 때문에 기독론은 가변적인 것이며 오직 인류학만이 신약의 상수(常數)로 남는다고 한다.[1] 이 핵심적인 문제에 비추어 볼 때 새로운 칭호들과 진술들에 대한 철저한 검토가 불가피하게 된다.

3. "예수 그리스도"라는 이름

---

1) "The Meaning of New Testament Christology ," in *God and Christ: Existence and Province* (ed. R. W. Funk 〔1968〕), pp. 95., 115, 118f.

a) 이름으로서의 "그리스도"

바울에 의해 사용된 고유명사 중에서 "그리스도"(Christos) 만큼 빈번하게 사용된 것은 없었다. 이 단어는 그의 저작들 속에 거의 400회 가량 나타난다. 그는 "그리스도"가 어원상으로 유대의 영예로운 호칭임을 알고 있었기 때문에 이 단어를 예를 들면 고린도후서 1:21에서 '크리오'(*chrio*)라는 동사와 결합해서 사용하였다. 그러나 전체 헬레니즘적 교회와 바울에게 이 단어는 더 이상 유대적 또는 초대 기독교적 칭호가 아니라 한 개인의 이름이었다.

"그리스도"가 바울에 의해 통상적으로 개인의 이름으로 사용되었다는 것은 정관사의 유무와는 상관이 없었다. 이 단어는 대부분 관사 없이 나타나지만 때때로 관사와 함께 나타나기도 한다. 하지만 히브리어에서와 마찬가지로 헬라어에서도 이 단어는 관사 없는 칭호[2]로 사용된 반면에 개인의 이름들은 두 언어에서 관사와 결합되어 있었다(참조. 막 15:43ff.; 눅 23:35). 하지만 바울은 구문적으로 "그리스도"가 모든 경우에서 하나의 이름으로 번역될 수 있고 번역되어야 하는 방식으로 사용하였다.[3]

이것은 헬레니즘적 교회에 생소했던 한 칭호가 이명(異名)으로 굳어졌다는 것을 의미하지 않는다. 그것은 역할(capacity)을 말해주는 별칭이 되었다. 예수라는 이름은 흔했고, "그리스도"라는 별칭은 독특했다. 후자는 직함을 강조하는 것이었기 때문에 결코 "퀴리오스"(Kyrios)와 직접직으로 결합되지 않았다. 때때로 예수라는 이름은 이 둘 사이에 놓였다: "우리 수 예수 그리스도". 헬레니즘적 기독교인들은 이 삼중의 말을 "황제 가이사 아우구스도"(Imperator Caesar Augustus)와 거의 같은 형태로 들었다. 이 특별한 이름을 따라 비기독교인들은 그들을 "그리스도인"(행 11:26; 벧전 4:16)이라 불렀다.

b) 이름들의 사용

이름들을 통하여 뭔가를 말할 수 있었기 때문에 이름들은 그에 걸맞는 진술들 속에 의도적으로 삽입되었다. "예수"는 대부분 지상적 예수를 가리키는 것으로 사용되었고 오직 이따금만 부활하신 분과 다시 오실 분을 가리켰다(살전 1:10; 고후 4:5). "그리스도"만은 바울과 빌어온 정형 어구 전승에서[4] 죽었다가 다시 살아나신 분과 결합되는 경우가 아주 많았

---

2) 요 4:25: "메시야 곧 그리스도라 하는 이[*ho legomenos Christos*]가 오실 줄을 내가 아노니"; 정관사가 없는 말씀이 기독교와 유대교 이전의 용례에서 어느 정도로 발견되는기 히는 깃은 고린도전서 15:3-5에서 아람어 자료에 관한 논쟁을 통하여 주로 논의되어 왔다(참조. W. Grundmann, *TDNT* LX, 541 n. 319).

3) W. Grundmann, *TDNT* IX, 541-43에 나오는 개별적인 보강 전거들.

다. 선호를 반영하는 "예수 그리스도"라는 이중의 이름은 승귀되신 분과 '파루시아' 때에 나타나실 분을 지칭하였다(예를 들면, 롬 1:4, 6; 6:3; 고전 1:8). "우리 주 예수 그리스도"(롬 15:30; 고전 1:2; 고후 1:3; 갈 6:14, 18) 또는 "예수 그리스도, 우리 주"(롬 5:21; 6:23; 7:25; 8:39; 고전 1:9; 15:31)라는 결합어들은 이를테면 서신들의 처음과 마지막 부분에서 찬양의 목적으로 사용되었다.

"그리스도"라는 칭호는 아주 의미 심장한 것을 말할 수 있는 이름으로 되어서 널리 사용된 반면에, "하나님의 아들"과 "주"라는 호칭들은 새로운 차원들을 띠게 되었다. 새로운 이해의 지평 안에서 전자는 천상 지향적인 예수의 관계를 지칭하였고 후자는 지상 지향적인 예수의 관계를 지칭하였다.

§33. 하나님의 아들

On 1-3: Cullmann, *Christology*, pp. 270-305; Hahn, *Titles*, pp. 279-333; M. Hengel, *The Son of God: The Origin of Christology and the History of Jewish-Hellenistic Religion* (1976); E. Schweizer, *huios*, *TDNT* VIII, 363-392. **On 4:** E. Schweizer, "Zur Herkunft der Präexistenzvorstellung bei Paulus," in Schweizer, *Neotestamentica* (1963), pp. 105-09. **On 5:** E. Lohmeyer, *Kyrios Jesus. Eine Untersuchung zu Phil 2,5-11* (*SAH*, 1927/28, 4. Abh., 1928; repr. 1961); D. Georgi, "Der vorpaulinische Hymnus Phil 2,6-11," in *Zeit und Geschichte. Dankesgabe an R. Bultmann zum 80. Geburtstag* (1964), pp. 263-293; E. Käsemann, "A Critical Analysis of Philippians 2:5-11," in *God and Christ: Existence and Province* (ed. R. W. Funk [1968]), pp. 45-88; G. Strecker, "Redaktion und Tradition im Christushymnus Phil 2,6-11," *ZNW* 55 (1964), 63-78; G. Schille, *Frühchristliche Hymnen* (1965); J. Jeremias, "Zur Gedankenführung in den paulinischen Briefen," in Jeremias, *Abba* (1966), pp. 269-276; R. Deichgräber, *Gotteshymnus und Christushymnus in der frühen Christenheit. Untersuchungen zu Form, Sprache und Stil der frühchristlichen Hymnen* (1967); R. P. Martin, *Carmen Christi. Philippians ii. 5-11 in Recent Interpretation and in the Setting of Early Christian Worship* (1967); K. Wengst, *Christologische Formeln und Lieder des Urchristentums* (1967; 1973²); C.-H. Hunzinger, "Zur Struktur der Christus-Hymnen in Phil 2 und 1. Petr 3," in *Der Ruf Jesu und die Antwort der Gemeinde, Festschrift für J. Jeremias* (ed. E. Lohse [1970]), pp. 142-156; M. Rese, "Formeln und Lieder im Neuen Testament. Einige notwendige Anmerkungen," *VF* 15 (1970), 75-95; J. T. Sanders, *The New Testament Christological Hymns: Their Historical and Religious Background* (1971). **On 6:** C. Maurer, "Die Begründung der Herrschaft

---

4) 참조. Kramer, *Christ*, pp. 38ff.

Christi über die Mächte nach Kolosser 1,15-20," *Wort und Dienst* NF (1955), 79-93; J. M. Robinson, "A Formal Analysis of Colossians 1,15-20," *JBL* 76 (1957), 270-287; E. Käsemann, "A Primitive Christian Baptismal Liturgy," in Käsemann, *Essays on New Testament Themes* (1964), pp. 149-168; H. J. Gabathuler, *Jesus Christus. Haupt der Kirche—Haupt der Welt. Der Christushymnus Kolosser 1,15-20 in der theologischen Forschung der letzten 130 Jahre* (1965; Lit.!); N. Kehl, *Der Christushymnus im Kolosserbrief. Eine motivgeschichtliche Untersuchung zu Kol 1,12-20* (1967); E. Lohse, *Colossians* (Hermeneia, 1971), pp. 41-61; T. Ahrens, *Die ökumenische Diskussion kosmischer Christologie seit 1961* (Diss. Hamburg, 1969); R. Schnackenburg, "Die Aufnahme des Christushymnus durch den Verfasser des Kolosserbriefes," in *Evangelisch-katholischer Kommentar. Vorarbeiten* I (1969), 33-50; E. Schweizer, "Kolosser 1,15-20," ibid., pp. 7-31.

1. 헬레니즘적 이해

a) 하나님의 아들에 대한 헬레니즘적 개념들

헬레니즘 세계의 사람들은 유대인들과는 다른 개념들을 "하나님의 아들"이라는 호칭과 결부시켰다. 구약 및 유대 전승에서 이 호칭은 하나님에 대한 여러 종류의 언약 관계들을 생각나게 한다. 이 호칭이 예수에게 적용되었을 때 공관복음서 전승의 성장 기간 동안과 팔레스타인 교회의 신앙고백 안에서 이 호칭은 그러한 의미로 사용되었다(§18, 9). 하지만 헬레니즘적 사고에서 이 호칭은 신들의 가족 내의 구성원이 아니라 신의 나타남을 주로 가리켰다. 따라서 이 호칭은 사람들에게 적용되었다. 따라서 신은 성공적인 정치적 지혜, 아우구스투스(Augustus)와 같은 통치자의 행위, 실제적인 철학적 지침, 티아나의 아폴로니우스(Apollonius of Tyana)와 같은 순회 철학자의 이적적인 권능을 통해 시현될 수도 있었다. 영웅들을 통해서와 마찬가지로 사람들을 통해서 신은 세상의 치유를 위해 시현되었다. 그들은 종교현상학에서 '데이오스 아네르'(*theios aner*), 즉 신적 인간이라는 유형을 대표했다. 고대 세계에서 이 유형들은 — 물론 제한들을 둔 채 — "하나님의 아들"이라는 칭호를 지녔다.[1] 이와는 전혀 다른 신의 시현은 주후 100년경의 헤르메스 문집에 나오는 영지주의적 계시자에 의해 대표되었다. 계시자는 세상에 사로잡혀 있는 빛의 영혼들에게 그들의 신적 기원을 상기하도록 요구하였는데, 이는 이 세상을 개선하기 위해서가 아니라 그들을 다시 천상 세계로 이끌어 가기 위해서였다. "크다 일컫는 하나님의 능력"(행 8:

---

1) P. Wülfing von Martitz, *TDNT* VIII, 340; 예를 들면 아우구스투스(ibid., 337), 그러나 철학자들 가운데 거의 한 사람도 그렇지 않았으며 티아나의 아폴로니우스도 기본적으로는 마찬가지였다 (ibid., 339).

10)이라 자처했던 시몬 마구스(Simon Magus)는 아마도 영지주의 선구자였을 것인데 후대의 기사들에 의하면[2] 스스로에 관하여 "나는 하나님(또는 하나님의 아들, 신의 영)이다"라고 말했다고 한다.[3]

b) 이입(移入) 이론

불트만에 의하면 헬레니즘적 기독교인들은 "하나님의 아들"이라는 호칭에 대해 전해온 그들의 합리적인 전제들을 바탕으로 예수에게 "신"과 "신성"을 부가하였다. 그러므로 "이러한 부가에 의해 그는 인간계로부터 구별되고" "신적인 '권능'으로 채워진다".[4]

불트만의 견해로는 "하나님의 아들"에 관한 헬레니즘적 개념들의 주요한 유형들은 모두 예수에게 이입되어 신약에서 발견될 수 있다는 것이다.

(1) 공관복음서 전승, 무엇보다도 마가에서 예수는 "자신의 이적들을 통하여 신적인 능력과 권세를 드러내는"[5] '데이오스 아네르'(*theios aner*)의 의미로서의 하나님의 아들로 묘사되었다. (2) 빌립보서 2:6-11의 바울 이전의 기독론적 찬송 및 그와 유사한 본문들에서 특히 신비 제의들에서 숭배되었던 근동의 아들 — 신들인 오시리스(Osiris), 아도니스(Adonis), 아티스(Attis)의 신화들에서 발견되는 것과 비슷한 아들의 개념이 발견된다. 거기서 아들-신은 인간적인 죽음의 운명을 겪고 그 죽음으로부터 자기를 숭배하는 자들의 구원자 및 '퀴리오스'(kyrios)로 나타난다. (3) 이러한 구원론적인 유형들과 나란히 우주론적인 유형이 자리를 잡고 있었다. 영지주의적 구속주 신화의 신적 아들은 태초에 영향을 끼치는 자였다. 시간이 흘러감에 따라 신은 점차적으로 더 깊이 물질 세계로 빠져들어가 거기에 갇혀버리게 되었다. 이어서 아들이 강림하여 우주에 갇힌 빛의 영혼들을 자유케 하고 더 높은 세상으로 데리고 갔다. 불트만이 인정했듯이 이 신화는 바울 이전의 본문에 명시적으로 묘사되지는 않았지만 헬레니즘적 기독교는 아들이 선재하며 아들은 "하나님의 형상", 창조의 행위자이며 강림과 승천을 통하여 그는 자기 몸인 구속된 자들을 이끄는 구속주가 되었다는 개념을 이로부터 이끌어 내었다.

불트만의 이러한 분석은 한동안 방법론적으로 아주 유사한 접근 방식을 사용한 쾨스터(H. Koester)[6]에 의해 제시되고 수정되었다. 거기서 '데이오스 아네르' 기독론은 광범

---

2) Origen *C. Cels.* 7. 9 (참조. H. Chadwick, p. 402).
3) 그 이외의 자료: P. Wülfing von Martitz, op. cit. (n. 1), 339.
4) *Theology* I, 128f.
5) Ibid., 130.
6) Koester-Robinson, *Trajectories*, pp. 270ff.

위하게 확대되었지만, 유대의 지혜 기독론과 신비종교 유형들의 신화를 통하여 영지주의적 구속주 신화로부터 도출한 것은 부활절 케리그마의 기독론으로 대치되었다. 이것은 불트만이 종교 현상학으로부터 이 세 가지 유형을 전개하였던 토대가 되는 종교사적 분석들이 이제 상당한 정도로 역사적 탐구에 의해 수정되었다는 것을 보여주는 지표이다.

불트만이 바울에서의 헬레니즘적 기독론의 가장 중요한 진술들을 도출해 내었던 토대가 되었던 구속주 신화가 기독교 이전의 형태로 존재했다는 것을 입증할 수는 없다.[7] 이러한 사실에 대한 지식은 상당한 영향력을 미쳐왔지만, 그럼에도 이 학파에 의한 '데이오스 아네르'를 표준으로 만드는 것은 비판적으로 검토되어야 하고 종교사적 비교의 견지에서 차별화되고 더욱 정밀화되어야 한다는 인식도 증대되고 있다.[8] 더욱이 "신적 인간"이나 신비종교들의 죽었다가 살아나는 신들은 언제나가 아니고 때때로 "하나님의 아들들"로 지칭되었지만 본질적으로 "하나님의 아들들"이 아니었다.[9]

c) 이입 이론에 대한 근본적인 역사적 내용적 반론들

종교사적 탐구에 바탕을 둔 개별적인 수정들 이외에도 이입 이론에 의거한 초기 헬레니즘적 기독론의 해명은 두 가지 근본적인 반론에 부딪치고 있음에 틀림없다.

1) 여기서 헬레니즘적 배경으로부터 언급된 하나님의 아들 개념의 유형들, 더욱이 그것들로부터 이입에 의해 출현한 기독론의 유형들은 종교현상학으로부터의 추상들을 바탕으로 하고 있다. 이 추상들은 종교사로부터 이용할 수 있는 자료들을 너무도 일률적으로 다루고 있다. 헬레니즘적 기독론에 대한 역사적 분석은 실제로 일어났던 것은 신비적 도식의 예수에게의 이입이 아니라 이러한 기독론적 개념들의 형성에 미친 다양한 요소들과 동기들(motifs)의 집합적인 영향이었음을 보여줄 것이다. 종교사학파의 전제들을 바탕으로 전개된 이

---

7) C. Colpe, *Die Religionsgeschichtliche Schule* I (1961); 영지주의적 연구에 대해서는 Goppelt, *Apostolic Times*, pp. 92-102; R. M. Wilson, *Gnosis and the New Testament* (1971); U. Bianchi, *The Origins of Gnosticism* (1967)을 참조하라.

8) 이 자료는 L. Bieler, *Theios Aner. Das Bild des "göttlichen Menschen" in Spätantike und Frühchristentum* I (1935); II (1936 〔reper. 1967〕)에 의해 필수적인 비평적 계층화를 거치지 않고 모아졌다. 그것은 최근에 D. Georgi, *Die Gegner des Paulus im 2. Korintherbrief* (1964)에 의해 불트만의 방향으로 설명되었고 H. Koester에 의해 이런 의미로 수용되었다. 비판에 대해서는 Wülfing von Martitz, op. cit. (n. 1), 339 n. 27; M. Hengel, *The Son of God* (1976). pp. 31f.를 참조하라.

9) 신들의 죽음과 부활에 관한 신화들에 대한 훌륭한 개관은 G. Wagner, *Pauline Baptism and the pagan mysteries* (1967)에서 찾아볼 수 있다.

입 이론은 방법론적으로 너무 지나치게 단순화한 것으로 밝혀진다.

2) 이입 이론이 재구성한 것은 또한 핵심적인 실질적 내용상의 출발점에도 미달한다. 헬레니즘적 기독교인들은 신에 관한 헬레니즘적 개념들의 견지에서가 아니라 구약의 하나님의 견지에서 신의 아들됨에 관하여 생각하였다. 그들은 전자로부터 떠나와서 후자에 이르렀었다. 이것이 그들의 회심의 중심적인 내용이었다(살전 1:9). "하나님의 아들"이라는 호칭은 그들에게 "신적인 존재", "신적인 기원" 등등을 표현한 것이 아니었다. 논의 가운데 그토록 자주 반복되어 나오는 "신적"이라는 단어는 바울에 의해 예수에게 적용된 적이 없었다. 사실 그 단어는 신약 전체에서 오직 두 차례 나오는데, 그것도 기독론적 연관이 전혀 없는 문맥에서 나온다(행 17:29; 벧후 1:3f.). 헬레니즘적 기독교인들에게조차도 "하나님의 아들"이라는 칭호는 예수를 구약의 하나님과의 특별한 관계에 위치시켰다. 그는 우주의 깊음이 아니라 세상에 존재하는 모든 것과 관련을 맺은 가운데 서 있는 인격적인 분이었다. 따라서 이입 이론은 헬레니즘적 기독론의 출현에서 핵심적인 내용상의 문제를 간과했다: 어떻게 불과 수년 전에 죽었던 예수가 바울에 의해 헬레니즘적 교회로부터 빌어온 전승 속에서 "하나님의 아들"이라는 칭호에 의해 표현되는 방식으로 구약의 하나님과의 연관 아래 놓여 있을 수 있었는가?

2. "하나님의 아들"이라는 호칭: 용례 개관

a) 단어의 용례

이 단어의 용례조차도 시사하는 바가 크다. "하나님의 아들"이라는 칭호와 "아들"이라는 절대적 용법은 바울 저작들 속에서 각각 오직 한번씩 발견된다(고후 1:19; 참조. 엡 4:13; 고전 15:28); 그 외에는 규칙적으로 "아들"은 하나님이 그 말의 주어이기 때문에 "그의 아들"과 같이 소유대명사와 함께 사용되었다. 그러므로 이 표현은 전승으로서의 칭호로 일반적으로 사용된 것이 아니고 그 구체적인 내용에 따라 예수의 하나님과의 관계를 표현하기 위하여 사용되었다. "바울의 용례에 나타난" (하나님의) 아들은 "구원을 가져온 분과 하나님 자신과의 매우 밀접한 관계를 보여준다."[10]

b) 빈도

바울은 이 호칭을 모두 15회 사용하였다. 그는 이 호칭을 히브리서 기자와 요한복음 기

---

10) Kramer, *Christ*, p. 185.

자보다 상대적으로 덜 사용하였다. 전승사적으로 볼 때 바울의 용례 가운데 여섯번은 분명히 그가 전해받은 정형 어구들과 표현들에 속한다(롬 1:4; 8:3, 32; 갈 2:20; 4:4f.; 살전 1:10). 아홉번은 사도 자신이·만들어낸 것이었다(롬 1:3, 9; 5:10; 8:29; 고전 1:9; 15:28; 고후 1:19; 갈 1:16; 4:6).[11]

로마서 1:3b, 4에 나오는 팔레스타인 교회로부터 연유한 승귀 정식(定式)을 제외한다면 전승에 의한 진술들은 하나의 위탁 정식(롬 8:3), 두 개의 성별 정식(롬 8:32; 갈 2:20), 하나의 '파루시아' 정식(살전 1:9b, 10)이었다. 바울이 만들어낸 것들은 특별한 영역에 국한되어 있지 않았다.

우리가 이 진술들의 내용을 전체로 볼 때 로마서 1:3 이하에 나오는 팔레스타인 교회의 신앙고백과 바울 사이에는 상당한 정도의 발전이 있었다는 것이 분명해진다.

3. 아들의 활동의 개시

a) 팔레스타인 교회의 가장 오래된 신앙고백에 따르면 예수는 부활 또는 승귀를 통하여 "권능 있는 하나님의 아들로 인정되었다"(롬 1:3f.; §26, 4). 그 이전에 예수는 무엇이었는가? 예수는 약점 가운데 있는 하나님의 아들이었는가? 이 신앙고백의 의도는 예수라는 존재의 본질이 아니라 활동으로부터 부르심을 표현히는 것이었다.

b) 아들로시의 그의 활동과 판린된 팔레스타인의 승귀 기독론의 진술은 한편으로는 그의 역사적 탁월성을 바라보는 눈을 가지고, 다른 한편으로는 그의 우주와의 관계를 바라보는 눈을 가지고 전개되었다.

1) 공관복음서 전승의 아주 초기의 전승층에 따르면 예수는 요한에게 세례를 받을 때 "사랑하는(=유일한) 아들"(막 1:10f.; §4, 3)로 불렸다. 따라서 그의 지상적 사역은 이 칭호 아래서 수행되었다.

마태와 누가의 출생과 유년 시절에 관한 설화들에서 그의 삶의 역사적 기원에 관한 질문이 제기되었다. 이에 대한 답변은 예수의 삶은 그 뿌리에서 하나님의 성령에 의해 독특하게 결정되었다는 것이었다. 그러므로 누가복음 1:35에 따르면 예수는 날 때부터 "하나님의 아들"로 불려야 했다. 더욱이 예수가 성령으로부터 출생한 것은 신에 의한 신화적 잉태와 일치하였기 때문에 더욱 그러했다(참조. §3, 2). 이 두 전망 중 첫번째는 확실하게 두번째는 개연직으로 이미 바울의 생애 동안에 팔레스타인 교회의 전승들 속에 표현되어 있었지만 그

---

11) 아마도 ibid., p. 183에 의해 만들어진 것일 것이다.

러한 것은 바울의 저작들에는 전혀 나타나지 않는다. 그것들은 단지 복음서 전승의 준거를
에만 속했다.

2) 이와는 대조적으로 바울은 헬레니즘적 교회의 신앙고백에 나타난 승귀 기독론을 토대
로 결론지어진 것을 빌어왔다: 예수는 선재하는 아들의 성육신이었다! 어떻게 사람들은 그
가 죽은 지 십오년 밖에 지나지 않았는데 한 사람을 이런 식으로 호칭할 수 있었을까? 선재
기독론은 어떻게 등장하였는가?

4. 선재(先在) 단언의 출현

a) 내용상의 제재(題材)

기독론이 단지 신화적 도식의 예수에게로 이입을 통해서만 생겨났다면 — 종교사학파가
전제하듯이 — 왜 인자의 선재가 공관복음서 전승에 이미 표현되어 있지 않았는가 하는 것
을 이해하기 어렵다. 왜냐하면 유대의 묵시문학에 따르면 인자는 지극히 높으신 분의 보좌
에서 영원전부터 감춰져 있었기 때문이다.[12] 더욱이 마태복음 11:25 이하 및 그와 유사한
위치에 있는 것들 속에서 예수의 해석을 지혜의 대표자와 지혜의 선재라는 개념으로 이해할
수 있었을 것이다(잠 8:22ff. ; Sir. 24:3ff.). 하지만 선재 기독론은 케리그마와 믿음을 위
하여 반드시 필요했을 때에야 처음으로 전개되었다. 그것은 복음이 헬레니즘 세계의 사람들
에 직면했을 때였다.

팔레스타인-유대 사람들은 세계를 역사로 알았고, 따라서 그들은 예수를 역사에 종말론
적 완성을 가져온 사람으로 이해하였다. 하지만 헬레니즘 세계의 사람들에게 이 세계는 우
주, 즉 정사(政事)와 권세들에 의해 통치되는 세계 조직이었다. 따라서 예수에 관한 모든
진술들이 이 헬레니즘 세계의 사람들에게 의미가 있기 위해서는 우주와 결부되어야 했다.
선재 단언의 출현은 이러한 동기를 바탕으로 해서 실질적으로 이해될 수 있다. 자신의 실체
에 따른 예수의 오심을 우주와 연결시킨 믿음의 인식이 발전되었다.

b) 언어적 수단

이 믿음의 인식을 표현하기 위해서 다양한 언어적 개념적 수단들을 헬레니즘적 유대교에
서 이용할 수 있었다. 여기서 인격화된 지혜는 우주와 결부되었다. 밀접한 접촉점들은 헬레

---

12) 1 Enoch 39:6; 40:5; 48:3, 6; 62:7; IV Ezra 13:20, 52.

니즘적 기독교가 이 개념을 이용했다는 것을 보여준다.[13] 솔로몬의 지혜서 9:10에서 지혜의 파송을 이야기하고 있는 것과 마찬가지로 갈라디아서 4:4에서는 아들의 파송에 관하여 말한다: "거룩한 하늘로부터 지혜를 보내라. 그대의 영광의 보좌로부터 지혜를 가게 하라!" (=Charles, I, 550). 갈라디아서 4:6에서와 마찬가지로 솔로몬의 지혜서 9:17에서는 성령의 파송에 관한 병행 진술이 나온다. 오직 이 두 곳에서 바울은 "보내다"라는 뜻으로 지혜 문학에서 사용되었던 '엑사포스텔로'(*exapostello*)를 사용하였다. 하지만 세상으로의 이러한 오심은 엄밀하게 이스라엘 가운데 토라의 형태로 지혜가 거하는 것(Sir. 24: 11) 또는 예언하는 사람들을 감동시키는 것으로 이어졌다. "세대에서 세대로 거룩한 영혼들 속으로 들어가 지혜는 그들을 하나님의 친구들과 선지자들로 만든다"(Wis. Sol. 7: 27 = Charles, I, 547). 하지만 지혜의 오심은 성육신을 가져오지는 않았다.

바울과 지혜 문학에서 창조의 행위는 세상으로 오기 이전의 선재와 관련하여 단언되었다. 따라서 창조의 행위는 고린도전서 8:6 등에서 그리스도와 관련하여 언급되었고 잠언 3:19; 8:22-31; 솔로몬의 지혜서 9:1 이하, 9; 집회서 24:3; Philo, *Det. Pot. Ins.* 54 등등에서 지혜와 관련하여 언급되었다.

이러한 언어학적 수단들의 도움을 받아 선재에 관한 다음과 같은 고찰들이 위에서 언급한 내용상의 제재들에 맞춰 결합되었다.

5. 선재하는 아들의 파송과 성육신

a) 정형 어구들

갈라디아서 4:4 이하와 로마서 8:3에서 우리는 "하나님이 그 아들을 보내사"라는 진술을 발견한다. 이 진술은 바울과는 상관 없이 요한복음 3:(16), 17; 요한일서 4:9에 반복해서 나타나기 때문에 정형 어구의 성격을 지니고 있었다. 공관복음서 전승은 '엘돈'(*elthon*) 말씀들(막 2:17 par.; 눅 19:10)을 통해 예수의 오심을 말하였고, 그럴 때에 단지 예수가 하나님에 의해 위탁을 받았다는 것만을 의미하였다. 지금 이러한 오심은 우주적 좌표 속에서 세상으로 알려진 모든 것에 반하여 서 있는 천상으로부터의 "오심"으로서 특징지어져야 했다. 그리고 그 목표는 단순히 역사적 사명의 위탁일 수 없었고 오직 성육신이었다.

---

13) E. Schweizer, *Neotestamentica*, pp. 106-111과 *TDNT* VIII, 375f.에 나오는 이를 밑받침하는 전거들; 참조. R. G. Hamerton-Kelly, *Preexistence, Wisdom and the Son of Man. A Study of the Idea of Preexistence in the New Testament* (1972).

"하나님이 그 아들을 보내사 여자에게서 나게 하시고 율법 아래 나게 하신 것은"(갈 4:4). 그는 인간 존재로서 태어났고 다른 모든 사람들과 마찬가지로 율법에 속하였다.

그런데도 그는 다른 모든 사람들과 구별되었다. 그는 "죄 있는 육신의 모양으로"(롬 8:3f.) 보내심을 받았다. 그가 "육신"(요 1:14)이 되신 것은 바울도 말할 수 있는 것이었지만, "죄 있는 육신"은 아니었다. 그는 육신에 속했지만(롬 9:5; 참조. 고후 5:16), 그는 육신의 지배를 받지는 않았다. 그는 "육신의 생각"(롬 8:5-7), 즉 죄를 좇지 않았다. 통상적인 인간 실존과의 이러한 차이는 여기서 간격을 두는 말인 "모양"을 통해서 시사되고 있다. 그것은 빌립보서 2:6-11에서 좀더 분명히 되어 있다.

b) 찬송들

빌립보서 2:6-11에 나오는 그리스도 찬송은 그리스도의 오심을 하나님의 파송으로서가 아니라 선재하신 분의 권리 박탈로 묘사하고 있다. 바울에게 전형적이지 않은 수많은 표현들이 존재한다는 것은 바울이 찬송 전체 또는 적어도 그 핵심적인 요소들을 전승으로부터 빌어와서 오직 약간만 그 형태를 바꿨다는 것을 시사해준다.

5절에서 이 찬송은 다음과 같은 서문에 의해 도입된다: "너희 안에 이 마음을 품으라 곧 그리스도 예수의 마음이니". 기억을 위한 병행법(parallelismus membrorum)으로 구성된 네 개의 이중의 행들은 두 절 가운데 첫절을 이루고 있다.[14]

> Ⅰ (6) 그는 근본 하나님의 본체시나
>   하나님과 동등됨을 취할 것으로 여기지 아니하시고
>   (7) 오히려 자기를 비어
>   종의 형체를 가져
>   사람들과 같이 되었고
>   사람의 모양으로 나타나셨으매
>   (8)[15] 자기를 낮추시고
>   죽기까지 복종하였으니(곧 십자가에 죽으심이라)
> Ⅱ (9) 이러므로 하나님이 그를 지극히 높여
>   모든 이름 위에 뛰어난 이름을 주사
>   (10) 하늘에 있는 자들과 땅에 있는 자들과 땅 아래 있는 자들로

---

14) Deichgräber, op. cit. (Lit., §33. 5), p. 122.
15) 헬라어 본문의 시형(詩形)

       모든 무릎을 예수의 이름에 꿇게 하시고

(11)   모든 입으로 예수 그리스도를 주라 시인하여

       하나님 아버지께 영광을 돌리게 하셨느니라

이 찬송은 팔레스타인 교회의 승귀 기독론과 예수의 수난에 대한 공관복음서의 해석의 주요한 방향이 그랬던 것처럼(§21, 2c) 의로운 자의 비하와 승귀라는 구약 및 유대의 개념을 그 출발점으로 삼았다.[16] 비하된 의로운 자를 확인하는 표지는 어떤 상황들 속에서 자신의 순교를 통해 최후의 증거를 하는 순종이었다. 이러한 전개가 우주적 차원에서 설정됨으로써 두 가지 선포를 가져오게 되었다.

(1) 7절에 따르면 선재하는 아들은 "사람의 모양"으로 왔고 "사람의 모양으로 나타나셨다". 즉 예수는 진실로 인간이었다. 그런데도 다른 모든 사람들과는 대조적으로 그는 "순종"하였다. 그가 공관복음서 전승에서 다른 무엇보다도 의로운 자로 보인 반면에 여기서 그는 순종하는 자였다. 이 절대적 순종은 도덕적인 성질의 것이 아니었고 아버지의 파송을 실현하는 행위였다(갈 2:20). 그러므로 그는 "순전한 인간 존재" ― 불트만을 추종한 설명이 흔히 그러한 것처럼[17] ― 가 아니었기 때문에 이 기독론은 복음서들의 방향을 따른 예수 상(像)을 배제했을 것이다.[18]

(2) 이 독특하면서도 제한 없는 인간 실존은 역사적 발전들을 토대로 한 비하가 아니라 ― 공관복음서의 경우처럼 ― 이미 처음부터 그러했다. "자기를 낮추시고"(8a절) "자기를 비어" 사람이 되었다(7a절). 이 진술들의 주어는 그 칭호가 여기에 나오는 것은 아니지만 선재하는 아들이었다.

선재하는 분은 하나님의 '모양'(morphe)을 사람의 모양과 바꿨다. 여기서 '모르페'(모양)는 외관상의 형태만을 의미하는 것이 아니라 실존의 양태, 지위도 의미한다. 그는 자기에게 주어진 것을 육신 속에서 자기에게 유리하도록 사용하지 않았고 오히려 그것을 하나님의 파송의 처분에 맡겼다. 그는 자기를 "비웠다" 즉 스스로에게서 하나님으로서의 존재 양태를 박탈하였고, "자기를 낮추었다". 즉 "종들"로서의 존재 양태를 취했다(7b). 그는 하나님의 도구로서의 구약의 의로운 자와는 달리 "종"이 되었다. 그는 우주에서 횡행하는 세력들에게 스스로를 복속시켰기 때문에 그렇게 되었다.

---

16) Schweizer, Lordship, pp. 61-63.

17) *Theology* I, §4와 §12.

18) Conzelmann, *Theology*, p. 80("성육신한 분의 행위들은 그 안에서 어떠한 역할도 가지고 있지 않기 때문에 … ").

이 찬송은 우리의 관심을 끄는 질문, 즉 자기를 비운 선재하는 분이라는 주어가 어떻게 순종하는 분이라는 주어와 결부되었는가 하는 질문에는 답변해 주지 않는다.

예수와 관련하여 아버지의 파송에 관한 진술들과 마찬가지로 아들의 신성 포기 (kenosis)에 관한 이러한 진술들은 예수가 종교적, 도덕적 업적들을 통하여 구별되는 인간 존재가 아니었다는 것을 분명하게 말해준다. 오히려 그는 모든 인간 실존에 대립하여 있는 천상으로부터 왔다.

그는 우리를 위하여 "가난하게" 되었다(고후 8:9). 반면에 또한 그는 반신(半神)이 아니라 자신의 실존과 관련하여 완전히 인간이었다. 그런데도 그는 자신의 맡겨진 사명과 일치하여 살았던 분, 순종하신 분이었다(참조. 막 10:45).

두번째 절이 전개되면서 예수의 이러한 기원은 그의 승귀를 통하여 확증된다. 선재라는 그의 기원에 관한 이러한 단언이 사변적이 아니라 실존적인 성격을 가지고 있었다는 것은 선재 자체에 관한 진술들을 통하여 극명하게 드러난다.

6. 창조의 행위자로서 선재하는 분

a) 정형 어구들

고린도전서 8:6에서 두 부분으로 된 신앙고백문이 문맥으로부터 구별될 수 있다.

> 한 하나님 곧 아버지가 계시니
> 만물이 그에게서 났고 우리도 그를 위하며
> 또한 한 주 예수 그리스도께서 계시니
> 만물이 그로 말미암고 우리도 그로 말미암았느니라[19]

헬레니즘적 기독교인들이 하나님에 대한 예수의 관계와 세계에 관한 그들의 우주론의 준거틀 안에서 물었을 때 그들은 하나님은 우주의 상부에 계시는 것이 아니라 창조주로서 우주와 관련하여 계신다는 말을 들었다(롬 4:17; 11:36; 고후 4:6). 헬레니즘 세계의 사람들에게 이 개념은 구약으로부터 유래하는 낯선 개념이었다.[20] 예수가 창조된 것의 편이 아

---

19) 이 정형 어구의 구조에 대해서는 §34, 2b를 참조하라.

20) Philo Som. 1:76에서 '데미우르고스'(demiourgos)와 '크티스테스'(ktistes)를 구별하고 있는 것은 시사하는 바가 많다: "그리고 무엇보다도 해가 떠오를 때 감춰져 있었던 모든 물체를 눈에 보이게 만들듯이 하나님은 모든 것들을 탄생시킬 때 그것들을 눈에 보이게 할 뿐만 아니라 이전에 없던

니라 창조주의 편에 속한다는 것은 지상적 예수가 하나님의 위치에서 새로운 계명을 선포하고 하나님의 위치에서 죄인들을 받았을 때 이미 분명해졌다. 하지만 구약의 사고에서 하나님은 가장 높으신 존재가 아니라 목적지향적인 행위의 의지(Will)였다. 이런 이유로 선재 개념의 영역에서 예수에게 속한다는 것은 오직 그의 창조 활동에 참여하는 것, 즉 창조 행위로서만 표현될 수 있었다. 이 개념의 구조는 승귀되신 분을 통한 종말 때의 하나님의 주권에 관한 단언들을 통해 분명해진다(§34, 2c). 선재하는 분을 통한 창조는 그를 통한 새로운 창조와 대응되었다: "우리도 그로 말미암았느니라"(6b절; 참조. 고후 5:17; 갈 6:15).

b) 찬송들

이 진술들은 골로새 공동체에서의 초기의 영지주의 운동이 그리스도를 우주에서 세상의 권세들 아래에 있는 중간적 존재로 위치시켜놓고 있을 때에 형성되고 증보되었다. 이 움직임을 막기 위하여 골로새서 1:15-20에 나오는 그리스도 찬송이 고백되었다:

   I. 15   그는 보이지 아니하시는 하나님의 형상이요
            모든 창조물보다 먼저 나신 자니
      16   만물이 그에게 창조되되
            하늘과 땅에서
            보이는 것들과 보이지 않는 것들과
            혹은 보좌들이나 주관들이나 정사들이나 권세들이나
            만물이 다 그로 말미암고 그를 위하여 창조되었고
      17   또한 그가 만물보다 먼저 계시고
            만물이 그 안에 함께 섰느니라
      18   그는 몸인 교회의 머리라[21]
  II.   그가 근본이요
            죽은 자들 가운데서 먼저 나신 자니

것들을 만들어내며(*epoiesen*) 물질을 제조자(*demiourgos*)로서 다룰 뿐만 아니라 스스로 창조자(*ktistes*)이기도 하다"(=LCL, *Philo*, V, 337). 세상의 창조자에 대한 관례적인 헬라어 호칭인 '데미우르고스'는 일상의 말 속에서는 자기에게 제공된 물질을 여러 모양으로 만들어내는 장인(匠人)이었다. 하지만 '크티스테스'는 이를테면 자신의 명령 하나로 어떤 도성을 지을 수 있는 그러한 통치자였다. 칠십인역은 창조주로서 하나님에 관한 구약의 진술들을 재현하는 데에 전자가 아니라 후자를 사용하였다. 말로서 표명된 그분의 뜻은 모든 것을 존재하게 하고 그것에 형상을 부여하였다(W. Foerster, *TDNT* III, 1023-28).

이는 친히 만물의 으뜸이 되려 하심이요
19 아버지께서는 모든 충만으로 예수 안에 거하게 하사
20 그의 십자가의 피로 화평을 이루사 만물
곧 땅에 있는 것들이나 하늘에 있는 것들을
그로 말미암아 자기와 화목케 되기를 기뻐하심이라

따라서 창조의 행위자라는 것은 단지 한 사건에 처음부터 참여하였다는 것만이 아니라 우주와의 지속적인 관계를 의미하였다. 그가 제일 먼저 창조된 자였고 그런 자격으로 다른 모든 창조된 것들을 그에 이어서 있게 했기 때문이 아니라 그가 "만물보다 먼저 계셨기"(17절) 때문에 그는 "모든 창조물보다 먼저 나신 자"(15b절)였다. 그는 "만물보다 먼저 계셨다". 즉 만물 위에 놓아졌고 "만물이 그 안에 함께 섰느니라". 헬라적 사고에서 그것은 그가 조화로운 질서를 보장하고 있다는 것을 의미하였다. 성경적 사고에서 그것은 그가 만물에 형태와 방향을 부여하면서 부여잡고 있다는 것을 의미하였다(Sir. 43:26; 히 1:3).

7. 선재에 관한 단언들의 지속적인 의의

선재 개념의 전승사적 구조와 케리그마적 경향은 오늘날 변화된 설교 환경 속에서 신학적으로 중요한 것으로 남아 있는 것을 인식하는 데에 토대를 제공해 준다. 우리에게만이 아니라 신약 진술들 자체에 대해서도 연대기적인 시간 이전과 공간적인 천상은 부차적인 표현 수단이다. 바울에게도 그것들은 다소 시각 보조교재적인 역할을 했을 뿐이다. 왜냐하면 하나님은 시간과 공간을 초월해 계시며 우주의 꼭대기층에 계시는 것이 아니었기 때문이다. 예수는 이 점에서 고대의 세계관에 맞춰진 것이 아니라 헬레니즘 세계의 사람들이 갖고 있었던 세계에 관한 이해와 관련되어 있었다.

신약의 의도에 맞춰 우주론적인 용어 사용법을 제거한다면 선재 단언들은 '엑스트라 노스'(*extra nos*)의 개념을 나타낸다. 즉 예수 안에서 일어났던 것은 세계와 관련을 맺고 있는 절대적인 분으로부터 세계에 존재하는 모든 것들을 요구했다는 것이다. 또한 이것은 실존론적 해석의 입장에 의해 강조되었지만,[22] 선재 단언들은 그것 이상을 표현하기를 의도

---

21) '*tes ekklesias*'는 대부분의 학자들에 의해 원래의 송영에 속하지 않았던 해석 수단으로 생각되고 있다(이에 대한 반대의견, Kehl, op. cit.〔Lit., §33, 6〕, pp. 41, 43, 93). 이 문제에 관하여는 W. Pöhlmann, "Die hymnischen All-Prädikationen in Kol. 1, 15-20," *ZNW* 64 (1973), 53-74 (55)를 참조하라.

22) Bultmann, *Theology* I, §33, 6b; 반대 의견으로는 Conzelmann, *Theology*, p. 80.

하였다.

그것들은 팔레스타인 전승에 대비되는 예수에 대한 새로운 차원을 열어놓으려 하였다. 그것들은 창조주와 창조에 대한 예수의 관계에 관하여 말하였다. 예수 안에서 만나는 것은 이방적이고 순전히 세속적인 세계에서의 신적인 원리가 아니라 구속주로서의 창조주였다. 예수 안에서 삶을 위한 새로운 기회를 열어놓은 하나님은 감춰진 가운데 창조주이자 세계의 주로서 모든 것과 관련된 동일한 분이었다.

그리고 이것은 동시에 하나님은 인간 예수와 그의 사역 안에 모두 포괄되지 않았다는 것을 의미한다. 예수 안에서 — 요한복음 1:14에서 결정적으로 형성된 것과 마찬가지로 — 하나님 자신이 아니라 종말론적으로 자신을 계시하는 하나님, 말씀(Logos)이 인간이 되었다.

8. 아들됨의 실체

팔레스타인 교회에서 예수는 하나님과 독특한 언약 속에 있었고 성령에 의해 결정되었기 때문에 아들이었다. 선재 기독론에서 예수의 활동은 본질적으로 하나님의 활동과 함께 하는 것이었고 하나님의 실체를 반영하고 있었기 때문에 예수는 아들이었다.

a) 고린도후서 4:6에서 바울은 그가 믿음을 갖게 되었을 때 그리스도의 얼굴에 있는 하나님의 영광(*doxa*)을 보았다고 고백하였다. 믿음으로부터 떨어진 사람은 누구나 "하나님의 형상"(*eikon*)인 "그리스도의 영광의 복음의 광채"(고후 4:4)를 볼 수 없었다. 고린도후서 4장에 따르면 "하나님의 형상"(*eikon*)은 십자가에 못박혔다가 승귀되신 분으로서의 그리스도였다. 골로새서 1:13에 따르면 그것은 선재(先在) 이래로 "사랑하는 아들"이었다.

창세기 1:27에서 원래의 아담은 하나님의 형상으로 특징지워졌는데, 바울은 고린도전서 11:7에서 이 구절을 아담족의 사람과 결부시킬 수 있었다. 하지만 기독론적 진술들 속에서 그는 솔로몬의 지혜서 7:26(= Charles, I, 547)에서 "그의 선하심의 형상", "영원한 빛으로부터의 광채"(*apaugasma*)라고 불린 지혜에 이 구절을 적용한 것을 따랐다. 이 개념의 도움을 받아 바울은 믿음으로 말미암아 예수 안에서 깨닫게 된 것, 즉 그가 세상으로 오실 때의 하나님의 실체를 표현하였다. "에이콘"(*Eikon*, 형상)은 단순히 본이 아니라 실체 자체의 형태였다(참조. 롬 1:23).[23] 히브리서 1:3은 그것을 이런 식으로 표현하였다: 아들은 "하나님의 영광의 광채시요 그 본체의 형상이시라". 요한복음 1:1-18에 따르면 예수는 하나님 자신의

---

23) H. Kleinknecht. *TDNT* II, 389.

말씀(Logos)이었다. 그를 보는 자는 누구나 아버지를 보았다(요 14:9).

b) 바울은 그리스도를 "하나님"이 아니라 "하나님의 형상"으로 불렀다. 흔히 이 후자의 의미로 해석되어온 로마서 9:5의 구절은 그리스도가 아니라 하나님에 대한 송영(頌榮)이었다.[24] 바울은 그리스도를 단계적인 배열 속에서 하나님과의 관련에 위치시켰다: "만물이 다 너희 것임이라 … 너희는 그리스도의 것이요 그리스도는 하나님의 것이니라"(고전 3:22f.; 참조. 11:3). 따라서 그는 완성을 대망할 수 있었다: "만물을 저에게 복종하게 하신 때에는 아들 자신도 그 때에 만물을 자기에게 복종케 하신 이에게 복종케 되리니 이는 하나님이 만유의 주로서 만유 안에 계시려 하심이라"(고전 15:〔23f.〕, 28). 그 목적은 하나님을 만유와 일치시키는 것 — 유사한 헬레니즘적 정형 어구들에 의해 표현된 것처럼 — 이 아니라 그의 배타적인 구원의 주도였다. 이 안에 목하 그것과 구별될 수 있는 아들의 주도는 포괄될 것이다.

c) 이러한 관련의 방식과 일치되게 서로를 향한 이 둘의 활동은 인격적 통일로 설명되었다: 하나님은 그의 아들을 보내어 그를 넘겨주었다. 하지만 아들은 순종하였고 자신을 낮추어(빌 2:6ff.) 스스로를 넘겨주었다(갈 2:20). 오직 이런 식으로 그는 믿음의 공동체에게 보인 모습 그대로가 되었다. 선재 기독론은 팔레스타인 교회의 승귀 기독론이 결정했던 것을 부인하지 않았다. 로마서 1:3 이하에 따르면 선재하는 "아들"이 그의 지상적 삶과 그의 승귀 후에야 비로소 "권능 있는 하나님의 아들"이 되었다. 승귀되신 분은 선재하신 분과는 다른 의미로서의 아들이었다. 하나님은 그를 "지극히 높였고"(빌 2:9) 그는 '퀴리오스'(*kyrios*, 빌 2:10f.)가 되었다.

§34. 주(Kyrios)

---

24) E. Käsemann, *Romans*, at Rom. 9:5.
25) 참조. E. Norden, *Agnostos Theos* (1971⁵), p. 241.

Bousset, *Kyrios*, pp. 119-152; W. Foerster, *Kyrios*, *TDNT* III, 1081-1094; Cullmann, *Christology*, pp. 195-237; S. Schulz, "Maranatha und Kyrios Jesus," *ZNW* 53 (1962), 125-144; Hahn, *Titles*, pp. 68-128; Kramer, *Christ*, pp. 65-107; P. Vielhauer, *Aufsätze zum Neuen Testament* (1965), pp. 147-175; J. A. Fitzmyer, "The Semitic Background of the New Testament *Kyrios*-Title," in Fitzmyer, *A Wandering Aramean: Collected Aramaic Essays* (SBL Monograph Series 25, 1979), pp. 115-142 (cf. also his "New Testament *Kyrios* and *Maranatha* and Their Aramaic Background," in Fitzmyer, *To Advance the Gospel. New Testament Essays* [1981], pp. 218-235).

바울 서신에서 '퀴리오스' (주)라는 명사는 거의 전적으로 그리스도에 대한 호칭으로 사용되었지만, 때때로 칠십인역과 관련하여 하나님에 대한 칭호로도 사용되었다. 정형적 표현들에 비추어볼 때 바울은 여기서 헬레니즘적 교회에서의 그리스도에 대한 주요한 호칭을 빌어 왔던 것으로 볼 수 있다.

1. 헬레니즘적 교회의 퀴리오스 고백

a) "예수는 주이시다"라는 정형 이구는 바울의 저작들 속에서 세 번 찾아볼 수 있다(롬 10:9; 고전 12:3; 빌 2:11). 빌립보서 2:6-11의 바울 이전의 찬송조차도 11절에서 그러한 어구로 끝나는 것으로 보아 이 어구는 헬레니즘적 교회의 기본적인 신앙고백이었음에 틀림 없다. 로마서 10:9은 세례와 관련된 약속으로 들리기 때문에 세례 예비자들은 세례를 받을 때에 이 신앙고백을 했던 것으로 보인다: "네가 만일 네 입으로 예수를 주로 시인하면 … 구원을 얻으리니". 이와 아울러 이 어구는 공동체의 예배 의식에서 사용되었다. 빌립보서 2:10 이하의 찬송을 가지고 공동체는 완성의 때에 만유가 소리 높여 이 고백을 말할 때까지 현재에서 모든 피조물을 대신하여 신앙고백을 표현하였다. 또한 이 어구는 영들을 분별하는 기준이 되기도 하였다(고전 12:3).

로마서 10:9a와 빌립보서 2:11을 보면 이 정형 어구를 입 밖으로 내는 것은 신앙을 고백하는 행위(*homologein*)로 분명하게 지칭되었다. 로마서 10:9에 따르면 이 신앙고백을 통해 표현되는 믿음은 하나님이 예수를 죽은 자로부터 살리셔서 그를 우주에 대한 종말론적 봉지지로 높이셨기 때문에 십자가에 못박힌 분을 주로서 의뢰하는 믿음이었다. 빌립보서 2: 9-11에서 이 신앙고백은 동방의 대관식에서 환호와 같은 위치를 차지하였다(§33, 5). 고대 세계에서[1] 환호는 군중 집회에서 그 상황에 적절한 승인을 표현하는 군중들의 자발적인 갈채였다. 이 승인은 구속력 있는 법적 행위로서 타당성이 있었고 그런 것으로 정당하게 기록되었다.[2] 모든 피조물들이 완성 때에 그들의 창조주를 인정할 때 이 신앙고백은 그러한 성격을 띠게 될 것이었다. 하지만 믿음의 공동체에서 '퀴리오스' 신앙고백은 거의 이런 형태로 표현되지 않았다 ─ 적어도 그것의 구속력 있는 성격은 결코 집합적인 법적 행위가 아니라 즉각적이고 개인적인 믿음이라는 성격을 갖고 있었다. 그러므로 이 신앙고백을 공동체의 환호로 지칭하는 것은 부적절하다.[3]

b) 바로 이 신앙고백으로 인하여 기독교인들은 "저를 부르는"(9절과 관련하여 롬 10:12f.) 자들로 지칭되었다. 이 신앙고백을 통해 예수는 '퀴리오스'(빌 2:9-11)라는 이름으로 인식되었다. 그를 고백하는 자는 스스로를 그의 돌보심과 지도 아래에 놓았다. 즉 "저를 불렀다". 이와 동일한 것이 그가 약속하신 것을 이루시도록 "주"를 부르는 예배의 모든 행위들 속에서 일어났다. 그의 이름으로 세례는 깨끗케 되었고(고전 6:11) "우리 주 예수의 이름으로 모인" 믿음의 공동체는 그의 "능력" 안에서 간음 속에서 살고 있는 자를 교제로 들어오지 못하도록 막아야 했다(고전 5:4). 초대 교회의 "떡을 떼는 것"은 헬레니즘적 교회에서 여러 방식으로 주와 결부된 "주의 성찬"(*kyriakon deipnon*)이 되었다(고전 11:20, 26; 10:21). 따라서 기독교인들은 스스로를 "예수 이름을 부르는 자들"로 자처했다(참조. 고전 1:2; 행 2:21; 9:14; 22:16).

c) 위에 나온 이 두 정형 어구들은 주로 공동체 자체의 삶을 배경으로 작용한 반면에 "우리 주 예수 그리스도"(*heis kyrios Iesous Christos*, 고전 8:6)라는 표현은 공동체의 선교적, 변증적 신앙고백에 사용되었다.

d) 우리는 "주 예수의 은혜가 너희와(또는 "너희 마음과" 또는 "너희 모두와") 함께 하기를"이라는 바울 서신의 끝 인사는 처음 인사와는 대조적으로 공동체의 예전의 정형 어구일 수 있는가의 여부를 분명히 물어볼 수 있다. 고린도전서 16:23에서 끝 인사는 20b절과 22절의 예전적 단편들과 연계되어 있으며 바울 이외에도 요한계시록 22:21에 다시 나온다. 도입부의 정형 어구에서처럼 '카리스'(charis, 은혜)에 대한 이 언급이 바울로부터 유래

---

1) E. Peterson, *Heis Theos* (1926), pp. 133f., 141-45.
2) 환호는 예를 들면 에베소 연극장에서 군중들의 부르짖음이었다: "크다 에베소 사람의 아데미여"(행 19:28).
3) 반대 의견으로는 Kramer, *Christ*, p. 65.

하였을지라도 "우리 주 예수 (그리스도)"라는 표현은 전승에 의한 공동체의 언어였다고 보는 것이 좋다. 또한 그 표현은 성찬의 '파라도시스'(*paradosis*, 고전 11:23)의 개시 부분에서도 발견된다. 아마도 이와 같은 것은 "우리 주 예수 그리스도의 아버지"(고전 1:3; 11:31; 롬 15:6)라는 표현과 "우리 주 예수 그리스도로 말미암아"(또는 "예수 그리스도 우리 주로 말미암아", 고전 15:5-7; 롬 7:25; 골 3:17) 하는 감사에도 적용될 수 있을 것이다. 하지만 이 표현을 통하여 구원의 유익들을 특징짓는 것에는 적용되지 않을 것이다 (롬 5:1, 11, 21; 살전 5:9; 참조. 롬 15:30).

이 모든 정형 어구들과 표현들을 볼 때 바울 이전의 전승 또는 공동체의 언어와 바울 자신이 만든 어구들 사이의 차이는 확고한 것이 아니었을 것이라고 보는 것이 자연스럽다. 결국 그러한 전승과 언어는 대체로 다른 곳에서와 마찬가지로 여기에서도 대체로 사도의 영향력 없이 전개된 것이 아니었다.[4] 바울 이전에 독자적으로 사용된 것이 분명한 그러한 형용 어구와 관련하여 우리는 이렇게 물어야 한다: 그것은 어떻게 생겨났는가?

2. 헬레니즘적 퀴리오스 개념의 기원과 내용

바울 서신 속에서 '퀴리오스'라는 호칭은 헬레니즘적 교회 외부에서 세 가지 '퀴리오스' 개념과 결부되어 있었다. 그리므로 이들은 선승사석으로 볼 때 그 호칭의 출현을 위한 가능성 있는 세 가시 출발점늘이 된다. 부세(W. Bousset)의 날카로운 연구서인 *Kyrios Christos*(1913)이래로 이 세 가지 개념 가운데서 어느 것이 헬레니즘적 교회의 '퀴리오스' 빈사(賓辭)의 주요한 또는 배타적인 모체를 제공하였는가에 대하여 상당한 학적인 토론이 있어 왔다. 사람들은 내용 면에서 어느 것이 영향력을 미쳤는가를 해명해보고자 했다.

a) 고린도전서 16:22에 나오는 예전적 정형 어구들 가운데는 팔레스타인 교회의 '마라나다'(maranatha)라는 표현이 나타난다(§26, 5). 헬레니즘적 교회는 '아바'('abba')라는 단어와 마찬가지로 구원과 관련된 사람들의 대망을 핵심적으로 집약한 아람어 형태인 이 표현을 빌어왔다. 그런데도 "예수는 주이시다"라는 '퀴리오스' 단언들의 중심부에 있는 이 신앙고백은 형태와 내용에서 팔레스타인 교회의 표현과는 두드러지게 달랐다.

후자는 "우리 주"라고 말했던 반면에 헬레니즘적 교회는 "주"라고 절대적인 의미로 지칭하였던 것이다. 전자는 역사의 완성으로서 구원을 기대하였고, 후자는 구원을 "주"와 함께 있는 것으로 이헤히었다. 이러한 차이들에 비추어 보아 우리는 두번째 정형 어구가 변화된

---

4) ibid., pp. 65-107에는 이 정형 어구 전승에 대한 철저한 논의가 있다.

설교 환경을 바탕으로 첫번째 정형 어구로부터 나왔을 가능성에 대하여 물어보아야 한다.

부세(Bousset) 이래로 많은 학자들은 '퀴리오스' 신앙고백이 전적으로 헬레니즘적 뿌리로부터 나왔다고 주장하여 왔다.[5] 그런데도 전자로부터 후자로의 연결 고리들도 찾아볼 수 있다. 초대 교회는 "자신의 주"를 향하여 오시라고 기도하였다. 그렇게 하는 데에 초대 교회는 오실 자만이 아니라 승귀되신 분에 관하여서도 생각하였다. 왜냐하면 초대 교회의 기도는 수신자를 가져야 했고 들어줄 대상이 있어야 했기 때문이다. 믿음의 공동체가 헬레니즘 세계에서 그가 현재에 우주와 어떻게 관련되어 있는가에 대하여 답변하려고 했을 때 이 전승은 승귀되신 분을 주로서 신앙고백하는 출발점이 되었다. 하지만 이 신앙고백의 형성에는 헬레니즘 세계의 '퀴리오스' 개념들이 많이 이 과정에 관여하였다. 그러므로 이 개념들은 이 신앙고백의 형태와 내용에 상당한 영향을 미쳤다.

b) 바울은 고린도전서 8:6에서 "많은 신과 많은 주가 있으나 … "라는 말로써 이 신앙고백적 정형 어구를 도입하였을 때(§33, 6a) 헬레니즘적인 '퀴리오스' 개념을 지칭하고 있었다. 바울은 '호 퀴리오스'(*ho kyrios*)가 종교적 전문 용어, 아람어의 '마레'(*mare*)(히브리어 '아도나이'와는 대조적으로)에는 적용되지 않는 것임을 알았다.

주전 1세기 고대 근동에서 '호 퀴리오스'는 숭배자들에 의해 배타적으로 자신들의 수호자요 대장으로 생각되었던 구원 신들을 가리키는 표준적인 호칭이 되었다. 애굽의 신들인 이시스(Isis)와 세라피스(Serapis), 에베소의 아데미(Artemis)는 이런 의미로 주로 불

---

5) W. Bousset는 "주"의 절대적 의미는 팔레스타인 공동체가 아니라 헬레니즘적 공동체의 특정한 그리스도 형용 어구였다는 것을 기본적으로 알게 하였다(*Kyrios*, pp. 121-138). "실제로 종교사에서 아주 중요한 이러한 발전, 즉 미래의 메시야 예수로부터 그의 공동체의 주로서 현재의 제의 주인공이 탄생하게 된 이 발전은 헬레니즘적 공동체에서 일어났다"(p. 136). " … 예배에서 이렇게 특이하게 숭배의 대상을 이중으로 삼는 것은 구약의 유일신론이 더 이상 무조건적이고 절대적으로 지배할 수 없게 된 환경에서만 인식될 수 있다"(p. 147).

이런 식으로 부세는 헬레니즘적 교회의 새로운 상황과 그 문제점을 핵심적으로 파악하였다. 더구나 부세에게 '마라나다'(*maranatha*)를 언어를 혼합해 사용하였던 수리아 지역에서의 '주'(*kyrios*) 제의의 효과로서 처음 등장한 것으로 만들 필요가 전혀 없었다(p. 129). 이 형용 어구의 어원학적인 전제들은 아주 최근에 슐츠(Schulz)에 의해 더욱 자세하게 밝혀졌다(op. cit. 〔Lit., §34〕). 하지만 사물을 전적으로 현상학적으로 바라보는 방식으로 말미암아 그는 실질적인 연관들을 살피지 못함으로써 이 형용 어구에 대하여 다음과 같은 결론을 내리게 되었다: "이 묵시론적이며 광신적인 마라나다 신학으로부터 … 현재의 하나님을 드러내는 퀴리오스 신학으로 귀결된 더 좁은 통로는 존재하지 않았다"(143).

리는 경우가 아주 흔했다.[6] "내가 바다에서 위험에 처했을 때 나를 구원해주신 주 세라피스에게 감사드린다"와 같은 봉헌의 명각(銘刻)들이 신앙에서 전형적이었다.[7] 숭배자들은 이 신을 자신의 주, 보호자요 안내자로 생각하였다. 이 신을 향하여 그들은 환호는 물론이고 간구와 중보기도를 드렸다. 그들은 이 신을 성스러운 순례지, 예를 들면 에베소의 아데미 신전, 알렉산드리아의 세라피스 신전에 제사를 드리며 숭배했으며, 헬레니즘 도시들에서는 그러한 신들을 둘러싸고 예배 공동체가 생겨나기도 했다. 그러한 제의 집단들은 신비종교적인 형태를 띠는 것이 보통이었지만, 이것이 반드시 '퀴리오스' 개념과 결부된 것은 아니었다. '퀴리오스'는 역사의 주 또는 우주의 주가 아니었으며 '퀴리오스'가 아니라 '헤이마르메네'(heimarmene) 또는 '파툼'(fatum)이 세계와 우주 전체에서 일어나는 것들을 다스렸다는 것을 기억해야 한다.

'퀴리오스'는 단지 자신을 숭배하는 자들에게 닥치는 "운명의 폭풍을 가라앉힐" 수 있었을 뿐이다. 왜냐하면 그는 자연과 역사에 대하여 상대적인 힘이었기 때문이다. 고린도전서 8:6을 생각나게 하는 다음과 같은 환호는 이런 의미로 의도되었다:

heis Zeus Serapis 〔우리에게는 한 제우스가 있으니 세라피스라
megale Isis he kyria 우리에게 크신 분은 주 이시스이시다〕

우리가 이 정형 어구를 고린도전서 8:6과 비교해 볼 때 다음과 같은 두 가지 사실이 분명해진다. (1) 이 선교적 신앙고백은 단순히 헬레니즘적 '헤이스-데오스'(*heis theos*) 정형 어구들[9]을 반박하기 위하여 변증적으로 의도된 것이 아니라 그것들의 형태에 의존하여 형성되었다. (2) 마찬가지로 승귀되신 분을 '퀴리오스'로 호칭하는 것은 이 '퀴리오스' 개념에 대한 변증적 관련 속에서 발전되었다. 그럼에도 불구하고 내용상으로 그리스도 신앙고백에

---

6) W. Foerster, *TDNT* I Ⅲ, 1049-58; Schulz, op. cit. (n. 5), 127. 애굽의 영향 아래에서 그리스도 이후의 1세기를 거치는 동안에 통치자들을 이러한 신적 형용 어구의 의미로 '퀴리오스'를 지칭하는 것이 처음으로 관례가 되었다. 로마 황제를 절대적 용법의 '*ho kyrios*'로 지칭한 것을 최초로 보여주는 헬라 영역의 전거는 분명히 사도행전 25:26이었다. 예수가 이 개념에 마주치게 된 것에 대한 묘사는 바울 이후의 구절들에서 처음으로 행해졌다(예를 들면, 계 19:16).
7) *TDNT* Ⅲ, 1051 (Gr.)
8) Apuleius *Metamorphoses* 11.25.2(이시스에 대하여: "그대, 그대의 오른손을 뻗쳐 남자들의 삶에서 온갖 폭풍우와 위험들을 물리쳐 주는 여신이니 … "〔LCL, *The Golden Ass*, p. 583〕.
9) 참조. 각주 1)

나오는 '헤이스'(한)와 '호 퀴리오스'(주)는 이와 유사한 다른 것들에 의해 의미된 것을 훨씬 능가하였다. 고린도전서 8:6의 '헤이스'는 단순히 하나가 아니라 절대적으로 유일한 하나였다. 실질적 내용이라는 견지에서 볼 때 그것은 구약 및 유대 공동체의 근본적인 신앙고백(신 6:4)과 같은 의미를 가지고 있었다. 이는 다음과 같았다(칠십인역의 형태로):

kyrios ho theos hemon
kyrios heis estin   〔주, 우리 하나님은 한 주(즉, 유일한 주)이시다

고린도전서 8:6에 따르면 하나님은 유일하게 한 분이시다는 것과 동일한 의미로 승귀되신 분은 유일한 주였다. 기독교인들은 '퀴리오스' 제의들의 방향으로 나아가지 아니하였고 다른 이들이 또 다른 '퀴리오스'를 부르는 것을 허용하지도 않았다.

따라서 승귀되신 분은 헬레니즘 세계의 사람들에게 그의 보호 밑에 들어와서 기도를 통해 그를 부른다면 우주의 권능들로부터 그들을 보호해 주고 그들의 삶을 인도하는 주로서 '퀴리오이'(*kyrioi*)와의 유비를 통하여 제시되었다. 승귀되신 분이 우주의 권능들 중 하나였기 때문이 아니라(골 2:8ff.) 그가 종말론적 '바실레이아'(*basileia*)를 세웠기 때문에 그러하였다. 골로새서에 의해 거부된 신학은 이 점을 오해하였다. 주는 구원 신들을 대치했을 뿐만 아니라 '헤이마르메네'를 대치하였던 것이다! 이것은 기독교인들에게 그들에게 전해진 그리스도의 개념을 토대로 해서만이 아니라 '퀴리오스' 호칭을 통해서 직접적으로 분명하게 되었다. 그가 이 둘을 대치했다는 개념은 '마라나다' 표현에 의해서 시사되었고 제3의 연상을 통해서도 전달되었다. 이에 대해서는 곧 살펴볼 것이다.

c) 고린도전서 12:3과 빌립보서 2:9-11에서 바울에 의해 빌어온 '퀴리오스' 정형 어구들에서와 바울 자신이 만든 어구들 속에서 '퀴리오스', 즉 여호와에 관한 칠십인역의 단언들은 '퀴리오스'로서 승귀되신 분에게 이미 적용되고 있었다. 이러한 응용을 위한 길은 어원학적으로 예비되어 왔다.

헬라어 사용의 유대교를 배경으로 하나님에 대한 구약의 이름인 여호와는 이미 신에 대한 근동의 호칭인 '퀴리오스'라는 이름으로 번역되어 왔던 것이다. 칠십인역에서는 네글자 말(Tetragrammaton, YHWH)이 사용되었지만 — 최근의 연구로 분명해졌듯이 — 소리내어 읽을 때는 '호 퀴리오스'(주)로 발음되었다.[10]

---

10) Schulz, op. cit. (n. 5), 128-134.

처음부터 칠십인역으로부터 인용한 인용문들이 신약에서 채택될 때마다 이 헬라어 형태는 기록에서 일관되게 보존되었다. 승귀되신 분은 헬레니즘적 교회에서 '퀴리오스'로 특징지워졌기 때문에 그에게 '퀴리오스', 즉 여호와에 관한 구약의 단언들을 적용하는 것은 언어학적으로 시사되었으며, 더욱이 그것은 이 빈사의 형성에 영향을 미칠 수 있었다.

그런데도 이 적용 과정은 중요한 시기에 선별 작업 없이 일어났던 것은 아니다. 그 과정은 내용에 대한 대단히 높은 관심을 가진 채 수행되었다. 승귀되신 분에 대한 적용에서 여호와의 종말론적 활동에 관한 단언들이 선호되었다. 이것은 바울이 이미 전승으로 사용되고 있음을 발견한 두 개의 중요한 정형 어구들에 눈을 돌림으로써 확인해 볼 수 있다.

로마서 10:13이 분명히 지적하고 있듯이 "주의 이름을 부른다"는 정형 어구는 요엘 3:5을 사용하였다. 요엘 3:5에서 여호와의 날에 일어나는 종말론적 구원은 그의 이름을 부르는 자들에게 약속되었다. 이 약속은 이제 승귀되신 분을 부름으로써 성취에 이르렀다.

이보다 더 중요한 것은 또 하나의 예였다. 그리스도 찬송의 두번째 연(참조. §33, 5)은 제2이사야로부터 몇몇 표현들을 빌어왔다(아래에서 고딕체로 된 부분):

⑼　이러므로 하나님이 그를 지극히 높여
　　모든 이름 위에 뛰어난 이름을 주사
⑽　하늘에 있는 자들과 땅에 있는 자들과 땅 아래 있는 자들로
　　모는 **무릎**을 예수의 이름에 꿇게 하시고
⑾　모든 입으로 예수 그리스도를 주라 시인하여
　　하나님 아버지께 영광을 돌리게 하셨느니라

이 연(聯)은 고대 동방의 대관식에 맞춰 형성되었다. 디모데전서 3:16; 히브리서 1:3-13; 요한계시록 5:6-14(하지만 마 28:19 이하는 아니다)에서도 마찬가지다. 9절이 표현하고 있듯이 대관식은 새로운 통치자를 소개하고 그의 이름을 선포하는 것으로 시작되었을 것이다. 새로운 지위를 가리키는 호칭은 여기서 '퀴리오스'라 불렸다. 그 호칭은 승귀를 위한 토대요 전제를 나타내는 "예수"라는 인간적 이름과 결부되었다. 이런 이유로 10절에 나오는 우주적 경의는 그 이름을 부르는 것과 관련하여 실행되었다. 이 경의와 환호는 11절에서 함께 결합되었다. 이런 식으로 '퀴리오스'는 완성 때에 모든 피조물에 의해 법적으로 구속력 있는 인물로 인지될 것이었다.

하지만 우주의 권능들 때문에 이러한 일은 아직 일어나지 않았다. 요한계시록 5:13에서처럼 이 찬송에서도 마지막으로 역사의 종말에서 일어날 것, 그럼에도 불구하고 이미 순종

한 분의 승귀를 통해 이루어진 것은 케리그마적인 직설법으로 선포되었다. 그러므로 믿음의 공동체는 이 찬송을 통하여 피조물을 대표하여 예수는 '퀴리오스'라고 미리 고백하였다.

이 호칭의 이러한 내용은 여기서 이사야 45:23(LXX)과 고의적인 연계를 통하여 수식되었다. 이 연계는 실제로 이 한 절에 국한된 것이 아니라 이 절을 포함하고 있는 구절 전체를 염두에 두고 있었다. 이 구절 전체가 말하고자 했던 것은 이 연계의 의도와 직접적으로 일치하였다.

제2이사야 신학에서 이 핵심적인 구절(사 45:18-25)은 역사에 관심을 갖는 모든 신학을 위한 근본적인 질문을 표현하고 있었다. 그 질문은 이렇다: 어떻게 하나님이 역사의 주로 불릴 수 있는가? 그 답변은 하나님이 현재 주이신 것과 하나님이 '종말'(*eschaton*)에 주가 되는 것 사이에는 차이가 있다는 것이었다. 이 구절의 처음에서 표면적으로 보이는 것과는 달리 창조주 여호와는 이미 역사의 주라는 신앙고백이 행해졌다. "여호와는 하늘을 창조하신 하나님이시며 땅도 조성하시고 견고케 하시되 … "(18절, LXX). 구원의 때가 이를 때에야 그는 재난을 피해 열방으로부터 도망해온 사람들이 그를 그들의 하나님으로 인정할 것을 요구할 것이다. "땅끝의 백성들아 나를 앙망하라 그리하면 구원을 얻으리라 … 내가 나를 두고 맹세하기를 나의 입에서 의로운 말이 나갔은즉 돌아오지 아니하나니 내게 모든 무릎이 꿇겠고 모든 혀가 맹약하리라 하였노라"(22절 이하). 그리스도 찬송이 이 표현을 자발적인 연상 속에서 빌어왔을 때 그것은 자기 세상에 스스로를 새롭게 주시는 창조주에 대한 종말 때의 우주적인 인정이 "예수는 주이시다"라는 신앙고백을 통하여 일어나고 있다는 것을 말하고 싶어 했다.

'퀴리오스' 신앙고백이 구약의 하나님 개념에 의해 이와 같이 형성되었다고 할 때 '퀴리오스' 기독론에서 두 가지 결론이 존재한다. (1) 승귀되신 분은 하나님과 동등한 신적 존재가 아니었기 때문에 다신론이라는 의심이 생겨날 것이다. 그러나 그는 하나님의 종말 때의 활동을 대신 수행하는 분이었다. 그는 하나님이 한 분이라는 것에 통합되었다.

(2) 이런 의미로서의 '퀴리오스'로 이해된 승귀되신 분은 헬레니즘적 '퀴리오이'와는 전혀 다른 관계를 우주와의 사이에서 가지고 있었다. 그는 '코스모크라토르'(*Cosmokrator*) ― 에베소서 6:12에 나오는 "주관자들"(권능들)과 고대 교회에서 "사단"에게 적용되었던 것 ― 가 아니었다.[11] 오히려 그는 그에 의해 창조된 우주의 종말론적 주로서 세움을

---

11) W. Michaelis. *TDNT* III, 913f. 특징적인 것은 승귀되신 분은 신약 전체를 통하여 "세상의 주"로 불린 적이 없다는 것이다. 이 세상사에서 그분의 주권을 의미하는 하나님에 대한 이러한 랍비적

입었다.

어떻게 그가 우주와 관련하여 주가 되는 것이 실현되었는가 하는 문제에 관하여는 신약에 여러 가지 진술들이 나와 있다. 베드로전서 3:22과 요한계시록 5:11-14과 마찬가지로 빌립보서 2:9-11; 골로새서 2:10, 15; 에베소서 1:20-23의 찬송들에 의하면 승귀되신 분은 이미 모든 권능들의 주였다. 이와는 대조적으로 고린도전서 15:25-28(계 6-19; 히 2:5-9; 10:13)은 그가 아직도 그 권능들과 싸움을 하고 있으며 오직 역사의 종말에 가서야 그들을 마침내 굴복시키고 자신의 왕국을 이룰 것이라고 말하였다. 이 긴장은 어떻게 이해되어야 하는가? 케제만(E. Käsemann)은 바울 이전의 찬송들에는 바울이 고린도전서 15:25-28에 나오는 자신의 개념을 가지고 그것을 반박하기 위하여 고린도전서 4:8에서 거부했던 것과 같이 열광적인 완전주의가 표현되어 있다고 주장하였다.[12] 하지만 사실상 찬송에 나오는 "이미 지금"은 송영적인 직설법의 표현이었다. 공동체는 예수의 승귀를 통하여 하나님에 의해 이루어진 것을 고백하였지만(빌 2:9) 그것이 역사 내에서 결정적으로 이루어질 날을 기다리고 있다는 것을 깨닫지 못했던 것이 아니었다. 이것은 고린도전서 15:25-28에 의해서만이 아니라 골로새서 2:20의 권면적 명령법과 에베소서 6:12에 의해서도 표현되고 있다. 이 명령법들은 요한계시록 6-19장의 5:11-14에 대한 관계와 마찬가지로 찬송들에 대한 후속적인 수정의 기능을 가지고 있었다.

우주와 관련한 그리스도의 주되심의 문제에 관하여 바울이 품고 있었던 생각 — 지난 세대에 끝없이 논쟁이 있었던 문제 — 은 다음과 같이 말할 수 있겠다: 예수는 승귀를 통하여 우주의 종말론적 주로서 세우심을 입었는데, 이는 공동체의 신앙고백과 하나님의 대적들을 이기는 것을 통하여 그렇게 될 것이었다.[13] 예수가 우주와 관련하여 주로서 세우심을 입는 것은 새로운 황제의 통치의 경우와는 달리 선전 및 능력과 결부되어 있는 선포를 통해서 결정적으로 역사 내에서 수행될 수 없었다. 그러한 일은 "새 피조물"로 태어나도록 하는 믿음

인 호칭은 Barn.5:5에서 최초로 승귀되신 분에게 적용되었다. 그것은 그의 주되심을 비종말화하였다. 이와는 대조적으로 나중에 승귀되신 분에게도 적용되었던 '판타크라토르'(Pantokrator)라는 하나님에 대한 호칭은 더욱 강렬한 종말론적 성격을 가지고 있었다(ibid., 913f. 〔W. Foerster〕, 1085).

12) *New Testament Questions of Today*, p. 206; 참조. "A Critical Analysis of Phillippians 2:5-11," in *God and Christ: Existence and Province* (ed. R. W. Funk 〔1968〕), pp. 78-82. 이 논의에 대하여는 Kramer, *Christ*, pp. 65-84를 참조하라.

13) 이 논의에 관하여는 Goppelt, "Die Herrschaft Christi und die Welt," in *Christologie*, pp. 121-26을 참조하라.

을 가져오는 설교를 통해서 가능했다. 그 반대의 측면은 심판이었고 그 목표는 완성 그 자체였다. 바울을 비롯하여 그 어떤 신약 기자도 인간 존재에게 심판이 아니라 구원을 의미하는 설교와 믿음과 동떨어진 그리스도의 통치의 도래에 대하여 알지 못했다. 그리스도가 세계와 관련하여 주라는 것은 종말론적 구원론적 성격을 주장했기 때문에 엄밀한 케리그마적 성격을 주장하였다.[14] '퀴리오스' 기독론의 종교사적 출현과 관련하여 다음과 같이 말할 수 있다: 가장 결정적인 동기는 그의 우주와 관련 속에서 헬레니즘 세계의 사람들의 케리그마적 탐구였다. 이에 덧붙여 헬레니즘적인 '퀴리오스' 개념에 대한 변증적 이해가 칠십인역에 의해 전달된 바 하나님이 종말에 '퀴리오스'로서 자기 피조물에게 돌아오는 것에 관한 구약의 대망과 결합되었다. 그러한 결합은 주로서 예수에 관한 초대 교회의 말씀들에 의해 촉진되었다. 위에서 언급한 구약의 대망을 통하여 승귀되신 분이 주이시라는 것은 예수가 구했고 가져왔고 '마라나다'라는 부르짖음이 예수에게서 기대했던 하나님의 통치라는 성격을 지니게 되었다. 이런 의미로 헬레니즘적 교회의 '퀴리오스' 기독론은 팔레스타인 교회로부터 받은 주로서 예수에 대한 개념들을 확장했을 때 실질적인 내용상의 연속성을 보존하고 있었다.

3. 공동체에서 퀴리오스의 기능

'퀴리오스' 개념의 내용과 관련하여 우리가 발견했던 것을 바탕으로 이제 우리는 믿음의 공동체에게 그것이 어떤 기능을 했는가를 살펴고자 한다.

a) 빌립보서 2:8에 따르면 예수는 "죽기까지 복종하셨으니 곧 십자가에 죽으심이라"고 한다. 바로 이 때문에 예수는 주였다.

'퀴리오스'에는 예수의 구속 사역이 현존하였다. 신약의 나머지에서와 마찬가지로 바울에게도 예수는 '전능자'(pantokrator)가 아니라 자기에게 속한 자들을 대신하여 하나님의 우편에서 간구하는 변호자로 보였다(롬 8:34; 5:1). 히브리서에서는 예수를 하나님 앞에 자신의 속죄의 피를 드린 대제사장으로 보았다. 요한계시록(5:6, 9f.)에서는 예수를 자신의 '바실레이아'를 위하여 하나님을 위해 모든 민족의 사람들을 자기 피로 산, 죽음의 상처를 지닌 어린 양으로 묘사하였다. 따라서 역사 내에서의 그의 통치는 주로 "주의 식탁"

---

14) 이것은 E. Schweizer, "Jesus Christus, Herrüber Kirche und Welt," in *Libertas Christiana, Festschrift für F. Delekat* (ed. E. Wolf and W. Mathias 〈1957〉, pp. 175-187에서 올바르게 강조되었다.

에서 성찬을 낳는 '코이노니아' (*koinonia*, 친교)와 "주의 잔"을 통하여 실현되었다(고전 10:16f., 21).

b) 그러나 승귀되신 분은 자기 추종자들의 수호신이자 인도자로서 헬레니즘적 '퀴리오이'와 같은 동일한 견지에서 보아지지 않았다. 그는 언제나 우주의 주로서 세우심을 입고 종말에 우주를 변화시켜 새로운 세상을 가져올 분으로 생각되었다(고전 15:25f.; 참조. 1:4-14; 계 5:10b, 13f.). 이러한 변화의 과정은 역사적인 것이긴 하지만 역사적 발전에 의해서가 아니라 십자가와 부활에 의해서 성취된 것이 명료하게 가시적으로 이루어졌을 때 그 완성에 도달하게 될 것이다.

그러므로 헬레니즘적 교회에서조차도 칭호들과 그리스도 사건 — 특히 그의 생애 — 속에 표현된 그리스도의 지위는 분리할 수 없게끔 결합되어 있었다.

§35. 구원의 계시로서 그리스도의 생애: 십자가

On 1: E. Stauffer, *New Testament Theology* (1955), pp. 116ff.; Bultmann, *Theology* I, §33,5f.; J. T. Sanders, *The New Testament Christological Hymns* (1971). **On 2:** J. Behm, *haima*, *TDNT* I, 172-76; F. Grandchamp, "La doctrine du sang du Christ dans les épitres de Saint Paul," *Revue de théologie et de philosophie* 11 (1961), 262-271. **On 3**: Kramer, *Christ*, pp. 26-32; W. Popkes, *Christus Traditus. Eine Untersuchung zum Begriff der Dahingabe im NT* (1967); K. Wengst, *Christologische Formeln und Lieder des Urchristentums* (1973²), §§3-6. **On 4**: J. Hermann/F. Büchsel, *hilastērion*, *TDNT* III, 318-323; Goppelt, *Typos*, pp. 178f.; W. G. Kümmel, *"Paresis* und *endeixis,"* in Kümmel, *Heilsgeschehen und Geschichte* (1965), pp. 260-270; D. Zeller, "Sühne und Langmut. Zur Traditionsgeschichte von Röm 3,24-26," *Theologie und Philosophie* 43 (1968), 51-75; W. Schrage, "Röm 3,21-26 und die Bedeutung des Todes Jesu Christi bei Paulus," in *Das Kreuz Jesu (Forum* 12, ed. P. Rieger [1969]), pp. 65-88; E. Käsemann, "Zum Verständnis von Römer 3,24-26," in *Exegetische Versuche* I, 96-100; Käsemann, *Romans*, at this place (Lit.!); Käsemann, "The Saving Significance of the Death of Jesus in Paul," in Käsemann, *Perspectives on Paul* (1971), pp. 32-59; P. Stuhlmacher, "Zur neuen Exegese von Röm 3,24-26," in *Jesus und Paulus, Festschrift für W. G. Kümmel* (1975), pp. 315-333. **On 5:** O. Schmitz, *Die Christus-Gemeinschaft des Paulus im Lichte seines Genitivgebrauchs* (1924); H. Lietzmann, *HNT*, Excursus on Rom. 6:3; O. Kuss, *Der Römerbrief* (1957/59; 1963²), pp. 319-381; W. Michaelis, *sympaschō*, etc., *TDNT* V, 925-935; E. Larsson, *Christus als Vorbild* (1962); G. Wagner, *Pauline Baptism* (1967); R. C. Tannehill, *Dying and Rising with Christ* (1967); W. Grundmann, *syn-*

meta, *TDNT* VII, 786-794 (766 Lit.!); E. Schweizer, "Die 'Mystik' des Sterbens und Auferstehens mit Christus bei Paulus," *EvTheol* 26 (1966), 239-257 (= Schweizer, *Beiträge zur Theologie des Neuen Testaments* [1970], pp. 183-203); E. Güttgemanns, *Der leidende Apostel und sein Herr* (1966); E. Lohse, *Colossians* (Hermeneia, 1971), at Col. 1:24 and 2:12; E. Käsemann, *Romans*, pp. 160ff. **On 6:** A. Deissmann, *Die neutestamentliche Formel "in Christo Jesu" untersucht* (1892); A. Oepke, *en*, *TDNT* II, 541-43; F. Neugebauer, *In Christus* (1961); M. Bouttier, *En Christ* (1962); W. Thüsing, *Per Christum in Deum* (1965; 1969²).

1. 전체로서 그리스도의 삶

그리스도의 지위와 관련된 영예로운 칭호들의 내용은 그의 인생 역정의 결과로서 생겨났고, 그 역도 성립된다. 고린도전서 15:3-5의 원시 케리그마는 오직 죽음과 부활의 견지에서만 그의 삶을 언급한 반면에 빌립보서 2:6-11의 그리스도 찬송은 그의 삶을 선재(先在)로부터 만유에 대한 종말론적 통치에 이르기까지 확장하였다. 그런데 이 찬송조차도 사도신경의 두번째 조목이나 초기 개신교 교의학의 '구원의 단계'(*ordo salutis*)와는 달리 사건들의 획일적인 연쇄를 기술하지 않았다. 이 찬송은 케리그마와 마찬가지로 두 계기의 선포에 관심을 두었다: 십자가의 죽음을 가져온 그리스도의 자기 비하와 하나님에 의한 그의 승귀라는 응답. 우리는 그리스도의 생애에 관한 바울의 다른 진술들 속에서도 그와 같은 전망들을 본다.[1] 결과적으로 예수의 삶의 길들을 따른 발자취들은 바울이나 신약 기자들에 의해서나 사도신경의 두번째 조목에서처럼 "완벽한" 형태로 설명되지 않았다. 베드로전서 3:18-22에 나오는 서술은 사도신경의 그 조목에 가장 가까웠다. 그러나 베드로전서에서조차도 그 연쇄는 '파루시아'가 아니라 승귀되신 분의 통치로서 끝난다. 신약의 진술들은 그의 생애를 통하여 그의 인격을 기술하는 것 — 사도신경의 경우처럼 — 으로서가 아니라 그리스도의 구원론적인 제사의 선포에 의해 마감되었다.

2세기를 배경으로 했을 때 한 부분의 생략은 전반적인 모습의 변화를 의미했을 것임에 반해 1세기에 사람들은 여전히 그의 생애의 몇몇 근본적인 계기들을 언급함으로써 전체를 선포할 수 있었다.

우리가 그리스도의 삶에 관한 바울의 진술들을 다른 신약 기자들의 진술들 — 특히 히브리서와 요한복음의 진술들 — 과 비교해 볼 때 다음과 같은 차이들이 분명해진다.

---

1) 롬 1:3f.; 8:3; 갈 4:4; 고전 15:20-28; 골 1:15-20 (엡 2:14-16; 딤전 3:16); 참조. 히 1:3; 요 1:1-14.

a) 바울에게 그리스도의 삶의 주어는 주로 하나님이었다. 바울은 그리스도의 삶의 후반부 — 부활 또는 승귀 — 를 오로지 하나님의 활동이라는 견지에서 파악하였다. 하나님은 그를 죽은 자로부터 일으키셨고,[2] 하나님은 그를 높이셨다.[3] 이와는 대조적으로 히브리서에서 그리스도는 대제사장으로서 하나님 앞에 자기를 드렸다(히 9:11f., 24; 10:12f.). 요한복음에 따르면 "내가 다시 목숨을 얻기 위하여 목숨을 버림이라"(요 10:17) 또는 그는 아버지에게로 나아갔다(요 13:33; 14:3). 그러나 그리스도의 삶의 전반부와 관련해서조차도 바울은 세상을 위한 하나님의 활동으로 말하기를 좋아했다. 하나님은 그 아들을 보내셨다(롬 8:3; 갈 4:4); 하나님은 그를 버리셨다(죽음으로, 롬 3:25; 4:25; 8:32; 고후 5:21). 물론 이와 관련하여 바울은 또한 그리스도를 주어로 삼을 수도 있었다. 그리스도는 자신을 낮추셨다(빌 2:6-8); 그는 스스로를 넘겨주었다(갈 2:20; 롬 5:6-8; 고후 8:9).

궁극적으로 바울은 그리스도의 생애를 세상에 대한 하나님의 종말론적 개입으로서 극히 일면적으로 바라보았다. 이 점에서 바울은 기본적으로 신약의 다른 모든 기자들과 구별되었다.

b) 이 개입, 즉 그리스도의 생애에서 결정적인 것은 바울에게 십자가였다. 그에게 그리스도는 말씀이 육신이 되었던 것으로서(요 1:14) 우리와의 연대를 선포하였던 대제사장으로서(히 4:14-16; 5:5-10) 종말론적 순교 선지자로서(행 3:13; 4:27) 역사의 한복판에 서 있었던 것이 아니었다. 바울에게 그리스도는 십자가에 못박힌 분이었다. "내가 너희 중에서 예수 그리스도와 그의 십자가에 못박힌 것 외에는 아무것도 알지 아니하기로 작정하였음이라"(고전 2:2). 불트만은 이 점에 결정적인 주안점을 두었다. 그의 견해에 의하면 바울에게 그리스도의 전 생애는 십자가에서 집약되었다. 다른 모든 진술들은 실제로 십자가가 하나님의 활동이었다는 것을 표현하는 것에 다름 아니었다.[4] 하지만 십자가는 케리그마를 통해서야 효과를 발휘하게 되었다. 불트만의 견해로는 십자가는 하나님의 말씀으로서 십자가의 말씀이 인간으로 하여금 자신의 이전의 자기 이해를 버리고 그리스도와 함께 십자가에

---

2) 롬 4:24f.; 6:4, 9; 7:4; 8:11. "예수의 … 다시 사심"(오직 살전 4:14)은 바울에게 "그가 일으키심을 받았다"는 것과 동일한 것을 의미 — 전적으로 구약적인 의미 — 하였다(그러므로 그는 데살로니가전서 4:16에서 기독교인들에 관하여 이렇게 말할 수 있었다: *anastesontai*, "그들이 일어날 것이다"). 참조. 롬 14:9: "다시 사셨으니"(*ezesen*).

3) 빌 2:9-11; 롬 1:3f. 두 경우에 "높여" 또는 "인정되셨으니"라는 표현은 부활 이후의 행위를 나타내는 것이 아니라 그것을 대신한 행위를 나타내었다! 그것은 에베소서 1:20에서는 다르다: " … 죽은 자들 기운데서 다시 살리시고 하늘에서 자기의 오른 편에 앉히사"(참조. 골 3:1; 롬 8:34). 내용상의 문제에 대해서는 더 간접적이긴 하지만 제1권§22, 3을 참조하라.

4) *Theology* I, §33, 1f.

못박히도록 했을 때 구원 사건이 되었다.[5] 이 두 명제를 통해 여기에 나오는 두 가지 문제가 비타협적으로 이야기되었지만 이 해결책은 지나치게 일방적이었다.

1) 그리스도의 생애의 각각의 단계들에 부과되는 구원의 의미는 무엇이었는가? 설교와 관련해서 생각해 볼 때 기독교의 절기들이 주는 특별한 메시지는 무엇이었는가? 슈타우퍼 (E. Stauffer)는 그리스도의 삶의 각각의 장(場)은 그 결과로서 하나님의 영광을 위해, 하나님에 대적하는 권능들에 대한 승리를 위해, 인간의 구원을 위해 세계의 실존에 변화를 가져왔다고 말했다.[6] 이러한 진보적인 묵시론적 세계 변화라는 개념은 그것에 정면으로 반대했던 불트만의 개념보다 훨씬 부정확하게 바울을 해석한 것이 분명하다. 어느 정도 후자는 개개인에게 결단의 부름을 가져왔던 영지주의적 구속주의 모델과 유사점을 갖고 있었다.[7]

바울에게 십자가는 그리스도 사건의 결정적인 순간이었는데, 그것은 순종하는 분(빌 2: 8f.), 하나님으로부터 보내심을 받은 분의 죽음이었고 십자가에 못박힌 분이 일으키심을 받고 승귀되었기 때문에 그러하였다(고전 15:17-22). 십자가에 선행했거나 그 뒤에 일어났던 그리스도의 생애에 관한 이러한 진술들을 통하여 바울은 하나님의 구원 사역으로서의 십자가의 의미가 단순히 상징적이지 않다는 것을 보여주었다. 이것은 은밀하게 일어난 것의 문제였지만 그 의미는 실제로 양 측면을 통하여 이루어졌다.[8]

2) 그리스도의 생애는 세상에서 어떻게 효과를 발휘하게 되었는가? 분명히 직접적인 묵시론적 세계 변화로서도 설교만으로도 아니었다! 위에서 분명히 보았듯이 그리스도는 이미 자신의 생애를 통하여 우주와 관련하여 '퀴리오스'가 되었지만, 그의 통치는 선포를 통하여 이루어졌고 그 반대는 심판이었다.

그리스도의 생애를 통하여 하나님과 세상 사이에 이미 이루어진 것과 아직 설교를 통하여

---

5) Ibid. I, §33, 6a.

6) Op. cit. (Lit., §35), pp. 116-142.

7) Stauffer는 로마서 4:25을 구원의 효력을 분류하는 전거로 사용하였다: "그리스도는 우리 범죄함을 위하여 내어줌이 되고 또한 우리를 의롭다 하심을 위하여 살아나셨느니라"(ibid., p. 136). 하지만 로마서 3:25에서 칭의는 여기서 말하는 것처럼 그의 부활과 마찬가지로 그의 죽으심으로부터도 따라 나오는 것이기 때문에 이러한 분류는 엄밀하게 수사적인 도식화였다.

오직 이 둘이 하나님의 분리할 수 없는 구원 행위로서 결합될 때에야 그것은 구원을 의미하였다. 우리는 부활의 신학과 십자가의 신학을 상반된 것으로 놓아서는 안된다!

8) 이 논의에 관하여는 조금 간접적이긴 하지만 E. Käsemann, *Perspectives on Paul* (1971), pp. 54-59; B. Klappert, *Die Auferweckung des Gekreuzigten. Der Ansatz der Christologie Karl Barths im Zusammenhang der Christologie der Gegenwart* (1971), pp. 348-397을 참조하라.

일어나야 할 것은 양단간에 결판을 내야 하는 것이 아니다. 설교가 이미 이루어진 것의 공적인 선포로서 간주될 때 설교의 내용은 축소된다. 칼 바르트는 이런 방향으로 나아갔다. 그러나 하나님의 결정적인 행위가 언제나 설교에 앞서는 것으로 파악되지 않을 때 설교는 과중한 부하가 걸리게 된다. 일어나는 것은 하나님의 결정적인 행위 안에서 그것을 통해서만 그렇게 일어난다. 1970년경 "말씀" 신학과 "케리그마" 신학 및 그것들이 형성한 설교학적 개념들이 덜 지배적이 되었을 때 이러한 한계들은 특히 분명해졌다.

중요한 개관은 어느 정도 되었다고 보고 십자가가 어떤 의미로 그리스도의 생애에서 결정적인 순간이었는가에 대한 좀더 정확한 이해라는 문제가 아직 남아 있다. 한편에 서 있는 것, 즉 그가 육신으로 오신 것과 또 다른 편에 서 있는 것, 즉 주로서 그의 승귀는 앞 부분에서 영예로운 칭호들과 관련하여 다루었다(§33과 §34). 바울이 십자가를 어떻게 이해하였는가 하는 것은 정형 어구 전승의 용어 사용법, 전유(專有), 발전을 고찰함으로써 해독될 수 있다.

2. 십자가: 용어 사용

자기 이전에 있던 원시 케리그마(고전 15:3ff.)와 마찬가지로 바울은 흔히 그리스도의 "죽으심"에 관하여 말하였다.[9] 로마서 5:9에서 바울은 그리스도의 '하이마'(*haima*, 피)라는 단어를 '다나토스'(*thanatos*, 죽음, 롬 5:10)와 병행시켜 놓았다. 이 용어는 신약의 다른 곳(참조. 히 9:14-19)에서와 마찬가지로 여기에서도 예수의 죽으심을 위한 심상으로 사용되었다.

그 배후에 있는 심상은 성찬의 전승에 나오는 잔에 관한 말씀으로부터의 축약으로서 발전되었다. 그것은 마가복음 14:24과 마태의 병행구에서 찾아볼 수 있다: " … 흘리는 바 나의 피 곧 언약의 피 … ". 고린도전서 11:25에 나오는 이의 헬레니즘적 표현은 이렇게 되어 있다: " … 내 피로 세운 새 언약 … ", 즉 나의 죽음으로 세운 새 언약.[10] 하지만 바울은 자기 자신의 것이었던 용어인 '호 스타우로스'(*ho stauros*, 십자가)를 도입하였다.

물론 수난 설화는 예수가 정죄받은 인간으로서 처형의 자리로 자신의 십자가(*stauros*)를 가져가야 했으며(막 15:21 par.) 그는 "십자가에 못박혔으며" 십자가에서 내려오라는

---

9) 동사 *apothneskein* (롬 5:6, 8; 6:10; 8:34; 14:9 등)과 명사 *thanatos* (롬 5:10; 6:3, 4f.; 고전 11:26), *nekrosis* (고후 4:10)도 마찬가지이다.
10) 고전 10:16; 11:27; 롬 3:25; 5:9; 골 1:20; 참조. 엡 1:7; 2:13.

조롱의 말을 들었다고 다시 설명하였다(막 15:30 par., 32 par.). 선교적 변증에서는 이러한 십자가 처형의 책임이 유대인들에게 있었다고 했다(행 2:36; 4:10; 계 11:8). '십자가'(*stauros*)라는 용어 자체는 오직 그것을 심상으로 사용하여 자신의 십자가를 지라고 말하는 내용의 제자도 말씀 속에서만 신학적 의미를 띠고 있었다(막 8:34 par.; 마 10:38 par.). "예수의 십자가 곁에"서 있었던 사람들에 관한 말(요 19:25)과 예수가 스스로 짊어졌던 "능욕"의 "십자가"에 관한 말(히 12:2)에도 이와 같은 것이 적용된다. 하지만 바울에게 "십자가"는 그 신학적 의미에서 그리스도의 죽으심을 나타내는 신학적 암호 문자로 되었다. "십자가에 못박혔다"는 미완료 수동 분사는 그리스도에 대한 신학적 호칭으로 되었다.[11] 바울이 이 어구를 빌립보서 2:8에 덧붙여 "십자가에 죽으심이라"고 했을 때 바로 이 언어적 용례가 사용되었다. 그런데도 여기서 십자가는 골로새서 2:14에서와 마찬가지로 처형의 도구를 의미하고 있을 따름이다. 이와는 대조적으로 고린도전서 1:17 이하; 갈라디아서 5:11; 6:12, 14; 빌립보서 3:18; 골로새서 1:20(참조. 엡 2:16)에서 사용된 십자가는 신학 전문 용어로 되었다. 우리가 그 신학적 유산과 관련하여 자신있게 사용하는 이 단어는 오늘날 우리가 "단두대"라는 단어를 꺼려하듯이 바울 당시의 사람들이 꺼려한 단어였다. 이런 이유로 이러한 바울의 언어적 용례를 빌어쓴 초기 기독교 저자는 아무도 없었다.[12]

바울이 이 충격적인 신학적 단어 심상을 사용함으로써 의도했던 것은 언제나 변증적이었던 용어 사용의 배경을 고찰하면 분명해진다. "십자가"에 관한 자신의 단어들을 통해 바울은 예수를 죽게 한 범죄를 완화시키는 유대적 또는 지혜문학적 경향을 공격하고 있었다! 갈라디아에 있던 유대주의자들은 율법을 토대로 한 의(義), 도덕적 예수, 도덕적 인간 존재를 원했다.

그들은 십자가를 피하기를 원했기 때문이다. 십자가는 인간의 실패와 하나님에 의한 인간의 정죄의 표지였다. 십자가는 율법으로 말미암아 살려고 했던 사람들의 모순을 불러일으켰던 표지였다(갈 6:12; 참조. 5:11). 빌립보서 3:18 이하에 따르면 자유주의자들은 그의 하나님이 "배"였고 그들 스스로 "십자가의 원수"였던 사람들이었다. 왜냐하면 십자가에서 자기를 높이려는 욕망의 종언(終焉)이 드러났기 때문이다. 대체로 바울은 거짓 영적인 '세쿠리타스'(*securitas*) 안에서 "우리가 다 지식이 있기"(고전 6:12; 8:1) 때문에 "모든

---

11) 고전 1:23; 2:2; 고후 13:4(참조. 고전 2:8; 히 6:6); 갈 3:1; 6:14(참조. 5:24).

12) 이그나티우스의 저작들에서 십자가는 바울적인 의미를 지니고 있지 않았다(엡 9:1; 18:1; Trall. 11:2; 롬 5:3; Phld. 8:2; Sm. 1:1); 참조. J. Schneider, *TDNT* VII, 579f., 583.

것이 내게 가하다"라는 원리를 지지하였던 고린도의 지혜 교사들을 반대하였다. 바울은 고린도전서의 첫 두 장을 할애하여 그의 '십자가 신학'(*theologia crucis*)에 관한 위대한 진술들을 통해 그들을 반박하였다.

"그리스도께서 나를 보내심은 … 복음을 전케 하려 하심이니 말의 지혜로 하지 아니함은 그리스도의 십자가가 헛되지 않게 하려 함이라". "우리는 십자가에 못박힌 그리스도를 전하니 유대인에게는 거리끼는 것이요 이방인에게는 미련한 것이로되"(고전 1:17, 23; 참조. 1:18; 2:2). 바울 자신이 지혜, 즉 경험주의와 그 표준에 따라 자신의 실존을 형성하려는 시도는 사람들을 결국 비인간성으로 이끌었다는 것을 체험했기 때문에 ― 그가 빌립보서 3:4-11에서 말한 것처럼 ― 바울은 이와 같은 변증적 방식으로 십자가를 가리켰다. 십자가로 말미암아 자기 자신의 길에 몰두하는 것과 세상의 풍속으로부터 놓여나서 부활의 하나님께로 인도된 사람에게 "하나님의 능력이요 하나님의 지혜"인 십자가는 그의 실존으로서의 토대와 조명으로서 효력을 발휘하게 될 것이다(고전 1:24f.). 바울은 이러한 십자가의 신학을 가르쳤을 뿐만 아니라 그렇게 살았다.

그는 자신의 삶을 십자가의 흔적을 지닌 것으로 이해하였다. " … 우리가 항상 예수 죽인 것을 몸에 짊어짐은 … "(고후 4:10; 참조. 6:4-10). 고질병을 고쳐달라는 그의 기도에 대한 응답은 육체적인 결과가 아니라 약속이었다: "내 은혜가 네게 족하도다 이는 내 능력이 약한 데서 온전히여짐이라"(고후 12.9).

그러므로 예수의 죽으심은 "십자가", 즉 자기 자신의 힘으로 자기 자신의 존재를 세우려고 하는 인간의 욕망의 붕괴를 나타내는 길잡이로 이해되었다. 십자가는 붕괴에 비추어 하나님을 하나님되게, 즉 "없는 것을 있는 것같이 부르시는"(롬 4:17) 이로 되게 하는 길잡이였다.

바울은 의심할 여지 없이 자기 자신이 율법에 얽매여 있을 때에 십자가에 못박힌 분에 대하여 범했던 범죄를 분석함으로써 예수의 죽으심에 관한 이러한 이해에 도달하게 되었다. 하지만 바울이 이미 기독교 전승에서 예수 자신으로부터 유래했던 근본적인 해석을 발견하였기 때문에 이것이 가능하였다.

3. '휘페르' 정형 어구

고린도전서 15:3-5에서 전승으로 인용되었던 원시 케리그마는 이미 정형적 진술을 포함하고 있었다: "성경대로 그리스도께서 우리 죄를 위하여 죽으시고". 이 "위하여"(보통 속격을 취하는 헬라어 '휘페르'(hyper)="… 의 유익을 위하여")[13]는 바울의 저작에서 고정된 표현으로서 흔히 나타난다. 이런 이유로 우리는 이 표현들을 '휘페르' 정형 어구라 부른다. 당분간 우리는 각각의 내용과 위치에서 우리 앞에 있는 정식(定式)이 그 자신의 '삶의 정황'을 가지고 있는 진정한 것인지의 여부 또는 그것이 다양한 문맥들에 삽입될 수 있었던 고정된 표현의 문제인지의 여부에 관한 질문은 그대로 남겨두기로 하자. "위하여"-진술들에 대한 전승사적 연구는 두 가지 정형 어구 전승들을 가리킨다.

a) 죽음 정형 어구

위에서 말한 원시 케리그마의 진술은 이미 보았던 것처럼(§18, 8) 자신의 죽음의 의미에 관한 예수의 생생한 말씀들의 의도를 정형 어구에 의한 단순화를 통하여 전유해 왔다. 이 표현은 동일한 특징적인 단어들을 지니고 로마서 5:8에 다시 나타난다(주어로서의 그리스도 — '아페다넨'(apethanen) — '휘페르'(hyper)): "그리스도께서 우리를 위하여 죽으셨다". 로마서 5:6에서 바울은 해석의 말을 덧붙였다: "우리가 아직 연약할 때에 … 경건치 않은 자를 위하여". 이 표현은 로마서 14:15과 고린도전서 8:11의 문맥에서 이용되었다(후자에서는 '디 혼'(di' hon)으로 되어 있다). 갈라디아서 2:21에서 이 표현은 '휘페르' 없이 사용되었고 데살로니가전서 5:10과 고린도후서 5:14 이하에서는 대상을 제한하여 사용되었다(참조. 고전 1:13). 바울 전승의 직접적인 문맥 바깥에서 이 표현은 베드로전서 3:18에 나온다: "그리스도께서 한번 죄를 위하여(peri) 죽으사"; 베드로전서 2:21에서는 "죽으셨다"는 말 대신에 "고난을 받으셨다"는 말이 사용되었다. 이 '에파덴'(고난을 받아〔죽음에 이르름〕)은 다른 곳에서 흔히 발견될 수 있는데, 그 예를 든다면 Ign. Sm. 2:1; 7:1; II Clem. 1:2; Barn. 5:5; Mart. Pol. 17:2 등이다.

죄의 제거라는 말이 고린도전서 15:3과 베드로전서 3:18의 순서를 따라 분명히 언급되어 있지 않은 모든 구절들에서조차 " — 위하여 죽음"은 대속적 죽음을 의미하였다. 이것은 예를 들면 로마서 5:1-11에서 바울이 이 표현에서 중요성을 두었던 의미이다.

b) "넘기움" 정형 어구

또한 우리는 전승의 정형 어구의 구도 속에서 표현된 '그가 넘기웠다'(paradidonai)라는 말로써 예수의 죽음을 특징짓는 진술을 발견한다. 로마서 4:25이 이러한 경우였다:

---

13) 때때로 속격을 동반한 'peri'(~를 위하여) 또는 대격을 동반한 'dia'(~으로 인하여)가 등장한다. 공관복음서 전승의 두 "위하여" 구절들에서만 'anti'("~를 위하여", "~대신에")가 사용되었다.

"예수는 우리 범죄함을 위하여 내어줌(헬. 넘기움)이 되고 또한 우리를 의롭다 하심을 위하여 살아나셨느니라". 이 전승의 출발점은 아마도 예수에게까지 소급될 수 있는 마가복음 9:31 및 그 병행구의 다가오는 고난의 예고에 있다고 보는 것이 좋을 것이다. "인자가 사람들의 손에 넘기워〔*paradidotai*; 즉 하나님에 의해)"(§18, 6). 무엇보다도 이 어록(*logion*)은 예수의 죽음을 오직 하나님의 종말 때의 구원 계획의 실현으로서만 보고 있다. 하지만 이 어록은 그 죽음 자체에 어떤 구원의 의미를 부가하지는 않았다. 이런 일은 다가오는 고난의 예고로부터 발전된 교리문답적 교훈의 정형 어구(롬 4:25)에 이르러서야 생겼다. 그 과정에서 이사야 53:12이 어느 정도 영향을 미쳤던 것으로 보인다. 칠십인역의 말미에는 이렇게 되어 있었다: "그들의 죄[14]를 위하여 그는 넘기워졌다." 그리스도의 죽음은 대속으로 지칭되고 있었다. 이와 동일한 정형적 표현이 로마서 8:32에 나온다: "우리 모든 사람을 위하여 내어주신". 다른 구절들에서는 그리스도가 주어였다: "우리 죄를 위하여 자기 몸을 드리셨으니"(갈 1:4; 2:20). 갈라디아서 2:20에서는 사랑의 동기(motif), 에베소서 5:2, 25에서는 희생의 제재가 덧붙여졌다.

이제 우리는 결론적으로 이렇게 물어야 한다: 죽음과 "넘기움" 정형 어구들은 어떤 형태로 유포되었는가? 의심할 여지 없이 고린도전서 15:3-5과 로마서 4:25은 독립된 전승 단편들이었다. 이 단편들은 짤막한 정형 어구들로부터 벽돌집처럼 결합되었는가?[15] 아마도 로마서 5:8과 8:32의 짤막한 정형 어구들은 단지 굳어진 표현들이었을 것이다. 그것들은 어떤 문맥 안에서 다시 언급됨으로써 독립적인 진술들로 되었음에 틀림없다. 오직 이런 의미로 그것들은 정형 어구들로서 자격을 갖는다고 할 수 있다.

4. '휘페르' 정형 어구의 발전

예수의 죽음을 대속으로 해석하는 것은 예수의 지상 사역으로부터 나온 잔과 대속물에 관한 말씀(막 14:24; 10:45)과 함께 발전되었다(§18, 8). 이 해석은 '휘페르' 정형 어구들 안에서 공동체의 교리문답을 위해 정형 어구 형태로 보존되었지만, 이번에는 이 정형 어구들이 신학적으로 정교화되었다. 바울이 이것을 수행했을 때 그는 일부는 기독교 전승으로부터 자기가 이미 이용할 수 있었던 다양한 개념들의 도움을 받아 그렇게 하였다. 얼핏

---

14) *dia tas hamartias*; 로마서 4:25에서 *dia ta paraptomata*가 사용되었을 때 그것은 바울의 용법과 일치하였다.

15) Wengst, op. cit. (Lit., §35, 3), §6).

보아도 이 개념들은 생생한 예시(例示)들이었던 것으로 보이지만, 실제로 그것들은 예수의 죽음과 관련된 실질적인 문맥들의 표현들이었다. 특히 제의적 속죄라는 개념 영역이 중요하였다.

a) 구약의 속죄 의식들

구약에 따르면 하나님은 죄 용서를 원했을 뿐만 아니라 자신이 세운 질서에 충실히 머무르기를 원했기 때문에 제의적 속죄를 마련해 놓았다(§18, 8). 구약의 속죄 의식들과의 연계는 예수의 죽음에 관한 다음과 같은 진술들 속에 다소 분명하게 드러나 있다.

1) 고린도전서 5:6-8에서 바울은 유월절 설교의 전승을 빌어와서 이렇게 설명하였다: "우리의 유월절 양 곧 그리스도께서 희생이 되셨느니라". 랍비적 해석에서 속죄로서 유효하였던 유월절 어린 양의 죽음이 최초의 구속(救贖)을 수행하였던 것과 마찬가지로 예수의 죽음은 최후의 구속을 수행하였다. 후자는 전자의 삶의 방식으로부터 궁극적인 자유를 가져왔다. [16]

2) 고린도전서 11:25에 따르면 바울의 교회의 성찬 예식 안에서 잔에 관한 말씀은 이렇게 되어 있다: "이 잔은 내 피로 세운 새 언약이니". 이 정형 어구는 시내산 언약이 "언약의 피"를 뿌림으로써 세워졌다는 것을 말하고 있는 출애굽기 24:8의 진술을 생각나게 한다. 실제로 그것은 구약 및 유대의 언약의 갱신[17]에 관한 전승들과 동일하지는 않지만 그것들에 의해 촉발된 헬레니즘적 — 유대적 기독교의 개념에 의존했을 것이다. 로마서 3:25b에 따르면 죄악들은 옛 언약 아래에서 범해졌고 — 그리고 이것은 옛 사람의 모든 죄악을 의미하였다 — 하나님은 오래 참으시는(*anoche*) 가운데 지금까지 실제로 벌하지 아니하시고 "간과"(*paresis*)하셨는데, 이제 이 죄악들을 예수의 죽음을 통하여 속하심으로써 하나님은 자신의 신실하심을 나타내셨다. 이와 비견될 수 있는 것이 히브리서 9:15, 22에서 더욱 명확하게 표현되었다. 예수의 죽음을 통한, 즉 "그의 피로 세운" 이 속죄를 토대로 새

---

16) 이 논의에 대한 균형잡힌 견해는 W. Huber, *Passa und Ostern* (1969), pp. 108f.에서 찾아볼 수 있다.

17) 출 34:6f.: "여호와로라 여호와로라 자비롭고 은혜롭고 노하기를 더디하고 인자와 진실이 많은 하나님이로라 인자를 천대까지 베풀며 악과 과실과 죄를 용서하나 형벌받을 자는 결단코 면죄하지 않고 아비의 악을 자여손 삼사대까지 보응하리라". 마지막으로 이것은 다메섹 규칙(CD) 2:4 이하에서 빌어쓰고 있다: "인내와 많은 용서는 그분에게 범죄로부터 돌이키는 사람들에게 향하는 것이다". 즉 새(=갱신된) 언약에 들어온 사람들에게 향하는 것이다(G. Vermes, *The Dead Sea Scrolls in English*, p. 98).

언약, 하나님과 새로운 관계는 이전에 있던 것을 정당하게 대치할 수 있었다. 하지만 로마서 3:25a에서 이러한 대치가 일어나게 했던 속죄는 히브리서 9장에서 방금 논의했던 것과 관련되어 있었던 그 이상의 개념 전승에 의거하여 표현되었다.

3) 로마서 3:25a에 나오는 '힐라스테리온'(*hilasterion*)에 관한 핵심적인 표현은 이렇게 되어 있다: "이 예수를 하나님이 그의 피로 인하여 ⋯ 화목제물로(*hilasterion en to autou haimati*) 세우셨으니〔즉, 못박히신 그리스도〕 ⋯ 자기의 의로우심을 나타내려 하심이니".

'힐라스테리온'을 사용한 의도는 무엇이었는가? 헬라어에서 이 단어는 속하는 것, 즉 속죄의 수단을 가리켰다(참조. IV Macc. 17:22). 흔히 그러하듯이[18] 우리가 여기서 이 일반적인 의미로 시작한다면 그 결과는 아주 약한 진술이 되고 만다: 예수의 공적인 죽음은 속죄의 수단이었고 "하나님의 의로우심을 나타내려 한 것"이었다. 하지만 속죄 행위 자체가 왜 하나님의 의, 하나님의 언약에 충실성을 나타내는 행위였는가를 아무도 설명할 수 없었다. 칠십인역을 잘 알고 있었던 로마서의 독자들에게 헬라어에서 아주 희귀하게 쓰는 이 단어는 그 중심적 용례와 관련하여 알려져 있었다. 칠십인역은 히브리어 '카포렛'(*kapporet*)[19]을 '힐라스테리온'으로 옮겼다. 이 '카포렛'은 성전의 지성소에 있는 언약궤의 속죄소(cover-seat)였다. 속죄소는 자기 백성들 가운데에서 하나님의 은혜로운 임재를 표시하는 것이었다.

레위기 16:14 이하에 따르면 속죄소는 화목의 큰 날에(실제로 "속죄일에"〔*hemara exhilasmou*〕; 레 23:27; 참조. 16:30; 25:9) 대제사장에 의해 속죄의 희생의 피로 뿌려졌다. 이 곳에 임재해 있는 하나님은 여기서 자신이 가능케 했던 속죄를 흠향하셨다. 신약 시대에 속죄일은 여전히 모든 유대인의 죄를 도말하는 큰 날이었다. 이 속죄 행위를 통하여 사람들이 회개한 지난 해의 모든 죄들은 무효화되었다.[20] 우리가 살펴보고 있는 구절은 십자가에 못박힌 그리스도를 그의 피에 의한 '힐라스테리온'으로 지칭하고 있기 때문에 속죄 의식을 상기하게 되는 것은 거의 불가피하다.[21]

그럼에도 불구하고 이 심상은 다루기 힘들다. 십자가에 못박히신 분 안에는 아울러 속죄,

---

18) 좀더 최근에는 E. Käsemann, *Romans*, at Rom. 3:25; Wengst, op. cit. (n. 15), p. 83; Schrage, op. cit. (Lit., §35, 4), p. 81.
19) 칠십인역에서 20여회(예를 들면, 출 25:16ff.; 레 16:2, 13ff.).
20) Billerbeck I II, 165-185.
21) 다른 사람들을 따라서 A. Schlatter, *Gottes Gerechtigkeit*, at Rom. 3:25; F. Büchsel, *TDNT* III, 320f.; H.-J. Schoeps, *Paul*, pp. 146ff.

속죄의 피, 속죄의 죽음을 마련한 다음 이번에는 흠향하신 하나님의 임재를 나타내는 "시은
좌"(mercy-seat)가 있었다. 그것은 하나님이 십자가에 못박히신 분 안에 임재해 계셨으
며 그가 그의 죽음을 속죄로 받으셨다는 것을 확증하려는 의도였다. 예수의 죽음을 일차적
으로 하나님의 활동으로 이해하는 것은 바울 사상의 특징이었다. "하나님께서 그리스도 안
에 계시사 세상을 자기와 화목하게 하시며"(고후 5:19). "화목하게 하다"는 "속죄하다"를
의미하는 것은 아니지만 이 진술과 위에 나온 심상은 매우 조화가 된다(§39, 3). 물론 바
울이 이용한 심상들이 결점을 갖고 있는 경우란 거의 없었다.

　더욱이 로마서 3:25에서 그것은 단순히 심상의 문제가 아니었다. 바울은 단순히 무엇을
예시하고 있는 것이 아니었다. 그에게 레위기 16장의 속죄 행위는 모세 시대 동안에 수행되
는 것에 불과하였다(고전 10:6, 11); 그것은 성취의 때에 이루어질 것을 약속을 통해 미리
보여주는 모형(typos)이었다. 예수의 죽음이 레위기 16장의 속죄 행위와 모형론적으로 대
응이 된다면 성금요일은 모든 "범죄"(롬 4:25; 참조. 3:25b)를 단번에 속한 종말론적 화목
의 날이었다. 그리고 그것은 권능으로서의 죄에 대한 종살이로부터 자유를 가져왔다(롬 6:
10). 이 속죄 행위는 레위기 16장의 옛 언약 제도에 따라 수행되었기 때문에 그것은 하나님
이 자신의 언약에 충실함을 보여주는 것이었다. 달리 말하면 그것은 하나님의 의를 보여주
는 것이었다.

　종말론적 화목의 날로서 성금요일은 하나님의 의를 보여주는 것이었다. 로마서 3:25에서
용어 사용을 통하여 암묵적으로 활용된 레위기 16장과의 관련은 히브리서 8-10장(9:7,
11-14, 24-28; 10:3)에서 명시적으로 드러난다. 거기에서는 그리스도를 하나님께 자신
의 피를 드린 대제사장으로 보았고 로마서 3장에서는 그리스도는 하나님이 자신의 피를 받
은 속죄소(시은좌)였다.

　분명히 히브리서 기자와 바울은 자기 나름대로 예수의 죽음을 레위기 16장의 도움을 받
아 모형론적으로 해석한 동일한 초기 기독교 전승을 이용하였다(참조. §47, 4c). 수많은
지표들은 바울이 로마서 3:25에서 전승 요소들을 개작하였다는 것을 분명하게 시사해준다.[22]
이러한 구약의 묵상적 사용은 단지 합리적 구성의 틀 안에서 '휘페르' 정형 어구를 도출해

---

22) 22절에서는 바울에서 발견되는 것과 다른 하나님의 의를 가리키는 용어가 나타나지 않는다(§39).
　　그러나 의의 허용을 이전 시대의 용납하심(25b)과 현재 시대의 의(26a) ― 진노의 반대 측면(1:18)
　　― 와 이중적으로 연관시키는 것은 특히 바울적인 것은 아니었다. 그것은 속죄일 모형론과 언약 갱
　　신의 전승을 통하여 시사되어 있다. 더욱이 이 문장은 언어학적으로 과도하게 적재되어 있다: *dia
　　pisteos*는 *hilasterion*과 *en to autou haimati*에 있다.

낸 것이 아니라는 것을 기억하는 것은 중요하다. 오히려 그것은 그 정형 어구를 구약에 의해 계시되고 규정되었을 뿐만 아니라 예수를 통하여 재구성된 것으로까지 거슬러 올라가는 하나님과 인간 관계의 실체 안에 놓았다. 이때에야 비로소 인간의 삶은 시내산 언약이 이스라엘에 대하여 분명하게 말하였던 섭리적 보존과 응보 아래에 보편적으로 놓여지게 되었다. 이 실체는 십자가의 말씀에 의해 폐기되지 않았다. 그것은 뭔가 잘못된 이론으로 기각되지 않았다. 속죄를 통하여 그것은 인식되고 그 효력은 중단되었다. 오직 이런 식으로만 율법의 언약에 의해 확립된 경험적 실체는 종말론적 언약에 의해 믿을 만하게 효력이 중단될 수 있었다.

후자의 언약은 오로지 하나님의 은혜의 새로운 시현과 이 은혜에 의해 부르심받은 사람들의 자발적인 책임에 의존하였다. 따라서 구약의 속죄 희생의 개념은 '휘페르' 정형 어구를 이해하고 내적으로 입증하는 데 도움이 될 수 있다. 물론 이것은 이러한 배열이 고대의 종교성의 이론이 아니라 하나님에 의해 세워진 것으로 볼 때에만 그러하다. 이 배열은 현실로서 세워졌으며 이와 아울러 그 자체를 뛰어넘어 '모형'($typos$)으로서 미래를 가리키고 있었다.

이러한 발전 방향은 십자가의 속죄적 의미를 설명하기 위하여 하나님의 정의를 취한 바울의 진술들의 두번째 부류에서 계속되었다.

b) 하나님의 정의

현재까지도 서구 신학에 영향을 끼치고 있는 캔터베리의 안셀무스(Anselm of Canterbury)의 만족설은 예수의 죽음의 속죄적 의미를 게르만법적 사고의 견지에서, 즉 역사적으로나 내용상으로나 그것에 생소한 전제의 견지에서 설명하였다. 이 설과는 대조적으로 바울은 갈라디아서 3:10에서 신명기 27:15-26에 나오는 저주 의식의 결론을 인용함으로써 구약의 하나님의 정의관을 자신의 출발점으로 삼았다: "누구든지 율법책에 기록된 대로 온갖 일을 항상 행하지 아니하는 자는 저주 아래 있는 자라". 이 저주 정형 어구는 세겜에서의 십계명을 지켜야 한다는 의무와 관련해서만이 아니라(신 27:〔11〕, 15-26) 쿰란에서의 언약 갱신 절기에서 제의적으로 전유되었다(1QS 2:4-19). 유대교에 살아 있었던 이러한 구약 전승에 비추어 바울은 율법의 응보 질서에 따라 살아가는 사람들 — 로마서 2:6에 따르면 이것은 모든 사람을 의미했다 — 은 이 저주 아래 있는 것으로 이해하였다. 그런 다음 바울은 갈라디아서 3:13에서 십자기에 못박힌 분을 보았고 이렇게 덧붙였다: "그리스도께서 우리를 위하여 저주를 받은 바 되사 율법의 저주에서 우리를 속량하셨으니 기록된 바 나무에 달린 자마다 저주 아래 있는 자라 하였음이라"(참조. 신 21:23).

그리스도는 저주받을 자가 아니었음에도 저주를 받았고 사람들이 마땅히 받아야 할 벌들의 합계를 짊어질 필요가 없었음에도 율법의 저주를 짊어졌다. 고린도후서 5:21은 더 정확하게 설명하고 있다: "하나님이 죄를 알지도 못하신 자로 우리를 대신하여 죄를 삼으신 것은 우리로 하여금 저의 안에서 하나님의 의가 되게 하려 하심이니라". 그는 죄인이 아니었지만 죄에 의해 표적이 된 분이었다. 죄는 사람들을 하나님과 단절시키고 죽음으로 넘겨준다. 그리스도는 이 단절을 겪었으며 자신의 죽음을 통해 모든 사람들을 대표하여 속죄의 형태로 넘기움을 겪었다. 구약의 정의 개념으로부터 유래한 일단의 진술들은 대표의 측면을 더욱 더 강조한 반면에 속죄 의식들로부터 유래한 진술들은 속죄를 더욱 더 강조하였다. 그럼에도 불구하고 이 둘은 언제나 결합되어 있었다.

저주의 이러한 대표의 의미는 동시에 속죄였기 때문에 그것은 갈라디아서 3:13에서 표현하고 있듯이 "우리를 속량하셨다". 그것은 율법의 저주로부터 자유를 가져왔고 — 갈라디아서 4:5에 따르면 — 그와 동시에 우리를 하나님과 아들 관계로 되게 함으로써 율법의 주장으로부터 자유를 가져다주었다. 고린도전서 6:20과 7:23에서는 "구속하다"(*exagorazein*) 대신에 "샀다"(*agorazein*)는 말을 쓰고 있다. 그 의도는 기존의 연관은 또 다른 것에 의해 대치될 수 있다는 것을 분명히 하는 것이었다. 초기 기독교에서 유래한 이 전승에 의한 표현(참조. 계 5:9; 14:3f.)은 예수의 죽음을 예를 들면 노예를 해방시키기 위하여 지불해야 되는 속전과 같은 구입의 대가로 해석할 의도가 아니었다.[23]

그것은 그러한 구입의 대가를 받는 권능들을 염두에 둔 것은 더더욱 아니었다. 그것은 오직 예수의 죽음은 모든 사람들을 위한 속죄였기 때문에 모든 사람들을 정당하게 자유케 할 수 있었다는 것을 말하고자 했을 따름이다. 더욱이 로마서 8:3 이하에서는 획득된 자유의 토대가 주어지고 있다: "곧 죄를 인하여 자기 아들을 죄 있는 육신의 모양으로 보내어 육신에 죄를 정하사 … 우리에게 율법의 요구를 이루어지게 하려 하심이니라". 여기서 "인하여"는 "함께"와 결합되어 있다. 즉 "육신에 죄를 정하신" 것은 그리스도는 물론이고 우리와 관련되어 있었다.

바울은 공동체의 신앙고백 가운데서 '휘페르' 정형 어구만을 신학적으로 발전시킨 것이 아니었다. 또한 그는 '쉰'(*syn*) 정형 어구와 '엔'(*en*) 정형 어구로도 확장시켰다. 이 정형 어구들은 "위하여"로부터 도출된 그리스도와 공통적인 어떤 것을 표현하였다. 로마서 3:21-5:21의 생생한 '휘페르' 다음에 이어서 로마서 6:1-10(6:4, 6, 8)에는 마찬가지로

---

23) F. Büchsel, *TDNT* I, 124-28.

뚜렷한 내용을 가진 '쉰'이 나온다.

5. 그리스도와 함께 함(*syn Christo*)과 세례

a) 개관

그리스도와 관련된 '쉰' 표현들은 일부는 복합동사들,[24] 일부는 단순동사, 전치사 '쉰'(syn=함께), 관련의 대격(對格)으로 이루어져 있다. 그것들은 바울 저작들 내에서 서로 구별되는 네 가지 부류의 진술들 가운데 등장한다.

1) 바울에서 기독교인들과 함께 한다고 할 때와 같이 '함께 함'을 의미하는 '쉰' 진술들이 있었다.

> 신약에는 동일한 의미를 가지고 있긴 하지만 관련의 대격과 함께 쓰이는 '쉰'이 사용되지 않고 속격과 '메타'(*meta*=함께)를 사용한 일단의 진술들이 나온다. 예수와의 교제, 특히 예수와의 식탁 교제(막 2:16 par. ; 눅 15;1f.)는 공관복음 전승에서 그런 식으로 강조되었고,[25] 이에 걸맞는 교제가 완성 때에 약속되었다.[26] 이러한 사고 경향은 요한계시록에도 나타난다. 끝까지 견딘 자들에게는 "어린 양"과 "함께"하는 승리와 완성이 약속되었다.[27]

바울에서 이런 유형이 "함께" 진술들은 죽음에 관한 질문에 대한 답변에서 강조된다. 죽은 기독교인들은 "그리스도와 함께" 있게 될 것이다. 즉 '파루시아'에서(살전 4:15-17) 또는 그들의 죽음에 뒤이은 파루시아와는 독립적으로(빌 1:23; 참조. 고후 5:8) 예수의 무리 가운데 있게 될 것이다. 현재와 미래에서 이러한 함께 있음은 예수의 죽음을 통하여 우리를 위하여 세워졌다. "예수께서 우리를 위하여 죽으사 우리로 하여금 깨든지 자든지 자기와 함께 살게 하려 하셨느니라"(살전 5:10).

2) 미래에 종말론적으로 그리스도와 함께 있다는 것은 현재에서 "그와 함께 고난받는 것"과 대응되는 "함께 유업을 받는 것", "함께 영화롭게 되는 것"이라는 개념을 가져왔다(롬 8:17; 참조. 골 3:4; 벧전 4:13; 5:1). 신자들은 "자기 영광의 몸의 형체와 같

---

24) 바울은 열네번 그러한 복합동사를 사용하였다(W. Grundmann, *TDNT* VII, 786f.).

25) 막 3:14 par. ; 14:67 par. ; 참조. 눅 15:31.

26) 병행 어구인 마태복음 26:29에 나오는 "너희와 함께"는 그 이도에 따라 종말론적 말씀인 미기복음 14:25에 삽입되었다. 참조. 마 8:11; 눅 22:29f. ; 23:43.

27) 계 17:14; 3:4, 20f. ; 14:1; 20:4, 6.

이 변하여"(*symmorphos*) 이런 식으로 하나님의 형상에 참여하였다(롬 8:29; 빌 3: 20f.).[28] 그리스도와 함께 있는 자들에게는 누구에게나 그리스도의 형상이 수여된다 ! 이것은 이미 그의 제자들의 제자도의 의미였고(눅 10:16) 세리들과 가진 식탁 교제의 의미였다(막 2:17). 우리는 여기서 두 개의 서로 다른 개념 집단들의 가교를 볼 수 있다. 물론 그 차이점을 간과해서는 안되지만 말이다.

3) 바울 서신 및 제2바울 서신들만이 그리스도와 함께 하거나 그 결과로서 그의 모습으로 닮아가는 것을 의미하지 않는 "그리스도와 함께"에 대하여 말하였다. 이 세번째 부류의 말씀들은 그리스도의 죽음과 부활에 영적으로 참여하는 것에 관하여 말하였다. 이와 같은 함께 삶을 위한 함께 죽음은 예수의 죽음과 부활의 결과로서 세례를 통하여 일어났다. 이것은 로마서 6:4, 6; 골 2:12 그리고 아마도 갈 2:19에 표현되어 있다. 고린도후서 5:14(참조. 4:14)에 따르면 여기서 "함께"는 표현되어 있지 않지만 그것은 그리스도의 십자가와 부활을 통하여 직접적으로 세워졌다. 세례를 통하여 전달된 "함께"는 골로새서 2: (13), 20; 3:1, (3, 4; 참조. 엡 2:4ff.)에 전유되었다.

4) 또한 예수의 죽음과 부활은 사도로서 바울의 존재와 사역 속에 드러났다는 확신은 바울에게 원래적인 것이었다(빌 3:10f.; 고후 1:4-7; 4:7-15; 6:3-10; 갈 6:17; 참조. 골 1:24). 이 진술들 가운데서 "함께"는 아주 이따금씩만 찾아볼 수 있는 반면에(고후 4:14), 그리스도의 운명과의 교제는 "그리스도의 고난" 또는 "그리스도의 생명"과 같은 속격 연관을 통하여 표현되었다.

바울에게 특징적이었던 함께 삶을 위한 함께 죽음에 관한 진술들은 어떻게 생겨났는가?

b) 논의에 대하여

함께 삶을 위한 함께 죽음에 관한 진술들의 기원과 의도에 관한 논의 속에서 우리는 바울 신학 전체의 구체적인 해석들의 반영을 발견한다.

1) 바울에 대한 심리학적 해석은 이 진술들의 기원을 "그리스도에 대한 신비적 체험"과 "그리스도-제의에 의해 … 아주 강력하게 영감을 받은" 묵상으로 거슬러 올라갔다.[29] 십자가는 "역사적 개념이 아니라 극히 영적이고 신비적으로 실현되는 살아있는 실체로 되었다".[30]

---

28) "왕노릇할 것"에 대한 기대(계 5:10; 20:4, 6; 22:5)는 고린도전서 4:8에 언급되어 있지만 바울에 의해 긍정적으로 수용되지는 않았다 — 아마도 우연이겠지만.

29) A. Deissmann, *Paul* (1957 〔=1972²〕), p. 191.

30) Ibid., pp. 202f.

죽음의 신비주의는 세례라는 상징적 행위를 통하여 그리스도의 신비적이고 비밀스러운 죽음을 묘사하였다. 고난의 신비주의는 체험 속에서 반복되는 이 죽음의 확증을 묘사하였다.[31]

2) 심리학적 재구성을 통한 이러한 해석 방식은 연구사 속에서 종교사적 분석에 자리를 내어주었다. 종교사학파의 이해는 리츠만(H. Lietzmann)에 의해 다음과 같이 요약되었다.[32] 함께 삶을 위한 함께 죽음은 신비종교들로부터 나왔다. 이 개념은 헬레니즘적 교회에 의해 바울에게 전해졌다. 후자는 신비종교들의 성별 의식과 유사한 방식으로 세례의 입교 의식을 이해하였다. 이시스(Isis) 성별 의식은 "자발적으로 거의 죽음에 이르거나 회복하기 어려울 만큼 건강을 해칠 정도로" 실행되었다. 신은 "그들을 새로 거듭나서 건강의 길로 되돌아오게 하기 위하여"(성별된 자들을) 돌보았다(Apuleius *Metamorphoses* 11.21과 23 = LCL, pp. 575, 581). 이 모든 것은 이 의식이 붙잡고 있는 초자연적 힘들과 명상에 의한 환상을 통하여 가능하게 되었다. "나는 거의 지옥에까지, 지옥의 여왕의 문들에까지 이르렀고, 나의 모든 요소들이 다 강탈당한 후에 나는 나의 적절한 위치로 돌아왔다: 한밤중에 나는 태양이 밝게 비치는 것을 보았고, 마찬가지로 천상과 음부의 신들을 보았는데, 그들 앞에 나는 놓여 있었고 그들을 경배하였다." 이와 유사하게 세례는 신비종교로 들어가는 성별 의식으로 이해되었다.

"물에 잠기는 것은 (성례적으로 효력있게) 육체에 죽음을 전했고 물로부터 나오는 것은 (또한 성례적으로) 육체에 그리스도의 부활을 전했다." 이 수단을 통하여 영생은 세례받은 자에게 모든 상황 속에서 보장되었다. 하지만 바울은 헬레니즘적 교회의 이러한 개념에 윤리적 차원을 부여하였다. 그는 그리스도와 함께 부활한다는 개념을 새로운 윤리적 행실과 미래의 방향으로 이동시켰다. 바울의 진술들의 종교사적 기원은 불트만[33]에 의해 받아들여져서 케리그마적 해석과 결합되었다.

3) 불트만은 자신의 결론들을 '쉰' 진술들과 '휘페르' 진술들의 관계 및 예수의 죽음에 대한 해석과 관련된 이러한 기원으로부터 이끌어내었다. 신학적으로 해석하면서 그는 '휘페르' 진술들(롬 3-5장)은 제의와 정의에 관한 구약 및 유대적 개념들의 도움을 받아 예수의 죽음을 설명하였다고 추론하였다. 반면에 '쉰' 진술들(롬 6장)은 헬레니즘적 신비종교들의 범주들을 사용함으로써 그렇게 하였다. 실존적으로 해석된 십자가는 오직 다음과 같은 질문으로 이해될 수 있었다: "어떤 사람이 자신에 대한 이전의 이해를 기꺼이 포기하고 오직 하

---

31) 참조. Güttgemanns, op cit. (Lit., §35, 5), pp.16-20의 연구 개관에 나오는 보상 전거들.
32) H Lietzmann, *Römerbrief*, at Rom. 6:3 (excursus, pp. 65-68).
33) *Theology* I, §13, 1; §34,3.

나님의 은혜로부터", 즉 로마서 6:11의 의미로 "스스로를 이해하고자 하는가, 어떤가 … ".[34] 하지만 이것이 의미하는 것은 십자가와 인간 실존은 자기 이해라는 해협에 국한된다는 것이다. 그러나 인간은 바울이 십자가를 위치시킨 모든 관계들 속에서조차도 역사적으로 살아간다.

인간은 바울이 이미 보았듯이(롬 3-5장) 기존의 세계 질서의 율법들 아래에서 다른 미래를 기대하며 살아간다. 그리고 인간은 바울이 로마서 6장에서 생각했듯이 "죄의 몸"과 "사망의 몸" 가운데서 살아간다(롬 6:6; 7:24). 십자가를, 함께 삶을 위한 함께 죽음으로 해석하는 것은 이러한 인류학적 준거틀에서 아주 의도적으로 지도되었다. 이것은 이 개념의 기원과 의도에 대한 차별화된 분석을 통하여 분명하게 될 것이다.

c) 함께 삶을 위한 함께 죽음으로서 십자가의 효력

이 개념의 기원에 관한 문제에서 연구사는 역사주의의 이입(移入) 도식은 물론이고 심리학적 재구성을 뛰어넘어 움직여왔다. 내가 보는 바로는 바울 신학이 자라온 세 가지 요소들은 일반적으로 그들의 영향력을 집결하여 이 개념을 만들어 내었다.

1) 다른 곳에서와 마찬가지로 여기에서도 바울의 환경 — 여기서는 헬레니즘적 환경 — 은 언어적 도구와 개념적 보조 수단들을 제공하였다.

개념으로서 함께 삶을 위한 함께 죽음이라는 사상은 신비종교들을 생각나게 한다. 신비종교들은 신들의 죽음과 소생(蘇生)을 근본적인 것으로 생각하였다. 입신자(入神者)들은 전자의 방식으로 죽고 새로운 생명으로 다시 태어나는 것을 가능하게 만들었다. 하지만 우리가 이용할 수 있는 본문들 가운데서 그 어디에도 이러한 것을, 함께 삶을 위한 함께 죽음으로 지칭하는 곳은 없다. 이것은 이용 가능한 모든 자료들, 철저히 종교사적으로 연구해 본 바그녀(G. Wagner)의 결론이었다.[36] 결과적으로 불트만이 그의 시대에 여전히 수용할 수 있었던 이입 이론을 고수하기는 더 이상 불가능하다.[37] 반면에 바그녀가 그랬듯이 우리는 모든 발생학적 관련을 모조리 거부해서는 안된다. 사람들이 신비종교들 속에서 생각했던 방식은 이러한 바울의 진술들에서 여러 영향력들 가운데 하나의 요소로서 영향을 미쳤다고 보아야 한다.[38] 신비종교들의 개념 세계가 바울의 '쉰' 진술들의 모든 것을 설명할 수 있는 것이

---

34) Ibid. I, §33, 3f.
35) H. Conzelmann은 *Theology*. pp. 205-208에서 이것을 뛰어넘지 않았다.
36) Op. cit, (Lit., §35, 5).
37) *Theology* I, §33, 3d.
38) 마찬가지로 Larsson, op. cit. (Lit., §35, 5), pp. 48-80.

아니게 된 이후로 여기서 작용하고 있는 개념 모델은 집합적 인간이라는 개념이었다는 생각이 대두되었다.[39] 이 개념에서 예를 들면 아담은 모든 그의 자손들에게 자신의 흔적을 남겼다. 하지만 바울은 이 개념을 '쉼' 진술들이 아니라 '엔' 진술들(고전 15:22)에서 빌어왔다.

신비종교들에 의해 제공된 성찰을 통한 동인(動因)과 아울러 기독교 내부의 전승도 '쉼' 진술들의 형성에 영향을 미치고 있었다. 이제 그것을 살펴보기로 하자.

2) 함께 삶을 위한 함께 죽음이라는 개념은 예수 전승의 한 구성 부분인 제자도라는 개념과 실질에서 일치하였다(§19, 2). 제자도는 예수와 함께 하는 것만이 아니라 그의 생애에 의해 지도받게 되는 것을 의미했기 때문에 그러했다. 그것은 이전의 실존과는 총체적인 단절을 낳았다. 직업과 가족으로부터 단절은 말할 것도 없고 한 사람의 관습적인 생활 양식으로부터 단절도 가져왔다. 또한 이 단절은 죽음으로 생생하게 묘사되었다: "누구든지 나를 따라 오려거든 자기를 부인하고 자기 십자가를 지고 나를 좇을 것이니라" — 처형장으로 끌려가는 정죄받은 사람처럼(막 8:34 par.; 마 10:38 par.). 제자도 가운데서 예수를 따르는 것은 더 이상 자기 자신을 알지 않는 것, 자기를 사형 선고 받은 자로서 생각하는 것을 의미하였고, 부활절 이후에 이것은 스스로를 예수와 같이 정죄받은 자로 생각한다는 것을 의미하였다.

이 실질적 내용상의 병행이 이 바울의 개념을 형성하는 것에 도움이 되었다고 생각할 수 있는가? 부활절 이후에는 예수와 관련하여 문자적 의미로 "따르는 것", "어떤 사람을 따르는 것"은 더 이상 불가능했다.

결과적으로 공관복음서로부터 유래한 이 용어는 결코 바울 서신에서 채택되지 않았다는 것은 결코 놀라운 일이 아니다. 예수 전승이 흔히 공동체의 케리그마로 변화되었다는 것을 고려한다면, 바울이 다른 선택 가능성 가운데서 제자도라는 개념을 그리스도와 함께 삶을 위한 함께 죽음에 관하여 말함으로써 대치하였다고 말하는 것은 상당한 개연성이 있다고 하겠다.[40]

3) 마지막으로 왜 바울 및 그와 직접적으로 연계된 초기 기독교 문헌에 속하는 저작들만이 그리스도와 함께 삶을 위한 함께 죽음을 이야기했는지를 해명해야 할 필요가 있다. 이그나티우스(Sm. 4:2; Pol. 6:1)에 나오는 이와 비슷한 진술들은 다른 의도를 가지고 있다!

---

39) W. Grundmann, *TDNT* VII, 789-792.

40) Larsson, op. cit. (n. 38), pp. 25f. 와 Schweizer, *Lordship*, p. 91(독어판 pp. 140-43에서 확장되었다)는 이를 고찰하고 있다.

이러한 관찰 자체가 바울이 이 개념을 헬레니즘적 공동체로부터 전해받았다고 말하는 것을 불가능하게 만든다. 그와는 대조적으로 바울 신학의 구체적인 원칙의 견지에서 그것은 설명될 수 있다. 그는 그리스도의 생애를 하나님의 개입이라는 극히 신중심적인 태도로 이해하였다. 따라서 고린도후서 5:14 이하에서 그는 다음과 같은 신학적 추론을 전개하였다: "한 사람이 모든 사람을 대신하여 죽었은즉 모든 사람이 죽은 것이라 저가 모든 사람을 대신하여 죽으심은 산 자들로 하여금 다시는 저희 자신을 위하여 살지 않고 오직 저희를 대신하여 죽었다가 다시 사신 자를 위하여 살게 하려 함이라". 이러한 효력은 세례를 통해서만 가능케 된 것은 아니었다. 그것은 이미 십자가를 토대로 힘을 발휘하고 있었다. 이미 그리스도의 죽음을 통하여 모든 사람들은 그들이 알기도 전에 십자가의 흔적을 지니게 되었다 ! 왜? 예수의 죽음을 통해 아담적 인간에 대한 하나님의 정죄가 수행되었기 때문이다(롬 8:3). 그러므로 하나님의 눈에는 모든 아담적 사람들은 그들을 위해 대표 원리를 따라 실행된 사형 선고 아래 서 있었다.

하나님의 심판에 따르면, 즉 그의 눈에는 그들은 모두 그들을 위하여 죽으셨다가 다시 사신 분을 향하여 살기 위하여 — 대표 원리를 토대로 — 모두 죽었다. 바울은 예수의 죽음과 사심을 엄밀하게 신 중심적 견지에서 인류를 위한 하나님의 행위로 보았기 때문에 또한 그것을 모든 사람에게 흔적을 남긴 인류에 대한 하나님의 행위로 이해하였다.

d) 그리스도와 함께 죽는 세례

1) 로마서 6:5의 난해한 정형적 표현은 이 표지를 배경으로 기독교인들의 "연합"에 관하여 말하고 있다. "만일 우리가 그의 죽으심을 본받아 〔세례를 통하여〕 연합한 자가 되었으면 또한 그의 부활을 본받아 연합한 자가 되리라".[41] 예수의 죽음을 본받는 것(*homoioma*)은 사실 고린도후서 5:14에 따르면 모든 아담적 인간의 죽음, 즉 우주적 사건으로서 예수의 죽으심이었다. 세례 이전에 예수의 죽으심은 모든 사람들 위에 미치는 하나님의 심판을 의미하였고(롬 8:3) 고린도후서 5:14을 따라 그러한 것으로 선포되었다: "모든 사람이 죽은 것이라". 세례를 통하여 이 선포는 개개인의 체험 자체로 되었다. 개개 인간 존재는 "그가 그와 함께 죽었다"는 식으로 독특하고 역사적이고 구체적인 행위 속에서 이 심판으로 이끌어져왔다.

2) 함께 삶을 위한 함께 죽음이라는 동기(motif)의 발생학적 도출도 로마서 6:3 이하에서 표현하고 있듯이 모든 세례받은 사람들은 어떤 의미로 그와 함께 살기 위하여 그와 함께

---

41) J. Schneider, *TDNT* V, 191-95에 나오는 철저한 논의를 참조하라.

죽는지를 해명하는 데 도움이 된다. 우리는 로마서 6:3-10에서 바울이 세례를 받는 사람에게 일어난 것을 무엇보다도 이미 일어난 것으로 직설법으로 말하고 있음을 본다. 그 다음에 나오는 명령법 문장들에서는 그것은 아직 실현되기를 기다리고 있는 것으로 설명된다(롬 6:11-13). "그러므로 우리가 그의 죽으심과 합하여 세례를 받음으로 그와 함께 장사되었나니"라고 말하는 4절에 근접하여 11절에는 "이와 같이 너희도 너희 자신을 죄에 대하여는 죽은 자요 … 하나님을 대하여는 산 자로 여길지어다"라는 말이 나온다. 직설법과 명령법은 단순히 이론과 실천으로서 서로 관련되어 있는 것이 아니었다. 그것들은 함께 삶을 위한 함께 죽음은 경험적 수준에서는 아직 발견될 수 없다는 것을 말하고자 했다. 그것은 회심의 체험이거나 초물리적인 변모가 아니었다. 오히려 직설법은 아담적 인간에게 내려진 사형 선고, 그리스도에게 대표의 원리에 의해 실행된 사형 선고, 세례가 종속관계에 있는 사형 선고를 선포하였다.

명령법은 이 선고가 자기 자신에게 효력이 있도록 하라는 도전을 말하고 있다: "너희 자신을 … 죽은 자로 생각하라". "너희 자신을 생각한다"(*logizesthai*)는 자기 자신을 하나님의 눈으로 본다는 것, 하나님 편에서 볼 때 이미 일어난 것을 자기 자신에게 효력이 있게 하는 것, 즉 믿는 것을 의미하였다. 그러므로 "우리 옛 사람이 … 〔세례를 통하여〕 십자가에 못박힌 것"(롬 6:6)이라는 직설법의 진술은 세상이 선교적 설교를 통하여 그 사실을 알기도 전에 하나님은 예수의 죽으심을 통하여 세상, 인류를 자기 자신과 화목하게 하셨나는 고린도후서 5:18 이하의 직설법 진술과 근본적으로 동일한 내용을 지니고 있었다. 이 두 경우 모두 하나님 편에서 이미 일어났던 것에 관하여 증거를 하고 있다.

역사적으로 볼 때 세례는 십자가와 마찬가지로 애매 모호한 인간적 행위였다. 이 행위 안에서, 이 행위와 함께, 이 행위 아래에서 하나님 편으로부터 일어났던 것은 오직 믿음으로만 선포되고 고백될 수 있었다. 하지만 명령법은 우리를 불러서 이 행위가 믿음으로 말미암아 우리에게 효력이 있게 되도록 하였다.

3) 이 선포가 모든 세례받은 사람들에게 일반적으로 유효하였다는 것은 함께 삶이 그리스도와 함께 죽음과 결합되어 있는 방식에 의해 확증되었다. 바울은 세례를 통해 너희가 그리스도와 함께 죽고 함께 일으킴을 받았다고 말한 적이 없었다. 그리스도와 함께 삶은 다음과 같은 방식으로 그리스도와 함께 죽음으로부터 연역된 것이었다.

3.1 그것은 우리가 소망하는 종말론적 미래의 차원이었다.

"만일 우리가 그리스도와 함께 죽었으면 또한 그와 함께 살 줄을 믿노니"(롬 6:8; 참조. 6:5).

3.2 그것은 믿음에서 현재적 차원이었다. "이와 같이 너희도 너희 자신을 죄에 대하여는 죽은 자요 … 하나님을 대하여는 산 자로 여길지어다"(롬 6:11).

3.3 그러므로 그것은 믿음 안에서 순종하고 사랑을 보이라는 부르심이었다. "그러므로 우리가 그의 죽으심과 합하여 세례를 받음으로 그와 함께 장사되었나니 … 우리로 또한 새 생명 가운데서 행하게 하려 함이니라"(롬 6:4). 이 "새 생명"은 자연적인 상태도 윤리적인 상태도 아니고 의로움과 마찬가지로 어떤 사람이 누구인가를 결정하며 하나님이 예수를 죽은 자 가운데서 살리심으로써 가져왔던 새로운 실체였다. 로마서 8:1-4에서 바울은 이 실체를 성령이라 불렀다.

4) 로마서 6:6-10, 12 이하에서 바울은 새로운 삶의 방식이 우리 인간의 실존 안에서 실제적 견지에서 무엇과 같은지를 논의하였다. 로마서 6:6 이하에 따르면 그리스도와 함께 살고 그와 함께 살게 될 "나"는 믿음의 "나"이다. 이 "나"와는 대조적으로 아담적 인간의 "나"가 있다. 물론 아담적 인간의 "나"는 그리스도의 십자가를 통하여 심판을 받았고 세례를 통하여 장사되었다. 그런데도 우리가 육체 가운데 사는 한 그것은 과거 시제로 되지 않았다. 우리는 그것을 거듭거듭 그리스도와 함께 못박힌 것으로 생각하여야 한다. 갈라디아서 5:16-24에서 조금 더 자세하게 말하고 있는 것처럼 새 생명은 언제나 육체에 저항하여 "나"를 지탱해주고 육체를 활용할 수 있게 해주는 성령의 싸움으로서만 실현된다. 새로운 "나"는 그 생명이 선포의 말씀과 그 말씀 속에 임재하는 성령을 통해서 유지될 때에만 존재할 수 있다. 이런 식으로 새로운 "나"는 옛 사람의 지체들, 그 입과 손들을 활용할 수 있다. "너희 지체를 불의의 병기로 죄에게 드리지 말고 오직 너희 자신을 죽은 자 가운데서 다시 산 자 같이 하나님께 드리며 너의 지체를 의의 병기로 하나님께 드리라"(롬 6:12f.).

5) 로마서 6장과 골로새서 2:12은 근본적으로 일치한다. 후자는 찬송 양식으로 이렇게 말한다: "너희가 세례로 그리스도와 함께 장사한 바 되고 또 … 믿음으로 말미암아 그 안에서 함께 일으키심을 받았느니라". 골로새서 3:1의 조건절인 "너희가 그리스도와 함께 다시 살리심을 받았으면 … "도 완전주의적인 의미가 아니라 로마서 6:11을 따라 명령법을 의미하였다. 하지만 골로새서 2:13은 공관복음서의 어법으로 쓰여진 2:12과 병행되는 세례 사건에 다음과 같은 확신을 덧붙였다: "너희의 범죄 … 로 죽었던〔십자가를 통하여 그와 함께 십자가에 못박힌 것이 아니라〕너희를 하나님이 그와 함께 살리시고 우리에게 모든 죄를 사하시고 … ". 오직 이 진술에 나오는 "함께"만이 누가복음 15:24에서 말하고 있는 것을 능가하였다. 반면에 골로새서 2:13과 같이 시작하는 에베소서 2:4-6의 찬송 진술은 로마서 8:30을 훨씬 뛰어넘는 방식으로 송영적으로 말하고 있는 가운데 종말의 완성을 대망하고

있다: " … 우리를 그리스도와 함께 살리셨고 … 또 함께 일으키사 … 그리스도 예수 안에서 … ".

e) 사도의 이력 속에서 역사하는 그리스도의 죽음과 삶

고린도후서 4:11에서 바울은 스스로에 관하여 "우리 산 자가 항상 예수를 위하여 죽음에 넘기움은 예수의 생명이 또한 우리 죽을 육체에 나타나게 하려 함이니라"고 강조하였다. 후자는 종말의 완성 때에 일어날 뿐만 아니라(4:14) 바로 지금 구원과 새롭게함을 가능하게 하는 하나님의 권능에 대한 모든 체험들(4:8f., 12, 16; 6:3-10) 속에서 일어날 것이다. 이러한 사도의 실존은 모방이나 신비적 정관(靜觀)의 결과로서 생겨난 것이 아니었다. 그는 이 실존을 자신의 삶 속에 역사하여 분명하게 되는 그리스도의 죽으심과 사심으로 이해하였다.[42] 하지만 이것은 그리스도가 이 사도로 하여금 자신을 섬기도록 하게 했으므로 가능하게 되었다. 예를 들면 죽음에 넘기움(고후 4:11)은 그리스도에게 일어났던 것과 마찬가지로(롬 4:25) 사도에게도 일어났다. 왜냐하면 그들은 모두 순종의 길을 걸었기 때문이었다. 사도에 관한 것은 고린도후서 4:1-6(4:7-18의 도입부)에, 그리스도에 관한 것은 빌립보서 2:8에 나온다.

로마서 6:1-13에 따르면 실제로 그 누구도 그리스도와 함께 삶을 위한 함께 죽음 이외의 방법으로 순종을 이룰 수 없을 것이다! 사도의 이력이 그리스도의 죽으신과 사심에 의해 은밀하게 흔적이 나 있는 곳에서 그것은 그리스도와 함께 삶을 위한 함께 죽음이라는 그 자신의 행위의 결과였다. 바울이 그리스도와 함께 죽었다는 것은 그가 그리스도와 함께 고난을 받았다는 것을 통해 증명되었다! 그런데도 이와 같은 실질적인 맥락은 바울 저작 그 어디에서도 정교하게 설명되고 있지 않다. 하지만 기독교인들의 고난은 베드로전서에서 그리스도의 고난에 참여(4:13)하는 것으로도 육체를 죽이는 것(4:1, 6)으로도 해석되었다.

어쨌든 바울은 '쉰' 개념을 동반자 관련이 아니라 밖으로부터 오는 그 무엇, 예수의 죽으심과 사심을 통하여 하나님으로부터 세움을 받고 발생한 그 무엇으로 이해하였다. 그러므로 이 '쉰'보다 전치사 '엔'(en)을 훨씬 더 풍부하게 사용하는 일이 흔하게 된 결과를 가져왔다. 로마서 6:2-10의 '쉰 크리스토'(syn Christo) 다음에 6:11의 '엔 크리스토'(en

---

[42] 이 설명은 E. Käsemann (ZNW 41 〔1942〕, 53f.)와 관련하여 Güttgemanns, op. cit. (n. 31), pp. 195-98에 의해 전개되었다: "사도의 고난은 기독론적 신의 현현으로서만 이해될 수 있었기 때문에 '유비', '본받음', '게가도', '계속'과 같은 용어들은 해석을 하는 데에 주의 깊게 피해야 했다"(ibid., p. 195).

Christo)가 나오고, 고린도후서 5:14 이후의 5:17도 마찬가지 경우이다.

6. "그리스도 안에서"

a) 빈도

이 표현은 '쉰'보다도 훨씬 더 자주 바울 저작에서 찾아볼 수 있다. 이 표현은 대략 164회 정도 나온다. 또한 이 표현은 바울에게 특유한 것이다. 이 표현은 신약에서 제2바울 서신들과 베드로전서 외에는 나오지 않는다. 요한 저작의 '엔' 표현들은 이와는 다른 형태와 의도를 갖고 있다. 형태에서 그것들은 대체 가능한 형태들을 갖고 있다: "우리는 그리스도 안에 있다" — "그리스도는 우리 안에 계신다". 내용 면에서 그것들은 승귀되신 분과 제자들의 상호적인 관계를 표현한다. 하지만 바울의 '엔 크리스토' 정형 어구는 아주 일방적으로 그리스도로부터 역사하는 그 무엇을 가리킨다.

b) 다양한 의도

많은 구절들에서 이 표현의 의도는 아주 당연하게도 다양하다. '엔 크리스토'는 바울의 수많은 다른 '엔' 표현들과 일치한다. 인간은 '엔 사르키'(*en sarki*, 육체로), '엔 노모'(*en nomo*, 율법 아래), '엔 프뉴마티'(*en pneumati*, 성령 안에), '엔 퀴리오'(*en kyrio*, 주 안에서) 존재한다. 이 표현들 속에 나오는 '엔'은 원인, 수단, 양태의 의미일 수 있다.

하지만 그것은 위치의 의미는 결코 아니었다. 그 이유는 주로 그리스도는 언제나 관계에서 사건이자 인격이었기 때문이다. '엔 크리스토'라는 표현은 인간의 지향은 그리스도에 의해 결정된다거나 어떤 사람이 그리스도에게 속한다는 것을 의미할 수 있다. 후자의 의미에서 그것은 흔히 아직 통용되지 않았던 형용사인 "그리스도인"(Christian)을 나타내었다. 그러나 이 용어의 세련된 용법에서조차 그 정확한 기본적 의미는 중요하였다.

c) 기본적 의미

정확한 의미는 원인과 수단의 의미였다: 그리스도에 의해 결정되는 사람은 "그리스도 안에" 있었다. 그러나 이 개념에서 그리스도는 어떻게 이해되었는가? 사람들은 '엔 퀴리오' 개념에서와는 달리 이 개념에서는 승귀되신 분을 일차적으로 떠올리지는 않았다.

웹케(A. Oepke)는 이 표현의 정확한 의도를 고린도전서 15:22로부터 도출하였는데,

이는 옳은 일이다: "아담 안에서 모든 사람이 죽은 것같이 그리스도 안에서 모든 사람이 삶을 얻으리라".[43] 아담의 타락에 의해 결정되는 사람은 "아담 안에" 있었다. 이에 따라 그리스도의 순종의 행위, 즉 그의 죽으심과 사심에 의해 결정되는 사람은 "그리스도 안에" 있었다.[44] 하지만 그의 죽으심과 사심은 물론 성령을 통하여 역사하고 계시는 승귀되신 분 안에서 결정적인 방식으로 임재해 계셨다.[45] 그는 선포, 특히 세례를 통하여 개개인을 붙잡고 계신다. 따라서 세례를 통하여 그의 몸인 믿음의 공동체로 들어온 사람들, 이 행위로 말미암아 말씀을 통해 성령의 활동에 노출된 사람들은 "그리스도 안에" 있었다. 따라서 개개인으로서 그들은 인격으로서의 그분에 의해 형성되었다. 그들에게 일어난 이 실존은 믿음을 통해 전유된 것이지만, 언제나 그 토대로서 믿음이 선행되었기 때문에 "'그리스도 안에' 있는 사람들"은 단순히 믿음을 가지고 있는 사람들과 동일하지 않았다. 예수의 죽으심의 의미는 구원론적, 교회론적 견지에서 충분한 표현을 기다렸다.

따라서 여러 의미들 가운데서 예수의 죽으심은 다양한 방식으로 사람들에게 이르렀다. 그것은 그 주의를 개개인에게 돌렸지만 신비종교들과는 달리 제의적 결사로 모인 종교적인 개개인들만을 구한 것이 아니었다. 모든 인류의 변화가 그것의 의도였다: "저가 모든 사람을 대신하여 죽으심은 산 자들로 하여금 다시는 저희 자신을 위하여 살지 않고 … "(고후 5:14-17).

---

43) *TDNT* II, 541-43.

44) 마찬가지로 Neugebauer, op. cit. (Lit., §35, 6); '*en Christo*'는 십자가와 부활의 사건을 가리켰고 그 사건 속에서 이미 현존하는 종말 때의 완성을 파악하려 하였다(ibid., pp. 34-44, 147-49).

45) 이 측면은 Neugebauer에 반대하여 J. Gnilka, *Philipperbrief*, at Phil. 2:5에 의해 강조되었다. 그러나 물론 그조차도 Bousset (*Kyrios*, pp. 153-181)의 저작을 빌어왔던 Deissmann (op. cit. [Lit., §35, 6])의 입장으로 돌아가지 않았다. 이 입장에 따르면 '*en Christo*'는 "공기에 비할 수 있는 영적 요소 안에 머무름"을 규정하였다.

제 3 장
예수의 끊임없는 사역

§36. 선포의 사건(복음)

R. Asting, *Die Verkündigung des Wortes im Urchristentum* (1939); D. Lührmann, *Das Offenbarungsverständnis bei Paulus und in den paulinischen Gemeinden* (1965). **On 3:** E. Klostermann, HNT, at Mk. 1:1; J. Schniewind, *Euangelion* I/II (1927/31); G. Friedrich, *euangelizomai*, etc., *TDNT* II, 707-737; G. Kittel, *legō*, *TDNT* IV, 114-19; P. Stuhlmacher, *Das paulinische Evangelium. I. Vorgeschichte* (1968); O. Michel, "Evangelium," *RAC* VI, 1107-1160; E. Käsemann, *Romans*, at 1:1. **On 4:** W. Michaelis, *mimeomai, TDNT* IV, 666-673; H. D. Betz, *Nachfolge und Nachahmung Jesu Christi im NT* (1967), pp. 137-169; Goppelt, *typos, TDNT* VIII, 249f.; H. Conzelmann, *1 Corinthians: A Commentary on the First Epistle to the Corinthians* (Hermeneia, 1975), at 11:1 (Lit.!).

1. 서론: 문제점

a) 유비들

선지자들은 구약에서, 순교자들과 랍비들은 유대교에서 역사 내에서 하나님의 증인이었지만 예수는 바울에서 역사 내에서 하나님의 증인이 아니었다. 바울에게 예수는 인격적인 구원 사건이었다. 예수의 죽으심과 사심을 통해 하나님은 종말론적으로 역사 속에 개입하였다. 그러므로 바울의 눈으로 보기에는 예수의 사역의 계속성에 대한 구약 및 유대의 유비들은 출애굽 ― 특히 유월절(고전 5:7; 참조. 10:5) ― 또는 대조적으로 아담의 타락(롬 5:12-21; 고전 15:20, 22, 44-49)이었다. 구약에서 이러한 사건들과 마찬가지로 예수의 공적인 활동은 선포, 고백, 제의를 통하여 실현되었다. 헬레니즘 세계에서 가장 가까운 유비는 소크라테스가 아니라 이데올로기적이고 정치적인 선전과 제의적 숭배를 통하여 신격화된 율리우스 케사르(Julius Caesar)였다. 케사르의 경우 이렇게 하여 그는 이상적인 '코스모크라토르'(*Cosmokrator*, 세상 주관자)로서 수 세기 동안 영향력을 유지하였다. 이제 우리는 이러한 배경과 대비하여 좀더 정확하게 예수의 계속 사역의 구조를 살펴보고자 한다.

b) 예수의 계속 사역의 구조

예수의 계속 사역은 서로 다른 두 수준에서 일어났다.

1) 예수는 삼중의 방식으로 ― 원한다면 이를 "삼위일체적" 방식으로 불러도 좋다 ― 위로부터 다음 세대들에게 중보되었다.

예수는 하나님에게 자기 백성을 위하여 중보기도하며(롬 8:34) 자기 백성을 '에클레시아'로 모음으로써 세상에 대한 자신의 종말론적 통치를 이루어가면서 하나님을 대적하는 세력들을 아우르고 있는 '퀴리오스'로서 임재해 있다(고전 15:23-28).

또한 예수는 하나님이 자기를 통하여, 특히 자신의 십자가와 부활을 통하여 새로운 세계 상태를 만들어 놓았기 때문에 임재해 있다. 하나님은 그를 통하여 새 언약을 세웠다(고전 11:25; 고후 3:6); 그는 세상, 인류를 자기와 화목케 하였다(고후 5:18f.). 하나님과 '퀴리오스'의 종말론적 참여는 현재에서 사람들이 하나님의 성령에 의해 붙잡힐 때마다 만난다(고후 3:6). 새로운 "위의 것"은 실질적으로 동일한 사건들을 통하여 새로운 인간성의 출현을 가져왔다(고전 12:4-6):

> 은사는 여러 가지나 성령은 같고
> 직임은 여러 가지나 주는 같으며
> 또 역사는 여러 가지나 … 하나님은 같으니

은사, 직임, 역사는 동일한 사건의 세 측면이었다. 그것들을 수행한 셋은 그들의 활동에 시 한 분 하나님이었다. 이 활동은 종말론적이었다. 그것은 역사적 관계들을 초월하는 하나님과 새롭고 궁극적인 관계를 이루어내었기 때문이다. 그러나 이와 동시에 그것은 본질적으로 역사적이었다.

그것은 묵시론적 사건으로서 가시적으로 사람을 가로챈 것이 아니라 이 세상의 사건들 내에서 은밀하게 그렇게 함으로써 사람으로 하여금 믿음을 통하여 종말론적으로 새롭게 되도록 했기 때문이다(고전 2:6-11; 고후 5:7).

2) 위로부터 중보는 역사 내에서 "화목하게 하는 말씀" — 고후 5:18 이하의 말씀을 사용하자면 — 과 "화목하게 하는 직책", 그 메시지가 담지하고 있는 "직임"을 통하여 일어났다. 그 구조에서 이 메시지는 전승으로부터 나온 인간의 말, 위로부터 나온 말씀으로서 케리그마로 전해진 전승이었다. 케리그마는 성례들 속에서 일관성을 지녔다. 그것은 삶의 방식의 증거를 통하여 묘사되었다(§36, 5). 이 출발점의 배후에서 문제점은 영적이고 종말론적인 "위로부터"와 "아래로부터" 라는 역사적 방향의 교차로부터 출현한다.

c) 문제점

계몽운동 이래로 현대 세계의 사고 과정들은 예수에게서 역사 내의 하나님의 개입이나 교회의 사역을 통한 승귀되신 분의 계속 사역이 아니라 오직 역사적 인물의 출현만을 이해할 수 있었다. 그렇다면 시간적으로 너무도 멀리 떨어져 있는 예수라는 인물이 어떻게 현재에서 역사할 수 있을까? 바우어(F. C. Baur)의 튀빙겐학파는 그런 일은 점진적으로 전개되고 있는 예수 안에 구현된 사상의 힘을 통하여 일어났다고 답변하였다. 리츨(A. Ritschl)의 학파는 예수의 종교적 개성의 심리학적 효과를 통하여 그렇게 되었다고 보았다. 불트만과 그의 학파는 '우리 외부로부터'(*extra nos*)의 새로운 자기 이해를 제공했던 말씀의 형태를 띠었던 인간의 재설명 속에서 일어나고 있다고 보았다. 불트만은 " … 구원 사건은 선포하고 말을 건네고 요구하고 약속하는 설교의 말씀 외에 그 어떤 곳에도 존재하지 않는다"고 썼다.[1] 그러나 그리스도 사건의 선포를 통한 결단으로 부르심은 실제로 역사하고 있는가? 1968년에 다음과 같은 결정적인 경험주의의 질문으로 말씀과 케리그마 신학에 위기가 시작되었다. 왜 그 케리그마는 바울의 설교를 통하여 일어났던 변화 — 그의 서신들이 보여주고 있듯이 — 를 전 세계적 규모로 수행하지 못했는가? 이 문제에 대한 이러한 진술을 염두에 두고 이제 우리는 바울에 의해 언급된 전달의 과정에서 결정적인 요소들을 검토해보고자 한다. 우리는 선포로부터 시작할 것이다.

---

1) *Theology* Ⅰ, 302.

2. 선포의 용어 사용법: 통계학적 분류

바울은 선교자와 목회자로서 그리스도 사건을 어떠한 용어로 지칭했는가? 바울의 용어 사용법을 사도행전의 용어 사용법 및 사도행전이 바울과 다른 선교자들의 사역을 기술한 방식과 비교해 본다면 우리는 바울에게 특징적이었던 것을 좀더 분명히 알 수 있을 것이다. 사도행전은 이 단어 사건을 다음과 같은 동사들을 거의 비등한 빈도로 사용하여 지칭하였다: '유앙겔리조마이'(*euangelizomai*, 복음을 전파하다 — 행 13:32; 14:15, 21; 15:35; 16:10), '디다스코'(*didasko*, 가르치다 — 행 18:11; 20:20; 21:28; 28:31), '마르튀레오'(*martyreo*, 증거하다 — 행 13:22; 14:3; 23:11), '케릭소'(선포하다 — 행 19:13; 20:25; 28:31), '파라칼레오'(*parakaleo*, 권하다 — 행 11:23; 20:2). 이것은 교회의 모든 시대에 걸친 관습적인 언어적 용례였다.

하지만 바울에게 '유앙겔리조마이'는 대체로 가장 흔하게 사용된 동사였다(약 20구절에서); 이보다 더 높은 빈도(약 57회)로 나오는 것은 명사형 '유앙겔리온'(*euangelion*, 복음, 복음 선포), 사도행전에서 단지 두 번, 나머지 신약에서 오직 15회 사용된 단어였다. 그 다음으로 중요한 것은 '케릭소'(선포하다 — 15회)였는데, 명사형 '케리그마'(선포)는 바울에서나(단지 4회 나온다) 나머지 신약에서나(4회) 중요한 역할을 하지 못했다. 사도행전과는 대조적으로 바울에서는 '디다스코'(가르치다 — 7회)와 '마르튀레오'(증거하다 — 함축성있는 의미로는 한 빈도 나오지 않는나)의 사용의 퇴보가 현저하다. 후자는 사도행전에 득유한 섯이었고, '마르튀리아'(증거)와 결합하여 다른 의미로 사용된 것은 요한복음에도 나온다. '파라칼레오'(권하다)가 아주 빈번하게 나오는 것은 주목할 만하다(44회; 명사형 '파라클레시스'(*paraklesis*)는 22구절(이 가운데 12개는 고린도후서)에 나온다). 이 단어는 '누데테오'(*noutheteo*, 권하다. 6회, 그러나 나머지 신약에서는 오직 한 번 나온다).

이러한 통계학적 분류를 토대로 우리는 바울이 스스로를 좋은 소식을 대변하는 임무를 맡은 포고자, 사람들에게 인격적으로 말하고 권면하는 "중재자"로 이해했다는 것을 알 수 있다. 그는 무엇보다도 자신의 선교 사역을 회상하는 언급들을 통하여 이런 종류의 말을 "하나님의 말씀", "주의 말씀" 또는 단순히 "말씀"으로 지칭하였다(참조. §36, 4c). 아주 의도적으로 바울은 이 초기의 기독교 선교 용어들을 스스로에게 적용시켰으며 다른 곳에서는 이미 사용중에 있었던 "진리의 말씀"(고후 6:7; 골 1:5; 엡 1:13)이라는 표현과 유사한 "십자기의 말씀"(고진 1:18)과 "화목의 말씀"(고후 5:19)이라는 표현을 만들어 내었다.

이 용어 사용법의 배후에 있는 신학적 의도는 일차적으로 핵심적인 용어인 "복음"과 관련하여 해명될 수 있다.

3. 바울 이전의 종교적 용어로서 "복음"

유대인들이나 대다수의 기독교인들과 마찬가지로 헬레니즘 세계의 사람들에게 동사 '유앙겔리제스다이'(*euangelizesthai*)와 명사 '유앙겔리온'(*euangelion*)은 바울이 그것들을 사용하기 훨씬 이전에 종교적 용어가 되어 있었다.

a) 헬레니즘 세계

헬레니즘 세계의 일상의 언어적 용례에서 '유앙겔리온'은 삶의 질을 증대시키는 것으로서 모든 사람이 환영하는 좋은 소식을 의미했다. 하지만 더욱 중요한 것은 이 용어가 황제 숭배와 황제의 신학적 존재 근거에서 신성한 전문 용어로 기여했다는 점이다. 황제에 관한 좋은 소식들과 그의 칙령들은 '유앙겔리온'(기쁜 소식)으로 지칭되었고, 다른 통신 수단의 결여로 인하여 구두로 선포되고 명각(銘刻)으로 보존되었다. 그것은 사회 전체에 평화와 번영을 가져다 주었기 때문에 그렇게 불렸다. 이 단어의 용례는 무엇보다도 1906년에 간행된 주후 9년의 메안더의 프리에네(*Priene on the Meander*)에서 나온 명각들을 통하여 알려지게 되었다. 그것은 다음과 같이 재구성하여 옮겨볼 수 있다: "그러나 신의 생일은 세상에 대하여 그로 인한 기쁨의 소식의 시작이었다."[2] 구약 및 유대에서 이 명사의 용어적 용례를 발견할 수 없다는 이유로 이것은 바울의 용법의 언어학적 원천이었다고 연구사 속에서 흔히 주장되어 왔다.

b) 구약

구약 및 유대교의 이전 역사는 동사 '유앙겔리제스다이'를 출발점으로 삼았다. 제2이사야와 제3이사야에서 그것은 구원을 동터오게 하는 종말 때의 구원의 소식의 선포를 가리켰다(사 40:9; 52:7; 60:6; 61:1; 시 95(96):3). 이사야 52:7에는 시온에 좋은 소식을 알릴 기쁨의 포고자(*euangelizomenos*)가 예고되고 있다: "네 하나님이 통치하신다". 이 선포는 하나님의 궁극적인 통치를 통하여 이방의 지배로부터 해방되는 것을 뜻했다. '유앙겔리제스다이'는 여호와가 종말에 통치의 보좌로 즉위하는 것을 선포하고 그 선포

---

2) 참조. A. Deissmann, *Light From the Ancient East* (1910), p. 371.

를 통하여 그것을 실현하는 것을 의미하였다.

c) 예수

예수는 이 구약의 용례를 빌어와서 그것을 마태복음 11:5에 나오는 말씀을 통하여 기독교적 어휘에 도입하였을 가능성이 매우 높다. 그는 자신의 설교와 가르침을 이사야 61:1을 끌어와서 다음과 같은 문장으로 특징지었다: "가난한 자에게 복음이 전파된다"(*ptochoi euangelizontai*). 이 동사는 예언에 의거하여 그 방향이 부여되었다. 그 내용은 종말 때의 하나님의 왕적인 통치의 수립에 관한 기쁜 소식이었다. 그러한 일은 예수의 사역을 통하여 은밀한 가운데 일어날 것이었다(§6, 3b). 제2이사야의 예언은 유대교에 살아 있었다. 1QH 18:14에서 기쁨의 포고자는 의의 교사와 동일시되었고, 11Q Melch에서는 멜기세덱과 동일시되었다.[4]

d) 유대 기독교

부활절 이후에 하나님의 통치를 수립하는 그리스도로서 예수에 관한 메시지는 다가오는 통치에 관한 그의 메시지로부터 발전되었다. 팔레스타인 전승들을 빌어썼던 요한계시록에서는 유대의 신학적 표현인 '유앙겔리온 유앙겔리제인'(히. *bissar b*°*sorah*)이 14:6에 사용되었다. 그것은 "자유케 하는 구원의 메시지", 무엇보다도 "구원과 멸망의 예언적 메시지"[5]를 나타내었다(참조. 계 10:7). 따라서 그리스도인 예수에 관한 메시지는 이미 팔레스타인 유대적 기독교에서 이 용어로 특징지어졌을 가능성이 있다.

이러한 것을 보여주는 지표는 팔레스타인 교회에서 나온 교훈 전승들이 고린도전서 15:1 이하와 로마서 1:1에서 바울에 의해 "복음"으로 지칭되고 있다는 것이다. 물론 바울은 통상적으로 자기 설교에서 "복음"을 '행위의 명칭'(*nomen actionis*)의 의미로 사용하고 있긴 하지만 말이다. 분명히 그는 자기 이전에 있었던 정형 어구들에서 하나의 언어적 용례를 빌어왔음에 틀림없다.

따라서 이 중심적인 용어는 제2이사야에 의존하고 있었던 구약 및 유대 전승에서 출발하여 예수와 팔레스타인 교회에 전해진 일종의 연속성 위에서 헬레니즘적 교회에서 사용되었다고 해야 한다.[6] 이런 이유로 이 용례는 전승에 나타난 하나님의 개념에 의해 영향을 받았

---

3) ibid., pp. 371f.; E. Klostermann, *Markus*, at Mk. 1:1; F. Hennenke/W. Schneemelcher/R. M. Wilson, *New Testament Apocrypha* I (1963), 71-75.
4) Stuhlmacher, op. cit. (Lit., §36, 3), pp. 144ff.
5) Ibid., p. 152.

다. 그러나 복음은 헬레니즘 세계의 사람들의 주목을 받았던 용어였다.

4. 바울의 "복음"

바울은 사람들 가운데 수고하는 자신의 사명의 형태와 내용을 지칭하기 위하여 이 화려한 용어를 빌어썼다. 그가 "자신의 복음"[7]이라고 말할 수 있었던 것은 자기가 복음에 관한 특이한 개념을 대변했기 때문이 아니라 유일한 복음이 자기에 맡겨졌기 때문이었다. 그는 "사도로 부르심을 받아 하나님의 복음을 위하여 택정함을 입었다"(롬 1:1). 바울에게 "복음"은 선포의 행위와 선포의 내용 양자를 의미하였다. 예를 들면 로마서 1:1 이하는 그 내용에 맞춰 다음과 같이 다시 말할 수 있다: " … 하나님의 복음〔의 설교〕을 위하여 택정함을 입었으니 이 복음은 하나님이 〔내용으로서〕 … 미리 약속하신 것이라."[8] 고린도전서 9:14에서는 이 두 가지 의미가 동일한 문장에서 나란히 나온다: "이와 같이 주께서도 복음〔내용으로서〕 전하는 자들이 복음〔설교의 행위로서〕으로 말미암아 살리라 명하셨느니라".[9] 따라서 "복음"은 '행위의 명칭'(*nomen actionis*)임과 동시에 구체적인 내용이기도 했다.

내용과 관련하여 그것은 두 개의 속격을 사용하여 수식되었다. 그것은 "하나님의 복음",[10] 즉 하나님이 설교하도록 하였거나 그 자신이 발한 메시지였다(저자의 속격). 이보다 더 흔히 사용되는 것으로는 그것은 "그리스도의 복음",[11] 즉 그리스도에 관한 복음, "그의 아들에 관한" 복음(롬 1:3)이었다. 예수 그리스도는 복음의 중심적인 내용이었다. 그는 하나의 물상(物象)으로서가 아니라 사도의 선포를 통하여 역사하는 분으로서 그러하였다.[12] 그러나 이

---

6) 이 길을 주창하고 있는 학자로는 Schniewind, op. cit. (Lit., §36, 3); G. Friedrich, *TD-NT* II, 728f.; 더 자세한 고찰을 하고 있는 사람으로는 Stuhlmacher, op. cit. (n. 4), pp. 153, 204f., 289; Michel, op. cit. (Lit., §36, 3).

7) "우리 복음"(고후 4:3; 살전 1:5; 살후 2:14)과 "내가 전한 복음"(갈 1:11; 참조. 갈 1:8; 2:2; 고전 15:1) 또는 "내게 맡겨진" 복음(갈 2:7; 참조. 살전 2:4)은 논란이 심한 표현인 "내 복음"(롬 2:16; 16:25)보다 더 믿을 만하였다.

8) 참조. 고전 1:17; 9:16; 갈 1:16.

9) 마찬가지로 고전 9:18; 선포의 수행을 가리키는 전문 용어로서: 고후 8:18; 빌 4:3.

10) 롬 1:1; 15:16; 고후 11:7; 살전 2:2, 8, 9; 참조. 벧전 4:17.

11) 롬 15:19; 고전 9:12, (18); 고후 2:12; (4:4); 9:13; 10:14; 갈 1:7; 빌 1:27; 살전 3:2; "그의 아들의"(롬 1:9); "우리 주 예수의"(살후 1:8).

12) 롬 15:18; 고후 5:20; 13:3.

표현은 예수 그리스도를 일차적으로 이것의 적극적인 내용으로 생각하였다.[13] 그는 복음 속에 임재해 있었다. 복음을 부끄러워 하거나 하나님이나 그리스도를 부끄러워 하는 것은 동일한 것이었다(롬 1:16; 빌 1:27; 살전 2:12; 골 1:25). 바울은 자기 나름대로의 방식으로 다른 곳에서는 일반적으로 절대적 용법으로 사용된 단어에 이 이중의 공식적인 수식을 채워 넣음으로써[14] 그 단어를 교회 내에서 시사하는 바가 풍부한 핵심 용어로 변화시켜놓았다. 그것은 그의 사고 속에서 세 가지 측면으로 특징지워졌다.

a) 복음의 내용 뿐만 아니라 그의 설교도 종말론적 사건이었다. 그의 설교는 약속의 성취였다. 그의 복음의 내용은 예언과 일치하였으며(롬 1:2; 고전 15:3f.) 종말론적 기쁨의 포고자에 관한 예언의 말씀은 그의 선포를 통해 성취되었다(롬 10:15 = 사 52:7). 그러므로 바울은 자신의 사역을 세상의 종말 이전의 우주적 사건으로, 즉 묵시론적 구도 속에서 이해하였다(롬 15:14-33). 예수의 몇몇 말씀들(마 11:5)을 제외하고는 바울과 같이 그토록 엄밀하게 복음의 선포를 종말론적 사건으로 규정한 것은 초기 기독교의 그 어느 곳에서도 없었다(벧전 1:12, 눅 4:17ff. ; 24:44도 아니다).

b) 복음의 내용은 어떤 언어에 국한된 것이 아니라 "또 다른 복음"에 반대하여 신학적으로 정밀한 방식으로 구별되었다.

놀랍게도 바울은 공관복음서 전승이 구약과 일관되게 주장했던 것과는 달리 하나님 나라를 복음의 내용이라 부르지 않았다.[15] 그 성취의 성격과 일치되게 바울은 복음의 내용을 기독론적으로 기술하였다. 이와 같은 것은 특히 다음 두 구절에서 볼 수 있다: 유대적 기독교회의 부활절 케리그마를 담은 고린도전서 15:3-5과 팔레스타인의 승귀 기독론을 내포한 정형 어구를 담고 있는 로마서 1:3 이하. 로마서 10:8 이하에서 바울은 헬레니즘적 교회의 신앙고백을 사용하고 있는데, 그 이후로 그 메시지를 복음으로 지칭하고 있다. 로마서 1:16 이하에 나오는 구원론적 진술들은 이러한 기독론적 기술 행위들과 일치하고 있다. 복음을 통하여 하나님의 의는 역사하고 있다. 따라서 복음은 다양한 정형 어구들을 통하여 요약될 수 있다. 그 각각으로부터 출발하여 그것은 다른 방향과 방식으로 발전되었을 것이다.

그런데도 바울은 예수를 가리키는 모든 선포가 복음이라고 믿지 않았던 것은 확실하다 !

---

13) 그것은 이런 의미에서 주체의 속격이 아니라 대상의 속격이었다(G. Friedrich, *TDNT* II, 730f. 는 이와 다르다).

14) 동사 '*euangelizomai*' 조차 바울에 의해서는 절대적 용법으로 사용되었는데 반해 ― 갈 1:23("믿음")을 제외하고 ― 흔히 그것을 사용하였던 누가는 대부분 그것을 대상들과 견부시켜 사용하였다.

15) "나라(*basileia*)의 복음"(마 4:23; 9:35; 24:14; 참조. 막 1:14f.) ; "하나님의 나라 복음을 전하다"(눅 4:43; 8:1; 16:16; 행 8:12).

사실 복음을 분명히 하여 중대한 오류를 방지하는 것이 대부분의 바울 서신들의 역사적 목표였다.[16] 갈라디아서에서 바울은 유대주의자들의 오류와 맞서 싸우기 위하여 복음을 오직 은혜를 통하여 오직 믿음으로 말미암는 의(義)의 메시지로 해석했다. 광신자들이 혼합주의적으로 복음을 지혜론으로 오해하였기 때문에 고린도전서에서 바울은 복음을 '십자가의 신학'(theologia crucis)으로 해석하였다. 또한 고린도후서와 골로새서에서는 고린도전서와 마찬가지로 유대주의자들의 영향을 받은 혼합주의적 왜곡에 대한 반론을 보여주고 있다.

정확히 말하자면 이러한 왜곡들은 복음 자체에 의해 촉발되었다. 이 왜곡들은 복음을 그 의도에 따라 유대인과 헬라인 모두에게 타당한 것으로 만들어서 그들의 문제에 대한 해결책으로서 복음을 제시하자는 시도들이었다. 이 외에도 의도되지 않은 가운데 수신인들의 사고 형태들을 향한 "영합"이 생겨났다(롬 12:2). 복음이 환경이 다른 세계 속으로 침투해 들어갔을 바로 그때에 슬프게도 이단이 발생했다. 이런 이유로 이단은 이전에 했던 말을 반복함을 통해서는 극복될 수 없었고 오직 복음을 새로운 질문들에 더욱 적절하게 적용함으로써 극복될 수 있었다. 바울의 복음이 바로 이러한 논쟁들 한복판에서 적극적으로 형성되었다는 것은 우연한 일이 아니었다.

바울이 거부한 관점들은 자기 자신과 다른 신학적 도식들이 아니었다.

그는 자신의 신학과 아울러 베드로나 야고보의 신학과 같은 다른 신학들의 타당성을 인정할 태세가 충분히 되어 있었다(갈 2:6-10; 고전 3:5-15; 15:11). 그러나 그는 그때그때 절대적인 제한을 이끌어 내었고 특정한 방향으로 복음의 전개를 완전히 거부하였다. 그는 그렇게 전개된 것들을 "다른 복음을 좇는 것 … 다른 복음은 없나니"(갈 1:6f.; 고후 11:4); 이 선포들은 예수와 성령의 정체성을 상실하고 있었고(고후 11:4) 기독교적 실존을 왜곡하였다(갈 3:1-3; 5:4; 고전 15:17-19; 고후 13:5 등).

이 제한을 이끌어내는 데에 어떠한 판별 기준을 사용하였는가? 바울은 두 가지 원칙을 토대로 자신의 입장을 취했다: (1) 복음으로 받아들여진 것은 오직 사도들의 초기 증거로부터 유래한 메시지뿐이었다(갈 1:11f.; 2:1f.; 고전 15:1-11). 그러나 물론 바울의 적대자들도 예루살렘의 사도들에 의거하고 있다고 주장하였다! (2) 복음의 적절한 발전을 나타

---

16) 이 논쟁의 역사적 경과에 대해서는 Goppelt, *Apostolic Times*, pp. 71-77, 92-102를 참조하라; 내용상의 문제에 대해서는 L. Goppelt, "The Plurality of New Testament Theologies and the Unity of the Gospel as an Ecumenical Prlblem," *The Gospel and Unity* (ed. V. Vajta [1971]), pp. 106-130 (ibid., pp. 117f.: response to H. Koester, "Häretiker im Urchristentum als theologisches Problem," in *Zeit und Geschichte, Festschrift für R. Bultmann* [1964] pp. 61-76를 참조하라.

내는 것과 왜곡인 것은 다음과 같은 전승된 정형 어구로부터 도출될 수 없었다. 그것은 어떤 사람의 주장이 진정한 전승에 토대를 두고 있느냐에 따라 결정될 수 밖에 없었다. 이러한 주장에 대한 지침과 판별 기준은 구원과 관련하여 그리스도에 의하여 행사된 중보의 배타적인 역할이었다. 세상을 향한 하나님의 궁극적이고 은혜로운 돌이킴은 오직 그리스도에 의해서만 대표되었다.

갈라디아서 2:21에서 바울은 예수를 인간적으로 산출된 의의 체계로 통합하기를 원했던 갈라디아의 유대주의자들의 주장을 반박하였다: "만일 의롭게 되는 것이 율법으로 말미암으면 그리스도께서 헛되이 죽으셨느니라". 그리고 그는 자신의 십자가 설교를 가지고 고린도의 광신적인 지혜 교사들을 반박하였다(고전 1:18-25; 2:1f.): "내가 너희 중에서 예수 그리스도와 그의 십자가에 못박히신 것 외에는 아무것도 알지 아니하기로 작정하였음이라"(2:2). 그리고 고린도후서 4:7-18; 11:23-33; 12:7-10에서 그는 신적인 권능의 시현들을 통한 공동 작용에 의한 세상의 변화라는 관점을 거부하였다. 이것들은 고린도에서 거짓 사도들에 의해 선전되었고 바울에 의해 그의 사도적 사역에 각인된 십자가의 흔적으로 반박되었다.

이 논쟁을 경청한 사람들은 어떻게 진리를 분별할 수 있었을까? 그들은 어떤 정식(定式)이나 인물이라는 "객관적인" 권위에 매달릴 수 없었다. 바울은 그들이 그리스도의 연계 속에서 사려깊게 경청하고 스스로 판단할 수 있다고 생각하였다(갈 3:1-5; 고후 10:3-5). 이런 식으로 볼 때 고린도전서 12:10에 나오는 영들의 분별은 믿음에 의해 인식되었기 때문에 하나의 은사였다. 따라서 공동체에서 논쟁의 결과로서 나타난 것은 교의(敎儀)의 축적이 아니라 믿음의 인식 안에서 새로운 질문들에 대한 입장을 표명하고 있는 새로운 신앙고백문이었다. 헬레니즘적 교회의 새로운 신앙고백 ─ "예수는 '퀴리오스'이시다" ─ 도 고린도전서 12:3에 따르면 영들의 분별에 기여하였다. 그리고 요한일서가 쓰여졌을 때 사람들은 가현설(Docetism)에 반대하여 다음과 같이 신앙고백함으로써 바울을 능가하였다: "예수 그리스도께서 육체로 오셨다"(요일 4:2).

하지만 신약의 그 어떤 증인도 바울만큼 유대와 헬레니즘의 영향 아래에서 일어났던 왜곡들에 반대하여 유일한 복음으로서 그리스도의 메시지의 범위를 신학적으로 한층 정확하게 한정하지는 못했다. 그 누구도 바울만큼 사람들의 삶 속에서 뚜렷하게 그 메시지를 복음으로 발전시키지는 못했다.

c) 복음을 하나님의 말씀이라고 규정한 것도 복음을 이렇게 내용성으로 뚜렷하게 하는 것과 연관되어 있었다. 믿음의 공동체를 탄생시켰던 것은 바울에 의해 "복음"(고전 15:1f.),

"주의 말씀"(살전 1:8) 또는 "하나님의 말씀"(살전 2:13)으로 불렸다. 이 두 표현들은 이미 칠십인역에서 히브리어 표현인 '드바르 야웨'(*d͏ᵉbar Yahweh*, 여호와의 말씀)를 재현하는 전문 용어들로 채택되어 있었다. 그러므로 선지자들에 의해 대변된 언약의 하나님의 구체적인 지시들이 구약의 이해에서 이 표현 아래에 포괄되었다. 하지만 바울에서 이 두 용어는 그리스도에 관한 말씀, 즉 복음을 지칭하였다.

이 언어적 용례는 이미 바울 이전에 교회에서 나타났다. 또한 그것은 바울과 무관한 초기 기독교 전승들 속에 등장한다.[17] 바울 자신은 그것을 비교적 드물게 사용하였다.[18]

1) 그리스도에 관한 메시지를 이렇게 지칭한 것은 바울에게 간판 역할을 하였다. 바울에게 그것은 주로 공식적인 권위 또는 권능의 상징이 아니라 진술의 신뢰성을 지칭하였다. 이것은 구약의 하나님의 말씀과 관련된 것 속에서 발전되었다. 로마서 3:1 이하와 9:4에 따르면 이 용어는 처음에 이스라엘을 향하여 사용되었다. 그것은 일반적인 진리들을 전달한 것이 아니라 그의 역사적 정황 안에서 구체적인 동반자와 관련 속에서 선택(롬 9:11; 11:5; 7:28; 참조. '프로리조'(*proorizo*)[롬 8:29f.]), 부르심(롬 9:12; 11:29; 참조. 8:30), 약속(롬 9:4, 8, 9; 참조. 15:8)을 표현하였다.[19] 이러한 "하나님의 말씀"을 주시하는 가운데 바울은 로마서 9-11장의 주제이자 자신의 신앙 및 신학의 토대를 나타내는 명제를 제시하였다: "또한 하나님의 말씀이 폐하여진 것 같지 않도다"(롬 9:6). 약속과 결합되고 선택 위에 세워진 이스라엘의 부르심은 이스라엘 전체가 복음을 받아들이기를 거부한다 할지라도 허위가 되지 않을 것이다. 하나님은 백성들과 자신을 묶는 이 부르심에 지속적으로 신실하실 것이다.

그의 말씀은 불트만이 이해한 것과는 달리 어떤 주어진 시점에서 결단으로 부르심이 아니었다. 그것은 바르트가 이해한 것과는 달리 주어진 시점에서 하나님의 성취들을 공공연하게 알리는 정보가 아니었다. 후자에서는 이 공공연한 알림을 통하여 하나님이 가시화되는 곳과 때에(*ubi et quando visum est deo*) 성령이 주어진다. 하나님의 말씀은 구체적이고 역사적인 동반자들과 관련한 약속 있는 부르심에 토대를 둔 그의 끈이었다. 이 용어는 역사 내에서 하나님과 사람 사이의 끈의 계속성을 세워놓았다. 그리고 이런 식으로 볼

---

17) 약 1:18, 21ff.; 히 4:12; 13:7; 계 1:2, 9; 6:9 등; 참조. G. Kittel, *TDNT* IV, 115.

18) "하나님의 말씀": 살전 2:13; 고전 14:36; 고후 2:17; 4:2; 골 1:25; "말씀"(절대적 용법): 살전 1:6; 갈 6:6; 빌 1:14; 골 4:3; "주의 말씀": 살전 1:8; 살후 3:1; "주의 말씀"은 때때로 지상적 예수의 개별적인 말씀을 가리키는 말로 사용되었다: 살전 4:15; 또한 "명하는 자는 … 주시라"(고전 7:10; 9:14)도 마찬가지이다.

19) 이와는 대조적으로 "계시하다"(*apokalypto, phaneroo*)는 "말씀"과 결부되지 않았다(§28, 3a).

때 그것은 구원사를 세워놓았다. "말씀"의 해석과 선포, 교회의 실존은 로마서 9-11장의 해석에 달려있었다.[20] 로마서 9-11장에서 바울은 이스라엘을 향한 하나님의 말씀은 그것이 말하였던 것을 그대로 수행하고 있다는 확신에 이르렀다. 실제로 하나님은 궁극적으로 자신이 하리라고 말씀하셨던 것 이상으로 하실 것이다. 하나님은 모든 이스라엘에게 약속된 구원의 분깃을 주실 것이다(롬 11:25). 하나님은 자신의 "부르심"을 철회하지 않으실 것이다(롬 11:29)!

그러므로 바울은 이 복음이 하나님의 말씀임에도 이스라엘과 관련하여 왜 역사하고 있다는 것이 입증되지 않는지를 묻지 않았다. 오히려 그는 이렇게 물었다: 왜 하나님은 자신의 약속의 말씀을 통하여 구원을 요구한 사람들에게 믿음을 가져다 주지 않았는가? 그가 자신의 말씀에 신실하지 않았는가?

2) 이 시점에서 바울은 두번째 측면을 전제하였다: 하나님은 "약속하신 그것을 능히 이루신다"(롬 4:21); 자신의 말씀을 통하여 하나님은 "죽은 자를 살리시며 없는 것을 있는 것같이 부르는 이시니라"(롬 4:17). 하지만 이러한 말씀의 내재적인 권능조차도 바울은 복음으로서 말씀의 본질에 일치하는 방식으로 특징지었다. 선포 속에서 이 말씀의 내재적인 권능은 그것과 명백히 모순되는 것 아래에 은폐되어 있다. 십자가에 관한 말씀으로서 그리스도에 관한 말씀은 자연적인 인간에게는 "약한 것", "미련한 것"이었다. 믿음에서만 그것은 "하나님의 능력"과 "하나님의 지혜"가 되었다(고전 1:18-25).

이런 형태로 작용하는 이 말씀은 구원의 위기와 관련하여 부정적인 측면에 대한 문제를 다루어야 했다. 그것은 "이 사람에게는 사망으로 좇아 사망에 이르는 냄새요 저 사람에게는 생명으로 좇아 생명에 이르는 냄새라"(고후 2:15f.; 고전 1:18). 그것은 각자에게서 단절을 낳을 것이기 때문에 사람들 사이의 단절로서 위기를 불러일으킬 것이다. 그것은 모든 사람 속에서 "스스로를 자랑하는 것", 자신의 존재를 자율적으로 확보하려는 욕구를 몰아내고 하나님으로부터 나오는 실존을 제공할 것이다(고전 1:31; 고후 10:17).

말씀은 믿음을 토대로 구원을 가져오기 위하여 적극적인 측면으로 이러한 형태를 띠었다. 고린도후서 5:20에서 사도가 그의 설교와 관련하여 이렇게 말했을 때 그 구체적인 구조가 부각되었다: "하나님이 우리로 너희를 권면하시는 것같이 그리스도를 대신하여 간구하노니 너희는 하나님과 화목하라". 말씀은 하나님과 만나는 인격적 만남이었다. 하나님은 한 사람을 동반자로서 얻기를 원하였다. 믿는 자들은 누구나 동반자 관계로 들어오는 것에 동

---

20) 이것은 이제 E. Käsemann, Romans, pp. 253-263; 롬 9-11에 대한 논의와 문헌에서 올바르게 설명되었다. 참조. §38, 3.

의하였다. 그러나 이렇게 동의한 사람은 누구나 자기 스스로 그렇게 한 것이 아니라 하나님이 자기를 동반자로 삼으셨다고 고백하였다. 듣는 자가 말씀에 의해 붙잡혔기 때문에 말씀은 "성령의 기쁨으로 … 받아졌다"(살전 1:6).[21] 복음은 인간의 말의 형태로 왔지만, 그와 동시에 "너희는 … 성령의 기쁨으로 도를 받았다"(살전 1:5). 즉 "하나님의 말씀"(살전 2:13)으로 받았다.

바울은 공관복음서와는 달리 말씀을 '엑수시아'(*exousia*, 어떤 것이 이루어지라고 말하는 권세)가 아니라 '뒤나미스 에이스 소테리안'(*dynamis eis soterian*, 구원의 능력)과 연계시켰다. 그리스도와 마찬가지로(고전 1:24) 이것은 구원을 지향하는 가운데 역사를 형성해 나가기 위하여 개입하는 하나님의 능력이었다(롬 1:16; 고전 1:18). 하지만 이것은 이 능력이 종말론적으로 보아서 부활과 '바실레이아'를 가져오는 것임을 의미하였다(고전 4:20; 6:14; 15:43; 빌 3:10). "약함"의 형태 속에서 그 목적을 달성할 수 밖에 없는 이 능력과 관련한 변증법은 사도 자신의 인격 속에서도 나타났다. 우리는 "능력의 심히 큰 것이 하나님께 있고 우리에게 있지 아니함을 알게 하려" "질그릇 속에" 복음이라는 보배를 가졌다고 그는 말했다(고후 4:7; 참조. 12:9). 이런 식으로 바울은 "진리의 말씀과 하나님의 능력"(고후 6:7)을 통하여 자신의 사도됨을 입증하였다. 그것은 실체와 맞아떨어지기 때문에 진리의 말씀이었다.

따라서 바울은 신약의 다른 기자들과는 달리 예수에 관한 메시지를 역사 속에서 엄밀하게 종말론적인 사건, 사람들의 삶 속에서 그리스도에 대한 신학적으로 뚜렷한 증거, 십자가 아래에 사는 사람들을 통한 하나님의 능동적인 참여, 인간의 삶을 변화시키는 참여로 규정하였다. 복음은 단지 발해진 그 무엇이 아니었다. 그 복음을 통해, 예수의 죽으심과 사심 속에서 일어난 하나님의 능동적인 참여는 현재에서 역사하고 사람들을 동반자로 받아들인다. 그것은 역사 내에서 인격 내적인 관계를 세우기 때문에 인간 행동의 증거와 긴밀하게 결부되어 있다.

5. 행위들을 통한 선포

거듭해서 바울은 자신의 설교의 말씀을 세례와 성찬에서 수행되는 행위들과 연계시켰다. 신약 시대에 "성례들"로 불린 이 두 행위는 고린도전서 10:1-5에서 최초로 하나님의 구원

---

21) 살전 1:6; 2:13에 나오는 전문 용어 '*dechomai*'("받다"); 참조. 행 8:14; 11:1; 17:11; 약 1:21.

활동의 수단으로 일괄해서 고찰되었다. 이제 우리는 믿음의 공동체를 배경으로 한 이 두 행위를 살펴보기로 하자. 여기서 우리의 관심은 말씀의 또 다른 확신으로 돌려진다. 바울은 자신의 설교만이 아니라 자신의 삶의 모습을 통해서도 복음을 제시하였다(고후 6:4-10); 더욱이 어느 정도 그는 회중들로부터도 그와 동일한 것을 기대하였다. 그는 두 가지 표어를 통해 이를 표현하기를 좋아하였다. 그 표어들은 데살로니가전서 1:6 이하; 데살로니가후서 3:9; 빌립보서 3:17에 함께 나타난다.

a) '미메시스'(mimesis. 본받음)

바울은 복음을 통하여 믿음의 공동체를 낳았기 때문에 자기가 그 공동체의 아비라고 자칭하였다. 그는 그 공동체에 이렇게 도전을 줄 수 있었다: "나를 본받는 자 돼라"(고전 4:16; 빌 3:17). 고린도전서 11:1에는 이 본받음의 내용과 성격이 분명히 나와 있다: "내가 그리스도를 본받는 자 된 것같이 너희는 나를 본받는 자 돼라". 바울은 지상적 예수의 행실을 모범으로 삼았기 때문이 아니라 스스로가 그리스도의 구원 역사를 통하여 형성되었기 때문에 그리스도를 본받는 자였다(빌 2:4ff.). 따라서 사람들은 바울의 삶을 형성한 것에 의해 지도를 받을 때 바울을 본받는 것이 된다. 데살로니가전서 1:6에서 바울은 의도하지 않은 결론으로서 이렇게 말할 수 있었다: "또 너희는 많은 환난 가운데서 성령의 기쁨으로 도를 받아 우리와 주를 본받는 자가 되었으니". 데살로니기의 기독교인들은 여기에 거명된 두 분과 동일한 말씀에 의해 지도를 받았기 때문에 스스로 본받는 자들이 되었다. 그들은 행동양식을 선택하거나 모범을 따르는 의무를 짊어짐으로써가 아니라 후자의 삶 속에서 형성되고 표현된 것에 의해 지도를 받음으로써 본받는 자가 되었다.

b) 본(typos)

본받음에 대한 이러한 이해는 두번째의 핵심 용어인 '튀포스'에 의해 확증된다. 데살로니가전서 1:6에 따르면 바울을 본받은 믿음의 공동체는 다른 사람들에게 '본'(영향을 미치는 모범)이 되었다(살전 1:7); 그들이 본이 된 것은 바울과 하등의 차이도 없었다(빌 3:17; 살후 3:9). 데살로니가후서 3:9의 문맥은 다른 사람들에게 영향을 미치는 모범과 나란히 사람이 의무를 진 전승(3:6)과 교훈(3:10ff.)을 언급함으로써 이것이 어떻게 일어났는가를 설명하였다.[22] 따라서 '튀포스'는 말씀 — 여기서는 권면의 말씀 — 이 말하고 있는 것을 묘사하

---

22) 동일한 방식으로 고전 11:1은 10:31 이하(아마 11:2)를 통해, 고전 4:16은 4:14 이하를 통해 더 자세하게 규정되었다.

였다. 삶이 말씀에 의해 형성되면 될수록 그 삶은 다른 사람들에게 영향을 끼치는 모범이
되었다. 이 모범은 인간적인 권위나 그것을 받아들이는 사람의 '에로스'(eros)를 통해서
가 아니라 '튀포스'에 표현되어 있는 말씀과 그것을 인지하는 믿음을 통하여 잠재의식적으
로 역사하는 것이다.

그러므로 행위를 통한 선포는 말씀에 더해지는 그 무엇이 아니었다. 그것은 말씀이 진정
으로 임재해 있는 곳마다 자연히 생겨나는 것이었다. 모든 선포와 마찬가지로 행위의 선포
는 성령 및 믿음과 연계되어 있었다.

§37. 성령의 역사(役事)

R. Bultmann, "Zur Geschichte der Paulus-Forschung," *ThR* NF 1 (1929), 29-59; A. M.
Hunter, *Paul and His Predecessors* (1961), pp. 90-97; E. Käsemann, "Geist und Geis-
tesgaben im NT," *RGG* II³, 1272-79; E. Schweizer, *pneuma, TDNT* VI, 415-437 (434
Lit.!); I. Hermann, *Kyrios und Pneuma. Studien zur Christologie der paulinischen
Hauptbriefe* (1961); H. Conzelmann, *charisma, TDNT* IX, 402-06.

바울의 사고에서 성령은 하나님이나 그리스도보다는 더 직접적인 방식으로 복음의 내용,
담지자, 선물로 등장한다. 누가를 제외한다면(특히 행 1-12장) 신약의 그 어떤 기자도 바울
보다 더 지속적으로 '프뉴마'(pneuma), 즉 성령을 언급하지 않았다. 일단의 구절들(롬
1:9; 8:16; 고전 2:11; 5:3f.; 7:34; 고후 2:13; 7:1; 빌 4:23; 살전 5:23;
몬 25)에서 그것은 인간의 영을 의미하였다. 하지만 수많은 대다수의 구절들에서 그것은
하나님의 영을 의미하였다. 특히 그것의 하나님과 관련이 문제가 될 때마다 성령은 "하나님
의 영"(12회)이라는 구약적 표현으로 지칭되었다.[1] 이와는 대조적으로 공관복음서와 누가의
편집에서 지배적으로 사용되었던 "거룩한 영"(참조. 롬 1:4)이라는 초기 기독교의 관습적인

---

1) 히브리 구약 성경과 칠십인역, 유대의 외경과 위경에서 위로부터의 영은 "하나님의('그의', '당신
   의') 영" 또는 "여호와의 영", "주의 영" 또는 절대적 용법으로 "영"으로 불렸으며 아주 이따금씩만
   "거룩한 영"으로 불렸다. 이와는 대조적으로 후자의 표현은 랍비 문헌에서 표준적인 호칭이었다. 칠
   십인역과 헬레니즘적 유대교(Philo)에서는 "신적인 영"이라는 표현이 사용되기도 하였다(참조. F.
   Baumgärtel, *TDNT* VI, 362f.; E. Sjöberg, *TDNT* VI, 381).

호칭의 사용(13회)은 쇠퇴하였다. "그리스도의 영"(롬 8:9; 빌 1:19), "그 아들의 영"(갈 4:6), "주의 영"(고후 3:17) 등과 같은 용어들은 모두 승귀되신 분을 가리키는 것으로서 새로운 표현들로 등장하였고 신약 내에서 바울 자신의 것으로 남아 있었다 — 전 1:11(참조. 행 16:7)을 제외하면. 하지만 압도적인 다수의 구절들에서 바울은 '토 프뉴마'(*to pneuma*, 약 45회)라고 절대적 용법으로 사용하였다. 이런 표현들을 통하여 바울은 어떠한 실체를 성령으로 부르고 있는 것일까?

1. 종교사적 분석에 관하여

a) '프뉴마' 개념에 대한 종교사적 분석은 그 구조에 대한 정보를 조명하는 합리적 과정 속에서 신약 연구의 "전적으로 역사적인" 분파로부터 생겨났다.[2]

이 연구 분파에서 교회의 삼위일체적인 '프뉴마' 이해는 포기되었고 성령에 대한 바울의 언급들은 별 숙고도 없이 당시의 철학의 견지에서 해석되었다. 바우어(F. C. Baur)는 다음과 같은 고찰들을 제기하였다. 바울에게 성령은 육과 대조되는 것이었다. 즉 성령은 일시적인 것과 대조되는 영원한 것, 절대적인 것이었다. 인류학적으로 그것은 다음을 의미하였다: 성령은 이해와는 다른 어떤 것이었다. 이해는 언제나 다른 무엇과 관련하여서만 인지되는 데 반해 성령은 스스로에 대한 지식이었다. 하지만 그것은 그리스도가 절대적인 성령의 시현이었기 때문에 자기 자신의 개체성에 관한 지식만이 아니라 절대적인 성령에 대한 지식, 바울이 믿음이라 불렀던 절대적인 자기 인식이었다. 이 관점들의 해석학적 뿌리는 분명하다: 바우어는 바울 신학의 범주들을 헤겔 철학의 범주들로 치환하였다. 그 과정에서 여러 밑받침들 가운데서 그는 여기저기서 고린도전서 2:11에 표현된 헬라적 사고에 의해 지지를 받았다. 동일한 원칙 위에서 활동한 19세기 말의 대표적인 자유주의 신학자들은 심리화하는 방식을 통하여 바울에 나타난 성령을 그 시대가 영이라는 개념 아래에서 이해했던 것과 동일시하였다. 그러니까 그들에게 영은 물질적 실존과 자연과 대비되는 합리성, 정신적 태도, 내성(內省)의 능력을 의미하였다.

오늘날 또 다시 일어나고 있기도 한 이러한 소박한 치환 게임에 반대하여 종교사학파는 시간 간격의 역사적 효과를 찾아내었다. 슈바이처(A. Schweitzer)가 1세기의 묵시론적 하나님 나라를 가지고 자유주의 신학의 칸트적인 하나님 나라를 반박한 것과 마찬가지로 궁

---

2) 이하의 내용을 밑받침하는 전거들은 Bultmann, op. cit (Lit., §37), 29-41의 중요한 연구 개관에서 찾아볼 수 있다.

켈(H. Gunkel)은 헬레니즘 세계의 개념을 가지고 19세기의 성령에 대한 개념을 반박하였다. 궁켈은 자신의 획기적인 연구서인 「사도시대의 통속적인 견해와 사도 바울의 가르침에 따른 성령의 역사」(1888)에서 당시의 동시대인들과 마찬가지로 헬레니즘적 기독교인들에게 고린도전서 14장에 나오는 '프뉴마'는 초자연적이고 이적적인 능력을 지칭하였음을 보여주었다. 궁켈의 견해에 따르면 이 능력은 하나의 영향력처럼 사람을 채우고 예를 들면 방언이라든가 이적 행위 같은 이상한 심령 현상을 통하여 그 존재를 알린다는 것이다. 바울은 궁켈이 말한 대로 통속적인 견해들을 수정하여 이러한 기이한 현상들을 이적적이고 신적인 능력의 역사가 아니라 전체로서 새로운 삶의 방식으로 보아야 한다고 가르쳤다.

b) 이러한 대결 이후에 성령에 관한 바울 및 그에 앞선 초기 기독교 저술가들의 진술들을 유대 및 헬라적 환경에서 영의 개념들과 무관하게 해석하는 것은 더 이상 불가능하게 되었다. 결정적인 문제들과 가능한 해결책들의 윤곽은 오늘날 신약 연구에서 일반적으로 의견의 일치를 보고 있다. 그것들은 강조점을 달리 하는 가운데 제시되고 있다.[3]

1) 유대적 기독교인들 가운데서 영은 주로 미래 세계의 능력으로 생각되었고, 헬레니즘적 기독교인들 가운데서는 천상 세계의 능력으로 생각되었다. 전자에서 영은 종말의 완성을 향한 전주곡으로 간주되었고, 후자에서는 현재에서의 구원으로 간주되는 경향이 있었다. 전자는 성령을 역사하는 힘으로 생각하는 경향을 보인 반면에, 후자는 실질(實質)의 측면이 강조되는 경향이 있었다. 그럼에도 불구하고 이 둘은 모두 성령을 신학적으로 승귀되신 그리스도를 통해 중보된 하나님의 종말론적 선물로 이해하였다.

2) 사람 속에서 역사와 관련하여 유대 및 헬레니즘적 기독교인들은 똑같이 성령을 어떤 때는 물활론적으로 마귀처럼 사람들을 사로잡는 인격적 권능으로 보았고, 어떤 때는 역학적으로 어떤 영향력처럼 사람들을 채우는 인격적 힘으로 보았다(참조. 고전 12:13; 살전 5:19). 이러한 인격적 또는 비인격적 힘은 때로 짧은 기간 동안 사람들을 사로잡음으로써 그들은 성령의 감화 아래로 나아가거나 또는 때로 성령은 세례 시에 세례받는 사람에게 부과되었다.

3) 바울은 이러한 성령의 개념에 어떤 특별한 통찰을 더하였는가? 성령의 역사를 전체로서 — 황홀경과 이적 현상들에서가 아니라 믿음에 의한 삶으로서 — 기독교적 실존의 맥락

---

3) 대표적인 것으로는 위에서 언급한 E. Käsemann and E. Schweizer의 논문들을 들 수 있고, A. M. Hunter. R. Bultmann (*Theology* I, §14, 1; 38, 3)도 부분적으로는 덜 차별화된 방식으로 종교사적 방향을 따라 판단을 하고 있으며 내용과 관련해서는 실존주의적 해석을 상당히 강하게 하고 있다.

에서 볼 수 있었던 것은 바울의 책임이라는 데에는 일반적으로 이견이 없다. 바울에게 성령은 "믿음의 마음"(고후 4:13)이었다. 그런데도 한편으로 그는 그것을 윤리적 측면에만 국한시키지 않았고, 다른 한편으로 황홀경적인 측면을 배제하지도 않았다. 그는 스스로 환상들을 체험했으며(고후 12:6-9) 성령의 은사에 의해 "이적들"을 행하였으며(롬 15:18) 방언을 말하였다(고전 14:6). 바울에게 믿음의 삶과의 연계는 성령이 승귀되신 분의 은사 ─ 사도행전 2:32 이하에 따르면 초기 기독교에서 일반적으로 인식되었듯이 ─ 일 뿐만 아니라 직접적인 의미로 그가 현재 속에서 역사하고 있는 방식이었다는 결정적인 통찰의 결과였다.

바울은 성령을 엄밀하게 기독론적인 의미로 해석하였으므로 육체적 측면도 포함시켰다: "주는 영이시니", "몸은 … 주를 위하며"(고후 3:17; 고전 6:13). 그러므로 성령의 역사는 다가올 것의 전주곡도 아니었고 천상 세계에의 참여도 아니었다. 오히려 그것은 장래에 다가올 것의 표지였고 이미 그 속에서 예수의 부활이 역사하고 있는 까닭에 부활의 보증이었다(롬 8:23; 고후 1:22; 5:5). 바울은 신학적 세목들과 관련하여 이러한 개념적 준거틀 안에서 성령을 어떻게 이해하였는가?

2. 바울의 성령의 체험

기독교 공동체의 아주 초기부터 성령은 신학석 이론이 아니라 사림들에게 경험적으로 일어났던 그 무엇, 그들이 해석하기를 구했던 그 무엇이었다. 바울에 따르면 성령은 주로 두 가지 방식으로 체험되었다.

a) 예배 의식의 의도와 판별 기준은 하나님을 사람들에게 분명히 드러나게 하는 것이어야 하기 때문에 신자들의 모임 속에서 성령의 가장 진정한 발언은 황홀경에 의한 발언, 즉 방언이 아니라 예언이었다 ─ 고린도의 반대된 현상에 대한 견해. 외부인이 예배를 드리는 곳에 들어온다면 방언을 보고 반드시 "미쳤다"고 생각하게 될 것이다. 하지만 예언의 말씀은 유효할 것이다. 그것은 '감찰하시는 하나님 아래에서'(*sub specie Dei*) 그의 실존을 드러냄으로써 그는 이렇게 고백을 하게 될 것이다: "하나님이 참으로 너희 가운데 계시다". 그러한 순간에 예배 의식으로서 그 모임의 성격은 분명히 드러나게 된다(고전 14: 23-25).

b) 개별적인 신자는 주로 주기도문을 통해 하나님께 간구를 드리는 기도 속에서 성령을 체험하였다: "아바, 아버지"(롬 8:15; 갈 4:6). 하나님을 향한 이러한 직접적인 예배는 인

간의 내재적인 능력이 아니라 성령으로부터 생겨난 것이었다. 성령은 기도가 솟아나온 깊은 차원에서 인식을 드러내었는데, 이것을 사람은 하나님의 사랑을 통하여 받았다. 성령이 이르렀을 때 하나님의 사랑은 이르렀다: "우리에게 주신 성령으로 말미암아 하나님의 사랑이 우리 마음에 부은 바 됨이니"(롬 5:5).

따라서 바울은 초기 기독교 삶의 두 가지 근본적인 표현들 — 권세있는 새로운 말의 방식과 새로운 기도 방식 — 및 하나님과 이웃을 향한 사람들의 새로운 개방성을 성령의 역사로 이해하였다. 성령의 존재는 예수 그리스도의 하나님을 향한 개방성을 창출해낸, 의식을 생성해낸 권능을 통해 알려졌다. 바울은 어떻게 이러한 해석에 도달하였는가?

3. 성령 체험의 해석

a) 성취 사건으로서 성령의 체험

고린도후서 3:3, (6)에서 바울은 하나님이 자신의 뜻을 "육의 심비에" 쓸 새 언약(렘 31:31-34)에 대한 예언과 성령을 통하여 마음을 새롭게 할 것이라는 예언(겔 36:26)을 결합하였다. 또한 로마서 2:29에서 의문(儀文)을 따라서가 아니라 성령을 따라 할례를 받은 사람이라는 심상은 에스겔서의 이 구절로부터 이끌어왔다. 따라서 바울에게 성령은 하나님으로부터 유래한 역사(役事)를 수행하는 말씀, 구원의 날에 사람을 변화시키고 사람을 하나님의 은혜로운 뜻에 구속시켜주는 말씀이었다. 하지만 고린도후서 3:3a에 따르면 이 말씀은 그리스도로부터 나왔다. 믿음의 공동체는 "그리스도의 편지", 바울의 사역을 통하여 그리스도에 의해 쓰여진 편지였다. 복음은 구원의 날에 삶을 변화시키는 말씀, 즉 성령으로서 사람들을 만난 반면에 성취를 요구하는 법령으로서 율법은 죽이는 의문(儀文)이 되었다. 성령의 임재는 하나님의 종말 때의 통치의 근본적인 요소들인 "의와 평강과 희락"(롬 14:17)을 가져왔다.

b) 그리스도의 임재로서 성령

구원의 날을 위해 약속된 성령을 통해 현재에서 지금 역사하고 있는 것은 하나님만이 아니라 그리스도도 마찬가지였다. "하나님의 영"이 너희 가운데 있고 "그리스도의 영"이 너희 가운데 있고 "그리스도"가 너희 가운데 있다. 이 용어들은 로마서 8:9-11에 동의어로 나란히 쓰여 있다. 성령은 그의 선물이었기 때문이 아니라(행 2:33) 이 분이 성령 안에서 스스로를 드렸기 때문에 "아들의 영"(갈 4:6), "주의 영"(고후 3:18)이었다. 그리스도는 "살려주는 영"(고전 15:45)이 되었다. "주는 영이시니"(고후 3:17) ! 구약의 구절에 대한 주해인 이 진술은 승귀되신 분을 성령과 동일시하는 것이 아니라[4] 성령의 역사를 기독론적으로 해석하기를 원했다. 승귀되신 분은 성령을 통하여 역사하고 있으므로 사람 안에서 성령으로서 역사하고 있다. 그런 의도가 아니라면 "예수는 주이시다"라는 고백은 역으로 성령의 판별 기준이 될 수 없을 것이다(고전 12:3). 사람을 농락한 많은 영들(고전 2:12; 12:10; 고후 11:4) 가운데, 인간에게 압박을 가하여 인간의 의식을 형성한 많은 힘들 가운데, 하나님의 영은 사람들로 하여금 그들의 주로서 십자가에 못박힌 예수를 의뢰하게 만드는 것을 통하여 스스로를 나타내었다. 그리스도는 성령 안에서 사람들에게 선회하기 때문에 한편으로 그리스도를 향한 사람들의 선회를 통하여 하나님의 성령이 사람들 속에서 진정으로 역사한다는 것을 알게 된다. 동일한 방식으로 하나님의 영만 사람들로 하여금 하나님에 대한 지식으로 이끈다(고전 2:10-16).

c) "성령의 전"으로서 육체

바울은 성령을 예수의 역사적 삶과 사역과 결부시켰던 것과 마찬가지로 성령을 기독교인들의 유형의 행실과 결부시켰다. 고린도전서에서 바울의 논쟁 상대였던 기독교인들은 스스로를 '프뉴마티코이'(*pneumatikoi*), 즉 영적인 문제의 전문가들이라고 자처하였다. 이 표어는 이 서신에서 열네번 빌이의 시용되고 있다(나머지 바울 서신들에서 이 용어는 오직 9회 나온다!). 이 영적인 문제늘의 전문가들은 헬레니즘적 이원론의 의미에서 '프뉴마'와 대치되는 육체적 실존을 낮게 평가한 반면에 바울은 육체를 성령의 "감옥"이 아니라 "성전"(고전 6:19)으로 보았다.[5] 성령 안에서와 성령과 함께 하나님의 예배는 일어나고 있었다(롬 12:1). 왜냐하면 육체는 역사적 활동과 인격 안에서 의사 소통을 가능하게 했기 때문이다.

기독교인들의 육체는 "그리스도의 지체", 승귀되신 분이 역사 내에서 활동하는 기관이었다(고전 6:15). 반면에 고린도의 영적인 전문가들은 육체를 중요하지 않은 것으로 보았다. 그들의 견해는 육체의 영역에서는 창녀와 교섭하는 것을 비롯하여 "모든 것이 내게 가하다"는 것이었다(고전 6:12-17). 성찬의 "신령한 식물"(고전 10:3f.)은 그들을 물리적 순종의 의무로부터 놓아준 반면에 바울에게 성찬은 바로 그러한 순종으로 이끌었다(고전 10:1-

---

4) 해석의 역사와 문제점에 대해서는 Hermann, op. cit. (Lit., §37), pp. 17ff., 57f.를 참조하라.

5) 동일힌 심상은 고전 3:16에서 공동체에 대하여 사용되었다. 종교사적 배경에 대해서는 H. Conzelmann, *I Corinthians*, at I Cor. 6:19을 참조하라. Philo (*Som.* I:139, 149)에 따르면 영혼은 하나님의 집이었지만 육체는 영혼의 감옥이었다.

13). 그들에게 미래의 육체적 부활은 어리석은 개념이었고(고전 15:12), 바울에게 그 부활은 "우리 몸"과 온 피조물의 "구속"을 가져다 주는 것이었다(롬 8:22f.). "죽을 몸"(참조. 롬 8:11)의 복구는 조금도 구속이 아닐 것이다. 부활은 "영광"에 참여할 "신령한 몸"을 만들어낼 것이다(고전 15:42-44). 성찬에서의 선물과 마찬가지로 이 몸은 "영적"(*pneumatikos*)일 것이다. 이것은 그 몸이 하늘에 속한 물질로 이루어져 있기 때문이 아니라 하나님의 구원 사역을 통하여 만들어질 것이기 때문이다.[6] 이것은 광야의 유랑 생활 동안의 이스라엘의 "신령한" 식물과 유사하게 보였다(고전 10:3f.). 따라서 그리스도에게 일어났던 것(롬 1:3f.)과 마찬가지의 방식으로 일어날 기독교인들의 미래의 부활은 현재에서 "죽을 몸" 가운데서 역사하는 성령을 통하여 확인되었다.[7] 성령은 초자연적인 힘을 통해서가 아니라 바로 지금도 성령은 죽을 몸을 주를 위하여 사용함을 통해서 이 확신을 가져다 주었다.

이렇게 어떤 사람에게 직임을 맡게 함을 통하여 '은사들'(*charismata*)이 존재하게 되었다(은사들, 은혜의 선물들, 은혜의 행위들). 바울은 그리스도를 통한 하나님의 사람들에게로의 은혜로운 선회(롬 12:6; 고전 1:4; 롬 5:15f.), 즉 '카리스'(*charis*, 은혜)의 역사로서 '프뉴마티카'(*pneumatika*, 성령의 역사들, 고전 12:1; 14:1; 롬 1:11)를 지칭하기 위하여 이 용어[8]를 도입하였다. 그것들은 '카리스마 프뉴마티콘'(*charisma pneumatikon*, 신령한 은사, 롬 1:11)이었다. 그러므로 성령의 황홀경 현상만이 아니라 믿음으로부터 나온 삶을 살아가기 위하여 믿음의 공동체에서 주께 드려진 모든 섬김의 행위들도 '카리스마타'로 규정되었다(고전 12:5, 7-11).

d) "믿음의 영"

'카리스마타'와 관련하여 다시 한번 분명히 되고 있듯이 성령의 역사는 경험적이지만 그리스도를 통한 하나님의 시현으로서 명료하게 또는 강제적으로 인식될 수 있는 것이 아니었다. 그 준거점은 믿음이었다.

바울이 그리스도의 역사는 물론이고 성령의 역사를 가리키는 곳에서 그는 오직 직설법

---

6) 이 논의에 관해서는 L. Goppelt, *TDNT* Ⅵ, 146f.; E. Schweizer, *TDNT* Ⅵ, 436f.를 참조하라.

7) 어떤 이들에 의하면 세례를 통해 죽은 몸이고 어떤 이들에 의하면 ― 확실히 옳다 ― 죽음에 종속된 몸(참조. E. Käsemann, *Romans*, at Rom. 8:11).

8) 그것은 바울 이전에는 발견되지 않으며 바울도 로마서와 고린도후서에서만 그것을 사용하였다. 바울 이후에 그것은 목회서신과 벧전 4:10에서만 사용되었다. 참조. H. Conzelmann, *TDNT* Ⅸ, 402ff. (Lit!).

과 명령법만을 사용하였다. 로마서 8:2-11에 따르면 복음은 세례받은 지체들에게 직설법으로 다음과 같은 것을 확신시켰다: "생명의 성령의 법이 죄와 사망의 법에서 너를 해방하였음이라"(롬 8:2); 그러므로 로마서 8:12 이하에서 복음은 명령법을 통해 성령을 따라 살고 성령의 역사에 순종하라고 도전하였다. 갈라디아서 5:25은 다음과 같은 문장에서 이와 동일한 긴장을 표현하였다: "만일 우리가 성령으로 살면 또한 성령으로 행할지니". 그리스도의 것으로 주장되고 믿음의 공동체로 이끌어져서 그 공동체 내에서 말씀 아래 사는 사람은 누구나 '성령 안에'(en pneumati) 있었고 성령의 역사로 인도되었다(롬 8:9; 고전 12:13; 고후 6:6). 그럼에도 불구하고 이 사람은 그러한 일이 일어나도록, 즉 믿음에 따라 그렇게 살도록 거듭거듭 호출되어야 한다.

성령은 "믿음의 마음〔영〕"(고후 4:13)이었다. 성령의 "보증금"을 받은 사람들은 누구나 믿음을 따라 행한다(고후 5:5, 7). 성령과 믿음은 상호 대체적인 관계에 있었다. 믿음으로 부르심은 성령의 역사를 따르라는 도전이었다. 그리고 역으로 성령을 받은 것은 "듣고 믿음"을 통해서였다(갈 3:2; 5:5). 따라서 믿음은 성령을 받는 그릇임과 아울러 성령에 의해 창출되고 형성되고 유지되는 그릇이었다. 바울이 성령에 의한 믿음의 창출에 관하여 직접적으로 말한 적이 없었다 할지라도 이것은 사실이다.

기독교인들은 그들이 그리스도를 통하여 신실하신 하나님의 은혜로운 선회를 받아들였고 가졌던 것과 동일한 의미로 성령을 "받았고"(롬 8:15 등등) 성령을 "가졌다"(고전 7:40 등등); 그런데도 그들은 인격들로서 그들의 삶의 한복판에서 창조적인 말씀으로서 "성령"을 받았고 가졌다.

e) 성령의 본질

전술한 것에 비추어 보아 우리는 다음과 같은 정의를 시도해 볼 수 있다. 성령은 주 예수에 관한 하나님의 말씀의 앎을 생성시키는 권능, 믿음에 따라 살아가는 삶을 창출해내는 권능이었다. 구원의 날의 영으로서 성령은 사람들을 모든 율법주의(고후 3:6, 17; 롬 7:6)와 광신적인 이원론(참조. 고전 6:12; 골 2:16-23)과 인간 자신의 육에 반대하여 자유로 이끌었다.

그러나 성령은 말씀과 관련된 권능 이상은 아닌가(롬 15:13, 19; 고전 2:4)? 성령은 인격은 아닌가? 바울은 지혜, 율법, 죄, 사망과 같은 다른 추상물들과 마찬가지로 성령을 인격화하여 성령의 "가르침" 또는 "생각"에 관하여 말하였을 때 아직 성령을 인격으로 지칭하지는 않았다. 성령을 그리스도(롬 8:9-11; 참조. 고후 3:17) 또는 하나님(고전 3:16; 참조.

14:25; 고후 6:16)을 대신하여 활동 주체로 언급하거나 그들을 삼중의 정형 어구들(고전 12:4-6; 고후 13:13; 신약의 다른 곳에서는 엡 2:18; 벧전 1:2; 마 28:19; 계 1:4 이하를 참조하라) 속에 나란히 병행시켜 놓았을 때 바울은 이러한 인격 개념에 더 다가갔다.[9] 하지만 이 모든 것 속에서 성령은 자율적인 주체인 "인격" — 헬라어와 히브리어에서 생소한 용어 — 으로 취급되지 않았다. 그와는 반대로 성령은 하나님 또는 그리스도가 현재에 역사하는 말씀과 관련된 권능이라는 점이 강조되었다. 바울은 나중에 삼위일체론이 시도했던 것과는 달리 삼위일체 하나님의 내적인 구조를 설명하는 것이 아니라 유일하신 하나님이 자기로부터 걸어나오는 것으로서 사람들의 삶 속에서 동터오는 구원론적 체험을 특징짓기를 원했다. 이런 이유로 인간 편에서 성령과 관련을 맺고 있는 것은 오직 믿음일 수 밖에 없었다 !

§38. 믿음

A. Schlatter, *Der Glaube im NT* (1927⁴; 1963⁵); E. Wissmann, *Das Verhältnis von Pistis und Christusfrömmigkeit bei Paulus* (1926); R. Bultmann, *pisteuō*, *TDNT* VI, 217-222; F. Neugebauer, *In Christus* (1961); H. Ljungmann, *Pistis* (1964); H. Binder, *Der Glaube bei Paulus* (1968). **On 3b**: L. Goppelt, *Jesus, Paul, and Judaism* (1964), pp. 151-167; Goppelt, "Israel und die Kirche, heute und bei Paulus," in *Christologie*, pp. 165-189; J. Gnilka, *Die Verstockung Israels. Jes 6,9-10 in der Theologie der Synoptiker* (1961); C. Müller, *Gottes Gerechtigkeit und Gottes Volk* (1964).

1. 초대 기독교에서 믿음 개념의 발전

a) 어휘의 분류를 한번만 보아도 바울이 '피스티스'(*pistis*, 믿음)에 어떠한 의의를 부여하였는가를 금방 알 수 있다. 신약에서 224회 나오는 이 단어는 108회가 바울에, 13회가 목회서신에, 24회가 히브리서에, 11회가 야고보서에, 1회가 요한일서에 나오고 요한복음에

---

9) "성령의 교제"는 "주 예수 그리스도의 은혜"와 "하나님의 사랑"과 나란히 서 있는 성령의 참여였다 (주체의 속격; E. Schweizer, *TDNT* VI, 434도 마찬가지이다).

는 한번도 나오지 않는다. 반면에 동사 '피스튜오'(*pisteuo*, 믿다)는 바울에 의해서 단지 46회 밖에 사용되지 않았다. 이 단어는 목회서신에 6회, 신약의 나머지에 198회 나온다. 이 마지막 수치 가운데서 106회가 요한복음과 요한일서에 나온다. 어떻게 바울은 이 통계학적 분류에 분명히 나타날 정도의 중요성을 믿음에 부여하게 되었을까?

b) 도식적 관점에서 보면 이 용어의 바울 이전의 발전은 세 단계를 거쳤다. (1) 예수는 공적 선포에서 회개를 요구했지만 개개인들과 어울림으로써 제자도 또는 믿음의 형태로 회개를 가져왔다. 새롭고 중요한 믿음이라는 행위는 예수의 지상 사역의 역사 내적 목표였다 (§15, 3) ; 그러한 믿음은 믿음에 의존했던 — 이에 대한 언급은 없지만 — 제자도 가운데서 따르는 행위와 나란히 있었다. (2) 부활절 이후에 팔레스타인의 초대 교회는 선교 케리그마를 통하여 사람들을 다시 한번 회개로 불렀다. 그러나 이번에 회개는 부활절 케리그마의 받아들임, 즉 로마서 1:3 이하에 따라 표현된 믿음을 통하여 결정적으로 실현되었다. (3) 하지만 헬레니즘 세계에서 선교 케리그마의 포괄적인 목표는 "사신 하나님"께로 "돌아오는 것"이었다(살전 1:8f. ; 히 6:4-6). 이렇게 하나님께 돌아오는 것은 부활절 케리그마의 받아들임이 그 핵을 이루는 믿음과 직접적으로 동일시될 수 있었다(고전 15:11).

믿음이 예수와 팔레스타인의 초대 교회에서 회개의 핵심이었다고 한다면, 믿음은 여기서 회개의 전부였다.[1] '에피스트레포'(*epistrepho*, 돌아오다)가 전문적인 선교 용어로 남아 있있지만(살전 1:9f. ; 참조. 고후 3:16; 갈 4:9; 시도행전의 여러 곳) 바울은 자신이 선교 사역의 목표를 "믿어 순종케 하는 것"이라고 말할 수 있었다(롬 1:5). 어쨌든 바울은 세례받은 사람들에게 "회개"가 아니라 믿음을 염두에 두고 말하였다.[2] 따라서 헬레니즘적 교회

---

1) 이와 같이 믿음을 강조하는 것은 이미 유대교의 선교 활동에서 예상되었다. 필로에 의하면 아브라함은 "하나님을 믿는 것으로 언급된 최초의 인물이었다〔참조. 창 15:6〕. 왜냐하면 그는 무엇보다도 한 분 원인자(Cause)가 있다는 진리, 그분은 세상과 그 안에 있는 모든 것을 위해 예비해 주는 분이라는 진리에 대한 확고하고 흔들림 없는 인식을 최초로 파악했기 때문이었다"(*Virt.* 216 〔=LCL, *Philo*, VIII, 295〕; 참조. *Op. Mund.* 170-72). 하지만 이 믿음은 아브라함이 하나님을 향하는 데에 처음이 아니라 끝이었다. 그는 말씀을 받아들이는 것을 통해서가 아니라 세상을 바라봄에 기초해서 이 믿음에 이르렀다. 존재하는 것을 알기 위하여 그는 하나님의 존재와 섭리에 대한 명확한 인식을 얻을 때까지 그토록 오랫동안 하늘과 별들을 바라보았다(참조. *Virt.* 211-15). 그의 믿음은 세상의 신격화의 폐기 — 이점에서 유대의 선교 신학의 요소를 빌어왔다 — 와 영원을 택하고 현세를 폐기함 — 이것은 필로에게 독창적이었다 — 이라는 양자를 의미하였다. 후자의 측면과 관련해서 그는 플라톤의 사고를 빌어왔으며 이러한 태도를 "믿음"이라고 규정한 점에서는 후기 스토아학파의 동기(motif)들을 빌어왔다. 그러나 그에게 믿음은 스토아학파와는 달리 자기 자신에 대한 충실이 아니라 — 이 점에서 그는 구약에 가까웠다 — 그를 위해 순수한 존재가 되었던 하나님에 대한 신뢰였다. 참조. Schlatter, op. cit. (Lit., §38), pp. 60-63, 69ff. ; R. Bultmann, *TDNT* VI, 201f.

에서 믿음의 출현은 두 가지 요인에 기초하였다: 하나는 예수 자신이 거기에 부여하였던 핵심적인 역할, 또 하나는 이방인들을 향한 선교. 첫번째 요인을 통해서 그것은 예수에 의해 촉발된 행위의 핵심이 되었다. 두번째 요인을 통해서 그것은 이 행위를 이해하는 전체가 되었다. 하지만 바울에게 이 두 요인을 한 걸음 더 진전시킨 세번째 요인이 있었다.

c) 바울은 구원을 향한 예수의 길을 율법의 길과 구별하기 위하여 믿음을 강조하였다.[3] 그는 믿음을 "공로"와 대치적인 관계에 놓았다. 믿음과 공로라는 두 용어는 바울에게 일련의 표현들을 통하여 표현되는 서로 다른 두 가지 삶의 정황들을 가리키는 것이었다. 한쪽은 죄, 율법, 공로, 육, 진노, 사망이었고, 또 한쪽은 첫번째의 것과 대응되는 것으로서 의, 그리스도, 믿음, 성령, 은혜, 생명이었다. 이런 식으로 명사 "믿음"은 핵심적인 신학 용어로 등장하였다. 믿음은 "믿다"라는 동사와 함께 로마서 3:20-5:2과 갈라디아서 3장에서 칭의의 상관 어구로서 묶음으로 나온다.

로마서 전체에 나오는 35개의 믿음 구절들 가운데 27개, 갈라디아서에 나오는 21개의 믿음 구절들 가운데 18개가 칭의의 문제를 말하고 있다. 이와는 대조적으로 명사 "믿음"이나 동사 "믿다"는 6:8을 제외한다면 로마서 5:3-9:30에는 나오지 않는다! 하나님 또는 그리스도에 대한 관계는 이 부분에서 어떻게 표현되었는가? 이 문제는 현재까지의 연구에서 거의 언급되지 않은 것으로서 주의 깊게 검토할 필요가 있는 문제이다. 고린도전서에서 명사와 동사는 각각 7회 나오지만 하나님에 관한 "앎"은 10회, 동사 "알다"는 12회 나온다. 따라서 믿음은 복음을 칭의로 해석함을 통하여 바울에게서 특별한 강조를 받았다고 할 수 있다.

그러므로 바울은 자신의 믿음에 관한 언급들 속에서 선교 케리그마의 발전을 흡수했을 뿐만 아니라[4] 믿음을 통하여 복음이 유대 및 헬라의 종교적 이해와 관행에 반하여 가져온 새로운 실존을 지칭하였다.

믿음이라는 용어의 이러한 발전은 믿음의 내용에 관한 바울의 진술들에 반영되어 있다.

2. 믿음의 내용과 본질

---

2) *Metanoia*, 오직 고후 7:9f. ; *metanoeo*, 고후 12:21.

3) 사람을 이전의 모습으로부터 자유케 하기 위하여 유대의 선교 신학은 이미 믿음에 대하여 언급하였다.

4) 롬 1:5, 8, 12; (16:26) ; 갈 1:23; 살전 1:8ff. 등

바울이 믿음이라는 용어의 초기 기독교적 발전을 빌어왔을 때 그는 구약 및 유대의 이전 역사를 이용하였다. 그는 중요한 접합점들에서 구약에 소급하는 방식으로 그 점을 분명히 했다. 필로와 같은 사람과는 대조적으로 바울은 여기서 그리스도-헬레니즘적인 용례와 접촉을 보여주지 않는다.

모범적인 헬라어의 관점에서는 신은 "믿어진" 것이 아니라 합리적으로 파악되었는데, 헬레니즘 세계에서는 때때로 사람들이 회의론에도 불구하고 신들의 존재를 "믿었다"고 이야기되었다. 스토아 학파에서 헬라어 어원으로는 신뢰, 확신, 믿을 만한 것을 의미했던 '피스티스'(pistis)는 자신에 대한 충실이라는 전문 용어가 되었다.[5] 바울이 믿음이라는 용어를 통하여 이해하였던 것을 더욱 정확히 파악하기 위해서 우리는 여기서 믿음의 내용에 관한 진술들을 우리의 출발점으로 삼을 것이다.

a) 바울은 흔히 이 명사와 동사를 절대적 의미로 사용하였다. 그것들을 더 자세하게 말하고 있는 곳에서마다 바울은 칠십인역과 마찬가지로 하나님을 여격(與格)으로 가진 동사 또는 전치사 '에피'(epi)와 여격을 가진 동사를 사용하였다. 이러한 경우를 다음에서 볼 수 있다. 갈라디아서 3:6; 로마서 4:3: "아브라함이 하나님을 믿으매 … "(창 15:6에 따르면 여격); 로마서 9:33; 10:11: "저를 믿는 자는 … "(사 28:16에 따르면 '에피'와 여격). 반면에 그리스도가 그 내용으로 언급되는 곳에서는 바울은 동사와 전치사 '에이스'(eis)를 사용하였다. 이런 경우를 로마서 10:14; 갈라디아서 2:16; 빌립보서 1:29[6](골 2:5은 '피스티스'를 사용)에서 볼 수 있다. 명사는 흔히 대상의 속격과 결합되어 있으며 언제나 " — 에 대한 믿음", 즉 "예수 그리스도"(롬 3:22; 갈 2:16; 3:22), "예수"(롬 3:26), "그리스도"(빌 3:9), "하나님의 아들"(갈 2:20)에 대한 믿음이다. 이와 다른 전치사 표현들은 오직 두 번 하나님과 그리스도에 대하여 사용되었다. 즉 데살로니가전서 1:8에서 하나님을 향한 믿음(pistis pros), 빌레몬서 5절에서 주 예수를 향한 믿음 및 로마서 4:5, 24에서 하나님과 관련하여, 사도행전에서만(9:42 등등) 그리스도와 관련하여 '에피'와 대격(70인역에서는 거의 나오지 않음). 이 정형 어구들은 사람이 하나님께 돌아오는 것을 염두에 두고 있었다. 데살로니가전서 1:8은 선교적 상황을 회고하고 있는 것이 분명하지만 로마서 4:5, 24에서조차 바울은 새로운 것에 대한 회심의 순간을 염두에 두고 있었다.

갈라디아서 2:16("우리도 그리스도 예수를 믿나니")과 로마서 10:14("그런즉 저희가 믿지 아니하는 자를 어찌 부르리요")에 나오는 '에이스 크리스톤'(eis Christon)에 대해서

---

5) R. Bultmann, *TDNT* VI, 179-182.
6) 이 표현은 신약, 특히 요한복음에 자주 반복되어 나온다(ibid., 210 n. 266).

도 마찬가지로 말할 수 있다 ─ 이 두 경우는 모두 기동(起動)의 아오리스트를 사용하였다. 하나님은 복음을 통하여 그리스도 안에서 자신을 나타내었기 때문에 하나님께 돌아오는 것은 먼저 그리스도께 돌아오는 것으로 일어났다. 이렇게 하나님께 돌아오는 것은 그 사람의 실존이 하나님께 의뢰되는 결과를 가져왔다. 이것은 여격의 표현들에 반영되어 있다.

따라서 믿음의 내용은 그리스도 자신 또는 하나님 자신이었다. 하지만 지극히 높으신 존재라는 의미로서가 아니라 복음을 통하여 스스로를 제시했다는 의미에서. 복음 자체는 그 어디에서도 믿음의 내용으로 나오지 않는다.[7] 흔히 '호티'(*hoti*, that …)절을 통하여 믿음의 내용을 기술할 때 언급되는 구원의 사건들은 믿음의 대상이 되어야 하는 사실들로서 나열되는 것이 아니었다. 오히려 이 사건들은 하나님 또는 그리스도를 더욱 자세하게 규명하는 것이었다. 로마서 10:9: "네가 만일 … 하나님께서 그를 죽은 자 가운데서 살리신 것을 네 마음에 믿으면" 또는 데살로니가전서 4:14: " … 예수의 죽었다가 다시 사심을 믿을진대"라는 '호티' 절은 하나님을 묘사하거나 하나님을 좀더 자세하게 규정하는 분사 또는 관계절과 동일한 기능을 갖고 있었다(롬 4:24: "예수 우리 주를 죽은 자 가운데서 살리신 이를" 믿음, 또는 로마서 4:5: "경건치 아니한 자를 의롭다 하시는 이를" 믿음). 그러므로 믿음의 내용에 관한 기술들은 우리의 탐구를 계속할 수 있는 뚜렷한 윤곽을 제공해주었다.

b) 그러므로 믿음의 내용은 어떻게 더 정확하게 규정되어야 하는가?

1) 바울은 기독교인들의 믿음을 아브라함의 믿음과 모형론적으로 비교하는 가운데 로마서 4:16-25에서 믿음에 관한 근본적인 상세한 설명을 전개하였다. 아브라함은 인간적으로 말해서 소망할 것이 전혀 없는 상태에서 하나님의 약속을 토대로 하나님을 믿었다. "아브라함은 하나님 앞에서 우리 모든 사람의 조상이라 … 그의 믿은 바 하나님은 죽은 자를 살리시며 없는 것을 있는 것같이 부르시는 이시니라"(4:16f.). 기독교인들의 믿음은 성취의 수준에서 이것과 대응되었다. " … 기록된 것은 아브라함만 위한 것이 아니요 … 우리도 위함이니 곧 예수 우리 주를 죽은 자 가운데서 살리신 이를 믿는 자니라"(4:23f.). 이것은 믿음의 실제적인 내용이었다. 기독교인들은 십자가와 복음을 토대로 하여 예수를 살리시고 모든 사람에게 생명을 가져다준 하나님을 믿었다. 그러므로 결국 믿음은 하나의 내용을 가지고 있었다: 하나님; 그러나 역으로 하나님이 누구신가 하는 것은 믿음의 눈을 통해서만 볼 수 있었다.

믿는다는 것은 하나님을 가설적으로 존재의 심연(深淵) 또는 역사의 힘으로 받아들인다

---

7) "복음의 신앙"(빌 1:27)은 "복음이 지탱해주는 신앙"이었다(J. Gnilka, *Philipperbrief*, at Phil. 1:27).

는 것을 의미하지 않았다. 이것은 믿음에 관한 필로의 사상의 방향이었다.[8] 바울에게 믿는 다는 것은 하나님의 약속을 받아들이는 것을 의미하였다. 아브라함은 하나님이 창조적 형태로 자신의 약속을 확증하리라고 그에게 말한 분을 믿었다. 즉 의뢰하였다. "하나님께 영광을 돌리며 약속하신 그것을 또한 능히 이루실 줄을 확신하였으니"(롬 4:20f.). 따라서 지금 "믿은" 사람은 예수의 죽으심과 사심의 메시지를 창조주의 궁극적인 약속으로 받아들이고 그의 말씀을 통하여 만나는 이 분을 자기의 하나님으로 되게 하는 사람이었다. 그 사람은 하나님을 "경건치 아니한 자를 의롭다 하시는"(롬 4:5) 분, "〔기독교인으로 죽은 사람들〕도 … 저〔예수〕와 함께 데리고 오실"(살전 4:14) 분이 되게 한다. 따라서 믿음의 핵심은 하나님의 약속을 토대로 한 하나님에 대한 신뢰였다.

2) 이러한 하나님에 대한 신뢰는 "예수 그리스도에 대한 믿음"을 포함하였다. 왜냐하면 믿음을 가져온 말씀은 십자가에 못박힌 분의 부활을 통하여 나왔기 때문이다. 그 부활은 복음을 선포하였다. 그러므로 "예수 그리스도에 대한 믿음"이라는 잘 알려진 정형 어구는 로마서 10:9의 신앙고백이 말하고 있는 바를 간단하게 요약한 것이다: "네가 만일 네 입으로 예수를 주로 시인하며 또 하나님께서 그를 죽은 자 가운데서 살리신 것을 네 마음에 믿으면 … ". 따라서 예수 그리스도를 믿는 사람은 그 믿음을 따라 살아가기 위하여 그리스도의 죽으심과 사심을 하나님의 구원 계시로 받아들이거나 그리스도를 '퀴리오스'로 받아들이는 사람이있다(참조. 롬 1:17).

한편으로 로마서 10:9의 두 진술의 결합으로부터 "믿음과 그리스노와의 교제"라는 실문에 대한 결론들이 따라 나온다. 승귀되신 분을 주로 받아들이는 것은 신비적 동반 관계 또는 합일(unio)로서가 아니라 십자가와 부활의 말씀을 하나님의 약속으로 받아들이는 믿음으로서 실현되었다.

사람을 "그리스도 안에서", "하나님의 의 안에서", "성령 안에서"(롬 6:11, 18; 8:9) 사는 삶의 실현으로 이끌고 있는 로마서 6:1-8:17의 단락들 — 6:8을 제외하고 — 은 왜 믿음에 관하여 아무 말도 하지 않았는가? 이 단락들은 기독교인들이 세례를 통하여 관련을 맺게 된 새로운 관계들의 장(場)을 직설법으로 선포했고, 사람들로 하여금 그 관계들의 장에 의해 결정받도록 허용하라고 (케리그마적) 명령법으로 도전을 주었다. 그러므로 사람의 참여는 명령법으로 표현되었지만, 바울은 결코 동사의 명령형을 사용하지는 않았다: "믿으라!".[9] 세

---

8) 참조. 긱주 1

9) 신약에서 그것은 사도행전 16:31의 선교 정형 어구에서 찾아볼 수 있다: "주 예수를 믿으라 … " 이것은 막 5:36 par. 눅 8:50에서 편집을 통해 명령문으로 되어 있는 공관복음서의 치유 설화들의 정형 어구를 확대한 것이다: "두려워하지 말고 믿기만 하라"; 참조. 막 1:15; "복음을 믿으라".

례받은 지체들에게 언급된 명령법은 이렇게 말하였다: "이와 같이 너희도 너희 자신을 죄에 대하여는 죽은 자요 그리스도 예수 안에서 하나님을 대하여는 산 자로 여길지어다"(롬 6: 11). "너희 자신을 여긴다"는 것은 자기 자신을 하나님의 눈으로 본다는 것, 즉 믿는다는 것을 의미하였다. 명령법은 "회개하라!"는 선교를 위한 명령법과 마찬가지로 믿음을 통하여 실현되었다.[10] 이것은 다음에 나오는 권고에도 마찬가지였다. 로마서 6:19 :" … 너희 지체를 의에게 종으로 드려 … "; 로마서 8:12 이하: "그러므로 형제들아 우리"는 성령에 따라 살아야 하는 "빚진 자"이다. 특히 고린도후서 5:20에 나오는 도전; "너희는 하나님과 화목하라". 따라서 로마서 3:21-26이 표현하고 있는 바와 같이 믿음에 "의해" 또 믿음으로 "말미암아" 받아들이고 살아야 하는 것은 우리를 위한 그리스도의 내어줌만이 아니라 "그리스도와 함께" 있고 "그리스도 안에" 있는 차원도 포함되었다. 바울은 이 둘을 갈라디아서 2: 14-21에서 개인적 신앙고백의 형태로 압축적으로 요약하였다. 그는 그리스도에게 돌아옴으로써 믿음으로 말미암아 하나님과 올바른 관계로 옮겨졌다(15절 이하). 이 관계로부터 새로운 삶의 상황이 생겨났다. 그리스도는 그리스도와 함께 못박혔고 이제 자기의 현존을 규정하는 주체로서 바울 안에 살았다. 그런데도 바울은 자기를 위하여 스스로를 희생함으로써 자기에 대한 사랑을 나타내 보였던 "하나님의 아들을 믿는 믿음"을 통하여 경험한 대로 자신의 삶을 살았다(19절 이하).

그러므로 믿음이 그리스도와 신비적 관계에 의해 대치될 수 없고 그리스도와 관계를 중보한 것으로 남는 것과 마찬가지로 역으로 그리스도 또는 하나님과의 연합은 믿는다는 행위 자체를 통하여 대치될 수 없었다.

브라운(H. Braun)의 말에도 불구하고[11] "자랑하는 것을 폐함"과 "하나님의 은혜의 역설적인 시현에 대한 지식"으로서의 믿음이 "기독론의 형이상학적 자료들" 없이도 아무 상관이 없다는 것, 즉 믿음만으로 이미 새로운 관계로서의 구원이라는 것은 믿음에 대한 이러한 이해의 결론 ─ 바울이 아직 도출한 적이 없었던 결론 ─ 이 아니었다. 오히려 믿음은 사람을 그의 창조주와 결합함을 통하여서만 구원을 가져다 주었다. 믿음 안에 있는 것(고후 1: 24)은 "주 안에"(살전 3:8), "복음 안에"(고전 15:1), "은혜 안에"(롬 5:2) 있는 것과 같았다.

---

10) 로마서 6:8에서 'syzesomen'("우리가 … 그와 함께 살줄을")은 논리적인 미래가 아니라 종말론적인 미래였다. 그러므로 "우리는 믿는다" ─ "우리는 소망한다"도 마찬가지이다.

11) "The Meaning of New Testament Christology ," in *God and Christ: Existence and Province* (ed. R. W. Funk 〈1968〉), p. 90.

3) 더욱이 이것은 바울이 믿음을 구원과 결합시킨 방식을 통하여 분명해진다. 로마서 10:9의 조건절들("네가 만일 네 입으로 … 시인하며 또 … 네 마음에 믿으면 … 구원을 얻으리니")은 그것들이 믿음을 구원을 위한 조건으로 만들고 있는 간접 명령법들이라는 인상을 불러일으킬 수 있다. 하지만 5-13절의 문맥은 5-8절의 대조에 의해 결정되었다. 믿음은 "생명"을 위한 조건이 되었던 "행함"과는 대조적으로 "율법의 의"에 의해서 대치되지 않았고, "믿음의 말씀"에 그러한 기능이 부여되었다. 그리고 "믿음의 말씀"은 사람들을 이끌어 믿음을 세워주는 복음이었다(6절 이하). 9절에서 인과적으로 연결된 조건절들은 이 "가까운" 말씀이 어떻게 구원을 수행하는지를 설명하였다. "시인하는 것"과 "믿는 것"은 "구원"의 전제들이었지만 사람에 의해 획득되어야 하는 조건들은 아니었다. 이 문장 전체는 요구 조건이 아니라 11절과 같이 약속, 아마도 그것이 말한 바를 복음으로서 성취하는 세례 시의 약속이었을 것이다.

로마서 10:5-13의 부분은 "의", "생명", "믿음으로 말미암아"라는 짧은 정형 어구들이 무엇을 함축하는가를 설명하고 있다.[12] 믿는 사람은 그가 조건을 성취했기 때문이 아니라 믿음 자체가 그 사람이 스스로를 하나님과 올바른 관계로 되는 것을 허용하였다는 것을 의미하였기 때문에 의로웠다.

의(義), 하나님이 스스로 세운 하나님과 인간의 올바른 관계는 믿음의 다른 측면, 이 관계 속으로 들어가거나 이 관계 안에 거하는 것의 다른 측면이었다. 이 거함은 로마서 4:5이 분명히 강조하고 있는 사람의 자기 자신의 위지에 대한 인성의 문제가 아니었다: 믿음은 공로처럼 인정받는 것이 아니라 "의로 여기심을 받는" 것이었다. 즉, 믿음은 하나님의 약속에 대한 언제나 불충분한 응답으로서 은혜에 의해 받아들여질 뿐이다. 그런데도 믿음은 단순히 말씀의 반향(反響)만은 아니었다!

3. 믿음의 출현

a) 믿음의 출현에 관한 진술들이 일으키는 문제는 바울이 사람들에게 믿으라고도 전하는 명령법을 사용하지 않으면서도 자신의 사역의 목표를 "믿어 순종케 하는 것"으로 규정하고

---

12) "믿음으로 말미암은 의": 롬 1:17; 4:16; 5:1; 9:30, 32; 14:23; 갈 2:16; 3:8, 12, 22, 24; (5:5); "믿음으로 말미암아": 롬 3:22, 25, 31; 갈 2:16; 빌 3:9; 도구의 대격: 롬 3:28; "믿음으로 말미암아 살리라": 롬 1:17; 갈 3:11, (9); "믿음으로 말미암아": 골 2:12 (참조. 엡 2:8; 3:17); 마찬가지로 갈 3:14, 26.

있다는 것을 볼 때 분명해진다(롬 1:5).

학문적 논의 속에서 불트만은 일방적으로 후자의 측면만을 강조하여 믿음을 순종으로의 결단으로 규정하였다.[13] 이와 대조적으로 노이게바우어(F. Neugebauer)는 믿음은 일차적으로 하나님의 결단이라고 생각하였으며[14] 윙엘(E. Jüngel)은 불트만을 지적하면서 이렇게 말하였다: "믿음은 사람의 행위가 아니라 사람에게 일어나는 사건이다." 왜냐하면 갈라디아서 3:25에 따르면 믿음은 사람에게 "오는" 것이기 때문이다.[15] 하지만 갈라디아서 3:23, 25의 예리한 말씀은 믿음의 출현이 아니라 믿음의 질서에 의한 율법의 구원 질서의 대치를 해명하고 있다. 그러나 믿음의 출현이라는 문제는 어떻게 바울이 믿음을 하나님의 역사인 동시에 인간의 책임있는 행동으로 규정할 수 있었느냐 하는 문제이다.

b) 자신의 저작 그 어디에서도 바울은 로마서 9-11장에서만큼 믿음의 출현과 관련하여 철저하고도 개인적 관련 하에 스스로를 표명한 적이 없었다.[16] 여기서 바울은 이스라엘의 불신앙을 성찰하였다. 왜냐하면 이 문제는 인간적으로 말해서 그를 괴롭혔을 뿐만 아니라 믿음으로 부르심과 구원으로 선택하심은 떨어질 수 없을 정도로 결합되어 있다는 것을 알았기 때문에 자신의 구원의 확실성의 토대와 갈등을 일으키는 것이었기 때문이었다.

바울은 로마서 9-11장에서 다음과 같은 자신의 질문에 대한 세 가지 답변들을 들었다: "왜 이스라엘은 믿지 않았는가?"

1) 로마서 9:6-29: "그런즉 원하는 자로 말미암음도 아니요 달음박질하는 자로 말미암음도 아니요 오직 긍휼히 여기시는 하나님으로 말미암음이니라"(9:16). 믿는 자들에게 이것은 오직 하나님의 은혜 덕분이었다. 따라서 믿는 자는 모든 불신앙 속에서 마음의 완악함을 보고 두려워 하여야 했다(롬 9:18, 22-24).

2) 그러나 로마서 9:30-10:21에 나오는 불신앙은 이에 대한 풀 수 없는 이율 배반으로 이해되었다: 그것은 불순종이자 인간의 결점이었다. "그러나 저희가 다 복음을 순종치 아니

---

13) *Theology* I, §35; 또한 Conzelmann, *Theology*, p. 172와 E. Käsemann, *Romans*, p. 109 ("개개인의 행위와 결단").

14) Op. cit, (Lit., §38), pp. 165ff.

15) "Theologische Wissenschaft und Glaube' im Blick auf die Armut Jesu," *Ev Theol* 24 (1964), 430; 슈바이처는 다음과 같은 말로 동의하였다(ibid., 417): "믿음이 나를 압도하기 때문에 — 세상을 압도하는 힘으로 — 나는 믿게 된다". 상당히 일방적이긴 하지만 Binder(op. cit. 〔Lit., §38〕, pp. 56ff., 64ff.)는 믿음을 초주관적인 신적 활동 실체(*Geschehenswirklichkeit*)로 규정하였다.

16) 로마서 9-11장의 이해에 관한 논의에 대해서는 L. Goppelt, *Jesus, Paul, and Judaism*, pp. 151-167; L. Goppelt, *Christologie und Ethik*, pp. 177ff.를 참조하라.

하였도다 이사야가 가로되 주여 우리의 전하는 바를 누가 믿었나이까 하였으니"(10:16). 그러므로 거부한 사람들을 계속해서 초대하는 하나님의 선택의 신실성은 극히 위대해 보였다 (10:21).

3) 바울은 이 두 가지를 고백한 후에 마지막으로 로마서 11장에서 예언적 선포를 하였다: "이방인의 충만한 수가 들어오기까지 이스라엘의 더러는 완악하게 된 것이라 그리하여 온 이스라엘이 구원을 얻으리라"(11:25f.). 달리 말하면 개개인이 아니라 이스라엘 전체가 그리스도를 통하여 그들을 찾았던 하나님에 대한 믿음에 이르게 되어 구원을 받게 될 것이라는 것이다. 바울은 세상의 열방들 전체가 그들의 창조주에게로 돌아온 후에 임박한 '파루시아' 직전에 기적적인 사건들의 전환을 통하여 이 일이 일어나리라 예상하였다(롬 13:11). 이 예언은 바울이 생각했던 대로 성취되지 않았다.

열방들과 이스라엘에서 대전환의 사건은 임박한 '파루시아'와 마찬가지로 일어나지 않았다. 요한계시록에서는 로마서 15:19-24이 염두에 두었던 것의 정반대의 일이 열방들이 묵시론적으로 그리스도께로 돌아오는 것으로부터 일어났다(계 11:7-10); 그런데도 요한은 종말의 완성에서 헤아릴 수 없을 정도로 많은 무리들을 보았다(계 7:9f.). 하지만 좁혀진 관점은 결코 로마서 11장의 우주적 대망의 신학적 내용을 대치하지 않았다. 왜냐하면 로마서 11:26-32에 나오는 그 대망의 토대는 핵심에서 복음과 일치하였기 때문이다.[17]

구약 예언들은 이미 타락 이래로 서듭거듭 구원 사건이 이스라엘로부디 비롯될 것이며 (26절 이하) 이것은 하나님이 자신의 부르심을 확증하는 신실함과 일치할 것이라고(28절 이하) 예고하였다. 하지만 무엇보다도 이 대망은 하나님이 그리스도를 통하여 구원을 성취한 방식과 일치하였다. "하나님이 모든 사람을 순종치 아니하는 가운데 가두어 두심은 모든 사람에게 긍휼을 베풀려 하심이로다"(11:30ff.). 하나님의 심판은 마침내 그의 사랑으로 대치될 것이다. 그의 진노를 거쳐 마침내 그의 사랑이 이해될 것이다. 로마서 5:5-8에 따르면 이러한 확증은 십자가를 통하여 주어졌다. 물론 이와 상반되는 심상이 요한계시록에 나온다 (11:8). 로마서 11:25의 예언의 실현과 토대에 관한 이러한 고찰들을 통하여 그 구체적인 의미가 분명해진다:

3.1 그 배후에 있는 하나님의 부르심과 선택은 언제나 믿음에 선행하였다. 믿음의 삶은

---

17) 조상들로 인한 특별한 선택은 유대 백성들을 교회의 다른 파가 아니라 구약 이스라엘의 연속체로 만들었다. 유대인들은 율법의 약속 차원에서 계속 살아간다. 그런데도 그들은 성취의 차원으로 들어가지 않았기 때문에 구약 이스라엘과는 구별된다. 더욱이 그들은 그것과 반대되는 쪽에 서 있기 때문에 더욱 그러하다. 그들은 이미 그리스도를 통하여 대치된 하나님과 그들의 언약(고후 3:12-18)을 그리스도와는 상반되게 주장한다.

하나님의 진노보다 더 크고 모든 인간의 실패보다 더 큰 그 부르심과 선택을 통해 드러난 하나님의 사랑에 의존하였다(롬 8:29f. ; 빌 3:12).

3.2 하나님이 자기를 거역한 온 인류를 위하여 예수를 보내신 사건을 통하여 드러낸 사랑(롬 5:6-11)은 이스라엘에게도 적용되었다. 그러나 하나님의 선택의 사랑은 특히 "조상들을 인하여"(즉 아브라함에게 주신 약속으로 인하여) 이스라엘로 향했다. 아브라함에게 주신 약속이 오로지 예수 그리스도를 통하여 그의 믿음의 공동체 속에서 성취되었다 할지라도 이 특별한 선택은 그대로 남아 있었다(갈 3장; 롬 4장). 어떤 것을 요구할 권리를 누구에게 주시지 않았고(롬 9장) 모든 인간의 실패에도 불구하고(롬 10장) 하나님은 인간 존재들, 여기서는 이 백성에 묶어두었던 하나님의 신실하심을 토대로 그 선택은 아무 손상도 받지 않고 남아 있을 수 있었다(롬 9:4f. ; 11:16) ; 약속은 애초부터 '무로부터의 창조'(*creatio ex nihilo*, 롬 4:7)에 의존하였기 때문에 그러하였다.

3.3 조상들에 대한 약속을 통한 이스라엘의 선택에 관하여 말한 것은 이제 세례를 통한 선택에 대해서는 더욱 더 타당하였다. 로마서 8:30에서 바울은 세례받은 자들에 관하여 말하였다: "또 미리 정하신 그들을 또한 부르시고 부르신 그들을 또한 의롭다 하시고 의롭다 하신 그들을 또한 영화롭게 하셨느니라". 이렇게 명백히 우연한 상황들을 통하여 그리고 궁극적으로는 세례를 통하여 인간 존재가 믿음으로 부르심을 받았을 때 믿음은 언제라도 다시 사라질 수 있는 바울에게 떠오른 어떤 생각이 아니었다. 오히려 하나님의 선택은 역사적으로 그 사람 안에서 믿음의 출현을 가져왔다. 이런 이유로 믿음은 그것이 결코 실패하지 않을 것이라는 것을 확신할 수 있다(빌 3:12). 이 확실성이 이스라엘의 실패로 말미암아 의문이 제기되었기 때문에 바울은 마지막으로 로마서 9-11장에서 이스라엘에게 주어진 선택의 말씀은 끝까지 이루어질 것이라는 것을 지적하였다(롬 9:6; 11:25f.). 따라서 로마서 9-11장에서 믿음에 대한 이스라엘의 관계에 관하여 말한 것은 그 취지에 맞춰 모든 세례받은 사람들에게 그대로 적용되었다. 이것은 그들이 이스라엘과 마찬가지로 한동안 자신의 믿음으로의 길을 발견하지 못한다 할지라도 사실이었다.

3.4 더욱이 바울의 복음을 사용함으로써 "이방인의 충만한 수"(롬 11:25)에 대한 기대를 입증할 수 있지 않은가? 그리스도가 "모든 사람을 위하여" 죽었다면, 모든 사람이 그들의 창조주와의 교제로 "들어와야" 되지 않는가? 로마서 5:18 이하와 11:32(참조. 고전 15:22)에 나오는 보편적 진술들은 모든 사람의 "회복"의 의미로 받아들여져서는 안된다. 이 개념은 그릇된 공리(公理)이다. 하지만 바울에 나오는 선택은 자기 자신에 관한 예수의 진술(막 14:24)로부터 나온 전승, 그가 "전체를 위하여" 죽었다는 전승에 토대를 둔 믿음의 마지막

모험이었다. 이로부터 보편적 선교만이 아니라 "모든 무릎"이 자발적으로 승귀되신 분에게 꿇을 것이라는 기대가 비롯되었다(빌 2:10). 복음은 신비종교적 결사가 아니라 새로운 피조물을 목표로 하였다![18]

c) 이런 식으로 우리들은 믿음으로 부르심과 관련하여 믿음은 인간의 책임있는 행위이긴 하지만 믿음은 하나님에 의해 세워진 것이기 때문에 하나님은 그 믿음을 기어코 완성하실 것이라고 말할 수 있다.

바울은 자기 자신의 믿음의 길을 오직 변증법적으로만 규정할 수 있었다. 바울은 자기가 믿기로 결심하였다고 말할 수 없었고 하나님이 자기로 하여금 믿게 하였다고 말할 수도 없었다. 오히려 바울은 한편으로 새로운 시작이 자기 안에서 창출되었다고 고백하여야 했다: "어두운 데서 빛이 비취리라 하시던 그 하나님께서 예수 그리스도의 얼굴에 있는 하나님의 영광을 아는 빛을 우리 마음에 비취셨느니라"(고후 4:6). 믿음을 출현하게 했던 말씀은 창조 때에 빛을 비춰게 하였던 말씀과 마찬가지로 창조적이었다. 믿는 "나"는 새로운 "나"였다(고후 5:17). 믿음은 사람이 자신의 주도 하에 자기 이해를 변화시킴으로써 생겨나는 것도 아니고 새로운 "나"가 이제 옛 "나"에 직면했다는 통찰에 이름으로써 생겨나는 것도 아니었다. 새로운 "나"는 옛 "나"를 "그와 함께 십자가에 못박힌 것"(롬 6:6, 11)으로 간주되었다. 따라서 나중에 신약 기자들은 믿음의 발생을 거듭남(요 3:3, 5; 벧전 1:3) 또는 나면서부터 소경인 자의 다시 봄(요 9장)으로 불렀다.

여전히 이 모든 것은 한 측면에 머물러 있다: 믿음은 또한 전인(全人)의 응답이었다. 인간의 행위로 묘사되는 믿음은 그 핵심에서 하나님의 약속을 확신하고 신뢰하게 되는 것(롬 4:16-25), 느낌의 진술이었다. 더욱이 믿음은 순종(롬 1:5; 6:16ff.; 10:16f.), 의지의 새로운 결정, 마지막으로 지식(고전 8:2f.), 새로운 사고 방식이었다. 전인(全人)이 하나님의 실체로 돌아와서 그에 따라 행하는 것이었다.

로마서 1-8장에서 믿음이 의지를 자유케하는 것과 마찬가지로 고린도전서 1장 이하(고전 1:21, 24; 2:9-16)에서 믿음은 지식을 자유하게 하였다. 그럼에도 불구하고 하나님의 실체를 바로 알게 하는 하나님을 향한 새로운 결정을 바울은 믿음이 아니라 사랑이라 불렀다. "만일 누구든지 무엇[이 올바르다는 것]을 아는 줄로 생각하면 아직도 마땅히 알 것을 알지 못하는 것이요 또 누구든지 하나님을 사랑하면 이 사람은 하나님의 아시는[선택된] 바가 되었느니라"(고전 8:2f.). "그러나 우리가 온전한 자들 중에서 지혜를 말하노니", 즉 "하나님이 자기를 사랑하는 자들을 위하여 예비하신 모든 것은 눈으로 보지 못하고 귀로도 듣지 못

---

18) 참조. E. Käsemann, *Romans*, p. 156.

하고 … ”(고전 2:6, 9). 여기서 바울은 이 용어에 대한 구약 및 유대의 문맥을 빌어왔다. 그에 따르면 어떤 사람 자신이 하나님에 의해 알려지고(예를 들면, 암 3:2; 렘 1:5) 사랑을 받았기 때문에, 즉 선택을 받았기 때문에(예를 들면, 신 7:6ff.; 호 11:1-4) 그 사람은 하나님을 알았다. 즉 (구약에서) 자기를 ― 그의 백성의 일원으로서(참조. 신 30:6) ― 사랑하는 분을 인식하였다(예를 들면, 사 43:10).[19] 그럼에도 불구하고 바울은 실제로 이러한 개념적 준거틀 속에서만 아주 드물게 하나님의 사랑에 관하여 말하였고(롬 8:28; 고전 2:9; 8:1, 3), 그보다 훨씬 더 많이 우리에 대한 하나님(또는 그리스도)의 사랑을 강조하였다(롬 5:5, 8; 참조. 15:30; 8:35, 37, 39; 9:13, 25; 고후 5:14; 9:7; 13:11, 13; 갈 2:20).

따라서 믿음은 지식을 수반하였다. 믿음은 하나님의 구원의 계시를 이해하였을 뿐만 아니라 그 빛 아래서 기독교인 이전의 실존의 구조를 인류학적으로 또 역사신학적 견지에서 알 수 있었다. 로마서 3:21-28의 구원의 계시만이 믿음에 의해 받아들여지고 깨달아지는 것이 아니었다. 로마서 1:18-23과 7:7-25의 진노 아래에서 실존도 믿음의 입지로부터 최초로 회고적으로 성찰되고 옛 사람의 실체로서 체험되는 것이다. 우리는 이 주제를 다음 장에서 살펴보기로 하자.

4. 권면의 맥락에서 믿음

구원을 받기 위하여 구원의 계시에 의해 창출된 인간의 수용으로 이제까지 묘사된 믿음의 결정적인 기능과 아울러 믿음은 때때로 환경과 관련된 행위로서 권면의 맥락 속에 나타난다. 기독교인들은 하나님 안에서 믿음에 의해 지탱되는 사람들로서 그들의 환경과 관련을 맺고 있다. 바울은 기독교인들을 때때로 이미 관례화되어 있던 “믿는 자들”(살전 1:7; 2:10, 13; 참조. 엡 1:19; 행 2:44; 4:32 등)이라는 정형적인 표현으로 지칭했을 뿐만 아니라 믿음을 소망 및 사랑과 아울러 기독교인들이 이 세상 속에서 살아남기 위해 가져야

---

19) R. Bultmann, *TDNT* I, 696-703.
20) 이 바울의 삼각대의 예비 단계들은 다음에서 볼 수 있다: 믿음과 사랑(살전 3:6; 고전 16:13f.; 몬 5; 갈 5:6, 22 〔덕목들의 목록에서〕; 참조. 고후 8:7; 믿음과 소망(갈 5:5). 나아가 그것은 딤전 6:11; 딤후 3:10; 엡 1:3ff., 15-18; 골 1:4f.; 히 10:22-24; Barn. 1:6에서 발견된다. 또한 예비 단계들은 구약 및 유대 영역(IV Macc. 17:2, 4: 믿음, 소망, 인내)에서도 발견되지만 그 어느 것도 직접적인 짝은 아니다. 영지주의적인 병행 어구들은 후대의 것이다(Lietzmann, *Der Erste Korintherbrief*, excursus to I Cor. 13:13, pp. 66-68).

하는 병기(살전 5:8)로 표현하였으며 데살로니가전서 1:3; 고린도전서 13:(7), 13; 로마서 5:3 이하에서 이미 공동체의 전승이었을 가능성이 큰 이 세 가지를 강조하였다.

제 4 장
그리스도 사건의 구원 효력: 하나님의 의의 계시로서의 복음

§39. 칭의와 화해

H. Cremer, *Die paulinische Rechtfertigungslehre im Zusammenhange ihrer geschicht-lichen Voraussetzungen* (1900²); G. Quell/G. Schrenk, *dikē, dikaios,* etc., *TDNT* II, 174-225; H.-D. Wendland, *Die Mitte der paulinischen Botschaft. Die Rechtfertigungs-lehre des Paulus im Zusammenhange seiner Theologie* (1935); P. Bläser, *Das Gesetz bei Paulus* (1941); A. Oepke, *"Dikaiosynē theou bei Paulus,"* in *ThLZ* 78 (1953), 257-263; C. Haufe, *Die sittliche Rechtfertigungslehre des Paulus* (1957); A. Schlatter, *Gottes Gerechtigkeit. Ein Kommentar zum Römerbrief* (1959³); E. Käsemann, " 'The Righ-teousness of God' in Paul," in Käsemann, *NT Questions*, pp. 168-182; E. Jüngel, *Paulus und Jesus. Eine Untersuchung zur Präzisierung der Frage nach dem Ursprung der Christologie* (1962); R. Bultmann, *"Dikaiosynē theou,"* in *Exegètica*, pp. 470-75; C. Müller, *Gottes Gerechtigkeit und Gottes Volk* (1964); K. Kertelge, *"Rechtfertigung" bei Paulus. Studien zur Struktur und zum Bedeutungsgehalt des paulinischen Rechtfer-tigungsbegriffs* (1967); L. Goppelt, "Der Missionar des Gesetzes," in Goppelt, *Chris-tologie*, pp. 137-146; J. Blank, "Warum sagt Paulus: 'Aus Werken des Gesetzes wird niemand gerecht?' ", in *Evangelisch-Katholischer Kommentar zum NT. Vorarbeiten* I (1969), 79-96; G. Klein, "Gottes Gerechtigkeit als Thema der neuesten Paulusfor-schung," *VF* 12 (1967), 1-11 (= Klein, *Rekonstruktion und Interpretation* [1969], pp. 225-236); U. Wilckens, "Was heisst bei Paulus: 'Aus Werken des Gesetzes wird kein Mensch gerecht?' ", in *Evangelisch-Katholischer Kommentar zum NT. Vorarbeiten* I

(1969), 51-78; J. A. Ziesler, *The Meaning of Righteousness in Paul. A Linguistic and Theological Enquiry* (1972); E. Käsemann, *Romans*, pp. 21-32; E. Lohse, "Die Gerechtigkeit Gottes in der paulinischen Theologie," in Lohse, *Die Einheit des NT* (1973), pp. 209-227; H. Conzelmann, "Die Rechtfertigungslehre des Paulus. Theologie oder Anthropologie?", in Conzelmann, *Theologie als Schriftauslegung* (1974), pp. 191-206. **On the Jewish Background**: F. Nötscher, *Zur theologischen Terminologie der Qumran-Texte* (1956); S. Schulz, "Zur Rechtfertigung aus Gnaden in Qumran und bei Paulus," *ZThK* 56 (1959), 155-185; J. Becker, *Das Heil Gottes. Heils- und Sündenbegriffe in den Qumrantexten und im Neuen Testament* (1964). **On 3**: F. Büchsel, *allassō, . . . katallassō, TDNT* I, 251-59; J. Hermann/F. Büchsel, *hilastērion, TDNT* III, 318-323; E. Käsemann, "Erwägungen zum Stichwort 'Versöhnungslehre im Neuen Testament,' " in *Zeit und Geschichte, Festschrift für R. Bultmann* (1964), pp. 47-60; G. Fitzer, "Der Ort der Versöhnung nach Paulus," *ThZ* 22 (1966), 161-183; L. Goppelt, "Versöhnung durch Christus," in *Christologie*, pp. 147-164; H. Ridderbos, *Paul* (1975), pp. 182-204.

1. 용어에 관하여

바울은 하나님의 구원 계시의 효력을 여러 가지 용어를 사용하여 기술하였다. 고린도전서 1:30에서 바울은 그리스도가 우리를 위하여 "의(*dikaiosyne*)와 거룩함(*hagiasmos*)과 구속"(*apolytrosis*)이 되었다고 말했다. 나중에 교회의 용례가 이 여러 용어들과 결부시켰던 것은 대부분 바울이 의도한 바가 아니었다. 바울에게 칭의와 성화는 서로 연속해서 일어난 두 사건이 아니었다. '의롭다고 하다'(*dikaioun*)와 '거룩하게 하다'(*hagiazein*)라는 용어들은 단지 동일한 사건을 두 가지 서로 다른 측면에서 기술히려고 했을 뿐이다. 또한 이것은 바울이 고린도후서 3:9과 5:18에서 병행적인 의미로 사용하였던 '의롭다고 하다'(*dikaioun*)와 '화목케 하다'(*katallassein*) 또는 '화목'(*katallage*)이라는 용어에서 특히 사실이라고 하겠다. 또한 '생명'(*zoe*)과 '구원'(*soteria*)의 경우도 마찬가지였다. 따라서 로마서 10:9 이하에서 '구원하다'(*sozein*)는 '의'(*dikaiosyne*)에 대한 병행 어구로 사용되었다.

2. 구원 효력의 서로 다른 측면들

물론 이 모든 용어들이 삼중의 관점에서 만난다는 고찰은 아주 중요하다.

a) 직설법

헬라어의 동사 구조를 살펴보면 이 용어들은 믿음으로 부르심을 통하여 현재에 이미 이루어진 것을 표현하기 위하여 부정 과거(aorist)로서 사용되었다. "부르신 그들을 또한 의롭다 하시고 의롭다 하신 그들을 또한 영화롭게 하셨느니라"(롬 8:30; 참조. 빌 3:9; 롬 5:1, 9f.).

위에서 언급한 다른 용어들과는 달리 더욱이 화해는 부르심과 믿음 이전에 십자가의 직접적인 결과로서 전 세계적으로 이미 일어난 것으로 표현될 수 있었다. "모든 것이 하나님께로 났나니 저가 그리스도로 말미암아 우리를 자기와 화목하게 하시고 또 우리에게 화목하게 하는 직책을 주셨으니"(고후 5:18f.). 부분적으로 다른 용어들도 십자가의 결과 또는 믿음으로 부르심을 통한 세례의 결과로 사람들에게 이미 일어난 것을 표현하였다.

b) 명령법

또한 이 용어들은 믿음 앞에 놓인 과제를 기술하는 데도 기여하였다(롬 6:13, 16, 19; 살전 4:3; 5:23). 이 명령법은 믿어 순종케 하는 부르심이라는 형태를 띠었다.

c) 소망

성화와 의(義)는 언제나 선물과 과제로서 주어졌기 때문에 그것들은 언제나 이 세상 가운데서 소망의 대상으로 남아 있었다. "우리가 성령으로 믿음을 좇아 의의 소망을 기다리노니"(갈 5:5). "이미"와 "아직"의 긴장은 구원을 통해 사람들에게 일어난 것에 관한 묘사를 통하여 아주 극명하게 볼 수 있다. 한편으로 "이미"가 표현되어 있다: "보라 지금은 구원의 날이로다"(고후 6:2; 참조. 고전 1:18; 고후 2:15); 다른 한편으로 로마서 8:24에서는 이렇게 말한다: "우리가 소망으로 구원을 얻었으매".

그러므로 구원(*soteria*)은 현재에 칭의를 토대로 한 믿음 속에서 모험으로서 기대가 최후의 심판에서 바라보는 목표로 나타난다(롬 5:9f.; 13:11).

3. 바울의 특수 용어로서 칭의와 화해

이 표현 분야에서 나오는 용어들 가운데 두 가지가 바울에서 특별히 부각되었다: "의롭다고 하다"와 "화목케 하다". 이 용어들이 나오는 구절들의 숫자는 비교적 적지만 — 로마서와 갈라디아서만이 칭의에 관하여 특별한 강조점을 두고 말하였는데, '화목케 하다/화목'(*katallassein/katallage*)이라는 전문 용어들은 실제로 오직 세 구절에만 나온다(롬 5:10f.; 11:15; 고후 5:18-20) — 이 용어들은 바울에서 상당한 신학적 무게를 지니고 있었다.

　바울이 로마서 5장과 고린도후서 5장에서 칭의와 화해를 연계시킨 것은 주목할 만하다. 로마서 5장에서 바울은 칭의(5:1a)로부터 화해(5:1b, 10)로 나아갔고 고린도후서 5장에서는 반대로 화해로부터(5:18-20) 칭의(5:21)로 나아갔다. 이 두 용어는 동일한 사건, 하나님과 인간 사이의 관계가 "구원받게" 된 것을 기술하고 있음에 틀림없다. 이것은 또한 바울이 그 용어들을 일련의 진술들 가운데서 서로에 대한 병행어로 사용한 것에서도 알 수 있다. 따라서 로마서 5:10에 나오는 화해에 관한 진술은 형태와 내용에서 로마서 5:9에 나오는 칭의와 일치한다. 복음을 섬기는 것은 화해의 사역(*diakonia tes katallages*)으로도 칭의의 사역(*diakonia tes dikaiosynes*, 고후 3:9; 5:18)으로도 불릴 수 있었다. 이 두 용어는 하나님과 인간 사이의 관계로서 구원 속에서 한 사람에게 일어났던 것을 인간적인 심상들로 묘사한 두 가지 개념적 배경들을 나타내고 있다. 그리고 이런 일은 이미 구약에 의해 형성된 서로 구별되는 정황들과 관련하여 일어났다.

　a) 칭의(*dikaiosis* 또는 *dikaioun*)는 하나님과의 관계를 구약의 하나님의 언약의 법적인 성격에 비추어 해석하였다(참조. 롬 3:2-6); 칭의의 출발점은 "불의한 자"의 "정죄"를 제거하고 그를 "의로운 자"로 만든 "하나님의 의의" 나타남이었다.

　칭의라는 용어의 도움을 받아 바울은 자신의 약속에 따라 신실하게 행하시는 구약의 하나님이 극히 합법적인 방식으로 자신과 인간을 연합시켰으며 인간을 자신의 언약 상대방으로 삼았다는 것을 표현할 수 있었다. 칭의의 메시지는 인간에 대한 하나님의 관계를 포괄하였다. 그리고 그것은 그 사람으로 하여금 인간의 무리 한가운데서 책임있는 개인으로서 하나님과 관련을 맺도록 하였다.

　로마서 3:25 이하에서 십자가의 효력을 하나님의 의의 나타남으로 지칭하고 로마서 1:17에서 복음을 하나님의 의의 계시로 지칭했을 때 바울은 구약의 가장 중심적인 신학 용어를 빌어와서 사용하고 있었다. 하나님은 구약에서 언약의 하나님으로서 사람들과 만났다. 하나님은 모든 이스라엘의 삶이 의존해야 할 관계를 설정하신 분이었다. 이것이 하나님이 이 관계에 계속적으로 신실하여 그에 따라 행하여야 했던 것이 그토록 중요했던 이유였다.

　그러므로 구약에서 의는 서구 사상에서와는 달리 무엇을 재는 잣대가 아니라 관계였다! 인간에게 모든 것은 그가 하나님에 의해 설정된 이 관계, "의로움" 속에서 만족을 발견하는 것에 달려 있었다. 따라서 구약의 백성들에게 의는 삶에서 가장 높은 가치였다.[1]

　"칭의"라는 개념이 인간의 부패, 인간이 죄와 죽음으로 타락하는 것을 하나님의 정죄로

---

1) von Rad, *Theology* I, 370-383.

규정했을 때 그것은 하나님과의 관계의 깊이를 이해하고 있었다(롬 5:18f. ; 8:1f.) ; 또한 칭의라는 개념이 하나님의 의, 즉 자신의 약속에 대한 하나님의 충실성(롬 3:2; 9:6), 자신의 약속 및 언약과 관련된 신실하심의 나타냄(롬 3:3-6; 9:4f.)으로부터 비롯된 구원을 의미하였던 모든 것을 기대하였을 때 그것은 이러한 깊이를 이해하고 있었다. 바울에게 하나님의 의는 피조물에 대한 하나님의 신실하심이라는 일반적인 의미가 아니었다. 이와 같은 점은 흔히 최근에도 오해되어 왔다.[2] 오히려 하나님의 의는 구약에 증거된 약속에 대한 자신의 신실하심이었다. 바로 이러한 신실하심은 보편적이었다. 왜냐하면 아브라함에게 주어진 약속은 "모든 사람들"을 포괄하였기 때문이다(롬 4:16f.). 하나님의 약속은 바울에게 믿는 것과 생각하는 것의 출발점이었다. "또한 하나님의 말씀이 폐하여진 것 같지 않도다"(롬 9:6). 더욱이 그리스도는 자신의 모든 약속에 대한 하나님의 "예"(고후 1:20), 인격 속에서 하나님의 의의 나타남(고전 1:30)이었다.

b) 화해(*katallage*)는 하나님과의 관계를 선택하시는 사랑으로서 구약 언약의 하나님에 비추어 해석하였다(참조. 롬 9:11, 13; 골 3:12). 화해는 "하나님의 대적"을 "하나님과 화목"을 누리는 자로 변화시키는 "하나님의 사랑"의 나타남을 그 출발점으로 삼았다.

우리는 여기서 병행 어구로 쓰인 용어가 "유화"(*apolytrosis*, 롬 5:1; 골 1:20; 참조. 엡 2:14)가 아니라 "화평"(*eirene*)이라는 점을 주목하여야 한다. 바울은 고린도전서 7:11에서 서로 헤어진 부부의 재결합을 가리킬 때 사용했던 것(참조. *diallassein*, 마 5:24)과 동일한 어원학적 의미로 "화목케 하다"(*katallassein*)라는 부정사를 하나님과 인간 사이의 관계에 대하여 사용하였다. 수행된 속죄를 통하여 부부가 재결합한다는 개념은 이 단어에 결코 담겨있지 않았다;[3] 그런데도 이 단어에는 여기서 화해가 일어난 방식을 통하여 특별한 성격이 부여되었다. 모든 구절에서 화해에서 책임있는 주체는 하나님이었다! 헬레니즘 세계에서[4] 동사 '카탈라세인'(*katallassein*)과 '디알라세인'(*diallassein*)은 다양한 의미를 가진 동의어로 사용되었다. 그 의미들 가운데는 "화목케 하다"라는 뜻도 있었으나 하나님과 인간 사이의 관계에 적용되는 경우란 거의 없었다. 이와는 대조적으로 구약에서는 그렇지 않았지만 유대교에서는 미미한 시작이 있었다. 칠십인역에서는 이 단어들을 아주 드물게 사용하였다. 하지만 후기의 저작, 마카비2서에서 발전이 일어났다. 거기서 이

---

2) E. Käsemann, "'The Righteousness of God' in Paul," in *New Testament Questions of Today*, pp. 168-182: Stuhlmacher. op. cit. (Lit., §36). pp. 89f.

3) L. Goppelt, "Versöhnung durch Christus," in *Christologie*, pp. 147f.

4) Ibid., p. 149; F. Büchsel, *TDNT* I, 254.

단어는 사람들이 하나님께 간구하거나 회개한다면 하나님이 진노를 포기하시고 그들과 화해하실 것이라는 것, 즉 그들을 향하여 다시 한번 자비로우실 것이라는 어느 정도 정형적인 형태로 사용되었다(II Macc. 1:5; 참조. 7:33; 8:29; 또한 5:20). 이 단어를 이런 식으로 하나님께 적용하는 것은 바울이 출신한 곳이기도 한 헬라어를 사용하는 유대교에서 분명히 통용되던 관례였다. 마침내 이 정형 어구는 요세푸스에서 사용되게 되었다(*Ant.* 6. 143 = LCL, V, 239).

바울 이전의 초대 교회 사람들이 이미 그리스도를 통한 화해에 관하여 말하였을 가능성은 없다. 1세기의 모든 기독교 문헌 속에서 이 단어는 오직 바울에게서만 발견된다. 이 단어는 바울이 그리스도의 구원 역사를 엄격하게 하나님의 역사로 보는 방식과 일치한다. 신약의 하나님은 엄격하게 인격 속에 있었던 구약의 하나님이었다. 하나님은 두 사람 사이의 혼인과 대비될 수 있는 동반자 관계를 세울 목적으로 사람들에게 자신의 말씀을 주었다(롬 3:2-5). 바울이 하나님을 바로 이런 식으로 인격으로 보았기 때문에 그는 하나님과 인간의 화해에 관하여 말할 수 있었다.

칭의는 하나님이 그리스도 안에서 책임있는 개인을 구했다고 말하는 반면에 화해는 하나님은 인간의 마음을 구했다고 말한다. "하나님의 사랑이 우리 마음에 부은 바 됨이니"(롬 5:5). 그런데 화해도 정확히 하나님은 개개인을 위한 영혼의 평안이나 수도원을 위한 평안을 구한 것이 아니라 세상을 위한 평안을 구했다고 말한다. 칭이가 범저으로 구속력 있는 상대로서 하나님과 인간 사이의 사건의 깊이를 드러내있다고 한다면, 화해는 그 사건의 우주적 넓이를 담고 있었다. 전자에서는 종말론적 화해에 관한 말씀(롬 3:25f.)이 핵심적인 출발점을 이루었고, 후자에서는 종말론적 평화 협정에 관한 말씀(고후 5:19) — 신중심적으로 형성된 — 이 출발점이 되었다: "하나님께서 그리스도 안에 계시사 세상을 자기와 화목하게 하시며". 바울이 그 어느 곳에서도 칭의가 믿음의 창출을 통한 올바른 관계의 정립을 의미하였기 때문에 하나님이 세상을 의롭게 하셨다고 말하지 않았다는 것은 우연이 아니었다. 이와는 대조적으로 바울은 하나님이 예수의 죽으심을 통한 자신의 사랑의 보편적인 나타남을 가지고 자기에게 적대하고 있었던 인류에게로 그들이 그것에 관하여 그 어떤 것을 알기도 전에 얼굴을 돌리셨다고 말할 수 있었다.

4. 바울 신학 전체에서 칭의

a) 문제의 역사에 관하여

여기서 우리는 몇몇 짧은 언급들로 만족하여야 한다.

1) 개혁자들은 칭의를 바울 신학의 중심, 더 나아가 신약의 중심으로 이해하였다.

2) 이와는 대조적으로 종교사학파는 칭의를 유대교에 대항한 변증적 가르침으로 그 가치를 평가 절하했고 바울 신학의 외관상의 중심으로 보아 소위 그리스도 신비주의로 단정하였다.[5]

3) 불트만은 자신의 말씀/케리그마 신학에 비추어 칭의를 다시 한번 중심적인 위치로 올려놓았다. 그의 「신약신학」의 28-30절은 바울에 관한 그의 묘사의 중심, 아니 우연이 아니겠지만 그의 책 전체의 중심을 이루고 있다. 불트만은 칭의를 엄격하게 법정 용어로 이해하였다. 하나님의 의(대상의 속격)는 하나님에 의해 선물로 주어지고 인간에게 선포된 의였다.[6]

4) 콘첼만은 이 용어를 빌어와 강조하면서 루터(와 불트만)[7]의 편을 들어, '디카이오쉬네 데우'(*dikaiosyne theou*, 롬 1:17; 3:4)의 속격을 주체의 속격으로 보아 하나님의 의를 "하나님에 의해 소유된" 의로 해석한 슐라터(A. Schlatter)[8]에 반대하였다.

5) 하지만 이런 주장을 하는 가운데 콘첼만은 신약 연구에서 케제만(E. Käsemann)과 슈툴마허(P. Stuhlmacher)에 의해 제기된 해석 방식에도 반대하였다. 이 두 사람은 하나님의 의를 법정 용어가 아니라 사람을 봉사하게 하는 권능 — 슐라터와 함께 — 나아가 이러한 관점으로부터 선물로 이해하기를 원했다.

따라서 그렇지 않았다면 역사적 예수에 관한 질문만이 있었을 신약신학에서 칭의는 다시 한번 중심적인 위치를 차지하게 되었다. 칭의가 바울 신학의 중심이라는 것에는 이의를 제기하는 사람이 없다. 이 위치를 이해하기 위하여 우리는 칭의에 관한 바울의 진술들의 출발점을 파악하여야 한다.

b) 칭의에 관한 진술들의 출발점

바울은 예수의 삶과 사역, 특히 예수의 십자가를 구약에서 하나님의 계시의 중심에 비추어 해석하였다. 바울은 그것을 하나님의 의의 나타남 또는 죄인들을 의롭다 하심으로 이해하였다(롬 4:6f.). 예수로 하여금 속죄와 대표의 방식으로 죄인의 죽음을 겪게 한 하나님의 행위는 우리에게 하나님의 "의의 나타남"으로 다가왔다. 이 나타남은 우리를 "의롭게 하였다". 즉 우리를 의롭게 만들었다. 이것은 어떤 질을 전달한 것이 아니라 우리를 인격 속에

---

7) *Theology*, pp. 213-220.
8) *Gottes Gerechtigkeit* (1935), pp. 36-39.

서의 관계에 놓았다. 이것은 믿는 자를 하나님의 언약 상대방으로 변화시켰다.

칭의는 하나님이 인간을 자기와의 올바른 관계에 놓았다는 것을 의미하였다. 하나님은 인간에게 자기 식탁의 한 자리를 할애하였다. 살기 위하여 자신의 자리를 잡는다는 것은 믿는다는 것을 의미하였다. 하나님은 자신을 위하여 믿는 자를 동반자로 만들어내었다. 그러므로 칭의는 무엇보다도 언제나 법정적임이 틀림없었다(롬 1:23-4:25). 그러나 로마서 6: 17-23에 따르면 사람이 칭의에 기여했을 때, 즉 이 관계의 견지에서 살아갔을 때만 그 사람은 칭의를 가졌다! 이 위치를 잡은 사람에게는 하나님에 의해 의롭다 하심이 부여되었다. 믿는다는 것은 예수의 입장으로부터 하나님에 동의하는 것을 의미하였다.

칭의는 인간을 하나님 앞에서 궁극적 고독의 자리에 두었다. 그것은 믿음에 일어난 그 무엇이었다. 그 누구도 다른 사람을 위하여 믿을 수 없다. 그러나 믿는 자는 홀로 있지 않는다. 칭의는 하나님과 인간을 새로운 방식으로 연결시켰다. 로마서 12-13장은 믿는 자를 광범위한 사회 관계들 속에 두었다. 칭의를 통하여 이 사람은 그리스도의 몸의 지체가 되며 (롬 12:4-8) 믿음의 공동체 안에서 이웃과의 관계에 참여하며(롬 12:9-21) 이 세상의 삶에 통합된다(롬 13:1-7).

제 5 장
교회의 가시적 형태로서
복음의 출현

§40. 교회

H. Schlier, *Christus und die Kirche im Epheserbrief* (1930); O. Linton, *Das Problem der Urkırcne ın aer neueren Forschung* (1932; repr. 1957); E. Käsemann, *Leib und Leib Christi* (1933); A. Wikenhauser, *Die Kirche als der mystische Leib Christi nach dem Apostel Paulus* (1940²); N. A. Dahl, *Das Volk Gottes* (1941; 1963²); E. Percy, *Der Leib Christi* (1942); Bultmann, *Theology* I, §§13,2; 34,2; A. Oepke, "Leib Christi oder Volk Gottes bei Paulus?", *ThLZ* 79 (1954), 363-68; H. Schlier, "Corpus Christi," *RAC* III, 437-453; J. Reuss, "Die Kirche als 'Leib Christi' und die Herkunft dieser Vorstellung bei dem Apostel Paulus," *BZ* NF 2 (1958), 103-127; R. Schnackenburg, *The Church in the New Testament* (1965); E. Schweizer, "Die Kirche als Leib Christi in den paulinischen Homologumena," in Schweizer, *Neotestamentica* (1963), pp. 272-292; Schweizer, *sōma*, *TDNT* VII, 1049-1094; J. Roloff, *Apostolat—Verkündigung—Kirche* (1965); Conzelmann, *Theology*, pp. 254-265; E. Käsemann, "The Theological Problem presented by the Motif of the Body of Christ," in *Perspectives on Paul* (1971), pp. 102-121; L. Goppelt, "Kirchentrennung und Kirchengemeinschaft nach dem NT," *Ökumenische Rundschau* 19 (1970), 1-11; H. Schürmann, "Die geistlichen Gnadengaben in den paulinischen Gemeinden," in Schürmann, *Ursprung und Gestalt. Erörterungen und Besinnungen zum NT* (1970), pp. 236-267; J. Hainz, *Ekklesia. Strukturen paulinischer Gemeinde-Theologie und Gemeinde-Ordnung* (1972); J. S. Vos, *Traditionsgeschichtliche Untersuchungen zur paulinischen Pneumatologie* (1973).

1. 출발점

바울에게 교회가 의미했던 것은 고린도전서를 읽게 되면 아주 효과적으로 해독될 수 있다. 고린도전서는 교회에 관한 서신이었다! 고린도전서 1:2에 따르면 바울은 이 서신을 고린도에 있는 하나님의 '에클레시아'(*ekklesia*)를 향하여 썼다.

그러나 바울이 고상한 호칭으로 말했던 이 집단은 외부인의 눈을 통해 보았을 때 어떻게 묘사되었을까? 고린도전서 1:26 이하에 따르면 이 집단에 속했던 사람들은 "육체를 따라 지혜 있는 자가 많지 아니하며 능한 자가 많지 아니하며 문벌 좋은 자가 많지 아니하도다"; 그들은 지적, 경제적으로 상류 계층이 아니었다. 그리고 바울은 고린도전서 6:9 이하에서 공동체의 지체들의 이전의 실존을 생각할 때 그들이 "음란한 자, 우상숭배하는 자, 간음하는 자, 탐색하는 자, 남색하는 자" 등등이었다고 강한 단어를 사용하였다. 물론 이것은 악덕들의 전통적인 목록이었다. 그럼에도 불구하고 그들은 그들의 이전의 실존에 관하여 회상할 때 이러한 말들을 통하여 표현할 수 밖에 없었던 그런 부류의 사람들이었다. 그러나 물론 이제는 "씻음"을 얻은 것이 그들의 모습이었다(고전 6:11).

그들의 이전 삶을 형성하였던 저질적인 다른 측면이 실제로 지금도 그들 배후에 있었는가? 바울이 다양한 신학적 입장들과 이익 집단들 사이의 논쟁, 파당, 차이들을 언급하고 있는 1:11을 본다면 이 질문은 아주 타당하다는 것을 알 수 있다(참조. 고전 3:12). 바울은 고린도 교인들이 기독교인으로서 삶의 질이 결여되어 있는 것만을 걱정한 것이 아니라 그들이 삶의 내용과 관련하여 주장한 것에 관하여 더욱 걱정하였다. 고린도에는 "우리가 다 지식이 있기" 때문에 "모든 것이 내게 가하다"는 확신에 따라 살아가는 사람들이 있었다(고전 6:12; 8:1). 거기 있던 믿음의 공동체는 바울이 책망했던 모든 것, 간음까지도 기독교적 자유의 영적인 나타남이라고 이해하였다.

바울은 외관상으로 이러한 모습을 보여주었던 이러한 사람들의 집단을 어떻게 하나님의 공동체로 간주할 수 있었는가? 이에 대한 대답으로서 우리는 교회사 속에 시도되었던 모든 설명들을 생각해볼 수 있다. 바울에게 하나님의 공동체는 믿는 영혼의 보이지 않는 무리였는가? 아니면 바울은 단지 세례를 받은 사람들의 무리와는 구별되는 핵심 공동체를 의미하였는가? 아니면 바울에게 교회는 오직 기능들의 형태로 현존하였는가? 아마도 이 모든 설명들에는 나름대로 진리의 계기들이 있을 것이다.

바울이 이들 어떻게 이해하였는가 하는 것은 고린도전서 1:2에서 볼 수 있다. 서신의 서문에서 바울은 "하나님의 교회"(*ekklesia tou theou*)라는 호칭에 이를 좀더 분명히 하는 구절인 "그리스도 예수 안에서 거룩하여지고", "성도라 부르심을 입은"을 덧붙인다. 앞에서 보았던 대로(§39, 1) 바울은 "의롭다고 하다"(예를 들면, 고전 6:11)와 병행되는 방식으로 "거룩하게 하다"를 사용하였다. 팔레스타인 교회는 이미 스스로를 "성도들"(*hoi hagioi*; §25, 3)이라고 칭했다.

그러므로 어떤 사람이 하나님의 공동체에 속한다는 것은 그의 칭의와 성화와 마찬가지로 분명하고 효력이 있는 것이었다. 일단의 무리들이 하나님의 공동체(*ekklesia*)라는 것은 ― 우리의 칭의와 마찬가지로 ― 일단 이 무리의 효력 있는 은혜의 표지들이 식별될 수 있다고 한다면 하나님의 약속과 은혜를 믿는 문제였다. 따라서 '하나님의 교회'(*ekklesia tou theou*)는 바울에게서 객관화될 수 있는 사회학적 호칭이 아니라 어떤 것의 요체를 케리그마를 통해 규정한 것이었다.

바울에 의하면 '에클레시아'라는 호칭은 세 가지 다른 경우에 적용될 수 있었다. (1) 고린도전서 10:32에서 그것은 하나님의 백성 전체를 의미하였다. (2) 고린도전서 1:2에서 그것은 특정한 지역 공동체를 뜻하였다. (3) 고린도전서 11:18에서 그것은 공동체의 예배하는 모임을 의미하였다. 이 단어는 이 세 가지 용례에서 동일한 기본적인 의미를 가지고 있었다: 기독교회, 총체적 공동체, 예배하는 공동체로서 존재하게 된 하나님의 종말론적 백성.

2. 교회의 확인 표지들

믿음은 어떠한 지표들을 통하여 많은 사람들의 무리 속에서 하나님의 공동체를 볼 수 있는가? 바울은 성도들을 '부르심을 입은 자들'(*kletoi*, 고전 1:2), 즉 말씀에 붙잡혀서 믿음으로 부르심을 받은 사람들이라고도 불렀다. 그러나 "부르심을 입은 자들"이 고린도에 있다는 것은 어떻게 알 수 있었는가?

바울은 여기서 사람들이 드러내 보일 수 있는 회심 사건이 아니라 세례를 생각하고 있었다(고전 6:11). '아펠루사스데'(*apelousasthe*, 너희가 씻음을 얻었다), '헤기아스데테'(*hegiasthete*, 거룩함을 얻었다), '에디카이오데테'(*edikaiothete*, 의롭다 하심을 얻었다)라는 직설법 아오리스트들은 세례를 통해 일어났고 따라서 언제나 새롭게 믿음 속에서 일어날 수 있는 것을 선포하였다. 세례는 단순히 어떤 사람이 공동체에 속하였다는 객관적인 신임장이 아니라 언제나 새롭게 고백되는 감춰진 표지였다. 부르심을 받은 자는 신앙 고백을 통하여 자기가 그리스도에게 속하였음을 보였다. 세례받은 자들도 언제나 주의 이름을 부르는 자들이었다(고전 1:2; 롬 10:13f.). 더욱이 "예수를 주시라" 말하는 사람들이 고린도에 있었다(고전 12:3). 로마서 10:9에 의하면 이것은 어떤 사람이 마음 속에 갖고 있는 믿음과 동일하였다. 고린도전서 12:3에 의하면 그것은 성령의 역사와 일치하였다. 그러나 한편으로 어떤 사람이 입으로 하는 신앙고백조차도 이 두 가지에 대한 증거가 아니라 표지였을 따름이다.

고린도전서 10:1-13에서 바울은 공동체를 광야 생활의 이스라엘과 비교하였다. 이스라엘이 홍해에서 구원으로부터 생겨났듯이 공동체는 세례로부터 생겨났다. 만나와 반석에서 나온 물이 광야 생활에서 이스라엘을 위하여 어떤 역할을 했던 것처럼 이제 성찬은 하나님의 새로운 백성에게 여행을 위한 양식이었다. 성찬(고전 10:17)은 앞으로 있을 주의 공동체에 대한 가장 직접적인 묘사였다.

요약해 보면, 하나님의 공동체는 바울에게는 선교적 선포 속에서 하나님의 선택하시는 부르심과 세례에 의하여 파악된 무리였다. 그러므로 그것은 말씀을 선포하고 성찬을 거행하는 '그리스도 안에'(*en Christo*) 있는 무리였다. 그것은 복음에 응답하고 고백하고 기도하고 믿음으로 봉사하면서 십자가를 통하여 부활로 향하는 길을 여행하는 무리였다.

3. 하나님의 종말론적 백성으로서의 교회

'에클레시아' 이외에노 바울은 구약 빛 유대도부터 유래한 하나님의 백성에 내한 일련의 호칭들을 사용하였다. 바울은 하나님의 백성을, 하나님의 전(고전 3:10ff.; 참조. 롬 15:20; 골 2:7; 엡 2:20), 하나님의 밭(고전 3:5-9; 골 2:7), 하나님의 양무리(고전 9:7), 〔하나님의〕 경륜(*oikonomia*, 고전 9:17), 하나님의 이스라엘(갈 6:16), 아브라함의 자손(롬 4:13, 16, 18; 갈 3:16).

공동체의 상황은 광야에서 유랑 생활하던 이스라엘의 상황과 모형론적으로 상응하였다(고전 10:1-13). 이것은 두 가지 사실을 의미하였다.

a) 그것은 구원사적 상응(相應)을 의미하였다. 구약에서 하나님의 백성으로서 이스라엘에게 이야기된 것은 지금 모형론적으로 교회와 관련이 되었다. 교회만이 스스로를 구약의 약속들의 상속자로 이해할 수 있었던 공동체였다.

b) 또한 그것은 종말론적 차이를 의미하였다. 교회는 더 이상 이스라엘과 같이 여러 백성들 가운데 한 백성이 아니었다. 교회는 유대인 및 이방인과 나란히 있는 "제3의 종족"(*tertium genus*)이 아니었다. 오히려 교회는 모든 백성들과의 관계에서 하나님의 종말론적 백성, 새로운 피조물로 서 있었다. 어떤 민족의 사람들이 거의 모두가 교회에 속해 있

다 할지라도 민족과 교회, 교회 활동과 정치 활동은 더 이상 이스라엘과 같을 수는 없었다. 갈라디아서 3:28은 교회의 이러한 종말론적 성격을 강조하였다: "너희는 유대인이나 헬라인이나 종이나 자주자나 남자나 여자 없이 다 그리스도 예수 안에서 하나이니라."

그런데도 이것은 고린도에서처럼 완전주의적인 의미로 오해되어서는 안된다. 그러한 차이는 믿음 및 믿음으로 나오는 행위를 통해서만 제거되었다. 따라서 기독교인들은 자기가 부르심을 받은 위치에 그대로 머물러 있어야 했다(고전 7:17-24). 무엇보다도 공동체는 여전히 육체 안에서, 역사 내에서 살아있는 동안에는 언제나 의심들과 싸워야 한다는 것을 알아야 했다(고전 10:6, 12).

4. 그리스도의 몸(*soma Christou*)으로서의 교회

교회와 관련하여 종말론적으로 새로운 것을 표현하기 위하여 바울은 구약으로부터 유래하지 않은 호칭을 사용하였다. 바울에게 교회는 '그리스도의 몸'(*soma Christou*)이었다.

바울은 "몸"을 헬라인들과는 달리 형체를 갖춘 물질이 아니라 활동하는 지체들의 유기체로 생각하였다. 로마서 6:13에서 "지체"라는 단어는 "몸"(롬 6:12)이라는 단어의 동의어로 사용되었다. 이 개념을 토대로 바울은 공동체를 고대 세계에 잘 알려져 있었던 심상인 몸에 비유하였을 뿐만 아니라(고전 12:12-26)[1] 나아가 다음과 같이 말하였다: "너희는 그리스도의 몸이요 지체의 각 부분이라"(고전 12:27). 제자들은 그리스도의 지체들(고전 6:15), 그의 입, 그의 팔이었고 전체로서 그의 몸을 이루고 있었다. 왜냐하면 그리스도는 역사 속에서 그들을 통하여 역사하고 있기 때문이다(고전 12:4-6). 그리스도가 세력을 형성하고 있는 활동을 위한 공동체를 통해서가 아니라 그 구성원 모두를 통하여 이런 식으로 역사하고 있는 분으로서 임재해 계셨기 때문에 그들은 서로서로 결합되어 있었다. 이 개념의 출발점은 영지주의의 "원인"(原人)[2] 신화 — 그럼에도 불구하고 이와는 반대로 연구사 속에서 흔히 전제되는 — 가 아니라 바울의 성찬 이해에서 찾아야 한다. 이것은 고린도전서 10:17에서

---

1) M. Agrippa (Livy *Roman History* 2.32)의 유명한 전설과 E. Schweizer, *TDNT* VII, 1036-1041에 나오는 자료를 참조하라.

2) H. Schlier, op. cit. (Lit., §4, 0); E. Käsemann, *Leib und Leib Christi* (1933); 반대 의견으로는 E. Percy, *Der Leib Christi in den paulinischen Homologumena und Antilegomena* (1942); E. Schwiezer, "Die Kirche als Leib Christi in den paulinischen Homologumena," in *Neotestamentica* (1963), pp. 272-292.

볼 수 있다(참조. §41, 2). 그리스도는 자신의 몸, 자신의 인격의 희생을 통하여 성찬에서 공동체의 지체들 가운데 현재적으로 역사하고 있기 때문에 그 지체들을 자신의 '소마' (so-ma, 몸), 즉 그의 "총체적 인격", 기능을 발휘하는 지체들로 구성된 유기체, 자기 몸의 공동체로 만들었다.

§41. 성찬

Cf. also Lit. to §21 and §25,4a; H. von Soden, *Sakrament und Ethik bei Paulus* (1931; repr. in *Das Paulusbild in der neueren deutschen Forschung* [ed. K. H. Rengstorf (1964)]); K. Stürmer, "Das Abendmahl bei Paulus," *EvTheol* 7 (1947/48), 50-59; G. Bornkamm, "On the Understanding of Worship," in Bornkamm, *Early Christian Experience* (1969), pp. 161-179; E. Käsemann, "The Pauline Doctrine of the Lord's Supper," in Käsemann, *Essays on New Testament Themes*, pp. 108-135; P. Neuenzeit, *Das Herrenmahl. Studien zur paulinischen Eucharistieauffassung* (1960); Goppelt, *Apostolic Times*, pp. 202ff.; G. Delling, "Das Abendmahlsgeschehen nach Paulus," in Delling, *Studien zum NT und zum hellenistischen Judentum* (1970), pp. 318-335; J. Roloff, "Heil als Gemeinschaft," in *Gottesdienst und Öffentlichkeit* (ed. P. Cornehl/H.-E. Bahr [1970]), pp. 88-117; L. Goppelt, "Der eucharistische Gottesdienst nach dem Neuen Testament," in *Erbe und Auftrag, Benediktinische Monatsschrift* 49 (1973), 435-447.

1. 바울 공동체들의 성찬 예식

a) 예수의 성찬 제정의 말씀(§20, 6)이 헬레니즘적 공동체에서 예전적으로 어떻게 빌어와 사용되었으며 신학적으로 어떻게 해석되었는가 하는 것은 신약에 나와 있는 가장 오래된 해석적 전승으로부터 이끌어낼 수 있다. 고린도전서 10:15에서 바울은 공동체가 이미 익히 알고 있었던 성찬에 대한 해석에 공동체로 하여금 주목하게 하고 있다. 그가 고린도전서 10:16에서 그것을 인용한 목적은 그런 다음에 공동체의 상황과 관련하여 그것으로부터 몇몇 결론들을 이끌어내기 위함이었다(고전 10:17-22). 고린도전서 10:16에 전승된 정형 어구가 나와 있다는 것은 바울적이지 않은 용어 사용과 '기억을 위한 병행법' (*parallelismus membrorum*)이라는 세련된 기법을 통해 시사되고 있다.

> 우리가 축복하는 바 축복의 잔은
> 그리스도의 피에 참예함이 아니며
> 우리가 떼는 떡은
> 그리스도의 몸에 참예함이 아니냐

　떡과 잔의 교대와 의문법이 사용된 것은 바울이 17절의 진술을 이 정형 어구의 결론으로 삼고자 했기 때문이었다. 이 정형 어구는 유대의 식사 관습에 의거하고 있는데 ― 이것은 그 시대의 지표이다 ― 두 개의 병행되는 관계절을 통하여 이를 해명하는 형태로 성찬 예식을 그러한 관습으로부터 분리하고 있다.[1] 여기서 축복하는 자는 유대인이 아니라 "우리!"였다. 여기서 그들과는 달리 우리는 떡과 잔을 "축복하는", 즉 칭송을 입 밖으로 말하는 것이 아니었다! 유대의 식사 관습에서 "축복의 잔"은 그 위에 감사의 식사 기도를 드린 포도주로 채워진 잔이었는데, "축복"은 포도주를 포함했던 각각의 식사 말미에 행해졌다. 여기, 성찬에서 사람들은 더 이상 잔을 통하여 식사에 대하여 감사하지 않았고 잔 자체가 "축복"의 대상이 되었다. 축복하다(*eulogein*)는 여기서 "찬양을 통해 감사를 드리는 것"을 의미하였다. 이런 이유로 바울은 성찬 제정의 말씀 가운데서(고전 11:24) 마가복음 14:22과 대비하여 그것을 헬라 독자들이 더 쉽게 이해할 수 있는 '유카리스테인'(*eucharistein*, 축사하다)이라는 단어로 바꿨다.

　잔을 축사할 때 정확히 무엇을 말했는가 하는 것은 신약 그 어느 곳에도 나오지 않는다. 그러나 우리는 내용상의 문맥으로부터 상당한 정도의 개연성을 가지고 그것이 무엇이었는가를 이끌어낼 수 있다. 잔은 주께서 잔을 제정하는 말씀에 따라 그 잔을 통하여 주셨던 선물에 대하여 찬양으로 감사함으로써 "축복되었다." 고린도전서 11:24에서 바울은 이러한 선물들의 제정을 강조하였고, 고린도전서 10:14-21에서는 주께서 그것들을 주었다는 것을 구체적으로 밝히고 있다.[2] 병행법을 토대로 해서 우리는 "우리가 떼는 떡"이라는 구절은 마찬

---

1) 이하의 내용을 밑받침하는 전거들은 L. Goppelt, *TDNT* VI, 156ff.; Goppelt, *Apostolic Times*, pp. 217-221에 나와 있다.

2) 사실 우리에게 전해오는 가장 오래된 예전 양식집인 Hippolytus(31:7ff.)의 교회 의식서는 여기서 제정의 기사로 흘러들어간 그리스도를 통한 구속에 대한 감사 기도를 제공하고 있다. 이 감사에 성찬 예식에서 반복해서 발견되는 세 가지 다른 요소들이 덧붙여졌다: (1) 회상(anamnesis), (2) 봉헌 기도, (3) 성령 강림을 위한 기도. " … (1) 그의 죽음과 부활을 생각하면서, (2) 당신 앞에 서서 당신의 제사장으로서 섬기기에 합당하도록 우리를 구속한 것에 대해 당신에게 감사드리면서 당신에게 이 떡과 이 잔을 주며, (3) 우리는 당신이 당신의 거룩한 교회의 성체 봉헌 위에 성령을 보내주시기를 간구한다 … (H. Bettenson, *Documents of the Christian Church* [1963²], p. 107). 하

가지의 의미로 말하기를 의도했다고 결론내려야 한다.

"떡을 떼는 것"은 여기서 누가복음 24:35과 관련하여 친숙하게 된 특별한 의미를 지니고 있었으며 때때로 유대의 언어 용례에도 등장하였다. 이 정형 어구는 여기서 유대의 식사 관습의 네 단계를 요약하고 있다. 떡을 손에 잡고, 축도를 하고, 떡을 떼고, 그 조각을 나누어준다. 성찬에서는 더 이상 떡이 아니라 이 선물에 대하여 말했던 칭송의 선포는 우리가 잔의 축복과 관련하여 내렸던 결론의 내용과 일치하였다.

b) 이 감사의 기도는 무엇을 의미하였는가? 우리는 신약에서 매일의 식사에 대한 감사에 조차 부과되었던 효력으로부터 대답을 끌어낼 수 있다. "감사함으로 받으면 버릴 것이 없나니 하나님의 말씀과 기도로 거룩하여짐이니라"(딤전 4:4f. ; 참조. 롬 14:23; 고전 10:25f., 30). 따라서 성찬의 떡과 잔은 감사를 드림으로써 "거룩하여졌다." 그것들은 속된 영역으로부터 빠져나가 성찬 제정의 말씀에 따라 그것들을 통하여 주어지는 것의 중보자로서 주의 손으로부터 되돌려받았다. 축복을 한 잔은 "그리스도의 피에 참예함"이었다. 그것은 객관적 의미에서가 아니라 식사의 수행 속에서(*in usu*) 그러하였다. 떡과 잔에 대하여 고백하고 감사를 선포하는 이것은 "성별"의 사도적 형태였다. 초기 기독교에서 떡과 잔에 대하여 감사하는 것은 아주 중요했기 때문에 그 의식은 그것으로부터 "감사드림"(Eucharist)이라는 이름을 얻었다.

감사를 드린 후에 수여 정형 어구와 함께 분배가 있었다. 그 원래의 내용은 성찬 제정의 말씀에 의하면 떡과 잔의 분배를 수반하였던 말씀들과 일치하였을 것이다. 고린도전서 11:24 이하에 의하면 그것들은 바울의 회중들에게서 다음과 같이 진행되었다: "이것은 너희를 위하는 내 몸이니 — 이 잔은 내 피로 세운 새 언약이니".[3] 사람들이 작은 공간에 식탁을 둘러싸고 모여 거행하는 예배 의식을 배경으로 수여 정형 어구는 "축사(giving of thanks)"로부터 직접적으로 나왔다. 그 복수형은 이 식사의 의미의 중요한 측면을 보여준다. 식사는 주와 나누는 교제만이 아니라 예식 참여자들 사이의 교제를 중보하였다.

2. 성찬에 관한 바울의 해석

지만 이 세 요소들은 Lietzmann이 생각했던 것과는 달리 이미 고전 10장에 표현되어 있는 것이 아니었다(*Mass and Lord's Supper*, pp. 146f. ; *ZNW* 22 〔1923〕, 265ff.).

3) 일반적으로 제정의 기사들로서 떡과 잔에 관한 말씀들을 도입하는 것은 수여의 정형 어구의 방향으로 형성되었다는 것을 알 수 있다. 따라서 마 26:26f.에서 "받으라"라는 도전은 막 14:22f.와 고전 11:24f.에 나오는 것보다 더 핵심적으로 형성되었다: "받아 먹으라", "너희가 다 … 마시라".

a) 여기서 전술한 이해에 이어서 바울은 이 식사의 구원론적 효력에 관한 해석적 전승의 진술을 교회론적으로 적용하였다. 그는 '코이노니아'(koinonia)를 고린도전서 10:14-22 의 전 단락의 핵심 용어로 끌어올렸다. 이 단어는 보통 "교제"로 번역되지만, 바울에게서 그 단어는 주관적인 기호가 아니라 이미 설정되어 있는 연대를 통하여 일어나는 사귐을 의미하였다. 17절과 21절에서 바울은 이를 위해 '참예하다'(metechein)라는 말을 사용할 수 있었다. 전승에 의하면 잔과 떡은 참여자의 태도와는 상관없이 그리스도의 피와 몸에 참예함, 즉 그의 죽으심에 의해 결정된 그리스도에 참예함을 증보하였던 것과 마찬가지로 바울이 17절에서 결론을 내리고 있듯이 이 잔과 떡은 참여자들 사이의 연대를 이루어 내었다. "〔우리가 먹는〕떡이 하나요 많은 우리가 한 몸이니." 이 말씀의 의도는 성찬의 선물로서 그리스도의 몸에 참예함은 참여자들을 그리스도의 몸, 즉 믿음의 공동체로 바꾼다는 것을 말하는 것이었다(§40, 4).

b) 그리스도가 자신의 드림을 통하여 참여자들을 서로 결합하여서 사귐 가운데 있는 그들을 통하여 역사한다는 것을 부인하는 사람이 있다면 이 식사는 그를 망하게 한다(고전 11:27-34). 이런 일이 고린도에서 일어났다. 거기서 사람들은 개인주의적인 종교적 필요들을 충족시키기 위하여 예식을 거행하였기 때문이다(고전 11:17-22). 그러므로 어떠한 유보도 없이 사람들은 "주의 상"과 "귀신의 상"에 겸하여 참예할 수 있다고 생각하였다(고전 10:21). "귀신의 상"은 하나님이 아니라 사람의 신들에게 드려진 — 공식적인 의미로만 말하더라도 — 식사였다. 또한 기독교인들은 그러한 식사에 매력을 느꼈다. 왜냐하면 그러한 식사는 주로 제의가 아니라 사교를 목적으로 하였기 때문이다.

성찬을 이런 식으로 오용함으로써 성찬의 취지에 대한 깊은 오해를 낳게 되었다. 고린도에서 사람들은 자신들이 알고 있는 정형 어구들을 신비종교들의 신앙심에 비추어, 즉 예수의 아버지와 다른 신에 비추어 해석하였다. 그들은 성찬의 선물들을 "신령한 식물"과 "신령한 음료"로 불렀음이 분명하다(고전 10:3). 그럼으로써 그들은 사람들을 육체적 실존으로부터 해방시켜서 인간의 진정한 실체로 고양시키는 하늘에 속한 '프뉴마'(pneuma) 물질을 이 성례가 증보한다고 말하고자 했다. 그들은 그런 식으로 성례를 받아들였던 까닭에 우리에게는 "지식이 있기"(고전 8:1) 때문에 "모든 것이 내게 가하다"(고전 6:12; 10:23)는 좌우명을 따라 살아갈 수 있었다.

c) 바울은 고린도전서 10:1-11에서 성례들에 대한 이러한 재해석을 논박하였다. 그렇게 하는 데에 그는 광야 시절에 이스라엘에게 스스로를 알린 구약의 하나님을 언급하였다. 바울에게 광야 시절의 음식과 음료는 성찬에서와 마찬가지로 "신령하였다." 이 두 경우에 그

것들은 하나님의 구원 역사의 선물들이자 중보들이었기 때문이다.[4] 성찬에서 하나님은 사막에서 이스라엘에게 양식을 주실 때와 마찬가지로 역사하고 있었지만, 사람들은 사막의 양식에서와 마찬가지로 성찬에서 하나님을 소유할 수 없었다. 삶 전체를 중보하는 교제의 목적을 위한 하나님의 은혜로운 돌아오심은 거기에서와 같이 여기에서도 사람들로 하여금 그의 뜻에 따라야 하는 의무를 부과하였다. 그렇지 않다면 하나님의 돌아오심은 심판을 수행한다.

고린도전서 12:13에서 바울은 사실 "신령한" 것으로서만이 아니라 성령 자체로서 모형론적 상응(相應)을 말할 수 있었다: "다 한 성령을 마시게 하셨느니라." 하지만 성령은 바울에게 하늘에 속한 물질이 아니라 주님이었다(고후 3:17). 바울은 여기서 인격의 정체성이 아니라 역사하는 방식에 관하여 생각하였다. 성령의 오심은 승귀되신 분이 현재에 자신을 주심과 동일하였다. 따라서 바울은 구약의 하나님과 관련하여 말할 때 예수의 성찬 제정의 말씀을 삼위일체적 형태로 전개하였다. 그는 성찬을 역사적 예수의 계속 사역의 가장 직접적인 계기라고 선포하였다. 더욱이 그는 성찬을, 예수를 통하여 성취되고 미래를 위한 길을 연 약속의 가시화라고 선포하였다. 이런 식으로 볼 때 성찬은 신약 시대와 마찬가지로 오늘날에도 믿음의 맥락에서 이해될 수 있고 역사 내에서 기독교인의 책임있는 행위의 중심이 될 수 있다.

---

4) 참조. L. Goppelt, *TDNT* VI, 146ff. and E. Schweizer, *TDNT* VI, 436f.

제 4 부
바울 이후 저작들의 신학

서 론

§42. 사도 시대의 마감

M. Werner, *The Formation of Christian Dogma* (1957); E. Grässer, *Das Problem der Parusieverzögerung in den synoptischen Evangelien und in der Apostelgeschichte* (1957); Goppelt, *Apostolic Times*, pp. 1-7 (Lit.!). **On 3:** E. Käsemann, ed., *Das Neue Testament als Kanon. Dokumentation und kritische Analyse zur gegenwärtigen Diskussion* (1970).

1. 마감기의 상황

이 절의 제목으로 채택된 "사도 시대"라는 말은 현존하는 — 우리에게 — 최초의 교회사에도 나타날 만큼 아주 오래된 전문 용어였다. 유세비우스는 '사도시대'(*hoi aposto-likoi chronoi*)라는 말을 사용하였다.[1] 이미 2세기에 통용되던 개념에 따르면 교회의 초창기는 교회사의 첫 상일 뿐만 아니라 모는 시대에 대하여 규범이 되는 녹특한 시기였다.

---

1) Eus. *EH* 3.31.6(=LCL, I, 272).

우리가 어떤 의미로 이 개념을 사용하고 "사도 시대의 마감"에 관하여 말할 수 있는가 하는 것은 이 절을 진행해 나가는 동안에 분명히 밝혀질 것이다.

우리가 물어야 할 첫번째 질문은 이렇다: 이 개념은 역사적 내용을 가지고 있었는가? 의심의 여지 없이 사도는 선지자나 영적인 교사가 아니라 발흥하는 기독교의 대표자들 가운데서 지도적인 인물이었다. 그러한 것은 갈라디아서 1:1과 고린도전서 15:11로부터 추론될 수 있음은 물론이다. 고린도전서 15:3-5에 제시된 그 시원적 형태에 따르면 복음은 예수의 삶의 역사적 역정(歷程)과 그의 부활에 대한 증언이었기 때문에 사도는 이러한 지위를 가지게 되었다. 사도는 권위를 부여받은 진정한 증인이었다. 그러나 이미 고린도전서 15:1-8에서 진정한 증언은 사도들의 인격과 결부되어 있지 않았다. 그것은 전승이 되어 있었다.

이러한 고찰은 나아가 사도 시대의 연대기적 범위에 관한 문제를 일으킨다. 그것은 사도들이 증언을 개인적으로 행했을 동안에만 한정되었는가? 아니면 그것은 진정한 사도 전승이 구두로 나타났을 동안에도 계속되었는가? 바울 이후 시대의 저작들이 이 문제를 어떻게 보았는지를 살펴보기로 하자!

a) 잘 알려진 자신의 복음서의 서문(눅 1:1-4)에서 누가는 자기가 사도들의 생애를 회고하고 있지만 직접적이고 진정한 사도 전승을 마음대로 이용할 수 있었다는 것을 분명히 밝히고 있다. 그가 말한 바에 의하면 처음부터 말씀의 목격자되고 일꾼된 자들이 전했던 것을 사실 그대로 알리는 것이 그의 바람이었다(§48, 1c). 사도행전 1:21에 나오는 누가의 정의에 의하면 이 사람들은 실제로 사도들이었다. 그들의 생애는 누가에게 분명히 과거에 속했다. 그들의 범위가 제한되어 있다는 것은 누가에게 대단히 중요하였다. 이런 이유로 누가는 "사도"라는 호칭을 열두 사람에게만 제한하여 사용하였다. 이 집단은 사도행전의 후반부에 가면 이미 그 중요성이 줄어들었고 누가가 사도라고 부르지 않았던 바울이 사도 이후 시대의 대표자로서 전면에 부각되었다.

b) 주후 90-100년경 요한복음과 나란히 간행되었던 보충적인 장(章)은 완전히 다른 인상을 준다. 요한복음 21:24에서 소위 사랑하는 제자는 역사적 목격자이자 이 복음서의 저자로 거명되었다. 그러므로 여기서는 바울 이후 한 세대 후 이상까지 사도적 증인이 살아있었다는 주장을 하고 있는 것이다.

c) 하지만 이러한 개념은 요한복음 자체에 의해서 확증되지 않는다.

보충적인 장 이전에 사랑하는 제자는 역사적 인물이 아니라 참 제자의 유형이었고, 그러한 의미로 복음의 보증자였다. 여기서 무엇보다도 이 복음서는 실제로 예수를 이해하였던 사람의 증거를 재현하고 있다고 주장하였다(요 13:25f. ; 19:35; 20:8). 그밖에도 이

전승의 보증자였던 한 개인적 증인을 지칭하려는 의도였을지도 모른다.[2]

d) 따라서 우리의 질문과 관련하여 우리는 이미 바울 이후 시대 자체에서 다양한 자기 이해가 있었음을 알 수 있다. 우리가 신약 문헌들을 넘어 그 가장 오래된 문헌의 저작 연대가 요한복음과 동시대였던 사도 교부들로 넘어가면, 우리는 그들이 사도들의 활동 시기를 회고하고 있음을 본다(예를 들면, I Clem. 5:3ff. ; 42:1; II Clem. 14:2; Ign. Eph. 13:1f. ; Pol. 6:3; Herm. *Vis.* 3:5; *Sim.* 9:17). 거기서는 누가복음 1:1-4에서와는 달리 직접적이고 진정한 예수 전승을 마음대로 활용할 수 있다는 의식조차도 나타나지 않는다. 이것은 실제에서 예수 전승을 기억으로부터 자유롭게 인용하는 것을 계속하였을 가능성을 배제하지 않는다.[3]

e) 이 결과는 사도시대의 하한선에 포함되는 사람들이 유동적이라는 것이다. 이 문제에서 결정적인 것은 바울 이후의 신약 문헌이 두 극(極) 사이의 과도기를 기록하고 있다는 것이다. 한쪽에는 바울에 의해서만 문자 그대로 나타났던 최초의 목격자들의 시기가 있고, 다른 한쪽에는 클레멘트1서와 이그나티우스와 같은 사도 교부들에 의해 대표된 발전하는 초기 가톨릭 교회의 상황이 있다. 이 둘 사이의 범위에서 "사도적"이라는 말을 붙일 수 있는 것은 역사적, 신학적 판별 기준을 따라 결정되어야 한다.

"사도적"이라는 말은 일반적으로 말해서 그리스도에 대한 직접적이고 진정한 증거였던 것을 언급하는 것이었다. "사도적"이라고 말할 수 있는 것은 가상 초기부터 주어신 섯이 아니었다. 그것은 언제나 결정되어야 했다. 바울의 대다수의 서신은 이러한 결과를 얻기 위한 싸움이었다. 2세기 이래로 수세기 동안에 걸친 사도시대가 교회의 이상적인 통일성과 순수성의 시기였다는 개념은 이상에 대한 낙관론적인 심상이다.

2. 사도시대 마감기의 신학적, 역사적 문제점

하지만 어떠한 판별 기준을 가지고 우리는 이 과도기의 문학적 진술들을 신학적으로 평가하여야 하는가? 또한 이 질문은 연구사 속에서 아주 다양해 보였던 전반적인 역사적, 신학적 평가들을 포함한다.

---

2) 마찬가지로 가장 최근의 O. Cullmann, *The Johannine Circle* (1976), pp. 76ff.를 참조하라; 문헌의 문제에 대해서는 §49, 1을 보라.

3) Conzelmann, *Theology*, p. 294나 H. Koester, *Synoptische Überlieferung bei den Apostolischen Vätern* (1957)은 이 복잡한 상황을 정당하게 다루지 못했다.

a) 사람들은 초기 교회에서 정경의 범위들에 관하여 논쟁을 하는 동안 그리고 종교개혁을 통하여 다시 한번 신학적 문제점을 알게 되었다. 후자는 중세 시대의 가톨릭주의의 교회 교의(教儀)가 바울의 복음과 모순된다는 것을 관찰하였다. 종교개혁 시대에 쓰여진 교회사들은 이 차이의 근원을 추적해들어갔고 마그데부르크 세기사(Magdeburger Centurien)에서 2세기의 개막 이래로 사도적 진리로부터 떨어져 나가는 현상이 일어나고 있었다는 결론에 이르렀다! 이와는 대조적으로 로마 가톨릭의 연구는 획일적으로 바울로부터 2세기 말의 가톨릭 교회의 구성에 이르는 길을 긍정적인 방향의 발전적이고 일관된 진화로 보기를 좋아하였다. 예를 들면 이 관점은 가톨릭 주석학자인 슈나켄부르크(R. Schnackenburg)에 의해 강조되었다.[4] 이와는 대조적으로 좀더 최근의 개신교 연구는 그러한 전개 과정을 부패로 판단하기를 좋아하였다: 불트만에게 이 부패는 2세기가 아니라 이미 누가에게서 시작되었다!

b) 이러한 신학적 관점을 교차하고 있는 것이 역사적 관점이다. 성경에 대한 역사적 연구가 시작된 이래로 그 주된 주제들 가운데 하나는 바울로부터 가톨릭 교회의 구성에 이르는 길을 역사적 전개로서 분명히 하는 것으로 생각되었다. 이 길은 신학적 일탈 또는 신학적 진화로 판단되어서는 안되고 역사적 전개로 설명되어야 하는 것으로 생각되었다. 이러한 의도에 의해 촉발되어서 초기 기독교 역사에 관한 대담한 설명들이 대부분 "전적으로 역사적인" 연구 방향 안에서 쓰여졌다(참조. Vol. I, §23, II, 2-3). 각각의 설명들은 모든 문헌과 모든 진술에 위치를 부여해주는 신약의 구성 전체에 대한 전반적인 평가를 의미하였다. 위대한 이정표는 바우어(F. C. Baur), 리츨(A. Ritschl), 종교사학파, 그에 뒤이은 불트만 학파의 설명들이었다.[5]

3. 바울 이후 시대를 결정하려는 시도

a) 그 마감기의 역사적 상황

우리는 "바울 이후 시대"라는 용어를 사용하고자 한다. 왜냐하면 그 용어가 "사도 이후 시대"라는 용어보다 역사적으로 더 정확하기 때문이다. 바울 이후 시대는 연대기적으로 주

---

4) *New Testament Theology Today* (1963), p. 18.
5) L. Goppelt, *Jesus, Paul, and Judaism*, pp. 15-19에 나오는 이 기사들에 대한 설명과 비판을 참조하라(이에 대해서는 독어판 pp. 3-11을 보라); 참조. Goppelt, *Apostolic Times*, pp. 108f.).

후 63년과 70년 사이에 일어났던 세 가지 결정적인 역사적 사건들로 시작되었다. 이 사건들은 교회의 역사적 상황을 근본적으로 바꾸어 놓았다. 그 사건들이란 원래의 사도들의 순교, 예루살렘의 멸망, 네로의 박해를 말한다.

1) 주후 60년과 64년 사이에 초기 기독교에서 가장 두드러졌던 세 명의 대표자들이 순교자로 일생을 마쳤다: 바울, 베드로, 주의 형제 야고보. 예를 들면 이 사도들은 갈라디아서 2:9을 보면 사도회의 당시 알려진 세계의 대표자들로 언급되어 있다. 서신들을 통하여 소아시아와 로마 사이에 있던 전 지역의 교회들에게 결정적인 영향을 끼쳤던 바울의 사역은 끝이 났다. 또한 야고보와 베드로의 영향력도 종말을 고했다. 바울은 수리아의 안디옥 뿐만 아니라 갈라디아와 고린도에서 그들의 영향력을 만났다.

세계적으로 영향을 끼친 이 인물들과 함께 기독교 운동의 유기적인 토대가 사라져버렸다. 지역적 인물들이 전면에 등장함으로써 그때 이후로 교회의 발전은 특정한 지역들 속에서 서로 다른 개별적인 모습을 띠기 시작했다. 교회의 상황은 서부 소아시아와 팔레스타인-수리아 지역에서 각각 다르게 전개되었고 그리스와 이탈리아에서도 달랐다. 사람들은 더 이상 바울이 했던 것과 같은(참조. 롬 15:19ff.) 태양처럼 동방으로부터 서방에 이르기까지 온 세계를 비추는 묵시론적 총체적 사건으로서 교회의 선교를 볼 수 없게 되었다. 사람들은 이제 일상적인 삶의 많은 구체적인 만남들 속에서 입증되는 특정한 지역의 역사적 사건으로서 선교만을 볼 수 있었다.

2) 주후 70년의 예루살렘과 성전의 멸망은 천년 동안을 지속하였던 유대 민족의 역사 속에서 가장 심원한 전환점을 의미하는 신호탄이었다. 이 재난은 교회에 두 가지 효과를 가져다주었다. 팔레스타인의 유대 기독교적 교회는 가난한 삶 속에서 생존을 계속해야 했다. 이로 인하여 이 교회는 안디옥으로부터 로마에 이르는 헬레니즘적 이방 교회에 대한 모든 영향력을 잃어버렸다. 수리아와 아시아로 이주한 팔레스타인 교회의 몇몇 대표자들만이 여전히 거기서 어느 정도의 영향력을 가지고 사역을 해나갔다. 그러나 그들의 영향력도 한 세대를 넘기지 못했다. 바울 시대에 특징을 이루고 있었고 아주 중요했던 팔레스타인의 유대 기독교와 헬레니즘적 기독교라는 양극 체제는 과거의 일이 되어버렸다.

유대 기독교만이 아니라 유대교의 교회에 대한 영향력도 사양길에 접어들었다. 이 재난 후에 스스로를 재건하였던 유대교는 외부인들, 특히 교회에 대하여 문을 걸어잠갔다. 물론 이것은 헬레니즘적 유대교만이 아니라 팔레스타인 유대교의 전승들이 문헌 매체를 통하여 기독교로 유입될 가능성을 배제하지 않았으며 오히려 사실 그것을 촉진하였다. 해를 거듭함에 따라 이런 일은 점점 증가하였다. 2세기가 진행되는 동안에 기독교는 스스로를 재건하고 있었던 랍비 유대교에 의해 거부된 유대 전승들을 주로 끌어 모았다: 묵시론은 물론이고 헬레니즘적 유대교와 유대 세례 운동의 문헌.

3) 교회의 유대 기독교 및 유대교와의 관계가 주후 70년 이후 수년 동안에 급격한 변화를 겪었던 것과 마찬가지로 로마 제국의 헬레니즘 세계와 교회의 관계도 마찬가지로 변화되었다. 이 변화는 이 기간 동안에 일어난 세번째 사건을 통해 점화되었다: 소위 주후 64년의 네로의 박해.

바울 시대에 일반 대중에게 기독교인들은 유대교의 한 분파로 비쳐졌고 회당과 마찬가지로 '종교 법령'(*religio licita*)의 보호를 받았다. 고린도전후서에나 로마서에는 헬레니즘 세계와의 갈등이 전혀 언급되어 있지 않았다. 다른 모든 갈등들은 국지적인 성격의 것이었다. 네로에 의해 취해진 조치들도 처음에는 국지적 의미를 갖는 자의적 행위였다. 물론 그것은 이미 변화된 상황을 전제하였다. 그는 자신에게 쏠리는 혐의를 벗기 위하여 로마에 불을 질렀다는 혐의를 기독교인들에게 씌웠다. 그가 이렇게 할 수 있었던 것은 그 당시에 기독교인들이 이미 세계의 수도와 각 지방에서 주민들에 의해 국외자들로 취급되었기 때문이었다. 수도에서의 사건들에 의해 생겨난 이러한 혐의는 제국 전체로 뻗어나가 공공연한 인식으로 되었고 어느 곳에서나 상당한 공감대를 형성하게 되었다. 이를 계기로 기독교인들은 다른 종교로 인식되었고 이에 따라 차별의 딱지가 씌워졌다.

따라서 주후 63년과 70년 사이에 일어난 세 가지 역사적 사건들은 전세계적으로 기독교의 역사적 상황을 결정적으로 바꾸어놓았다. 기독교인들의 믿음의 내적인 구조에서 변화도 이와 마찬가지로 심원한 영향력을 미치고 있었다.

b) 믿음의 태도에 대한 구조적 변화들

기독교적 실존에 대한 자기 이해는 주후 60년대 이래로 주로 두 가지 요인을 통하여 변화를 겪었다.

1) 선교사 분야에서는 "두번째 세대"의 문제에 관하여 말하곤 한다.[6] 선구적인 선교사들에 의해 세워진 모든 믿음의 공동체에서 첫번째 세대로부터 두번째 세대로 이행은 몇몇 전형적인 문제들과 구조적 변화들을 낳는다. 두번째 세대는 첫번째 세대가 역동적인 참여 속에서 형성했던 것을 제도화하려고 한다. 생명력 있는 실질(實質)은 사라지고 그 대신에 전례주의(ritualism)와 율법주의가 들어선다. 회개 운동은 영속적으로 지탱될 수 없는 까

---

6) W. Freytag, "Das Problem der zweiten Generation in der jungen Kirche," in W. Freytag, *Reden und Aufsatze* I (1961), pp. 245-257.

닭에 이러한 현상은 부분적으로 불가피한 것이다.

두번째 기독교 세대에서도 이러한 전형적인 문제들은 발생하였다. 초창기에 그토록 활기가 있었던 교회의 삶의 형태들은 굳건히 뿌리를 내렸다. 이것은 예배 의식 및 경건의 제도와 형태에서 사실이었다. 또한 사람들이 회심 기간 동안에 그로부터 자유를 맛보았던 주변 환경의 관습적인 삶의 방식에 다시 영합하기 시작하는 경향이 나타나게 되었다. 영합의 문제는 믿음의 공동체들에서 결정적으로 중요한 문제가 되었다. 두번째 세대의 이러한 일반적인 문제들은 특히 초대 교회 차원을 통하여 더욱 더 결정적인 문제로 되었다.

2) 또 다른 중요한 요인은 '파루시아'(*parousia*)의 지연이었다. 주후 80년경 공동체들에 마태복음이 유포되고 있을 때, 악한 종의 비유에 다음과 같은 말이 나왔을 때 누구나 다 그것을 알레고리적으로 이해하였다: "만일 그 악한 종이 마음에 생각하기를 주인이 더디 오리라 하여 동무들을 때리며 술친구들로 더불어 먹고 마시게 되면"(마 24:48). 결국 이 진술은 상황을 완벽하게 설명하는 것이 되었다. '파루시아'의 지연, 그리고 임박한 기대를 둘러싼 실망과 같은 그 무엇이 사람들을 이 세상에 의해 형성된 삶으로 다시 빠져들어가게 하지는 않았다.

이 명제는 어떻게 설명될 수 있을까? 슈바이처(A. Schweitzer)와 종교사학파에 의해 전개된 "일관된 종말론"은 첫번째 세대의 초대 기독교는 광신적인 임박한 기대에 의해 동기를 부여받았고 그 다음 두번째 세대에서의 실망은 커다란 위기와 기독교의 자기 이해의 총체적 변화를 가져왔다는 개념을 낳았다. 베르너(M. Werner)는 「기독교 교리의 형성」(1957; *Die Entstehung des christlichen Dogmas* 〔1941〕의 축약판)에서 임박한 '파루시아'와 관련된 실망으로부터 가톨릭 교회의 방향으로 기독교의 전반적인 이동을 도출해 내었다. 마찬가지로 불트만 학파에서도 일관된 종말론의 이러한 개념들은 거의 그대로 유지되었다. 예를 들면 그래서(E. Grässer)의 연구 논문인 「공관복음서와 사도시대에 파루시아 지연의 문제」(*Das Problem der Parusieverzögerung in den synoptischen Evangelien und in der Apostelgeschichte*, 1957)는 임박한 기대의 소멸을 공관복음서 형성을 위한 가장 중요한 동기로 보았다.

콘첼만(H. Conzelmann)[7]은 상당한 이유를 갖고 이러한 관점을 멀리했다. 이것은 바울 이후 시대의 문헌 속에서 밑받침되지 않을 뿐만 아니라 바로 그 자료들을 토대로 완벽하게 논박될 수 있다! '파루시아'가 일어나지 않은 것은 바울 이후 시대의 문헌에서 오직 아주 산발적으로만 문제로서 취급되었다. '파루시아'에 관련된 공동체의 질문은 아주 드물

---

7) *Theology*, pp. 307-317.

게만 제기되었고 주변적인 문제에 불과하였다. 예를 들면 야고보서 5:8 이하; 히브리서 10: 36-39; 클레멘트1서 23장; 클레멘트2서 11장; 베드로후서 3장이 그러한 경우였다. 또한 우리는 임박한 종말의 선포가 이 문헌에서 결코 사라지지 않았음을 본다. 그것은 사실 2세기에 들어서서도 어느 정도의 강조가 두어지는 가운데 거듭거듭 이야기되었다. 그것은 고린도전서 7:29 이하와 로마서 13:11로 끝난 것이 아니었다. 베드로전서 4:7; 야고보서 5:8 이하; 히브리서 10:36-39; 요한계시록 22:20; 디다케 10:6; 클레멘트1서 23:5; 클레멘트2서 12:1, 6; 바나바서 4:3; 헤르마스의 목자서 *Vis.* 3. 8. 9; *Sim.* 9. 12. 3; 10. 4. 4가 그 뒤를 이었다. 각 시대의 주요한 저작들 가운데 오직 두 개에만 임박한 종말에 대한 언급이 없었다: 누가의 역사적 구성과 요한복음. 따라서 두번째 세대에서 문제가 된 것은 임박한 기대와 관련한 실망이 아니라 '파루시아'의 실제적인 지연, 즉 시간의 연장이었다. 기독교인들은 자신들이 총체적 회개를 통하여 종말론적 실존으로 부르심을 받았다고 이해하였기 때문에 이것이 문제가 되었다. 다른 식으로 표현하자면 산상수훈의 계명들은 그들을 인습적인 삶의 형태로부터 자유케 하여 그들을 사회 속에서 나그네로 만들었다(벧전 1:1). 그러나 또한 그들은 사회로부터 떠나는 것 — 쿰란 공동체와 같이 — 이 아니라 그와는 반대로 혼인, 가족, 직업, 정치적 삶 속에 그대로 머물러야 했다.

한편으로 그들은 다음과 같은 말이 적용되는 종말론적 실존 가운데 있었다: "너희는 유대인이나 헬라인이나 종이나 자주자나 남자나 여자 없이"(갈 3:26ff.; 참조. 골 3:11); 다른 한편으로 그들에게는 다음과 같은 가르침이 주어졌다: "각 사람이 부르심을 받은 그대로 지내라"(고전 7:20). 이로 인하여 생겨난 것은 종말론적 자유라는 새로운 실존으로 부르심과 역사적 삶의 구조들과 지속적인 연계 사이의 첨예한 긴장이었다. 이 긴장을 영속적이 되게 한 것은 성취되지 않은 '파루시아'에 의해 일어난 실제적인 문제였다. 이 문제는 바울 이후의 문헌에서 거듭 언급되었다. 왜냐하면 믿음의 공동체들 그 어디에서나 주변 환경의 판에 박힌 삶의 형태들에 다시 영합하는 경향이 생겨났기 때문이다. 이러한 문제점을 보여주는 고전적인 예는 히브리서(히 12:12f.)와 헤르마스의 목자서이다.

3) 또한 시간의 연장은 교회의 삶의 원동력이 되었던 선포의 전승의 보존에도 문제를 야기시켰다. 이것은 예수 전승과 케리그마 전승의 보존의 문제였다. 사람들은 어떻게 하면 이 전승들을 허위 없이 보존할 수 있는가를 진지하게 생각하기 시작했다. 이런 문제에 대한 관심으로부터 누가는 자신의 역사적 저작을 썼다(눅 1:1-4). 나머지 복음서 문헌의 저작에서는 누가의 저작마저도 배경이 되었을 것이다. '파라데케'(*paratheke*), 즉 맡겨진 사도적 가르침의 보존은 목회서신의 주요한 주제였다. 이 문제에 대한 해결책으로서 사람들은

마침내 초기 가톨릭 교회에서 신약 정경, ‘신앙 준칙’(*regula fidei*), 감독들의 승계와 관련하여 모종의 선택을 하였다.

이렇게 하여 바울 이후 시대가 그 출발점으로 삼았던 역사적 전제들과 교회적, 신학적 문제 제기 방식들은 가시화되었다. 이 문제들을 제기하고 해결한 방식은 우리가 우리에게 보존된 그 시대로부터 나온 신학적 진술들을 배열하고 전체적으로 그 범위를 확정하는 데 사용할 수 있는 중요하고 내용적으로 적절한 신학적 판별 기준이다.

4. 바울 이후 시대의 신학적 분류와 문학 형태

a) 여기에 나오는 문제 제기 방식을 고찰해 보면 이 시기의 하한선을 분명히 알 수 있다. 이러한 문제 제기 방식은 두번째와 세번째 세대 동안에, 즉 주후 120년경까지 교회의 관심을 끌었다. 그 이후에 새로운 문제 제기 방식들이 변증가들, 초기 가톨릭 교부들, 규모가 큰 영지주의 학파들에 의해 취해졌다. 또한 우리는 주후 120년까지 이 시기 동안에 문제 제기 방식를 다루는 표준적인 방식이 있었음을 알게 된다. 정형화시켜서 말하자면 이에 대한 대응 형태로는 세 가지 문학적인 방식들이 있었다: (1) 복음 전승의 편집, (2) 바울의 양식을 모범으로 삼아 쓴 서신(서신은 기독교적 문학 장르가 되었다. 이 시기의 대부분의 서신들은 편시가 아니라 소논문, 서간문학의 계열에 속했다), (3) 묵시문학.

b) 정경의 범위는 2세기 말엽, 궁극적으로는 4세기 이래로 장르 면에서 아주 유사한 이러한 문헌을 통하여 굳어지고 있었다. 이 문헌은 일부는 신약에 나오는 바울 이후의 저작들, 일부는 사도 교부들의 저작들로 우리에게 전해졌다. 정경의 범위는 이 저작들의 범위 내에서조차도 4세기까지 유동적이었다. 한편으로는 야고보서, 베드로후서, 히브리서의 정경 여부가 서방 교회에서 도전을 받았다. 그리고 동방에서는 요한계시록을 문제삼았다. 다른 한편으로는 오랫동안 사도 교부들의 몇몇 저작들이 예배 의식 가운데 봉독되었고 신약의 여러 판들에서 전해졌다. 수리아에서는 바나바서, 동방에서는 흔히 클레멘트1, 2서, 서방에서는 헤르마스의 목자서, 디다케, 베드로묵시록 등이 그러하였다. 주후 367년에 나온 아타나시우스의 부활절 축하 서신이 바로 오늘날까지 옳은 것으로 남아있는 것을 볼 때 그것이 정경의 범위를 설정한 것은 실질적으로 정당화되었던가?

정경의 범위는 연대기적 날짜에 의해 확정되지 않았다. 물론 사도 교부들의 대부분의 저작들은 신약의 후기 저작들 이후에 쓰여졌다. 그러나 결코 그 모든 것들이 그런 것은 아니었다. 그렇다면 정경의 범위는 다른 판별 기준에 따라 결정될 수 있는가? 4세기에 사도적 저작에 관하여 연구한 사람이 있었다. 이 판별 기준은 신학적 이유는 물론이고 역사비평적 이유로 인하여 우리에게 더 이상 적용되지 않는다. 우리는 다음과 같이 물음으로써 우리가 방금 얻은 판별 기준을 적용할 수 있을 뿐이다: 이 시기의 핵심적인 교회적, 신학적 문제들은 어떻게 극복되었는가?

교회의 상황에 의해 야기된 문제들과 관련하여 베드로전서로부터 베드로후서까지 주어진 실질적인 답변들을 클레멘트2서와 비교해볼 때 주목할 만한 차이점의 윤곽이 드러난다. 예를 들면 히브리서는 갱신된 종말론적 구원의 메시지의 선포를 통해 믿음의 공동체에서 느슨해진 행동 표준을 논박하였다. 히브리서는 말씀의 능력을 완전히 신뢰하였다. 하지만 헤르마스의 목자서는 교육적이고 율법적인 보속(penance) 체계를 설정함으로써 이 문제를 해결하려 하였다. 이 체계는 ‘*in nuce*’ 2세기 말경에 출현한 가톨릭 교회의 보속 체계였다. 이러한 고찰을 바탕으로 우리는 헤르마스의 목자서는 초기 가톨릭적이었다고 결론을 내릴 수 있다. 이와는 대조적으로 히브리서는 “사도적”이었다. 그러므로 “사도적”이라는 말은 예수로부터 바울에 이르는 신학적 지침과 일치하는 것으로서 여전히 구전(口傳)으로부터 직접적으로 이 선포의 전승을 여전히 재현한 것을 지칭하였다. 이와 동일한 차이들은 누가와 클레멘트1서, 요한과 이그나티우스 사이에서도 볼 수 있다. 따라서 “사도적” 해결책과 “초기 가톨릭적” 해결책 사이의 한계는 대략 정경의 한계를 설정했던 4세기까지 이른다고 하는 것이 옳다 — 비록 그것은 흔히 부차적인 이유들로 인하여 그렇게 된다 할지라도.

따라서 초기 가톨릭 교회에 의해 받아들여진 문헌은 그 당시의 문제와 관련하여 서로 비슷하면서도 다른 두 가지 해결을 지속적으로 발전시켰다: “사도적”, “초기 가톨릭적.”

c) 이와 아울러 세번째 해결책이 동방 교회에서 제기되었다: 영지주의. 현세적인 것에 반대하여 그것은 분명한 일관성을 갖추고 있는 타계적인 것을 선포하였다. 실제적인 방식으로 그것은 영적이고 초자연적인 상태를 선택함으로써 종말론적인 실존과 역사적 실존 사이의 긴장을 제거하였다.

그것은 이것을 부분적으로 금욕주의, 부분적으로 자유주의와 결합하였다. 기독론에서 가현설은 이러한 인류학과 상응하는 것이었다. 또한 그것은 전승의 문제를 이와 같은 일방적인 영적인 방식으로 해결하였다. 그것은 초기 가톨릭주의의 감독과 장로들을 자유로운 영적 교사와 선지자로 대체하고 ‘신앙 준칙’(*regula fidei*)을 영적인 신비 전승으로 대체하였다. 이 시기의 이러한 영지주의적 운동의 관점들에 대해서 우리는 논쟁 속에서 그것들을 반박하는 말들을 토대로 해서만 알고 있을 뿐이다. 영지주의적 저작들은 거의 아무것도 남아 있지 않다. 나그 함마디(Nag Hammadi)의 도서관에서 나온 광범위한 발견물들은 후기의 것들이다. 더욱 초기에 영지주의 운동은 목회서신, 요한계시록, 요한일서, 이그나티우스, 유다서, 베드로후서의 저작 동기가 되었던 그 대적자들에 의하여 대표되었다. 사회학적으로 이 시기의 영지주의는 여전히 고린도 또는 골로새에서 그 시원적 형태로, 공동체 내부에서 하나의 운동으로 나타나 있었을 따름이었고, 후대에서처럼 하나의 완결된 학파나 집단을 형성하고 있지 않았다.

  d) 사도적 흐름, 초기 가톨릭적 흐름, 영지주의적 흐름과 나란히 이 시기에 팔레스타인과 애굽에 자리를 잡고 헬레니즘적 기독교와 점점 더 멀어지게 된 유대 기독교가 있었다. 우리는 이 에비온주의적인 유대 기독교에서 유래한 문헌들을 조금 밖에 갖고 있지 못하다.[8] 이하에서 우리는 이 시기의 신약 저작들의 신학적 케리그마를 좀더 자세히 살펴볼 것이다. 이와 비견되는 사도 교부들의 저작들은 그 배경으로서 짤막하게만 언급될 것이다. 우리는 먼저 그 저작의 첫 장에서 사회 속에서 기독교인의 상황에 대한 결정적으로 중요한 입장을 말해주는 두 가지 진술을 담고 있는 것을 분석하는 것으로 시작할 것이다: 베드로전서와 요한계시록. 그렇게 함으로써 교회 상황의 사회학적 차원과 그 신학적 평가가 분명해질 것이다. 이런 식으로 해서 우리는 교회의 지역에 따라 배열된 이후의 장들에서 서술하고자 하는 교회 내적이고 신학 내적인 발전들에 대한 생생한 준거틀을 얻게 될 것이다.

---

8) 전체와 관련해서 Goppelt, *Apostolic Times*, pp. 135-151을 참조하라.

제 1 장
사회 속의 기독교인

§43. 베드로전서에 나타난 사회 속에서의 기독교인들의 책임

E. G. Selwyn, *The First Epistle of St. Peter* (1952); K. H. Schelkle, *Die Petrusbriefe und der Judasbrief* (HTK, 1961; Eng. in prep.); J.N.D. Kelly, *The Epistles of Peter and of Jude* (1969). **On 1:** Goppelt, *Apostolic Times*, pp. 109-114; J. H. Elliott, *The Elect and the Holy* (1966). **On 2 and 3:** W. Schrage, *Die konkreten Einzelgebote in der paulinischen Paränese* (1961); H.-U. Minke, *Die Schöpfung in der frühchristlichen Ver-kündigung nach dem 1. Clemensbrief und der Areopagrede* (Diss. Hamburg [1966], pp. 27-66); L. Goppelt, "Die Herrschaft Christi und die Welt," in Goppelt, *Christologie*, pp. 102-136; P. Stuhlmacher, "Christliche Verantwortung bei Paulus und seinen Schü-lern," *EvTheol* 28 (1968), 165-186 (esp. 173-183); H.-D. Wendland, *Ethik des Neuen Testaments* (1970), pp. 69-88, 101-04; K. Philipps, *Kirche in der Gesellschaft nach dem 1. Petrusbrief* (1971); L. Goppelt, "Prinzipien neutestamentlicher Sozialethik nach dem 1. Petrusbrief," in *Neues Testament und Geschichte, Festschrift für O. Cullmann* (ed. H. Baltensweiler and B. Reicke [1972]), pp. 285-296; Goppelt, "Prinzipien neutesta-mentlicher und systematischer Sozialethik heute," in *Die Verantwortung der Kirche in der Gesellschaft* (ed. J. Baur, L. Goppelt, G. Kretschmar [1973]), pp. 7-30. **On 3c** *(Haustafeln):* K. Weidinger, *Die Haustafeln* (1928); M. Dibelius, "Excursuses" on Col. 4:1 and Eph. 5:14 (HNT), pp. 48ff., 91f.; D. Schroeder, *Die Haustafeln* (Diss. Hamburg [1959]); G. Delling, *hypotassō, TDNT* VIII, 39-48; E. Kamlah, "*Hypotassesthai* in den neutestamentlichen 'Haustafeln,' " in *Verborum Veritas, Festschrift für G. Stählin* (ed. O. Böcher and K. Haacker [1970]), pp. 237-243; L. Goppelt, "Jesus und die 'Haustafel'-Tradition," in *Orientierung an Jesus, Festschrift für J. Schmid* (ed. P. Hoffmann [1973]), pp. 93-106; J. E. Crouch, *The Origin and Intention of the Colossian Haustafel* (1972).

On 4: W. Nauck, "Freude im Leiden," *ZNW* 46 (1955), 68-80; Schweizer, *Lordship*, esp. pp. 22-31; E. Lohse, *Märtyrer und Gottesknecht* (1963²); Lohse, "Paränese und Kerygma im 1. Petrusbrief," in Lohse, *Die Einheit des Neuen Testaments* (1973), pp. 307-328; H. Millauer, *Die Leidenstheologie des 1. Petrusbriefes* (Diss. München [1975], pub. as *Leiden als Gnade* [Europäische Hochschulschriften XXIII Theol./56, 1976]). **On 5:** A. Schulz, *Nachfolgen und Nachahmen* (1962); R. Bultmann, "Bekenntnis- und Liedfragmente im ersten Petrusbrief," in Bultmann, *Exegetica* (1967), pp. 285-297; R. Deichgräber, *Gotteshymnus und Christushymnus in der frühen Christenheit* (1967), pp. 77f., 140ff.; K. Wengst, *Christologische Formeln und Lieder des Urchristentums* (1973²), pp. 83-85, 161-64.

1. 예비적 고찰: 저작 환경

a) 이 서신은 소아시아에서 로마에 이르는 기독교인들을 대상으로 쓰여졌다. 1:1에 언급되어 있는 지역들은 소아시아의 로마 속주들이었던 반면에 5:13에 "바벨론"이라는 암호 문자로 언급되어 있는 저작 장소는 아마도 로마였을 것이다. 이 서신은 5:12에서 실루아노를 통하여 베드로에 의해 쓰여졌다고 말하고 있다. 이 서신이 사도행전 15:22에 따르면 예루살렘 출신으로서 2차 선교 여행때 바울을 수행하였던 실라에 의해 실제로 작성되었다는 것은 생각해봄직하다(행 15:40; 고후 1:19).

b) 하지만 저작 연대는 이 서신이 전제하고 있는 상황들을 토대로 따로 판단되어야 한다. 기독교는 이미 소아시아 전역에 퍼져 있었다.

이런 상황은 아무리 빨리 잡아도 바울의 선교 활동이 시작 된 후 20여년이 흐른 시기, 즉 주후 65년 이후에야 가능한 일이다. 당시 알려진 세계 전체를 통하여 기독교인들의 상황은 사회적 차별을 받고 있는 상태였다. 물론 그것은 실제로 습관적으로 생각하듯이 박해가 아니라 차별이었다. 사회 속에서의 기독교인들의 상황과 관련하여 다음과 같은 것들이 서신 자체로부터 도출될 수 있다.

1) 기독교인들은 당국에 의해 체계적으로 수색을 당하거나 법정으로 끌려가지 않았다. 그들을 향한 악의는 그들의 주변 환경, 그들의 사회적 세계로부터 왔다.

2) 이런 일은 그들의 곤경의 성격과 맥을 같이 하여 일어났다. 적의는 악의에 찬 고소들(2:12; 3:15f.)이었는데, 이로 인하여 경우에 따라서 기독교인들은 법정에 설 수밖에 없었다. 사람들은 기독교라는 종교의 일원이라는 이유만으로 "고난"을 겪어야 했다. "너희 중에 누구든지 살인이나 도적질이나 악행이나 남의 일을 간섭하는 자로 고난을 받지 말려니와 만일 그리스도인(*hos Christianos*)으로 고난을 받은즉 부끄러워 말고 … "(4:15f.).

3) 왜 기독교인들은 이런 식으로 사회로부터 차별을 당했는가? 이 질문에 대한 답변은 역사적으로 발생한 관점들만이 아니라 근본적인 성격의 관점들까지도 밝혀준다. 베드로전서 4:3 이하는 이렇게 말한다: "이방인의 뜻을 좇아 행한 것이 지나간 때가 족하도다 … 이러므로 너희가 저희와 함께 그런 극한 방탕에 달음질하지 아니하는 것을 저희가 이상히 여겨 비방하나." 이러한 유발 요인은 변증적 형태이긴 하지만 근본적으로 헬레니즘 세계의 사람들의 태도를 정확하게 재현하고 있다.

필로스트라투스(Philostratus)는 유대인들에 관하여 이렇게 말하였다(*Vita Apollonii* 5.33): "〔그들은〕 식탁의 즐거움을 나머지 인류와 함께 나누지 않으며 신에 대한 헌주(獻酒)나 기도나 희생 제사에 참여하지 않는다. 〔그들은〕 수사(Susa)나 박트라(Bactra)나 그보다 더 먼 인디아가 우리를 나누는 것보다 더 큰 간격으로 우리와 떨어져 있다"(= LCL, I, 541). 이렇게 유대인들이 스스로를 고립시키는 행위는 그들이 단일 인종으로서의 지위를 갖고 있었기 때문에 이방인들에 의해 기본적으로 용납이 되었다.

켈수스(*C. Cels.* 5.34)에 따르면 모든 민족은 자신이 물려받은 종교와 관습을 보존하고 다른 민족의 종교와 관습을 용납해야 한다는 것은 세계의 질서에 속했다. 유대인들과 같이 자신의 절대성을 주장하는 것은 도리에 어긋나는 일이었다(*C. Cels.* 5.41). 분명히 헬레니즘 세계의 눈으로 볼 때 기독교인들도 헬레니즘적 형이상학의 이러한 기본적인 범주들에 위배되었다. 그들은 통속적인 철학에 의하여 자연적으로 인간에게 보여진 원리인 평화와 조화(*eirene*와 *harmonia*) 가운데에서 함께 살아간다는 원리에 어긋나게 행하였다.[1] 그러므로 여기서 이민족, 즉 유대인의 구성원들이 아니라 바로 자기의 동료 시민들, 이웃들, 친척들이 개인적으로 기독교인으로서 그들의 주변 환경의 생활 방식으로부터 스스로를 멀리했기 때문에 반대와 의혹이 일상 생활 속에서 표면에 떠올랐다. 그리고 바로 이 사람들은 이미 유대인들이 그랬던 것과 마찬가지로 종교적 절대주의라는 반감을 불러일으키는 개념을 주장하였던 것이다.

기독교는 어느 정도 켈수스가 거듭거듭 '스타시스'(*stasis*, 폭동)로 구분한 것, 모든 민족이 근본적인 혼합주의 속에서 서로를 용납하며 함께 살아가야 한다는 신적 조화에 대한 반란으로 보였을 것임에 틀림없다(*C. Cels.* 5.33ff., 41; 8.14). 그러므로 기독교는 "재난을 가져오는 새로운 미신"(Suetonius *Nero* 16 = LCL, II, 111)처럼 보였다. 이러한 갈등은 마침내 주후 300년 이후 헬레니즘적 세계관이 기독교적 세계관으로 대체될 때까지 우연이 아니라 실질적인 필연성에 따라 기독교인들의 사회적 상황에 그 흔적을 남겼

---

1) Minke, op, cit. (Lit, §43), pp. 24ff.

다. 이러한 갈등은 베드로전서에 최초로 그 모습을 드러내었다.

4) 이 단계는 역사적 발전 속에서 언제 도달되었는가? 바울 서신 및 바울 시대에 관한 사도행전의 기사들은 이와는 완전히 다른 상황을 전제하고 있었다. 주변 환경 및 로마 당국과의 갈등에 관한 언급은 일관되게 근본적인 성격의 것이 아니라 국지적이고 개인적인 것으로 언급되어 있다. 바울 시대에 기독교인들은 주변 환경의 눈에 회당 공동체에 덧붙여진 "하나님을 경외하는 자들"처럼 보였고 사람들이 근본적으로 용납하고 있었던 유대인들의 종교처럼 보였다. 하지만 베드로전서에서 기독교인들은 그들 고유의 새로운 호칭인 '그리스도인'(*Christianoi*, 4:16)이라는 이름으로 대중들에게 알려져 있었다. 사도행전 11:26에 의하면 이 호칭은 기독교가 유대교의 국외자들에 대해서도 고유의 종교로서 스스로를 구별하였던 모든 곳에서 일컬어졌다.

제국의 공적 생활과 관련하여 이 단계는 위에서 언급한 대로 네로의 박해가 일어났을 때 처음으로 시작되었다. 주후 110년에 타키투스(Tacitus)는 회고적으로 다음과 같이 보도하였다(*Annals* 15.44 = LCL, IV, 283-85) : "그러므로 〔화재가 명령에 의해 일어났다는〕 소문을 진화하기 위하여 네로는 그 악덕으로 인하여 사람들이 싫어했던 기독교인이라 불리는 부류의 사람들을 … 범죄 혐의자로 몰았다 … 먼저 신앙고백을 한 이 분파의 구성원들이 체포되었다. 다음으로 그들의 자백을 토대로 많은 수가 방화죄가 아니라 인류의 적으로 처단되었다"(참조. §2, 4). 복종하지 않으면 '온 인류의 적'(*odium generis humani*)으로 생각되었다.

이와 같은 보도들을 읽으면 우리는 베드로전서 2:12과 4:15이 상당한 이유가 있다고 생각하게 된다. 기독교인들에 대한 태도 ─ 타키투스에 의하면 이것은 네로의 행위의 출발점이었다 ─ 는 당시 알려진 세계 전역에 한동안 퍼져 있었다(참조. 5:9). 이러한 상황은 네로 박해 이후로 기독교인들의 근본적인 운명이었다. 이러한 상황은 이런 형태로 가이사 숭배를 통하여 한층 첨예하게 되었던 도미티아누스 황제 치세의 말까지 지속되었다. 이와 같은 상황의 악화는 베드로전서에서는 아직 보이지 않는다. 하지만 그러한 것은 요한계시록에 반영되어 있다. 베드로전서 5:13에 따르면 로마는 바벨론, 하나님과 그의 백성의 원수인 세계의 수도였다. 요한계시록 17:5에 따르면 네로 박해 이후로 이것은 기독교들에게 그러했다. 유대인들은 이전에도 바벨론에 관한 다니엘서의 진술들을 자연스럽게 로마와 결부시키기는 했지만 에스라4서에 따르면 유대인들에게 로마는 예루살렘 멸망 이후로 그렇게 인식이 되었다. 그러나 로마가 적그리스도로 상징된 것은 오로지 도미티아누스 황제 이후의 일이었다(계 13장; 참조. §44, 5).

전술한 바를 토대로 우리는 저작 연대와 관련하여 다음과 같이 결론을 내릴 수 있다: 이 서신이 전제하고 있는 상황들은 이 서신이 주후 64년과 90년 사이에 쓰여졌음을 시사해준다. 이 서신의 수신자에게 사회와의 갈등이 여전히 아주 새롭고 전례가 없는 것이었다는 점에서 모든 지표들은 이 시기의 끝 무렵이 아니라 초기를 가리키고 있다. "사랑하는 자들아 너희를 시련하려고 오는 불시험을 이상한 일 당하는 것같이 이상히 여기지 말고"(벧전 4:12).[2]

c) 이 서신의 주요한 주제가 제대로 인식되지 못했기 때문에 이 서신에 대한 오해가 흔히 있어왔다. 독일어로 된 베드로전서에 대한 가장 최근의 주석서들 가운데 하나조차도 이 서신의 주제가 "이미 시작되었고 미래에 더 늘어날 환난"이라고 말하고 있다.[3] 물론 기독교인의 고난에 관한 문제는 이 서신 전체를 관통하여 아리아드네(Ariadne)의 실처럼 짜여져 있다. 그러나 이 문제는 이 서신의 주제가 아니었다. 오히려 그것은 저작을 위한 계기이자 그 주제의 결과였다. 1:1-2:11에서 독자들은 박해받는 자가 아니라 "흩어진 나그네" 또는 "나그네와 행인"으로 언급된다. 이 서신은 그들을 그들의 사회적 상황에 비추어 말하였다. 결과적으로 이 서신의 주제는 오늘날 교회 일치 운동을 통하여 논의되는 문제였다: 사회에서의 기독교인의 책임.

2. 사회 속에서 기독교인됨의 본질

a) 디아스포라의 상황

바울이 그의 독자들에게 말했던 방식을 여기 베드로전서 1:1 이하와 비교해보면 저자는 여기서 또 다른 차원에서 이야기하고 있음이 즉시 분명해진다. "흩어진 나그네"라는 말은 기독교인의 실존의 수평적 차원을 말하고 있는 반면에 바울 서신의 인사말들(예를 들면 고전 1:2; "하나님의 교회 … 부르심을 입은 자들")은 기독교인의 실존의 수직적 차원을 생각나게 한다.

베드로전서의 인사말은 믿음의 공동체의 사회적 차원을 의식의 차원으로 떠올려서 독자

---

2) R. Perdelwitz (*Die Mysterienreligionen und das Problem des I. Petrusbriefes* [1911])가 1:3-4:11은 후대에 핍박으로 인하여 4:12-5:14의 위로와 권면의 말씀을 통해 증보된 후에 1:1 이하의 인사말과 함께 유포된 세례와 관련된 말씀이었다는 주장을 한 이후로 이 진술은 흔히 문학비평의 고찰 대상이 되었다. 이에 대해서는 W. G. Kümmel, *Introduction*, pp. 346ff.를 참조하라. 하지만 4:12에서 시작하는 단락이 어떤 식으로든 그 이전 단락과 다른 상황을 전제하지 않고 있기 때문에 이 관점은 유지될 수 없다. 오직 4:12 이후에 가서야 당시의 고난 체험에 관한 것이 이야기되고 있다는 것은 1:6에 의해 이미 논박되고 있다. 이 서신은 전승 자료를 점진적인 단계를 거쳐 발전시켰다는 것만이 올바른 견해이다.

3) K. H. Schelke, *Der Erste Petrusbrief*, p. 3.

들에게 알려져 있었던 모델을 사용하여 그것을 분명히 하였다. 이 시점까지 유대인들은 스스로를 페르시아와 스페인 사이에 있는 본향 팔레스타인 외부에서 로마 제국의 헬레니즘적 도시들에서 살아가는 디아스포라(Diaspora)로 규정하였다. 기독교인들은 이웃들 가운데서 유대의 디아스포라에 비견될 수 있는 방식으로 — 그때까지만 해도 — 살았다. 이에 따라 기독교인들은 스스로를 예를 들면 스토아 학파의 철학과 같은 특별한 세계관을 지닌 운동이나 신비종교들과 같은 제의적 결합이 아니라 당시에 알려진 세계 전체에 걸쳐 구체적으로 분담된 하나의 공동체, 새로운 하나님의 백성(벧전 2:9)으로 이해하였다. 따라서 기독교인들은 베드로전서 시기로부터 3세기 말엽에 이르기까지 스스로를 디아스포라로 지칭하였다. 4세기의 콘스탄티누스 황제 시대에 이 호칭은 필연적으로 사라질 수 밖에 없었다.

b) 종말론적 출애굽 공동체

기독교인들이 자기 동료 시민들 가운데서 외인이 되었던 방식은 배경을 이루고 있는 관념들의 해설 배후에 있는 두번째 모델 — 분명하게 언급된 것은 아니지만 — 을 사용함으로써 분명해졌다. 1:3-2:10에서 기독교인됨의 본질을 말하는 데 사용된 표현들은 쿰란 공동체가 스스로에 관하여 말하였던 방식을 끊임없이 생각나게 한다. 그러므로 자기 이해에서 기독교인들은 어느 정도 쿰란 사막에 살았던 이 유대의 출애굽 공동체와 비견될 수 있다. 이 집단과 마찬가지로 그들은 하나님께서 자기들에게 완전히 새로운 실존과 완전히 새로운 삶을 허락해주셨다는 이유로 하나님을 찬양하였다. 1:3에는 이렇게 되어 있다: "찬송하리로다 … 하나님이 그 많으신 긍휼대로 예수 그리스도의 죽은 자 가운데서 부활하심으로 말미암아 우리를 거듭나게 하사 산 소망이 있게 하시며." 쿰란에서 나온 감사의 시편들에서 어떤 기도하는 사람은 자기가 이 분파에 들어온 것과 관련하여 그와 비슷한 형태로 고백하고 있다: "오 주여 당신께 감사드리나이다. 당신은 내 영혼을 구덩이에서 건지셨나이다 … 당신이 영속적인 모임을 위해 먼지로부터 만드신 자에게는 소망이 있음을 내가 아나이다"(1QH 3:19-21 = Vermes, *The Dead Sea Scrolls in English*, p. 158).

따라서 용어와 실질적 내용은 아주 비슷하였다. 이 둘은 새로운 창조에 비견될 수 있고 출애굽의 의미를 띠고 있는 새로운 시작에 관하여 말하고 있다. 세례받은 지체들은 출애굽으로 부르심을 받았다. 베드로전서 1:13에는 이렇게 되어 있다: "그러므로 너희 마음의 허리를 동이고." 그들은 "택하심을 입은 자"(1:1), "성도들"(1:16), "하나님의 백성"(2:9)이 있기 때문에 이제부터 나그네로(1:1, 17), 그러니까 송말의 완성 때까지 고난 속에서 살아갈 것이었다(1:6). 따라서 다마스커스 규칙(CD) 4:1-6에서는 이와 거의 동일한 용어로 에세네파에 관하여 이렇게 말하고 있다: "(이들은) 유다의 땅으로부터 떠나온 이스라엘의 개종자들 … 종말에 수많은 시련에 서 있는 … 이스라엘의 택함받은 자들이다 … 이 행로를 가는 세월 동안 (그들은) 하나님이 죄 사하신 거룩한 (최초의 사람들이었다)"(Vermes, *Scrolls*, p. 100).

이러한 것들을 비롯한 다른 많은 유사점들에 따라 사람들은 베드로전서가 기독교인들을 완전히 새로운 실존으로 이전되어서 이런 식으로 종말론적 출애굽 공동체로서 사회로부터 격리된 일단의 사람들로 지칭하기 위하여 에세네파에서 기원한 초기 기독교 전승을 빌어왔다고 생각할 수 있다.

c) 이주가 아니라 믿음의 출애굽

하지만 이러한 일치점과는 달리 이 정형적 표현들은 두 문맥에서 근본적으로 다른 의미를 갖고 있다.

1) 새로운 실존은 각각 다른 종류에 속했다. 에세네파에서 새로운 존재는 확고한 준칙에 따라 살아가는 삶의 방식으로 나타났다.

이러한 관점은 야고보서와 그 경험주의적 신학 이래로 기독교인들 가운데서 옹호자들을 거듭거듭 발견하여왔다(§45, 3). 베드로전서 1:3의 직설법("우리를 거듭나게 하사 산 소망이 있게 하시며")은 경험적 상태에 관한 묘사라고 오해해서는 안된다. 왜냐하면 그 뒤에 1:13("온전히 바랄지어다")에서 명령법이 즉시 따라오기 때문이다. 이러한 변증법은 믿음에 따라 살아가는 실존에 상응하였다.

2) 더욱이 새로운 존재의 구조에서 이 차이는 서로 다른 뿌리로부터 나온 결과였다. 쿰란에서 이 뿌리는 그 실천을 확인할 수 있고 은혜의 선물로 받은 힘으로 말미암아 실천 가능한 급진화된 형태의 율법에 있었다.[4] 이와는 대조적으로 베드로전서에서는 모든 것이 십자가와 부활을 통하여 은밀하게 일어났으며 가까운 장래에 완벽한 형태로 나타나게 될 구속의 복음으로부터 비롯되었다(벧전 1:3ff., 18f. ; 4:7).

3) 그러므로 쿰란에서 주관적인 출발점은 언약 갱신 의식에서 매년 강화되는 회심 체험이었던 반면에(1QS 1:16-3:20), 베드로전서에서 그것은 세례를 통하여 이루어진 믿음으로 부르심이었다.

첫번째 단락의 결론 부분(2:9)과 서신 전체의 결론 부분(5:10)에서 "부르심"은 1:3에서

---

4) 쿰란 분파는 분명히 '*sola gratia*'(오직 은혜만으로)를 잘 알고 있었다. 그러나 은혜는 실제로 거기서 급진화된 율법의 실현에 기여하였다. 참조. J. Becker. *Das Heil Gottes* (1964), 특히 pp. 276ff.

"거듭남"이라고 불리고 있는 것을 나타내고 있다. 거듭남과 믿음으로의 부르심은 여기서 서로 상응한다. 실제로 이 두 용어를 통하여 기독교인의 체험의 출발점이 표현되었다.

4) 따라서 나그네라는 상태는 기독교인들이 믿음을 통하여 놓이게 된 종말론적 실존을 나타내는 심상이 되었다. 산상수훈의 계명과 제자도로 부르심에 순종한 자는 누구나 사회의 일상적인 삶으로부터 벗어나게 되고 친숙한 삶의 형태를 깨고 나와 새로운 인간적 실존으로 들어가게 된다.

에세네파에 의해 실행된 사회 밖으로의 이주(移住)가 아니라 이러한 이행(移行)이 기독교인들에게 제공된 출애굽이었다.

3. 사회 제도 속에서의 책임있는 행동[5]

a) 동기(2:11f.)

사회 제도들 속에서의 기독교인들의 행동에 관하여 말하고 있는 내용은 2:11 이하에서 기독교인이 나그네의 역할을 떠맡아야 함에도 불구하고 사회 제도로부터 이주하는 것이 허락되지 않는 이유를 밝히는 두 문장으로 시작된다. 첫번째 문장은 상당히 온건하다: "사랑하는 자들아 나그네와 행인 같은 너희를 권하노니 … 육체의 정욕을 제어하라." 그러므로 부르심받은 자들이 사회로부터 벗어난다는 것은 언제나 우선 자기 사신의 이진의 인간적 실존으로부터 벗어나는 것을 의미하였다. 출애굽은 여기서 시작되었다! 그러나 이전의 인간적 실존은 육체적 사망의 때까지 결코 과거의 일이 되지 않았기 때문에(4:2) 기독교인들은 언제나 그들 자신의 이전의 인간적 실존을 극복한 믿음을 통하여 새롭게 이전의 실존으로부터의 출애굽을 체험해야 했는데, 그러한 일을 과거의 일로 돌려버린다면 그것은 성공할 수 없는 것이었다. 그들이 마치 이전의 차원이 이제 그들 뒤로 저 멀리 있다는 듯이 사회로부터 이주하기를 원한다면, 그것은 완전한 외식일 것이다. 이 점을 제쳐두고라도 2:12이 덧붙이고 있듯이 그들은 제도들 내에서 그들 나름대로의 적극적인 위탁을 받고 있었다: "너희가 이방인 중에서 행실을 선하게 가져 너희를 악행한다고 비방하는 자들로 하여금 너희 선한 일을 보고 권고하시는 날에 하나님께 영광을 돌리게 하려 함이라." 기독교인들은 사회 제도

---

5) 오늘날 사회학적 용어로 대부분 "제도" 또는 약간 다른 의미이긴 하지만 "사회 구조"라는 말로 지칭되고 있는 것은 종교 개혁에서는 "세상적 지위"(worldly stations), P. Althaus부터 H. Thielicke에 이르는 최근의 루터파 사회윤리학에서는 "창조 질서 또는 보전 질서"로 불렸다. 물론 이 호칭들 간의 차이들은 사물들을 바라보는 방식의 차이를 보여준다.

들 속에서 기독교적인 행실을 통하여 모든 사람을 구원하려고 하는 복음을 증거할 책임을 지니고 있었다. 이주 가운데 있었던 쿰란 공동체가 불의한 자들에 대한 거룩한 전쟁을 벌이기 위한 행동 공동체로서 스스로를 무장하고 있었다고 한다면, 기독교인들은 그들의 주님이 그랬던 것처럼 사람들 가운데 머물러서 정치, 경제, 결혼 속에서의 그들의 행실을 통하여 하나님이 모든 사람을 완전한 인간적 실존으로 이끌기를 원하고 계시다는 것을 알게 할 책임을 지고 있었다. 하나님의 사랑에 의해 동기가 부여된 사회 윤리적 책임은 여기서 선교적 사명의 범위 안에 있었다.

b) 원칙: 주를 위하여 모든 피조물과 관련한 선한 행실

일반적인 “사랑”의 질서 위에서가 아니라 사회 제도 속에서의 선한 행실(*agath-opoiein*)이 기독교인들에게 요구되었다(2:13-15, 20; 3:6, 17). 그러나 이 선한 행실이란 어떤 것이라고 생각되었는가? 2:13-3:7 단락은 이미 골로새서 3:18-4:1과 에베소서 5:22-6:9에 채택되었던 가족법 전승을 2:18-3:7에서 빌어옴으로써 이 질문에 대답하고 있다. 2:13-17에서는 이미 로마서 13:1-7에서 바울에 의해 사용된 적이 있었던 정치적 행동에 관한 동일한 종류의 전승이 그것과 결합되어 있다.

베드로전서는 이 원칙을 신약 고유의 사회 윤리로 채택하였다. 2:13에서 이 원칙은 도입 문장을 통하여 표어에 의해 언급되어 있다: “인간 위에 세운 모든 제도를 주를 위하여 순복하되”.[6]

c) 선한 행실의 내용: 제도들 속에서의 책임있는 머뭄(가족법)

바로 행인으로서 기독교인들은 기존의 제도들에 참여할 의무를 지고 있었다.

1) 이 진술은 가족법 전승의 핵심 단어에 함축되어 있다. 이 핵심 단어는 개별적인 교훈들을 하나의 사회적 동반자로 도입한다: ‘휘포타게테’(*hypotagete*, 순복하라, 2:13, 18; 3:1; 참조. 롬 13:1; 골 3:18; 엡 5:24). 신약의 사회 윤리의 핵심 단어인 이것은 즉각적으로 오늘날의 독자들을 멀어지게 하는데, 그들은 이것이 지나간 옛날의 사회 질서의 표현이라고 생각한다. 오늘날 독자들에게 결혼은 남편에 대한 아내의 복종(엡 5:24)의 관계

---

6) 이 둘에서 그 부분들, 개신교 사회윤리학에 대한 최근의 두 중요한 기여들에 의해 사용된 이 두 근본적인 요소들은 서로 결합되어 있었다. “인간 위에 세운 모든 제도”(즉, 하나님이 세우신)에 순복하라는 호소는 P. Althaus로부터 H. Thielicke에 이르기까지 주장한 질서의 윤리를 생각나게 하고 “주를 위하여”라는 표현은 K. Barth로부터 E. Wolf에 이르는 질서의 윤리학에 대치되는 “그리스도 중심” 윤리학을 생각나게 한다.

가 아니라 동반자 관계이다. 하지만 이렇게 단서를 달게 되면 이 말의 핵심을 잃어버리게 된다. 우리는 이 단어를 자동적으로 접두사 "휘포"(아래)에 비추어 듣는다. 하지만 신약에서 강조점은 접두사가 아니라 어근인 '탁시스'(*taxis*, 질서) 또는 '탁세스다이'(*tassesthai*, 질서가 잡히다)에 두어졌다.

그 핵심에서 이 명령은 반란에 대한 반대가 아니라 이주를 통한 도피에 대한 반대를 말하고 있었다. 이 명령을 통해 일차적으로 말하고자 했던 것은 이렇다: 주어진 제도 안에 있으라! 이와 관련하여 당시의 사회 질서에 상응하는 접두사 "휘포"(아래)는 어떤 신학적 강조도 지니고 있지 않았다. 그러므로 이 명령의 내재적인 의미는 제도들이 동반자의 견지에서 생각되는 시기에도 마찬가지로 그대로 적용된다.[7] 고대 세계의 후반기에 사람들은 스토아 철학이 영향력을 행사하였던 곳에서는 아주 뚜렷한 개념인 '탁시스'(질서)에 친숙해 있었다. 그런 후에 기독교는 아주 초기부터 이 개념을 빌어썼다. 따라서 클레멘트1서 20장에서 국가, 가족, 교회에서 인간의 사회적 실존의 질서는 우주에서 조직의 원리로 보였다.[8] 나아가 이 개념은 자연법으로 발전될 수 있었다.

이에 비해 '탁시스'라는 용어가 묶음으로 나오는 로마서 13:1 이하에서의 개념은 자연이나 우주로부터 해독될 수 있는 질서라는 개념이 아니라 역사 내에서 하나님에 의해 균형있게 설정된 사람들 사이의 관계라는 개념이었다. 신약이 권면의 문맥 속에서 명사 '탁시스'를 사용하고 있는 한 구절(고전 14:40)에서 바울은 이 용어를 병화, 즉 구약 빛 초대 기독교적 개념에 의하면 하나님이 뜻하시고 이루신 '샬롬'(*shalom*)이라는 용어와 함께 사용하였다. '샬롬'은 모든 사람들 상호간의 올바른 관계, 모든 사람에게 번영과 생명을 의미하는 관계였다.[9] 로마서 13:4로부터 결론을 내릴 수 있듯이 사회 질서는 이러한 번영에 기여하였다. 그러나 하나님의 평화는 이 질서들 '자체'(*per se*)가 아니라 종말론적 통치가 이루어짐을 통하여 오는 것이었다(롬 8:6; 14:17).

바울에서는 물론이고 베드로전서에서도 순복하라는 도전은 우주론을 토대로 한 역사적으로 꼭 필요하거나 이상적인 사회 질서에 대한 상상이 아니라 기독교인들은 구체적인 역사적

---

7) 어원학적인 고찰은 실질적인 문맥으로부터 발전된 이 용어의 이러한 의미와 일치하였다. 참조. G. Delling, *TDNT* VIII, 43-45. 그러므로 이 단어는 권면 속에서 권세에의 복종으로부터 주의 깊은 개인적 참여에 이르는 일련의 모든 의미를 포괄할 수 있었다. 가족법 규정에 나오는 '*hypotassesthai*'를 "하나님의 뜻에 의한 질서에 순종"이라는 표현으로 규정한 델링의 견해와는 달리 나는 적극적인 협력이라는 말을 하고 싶다. 또한 우리는 실제로 하나님에 의해 새워진 질서라는 말을 하지 말아야 한다. 왜냐하면 그러한 말은 여기서는 물론이고 신약의 다른 곳에서도 나오지 않기 때문이다.

8) Ibid., 46.

9) 참조. W. Foerster, *TDNT* II, 412와 Delling, *TDNT* VIII, 30 n. 22.

삶의 형태들에 대한 의무를 지고 있으며 그것들 가운데서 책임있게 살아야 한다는 개념으로부터 나왔다.

2) 이러한 관점은 가족법 도식의 전승사적 기원을 통하여 확증된다.

가족법 규정들이 사회윤리적 명령들을 말하고 있는 방식, 그 규정들이 사람들을 결혼, 직업 관계, 정치 질서로 인도하는 방식은 인간 관계에 관한 스토아 학파의 윤리학을 생각나게 한다. 예를 들면 에픽테투스(Epictetus)는 자기 문도들에게 현인이 되어서 올바른 기본적인 정향(定向) 또는 태도를 알게 된 자들은 누구나 '스케세이스'(scheseis), 자기가 운명 또는 선택에 의하여 놓이게 된 다른 사람들과의 관계들을 성취하려고 하여야 한다고 가르쳤다. 이 관계들은 각자가 지니고 있는 "이름들"로 인하여 각 문도에게 드러날 것이다. "[나는] [부모에 대한 관계에서] 아들로서, 형제로서, 아버지로서, 시민으로서 나의 관계들을 유지하는 [사람이어야 한다]"(Epic tetus *Dissertationes* 3.2.4 = LCL, II, 23; 참조. 4.6.26). 이 관계들, 즉 '스케시스'에 수반하는 의무들(*ta kathekonta*) 또는 각각의 경우에서 역할로부터 확인되는 의무들에 대해서는 에픽테투스는 구체적으로 언급하지 않았다. 적절하고 올바른 행실은 오로지 행동하는 자의 본성과 다른 사람에 대한 구체적인 관계에 상응하는 것이기 때문에 그는 구체적으로 말하지 않았던 것이다. 현인들은 성찰을 요구하는 한 질문을 통하여 그러한 것들을 상기하였다. "당신이 누구인가를 생각하라. 먼저 인간 … 이에 덧붙여 당신은 세계의 한 시민, 세계의 일부이다 … 그렇다면 시민의 본분은 무엇인가? … 다음으로 당신은 아들임을 염두에 두라. 아들의 본분은 무엇인가?"(*Dissertationes* 2.10.1ff. = LCL, I, 275f.).

어느 정도 이 사회윤리적 원칙은 분명히 가족법 규정들의 도식과 일치하였다. 두 경우에 결의론(決疑論)적으로 적용된 준칙들은 무엇을 하라고 명령하는 것이 아니라 사람들을 사회적 관계 속으로 이끌어서 자발적으로 책임을 수행하라고 하는 것이었다. 이런 이유로 바이딩거(K. Weidinger)[10]는 디벨리우스(M. Dibelius)의 사상[11]과 결부시켜 기독교인들은 헬레니즘적 유대교를 통하여 그들에게 전해졌던 스토아 학파의 통속적인 의무 규정들을 그대로 이어받은 것이라는 흔히 받아들여지는 가설을 제시하였다. 이러한 일은 기독교인들이 지연된 '파루시아'의 결과로서 사회에 정착하기 시작했을 때에 일어났다고 바이딩거는 생각하였다. 이어서 바이딩거는 기독교인들은 이 도식을 '퀴리오스'에 대한 언급(예를 들어, 엡 4:17; 5:17, 22; 골 1:18, 20; 벧전 2:13)을 통하여 기독교화하였다고 말한

---

10) Op. cit, (Lit, §43, 3c).
11) *Kolosserbrief* (HNT), at Col. 4:1과 Eph. 5:14.

다. 이 견해와는 대조적으로 슈뢰더(D. Schroeder)[12]는 가족법 규정들은 단순히 외관상으로만 스토아 학파의 도식을 기독교화한 것이 아니라 바로 그 핵심을 기독교화하였다는 것을 보여주었다. 그것들은 특히 두 가지 점에서 스토아의 의무 규정들과 달랐다.

그것들은 표현 양식에서 달랐다. 스토아 학파의 의무 규정들은 스토아 특유의 비난 양식으로 말하고 있는데 반하여 가족법 규정들은 자명한 하나님의 정의의 양식으로 말하고 있다. 그것들은 구체적인 도식에 맞는 양식을 철저하게 취하고 있다. 예를 들면, 에베소서 6:1: 부름말("자녀들아"), 명령법("너희 부모를 … 순종하라"), 근거("이것이 옳으니라"). 베드로전서 2:18; 3:1, 7에 나오는 명령법 대신에 우리가 분사를 만날 때 그것은 이를 대체하는 랍비적 표현 양식을 나타낸다.

이와 같은 문체의 차이 배후에는 심원한 실질적 내용의 차이가 있다. 스토아 학파에서 구체적으로 열거된 사회 관계들은 스토아 학파의 표준에 의해 현인으로 생각되는 사람이 자기 실현에 이르기 위하여 완벽하게 탐구하여야 하는 가능성들이었다. 반면에 가족법 규정들에서 이러한 사회적 관계들의 성취는 하나님의 명령이었다. 여기에서 스토아 학파의 의무 규정들보다 훨씬 적은 수의 사회적 관계들이 언급된 것은 바로 그러한 결과였다: 결혼, 가족, 직업, 정치 질서. 이런 것들에 대하여 사람들은 실제로 자명하게 의무를 지고 있을 수 있다. 그러므로 친구 관계와 같이 선택 가능한 관계들이 아니라 사회의 구조들 또는 제도들만이 언급되었다.

3) 기독교 내부의 전승이 이에 대한 실질적인 출발점을 제공해주었기 때문에 스토아 학파의 관계에 관한 윤리가 이렇게 변화된 형태로 빌어와서 사용될 수 있었다. 초기 기독교는 '파루시아'의 지연이 하나의 문제로 된 후에야 사회의 제도들에 관심을 갖게 된 것이 아니었다. 오히려 이미 예수는 제자도의 종말론적 실존으로의 부르심과 아울러 결혼과 가이사에 대한 공세(貢稅)와 관련하여 새로운 방식으로 사람들에게 의무를 지워주었다(§10, 3). 그렇게 하는 데에 예수는 관계의 윤리에 관한 원칙을 발전시켰다. 예를 들면 공세에 관한 질문에 답변하면서 예수는 율법과 이스라엘의 선택에서 나온 유대인들의 반대를 일축하고 동전에 찍혀진 역사적 상황을 언급할 수 있었다(막 12:16f.). 동일한 원칙을 따라 예수는 이웃에 관한 질문에 대하여 선한 사마리아인의 비유를 들어 대답하였다(눅 10:29-37).[13]

전승에 의하여 주어진 의미로 정의된 신약의 사회 윤리는 믿음으로 부르심을 받은 자들

---

12) Op. cit, (Lit., §43, 3c).

13) 막 12:13-17과 그로부터 발전한 전승에 관하여는 L. Goppelt, "Die Freiheit zur Kaisersteuer," in *Christologie*, pp. 208-219를 참조하라.

은 자기가 처한 사회 질서들 속에 머물러서 그들의 "시합을 위한 규칙"을 따라 행동하여야 한다는 명령으로 시작되었다(참조. 고전 7:17, 20, 24). 이 사회윤리적 원칙은 놀라울 정도로 융통성이 있었다. 왜냐하면 그것은 굳어진 자연적인 정의 개념이나 공리로 전제된 이상적인 질서가 아니라 역사적으로 존재하는 사회 구조들로부터 시작되었기 때문이다.

4) 그러나 이 원칙은 필연적으로 기독교인들로 하여금 다양한 사회 구조들과 시합을 위한 규칙들과 제휴하여 이를테면 노예 제도 같은 것도 받아들이도록 함으로써 무제한적인 영합으로 귀결되지는 않았는가?[14] 베드로전서에서 우리는 이와 정반대의 것을 본다. 그리고 이 점은 가족법 규정의 전승의 형성에서 바울과 관련하여 가장 중요한 차이였다. 베드로전서의 사회 윤리적 권면은 갈등에 초점을 맞춘 반면에 로마서 13:1-7은 골로새서와 에베소서의 가족법 규정들과 마찬가지로 그러한 갈등 및 이 제도들과 결부된 악을 잘 알고 있는 것같아 보이지 않는다. 더욱이 골로새서와 에베소서의 가족법 규정들은 서로 다른 사회적 상황들에 대하여 말하고 있다. 그것들은 기독교 가정 내에서의 기독교인들 사이의 상황을 전제하였다. 이와는 대조적으로 베드로전서 2장은 비기독교적인 사회의 제도들 안에서 개별적인 기독교인들을 염두에 두고 있었다. 이 긴장은 노예들과 아내들과 관련하여 분명하게 표현되어 있지만, 2:13-17에서는 가이사와의 관계 속에서 사람들의 의무와 관련해서도 감지될 수 있다.

따라서 베드로전서에서 초기 기독교의 출발점은 내용상의 일관성을 가지고 더욱 발전되었다. 그것은 바울과 마찬가지로 기존의 제도들로 인도하였지만, 또한 사람들에게 그것들 내부에서 책임있고 비판적인 행동을 하라고 강하게 의무를 지워주었다. 바울은 어느 정도 이러한 행동을 암암리에 전제하고 있었다. "선한 행실"은 베드로전서에서 기존의 제도들에 머무르는 것만이 아니라 그 제도들 안에서 책임있고 비판적으로 행동하는 것을 의미하기도 했다.

d) 비판적인 책임감과 그 판별 기준

제도적 삶 속에서 비판적으로 행동해야 한다는 의무가 무엇을 의미하느냐 하는 것은 노예 제도라는 극단적인 예를 통하여 전개되었다. 노예들에게 주어진 말씀은 다음과 같았다:

---

14) 아주 최근에 S. Schulz. *Gott ist kein Sklavenhalter* (1972), esp. pp. 193-219; 반대 의견으로는 H. Gülzow, *Christentum und Sklaverei in den ersten drei Jahrhunderten* (1969); G. Klein, "Christusglaube und Weltverantwortung als Interpretationsproblem neutestamentlicher Theologie," *VF* 18 (1973), 47-54.

"사환들아 범사에 두려워함으로 주인들에게 순복하되 … 애매히 고난을 받아도 하나님을 생각함으로(*dia syneidesin theou*) 슬픔을 참으면 이는 아름다우나"(2:18f.). 그러므로 기독교인인 노예는 자기 주인으로부터 도망하는 것이 아니라 주인이 뭔가 부당한 것을 요구할 때 양심에 따라 복종하기를 거부하고 주인의 반발에 의해 가해지는 고난을 참아야 한다. 이 예를 다루는 방식을 보면 기독교인들이 제도들 및 그 행동 표준들 안에서 책임있고 비판적인 위치를 갖는다는 것이 어떤 것인지가 어느 정도 해명이 된다. 우리는 다음과 같은 판별 기준과 출발점들을 주목한다.

1) 양심. 베드로전서 2:19은 판단을 하는 공식적인 자질을 말해준다: 하나님과 결부된 양심(*he syneidesis tou theou*).[15] 베드로전서는 여기서 바울과 비슷한 방식으로 양심에 관하여 말하고 있다. 바울에게 양심은 판단을 통하여 인간의 행동에 반응하는 평가 능력이었다(고전 4:4; 롬 2:15; 고후 4:2; 5:11; 참조. 요 3:19-22). 바울의 견해의 이러한 측면은 관례적인 헬레니즘적 유대교의 이해와 맥을 같이 하고 있다.[16] 그러나 또한 바울은 그 기원에서 헬레니즘 세계에 빚을 지고 있었던 양심의 개념을 이보다 더 진전시켰다. 이에 대한 바울의 개념에 의하면 양심은 이미 일어난 것에 반응하여 판단할 뿐만 아니라 일어나야 할 것과 관련해서도 결단을 하였다. 양심은 "사람의 양심 속에서 이루어져서 그에 따라 자신의 행동을 규정하는 판단"이었다.[17] 양심은 다양한 상황 속에서 무엇이 하나님의 뜻인가를 결정하기를 추구하는, 성찰하고 판단하는 믿음의 "나"였다(롬 12:2; 참조. 고전 8:10; 롬 14:1).

2) 하지만 이러한 판단을 행사하는 데에 양심, 즉 성찰하는 믿음의 "나"는 실질적인 척도(尺度)로 채비가 되어 있었다. 그러한 척도로서 베드로전서는 나머지 신약과 마찬가지로 사랑, 평화, 의, 자유와 같은 사회적 동기나 목표 지향적 개념들을 일반적인 방식으로 말하지 않았다. 이 서신에서 하나님과 결부된 양심에 관하여 말하였을 때 그것은 내용을 가진 척도를 구체적으로 규정하고 있다. 결국 양심에 대해 하나님은 내용 없는 암호 문자가 아니었

---

15) C. Maurer, *TDNT* VII, 914ff.; J. Stelzenberger, *Syneidesis im Neuen Testament* (1961), pp. 45-49. 슈텔젠베르거는 여기서 그것은 스스로 받아들이고 있는 표준에 따른 개인의 자율적인 결단의 문제가 아니라는 이유로 "양심"이라는 번역을 반대하고 "하나님의 양심"을 제안하였다. 그러나 내 의견으로는 그것은 너무 협소한 양심의 어원학적 정의에 기초하고 있기 때문에 근거가 없는 것 같다.

16) 일어난 것에 대한 확신있는 판단, 'elenchos'로서 양심의 개념은 헬레니즘적 유대교에 의해 발전되었다. 그렇게 함으로써 그것은 악한 양심이라는 통속적인 헬레니즘적 개념을 촉진시켰다.

17) A. Schlatter, *Paulus, der Bote Jesu* (1970⁴), p. 260.

다.

사회 윤리에서 하나님이 어떻게 이해되었는가 하는 것은 2:13의 동기 부여를 위한 도입 문구들에서 찾아볼 수 있다. 이 진술들은 '크티시스'(ktisis, 피조물)와 창조주, 나아가 하나님이 그를 통하여 종말 때의 통치를 이루고 있는 바 승귀되신 분을 가리키고 있다.

바울의 가족법 규정들(골 1:18, 20; 참조. 엡 5:17, 22)을 지배하고 있기도 한 주에 대한 언급으로부터 사회 윤리 및 역사의 구조들 속에서의 행동에 관하여 어떠한 것을 확인할 수 있는가?[18] 승귀되신 분은 복음서 전승이 증거하고 있는 예수의 얼굴을 가지고 있었다. 그를 통하여 하나님은 구원에 풍성하신 자신의 종말 때의 통치를 이루어 나가고 계셨다. 그는 모든 역사의 목표, 부활의 세계라는 역사의 다른 쪽에서만 완전하게 실현될 하나님 나라를 대표하였다. 이 목표 자체는 이를테면 결혼에서의 행실에 대하여 직접적인 척도가 될 수 없다(참조. 막 12:25).

하나님 나라는 섬김을 통하여 이루어지기 때문에 바로 하나님 나라의 원리를 따라 정치적 삶을 형성하려고 하는 시도가 쓸데없는 것과 마찬가지이다. 섬김은 권리와 힘을 주장하지 않는 종말론적인 사랑의 나타냄의 중심적인 표현이었다(막 10:43ff.). 베드로전서 4:10에 따르면 이 섬김은 하나님 나라가 실제로 예변법(豫辯法)적으로 모양을 띠는 믿음의 공동체에서 삶의 원리였다. 하지만 정치적 삶은 로마서 13:1-5에 의하면 권리와 힘을 바탕으로 하는 것이다. 따라서 정치적 삶은 그리스도의 통치와 직접적인 유비를 통해 형성될 수 없었다. 하지만 모든 역사의 종말론적 목표로서 그리스도의 통치가 지금도 권리와 힘의 사용에서 준거틀과 궁극적인 지향점이라는 것은 사실이었다. 이러한 척도는 베드로전서 3:7에 장엄하게 표현되어 있다: 종말론적 목표는 동반자들에게 "생명의 은혜를 유업으로 함께 받을" 사람, 기독교인의 행실을 통하여 그렇게 되어야 할 사람으로서 제도적 삶 속에서 서로를 만나야 할 의무를 지워준다.

하지만 이 마지막 판단 기준으로부터도 예를 들면 결혼이나 정치 참여가 어떻게 구체적으로 이루어져야 하는가를 해명할 수 없었다. 오히려 이것은 다른 판단 기준, 즉 '크티시스'라는 이 삶의 영역의 성격으로부터 해명될 수 있었다. 여기서 그것은 자신의 창조에 대한 하나님의 관계의 문제였다. 예수는 이미 결혼 제도와 관련하여 하나님 나라가 아니라 창조를 언급하였다(마 19:4-8; 엡 5:22-33은 이에 모순되지 않는다. 참조. §10, 3a). 물론 창조주의 원래의 뜻은 창조를 왜곡하였던 "마음의 완악함"이 극복된 후에야 깨달을 수

---

18) 참조. L. Goppelt, "Prinzipien neutestamentlicher Sozialethik," op. cit. (Lit., §43), p. 25.

있었다는 것을 주목하여야 한다. 창조주로서 하나님의 뜻은 창조와 역사의 현재 상태에 비추어서는 파악될 수 없었다. 물론 기존의 사회 구조들과 제도들은 역사에 대한 하나님의 주권에 의해 세워졌지만(사 10:5ff. ; 단 2:21; 롬 13:1f.), 그것들은 이미 그 자체로는 종말의 완성을 향하여 오래 참는 가운데 창조를 지탱하기 원하는 하나님의 뜻의 표현이 아니었다(창 9:21f. ; 롬 3:26). 이스라엘에서 이 뜻은 모세 율법에 표현되어 있었다(참조. 갈 3:22f.) ; 그것은 이 점에서 어느 정도 열방들 가운데서 정의의 질서들과 일치하였다(롬 1:32; 2:14f. ; 13:3f.).

기독교인들은 예수 안에 나타난 하나님의 종말론적인 통치의 관점으로부터 뒤돌아보았을 때 사회 구조들의 배후에 있는 보존을 위한 하나님의 뜻을 추구해야 한다고 생각되었다. 이러한 시각은 특히 구약의 도움을 받아 역사신학의 견지에서 분석될 수 있었던 기존의 역사적 상황을 관통하였다. 신약의 권면은 이러한 분석이 하나님과 결부된 양심에 의해 영적인 직관을 통해 수행될 수 있을 것이라고 전제하였다. 이 양심에 관해 하나님은 실질을 가지고 모든 것을 분별하는 설교를 통하여 계시되었다. 이런 유의 사회윤리적 권면에 의하면 제도적 삶 속에서 기독교인들의 "선한 행실"은 베드로전서와 나머지 신약에서 가능하였다. 그들의 실제적인 실존이 "율법", "사망", "죄"의 속박 아래에서 사는 사회를 초월하였기 때문에 그러하였다. 이런 이유로 그들은 언제나 인간의 원래적이고 궁극적인 운명의 견지에서 보존을 위한 하나님의 뜻을 이해하거나 발견하였나.

e) 역사적 효력들

베드로전서는 나머지 신약과 마찬가지로 사회 제도들 속에서 기독교인들의 행실이 상당한 효력을 발휘한다는 것에 동의하였다. 이 효력은 두 가지 측면에서 보아졌다.

1) 바울은 긍정적인 변화의 가능성을 생각하였다. 빌레몬서에 따르면 바울은 이미 기독교인이 되어 있었던 도망 노예인 오네시모를 그의 주인에게 되돌려보내기로 결심하였다. 이와 아울러 바울은 그 주인인 빌레몬에게 오네시모를 그 이후로 노예로서가 아니라 사랑하는 한 형제로 그의 집에 받아들여줄 것을 요청하였다(몬 16). 이 일이 일어남으로써 노예 제도는 이 구체적인 경우에 손상을 입었다. 가족법 규정들이 전제하고 있듯이 기독교 신앙에 의해 형성된 확장된 가족은 사회 구조들 자체의 변화 없이 출현하였다. 그러나 기독교인들이 참여하였던 개개 제도들이 좋은 방향으로 변화되었던 것과 마찬가지로 이것은 장래에 이 제도를 변화시키는 효력을 가지고 있었던 한 경우를 대변해주고 있는 것이다.

2) 변화의 다른 측면은 갈등이었다. 베드로전서 1장은 이 점을 특별히 주목하였다. 제도

들 속에서 살아가는 기독교인들은 언제나 다른 동기들을 토대로 다른 판단 기준을 따라 행동하였으므로 결과적으로 언제나 비기독교인들이 기대한 것과는 달리 행동하는 꼴이 되었기 때문에 갈등이 일어났다. 이 갈등에 대처하고 그것을 극복하기 위하여 베드로전서는 오직 하나의 길을 가리키고 있다: "오직 선을 행함으로 고난을 받고 참으면 이는 하나님 앞에 아름다우니라"(2:20).

자발성 — 베드로전서가 말하고 있듯이 — 이 그러한 고난의 바탕을 이루고 거듭거듭 실천될 때에만 사회 속에서 기독교인들의 책임있는 행실은 궁극적인 목표인 그리스도에 대한 증거가 될 것이다. 또한 그렇게 함으로써 그것은 '종말'의 새로운 실존에 대한 증거가 된다. 왜냐하면 그것은 역사 내에서 삶의 조건들을 무시하는 것이 아니라 그 조건들에 적절하게 응하는 것이기 때문이다. 예를 들면 비기독교인 남편과 결혼한 아내들에게 주는 명령은 이런 의미로 이해되어야 한다. 그들은 "도를 순종치 않는 자라도 말로 말미암지 않고 그 아내의 행위로 말미암아 구원을 얻게 하려"(3:1) 적절한 부부로서의 행실을 통해 이 곤경을 받아들이고 변화시켜야 한다.

사회 구조들 속에서 책임있고 비판적인 행실은 모든 상황 속에서 기꺼이 고난을 감수하려는 자발성을 통하여 가능하기 때문에 베드로전서는 선한 행실을 위하여 고난받고자 하는 자발성에 토대를 제공하려는 시도를 하였다. 그러한 것은 이 서신 속에서 단락이 진행될수록 더욱 큰 부분을 차지하고 있다.

4. 고난의 신학

베드로전서의 고난의 신학은 구약에서 욥이 아니라 다니엘을 그 모델로 하는 고난을 염두에 두었다. 두 부류의 어려운 말씀들이 설명하고 있는 바와 같이 이 고난은 하나님의 심판이기도 했고 하나님의 은혜이기도 했다.

고난에 대한 이러한 해석은 유대교의 순교 신학과 의를 위하여 핍박을 받는 자에 관한 예수의 축복을 그 근원으로 하는 전승의 흐름을 거쳐 이 서신에 자리를 잡게 되었다(§18, 7).

a) 심판으로서의 고난

1) 마카비 반란 이후로 다니엘을 비롯한 많은 유대인들은 이스라엘의 하나님의 율법에 대한 충성을 고수하고 있었기 때문에 헬레니즘 제국의 종교적인 국가 이데올로기와 갈등을 일으켰다. 이러한 그들의 충성은 순교로 이어졌다.[19] 이 헌신은 유대교 신학에서 상당한 주

목을 받았고(예를 들어, II Macc. 6:18-7:42), 그에 상응하는 권면 속에서 이 길을 칭송하는 목적으로 활용되었다(II Macc. 6:12-17). 여기서 이 길은 본질적으로 사회적 행위로 이해되지 않았고 그런 의미에서 자신의 동료 시민들을 위한 모범으로도 이해되지 않았다. 또한 그것은 본질적으로 도덕적 힘, 그 반대에 대한 시위적인 경고로 이해되지도 않았다. 물론 그러한 생각들이 아주 없었던 것은 아니다. 오히려 순교는 창조주와 역사의 주의 밭 안에서 '하나님의 관점 아래에서'(*sub specie Dei*) 보였다. 그러므로 유대인들에게 강요당한 굴종의 삶과 죽음은 창조주와 함께 하는 삶으로부터의 차단, 즉 심판을 의미하였다. 하지만 유대교의 이해에 의하면 심판으로서 순교는 순교자 자신의 결점들, 더 나아가 백성들의 빚에 대한 대표 속죄였다.

마카비4서 6:28 이하에서 순교자들은 다음과 같은 탄원과 함께 죽어갔다: "우리에 대한 벌이 그들을 위한 배상이 되게 하소서. 내 피로 그들을 정케 하시며 내 영혼이 그들 영혼의 대속물이 되게 하소서"(Charles, II, 674).

2) 이러한 유대의 순교 신학의 전승들을 빌어서 로마에서 소아시아와 수리아에 이르는 당시에 알려진 세계 전역에서 수많은 시련의 사건들 속에서 기독교인들에게 닥친 환난은 베드로전서에서 무엇보다도 심판으로 이해되었다. 4:17에서는 구약의 심상을 빌어 믿음의 공동체가 다음을 알아야 한다고 말한다: "하나님 집에서 심판을 시작할 때가 되었나니." 이 세상의 모든 악이 심판을 받아 이 세상이 깨끗케 될 종밀 때의 심판은 "하나님의 집", 성전을 동과하는 것이 아니라 거기서부터 시작될 것이다. 여기서 성전은 하나님이 지금 은혜 가운데 임재해 계시는 믿음의 공동체를 나타내는 심상이었다.

3) 기독교인조차 아니, 바로 기독교인들에게 심판이 필요하다. 그들은 분명히 악으로부터 자유로 부르심을 받았지만 여전히 악에 붙잡혀 있다.

베드로전서 4:1 이하에 나오는 당혹스러운 문장이 말하고 있는 바대로 고난을 통하여 인간 실존의 자연적 측면은 처리될 것이다. "그리스도께서 이미 육체에 고난을 받으셨으니 너희도 같은 마음으로 갑옷을 삼으라 … 그 후로는 다시 사람의 정욕을 좇지 않고 오직 하나님의 뜻을 좇아 육체의 남은 때를 살게 하려 함이라."

b) 은혜로서의 고난

십자가에 못박히시고 부활하신 주님과 연합하여 참여하는 것으로서 선한 행실을 위한 고난은 역설적으로 심판일 뿐만 아니라 은혜이기도 했다. 이 점을 독자들에게 잘 설명하는 것

---

19) E. Lohse, *Märtyrer und Gottesknecht*, pp. 66-77.

은 이 서신 기자의 중심적인 관심사였다. "까다로운" 주인과 관련된 기독교인 노예의 극단적인 예에 비추어 보아 지침이 되는 원칙은 이렇게 정식화되었다: "애매히 고난을 받아도 하나님을 생각함으로 슬픔을 참으면 이는 아름다우나"(2:19).

양심 속에서 하나님과 결합되어 있는 자를 때리는 통렬한 반격들은 만물이 그로부터 나왔으며 그에게로 돌아가는 바 그분의 사랑을 보여주는 지표로 보일 수 있다. 왜냐하면 이 매 맞음은 부르심의 표현이었기 때문이다 — 이 확신이 계속해서 말하고 있는 바대로(2:21). 이 의구심으로 가득찬 길을 걷는 자는 누구나 헛되지 않고 자신의 본분을 성취하고 목적지에 이를 것이다. 왜냐하면 그 사람은 제자도의 길을 걸었기 때문이다. 제자도 — 그리스도를 닮음이나 그리스도 신비주의가 아니라 — 는 이 확신을 집약하여 내용물로 채운 문장의 의미였다(2:20f.): "오직 선을 행함으로 고난을 받고 참으면 이는 하나님 앞에 아름다우니라 이를 위하여 너희가 부르심을 입었으니 그리스도도 너희를 위하여 고난을 받으사 너희에게 본을 끼쳐 그 자취를 따라오게 하셨느니라." 믿음으로 말미암은 순종을 통하여 예수의 길로 이끌어진 사람은 누구나 제자도 안에서 그분을 좇는 사람이 되었다. 이 시점에서 이 서신의 고난의 신학은 기독론으로 넘어간다.

5. 기독론

a) 그리스도 정형 어구

저자가 사회 속에서 기독교인의 실존에 관한 자신의 사상을 피력하는 데에 주요한 결절점을 이루는 세 경우에서 그는 그리스도의 삶과 사역에 관한 신앙고백 형태의 진술들을 찬송의 형태로 말했다. 이 기독론적 정형 어구들은 첫 세 장의 중심에서 각각 찾아볼 수 있다: 1:18-21; 2:21-25; 3:18-22. 이 기독론적 정형 어구들에 대한 전승사적 기원 및 그것들에 대한 탐구를 마지막으로 설명한 사람은 쉘클레(K. H. Schelkle)였다.[20] 그는 불트만의 가설을 상당한 정도로 따랐는데, 불트만[21]은 베드로전서의 저자는 빌립보서 2:6-11에서 바울과 비슷하게 공동체의 전승으로부터 기존의 찬송과 신앙고백 단편들을 가져왔다고 말한다. 이러한 견해를 주요하게 밑받침해 주는 것은 운문 형태만이 아니라 이 정형 어구들의 문맥에서도 발견된다. 이 정형 어구들은 문맥이 요구하는 것 이상으로 훨씬 나아갔다. 하지만 이러한 가설은 근거가 약하다. 한편으로 이 가설은 문제되고 있는 구절들의

---

20) *Die Petrusbriefe*, pp. 110ff.
21) Op. cit, (Lit., §43, 5).

내용이 문맥이 요구하고 있는 것 이상으로 훨씬 나아갔다는 것을 결정적으로 보일 수 없다.

다른 한편으로 구절들에 대한 분석은 빌립보서 2:6-11과 골로새서 1:15-20에서와는 달리 여기서 저자가 이미 완결된 전승 단편들을 그대로 가져왔다는 것이 결코 문제될 수 없었을 것임을 보여준다(불트만은 바로 그런 이유로 단편들에 관하여 말하였다). 그러므로 이 서신의 저자는 다른 곳에서와 마찬가지로 여기서도 전승들을 이용한 것이 아니라 그 전승들을 각각 개작하였다고 하는 생각이 더 현실적이다. 더욱이 이러한 점은 그가 기독론과 권면을 결합시킨 방식에 의해서도 확증된다.

b) 그리스도 정형 어구들과 권면의 결합

이 문제는 이 서신의 두번째 기독론적 부분에 의거함으로써 이 예를 능가하는 방식으로 해명될 수 있다. 2:21-25의 신앙고백은 위에서 보는 바와 같이(§43, 4b) 고난을 당할 때 조차도 선한 행실을 유지하라는 도전에 대한 토대를 제공하였다. 이와 관련하여 기독교인들의 고난과 그리스도의 고난 사이에 연결선이 그어졌다. 그러나 이러한 일이 어떻게 일어나는가? 가톨릭 주석학자인 슐츠(A. Schulz)는 신약 전체에서 "제자도"는 이 구절에서만 "그리스도를 본받음"과 동의어로 사용되었다는 입장[22]을 주창하였다. 슐츠는 '그리스도를 본받음'(*imitatio Christi*)이라는 가톨릭의 이상에 대한 신약의 토대는 매우 협소하다는 결론을 끌어내었다. 하지만 이 개념은 슐츠의 의미에서 베드로전서 2:21에서노 발견될 수 없나! 오히려 그리스도의 고난은 여기서 두 가지 방식으로 기독교인들과 결부되어 있다:

> 이를 위하여 너희가 부르심을 입었으니
> 그리스도도 너희를 위하여 고난을 받으사
> 너희에게 본을 끼쳐
> 그 자취를 따라 오게 하려 하셨느니라

여기서 두 가지 관련이 분명하게 이끌어져 나왔다. (1) 그리스도가 고난을 받아 죽으심에 이른 것은 기독교인들을 위한 고난이었고, (2) 그것은 기독교인들이 따라야 하는 발자취로서의 고난이었다. 이 두번째 표현은 헬레니즘 세계에서 모범을 본받는 것에 관하여 말할 때 흔히 사용되는 심상이었다.[23] 어떤 방식으로 이 두 관련이 결합되었는가 하는 것은 두 측면

---

22) *Nachfolgen und Nachahmen* (1962), pp. 289-292.
23) A. Stumpff. *TDNT* III, 402ff.

을 빌어온 그 다음의 문맥으로부터 확인될 수 있다. 24절과 25절에서 '휘페르'(위하여)가 설명되고 있다. 여기서 제자들은 그들을 위한 그리스도의 고난을 통한 행실, 그 결과로서 의를 위한 고난을 갖게 되는 행실로 인도되고 있다. 그들을 위한 자신의 고난을 통하여 그는 그들을 자신의 이 길로 받아들였다: 이로부터 22절 이하에서 그의 고난은 그들이 자신의 고난 속에서 따라야 하는 결정적인 원형(原型)이 되었다는 내용이 따라 나온다. 이에 따라 바울에서와 마찬가지로 베드로전서에서도 '쉰'(함께)이 '휘페르'(위하여)를 통하여 토대가 주어진다(§35, 5).

c) 정형 어구들의 기독론적 주제들

세 개의 신앙고백 유형의 정형 어구들은 1:18-21; 2:21-25; 3:18-22 각각 그 권면에 기독론적 토대를 주고 있다. 첫번째 정형 어구(1:18-21)는 예수의 죽으심은 출애굽, 즉 종말론적 실존을 이루어놓았던 종말론적 대속물 또는 구속이었다는 점을 말한다. 두번째 정형 어구(2:21-25)는 우리를 위한 의로운 분의 고난을 원형(原型)으로 말한다. 우리를 위한 의로운 분의 고난으로서 예수의 죽기까지의 고난은 의를 위한 우리의 고난의 원형이 되기 위하여 "선한 행실"로 귀결되었다. 세번째 정형 어구(3:18-22)는 죽기까지의 고난이라는 흔적을 가진 예수의 길은 축복의 길이었다는 것을 설명하고 있다. 이와 같은 것은 제자들이 고난 가운데서 뒤를 따를 때 제자들에게도 적용되었다. 이런 유의 고난으로부터 광범위하게 미치는 축복이 생겨났다. 3:18-22에서 말하고 있는 주제는 사실 신약 전체에서 그리스도의 길에 관한 가장 자세한 묘사를 촉발시켰다.

d) 베드로전서 3:18-22에 따른 그리스도의 길

신약의 다른 어떠한 구절에서도 여기에서보다 나중에 믿음의 두번째 조항이 되었던 요소들을 그토록 많이 언급한 곳은 없었다: 그는 "죽으사"(18절), "영으로 옥에 있는 영들에게 전파하시니라"(19절), "부활하심으로 말미암아"(21절), "하늘에 오르사 하나님 우편에 계시니"(22절). 이 기독론적 정형 어구는 실제로 두번째 조항의 전단계였다.

2) 이례적으로 광범위한 구원의 효력은 이 길 전체에 부과되었고 그 개별적인 단계들에 부과되지 않았다. 그것은 "우리"(hemin, 18절), 즉 믿음의 공동체에 대하여 유효하였지만, 그것은 이를 넘어 훨씬 광범위하게 미쳤다(19절 이하). 왜냐하면 그것은 소망 없는 대다수의 기독교 이전의 인류, 죽은 자의 세계에 거하는 홍수의 세대를 포함하였기 때문이다. 그런 다음 결론적으로 21절 이하는 이 구원의 효력이 지금 세례를 통하여 아주 보편적으로

모든 사람에게 제공되고 있다고 말하였다.

e) 죽은 자에 대한 구원의 선포(벧전 2:19f., 4:6)

베드로전서 3:19 이하의 언급, "저가 또한 영으로 옥에 있는 영들에게 전파하시니라 그들은 전에 노아의 날 방주 예비할 동안 하나님이 오래 참고 기다리실 때에 순종치 아니하던 자들이라"는 신약에서 음부의 예수의 설교에 관하여 말하고 있는 유일한 구절이다. 이것은 "그가 음부에 내려가셨다"는 두번째 신조의 모호한 말에 출발점을 제공하였다.

감옥에 있는 영들은 최근의 주석에서 흔히 생각하듯이 타락한 천사들이 아니라 홍수 세대의 영혼들이었다. 이것이 옳다면,[24] 이 구절은 주목할 만한 구원론적 진술을 담고 있는 것이 된다. 랍비 전승에서 홍수 세대는 완전히 그리고 영원히 멸망받은 것으로 간주되었다.[25] 하지만 이 구절은 그리스도가 지금 이 가장 소망없는 인류의 부류에게 구원을 제시하였다고 말한다! 예수의 죽으심의 구원 사역은 자신의 삶 속에서 한번도 그리스도와 만나보지 못했던 사람들, 그들 가운데서 가장 소망없는 자들에게도 미치고 있었다. 베드로전서 4:6은 일반적으로 다음과 같이 말하고 있는 것으로 생각되고 있다: "복음이 죽은 자들에게도 전파되었다."

이것은 고대의 세계관에 맞춰 무효화되어야 하는 실없는 생각은 아닌가? 이 두 구절이 우주적-공간적 개념 또는 신화적 선포를 생생하게 묘사하지 않았다는 특징을 깆고 있다. 쭈안점은 잃어버린 자들 앞에서의 선포에 두어졌디. 베드로전서만이 예수가 죽은 자의 세례를 통과하였다는 신약에 공통적인 개념에 이 요소를 도입하였다.

2세기에 음부로 내려감에 관한 이 개념은 두 가지 방식으로 발전되었다. 한편으로 음부의 싸움에 관한 진술이 발전되었다. 그리스도는 지하 세계의 권능들을 정복하였다. 다른 한편으로 음부의 설교라는 개념은 그것이 정확히 구원론의 성장과 일치한다는 방식으로 확장되었다. 초기 가톨릭 교부들은 그리스도가 과거의 의로운 자들, 특히 족장들에게 설교하였다고 가르쳤다. 이와는 반대로 마르키온은 그리스도가 구약의 의로운 자들에게가 아니라 지하 세계에 있는 모든 죄인들에게 설교하였다고 설명하였다.

---

24) 이 논의에 관해서는 Schelkle, op. cit. (n. 20), pp. 106f (Lit. !)를 참조하리.
25) "홍수 세내는 상자 볼 세상에시 분깃을 샃지 못하며 심판대 위에 서게 될 것이다"(Mishnah Sanhedrin 10.3 = H. Danby, *The Mishnah* (1933), p. 397).

베드로전서에서 저자에게 이미 전승이었던 음부에서의 설교에 관한 진술은 다음과 같은 실존적인 질문에 대처하기 위함이었다: 자신의 삶 속에서 그리스도를 만난 적이 없는 사람들에게 그리스도는 무슨 의미를 갖는가? 이에 대한 답변은 우리는 그들을 불의한 자들을 위하여 죽으시고 부활하신 분의 은혜에 맡길 수 있다는 것, 즉 우리는 그들을 믿음의 공동체로 살게 된 원동력인 그 은혜에 맡길 수 있다는 것이었다.

우리가 이 입지점으로부터 이 서신의 전반적인 주제를 되돌아본다면, 그것은 인상적인 개관을 제공해준다. 이 서신은 선포와 행실을 통한 보편적인 선교 증언을 중단 없이 수행하는 것을 통해 사회로부터 차별의 물결에 대처하자고 말하고 있다: 베드로전서는 말씀의 증거와 사회 속의 기독교인의 현존을 통한 증거를 아주 생생하게 결합한 신약 문헌이었다.

§44. 요한계시록에 따른 종말 때의 후기 기독교 사회의 기독교인들

J. Behm, *Gott und die Geschichte. Das Geschichtsbild der Offenbarung* (1925); C. Clemen, "Die Stellung der Offenbarung Johannes im ältesten Urchristentum," *ZNW* 26 (1927), 173-186; H.-D. Wendland, *Geschichtsanschauung und Geschichtsbewusstsein im NT* (1938); H. Bietenhard, *Das tausendjährige Reich* (1944); L. Goppelt, "Johannes-Apokalypse," *EKL* II, 365-69 (Lit.!); O. A. Piper, "The Apocalypse of John and the Liturgy of the Ancient Church," *Church History* 20 (1951), 255-266; J. Schniewind, "Weltgeschichte und Weltvollendung," in Schniewind, *Nachgelassene Reden und Aufsätze* (1952), pp. 38-47; A. T. Nikolainen, "Über die theologische Eigenart der Offenbarung Johannes," *ThLZ* 93 (1968), 161-170; A. Satake, *Die Gemeindeordnung in der Johannesapokalypse* (1966); M. Rissi, *Was ist und was geschehen soll danach. Die Zeit- und Geschichtsauffassung der Offenbarung des Johannes* (1966); cf. Rissi, *Time and History; a study on the Revelation* (1966); P. Prigent, "L'Apocalypse et Liturgie," *Cahiers Theologiques* 52 (1964), 7-81; R. Halver, *Der Mythos im letzten Buch der Bibel. Eine Untersuchung zur Bildersprache der Johannes-Apokalypse* (1964); T. Holtz, *Die Christologie der Apokalypse des Johannes* (1962); L. Goppelt, "Heilsoffenbarung und Geschichte nach der Offenbarung des Johannes," *ThLZ* 77 (1952), 513-522; W. Thüsing, "Die theologische Mitte der Weltgerichtsvisionen in der Johannesapokalypse," *Trierer Theologische Zeitschrift* 77 (1968), 1-16; G. Delling, "Zum gottesdienstlichen Stil der Johannesapokalypse," in Delling, *Studien zum NT und zum hellenistischen Judentum* (1970), pp. 425-450; K.-P. Jörns, *Das hymnische Evangelium. Untersuchungen zu Aufbau, Funktion und Herkunft der hymnischen Stücke in der Johannesoffenbarung* (1971).

Important Commentaries: W. Bousset (1906), KEK (historical background interpretation); W. Hadorn (1928), ThHK (historical-theological interpretation); E. Lohmeyer (1953²), HNT (supra-historical interpretation); E. Lohse (1966), NTD (historical background interpretation); H. Kraft (1974), HNT (end-time interpretation).

요한계시록에서는 베드로전서와는 다른 제목 아래에서 교회와 사회의 문제가 다루어진다. 이 두 저작은 갈등을 잘 알고 있었고, 그 갈등은 이 두 저작에서 불가피한 듯이 보였다. 그런데도 이 갈등이 베드로전서에서는 세상을 위한 적극적이고 선교적인 책임으로 인해 야기된 차별의 결과였던 반면에 요한계시록에서 그 갈등은 후기 기독교 세계의 반기독교적 활동의 결과였다.

1. 예비적 고찰: 저작 상황, 내용, 해석상의 문제점

요한계시록을 해석하는 데에 특별히 어려운 점은 그 신학적 진술들이 묵시문학적 심상들로 부호화되어 있다는 것이다. 이 진술들을 해석하려면 먼저 저작 상황, 내용, 이 문헌 해석을 위한 절차들을 살펴보지 않으면 안된다.

a) 저삭 활농에 관하여

이 책은 초대 기독교 예언에 의해 생산된 가장 뛰어난 문헌이다. 하지만 이 책은 직접적인 구두 전달을 통해서가 아니라 그 핵심을 따라 문자적으로 전승된 예언을 진술하고 있다 (1:19). 이러한 전승 형태와 그에 걸맞는 언어는 구약 및 유대의 묵시문학을 생각나게 한다.

그런데도 묵시문학의 저작 상황들에 관한 상세한 내용들을 살펴보면 그것들의 차별화가 필수적임을 알게 해준다. 예를 들면 요한계시록의 저자는 유대의 묵시문학의 저자들이 과거에 했던 방식과는 달리 익명이나 필명을 사용하고 있지 않다. 오히려 그는 서신 유형의 도입부(1:4-8)에서 자기 이름을 언급함과 아울러 스스로를 직접적으로 믿음의 공동체에 소개하고 있다.

이 이름만으로도 저자가 상대방 공동체들, 즉 로마의 아시아 속주에 있는 일곱 개의 주요한 믿음의 공동체들에게 자기를 소개하는 데 충분하였다(2:1, 8, 12, 18; 3:1, 7, 14). 그러므로 저자 요한은 이 이름을 지닌 팔레스타인 출신의 주의 제자와 동일할 가능성이 높다. 이 요한은 에베소에서 1세기 말경 개인적으로 아시아의 장로들, 히에라폴리스의 파피아스(Papias of Hierapolis), 서머나의 폴리캅을 만난 적이 있었다(Eus. *EH* 3.39.3f.; 5.20.4). 물론 우리는 이 요한이 순교자 유스티누스와 이레내우스 이래로 주장된 바와 같이 세베대의 아들 요한, 갈라디아서 2:9의 기둥 같은 사도와 동일 인물인지 아 닌지를 말할 수 없다.

저자는 아마도 유배자의 신분으로 바위가 많은 밧모 섬에서 이 글을 썼을 것이다(1:9). 이것은 저작 연대에 관한 전거를 제공해준다. 기독교인의 유배는 도미티아누스의 치세 말기 에 처음으로 시행되었다. 이를 비롯한 다른 지표들은 이레내우스가 생각한 대로(*Haer.* 5. 30. 3) 이 예언들이 도미티아누스 치세(주후 81-96) 말기에 생겨났다는 것을 시사해준 다. 저작 동기는 치세 말기에 더욱 더 기승을 부렸던 자신의 신격화에 대한 도미티아누스의 주장과 이 주장에 반대했던 모든 사람들에 대하여 그가 취했던 조치들이었을 것이다.[1]

b) 내용

이 저작의 내용을 규명하려면 우리는 1:19에 나오는 주제로부터 시작하여야 한다: "네 본 것과 이제 있는 일과 장차 될 일을 기록하라." 따라서 요한이 승귀되신 분으로부터 받은 계시는 두 부분을 포괄하였다: (1) 일곱 공동체에 보내는 서신들(2-3장) 속에 나타나는 현 재에 관한 예언("이제 있는 일"), (2) 미래에 관한 계시("장차 될 일", 4-22장).[2] 이 미래

---

1) 자세한 것은 Goppelt, *Apostolic Times*, pp. 109- 114.
2) 특히 다음과 같은 도식적인 분류가 등장한다:

서론	1:1-20
A. 현재를 위한 계시	
1. 주기: 일곱 교회를 향한 서신들 …	2:1-3:22
B. 미래를 위한 계시	4:1-22:5
2. 주기: 미래의 모습의 소개	4:1-5:14
와 일곱 인(7:1-17: 공동체)	6:1-8:1
3. 주기: 일곱 나팔(10:1-11:14: 공동체)	8:2-11:14
4. 주기: 용과 어린양	12:1-14:20
(세상의 권세들과 하나님의 공동체)	
(12:1-18: 아이 밴 어머니와 용;	
13:1-18: 두 짐승; 14:1-20: 그리스도를 통한 완성)	
5. 주기: 일곱 대접	15:1-16:21
6. 주기: 바벨론의 멸망	17:1-19:10
7. 주기: 그리스도의 '파루시아' 와 완성	19:11-22:5
(19:11-21: '파루시아' 와 적그리스도에 대한 심판;20:1-10:	
사단이 권좌로부터 떨어지고 이 땅에서 공동체가 완성된다.	
20:11- 15: 세상에 대한 심판;	21:1-8:
새 창조; 21:9-22:5: 새 예루살렘)	
결론	22:6-21

에 관한 계시는 보좌 위에 계신 분과 어린 양에 관한 환상으로 시작되었다(4장 이하); 이 승귀되신 그리스도에게 역사를 위한 하나님의 계획의 수행이 위탁되었다. 그런 다음 일련의 환상 묶음들이 나오는데(일곱 봉인: 6:1-8:1; 일곱 나팔: 8:2-11:19; 일곱 대접: 15:1-16:21) 매번 그 다음의 환상 묶음은 이전 묶음의 마지막 환상으로부터 생겨난다(8:1; 11:15; 15:5; 16:1) ― 로케트 발사의 여러 단계들처럼. 이보다 더 자세하게 나눈다면 여섯번째 봉인과 일곱번째 봉인 사이(7:1-17), 여섯번째 나팔과 일곱번째 나팔 사이(10:1-11:14)에 휴지(休止)가 나온다. 이 두 경우 모두 세상의 사건들로부터 하나님의 공동체의 운명으로 관심을 돌리고 있다. 따라서 이 두 상대방은 마지막 때에 서로서로 대적 관계에 서 있다: 세상과 하나님의 공동체.

12-14장에 나오는 환상 묶음은 특별한 위치를 띠고 있다. 거기에서 마지막 때의 이 두 상대방은 생생한 증보를 통하여 서로서로 대항 관계에 놓여지고 있다. 말하자면 그것은 좀 더 큰 묵시록 내의 소묵시록을 이루고 있다고 하겠다. 마지막 환상 묶음 다음에 나오는 바벨론의 멸망(17:1-19:10)은 세계사의 끝을 창조주에 대한 인류의 반란으로 묘사하고 있다. 그런 후에 19:11-22:5에서는 세계적인 사건들의 끝을 묘사하고 있는 결론부의 일련의 심상들이 나온다.

c) 해석상의 문제점

해석의 방법은 요한계시록과 고전적인 묵시문학적 예언의 관계를 어떻게 판단하느냐에 따라 결정적으로 달라진다.

후자의 예로 다니엘서 7:2-27의 네 왕국 이상(異像)을 들어보기로 하자. 이 환상은 환상과 관련한 전형적인 일인칭 보도로 시작한다(단 7:2-14): 다니엘은 네 마리의 환상적인 짐승이 네 번의 바람으로 인하여 출렁이게 된 바다로부터 차례차례 등장하는 것을 본다. 첫번째는 사자, 두번째는 곰, 세번째는 표범, 네번째는 선사시대의 괴물과 같았다. 그런 다음 심상이 바뀐다: 하늘 보좌에서 "옛적부터 항상 계신 이"가 세상에 대한 심판을 수행하고 짐승들로부터 권능을 빼앗아 하늘로부터 내려오는 인자에게 그 권능을 수여한다. 이 심상들은 다니엘서 7:15-27에서 '해석 천사'(*angelus interpres*)에 의해 해석된다. 이상을 보는 자는 네 짐승들이 마지막 네 왕국들, 즉 다니엘의 입지점에서 보았을 때 바벨론, 메데, 바사, 셀류키드가(家)를 포함한 알렉산더라는 말을 듣는다. 후자 가운데서 지극히 높으신 자를 신성모독하고 그의 백성을 괴롭힌 한 사람이 특히 두드러진다. 그는 바로 유대 민족을 무력에 의해 헬레니즘적 혼합주의에 복속시키려고 하였던 셀류키드가(家)의 안티오쿠스 에피파네스 4세였다.

예언이 여기에 초점을 맞추고 있는 것으로 보아 이 예언이 주전 550년경 포로기 동안이 아니라 주전 165년경 이런 일을 만났을 때 쓰여졌다고 판단하는 것은 어렵지 않다. 이 예언을 통하여 율법에 충실했던 당시의 독자들은 모든 관계가 곧 변화될 때까지 참고 견디도록 힘을 부여받았을 것이다. 바로 그 사람들에게 이렇게 말하였다: 역사의 과정은 처음부터 정해져 있는 것이고, 그 종말이 가까웠다! 우리가 요한계시록을 이 묵시문학적 예언의 고전적인 모델과 비교해볼 때 일치점들이 나타난다. 두 경우 모두 직접적으로 본 심상들 — 요한계시록의 "심상들"은 실제로 묘사될 수 있는 것이 아니었다 — 이 아니라 상징의 언어로 옷 입혀진 예언들을 기술하는 전통적인 언어학적 심상들을 빈번히 사용하고 있다. 두 경우 모두 종말이 다가올수록 악은 기승을 부리고 마침내 종말은 우주적 재난과 세상의 심판으로 온다. 묵시문학적 예언에 특징적인 시대 구분 방식이 요한계시록의 환상 묶음들에 의해서 재현되어 나타난다. 묵시문학과의 유비를 전제로 하여 다음과 같은 해석 유형들이 등장하였다.

1) 비평하지 않은 이해에 따르면 다니엘서 7장은 저자의 입지점으로부터 세계의 모든 역사 과정을 예언하였다. 요한계시록이 교회사적 또는 세계사적 해석에서 이해된 방식은 이와 유사하다. 해석자들은 요한계시록이 이상을 본 자의 당시로부터 — 그러니까 도미티아누스 치세로부터 — 세상의 종말까지의 역사를 예언하였다고 본다. 그러므로 예언의 초점이 되고 있는 요한계시록 13장의 적그리스도는 다니엘서 7:8의 "작은 뿔"과 마찬가지로 해석자와 동시대의 어떤 인물과 동일시되었다. 따라서 요한계시록 13장의 짐승들은 종교개혁 시기는 물론이고 후기 중세 시대에서도 제국과 교황을 나타내는 것으로 해석되었다.

2) 학문적인 주석들[3]은 일반적으로 요한계시록을 당시의 세계와 결부시키는 해석을 따랐다. 다니엘서 7장과 마찬가지로 요한계시록은 사실 저작된 시기의 독자를 위하여 쓰여졌다. 그 의도는 세계 역사의 과정을 예언하려는 것이 아니라 묵시문학적 언어로 가까운 장래에 일어날 것으로 기대되었던 종말에 비추어 당시의 세계 상황을 분석하려는 것이었다. 이런 견해에 의하면 요한계시록 13장의 적그리스도는 도미티아누스일 것이다.

3) 17세기에 경건주의는 역사의 종말에 대한 해석을 약간 다르게 발전시켰다. 그것은 요한계시록 4:1에서 시작되는 예언이 저자에게나 오늘날의 해석자들에게나 역사적으로 아직 미래인 종말의 문제라는 가정을 그 출발점으로 삼았다.

요한계시록을 해석하는 이 세 가지 유형은 이 책의 구조적 배열과 내용이 근본적으로 묵시문학적 예언과는 다르다는 사실을 깨닫지 못했다.

---

3) Op. cit, (Lit., §44).

1) 예언된 사건의 출발점은 이상을 본 자의 입지점이 아니라 그리스도의 승귀의 입지점이었다. 예언은 죽음의 상처를 갖고 있는 어린 양이 하나님의 보좌 앞에 서서 일곱 봉인이 된 책을 받는 장면을 묘사하고 있는 4장 이하로부터 시작되었다. 즉 이것은 역사에 대한 하나님의 계획을 수행하는 일은 승귀되신 그리스도에게 넘겨졌다는 것을 말한다. 그러므로 요한계시록은 십자가에 못박히신 분의 승귀로부터 시작된 지상의 드라마의 완성을 설명할 의도를 가지고 있었다. 요한계시록 4장과 5장을 토대로 한 이러한 결론은 요한계시록 12-14장에 나오는 소묵시록에 의해 확증된다. 왜냐하면 그것이 출발점으로 삼고 있는 사건은 세상의 구주의 탄생과 그가 하늘로 올라간 것이었기 때문이다.

2) 출발점의 경우에서와 마찬가지로 목표도 질적으로 다르다. 그리스도의 승귀로 시작된 지상의 드라마의 변화는 '파루시아'에서 완료될 것이다. 14:14 이하에 나오는 소묵시록과 19:11 이하에 나오는 주된 묵시록은 모두 '파루시아'로 끝을 맺는다. 따라서 요한계시록은 그리스도의 승귀로 시작되어 그의 '파루시아'를 통한 그에 의한 완성을 향하는 드라마를 묘사하고 있는 것이다.

3) 이런 이유로 묘사된 드라마조차도 묵시문학과는 다른 성격을 지녔다. 후자에서 역사에 개입하는 '에스카톤'(종말)을 통하여 마감하게 되는 지상의 드라마의 특정한 부분이 묘사되었다. 반면에 요한계시록은 이미 은밀하게 동텄고 역사에 개입하시는 하나님의 통치에 의해 완진한 모습을 드러내며 완성에 이를 하나님의 통치에 의해 결성되는 지상 드라마를 묘사하였다. 그러므로 이 책의 이해에서 결정적인 구절(5:9)에 따르면 어린 양이 이미 '바실레이아'를 세웠기 때문에 어린 양에게 봉인된 책이 주어진다.

그러므로 이 통치는 이제 역사 속에서 승리를 거둠으로써 종말에 다음과 같은 것이 선포될 수 있을 것이다: "할렐루야 주 우리 하나님 곧 전능하신 이가 통치하시도다"(19:6). 우리가 바울과 요한복음에서 '에스카톤'이 이미 현존하고 있지만(고후 5:17; 요 5:24) 요한계시록에서 종말은 여전히 미래에 있다고 말한다면, 그것은 요한계시록의 구조를 근본적으로 오해하고 있는 것이 된다. '에스카톤'은 요한계시록에서도 현재적임과 동시에 미래적이었다. '이미'와 '아직'이 요한계시록에도 적용이 되기 때문에 요한계시록은 사도성(apostolicity)이라는 중요한 판별 기준을 충족시키고 있는 것이다.

4) 그러므로 요한계시록이 역사의 과정만이 아니라 역사와 '에스카톤'의 만남을 묘사하고 있기 때문에 그 묘사의 유형은 유대 묵시문학과는 근본적으로 달랐다. 이 점은 다음의 예를 통하여 보여질 수 있다. 요한계시록 13:1에 나오는 짐승들의 심상은 다니엘서 7장에 나오는 짐승들의 면모들을 결합하고 있다. 그러므로 요한계시록 13장에서는 다니엘서 7장

과는 달리 세상 왕국들의 승계가 더 이상 묘사되지 않고 세상 왕국의 본질적인 성격 자체 (*per se*)가 묘사되고 있다. 독자들은 일련의 통치자들이 어떤 통치자를 뜻하는가를 결정할 필요도 없고 자신의 준거점을 이해할 필요도 없다. 오히려 독자들은 적그리스도적인 통치자의 본질적 성격을 파악함으로써 사회의 다른 구성원들과는 달리 그를 경배하지 않도록 하면 되었다. 요한계시록 17:8 이하에서 실제로 이 적그리스도적인 인물은 원칙적으로 역사 내에서 이미 발견될 수 있다는 지표가 독자들에게 주어지고 있다.

그러나 짐승 비유 자체는 비록 그것이 저작 당시에 도미티아누스의 모습이었고 독자들이 도미티아누스에게서 본질적으로 그러한 심상의 실현을 인식하였을지라도 예언의 정신으로부터 나온 본질적 성격에 대한 심상이었다. 이 심상은 단순히 도미티아누스를 가리키는 암호였던 것이 아니라 본질적 성격에 대한 비유였다. 묵시문학적 네 명의 말탄 자(6:1-8) ― 이것은 두번째 예라고 할 수 있다 ― 도 차례차례 등장하는 단일한 사건들이 아니라 역사의 정점의 본질적인 계기들을 묘사하고 있다: 세계 정복, 전쟁, 기아, 전염병. 이 예언은 일련의 사건들을 열거한 것이 아니라 역사의 정점의 본질적 계시들을 묘사하였다.

따라서 요한계시록은 위에서 말한 네 가지 점에서 구약 및 유대의 묵시문학과는 근본적으로 달랐다. 그러므로 요한계시록은 묵시문학과의 유비 속에서 해석되어서는 안된다. 이 책에서 순전히 당시의 세계만을 보는 해석은 교회사적 또는 세계사적 입장들과 마찬가지로 과녁을 벗어난 것이다. 요한계시록은 단순히 역사의 과정을 해석의 방식으로 묘사한 것도 아니고 당시의 역사 또는 세계의 역사를 묘사한 것도 아니었다. 오히려 요한계시록은 예수의 승귀의 관점으로부터 역사적 드라마의 본질적 성격, 동터오는 '에스카톤'과의 만남으로부터 나온 본질적 성격을 선포한 것이다. 그것은 공동체에서 믿음의 인식과 믿음의 결단을 가능케 하기 위하여 그와 같은 것들을 선포하였다. 이런 유형의 묘사는 마가복음 13장에 나오는 공관복음서의 묵시록에도 마찬가지로 적용된다. 그러므로 우리는 초대 기독교 묵시문학에서 특정한 전승 흐름을 다루고 있는 것이다!

2. 하나님과 역사

요한계시록은 모든 신학의 근본적인 주제에 응답하였다: 하나님과 역사 ― 그리고 그것은 언제나 다음과 같은 것을 의미한다: 하나님과 역사의 불합리. 요한계시록은 구약 예언의 이 주제를 예수의 삶과 사역을 통하여 발생한 새로운 역사적 상황과 그의 공동체의 출현에 비추어서 발전시켰다. 그 문제와 관련하여 우리는 이 주제에 대한 관심을 "그리스도와 역사” 또는 “구원과 역사에 관한 마지막 때의 계시”라는 이름을 붙일 수 있다.

우리가 요한계시록의 핵심적인 신학적 진술들에 주의를 기울이고자 한다면, 우리는 그 자체의 구조를 따라서 “하나님과 역사”라는 일반적 주제로부터 시작하여야 할 것이다. 그런 다음 우리는 교회 및 그리스도의 삶과 사역과 그것들이 역사에 미친 영향을 고찰할 것이다.

예언은 4장에서 보좌에 계신 분에 관한 이상(異像)으로부터 시작되었다. 역사의 과정에 관한 한 마디 말씀이 발해지기 전에 만물이 그로부터 나오고 그에게로 돌아가는 바 그분에게 주의가 돌려졌다. 두 개의 송영(頌榮)이 이 심상 속에서 역사 신학에 전형적인 두 가지 기본적인 출발점들을 선포하고 있다.

a) 첫번째 송영은 보좌에 계신 이에 관한 심상을 통하여 상징적 언어로[4] 이미 언급된 것을 표현하고 있다. 세상에서 일어난 모든 것에 대한 주권자는 고대인들이 생각하듯이 ‘헤이마르메네’(heimarmene, 운명)가 아니라 보좌에 계신 이였다. 그는 일어나는 모든 것을 결정하는 전능자였다 — 과거, 현재, 미래. “거룩하다 거룩하다 거룩하다 주 하나님 곧 전능하신 이여 전에도 계셨고 이제도 계시고 장차 오실 자라”(4:8).

요한계시록이 하나님을 아버지로서가 아니라 구약의 의미로 전능자(Pantokrator)로서 소개했을 때 그것은 신약의 하나님 개념 안에서 하나의 변화를 나타내 보인 것인가?[5] 이 형용 어구는 분명히 요한계시록의 특수한 주제에 의해 유발되었다. 신약의 다른 책과 달리 요한계시록은 지상의 드라마 속에서 활동하고 있는 어두운 악의 세력들과 창조주에 대하여 반역할 뿐만 아니라 그의 복음을 거부하는 사람들을 보았다. 그런데도 요한계시록은 이원론으로 빠지지 않았다. 하나님은 ‘판타크라토르’(pantokrator, 전능자)였다. 즉 하나님만이 일어나는 모든 일을 주관하는 주이셨다. 또한 하나님은 시간이라는 틀과 자기에게 반역하는 악의 세력들의 활동 기간을 정하셨다. 사실 하나님은 악의 세력들을 자신의 진노를 대신 수행하는 자들로 이용하셨다.

따라서 요한계시록 13:5과 7절에서 적그리스도적인 세상 통치자와 관련한 말씀이 네 번 나오는데, 그 통치자가 열방들을 통치하고 성도들을 거스려 싸움을 하는 것은 “허락된 것이었다.” 이 신적 수동태에 의한 구성은 하나님이 그렇게 하도록 허락하였다는 것을 의미하였다. 그리고 요한계시록 17:17에서는 다름 아닌 하나님이 열 왕에게 적그리스도와 연합하여 그리스도를 대항하는 싸움을 벌이는 마음을 주었고 자신들의 왕의 권능을 짐승 마음대로 할

---

4) 보좌에 앉는 것은 통치 또는 심판의 기능을 가리키는 전형적인 심상이다. 참조. O. Schmitz, *TDNT* III, 162ff.

5) ‘*Pantokrator*’는 하나님을 가리키는 전형적인 형용 어구이다. 참조. W. Michaelis, *TDNT* III, 914f.

수 있게 하셨다. 이 분은 바로의 마음을 완악하게 하여 그로 하여금 자신의 명령을 파기하고 이스라엘이 떠나지 못하도록 하게 했던 로마서 9:17 이하의 그 하나님이었다. 마음을 완악하게 하는 진노의 효과라는 이 마지막 어두운 가능성을 포함함으로써만 하나님은 실제로 역사 내에서 임재해 계시게 된다.

하나님은 일어나는 모든 일을 주관하시는 주이시기 때문에 이상을 보는 자에게 "이후에 마땅히 될 일"(4:1)을 보여주실 수 있었다.

이 '데이'(*dei*, 마땅히 되다)는 묵시문학에서와 같이 역사에 대한 하나님의 계획을 염두에 두었을 뿐만 아니라 다가오는 고난의 예고들에서와 같이(§18, 7) 구원을 위한 하나님의 결심을 염두에 두고 있었다.

b) 하지만 이 지상 드라마는 단순히 '언제 어디서나 역사하시는 하나님'(*deus semper ubique actuosus*)의 독백이 아니라 대화였다. 왜냐하면 인간은 이 드라마에 책임을 함께 하는 가운데 참여하였기 때문이다. 이 점은 보좌에 계신 분에 관한 이상 속에 나오는 두번째 송영에 의해 표현되어 있다. "우리 주 하나님이여 영광과 존귀와 능력을 받으시는 것이 합당하오니 주께서 만물을 지으신지라"(4:11). 역사적 삶은 저절로 생겨나는 것이 아니고 그 자체가 창조주에게 빚을 지고 있는 것이다. 이러한 원칙을 빌어와서 성찰 속에서 자기와 세상에 대한 이해를 하고 그 진리를 하나님과의 관계 속에서 인정하는 것은 인간의 본분이었다. 14:7은 이 점에서 도전을 주고 있다: "하나님을 두려워하며 그에게 영광을 돌리라 이는 그의 심판하실 시간이 이르렀음이니." 인간은 피조물의 목소리로서 창조주에게 응답하도록 되어 있고 또 그렇게 부르심을 받았다. 요한계시록은 지상 드라마의 모든 것을 하나님과 인간의 관계와 연결시킴으로써 이 관점을 인상적으로 발전시켰다. 창조주에게 존귀를 드리기를 거부하는 인간에게는 우주가 붕괴되었고, 하나님께 돌아온 새로운 인류에게는 새로운 세상이 창조되었다(21:1ff.).

이 점은 요한계시록 20:11 이하에서 세상에 대한 심판의 심상을 통하여 긴급하게 강조되었다: "또 내가 크고 흰 보좌와 그 위에 앉으신 자를 보니 땅과 하늘이 그 앞에서 피하여 간 데 없더라 또 내가 보니 죽은 자들이 … ." 여기서 모든 피조물은 그 창조주 앞에서 자기들이 왔던 바 무(無)로 가라앉고 말았다. 그런 다음 지상 드라마의 진정한 동반자들이 큰 정적 속에서 서로를 마주하고 서 있었다 — 인간과 그 심판자로서의 하나님. 이 상호적인 관계 속에서 전체의 과정이 결정되었고, 그 동일한 관계 속에서 이제 새로운 세상을 향한 전체 드라마의 변화가 생겨났다.

성경의 이러한 시각은 고대 세계에서 유례가 없는 것이었다. 그리스의 세계관은 우주론적이었다. 고대 동방은 세상을 자연과 관련된 신화학에 비추어 이해하였다. 헬레니즘의 세계관은 마귀 세력들을 중심으로 한 세계관이었다. 구약에서만 역사의 과정과 우주적 드라마 — 나중에 묵시문학에서 — 는 하나님과 인간 사이의 관계와 결부되었다. 이러한 시각을 토대로 자연의 계절 주기를 바탕으로 한 고대 세계의 순환적 사고 구조는 역사적 사고 구조에 의해 극복되었다. 시간 속에서 모든 드라마가 목적론적 진행, 즉 우리가 역사라 부르는 것으로 인식된 것은 다니엘서에서 처음이었다. 하나님이 자연의 묵묵한 권능으로서가 아니라 인간에게 말을 걸고 역사 속에서 자기가 존귀하게 될 것이라는 약속을 인간에게 하는 말씀으로서 만나졌기 때문에 이러한 시각이 생겨났다. 따라서 구약에 따르면 역사는 하나님과 인간의 말씀을 통한 만남으로부터 출현하였으며 인간은 세상의 미래에 대한 책임을 함께 지게 되었다.

물론 요한계시록의 중요한 질문은 이러했다: 인간은 이러한 그의 운명에 이를 수 있을 것인가? 보좌에 계신 이에 관한 이상(異像)에 나오는 송영은 지상에서가 아니라 하늘에 있는 보좌에서 발해졌다. 지상의 상황과 관련해서는 사람들은 모든 환난에도 불구하고 창조주를 인정하지 않을 것이라는 예언이 덧붙여졌다(9:20; 16:9, 11, 21).

3. 역사의 전환점으로서 그리스도의 승귀

a) 어린 양의 통치

일곱 봉인의 이상의 처음에서(5:1-7) 그리스도는 세상의 소망없는 상황을 바꾸어놓을 수 있는 유일한 분으로 등장한다. 그 누구도 일곱 인으로 봉해진 책을 펼 수 없었기 때문에, 즉 역사의 의미를 드러내고 실현할 수 없었기 때문에, "보좌와 … 사이에 어린 양이 섰는데 일찍 죽임을 당한 것 같더라 … 어린 양이 나아와서 보좌에 앉으신 이의 오른손에서 책을 취하시니라"(5:6f.). 이러한 어린 양에 대한 심상은 승귀되신 그리스도에 대한 특수한 상징으로서 요한계시록에 28회 등장한다.

이 상징은 초기 기독교의 상징적 언어로부터 탄생하였다. 다양한 신약 저작들에서 어린 양은 그리스도에 대한 상징으로 사용되었다. 가장 오래된 구절은 고린도전서 5:7의 유월절 설교로부터 유래한 인용문이었다: "우리의 유월절 양 곧 그리스도께서 희생이 되셨느니라"(참조. 행 8:32; 벧전 1:19; 요 1:29, 36). 요한계시록에서 무시문학저 심상들의 환상적인 상징은 비록 여기 언급된 다른 신약 구절들과 같은 '암노스'(amnos)가 아니라 헬라어 '아르니온'(arnion)을 사용하고 있긴 하지만 이 비유로부터 발전되었음이 틀림없다. 아마도 이 용어의 변화는 다른 구절들에서는 십자가에 못박히신 분에 초점이 맞춰졌고 여기에서는 십자가로부터 승귀되신 분에게 초점이 맞춰졌다는 사실에 기인하는 것으로 보인다.

이 환상적인 상징이 무엇을 표현하려고 했던가 하는 것은 두 부류의 형용어구를 통하여 분명하게 밝혀진다.

1) 어린 양이 "희생이 되셨느니라." 어린 양은 목에 희생의 흔적을 지니고 있었다. 즉 승귀되신 분은 모든 사람을 위하여 죽으신 분으로서 하나님 앞에 서 있었다는 것이다. 어린 양은 결코 '판타크라토르'(전능자)나 '코스모크라토르'(Cosmokrator, 세상 주관자), 세상 심판자 — 이런 모습은 나중에 옛 바실리카식 성당의 후진(後陳)에 그려졌다 — 가 아니었기 때문에 이 점은 중요하다. 나머지 신약에서와 마찬가지로 여기에서도 그리스도는 일차적으로 자신의 죽으심을 토대로 자기에게 속한 자들을 위하여 중보 기도하는 분으로서 하나님 앞에 서 있었다(참조. 롬 8:31-35; 히 8-10장).

2) 물론 이와 동시에 어린 양은 자신의 대적자들과 관련에서조차도 하나님의 종말론적 통치를 이루어낼 권능있는 분이었다. 요한계시록은 나머지 신약보다도 훨씬 더 이 측면을 강조하였다. 따라서 일곱 뿔[6]은 어린 양에게 모든 권세가 주어졌다는 것을 보여주는 것이었고 일곱 눈은 자기에게 부여된 성령의 충만한 분량을 상징하였다.

보좌 앞에서 어린 양은 모든 사람을 위하여 죽으신 분임과 동시에 권능있는 통치자였다. 요한계시록 전체를 통하여 이 두 측면은 어린 양의 사역이 나올 때마다 거듭거듭 모습을 드러낸다. 한편으로 어린 양은 그리스도의 죽으심을 통하여 자유하게 된 자들의 중심에 있는 모습으로 나타난다(7:9, 17; 14:1, 4; 19:7, 9; 21:9, 22f.). 중요한 것은 우리가 "생명책", 즉 "어린 양의 생명책"(21:27)에 기록되어 있다는 것이다. 다른 한편으로 심판을 의미하는 사역이 이러한 어린 양의 구원 사역과 상응하여 있다. 책의 봉인을 개봉함으로써 (6:1, 3, 5) 인간에 의해 공들여 만들어진 역사를 종식시키는 심판들이 터져나온다(6:16; 14:10; 17:14). 따라서 요한계시록에서 세계 역사에서 결정적인 전환점을 의미하는 사건에서 핵심이 무엇이었는가 하는 것이 분명해진다. 어린 양은 하나님의 손으로부터 일곱 인으로 봉해진 책을 받았다(5:7); 하나님의 대적들과의 관계도 포함한 역사에 대한 하나님의 계획은 모든 사람을 위하여 죽었던 분에게 넘겨졌다. 그는 그 대적들과 관련하여 역사의 목표를 달성할 종말 때의 통치자로 세움을 입었다. 봉인의 개봉에서 볼 수 있듯이 그는 복

---

6) 뿔은 이미 다니엘서(8:3)에서 권력의 상징이었다. 참조. I Enoch 90:9, 37; Syr. Bar. 66:2. 7이라는 숫자는 충만을 상징하였다.

음을 거부한 역사를 그 반대(反對)로 인하여 죽게 만들 것이다.

b) 역사에 대한 하나님의 계획의 수행

5:8-10에 묘사되어 있듯이 승귀되신 분은 예기적(豫期的)으로 이미 결정적이고 적극적인 중요성을 지니고 있는 것을 실현하였기 때문에 대적들과의 관련을 비롯한 역사에 대한 하나님의 계획을 수행하기에 "합당하였다". 즉 하나님 앞에서 자격이 있었다.

"책을 가지시고 그 인봉을 떼기에 합당하시도다 일찍 죽임을 당하사 각 족속과 방언과 백성과 나라 가운데서 사람들을 피로 사서 하나님께 드리시고 저희로 우리 하나님 앞에서 나라와 제사장을 삼으셨으니 저희가 땅에서 왕노릇하리로다." 이것은 분명히 요한계시록의 가장 중심적인 진술이었다. 이것은 승귀되신 분이 자신의 죽으심을 통하여 하나님을 위하여 사회의 모든 부류로부터 사람들을 얻고 그들을 자신의 '바실레이아'로 이전시켰다고 말하고 있다. 그 안에서 악은 극복되었기 때문에 하나님의 은혜로운 뜻은 실현되었다(마 6:10, 13 par.). '바실레이아'의 모든 지체들은 "제사장들"이 되었다. 그들은 하나님께 직접 나아갈 수 있었고 그들의 온 삶은 예배 의식이었다.

요한계시록 5:8 이하는 열방들로부터 믿음의 공동체의 선교적 출현과 그 외관상의 모습에 관하여서는 자세하게 묘사하지 않았다. 단지 케리그마적 직설법을 통하여 공동체의 본질을 규정하기만 하였다. 공동체는 그리스도의 역사만으로 이루어신 것이었다. 그리스도는 공동체를 "샀고" "삼으셨다." 그리스도의 사역, 그의 죽으심, 그의 승귀를 통하여 되었던 것은 물론 그의 '파루시아'를 통하여 장래에 될 것과 구별되어야 했다. 이 점은 문장의 끝부분에 나와 있다: "저희가 땅에서 왕노릇하리로다." 이 약속은 '파루시아'에 의해 오게 될 종말의 완성에 관한 이상들 속에 거듭 나온다(20:6; 22:5; 참조. 마 5:5). "왕노릇하리로다"는 새로운 삶이 가시적이 되고 모든 어둠이 물러갔을 때 이루어질 것이다(22:5; 참조. 고전 4:8).

4. 복음과 세상의 민족들

요한계시록에서 그리스도에 관하여 말하고 있는 것을 표면적으로만 본다면 홀츠만(H. J. Holtzmann)에 의해 정교하게 설명된 인상이 생겨날 수 있다: 요한계시록의 그리스도는 "전사(戰士), 그렇다, 평화의 메시야 개념인 예수와는 날카롭게 대조되는 자신의 승리를 축하하는 살인하는 메시야"였는데, "이 모든 것은 유대교로부터 전해받은 것이었다 … "[7]

부분적으로 이 진술은 그릇된 결론을 내리고 있음에도 불구하고 일말의 진리를 담고 있다. 일곱 개의 이상으로 이루어진 봉인, 대접, 나팔의 세 부류의 이상 묶음들을 통해 6장 이래로 승귀되신 그리스도에 관하여 말하고 있는 것은 사실 속력을 늦추지 않은 심판들의 연쇄로 간주되었다! 이 심상은 전체적으로 어떻게 이해하여야 하는가? 위에서 보았듯이 이 전제가 요한계시록 5:10 이하로부터 발전되었다는 것을 잊어버리지 않는 것이 중요하다. 이 심판들은 요한계시록에서 '바실레이아', 즉 어린 양의 은혜로운 통치의 부정적인 반대 측면이었다.

그러나 이 부정적인 반대 측면이 신약의 그 어느 곳에서보다도 더 큰 폭과 강도를 가지고 강조되었다는 것이 요한계시록의 특징이었다. 또한 이것은 요한계시록이 다른 성격을 띠게 된 결과를 가져왔다.

후자는 요한계시록과 바울에 나오는 이와 가장 유사한 진술인 고린도전서 15:23-28을 비교해볼 때 분명해진다. 거기에서는 이렇게 말하고 있다: "저가 모든 원수를 그 발 아래 둘 때까지 불가불 왕노릇하시리니 맨 나중에 멸망 받을 원수는 사망이니라"(고전 15:25f.). 바로 이 마지막 말 속에서 우리는 바울이 요한계시록과는 다른 원수들을 염두에 두고 있었다는 것을 알 수 있다. 바울은 사망을 비롯하여 하나님께 대적하는 다른 초인간적 세력들을 생각하였다. 하지만 요한계시록은 적그리스도와 연합한 세상의 열방들을 염두에 두고 있었다. 이 차이는 역사의 마지막에서 특히 분명해졌다. 요한계시록 19:19-21에 따르면 이상을 본 이는 짐승과 땅의 왕들과 그 군대들이 "말탄 자와 그의 군대로 더불어 전쟁을 일으키려고", 즉 '파루시아'를 위하여 출현한 그리스도에게 대항하기 위하여 '파루시아' 이전에 모여 있는 모습을 보았다. 이 열방들의 전투는 공격자들의 패배로 끝이 났다.

바울은 역사의 종말을 완전히 다르게 보았다. "이방인의 충만한 수가 [하나님의 통치 속으로] 들어오기까지 이스라엘의 더러는 완악하게 된 것이라 그리하여 온 이스라엘이 구원을 얻으리라"(롬 11:25). 종말에는 개개인의 회복이 아니라 열방들 전체와 이스라엘의 회심이 일어난다(§38, 3). 누가의 역사적 저작은 로마서 15장의 바울과 같이 당시에 알려진 세계 전체에서 복음의 묵시론적 승리의 행진을 더 이상 자기 세대 내에서 기대할 수 없었다. 오히려 그것은 세상의 열방들 가운데에서 오랫동안 지속되지만 긍정적인 선교의 진보를 바라보았다(행 28:28; 참조. §48, 4).

이 다른 관점들을 요한계시록의 관점들과 나란히 놓아보면 후자의 특수한 성격은 분명해진다. 요한계시록은 복음과 세상의 열방들과의 만남과 관련하여 요한을 제외한 바울, 누

---

7) *Theologie* I, 541.

가, 신약의 나머지 문헌들과는 다른 심상을 보여주고 있다. 물론 '바실레이아'는 모든 열방으로부터 모여들었지만(계 5:8ff.), 열방들의 대다수의 사람들, 특히 정치적 대표자들은 '바실레이아'를 거부하였다. 그러므로 열방들과 그 정치적 대표자들이 많은 수를 이루어 복음에 대적하긴 하겠지만 승귀되신 분은 역사를 그 목표를 향해 진행시킬 것이라는 것이 요한계시록의 의도였다. 그럼에도 불구하고 바울과는 대조적으로(롬 9장) 이러한 복음의 거부는 일시적인 것이 아니라 궁극적인 것으로 간주되고 있다.

여기서 우리는 공동체의 새로운 경험들, 이를테면 핍박의 경험들의 분석만을 가지고 있는 것이 아니다.[8] 오히려 이상을 본 자는 온 세계를 핵심적으로 십자가의 관점으로 보았다.[9] 또한 그는 이 세상을 예언적으로 해석하기 위하여 주변 환경의 특징들을 파악하였다. 그는 당시의 사회 전체가 충성을 맹세했지만 기독교인들은 저항해야 했던 정치적 종교적 세계관을 고찰하였다. 이 출발점은 이 책의 핵심인 요한계시록 13장에서 깊이 다루어졌다.

5. 정치적 반기독교와 참 제자도(계 13장)

요한계시록 13장은 기독교인들이 수 세기에 걸쳐 거듭거듭 자신의 것으로 인식하여 왔던 상황을 묘사하고 있다. 이상을 보는 자의 이상 속에서 두 짐승같은 것이 출현한다.

a) 첫번째 짐승

첫번째 짐승(1-10절)은 외모의 특징에서 세 가지 방식으로 묘사되고 있다(1-4절). ⑴ 이 짐승은 다니엘서 7장의 네 짐승의 요소들을 결합하여 갖고 있었다. 따라서 이 짐승은 성경 시대에 사람들에게 느부갓네살, 알렉산더, 가이사 아우구스투스와 같은 인물들을 통해 그 힘이 나타났던 세상 통치자를 나타내었다. ⑵ 아울러 이 짐승은 12:3에 묘사된 용, 즉 사단의 복제물이었다. 후자와 마찬가지로 이 세상 통치자는 사람들을 어그러진 길로 가게 하는 그리스도의 대적이었다. ⑶ 이보다 더 중요한 세번째 특징은 그 짐승의 머리들 중의 하나가 "상하여 죽게 된 것 같더니" 그 죽을 상처가 치유되었다는 것이다(13:3). 그러므로 그 짐승은 죽은 자로부터 살아난 자였다. 이 기적으로 인하여 사람들은 그 짐승을 신격화하

---

8) 일곱 교회를 향한 편지에 따르면 이 시대의 공동체들은 핍박이라는 독특한 상황에서 살고 있지는 않았다. 오직 2:13에서만 개별 공동체의 순교가 언급되어 있을 뿐이다.

9) 따라서 "큰 성"(11:8)은 "저희 주께서 십자가에 못박히신" 세상에 대한 심상이었다.

고 경배하게 된다(13:3b, 4); 이것은 죽은 자로부터 돌아온 신 같은 왕에 관한 고대 근동의 신화로부터 빌어온 요소로서 여기서는 어린 양에 대한 대항 심상(counter-image)으로서 종말론적 세상 통치자를 나타내었다(5:6). 어린 양이 사망의 흔적을 지니고 죽은 자로부터 부활한 분으로 나타났듯이 이 짐승도 그러하였다. 그러므로 종말론적 세상 통치자는 혹독한 독재자가 아니라 세상의 구주의 휘황찬란한 대항 심상으로서 무대에 등장하였다. 그는 세상의 구주로서 존귀를 받고 경배를 받을 것이다! 이런 이유 때문에 그는 정치적 적그리스도였다.

> 언어학적 심상들을 통하여 요한계시록에 표현되어 있는 것은 신약의 다른 곳에서는 오직 요한 저작들 속에서만 용어상의 표현이 발견된다. 요한일서 2:18, 22; 4:3; 요한이서 7절도 '적그리스도'(antichristos)에 관하여 말하고 있다. 하지만 요한서신의 적그리스도는 정치적이 아니라 신학적 인물이었다. 그것은 믿음의 공동체에 있는 거짓 교사들을 가리켰다. 이 호칭을 사용하고 있지는 않지만 데살로니가후서 2:1-12에서도 적그리스도를 묘사하고 있다.[10]

적그리스도의 행위의 특징은 하나님을 모독하는 것이었다(13:5f.). 그는 하나님이라는 칭호를 자기에게 돌리고 스스로 하나님의 손에 있는 "도끼"와 "채찍"(사 10:12ff.; 14:13f.)이 아니라 최후의 말씀이라고 주장하였다. 또한 그의 행위의 특징은 자기가 요구하는 자신에 대한 경배를 거부하는 믿음의 공동체를 핍박하는 것으로 나타났다(13:7f.). 사람들에게 적그리스도의 경배를 피하라고 경고하는 것이 요한계시록 13장의 의도였다.

이것은 로마 제국의 이데올로기를 통하여 점점 더 심해진 고대 근동의 로마 황제 숭배를 생각나게 한다. 도미티아누스는 자신의 생전에 신적인 숭배를 요구하였던 최초의 황제들 가운데 한 사람이었다. 이 개인 숭배는 결코 단순히 이데올로기적인 놀이가 아니라 진정한 종교적 신념의 표현이었다. 아우구스투스 이래로 황제는 많은 사람들에게 실제로 생존을 보장해 주고 의미있는 삶을 가능케 해주는 신이었다.[11] 이런 이유로 사람들은 황제에게 경배를 드렸다. 기독교인들은 지구상의 거주민들 가운데서 세상 통치자가 아니라 하나님에게 일용할 양식을 구한 유일한 사람들이었다(13:8). 따라서 기독교인들은 이데올로기에 의해 규정되어 있던 주변 세계의 눈에 자율적인 인류의 연대를 깨뜨리는 반역의 무리들로 비쳤다. 이

---

10) 이 개념의 이전 역사에 대해서는 M. Dibelius, *Der Zweite Thessalonicherbrief* (HNT) at II Thess. 2:10(excursus)을 참조하라.

11) 이 관점으로부터 8절을 이해할 수 있게 된다. 세상의 통치자가 아니라 하나님에게 자기들의 일용할 양식을 구하는 자들만이 생명책에 기록되어 있는 자들이다.

런 상황은 교회와 정치적 이데올로기 사이의 완벽한 불화를 가져왔고 결국 요한계시록 13:
7a에서 보는 것처럼 교회의 패배로 끝이 났다(참조. 11:7f.). 하지만 그 결과로서 믿음의
공동체에 나타난 것은 저항이 아니라(참조. 마 5:39) "성도들의 인내와 믿음"(13:9f. ; 참
조. 12:11)이었다.

b) 두번째 짐승

두번째 짐승(13:11-18)은 어린 양을 닮았고(11절) 용과 같이 말했다. 이 짐승은 거짓 선
지자였다. 첫번째 짐승은 지상의 거주민들이 자기를 경배하도록 할 목적으로 이 두번째 짐
승에게 권능을 주었다(12-17절). 이 짐승은 거짓 이적들(13ff.)과 간접적인 폭력(16f.)을
통하여 경배를 불러일으켰다. 거짓 선지자에 대한 이러한 심상을 통하여 요한 공동체는 제
국의 이데올로기와 이 이데올로기를 나름대로 대변하고 공공연하게 선전하였던 철학자, 시
인, 예술가, 사제들과 같은 사람들을 떠올렸다. 예수로 말미암아 생명으로 부르심받은 사람
들은 기만적인 모습이나 강압에 굴복할 수 없었다. 평화와 안전(*pax et securitas*)이
제공되었을 때 그들의 눈은 이데올로기의 안개를 꿰뚫어 볼 수 있었다(살전 5:3) ; 그것들은
"경배할" 수 없는 것들이었다.

우리의 국가가 로마서 13장의 국가인지 요한계시록 13장의 국가인지를 판별하기 위한 구체
적인 근거들을 제시하기 위해 우리 세기의 중반부터 거듭거듭 제기되어 왔던 질문은 물론 신
약의 관점에서 바라볼 때 잘못된 양자 택일에 토대를 두고 있다. 정치적 실체들은 철저히 이
중적이다. 거기에는 언제나 정치를 뭔가 최종적인 것으로 변화시켜 그 자신을 신격화하는 경
향이 존재한다. 기독교인들의 임무는 그러한 경향이 신학을 통해 제거될 때까지 요한계시록
13장의 도움을 받아 이러한 경향을 드러내고 거기에 저항하는 것이다.

c) 갈등의 구원사적 전제들

요한계시록 13장에 나오는 갈등에 대한 예언적 견해는 거기에 대한 구원사적 전제들을
생각나게 하는 요한계시록 12장과 분리될 수 없다. 이 장은 두 가지 사항을 주목한다.

1) 세상의 구주가 나타나서(12:1-6) 하나님께로 옮겨졌을 때에 커다란 결정들이 이미 내
려졌다. 사람들을 고소하던 자는 예수의 죽으심으로 말미암아 권좌로부터 밀려났다(12:13-
18). 교회조차도 보호를 받았다. 따라서 이러한 싸움 속에서, 그리스도와 교회의 존재 유무
가 아니라 개별 제지의 충성의 유무가 문제였다.

2) 교회 속으로 정치 이데올로기가 침투한 것은 기독교 이전의 이교 사상의 산물이 아니

라 후기 기독교 시대의 세계 상황의 산물이었다. 그것은 그리스도의 출현과 종말 때의 구원의 공동체의 정립이라는 상황 속에서 하나님을 부인하는 세상 — 사단에 의해 대표되는(12:9; 20:2, 7) — 의 반발이었다.

6. 역사의 정점의 핵심적인 특징들(계 6-11, 15-19장)

a) 세계 역사 내에서 믿음의 공동체

세상 역사의 과정에 관한 일련의 심상들 속에서 믿음의 공동체는 오직 하나의 이상, 다섯 번째 봉인에 관한 이상(6:9-11)에만 나타난다. 선견자는 "하나님의 말씀과 저희의 가진 증거를 인하여" 순교자가 되었던 자들의 질문을 여기에 적어놓았다: "땅에 거하는 자들을 심판하여 우리 피를 신원하여 주지 아니하시기를 어느 때까지 하시려나이까." 의심들과 싸우며 던지는 이 믿음의 질문 — 이것은 흔히 주장하듯이 복수를 바라는 비기독교인들의 부르짖음이 아니라 탄식의 시편들로부터 유래하는 하나님에 관한 질문이었다 — 은 답변을 통하여 수정되었다(6:11): 기독교인들은 세상과 관련한 하나님의 행위가 아니라 그들의 관심사였던 것에 관하여 질문을 제기하는 것이었다! 구원의 계획에 따라 순교를 당해야 했던 기독교인들의 수가 찰 때까지 그들은 아직 잠시 동안 참아야 했다. 선견자의 판단으로는 순교를 포함하는 현재의 상황이 아직 교회의 운명이지는 않았지만 교회는 순교하는 교회로서 역사 내에 서 있었다. 따라서 선견자는 요한복음 15:19 이하와 일치하는 특질들에 관한 심상을 구성하였다: "너희는 … 세상에서 나의 택함을 입은 자인고로 세상이 너희를 미워하느니라 … 사람들이 나를 핍박하였은즉 너희도 핍박할 터이요." 이런 이유로 교회는 탄식의 시편들의 질문에 관심을 갖지 않았다. 의로운 분의 십자가에 비추어 요한계시록은 기독교인들 가운데서 의로운 자들의 고난에 관한 시편들의 질문에 침묵하였다.

b) 심판 아래에서 후기 기독교 세계의 역사

이 땅의 거민들은 공동체의 증거를 거부하였기 때문에 공동체를 괴롭혔다. 이러한 복음의 거부의 반대 측면은 심판이었다. 이 점은 요한계시록 8:3-5에 시사되어 있고 19:2에 표현되어 있다. 그 입장에서 보면 삼중의 일곱 가지 이상으로 묘사되어 있는 지상 드라마의 핵심적인 특징들은 분명해진다. 세상 역사는 마침내 지상 드라마를 종식시킬 역사적 우주적 재난들로 묘사되었다.

여기서 이 세상의 일들은 더 이상 그리스도 이전처럼 하나님의 오래 참으심 아래 있지 않

다(롬 3:25에 따르면) ; 이제 그것은 하나님의 진노의 심판 아래 떨어졌다. 요한계시록 15:7
에 의하면 마지막으로 무서운 일들을 이 땅에 쏟아붓는 일곱 대접은 하나님의 진노로 가득
차 있었다(참조. 15:1과 16:1). 이 모든 충격파들은 하나님의 진노의 큰 날에 부어졌다(계
6:16f. ; 11:18; 14:10; 16:19; 19:15). 사람들이 자신들의 "악행", 특히 "하나님의
이름을 훼방"한 행위를 회개하지 않았기 때문에 진노가 쏟아졌다(9:20f. ; 16:9ff.). 요
한복음 3:18이 말한 내용을 역사 과정에 대한 묵시문학적 심상들을 통하여 그리고 있는 요
한계시록은 개개인에게 이렇게 말하고 있다: "믿지 아니하는 자는 … 벌써 심판을 받은 것
이니라." 일곱 이상들로 구성된 삼중의 이상 묶음으로 이루어진 이 심판의 사건은 구체적으
로 "바벨론"의 멸망(17:1-19:10), 로마의 몰락, 세계의 번영하는 수도의 몰락(19장)에 관한
마지막 이상 묶음에 초점이 맞춰졌다. 여기서 다시 한번 선견자(先見者)는 전쟁과 재난에
의해 충격을 받은 세계에서 살고 있지 않았다는 것이 분명해진다. 그는 자기가 눈으로 보는
상황을 심상들 속에서 분석한 것이 아니라 그 배경들에 대한 자신의 통찰로부터 깊이 있는
예언적 모습을 전개시켰다.

c) 믿음의 공동체 내에서의 실존

요한계시록 7, 10, 11장은 믿음의 공동체 내에서의 실존에 관심을 보이고 있다. 공동체
는 여기서 관례적으로 '전투하는 교회'(ecclesia militans)와 '승리하는 교회'(ecclesia triumphans)로 구별되는 두 가지 형태를 보이고 있다. 전자는 7:1-8; 14:1-5,
10장, 11장에 나타나고, 후자는 7:9-17에 나타난다. 이 심상들로부터 다음의 세 가지 사
항이 특별히 주목할 만하다.

1) 요한계시록은 '파루시아' 이후에 등장하는 완성 시의 공동체와는 구별되는 하늘에 지
금 존재하는 변화된 공동체에 대하여 아무것도 알고 있지 않았다(계 21:3f., 6). 선견자는
7:9-17에서 종말에 살아가는 자들에게 처음으로 이루어질 것을 하늘에 있는 시간을 초월한
영원한 것으로 보고 있다.

2) 시간 속에 있는 공동체에서 모든 것은 '휘포모네'(hypomone), 순종하는 믿음의
인내에 달려 있었다(1:9; 2:2f. ; 3:10; 12:19; 13:10; 14:12). 이 '휘포모네'는 시
련을 통한 환난와 상응하였다. 공동체는 두 가지로 고난을 겪었다. 공동체는 하나님의 심판
아래 있는 세상과 함께 고난을 겪었다.[12] 그러나 대부분 공동체는 세상에서의 증거를 인하여
고난을 겪었다(1:9; 2:9f. ; 7:14). '휘포모네'의 확증을 통하여 누가 진정으로 공동체

---

12) 유일한 예외는 계 9:4이다.

에 속한 자인가를 알아볼 수 있었다. 어린 양의 책에 기록되어 있는 자, 택함받은 자는 적그리스도를 경배하지 않았다.

3) 의심으로 괴로워하는 이 공동체는 세상과 관련하여 증거를 행하였다(11:3-13). 이 공동체에게는 그 공동체가 하나님의 척량받은 거룩한 영지로서 종말 때까지 신성모독으로부터 보호를 받을 것이며(11:1f.) 마지막까지 증거할 수 있을 것이라는 약속이 주어졌다(11:10). 물론 종말에 세상을 향한 증거는 승리하는 것이 아니라 실패할 것이다. 그 증거들은 "시체가" 되어 "큰 성길에 있으리니 그 성은 영적으로 하면 소돔이라고도 하고 애굽이라고도 하니 곧 저희 주께서 십자가에 못박히신 곳이니라"(11:8). 증거의 소리와 교회는 종말에 반기독교에 의해 패배를 당할 것이다(11:7; 13:7). 이미 분명해졌듯이 이 모든 것은 신약의 다른 저작들에 의해 전해진 것과는 다른 차원의 교회 역사와 세계 역사였다. 이 차원은 교회 역사 속에서 어려운 시기마다 언제나 일어났던 것처럼 절대적으로 고정될 수도 없고 기독교가 특권적인 지위를 누릴 때마다 생각되었던 것처럼 일축해버릴 수도 없다.

7. 종말의 완성

a) 믿음의 공동체의 완성(20:1-10)

요한계시록이 전체 역사의 과정을 묘사한 상(像)은 초월적 미래의 예고로 끝이 난다. 이 미래는 인간의 욕구를 투영하여 사변적으로 개념화한 것이 아니라 예수 안에서 사람들을 만나는 것의 완성이었다.

또한 이것은 많은 오해를 받고 있는 천년왕국의 심상에도 해당된다(20:1-10). 12:7-12에 의하면 이미 예수의 승귀를 통하여 하늘의 권좌로부터 밀려난 사단이 지상에서도 제거되고 시험과 의심과의 싸움이 끝난 후에(20:1-3) 그리스도의 천년왕국이 시작된다(20:4-6). 기독교인들은 천년 동안 그리스도와 함께 다스리기 위하여 죽었던 모든 다른 사람들 앞에서 일으키심을 받는다.

이 심상은 무엇을 말하고 있는가? 그 의도는 첫째 부활에 기독교인의 참여에 관한 말씀 속에 나와있다(5b, 6절). 그것은 죽은 자의 일반적인 부활에 앞서 일어나는 기독교인들의 특별한 부활이었다.

이 첫째 부활은 초대 기독교 공동체의 특유한 기대였다. 그것은 유대 묵시문학에는 생소한 것이었다. 그것은 데살로니가전서 4:16 이하와 고린도전서 15:23에서 찾아볼 수 있을 정도로 일찍부터 등장하였다. 여기서 "첫번째"는 시간적인 선행이 아니라 질적인 우월을 가리킨다. 기독교인들의 부활은 모든 사람들의 부활과는 다른 의미를 가지고 있었다 — 이 점을 주목하여야 한다.

기독교인들은 육체적으로 소생하여 낙원과 같은 삶을 사는 것을 기다린 것이 아니라 부활하여서 생명을 의미하는 그들의 주님과 하나되는 것을 기다리고 있었다.

기독교적 종말 기대의 이러한 중심은 베드로전서 1:8 이하에 설명되어 있다: "예수를 너희가 보지 못하였으나 사랑하는도다 이제도 보지 못하나 믿고 말할 수 없는 영광스러운 즐거움으로 기뻐하니 믿음의 결국 곧 영혼의 구원을 받음이라." 요한복음이 다른 범주들을 사용하여 "첫번째"라는 심상 없이(요 5:29) 생명으로의 부활을 약속한 것은 바로 이것에 상당하는 것이었다(참조. 고후 5:8; 요일 3:2).

따라서 이러한 "첫째 부활"의 심상은 기독교인들의 종말 기대의 중요한 계기를 표현하고 있는 것이다. 지금 우리가 믿는 주와 하나됨은 예비적인 그 무엇이 아니라 더할 나위 없는 새로운 생명일 것이다. "이 첫째 부활에 참예하는 자들은 복이 있고 거룩하도다 둘째 사망이 그들을 다스리는 권세가 없고"(계 20:6). 이러한 주와 완전케 된 교제는 심상의 후반부에서 그리스도와 함께 다스리는 것으로 묘사되었다.

> 요한계시록 20장에 대한 천년왕국적 해석은 여기에 나오는 말씀들이 기독교 선교의 승리와 이 땅에서 메시야적 봉지의 실현을 의미하는 것으로 이해하였다. 그러나 이 심상의 설반조차도 그 모든 것에 관하여 여기서 말하지 않았다. 사실 문맥으로 보면 부활의 공동체가 다른 사람들과 접촉한다는 것 자체가 불가능하다. "그리스도와 함께 다스리는 것"은 실제로 그의 '바실레이아'에 전적인 참여 이상의 의미를 가지고 있었다. 기독교인들은 지금까지 하나님의 관점에서 바라본 구원의 통치로 들어갔던 것처럼 이제 그들은 아무 제한 없이 하나님과 서로를 진정으로 섬길 수 있었다.
>
> 그러므로 천년왕국설(chiliasm)은 요한계시록 20장을 그 근거로 주장할 수 없다. 역사적으로 볼 때 천년왕국설은 요한계시록 20장과는 무관하게 2세기에 유대 전승으로부터 발전되었으며 나중에 요한계시록 20장을 그런 식으로 해석하였던 것이다. 하지만 요한계시록 20장은 메시야적 중간기 왕국에 관한 유대 묵시문학적 개념의 몇몇 요소들을 심상의 재료로서 빌어와 썼을 뿐이었다.

b) 세상에 대한 보편적인 심판(20:11-15)

우리는 20:12에서 다음과 같은 말씀을 읽는다: "또 내가 보니 죽은 자들이 무론 대소하고 그 보좌 앞에 섰는데 책들이 펴있고." 기독교인들을 비롯한 모든 사람들은 그들의 행위에 따라 심판을 받는데, 행위들을 기록한 "책들"에 따르면 그 누구도 시험을 통과할 수 없었다. 오직 생명책에 기록되어 있는 사람들, 그리스도 안에서 택하심을 받고 부르심을 받은 사람들만이 구원을 받았다(13:8).

사람들에 대한 심판의 기초가 되는 책들이라는 심상은 아주 오래된 것이었다. 우리는 그것이 일찍이 죽은 자들에 대한 심판을 나타내는 것으로 고대 애굽에서 사용되었다는 것을 발견한다. 그러나 여기서의 형태는 아주 독특하다. 그것은 특히 신약의 최후의 심판의 개념을 표현하고 있다. 바울에 의하면 믿음으로 말미암아 의롭게 된 사람들을 포함하여 모든 사람은 행위를 따라 심판을 받게 되는데(고후 5:10) 그들의 행위는 매우 진지하게 무게가 달아질 것이다. 칭찬과 책망이 있을 것이다(고전 3:12-15). 하지만 심판에서 무죄 선고는 행위나 기독교인들의 새로운 순종으로부터는 기대될 수 없고 오로지 그리스도의 궁극적인 중보기도로부터만 기대될 수 있다(롬 5:9). 이러한 기대는 심판을 위해 나타나는 인자에 관한 예수의 말씀에 의거하였다. 이 분은 여기서 예수를 시인한 자들을 시인할 것이다(눅 12:8). 세상의 심판자는 세상의 구주일 것이다. 요한계시록은 이 특별히 기독교적인 기대를 책들이라는 심상을 통하여 묘사하였다. 그것은 생명책만을 통한 구원에 반대하는 행위를 기록한 많은 책들을 특별히 부각시키는 가운데 수행되었다.

c) 새 창조(21:1-8)

새 창조에 관한 결론 부분의 이상에서는 그림같이 기술하려는 어떠한 시도도 없었다(21:1-8); 오히려 종말의 완성 때에 기대될 수 있는 것이 선포되었다. 1-5절에서 인간의 회복된 미래로서 선포된 것은 황금 시대의 복귀가 아니었다. 후자는 버질(Virgil)의 제4목가에서 인간 실존의 문제들에 대한 해결책으로서 목가적으로 해석되었다. 오히려 그것은 예수가 팔복의 가르침에서 약속하였고 자신의 사역을 통하여 은밀하게 현존하게 하였던 하나님 나라의 가시적인 동터옴이었다. 각각의 절은 종말의 완성의 핵심적인 요소를 열거하고 있다. 새 세상이 창조되고(1절), 거기로 하늘로부터 새 예루살렘이 내려온다(2절). 이 새 예루살렘은 완전케 된 자들의 거처가 아니라 하나님의 공동체의 상징이었다. 그것은 실제로 하나님의 공동체의 상징인 "신부"(19:7)였다. 새 세상은 새로운 공동체를 위해 창조되었다. 하지만 이 공동체는 새 인류와 동일하였다. 공동체가 그러한 것은 하나님이 그 가운데 거하시기 때문이었다(3절). 하나님이 그들과 함께 계시기 때문에 모든 악은 사라질 것이다(4절). 5절이 요약을 통해 선포하고 있듯이 "모든 것"은 "새로울" 것이다(그리고 이것은 직접적으로 하나님의 말씀으로 지칭된 요한계시록의 최초의 말씀이었다!). 새 창조를 통해 예수의 부활 속에서 시작된 새롭게 되는 것은 그 목표에 도달할 것이다.

8. 출발점과 종말 때의 종말론의 문제점[13]

a) 인간과 역사와 세계가 구체적으로 완벽하게 될 것이라는 기대는 결코 신약 기독교의 주변 환경의 세계관으로부터 자연스럽게 생성된 것이 아니었다. 이러한 사고는 헬레니즘적 유대교의 사상은 물론이고 헬레니즘 세계의 사고에도 극히 생소한 것이었다. 일찍이 고린도 전서 15장에서 바울은 이런 이유로 믿는 자들의 구체적인 부활에 이의를 제기하였던 고린 도에서의 움직임과 논쟁을 벌였다. 그러한 구체적인 역사적 기대들이라는 불합리한 모습을 띠고 있는 팔레스타인 묵시론은 긍정적인 출발점이 되기보다는 오해의 여지가 된 적이 많았 다. 예수 자신과 다르지 않게(§7, 2) 바울은 인간은 자기가 떠나간 방식으로 다시 한번 올 것이라고 말하는 바리새파적 묵시론의 기대에 반대하였다(막 12:18-27 par.). 따라서 기 독교적 종말 기대는 주변 세계의 사고 내에서 독창적으로 형성된 것이었다.

b) 그렇다면 신약의 기대의 출발점은 어디서 찾을 수 있는가? 예수와 마찬가지로 바울은 창조주는 자신의 피조물 전체와 관련하여 그 목표를 달성할 의도가 있으셨기 때문에 인격적 총체로서 인간은 하나님의 것으로 주장되었다고 이해하였다. 그러므로 바울에게 구원에 이 르는 것은 믿는 자들이 예수와 마찬가지로 인격적 총체 속에서 일으키심을 받아 하나님 앞 에 영원히 거할 것이라는 현실을 두고 성공하거나 실패하였다. 그에게 믿는 자들의 칭의는 몸의 구속과 모든 피조물들의 구속을 통해 그 완성에 이르는 것이있나(롬 8:18-30). 하시만 인격으로서 새로운 실손은 다른 사람들과의 새로운 의사 소통, 새로운 교제, 삶을 위한 새 로운 상황을 의미하였다 ― "새 세상." 요한복음을 비롯한 신약 전체는 이러한 견해를 주창 하였다. 오늘날까지도 하나님과의 '나-너' 관계가 지속되는 가운데 죽음을 넘어 완성에 이를 것이며 예수가 주장하였고 은밀하게 중보하였던 새로운 인간 존재가 부활절 사건에 의해 틀 이 잡힌 형태로 등장할 것이라는 소망이 믿음과 굳게 결합되어 있다.

c) 물론 '어떻게'에 관한 질문은 헬레니즘 세계의 사람이나 유대 사람들에게보다도 우리 에게 비할 바 없이 더 어려워진다. "죽은 자들이 어떻게 다시 살며 어떠한 몸으로 오느냐?" 라는 질문에 대하여 바울은 "어리석은 자여 … 하나님이 그 뜻대로 저에게 형체를 주시되" 라고 대답하였다(고전 15:36, 38). 우리에게 이 '어떻게'에 관한 질문은 바울에서보다 훨 씬 더 모든 형태의 개념화에 의해 왜곡되어 왔다. 왜냐하면 오늘날 자연과학적 세계관은 그 범위가 광대하고 놀라울 정도의 정합성(整合性)을 갖추고 있기 때문이다. 종말 기대는 오늘

---

13) 소위 종말 때의 종말론의 문제에 관하여는 F. Holmström, *Das eschatologische Denken der Gegenwart* (1936); W. Kreck, *Die Zukunft des Gekommenen* (1961); J. Moltmann, *Theology of Hope* (1967)를 참조하라.

날 시편 73편에 선포된 하나님과의 교제의 "그럼에도 불구하고"를 토대로 이전보다 더욱 살아있다. 그리고 그것은 헤아릴 수 없는 하나님의 실체 자체를 토대로 살아있다.

　d) 요한계시록은 근본적으로 그리스도에 대한 증거와 믿음을 통해 나타내보인 이 방향 안에 머물렀다. 마지막 이상 묶음에서조차도 요한계시록은 유대 묵시론과는 달리 객관적인 서술, 시간 계획, 일련의 사건들을 불러내어 묘사하지 않았다. 여기서도 요한계시록은 이상의 심상들을 통하여 종말 때의 사건의 본질적인 특징들을 선포하였다. 이 본질적인 특징들은 그리스도 안에서 하나님의 구원 활동으로부터 유래한 믿음을 통해 확실하게 되었다.

9. 요한계시록과 베드로전서 — 두 차원

　결론적으로 전체를 돌아볼 때 우리는 다음과 같은 것에 주목한다.

　요한계시록은 베드로전서와는 다른 차원 아래 있는 역사로 기독교인들을 인도하였다. 베드로전서는 그리스도를 위한 잠재력 속에서 이 기독교 이전의 세계에서 사회 정치적 책임으로 기독교인들을 불렀다. 반면에 요한계시록은 반기독교적 이데올로기에 빠진 후기 기독교 세계에서 기독교인의 증거와 신앙고백을 보존하는 문제를 다루었다. 이 두 차원은 사회 속에서 기독교인의 실존을 위한 방향에서 지침들을 제시하였다. 그것들은 그러한 지침을 서술적으로가 아니라 케리그마적으로 제시하고 있으며, 그러므로 결코 상호 배타적이지 않았다. 그것들은 양극을 이루면서 서로를 보완하고 있었다.

　사회 속에서 기독교인의 실존에 관한 이 진술들은 바울 이후 시대에서 믿음의 공동체의 삶의 정황을 이루는 지형(地形)을 못박아두었다. 삶의 다른 관련들, 이웃, 믿음의 공동체, 무엇보다도 자기 자신, 하나님에 대한 기독교인들의 개별적인 관계에서 견딤에 관한 훨씬 더 자세하고 세분된 말씀은 기독교 사회 구조들 내에서 견딤에 관한 말씀과 일치하였다.

　여기에 기독교인됨의 근본적인 뿌리가 있다. 오직 기독교인들이 이러한 관련들 속에서 기독교인들로 남을 때에야 그들은 사회 속에서 과제를 갖게 된다(계 3:16; 마 5:13).

　기독교인됨의 이러한 내적인 상황을 위한 바울 이후 저작들의 단합된 노력은 개별 교회 지역들 내에서 국지적인 상황에 따른 차이들을 만들어내었다. 그러므로 이런 이유로 우리는 이하에서 교회 지역들의 분류에 따라 이 문제와 관련하여 취한 입장들을 서술해 보고자 한다.

제 2 장

수리아 교회에서의
야고보서와 마태의 선포

§45. 야고보서 — 경험주의의 권면의 신학

A. Meyer, *Das Rätsel des Jakobusbriefes* (1930); G. Kittel, "Die Stellung des Jakobus zu Judentum und Heidenchristentum," *ZNW* 30 (1931), 145-156; H. Schammberger, *Die Einheitlichkeit des Jakobusbriefes im antignostischen Kampf* (1936); G. Kittel "Der geschichtliche Ort des Jakobusbriefes," *ZNW* 41 (1942), 71-105; K. Aland, *ThLZ* 69 (1944), 97-104; W. Bieder, "Christliche Existenz nach dem Zeugnis des Jakobusbriefes," *ThZ* 5 (1949), 93-113; K. Aland, "Der Jakobusbrief und die Apostolischen Väter," *ZNW* 43 (1950/51), 54-112; G. Eichholz, *Jakobus und Paulus. Ein Beitrag zum Problem des Kanons* (*ThEx* NF 39 [1953]); H. Thyen, *Der Stil der Jüdisch-Hellenistischen Homilie* (1956); G. Braumann, "Der theologische Hintergrund des Jakobusbriefes," *ThZ* 18 (1962), 401-410; E. Trocmé, "Les Églises pauliniennes vues du dehors: Jacques 2,1 á 3,13," *StEv* 2 (= *Texte und Untersuchungen* 87 [1964]), 660-69; G. Eichholz, *Glaube und Werke bei Paulus und Jakobus* (1961); U. Luck, "Der Jakobusbrief und die Theologie des Paulus," *Theologie und Glaube* 61 (1971), 161ff.; E. Lohse, "Glaube und Werke— Zur Theologie des Jakobusbriefes," in Lohse, *Die Einheit des Neuen Testaments* (1973), pp. 285-306. **Important Commentaries:** M. Dibelius (1921), KEK; A. Schlatter (1932); F. Mussner (1964), HTK (Eng. in prep.).

1. 예비적 고찰: 저작 환경과 해석상의 문제점

신약의 문헌 가운데 야고보서만큼 역사적이고 신학적으로 분류하기 어려운 것도 거의 없다. 이런 이유로 그 역사적 신학적 위치에 관한 판단들은 고대 교회에서, 종교개혁 시대에서, 현대의 주석에서 극단적으로 다양하였다.

a) 저작 환경

이 서신에서 그 저작 환경과 관련하여 주어진 자료들은 극히 적다. 이 서신은 사도회의 이래로 예루살렘의 초대 교회를 지도하고 형성하였던 주의 형제 야고보에 의해 쓰여진 것으로 이해되기를 원했다.

수신자로 지명되고 있는 사람들도 디아스포라 가운데 있는 열두 지파라고 아주 일반적으로 나와 있다(1:1). 하지만 이것은 유대 디아스포라나 유대 기독교가 아니라 열두 지파의 새 백성으로서의 교회를 의미하였다. 그러므로 그 서론은 성격에서 매우 교회 연합적이었다. 주의 형제 야고보는 완전히 새로운 열두 지파 백성들에게 이 서신을 쓰고 있었다. 그러나 사실 이 서신은 분명히 교회 연합적으로 회람된 서신은 아니었다. 그렇다면 우리는 어디서 이 서신의 첫번째 독자들을 찾아야 하는가? 아마도 주의 형제의 이름이 존중을 받았던 바로 그곳, 즉 팔레스타인 수리아 지역에서 찾아야 할 것이다.

우리는 이러한 방향을 가리키는 다른 지표들, 예를 들면 5:7의 이른 비와 늦은 비에 관한 언급 같은 것을 발견한다. 하지만 수신자의 상황과 관련된 구체적인 진술들은 이 서신의 그 어디에서도 찾아볼 수 없다. 그 문제에서 이 서신은 전혀 서신이 아니라 서신 형태의 서론을 가진 가르침을 위한 권면의 문헌이었다.

연대기적으로 말하자면 이 서신의 내용은 바울 이후 시대의 상황을 전제하고 있었다. 이 서신은 2:14-26에서 믿음만으로라는 바울의 표어에 반대하는 변증을 제시하고 있다. 하지만 앞으로 보겠지만 그것은 바울 자신이 아니라 이 바울의 정형 어구가 단순히 정적주의적인 베개가 되었던 쇠퇴하는 기독교를 의미하였다. 바울이 자신의 표어인 "율법의 공로 없이 믿음으로 말미암는 칭의"를 공식화했던 논쟁은 이 서신에서 과거의 일이었다. 율법에서 자유로운 이방 기독교 대 율법적인 유대 기독교의 문제는 이 서신에서는 이전 시대의 문제였다. 야고보서는 바울의 동시대인들이 아니라 바울 이후의 시대에서 논의 속에서 생겨났다. 이를 비롯한 다른 이유로 이 서신이 주후 63년경 이미 순교를 겪은 주의 형제 야고보에 의해 직접적으로 쓰여졌을 가능성은 거의 없다(Eus. *EH* 3.23.10-24). 그렇다면 이 서신은 어떠한 역사적 신학적 맥락 안에서 분류되어야 하는가?

b) 역사적, 신학적 분류[1]

1) 1522년의 (9월) 성경에 대한 서문에 표현된 루터의 판단의 영향을 받고 종교개혁 이래로 거듭거듭 이 서신의 신학적 분류가 행해져왔다. 루터는 이 서신을 바울과 대비하여 평가하면서 다음과 같이 판단하였다: "그러므로 성 야고보의 서신은 지푸라기 서신에 불과하다 … 왜냐하면 거기에는 복음이 없기 때문이다."[2] 이 서신은 "공로에 의를 부여하여 아브라함은 자신의 공로를 통하여 의롭게 되었다고 말하며 … 그리스도의 고난, 부활, 성령과 같은 긴 가르침을 한번도 상기하지 않기" 때문에 이 서신은 "성 바울 및 다른 모든 성경들과 정면으로 모순"되었다.[3] 이런 이유로 루터는 정경의 순서를 바꿔서 야고보서를 히브리서와 유다서 사이, 요한계시록 앞에 두었다.

2) 이러한 루터의 판단은 비교적 최근의 주석에서 문헌비평적으로 확증되는 것처럼 보였다. 1896년에 슈피타(F. Spitta)[4]는 이 서신은 약간 기독교적으로 손질을 한 철저히 유대적인 문헌이라는 가설을 아주 일방적으로 제기하였다. 사실 이 서신은 예수의 이름을 오직 두 번 담고 있다(1:1과 2:1). 그 후 이 가설은 마이어(A. Meyer)[5]에 의해 아주 설득력있게 증보되었고, 빈디쉬(H. Windisch)도 그것을 자신의 주석의 토대로 삼았다.[6] 물론 오늘날 이 가설은 완전히 포기되었다.[7] 야고보서의 평가를 위한 실질적으로 적절한 문제 제기 방식은 양식 비평적 분석을 통하여 발견되었다!

3) 1921년에 디벨리우스는 이 서신과 관련하여 오늘날까시 쓸모있는 새로운 분석을 제시하였다.[8] 그는 공관복음서에서 선구적으로 발전시켰던 양식비평적인 문제 제기 방식을 야고보서에 적용하여 그것은 그가 권면(parenesis)이라 부른 특별한 장르에 속한다고 결론을 내렸다.

권면은 합리적인 맥락을 제공함이 없이 전승에 의한 윤리적 권고들을 모아놓은 것이다. 구전에서 보통 그러하듯이 권고들의 관련들은 흔히 핵심 단어들에 의해 이루어졌다. 따라서 야고보서에서 전체적으로 또는 큰 단락별로 점진적인 사고 전개를 발견할 수 없는 것은 권

---

1) W. G. Kümmel, *Introduction*, pp. 411-16.
2) *WA*, *DB*, VI, 10.
3) Ibid, VII, 384f.
4) Der Brief des Jakobus," in F. Spitta, *Zur Geschichte und Litteratur des Urchristentums* II (1896), 1-155.
5) *Das Rätsel des Jakobusbriefes* (1930).
6) *Der Jakobusbrief*, (1930).
7) 참조. W. G. Kümmel, *Introduction*, p. 410.
8) *James* (Hermeneia, 1976).

면이라는 장르에 비추어 해명될 수 있다. 이 서신은 일관되게 말씀들의 묶음, 느슨하게 배열된 짧은 충고 단락들을 제공한다.

4) 이 서신의 장르에 대한 이러한 통찰은 실질적으로 적절한 신학적 분류를 위한 결론들을 담고 있었다. 우리는 이 서신을 기독교적 가르침의 개요라고 생각하여 그 내용이 바울과 어떻게 연관되는가에 따라 이 서신을 판단할 수 없다. 우리는 이 서신이 무엇이기를 의도하고 있는지를 고려하여야 한다: 권면적 저작. 이 서신을 그 나름대로의 의도에 따라 평가하기 위하여 우리는 이렇게 물어야 한다: 이 서신은 어떤 종류의 권면이었는가? 이 서신은 이를테면 우리가 벤 시락서와 열두 족장의 유언과 같은 데서 발견하는 유대적 권면 또는 디다케와 헤르마스의 목자서에 나오는 것과 같은 초기 가톨릭 시대의 권면 또는 예수 전승의 권면에 속하는가?

슐라터는 이 후자의 문제 제기 방식을 추구하였다. 그는 이 서신과 예수의 권면 사이의 특별한 접촉점을 만들었다.[9] 그렇게 하는 데에 그는 예수의 팔복의 가르침(마태에 의하면)은 이 권면들을 밑받침하는 토대로서 거듭거듭 등장하는 것이 감지될 수 있다는 것을 강조하였다.[10] 이 관점은 다음과 같은 말로 끝나는 서론을 가지고 있는 무스너(F. Mussner)의 최근의 주석서에서 일관되게 제시되었다: "야고보서에는 '만약'과 '그러나'가 전혀 나오지 않고 오로지 도우라, 용서하라, 참으라, 온 삶에 '종말론적 지향'을 두라는 것과 같은 분명하고 단순한 요구만 있다. 그러므로 야고보서는 특히 산상수훈을 통하여 우리에게 전해진 예수의 가르침과 일치하였다."[11] 한 측면과 관련한 중요한 수정은 키텔(G. Kittel)의 사후 출판된 논문에서 행해졌다.[12] 그는 거기에서 광범위한 자료 수집을 통하여 야고보서의 권면은 엄격한 태도를 취하고 있기 때문에 사도 교부들이 나타낸 부드러워진 기독교적 감성과는 현저히 구별된다는 것을 보여주었다. 이것은 이 서신이 연대기적으로 말해서 상당히 이른 시기, 즉 두번째 세대에 속한다는 것을 보여주는 중요한 지표이다.[13]

5) 이 차이를 주목하게 되면 이 서신이 정경으로 된 수수께끼를 해명할 수 있다. 이 서신에 나와 있는 권면 전승은 이미 클레멘트1서와 헤르마스 목자서에서 빌어써졌다. 하지만 한편으로 이 서신은 3세기 초 오리겐(Origen)에 의해 처음으로 분명하게 언급되었다. 이 서신의 정경성(正經性)은 오랜 토의를 거친 후에 주후 367년에야 처음으로 결정되었다.

---

9) *Der Brief des Jakobus* (1932), pp. 9-19.
10) 약 1:9; 2:5=마 5:3; 약 2:13=마 5:7; 약 3:18=마 5:9; 약 5:16=마 5:6.
11) *Der Jakobusbrief*, pp. 52f.
12) "Der Jakobusbrief und die Apostolischen Väer," *ZNW* 43 (1950/51), 54-112.
13) 물론 키텔의 주장(op. cit.)과는 달리 그것은 결코 바울 시대에 속한 것이 아니었다.

이러한 모순되는 ― 모든 외적인 현상과 ― 발전은 권면의 유형을 토대로 설명될 수 있다. 이 서신은 너무도 일방적이고 엄격했기 때문에 2세기 초 이래로 야고보서를 예배 의식의 일과(日課)로서 일반적으로 되풀이될 수 없었다. 하지만 더 이상 정규적으로 봉독될 수 없었던 문헌들은 정경의 지위를 획득하지 못했다.

야고보서 5:1-6을 이에 대한 주석과 같이 보이는 헤르마스 목자서에 나오는 부와 가난에 관한 진술들과 비교해보면 야고보서가 봉독될 수 없었던 이유가 나타난다. 야고보서 5:1 이하에서는 이렇게 말하고 있다: "들으라 부한 자들아 너희에게 임할 고생을 인하여 울고 통곡하라 너희 재물은 썩었고 너희 옷은 좀먹었으며." 이와는 대조적으로 Herm. *Vis.* 3. 9.2-6은 주린 자를 부양하지 않는 부자만을 위협하였고, *Sim.* 2는 믿음의 공동체 안에서 부자와 가난한 자의 공존을 권장하였다 ― 부자는 가난한 자를 부양하고 가난한 자는 부자를 위해 기도하여야 한다! 그러한 타협의 윤리가 지배하는 곳에서 사람들은 더 이상 야고보서의 엄격한 권면을 적용할 수 없었다! 따라서 이 서신에서 지시하고 있는 결정적인 신학적 질문은 다음과 같았다: 야고보서의 권면은 종말론적으로 예수의 요구들과 양립할 수 있었는가? 그것은 예수의 요구들처럼 사회의 내재적인 가능성들의 범위를 깨뜨렸으며 인간의 총체적 변화를 전제하였는가?

2. "자유하게 하는 온전한 율법"

신약 전체가 '율법'(*nomos*)이 기독교인들에게는 극복이 되었다고 강조한 반면에, 야고보서는 율법을 기독교인의 삶을 위한 유효한 규범으로 지칭하였다. 기독교인들은 율법에 의해 판단을 받을 것이기 때문에 율법에 의해 살아야 한다(2:12).

이 서신은 이 주요한 개념을 통하여 초기 가톨릭에 속한다는 것을 보여주었는가? 실제로 사도 교부들 가운데에는 기독교적 권면을 "우리 주 예수 그리스도의 새 율법"(Barn. 2:6 = LCL, *Apostolic Fathers*, I, 345)으로 지칭하고 표현한 사람이 있었다. 이런 움직임을 통하여 기독교적 실존은 비종말론화되었다. 기독교인들은 "제3의 종족"으로서 유대인 및 헬라인과 나란히 자리를 잡았다. 또한 전자는 각각 그들의 '율법'(*nomos*)에 따라 살았다. 그러므로 '노모스'라는 표어는 널리 미치는 관점을 열어주었다. 어떤 의미로 야고보서가 이 핵심 용어를 도입하였는가를 확인하려 할 때 우리는 그 점을 염두에 두어야 한다.

a) 율법과 말씀(약 1:25)

'노모스'(율법)라는 핵심 용어가 처음으로 등장하는 구절(1:25)에서 야고보는 그가 기독교인들과 결부시킨 '노모스'를 지나친 형용 어구를 통하여 주변 세계의 '노모이'(*nomoi*)와 구별하였다. 기독교인들은 "자유하게 하는 온전한 율법"으로부터 자신의 방향을 잡아야 했다.[14] 이 지나친 표현은 그 문맥에 비추어 설명되어야 한다. 이 표현은 말씀, 즉 공동체에서의 선포에 관하여 좀더 논평하기 위한 목적으로 도입되었다.

1) 1:22-25에서 말씀을 듣는 것에 관한 일단의 말씀들은 율법으로 이어졌다: "너희는 도를 행하는 자가 되고 듣기만 하여 자신을 속이는 자가 되지 말라 누구든지 도를 행하지 아니하면 그는 거울로 자기의 생긴 얼굴을 보는 사람과 같으니 제 자신을 보고 가서 그 모양이 어떠한 것을 곧 잊어버리거니와 자유하게 하는 온전한 율법을 들여다보고 있는 자는 듣고 잊어버리는 자가 아니요 실행하는 자니 이 사람이 그 행하는 일에 복을 받으리라." 여기에서 25절의 "율법"에 대한 언급은 "말씀"(도)에 관한 이전의 언급을 대치한 것이었다. 일반적인 초대 기독교적 용례에 의하면 "말씀"은 공동체에서 선포된 좋은 소식, 복음이었다. 그러므로 야고보는 복음, 기독교의 좋은 소식을 율법으로 이해하였는가? 하지만 그는 결코 이 둘을 동의어로 나란히 놓지는 않았다는 것을 알아야 한다. 말씀은 단순히 권면적 성격을 지니고 있는 것이 아니었다! 1:18에 따르면 말씀은 거듭남을 가져왔다. 1:21에 의하면 말씀은 세례받은 자 속에 "심기웠다." 즉 말씀은 예레미야서 31:33이 구원의 날에 약속한 대로 마음에 쓰여져서 사람들의 가슴에 살아있을 수 있었다. 따라서 1:25에서 "말씀"이 "율법"으로 대치되었을 때 그것은 율법이 명령을 할 뿐만 아니라 그 목적을 달성하는 말씀의 명령적 측면임을 의미하였다.[15]

2) 야고보가 율법이라 부른 것이 이런 식으로 복음과 관련된다면, 그것은 분명히 초기 가톨릭주의와 구별되었다. 초기 가톨릭에서 복음은 두 부분으로 나뉘었다: 하나는 은혜의 나타남이었다 — 무엇보다도 성례를 통해 중보되는(Barn. 2:6에서 처음으로); 다른 하나는 "우리 주 예수 그리스도의 새 율법"으로 지칭된 그에 따른 권면. 헤르마스의 목자서에서는 이 두 부분의 관계가 철저하게 표현되어 있다. 거기서 세례는 이전에 존재하는 죄들을 제거하였고 성령을 중보함으로써 그때부터 세례받은 자들은 그리스도의 율법에 따라 그 권능 속

---

14) 참조. H. Windisch, *Der Jakobusbrief at Jas.* 1:25(excursus); W. Gutbrod, *TDNT* Ⅳ, 1080ff.

15) A. Schlatter, *Der Jakobusbrief*, p. 150은 다음과 같이 야고보의 견해를 올바로 재현하였다: "그러므로 율법이 아닌 하나님의 말씀은 없었고 바로 하나님의 말씀이 구원을 선포하고 확보하였을 때 그것은 율법이었다."

에서 살아가는 것으로 생각되었다(M. 4.3.1f. ; *Vis.* 3.5.1-4).[16]

이와는 대조적으로 야고보는 말씀의 일부가 아니라 거듭남을 가져오기도 하는 말씀의 한 측면을 "율법"으로 지칭하였다. 그렇게 함으로써 그는 어느 정도 직설법과 명령법의 상호 연관성을 유지하였는데 반하여 초기 가톨릭에서 죄의 제거에 관한 직설법과 명령법은 서로 완전히 분리되어 있었다.

b) 율법과 자유

야고보는 자신의 율법을 "자유하게 하는 율법"(1:25; 2:12)으로 지칭하였다. 이 말에 대한 유비는 신약에서 찾아볼 수 없다. 바울은 율법과 자유에 관하여 완전히 다른 방식으로 말하였다. 후자에서는 사람들은 율법을 통하여 자유케 되지 않았다. 율법으로부터 자유로운 사람은 자유로웠다(롬 7:1-4; 갈 4:25f.). 마태복음에서의 몇몇 유보들만을 제외한다면 신약의 나머지 모두에 대해서도 마찬가지로 말할 수 있었다. 이와 대조적으로 야고보서의 정형 어구는 헬레니즘적 유비와 유대적 유비를 생각나게 한다.

1) 헬레니즘 세계와 유대 세계에서 이 개념은 — 우리에게 이상하게 들릴지 모르지만 — 인간이 율법을 통하여 자유롭게 된다는 것을 나타내었다. 스토아 학파는 현인은 세계 이성에 합치하는 율법에 헌신할 때 자유케 된다고 가르쳤다.[17] 필로는 이 개념을 모세 율법에 적용히여서 독재 아래에서 살지 않고 율법에 따라 사는 시민들이 자유로운 것과 마찬가지로 율법에 따라 산 사람들은 분노, 욕망 등등의 지배를 받고 산 사람들과는 달리 자유롭다고 설명하였다(참조. IV Macc. 14.2).[18] 율법을 순종한 사람은 누구나 자유롭게 되었다. 즉 감정들로부터 자유롭게 되었다.

유대적 경향을 따라 랍비들은 이 매혹적인 헬라어 "자유"를 그들의 율법과 결합하였다. Mishnah Aboth 6:2에서는 출애굽 32:16과 관련하여 이렇게 말하고 있다: "'하루트' (*harut*, 매장하다)가 아니라 〔히브리어에서는 방점을 달리 찍는〕 '헤루트' (*herut*, 자유)로 읽으라. 왜냐하면 당신은 율법을 연구하는 데 몰두하는 자를 제외하고는 자유인을 발견하지 못할 것이기 때문이다"(= Danby, *Mishnah*, p. 459). 토라에 헌신하는 자는 누구나 이 땅의 모든 주와 권능으로부터 자유로웠다. 왜냐하면 하나님만이 그의 주이기 때

---

16) 이렇게 복음의 내용이 분류되었다. 참조. L. Goppelt, *Christentum und Judentum im er-sten und zweiten Jahrhundert* (1954), pp. 216, 242.

17) M. Dibelius, *James*, at 1:25.

18) *Quod Omnis Probus Liber Sit* I:7 (=LCL, Philo, IX, 15).

문이다. 토라와 그 주님 이외에는 자기를 주관할 그 어떤 주도 없다는 것이 유대인의 긍지였다(요 8:33).

2) 야고보서에서 "자유하게 하는 율법"이라는 정형 어구는 이 유비들에 따라 해석되어야 하는가?[19] 이 정형 어구는 그 문맥과 마찬가지로 또 다른 해석을 시사해준다. 속격("자유하게 하는")은 그것이·본질적으로 자유와 결합된 율법과 관련이 있다는 것을 의미할 수 있다. 이 정형 어구에 대한 유대적 유비들이 없다는 것은 우연이 아니다.[20] 그것은 특별히 기독교적으로 형성된 것일 것이다.

어떤 식으로 율법과 자유가 결합되었는가 하는 것은 본질적으로 야고보서의 문맥에 따른 진술에 비추어 볼 때에 이해될 수 있게 된다. 율법은 사람 가운데 "심겨져서" 안으로부터 사람을 변화시키는 말씀의 명령적 측면이기 때문에 자유를 가져온다(약 1:18, 21). 다르게 표현하자면 그것은 예레미야서 31:31 이하의 의미로 종말론적 율법이었기 때문에 자유하게 하는 율법이었다. 그것은 은혜를 통하여 사람을 자유하게 하여 새로운 형태의 행실을 하게 하는 식으로 사람을 주장하였다. 요한복음 13:34이 새 계명에 관하여 말한 것은 이 율법에 해당하였다: "새 계명을 너희에게 주노니 서로 사랑하라 내가 너희를 사랑한 것같이 너희도 서로 사랑하라." 바울이 스스로를 '엔노모스 크리스투'(*ennomos Christou*), 즉 그리스도의 주장에 묶인 자로 지칭했을 때 바울에게서도 어떤 일치점이 발견될 수 있다(고전 9:21).

c) 율법의 내용

1) 1:25에서는 "자유하게 하는 율법"에 "온전한"이라는 특징을 붙이고 있다. "온전한"(*teleios*)은 가장 높은 수준이라는 헬라어의 의미가 아니라 "완전한"이라는 히브리적 의미로 야고보서에서 사용되었다(참조. 1:4). 율법은 그것이 이상적인 유형의 율법이었기 때문이 아니라 사람을 그의 창조주를 위해 완전히 주장하고 사람을 내부로부터 완전히 사로잡아 사람을 자유하게 했기 때문에 온전했다.

이 설명은 2:8-14을 통하여 확증되고 있다. 여기서 율법의 분리될 수 없는 통일성이 강조되었다: "누구든지 온 율법을 지키다가 그 하나에 거치면 모두 범한 자가 되나니 간음하

---

19) Mussner, op. cit, (n. 11), p. 108.은 야고보서를 필로와 아주 유사한 것으로 보고, 율법이 만들어낸 자유는 "이웃을 향한 사랑의 움직임 속에서 실현되는 모든 이기심으로부터의 해방"으로 이루어진다는 의견을 표명하였다.

20) 몇몇 사람들이 1QS 10:6에서 발견된다고 생각하는 일치점은 그릇된 번역의 결과였다. 참조. H Braun, *Qumran* I, 279f.

지 말라 하신 이가 또한 살인하지 말라 하셨은즉 네가 비록 간음하지 아니하여도 살인하면 율법을 범한 자가 되느니라"(2:10f.). 이 구절은 율법의 한 명령을 지키지 못한 사람은 단순히 하나의 잘못을 범한 것이 아니라 율법 전체를 지키지 못한 것이 되는데 이는 그가 계명들의 총합 앞에 서 있기 때문이 아니라 "말씀하셨던 분" 앞에 서있기 때문이다.[21] 율법에 대한 이러한 이해는 예수께서 모세 율법을 해석한 방식과 일치하였다. 그는 율법을 통계적으로 계명의 합으로 봄으로써 스스로를 하나님의 주장으로부터 분리하는 것을 금했다. 오히려 그는 하나님의 살아있는 주장과 관련하여 모든 계명을 명료하게 만들었다(§9, 3). 바로 이러한 토대 위에서 마태는 완전에 대한 요구를 발전시켰다(마 5:48; 19:21; 참조. § 46, 5b).

2) 그러므로 율법은 모든 것을 포괄하는 하나님의 주장의 표현이었다. 그러나 율법이 어떻게 구약의 계명들과 관련되는가? 방금 말한 완전에 대한 요구는 십계명의 두 계명과 관련하여 2:10 이하에서 전개되었고, 2:8은 이웃을 사랑하라는 구약의 계명을 지적하였다. 십계명의 계명들은 여기서 실제로 율법의 구성 부분으로서가 아니라 하나님의 개별적인 주장의 예들로서 인용되었다. 2:8조차도 "최고한 법"을 사랑의 계명과 동일하다고 말하지 않고 기독교인들이 그에 맞춰 행하는 "최고한 법"은 성경의 사랑의 계명과 일치한다고 설명하였다!

따라서 야고보서는 여기서 예수에게 그 기원이 있는 기본적인 사고 경향을 따랐다. 개별적인 계명들은 언제나 일관되게 중요하고 총체적인 하나님의 주장을 예시적으로 표현한 것이었다. 이 주장은 결코 계명들의 합으로 포괄될 수 없었다. 이 점은 여기서 "최고한 법"이라는 표현을 통하여 강조되었다. 율법은 "최고"였다. 왜냐하면 율법은 종말론적 하나님의 통치의 왕으로부터 나왔기 때문이다. 바로 이 율법으로부터 종말론적 통치의 주장이 발해졌다.

따라서 "최고한 법"은 나중에 이레내우스(Irenaeus)에 이르기까지 초기 가톨릭에서처럼 구약의 종교적 도덕적 계명, 사랑의 계명에 의해 보완된 십계명[22]이 아니라 구약 계명들의 배후에 있는 하나님의 주장이었다는 결론을 내릴 수 있다. 이 주장은 사랑의 계명을 통하여 예시적으로 집약되었다. 그것은 십계명에서 예시적으로 전개되었지만, 결코 계명들의

---

21) 따라서 여기서 율법의 총체적 요구는 신입자는 온 마음과 영혼으로 토라에 의해 제사장들에게 계시된 것을 순종해야 한다고 명하는 1QS 5:8 이하의 것과는 달리 이해되었다. 여기서 그것이 계명들의 전체 총합에 대한 완전한 순종의 문제였다면, 야고보에게 그것은 율법에 나타난 하나님의 총체적 요구의 문제였다.

22) 반대 의견으로는 H. Windisch, *Der Jakobusbrief.*

합과 동일하지는 않았다. 그러므로 야고보는 자신의 권면을 이 계명의 해석으로서가 아니라 당시의 상황에 날카롭게 초점을 맞춘 채 이 주장을 예시적으로 다시 말하는 것으로서 전개하였다. 이 서신의 권면은 "자유하게 하는 온전한 율법"을 다시 말한 것으로서 종말론적으로 예수와 양립할 수 있는 것임을 스스로 보였다.

d) 율법에 따라 심판받는 인간

1) 이웃과 율법. 약간 당혹스러운 방식으로 4:11 이하에서는 이웃에 대한 비방과 판단을 경고하였고 그 근거로서 율법을 언급하고 있다. "형제들아 피차에 비방하지 말라 형제를 비방하는 자나 형제를 판단하는 자는 곧 율법을 비방하고 율법을 판단하는 것이라 네가 만일 율법을 판단하면 율법의 준행자가 아니요 재판자로다." 여기서 판단한다는 것은 마태복음 7:1 이하에서처럼 다른 사람의 행위를 판단하고 정죄하는 것을 의미하였다. 이렇게 다른 사람을 판단하는 것이 어떻게 율법을 판단하는 것이 될 수 있는가? 이것은 율법에 따라 판단하는 바리새파의 방식과 대조해 보면 분명해진다.

바리새파 사람들은 율법의 표준에 따라 다른 사람과 스스로를 정규적으로 헤아리고 판단할 의무가 있다고 생각하였다. 왜냐하면 율법이 통계학적으로 계명들의 합인 한 인간의 행실은 이 계명들에 의해 판단될 수 있고 판단되어야 하기 때문이었다. 하지만 야고보의 율법 이해에 따르면 바로 그러한 것은 가능하지 않았다. 야고보에서 율법은 바리새파와는 달리 객관적으로 규정된 규범이 아니었고 다른 사람의 마음 속에 쓰여진 하나님의 뜻이었다. 율법은 다른 사람을 그의 양심을 통하여 특별한 방식으로 인도하였다. 율법은 다른 사람을 모든 상황 속에서 특별한 방식으로 명령하였다.

율법이 개개인에게 현재에서 내면으로부터 명령하는 하나님의 뜻이라면 로마서 14:4은 여기서 실행 가능한 적용을 하고 있는 것이 된다: "남의 하인을 판단하는 너는 누구뇨 그 섰는 것이나 넘어지는 것이 제 주인에게 있으매." 야고보의 특별한 용어를 사용한다면 남을 판단하는 자는 누구나 그에게 향한 율법을 판단하는 것이라고 말할 것이다. 그러므로 남을 판단하는 것은 율법 자체를 판단하는 것이 되었다.

2) 최후의 심판과 율법. 야고보서 2:12 이하도 율법의 성격과 내용을 시사해주는 바가 크다: "너희는 자유의 율법대로 심판받을 자처럼 말도 하고 행하기도 하라 긍휼을 행하지 아니하는 자에게는 긍휼 없는 심판이 있으리라 긍휼은 심판을 이기고 자랑하느니라." 이 말씀은 신약 전체와 모순되는 것처럼 보인다. 누가복음 12:8과 로마서 5:9 이하에서 요한계시록 20:12 이하까지 일관되게 말하고 있는 것은 최후의 심판에서 구원은 율법을 통해서가

아니라 그리스도를 통해서만 기대될 수 있다는 것이었다. 그러나 야고보도 모세 율법에 따른 심판이 아니라 자유하게 하는 율법에 따른 심판으로 청중들의 주의를 돌렸다.

자유하게 하는 율법에 따른 심판을 기대한 자는 누구나 긍휼을 베푸는 자에게서 긍휼을 기대하였다. 직설법이라는 특징으로 정식화된 목표에 대한 이러한 이해는 긍휼에 대한 기대와 우리 자신의 긍휼을 베푸는 행위가 결부되어 있다는 것을 깨닫자마자 분명해진다. 바로 이러한 연관은 마태복음에서 전개되었다. 거기에서 긍휼을 베푸는 자는 복이 있다고 선포되었고, 이웃에게 긍휼을 베풀기를 거부한 충성치 못한 종으로부터는 은혜가 거두어졌다(마 18:33). 여기에는 이중의 연관이 작동하고 있다. 이웃을 향하여 긍휼을 베풀지 않은 자는 누구나 긍휼을 기대할 수 없었다. 그러나 반면에 온전히 긍휼에 대한 기대로 산 사람은 이웃에게 긍휼을 베풀 것이다.

따라서 야고보서 2:12에 따르면 율법 자체가 그것이 요구하는 순종을 이루어내기 때문에 율법은 "자유하게 하는 율법"이었다. 그것은 긍휼을 베푸는 자에게 복을 선포하는 것을 포함하고 있는 말씀의 명령적 측면이었다! 물론 그것이 이 약속을 명령 아래에 숨기고 있는 것이 이 서신의 특징이었다.

e) 요약

야고보서에서 "율법"이라는 용어의 특이한 사용은 야보고서의 전체적 전망을 보여주는 지표를 제공하였다. 야고보서가 복음이 요구하는 측면을 일방적으로 뚜렷이 드러내면서 그것을 "율법"이라는 용어로 지칭하고 있는 것은 이 서신의 특이성에 속한다. 이 서신의 권면은 이 율법을 다시 말하고 있는 것이었다. 그것은 자유하게 하는 최고의 온전한 율법을 자세히 설명하려고 하였다. 즉 그것은 결의론적으로 적용 가능한 계명들을 제시하는 것이 아니라 개개인의 활동의 구체적인 상황에서 개개인에 의해 전유될 수 있는 예들을 제시하려고 하였다. 이러한 전유는 그 상황이 요구하는 것에 의해 측정된 그 사람의 책임에 비추어 믿음을 토대로 각자에게 일어났다. 따라서 야고보가 염두에 둔 율법은 유대적 의미의 율법이나 초기 가톨릭적 의미의 율법이 아니었다. 그것은 직설법과 합치하는 복음의 명령법이었다.

이 서신이 복음의 이러한 측면을 일방적으로 강조하고 있는 배후에는 어떤 이유가 있었는가? 우리는 이 서신이 서 있는 전승에 의거해서 이 질문에 답변할 수 있다. 그것은 마태복음에서 디다케에 걸쳐 있었던 초기 기독교 전승의 한 흐름에 속하였고 나아가 수리아 교회의 규례들에 속하였다. 이 수리아-팔레스타인 전승 속에서 사람들은 삶을 위한 규례들을 통하여 기독교인됨의 의미를 다시 설명하고 그것을 경험적인 용어들로 묘사하려고 하였다.

이렇게 사물을 다루는 방식은 바울의 영역에서의 관례적인 권면과 긴장 관계에 있었다. 분명히 야고보 및 그와 비슷한 마태(§46, 5)는 바울의 방식으로부터 그들의 공동체의 상황에 어떤 도움을 받기를 기대하지 않았다. 오히려 실제로 수리아-팔레스타인 공동체들 가운데서 바울로부터 유포된 것은 그들에게 그 전승과의 단절을 권하는 것처럼 보였다(참조. 약 2:14-26; 마 5:17-19).

3. 믿음과 행함 — 경험주의 신학의 강령

믿음과 행함에 관한 잘 알려진 단락(약 2:14-26)에서 이 서신은 신학적인 정점에 도달하였다. 여기서 말하고 있는 주제는 여러 가지 이유로 우리에게도 타당하다. 한편으로는 여기서 바울과 정경의 통일성이 문제시되고 있기 때문이며, 다른 한편으로는 이 서신은 그러한 진술들로 인하여 루터와 개혁 전통에 의해 공격을 받았기 때문이다. 그리고 무엇보다도 이 주제는 현재의 신학적 논의에서 새롭게 관심을 불러일으키고 있기 때문이다.

a) 야고보서 2:14-26의 논증 방식

1) 이 단락은 그것이 질문 형태로 제기한 명제를 설명하고 있다. "내 형제들아 만일 사람이 믿음이 있노라 하고 행함이 없으면 무슨 이익이 있으리요 그 믿음이 능히 자기를 구원하겠느냐"(2:14). 이 명제는 이렇게 말하고 있는 것이다: 행함 없는 믿음은 구원받을 수 없다.

2) 그런 다음 15-20절에서는 두 가지 부정적인 논증을 통하여 이 명제에 대한 토대를 제공해주고 있다. 15-17절은 행함 없는 믿음은 아무런 실천도 없이 말로만 하는 이웃 사랑과 같이 공허한 것이라고 말한다. 18절 이하는 믿음만으로의 부르심 — 이것은 야고보에서 행함 없는 믿음을 의미하였다 — 은 보일 것이 아무것도 없기 때문에 공허하고 귀신의 경우와 흡사하다고 말하였다(19b절).

3) 이어서 20-25절에는 구약의 초기 기독교 해석 전승으로 소급될 수 있는 두 가지 긍정적인 논증들이 나온다. 아브라함의 믿음은 그의 행함을 통하여, 즉 이삭을 희생 제물로 기꺼이 바치려고 한 행위를 통하여 그 목표에 도달하였다(21-24절); 라합도 행함에 비추어 의롭다 칭함을 받았다(25절).[23] 따라서 성경은 행함을 수반한 믿음에만 구원을 약속하였다.

---

23) 어쨌든 "홀로"(*monon*)은 야고보에게서만 발견된다. 그것은 롬 3:28; 9:32; 갈 2:16(참조. §38, 1c)에는 없다.

b) 야고보서에서 반대의 대상

1) 야고보는 바울을 반대하였는가? 얼핏 보기에는 야고보가 다음과 같은 결론을 도출했을 때 그는 로마서 3:28, 갈라디아서 2:16, 로마서 9:32의 중심적인 바울의 진술들에 반대하는 변증을 하고 있는 듯이 보인다: "이로 보건대 사람이 행함으로 의롭다 하심을 받고 믿음으로만 아니니라"(약 2:24). 바울이 로마서 4장과 갈라디아서 3장에서 자신의 주장을 밑받침하는 것으로 인용하였던 아브라함의 믿음에 관한 말씀인 창세기 15:6의 주석에 비추어 야고보가 2:21 이하에서 자신의 명제를 변증적으로 전개하고 있음을 볼 때 이러한 인상은 더욱 밑받침된다.

그러나 이러한 인상은 속이는 것이다. 로마서 3:28에 표현된 원리는 야고보에 의해 다투어진 표어와는 다른 말로 표현되었다. 로마서 3:28은 "행함이 없는" 믿음이 아니라 "율법의 행위가 없는"(*pistei choris ergon nomou*) 믿음을 통한 칭의를 선포하였다. 그러므로 야고보의 변증은 바울의 명제가 아니라 그로부터 파생된 표어를 향한 것이었다.

2) 야고보는 이단적인 이론이 아니라 실제적인 태도, 즉 하나님과 오직 믿음으로 말미암는 칭의가 형이상학적 이론이 되어버린 기독교에 직면해 있었다. 사람들은 이러한 이론을 너무도 확신하였기 때문에 그것들은 더 이상 행실에 아무런 영향도 미치지 못했다. 이러한 확신의 기독교는 여러 가지 상황에서 생겨날 수 있다. 그것은 지성주의를 통해 질식사하는 생명 없는 정통과 신앙일 수 있다. 또한 그것은 세상에 영합하여 살아가면서 은혜를 값싼 은혜로 전락시켜버리는 중산층의 기독교 자유주의일 수도 있다. 야고보서의 저작 당시의 상황을 배경으로 해서 볼 때 그것은 두번째 세대의 전형적인 문제였다. 더욱이 야고보의 출신이기도 한 합리적인 전통에서 그것은 생소하고 놀라운 것이었다.

이 문제에 대항한 야고보의 변증은 신약에서 누가복음 6:46에 나오는 말씀을 편집을 통해 다음과 같은 진술로 확대 해석한 마태와 가장 유사하다고 하겠다: "나더러 주여 주여 하는 자마다 천국에 다 들어갈 것이 아니요 다만 하늘에 계신 내 아버지의 뜻대로 행하는 자라야 들어가리라"(마 7:21); 마태는 왕의 혼인에 관한 비유에 예복의 문제를 덧붙였다(마 22:11ff.).

c) 야고보와 바울

야고보와 바울을 비교하려면 우리는 먼저 실제의 차이들을 확인하려고 하여야 한다.

1) 야고보는 해이해지고 습관적이 되어버린 기독교를 향하여 변증을 하였을 때 다른 수신자에게 주의를 돌렸다. 이와는 대조적으로 바울은 로마서 3장에서 유대인, 갈라디아서 3

장에서는 율법으로 말미암는 의를 주장하는 유대주의화된 길과 싸움을 벌이고 있었다. 바울은 율법이라는 기독교 이전의 길을 고수하는 사람들을 향하여 자신의 견해를 피력하였다. 야고보는 해이해진 기독교적 신앙을 향하여 자신의 견해를 피력하였다.

2) 야고보는 다른 용어를 사용하였다. 용어 사용의 차이는 때때로, 야고보는 믿음에 관하여는 유대적으로 행함에 관하여는 기독교적으로 말하였고 바울은 다른 식으로 말하였다는 정식(定式)으로 축소시켜 말하곤 하였다. 이 정식은 행함과 관련된 어떤 문맥에는 적합하지만 믿음과 관련해서는 적합치 않다. 이 차이는 다음과 같이 표현하는 것이 더 낫다: 바울에게서 믿음은 그 내용의 기능이었다. 사람은 그가 그리스도를 통하여 하나님에 의하여 결정되도록 스스로를 허용하는 정도만큼 믿음을 가지고 있다.

믿음은 말씀의 창조(*creatura verbi*, 고후 4:4, 6)였다. 믿음은 그 내용의 기능이었기 때문에 그것은 그 내용의 힘에 의해 사랑을 통해 역사하였다(갈 5:6). 그것은 '믿음으로 말미암은 순종'(*hypakoe pisteos*, 롬 1:5)으로서만 존재하였다. 그러므로 야고보가 "행함"이라고 부른 것을 바울은 "의의 열매" 또는 "성령의 열매"(빌 1:11; 갈 5:22; 참조. 롬 6:22)라 불렀다. 때때로 바울은 이 열매를 행위라 지칭하기도 했다(골 1:10); 그러나 일반적으로 바울은 신학적으로 정확하게 모세 율법이 요구하는 순종의 행위에 대하여 '행위'(*ergon*)라는 용어를 사용하였다.

야고보에게 믿음은 랍비 신학에서처럼 다른 행위들과 나란히 있는 행위가 아니라 기독교적 실존의 토대였다. 야고보에서 기독교인들은 믿는 자들이었다(약 1:3; 2:1, 5). 믿음은 행위가 아니라, 행위를 통하여 드러났다(1:3f.; 2:1, 18). 따라서 야고보에게 믿음은 초대 기독교적인 의미와 완전히 부합하는 것으로서 토대를 의미하였다. 하지만 바울과는 대조적으로 야고보는 믿음을 그 내용의 견지에서가 아니라 순전히 현상적이고 경험적인 유형의 태도, 믿는 행위로 이해하였다. 그러므로 그는 이 유형의 태도가 그에 걸맞는 행실, 즉 "행함"과 결합되어야 한다고 그토록 애써서 요구하였던 것이다. 그리고 마지막으로 "행위"라는 용어의 서로 다른 용법과 관련하여 바울에게 "행위"는 율법이 요구하는 것이었던 반면에 야고보는 바울이 성령의 열매라 부른 것을 "행위"라는 용어로 이해하였다고 말할 수 있을 것이다. 야고보는 "행위"를 모세 율법의 의미로 말한 적이 결코 없었다.

3) 이러한 용어 사용의 차이를 알게 되면 우리는 야고보와 바울 간의 내용적이고 신학적 관계를 규명하는 데에 방향을 잡을 수 있게 된다.

결정적으로 중요한 문제는 야고보가 행위에 관하여 말하였던 것을 바울이 의의 열매로 말할 수 있었느냐 하는 것이다. 바울은 부정적인 방식으로 야고보에게 동의하였을 것이다.

아마도 그에 걸맞는 행위를 통해 드러내보여지지 않는 믿음은 의로 간주되지 않을 것이다 (고전 6:9; 10:5-13). 물론 바울은 이 순종의 결여를 행함 없는 믿음이라고 하지 않을 것이다. 오히려 그는 순종이 없는 곳에 과연 믿음이 존재하는가 하고 반문할 것이다(고후 13:5). 그는 행함이 믿음에 더해져야 한다고 요구하는 것이 아니라 믿음에 생명이 불어넣어져야 한다고 요구했을 것이다. 하지만 이것은 단지 용어상의 차이만은 아니다!

바울은 야고보가 그의 놀라운 용어 사용법을 통하여 칭의에 관하여 긍정적으로 말한 것에 실질적으로 동의할 수 있었을까? 바울은 야고보서 1:25("자유하게 하는 온전한 율법을 들여다보고 있는 자는 … 실행하는 자니 이 사람이 그 행하는 일에 복을 받으리라"), 2:22과 24("사람이 행함으로 의롭다 하심을 받고")과 같은 진술들에 어떤 반응을 보였을까? 이 진술들은 위에서 본 것처럼 자신의 행실에 대한 해명을 지속적으로 요구하는 지적인 칭의의 교리가 아니라 사람으로 하여금 믿음을 보이도록 부르는 교훈적인 약속이었다. 행위를 바탕으로 해서 최후의 심판에 나오는 결과를 계산하려 하는 것은 야고보의 의도와는 너무도 거리가 먼 것임은 말할 것도 없다. 신약의 그 어떤 문헌보다도 야고보서는 기독교인들이 날마다 많은 죄를 범한다는 것을 그토록 강조하였다: "우리가 다 실수가 많으니"(3:2). 그리고 야고보서 5:16은 이렇게 권면하였다: "이러므로 너희 죄를 서로 고하며." 따라서 야고보는 심판에서 해결이 아니라 긍휼을 기대하였다(2:12f.). 그러나 이 전반적인 의도를 고려한다 할지라도 바울은 교훈적인 약속을 표현할 때 이런 식으로 말하지 않는다는 것은 말해두어야 한다. 사실 바울도 선한 행위의 인정을 약속하였지만(고전 3:14f.; 고후 5:10), 최후의 심판에서의 결정이 믿음의 행위가 아니라 믿음의 내용, 즉 그리스도에 달려있다고 말하였다 (롬 5:9f.). 야고보의 단정적인 교훈은 바울에게서 구원의 확실성을 파괴할 것이었다.

4) 하지만 바울과 야고보의 근본적인 차이는 우리가 실제로 무엇이 야고보로 하여금 이런 식으로 기독교적 행실을 요구하게 촉발하였는가를 물을 때 분명해진다. 중대한 주목을 요구하는 차이, 즉 사물을 바라보고 표현하는 방식의 차이라는 문제에 직면한다.

바울은 기독교적 실존에 관하여 그것이 하나님의 구원의 행위에 의해 창조적으로 이루어졌다고 말하였다. 바울의 말하는 방식에서 하나님에 의해 이미 이루어진 것을 표현하는 위대한 직설법들이 그 특징이었다. 반면에 야고보는 기독교적 실존을 분석적으로 사람의 심리와 행실에서 그것이 경험적으로 어떻게 나타나야 하는가를 기술하였다. 말하는 방식의 차이는 이러한 사물을 바라보는 방식과 일치한다. 바울은 케리그마적으로 말하였다. 하지만 야고보는 심리학적이고 객관적으로 말하였다. 그는 현상적이고 심리학적으로 기독교인들의 태도가 경험적으로 어때야 하는가를 기술하려고 하였다.

5) 사물을 표현하는 이 방식이 긍정적으로 무엇을 이루어냈는가 하는 것을 알아내기란 쉽다. 야고보서의 말씀은 직설적이고 구체적이었다. 그것은 공허한 말과 정적주의적인 개념들 속에서 살고 있는 기독교의 모습을 드러내었다. 그것은 믿음을 나타낸 대담한 예들의 도움을 빌어 합당한 기독교적 행실을 강하게 제시하였다. 이것을 인정한다면 사람들은 이러한 표현 방식의 한계들도 주목하여야 한다. 야고보의 권면은 사람을 창조적으로 변화시키는 선포만으로 가능한 것을 심리학적 교육학을 통하여 얻으려고 하는 초기 가톨릭적 시도의 예비 단계가 되었다. 궁극적으로 기독교인됨은 결코 어떠한 삶의 형태로서 기술될 수 없다. 우리는 기독교적 실존을 낳는 그리스도로부터 오는 말씀을 의지하여야 한다. 즉 오직 분명하고 구체적인 말씀만을 의지하여야 한다. 야고보는 기본적으로 이것을 알고 있었다. 이점은 율법의 판단에 관한 그의 놀라운 말에서 궁극적으로 분명해진다(4:11f.). 따라서 그의 권면이 경험주의적으로 초점이 맞춰져 있음에도 불구하고 야고보는 신약에 속한다고 하는 것은 아주 지당하다.

§46. 마태를 통한 예수의 삶과 사역의 해석

E. von Dobschütz, "Matthäus als Rabbi und Katechet," *ZNW* 27 (1928), 338-348; A. Schlatter, *Die Kirche des Matthäus* (1929); G. D. Kilpatrick, *The Origins of the Gospel according to St. Matthew* (1950); C. H. Dodd, "Matthew and Paul," *NTS* 1 (1953/54), 53-66; K. Stendahl, *The School of St. Matthew* (1954); P. Nepper-Christensen, *Das Matthäusevangelium—ein judenchristliches Evangelium* (1958); G. Bornkamm—G. Barth—H.-J. Held, *Tradition and Interpretation in Matthew* (1963); J. Gnilka, "Die Kirche des Matthäus und die Gemeinde von Qumran," *BZ* NF 7 (1963), 43-64; R. Hummel, *Die Auseinandersetzung zwischen Kirche und Judentum im Matthäus-Evangelium* (1963); W. Trilling, *Das wahre Israel. Studien zur Theologie des Matthäus-Evangeliums* (1964³); G. Strecker, *Der Weg der Gerechtigkeit. Untersuchungen zur Theologie des Matthäus* (1971³); G. Baumbach, "Die Mission im Matthäus-Evangelium," *ThLZ* 92 (1967), 889-893; R. Walker, *Die Heilsgeschichte im ersten Evangelium* (1967); N. Walter, "Die Bearbeitung der Seligpreisungen durch Matthäus," *StEv* 4 (1968), 246-258; J. D. Kingsbury, *The Parables of Jesus in Matthew 13* (1969); W. G. Thompson, *Matthew's Advice to a Divided Community. Mt. 17,22–18,35* (1970); M. J. Suggs, *Wisdom Christology and Law in Matthew's Gospel* (1970); B. J. Malina, "The Literary Structure and Form of Matt. XXVIII.16-20," *NTS* 17 (1970/71), 87-103; U. Luz, "Die Junger im Matthäus-evangelium," *ZNW* 62 (1971), 141-171; A. Vögtle, "Das christologische und ekklesiologische Anliegen von Mt 28,18-20," in Vögtle, *Das Evangelium und die Evangelien*

(1971), pp. 253-272; W. Trilling, "Matthäus, das kirchliche Evangelium—Überlieferungsgeschichte und Theologie," in *Gestalt und Anspruch* (ed. J. Schreiner [1969]), pp. 186-199; C. Burger, "Jesu Taten nach Matthäus 8 und 9," *ZThK* 70 (1973), 272-287; H. Frankemölle, "Amtskritik im Matthäus-Evangelium?", *Biblica* 54 (1973), 247-262; Frankemölle, *Jahwebund und Kirche Christi. Studien zur Form- und Traditionsgeschichte des "Evangeliums" nach Mätthaus* (Neutestamentliche Abhandlungen 10 [1974]); J. Lange, *Das Erscheinen des Auferstandenen im Evangelium nach Matthäus. Eine traditions- und redaktionsgeschichtliche Untersuchung zu Mt 28,16-20* (1973); J. D. Kingsbury, "The Structure of Matthew's Gospel and its Concept of Salvation History," *Catholic Biblical Quarterly* 35 (1973), 451-474; Kingsbury, "The Composition and Christology of Matt 28:16-20," *JBL* 93 (1974), 573-584. **Important Commentaries**: P. Bonnard (1963), Commentaire du Nouveau Testament; F. V. Filson (1960), Black's NT Commentaries; W. Grundmann (1968), ThHK; E. Klostermann (1971⁴), HNT; E. Lohmeyer, *Das Evangelium des Matthäus*, ed. W. Schmauch (1956), KEK (special volume); A. Schlatter (1959⁵); J. Schmid, *Das Evangelium nach Matthäus* (1959), Regensburger NT; J. Schniewind (1962¹⁰), NTD; E. Schweizer, *The Good News According to Matthew* (1975). **On 4a**: R. H. Gundry, *The Use of the Old Testament in St. Matthew's Gospel with Special Reference to the Messianic Hope* (1967); W. Rothfuchs, *Die Erfüllungszitate des Matthäusevangeliums* (1969); R. S. McConnell, *Law and Prophecy in Matthew's Gospel. The Authority and Use of the Old Testament in the Gospel of St. Matthew* (1969); M. D. Goulder, *Midrash and Lection in Matthew* (1974). **On 5**: W. D. Davies, "Matthew V.18," in *Mélanges Bibliques rédigés en l'honneur de André Robert* (1957), pp. 428-456; Davies, *The Setting of the Sermon on the Mount* (1964); R. A. Guelich, "*Not to Annul the Law Rather to Fulfill the Law and the Prophets*"; *an Exegetical Study of Jesus and the Law in Matthew with Emphasis on 5:17-48* (Diss. Hamburg [1967; pub. in prep.]). **On 6**: W. Pesch, "Die sogenannte Gemeindeordnung Mt 18," *BZ* NF 7 (1963), 220-235; K. Tagawa, "People and Community in the Gospel of Matthew," *NTS* 16 (1969/70), 149-162; E. Schweizer, *Matthäus und seine Gemeinde* (1974).

아래에서 우리는 마태복음의 편집 성과의 케리그마적, 신학적 실질을 서술하고 요약할 것이다.

각 복음서에는 세 가지 자료층들이 함께 뒤섞여 있다: (1) 제자들에게 비친 예수의 모습, (2) 그것을 말한 증인들과 그 들은 것의 전승을 통하여 형성된 모습, (3) 공동체의 상황에 따른 복음서 기자들에 의한 편집을 통한 전승의 개작. 우리는 여기서 세번째 층에만 관심을 가질 것이다.

편집에 의한 자료에 속하는 것은 주석학적 연구에 의해서만 확인될 수 있다. 우리는 명확하게 마태의 편집 성과로 보이는 자료로부터 시작할 것이다. 그러한 자료는 다른 복음서들과의 비교와 그 용어 사용 및 내용상의 특이성을 통하여 확인된다.

1. 상황

여기서 필수적인 차별화가 적절하다. 편집사적인 질문 제기 방식에 따르면 이 문헌이 등장한 배경과 이 문헌이 쓰여진 상황에 관하여 질문을 던져야 한다. 이 두 방향의 질문 사이에는 과거에는 거의 주목을 받지 못했던 차이가 존재한다. 그 전승이 유래한 배경이 곧바로 이 문헌이 쓰여진 상황과 일치하지 않는다는 것은 실제로 바로 마태복음에 그대로 적용된다.

a) 마태 전승의 기원

1) 마태복음은 초기 팔레스타인 교회에서만 전해질 수 있었던 특수한 자료 속에 있었던 전승 단편들을 포함하고 있다. 이 전승 단편들은 초기 팔레스타인 교회에서만 의미가 있었고 오직 그들에 의해서만 이해될 수 있었다. 따라서 핍박에 관한 말씀들(마 10:17-23)이 제자들이 "공회"(*synedria*, 회당의 법정이 의도되고 있다)에 넘기우는 것과 "이스라엘의 동네"로부터 피하는 것에 관하여 말했을 때 그것은 팔레스타인에 있는 기독교의 운명을 명확하게 반영하고 있었다. 이와 같은 말은 성전세에 관한 지시에도 적용될 수 있다(마 17:24-27).

2) 그러나 이것은 더 이상 마태가 복음서를 썼던 상황은 아니었다. 오히려 이것은 마태에게 이미 지나간 시간이었다. 마태복음 22:7에 따르면 왕은 자기 종들을 가혹하게 다룬 것에 대하여 진노하여 "살인한 자들의 동네"를 불살랐다. 그러므로 이 복음서는 예루살렘의 멸망 이후에 쓰여졌다. 하지만 교회와 회당 간의 새로운 상황의 윤곽은 여전히 묘사되고 있다. 이것이 주후 80년 이후 얌니아 회의(Council of Jamnia)에 의해 취해진 조치들로 인하여 생겨난 상황이었다. 팔레스타인의 상황은 분명히 이 팔레스타인의 특수한 자료들 배후에 있으며 그 자료들 속에 반영되어 있었다. 성전이 더 이상 존재하지 않았기 때문에 마태 공동체는 성전세를 내지 않았다. 핍박에 관한 말씀들로부터 마태 공동체가 여전히 회당과 관련이 있었다고 결론내리는 것은 옳지 못하다. 복음서 기자는 자기 공동체의 상황을 지칭하고 있지 않은 전승들을 전해 받았다는 것은 근본적으로 분명해진다.

이러한 현상은 어떻게 설명될 수 있는가? 복음서 기자의 견해에 따르면 오늘날 우리가 전승사적 분석을 통하여 팔레스타인 교회의 상황으로 돌리고 있는 팔레스타인을 언급하는 이 진술들은 예수 당시의 팔레스타인 상황에 속했다.

그러므로 그는 시간적인 거리를 고려해야 한다는 것을 충분히 알고 이 문헌을 썼다. 그는 주로 지나간 예수의 역사를 기술하고 다음으로 어떻게 그것이 자기의 공동체 상황과 관련되는가를 분명히 하려고 하였다.

b) 상황과 관련된 목표

1) 복음서 기자가 자신의 독자들을 이끌려고 하였던 상황은 그의 복음서의 결론 부분의 구, 즉 부활하시고 승귀되신 분의 명령 속에서 근본적으로 분명해진다: "그러므로 너희는 가서 모든 족속으로 제자를 삼아"(28:19). 이 복음서는 유대인과 이방인으로 구성된 보편 교회를 염두에 두고 쓰여졌다. 마태복음 10:5 이하의 명령이 원래 의도했던 시기는 과거가 되었다: "이방인의 길로도 가지 말고 사마리아인의 고을에도 들어가지 말고 차라리 이스라엘 집의 잃어버린 양에게로 가라".

2) 마태가 주목하였던 보편 교회는 많은 지표들에 따라 지리적으로 수리아를 무대로 하였음을 알 수 있다. 언어학적인 전제들은 이미 그 방향을 가리킨다. 복음서 기자는 자기 독자들이 팔레스타인 유대교의 언어와 관습에 친숙해 있음을 전제하였다. 팔레스타인 밖에서 이것은 오직 수리아에서만 전제될 수 있었다. 마태 전승의 첫번째 흔적들은 디다케와 이그나티우스의 저작들 속에서 발견될 수 있다. 복음서 기자가 유대교와 관련하여 격렬한 논쟁을 벌였다는 것은 옳다. 그러므로 많은 학자들이 동의하고 있듯이 이 복음서는 수리아에 있는 믿음의 공동체를 위해 쓰여졌다고 말할 수 있다. 물론 그 공동체가 안디옥 또는 뵈니게의 해안 성읍들의 하나였는지 어떤지는 확인될 수 없다.

2. 학문적 연구에 따른 케리그마적 목표

마태복음에 관한 현대적인 편집비평적 연구의 인상적인 예비 단계는 이미 1910에 찾아볼 수 있다. 슐라터(A. Schlatter)는 자신의 「사도의 신학」(*Theologie der Apostel*)의 한 절에서 마태가 자기 공동체를 위하여 예수의 기사를 형성한 방식의 특징을 묘사하였다.[1] 그는 자신의 논문인 「마태의 교회」(*Die Kirche des Matthäus*, 1929)에서 이 공동체의 상황을 재구성하였다. 슐라터의 이 작업은 나중에 킬패트릭(G. D. Kilpatrick, 문헌은 §46을 보라)에 의해 아주 자세하게 수행되었다. 슐라터의 저작들의 정반대의 극(極)에서 홀츠만(H. J. Holtzmann)은 이 복음서를 "상당히 가톨릭적"(오늘날의 용어로는 "초기 가톨릭적")이라고 특징지었다.[2] 복음서 기자는 서로 상반되는 전승들을 가톨릭적으로

---

1) A. Schlatter, *Theologie* II, 16-38.
2) *Theologie* I, 457-515, esp. 514.

종합하였다고 홀츠만은 생각하였다. 따라서 복음서 기자는 구약의 계명들의 문자 그대로의 표현을 제거한 예수의 반정립(反定立)을 제시하기 위하여(5:21ff.) 율법의 일점 일획도 없어지지 않을 것이라고 강조하였다(5:18). 첫번째 경우에 마태는 자유 지향적인 전승을, 두번째 경우에는 보수적인 유대 기독교적 전승을 배려하였다.

양식비평적 연구 작업으로 채워진 긴 휴지 기간 후에 불트만 학파가 1950년 이후에 편집 비평적 문제 제기 방식으로 선회하였을 때 홀츠만의 접근 방식은 또 다시 채택이 되었다. 1960년에 간행된 논문 모음집에서 보른캄(G. Bornkamm)은 제자인 바르트(G. Barth)와 헬트(H. J. Held)와 함께 마태가 율법주의적인 유대 기독교적 경향을 갖고 있다고 말하였다.[3] 이 견해에 의하면 복음서 기자는 마태복음 5:18을 반정립들과 조화시킨 것 — 앞의 예에서 주장되고 있듯이 — 이 아니라 반정립들을 율법에 대한 해석이라고 생각하였다는 것이다! 보른캄은 고전적인 양식비평의 개념적인 접근 방식에 완전히 충실했기 때문에 이와 같이 일방적인 견해에 도달하였다. 그는 복음서 기자의 진술들이 그의 공동체의 상황을 직접적으로 반영하고 있음에 틀림없다고 생각했고, 따라서 마태 공동체는 여전히 회당과 관련을 맺고 살고 있으며 성전세를 지불하였다는 명제를 가정하였던 것이다.[4]

슈트레커(G. Strecker)가 이러한 접근 방식과 완전히 결별하고 마태는 실존적이 아니라 역사적으로 사고하고 있었다는 것을 자신의 저작인 「의의 길」(Der Weg der Gerechtigkeit, 1962)의 취지라고 말했을 때 그것은 불트만 학파의 전환점을 시사해 주는 것이었다. 더욱이 그는 예수 전승을 역사화시킴으로써 예수 시대와 교회 시대 사이에 차별성을 부여하였다. 물론 슈트레커에게 이것은 예수 시대가 단순히 마태 교회의 현존으로부터 멀리서 성찰된 지나간 시대였다는 것을 의미하지는 않았다. 오히려 예수의 종말론적 요구와 예수를 통한 그 본보기적인 성취를 통하여 "종말론적 의의"[5]가 이러한 마태의 현재에서 개작되었다. 이 두 측면은 예수의 시대를 구원사에 속하는 것으로 자격을 부여하였다.

이렇게 마태를 역사화하여 바라보는 방식은 발커(R. Walker)에 의한 일방적인 과정 속에서 계속되었다. 그의 강령적인 명제는 이러했다: "예수와 이스라엘의 논쟁의 전체적 모습은 구원사적 차원 안에 있었다. 그것은 이스라엘과 함께 하는 교회의 현재적 논쟁들의 반영이 아니라 (케리그마를 통해) 역사를 그대로 기술한 것이었다."[6]

---

3) Op. cit, (Lit. §46), esp. pp. 153-164.
4) Ibid., p. 20.
5) Op. cit, (Lit., §46), p. 185.
6) *Die Heilsgeschichte im ersten Evangelium* (1967), p. 9. 이것도 보른캄과 마찬가지로 다른 측면으로 지향된 일방성이 있다. 마태는 현재의 논쟁이 아니라 과거의 논쟁만을 기술하였다 —Walk

라이프치히 출신의 로마 가톨릭 주석학자의 독자적인 연구, 즉 트릴링(W. Trilling)의 「참 이스라엘」(*Das Wahre Israel*)에서 행한 슈트레커에 대한 반론도 연구사적 견지에서 마찬가지로 중요하였다. 슈트레커가 교회는 오직 종말론적 요구와 하나님 나라를 대표한다고 주장한 데 비해 트릴링은 메시야적 구원은 교회에 현존하며 세상의 상황은 구원의 길을 통하여 변화되고 있다고 생각하였다. 트릴링은 마태를 너무 지나치게 초기 가톨릭에 근접한 것으로 보고 있음에도 그의 해석은 슈트레커의 해석보다 많은 점에서 정확하였다.

3. 구원사적 구도

a) 마태에게 예수 시대는 예수와 이스라엘의 만남의 시기였다. 예수와 이스라엘의 만남은 누가에서처럼 "먼저 유대인에게요 다음에 헬라인에게라"는 표제 아래 서 있지 않았다(§ 48, 2) ; 오히려 마태에게 그것은 다음과 같은 표어 아래 있었다: 성경을 성취하기 위하여 오직 이스라엘에게(마 15:24)! 예수와 이스라엘의 배타적인 만남 속에서 이스라엘의 역사는 끝이 나고 하나님의 구원 계획은 목표에 도달하였다. 누가와는 대조적으로 마태는 예수의 삶과 사역을 시간과 공간 속에서 사건의 진행, 여러 시기로 나누어진 역사의 한 시기로 묘사하지 않고 예언을 통하여 독특한 자격을 부여받은 시기로 묘사하였다.

b) 이처럼 독특한 예수의 생애가 어떻게 근본적으로 공동체의 시대와 연결되었느냐 하는 것은 이 복음서의 결론 부분에 의해 표현되었다(마 28:18f.). 그것은 이 복음서 전체를 이해하는 열쇠였다. 부활하신 분의 이 말씀은 두 가지를 표현하고 있다:

1) "모든 권세를 내게 주셨으니 그러므로 너희는 가서 모든 족속으로 제자를 삼아 … ." 이것은 모든 족속들이 랍비의 가르침과 같이 지상의 예수의 가르침을 받아들일 때가 아니라 그들이 부활하시고 승귀되신 분에게 인격적으로 돌이킬 때 예수가 모든 족속들의 선생이 될 것이라는 것을 의미하였다. 예수의 퇴장 후에 제자도는 예수의 지상 사역 동안과 마찬가지로 예수의 인격과 관련되어 있었다. 그것은 예수의 가르침을 단순히 받아들이는 것이 아니었다. 예수의 지상 사역은 그의 부활과 승귀를 토대로 해서만 계속되었다.

2) 말씀은 이렇게 되어 있다: "모든 족속으로 제자를 삼아 아버지와 아들과 성령의 이름

---

er와 마찬가지로. 사실 복음서 기자는 그 둘을 결합하였다: 과거에 있었던 예수와 이스라엘이 논쟁, 마태 당시에 변증적이고 선교적인 목적의 유대인들과의 논쟁. 이에 덧붙여 R. Walker의 저작은 연구의 견지에서 G. Strecker의 저작만큼 믿을 만하지 못하다. 보른캄과 근접한 입장을 취하고 있는 R. Hummel (op. cit. 〔Lit., §46〕)의 저작에 대해서도 마찬가지로 말할 수 있다.

으로 세례를 주고 내가 너희에게 분부한 모든 것을 가르쳐 지키게 하라." 그러므로 예수의 계명 — 무엇보다도 산상수훈에 나오는 — 은 세례와 관련된 권면이 되었다. 하지만 세례는 실제로 개인을 향하여 예수가 은혜로 돌아오는 것에 의해 점유된 공간을 전제하였다. 이 돌아옴을 통하여 개개인을 제자도와 믿음 속에서 얻을 수 있었는데, 마태가 8:1-9:34에서 묘사한 것은 바로 이 돌아옴의 심상이었다. 마태복음에서 예수의 사역은 세례와 관련된 권면을 통한 새로운 중보에 비추어 묘사되었다.

c) 이 묘사는 두 가지 방식으로 공동체의 상황과 관련되었다.

1) 마태는 유대교와의 변증적이고 선교적인 논쟁을 염두에 두고 예수와 이스라엘의 만남을 묘사하였다. 이런 식으로 예수 전승은 그 원래의 상황에 비추어 해석됨과 동시에 다른 복음서에서와는 달리 깊은 차원에서 이해되었다.

2) 그럼에도 불구하고 이 편집 의도의 관점으로 인하여 변증으로 제시된 모든 것 속에서 이러한 의도는 그것을 넘어 예수의 삶과 사역에 대한 신학적 이해와 섞여 짜였기 때문에 공동체는 자신의 주님이 누구신가를 들을 수 있었다. 이러한 두 방향의 사고의 상호 작용은 특히 우리가 이하에서 마태의 특징을 이루는 세 가지 신학적 주제들을 좀더 정확하게 제시할 때 특히 분명해진다. 그것들은 예수의 메시야됨, 예수의 명령을 통한 율법의 성취, 교회에 의한 이스라엘의 대치.

4. 예수의 메시야됨

마태는 수 세기에 걸쳐 교회에 어떻게 예수를 구약의 메시야로 이해할 수 있는지를 보여주었다고 말하는 것은 결코 지난친 말이 아니다.

교회에 예수의 메시야됨의 해석을 위한 열쇠를 제공한 것은 바울이 아니라 마태 — 특히 그의 성경적 증거들을 통하여 — 였다.

a) 성경적 증거

1) 개관. 신약의 복음서나 다른 저작들 중에서 그 어느 것도 마태복음만큼 예수의 삶과 사역을 통한 구약 예언의 성취를 판에 박은 듯이 가리키고 있지 않다. 마태는 자신의 자료들인 마가와 Q에서 자기가 이용할 수 있는 구약과 관련된 직접 간접의 모든 전거들을 빌어왔을 뿐만 아니라 자기 나름대로의 밑받침하는 상당수의 구절들, 특히 소위 열한 개의 예언 증거 인용문들(*Reflexionszitate*)로 그것들을 보충하기도 하였다.

예언 증거 인용문들은 특히 마태의 특징을 이루는 것으로 볼 수 있지만 그가 그것들을 스스로 만들어내었는지는 의심스럽다. 복음서 기자는 다른 인용문들, 즉 그에 의해 소개된 것들과 마가와 Q로부터 유래한 것과 관련해서는 일반적으로 칠십인역을 따랐지만, 예언 증거 인용문들은 주로 맛소라 본문과 크게 유사성이 있는 다른 본문 유형에 속하였다.[7] 이 차이를 어떻게 이해하여야 하는가? 흔히 마태는 이 예언 증거 인용문들을 유대인들과의 선교적 변증적 논쟁을 위하여 팔레스타인 교회에서 모아놓았던 증거들(testimonia)의 모음으로부터 취해왔다고 생각되어 왔다. 더욱이 스텐달(K. Stendahl)은 그것들이 기독교적 서기관 학교에서 발전되었고 스스로를 하늘의 영역에서 가르침받은 서기관으로 지칭하였던 마태도 그 출신이었다고 추측하였다.[8]

복음서 기자가 인용문들의 내용과 어떻게 연관되었는가 하는 문제는 불확실한 채로 남아 있지만, 서론의 정형 어구들은 분명히 그로부터 유래하였다. 그것들은 마태에게 아주 전형적인 표현들을 담고 있다. 흔히 그것들은 이렇게 되어 있다: "이 모든 일의 된 것은 주께서 하신 말씀(*ho rhetheis* 또는 *to rheten*)을 이루려(*hina plerothe*) 하심이니".[9] 마태는 예수를 통한 성경의 성취를 보여주는 이렇게 광범위하고 분명하게 반영되어 있는 지표들을 통하여 사람들에게 무엇을 알게 하려 하였는가? 성취라는 측면 자체는 아주 초기부터 예수 전승과 결합되어 있었다. 그것은 이미 고린도전서 15:3-5에서 초기 케리그마의 일부분이었다. 마태의 성경적 증서는 무슨 특별한 기여를 할 것으로 생각되었는가?

2) 변증적 목적. 물론 마태는 예수의 생애의 몇몇 두드러진 내용들이 예언되었다는 것을 입증하려 하였다. 그의 의도 가운데서 특히 눈에 띄는 예는 마태복음 21:1-9에 나오는 예수의 예루살렘 입성 기사를 개작한 것이었다. 21:5에서 마태는 마가복음 11:1-11에 나오는 병행 단락과 관련하여 스가랴 9:9로부터 예언 증거 인용문을 삽입하였고 그런 다음 짐부리는 두번째 짐승을 통하여 문자 그대로의 일치를 얻으려고 본문을 증보하였다(21:2, 7): "나귀와 나귀 새끼를 끌고 와서 … 예수께서 그 위에 타시니".[10] 또한 4:15 이하와 27:9에서는

---

7) Strecker, op. cit. (n. 5), pp. 21-29에 나오는 개별적인 보강 증거.

8) Op. cit. (Lit., §46), pp. 194ff.

9) '*pleroun*' ("이루다")은 마태에 전형적인 용어였다. 이 말은 마태복음에서 16회 나오는 데 반해 마가에서는 오직 2회, 누가에서는 9회 나온다. '*to rethen*' ("말씀하신 바")이라는 표현도 전형적으로 마태의 것이었다(1:22; 2:15, 17; 4:14; 8:17; 12:17; 13:35; 21:4; 22:31; 27:9). 따라서 예언 증거 인용문들의 도입 정형 어구와 성취에 대한 언급을 통한 강조된 역사 해석은 이젠 마태로부터 왔다고 해야 한다.

10) 슥 9:9은 종합적 병행법으로 취급되었고 이 절의 두 반쪽 부분에서 짐을 부리는 한 짐승에 대해서만 말하고 있다.

특정한 인용문을 본문과 잘 맞추기 위하여 설명 자료가 부가되었다.

예수의 생애 가운데서 어떤 종류의 내용이 마태가 이렇게 실제로 계산 가능한 방식으로 예언된 것으로 추가적으로 입증하기를 원했던 내용이었는가? 우리는 동정녀 탄생(1:23), 예루살렘이라는 출생지(2:6), 애굽으로 피신(2:15), 베들레헴에서의 유아 살해(2:18), 유대인들에 의해 그에게 붙여진 "나사렛 사람"(즉, 나사렛 출신의 사람)이라는 별명(2:23), 먼 지방 갈릴리에서의 공적 사역(4:15f.) 부분에서 예언 증거 인용문들을 발견한다.

다음으로 그 인용문들은 예수의 치유 사역들(8:17), 누구에게도 그 치유 이적들에 관하여 말하지 말라는 경고(12:18-21), 비유를 통한 그의 은폐적인 말씀을 밑받침하는 전거들(13:35), 마지막으로 예루살렘으로의 겸손한 입성(21:5), 유다의 징벌(27:9f.)에도 사용되었다. 여기에 언급된 사건들은 교회와 유대교 사이의 논쟁에서 논란이 되었던 문제들이라는 점에서 공통점을 갖고 있었다는 것은 의심할 여지가 없다! 이 문제들 때문에 유대인들은 예수의 메시야됨을 거부하였고 그를 비방하였다. 유대의 변증에 따르면 예수는 사생아였고 애굽에 있는 동안 마법을 배웠다. 그의 출신지가 나사렛이라는 것은 어떠한 메시야 주장도 불가능하게 만들었다. 이와 같은 것은 그의 사역이 갈릴리 지역에만 집중되어 있었다는 것, 이 사역의 비천함, 결국에 가서 자신의 제자에게 배신당했다는 것에도 적용되었다.[11]

그러므로 예언 증거 인용문들은 변증의 상대역인 유대교에 의해 촉발되었다. 마태가 유대교와의 변증 전선(戰線)에 의해 어느 정도 영향을 받았느냐 하는 것은 무덤 파수에 관한 설화(27:62-66; 28:4, 11-15)에서 두드러지게 나타난다. 이 설화는 부활의 사실성을 나타내 보이기 위해서가 아니라 제자들의 교묘한 조작에 의해 빈무덤을 설명하려는 유대교를 부인하기 위함이었다. 마태의 성경적 증거들은 변증적인 한에서 시범적인 면보다는 결정적으로 더 방어적인 성격을 갖고 있었다. 성경으로부터 합리적으로 계산 가능한 증거를 통하여 기독교에서 진리를 역사적 또는 역사철학적으로 드러내 보이는 것이 마태의 의도가 아니었다. 그러한 것은 나중에 변증론자인 순교자 유스티누스에 의해 시도될 것이었다.[12]

3) 구원사적 이해. 예언 증거 인용문들이 방어적 변증 이상으로 적극적인 가치를 갖고 있

---

11) 참조. J. Klausner, *Jesus of Nazareth* (1929), pp. 17-127; H. L. Strack, *Jesus, die Häretiker und die Christen nach den ältesten jüdischen Angaben* (1910).

12) 순교자 유스티누스는 기독교의 진리를 성경으로부터 합리적으로 계산할 수 있는 증거를 통하여 역사적. 철학적 방식으로 증명하기를 원하였다. 그는 유대인 Trypho와 나눈 대화를 통해 이렇게 설명하였다(*Dial.* 28:2) : "나는 성경으로부터 가져오고 사실들 자체를 가져오기 때문에 그것들의 증거와 깨우침은 나에게 믿음을 지체하거나 주저하지 않게 한다 … "(=ANF, *Justin Martyr*, I, 208); 참조. 이에 대해서는 Goppelt, *Christentum und Judentum*, pp. 286-301 (특히 pp. 286f., 296).

다고 한다면 그것은 공동체에게 구원사적 이해를 위한 길을 열어주었다는 것이다. 우리가 그 인용문들을 실질적인 문맥 안에서 경청한다면, 그 인용문들이 개별적인 역사적 자료들만이 아니라 마태가 그것들이 구약에서 메시야를 예언한 것으로 보았을 때 예수의 사역의 본질적인 특징들을 지향하고 있음을 알게 된다. 그리고 이런 의미에서 복음서 기자는 그 인용문들을 들었고 그것들을 공동체에게 들려주기를 원했다. 그는 공동체에게 이렇게 말하기를 원했다 ─ 그것을 명제로서 표현한다면: 예수는 겸비하고 자비로운 이들을 위하여 오신 겸비하고 자비로운 분이었기 때문에 약속된 분이었다!

복음서 기자가 스스로와 그의 공동체를 위하여 성경을 전거로 하여 예수의 삶의 알갱이를 구원사적으로 이해하기를 구했다는 것은 복음서 기자 자신이 호세아 6:6을 요령있게 사용하고 있는 두 구절(마 9:13; 12:7)을 고찰해볼 때 분명해진다. 예수의 사역에서 두 개의 주요한 결절점에서 마태는 예수의 입 속에 "나는 긍휼을 원하고 제사를 원치 아니하노라"라는 하나님으로부터의 예언의 말씀을 넣었다. 마태는 예수가 제자도 안에서 자기를 따르는 자들에게 허기를 채우기 위하여 자신을 섬기는 안식일을 깨뜨리는 자유를 허용했을 때 예수의 행위를 지도하였던 근본적인 원칙을 특징짓기를 원했다(12:1-8); 예수가 죄인들이 건강을 회복할 수 있도록 자기와의 교제를 허용하였을 때에도 동일하게 말할 수 있었다(9:9-13). 따라서 이 두 경우에 요구와 구원의 질서로서 율법을 범하는 것은 하나님이 무엇보다도 먼저 구하고 계시는 긍휼을 나타낸 것으로서 성낭화되었다.

이에 따라 예수의 예루살렘 입성에 관한 설화에 나오는 예언 증거 인용문(21:5)은 짐부리는 두 짐승을 가리키려 했던 것이 아니라 이 결정적인 순간에 예수를 '프라우스'(praus), 겸비한 분 ─ 물론 그는 약속되신 분이기도 하였다 ─ 으로 지칭하려는 의도였다. 성경에 따른 예루살렘 입성에서 보여주려고 했던 것은 계산 가능한 외부적 사건이 아니라 예수의 사역의 기본적인 요소였다! 이 깊은 구원사적 해석에 따르면 예수는 개별적인 예언들을 성취하였기 때문이 아니라 인간을 위한 하나님의 본질적인 의도를 실현하였기 때문에 약속되신 분이었다. 그는 겸비하고 자비로운 자들을 돌보신 겸비하고 자비로운 분이었기 때문에 약속되신 분이었다.

또한 이것은 마태의 언어학적 용법을 통해서도 알 수 있다. 공관복음서에서 오직 마태에게서만 찾아볼 수 있는 형용사 '프라우스'(히. 'anaw, 겸비한)는 저 유명한 "내게로 오라" 말씀(11:28f.)과 예루살렘 입성에 관한 예언 증거 인용문(21:5)에서 예수의 특성으로 등장하였다. 그것은 마태복음 5:5에서 마태 자신에 의해 구성된 팔복의 가르침에서 구원을 받을 사람과 관련하여서도 사용되었다. 또한 "소자"(hoi mikroi)도 겸비한 자들에 속하였다. 마태는 18:6에서 마가복음 9:42로부터 그 강조를 취해와서 18:10, 14; 10:42(모두 Sp. Mt.)에서 그것을 강화하였다. 도움의 손길을 뻗치는 긍휼에 대한 언급은 위로를 필요로 하는 압제받는 겸비한 자들에 대한 이러한 강조된 언급과 일치하였다. 마태복음에는 한편으로 예수 자신이 긍휼이 많으신 분으로 행하였다는 것과 다른 한편으로 다른 사람들 속에서 긍휼을 찾았다는 것을 표현하기 위하여 어근 '엘레인'(eleein, 긍휼)에서 파생된 단어들이 두드러지게 많이 사용되고 있다. 그러므로 마태복음 20:30에 나오는 "우리를 불쌍히 여기소서 다윗의 자손이여"라는 부르짖음은 마가복음 10:49에서 빌어온데 반해, 9:27에서는 8장과 9장의 예수의 구원 사역의 모습을 충분히 그려내기 위하여 눈먼 소경의 치유 이야기 전체와 결합되어 반복되었다. 이미 보았듯이 호세아 6:6은 두 번(마 9:13과 12:7) 인용되었다: "나는 긍휼을 원하고 제사를 원치 아니하노라." 예수 자신이 긍휼을 가지고 행하였던 것처럼 그는 긍휼을 가진 자들을 찾았다. 그들에게 18:32 이하에 나오는 충성치 못한 종에게 한 말씀은 의미가 있었다: "내가 너를 불쌍히 여김과 같이 너도 네 동관을 불쌍히 여김이 마땅치 아니하냐." 겸비하고 긍휼을 가진 자들을 받으시는 겸비하고 긍휼 있으신 분으로서 예수의 모습은 성경으로 밑받침되었다. 복음서 기자가 여기서 발전시켰던 동일한 의도들은 존귀의 메시야적 호칭들에 대한 편집에서도 그대로 나타났다.

b) 메시야적 형용 어구들

1) 이스라엘을 위한 다윗의 자손 예수. 마태는 마가와 Q에서 자기가 이용할 수 있었던 기독론적 형용 어구들을 상당한 정도로 변경하였다. "다윗의 자손"이라는 호칭을 그가 선호한 것이 그 중에서도 가장 두드러졌다. 그 어떤 신약 저작들도 마태처럼 그 호칭을 부각시킨 적이 없었다.

단어에 대한 통계학적 분석은 다음과 같은 결과를 보여준다: 마가와 마가에서 취해온 누가복음에서 "다윗의 자손"이라는 호칭은 오직 두 번 나온다(막 10:47f. par. 눅 18:38f.; 〔마 20:29-34〕; 막 12:35ff. par. 눅 20:41-44; 〔마 22:41-46〕). 이와는 대조적으로 이 호칭은 마태에는 일곱 구절들에서 나오며(1:1; 9:27; 12:23; 15:22; 20:29ff.; 21:9ff.; 22:41ff.) 나머지 신약에는 전혀 나오지 않는다. 마태에 나오는 일곱 구절 가운데 마가와 병행인 둘(20:29ff. par. 막 10:47f.; 22:41ff. par. 막 12:35ff.)을 제외한다면 나머지 다섯 구절이 편집에 의한 것이다. 우리는 먼저 이 선호된 편집에 의한 표현인 "다윗의 자손"이라는 호칭은 그의 팔레스타인 특수 자료를 통하여 마태에게 시사되었을 가능성을 생각할 수 있다. 실제로 모든 지표들은 이 호칭이 팔레스타인 교회에서 예수를 위한 호칭으로 사용되었을 가능성을 보여준다. 그러므로 요한계시록은 팔레스타인 전승을 빌어와서 이 호칭을 묵시문학적 심상으로 사용하였다(계 5:5; 22:16); 팔레스타인으로부터 유래한 로마서 1:3의 기독론적 정형 어구(딤후 2:8은 이 정형 어구의 확장이었다)도 예수의 다윗 혈통을 언급하였다(§26, 4).

수리아 교회의 예전에 계속해서 영향을 미쳤던 이 팔레스타인 전승(Did. 10:6)은 마태로 하여금 이 호칭을 편집을 통해 사용하도록 촉발하였을 것이다. 물론 마태는 이렇게 함으로써 그의 공동체로부터 예수를 위한 호칭을 예수 당시의 상황으로 옮기려고 한 것은 아니었다. 우리는 이 형용 어구가 수리아 교회의 단일한 신앙고백문이 아니라 오직 예전 전승 속에서만 찾아볼 수 있다는 사실에서 이와 같은 주장이 옳다는 증거를 볼 수 있다. 그는 역사화하는 방식으로, 즉 예수의 지상 생애에 관하여 말하기 위하여 이 호칭을 사용하였다.[13] 그렇게 함으로써 분명히 유대교와 관련한 변증적 관심도 작용하고 있었다. 랍비 유대교에서 "다윗의 자손"(ben-dawid)은 실제로 메시야를 가리키는 지배적인 호칭이었다. 하지만 마태는 이 유대적 기대를 예수에게 전이하지는 않았다. 그가 다윗의 자손에 관하여 말한 내용은 유대교가 '벤 다윗'과 관련하여 기대하고 있었던 것과는 달랐다. 그가 네 번 이 호칭을 이적적인 치유와 결합하였을 때(9:27; 12:23; 15:22; 20:30f.) 그는 다윗의 자손은 곤궁에 처해 있는 자들을 돕는 긍휼이 많으신 분으로서 구원을 가져왔으며 이스라엘을 위하여 구원을 가져왔다고 표현하고 있있다. 예수가 이스라엘로 보내심을 받았음을 분명히 인징한 가나안 여인은 예수를 "주 다윗의 자손이여"(15:22)라고 부르짖었다. 마찬가지로 예루살렘 사람들은 예수를 향하여 다음과 같은 말로 환호하였다: "호산나 다윗의 자손이여"(21:9, 15).

따라서 변증적으로 볼 때 이 호칭의 사용은 예수가 약속된 다윗의 자손이며 또한 유대교가 기대하였고 지금도 기대하고 있는 것과는 다른 방식으로 그러하다는 것을 표현하였다. 그 누구도 '벤 다윗'에게서 그가 거지들을 치유할 것이라는 것을 예상하지 않았다. 그러나 예수는 긍휼이 풍성하신 돕는 분, 겸비한 자들에 의해 받아들여진 겸비한 분으로 오셨다(21:9, 15). 여기에서 우리는 다시 한번 변증적 동기를 넘어서는 적극적인 구원사적 진술을 본다. 팔레스타인 전승에 고무를 받은 마태는 예수의 삶과 사역의 관점으로부터 본 구약의 예언으로 이 호칭의 내용을 충실하게 채워넣었다. 이와 같이 이해한다면 이 호칭은 예수가 독특하게 이스라엘에 보내심을 받았다는 것을 표현하는 것이었다.

2) 제자들에 의한 '퀴리오스' 라는 부름말. 마태복음에서 부름말 또는 호칭으로서 '퀴리오

---

13) Strecker, op. cit. (n. 5), pp. 118ff.

스'를 사용하는 것은 마가와 Q에 비해서 상당히 넓혀졌다. 이렇게 사용을 확대한 의도는 용례의 유형에서 뚜렷이 드러난다. 예수는 도움을 구하는 자들, 특히 그의 제자들에 의해 "주"로 불렸다. 이렇게 부른 사람들은 아주 일관되게 제자들로 지칭되었기 때문에 전승에 의해 요구된 다른 형태의 부름말들은 그것에 의해 대치되었다. 예를 들면 20:33에서 우리는 마가복음 10:51의 '라부니'(*rabbouni*) 대신에 '퀴리에'(*kyrie*)를 발견하게 된다.[14] 다음 구절들은 특히 특징적이다. 배신하는 장면에서 유다는 예수를 '랍비'(*rabbi*, 26:25)라 불렀던 반면에 제자들은 '퀴리에'(26:22)라는 호칭을 사용하였다. 제자도에 관한 말씀인 8:18-22에서 서기관은 '디다스칼레'(*didaskale*, 선생)라고 말한 반면에 제자들은 다시 한번 '퀴리에'(8:19, 21)라고 말하였다.

마태의 이러한 편집 활동을 후대 공동체에서 사용되었던 '퀴리오스'라는 승귀되신 분에 대한 부름말을 지상 사역에로 투영시킨 것으로 설명하려는 시도가 행해져왔다.[15] 하지만 우리가 문맥과 전승에 주의를 기울인다면, 더욱 차별화된 발전 과정이 모습을 드러낸다. 마태는 전승에서 지상적 예수와 관련하여 사용되었던 '퀴리에'라는 부름말(§34, 2)을 공동체의 언어로 형성하였다. 그가 이렇게 한 목적은 공동체에서 사용되고 있었던 승귀되신 분에 대한 부름말을 뭔가 핵심적인 내용으로 채우려는 것이었다. 예수를 주로 부르는 자는 누구나 그의 지상적 사역에 의해 유형화된 도움을 그로부터 형태적으로가 아니라면 유형적으로 기대할 수 있었다!

일련의 구절들에서 마태는 "주"라는 부름말을 '엘레손'(*eleeson*, "우리를 불쌍히 여기소서!", 9:27; 15:22; 17:15; 20:30f.) 또는 '소손'(*soson*, "구원하소서", 8:25; 14:30)이라는 간청과 결합하여 사용하였다. 흔히 이 간청과 결합되는 것은 '프로스퀴네인'(*proskynein*)이었다 — 단순히 존경이 아니라 경배를 함축하는 순종(8:2; 9:18; 15:25; 20:20); 14:33에서 그 뒤에는 간구의 허용이 뒤따랐다. 4:9 이하에 의하면 이 '프로스퀴네인'은 하나님을 불러 간청하는 것에 속하였다. 그러므로 예수는 하나님 대신에 도움을 주시는 분으로 보였기 때문에 '퀴리에'로 불리는 것으로 이해되었다. 또한 그렇게 함으로써 마태는 자신의 공동체가 주로서 승귀되신 분에 대한 예배 때의 부름말과 함께 지상적 예수에 비추어 올바로 형성된 모습을 연상할 수 있도록 하기를 원하였다.

3) 제자들의 고백으로서 하나님의 아들. "하나님의 아들"이라는 호칭은 이미 마가복음에서 예수와 관련하여 흔히 사용되었다. 그 호칭은 예수가 세례를 받으실 때와 변화산상에서

---

14) ibid., pp: 123f.에 자세히 나오는 구절들.
15) ibid., p. 124: Hahn, *Titles*, pp. 81f.

하늘로부터 들려온 소리로서 들려졌고(막 1:11; 9:7), 귀신들의 방어적인 절규를 통해서도 사용되었다(막 3:11; 5:7). 하지만 사람들 가운데서는 오직 십자가 옆에 있었던 백부장만이 예수를 하나님의 아들로 고백하였다(막 15:39; 참조. 마 27:54). 마태는 여기서 마가를 따랐지만 마가에서 다양한 해석 가능성을 가지고 있었던 이 호칭을 제자들의 함축성 있는 고백으로 변화시켰다: "주는 그리스도시요 살아계신 하나님의 아들이시니이다"(마 16:16). 이 호칭은 하나님으로부터 온 그의 구원 사역을 토대로 예수가 누구신가를 요약하는 것이었다. 더욱이 이 호칭의 내용은 언어를 통하여 하나님을 "아버지"로, 예수를 "아들"로 그림으로써 나타내보였다.

4) 아들 예수-아버지 하나님. 이미 보았듯이 "하나님의 아들"이라는 호칭은 이 언어적 심상들과는 무관하게 발전되었지만, 그럼에도 불구하고 그 호칭은 이 심상들로부터 간접적으로 그 내용이 채워졌다. 따라서 Q로부터 빌어온 마태복음 11:27의 중심적인 단어는 이렇게 말하고 있다: "내 아버지께서 모든 것을 내게 주셨으니 아버지 외에는 아들을 아는 자가 없고 아들과 또 아들의 소원대로 계시를 받는 자 외에는 아버지를 아는 자가 없느니라." 그러므로 예수는 하나님과 독특한 관계에 있었기 때문에 유일한 하나님의 계시자였다. 예수를 통해서 하나님은 아버지로서 밝혀진 것이 아니라 중보되었다. 즉, 예수는 제자들에게 아버지로서의 하나님에게 나아갈 길을 열어놓았다. 하나님은 예수의 아버지였기 때문에 하나님은 제자들의 아버지였다.

마태는 미기의 Q에 비해 아버지라는 하나님의 호칭을 대단히 강화하였고 많이 사용하였다. 마가에서 하나님은 오직 세 번 아버지로 소개된다. 하나님은 독특한 기도의 부름말인 '아바'('abba', 막 14:36)로 불렸고, 다음으로는 "아버지-아들"(막 13:32)이라는 심상 속에서 절대적 용법으로, 그리고 마지막으로 "하늘에 계신 너희 아버지"(막 11:25〔26〕)라는 표현에서 사용되었다. 더욱이 Q에서 예수는 하나님을 오로지 "내 아버지"(눅 10:22 par. 마 11:27)라고 말했다. 누가는 오직 세 번 더 언급한 반면에(눅 2:49; 22:29; 24:49), 마태는 스스로 삼십 번을 첨가하였다! 그중 열두 번에서 예수는 하나님을 오로지 그의 아버지인 분이라고 말함으로써 종말론적으로 심판자로서 자신의 사역을 확증하였다(예를 들면, 마 7:21; 10:32f.; 18:10, 19, 35). 대다수가 산상수훈에서 발견되는 나머지 구절들에서 하나님은 제자들의 아버지였다. 하나님은 그들의 행실을 주장하였고 그 행실이 자기의(self-righteousness) 없이 온전히 하나님을 향하였을 때 상을 주었다(예를 들면, 마 5:48; 6:1, 4, 6).

5) 인자 칭호의 해석. 두 기독론적 칭호인 "주"와 "아들"이 분명히 그의 공동체에서 중요

한 역할을 했기 때문에 마태는 그 칭호들을 부각시킨 반면에, 그는 "인자"라는 좀더 오래된 칭호를 해석을 통해 억제하거나 제한하였다(§18, 2). 마태는 인자 칭호를 두 가지로 해석하였다. (1) 그는 편집을 통하여 베드로의 신앙고백을 유인한 질문 속에 그 칭호를 삽입하였다. "사람들이 인자를 누구라 하느냐"(16:13). 이에 대한 대답은 이러했다: "주는 그리스도시요 살아계신 하나님의 아들이시니이다"(16:16). 그러므로 마태는 여전히 인자가 존귀한 칭호라는 것을 인정하였다. 이로부터 얼마 후에 수리아 교회의 감독인 이그나티우스는 19세기까지 지속된 그릇된 해석, 즉 "인자"는 예수가 인간 종족에 속했다는 것을 지칭하는 것이라는 해석을 나타내기 위하여 예수는 인자(사람의 아들)요 하나님의 아들이라고 말하였다(Ign. Eph. 20:2); 당시에 이와 반대되는 입장은 하나님의 아들이라는 형용 어구 속에 표현된 예수가 하나님에 속한다는 주장이라고 생각되었다. (2) 마태에서는 인자가 "그리스도, 살아계신 하나님의 아들"이었기 때문에 마태는 전승에 나오는 베일에 가려진 인자라는 형용 어구를 스스로에 대한 예수의 진술로 흔히 대치할 수 있었다. 그러한 진술들은 예수를 공개적으로 "그리스도"로 특징지었다. 전형적인 예는 다가오는 고난에 대한 첫번째 예고에서의 변화이다. 마가복음 8:31에는 이렇게 되어 있다: "인자가 많은 고난을 받고 … " 하지만 마태는 이것을 16:21에서 이렇게 표현하였다: "이때로부터 예수 그리스도께서 자기가 예루살렘에 올라가 … 많은 고난을 받고 … "16) 그러므로 마태는 다가오는 고난 예고가 나사렛 출신 선지자의 운명을 예고한 것이 아니라 약속된 분, '크리스토스'(*Christos*)로서 예수와 관련한 하나님의 구원 의지를 가르친 것이라고 올바로 해석하였다(§18, 6). 따라서 그는 마가에 나오는 베일에 가려진 예고를 정확하고 명백하게 하였다. 마찬가지로 그는 5:11(par. 눅 6:22 〔Q〕)과 10:32(par. 눅 12:8 〔Q〕)에서 "인자"라는 칭호를 인칭 대명사로 대치하였다.17)

아울러 마태에서 '에고' 말씀에 대한 일반적인 강조는 인자 말씀의 이러한 해석에 의해 재형성과 일치한다는 것을 주목하여야 한다. 산상수훈에서 마태는 이혼에 반대하는 예수의 말씀(눅 16:18 〔Q〕)과 원수를 사랑하라는 명령(눅 6:27-30 〔Q〕)을 반정립들로 형성하였고 그렇게 함으로써 '에고' 말씀(마 5:31f., 38f., 43f.)의 강조를 도입하였다: "하였다는 것을 너희가 들었으나 나는 너희에게 이르노니 … " 이 "나"는 하나님을 대신하여 말하는 분의 "나", 계시하는 분의 "나"였다. 또한 마태에 전형적인 다른 '에고' 또는 '카고'(*kago*) 표현들은 이

---

16) 고펠트는 여기서 Nestle판 신약성경의 25판을 따랐다.

17) 그러므로 J. Jeremias, *Theology*, pp. 262-64가 인칭대명사가 원래적이었다고 생각한 것은 잘못이다.

와 동일한 의미를 가지고 있었다: "또 내가 네게 이르노니 … "(16:18; 21:24; 참조. 10:
32f.; 11:28); 나아가 '플렌 레고 휘민'(*plen lego hymin*, "내가 너희에게 이르노
니"; 11:22, 24; 26:64); 이보다 더 희박하긴 하지만, '팔린 데 레고 휘민'(*palin de
lego hymin*, "다시 너희에게 이르노니"; 18:19; 19:24). 이런 식으로 원래 예수 자신
의 정식(定式)으로 거슬로 올라가는 '아멘' 정형 어구도 분명해졌다. 특징적으로 마태도 그 정
형 어구들을 편집에 의해 많이 사용하였다(Q에 의한 마 5:18, 26; 8:10; 10:15; 11:
11; 18:13 등등과 마가에 의한 19:23; 24:2).

c) 예수의 메시야됨의 전체적인 상(像)

마태가 예수를 약속된 분으로 지칭하는 방식은 어려움 없이 전체적인 상으로 모아질 수
있는 몇몇 변함없는 구조적 지표들을 인식하게 해준다.

1) 그 어디에서도 유대적 메시야 형용 어구들 및 그것들과 결부된 메시야적 개념들이 단
순히 예수에게 적용되지 않았다. 예수는 예수를 심문할 때 대제사장에 의해 의도된 의미로
서가 아니라(26:63) 스스로에 대한 그의 증거(11:27)와 그의 행위들(14:33)에 걸맞는 하나
님의 아들이었다. 그는 결코 랍비들의 "다윗의 자손"이라는 심상을 변용하여 사용하지 않았
다.

오히려 이러한 형용 어구들은 유대적 형용어구들과의 논쟁 속에서 예수의 삶과 사역의
관점으로부터 발전되었다. 더욱이 그것들은 기독교적 방식으로 이해된 구약의 견지에서 그
내용이 충실하게 되었다. 예수는 유대의 기대들을 오직 반립적으로 성취한 구약의 약속된
분이었다.

2) 이러한 공통적인 토대 위에서 개별적인 형용 어구들은 예수를 다양한 방식으로 지칭
하였다.[18] 다윗의 자손으로서 예수는 이스라엘의 역사를 목표점에 도달시켰다. 하나님의 아
들로서 예수는 궁극적인 계시자였다. 주로서 예수는 사람들을 돕고 보호하는 자였다. 이러
한 형용어구들이 의도적으로 부각되었던 것처럼 복음서 전승의 좀더 오래된 형용 어구들 —
인자와 그리스도 — 은 의도적으로 억제되었다.

3) 예언 증거 인용문들의 단언은 형용 어구들의 사용과 합치하는 것이었다. 그것들은 예
수를 겸비한 가운데 다윗의 혈통으로부터 나신 메시야적 왕인 분으로 특징지었다(2:6과
21:5; 참조. 1:1-17). 그것들은 예수를 이스라엘처럼 이전에 애굽으로부터 부르심을 받은

---

18) Walker, op. cit. (n. 6), pp. 129ff. 와는 달리 우리는 이야기된 것으로부터 이 모든 형용 어구
들이 마태에서 동일한 내용을 지니고 있었다고 결론지을 수 없다. 그것들이 예수를 약속된 분으로
규정했다는 것이 공통점이었다는 것은 당연하지만 그것들은 각각 다른 측면에서 그렇게 하였다!

하나님의 아들로 소개하였지만(2:15),특히 도우시는 분(8:17; 12:18-21)으로 소개하였다: "임마누엘 … 하나님이 우리와 함께 계시다"(1:23).

4) 따라서 메시야됨에 관한 견해는 여기서 구약에 대한 기독교적 해석을 통하여 발전되었다. 이 견해는 수 세기에 걸쳐 교회 속에서 메시야인 예수의 모습을 형성하였다. 마태는 예수의 지상 사역에 대한 메시야적 이해를 발전시켰던 새로운 기독교적 서기관의 학문 세계를 대변하였다.

5) 이런 식으로 마태는 예수의 메시야됨에 관한 마가의 심상을 결정적으로 한 걸음 더 진전시켰다. 마가에서 예수는 메시야 비밀이라는 표제 밑에 그의 사역이 숨겨져 있는 감춰진 메시야로서 말씀하고 행하셨다. 마태에서 예수는 독자에게 알려진 메시야, 겸비하고 긍휼이 많으신 분으로서 말씀하고 행하셨다. 하지만 이러한 묘사를 통하여 마태는 자신의 그리스도 심상을 지상적 사역으로 이식하지는 않았다. 오히려 그는 예수 당시의 상황들을 내용상의 일관성을 가지고 해석하였다. 그는 이 상황들을 공동체의 상황과 동일시하지 않았으며 그 상황들을 공동체의 상황에 적용하는 것을 가능하게 하였다.

5. 율법의 성취

a) 문제점

오직 마태에서만 발견되는 말씀, 아니 아마도 마태에 의해 형성되었을 말씀(마 5:17)에서[19] 예수는 이렇게 말씀하였다: "내가 율법이나 선지자나 폐하러 온 줄로 생각지 말라 폐하러 온 것이 아니요 완전케 하려 함이로라." 이 문장에서도 다시 한번 유대교에 대항하여 나름대로 사고한 기독교의 변증적 옹호의 목소리가 발해지고 있다: 그러나 여기에도 예수를 성취를 수행한 분으로 묘사하는 적극적인 내용이 존재한다.

산상수훈의 일련의 반정립들의 서문은 바로 이 말씀으로 시작되었다(5:21-48). 물론 여기에서 마태복음의 구원론적 의도에 관한 현재까지 지속되는 논의의 중심이 발견될 수 있다. 우리는 이 논의를 이전에 다루었다(§46, 2). 슈트레커(G. Strecker)는 이에 대한 자신의 입장을 다음과 같이 요약하였다: "그러므로 역사 내에서 예수의 실제적 사명은 마태의 이해로는 아직 미래인 하나님의 통치가 현재적 차원이 되게 한 윤리적 요구, 이 땅에서의 삶을 사는 동안에 예수의 시범적인 행위에 의해 나타난 요구의 선포였다. 그러므로 말씀과 행위를 통한 예수의 전 생애는 윤리적 요구와 '의의 길'을 나타내었다."[20] 그 후 슐츠(S.

---

19) Strecker, op. cit. (n. 5), p. 144.
20) Das Geschichtsverstädnis des Matthäus," *EvTheol* 26 (1966), 57-74 (71).

Schulz)는 이 진술을 다음과 같은 명제로 집약하였다: "적절하게 이해되고 실천된 율법이 복음이었다."[21] 콘첼만은 마태에서 명령법은 직설법을 선행한다는 ― 실제로 직설법은 명령법에 의해 흡수된다는 ― 이러한 관점을 반대하였다. 그는 마태의 율법에 관한 가르침과 관련하여 우리는 "율법에 관한 마태의 가르침을 바울에 견주어 평가할 수 없다"고 주장하고 "마태는 율법을 표현하고 있다고 주장하였다."[22] 이것과 관련하여 두 가지 질문이 제기된다: (1) 마태에서 율법은 예수의 명령과 어떻게 관련되어 있었는가? (2) 명령법과 직설법, 요구들과 구원의 수행은 서로 어떻게 관련되어 있었는가?

b) 율법과 예수의 명령들

1) "율법"(*nomos*)이라는 용어는 마가에는 나오지 않는다. 누가에서 이 용어는 오직 다섯 구절들에만 ― "성경"을 제한하여 말하는 표현으로 사용되는 경우를 제외하고(예를 들면, 눅 2:23f. ; 10:26; 24:44) ― 나온다(눅 2:22, 27, 39 〔Sp. Lk〕; 16:16 par. 마 11:13; 16:17 par. 마 5:18 〔Q〕); 마태에서도 그보다 더 많이 나오지 않는다(마 5:18 par. 눅 16:17; 11:13 par. 눅 16:16 〔Q〕; 7:12; 15:6; 22:36, 40 〔편집에 의한 것〕). 그러나 이러한 외적인 결과가 이 용어가 마태에서 상당히 다른 의미를 가지고 있다는 것을 깨닫지 못하게 방해해서는 안된다. 마태가 '노모스'를 강조한 방식은 야고보서를 생각나게 한다. 그러나 거기에서 가리키고 있는 것과는 대조적으로(§45, 2) 여기서 '노모스'는 언제나 모세 율법을 가리키고 있다. 그 내용은 마태에서 십계명에 의해 대표되었으며(15:3, 6; 19:17) 이중의 사랑 계명으로 요약되었다(22:36-40). 마태에 따르면 예수는 이 율법을 직접적으로 자기 자신의 것으로 주장하지 않았다. 그러므로 5:17에서 예수는 율법을 폐하는 것이 아니라 성취하기를 원했다는 것을 강조하였다. 마태의 편집을 통해 예수는 자신의 명령들을 율법과 대비적인 위치에 놓았다. 이 명령들에서 마태는 자기 자신의 호칭을 발전시키지 않았다.

그는 단지 예수의 "가르치는 활동"(*didaskein*, 5:2)에 관하여 말하고 이에 걸맞게 예수를 무엇보다도 선생(*didaskalos*; *kathegetes*)으로 지칭하였다(23:8-10). 이제 이 반립적인 관계를 더 정확하게 살펴보기로 하자!

2) 이미 말했듯이 여섯 개의 반정립들의 전반부(5:21-48)는 마태에 의해 구성되었다(§9, 2d). 사실 마태는 그것들을 유대적 율법 해석과 같은 개념이 아니라 모세 율법에 대한 바

---

21) *Die Stunde der Botschaft* (1967), p. 185.
22) *Theology*, p. 148.

정립들로 이해하였다. 따라서 5:31 이하에서 그는 이혼을 반대하는 예수의 말씀을 이혼에 관한 모세 율법에 대한 반정립으로 제시하였다.[23]

하지만 반정립의 전제절들은 왜 모세 율법을 축자적으로 재현하지 않고 증보와 편집된 것들을 제시하고 있었는가? 마태가 여섯번째 반정립(5:43ff.)을 — "네 이웃을 사랑하고 네 원수를 미워하라 하였다는 것을 너희가 들었으나" — 형성하였을 때, 그는 이 전제절에서 원수를 사랑하라는 예수의 요구의 관점으로부터 이웃을 사랑하라는 구약의 계명을 어떻게 보고 있는가의 범위를 제한하였다. 또한 여기에서 마태는 하나님 나라의 서기관으로서 말했고, 실질적으로 정확하게 구약 계명과 예수가 의도했던 대로의 예수의 명령을 해석하였다.

3) 물론 가장 어려운 문제는 "율법이나 선지자나 폐하러 온 줄로 생각지 말라 … 완전케 하려 함이로라"라는 서론적인 진술(5:17-20)에 의해 제기된다. 슈트레커는 다시 한번 신(新)개신교적 설명으로 돌아갔다. "완전케 한다"는 것은 예수가 자신의 가르침을 통하여, 즉 자신의 율법 해석을 통하여 제한 없이 계속적으로 유효한 율법의 실현을 가져왔다는 것을 표현하려는 의도였다는 것이다.[24] 이러한 견해는 문맥에 상반되는 것이고, 이보다 더 중요한 것은 '플레룬'(*pleroun*, 완전케 하다)의 사용이 마태의 다른 곳에서는 찾아볼 수 없다는 것이다. 이 용어는 마태 전체를 통하여 예언 증거 인용문들에 예언의 종말론적 실현을 나타내는 전문 용어로 나온다.

5:17에 따르면 예수는 구원의 때를 위해 율법의 예언된 실현을 가져왔다. 이 점을 좀더 분명하게 하기 위해 마태는 예수의 종말론 강화로부터 유래한 "천지는 없어지겠으나"라는 표현(막 13:31 par. 마 24:35)을 그 다음 구절인 5:18의 Q말씀에 삽입하였다. 율법은 조금의 가감도 없이 '헤오스 판타 게네타이(*heos panta genetai*)', 즉 율법이 성취의 종말론적 사건에 의해 대치될 때까지 유효하였다.

종말론적 성취는 온 마음으로부터의 온전한 순종을 가져왔다. 바로 이러한 온전한 순종이 마태에 따른 반정립들을 통해 예수에 의해 요구되었다. 전체에 해석의 방향을 주기 위하여 마태는 다음과 같은 문장으로 그것들을 끝맺었다: "그러므로 하늘에 계신 너희 아버지의 온전하심과 같이 너희도 온전하라"(5:48). 오직 마태만이 여기서(와 19:21에서) '텔레이오

---

23) 그가 이혼증서에 관하여 말한 반립의 전제절에서 율법에 대한 유대교의 해석이 아니라 모세 율법을 의미하였다는 것은 마 19:7에 나오는 그의 말로부터 도출될 수 있다. 결국 거기서 이혼 증서의 발행은 모세의 계명, 즉 율법으로까지 소급되었음이 분명하다.

24) Strecker, op. cit, (n. 5), pp. 144-147.

스'(*teleios*, 온전한)라는 용어를 사용하였고 그것을 통하여 하나님의 뜻에 대한 헌신의 완전함을 의미하였다. 마태가 반정립들의 끝에서 이런 의미로 "완전"을 요구한 것처럼 그 처음에 마태에 전형적인 표현이었던 의를 요구하였다: " … 너희 의가 서기관과 바리새인보다 더 낫지 못하면 … "(5:20). 의와 완전은 서로 다른 측면을 표현하는 동일한 것을 의미하였다. 이 둘에서 인간과 하나님의 관계의 종말론적 성취가 고찰되고 있다. 반정립들에 나오는 예수의 모든 명령은 완전함, 즉 원수와의 관계에서조차도 총체적인 사랑의 나타냄을 요구하였다. 이 완전함은 사실 어떤 사람의 하나님과 이웃과의 관계를 정당하게 다루는 의였다.

c) 명령법과 직설법으로서 의

1) "의"(*dikaiosyne*)라는 용어가 나머지 공관복음서에서 오직 거의 중요하지 않은 한 구절(눅 1:75)에만 나오는 반면에 마태에서 이 용어는 전체에 걸쳐서 편집된 것으로 보이는 주요한 진술들에 일곱 번(3:15; 5:6, 10, 20; 6:1, 33; 21:32) 나온다. 마태 이외에 신약의 다른 저자들 가운데 오직 한 사람, 즉 바울만이 의를 그렇게 강조하였다. 그러나 마태는 의라는 용어를 바울 전승과는 완전히 무관하게 또 다른 의미로 사용하였다. 콘첼만은 이 차이를 이렇게 주먹구구식으로 말하였다: 바울에게 의(義)였던 것은 마태에서는 하나님 나라였다.[25] 이 말에는 어느 정도의 진리가 있지만, 그 말은 중요한 마태의 구절인 6:33을 포괄하지는 못한다. 왜냐하면 거기에는 "의"가 "하나님 나라"와 나란히 나와 있기 때문이다.

2) 5:20과 6:1에서는 행실로서 의가 요구되었다. 이 문맥에 따르면 의는 예수가 요구한 하나님과 이웃과의 관계에서 올바른 행실이었다. 하지만 이 올바른 행실은 계명들과 합치하는 개별적인 행위들의 총합이 아니라 하나님과 이웃과의 관계를 온전하게 성취하는 것으로서 하나님과 이웃에 대한 총체적 관심이었다. "사람에게 보이려고 그들 앞에서 너희 의를 행치 않도록 주의하라 그렇지 아니하면 하늘에 계신 너희 아버지께 상을 얻지 못하느니라"(6:1). 바로 이 점에서 바리새인들은 표적에 이르지 못하였다. 그들은 하나님께 순종하기를 원했지만, 또한 자기 자신의 공로에도 눈길을 보냈다. 하지만 "의"는 "오른손의 하는 것을 왼손이 모르게 하여"(6:3)가 이루어지는 곳에서만 발견될 수 있다. 또한 마태복음 25:37에서 의로운 자들은 세상의 심판자에게 이렇게 묻는다: "주여 우리가 어느 때에 주의 주리신 것을 보고 … " 그러므로 그들은 원진한 사랑을 가지고 계산 없이 행하였다.

---

25) *Theology*, p. 149.

이러한 하나님 또는 이웃에게로 완전한 돌이킴, 예수가 요구했던 의는 어떻게 가능하였는가? 마태는 주린 자에 대한 전통적인 팔복의 가르침에 다음과 같은 말을 삽입하였다: "의에 주리고 목마른 자는 복이 있나니"(5:6). 하나님 나라에 참여가 첫번째 팔복 가르침에서 약속되었듯이 만족케 되는 경험이 그들에게 약속되었다. 이에 따라 6:33에서 마태는 하나님 나라와 나란히 의를 두었다: "먼저 그의 나라와 그의〔즉, 하나님의〕의를 구하라" 슈트레커의 견해로는 여기에서도 하나님의 의는 선물이 아니라 하나님의 뜻에 합치하는 사람의 행위였다.[26] 마태는 이 두 구절에서 바울과 같이 하나님이 주신 의가 아니라 인간이 주리고 목말라 해야 하는 바 의에 관하여 말하였다는 것을 이제 분명히 주목해야 한다. 여기에서도 의는 하나님과 이웃과의 관련에서 올바른 행실 전체였다. 그런데도 전체로서 이 행실은 하나님 나라와 함께 하나님에 의해 선물로 주어져야 했다. 이것은 팔복의 가르침의 약속이었고 6:33에서 이 두 용어를 나란히 놓은 것이 의미하는 것이었다.

3) 마태는 산상수훈의 설교에 나오는 요구들을 어떻게 하나님이 하나님 나라의 도래와 아울러 선물로서 그것들을 성취하였는가를 보여주는 편집에 의한 문맥에 배치하였다. 그는 치유하고 죄 사하는 예수의 권세(8:9; 9:6, 8)가 하나님을 대신하여 명령하는 예수의 권세, '엑수시아'(7:29)와 합치하는 것임을 분명히 하기 위하여 4:23과 9:35의 요약문들로 경계를 구별함을 통해 산상수훈(5-7장)을 8장과 9장에 나오는 예수의 구원 사역에 연결하였다.[27] 이 권세를 통하여 믿음과 제자도는 이루어졌다. 하지만 이 둘을 통하여 완전히 새로운 행실을 의미하는 하나님을 향한 돌이킴은 이루어졌다. 6:1-18이 의도했던 의는 오직 믿음을 통해서만, 예수의 구원 사역이 사람들로부터 이끌어낸 믿음을 통해서만 가능하였다.

따라서 마태에게 명령법은 결코 직설법과 동일하지 않았다.[28] 오히려 예수의 지상 사역에 대한 마태의 묘사에서 믿음과 제자도, 즉 회심을 이루어낸 구원 사역의 직설법은 산상수훈의 요구들에 나오는 회개로 부르심의 명령법을 뒤따랐다.

4) 공동체의 상황에서 세례의 직설법은 권면의 명령법에 선행하였다. "세례를 주고 내가 너희에게 분부한 모든 것을 가르쳐 지키게 하라"(28:19f.). 야고보와는 달리 마태는 신약

---

26) Op. cit, (n. 5), p. 155.

27) Strecker는 이러한 편집을 다음과 같은 말로 설명하였다: "예수의 권능있는 행위들은 그 후의 부활이 그를 입증하는 요나의 표적이었던 것과 마찬가지로 그가 보내심을 받았다는 것, 즉 이스라엘과 관련한 'dikaiosyne'의 종말론적 요구임을 보여주었다"(ibid., p. 177: 참조. pp. 220f.). 그러나 이것은 본문과 모순된다. 8장과 9장에서 구원의 행위들로 보도되었던 것은 이 요구를 정당화할 수 없다.

28) 반대 의견으로는 Strecker, ibid., p. 175.

에서 그 누구보다도 더 강조하여 새로운 행실을 통한 기독교적 실존의 입증을 역설하고 있기 때문에 이 점을 더욱 더 주목하여야 한다. 그는 다른 어느 기자보다도 종말론적 응보를 통하여 더욱 강조하여 새로운 행실에 동기를 부여하였다. 마태는 상을 약속하였다. 하지만 상을 바라지 않고 오직 하나님의 뜻을 위하여 하나님이 명령하신 것을 행한 자에게 상이 약속되었다(6:4, 6, 18). 그럼에도 불구하고 마가에서는 한 번(9:41), 누가에서는 두 번(6:23 〔Q〕; 6:35 〔편집에 의한 것〕) 나오는 데 비해 상을 언급하고 있는 구절들은 마태에서 의미 심장하게 늘어났다(예를 들면, 5:12, 46; 6:2, 5, 16). 상의 약속보다 더 강조되고 있는 것은 정죄의 위협이었다.

확장된 강화들은 모두 심판의 예고로 끝이 난다. 그렇게 함으로써 정죄는 대단한 긴급성을 띠게 되었다. "바깥 어두운 데로 던져질"(8:12; 22:13; 25:30) 사람들이 있을 것이다. "슬피 울며 이를 갊"이 있을 것이다. Q에서 오직 한 번(눅 13:28) 나오는 이 심상은 마태에는 여섯 번 나온다(8:12; 13:42, 50; 22:13; 24:51; 25:30). 이 심판은 처음부터 예수의 부르심을 거부한 자들과 은혜로 부르심을 받은 후에 "예복"(마 22:11-14)을 얻지 못한 어리석은 제자들에게 적용되었다.

이 모든 것은 결코 "행위로 말미암은 의"를 나타내지 않았다. 초기 가톨릭적 의미로서조차도 그러하였다. 제자들은 단 한번의 죄로부터 놓여남 이후에는 그들의 행위들을 통하여 그 뒤를 잇도록 내버려지지는 않았다(침조. 이와 내조적으로 Herm. *M.* 12.6.2ff.; 1.7). 심판은 오직 범죄한 후에 회개치 않고 죄 용서를 받으려고 하지 않는 제자들에게 해당되었다. 물론 이것은 사회학적 관계들의 배경에 반하여 나타났을 때 처음으로 아주 구체적으로 되었다.

6. 교회에 의한 이스라엘의 대치

예수의 역사적 사역에 비추어서 우리는 예수가 교회를 세우려는 의도를 정말 가지고 있었는지를 물어볼 수 있다(§19, 1). 예수는 이스라엘을 회개로 부르셨고 다가오는 하나님 나라를 선포하였다. 하지만 마태는 이 둘을 교회와 관련시켰다. 그는 교회라는 말을 명시적으로 언급한 유일한 공관복음서 기자였다(마 16:18; 18:17). 그리고 예수로 하여금 교회를 등장시키게 한 것은 예수의 회개로 부르심과 관련한 이스라엘의 실패였다. 하나님 나라의 종말론적 노래는 교회라는 형태를 띠었다. 따라서 마태는 예수의 회개로 부르심과 하나님 나라의 선포를 직접적으로 교회와 관련시켰다.

이 두 진술은 이스라엘 및 예수의 하나님 나라 기대와 관련하여 교회의 자기 이해 ― 흔히 마태의 의도보다 더 일방적으로 이해된 ― 에 커다란 영향을 미쳤다.

a) 예수와 관련한 이스라엘의 결정적인 실패

1) 마태는 예수와 이스라엘의 만남을 독특한 구원사적 결단의 시기로 표현하였다. 이와 같은 나름대로의 취지와 관련하여 마태복음은 이 만남을 말씀이 이방인들에게로 넘어가는 구원사적 과도기로 보았던 누가(눅 4:24ff. ; 행 13:46), 예수에 대한 태도 속에서 유대인들은 그 창조주와 구속주를 언제나 단정적으로 거부한 세계를 대표하였다고 본 요한과 구별되었다.

마태에서 예수의 역사적 파송은 오직 이스라엘에게만 적용되었고(15:24), 그러므로 지상 사역 동안에 그의 제자들을 파송한 것도 마찬가지였다(10:5). 예수의 파송은 그것이 이스라엘과의 만남을 통하여 받은 형태를 취한 후에야 이방들에게로 확장되었다.

2) 따라서 이 만남의 경과는 마태에 의해 그 구체적 내용에서 변증적 선교신학적 동기를 사용하여 설명되었다. 복음서의 첫 장에 나오는 족보에 따르면 예수는 "자기 백성을 저희 죄에서 구원하기" 위하여 ― 1:21에 나오는 "예수" 이름의 어원학적 의미가 보여주듯이 ― 아브라함과 다윗의 자손으로 왔다. 예수가 사역을 하는 과정에서 유대인들과의 특이한 갈등이 생겨났다. 무리들(*hoi ochloi*)은 거듭거듭 예수에게 환호를 보냈지만(8:27; 9:33; 15:31) 유대 민족의 대표자들은 처음부터 예수를 거부하였다. 이 두 가지는 9:33 이하에 인상적으로 예시되어 있다. 예수의 구원 사역의 묘사(8장과 9장)는 이러한 진술로 끝난다: "무리가 기이히 여겨 가로되 이스라엘 가운데서 이런 일을 본 때가 없다 하되 바리새인들은 가로되 저가 귀신의 왕을 빙자하여 귀신을 쫓아낸다 하더라".

마태는 예수와 관계한 이스라엘의 대표자들을 대부분 도식적으로 "바리새인들"이라고 지칭하였다. 그는 예수의 대화 상대자에 대한 특별한 언급을 하고 있지 않은 곳에 흔히 이 호칭을 삽입하였다(3:7; 12:38; 22:34, 41). 무엇보다도 그는 편집을 통해 바리새인들과 서기관들을 자기 나름대로의 비역사적인 정형 어구인 '서기관과 바리새인'(*hoi grammateis kai hoi Pharisaioi*, 5:20; 12:38; 23:2)을 통해 결합해 사용하였다. 누가에서는 두 개의 서로 분리된 단락(눅 11:37-54)에 분산되어 있는 일곱 개의 저주 선포(23:13-29)가 그들에게 향해졌다.

3) 마태로 하여금 바리새인을 그토록 강하게 강조하게 만든 두 가지 이유가 있었다. 하나는, 랍비 바리새주의는 복음서 기자가 당시에 대결하였던 유대교를 대표하고 있었다. 그러

나 이보다 더 중요한 것은 마태는 바리새주의가 예수의 지상 사역 동안에 근본적인 상대역이었다고 이해하였다(§8, 2). 그러므로 그는 예수의 공적 설교를 "의에 주리고 목마른 자"(5:6)에 대한 축복의 선포로부터 시작하게 하였고 스스로를 의롭다고 생각하고 만족해 했던 자들, 즉 서기관과 바리새인들에 대한 저주로 끝을 맺었다(23:12-29).

따라서 예수의 공적 사역 동안에 마태에 의해 도식적으로 그려지고 있는 두 실체인 바리새인들과 "무리들"의 반응은 서로 상반되었지만, 결국에는 사람들은 바리새인들의 판단을 받아들였다. 마태는 수난 기사에서 로마의 재판관은 손을 씻는 상징적 행위를 통하여 예수의 죽음에 대하여 책임지기를 거부하였던 반면에 유대인들의 무리는 예수의 피에 대한 죄책을 스스로 지겠다고 하게 함으로써 이 점을 강조하였다(27:24f.) : "그 피를 우리와 우리 자손에게 돌릴지어다." 바리새인들에 대한 저주의 선포의 끝에서 심판의 위협을 도입하기 위하여 사용된 진술도 이와 합치하였다: "너희가 너희 조상의 양을 채우라"(23:32). 이는 다음과 같은 말씀으로 이 선포를 끝마치기 위함이었다: "의로운 피가 다 너희에게 돌아가리라"(23:35). 여기에서 저주는 심판의 말씀이 되었다.

4) 이 계기들은 악한 농부들과 임금의 혼인 잔치에 관한 두 비유와 관련한 마태의 편집을 통하여 강력하게 해석되었다(21:33-22:14). 마태는 예수와 이스라엘의 만남 및 그 결과에 비추어 이 두 비유를 알레고리화하였다.

악한 농부들의 비유(21:33-46)는 예수의 정죄를 이스라엘의 언약에 반하는 행실의 결론적인 행위로 규정하였다. 과거에 선지자들에 의해 정교하게 이야기되었던 자기의 언약 백성 이스라엘에 대한 하나님의 주장은 거듭거듭 거부되었다. 그러나 이제 마지막 사자(使者)인 "아들"의 살해는 관계의 단절을 가져왔다. 포도원 주인은 "이 악한 자들을 진멸하고 포도원은 제 때에 실과를 바칠만한 다른 농부들에게 세로 줄지니라"(41절)고 말하였다. 편집에 의한 결론적인 진술(43절)은 옛 언약 백성을 새 언약 백성으로 대치하겠다는 것을 표현하고 있다: "그러므로 내가 너희에게 이르노니 하나님의 나라를 너희는 빼앗기고 그 나라의 열매 맺는 백성이 받으리라."

혼인 잔치의 비유(22:1-14)에 따르면 자신의 초대를 알리러 간 종들을 거부하고 심하게 대우한 것에 대하여 진노한 왕은 그의 군대를 보내어 "살인한 자들을 진멸하고 그 동네를 불살랐다"(22:7). 이와 아울러 왕은 다른 사람들을 초대하였지만, 그들 가운데서도 예복을 입지 않은 사람들은 쫓겨났다(22:11-14). 따라서 마태는 이스라엘과 교회와 관련하여 이 두 비유에 신랄한 말을 부가하였다. 구원사 속에서 이스라엘의 위치는 이스라엘에 의한 예수의 정죄로 인하여 끝이 났다(21:41; 참조. 27:25). 이것은 주후 70년 예루살렘의 멸망을 통하여 확증되었다(22:7). 마태의 이러한 엄중한 진술들은 흔히 교회에서 스스로를 위한 역사에 관한 신학의 형태로 사용되어 왔다. 그렇게 하는 데에 사람들은 이스라엘과 관련된 일방적인 심판의 말씀들은 열매를 맺지 못하는 교회와 관련된 일방적이고 날카로운 심판의 위협과 결합되어 있다는 것을 듣지 못해왔다.

더욱이 마태는 바울이 로마서 9-11장에서 고찰한 이스라엘의 비밀을 무시했다는 사실을 볼 때 일방적이었다고 하겠다. 마태에서 이스라엘은 예수의 십자가 사건으로 말미암아 많은 민족 중의 한 민족이 되었다.[29] 마태가 스스로를 이스라엘 — 마태복음 28:15 이래로 "유대인"으로 불렸다 — 과 얼마나 많이 거리를 두었는가 하는 것은 "저희" 서기관, "저희" 회당 등등의 언급에서 입증된다(7:29; 9:35; 11:1; 12:9 등등). 이 모든 이스라엘에 관한 진술들로 인하여 우리는 유비와 반정립을 통하여 마태가 교회에 관하여 어떻게 생각하였는가를 알 수 있게 된다.

b) 교회

예수의 삶과 사역에 관하여 마태에서 이야기하고 있는 모든 것은 교회론적으로 지향되었을 때 비로소 구체적인 모습을 띠게 되었다. 교회의 지도 아래 서너 가지 방향들이 하나로 수렴되었다. 예수와 이스라엘의 정죄로 끝이 난 예수와 이스라엘의 만남이 그 하나였다. 하지만 또 하나는 마태가 특별히 강조하였던 하나님 나라에 관한 예수의 약속이었다. 또한 완전 또는 의의 요구가 있었다. 우리가 이 방향들을 그것들이 만나는 지점까지 이끌고 간다면 우리는 거기서 마태가 교회를 무엇이라고 생각하였는가를 발견할 것이다.

1) 제자도 안에서 예수를 따르는 것으로서 교회의 구성. 팔레스타인의 초대 교회에서 유래한 베드로를 향한 말씀(마 16:17-19)을 통해 마태는 예수로 하여금 장래에 교회가 출현할 것을 예고하도록 하였다: "너는 베드로라 내가 이 반석 위에 내 교회(*ekklesia*)를 세우리니." 이 동사의 미래 시제는 예수의 죽음 이후, 즉 예수가 이스라엘에 의해 정죄받은

---

29) 그럼에도 불구하고 이것이 우리가 마태의 이해라는 견지에서 말할 수 있는 모든 것인지 아닌지는 그대로 개방해 놓아야 한다. 그가 실제로 23:39("너희는 찬송하리로다 주의 이름으로 오시는 이여 할 때까지 나를 보지 못하리라")에서 '파루시아' 때 돌아오시는 분과 이스라엘의 구원의 만남을 염두에 두었는지는 적어도 주석학적으로는 불확실하다. Strecker, ibid., pp. 113ff. and Trilling, op. cit. (Lit., §46), pp. 87f.에 따르면 우리는 단지 여기서 마태의 전체적인 관점에 일치하는 심판자를 알아보는 것을 말하고 있다고 생각해볼 수 있다. A. Schlatter, Matthäus는 이와는 대조적으로 이스라엘을 위한 예수의 구원의 귀환에 관한 진술로 보았다. 이 논의에 관해서는 W. Grundmann, *Matthäus* (ThHK)의 해당 내용을 참조하라.

후의 미래를 의미하였다. 예수의 지상 사역 동안에는 교회는 아직 가시화되지 않았다. 교회는 복음서 끝 부분에 마태에 의해 형성된 위탁의 말씀에 따라 생겨났다(마 28:19f.). 여기서 부활하시고 승귀되신 분은 모든 족속으로 제자를 삼도록 자신의 제자들을 파송하였다(참조. §25, 2). '마데튜사테 판타 타 에드네'(*matheteusate panta ta ethne*, "모든 족속으로 제자를 삼아"); 결정적으로 중요한 명령은 이렇게 되어 있었다. 그리고 이것은 두 개의 종속적인 분사형이 보여주고 있듯이 세례(*baptizontes*)와 예수의 가르침을 전하는 것(*didaskontes*)을 통하여 일어났다.

랍비의 용어인 '마데테스'(*mathetes, Talmid* = "제자, 문도")를 사용함으로써 다른 어느 신약의 저자들보다도 기독교 사도들의 제자들이나 기독교 선생들이 아니라 예수의 제자가 되어야 한다는 것을 강조하였다. 그러므로 예수의 가르침은 랍비의 가르침과는 달리 전해질 수 없었다. 23:8-10에서 복음서 기자는 다음과 같은 명령을 Q전승에 삽입하였다: "그러나 너희는 랍비라 칭함을 받지 말라 너희 선생은 하나이요 너희는 다 형제니라." 여기서 "한 선생"은 무엇보다도 하나님 자신이었다. 교회는 랍비 제도에 비견될 수 있는 가르치는 직임이 출현할 것으로 생각되지 않았다. 오히려 교회에서는 종말론적 공동체를 위해 예언되었던 것이 지배하여야 했다: 모든 사람은 하나님에게서 직접 가르침을 받을 것이다(렘 31:31ff.).

그러므로 타율과 자율 사이의 양자 선택은 구식이 되어 버렸다. 인간은 내면으로부터 하나님의 가르치시는 활동을 자기 자신의 것으로 받아들였다. 하지만 하나님의 이러한 가르치시는 활동은 구체적으로 그리스도를 통하여 실현되었다. 마태가 강조를 두는 가운데 덧붙이고 있듯이 그는 "한 선생"이었다(23:10). 마태복음에서 볼 수 있는 공동체의 유일한 직임은 선지자와 교사라는 직임이기 때문에 이 구절들은 더욱 더 주목할 가치가 있다. 디다케조차도 수리아 지역에서 오직 선교자들 — 그들은 사도라 불렸다 — 선지자들, 교사들만 있었던 교회 상황을 전제하고 있다(Did. 11:1-12). 감독 및 장로라는 나머지 교회 직임들은 나중에 점진적으로 생겨났다(Did. 15:1). 선지자들과 관련하여 마태는 거짓 선지자들에 대하여 아주 강력하게 경고하였다(마 7:15ff.); 이와는 대조적으로 마태는 교사, "천국의 제자된 서기관"(13:52)에 대해서는 전폭적으로 인정하였다.

누가에서 성령의 오심이 교회에 약속되고 있는 것처럼 마태에서는 예수의 지속적인 새로운 임재가 교회에 약속되었다는 것은 제자도 안에서 예수를 따르는 것으로서 공동체의 이해와 일치하였다(28:20: "내가 세상 끝날까지 너희와 항상 함께 있으리라"; 18:20: "두 세 사람이 내 이름으로 모인 곳에는 나도 그들 중에 있느니라"). 흔히 인용되는 이 말씀들은 단어 배열과 개념에서 완전히 마태 자신의 것이었다. 18:20은 '셰키나'(*sh⁰kinah*), 하나님의 임재에 관한 랍비들의 말과 일치하였다 ― 거의 축자적으로 일치한다.[30] 그러므로 예수의 임재는 변모된 인간 존재의 임재로 생각된 것이 아니고 삼위일체 하나님의 견지에서 생각되었다. 예수는 하나님과 같이 그들 속에서 역사하는 방식으로 그들 가운데 있었다.

그러므로 예수의 임재에 관한 약속은 실질적으로 성령의 약속과 일치하였다! 마태는 디다케에서 볼 수 있는 팔레스타인-수리아 전승과 마찬가지로 영(靈)은 여러 가지로 해석될 수 있기 때문에 성령의 개념과 관련하여 몇몇 유보 조건을 붙이고 있는 듯이 보인다. 결국 성령은 주변 세계에서 다른 사람들에 의해 주장된 것과 마찬가지로 공동체에서는 광신자들에 의해 주장되었다. 이와는 대조적으로 제자들 가운데 신적으로 임재하여 역사하는 예수였던 성령은 복음서 기자의 설명을 통하여 분명히 밝혀졌다.

2) 하나님의 통치 영역으로서 교회. 위의 맥락은 마태가 알곡과 가라지 비유에 대한 자신의 해석에서 일관되게 "인자"의 "나라"로 부르고 그 진정한 구성원들을 "나라의 자손들"이라고 부른 것을 고찰할 때 즉시 분명해진다(13:36-43; 참조. 38절과 41절). 21:43의 진술 ― 마태 자신의 것 ― 에 따르면 하나님 나라는 이스라엘로부터 빼앗아서 교회에 준 것이었다. 이 특이한 표현들은 마태가 13장의 하나님 나라 비유들에 따라 하나님 나라가 교회 속에 임재해 있다고 보았음을 보여준다. 이와는 대조적으로 24장 이하에 나오는 '파루시아' 비유들은 오로지 미래의 '에스카톤'만을 가리키고 있다.

마태의 이러한 진술들은 다른 이유들과 함께 초기 가톨릭 신학자들로 하여금 하나님 나라를 참 교회와 동일시하도록 촉발시켰다. 하지만 예수에서 하나님 나라는 제자들의 실존이 아니라 자신의 사역에만 현존하였다(§6, 3). 마태에서 하나님의 통치는 어떤 의미로 교회에 현존하였는가라는 질문에 답하기 위해서 우리는 예수의 요구와 선물에 대한 마태의 이해와 관련하여 말했던 모든 것을 되풀이하여야 할 것이다(§46, 5c). 하나님 나라는 틀림없이 예수의 요구라는 형태로만 교회에 임재해 있지는 않았다.[31] 오히려 교회는 "그 나라의 열매 맺는 백성"(21:43)이었기 때문에 교회에 하나님 나라가 수여되었다. 그것은 요구만이 아니라 "그 나라의 열매"의 문제였다! 다른 식으로 표현하자면 교회에 의와 올바른 행실의 나라가 수여되었다(6:33). 그 구성원들은 세례를 통하여 제자가 되었고 복음서의 확대된 강화들은 제자들이 세례를 바탕으로 하여 지켜야 했던 가르침에 긴급성을 부여하였다: 땅 속에 달란트를 묻어두고 그것을 투자하지 않는 종에게 화가 있으리로다(25:24-30).

---

30) Billerbeck I, 794f.
31) 반대 의견으로는 Strecker, op. cit. (n. 5), p. 215.

3) 마태복음 18장에 나오는 공동체의 준칙들. 마태복음 18장에 나오는 공동체의 준칙들은 우리가 이미 보았던 복음서의 기본 방향을 최종적으로 확증해준다. 그것들은 엄격한 공동체의 규율, 믿음에 관한 마태의 대부분의 묘사들에 따라 우리가 예상할 수 있는 것들을 선포하고 있지 않았다. 오히려 그것들은 18:1-14에서 다음과 같은 준칙으로 시작되었다: 하나님 나라와 공동체에서 큰 자는 겸비한 자, '아나우'('anaw)에게 관심을 가지고 그들이 범죄하지 않게 돌보는 자였다! 마찬가지로 충성스럽지 못한 종의 비유(21-35절)는 사람들로 하여금 예수로부터 경험한 것과 동일한 긍휼로 형제를 대하라고 명령하였다. 이 두 명령 사이에는 범죄한 공동체의 지체들을 어떻게 대하여야 하는가에 관한 준칙이 나와 있다 (15-20절).

직임을 맡은 자들만이 아니라 공동체의 구성원들은 어그러진 길로 가는 자들에게 관심을 가지고 그들로 하여금 회개하도록 하여 권세를 가지고 그들을 용서하여야 했다. 가장 극단적인 조치는 공동체 회중의 모든 설득에도 불구하고 자신의 범죄를 그만두지 않으려고 하는 자를 출교하는 것이었다: "교회의 말도 듣지 않거든 이방인과 세리와 같이 여기라." 즉 공동체에 속한 사람이 아니라 여전히 복음을 다시 들어야 할 사람으로 여기라는 것이다(18: 17). 그러나 이 출교는 회당의 출교와는 달리 교육적인 권징 조치가 아니었다. 16:19에서 베드로에게 주어졌던 열쇠는 18:18에서는 공동체 전체에게로 넘겨진다: "진실로 너희에게 이르노니 무엇이든지 너희가 땅에서 매면 하늘에서도 매일 것이요 누엇이든지 땅에서 풀면 하늘에서도 풀리리라." "매다"와 "풀다"라는 표현은 회당에서 교육과 훈련을 시키는 권세를 의미하였다. 즉 회당은 율법 해석을 바탕으로 무엇이 옳고 그른가를 판단하며 공동체에 대하여 치리를 행사하는 권한을 가지고 있었다. 하지만 여기서 제자들은 예수의 가르침을 토대로 매고 푸는 권세를 행사하였다. 예수가 자신이 "저주"를 통하여 정죄할 수 있었던 것처럼 제자들도 그러하였다. 또한 9:8은 이 동기를 넌지시 암시하고 있다: "무리가 … 이런 권세를 사람에게 주신 하나님께 영광을 돌리니라."

예수의 가르침을 토대로 매고 푸는 권세가 어떤 의미로 행해졌는가 하는 것은 이러한 공동체의 치리가 가지고 있었던 목표의 관점에서 보면 분명해진다. 마지막에 나오는 충성스럽지 못한 종의 비유(23-35절)에 따르면 제자들은 자신의 주의 긍휼을 삶의 토대로 삼았다. 자신의 눈에 보이는 범죄를 그만두기를 원치 않는 자를 제자 공동체로부터 출교하는 것은 오직 죄 사함이 죄에 대한 허가가 아니라는 것을 보여주는 것이었을 뿐 공동체가 지금 여기에서 모든 범죄한 지체들로부터 자유로울 수 있다는 것을 보여주는 것으로는 생각되지 않았다.

그러므로 우리는 이 단락을 치리와 관련한 규례로 해석해서는 안되고 교회 치리의 요소들을 일방적으로 부각시켜서도 안된다.[32] 치리와 관련된 조치들을 통하여 순수한 공동체를 선별해 내기를 원하는 경향은 알곡과 가라지에 대한 비유의 해석을 통하여 마태에 의해 분명하게 거부되었다(13:36-43). 교회라는 장(場)에서는 가라지와 알곡이 종말 때까지 함께 자라기로 되어 있었다. 교회는 '혼합 공동체'(*corpus mixtum*)였다. 그러므로 교회는 단순히 하나님이 그 햇빛을 선인과 악인에게 비추는 세상과 같지 않았다(5:45). 교회에서 이러한 대비들은 더 이상 상대적이지 않고 절대적이었다. 교회 안에서 예수에 의해 세워진 하나님의 통치의 주장과 그 대적자의 통치의 주장은 서로 대항 관계에 있었다. 이 대항 관계가 진실로 종말론적 성격을 지니고 있었기 때문에 그것은 에세네파와 바리새파가 자신들에게 언제나 가까웠던 '에스카톤'에 비추어 시도했던 상대적인 분리를 통해서는 이제 해결될 수 없었다. 마태는 신약에서 그 누구보다도 열매를 맺어야 한다고 엄격하게 주장하였음에도 불구하고 핵심 공동체를 선별해내는 것을 금하였다.

그는 선함은 오로지 열매로서 기대될 수 있을 뿐 바리새인과 에세네파가 원했던 것처럼 사회적, 교육적 압력을 통해서 결실을 맺을 수 없다는 것을 알고 있었다. 그는 예수의 인격이 사람들에게 은혜 가운데 오시는 것이 그의 모든 요구들에 선행한다는 것을 알고 있었다.

4. 교회의 파송. 그러므로 마태에서 교회의 모든 방향들의 수렴은 교회의 자기 보존이 아니라 교회의 파송에 기여하는 것이었다.

팔복의 가르침과 산상수훈의 요구들 사이에 마태는 소금과 빛에 관한 말씀들을 놓았다. 그는 자기가 삽입한 도입 진술을 통하여 그 말씀을 해석하고 있다: "너희는 세상의 소금이니 … 너희는 세상의 빛이라"(5:13f.). 제자들은 세상의 개혁자로 변신함으로써가 아니라 그들에게 주어진 빛을 비췸으로써, 즉 열매를 맺음으로써 소금과 빛이 되어야 했다.

마태복음이 교회의 주요한 복음서가 된 것은 결코 우연이거나 부당한 것이 아니었다. 그러므로 그릇된 발전들을 생겨날 수 있게 한 마태복음의 일방적인 측면과 아울러 마태복음이 끼친 긍정적인 공헌도 인정할 필요가 있다. 마태의 성경 지식은 성령으로부터 합리적인 토대를 가진 다양한 증거들을 사용할 수 있게 하였다. 율법의 성취로서 예수의 가르침을 이해한 것은 '새로운 율법'(*nova lex*)으로 오해될 수 있었다. 이스라엘과 교회에 관한 그의 말은 반(反) 셈족적인 역사에 관한 신학을 태동시킬 수 있었고 교회를 지향하는 모든 진술의 수렴은 하나님 나라의 대표로서 교회라는 자만을 촉발시킬 수 있었다. 따라서 제1복음서의 이러한 일방적 진술들은 오해와 그릇된 전개를 위한 기회를 제공하고 있음이 분명하다.

---

32) ibid., pp. 222ff. ; Conzelmann, *Theology*, p. 146.

하지만 그 진술들을 실제로 그것들이 의미하는 대로 받아들인다면 예수의 삶과 사역에 대한 마태의 신학적 해석은 바로 그 엄격한 일방성으로 인해 중요한 자극을 줄 수 있을 것이다.

마태복음과 이와 비슷하게 일방적이지만 훨씬 협소한 야고보서는 신약 정경에 수리아 교회가 기여한 결과물들이었다. 우리가 그것들을 서방 교회로부터 연유한 아주 다른 기여들과 비교해 본 후에야 바울 이후 시대의 교회 문제들에 대한 이러한 기여들의 독특성을 충분히 알 수 있게 된다: 히브리서와 누가의 역사적 저작.

제 3 장

역사 속에서 교회의 긴 역정(歷程) : 히브리서와 누가의 신학

§47. 여정 중에 있는 공동체 — 온전한 대제사장 그리스도(히브리서)

On the History of Research: E. Grässer, "Der Hebräerbrief 1938-1963," *ThR* NF 30 (1964), 138-236. **Important Commentaries:** H. Windisch (1931²), HNT; O. Michel (1966¹²), KEK; E. Riggenbach (1923²⁻³), ed. T. Zahn; C. Spicq, I/II (1952/53), Études Bibliques. **On 1:** L. Vaganay, "Le plan de l'Epitre aux Hébreux," in *Mémorial Lagrange* (1940), pp. 269-277; W. Nauck, "Zum Aufbau des Hebräerbriefes," in *Judentum—Urchristentum—Kirche, Festschrift für J. Jeremias*, ed. W. Eltester (1960), pp. 199-206; A. Vanhoye, *La structure littéraire de l'Épitre aux Hébreux* (1963). **On 2:** G. Harder, "Die Septuagintazitate des Hebräerbriefes. Ein Beitrag zum Problem der Auslegung des Alten Testaments," in *Theologia Viatorum* (1939), pp. 33-52; F. C. Synge, *Hebrews and the Scriptures* (1959); H. Koester, "Die Auslegung der Abraham-Verheissung in Hebräer 6," in *Studien zur Theologie der alttestamentlichen Überlieferungen. Festschrift für G. von Rad*, ed. R. Rendtorff and K. Koch (1961), pp. 95-109; F. Schröger, *Der Verfasser des Hebräerbriefes als Schriftausleger* (1968). **On 3:** O. Kuss, "Der theologische Grundgedanke des Hebräerbriefes," in Kuss, *Auslegung und Verkündigung* I (1963), 281-328; E. Fiorenza, "Der Anführer und Vollender unseres Glaubens—Zum theologischen Verständnis des Hebräerbriefes," in *Gestalt und Anspruch* (ed. J. Schreiner [1969]), pp. 262-281; U. Luck, "Himmlisches und irdisches Geschehen im Hebräerbrief," *NovTest* 6 (1963), 193-215; E. Käsemann, *Das wandernde Gottesvolk* (1961⁴); F. J. Schierse, *Verheissung und Heilsvollendung* (1955); M. Dibelius, "Der himmlische Kultus nach dem Hebräerbrief," in Dibelius, *Botschaft und Geschichte* II (1956), 169-176;

G. Bornkamm, "Das Bekenntnis im Hebräerbrief," in *Aufsätze* II, pp. 188-203; W. Hillmann, "Einführung in die Grundgedanken des Hebräerbriefes," *Bibel und Leben* 1 (1960), 17-27, 87-99, 157-178, 237-252; G. Theissen, *Untersuchungen zum Hebräerbrief* (1969); O. Hofius, *Katapausis. Die Vorstellung vom endzeitlichen Ruheort im Hebräerbrief* (1970). **On 4:** G. Delling, *teleō/teleioō, TDNT* VIII, 57-61, 79-84; F. Büchsel, *Die Christologie des Hebräerbriefes* (1922); Schweizer, *Lordship*, pp. 88ff.; Cullmann, *Christology*, pp. 89-107; E. Grässer, "Der historische Jesus im Hebräerbrief," *ZNW* 56 (1965), 63-91; M. Rissi, "Die Menschlichkeit Jesu nach Hebr 5,7-8," *ThZ* 11 (1955), 28-45; J. Gnilka, "Die Erwartung des messianischen Hohepriesters in den Schriften von Qumran und im Neuen Testament," *RQ* 2 (1959/60), 395-426; Hahn, *Titles*, pp. 229-239; G. Friedrich, "Das Lied vom Hohenpriester im Zusammenhang von Hebr 4,15–5,10," *ThZ* 18 (1962), 95-115; S. Nomoto, "Herkunft und Struktur der Hohepriestervorstellung im Hebräerbrief," *NovTest* 10 (1968), 10-25; E. Brandenburger, "Text und Vorlagen von Hebr V.7-10. Ein Beitrag zur Christologie des Hebräerbriefes," *NovTest* 11 (1969), 190-224; G. Schille, "Erwägungen zur Hohepriesterlehre des Hebräerbriefes," *ZNW* 46 (1955), 252-266; J. Roloff, "Der mitleidende Hohepriester. Zur Frage nach der Bedeutung des irdischen Jesus für die Christologie des Hebräerbriefes," in *Jesus Christus in Historie und Theologie, Festschrift für H. Conzelmann*, ed. G. Strecker (1975), pp. 143-166. **On 5:** K. Rahner, "Die Busslehre des Hirten des Hermas," *ZKTh* 77 (1955), 385-431; B. Poschmann, *Paenitentia secunda* (1940); O. Glombitza, "Erwägungen zum kunstvollen Ansatz der Paränese im Brief an die Hebräer X 19-25," *NovTest* 9 (1967), 132-150; C. K. Barrett, "The Eschatology of the Epistle to the Hebrews," in *The Background of the New Testament and its Eschatology, Festschrift for C. H. Dodd*, ed. W. D. Davies and D. Daube (1969), pp. 363-393; G. Bornkamm, "Sohnschaft und Leiden," in *Aufsätze* IV, 214-224; Goppelt, *Apostolic Times*, pp. 135-151; E. Grässer, *Der Glaube im Hebräerbrief* (1965).

1. 예비적 고찰: 기원과 저작

a) 저작 시기

히브리서는 바울서신과 마찬가지로 이미 주후 96년에 쓰여진 클레멘트1서에서 명시적인 인용 표시없이 축자적으로 사용되고 있었다.[1] 그러므로 히브리서는 이 연대 이전의 어느때엔가 쓰여졌음에 틀림없다. 한편 히브리서 저자는 그의 독자와 마찬가지로 기독교의 두번째 세대에 속했다(히 2:3). 이러한 고찰을 바탕으로 저작 시기를 주후 70년 이후로 추정해 볼 수 있다. 하지만 구약성서에서 제사장의 직무에 관한 진술들은 예루살렘 성전의 제의가 여전히 실행되고 있었다는 인상을 준다. 예를 들면 이 점은 9:9에서 찾아볼 수 있다. "이 장

---

1) 1 Clem. 17:1에서는 히 11:37을 사용하였다. 1 Clem. 36:2-5은 히 1:3-5; 7:13에 의거하였다. 특히 1 Clem. 36:3에서는 시 104:4이 히 1:7에서와 마찬가지로 칠십인역에서 일탈하여 인용되었다.

막은 현재까지의 비유니 이에 의지하여 드리는 예물과 제사가 … ” 그러나 이 서신은 그 어디에서도 예루살렘 성전의 제의에 관하여 말하고 있지 않았다. 히브리서는 단지 이스라엘의 광야 시절의 성막에서 제의에 관한 모세오경의 진술들을 빌어와 썼을 따름이다.

히브리서는 성경에 나오는 속죄 의식과의 대비를 통하여 그리스도의 삶과 사역을 조명했지만 예루살렘에서 행해진 제의에 비추어 그런 것은 아니었다. 따라서 예루살렘 성전의 멸망이 두번째 세대에게는 전제되어 있었음에도 불구하고 이 서신이 예루살렘 성전의 파괴에 대한 언급을 담고 있지 않다고 해서 결코 놀랄 일이 아니다. 그 어떠한 것도 히브리서의 저작 시기를 주후 80년과 90년 사이로 추정하는 것을 방해하지 않는다 ― 다른 지표들도 이에 대해 우호적이다.

b) 수신자

신약의 저작들이 2세기에 편찬되었을 때 이 서신에는 '히브리인들에게'(*pros Hebraious*)라는 표제가 붙여졌다. 이것은 유대, 아마도 팔레스타인 출신의 사람들을 의미하였을 것이다. 이 표제는 전승을 토대로 한 것이 아니라 내용에서 이끌어 낸 것이었다. 그 진술들을 구약에 대한 매우 집중적이고 유능한 해석으로부터 전개시키는 이 서신의 서술 양식은 유대 독자들을 전제하는 것처럼 보였다. 그러나 이 서신은 그러한 것을 시사하지도 않고 그러한 것이 실질적으로 필연적이라는 것도 보여주지 않는다. 로마서에서나 클레멘트1서에서 성경으로부터 광범위한 논증 방식들은 이방 기독교인들을 위한 것이었고 그들에게 이해될 수 있는 것이었다. 그러므로 히브리서는 유대 출신이냐 아니냐를 생각하지 않고 일반적으로 기독교인들에게 쓰여졌다.

우리는 어디에서 그 기독교인들을 찾아야 하는가? 13:24에서 수신자들은 이탈리아 출신의 기독교인들로부터 문안인사를 받았다. 이 인사는 아마도 고향으로 돌아간 동족들에게 적용되었을 것이다. 따라서 그것은 수신자들을 이탈리아, 특히 로마에서 찾아야 한다는 것을 보여준다. 그 이외의 지표들을 고찰하게 되면 이 점은 거의 확실하게 드러난다. 뒤에서 보았듯이 이 서신은 로마에서 쓰여진 클레멘트1서에서 처음으로 사용되었다. 히브리서에 대한 이 언급은 순전히 우연이 아니었다. 그 용어 사용과 문제점에서 히브리서는 다른 신약 저작들보다도 초기 로마공동체에서 나온 전형적인 목소리들인 클레멘트1서 및 헤르마스의 목자서와 공통점들을 가지고 있다. 그러므로 히브리서는 그 문헌들과 마찬가지로 직접적으로 로마 공동체의 전승에 서 있었다.

이 서신은 지역공동체 전체를 수신자로 하고 있지 않았다. 13:24에서 수신사들은 공동체

지도자들과 나머지 공동체 지체들에게 인사를 전해 달라는 부탁을 받고 있다. 그러므로 수신자들은 가정 공동체에서 찾아야 한다. 이러한 관점에 설 때에 5:12 이하에서 세심하게 독자들에게 지시된 고상하고 합리적이며 영적인 표준들은 좀더 쉽게 이해될 수 있다.

c) 저자

위에서 언급한 전승적 배경에 따르면 저자도 로마 공동체의 전승에 아주 가깝게 있었음에 틀림없다. 이 서신 자체는 그 어떠한 이름도 언급하지 않고 있으며 이 서신이 어디에서 비롯되었는가를 언급함이 없이 시작되고 있다. 그러므로 고대 교회에서조차도 사람들은 이 저자의 이름을 추정해 보려고 애를 썼다. 2세기 이래로 동방교회에서는 바울이 이 서선의 저자라고 믿었다. 그러나 알렉산드리아의 학식있는 학자들인 클레멘트와 오리겐은 용어 사용 이외의 다른 이유가 없다면 이 서신은 바울에게서 나온 것이 아니라는 것을 이미 인정하였다. 따라서 그들은 대필 가설을 발전시켰다. 클레멘트는 바울이 이 서신을 히브리어로 히브리인들에게 쓴 후에 누가가 그것을 헬라어로 번역했다고 추측하였다.[2] 여기서 최소한 한 가지 사항은 옳았다. 히브리서는 신약에서 오직 누가와 비견될 수 있을 만한 유려한 헬라어로 쓰여졌다. 하지만 오리겐은 저자 문제를 미해결인 채로 남겨, 누가를 원하여 이렇게 말하였다: "그러나 이 서신을 누가 썼는가 하는 것은 사실 하나님만이 아신다." 오늘날까지 이것은 이 문제가 어디에 머무르고 있는가를 보여주고 있다.

하지만 문체와 내용을 고려할 때 서자는 헬레니즘적 유대교 출신의 고등교육을 받은 기독교인이었음에 틀림없다고 결론지을 수 있다. 그는 대체로 알렉산드리아의 헬레니즘적 유대교에서 관례가 되어 있었던 방식으로 구약을 인용하였다. 그런데도 곧 밝혀지겠지만 그는 필로의 신학과는 직접적인 공통점을 갖고 있지 않았다.

d) 정경이 된 과정

저자에 관한 고대 교회에서 논란은 나아가 이 서신의 정경 포함과 관련한 논쟁에 영향을 미쳤다. 2세기 이래로 동방 교회에서는 이 서신은 바울서신의 일부로 생각되었고 따라서 정경의 일부로 받아들여졌다. 이와는 대조적으로 서방 교회는 4세기에 동방 교회로부터의 압력에 의해 마지못해 처음으로 이 서신의 정경성을 인정하였다. 이렇게 꺼리게 된 이유는 터툴리안의 아주 시사적인 발언을 생각해 보면 분명해진다. 몬타니스트(Montanist) 시대에 터툴리안은 두빈째 회개라는 가톨릭의 교리를 반대하면서 히브리서 6:4-8을 전거로 들

---

2) Eus. *EH* 6.14.2ff. (=LCL, II, 47).

었다: "하지만 나는 사도들의 한 특별한 동료의 증언을 덧붙여 말해 두고자 한다. … 바나바의 이름으로 된 히브리서가 현존하고 있다 … 물론 바나바서는 외경인 'Pastor moechorum' 보다 교회들 가운데서 더 일반적으로 받아들여지고 있다."[4] 그러므로 히브리서는 기독교적 회개의 가능성을 대변하였던 교회의 중심적인 가르침과 관행에 모순되는 것처럼 보였기 때문에 서방 교회에서 격렬하게 이의가 제기되었고 정경으로 인정되지 못했다.

　마지막으로 루터의 종교개혁 입장은 서방교회의 중심적인 주제인 회개의 교리를 그 출발점으로 삼았다. 하지만 루터도 후속적인 회개에 반하는 히브리서의 말들에 대하여 상당히 반감을 가지고 있었기 때문에 히브리서를 야고보서 및 요한계시록과 함께 신약 정경의 끝으로 그 위치를 옮겨 놓았다.[5] 따라서 히브리서의 저자와 정경성에 관한 논의 속에서 이 이례적인 문헌의 내용상의 문제들이 명백하게 드러난다.

e) 문학 구조와 배열

　1) 히브리서는 13:22-25에서 서신 유형의 결론을 맺고 있지만 서신 유형의 서론을 갖고 있지는 않았다. 더욱이 본문의 본론에서 양식은 서신 양식이 아니었다. 사실 히브리서는 서신이 아니라 13:22에서 말하고 있듯이 '권면의 말' (*logos parakleseos*), 궁극적으로는 설교였다. 미셸(O. Michel)은 히브리서를 "우리에게 보존되어 있는 … 최초의 완벽한 초대 교회의 설교"라고 올바르게 불렀다.[6] 분명히 사고의 발전 과정은 구두로 표현하기에는 너무도 길고 너무도 압축적이었다. 그러나 이 문헌의 성격은 설교라는 용어로 지칭되는 것이 옳다.

　2) 형태에서와 마찬가지로 배열에서도 히브리서는 바울 서신과 근본적으로 달랐다. 우선 교훈 부분과 권면 부분이 바울과는 달리 함께 배열되어 있다는 점이 눈에 띈다. 신학적으로 배열된 바울 서신에서는 "윤리적" 부분은 "교리적" 부분 뒤에 왔다. 예를 들면 갈라디아서 1-4장 뒤에는 5장과 6장의 권면이 뒤따랐다. 하지만 히브리서에서는 교훈 부분과 권면 부분이 본론 부분에 서로 교대로 나온다. 문제는 이것이다: 이 부분들이 어떻게 함께 어우러

---

3) Ibid, 6.25.11ff. (=LCL, II, 77-79; cf. quote, p. 79).

4) Tert, *De pud*, 20 (=ANF, Tertullian, IV, 97). 그는 헤르마스의 목자서를 "간음자들의 목자"로 불렀다. 왜냐하면 이 문헌은 두번째 회개를 주창하였고 그 당시에 이것은 대죄인 간음과 결부되었기 때문이었다.

5) 이와는 대조적으로 불가타역에서와 마찬가지로 Nestle판 신약성경에서도 그것은 바울서신과 가톨릭 서신 사이에 놓여 있다.

6) *Der Hebräerbrief*, p. 24.

져서 더 큰 단락을 형성하였는가? 단락 구분의 원리는 교훈(즉, 기독론적인)과 권면 중에서 어느 쪽을 주로 그 토대로 삼았는가?

 나우크(W. Nauck)와 큄멜은 권면 부분을 주로 그 토대로 삼았다고 생각하였다.[7] 이 견해에 의하면 세 개의 주요 단락 속에서 권면의 목표는 먼저 말씀에 주목하게 하는 것이었고(1:1-4:13), 다음으로 신앙고백 속에서 견디는 것(4:14-10:39)이었으며, 마지막으로 믿어 순종케 하는 것(11:1-13:17)이었다. 그러나 이러한 배열은 기독론적 진술들의 무게를 올바로 주목하게 하지 못한다. 독자들에게 문제는 분명히 종교적 열심이나 도덕성이 아니었다. 그들의 문제는 주변 세상에서 아무런 변화도 일어나지 않는 상황에서 하나님의 아들로서 예수에 대한 신앙고백을 통하여 종말론적 구원을 붙잡고 있는지의 여부였다. 그것은 이 문제였기 때문에 기독론적 부분들은 구원과 관련한 구약의 계시와 대비를 통하여 그리스도는 은폐와 비하(卑下) 속에서 구원에 대한 종말론적 계시였다는 것을 드러내보였다. 그리스도와 합하였다가 그리스도를 버린 자들은 누구나 자신의 구원을 돌이킬 수 없게 상실할 것이라는 권면은 이로부터 나온 결론이었다! 권면 부분들은 모두 나아가 부정적 측면과 긍정적 측면을 표현하고 있다. 부정적 측면은 구원의 상실에 관하여 경고하는 반면에 긍정적 측면은 독자들 가운데 이러한 일이 일어나지 않을 것이라는 기대를 말하고 있다.

 저자에게 기독론적 부분과 권면 부분을 서로 대항 관계에 놓는 것은 잘못인 것처럼 보인다. 그러므로 나는 논의를 위해 다른 분류 방법을 제시하고자 한다. 이 방법은 기독론적 진술들의 무게 및 사고 발전의 전반적인 기조를 만족스럽고 정당하게 다루게 될 것이다.[8] 7:

---

7) Nauck, op. cit. (Lit., §47) ; W. G. Kümmel, *Introduction*, pp. 388ff.

8) A. (T 〔=가르침〕 + P 〔=권면〕): 길을 예비하는 자 예수(신앙고백에 대한 이해와 고수의 길잡이): 1:1-6:20

 I. 그리스도에 의해 중보된 말씀은 천사들에 의해 중보된 율법보다 비할 바 없이 더 많은 주목을 요구하였다: 1:1-2:18

  1. (T): 1:1-14 (천사들에 대한 아들의 우월성)

  2. (P): 2:1-4 (설교된 구원에 대한 경멸과 그 결과들)

  3. (T): 2:5-18 (대제사장 지위를 위한 예비 조건으로서 아들의 비하)

 II. 그리스도에 의해 중보된 약속은 광야에서 사람들에게 주어진 약속보다 큰 경청을 요구하였다: 3:1-4:13

  1. (T): 3:1-6 (모세에 대한 예수의 우월성)

  2. (P): 3:7-4:13 (예수의 구원 약속과 관련한 경홀히 여김의 불길한 결과들)

 III. 겸비를 통하여 예수는 종말론적 대제사장이 되었다. 그를 잃는 것은 돌이킬 수 없는 비교를 의미한다: 4:14-6:20

  1. (T): 4:14-5:10 (대제사장 직무의 예비 조건으로서 예수의 비하)

1-10:18은 이 서신의 핵심이다. 이 부분은 "예수, 종말론적 대제사장"이라는 주제를 표현하였다. 1-6장은 예수를 '프로드로모스'(*prodromos*), 즉 이미 하늘 성소에 들어가 있는 "선구"로 규정함으로써 이 정점을 향하여 움직여 가는 부분이다. 세번째 주요 단락인 10:19-12:29은 급격한 결말 부분이다. 여기서 권면과 관련된 결론들이 이전에 말했던 내용으로부터 도출되고 있다. 13장은 지금까지 전개한 내용을 공동체의 구체적인 문제들에 적용하는 부록의 성격을 나타낸다.

f) 공동체의 상황

이 문헌은 독자들이 유대교로 넘어가는 것을 방지하기 위하여 쓰여졌다고 흔히 생각되어 왔다.[9] 이것이 구약의 구원 중보에 대한 예수의 우월성을 거듭 강조하는 이유라고 주장된다. 하지만 이러한 견해는 "서신"의 의도는 물론이고 독자들의 상황을 이해하지 못한 소치이다. 공동체를 위협한 것은 이것과는 사뭇 다른 종류의 것이었다. 저자가 대상으로 삼고 있었던 공동체는 광야 생활 동안의 이스라엘 백성에 비견될 수 있었다. 이전의 이스라엘과 마찬가지로 지금 공동체도 피로에 지쳐 위기에 빠져 있었다(3:12f.); 약속된 땅으로 가는 길은 너무 멀고 힘들게 되었다는 것이 그들을 절망케 했다. 심상을 사용하지 않는다면 그것은 다음을 의미하였다: 공동체는 약속된 영광의 계시는 눈에 보이게 일어나지 않았고 그 대신에 연속적으로 환난을 겪었다는 사실에 대하여 절망하게 되었다(3:7ff.; 6:12; 10:36ff.; 12:4-11). 이러한 절망감은 두번째 세대에게 전형적이었던 결과를 낳았다. 기독

---

      2. (P): 5:11-6:20 (돌이킬 수 없는 배교에 대한 경고와 약속을 굳게 붙잡으라는 도전을 통한 "온전한 가르침"의 준비)

  B. (T) 종말론적 대제사장 예수(신앙고백의 해석): 7:1-10:18

    I. 예수의 우월한 대제사장 지위: 7:1-28

    II. 예수의 대제사장 사역: 8:1-10:18

    1. 8:1-13 (예수의 제사장 직무의 장소들)

    2. 9:1-10:18 (예수의 대제사장적 희생)

  C. (P) 종말론적 대제사장의 구원 사역의 권면과 관련된 결론들: 10:19-13:17

    I. 그리스도에 의해 열린 구원을 향한 길에 머무르라! 10:19-31

    II. 조상들의 믿음과 공동체의 믿음의 역정: 11:1-12:29

    1. 11:1-40 (성경의 믿음의 증언)

    2. 12:1-29 (그 길을 따른 공동체의 인내)

    III. 근본적인 권면을 공동체의 상황에 적용하기 위한 개별 명령들: 13:1-17

    서신의 결론부: 13:18-25

9) 예를 들면 H. Strathmann, NTD (1949[5]), p. 65.

교인들은 믿음에 의한 삶을 살아나가는 노력을 게을리하기 시작하였고(2:13; 12:4) 다시 한번 세상적인 기준의 삶에 영합하기 시작하였다(13:13f.).

새로운 세상의 시민들이라 불렸던 사람들은 다시 한번 이 옛 세상에 안주하려 하고 있었다. 그러므로 그들을 위협하는 것은 마음이 완악해져서 출애굽을 일으키셨던 하나님에 대하여 불평을 늘어놓음으로써 약속의 땅에 발을 들여놓지 못하게 된 이스라엘의 사막 세대의 운명과 동일한 것이었다(3:7-19; 4:11). 따라서 공동체는 경솔하게도 팥죽 한 그릇에 장자권을 빼앗긴 에서의 예를 통해 경고를 받아야 했다(12:16). 이 불길한 체념으로 공동체를 구해내기 위해서 저자는 그리스도의 모습을 확고하게 바라보았다. 그리스도는 이 세상에서 겸비한 분이었기 때문에 하나님의 구원에 대한 완전하고도 궁극적인 계시였다. 그리스도를 잃는 자는 누구나 더 이상 구원을 기대할 수 없을 것이다(4:1f.; 6:4-6; 10:26-31; 12:14-17)! 따라서 저자에게는 독자들로 하여금 예수가 참으로 하나님의 구원의 완벽한 계시라는 것을 깨닫게 해주는 것이 절대적으로 필요하였다.

이렇게 하는 데에 저자는 예수를 예언된 분으로 지칭하였던 마태와는 다른 길을 걸었다(§ 46, 4a). 히브리서의 저자는 예수의 삶과 사역을 구원이 구약에 따라 중보된 방식과 대비하였다. 그는 이렇게 함으로써 예수를 통한 구원의 중보의 종말론적 우월성을 표현하였고 예수 자신이 종말론적 계시임을 보여주었다. 저자에게 출발점은 구원을 위한 구약의 장치들은 근동의 민족의 임의적인 제의가 아니라 하나님과 인간 사이에 그때까지 ― 물론 이스라엘에 국한되어 있었지만 ― 존재하고 있었던 언약의 구원의 중보라는 전제였다. 그러므로 그리스도의 대제사장직과 구약의 대제사장직과의 위대한 대비는 이 "서신"의 권면이 그 정점에 달하는 도전으로 이어졌다: "큰 제사장이 계시매 … 참 마음과 온전한 믿음으로 하나님께 나아가자 … 우리가 믿는 도리의 소망을 움직이지 말고 굳게 잡아 … 그 날이 가까움을 볼수록 더욱 그리하자"(10:21-25).

그러므로 여기서 우리가 아래에서 논의해야 할 히브리서의 신학적 주제들이 분명해진다: 성경의 사용; 옛 언약 및 그 율법을 대신하는 것으로서 그리스도의 대제사장직의 개념; 회개의 일회성과 관련된 가르침; 마지막으로 소망하는 믿음의 길이라는 공동체가 걸어가야 할 길.

2. 성경의 사용 및 이해

a) 인용의 형태

히브리서의 성경 이해에서 매우 특징있는 것은 인용을 한 방식이었다.

1) 히브리서는 전체적으로 신약에서 관례적이지 않은 인용 정식(定式)을 사용하여 구약을 인용하였다: "하나님〔또는 그리스도 또는 성령〕이 말씀하신 바". [10] 반면에 신약에서 지배적으로 사용되었던 정식들은 하나도 찾아볼 수 없다: "기록된 바"(*gegraptai*) 또는 "경〔또는 다윗과 같이 걸맞는 인간 저자의 이름〕이 말한 바"(〔*he graphe*〕 *legei*). 인간 저자는 오직 한 번 언급되었는데(2:6), 이를 통해 이 구절이 저자에게 얼마나 사소한 것이었는지가 드러난다. 그 구절은 이렇게 되어 있다: "오직 누가 증거하여 가로되"(참조. 4:7; 5:6). 이 외에는 거의 일관되게 구약의 구절들은 하나님의 말씀, 그리스도의 말씀, 성령의 말씀으로 소개되었다(예외: 10:37; 12:5; 13:6). 구약에서 하나님을 삼인칭으로 지칭하고 있을 때에조차도 저자는 하나님을 말씀하시는 분으로 취급하였다(1:6, 9; 4:4, 7; 7:21; 10:30). 이에 따라 구약 구절들은 마치 그것들이 예수의 말씀들인 것처럼 그리스도의 말씀으로 직접 소개되었다(2:12ff.; 10:5-7).

2) 일관되게 인용문들은 대부분 알렉산드리누스 사본(Codex Alexandrinus)에 가까웠던 칠십인역을 토대로 인용되었다. 또한 저자는 맛소라 본문과 차이가 있을 때에 칠십인역을 따랐다(1:6f.; 2:7; 10:38; 12:5f., 15, 20f.); 때때로 저자는 히브리어의 이러한 차이들을 자신의 해석의 토대로 삼았다(10:5-10; 12:26). [11]

3) 이와 같은 인용 방식은 전체적으로 어떻게 설명되어야 하는가? 형식적으로 말한다면 그것은 의심할 여지 없이 무엇보다도 필로로 대표되는 헬레니즘적 회당의 전승과 일치하였다. 그러므로 많은 학자들은 히브리서가 필로에 의해 주장된 것과 동일한 영감론(theory of inspiration)을 보여주고 있다고 결론을 내려왔다. 필로에 따르면 모세가 오경에 기록한 말씀들은 오로지 모세로부터 유래한 것처럼 보인다고 한다. 실제로 그 말씀들은 상세한 부분에서까지 하나님의 말씀이었다. 이 이론은 필로의 알레고리적 해석을 정당화시켜 주었다. 그것은 그로 하여금 모든 단어, 실제로 칠십인역 본문의 모든 글자로부터 은밀한 의미를 이끌어내는 것을 가능하게 하였다. 따라서 구약 본문은 헬레니즘 세계의 철학적 신비주의 체계를 담고 있는 신탁(神託)이 되었다.

---

10) 또한 때때로 신약의 다른 곳(예를 들면, 롬 9:15, 25)에서 구약의 하나님 말씀에 대한 언급이 나오지만, 인용 정형 어구로서 이 표현들은 히브리서에 특유한 것이었다.

11) 물론 우리는 지금의 맛소라 본문이 어느 정도로 원래적인 것이며 히브리서 기자가 기억으로부터 자유롭게 인용했는지의 여부를 모르기 때문에 이러한 고찰은 너무 강조되어서는 안된다. 몇몇 구절들에서 그는 자기 해석에 맞춰서 인용문들을 각색한 듯이 보인다. 10:37 이하에서 인용하고 있는 잘 알려진 합 2:3 이하의 인용문이 그와 같은 경우이나.

히브리서는 초대 기독교의 모든 저작들과 마찬가지로 형식적으로 유대교에서 성경의 영감에 관한 개념을 받아들였다(딤후 3:16). 하지만 히브리서에서 구약은 그 모두가 동일하게 유효한 신탁들의 모음집이 아니었다. 오히려 구약은 처음부터 하나님이 옛적에 "선지자들로" 그리고 이 모든 날 마지막에는 "아들로" 우리에게 여러 부분과 여러 모양으로 말씀하셨다는 것을 강령적으로 밝혔다(1:1). 이 결론적인 하나님의 말씀에 비추어 이전에 말했던 것은 들려졌고 변경되었다. 따라서 히브리서는 하나님이 이전에 말씀하신 것을 이후에 말씀하신 것으로 대치하였다고 말할 수 있었다(7:18; 8:13). 그러므로 인용하는 태도는 구약을 그 헬레니즘적 유대교와의 형식적 유사성에도 불구하고 영감된 신탁이 아니라 "살았고"(4:12) "오늘날"에 살아있는 말씀으로서 전해져야 하는(4:7) 하나님의 말씀으로 지칭하기를 원했다. 그리스도를 통한 하나님의 종말 때의 말씀이라는 관점으로부터 저자는 성경에 대한 새로운 이해를 얻게 되었다.

b) 주석 방법

1) 여기서도 저자는 먼저 주변 세계의 사고 형태들을 따랐다. 그 형태들은 저자가 자신의 해석들을 주석학적으로 도출하고 구축한 곳에 특이한 방식으로 나타난다. 이런 식으로 2:6-9에서는 시편 8편을, 3:2 이하에서는 민수기 12:7을 해석하고 있다. 3:7-4:11은 시편 95:7-11에 대한 미드라쉬류의 해석이었다. 7:1-10에 나오는 멜기세덱 단화(창 14:17-20)의 해석은 특히 이상한 인상을 준다. 예를 들면 여기서 필로에서처럼 어원학적인 은밀한 의미가 "멜기세덱"(7:2)이라는 이름으로부터 끌어내지고 있다. 멜기세덱의 기원, 출생, 종말에 관한 성경의 침묵을 바탕으로 해서 멜기세덱은 영원하였다는 결론을 내리고 있다(7:3). 성경의 말씀과 제시된 예들의 현재 진리와의 관계는 유대인들과 헬라인들 사이에서 행해졌던 주석학적 방법들을 통하여 최소한 형식적으로는 확보되었다.

2) 하지만 거듭거듭 이 해석 방식은 그 내용을 통하여 나름대로 독자적 성격을 나타내었다. 여기서 성경이 일관되게 예수를 통한 하나님의 활동과 결부된 것이 그런 경우였다! 하지만 예수를 통한 하나님의 이러한 활동은 구약의 목표였지만, 이러한 해석은 당시의 사고 형태들과의 결합에도 불구하고 실질적인 내용상으로 타당하게 된다. 그러면 구약의 말씀들을 그리스도와 그 공동체와 직접적으로 결부시키는 것에 우리의 주의를 돌려보기로 하자.

위에서 보았듯이 히브리서는 구약의 말씀들을 예언적 선포로 인용하지 않았으며 구약의 말씀과 그리스도 사건을 "예언-성취"의 도식에 따라 결부시키지도 않았다. 오히려 히브리서는, 그리스도 또는 공동체로 하여금 구약의 말씀들을 통하여 직접적으로 하나님의 음성을 듣도록 하거나 이 구약의 말씀들로 대답하도록 하였다. 예를 들면 대제사장직과 관련한 핵심 구절인 5:5-7에서 시편 110:4은 직접적으로 예수에 대한 하나님의 지명(指名)의 말씀으로 이해되었다: "또한 이와 같이 그리스도께서 대제사장 되심도 스스로 영광을 취하심이 아니요 오직 말씀하신 이가 저더러 이르시되 … '내가 영원히 멜기세덱의 반차를 좇는 제사장이라'"(그에게 이런 영예가 수여되었다). 이 관련들은 결코 자의적으로 끌어 모아진 것이 아니었다. 실제로 특히 역사적 접근 방식으로부터 판별 기준의 도움을 받아 저자의 처리 과정을 특별한 준칙들로 표현할 수 있다는 것을 보일 수 있다.

2.1 이스라엘의 왕에 관한 구약의 말씀들은 그리스도와 결부되었다: 1:5과 5:5에서 시편 2편; 1:3, 13; 5:6; 7:15, 17, 21; 8:1; 10:13; 12:2에서 시편 110편; 조금 희미하긴 하지만 1:8에서 시편 45편; 1:5에서 사무엘하 7:14.

2.2 의인의 길에 관한 시편의 말씀들은 예수에게로 거슬로 올라가는 초대 기독교의 해석 전승의 채택을 통해 예수와 결부되었다(§18, 7c) : 2:12에서 시편 22편; 2:6 이하에서 시편 8편; 10:5-15에서 시편 40편.

2.3 선지자들에 관한 구약의 말씀들은 2:13(= 사 8:17), 3:2(= 민 12:7), 9:28(= 사 53:12)에서 예수에게 적용되고 있는 듯하다.

2.4 '퀴리오스' = 여호와에 관한 구약의 말씀들은 1:6(= 신 32:42), 1:10-12(= 시 110편)에서 예수와 결부되었다.

2.5 이에 따라 이스라엘을 향한 말씀은 3:7-11에서 공동체에 적용되는 것으로 이해되었다.

이런 식으로 히브리서의 영적인 주석을 정리하고 검증함으로써 우리는 이미 히브리서 자체가 다른 곳에서 발전시켰던 안경을 사용하기 시작하고 있는 것이다: 소위 구약에 대한 모형론적 해석.

c) 구약의 역사와 구원의 예비들에 대한 모형론적 해석

구약에 기술되어 있는 사막의 이스라엘의 역사와 그 제의의 활용은 히브리서에서 구약의 말씀들을 그리스도에게 해석을 통해 적용하는 것보다 훨씬 더 많은 비중을 차지하고 있다. 이 역사와 제의는 히브리서에 의해 현재까지 전체에 걸쳐 모형론적으로 이야기되었다. 1-6장과 11-13장에서 공동체의 상황은 계속해서 이스라엘의 사막 기간과 대비되었다. 이에 따라 중심적인 부분(7-10장)에서 예수의 삶과 사역은 구약의 구원 질서의 대제사장에 의한 속죄 제사를 토대로 대제사장적 속죄 행위로 해석되었다(레 16장). 그러므로 히브리서 전체에

는 모세 시대에 이스라엘의 구약에 설명된 역사와 구원의 질서를 그리스도 및 그 공동체와
대비할 때 사용하는 종합적인 구원사적 안경이 갖추어져 있었다. 8:8 이하에서는 그러한 관
점으로부터 구약의 예비들에 대한 이러한 이해를 정당화하기 위하여 예레미아서 31장에 나
오는 새 언약의 예고를 명시적으로 언급하고 있다. 그러므로 구약의 활용은 영감된 일점 일
획을 가지고 노는 알레고리적 게임이 아니라 옛 언약에서 하나님의 활동과 새 언약에서 그
활동 사이의, 하나님에 의해 설정된 관계의 활용이었다. 모형론적이며 구원사적인 안경은
그 범위와 그 도구를 통한 결론들로 인하여 히브리서의 신학적 입장을 대표하는 것으로 드
러난다.

3. 신학적 입장

a) 홀츠만(H. J. Holtzmann)은 그의 특유의 도발적인 일방성으로 다음과 같이 말
함으로써 이 문제를 분명히 했다: "히브리서의 전체 세계관은 이데아와 현상, 영원과 유한,
천상과 우주, 원형(原型)과 모사(模寫)라는 알렉산드리아 학파의 형이상학적 대비들 안에
자리잡고 있었다는 것은 사실이었다."[12] 여기서 홀츠만은 히브리서에 따르면 레위 계열의
대제사장의 직무는 지상에서 행해졌던 것과 마찬가지로 그리스도의 대제사장적 직무는 하늘
성소에서 일어났다고 생각하고 있었디(8:5; 9:1-11, 23). 그러나 히브리서가 일차적으로
이러한 수직적인 우주적-헬레니즘적 이원본 속에서 생각하였다는 것이 정말 사실인가 아니
면 히브리서는 예수 및 바울과 마찬가지로 구원사적인 수평적 차원의 견지에서 생각하였는
가? 이것은 기독론에서 다음을 의미할 것이다: 예수는 히브리서에서 영원한 이데아의 나타
남이었는가 아니면 역사의 목표를 달성한 분이었는가? 그리고 이것은 구원론과 관련하여 다
음을 의미할 것이다: 인간의 구원은 영혼이 천상의 고향으로 옮겨지는 것이었는가 아니면
새로운 하나님의 백성의 출애굽에 참여하는 것이었는가? 히브리서가 사물을 바라본 근본적
인 시각과 관련된 이러한 질문에 대한 답변은 히브리서가 성경을 어떻게 이해하고 사용하였
는가를 통해 가능하였다. 수직적 차원은 실제로 두 가지 경우에 그 주석을 통해 표면에 드
러났다.

히브리서는 12:22과 13:14에서 하늘의 예루살렘에 관하여 말하였다. 하지만 무엇보다
도 히브리서는 8:5과 9:1-11, 23에서 레위 계열의 대제사장들은 지상의 성소에서 자신
의 임무들을 수행하였던 것에 반해 그리스도는 하늘 성소의 대제사장이라고 설명하였다. 이

---

12) *Theologie* II, 331f.

것은 플라톤적이고 영지주의적인 이원론의 의미에서 이상적인 천상 세계를 열등한 지상 세계에 대비하였던 필로를 생각나게 한다. 히브리서에서도 하늘 성소는 단순히 출애굽기 25:40에서 빌어온 심상이 아니라 실체의 상징이었다. 히브리서는 이 하늘 성소와 하늘의 제사장 직무를 이원론적인 어휘로부터 연유한 용어들로 규정하였다: "그리스도께서는 참 것의 그림자인 손으로 만든 성소에 들어가지 아니하시고 오직 참 하늘에 들어가사 이제 우리를 위하여 하나님 앞에 나타나시고"(9:24). '참'(*alethinos*)이라는 용어는 여기서 요한에서 흔히 그러한 것과 같이 이원론적인 의미에서 파생된 것과 대비되는 내재적인 것을 가리켰다.

그러나 히브리서와 요한에서 내재적인 것은 우주론적으로가 아니라 하나님과의 직접성을 통하여 규정되었다. 히브리서는 헬레니즘적 세계관으로부터는 물론이고 초기 영지주의적인 세계관으로부터 유래한 그러한 이원론적인 개념 요소들을 채택하였다. 하지만 히브리서에 그러한 것들은 그리스도의 종말론적 탁월성을 표현하는 것을 돕는 오직 부차적인 수준점이었을 따름이다. 이와는 대조적으로 히브리서의 신학적 사고 과정의 토대는 아주 지배적인 성경의 모형론적 사용에서 드러나는 구원사적인 수평적 차원이었다. [13]

b) 신약에서 유례가 없는 이러한 성경 사용 방법을 강화하고 공식적으로 계발한 것은 무슨 의도였는가? 흔히 변증적 또는 논증적 의도였다고 말을 해왔다. 이 견해에 의하면 저자는 구약이 그의 독자들에게 인정받는 권위였기 때문에 자신의 기독론에 대한 성경적 증거를 구약으로부터 제시하기를 바랐다는 것이다. 이렇게 함으로써 그는 기독교인들에게 구약을 논증적으로 주장할 수 있었다. [14] 하지만 논증적 또는 변증적 고리들은 마태나 바울의 유대주의자들과 유대인들과의 논쟁에서와는 달리 그 어디에서도 찾아볼 수 없다. 이 문헌에서 찾아볼 수 있는 고리들은 오로지 권면적 의미에서 독자들에게 향해 있었다. 구약의 모형론적 사용을 통하여 공동체의 당시 상황과 예수의 생애는 구속력 있게 해석될 수 있었다. 그러한 것으로서의 모형론은 결코 주로 사변(思辨)을 통하여 얻어낸 그리스도 상(像)을 구약에 덧씌우기 위한 목적에 기여할 것으로 생각하고 오직 부차적으로 채택한 사고 형태가 아니었다. 물론 히브리서는 구약으로부터의 순전히 자생적이고 주석학적 방법을 통하여 대제사장으로서의 그리스도 상(像)을 발전시킨 것은 아니었고, 그 과정에서 전승들을 이용하였

---

13) 이 두 방향의 이러한 강조를 통해 히브리서의 합리적 구조에 대한 우리의 견해는 H. J. Holtz-mann과 E. Käsemann (Lit., §47) 의 정반대이다. 후자는 영지주의적 세계관을 그 토대로 생각하였고 성경의 모형론적 해석을 독자들의 필요를 충족시키기 위한 부차적인 변증에 불과한 것으로 여겼다.

다. 그러나 히브리서가 이 상을 확장시킨 것은 대체로 성경에 대한 독자적인 지식을 통해서 수행되었다. 이 점은 이 주목할 만한 기독론적 저작을 좀더 자세히 검토해 볼 때 분명해질 것이다.

4. 대제사장 기독론

a) 그리스도에 대한 호칭들

두 가지 호칭이 히브리서의 기독론에서 강조되었다: '아들'(*ho huios*)과 '대제사장' (*ho archiereus*).[15] 이것들과 아울러 신약의 나머지 기독론적 칭호들은 오직 이따금씩 사용되었다.

인자라는 형용 어구는 오직 한 군데에서만 간접적으로 들을 수 있는데(2:6), 이것은 헬레니즘적 교회로부터 나온 문헌임을 생각할 때 거의 놀랄 일이 아니다. 바울 지역에서 지배적으로 사용되었던 '주'(*ho kyrios*)라는 호칭은 지상적 예수를 가리키는 호칭으로, 즉 바울 이전의 용법으로 아주 드문드문 나타나는 것을 볼 때(§34절) 이를 더욱 더 알아차릴 수 있게 만든다(2:3; 7:14). 마지막으로 1:8에서는 아들을 하나님(*ho theos*)이라 부르고 있는데, 이와 같은 것은 다른 곳에서는 오직 요한복음에만 나오는 것이다. 관례적인 기독론적 이름은 '예수'(*Iesous*)였다. 바울에게 판례석이었넌 '예수 그리스도'(*Iesous Christos*)라는 결합은 드물게 사용되었다(10:10; 13:8, 21). 이에 따라 '그리스도'는 전체에 걸쳐 단독으로 거의 정관사와 함께 사용되었다. 그것은 이름일 뿐만 아니라 흔히 메시야의 칭호이기도 하였다(3:14; 5:5; 6:1; 9:14, 24, 28; 관사 없이 사용된 경우는 오직 3:16).

이 용어 사용과 관련한 개관을 토대로 우리는 다음과 같은 것을 주목하게 된다: 히브리서에서 예수는 바울 및 요한에서와 마찬가지로 하나님의 아들이었다. 그러나 바울에서 아들은 '퀴리오스'로서 구원을 수행하고 있었지만, 히브리서에서는 기독론적 구원 사건은 '대제사장'(*archiereus*)이라는 칭호와 결부되었다.

b) 대제사장으로서 아들의 완전의 길

첫번째 주요 단락(1-6장)은 기독론적으로 아들의 개념을 그 출발점으로 삼은 다음 대제

---

15) '*archiereus*' 대신에 '*hiereus megas*'(10:21) 또는 '*hiereus*'가 때때로 동일한 의미로 사용되었다 — 시편 110:4에 따르면.

사장이라는 개념으로 넘어갔다.

1) 출발점(히 1:1-4). 로마서의 신학이 1:3 이하의 기독론적 신앙고백을 그 출발점으로 삼은 것과 마찬가지로 히브리서는 1:1-4에 나오는 찬송을 통한 신앙고백을 출발점으로 삼았다. 히브리서는 요한복음의 서문과 마찬가지로 하나님은 인간의 말을 통하여 사람들에게 스스로를 알리셨다는 중심적이고 특히 성경적인 개념을 통하여 예수의 진수에 접근하였다 (요 1:1-18). 요한복음 1:1이 한층 헬레니즘적 용어로 말하였던 내용("태초에 말씀이 계시니라")을 히브리서는 더 구약적인 용어로 표현하였다:

1) 옛적에 선지자들로
   여러 부분과 여러 모양으로 우리 조상들에게 말씀하신 하나님이
2) 이 모든 날 마지막에
   아들로 우리에게 말씀하셨으니
   이 아들을 만유의 후사로 세우시고
   또 저로 말미암아 모든 세계를 지으셨느니라
3) 이는 하나님의 영광의 광채시요
   그 본체의 형상이시라
   그의 능력의 말씀으로 만물을 붙드시며
   죄를 정결케 하는 일을 하시고
   높은 곳에 계신 위엄의 우편에 앉으셨느니라
4) 저가 천사보다 얼마큼 뛰어남은
   저희보다 더욱 아름다운 이름을 기업으로 얻으심이니

첫번째 두 행(1절과 2a절)은 아들을 하나님의 종말 때의 계시의 말씀으로 소개하였다. 다음 행들(2b절과 3a절)은 우주에서 그의 중요성을 표현하였다. 아들을 통하여 세상에 대한 하나님의 전체적 경륜이 시행되었다. 세상이 그로 말미암아 창조되었듯이 세상은 그를 통하여 완전케 될 것이다.

5행에 나오는 진술은 아들과 하나님의 관계를 말하고 있는 이 우주적 단언에 덧붙여졌다: 헬레니즘적 유대교의 개념적 언어 속에서 그는 하나님의 신성의 '광채'(*apaugasma*)였고 하나님의 본체의 '형상'(*charakter*)이었다. 그는 바울이 하나님의 '형상'(*eikon*)이라 부른 바로 그것이었다(고후 4:4; 골 1:15).

우주와 하나님에 대한 아들의 관계를 말하고 있는 이 진술들은 7-10행(3b절과 4절)이 말하고 있는 그의 구원론적 기능을 토대로 세워졌다. 자신의 구원 사역을 토대로 예수는 "아

들"이라는 이름을 상속받았다. 시편 2:7로부터의 인용문은 이를 밑받침해준다: "네가 내 아들이라"는 말씀이 1:5에 덧붙여졌다. 마찬가지로 7:28은 아들이 그리스도가 밟은 길을 통해 완전케 된 영원한 아들이자 우주의 후사가 되었음을 분명히 하고 있다. 히브리서에 특징적인 두 가지가 이 종합적인 기독론적 신앙고백의 견지에서 등장하였다. 하나는 그리스도의 생애 배후에 있는 주체는 하나님이 아니라 — 로마서 1:3에 나오는 오래된 승귀 기독론과는 대조적으로 — 아들이었다. 그는 "우편에 앉으셨느니라"(8행 = 시 110:1). 다른 하나는 아들의 생애는 특별한 강조를 받았다는 것이었다. "아들"이 아들의 위치로 온전케 된 것은 오직 이 과정을 통해서였다. 즉 선재하신 분은 구원의 메시야적인 중보자가 되었다(참조. 롬 1:3f.).

2) 아들과 자녀들의 완전. 아들의 생애는 '텔레이운' (*teleioun*, 완전케 되다)이라는 용어의 도움을 받아 기독론적이고 구원론적으로 해석되었다. 신약의 다른 곳에서는 히브리서에서 만큼 이토록 강조되어 사용되지 않았던 이 동사는 헬라어로 "완전케 되다"라는 의미였다. 필로는 흔히 이 용어를 도덕적 완전이라는 의미로 사용하였다.[16] 하지만 히브리서는 이 용어를 칠십인역에서와 마찬가지로 제의적 의미로 사용하였다. 2:11과 10:14에서 이 용어는 '하기아제인' (*hagiazein*, 거룩하게 하다)에 의해 수식을 받고 있다(칠십인역, 출 29:33에서처럼). 이런 의미로 사용된 '텔레이운'은 어떤 사람을 하나님 앞에 나아갈 수 있을 만하게 만드는 것, 어떤 사람을 하나님에 의해 의도된 목표에 도달하게 하는 것을 의미하였다.[17] 이 용어는 이런 의미로 기독론적으로 사용되었다. 아들은 "온전케 되었다"(7:28). 그가 어떻게 온전케 되었는가 하는 것은 5:7 이하의 난해한 말씀 속에 나오는 겟세마네의 예를 통해 해명되었다: "그는 육체에[즉, 인간으로] 계실 때에 자기를 죽음에서 능히 구원하실 이에게 심한 통곡과 눈물로 간구와 소원을 올렸고 그의 경외하심을 인하여[또는, 그가 경외하였기 때문에] 들으심을 얻었느니라 그가 아들이시라도 받으신 고난으로 순종함을 배워서 온전하게 되었은즉 자기를 순종하는 모든 자에게 영원한 구원의 근원이 되시고."

바울과는 다른 방식으로 히브리서는 예수의 지상 생애의 개별적인 사건들을 파악하였다. 여기서 그 사건은 겟세마네였고 다른 곳에서 그것은 예수의 시험이었다(2:18; 4:15). 바로 이러한 사건들 속에서 아들은 의심과 고난 속에서 싸움을 통하여 자신의 아들됨을 입증하여야 했고 "온전케" 되었다. 그는 대제사장으로서 하나님 앞에 나아갈 수 있는 구원의 중보자가 되었다. 온전케 된 아들은 대제사장이었다. 이런 의미에서 5:5 이하의 지명(指名)의

---

16) 이를 밑받침하는 전거들에 대해서는 G. Delling, *TDNT* VIII, 80.
17) 마찬가지로 ibid., 82.

말씀들은 나란히 이 둘과 결합되어 표현되었다: "또한 이와 같이 그리스도께서 대제사장 되심도 스스로 영광을 취하심이 아니요 오직 말씀하신 이가 저더러 이르시되 너는 내 아들이니 오늘날 내가 너를 낳았다 하셨고 또한 이와 같이 다른데 말씀하시되 네가 영원히 멜기세덱의 반차를 좇는 제사장이라 하셨으니." 시편 2편의 의미에서 아들, 메시야적 구원의 중보자로서 아들로의 '지명은 대제사장의 지명과 일치하였다.

이 기독론적인 두 호칭들에는 각각의 경우에 서로 다른 구원론적인 기능이 대응되었다. 아들의 구원론적 기능은 미리 이렇게 요약될 수 있다: 그의 온전케 됨을 통하여 아들은 자신의 형제들, 하나님의 나머지 자녀들을 돌보는, 길을 예비한 자가 되었다. 그는 그들과의 연대를 보여주었고 그들에게 죽음의 손아귀를 빠져나와 하나님께로 가는 길을 열어주었다. 길을 예비하는 자로서 아들의 기능은 '구원의 주'(*archegos tes soterias*, 2:10; 참조. 12:2)라는 호칭에 표현되어 있다. 덜 직접적이긴 하지만 그는 6:20에서 자기를 좇는 자들을 위해 흔적을 남긴 '프로드로모스'(*prodromos*, 선구자)라 불렀다. 그리고 5:9에서 그는 구원의 '근원'(*aitios*)이라 지칭되었다.

이 선구자 개념의 의도는 그 전승사적 배경을 고찰해 보면 더욱 분명해진다. 먼저 그것은 공관복음서의 제자도 개념을 생각나게 한다. 그러나 히브리서는 "제자도 속에서 따르다"라는 용어를 사용하지 않았다. 그 외에도 선구자의 길은 역사적이 아니라 우주적이었다. 그 길은 천사들 아래(2:9), 죽음의 두려움 아래(2:15), 시험과 고난 아래 있는 영역으로부터 "휘장 가운데로 열어놓으신", 즉 그의 육체 가운데로 열어놓은 길을 통해 ― 유한의 경계를 통과하여 ― 하나님께로 이르는 것이었다(2:8-10; 5:8f.; 9:26; 10:19f.). 따라서 공관복음서의 제자도 개념은 예수의 생애가 사람들이 살고 있는 바 죽음의 손아귀로부터 벗어나게 하는 특징을 갖고 있다는 식으로 부활절 이후의 상황 속에 옮겨졌다.

이런 이유로 길을 예비하는 자에 관한 진술들은 헬레니즘적 유대교와 영지주의의 개념들을 생각나게 한다.[18] 그러므로 케제만도 우주의 영역들을 통하여 본질에 의해 자기와 연결된 영혼들을 하늘의 본향으로 이끈다는 영지주의의 구속자 신화를 그 종교사적 배경으로 제시하였다.[19] 하지만 히브리서의 진술은 영지주의적 구속자 개념과 여러 특징에 의해 구별되었다. 아들이 영광으로 이끌었던 자녀들은 본질에 의해 그와 연결되지 않았다! 물론 2:11에서

---

18) '*archegos*'("선구자"; "인도자")라는 칭호는 아마도 헬레니즘적 유대교에서 족장들에 대한 호칭으로 사용되었을 것이다. 이를 밑받침하는 전거들은 Schweizer, *Lordship*, p. 89(독어 개정판 pp. 138f.에는 여기서 고펠트에 의해 언급된 확대된 각주가 나와 있다)에서 발견된다.

19) Op. cit. (n. 13), p. 81.

"거룩하게 하시는 자"와 "거룩하게 함을 입은 자들"의 "형제됨"은 이들이 각각 하나님으로부터 기원했다는 점에서 — 물론 다른 방식으로 — 그러하였다. 그러나 이 "형제됨"은 오직 자기를 따르는 자들을 거룩하게 하는 주를 통해서만 실현되었다.

아들은 그들을 죄로부터 깨끗케 한 대제사장이었던 분으로서 자기에게 속한 자들을 위해 길을 예비한 선구자였다. 그러므로 하나님의 자녀들과 공통의 기원을 갖고 있다는 아들에 관한 진술들은 언제나 그들을 위한 대제사장적 직무라는 개념으로 이어졌다. 이것은 "함께" 와 "위하여"가 직접적으로 어우러져 있는 2:14-18에서 극명하게 볼 수 있다. 따라서 2:14 이하에서는 이렇게 말하였다: "자녀들은 혈육에 함께 속하였으매 그도 또한 한 모양으로 혈육에 함께 속하심은 사람으로 말미암아 사망의 세력을 잡은 자 곧 마귀를 없이 하시며 또 죽기를 무서워하므로 일생에 매여 종노릇하는 모든 자들을 놓아주려 하심이니." 길을 예비하는 자에 의해 사망의 세력을 밑바닥으로부터 깨뜨리는 것에 관한 이 진술은 즉시 자기에게 속한 자들을 위한 그의 속죄의 중보기도에 관한 언급을 통하여 보충되었다: "그러므로 저가 범사에 형제들과 같이 되심이 마땅하도다 이는 하나님의 일에 자비하고 충성된 대제사장이 되어 백성의 죄를 구속하려 하심이라 자기가 시험을 받아 고난을 당하셨은즉 시험 받는 자들을 능히 도우시느니라"(2:17f.). 길을 예비하는 자와 자기에게 속한 자들을 위하여 중보기도하는 대제사장의 기능은 4:14-5:10; 10:19-21; 12:1 이하에서 동일한 방식으로 결합되어 있나.

c) 대제사장 개념의 기원

1) 신약의 다른 곳에서는 예수를 대제사장이라 부르지 않았다. 하지만 이 칭호와 그에 속한 개념은 예전 전승으로서 사도 교부들은 물론이고 클레멘트1서 등등에서 발견된다.[20] 특히 우리의 관심을 끄는 것은 클레멘트1서이다. 이 서신을 마감하는 교회를 위한 위대한 기도(61장)에서는 이렇게 말한다: "우리는 대제사장이며 우리 영혼의 수호자이신 당신을 찬양합니다"(I Clem. 61:3; 마찬가지로 64:1 = LCL, *Apostolic Fathers*, I, 121). 클레멘트1서 36:1에서 승귀되신 분은 "우리의 봉헌의 대제사장"(= LCL, I, 71)으로 불렸다. 여기서 의도되고 있는 것은 그는 "봉헌", 즉 기도들을 하나님 앞에 가져갔다는 것이다.[21] 자기에게 속한 자들을 위하여 하나님 앞에서 중보기도하는 대제사장이라는 이 예

---

20) I Clem, 36:1; Ign. Phld. 9:1; Pol. Phil. 12:2; Mart. Pol. 14:3; 참조. W. Bauer et al., *Die Apostolischen Väter* (HNT Ergänzungsband, 1923), at Ign. Phld. 9:1 = p. 261.

21) 물론 W. Bousset, *Kyrios*, p. 439 (참조. pp. 361f.)와 그를 따르고 있는 Theissen, op. cit. (Lit, §47), pp. 41f.는 다르다.

전적 예배 개념은 클레멘트1서가 알고 있던 히브리서와의 대화 속에서 처음으로 발전된 것은 아니었다는 것은 거의 확실하다. 오히려 그 반대였다. 이 개념은 히브리서가 자신의 대제사장 기독론을 발전시키는 출발점이었다. 결국 히브리서 2:17에서 자기에게 속한 사람들을 위하여 중보기도를 하는 대제사장이라는 동기(motif)는 아주 자발적으로 소개되었고 독자들에게 친숙한 것으로 전제되었다.[22]

2) 어쨌든 대제사장 개념으로 발전된, 자기에게 속한 자들을 위해 하나님 앞에서 중보기도하는 승귀되신 분에 관한 전승은 비교적 오래 되었다는 것을 보여준다. 그것은 로마서 8:34이 보여주듯이 우편에 앉는 것에 관한 시편의 말씀(시 110:1)과 직접적으로 결합되었다. 하지만 이 시편은 4절에서 히브리서가 그의 대제사장 기독론을 발전시키는데 토대가 된 주요한 말씀을 포함하고 있었다: "네가 영원히 멜기세덱의 반차를 좇는 제사장이라"(5:6). 아마도 시편 110:4은 이미 아주 일찍부터 자기에게 속한 사람들을 위하여 중보기도하는 분을 제사장으로 지칭하도록 자극을 주었을 것이다. 하지만 히브리서는 시편 110:4로부터 그리스도의 대제사장직의 예표에 관한 결정적인 말씀을 이끌어내었다. 그리스도는 아론이나 레위 족속에 속한 다른 모든 유대적 구약의 대제사장들과는 다른 대제사장이었다. 그는 멜기세덱의 반차를 좇은 대제사장이었다(5:10; 6:20; 7:1-28)!

3) 히브리서가 이 호칭을 사용하고 있는 처음 두 구절(3:1; 4:14)에서 그것은 '호몰로기아'(homologia), 즉 공동체의 신앙고백을 가리키고 있었다: "그러므로 우리에게 큰 대제사장이 있으니 승천하신 자 곧 하나님의 아들 예수시라 우리가 믿는 도리를 굳게 잡을지어다"(4:14). 신앙고백에 대한 세번째 언급과 함께 그것은 10:19 이하에서 대제사장직에 관한 진술들로 끝을 맺는다. 따라서 대제사장직의 개념은 공동체의 신앙고백과 관련이 있었다.

여기서 신앙고백은 그때그때의 신앙고백 행위가 아니라 정식화된 신앙고백을 의미하였다. 이것은 "우편에 앉으사"라는 구절을 포함하고 있었음 — 다른 세부적인 내용들도 생각해볼 수 있겠지만 — 에 거의 틀림없다.[23] 그것은 서론적인 그리스도에 대한 찬송적 고백(1:

---

22) 마찬가지로 Hahn, *Titles*, pp. 229ff. (거기에는 이 논의에 대한 개괄적인 설명이 나와 있다).

23) G. Borkamm, *Aufsätze* II, 190ff.는 히브리서는 3:1; 4:14; 10:39에서 사도행전 8:37에 나오는 것과 같은 세례와 관련된 신앙고백을 의도했다고 주장하였다: "예수는 하나님의 아들이다". 그런데 이와는 반대로 13:15에서는 도입부의 그리스도에 대한 신앙고백(1:1-4)에서 발견되는 것과 같은 어떤 것, 공동체의 송영적 신앙고백 또는 공동체의 예배 의식의 송영적 신앙고백을 볼 수 있다. 하지만 내 견해로는 처음 세 구절에서는 존귀한 진술만이 아니라 예수의 생애에 관한 신앙고백이 의도되었다.

3)에서만이 아니라 8:1에서도 나타나는데 이 장 전체에 걸쳐 대제사장으로서 중보기도하는 분이라는 의미로 해석되었다. 그러므로 우리는 대제사장에 관한 진술들을 위한 출발점이 되었을 가능성을 보게 된다. 이 진술들을 통하여 '호몰로기아', 즉 신앙고백은 공동체를 위해 해석되는 것으로 생각되었다. 이 신앙고백은 대제사장의 길의 내용을 제공하였다: 대제사장의 자기 희생 및 그가 하늘들을 통과하여 하나님 앞의 지성소로 가는 것.

4) 하지만 저자는 대제사장의 활동에 관한 심상을 속죄의 큰 날이라는 제도로부터 이끌어냈다(레 16장). 이것은 옛 언약에서 속죄를 위한 중심적인 장치였고 히브리서의 저작 이전에 초대 기독교에서 예수의 속죄적 죽음과 연결되었다(§35, 4a). 이 개념이 6:19에서 처음으로 이야기된 이후에 예수의 삶과 사역은 속죄일에 대제사장의 직무에 맞춰 8:1-10:18에서 묘사되었다.

5) 저자는 예수의 대제사장적 활동에 관한 자신의 심상을 전개하는 데에 유대의 해석 전승을 어느 정도로 채택하였는가? 다음과 같은 가능성들이 학문적 연구 과정에서 고려되어 왔다.

5.1 쿰란 사본들의 발견 이후에 등장한 가정, 즉 히브리서는 대제사장적 메시야라는 에세네파의 기대에서 시사점을 발견하였다는 가정은 이를 밑받침하는 확증을 찾지 못하였다. 에세네파의 대제사장적 메시야는 아론이나 레위 족속 출신이었는데, 히브리서에서는 그렇게 말하지 않았다(7:13). 에세네파가 기대한 인물은 그와 나란히 있었던 다윗계의 메시야와 같이 인간이었다. 하지만 7:3에 나오는 히브리서의 대제사장은 멜기세덱과 같이 "시작한 날도 없고 생명의 끝도 없어 하나님의 아들과 방불"하였다. 또한 이와 대비되고 있는 주변 세계의 대제사장의 직무는 공통점을 가지고 있지 않다.[24]

5.2 멜기세덱, 즉 7:1-10에 나오는 살렘의 제사장적 왕에 관한 사고의 고양된 발전들을 창세기 14장의 멜기세덱 단화(單話)에 대한 헬레니즘적 유대교의 미드라쉬로부터 도출하려고 하는 시도들은 만족할 만한 결론에 이르지 못하였다.[25] 이러한 해석 전승을 직접적으로 밑받침하는 증거는 제시할 수 없다. 창세기 14장에 대한 필로의 바로크 양식의 알레고리는 또다른 유형이었다.[26]

5.3 히브리서 8장과 9장에 따른 승천과 대제사장의 하늘에서의 직무는 헬레니즘적 유대

---

24) 이런 이유로 H. Braun, *Qumran* II, 181-84는 이 배경을 거부하였다.

25) 이 논외에 관해서는 O. Michcl, *TDNT* IV, 569를 참조하라.

26) 주후 2세기에 일어난 멜기세덱파라는 기독교적이며 영지주의적인 분파는 히브리서 7장에 나오는 말씀들을 이용하였고 그 반대는 아니다. 이 문제의 핵심적인 자료는 H. Windisch, *Der Hebräerbrief* 히 7:14.

교의 자료를 빌어왔을 가능성이 높다. 하늘 성소라는 개념은 출애굽기 25:40에서 바로 발전된 것이 아니었다. 하늘 성소는 어느 정도 헬레니즘적 유대교의 이원론의 의미로 진정하고 내재적인 것으로 규정되었다. 이런 이유만으로 하늘 성소의 대제사장이라는 개념은 헬레니즘적 유대교의 전승들로부터 영향을 받았을 수 있다.[27] 이러한 추측을 넘어서서 케제만[28]은 하늘의 대제사장에 관한 필로의 말이나 히브리서의 진술들을 헬레니즘적 유대교를 배경으로 한 원인(原人) 대제사장과 관련된 영지주의적 사고로부터 이끌어내려고 시도하였다. 하지만 이러한 시도는 불트만에 의해 개시된 영지주의 연구를 위한 방법론적 원칙들에 의해 검증해볼 때 근거가 없는 것이다.[29] 우리는 후대의 자료들을 토대로 이런 식으로 외관상으로 기독교 이전의 개념들을 자명한 것으로 전제할 수 없다!

  따라서 우리는 대제사장 개념의 종교사적 배경과 관련하여 하늘의 대제사장으로서 그리스도에 관한 히브리서나 그에 앞선 기독교 공동체의 전승이 헬레니즘적 유대교로부터 자극을 받았을 가능성이 많다고 결론을 내릴 수 있을 것이다. 그러나 그것들의 의의는 과대 평가되어서는 안된다. 본질적으로 히브리서 기자는 예전적 정식(定式)으로부터 출발하여 공동체에서 사용된 그리스도에 대한 신앙고백의 해석으로서 자신의 성경 해석의 도움을 받아 이 심상을 만들어냈다.

  d) 히브리서 8-10에 나오는 레위기 16장에 나타난 예수의 삶과 사역의 모형론적 해석

  레위기 16장을 모형론적으로 사용함으로써 예수의 삶과 사역은 히브리서 8-10장에서 각각의 개별적인 계기들이 그 필수적이고 의미있는 위치를 차지하는 통합된 구원 사건으로 해석되었다. 레위기 16장의 이러한 사용의 배후에 있을 수 있는 동일한 전승은 로마서 3:24 이하에서 바울에 의해 사용되었다(참조. §35, 4a). 그러나 이제 구약의 속죄 행위가 히브리서의 관점에서 어떻게 레위기 16장의 다양하게 확대된 본문을 통해 아주 이질적으로 묘

---

27) 필로도 하늘에 속한 '로고스'를 대제사장으로 규정하였다. 참조. G. Schrenk, *TDNT* III, 273. 히브리서에 나오는 하늘에 속한 대제사장이라는 개념이 이러한 명상적 성찰들로부터 직접적으로 취해진 것이라고 주장하는 학자로는 Windisch, op. cit. (n. 26) at Heb. 1:4 (excursus)와 C. Spicq, *L' E' pitre aux Hebreux* I (1952), 39-91. 대제사장의 승천에 대한 원천으로 Windisch (op. cit., at Heb. 8:2)는 에녹의 승천(I Enoch 70:71; II Enoch 67:68)과 특히 레위의 승천 (Test. Levi 2-5)에 관한 묵시론적 사고를 들었다.

28) Op. cit, (n. 13), pp. 131-140.

29) C. Colpe, *Die religionsgeschichtliche Schule* (1961); 참조. §29, 2.

사된 행위로 보였는가를 재구성하도록 해보자!

일년에 한 번 속죄일에 대제사장은 성소를 지나 휘장 뒤로 하나님이 언약궤 위에 임재하는 지성소로 갔다(히 9:7, 25; 10:1, 3 = 레 16:34; 참조. 16:15). 오직 속죄의 희생의 피를 들고 대제사장은 그 피가 하나님에 의해 은혜로 받아들여지는 지성소로 들어가는 것이 허락되었다(히 9:7, 12f.; 10:4 = 레 16:2f.). 이 피를 가지고 그는 자기 자신과 사람들을 죄로부터 깨끗케 하였다(히 5:3; 7:27 = 레 16:14f., 24, 30, 33).

아론 계열의 대제사장이 연례 행사로 이런 식으로 수행하였던 것을 그리스도는 참 대제사장으로서 모든 시대를 위해 단번에 수행하였다. 신앙고백에 의해 열거되고 있는 그의 걸어간 단계들은 모형론적 대응에 비추어 이해할 수 있게 되었다.

이제 그 목표라는 관점에서, 즉 이 서신이 편집된 관점이기도 했던 전승사적 견지에서 모형론적 대응을 만들고 있는 이 과정을 살펴보기로 하자.

1) 히브리서 1:3과 8:1에 따라 공동체가 "우편에 앉으셨느니라"라고 고백하였을 때 그것은 예수를 하늘의 지성소에서 자신의 피를 가지고 공동체를 위하여 중보기도하는 대제사장으로 보고 있는 것이었다(8:1f.; 9:24). 이 모형론적 심상은 요한계시록의 이상(異像)에 나오는 어린 양이라는 상징 이상의 것을 표현하였다(§44, 3a); 그것은 우편에 앉아 계신다는 고백의 본질적인 의미를 표현하였다. 우편에 앉아 있다는 것은 '지휘'(*imperium*)가 아니라 '통치'(*dominium*), 즉 종말론적 구원의 통치를 의미하였다. 왜냐하면 그것은 일차적으로 그리고 동시에 '중보'(*intercessio*)를 의미하였기 때문이다. 신앙고백의 이 진술을 해석하였던 모형론적 심상은 그리스도의 삶의 이전의 과정과의 연결도 제공하였기 때문에 그것은 그와 같은 것을 의미하였다. 레위기 16장에 따르면 이 '중보'(*intercessio*)를 위한 전제는 속죄의 희생과 지성소로 들어감이었다.

2) 지성소로 들어가는 것은 그리스도에게 "하늘에" 들어가는 것(9:24), 대제사장의 취임이 되었다. 이 생생한 개념은 히브리서에서 일으키심을 받아 승귀되신 것에 관한 전통적인 표현을 대신하였다. 이 전문 용어들은 우연히 결여되어 있는 것이 아니었다! 이 용어들에 의해 표현된 내용은 해석을 거친 후에 이 모형론적 심상을 통해 표현되었다: 부활과 승귀는 예수가 구원을 통해 은혜 가운데 그에게로 오시는 하나님에게로 가는 것과 그것을 통하여 구원의 중보자로서 온전케 되는 것이었다.

3) 하지만 이렇게 하나님께로 가는 것은 그의 속죄적 희생을 토대로 해서만 의미가 있었다. 예수의 삶의 어느 부분도 예수의 죽으심만큼 히브리서에서 그토록 철저하게 해명된 것은 없었다. 9:12의 말씀은 10:19 이하와 아울러 이 문헌의 두 개의 초점들 중 하나였다:

"염소와 송아지의 피로 아니하고 오직 자기 피로 영원한 속죄를 이루사 단번에 성소에 들어가셨느니라." 이것은 예수의 죽으심은 대상 지향적인 희생이 아니라 인격적인 자기 희생이었다는 것을 뜻하였다. 예수는 "영원하신 성령으로 말미암아 흠 없는 자기를 하나님께 드린"(9:14) 분이었다. 따라서 모형론적 교체는 이렇게 되어 있다: "염소와 황소의 피와 암송아지의 재로 부정한 자에게 뿌려 그 육체를 정결케 하여 거룩케 하거든 하물며 … 그리스도의 피가 어찌 너희 양심으로 죽은 행실에서 깨끗하게 하고 … "(9:13f.).

이러한 결론은 구약의 결례들이 오직 그림자로서만이라도(10:1) 하나님의 구원 질서를 사람들로 하여금 알게 하였다고 했을 때만 타당한 것이었다. 그러므로 그것은 속죄일의 속죄 의식은 하나님의 은혜로운 제도였고 하나님은 속죄를 통하여 그의 파산한 피조물을 구원하기를 원하였다는 것을 전제하고 있었다. 더욱이 이 속죄가 명령이었다는 것은 9:16-28 단락이 다루는 주제였다. 여기서 하나님의 구원 계획을 보여주고 있는 '아낭케'(*ananke*)와 '데이'(*dei*, 해야 한다)라는 표현들은 뚜렷하게 부각되어 있다(16, 23, 26절). 그 중심(22b절)에는 간결한 진술이 있었다: "피흘림이 없은즉〔즉, 속죄의 죽음 없이는〕 사함이 없느니라".[30]

4) 하나님 앞에 나아가 중보기보함을 통하여 효력을 발휘하게 된 이 자기 희생은 이 땅에 사는 동안에 시험을 거친 삶의 결과였다. 예비적인 1-6장, 특히 5:7-10에서 말하고 있는 것은 바로 이러한 삶에 관한 것이었다. 따라서 예수의 삶과 사역은 하나님의 구원 질서를 실현한 통합된 구원 사건으로 해석되었다. 구약적 배경과의 상호 관계를 보여줌으로써 독자들은 구원이 이러한 길을 따라야 한다는 것이 얼마나 필수적이었으며(*ananke*) 꼭 그래야만 되었으며(*dei*) 얼마나 하나님과 양립될 수 있는 것이었는지(*eprepen*)에 관한 이해를 얻을 수 있었다.

5) 마지막으로 우리는 많이 논의되는 문제를 건드려야 한다: 예수는 언제 대제사장이 되었는가? 그는 자신의 대제사장적 자기 희생을 수행하였을 때 자기 직무에 취임하였다. 하지만 '제사장 직임'(*munus sacerdotale*)의 본질적인 행사는 하나님 앞에서의 '중보'(*intercessio*)였다.

e) 새 언약의 중보자로서 예수의 구원사적 위치와 효력

1) 새 언약. 예수가 죄의 권능을 제거하고 하나님께 나아가는 길을 열어준 참 희생을 제

---

30) 이 진술은 원칙적으로 유대적이 아니라 기독교적이었다. 왜냐하면 바리새파적인 회개의 관행에 따르면 속죄는 추가적인 선행들을 통하여 성취될 수 있었기 때문이다.

공하였다면 창조주와 그의 피조물과의 관계에서 약속된 종말론적 전환점은 예수를 통하여 일어났다. 예수의 대제사장 직무의 우월성의 견지에서 8:6에서 이끌어내고 있는 결론 배후에 있는 것은 궁극적으로 바로 이 현실(reality)이었다: "그러나 이제 그가 더 아름다운 직분을 얻으셨으니 이는 더 좋은 약속으로 세우신 더 좋은 언약의 중보시라." 이와 비슷하게 7:22에서는 예수에 관하여 이렇게 말하였다: "더 좋은 언약의 보증."

"더 좋은 언약"이란 예레미야 31장에 약속된 언약이었다. 이 약속은 대제사장 직무에 관한 사고 발전들의 처음과 마지막에 자세하게 인용되어 있다(8:8-12; 10:16) ; 이 약속은 이미 바울의 신학적 윤곽을 인도하였고(고후 3장) 아마도 예수의 자기 이해를 이끌기도 하였을 것이다(막 14:24; §20, 4b). 하지만 예수가 약속된 하나님과의 새로운 관계의 중보자였다면 이전의 관계, 즉 시내산 언약에 대해서는 이렇게 결론을 내릴 수 있을 것이다: "새 언약이라 말씀하셨으매 첫 것은 낡아지게 하신 것이니 낡아지고 쇠하는 것은 없어져가는 것이니라"(히 8:13). 이 난해한 구절은 옛 언약은 단순히 연대기적 의미에서 새 언약에 의해 대치된 것이 아니라 율법과 마찬가지로 이 세상의 시간 틀과 함께 없어지고 있다는 것을 말하려고 하였다. 그러므로 히브리서조차도 역사 내에서 '에스카톤'(종말)의 현존을 잘 알고 있었다.

2) 율법의 효력 정지. 시내산 언약과 아울러 예수의 나타남은 율법의 효력을 정지시켰는데, 그것은 구약에 예고된 "약속"(8·6ff.) 또는 "맹세의 말씀"(7:28)에 일치하였다. 바울과는 다른 방식으로 히브리서는 제사장직의 관점에서 율법의 효력 정지를 전개하였다. 시편 110:4을 통하여 설정된 멜기세덱의 반차를 좇은 예수의 대제사장직은 아론의 제사장직의 효력을 정지시켰다. 7:18 이하는 강령적으로 이렇게 말하였다: "전엣 계명이 연약하여 무익하므로 폐하고 (율법은 아무것도 온전케 못할지라) 이에 더 좋은 소망이 생기니 이것으로 우리가 하나님께 가까이 가느니라." 외적인 용어 사용상의 유사성에도 불구하고 율법과 언약은 여기서 바울에서와는 아주 다른 방식을 보이고 있다.

3) 히브리서에서 율법. 예수와 바울에게 율법은 순종을 요구하고 순종하는 자에게 생명을 약속한 하나님의 요구하는 뜻이었다.

달리 말하면 율법은 응보의 질서의 비호 아래에서 순종의 요구였다(마 19:17-19; 롬 10:5). 이와는 대조적으로 히브리서에서 제사장들의 직무를 주관하는 규례들은 율법의 중심에 서 있었다(7:12; 8:4; 10:8). 그러므로 율법의 중심은 죄를 없이 하고 하나님께 나아가는 것을 가능하게 만드는 구원의 장치였다. 대속죄일의 질서(레 16장)는 율법의 중심으로 나타난다. 당연히 순종의 요구는 구원을 위한 이 장치들의 배경을 나타내는 것이었다. "천사들로 하신 말씀이 견고하게 되어 모든 범죄함과 순종치 아니함이 공변된 보응을 받았기"
때문에 속죄 희생은 필수적이었다(2:2; 참조. 10:28).

히브리서가 이와 같은 방식으로 언약의 속죄 질서를 부각시켰다면, 그것은 그렇게 함으
로써 바울의 저작들에서 침묵하고 넘어갔지만 오늘날 구약 연구와 유대 신학의 반론에 의해
강조되어 왔던 율법의 한 측면을 주목하였다. 히브리서는 구약에서 율법의 요구는 하나님의
언약의 구도 안에 있으며 그러므로 그것은 이미 옛 언약에서 속죄 및 죄 사함과 결부되어
있었고 실제로 그것들을 토대로 하고 있었다는 것을 분명히 하였다.

하지만 히브리서의 이러한 명제는 구약의 속죄 장치들은 효력이 없다는 결론과 결합되었
다. 수 세기에 걸친 이스라엘의 희생 제의에 관하여 생각할 때 죄가 황소와 염소의 피를 통
하여 제거되지 않으며(10:4; 참조. 9:9) 제사장직(7:11)과 율법은 아무것도 온전케 할 수
없다고(7:18), 즉 그것들은 그 누구를 하나님과의 교제로 이끌 수 없다고 말하는 것보다 더
급진적인 판단을 거의 생각해볼 수 없을 것이다.

이 급진적인 명제의 배후에 있는 케리그마적인 의도는 10:1의 관점으로부터 분명해진다:
"율법은 장차 오는 좋은 일의 그림자요 참 형상이 아니므로." 바울은 유대인들과 유대주의
자들에 의해 제기된 율법의 의(義)에 반대하는 반정립을 표현하였다. 히브리서는 이를 용인
하는 공동체를 주시하면서 그리스도의 희생제사를 통하여 구약의 제의의 효력이 정지되었다
는 견지에서 결코 효력 정지될 수 없는 경건의 가능성이 그 공동체에게 열렸음을 분명히 하
기를 원했다.

그러므로 우리가 이 단락에서 전체적으로 살펴보았던 기독론적 사고의 발전들로부터 이
끌어낸 권면과 관련된 이 문헌의 결론들도 못지않게 인상적이었다. 대제사장으로서의 예수
가 새 언약의 중보자요 보증자였다면, 전해지는 신앙고백에 표현된 방식으로 그에게 헌신한
사람은 이에 반하는 모든 외관에도 불구하고 이미 새 언약 안에 있는 것이며 새로운 세상의
영속적인 토대 위에 서있는 것이다. "그러므로 우리가 진동치 못할 나라를 받았은즉 은혜를
받자"(12:28). 이 영속적인 세계 위에 발을 디뎌놓은 사람에게는 어떠한 되돌이킴도 없었
다. 이 사람은 출애굽의 하나님 백성, 여정 중에 있는 백성에 속하였다(3:12-4:11); 이 사
람은 여기에는 영구한 도성이 없고 장래의 것을 바라보는 신자들의 무리에 속하였다(11:
13f.).

5. 권면

히브리서의 신학은 두 개의 초점을 가지고 있는 타원형의 렌즈와 같다. 하나는 대제사장 기독론이고, 다른 하나는 돌이킬 수 없는 배교에 대한 경고를 중심으로 한 권면이었다. 우리는 아래에서 두번째 회개의 불가능성에 관한 경고 및 그와 관련된 말씀의 관점에서 이 권면을 설명해 보고자 한다.

a) 구원론적 용어

돌이킬 수 없는 배교에 대한 경고들(3:18f. ; 6:14ff. ; 10:26ff. ; 12:16f.)을 올바르게 이해하려면 거기에서 사용된 구원론과 관련된 용어 사용을 내용상으로 정확하게 설명할 필요가 있다.

바울과 요한은 자기 나름대로의 새로운 구원론적 용어를 발전시켰는데 비해 히브리서는 공관복음서 전승과 사도행전의 선교적 설교에서 사용한 구원론적 용어를 따랐다. 예를 들면 바울은 칭의, 화해, 함께 삶을 위한 함께 죽음에 대해서 이야기했고(§35, 5; §39), 요한은 거듭남과 사망에서 생명으로 옮기는 것에 관하여 말하였다(§49, 2). 하지만 히브리서는 전통적인 표현들에 머물러서 '메타노이아'(metanoia, 회개, 6:1, 6; 12:17)와 '아페시스 하마르티온'(aphesis hamartion, 죄사함, 9:22; 10:18; 참조. 10:26).

이와 같은 구원론적 용어들은 계속적으로 로마 공동체의 초기 저작들, 즉 클레멘트1서와 헤르마스의 목자서에서 중요한 역할을 하였고 그것들로부터 서방 교회로 전해졌다. 용어 사용의 역사와 관련하여 흥미로운 순환 움직임이 여기서 일어났다. 일찍이 헤르마스 목자서에서 이 용어들의 내용은 다시 한번 예수가 멀리 하였던 회당에서의 용례에 근접하게 되었다. 회당에서 회개는 계명들에 대한 범죄에 대해 정기적으로 되풀이되는 능동적인 통회였고, 죄사함은 이러한 능동적인 회개에 의해 이루어진 죄의 면제였다. 하지만 예수는 단번의 총체적인 회개, 하나님이 인간을 향하시는 것과 대응되는, 즉 죄 사함과 대응되는 인간의 하나님에 대한 완전한 돌아섬을 요구하였다(눅 15:11-32; 참조. §12, 5). 회개와 죄사함은 예수가 어떤 사람을 제자도 안에서 불렀을 때 일어났다.

이 용어 사용에 관한 역사에 비추어 우리는 이렇게 물어야 한다: 회개의 교리에서 히브리서는 예수 편에 서 있었는가, 아니면 헤르마스의 목자서가 다시 근접하게 된 회당 편에 서 있었는가? 히브리서는 회개의 일회성과 그에 대응되는 죄 사함의 일회성을 강조하고 있는 것으로 보아 예수 편에 서 있었음에 틀림없다. 그러나 히브리서는 그것들을 예수와 같은 방식으로 이해하였는가?

b) 두번째 회개의 불가능성

1) 두번째 회개의 불가능성은 히브리서 6:4-6에 표현되어 있다: "한번 비췸을 얻고 하늘의 은사를 맛보고 성령에 참예한 바 되고 하나님의 선한 말씀과 내세의 능력을 맛보고 타락한 자들은 다시 새롭게 하여 회개케 할 수 없나니 이는 자기가 하나님의 아들을 다시 십자가에 못박아 현저히 욕을 보임이라."

이 불가능성은 도대체 어떠한 것이었는가? 회심과 배교는 여기에서 완전한 종말론적 계기들로 보인다. 회심한 사람은 옛 세상과 새 세상의 경계를 넘은 사람이었다. 이것은 6:4 이하에서 구원의 상태로 받아들임을 규정한 네 가지 표현들에 의해 분명해진다. 사람은 두 번 이 경계를 가로질러 넘을 수 없다. 배교한 사람은 누구나 단지 세계관을 포기한 것이 아니다. 그 사람은 6:6b가 표현하고 있듯이 유대인들이 자기도 모르는 사이에 예수를 십자가에 못박았던 것을 고의적으로 스스로 되풀이한 것이다.

2) 이 "불가능"이 심리학적이고 목회적인 경험의 범주들을 염두에 두고 표현된 것이 아니라는 것은 10:26 이하에서 분명해진다. 여기서 불가능하다고 한 것은 두번째 회개가 아니라 그에 상응하는 것, 즉 죄 사함이었다: "우리가 진리를 아는 지식을 받은 후 짐짓 죄를 범한즉 다시 속죄하는 제사가 없고 오직 무서운 마음으로 심판을 기다리는 것과 대적하는 자를 소멸할 맹렬한 불만 있으리라."

이 명제는 표면적으로 알고 범한 죄와 고의 없이 범한 죄에 대한 구약 및 유대의 차별화를 빌어온 것처럼 보인다. 그러나 히브리서는 뭔가 새로운 것을 말하기 위하여 구약 및 유대의 "짐짓 죄를 범함"이라는 용어를 사용하였다. 그것은 어떤 계명을 한번 중대하게 범한 것을 의미한 것이 아니라 6:6에서 말하고 있듯이 진리의 지식에 대한 부인, 즉 배교를 의미하였다. 이런 의미에서 10:29은 고의적인 범죄를 6:6b에 대응되는 무시무시한 표현들로 둘러쌌다: "하나님의 아들을 밟고 자기를 거룩하게 한 언약의 피를 부정한 것으로 여기고 은혜의 성령을 욕되게 하는 자"; 그는 성령에 대하여 죄를 범하였다. 그리스도의 희생의 종말론적 일회성, 히브리서에 의해 그토록 강조되고 있는 '에프 하팍스'(*eph' hapax*)(9:12, 28; 10:10, 12, 14)는 회개의 종말론적 일회성(6:4)을 규정하고 있기 때문에 구원 사건을 다시 한번 의지하는 것은 여기서 더 이상 불가능하였다. 바울의 시각("죄가 더한 곳에 은혜가 더욱 넘쳤나니"[롬 5:20])이 이 문제에서 빌어와 사용되지 않았다는 것은 분명하다.

3) 히브리서 12:16 이하에서 이러한 상황은 에서의 장자권의 상실을 통하여 "회개하다"라는 표어 아래에서 다시 한번 보여지고 있다: "음행하는 자와 혹 한 그릇 식물을 위하여 장자의 명분을 판 에서와 같이 망령된 자가 있을까 두려워하라 너희의 아는 바와 같이 저가

그 후에 축복을 기업으로 받으려고 눈물을 흘리며 구하되 버린 바가 되어 회개할 기회를 얻지 못하였느니라.”

여기서도 범죄는 어떤 계명을 심각하게 범한 것이 아니라 그리스도에 의해 대변된 은혜를 상실한 것이었다. 물론 이 상실은 이론적 영역에서가 아니라 이 세상과 관련된 삶을 위해 은혜를 저버리는 것과 같은 구체적인 실행을 통해서 실현되었다. “회개할 기회를 얻지 못하였느니라”라는 표현은 주관적이고 객관적 차원에서 회개의 불가능성을 규정하였다. 에서는 유다처럼 주관적으로 통회하였지만, 이 통회는 아직 회개가 아니었다. 또한 축복이 다른 사람에게 주어졌기 때문에 객관적으로 더 이상 “기회가 없었다.”

그러나 그리스도의 은혜는 야곱의 축복과 마찬가지로 시간과 양적인 면에서 다 사용될 수 있었는가? — 우리는 비판적으로 이 질문을 하여야 한다. 종말론적 선물은 시간 틀 안에서 삶의 모든 흥망 성쇠를 포괄하지 않는가?

4) 우리가 방금 해석한 구절들은 교훈 이론의 부분들로 이해되어서는 안된다. 오히려 그것들은 각각의 경우에 긍정적인 약속을 수반하는 권면의 부정적인 극단의 가능성이었다. 따라서 배교 후의 회개의 불가능성에 대한 최초의 언급(6:4-7)에 이어서 즉시 긍정적인 말씀이 나온다: “사랑하는 자들아 우리가 이같이 말하나 너희에게는 이보다 나은 것과 구원에 가까운 것을 확신하노라”(6:9). 저자는 독자들로 하여금 그들의 형제나 자기 자신을 판단하게 하기를 원지 않았다. 하나님이 용납하시는 범죄와 어떤 사람에게 그의 생명을 요구하는 그리스도의 상실 사이의 경계는 “하나님만이 결정하였다”.[31]

이 구절들은 믿음을 굳게 고수하라는 케리그마적인 부르심의 소극적인 측면이었다. 그것들은 믿음과 소망의 중요성을 점차로 상실해가고 있었던 기독교인들을 향한 권면적 경고였다. 그들은 순전히 내면 세계의 존재에 매료되어 거기에 빠질 위험성이 있었다. 눈을 크게 뜬 채 그들은 결코 돌아올 수 없는 경계선을 넘어가려 하고 있었다. 다음과 같은 경고가 그들에게 발해졌다: 믿음 가운데서 뒤로 물러나는 자는 누구나 자기 등뒤에 있는 심연(深淵)에 가까이 가고 있는 것이다. 뒤로 한 발자국만 더 물러나면 돌이킬 수 없는 걸음을 걷게 될 것이다. 은혜가 영원하다는 것을 알고 있기 때문에, 은혜를 가지고 장난하는 사람은 누구나 그 은혜를 잃을 것이다.

5) 하지만 앞의 언급을 통해 우리는 경계선에 대한 언급의 심각성을 놓쳐서는 안된다. 그러므로 우리는 이 경계, 즉 ‘아뒤나톤’(*adynaton*, “불가능한 것”, 6:4)을 표현하는 데에 신학적 근거를 탐구해보아야 한다.

---

31) A. Schlatter, *Erläuterungen* III, at Heb. 6 (pp. 306-326).

그래서 (E. Grässer)는 이 경계의 설정으로 말미암아 히브리서가 은혜와 믿음이라는 사도적 개념을 파괴하고 있다고 생각하였다.[32] 이러한 것은 새로운 실존은 더 이상 믿음의 끊임없는 결단이 아니라 습관의 견지에서 이해된 믿음의 결과로 파악되었다는 것을 함축하고 있을 것이다. 그래서는 히브리서에서 믿음이라는 용어의 변화된 사용은 그와 아울러 강조점의 이동을 가져왔다고 보았다는 점에서 옳았다. 그러나 그것으로는 문제를 해결하지 못한다. 분명히 바울에게 세례는 어떤 사람의 나머지 삶을 그 세례로부터 믿음으로 말미암아 끊임없이 타당한 방식으로 살라는 부르심으로 이해하였다(롬 6:11); 그러나 바울에게서도 세례받은 자의 죄와의 싸움은 믿음의 결단이라는 이러한 지속적인 자세를 통해서 끝이 있는 것이 아니었다.

바울도 간음을 행한 자를 출교하라고 요구한 것에서 볼 수 있듯이(고전 5장) 완전한 관계의 단절에 극단적으로 초점을 맞추는 경우를 잘 알고 있었다. 하지만 히브리서에서 이 상황은 이로써 훨씬 더 첨예하게 되었다. 그들은 시간의 연장으로 인하여 배교라는 중대한 문제에 직면해 있었다(히 10:25). 이 문제를 직시하고 히브리서는 경계선에 관하여 말하였다.

6) 따라서 지금까지 살펴본 관점을 요약하여 이렇게 말할 수 있다: 히브리서는 그리스도의 사역과 회개의 종말론적 일회성을 이해하였고 공동체의 상황의 견지에서 배교의 경향과 대치하고 있었기 때문에 경계를 엄격하게 언급하는 일이 생겨났다. 이러한 경향과 관련하여 유다가 대표하였던 경계가 고찰되어야 했다. 하지만 히브리서는 믿음을 세례를 통한 회개로부터 적절하게 살아가는 것이 아니라 그 결과, 즉 유지되거나 포기된 자세로 이해하였기 때문에 이와 같이 말하는 것은 은혜의 양적인 제한의 숨겨진 요소였다.

7) 끝으로 이제 우리는 그 실질적인 문맥의 관점으로부터 두번째 회개라는 문제에 대해 히브리서가 취한 입장을 살펴보아야 한다. 우리는 나머지 신약에 나오는 이와 비견될 수 있는 구절들을 살펴봄으로써 그렇게 할 것이다.

오직 요한일서 5:16만이 한 걸음 더 나아가고 있다: "사망에 이르는 죄가 있으니 이에 대하여 나는 구하라 하지 않노라." 여기서 저자는 하나님에 의해 설정된 경계를 상기시킬 뿐만 아니라 공동체에게 일정한 수준의 범죄에 도달한 죄인들을 위해서는 중보기도를 하지 말라고 가르쳤다. 요한일서에서 "사망에 이르는 죄"는 하나님 및 형제들의 사랑으로부터의 고의적인 결별을 의미하였다. 이 결별은 반기독교적 형태를 띨 수 있었는데, 이와 관련하여 공동체는 죄 사함의 기도를 드리지 말도록 가르침을 받았다.

이와 대조적으로 신약 전체에 걸쳐 나타나는 "하나님 나라"를 유업으로 받는 데서 제외되

---

32) *Der Glaube im Hebräerbrief*, pp. 192ff.

는 범죄에 대한 경고(예를 들면, 갈 5:21)는 히브리서의 입장에는 미치지 못한다. 그것들은 회개하라 불렀고 회개의 불가능성을 경고하지는 않았다(예를 들면, 고전 10:12). 히브리서에 비견될 수 있는 것은 다음과 같은 것들이었다: 성령을 거스르는 죄에 대한 경고(마 12:31f.), "너무 늦었다"는 말이 적용된 어리석은 처녀들의 운명에 관한 경고(마 25:10ff.), 그리고 간음을 행하는 자를 공동체로부터 출교하라는 이미 언급한 말씀(고전 5장).

따라서 히브리서는 이 극단적인 초점의 견지에서도 철저히 실질적인 신약적 맥락의 구도 안에 있었다.

c) 히브리서와 초기 가톨릭의 회개 관행

1) 초기 가톨릭의 회개 관행은 반립적인 방식으로 히브리서로부터 출발점을 삼았음에 거의 틀림없다. 우리는 주후 120년과 140년 사이에 로마에서 쓰여진 묵시적 예언인 헤르마스의 목자서에서 처음으로 회개에 관한 서방 교회의 문제 제기와 회개의 적절한 관행과의 씨름에 부딪친다. 헤르마스의 고찰들은 근본적으로 오직 하나의 회개만이 있다는 명제로부터 시작하였다.

M. 4.3.1 이하에서 헤르마스는 '해석 천사'(*angelus interpres*)에게 이렇게 물었다: "우리가 물 속에 들어가 우리의 이전 죄들의 사함을 받을 때 주어진 회개 이외에 두번째 회개는 없다고 어떤 신생으로부터 들었습니나나고 내가 말하자 그가 내게 말하기를 네가 올바로 들은 대로 과연 그러하다 죄 사함을 받은 사람은 다시 죄를 범해서는 안되고 순결하게 살아야 하기 때문이다" (= LCL, *Apostolic Fathers*, II, 83). 우리는 히브리서 기자와는 달리 이런 방식으로 세례를 통한 회개의 일회성과 죄 사함의 일회성을 바로 표현했다는 헤르마스 이전의 어떤 선생에 대하여 알지 못한다. 저자는 로마 공동체의 전승 안에 있었기 때문에 그는 헤르마스가 회개의 일회성에 관한 교리를 전해받았던 저자였을 것이다. 하지만 그것이 옳다면 히브리서만큼 서방 기독교의 기원과 초기 역사를 그토록 직접적으로 형성한 다른 신약 문헌은 없었다. 헤르마스는 히브리서에 나오는 이 명제를 공식적으로 인정하면서도 내용에서 그것과 상반되는 두번째 회개라는 메시지를 전개하였다.

2) 헤르마스는 예수의 사역과 이에 걸맞는 구원의 길과 관련하여 이렇게 가르쳤다: "그러므로 그〔예수〕가 사람들의 죄를 깨끗케 하였을 때 그는 사람들에게 삶의 길들을 보여주었고 율법을 수여하였다 … "(*Sim.* 5.6.3 = LCL, II, 167). 그러므로 그리스도의 사역과 이에 상응하는 구원의 길은 두 부분으로 나뉘어졌다. 세례를 통해 세례 이전에 범해진 죄들은 그리스도의 희생 덕분으로 사해졌다. 세례는 첫번째 회개였다(*M.* 4.3.1ff.). 최후의 심

판에서 무죄를 얻기 위해서는 세례를 통해 얻어진 순결은 그리스도의 율법의 준행을 통하여 유지되어야 했다(*Sim.* 8.3.2). 결국 용서받은 죄와 수행된 순종은 최후의 심판에서 셈해질 것이다.

그런 후에 헤르마스는 소스라치게 놀란 가운데 자기나 공동체가 세례 이후에 이 순결을 유지하지 못했다는 것을 주목하였다. 이 괴로움의 한가운데에서 두번째 회개의 가능성이 묵시적 이상(異像)을 통하여 저자에게 계시되었다: 새로운 '파루시아' 이전에 선하신 하나님은 다시 한번 모든 세례받은 자들이 자기 죄에 대하여 능동적으로 통회한다면 그들에게 무죄를 선포할 것이다. 이것은 헤르마스의 목자서의 핵심인 두번째 회개의 제공이었다(*Vis.* 2.2.4f.).

헤르마스가 기대한 임박한 종말이 이르지 않았을 때 회개와 관련한 교회의 제도는 두번째 회개에 관한 이 예언적 메시지로부터 필연적으로 출현하였다. 2세기와 3세기의 서방 교회에서 논란이 되었던 것은 오직 회개 이후에 '모든' 죄에 대해 회개가 가능한가 아닌가의 문제였다. 칼릭스투스(Callixt)는 간음한 자들에게도 회개를 허용하였지만 터툴리안은 이에 반대하였고, 키프리아누스(Cyprian)는 배교자에게도 허용하였는데 반해 노바티아누스(Novatian)는 반대하였다. 아우구스티누스(Augustine)와 수도원을 통하여 모든 기독교인들에 대한 신앙고백을 통한 보속(報贖)이 고대 교회가 실천했던 것처럼 중대한 죄들에 대한 교회적인 공적 회개로부터 발전되었다. 아우구스티누스에 이어 중세 교회는 이 신앙고백에 의한 보속을 통해 인간의 업적과 하나님의 은혜가 어떻게 서로 관련되는가를 물었다. 그러나 이러한 발전 과정 전체에서의 전제는 헤르마스에서 처음으로 등장한 구원의 길에 관한 개념이었다. 그에 따르면 이 문제는 언제나 무죄 선고와 순종의 행위를 결부시키는 심판을 염두에 둔 세례 이후에 범한 죄의 용서였다.

헤르마스는 사도적 전승을 토대로 회개는 하나님에 의해 허용된 단 한번의 구원의 가능성이라는 것을 알고 있었다. 그가 이해하지 못했던 것은 이 일회성이 종말론적 성격을 띠고 있었다는 것이었다. 세례라는 종말론적 행위는 삶 전체를 모두 포괄하였고 이와 같은 삶 전체를 통해 믿음으로 말미암아 적절하게 삶을 살아가야 했다. 헤르마스에서 세례라는 종말론적 행위는 실제로 구약의 속죄일과 같은 일시적이고 제한된 면죄(免罪)가 되었다. 이렇게 해서 죄와 죄 사함, 희생제사와 율법은 다시 한번 유대 및 구약의 의미를 띠게 되었다. 이렇게 시작된 경향을 서방 교회의 역사 전체는 따랐던 것이다.[33] 우리가 이 경향으로부터 히

---

[33] 트렌트 공의회에서 헤르마스의 목자서에 의해 발전된 관점은 기본적으로 확정되었다. Sessio XIV에 따르면 세례를 통해 인간의 조력 없이 오직 그리스도로 인하여 단 한번의 죄사함이 일어나기 때

브리서를 되돌아본다면, 히브리서는 나중에 상실된 세례에 대한 종말론적 이해를 여전히 보여주고 있음을 분명히 알게 된다. 히브리서 10:22의 중심적인 권면에 표현되어 있듯이 세례는 하나님께 나아가는 길을 열었던 그리스도의 하늘의 대제사장적 직무 아래에 세례받는 자를 놓아두었다. 이 점에서 히브리서의 권면은 로마서 6장의 세례와 관련된 권면과 전적으로 일치하였다. 이 둘의 차이는 각자가 믿음의 개념을 이해한 방식에서 찾아볼 수 있다.

d) 히브리서에서 믿음의 개념

1) 믿음의 기능. 그래서(E. Grässer)는 자신의 연구 논문인 「히브리서에서의 믿음」(*Der Glaube im Hebräerbrief*, 1965)에서 믿음은 여기서 "구원론적 범주"로 대치되었다고 결론을 내렸다.[34] 사실 히브리서에서 그리스도 사건은 아주 깊고 철저하게 다루어지긴 하지만 결코 믿음의 내용으로 등장하지는 않았다. 마찬가지로 믿음은 기독교적 실존으로 인간의 영속적인 변화로 등장하지 않았다. 그러므로 믿음을 다루는 데에 바울과 요한에서와는 달리 구원론적 관심이 그 주제가 되지 않았다. 아래에서 그 이유를 추적해 보게 되면 이 "서신"의 신학적 구조가 이번에는 다른 측면에서 다시 한번 명백해질 것이다.

바울과 관련한 이러한 차이를 "대치"로 보는 것은 적절치 않다. 회개의 개념과 관련하여 보았던 대로 히브리서는 다른 개념적 역사를 가진 전승을 그 출발점으로 삼았다. 이 점은 선교적 설교의 목표를 "죽은 행실을 회개힘과 하나님께 대한 신앙"(6:1f.)이라고 말한 것에 비추어 알 수 있나. 기독교석 실손의 출발점을 "회개와 믿음"으로 나란히 지칭한 것은 공관복음서의 개념적 언어와 사도행전의 선교적 설교들의 특징이었다. 물론 근본적으로 믿음은 공관복음서에서 구원론적 기능을 맡았다(예를 들면, 막 10:52 par. ; 눅 7:50; 17:19; 18:32; 행 16:31; 참조. §12, 4f.). 구원하는 믿음은 회개로부터의 근본적인 삶이었다. 이와는 대조적으로 히브리서에서 믿음은 회개로부터의 구원론적 삶이 아니라 그 결과로 나타난다. 그리고 이 결과는 언제나 하나님과 관련한 사람의 적절한 자세로 간주되었던 것과 조화를 이루는 것으로 보였다. 그러므로 히브리서 11장에서는 하나님의 활동, 특히 그의 약속이 아주 처음부터 믿음으로 말미암아 취해질 수 있음을 보여준다. 이것은 언급된 대부분의 구약 구절들이 믿음에 관하여 명시적으로 말하고 있지 않다 하더라도 사실이었다.

문에 세례와 관련된 회개의 반복은 존재하지 않았다. 물론 은혜가 우위를 차지하기는 하지만 세례후에 인간의 행위와 하나님의 은혜는 함께 역사하게 된다. 이와는 대조적으로 루터는 소요리문답에서 세례는 오직 은혜민을 기초로 하는 실손의 끝이 아니라 시작이라고 설명했을 때 세례의 종말론적 성격을 새로이 발견하였다.

34) Op. cit. (n. 32), pp. 215f.

위에서 말한 것에 비추어 볼 때 히브리서는 회개를 구약으로부터 주석을 통해 그 내용이 채워진 믿음의 개념과 결합하였다. 이 믿음의 개념은 살아가는 것이 아니라 회개의 결과, 즉 하나님과 그의 약속을 향한 지향을 표현하였다.

2) 믿음과 기독론. 이 지향은 그 기독론의 구조와 일치한다. 그러므로 그리스도는 내용이 아니라 "믿음의 주요 또 온전케 하시는 이"(12:2)였다.

초대 기독교에서 ― 바울에서도 ― 믿음의 최종적인 목표는 언제나 하나님이었다. "그리스도를 믿는 것"은 그리스도를 하나님의 구원의 궁극적인 계시로 이해하는 것을 뜻하였다. 하지만 히브리서에서는 바울과는 대조적으로 그리스도는 하나님의 계시가 아니라 하나님께 나아가는 길을 예비하는 자(1-6장), 하나님 앞에서 사람들을 위하여 중보기도하는 대제사장(7-10장)이었다. 그러므로 이 두 기능의 관점에서 볼 때 그리스도에 대한 관계는 "믿음"이라는 견지에서 기술될 수 없었다. "제자도 안에서 좇는다"는 전문 용어를 빌어쓰지 않았기 때문에 이 관계는 여러 가지 용어들로 표현되었다. 따라서 기독교인들은 '메토코이 크리스투'(*metochoi Christou*, "그리스도와 함께 참예한 자", 3:14)로 보였다. 그들은 "영문 밖으로 그에게 나아갔다"(13:13). 또는 그들은 그리스도에 의해 열려진 길을 따라 "하나님을 향하여" 나아갔다.[35] 따라서 히브리서의 기독론은 믿음을 곧바로 그리스도와 연결시키는 것을 금하였다. 그 기독론에서 그리스도는 신민(臣民)이었기 때문이다.

3) 믿음의 지향. 한편 공동체의 상황은 믿음이 약속과 미래를 지향하고 하나의 자세로서 안정될 필요가 있었다. 바울은 믿음을 공동체가 생겨난 토대인 그리스도 사건으로 향하게 하였다. 바울 이후의 문헌들 ― 요한복음을 제외하고 ― 은 믿음을 더욱 더 철저하게 장래에 될 것으로 향하게 하였다.

그 문헌들에서 문제는 결승점까지의 긴 길을 어떻게 견딜 수 있을 것인가 하는 것이 되었기 때문이다. 그러므로 히브리서의 권면에서 믿음은 전체적으로 소망과 결부되었다(6:11f.; 10:22f.; 10:36, 39; 11:1).

이러한 맥락의 고찰에서 11:1에 나오는 잘 알려진 말씀, 즉 믿음을 소망하는 것으로 곧바로 규정한 진술은 특히 중요하다. "믿음은 바라는 것들의 실상이요 보지 못하는 것들의 증거니." '휘포스타시스'(*hypostasis*, 실상)와 '엘렝코스'(*elenchos*, 확실성)의 번역은 상당히 논란이 되는 문제이다.

불가타 판본(Vulgate)은 '휘포스타시스'를 '실질, 정수'(*substantia*)로 번역하였는데, 루터는 상당한 고민 끝에 멜란히톤(Melanchthon)의 충고를 받아들여 "확신"으로

---

35) Schweizer, *Lordship*, pp. 88ff.

번역하기로 결정하였다. 이에 따라 그는 '엘렝코스'를 "확실성"으로 번역하였다. 개신교는 물론이고 로마 가톨릭의 최근 400년 동안의 주석자들 가운데 상당수는 믿음을 확신하는 주관적 상태라고 규정하는 정의를 따라왔다. 하지만 되리에(H. Dörrie)의 연구에 따르면 '휘포스타시스'는 다른 곳에서 결코 이러한 주관적인 의미를 갖고 있지 않았다고 한다.[36] 이 용어는 바울에게서 두 번 사용된 경우(고후 9:4; 11:17)를 제외하고는 히브리서에서만 사용되었다. 구어체 헬라어의 용법을 따르면 "아래에 놓여진 것", 토대, 버팀목을 가리켰고 철학에서는 풍부한 의미를 갖고 있었다. 철학에서 '휘포스타시스'는 현상과 대조되는 정수(精髓), 실체, 내재적인 실질이었다.

히브리서 1:3은 이 철학적 용법에 더 가까웠다. 거기서 '휘포스타시스'는 하나님의 정수 또는 실체였지만, 실제로 철학적 의미에서 정수는 아니었다.

그러므로 쾨스터(H. Koester)가 이 관점으로부터 히브리서 전체에 걸쳐 이 용어의 정확한 철학적 의미를 기정 사실화하고 히브리서 11:1의 믿음을 "바라는 것들의 실체"로 번역한 것은 단어의 의미를 망치는 짓이었다.[37]

그래서(E. Grässer)[38]가 문맥 상에서 그 일반적인 언어학적 의미를 토대로 히브리서가 믿음에 관하여 다르게 말한 방식으로 이 용어를 해명하려고 한 것은 방법론적으로 더 신빙성 있는 것처럼 보인다. 그래서에 따르면 '휘포스타시스'는 "확고하게 서는 것", "확고하게 서 있는 것"이었다. 이 의미는 믿음을 '휘포스타시스'로 이해한 두번째 구절인 3:14에 의해 시사되어 있다. 거기에서 '휘포스타시스'는 11:1에서 그것이 '휘포스톨레스'(hypostoles, 뒤로 물러가다, 10:38f.)의 반대인 것처럼 '아포스테나이'(apostenai, 떨어져 나가다, 3:12)의 반대였다. 따라서 11:1은 이렇게 번역되어야 한다: "하지만 믿음은 바라는 것들에 굳게 서는 것이요 보지 못하는 것들에 대해 확신하는 것이다." 이와는 달리 신약에 생소한 것은 실제로 헬라 사상으로부터 한 요소를 도입한 이 구절의 두번째 부분이었다. 그것은 믿음을 보이지 않는 것들에 대해 "확신하는 것"(elenchos)[39]으로 지칭하였다. 또한 이것은 여기서 본질적인 실체에 관하여 확신하는 것을 의미할 수 있다. 하지만 이 보이지 않는 실체는 어쨌든 장래의 종말론적인 것이었다.

---

36) *"Hypostasis. Wort und Bedeutungsgeschichte," Nachrichten der Akademie der Wissenschaften in Göttingen*, Phil.-hist. Klasse (1955), pp. 35-92; H. Dörrie, "Zu Hebr II, I," *ZNW* (1955), 196-202.

37) *TDNT* VIII, 587.

38) Op. cit. (n. 32), pp. 69ff.

39) Ibid., pp. 126ff.

따라서 이 구절은 이론적 정의를 표현한 것이 아니라 독자들의 어려운 사정을 정교하게 표현한 것이었다. 구원은 그들에게 보이지 않는 미래의 것이었던 반면에 그들을 괴롭히는 사회적 상황은 현재적이며 눈에 보이는 것이었다. 이 상황을 타개하기 위하여 히브리서는 믿음을 지상의 드라마에서 본질적이고 내재적인 것을 이해하고 굳게 붙잡는 기본적인 자세로 지칭하였다. 히브리서는 구약으로부터 끌어온 긴 일련의 예들을 통해 믿음을 그렇게 지칭하였다(11:2-40).

이 모든 것은 이 문헌이 그 신학에서 믿음에 부가시켰던 기능을 조건지웠다. 믿음은 하나님이 약속하신 목표를 굳게 붙잡는 것이었다. 그것은 우리에게 믿음의 정태적(靜態的)인 성격을 강조한 몇몇 개별적인 요소들을 가리키는 것이다. 그것은 거듭거듭 인내하고 확고하게 머무르며 기다리라고 말하고 있다(6:12; 10:39; 11:9f.). 몇몇 구절에서 믿음은 정적으로 보이는 통찰로 등장한다(6:4; 10:26; 11:3). 그리고 마지막으로 그것은 개인적으로가 아니라 집단적으로 지향되어 있었다. 믿는다는 것은 공동체의 신앙고백을 굳게 붙잡고 (3:1; 4:14; 10:19ff.) 새 언약 아래에서 하나님의 백성과의 교제를 포기하지 않는 것을 의미하였다.

e) 소망의 목표 — 종말론

소망을 끝(*telos*)까지, 즉 그 목표점까지 유지하라는 것이 권면의 목적이었다(3:6; 6:11; 10:23). 그러나 히브리서에서 목표는 어떠한 것으로 구성되었는가? 몇몇 구절들은 이 목표가 다름아닌 임박한 '파루시아'였다는 인상을 준다: 9:28: "이와 같이 그리스도도 … 구원에 이르게 하기 위하여 … 자기를 바라는 자들에게 두번째 나타나시리라"; 10:25: "오직 권하여 그 날이 가까움을 볼수록 더욱 그리하자"; 10:37: "잠시 잠깐 후면 오실 이가 오시리니 지체하지 아니하시리라."

그러나 임박한 기대의 예고가 이 구절들에 되풀이되고 있긴 하지만 가까운 '파루시아'는 결코 이 "서신"이 독자들에게 가리켰던 초점이 아니었다. 히브리서는 독자들의 관심을 사실상 이미 "하늘에", 즉 "위에" 있는 미래로 돌렸다. 자주 반복되어 나오는 '타 멜론타'(*ta mellonta*, 장차 올 것; 예를 들면, 9:11; 10:1)라는 표현이 의미한 것은 12:22-24에서 "하늘에" 있다고 지칭된 하늘의 예루살렘과 다른 모든 것인 장래의 도성(13:14)이었다. 이 모든 것 속에서 그리스도가 선구자와 대제사장으로서 도달하였던 하나님 안에서의 완성에 초점이 모아졌다. 6:18 이하에 따르면 소망은 "영혼의 닻 같아서 … 휘장 안에 들어가나니 그리로 앞서 가신 예수께서 멜기세덱의 반차를 좇아 영원히 대제사장이 되어 우리를 위하여 들어가셨느니라."

　이러한 강조를 통하여 소망은 때에 관한 질문과 세상 역사의 진행과 분리되었다. 그것은 어떤 특별한 방식으로 전개됨이 없이 그렇게 되었다. 보편적인 '파루시아' 종말론은 죽음의 순간에 개인의 완전케됨에 관하여 생각한 개인적 종말론의 서곡이 되었다. 믿는 자들은 더 이상 이렇게 묻지 않았다: 언제 그리고 어떻게? 그들은 이제 그리스도가 이미 들어가신 목표, 완성만을 바라보았다. 따라서 '에스카톤'(종말)과 관련된 때와 세상 역사의 문제는 이러한 집중을 통하여 극복되었다.

6. 히브리서와 누가

　모든 점에서 히브리서는 바울 및 요한과 아울러 완전히 독립적으로 복음서를 해석하였다. 그 해석은 긴 여정 중에 있는 공동체, 사회적 상황 속에서 믿음의 압박 아래서 지쳐가고 있었던 공동체를 위하여 쓰여졌다. 이러한 지향점을 가진 이 문헌은 신약의 그 어떤 저작보다도 누가의 저작과 많은 유사점을 보여주었다. 그러나 이 유사점은 그러한 지향점만이 아니라 전체적인 세부적인 내용에까지 미쳤다.

　a) 두 저자의 서로에 대한 언어적 근접성이 두드러진다.[40] 이 근접성은 그들이 모두 유려한 헬라어를 사용했다는 사실에만 기인한 것이 아니었다. 공동체의 어법의 특징적인 전문용이들은 공동적인 언어적 자료에 속하는 것이었다. 오직 이 두 기자만이 예를 들면 그리스도를 '아르케고스'(*archegos*, 히 2:10; 12:2; 행 3:15; 5:31)로 지칭하였고 공동체의 지도자들을 '헤구메노이'(*hegoumenoi*, 인도자, 히 13:17, 24; 눅 22:26; 행 15:22)로 지칭하였다. 이 둘은 예수가 "온전케 되었다"(*teleiousthai*, 히 2:10; 5:9; 7:28; 눅 13:32)고 말하였다.

　b) 두 저자에게서 비견될 수 있는 공동체의 상황이 비슷한 방향에서 이야기되고 있다. 이 상황은 야고보서나 요한 서신의 상황과는 아주 달랐다. 밀레도에서의 바울의 고별사(행 20:17-38)와 누가복음 22:15-38에 나오는 예수의 고별 강화(講話)는 우리로 하여금 많은 점에서 히브리서 13:7 이하의 결론적인 권면을 생각나게 한다: "하나님의 말씀을 너희에게 이르고 너희를 인도하던 자들을 생각하며 저희 행실의 종말을 주의하여 보고 저희 믿음을

---

40) 참조. C. P. Jonco, "The Epistle to the Hebrews and the Lucan Writings," in *Studies in the Gospels, Essays in Memory of R. H. Lightfoot* (ed. D. E. Nineham (1957)), pp. 113-143.

본받으라." 권면의 상황, 특히 믿음의 개념에서 일치는 사도행전 14:22과 대비하여 읽을 때 분명해진다: "〔바울과 바나바는〕 제자들의 마음을 굳게 하여 이 믿음에 거하라 권하고 또 우리가 하나님 나라에 들어가려면 많은 환난을 겪어야 할 것이라 하고." 누가가 이 하나님 나라에 들어가는 것을 어떻게 이해하였는가를 묻는다면 더 많은 공통점들이 드러나게 된다.

c) 누가는 히브리서보다 '파루시아'를 적게 언급하였고 임박한 '파루시아'에 대해서는 전혀 말하지 않았지만 승귀되신 분에 대해서는 더 많이 언급하였다. 이 승귀되신 분은 이미 십자가에서 옆에 있던 강도에게 다음과 같이 말씀하셨다: "오늘 네가 나와 함께 낙원에 있으리라"(눅 23:43). 여기에도 우리가 히브리서에서 그 길이 닦여진 것을 보았던 것과 같은 어느 정도의 개인적 종말론이 나타나 있음이 분명하다.

그 결론들만이 아니라 문제 제기 방식에서 이러한 공통점들은 히브리서의 신학과 누가의 신학이 함께 고찰되어야 한다는 것을 시사해준다. 이 두 신학은 바울 이후 시대에 서방 교회로부터 나온 신약 신학의 가장 중요한 문헌들이었다.

§48. 누가 — 구원사의 신학자

On the History of Research: E. Grässer, "Die Apostelgeschichte in der Forschung der Gegenwart," *ThR* NF 26 (1960), 93-167; A. J. and M. B. Mattill, *A Classified Bibliography of Literature on the Acts of the Apostles* (1966); E. Haenchen, *Acts of the Apostles* (1971), pp. 116-132; W. Gasque, *A History of the Criticism of the Acts of the Apostles* (1975). **Important Commentaries** (Gospel of Luke): E. Klostermann (1929²), HNT; W. Grundmann (1961), ThHK; E. E. Ellis (1966), New Century Bible; H. Schürmann (1969), HTK (*Acts*): O. Bauernfeind (1939), ThHK; E. Haenchen (1971), Westminster; G. Stählin (1962), NTD; H. Conzelmann (1963), HNT; cf. also §24, n. 2. **General:** G. Bouwman, *Das dritte Evangelium. Einübung in die formgeschichtliche Methode* (1968); F. Neyrinck, ed., *L'Évangile de Luc. Problèmes littéraires et théologiques. Mémorial Lucien Cerfaux* (1973). **On 1:** H. Conzelmann, *The Theology of St. Luke* (1960); W. C. Robinson, *Der Weg des Herrn. Studien zur Geschichte und Eschatologie im Lukasevangelium. Ein Gespräch mit H. Conzelmann* (1964); E. Lohse, "Lukas als Theologe der Heilsgeschichte," in Lohse, *Die Einheit des Neuen Testaments* (1973), pp. 145-164; G. Klein, "Lukas 1,1-4 als theologisches Programm," in Klein, *Rekonstruktion und Interpretation* (1969), pp. 237-261; P. Vielhauer, "Zum 'Paulinismus' der Apostelgeschichte," in Vielhauer, *Aufsätze zum Neuen Testament* (1965), pp. 9-27; H. Flender, *St. Luke: Theologian of Redemptive History* (1967; Ger. '68²); U. Wilckens, "Lukas und Paulus unter dem Aspekt dialektisch-theologisch beeinflusster Exegese," in

Wilckens, *Rechtfertigung als Freiheit. Paulusstudien* (1974), pp. 171-202. **On 2:** H. von Baer, *Der Heilige Geist in den Lukasschriften* (Beiträge zur Wissenschaft vom Alten und Neuen Testament, 3. Folge H. 3 [1926]); O. Cullmann, *Salvation in History* (1967); W. Ott, *Gebet und Heil. Die Bedeutung der Gebetsparänese in der lukanischen Theologie* (1965); T. Holtz, *Untersuchungen über die alttestamentlichen Zitate bei Lukas* (= Texte und Untersuchungen 104 [1968]); K. Löning, "Lukas—Theologe der von Gott geführten Heilsgeschichte (Lk, Apg)," in *Gestalt und Anspruch* (ed. J. Schreiner [1969]), pp. 200-228; W. G. Kümmel, " 'Das Gesetz und die Propheten gehen bis Johannes'— Lukas 16,16 im Zusammenhang der heilsgeschichtlichen Theologie der Lukasschriften," in *Verborum Veritas, Festschrift für G. Stählin* (ed. O. Böcher und K. Haacker [1970]), pp. 89-102; G. Lohfink, *Die Sammlung Israels* (1975). **On 3:** G. W. H. Lampe, "The Lucan Portrait of Christ," *NTS* 2 (1955/56), 160-175; M. Rese, *Alttestamentliche Motive in der Christologie des Lukas* (1969). **On 4:** E. Grässer, *Das Problem der Parusieverzögerung in den Synoptischen Evangelien und in der Apostelgeschichte* (1957; 1960²); G. Klein, *Die zwölf Apostel. Ursprung und Gehalt einer Idee* (1961); U. Wilckens, *Die Missionsreden der Apostelgeschichte* (1961; 1974³); J. Dupont, "Les discours des Actes des Apôtres d'après un ouvrage récent," *RB* 69 (1962), 37-60; E. Haenchen, "Tradition und Komposition in der Apostelgeschichte," in Haenchen, *Gott und Mensch* (1965), pp. 206-226; E. E. Ellis, "Die Funktion der Eschatologie im Lukasevangelium," *ZThK* 66 (1969), 387-402; Ellis, *Eschatology in Luke* (1972).

1. 서론: 저작 관련 문제들, 문학적 특성, 신학적 문제점

a) 연구의 경과[1]

1) 누가에 관한 일방적으로 과장된 판단을 통해 바우어(F. C. Baur)는 성경 연구에 대한 "순전히 역사적인" 입장에서 결정적인 이정표를 세웠다. 그는 사도행전에 나타난 교회의 출현에 관한 모습은 역사적이지 않고 신학적 경향의 산물이라고 생각하였다. 이 경향은 사도들과 초대 교회를 '거룩한 하나'(*Una Sancta*)의 통일체로 조화시키려는 의도였다. 바울 서신에서 사도행전에 반하여 성찰된 초기의 기독교의 역사적 현실은 통일체가 아니라 그 반대였다.[2] 바우어에 의해 고무를 받은 연구 학파가 19세기 말에 누가의 신학에 관하여 말하려 하였던 것은 홀츠만(H. J. Holtzmann)의 *Theology*에 기록되었다.[3] 홀츠만의 동시대인이었던 슐라터(A. Schlatter)는 이와 반대되는 저작을 썼다.[4]

---

1) W. G. Kümmel, *Introduction*, pp. 125-188에 나와 있는 학문적 연구의 경과에 대한 개관.
2) *Vorlesungen über neutestamentliche Theologie*, ed., F. F Baur (1864 [repr. 1973]), pp. 328-338.
3) *Theologie* I, 515-539.
4) *Theologie* II, 447-460.

2) 오랜 기간이 지난 후에 이러한 문제 제기 방식은 1950년 이후에 다시 한번 채택되었다. 바우어의 문제 제기 방식은 필하우어(P. Vielhauer)에 의해 확장되어서 누가는 역사의 한 단편을 구원사로서, 구원사를 역사의 한 단편으로 기술하였다고 설명하였다.[5] 예수의 사역은 누가에게서 비종말화되어 교회사로 되었다고 필하우어는 말하였다. 더욱이 누가의 기독론은 바울 이전의 것이었던 반면에 그의 자연 신학, 그의 율법 이해, 그의 종말론은 바울 이후의 것이었다. 이 모든 이유로 인해 누가 신학은 더 이상 초대 기독교가 아니라 당시 등장하고 있던 초기 가톨릭 교회에 속하였다.

필하우어의 명제들은 불트만 학파에서 지속적으로 널리 공감을 얻게 되었다. 그 명제들은 특히 그의 제자인 클라인(G. Klein)의 여러 저작들에서 사용되었다.[6] 이와 아울러 케제만은 독자적으로 동일한 방향을 지향하는 관점을 발전시켰다.[7] 그것은 교회론적 차원을 강조하였다: 누가는 시간의 중심으로서 교회의 시간을 그의 실제적인 주제로 삼았다.[8] 누가는 초대 교회의 사도직과 연계성을 토대로 이단과의 관련에서 그 정통성을 보여주었고 세상에서 거룩케 된 영역이 되었던 교회를 묘사하였다고 케제만은 생각하였다. 이렇게 함으로써 누가는 전승과 정통성에 관한 초기 가톨릭 이론의 최초의 주창자[9]이자 출현하는 초기 가톨릭주의의 최초의 대변자가 되었다.[10] 누가 연구의 새로운 단계는 「성 누가의 신학」(1960; 독일어판, 1964⁵) 이라는 책을 펴낸 콘첼만(H. Conzelmann)에 의해 도입되었다.

세심한 주석학적 검토를 통하여 그는 이러한 상투적인 최초의 시도들을 넘어섰지만 근본적으로 동일한 방향으로 계속적으로 나아갔다. 이는 다음과 같은 점들과 관련하여 볼 수 있다.

(1) 시간의 중심은 누가에서 교회의 때가 아니라 예수의 때였다. (2) 누가의 신학은 바울에게는 아직 존재하지 않았던 문제에 직면해 있었기 때문에 바울의 신학과 비교해서는 안된다: "파루시아의 지연과 세속 사회 속에서 교회의 현존".[11] (3) 누가가 이 문제를 풀어나갔던 역사적 저작의 특징을 들자면 구원사적 시기들을 구분해 놓았다는 것이다. 이 시기들은 세 시기로 나눠졌다: (a) 이스라엘의 시대(눅 16:16), (b) 본질적인 구원의 때, "시간의 중심"으로서 예수의 사역의 시기(눅 4:16ff.; 행 10:38), (c) 의심과 인내를 가지고 싸움해

---

5) Op. cit. (Lit., §48, 1), 특히 p. 115; 참조. 반대 의견으로는 L. Goppelt, *Christentum und Judentum*, pp. 227ff.
6) Op. cit. (Lit., §48).
7) *Essays on New Testament Themes*, pp. 88-94와 18ff.
8) Ibid., pp. 28f.
9) Ibid., p. 91.
10) 또한 S. Schulz, *Stunde* (1970²), p. 254.
11) *The Theology of St. Luke* (1960), p. 14.

나가는 때로서 교회의 시대.[12] (4) 이 시기 구분을 통하여 누가는 교회의 형태들은 변할 수 있지만[13] 그 근본적인 구조는 유지되어야 한다는 것을 자기 시대의 교회에 분명히 밝히고자 하였다.

따라서 콘첼만은 누가 신학의 전반적인 원칙을 시기들을 통하여 차별화된 구원사적 연속성에서 찾았다. 이 접근 방식을 통하여 누가는 확장되어 가는 역사 속의 교회에 긍정적인 실존을 가능케 해주었다.[14] 우리는 여기서 콘첼만을 능가하였던 로빈슨(W. C. Robinson)과 플렌더(H. Flender)의 저작들만을 언급하고자 한다.[15] 플렌더의 저작은 주석학적 성찰과 조직신학적 성찰을 너무도 자유롭게 혼용해 사용하긴 했지만, 그것은 콘첼만이 구원사라는 용어를 성찰 없이 사용한 점과 너무도 도식적으로 시기를 구분했다는 점을 비판하였다. 누가에게 구원사는 하나의 차원이 아니라 두 차원 — 한 차원 위에 또 한 차원 — 을 따라 진행되었다. 예수는 자신의 인간적 존재 양식을 따라 새로운 시기의 처음에 속했다 — 플렌더는 이렇게 계속 말하였다. 하지만 예수는 그의 하늘에 속한 존재 양식에 따라 "모든 인간적 시간과 하나님의 동시성을 공유하고" 있었다.[16] 그러므로 누가는 인류에 수평적 종말론에 수직적 종말론을 그었다. 개개인에게 죽음의 순간은 '파루시아'가 되었다(눅 24:43).[17]

b) 저작 상황

1) 제3복음서와 사도행전은 동일한 저사의 산물이었다. 이 두 저작의 문체와 의도는 이 점을 분명하게 보여준다. 그것들은 처음부터 두 개의 분리된 책으로 쓰여진 전체적으로 하나인 저작으로 인식되었다. 이는 다음의 예에서 볼 수 있다: 누가복음 24장에서 복음서는 복음서의 결론 부분으로 쓰여진 부활절 기사와 승천 설화로 끝이 난다. 사도행전은 1:1-11

---

12) Ibid., p. 17.

13) 따라서 예를 들면 예수의 지상의 나날들 속에서 사도들을 준비시키기 위한 지시들(눅 9:1ff.; 10: 1ff.)은 그 후에 제거되었고(22:35ff.), 사도행전 15장에 따르면 성전과 율법에 대한 예루살렘의 초기 공동체의 결합은 더 이상 이방 교회에게는 효력이 없었다.

14) 이 개념은 G. Bornkamm, "Evangelien, synoptische," *RGG* II³, 736ff.에 의해 취해졌다. 하지만 O. Cullmann, "Unzeitgemässe Bemerkungen zum 'historischen Jesus' der Bultmannschule," in *Hist. Jesus.* pp. 266-280은 순서를 따라 마침내 신약 신학 전체에 대한 자신의 이해가 대체로 콘첼만의 누가 신학에 대한 견해와 동일하다는 것을 인정하였다. 이 주제에 관한 쿨만의 강령적인 책은 *Salvation in History* (1964; Eng. 1967)이었다. 물론 그는 누가의 구원사 개념은 바울과 요한의 사고의 왜곡이었다는 것에 이의를 제기하였다.

15) Op. cit. (Lit., §48, 1).

16) Flender, op. cit. (n. 15), p. 125.

17) Ibid., pp. 13ff., 90-106, 159.

에서 두번째 책의 서론으로 구성된 부활절 기사와 승천 설화로 시작된다.

2) 누가복음 21:20, 24에서 저자가 예루살렘의 멸망을 회고하고 있는 것으로 보아 이 저작은 주후 70년 이후에 쓰여졌다. 한편 클레멘트1서와 이그나티우스(Ignatius)에 나타난 것보다 분명히 선행하는 공동체의 발전 단계가 전제되었다. 그러므로 이 저작은 주후 80년과 90년 사이에 쓰여졌다.

3) 복음서들의 반마르키온적인(anti-Marcionite) 서문에서는 그리스를 저작 장소로 들고 있는데, 이것은 고대 교회로부터 우리에게 전해진 유일한 정보였다. 어쨌든 내적인 지표들은 이 저작이 그것이 옮겨간 교회 지역, 즉 서방에서 쓰여졌다는 것을 분명히 보여준다. 이미 우리가 히브리서와의 대비 속에서 보았던 로마 공동체의 전승과 공통점들은 로마를 가리키고 있다.

4) 고대의 교회 전승 — 무라토리안 단편(Muratorian Canon)과 반마르키온적인 서문 — 은 누가를 저자라 하고 있는데, 이 사람은 골로새서 4:14과 빌레몬서 24절에서 언급된 바울의 동료를 의미하였다. 이 전승에 대한 역사적 평가는 사도행전에 나오는 바울의 삶과 메시지에 관한 묘사가 그의 서신들에 나오는 바울 자신의 말들과 어떻게 비교될 수 있는지에 관한 문제에 달려있다. 강조점의 차이 이상의 것이 존재하고 바울의 역사적 상황과 그 신학적 개념이 바울의 개인적 증거와 반대의 방식으로 설명된다면, 바울의 동료가 여기서 저자로 고려되는 것은 불가능할 것이다. 우리는 이 문제를 여기서 극명하게 추구할 수는 없지만 누가의 신학을 서술함을 통해서 이에 기여해 보려고 한다.

c) 문학적 의도

1) 누가 저작의 문학적 성격은 누가복음 1:1-4의 서문에 나타난다. 누가는 신약에서 헬레니즘적 관습에 따라 자신의 책의 서문을 썼던 유일한 인물이었다. "우리 중에 이루어진 사실에 대하여 처음부터 말씀의 목격자 되고 일꾼된 자들의 전하여 준 그대로 내력을 저술하려고 붓을 든 사람이 많은지라 그 모든 일을 근원부터 자세히 미루어 살핀 나도 데오빌로 각하에게 차례대로 써보내는 것이 좋은 줄 알았노니 이는 각하로 그 배운 바의 확실함을 알게 하려 함이로라." 이러한 고전적인 문체, 문법적으로 복잡한 문장 구조는 이 책의 저자가 자신의 믿음의 기원, 즉 예수의 공적 사역으로부터 역사적으로 거리를 두고 있었다는 것을 알고 있었음을 표현하려는 의도였다. 더욱이 이렇게 함으로써 그는 '아스팔레이아'(*asphaleia*), 믿음의 근거가 되었던 증언의 진실성 및 신빙성을 보여주기 위하여 그 간격을 메우려고 노력하였다.

그러나 그는 어떻게 이 간격을 메울 의도였는가? 클라인(G. Klein)이 결론을 내리고 있듯이[18] 누가는 역사적 확실성의 도움을 빌어 구원의 확실성에 근거를 제공하려고 하였는가? 서문의 분석을 통해 누가가 단순한 역사에 관한 신학의 문제를 자신의 과제로 생각한 것이 아니라는 것을 알 수 있다. 그는 전해진 대상 및 전승 과정의 구조를 이보다 더 분명하고 깊게 보았다.

2) 누가복음 1:2에 따르면 누가는 순전히 역사적인 전승을 탐구한 것이 아니었다. 오히려 그는 목격자들, 믿음의 눈으로 보고 복음으로 그것을 선포한 것을 이해했던 사람들이 전해준 것을 탐구하였다. 누가는 사도행전 1:21 이하에서 나름대로 정의한 사도적 전승을 탐구하였다.

3) 이렇게 찾아진 전승의 구조는 그 대상과 일치하였다: 누가의 관심을 끈 것은 "우리 중에 이루어진 사실"(*ton peplerophoremenon en hemin pragmaton*, 눅 1:1)이었다. 수동형(*peplerophoremenon*)은 분명히 신적 수동태임에 틀림없다. 그러므로 이 어구는 하나님이 "이 일들", 즉 예수의 역사(歷史)를 성취하였다는 것을 말하려는 의도였다. 여기서 마태에서와는 다른 차원이 등장하였다(§46, 4); 하나님은 에언들을 실현한 것이 아니라 성경을 토대로 이해될 수 있는 그의 구원 계획을 수행하였다(행 3:18, 21, 24). 누가가 묘사하기를 원했던 것은 하나님의 구원 계획과 합치하는 역사 내의 사건들이었다.

4) 이런 전세로 인하여 그가 자신의 목표로 삼았던 묘사는 두 가지 특징으로 규정되었는데, 이것들을 통하여 이 묘사는 이미 그 당시에 존재하고 있었던 복음서 저작들과 구별되었다(3절). 이 묘사는 전승에 대한 철저한 검토를 바탕으로 하고 있었고("그 모든 일을 근원부터 자세히 미루어 살핀") 사건들을 "차례대로"(*kathexes*) 묘사하려고 하였다. 우리가 누가를 마태 및 마가와 비교해 볼 때 실제로 누가는 상당히 길게 예수의 사역을 연속적으로 진행되는 사건으로 묘사하였다는 것을 볼 수 있다. 연속성은 역사의 본질적인 특징이었다. 그러므로 누가는 예수의 사역을 구원의 계획과 합치되는 역사, 그가 그것을 이해한 방식인 구원사로서 묘사하기를 원했다.

5) 예수에 대한 증언의 신빙성(*asphaleia*)은 어떻게 이 절차를 통해 확정될 수 있었는가? 누가에서 예수 사건과 그 전승 과정은 순전히 역사적인 것이 아니라 이중의 층으로 되어 있었다는 것은 분명해졌다. 그러므로 예수에 대한 증언의 신빙성은 역사적 사실에 대한 역사적 증거를 통해서 밝혀질 수 없었다. 확실성은 오직 역사적 사건들의 진행과 구원의 계획 간에 존재하는 일치를 보여주는 묘사, 즉 믿음의 증거인 구원사적 묘사를 통해서만 확보

---

18) *Rekonstruktion und Interpretation*, p. 260.

될 수 있었다.

따라서 서문은 교육받은 헬레니즘 세계 인물의 언어로 장식된 저자의 신학적 프로그램을 담고 있었다.

d) 언어와 문체

앞으로 진행해 나가면서 이 저작은 다른 언어로 말할 수 있었다. 분명히 그 대부분은 전승에서 빌어온 언어였을 것이다. 우리가 편집비평적 분석을 통하여 저자의 신학을 전개하기를 원한다면 이 저자로 하여금 뭔가 말하도록 촉발시켰던 언어학적 판별 기준에 주의를 돌려야 한다. 이 점에서 두 가지 고찰 사항이 중요한데, 이 둘은 서로 긴장 관계에 있다.

1) 공관복음서를 비교해 보면 누가는 마가로부터 자료를 빌어와 사용할 때 셈어의 문체상의 특질들을 제거하였음을 알 수 있다. 그의 복음서에 나타나는 자기 나름대로의 문체들을 보여주는 지표들은 우리가 예상할 수 있듯이 그가 전해받은 여러 전승들을 점진적인 묘사로 통합하는 곳인 단화들의 도입부와 결론 부분에 풍부히 등장한다. 누가의 문체의 이러한 특질들은 특히 탄생 설화(눅 1-2장)와 부활절 장(눅 24장)에 집중되어 있다. 사도행전에서 이 특질들은 주로 초대 공동체의 삶에 관한 요약 기사들과 연설들 속에서 찾아볼 수 있다.

2) 한편 이 전형적으로 누가적인 문체는 서문의 고전적인 문체와는 상당한 차이를 보여준다(눅 1:1-4). 그 전형적인 문체는 칠십인역의 영향을 강하게 받았다. 누가가 의도적으로 헬라어 성경의 언어를 문체의 척도로 채택하였음이 분명하다. 그는 예고된 구원의 계획과 합치하는 역사의 성취를 성경에 나오는 문체와 그 예고의 언어를 통해서도 묘사하기를 원했다. 누가에서 그 성경은 칠십인역이었다! 따라서 문체의 특징들은 우리를 실질적인 내용상의 의도로 인도해준다.[19]

2. 누가의 구원사 개념

a) 역사의 차원

1) 예수가 살았고 사역을 행하였으며 교회가 생겨났던 세계를 누가는 바울과 마태와는 근본적으로 다른 방식으로 보았다는 것은 우리가 사도행전에 나온 기독교 선교의 과정과 로마서 15장의 그것을 비교해서 볼 때 분명해진다.

---

19) 참조. W. Grundmann, *Das Lukasevangelium*, pp. 23f.

바울은 로마서 15:19, 23에서 역사와 세계에 대한 묵시론적 관점을 전개하였다. 복음은 동쪽 반구에서 선포되었다: "내가 예루살렘으로부터 두루 행하여 일루리곤까지 그리스도의 복음을 편만하게 전하였노라"(15:19). 이제 이와 동일한 일이 세계의 서쪽 반구에서 일어나려고 하고 있었다(15:23); 그런 후에 세상은 끝이 올 것이었다. 예루살렘은 모든 것이 거기로부터 퍼져나온 바 중심이었다. 세계와 역사는 우주비행사의 관점으로부터 보아졌다.

이와 비교하면 누가의 사도행전은 여행일지에 비유될 수 있다. 여기서 바울의 선교는 아직 끝나지 않은 긴 역사적 과정의 시작이었다. 누가는 역사의 차원을 오늘날 서구인들이 보는 것과 같이 이해하였다.

2) 우리가 또다른 예를 통하여 누가와 마태에 나타난 예수의 탄생의 역사적 구도를 비교해 볼 때 이 누가의 선택은 더욱 분명해진다. 누가는 예수의 탄생과 세례 요한의 등장을 세계 역사의 구도 안에 놓았다(눅 2:1f.); '팍스 로마나'(*Pax Romana*)를 건설하였고 제국의 수호신으로 생각되었던 가이사 아우구스도(Caesar Augustus)의 칙령으로 말미암아 예수는 다윗의 성읍인 베들레헴에서 태어나게 되었다(눅 2:4, 11). 그런 후에 천사는 아우구스도와 다른 방식으로 결부되는 용어를 통하여 탄생을 선포하였다: "보라 내가 온 백성에게 미칠 큰 기쁨의 좋은 소식(*euangelizomai*)을 너희에게 전하노라"(눅 2:10). 천사의 말은 '유앙겔리제스다이'(*euangelizesthai*), 즉 "백성들" — 우선 이스라엘을 염두에 두고 있나 — 을 위한 좋은 소식의 선포, 아니 이를 넘어 온 인류, 특히 가난한 자를 위한 좋은 소식의 선포를 의미하였다.

하지만 '유앙겔리아'(*euangelia*)는 제국의 이데올로기에 따라 발해진 제국의 칙령이었다. 이와 동일한 이유로 여기서 예수에게 이 말이 비슷하게 적용되었다: 태어난 분은 '소테르'(*soter*, 구주, 눅 2:11), 이 땅에 '에이레네'(*eirene*, 평화, 눅 2:14)를 가져올 분이었다. 아우구스투스와 관련하여 이러한 말을 하는 것은 관례였다(§36, 3). 따라서 누가는 탄생을 당시 역사의 구도 속에 놓았다.

이에 비하면 마태의 탄생 설화의 역사적 구도는 완전히 다른 방향을 향해 있었다. 세 명의 동방 박사가 이방인들의 대표자로서 동방으로 왔고(마 2:1-12) 당시 왕인 헤롯(마 2:3-8)은 옛 이스라엘처럼 애굽으로부터 구원받을(마 2:15) "유대인의 왕으로 나신 이"(마 2:2)에 대항하는 이스라엘의 대표자로 나온다. 마태는 여기서 유대 랍비의 세계관으로부터 이야기하였고, 누가는 헬레니즘 사람의 세계관으로부터 이야기하였다.

3) 그러나 누가의 세계관은 단순히 운명, 귀신론, 이데올로기에 의해 쫓겼던 헬레니즘 사람의 세계관은 아니었다. 오히려 그의 견해는 구약에 의해 영향을 많이 받았다. 이점은 예

를 들면 누가가 구약의 선지자들에 관한 기사들의 문체를 사용하여 세례 요한의 등장을 세계 역사 속에 삽입하는 장면에서 볼 수 있다: "디베료 가이사가 위에 있은 지 열다섯 해 곧 본디오 빌라도가 유대의 총독으로 헤롯이 갈릴리의 분봉왕으로 … 안나스와 가야바가 대제사장으로 있을 때에 하나님의 말씀이 빈 들에서 사가랴의 아들 요한에게 임한지라"(눅 3: 1f.). 이것은 정확히 구약의 예언서들이 선지자의 출현을 역사 속에 삽입할 때의 문체였다 (참조. 예를 들면, 렘 1:2f.; 25:1; 32:1; 겔 1:1-3; 암 1:1).

4) 예수의 역사는 단순히 이렇게 보이는 역사 속에서 누가에 의해 쓰여진 것이 아니었다. 오히려 예수의 역사는 이 역사로부터 출현하였다. "모든 사람"이 고향으로 돌아가서 호적을 해야 했기 때문에 예수의 탄생이 베들레헴에서 일어난 것과 마찬가지로(눅 2:1ff.) "백성이 다 세례를" 받았기 때문에 예수는 요한으로부터 세례를 받고 자신의 사역을 시작하게 되었다(눅 3:21).

b) 하나님의 활동 계획으로서 구원의 계획

1) 구원의 계획에 관한 누가의 개념은 복음서의 결론 부분에서 아주 인상적으로 발견된다. 누가에 의해 형성된 부활절 기사(눅 24장)의 기본적인 특징은 부활하신 분이 부활절 현현을 통하여 제자들에게 자신의 최후의 운명과 그 후의 제자들의 삶의 역정(歷程), 교회의 출현이 성경으로부터 도출될 수 있는 구원의 계획에 규정되어 있다는 이해를 제공하였다는 것이었다.

구원의 계획에 대한 이러한 언급은 세 차례 되풀이되었다: 6절 이하; 24-27절; 44-49절. 마지막(45-49절)에서 이렇게 말하고 있다: "이에 저희 마음을 열어 성경을 깨닫게 하시고 또 이르시되 이같이 그리스도가 고난을 받고 제삼일에 죽은 자 가운데서 살아날 것과 또 그의 이름으로 죄사함을 얻게 하는 회개가 예루살렘으로부터 시작하여 모든 족속에게 전파될 것이 기록되었으니 너희는 이 모든 일의 증인이라 볼지어다 내가 내 아버지의 약속하신 것을 너희에게 보내리니 너희는 위로부터 능력을 입히울 때까지 이 성에 유하라 하시니라." 이 말씀은 마태에서는 소위 위대한 위탁이 위치한 곳에 나온다(마 28:18-20; §46, 6b). 누가에서는 마태와는 대조적으로 여기서 오직 마지막 말씀만이 제자들에 대한 명령으로 되어 있다. 그 외의 것은 명령이 아니라 예고였다. 부활하신 분의 위탁을 통한 파송은 이미 고린도전서 15:7 이하의 오래된 전승에서 전제되어 있었다. 누가는 파송을 공관복음서 전승의 다가오는 고난의 예고들을 빌어와서 확장한 예고로 변화시켰다(막 8:31 par.; 9:31 par.; 10:33f. par.).

그리스도가 고난을 당하고 죽어서 부활할 것이라는 단정은 확장되어서 다음과 같이 되었다: 따라서 "그의 이름으로 죄 사함을 얻게 하는 회개가 예루살렘으로부터 시작하여 모든 족속에게 전파"되어야 한다. 이 "데이"(*dei*, 44절)는 누가에 의해 — 이미 그에 앞서 공관복음서 전승에서와 마찬가지로(막 8:31) — 헬라적 의미에서 돌이킬 수 없는 운명에 의해 결정되는 발전이나 묵시론적 의미에서 종말 때를 위한 하나님의 역사에 대한 계획이 아니라(참조. §18, 6) 성경에 드러나 있는 구원을 위한 하나님의 의도로 이해되었다. 그러나 누가에서 이러한 구원의 의도는 확대되어 역사와 결부되었다. 누가에서 그것은 역사 속에 드러나는 구원의 계획으로 되었다.

물론 이러한 구원 계획은 제자들이 수행하도록 규정된 프로그램은 아니었다. 그것은 누가복음 24:45-49에서 명령법 사용의 감소를 통해서도 외적으로 입증되고 있듯이 하나님 자신에 의해 수행될 것이었다. 제자들은 오직 하나님의 도구로서 참여하였다(참조. 행 9:15). 제자들에게 주어진 명령은 순전히 다음 단계에 국한되어 있었다. 제자들은 예루살렘에 머물러서 "위로부터의 능력", 즉 성령을 기다리기만 하면 되었다. 그 후에 모든 일은 적절한 시기에 하나님에 의해 활성화될 것이었다.

2) 사도행전의 도입부(1:6-8)는 복음서의 이러한 결론 부분과 합치하였다. "주께서 이스라엘 나를 회복하심이 이때니이까"라고 제자들이 질문하자 예수는 "때와 기한은 아버지께서 자기의 권한에 두셨으니 너희의 알 바 아니요 오직 성령이 너희에게 임하시면 너희가 권능을 받고 예루살렘과 온 유대와 사마리아와 땅 끝까지 이르러 내 증인이 되리라"고 대답하였다. 여기서 긍정적인 약속과 아울러 부정하고 있는 내용을 주목할 필요가 있다. 누가는 역사 내에서 메시야의 통치의 수립을 기다리는 것과 아울러 시기 구분을 통하여 묵시론적으로 계산하는 것을 금하였다. 이것은 교회에서 그가 임박한 '파루시아'에 눈을 고정하는 것을 금하였다는 것을 의미한다. 제자들은 전혀 다른 방향을 집중하고 주목하여야 한다. 그들은 어디에서 어떻게 성령이 그들을 증인들로 세울 것인가를 주목하여야 한다. 성령의 지시와 권능을 통하여 구체적인 계획이 실현될 것이었다. 증거는 예루살렘, 유대와 사마리아, 땅끝까지 들려져야 한다(행 1:8).

바로 이러한 계획을 따라 기독교 선교의 과정이 묘사되었다. 이 선교는 사도들과 공동체가 아니라 자기에게 저항하는 자들조차도 자신의 도구로 쓰시는 하나님에 의해 계획되었다. 이 점은 무할례자의 첫번째 세례를 둘러싼 상황들의 묘사에서 아주 효과적으로 볼 수 있다(행 10:1-11:18). 저항감을 갖고 있었던 베드로는 이상(異像)들을 통하여 고넬료의 집으로 인도되어(행 10:1-33) 성령의 주도로 그에게 세례를 주도록 촉발되었다(행 10:44-48). ·이러한 조치에 대하여 격분한 예루살렘 공동체 앞에서 베드로는 사도행전 전체에서 특징적인 말씀으로 자신의 행위를 변명하였다: "그런즉 하나님이 우리가 주 예수 그리스도를 믿을 때에 주신 것과 같은 선물을 저희에게도 주셨으니 내가 누구관대 하나님을 능히 막겠느냐"(행 11:17).

마찬가지로 바울은 마침내 사도행전 1:8의 예고의 목표인 "땅끝", 즉 로마에 이르렀다. 바울은 자기가 계획하고 원해서가 아니라(행 19:21; 롬 15:25) 죄수로서 그리로 호송됨을 통해 로마에 이르게 되었다. 따라서 사도행전의 마지막 말씀이 표현하고 있는 것이 일어났다: " … 하나님 나라를 전파하며" — 바로 로마에서 — " … 담대히 … 금하는 사람이 없었더라."

그러므로 누가에 의하면 성경에 나타난 구원의 계획은 제자들의 행위를 통하여 실현되었다. 그것은 제자들에 의해 프로그램으로 계획되거나 수행된 것이 아니라 그리스도와 하나님의 성령을 통하여 "위로부터" 실현되었다. 제자들은 언제나 그들에게 열리고 보인 곳으로 한 걸음만 걸어가기만 하면 되었다. 누가의 묘사에 따라 실제로 제자들의 행위는 점진적인 활동 배경 — 우리가 역사라 부르는 것 — 을 만들어내었다면, 그것은 위로부터 제공된 것이었다. 그러므로 누가는 특별한 방식으로 한계가 규정된 역사의 단편을 구원사라 말하지 않았다. 오히려 누가는 구원의 계획으로부터 보이는 이질적인 인간의 행위를 연속성이 있는 것으로 인식하였고 이런 의미에서 구원사로 인식하였다.

c) 구원사의 연속성

1) 그러나 이제 기독교의 출현과 관련하여 사도행전에서 누가에 의해 지적된 이 연속성을 좀더 자세하게 검토해 보기로 하자.

이 연속성이 역사적 발전의 연속성이 아니었다는 것은 분명해진다. 이는 다른 것들보다도 누가가 사도행전 8-11장에서 이스라엘 가운데 있는 예루살렘 공동체와 율법에서 자유로운 안디옥의 이방 기독교 간의 가교(架橋)를 묘사하는 방식을 통해 볼 수 있다. 8:4은 출발점을 말하고 있다. 스데반의 핍박을 통하여 — 다시 한번 제자들의 계획을 통해서가 아니라 — 선교 활동 중인 제자들은 이 땅 전역에서 물러나는 일이 생겨났다. 사도행전 11:19은 이 사건의 예비적인 결론을 보여준다. 도피하여야 했던 사람들 가운데 일부를 통하여 최초의 이방 기독교적 믿음의 공동체가 안디옥에 생겨났다. 하지만 8:4과 11:19 사이에서 이러한 결과를 낳은 사건들이 역사적으로는 어떤 식으로든 서로 관련성이 없음에도 불구하고 실질적인 내용상의 관점으로부터 점진적인 방식으로 언급되고 있다. 이것은 유대의 제의 공동체에 속하지 않았던 사마리아인들의 회심(행 8:4-25), 하나님을 공경하는 자였지만 내시로서 할례를 받을 수 없었던 에디오피아의 국고를 맡은 대신의 세례(행 8:26-40), 마지막으로 베드로를 통한 무할례자의 최초의 세례(행 10:1-11:18)의 역할이었다. 이러한 사건들을 통하여 할례에 의해 그어진 경계선은 점차로 무너졌고 예루살렘 공동체는 할례는 받지 않았지만 세례를 받은 지체들과 교회적인 교제를 갖게 되기에 이르렀다. 그러므로 이에 따라 누가는 연속적인 발전을 묘사하였는데, 이 연속성은 역사적으로 관련된 발전이 아니라 구원의 계획의 실질적인 내용상의 실현이었다.

이러한 시각으로부터 사도행전의 신학적 의도는 분명해진다.

1:8에 제시된, 예루살렘으로부터 땅끝까지에 걸친 제자들의 증언을 기록하겠다는 문학적인 프로그램은 다양한 선교의 길들을 묘사하는 형태로 수행되지 않았다. 그 대신에 누가는 예루살렘의 사도들로부터 바울을 거쳐 로마에 이르는 오직 하나의 길만을 뽑아내었다. 그러나 "땅끝"(1:8)은 로마에서 도달되었는가? 이 책의 마지막 문장인 사도행전 28:31에 따르면 선교는 계속되었다. 하지만 복음을 품고 있었던 인물인 바울은 13:47에서 그에게 설정된 목표를 달성하였다. 바울은 "땅끝까지 … 이방의 빛"이 되었다. 결국 바울이 예루살렘으로부터 로마로 여행한 길을 따라 모든 족속으로 이루어진 교회, 오순절 기사에 의해 강령적으로 이미 묘사되었던 교회는 근본적으로 모습을 갖추게 되었다(행 2:11).

그러므로 사노행전은 기녹교 선교의 전체 과정이 아니라 교회가 모습을 갖추게 되는 투대인 구원사적 기준선을 묘사하려고 하였다. 이 묘사의 배후에 있는 의도는 이 기준선의 연장 안에 있는 것만이 교회라는 이름으로 불릴 가치가 있다는 것을 분명히 하는 것이었다. 이에 따라 계속적으로 교회에 유효한 규준은 오직 이 기준선의 연장 속에서만 찾을 수 있었다. 이 기준은 결코 모든 시대를 규율하는 초기의 상황이 아니었다. 그것은 사도행전 1-6장에 대한 많은 그릇된 해석에 비하여 결정적으로 중요한 이해이다. 초대 공동체라는 형태는 누가에서 공동체를 세우는 데에 모든 시대에 통하는 규준이 아니었다.

누가의 이 기준선은 "연속성 안에서의 진보"라는 말로 지칭하는 것이 가장 적절할 것같다. 사도행전에서 가장 중요한 "진보"는 사도 공교(公敎)였다(15:28f.). 이 공교를 통하여 율법과 관련한 이방 기독교의 자유는 단번에 결정되었다. 바울 서신에 따르면 긴 토론과 위험스러운 잘못들에 대한 싸움 속에서 마지막으로 얻어진 것은 의심할 여지 없이 너무 단순화되고 도식적인 누가의 묘사에 따르면 사도 공교를 통해서 해결되었다. 그것은 위에서 규정한 대로 예루살렘으로부터 안디옥으로의 구원사적 발전이라는 결론을 형성하였다.[20]

2) 자신의 복음서에서도 누가는 자기가 묘사한 것에서 연속성을 보여주는 것에 관심을

가지고 있었음이 분명하다. 마태가 이 전승을 주제별로 배열한 반면에 누가는 예수의 사역의 연관된 진전이라는 인상을 전달하기 위하여 단화(單話)들을 구도 속에 넣는 작업을 하였다. 그는 갈릴리로부터 예루살렘에서의 수난까지 예수의 삶의 연속적인 과정이 있었다는 인상을 주었다(눅 23:5).

이 과정은 점진적인 단계 또는 국면을 거쳐 진행되었다. 첫번째 국면은 갈릴리에서의 순회 설교였다. 4:14 이하에서 누가는 갈릴리에서 예수의 공적 사역의 시작에 관한 요약문(막 1:14)을 예수가 갈릴리의 회당을 돌아다니면서 가르치고 있었다는 구절로 재형성하였다. 예수가 나사렛의 회당에서 강령적인 설교를 통해 공공연하게 등장함으로써 첫번째 국면은 시작되었다(눅 4:16-30). 다음에 나오는 갈릴리에서 예수의 활동에 관한 기사(눅 4:31-9:50)는 원래 느슨하게 연결되어 있었던 마가 전승에 나오는 단화들을 결합하고 있다. 누가는 노련한 사이사이에 끼워넣는 편집 문장들(예를 들면, 4:38, 40, 42)을 통하여 그 단화들을 연속적으로 진행되어 나가는 사건들의 발전으로 결합하였다.

누가복음 9:51에서는 갈릴리의 이러한 예수의 삶의 과정을 다음과 같은 말씀으로 끝을 맺는다: "예수께서 승천하실 기약이 차 가매 예루살렘을 향하여 올라가기로 굳게 결심하시고." 이 논평은 두번째 국면, 소위 9:51에서 19:27에 걸친 누가의 여행 설화로 이어지는 가교를 제공해준다.

갈릴리로부터 예루살렘으로의 여행이라는 통괄 개념은 여기에 모아놓은 Q와 누가 특수 자료로부터 나온 원래의 단화들에는 존재하지 않았다. 그것은 편집자의 논평들(13:22, 33; 17:11; 18:31, 35)을 통하여 도입되었다. 채택된 단화들은 예수를 계속해서 움직이고 있는 분 또는 객(客)으로 반복해서 보여줌을 통해서 예수가 여행 중이라는 인상을 강화시키고 있다(9:56f.; 10:1, 38; 11:37; 14:1; 15:1f.; 19:5, 11). 여행 설화는 갈릴리로부터 예루살렘에 이르는 예수의 활동에 연속성을 부여한다는 저작 목적을 추구하고 있다. 그것은 특히 예수를 고난의 과정을 통하여 자신의 '아날렘프시스'(*analempsis*), 즉 그가 승천할 것을 향하여 나아가는 분으로 보여주기를 원하였다(9:51).

마지막 국면인 예루살렘에 머물렀던 시기(19:28-24:53)에서 누가에게 예수가 자신의 예루살렘 입성에서 왕으로 환호를 받았다는 것이 무엇보다도 중요하였다. 하지만 예수는 백

---

20) H. Conzelmann, *St. Luke* (참조. n. 10), p. 224에 따르면 누가는 사도행전 15장에 의해 서로 분리되는 두 개의 구원사적 차원을 사도행전에서 묘사하기를 원하였다고 한다. 그러나 구원사의 끊임없는 전진에 관하여 말하는 것이 누가의 의도와 더 잘 일치하는 것 같다. 사도행전 15장은 안디옥에서의 이방 선교로 시작된 발전에서 예비적인 시점이었을 것이다. 더욱이 그 이후로 계속되는 전진이 일어났다.

성들이 아니라 ― 마태에서처럼(21:9) ― 자신의 제자들에 의해 환호를 받았다. 그날부터 "예수께서 날마다 성전에서 가르치시니"(19:47) 예수의 지상적 삶의 목표, 교회의 출현을 위한 출발점이기도 하였던 목표는 이렇게 하여 달성되었다(행 2:46; 3:1; 5:42).

3) 그러나 또 하나의 구원사적 시기는 이미 예수의 때에 선행하였다. 소위 침입 말씀에 대한 누가 본문은 이 시기를 가리키고 있다: "율법과 선지자는 요한의 때까지요 그 후부터는 하나님 나라의 복음이 전파되어 사람마다 그리로 침입하느니라"(눅 16:16 par. 마 11:12f.). 이에 따라 누가는 예수의 공적 사역을 강령적인 선포로 시작하도록 하였다: "이 글[사 61:1f.]이 오늘날 너희 귀에 응하였느니라"(눅 4:21); 그것은 성령이 지금 예수에게 임하고 구원의 날이 동터왔다는 점에서 성취되었다(눅 4:17f.). 이에 따라 이미 어린 시절에 성전에서 예수는 나이 든 시므온의 인사를 받았다. "저가 주의 그리스도를 보기 전에 죽지 아니하리라 하는 성령의 지시를 받았더니"(눅 2:26). 바로 이 시므온 단화는 예수의 출현이 이전의 구원사와 직접적으로 결부되어 있다는 것을 분명히 해준다. 더욱이 그것은 그 역사가 이와 같은 연속성 속에서 예수의 출현으로 이어졌던 바 참 이스라엘의 결정적인 특징은 예언의 영이었다는 것을 보여준다. 이 후자의 측면은 누가복음 2:26 이외에도 스데반의 연설(행 7장)에 의해서도 강조되었다. 그 설교는 기독교 선교에 대한 유대인들의 저항을 선지자들에 대한 조상들의 저항과 비교하면서 다음과 같이 결론을 맺었다: "너희가 항상 성령을 거스려 너희 조상과 같이 너희도 하는구니"(행 7:51).

d) 구원사의 시기들

따라서 우리는 누가에서 계속적으로 이어지는 구원사의 세 시기를 식별해낼 수 있다. 그 시기들은 하나님의 구원의 계획에 따른 점진적인 연속성을 가진 세 시기였다. 이 연속성의 주요한 특징은 각각의 시기에서 성령의 서로 다른 사역이었다.

세례 요한까지 지속되었던 선지자들을 통한 성령의 역사 ― 랍비들의 견해에 의하면 이미 에스라에서 소멸되었다[21] ― 에 이어서 성령의 모든 역사가 예수에게 집중되는 시기가 왔고, 그 후에 공동체에 오순절 성령의 전반적인 역사가 왔다.[22]

누가는 연속적으로 이어지는 세 시기를 구별되는 자국을 통하여 경계를 구분함으로써 그 진보가 분명해지도록 하였다. 구원사적 계승을 분명히 하기 위하여 ― 역사적 연속성과는 반대되게 ― 세례 요한의 투옥은 예수의 수세 이전에 보도되었다(눅 3:21f.); 이 투옥은

---

21) 참소. R. Meyer, *TDNT* VI, 816f.
22) 이 심상은 본질적으로 1926년에 H. von Baer의 박사 논문에서 이미 잘 설명되었다(Lit., §48).

요한의 사역을 마감하는 것이었다(눅 3:18-20). 바울과 요한의 묘사와는 대조적으로 부활하신 분의 부활절 현현들도 승천을 통해 사십일 이후에 끝이 났고(행 1:3) 십일 간의 간격 후에 오순절 성령의 역사가 시작되었다(행 2:1-13). 각각의 시기마다 성령의 어떠한 사역이 서로 다르게 부가되었는가? 이스라엘에서는 성령에 의해 직접 사로잡힌 사람들은 언제나 오직 개개인들, 선지자들이었다. 하지만 오순절에 성령의 일반적인 부여(욜 3:1-5)가 성취되었다: "내 영으로 모든 육체에게 부어 주리니"(행 2:17). 하지만 예수에 대한 성령의 부여는 이전과 이후의 성령의 부여와 관련된 이러한 형태들과 구별되었다.

마태와 마가가 예수와 성령에 관하여 거의 말하고 있지 않는 데 비하여 누가의 예수는 이미 그의 지상 사역 동안에 성령의 주로서 등장하였다. 누가복음 1:35에 따르면 예수는 성령으로 잉태되었다. 그 뿌리의 견지에서 보면 예수의 역사적 실존은 성령으로부터 비롯되었다. 수세 이후로 예수는 "성령으로 충만"하였다(눅 4:1); 예수는 끊임없이 성령으로 충만하였는데 반해 사도들과 마찬가지로 선지자들에 대해서는 성령에 의해 붙잡혔다고 말할 수 있을 따름이었다(눅 1:67; 참조. 1:15, 41; 행 2:4; 4:8, 31; 9:17; 13:9). 예수는 "성령의 권능으로"(눅 4:14) 갈릴리에서 사역을 시작하였고 자신의 취임 설교에서 이사야 61:1을 인용하였다: "주의 성령이 내게 임하셨으니 … 내게 기름을 부으시고"(눅 4:18). 따라서 예수는 성령의 주체였다.[23] 자신의 독점적인 성령 소유를 통하여 예수는 사단을 정복하였고(눅 4:13), 사단은 수난이 시작되는 순간에 다시 돌아올 때까지 그로부터 떠났다(22:3).

예수는 성령의 주였기 때문에 그의 부활 후에 예수는 공동체에게 성령을 수여하는 자가 되는 것이 적절하였다(눅 24:49; 행 2:33). 이것은 이미 예수의 지상 사역에서 예견되었다. 예수의 치유와 관련하여 하나님이 아니라(마 12:28에서처럼) 하나님의 손에서(눅 11:20) 그 출처가 찾아졌고, 또 예수는 기도하는 자들에게 좋은 것(마 7:11에서처럼)이 아니라 성령(눅 11:13)을 약속하였다. 이것은 예수의 때가 단순히 교회의 시대에 의해 대치된 것이 아니라 교회 속에서의 승귀되신 분의 구원 사역을 통해 지속된다는 것을 가리키는 것이었다.

e) 간격의 문제

누가는 레싱(Lessing) 이래로 "더럽고 넓은 시궁창"[24]으로 불려왔던 것을 이해한 최초

---

23) E. Schweizer, *TDNT* Ⅵ, 405.

24) "On the Proof of the Spirit and of Power", *Lessing's Theological Writings* (ed. H. Chadwick〔1957〕), p. 55에서는 "자주 그리고 진지하게 내가 뛰어넘으려고 노력해 왔지만 내가 건널 수 없는 더럽고 넓은 도랑"이라고 하고 있다.

의 인물이었다. 물론 부활절 이후에 제자들은 아주 일찍부터 예수 시대의 상황과 교회의 상황을 구별하는 법을 배웠다(§24, 2). 하지만 누가는 이 차이를 역사적 간격으로 이해하였다. 누가에서 기본적인 질문은 이러했다: 예수의 완료된 지상 사역은 역사적으로 그로부터 떨어져서 성령 안에서 살고 있는 공동체에게 무엇을 의미하였는가?

복음의 내용과 교회의 출현과의 연관은 누가에서 제자들에 의해 행해진 증언의 역할의 예고에 의해 생겨났다. 마태복음 28:20에 따르면 제자들은 예수의 말씀들을 선생들로서 전하도록 되어 있었고, 누가복음 24:48 이하에 따르면 제자들은 예수의 삶을 성경으로부터 도출된 구원의 계획의 실현으로서 알아들을 수 있도록 증거하도록 되어 있었다. 이 증언은 성령의 증언이 그것과 함께 결합될 때 강력한 효과를 가질 것이었다(행 5:32).

이렇게 예수의 삶을 증거하는 것은 케리그마적으로 다른 방식들로 수행되었다. 어떤 경우에는 예수의 삶을 토대로 한 선교적 설교들을 통하여 예루살렘 사람들은 회개로, 이방인들은 믿음으로 초청되었다(행 5:30-32; 10:34-43). 하지만 다른 경우에는 공동체의 상황을 통해 예수의 삶을 언급하였다. 후자는 누가에 의해 모아진 예수의 고별 강화에서 일어났다(눅 22:21-38). 그것은 제자들에게 처음 부분에서는 배신(눅 22:21ff.)을, 마지막 부분에서는 부인(22:34)을 경고하였다. 이 둘 사이에서 그는 제자들에게 섬기며(26절 이하) 의심과의 싸움 속에서 견디라고(32절) 하였다. 이 강화의 취지는 다음과 같이 요약될 수 있다: 제자들은 예수의 길을 걸어야 했다. 이 과정에서 예수는 그들을 위한 모범이 아니었고, 예수의 삶의 역정은 제자들이 따라야 할 흔적을 남겼다. 모든 것은 그들이 이 흔적에 머무르는 것에 달려 있었다.

누가가 때때로 헬레니즘의 역사 서술에서 흔히 사용되는 '쉰크리시스'(*synkrisis*), 즉 대비 — 역사적 유비라고 말할 수도 있다 — 의 원칙을 사용하였을 때 그것은 예수의 삶에 대한 이러한 강조와 일치하였다. 누가는 제자들의 삶의 역정을 예수의 삶의 역정에 비추어 해명하기 위하여 이 원칙을 사용하였다. 그러므로 스데반의 순교는 예수의 수난과의 유비(행 6:10-15; 7:54-60) 속에서, 바울의 심문은 예수의 심문과의 유비 속에서(행 22:30-23:9; 24:1-27) 묘사되었다. 사도들과 선교자들은 그들의 주와 마찬가지로 돌아다니는 자들로 등장한다. 그들을 통하여 하나님은 사람들을 방문하였다. 그리고 주와 그의 사도들, 선교자들의 방문은 구원과의 만남을 위한 "오늘"을 의미하였다(눅 4:21; 5:26; 19:5, 9; 23:43; 행 10:25).

한편으로 이 차원은 예수의 사역에 대한 묘사를 형성하였다. 예를 들면 나사렛 회당에서 예수의 공적인 출현은 소아시아의 회당들에서 제자들의 출현에서 본이 되었다(행 14:1-6; 눅 4:16-30). 예수와 바리새인과의 논쟁은 바리새인들이 자기 의를 주장하는 도덕적인 인간 유형을 대변하고 있을 때 표준적인 사람의 반응과 관련하여 전형적인 성격이 부여되었다 (눅 20:20f.; 참조. 행 2:36). 그리고 예수의 고난에 대한 묘사에서 누가는 예시적인 순교 의 요소들을 얻었다(눅 22:43f.; 23:46).

예수의 기도가 병행 전승들보다도 훨씬 더 강도있게 강조된 것(눅 3:21; 9:28 등), 시 험 설화가 예수를 제자들의 삶의 역정을 둘러싼 의심(눅 22:28)과의 싸움에서 승리한 분으 로 본 것(눅 4:13)도 이러한 경향과 일치하는 것들이었다.[25] 이 모든 것들로부터 드러나는 것은 누가에서 예수의 생애는 콘첼만이 생각했던 것과는 달리 시간의 중심이 아니라 하나님 의 구원의 계획의 실현을 위한 시작이자 토대였다는 것이다.[26]

3. 누가 기독론의 독특성

a) 가난한 자와 죄인들의 구주(*soter*)

1) 누가에서 예수는 지나가는 나그네요 그를 통하여 하나님이 사람들과의 친교를 위해 머무르는 객(客)이었다. 이 머무름은 구원을 의미하였다. 객으로서 예수는 바리새인들의 집 에 들어갔고 그들에게 관심을 가졌다(눅 7:36; 11:37; 14:1) ─ 이것은 마태에게는 생 각할 수 없는 일일 것이다. 하지만 무엇보다도 예수는 객으로서 죄인들에게 갔다(눅 15: 1f.; 19:1-5). 예수를 환대하는 곳마다 삭개오 이야기를 끝맺는 말씀이 사실로 적용되었 다: "오늘 구원이 이 집에 이르렀으니"(눅 19:9).

그러므로 누가에 따르면 예수는 한 부류가 아니라 모든 사람들에게 관심을 가졌다. 이것 은 역사적 상황과 일치할 것이다. 예수는 죄인들의 집에도, 바리새인의 집에도 갔다.

2) 누가에서 예수의 사역의 출발점은 가난한 자와 부자에 대한 그의 입장이었다. 더 정확 히 표현하자면 가난과 부라는 문제에 대한 그의 태도였다. 야고보를 제외하고는 이 문제는 신약의 그 어디에서도 누가복음만큼 철저히 다루어진 곳이 없었다. 마리아 찬가(Magni- ficat)에서 예수는 구약으로부터 형성된 선포를 통해 소개되고 있다: "권세 있는 자를 그

---

25) 의심들과 싸우는 예수와 공동체를 위해 길을 예비하는 자로서 기도하는 예수라는 누가에 나오는 예 수의 두 모습은 최근에 간행된 연구서들에서 탐구되었다. 전자에 대해서는 F. Schütz, *Der leidende Christus* (1969)를 참조하고 후자에 대해서는 W. Ott, *Gebet und Heil* (1965)을 참조하라.

26) "시간의 중심"은 이레내우스에게는 교회의 역사를 포함한 이스라엘 역사였다. 이와는 대조적으로 누 가에게 구약은 구원의 계획을 알리는 것이었다. 하지만 예수의 출현은 그 실현의 시작이었다. 누가 와 이레내우스의 비교에 관해서는 L. Goppelt, *Christentum und Jrdentum*, pp. 304f.를 참 조하라.

위에서 내리치셨으며 비천한 자를 높이셨고 주리는 자를 좋은 것으로 배불리셨으며 부자를 공수로 보내셨도다"(눅 1:52f.). 이에 따르면 일반적인 사회적 변혁이 예수에게 기대될 수 있었다.

첫번째 팔복의 가르침(눅 6:20b)은 어떠한 수식어의 첨가도 없이 "가난한 자"에게 구원을 약속하고 있음으로써 이것을 밑받침하고 있는 것으로 보인다(참조. 마 5:3). 실제로 말 그대로의 의미로서 가난한 자와 관련하여 의도되고 있었던 것은 오직 누가에서만 덧붙여진 부자에 대한 "저주"를 통해 강조되었다(눅 6:24). 가난한 자에 대한 축복의 선포와 부자에 대한 저주의 선포가 어떤 의도였는가 하는 것은 가난과 부에 관한 일련의 비유들을 통해 논평되었다. 누가는 그 비유들을 자신의 특수 자료로부터 가져왔다. 그것들은 부한 바보(눅 12:16-21)의 비유 및 나사로와 부자 비유(눅 16:19-31)였다. 이 전승들이 누가에 어느 정도 중요했느냐 하는 것은 불의한 청지기의 비유에 대한 그의 개작과 관련하여 볼 수 있다. 그 원래의 의미와는 대조적으로 그는 이 비유(눅 16:1-7)를 물질의 소유와 그 위험성의 문제에 적용하였고, 거기에 이 주제에 관한 일련의 말씀들을 덧붙였다(눅 16:9-13).

하지만 이 구절들 가운데 어느 하나에서도 누가는 에비온주의를 주창한 것은 아니었다. 우리는 그가 마리아 찬가를 따랐을 것이라고 예상할 수 있다. 16:19-31을 비롯한 그 어디에서도 누가는 예수가 단지 사회적 상황의 전복을 설교했다는 개념을 도입하지 않았다. 부자들은 단지 그들이 부자라는 이유만으로 잃어비려지지 잃을 것이고, 가난한 자들은 단지 그들이 가난하다는 이유만으로 축복을 받지 않을 것이다. 부한 바보의 비유의 도입부와 결론부에서는 심판과 관련하여 이렇게 말하고 있다(눅 12:15, 21) : 스스로를 위하여 예비해 놓은 것으로 살아갈 수 있다고 생각하는 사람은 생명을 잃는다! 누가는 헬레니즘 세계의 통상적인 관점과는 대조적으로 이 기준을 사람과 하나님과의 관계에 적용하였다. 헬레니즘 세계에서는 생명의 길을 얻느냐 잃느냐 하는 것은 율법에 따른 절제와 개인적 의와 관련한 사람들의 입장에 의해 결정되었다. 누가복음에서 그것은 생명의 길의 문제였고 "부와 가난"의 문제에서 하나님과의 관계의 문제였기 때문에 우리는 그 어디에서도 예수가 가난한 자 자체에 직접적으로 그의 관심을 돌린 것이 아니라 "죄인들"을 돌보셨다는 것만을 듣는다.[27]

3) 누가에게 죄인들은 마태와 마가에서와는 달리 율법에 대한 실패의 견지에서가 아니라 물질적 소유와 관련한 그들의 실패의 견지에서 특징지워졌다. 죄인들의 전형은 하찮은 세리들과 창녀들만이 아니라 물질을 소유하게 되었을 때 실패한 사람들이었다. 세리장 삭개오는

---

27) 눅 5:1-11, 27-32; 7:36-50; 15:1-32; 18:9-14; 19:1-10; 23:39-43. 이 모든 단화들은 누가 특수 자료였다(5:27-32은 제외)!

속임수를 통해서 부를 얻었고(눅 19:8), 탕자는 자신의 재산을 탕진하였는데(눅 15:13, 30), 이 둘은 그로 인하여 자신의 생명과 이웃과의 만남을 잃었다. 하지만 이보다 더 중요한 것은 이들이 이런 식으로 하나님으로부터 멀리 떠났다는 것이었다.

예수가 죄인들을 어떻게 돌보았는가 하는 것은 탕자의 비유를 통해 누가복음 15장에서 설명되었다. 이 장은 누가에서 가장 특징적인 장이었다. 이 세 비유의 편집을 통하여 누가는 예수로 하여금 15:1 이하에서 편집을 통해 묘사된 상황을 말하도록 하였다. 예수는 죄인들, 하나님으로부터 멀리 떠난 사람들과 함께 식탁에 앉았는데, 예수와의 식탁 교제는 그들에게 그들의 창조주에게로 돌아가는 기쁨을 의미하였다. 이런 식으로 예수는 누가에서 죄인들의 구주(soter)가 되었다. 그리고 오직 이 길을 따라서만 가난한 자들은 축복받는 가난한 자가 되었다.

이러므로 한 가지 요소가 특별히 주목을 받았다. 편집을 통한 표시(15:2)에 따르면 누가복음 7:41-43과 18:9-14에 나오는 비유들과 마찬가지로 누가복음 15장의 비유들은 죄인들이 아니라 의인들을 향해 이야기되었다. 의인들은 이 비유들을 통하여 탕자의 형과 마찬가지로 그들의 불평의 대상인 회개한 "죄인들"과 예수와의 교제에 합류하도록 초청받았다(눅 7:39; 15:28).

이렇게 하여 누가는 예수가 죄인들, 하나님으로부터 떠난 사람들을 찾아온 '소테르', 그들 모두를 축복받는 가난한 자로 만들기 위하여 의인들도 초대한 '소테르'임을 보여주었다.

4) 이 모든 것 속에서 복음서는 누가복음 2:11에서 선포한 것을 전개시켰다: "너희를 위하여 구주(soter)가 나셨으니." 예수는 그의 사역에 대한 묘사를 통하여 아우구스투스가 되기를 원했고 또 전혀 다른 방식으로 되었던 존재로서 특징지워졌다. 누가복음 7:36-50과 19:1-10에 나오는 기사들은 누가복음 1:62 이하에 약속된 사회적 상황의 변화가 어떻게 일어나는가를 설명하였다. 세리장 삭개오는 이렇게 말하였다: "주여 보시옵소서 내 소유의 절반을 가난한 자들에게 주겠사오며 만일 뉘 것을 토색한 일이 있으면 사배나 갚겠나이다"(눅 19:8). 그러므로 예수는 사람과 하나님의 관계를 변화시켰을 때 사회 관계들의 변화를 가져왔고, 그럼으로써 자신의 전체 주변 환경을 변화시켰다.

이와 같은 관점은 예루살렘 초대 공동체에서 소위 유무 상통에 관한 누가의 요약 기사를 통하여 입증되고 있다. 이 기사는 이 맥락에서 주목할 가치가 있다(행 2:42-47; 4:32-35). 예수는 개개인을 위한 새로운 전망만이 아니라 새로운 사회 상황을 가져왔다. 하지만 이 새로운 사회 상황은 사회 구조의 변화가 아니라 경제적으로 필요한 다른 사람이 마음대로 처분할 수 있도록 자신의 재산을 갖다 놓는 신자들의 공동체 안에서 자유의 출현을 통하여 일어났다. 이 자유는 공동체의 지체들이 열린 마음으로 서로를 향하고 자기 자신들을 새로운 백성으로 보았을 때 가능하였다. 다양한 세계 상황들 속에서 이 공동체가 사회 구조에 대한 책임을 지고 있다는 것은 이 원칙들을 토대로 한 필수적인 결론이었지만, 그것이 출발점은 아니었다.

b) 예수의 죽으심에 대한 해석

1) 아주 많은 점에서 누가와 유사한 히브리서가 예수의 생애를 속죄를 위한 대제사장적 자기 희생에 초점을 맞추고 있는데 비해 예수의 죽으심의 속죄적 의미는 누가에서 두 개의 정형적인 표현들을 통해 아주 간략하게 언급되어 있다. 하나는 사도행전 20:28에서 발견되는데, 이것은 전통적인 구속(redemption) 정형 어구에서 빌어왔다(벧전 1:18f.); 다른 하나는 누가복음 22:19 이하의 성찬 제정의 말씀 가운데 나오는 잔에 관한 말씀에서 발견되는데, 이것도 예전과 관련하여 형성된 전승 자료를 포함하고 있다.

그 이상의 고찰 사항들은 이러한 발견 사실과 일치한다. 물론 예수의 속죄적 죽음에 대한 주요한 구약의 구절인 이사야 53장은 누가복음 22:37과 사도행전 8:32 이하에서 직접적으로 인용되고 있지만, 속죄에 관한 진술은 빌어와 사용되지 않았다. 대속물에 관한 말씀(막 10:45), 예수의 속죄적 죽음에 관하여 말하고 있는 잔에 관한 말씀에 이은 두번째 마가의 구절(막 14:24)이 대속물(*lytron*)에 관한 표현 없이 누가복음 22:26 이하에서 사용되고 있다는 사실은 더욱 눈에 띈다. 여기서 이 말씀은 이렇게 되어 있다: "나는 섬기는 자로 너희 중에 있노라." 물론 이 이차적으로 형성된 어구는 마가복음 10:45을 편집을 통해 개작한 것이 아니라 다른 전승을 통해 생겨났다.[28] 그럼에도 불구하고 누가가 대속물에 관한 말씀 대신에 이 특수 전승을 의도적으로 선택하였다고 생각할 수 있다.

따라서 누가는 대체적으로 예수의 죽으심을 속죄로 해석한 어구들을 제거하지는 않았지만 그 어구들을 주변적인 위치로 보냄으로써 그것들을 그의 신학적 개념에 비추어 적절하게 활용하지 않았다고 볼 수 있다.

2) 그렇다면 누가는 예수의 죽으심을 어떻게 묘사하였는가? 위에서 본 것처럼 누가에서 예수의 사역은 연속적인 길이었기 때문에 예수의 죽으심은 독립적인 행위가 아니라 이 길을 가는 중간에 갈아타는 역이었다. 누가는 이렇게 대체로 오래된 승귀 기독론의 견지에서 보았다. 이 기독론을 그는 사도행전 2:33 이하와 13:37 이하에서 사용하였다. 이러한 갈아타

---

28) 참조. J. Roloff, "Anfänge der soteriologischen Deutung des Todes Jesu (Mk. X.45 und Lk. XXII,27)," *NTS* 19 (1972/73), 55ff.

는 역으로서 예수의 죽으심은 누가에서 이중의 의미를 가지고 있었다.

한편으로는 예수의 죽으심은 예루살렘 유대교의 대표자들의 범죄를 분명히 드러내었다. 예수의 처형으로 말미암아 그들은 은혜 가운데 그들을 향하여 주장하시는 하나님에 대한 반대를 입증하였다(행 7:52). 그러나 그들은 그런 짓을 무심코 저질렀다(눅 23:34; 행 3:17); 이것은 다시 한번 누가에게 특유한 요소였다. 그러므로 그들은 사도행전의 선교적 설교들에서 회개로 불림을 받았다(행 2:22f., 38; 3:19). 물론 유대인들의 이러한 행위는 인류를 대표한 것으로 생각되지 않았다. 이 점에서 누가와 요한은 서로 다른 길을 갔다. 이 문제에서 이 행위는 모든 이스라엘을 대표한 것도 아니었다. 디아스포라의 회당들에서 행해진 선교적 설교들은 그 행위를 단지 예루살렘에 사는 자들의 범죄로 치부하였다: "예루살렘에 사는 자들과 저희 관원들이 예수와 안식일마다 외우는 바 선지자들의 말을 알지 못하므로 예수를 정죄하여 선지자들의 말을 응하게 하였도다"(행 13:27).

예수의 죽으심의 또 다른 긍정적인 의미는 여기서 분명해진다. 그 의미란 예수의 죽으심은 하나님의 구원 계획에 속한다는 사실이었다. 고향으로 물러가려고 생각하면서 엠마오로 가는 길을 걷고 있던 제자들에게 이렇게 말했다: "우리는 이 사람이 이스라엘을 구속할 자라고 바랐노라"(눅 24:21), "그리스도가 이런 고난을 받고 자기의 영광에 들어가야 할 것이 아니냐"(눅 24:26). 이것은 구원론적으로 볼 때 예수가 인격적 어울림을 통하여 자신의 지상 생애 동안에 중보하였던 죄사함은 이제 그의 부활을 통해 모든 사람에게 제공되었다는 것을 의미하였다. "이 사람을 힘입어 죄사함을 너희에게 전하는 이것이며"(행 13:38). 그것은 여전히 예수의 인격으로의 향함과 결부되어 있었지만, 어떤 특별한 방식으로 속죄적 죽음을 통하여 정당화되지는 않았다.

3) 이러한 신학적 간격의 이유는 누가에서 시내산 언약과 그 율법적 질서는 어떠한 역할도 하지 못했다는 사실에서 찾을 수 있을 것이다. 이러한 이유로 누가는 새로운 구원을 속죄를 주장하는 하나님의 율법적 질서의 깨뜨림으로서가 아니라 약속된 구원 계획의 실현으로 이해하였다.

4) 따라서 누가에게 예수의 죽으심은 대체로 그리스도의 생애를 통합한 일부분이었다. 이를 통하여 유대인들의 범죄 그러나 무엇보다도 사람들을 향한 하나님의 은혜로운 돌이킴이 선포되었다. 한편으로 누가는 주로 선교적 양식으로 이야기하였고, 다른 한편으로 예수의 생애를 시내산 언약의 율법 질서와 결부시키지 않았기 때문에 — 이 이유가 대단히 중요하다 — 누가에서는 속죄적 의미가 후퇴하였다. 이 후자의 측면에서 누가는 바울 및 신약의 다른 유대 기독교적 저자들과 구별되어야 한다. 우리가 예수와 교회의 이스라엘에 대한 관

계에 관한 누가 본문을 검토해 보면 이 측면은 분명해진다.

4. 예수-이스라엘-교회

a) 이스라엘

학문적 논의 속에서 누가에서 기독교는 궁극적으로 다름아닌 참 유대교였다는 견해가 흔히 주장되어 왔다.

이 관점에는 상당한 중요성을 갖고 있는 진리가 들어 있다. 그러나 "유대교"라는 단어를 누가가 했던 방식대로 이해할 때에만 그러하다.

1) 누가에서 이스라엘은 바울에서와는(롬 9:4) 달리 시내산 언약 아래에서 안전하게 확보된 약속의 백성이 아니었다. 위에서 본 바대로 누가는 시내산 언약을 결코 말한 적이 없다. 이스라엘과의 언약을 언급하고 있는 세 구절에서는 조상들에게 주어진 약속, 아브라함 언약을 염두에 두고 있었다(눅 1:72; 행 3:25; 7:8).

2) 이스라엘에서 이 언약의 의미에 관한 질문에 대하여 누가는 약속들은 조상들에게 주어졌기 때문에 약속의 성취, 구원의 동터옴은 처음에는 예수에 의해, 다음에는 부활절 이후에 그의 사자(使者)들에 의해 다른 모든 민족들에 앞서 유대인들에게 먼저 설교되었다고 대답하였다. "너희는 선지자들의 자손이요 또 하나님이 너희 조상으로 더불어 세우신 언약의 자손이라 아브라함에게 이르시기를 땅 위의 모든 족속이 너이 씨를 인하여 복을 받으리라 하였느니라"(행 3:25f.).

이에 따라 누가의 역사적 저작은 나사렛에서 예수의 취임 설교(눅 4:25ff.)로부터 로마에서 유대인 앞에서의 바울의 선포(행 28:25-31)에 이르기까지 일관되게 예수가 가져온 구원은 먼저 유대인에게, 다음으로 다른 민족들에게 제공되었다는 원칙을 바탕으로 하였다(행 13:46). 바울에 의해서도 주창되었던(롬 1:16) 이 원칙은 누가에서(마태에서와는 달리) 이미 예수의 지상 사역을 위해 효력이 있었고(눅 4:24), 분명히 표현되어 있지는 않지만 기본적으로 구약 및 조상에 대한 약속에도 효력이 있었다.

3) 이로부터 다음과 같이 결론을 내릴 수 있다: 이스라엘은 누가에서 처음부터 끝까지 하나님의 계시를 먼저 만나기로 되어 있었던 한 민족 ― 여러 민족 중의 ― 이었다. 그러므로 마태와는 대조적으로(§46, 6) 누가는 언약의 효력 중지에 관하여 말하지 않았다. 예를 들면 누가복음 20:16에 나오는 악한 농부들의 비유의 끝부분은 어떤 특별한 방식으로 강조되

---

29) 예를 들면 H. J. Holtzmann, *Theologie* I, 538f.; E. Haenchen, *Acts*, at Acts 22:2-21.

지 않았다.

예수 및 복음과 관련된 이스라엘의 행위는 언제나 기본적으로 시내산으로부터의 하나님의 언약으로 인해 안전하게 확보된 백성으로서가 아니라 구원에서 하나님의 은혜로운 돌이킴에 의해 먼저 영향을 받는 백성으로 보였고, 교회는 경건한 이스라엘의 연속이었다.

b) 경건한 이스라엘의 연속으로서 교회

약속은 물론이고 그 성취를 받아들인 이스라엘 사람들은 이전에 선지자들을 거부하고 이제는 예수와 사도들을 거부한 이스라엘과 구별되었다. 그들은 숫적으로는 소수였다(눅 13:23). 예수와 교회가 연속성 안에서 이 소수와 합류하였다는 것은 누가의 역사적 저작의 전체적 개념을 통해 거듭거듭 분명해졌다.

이 소수의 이름으로, 참 이스라엘의 이름으로 예수는 이미 어린 시절에 성전에서 시므온과 안나의 환영을 받았다(눅 2:25-32, 37). 그의 "아버지의 집"에서 부모들은 열두살 짜리 소년을 발견하였다(눅 2:49). 이에 따라 마지막으로 예수의 예루살렘 입성, 따라서 그의 지상에서 전체 사역은 성전으로 귀결되었다(눅 19:47). 복음서는 "늘 성전에 있어 하나님을 찬송하니라"(눅 24:53)라는 말로 끝이 난다. 교회의 모임은 성전에서 사도들의 가르침을 그 출발점으로 삼았다(행 2:46; 3:1; 5:12). 바울조차도 그가 마지막으로 예루살렘에 머무르고 있는 동안 성전에서 생겨난 이 기독교와의 연대를 선언하였다(행 21:20-24; 24:27f.). 그러므로 누가는 교회로 하여금 성전에서 이스라엘의 위로를 찾았던 경건한 이스라엘로부터 역사적 연속성 안에서 자라나는 것을 허용하였다.

이런 식으로 누가는 교회에 역사적인 자기 이해를 제공해 주었고 헬레니즘 세계와 관련한 중요한 변증적 논증을 제공해 주었다. 기독교는 그 세계에서 주장된 대로 "재앙을 가져다 주는 새로운 미신"이 아니었다(Suetonius *Nero* 16 = LCL, Ⅱ, 111); 오히려 기독교는 고대 이스라엘 종교의 완성이었다. 로마 총독 앞에서 바울은 스스로를 이렇게 변호하였다: "나는 … 조상의 하나님을 섬기고"(행 24:14). 그리고 로마에서 유대인들에게 그는 이렇게 말하였다: "이스라엘의 소망을 인하여 내가 이 쇠사슬에 매인 바 되었노라"(행 28:20).

c) 예루살렘

누가만큼 예루살렘을 그토록 자주 언급하고 그토록 강조하여 언급한 복음서는 없었다. 누가는 구원의 도래를 역사적 과정의 견지에서 묘사하였기 때문에 그것을 역사적 장소들과 결부시켰다. 이렇게 하는 데에 예루살렘은 긍정적으로도 부정적으로도 보였다.

1) 예루살렘의 긍정적 의미는 주로 위에서 논의한 성전의 의미와 결부되어 있었다. 예루살렘은 예수의 지상 생애의 목적지이자 교회 출현의 출발점이었다. 예수는 예루살렘에서 죽어야 했고(눅 13:33) 그의 죽음 후에 제자들은 성령을 받기 위하여 예루살렘에 머물러야 했다(눅 24:49; 행 1:4). 이런 이유로 누가는 부활절 현현을 예루살렘과 그 근방으로 제한하였다(눅 24:13, 18, 33, 52). 예루살렘으로부터 시작하여 세계의 민족들을 향한 선교의 확장은 수행되어야 했다(눅 24:47; 행 1:8). 교회는 예루살렘으로부터 밖으로 자라갔다. 새로이 생긴 공동체들은 예루살렘의 초대 공동체와의 교회적 교제를 설정하였다(행 8:14-25; 11:22; 12:25; 13:13). 누가에서 기독교의 예루살렘은 유대교의 예루살렘이 디아스포라에게 행사하였던 것과 같은 권위주의적인 위치와 사법적인 권한을 갖고 있지 않았다. 오히려 발전의 과정은 예루살렘에서 로마로 이어졌다. 아마도 누가는 이런 식으로 이제부터 로마가 예루살렘이 이전에 맡고 있었던 것과 같은 구심점 역할을 해야 한다는 것을 시사하려고 했을지도 모르겠다. 더욱이 그 로마는 예루살렘과 동일한 운명으로 위협을 받고 있었다. 결국 예루살렘은 결정적인 전환점 — 예수의 퇴장과 교회의 시작 — 이 일어난 도성일 뿐만 아니라 이 사건들로 말미암아 특별하게 책임을 안고 있었다.

2) 그 어느 신약의 기자도 누가만큼 예루살렘의 멸망을 그토록 강조하여 언급한 적이 없었다. 다른 공관복음서와 공통되는 단어들 외에도(눅 13:34f. par. 마; 눅 21:20-24 par.) 누가 특수자료로부터 나온 다음과 같은 구절들이 있디: 13:1-5; 19:14, 27; 행 6:14과 무엇보다도 도성에 대한 임박한 심판을 예고하고 있는 누 단어로 된 수난 설화 주변의 삽입 어구들: 눅 19:41-44(예수는 예루살렘을 보고 울었다)과 눅 23:27-31(제사장들의 위계(位階)와는 대조적으로 백성들은 예수의 죽음을 보고 울었다).

끝으로 성전 강화의 핵심부에는 다음과 같은 예고가 나온다: "이 날들은 기록된 모든 것을 이루는 형벌의 날이니라"(눅 21:22). 여기 누가복음 21:20 이하에서는 도성의 함락이라는 역사적 사건이 종말론적 "가증한 것"(par. 막 13:14; 마 24:15), 성전의 파괴를 대신하고 있다. 예루살렘의 멸망은 예시적인 역사적 사건이 되었다(눅 13:1-5; 23:29f.).

d) 율법

1) 누가는 율법을 바울과 히브리서와는 달리 구원의 질서가 아니라 삶을 위한 규준으로 보았다. 이 삶의 규준은 경건한 유대교에 의해서만이 아니라(눅 1:6; 2:22ff., 27, 39) 유대교적 기독교에 의해서도 준수되었디(행 10:14; 21:20 능등). 누가에 의하면 바울조차도 유대적 기독교인으로서 이 규준을 지켰다고 한다. 사도행전 16:3에 따르면 바울은 종

교적으로 혼합된 결혼을 통해 출생한 디모데를 자신의 동역자로 삼기 전에 할례를 받게 하였다고 한다. 이것은 바울 자신의 말과는 상당한 모순을 드러내 보인다. 왜냐하면 갈라디아서 2:3에 의하면 사도 회의에서 바울은 자신의 동역자인 디도의 할례를 완강하게 거부하였기 때문이다. 그러나 이 두 상황은 각각 다른 상황에서 일어난 것으로 역사적으로 가능한 것으로 생각할 수 있다.

그러나 특징적인 것은 누가가 첫번째의 것은 강조하였고 두번째의 것은 강조하지 않았다는 것이다. 마지막으로 예루살렘에 머무르는 동안 바울의 행위는 이러한 전자의 협력과 일치하였다(행 21:21-26). 따라서 누가에 따르면 사도행전 15:10 이하에서 유대적 기독교인들은 주 그리스도의 은혜만을 통하여 구원받기를 희망하였음에도 불구하고 율법을 보존하였다. 누가는 유대적 기독교인들을 유대주의자들로 만들고 있지 않았다. 그러나 역사적 연속성이라는 그의 주도적인 개념에 비추어 볼 때 누가는 그들이 삶의 규준으로서 율법을 계속해서 고수하였다는 것과 달리 생각할 수 없었을 것이다.

2) 이와는 대조적으로 이방 기독교인들은 율법으로부터 자유로웠다: "이 요긴한 것들 외에 아무 짐도 너희[즉, 이방 기독교인들]에게 지우지 아니하는 것이 가한 줄 알았노니 우상의 제물과 피와 목매어 죽인 것과 음행을 멀리 할지니라"(행 15:28f.). 사도 회의의 결론들에 대한 이 요약 — 이것은 누가에 특징적인 것이다 — 에서 이방 기독교인들에게도 효력이 있는 몇몇 규례들이 율법으로부터 취해졌다. 하지만 율법은 기독교인들을 위한 중요한 삶의 규준으로 인식되었기 때문에 그때까지만 해도 신약의 그 어디에서도 논의되지 않았던 문제가 첨예하게 대두되었다: 구약의 종교적, 도덕적 명령들이 어떻게 정치적, 의식적(儀式的) 계명들과 관련되었는가?

신약에서 누가는 제의적이고 의식적인 율법들을 모세의 '노모스'(nomos)로부터 분리하여 최초로 구약 자체에는 존재하지 않았던 필연적인 차별화를 수행했던 유일한 인물이었다는 것도 누가의 특징이었다. 이 차별화는 초기 가톨릭 교부들에 의해 수행되었다. 누가는 모세의 "계명들"(ta ethe)을 모세의 "율법"(nomos)으로부터 분리하고(눅 10:26; 16:17; 행 15:5; 21:20, 24) "계명들"을 의식과 관련한 율법으로 이해하였다. 그는 이 제의적이고 의식적인 율법들을 모세가 전해준 "계명들"(ta ethe)이라고 규정하였다(행 15:1; 21:21; 26:3; 28:17; 참조. 눅 1:9; 2:42; 행 16:21).

3) 우리가 이러한 율법 이해를 분류하려고 한다면 어느 정도의 공통점이 순교자 유스티누스와 이레내우스에게서 나타나는 것과 같이 초기 가톨릭주의의 이해에 존재한다는 것을 볼 수 있다. 초기 가톨릭주의는 율법의 이해에서 그 강조점을 구원의 질서로부터 규준으로

옮김으로써 규준을 의식적 율법으로부터 분리하였다. 그럼에도 불구하고 이 점에서조차 우리는 누가의 신학을 초기 가톨릭적이라고 규정할 수 없다.[30] 이레내우스와 순교자 유스티누스와는 대조적으로 누가는 신인협력설(神人協力說)이나 새로운 율법을 가르치지 않았다. 누가가 당시의 이방 교회를 위한 규준이라는 불명료한 문제를 해명하고자 했다고 하여 누가를 비난할 수는 없는 것이다. 또한 이렇게 함으로써 누가는 역사를 관통하여 긴 여행을 해야 하는 교회에 차비를 갖춰주기를 원하였다.

e) 종말론에 관하여

1) 누가 저작에서 네 번 종말 또는 하나님 나라의 가시적인 정립의 "시기"에 관한 문제가 제기되었고 즉각적으로 강하게 거부되었다. 누가복음 17:20에 따르면 예수는 이 질문에 다음과 같은 충고로 답변하였다: "하나님의 나라는 너희 안에 있느니라." 누가복음 4:18-21에 따르면 예수의 설교는 복음, 현재적 도래의 선포였다(참조. 눅 16:16).[31] 두번째 구절인 사도행전 1:6 이하에서는 "시기"의 질문과 관련하여 제자들의 증거를 통한 교회의 현재적 출현을 언급하였다. 마찬가지로 세번째 구절(눅 19:11ff.)은 "시기"의 질문에 제자들에게 맡겨진 달란트에 대한 언급으로 답변하였다. 누가복음 21:7-36은 마지막으로 묵시론적 강화를 사용하여 역사를 통과하는 긴 여정에 대한 언급을 통하여 대답하였다.

2) "시기"의 문제에 대한 이러한 답변들은 승귀와 '파루시아'에 관한 기독론적 진술들과 일치하였다. '파루시아'를 언급하고 있는 전승은 그대로 보존되었다. 사실 그것은 사도행전 1:11에서 특히 강조되었다. 승천은 제자들이 '파루시아'때까지 예수를 더 이상 보지 못할 것임을 상징적으로 보여주었다. 그러나 강조점은 주로 승귀에 두어졌다. 누가복음 22:69에 따르면 산헤드린 앞에서 예수는 대제사장의 질문에 승귀의 예고로 대답하였고 공관복음서의 병행 전승에 있었던 '파루시아' 예고를 기각하였다(막 14:62; 마 26:64).

기독본에서 강조점을 승귀로 이동시킨 것으로부터 플렌더(H. Flender)는 구원론의 문제에서 누가는 구속을 하늘로 옮겼다는 결론, 즉 죽음의 순간이 개개인에게 생명을 얻거나 잃을 '파루시아'가 되었다는 결론을 내렸다(눅 12:20; 23:43).[32] 그러나 우리는 부인할 수 없을 만큼 누가에 나오는 개인적 종말론에 관한 이러한 진술들을 이런 식으로 절대화

---

30) 참조. L. Goppelt, *Christentum und Judentum*, pp. 294ff., 304f.

31) 누가는 예수가 하나님 나라가 가까워오고 있다는 것에 관하여 말하고 있는 막 1:15과 마 4:17의 요약문들을 대치하기 위하여 이 요약을 사용하였다. 누가에 따르면 예수는 이와 같이 설교하지 않았다.

32) Flender, op. cit. (n. 16), pp. 91ff.

시킬 수는 없다(눅 12:20; 23:43; 참조. 16:19-31). '파루시아'에서의 보편적이고 구체적인 완성은 누가에서조차도 궁극적인 목표로 그대로 남아 있었다(눅 14:14; 17:30-35). 그러나 주안점은 주로 보편적인 종말이 아니라 승귀되신 분과 성령을 통한 교회의 출현에 두어졌다. 이것은 다음을 의미하였다: 기대는 개인적 종말론의 전주곡이 되었다.

승귀, 성령을 통한 교회의 출현, 개인적 종말론을 연결시킴으로써 누가는 요한계시록의 대극점(對極點)을 제시하였다. 요한계시록에서는 세상과의 관계가 적그리스도에 대한 저항에 초점을 맞추고 있다면(계 13장), 누가에서는 세상과의 관계는 교육받은 세상과의 선교적인 논쟁인 아레오바고 연설(행 17:16-34)에서 가장 극명하게 표현되고 있다. 요한계시록이 "아멘 주 예수여 오시옵소서"(계 22:20)라는 기도로 끝을 맺고 있다면, 누가의 저작은 구원의 메시지를 방해받지 않고 선포한다는 보도로 끝을 맺고 있다(행 28:31). 요한계시록이 첫째 부활, 소위 천년왕국을 기대하고 있다면, 누가는 '파루시아'와 결부되지 않은 승귀되신 분과의 교제를 기대하였다: "너희는 나의 모든 시험 중에 항상 나와 함께 한 자들인즉 내 아버지께서 나라를 내게 맡기신 것같이 나도 너희에게 맡겨 너희로 내 나라에 있어 내 상에서 먹고 마시며"(눅 22:28-30).

제 4 장

말씀이 육신이 된 자기 계시를 통한 '에스카톤'의 현존 (요한일서와 요한복음)

§49. 요한 신학의 구조

H. Windisch, *Johannes und die Synoptiker* (1926); W. von Loewenich, *Das Johannesverständnis im zweiten Jahrhundert* (1932); C. Maurer, *Ignatius von Antiochien und das Johannesevangelium* (1949); E. Ruckstuhl, *Die literarische Einheit des Johannesevangeliums* (1951); Bultmann, *Theology* II, §§41-50; C. H. Dodd, *The Interpretation of the Fourth Gospel* (1953); Dodd, *Historical Tradition in the Fourth Gospel* (1963); B. Noack, *Zur johanneischen Tradition* (1954); Goppelt, *Apostolic Times*, pp. 128f., 157f.; E. Haenchen, "Johanneische Probleme," in Haenchen, *Gott und Mensch* (1965), pp. 78-113; E. Käsemann, *The Testament of Jesus. A study of the Gospel of John in the light of chapter seventeen* (1968); on this: G. Bornkamm, "Zur Interpretation des Johannesevangeliums," in *Aufsätze* III, 104-121; Conzelmann, *Theology*, pp. 321-358; C. K. Barrett, *The Gospel of John and Judaism* (1975); R. Fortna, *The Gospel of Signs* (1970); R. Schnackenburg, "Zur Herkunft des Johannes-Evangeliums," *BZ* NF 14 (1970), 1-23; S. S. Smalley, "Diversity and Development in John," *NTS* 17 (1970/71), 276-292; G. Klein, " 'Das wahre Licht scheint schon.' Beobachtungen zur Zeit- und Geschichtserfahrung einer urchristlichen Schule," *ZThK* 68 (1971), 261-326; Koester-Robinson, *Trajectories*, pp. 232-79; O. Cullmann, *The Johannine Circle* (1976). **On the History of Research:** E. Haenchen, "Aus der Literatur zum Johannesevangelium 1929-1956,"

ThR NF 23 (1955), 295-335; R. Schnackenburg, *The Gospel According to St. John* I (Herder, 1968), 11-217; E. Malatesta, *St. John's Gospel 1920-1965* (Analecta Biblica 32, 1967); Kümmel, *Introduction*, pp. 188-247; H. Thyen, "Aus der Literatur zum Johannesevangelium," *ThR* NF 42 (1974), 4ff. **Important Commentaries:** W. Bauer (1925), HNT; M. J. Lagrange, *L'Evangile selon Saint-Jean* (1936⁵); R. Bultmann, *The Gospel of John* (1971), Westminster; C. K. Barrett, *The Gospel according to St. John* (1954); R. Schnackenburg, *The Gospel According to St. John* I/II (Herder, 1968–); R. E. Brown, *The Gospel according to St. John* I/II (1966/70), Anchor Bible; S. Schulz (1972), NTD; B. Lindars, *The Gospel of John* (1972). **On 1:** J. Roloff, "Der johanneische 'Lieblingsjünger' und der Lehrer der Gerechtigkeit," *NTS* 15 (1968/69), 129-151; R. Schnackenburg, "Der Jünger, den Jesus liebte," in *Evangelisch-Katholischer Kommentar, Vorarbeiten* II (1970), 97-117. **On 2:** L. Schottroff, *Der Glaubende und die feindliche Welt. Beobachtungen zum gnostischen Dualismus und seiner Bedeutung für Paulus und das Johannesevangelium* (1970); O. Böcher, *Der johanneische Dualismus im Zusammenhang des nachbiblischen Judentums* (1965); H. Leroy, *Rätsel und Missverständnis* (1968). **On 3:** E. Schweizer, *Ego Eimi* (1939; 1965²); H. Becker, *Die Reden des Johannesevangeliums und der Stil der gnostischen Offenbarungsrede* (1956); S. Schulz, *Komposition und Herkunft der johanneischen Reden* (1960); H. Zimmermann, "Das absolute egō eimi als die neutestamentliche Offenbarungsformel," *BZ* NF 4 (1960), 54-69, 266-276; E. Haenchen, " 'Der Vater, der mich gesandt hat'," in Haenchen, *Gott und Mensch* (1965), pp. 68-77; Haenchen, "Probleme des johanneischen 'Prologs,' " ibid., pp. 114-143; J. Blank, *Krisis. Untersuchungen zur johanneischen Christologie und Eschatologie* (1964); J. Riedl, *Das Heilswerk Jesu nach Johannes* (1973). **On 4:** G. Kittel, *logos*, TDNT IV, 100-136; E. Käsemann, "The Structure and Purpose of the Prologue to John's Gospel," in Käsemann, *New Testament Questions*, pp. 139-167; W. Eltester, "Der Logos und sein Prophet," in *Apophoreta. Festschrift für E. Haenchen* (1964), pp. 109-134; J. Jeremias, "Zum Logos-Problem," *ZNW* 59 (1968), 82-85; H. Zimmermann, "Christushymnus und johanneischer Prolog," in *Neues Testament und Kirche. Festschrift für R. Schnackenburg* (1974), pp. 249-265.

1. 익명성

a) 정경이 형성된 이래로 요한계시록(§44, 1) 외에도 신약의 세 저작이 사도 요한의 것으로 돌려졌다. 요한은 갈라디아서 2:9에서 예루살렘 공동체의 세 "기둥들"에 속하는 것으로 지칭되었다. 요한복음과 두 개의 요한 서신은 이미 무라토리안 단편에 속해 있었다.[1]

하지만 요한이라는 이름은 저작들 자체에는 나오지 않고 나중에 붙여진 책 제목들에만 나타난다. 요한의 처음 두 서신은 쓰는 사람이나 받는 사람의 이름이 나오지 않으며, 전통적인 서신 형태로 쓰여진 세번째 서신조차도 그 저자의 이름을 밝히고 있지 않다(요삼 1).

---

1) 참조. W. G. Kümmel, *Introduction*, pp. 239, 492.

이렇게 저자에 대하여 침묵하고 있는 것은 우연도 아니고 문학적 성격으로 말미암은 것도 아니었다 — 히브리서의 경우처럼(§47, 1). 저자는 분명히 요한복음에서와 마찬가지로 요한일서에서도 자신을 소개하고 있다. 그는 이름이 아니라 자신의 역할로서 스스로를 나타내었다. 그는 말씀이 육신이 되신 것의 증인이라고 말하였다. 그는 자기의 이 말은 역사적 증인 이상의 것을 의미한다는 것을 알리기 위하여 목격자라고 주장하였다. 요한일서 1:1, 3("우리가 보고 들은 바를 너희에게도 전함은")과 요한복음 1:14("우리가 그 영광을 보니")에는 "우리"라는 표현이 나온다. 그러나 사실은 여기서 일단의 집단에 속해 있었던 한 개인이 말을 하고 있는 것이다.

b) 이 개인은 요한복음에 의해 13:23(*ho mathetes … hon egapa ho Iesous*; 참조. 요 19:26; 20:2; 21:7, 20)에서 처음으로 소개된 "그의 사랑하시는 자"라는 형태를 띠고 있었다. 보충적인 장(21장)에서는 이 사랑하시는 제자를 예수의 역사적 제자와 동일시하고 있는데, 이 사람은 또한 복음서의 저자라고 설명되고 있다(요 21:24f.). 하지만 원래의 복음서의 구절들은 사랑하시는 제자를 역사적으로 확인할 수 있는 제자가 아니라 참제자의 모델로 묘사하였다. 이 제자는 한편으로는 예수의 지상 생애의 사건을 직접적으로 잘 알고 있었지만(요 19:35f.) 다른 한편으로는 그 사건이 회고적으로 어떻게 이해될 수 있는가(요 20:8f.), 즉 복음서 기자가 그 사건을 이해한 방식(요 2:22)을 알고 있었다.

c) 따라서 저자가 요한일서와 요한복음에서 자신을 소개한 방식은 신학적 의미를 갖고 있다: 그는 자신의 서문(눅 1:1-4)에서 자료를 접근한 방식을 프로그램으로 제시하였던 누가(§48, 1)와는 근본적으로 다른 방식으로 예수의 출현에 접근하였다. 요한도 목격자의 실증(實證)에 관심을 갖고 있었다. 그러나 그가 말한, 본다는 것(요일 1:1, 3)은 누가복음 1:3과 사도행전 1:21 이하에 나오는 구체적이고 검증 가능한 목격자들(*autoptai*)을 가리키는 것이 아니었고, 그와는 다른 특이하게 파생된 의미를 획득하고 있었다. 자기가 본 것을 이해한 사람만이 참으로 "보았다"고 할 수 있었다(요 9:39; 19:35; 20:8). 그리고 이해한 사람은 누구나 그가 예수를 직접 눈으로 목격한 것이 아니라 할지라도 보았다고 증거 할 수 있었다(20:29).

이런 식으로 저자는 예수의 모든 실제적인 증인들과 아울러 "우리"의 무리에 합류하였다. 그는 자기가 이 말의 역사적 의미로서 증인이었는지 아니면 어떤 다른 사람의 목격담을 직접 빌어와 사용한 것인지에 대해서는 미해결인 채로 남겨두었다. 따라서 이 문헌들이 실제로 사도 요한으로부터 나왔는지의 여부에 관한 역사적 질문은 요한복음과 요한일서에서는 상대화되었다.

익명이지만 역할을 보여주고 있는 증인에 대한 지칭은 다른 복음서 및 서신들에서와 마찬가지로 여기에서도 사도성에 관한 결정적인 질문이 다음과 같았다는 것을 보여준다: 역사적 예수의 삶과 사역 — 여기에서도 이것은 극히 중요하였다 — 은 그 자체의 의도에 일치하는 일차적인 정보를 바탕으로 이해되고 해석되었는가?

2. 새로운 언어

a) 예수의 삶과 사역에 대한 요한의 해석의 독특성은 그러한 의미 심장함과 강도를 가지고는 다른 어느 곳에도 나오지 않는 독자적인 용어 사용에 있었다. 그러므로 복음서에서는 설화 부분들보다는 강화들에서 이러한 용어 사용이 특징적으로 나타나며, 요한일서에서는 산문 부분들보다는 진술 유형의 반립적인 대구(對句)들(예를 들면, 요일 2:12-17; 3:4-10, 13-24)에서 더 특징적으로 나타난다. 하지만 이러한 다양한 강도를 가지고 그것은 요한 저작들에서 규칙적으로 적용되었다.

이 용어 사용은 분명히 번역의 수단만이 아니라 독자들을 특정한 개념 세계로 옮겨가는 수단이기도 하였다. 그 기원과 의미에 관한 질문은 어쨌든 종교사적, 어원학적 문제임과 아울러 신학적 문제이기도 하다.

요한 저작들의 용어 사용과 신학에서 다음과 같은 세 가지 말씀 형태들이 특히 특징적이었다.

1) **이원론적인 대조 어구들:** 빛과 어두움(요 1:4f.; 3:19; 8:12; 11:9f.; 12:35, 46), 진리와 거짓(요 8:44; 요일 1:6ff.; 2:21), 생명과 사망(요 5:24; 11:25; 요일 3:14), 위와 아래(요 8:23), 자유와 종(요 8:33, 36).

2) **"에고 에이미" 말씀들:** "내가 곧 생명의 떡이니"(요 6:35, 48); "나는 세상의 빛이니"(8:12); "나는 양의 문이라"(10:7); "나는 선한 목자라"(10:11); "나는 부활이요 생명이니"(11:25); "나는 길이요 진리요 생명이니"(14:6); "내가 참 포도나무요"(15:1).

3) **예수를 '로고스'로 지칭하는 것:** 신약에서 오직 요한복음 1:1; 요한일서 1:1; 요한계시록 19:13에만 나온다.

b) 종교사적으로 볼 때 이 용어 사용의 기원은 두 근원으로 추적될 수 있다.

1) 대립적인 이원론은 쿰란 본문들에 나오는 이와 비슷한 표현들에서 발견된다. 예를 들면 신약 이전에는 다른 어느 곳에서도 찾아볼 수 없는 "빛의 아들들"(요 12:36; 살전 5:5; 엡 5:8)은 에세네 본문들(예를 들면, 1QS 3:24f.)에서는 흔히 사용되고 있으며, 더

욱이 그 본문들에서 "빛의 아들들" ― 요한에서처럼 ― 은 어두움 속에 남겨진 사람들과 대립되는 것으로 나온다.

그러므로 오늘날 요한의 용어 사용은 팔레스타인의 유대적 세례 운동에 그 기원을 가지고 있다고 흔히 생각되어 왔다.[2] 이 주장은 이 분파들로부터 나온 기독교인들이 이 언어를 발전시켰고 그와 아울러 요한 전승을 발전시켰다는 것이다. 하지만 에세네 문헌들에는 요한에서 특징이 되고 있는 다른 두 가지 언어적 구성물들에 대해서는 유비(類比)들이 없다는 사실은 이러한 단선적인 도출에 반한다.

2) 이와는 대조적으로 요한의 용어 사용의 세 가지 특징들은 영지주의에 그 유비들을 갖고 있다. 우리는 그것들이 솔로몬의 송시(頌詩), 이그나티우스의 대적자들(예를 들면, Ign. Trall. 9:1-11:2; Sm. 4:1-7:2), 초기 만다야 전승들에 표현되어 있음을 발견한다. 하지만 이 자료들은 주후 90년과 100년 사이에 편집되었음에 틀림없는 요한 저작들보다 연대적으로 이후의 것이다. 더욱이 한동안의 영지주의에 대한 연구는 요한은 발전된 영지주의적 언어 체계를 전해받지 않았음을 보여주었다. 요한은 불트만이 추측한 것과는 달리 영지주의적 문헌들을 개작한 것이 아니었다.[3]

팔레스타인 세례 분파들로부터 나온 요한의 용어 사용의 전승은 영지주의적 사고 흐름과의 논쟁을 통해 독자적으로 발전을 계속했다. 여러 지표들에 의하면 이런 일은 몇몇 지역에서 일어났다. 그것은 먼저 사마리아(요 4장)에서, 다음에는 수리아와 소아시아에서 일어나서 최종적으로 문지로 고착되었다.[4] 요한이 실제로 영지주의적 사고 흐름과 논쟁을 벌였다는 것은 영지주의적인 색조를 띠고 있는 가현설적인 열광주의에 끊임없이 반론을 폈던 요한일서에서 볼 수 있다(요일 1:6, 8, 10; 2:4, 9 등). 변호를 통하여 요한일서는 그 적대자들의 표현들을 자신의 언어 속으로 통합시켰음이 분명하다.

3. '에고- 에이미' (*ego-eimi*) 정형 어구들

우리는 요한의 용어 사용의 형이상학적 성격과 요한 전승의 신학적 의미를 "에고-에이미" 말씀들을 통하여 강령적으로 보여줄 수 있다.

---

2) 예를 들면 S. Schulz, *Komposition und Herkunft der johanneischen Reden* (1960), pp. 182-87; R. Schnackenburg, *The Gospel According to St. John* (HTK) I, 129ff.

3) "*Johannesevangelium*," *RGG* III³, 842f.; H. Becker, *Die Reden des Johannesevangeliums und der Stil der gnostischen Offenbarungsede*, ed. R. Bultmann (1956).

4) 자세한 보강 증거에 대해서는 Goppelt, *Apostolic Times*, pp. 157ff.를 참조하라.

a) 요한복음은 예수의 말씀을 공관복음서와는 다른 장르로 전해주었다. 요한복음은 말씀(sayings), 비유, 논쟁 대화라는 장르가 아니라 연결된 또는 대화적 강화(講話)라는 장르를 통해 그렇게 하였다. 이 강화들의 정점에서는 거듭거듭 "에고-에이미" 말씀들이 나온다. 이것이 보여주는 것은 요한의 예수의 말씀은 공관복음서의 예수의 말씀들과는 대조적으로 구체적인 사회적 위기 상황들의 다채로운 모습을 보여주는 것이 아니라 오로지 결정적인 것, 즉 인류를 향한 예수의 자기 증거에만 집중하고 있다는 것이다.

이 자기 증거는 "에고-에이미" 말씀들을 통해 요약되고 있다.

b) 요한의 "에고-에이미" 말씀들은 두 가지 구성 부분들로 이루어져 있다. 그것들은 '에고-에이미' 정형 어구와 이를 한정하는 언어 묘사이다.

다음과 같은 것들을 예로 들어 볼 수 있다: 6:35, 41, 48, 51: "나는 생명의 떡이니"; 8:12: "나는 세상의 빛이니"; 10:11, 14: "나는 선한 목자라"; 15:1, 5: "내가 참 포도나무요". 이 언어 묘사가 직접적인 진술로 발전되어 나아가는 모습은 14:6("나는 길이요 진리요 생명이니")에 시사되어 있고 11:25("나는 부활이요 생명이니")에서 완결되었다. 이 정형 어구의 두 구성 부분들은 복음서의 독자들에게 직접적으로 신학적 의미가 있었다.

c) 한정적인 언어 묘사는 각각의 경우에 예수의 선물 ― 이것은 궁극적으로 예수 자신이었다 ― 을 물과 빵과 같이 사람들의 생존에 필수적인 어떤 것에 대한 비유를 통하여 기술되었다. 예수의 선물은 4:14이 설명하고 있듯이 생명을 중보하는 "생수"(7:38)였다. 6장에서 "생명의 떡"(6:35)이라는 표현은 동일한 의미의 "산 떡"(6:51)이라는 표현과 맥을 같이 하여 사용되었다. 이 진술들 속에서 예수의 선물이 일상적인 체험의 세계로부터 알 수 있는 "떡"과 "물"이라는 실체들로 비유되지 않았다는 것이 중요하였다. 언어 묘사들은 직유도 은유도 아니었고 고유의 언어였다.[5] 그러므로 예수가 우물에서 사마리아 여인과 얘기했을 때 그가 주는 물은 자연의 물에 비유된 것이 아니라 그 자연의 물과 대조되었다. 예수는 야곱의 우물에서 마시는 사람은 누구나 항상 다시 목마를 것이라고 설명하였다(4:13); 예수는 그 여인에게 그와는 대조적으로 영속적으로 갈증을 가라앉히는 물을 주었다. 동일한 방식으로 예수는 6:49 이하에서 모든 굶주림을 영원히 가라앉힐 빵을 주었다. 그것은 "하늘로부터의 빵", 진정하고 참된 빵(*ton arton … ton alethinon*, 6:32)이었다.[6]

---

5) 참조. E. Schweizer, *Ego Eimi* (1939; 1965²).
6) 신약에서 이에 대한 유일한 유비는 참된 하늘의 성소와 불완전한 지상의 성소를 대비하고 있는 히브리서에서만 발견된다(8:2; 9:24).

　이러한 말하는 방식은 이에 해당되는 구약의 심상(心像)들과 근본적으로 구별되었다. 구약에서 우리는 "생수의 근원"(렘 2:13; 참조. 시 36:10)되신 하나님과 같은 은유를 발견한다. 요한계시록은 이 은유를 빌어와서 구원받은 자들은 "생명수 샘"(계 7:17; 참조. 21:6, 22; 22:7)으로 인도함을 받을 것이라고 약속하였다. 여기서 약속된 것은 우리가 거듭거듭 마심으로써 다시는 목마름으로 고통을 당하지 않을 수 있는, 그러한 샘이라는 것을 아주 잘 이해할 수 있다. 이와는 대조적으로 요한복음 4:14; 7:38에서는 목마름을 영속적으로 가라앉힐 물이 약속되고 있다. 이 진술들은 하늘의 것과 땅의 것을 본질적인 것과 파생된 것으로 구별하는 이원론적인 우주론적 사고와 일치하였다. 사람이 파생된 것, 즉 땅의 영역에서 헛되이 찾는 것 ― 생명에 대한 목마름을 가라앉히는 것과 같은 것 ― 은 그가 본질적인 것을 잡았을 때 발견될 수 있을 것이다.

　이러한 이원론적인 사고 방식의 뿌리는 저 멀리 고대 동방으로까지 거슬러 올라간다. 하지만 요한의 진술들의 가장 유사한 유비(類比)들은 초기 수리아의 영지주의에서 발견된다. 따라서 우리는 솔로몬의 송시 30:1(참조. 11:6ff.), Ign. Rom. 7:2, 만다야 전승들 속에서 위로부터 오는 구원을 가리키는 표준적인 용어인 "생명의 물"이라는 표현을 만나게 된다.

　그러나 요한은 이러한 말하는 방식을 영지주의로부터 단순히 전해받은 것은 아니었다. 이와 동일한 유형의 심상들이 요한계시록에서 구약적인 방식으로 사용되었다는 사실을 눈여겨 보아둘 필요가 있다. 거기에서 ― 신약에서는 오직 거기에서만 ― 예수는 "생명나무"(계 2:7)로부터 먹고 "생명수"(계 21:6)로부터 마시도록 했고 "빛"(계 22:5)으로 지칭되었다. 그러므로 요한계시록에 구약 전승으로 나오는 일단의 심상들은 요한복음에서는 이원론적인 형태로 이식되었다. 저자는 헬레니즘적 사고 방식, 특히 영지주의적 사고 방식과의 변증적인 논쟁을 통하여 이것을 발전시켰다. 솔로몬의 송시와 이그나티우스의 저작들에 나오는 이와 비슷한 진술들은 이와 비슷한 구성물들이었을 것이다.

　이 이원론적인 표현 방식을 가지고 요한은 결코 자연적인 측면, 예를 들면 땅에 속한 빵과 물의 가치를 최소화하려고 한 것이 아니었다. 오히려 요한은 소극적인 측면에서 예수의 선물은 사람들이 스스로 원하는 것과는 근본적으로 다른 것이지만 사람들이 실제로 갈구하는 것의 성취였다는 것을 분명하게 보여주려고 하였다. 예수의 선물은 사람들의 질문에 대한 직접적인 대답도 아니었고 인류의 발전이 귀결되는(헤겔의 이해에서처럼) 직접적인 목표도 아니었다. 하지만 요한은 그보다 디욱 적극적인 측면에서 예수의 선물은 구약의 약속의 구원사적인 성취일 뿐만 아니라 온 인류를 포괄하고 그 신화 속에서 풍부하게 표현된 생명의 갈구를 가라앉히는 것이었다고 말하려고 하였다.

이런 식으로 예수의 선물은 본질적인 모습 그대로 설명되었다: 현재적 '에스카톤', 역사적 발전의 길을 따라 도달될 수는 없지만 역사가 무의미하게 되지 않으려면 도달되어야 하는 절대적으로 새로운 것. 이원론적인 표현 형태는 예수의 선물을 종말론적으로 새로운 것으로 기술하였다. 이 선물은 역사의 한복판에 현존해 있었다. 그것은 예수 그 자신이었다.

d) 그러한 것은 언어 묘사의 서두에 나오는 "에고-에이미" 정형 어구들에 의해 주장되었고 극명하게 되었다. 공관복음서 가운데서 예수의 입에서 나온 "에고-에이미"(*ego eimi*)는 "네가 … 그리스도냐"라는 대제사장의 질문에 답하여 자신의 신분을 밝히는 말로서 마가복음 14:62에 나온다. 그러나 요한의 정형 어구의 의미는 이러한 용법과는 반대였다. 그 정형 어구들 속에서 "에고-에이미"는 예수를 이미 알려진 어떤 것과 동일시하지 않았다. 그것은 그 말씀이 아니고서는 사람들이 알지 못했고 접근할 수 없었던 그 어떤 것을 사람들에게 드러내주었다. 진술의 내용으로 볼 때 "에고-에이미"는 계시의 정형 어구였다.

"에고-에이미"는 이미 구약에서도 통용되고 있었다. '아니 후'(*ani hu*)의 절대적 용법은 무엇보다도 제2이사야에서 찾아볼 수 있다. 이사야 43:10에 나오는 주요한 신의 현현 강화의 끝부분에는 이렇게 되어 있다: " … 이는 너희로 나를 알고 믿으며 내가 그인줄 깨닫게 하려 함이라". 이 절대적 용법의 "에고-에이미"는 이사야 43:10과 관련하여 요한복음 8:24에서 사용되었다. 마찬가지로 요한복음 13:19에서는 이사야 42:9과 관련하여 사용하고 있다. "에고-에이미"는 근동 전역에 걸쳐 구약을 뛰어넘는 계시의 정형 어구로 유포되어 있었지만, 특히 헬라어를 사용하는 지역에서는 알려져 있지 않았다. 헬라인들은 계시를 기다리지 않았기 때문이다. 그들은 신적인 것조차도 탐구를 통해 파악하려고 하였다.

이 "에고-에이미"가 이원론적 우주관을 보여주는 언어 묘사와 결합된 것이 요한 이전에 있었다는 것은 나타내 보일 수 없다. 하지만 그러한 것은 요한 이후의 영지주의적 문헌에서는 찾아볼 수 있다. 요한은 아마도 영지주의적 사고 및 일반적으로 헬레니즘적 사고와의 논쟁을 통해 스스로 이러한 결합을 만들어내었을 것이다.

e) 이제 "에고-에이미" 정형 어구들의 전반적인 의미는 요한이 예수의 말씀을 요약하고자 사용한 정형 어구들 속에서 분명해졌다. 이 정형 어구들에서 예수는 스스로를 오로지 사람들이 모르면서 구하는 것으로서 제시하였다: 생명으로서! 사람들은 의미하는 바를 이해하였지만 궁극적으로는 이해하지 못했다. "물"(요 4:14)은 사람들의 생명에 대한 목마름을 만족시켜주는 모든 것이었고, "떡"(요 6:35, 41, 48, 50f., 58)은 산 급료이자 삶의 표준을 의미하는 모든 것이었으며, "빛"(요 8:12; 참조. 1:4f.; 3:19ff.; 9:5)은 실존의 위

협적인 불확실성에 확실성과 분명성을 가져다 주는 모든 것이었다.

"목자"는 모든 점에서 보호와 인도를 의미하였고(요 10:11-16), "포도나무"(요 15:1, 5)는 고대인들에게 판에 박힌 삶을 뛰어넘는 즐거움의 정수였다. 예수는 본질적이고 궁극적인 의미로 이 모든 것임과 동시에 이 모든 것을 주리라고 주장하였다.[7]

사람들은 어떻게 이 계시의 주장을 빌어쓸 수 있었을까? 참된 것을 이런 식으로 제시함으로써 요한복음은 기억할 수 없는 시기로부터 철학자들과 신비가들과 영지주의자들이 예수로 향하는 나름대로의 길을 발견하는 토대가 된 신약의 문헌이 되었다. 영지주의에서 본질적으로 참된 것은 계시를 통하여 일깨워진 사람의 내면에 있는 신적인 불꽃이었다. 따라서 2세기에 요한복음은 영지주의자들의 책이 되었다. 플라톤 사상과 독일 관념론 ─ 19세기에 ─ 은 관념의 세계에서 본질적으로 참된 것을 구하였다. 그러므로 일찍이 알렉산드리아의 클레멘트에서 요한복음은 영원한 영적인 진리들을 밝힌 영적인 복음서로 이해되었다. 피히테(Fichte)는 이 책을 기독교의 사상을 가장 극명하게 나타낸 저작으로 19세기의 교육받은 자들에게 권하였다.[8] 마지막으로 1930년대에 실존철학은 "자기 실존", 자신의 고유한 실존의 성취를 증진시켰고, 불트만은 1950년대에 엄청난 효력을 끼쳤던 요한에 대한 자신의 주석을 위한 중요한 충동을 이 자료로부터 끌어왔다.

그러나 요한의 "에고-에이미" 정형 어구들은 독자들을 관념의 세계나 그 자신의 고유한 실존이 아니라 자신의 피조물됨의 종말론적 새로워짐과 완전으로 이끌려는 의도였다. 독자들은 "거듭 나야" 한디(요 3:3). 그들은 자신의 시력을 회복헤야 할 니면서부터 눈먼 지였다(요 9장). 서문이 말하고 있듯이 그들은 자신의 실존을 빚지고 있으면서도 그에 대해 아무것도 모르고 알려고 하지도 않는 '로고스'와의 교제로 인도를 받아야 한다(요 1:4f., 12f.).

4. 예수 ─ '로고스'가 육신이 되다

요한복음의 서문에서 "태초에 '로고스'가 계시니라 … 만물이 그로 말미암아 지은 바 되었으니"(요 1:1a, 3a)로 시작되는 서두와 "'로고스'가 육신이 되어 … 우리가 그 영광을 보니"(요 1:14)로 끝나는 말미는 구약 및 초대 기독교인은 물론이고 헬레니즘 세계의 사람들의 실존의 중심이었던 것을 말하고 있다. '로고스'에 관한 서문의 말씀은 이 용어의 용례에

---

7) 참조. Schweizer, op. cit. (n. 5).
8) *Anweisung zum seeligen Leben* (1806).

서 세 가지 종합적인 배경들과 결부되어 있었다.

a) 구약적 배경

서문의 첫번째 문장(1:1)은 하늘과 땅을 지으신 하나님의 말씀에 관하여 구약이 말하고 있는 것을 생각나게 한다. 서문이 여기에서와 다른 곳에서 '로고스'에 관하여 어떻게 말하고 있는가 하는 것은 하나님의 말씀에 관한 구약의 언어 없이는 생각할 수 없을 것이다. 고대 세계 전체에서 오직 구약만이 세계와 역사를 존재하게 하고 인간의 언어로 사람들에게 나아간 말씀 — 3절에서 말하고 있는 것처럼 — 에 친숙했다(14절). 오직 구약에서만 우리는 고대 세계에서 인간의 언어로 선지자들을 통하여 나아갔고 역사를 알릴 뿐만 아니라 역사를 형성한 말씀을 발견한다(사 55:10f.). 역사 속에서 말씀의 이러한 활동을 토대로 자연과 우주는 말씀과 관련을 갖게 되었다(사 40:26). 또한 제의 전승인 시편 33:9은 창조와 관련하여 이렇게 고백하였다: "저가 말씀하시매 이루었으며".[9]

하나님의 말씀이라는 구약의 개념은 이 서문의 첫번째 실질적인 토대였다. 그러나 서문은 구약의 표현 방식과 직접적으로 연관을 맺고 있지는 않았다.

서문의 '로고스'와 구약은 세 가지 점에서 구별이 되었다. 1) 구약은 하나님의 말씀에 관하여 말하고 있는 데 비해 서문은 "말씀"에 관하여 말하고 있다. 2) 이에 걸맞게 내용상의 차이도 있었다. 요한의 '로고스'는 하나님 가까이에 있는 독립적이고 있는 그대로의 양(量)으로서 인격화되었다. 이와는 대조적으로 구약의 하나님의 말씀은 때때로 인격화되긴 하지만 하나님의 음성이었다(예를 들면, 시 147편; 사 55:11). 3) 구약의 말씀은 주로 하나님의 구원사적인 선포들로 나타난다. 하지만 요한의 '로고스'는 말씀이 육신이 되었다는 견지에서 이해되긴 하였어도 우주적 양(量)으로 소개되었다.[10]

따라서 우리는 이렇게 결론을 내릴 수 있을 것이다: 내용면에서 '로고스'에 관한 서문의 진술들은 하나님의 말씀에 관한 구약의 선포들을 전제하고 있었고 근본적으로 그러한 의도를 가지고 있었지만, 형태와 내용에 비추어 볼 때 그것들은 구약의 개념과 직접적인 연관을 가지고 있지는 않았다.

b) 초대 기독교의 이전 역사

---

9) 이 전거들이 시사하고 있는 것은 G. Von Rad, *Theology* II, 80-98에 의해 발전되었다.

10) 말씀으로서 예수에 관한 진술이 어떻게 구약과 직접적으로 결부되어 나타났는가 하는 것은 히브리서 1:1 이하에서 볼 수 있다.

이 용어의 역사와 관련하여 구약과 서문 사이의 공간은 초대 기독교의 용례가 차지하고 있었다. 초대 기독교 공동체의 사도들과 교사들은 하나님이 이미 모세와 선지자들을 통하여 말씀하셨다는 것을 전제하고 있었다(히 1:1). 그러나 바울이 자기가 "하나님의 말씀", 절대적 용법으로서 "말씀"을 전한다고 썼을 때 그는 예수 그리스도의 메시지, 즉 복음을 의미하였다. 여기서와 일반적인 초대 기독교의 언어적 용법에서 "하나님의 말씀" 또는 "말씀"은 그리스도의 메시지를 가리키는 전문 용어였다(예를 들면, 고전 14:36; 고후 2:12; 4:2; 골 1:25ff.).

신약에서 이러한 용례를 뛰어넘는 구절이 요한의 저작들에 두 번 나온다. 요한일서 1:1에 따르면 역사적 예수는 "생명의 말씀"이었고, 요한계시록 19:13에서 '파루시아' 때에 나타나는 분은 "하나님의 말씀"이라는 상징적인 이름을 부여받았다.

그러나 이 두 구절과 서문 사이에서도 상당한 간격을 볼 수 있다. 왜냐하면 후자에서는 이 용어가 절대적 의미로 사용되어 선재하는 분에게 적용되었기 때문이다. 이보다 한층 더한 것은 역사 이전의 존재가 서문에서 이러한 용어 아래 소개되고 있다는 것이다. 서문의 '로고스'는 예수가 되었다. 예수는 '로고스'가 육신이 된 것이지 '로고스' 자체는 아니었다. 따라서 다시 한번 이 용어의 역사에서 간격이 요한일서 1:1과 요한계시록 19:13을 비롯한 나머지 신약과 서문 사이에서 드러난다. 이로 인하여 우리는 이렇게 묻지 않을 수 없다: '로고스'는 요한 이전에 이디에서 우주적 양으로 인급되있는가? 요한 이전에 장조에서 아늘의 선재와 숭보 역할(§33, 4)은 헬레니즘적 교회에 알려져 있었다. 그러나 선재하는 분이 '로고스'로 지칭되는 일이 어떻게 일어났는가?

c) 주변 세계의 '로고이'(logoi)

이 호칭은 부분적으로는 주변 세계와의 변증적이고 선교적인 논쟁을 통하여 촉발되었음이 분명하다.

1) 헬라인들은 '로고스'라는 개념을 수 세기에 걸친 지적 발전의 역사를 통하여 세계와 실존에 관한 이해의 상징으로 만들었다.[11] 신약 시대에 스토아 학파는 '로고스'를 그 사상 체계의 중심에 두었다. 스토아 학파에서 '로고스'는 유기적 전체로서 우주를 지탱하는 힘임과 동시에 우주의 사건들이 일어나는 이성의 법칙이기도 하였다. 그러므로 '로고스를 따라'(kata logon), 즉 외부로부터 주장이 아니라 자기 자신 안에 있는 법칙 곧 하나님을 따르는 것이 사람의 본분이었다. 사람은 자기 자신이 될 때 자유롭게 되었다.

---

11) H. Kleinknecht, *TDNT* IV, 77.

물론 요한복음을 읽는 헬레니즘 세계의 독자들은 이 개념들을 생각하게 되었을 것이다. 그런데도 그 독자들은 서문의 '로고스'가 그 개념들로부터 나오지 않았음을 아주 빨리 알아차릴 것이다. '로고스'는 우주 안에 있는 세계 원리가 아니라 우주와의 관계에서 상대역이었다. 세계는 '로고스'에 의해 존재하게 되었고(요 1:3) 로고스에 의해 구속될 것이었다(1: 10, 14).

2) '로고스'와 세계와의 이러한 관계는 불트만이 이 개념의 근원지로 생각했던 영지주의를 생각나게 한다.[12] 그러나 불트만이 제시한 전거들[13]은 거의 모두가 요한복음보다 후대의 자료였다.[14] 영지주의에 대한 현재의 연구 상황에 비추어 볼 때 기껏해야 서문의 저자는 영지주의 운동과의 접촉을 통하여 사고 촉발의 추진력을 받았다고 말할 수 있다. 하지만 여기서 발전된 영지주의적 신화를 가져왔다는 추정은 역사적으로 확인될 수 있는 것을 훨씬 앞지르는 것이다.[15]

기원에 관한 질문과는 별도로 요한의 '로고스'와 후대 영지주의적 '로고스' 개념들과의 대비는 요한의 '로고스'가 영지주의적인 것과는 다른 방식으로 세계와 관련을 맺고 있었다는 것을 보여주기 때문에 매우 시사적이다. 영지주의에서 '로고스'는 이 세계를 하나님과 거리를 두기 위하여 최고신과 창조된 세계 사이에 존재하게 된 유출물(流出物)들 중의 하나였다. 그러므로 로고스는 나중에 세상을 구속하기 위해서가 아니라 빛의 영혼들을 어두운 물질 세계의 속박으로부터 자유케 하기 위하여 구속주로서 보냄을 받았다. 하지만 이로부터 영지주의, 헬라, 요한에서의 '로고스'는 각각 세계에 대한 서로 다른 이해를 표현하고 있었다고 결론을 내릴 수 있다. 영지주의적 '로고스'를 통하여 사람은 세상으로부터 분리되었고, 헬라의 '로고스'를 통하여 사람은 세상에 통합되었다. 하지만 요한의 '로고스'는 그것에 의해 창조된 세상을 구속하였다.

3) '로고스'에 관한 요한의 화법(話法)과 가장 가까운 병행들은 헬레니즘적 유대교의 신학, 특히 지혜에 관한 묵상 속에서 발견된다. 잠언의 가장 후기에 쓰여진 부분(주전 3세기)

---

12) "요한의 서문 또는 그 자료는 영지주의적 신화론의 언어로 말하고 있으며 그 '로고스'는 매개자, 우주론적이고 구원론적 중요성을 지닌 인물이다"(*The Gospel of John* 〔1971〕, p. 28).
13) Ibid., pp. 24ff.
14) 연대기적으로 가장 가까운 자료는 약 20년 후에 저작된 이그나티우스의 서신들일 것이다. 그것들은 영지주의적 색채를 띤 표현을 통해 '로고스'에 관하여 말하였다. 따라서 예수는 Ign. Magn. 8:2 (=LCL, *Apostolic Fathers*, I, 205)에서 '*autou logos apo siges proelthon*' "침묵으로부터 나온 그의 말씀"으로 불렸다.
15) 참조. Goppelt, *Apostolic Times*, pp. 101f.

에서조차 지혜에 우주론적 기능을 돌리고 있다. 지혜는 하나님이 지으신 최초의 존재였으며 창조의 사역에 참여하였다(잠 8:22-36). 또한 지혜는 구원론적 기능을 갖고 있었다. 지혜의 권면을 귀 기울여 듣고 지속적으로 그 길 가운데 있는 자는 누구나 "생명을 얻고", 지혜를 미워하는 자는 누구나 "사망을 사랑하느니라"(잠 8:35f. ; 참조. Syr. Bar. 3:9-4:4).

유대교는 옛날부터 어느 정도 지혜와 율법을 동일한 차원에 놓고 생각을 했기 때문에(참조. Sir. 24:23) 지혜에 관한 묵상은 토라에 관한 랍비들의 묵상에서 지속되었다.[16] 토라도 세상 이전에 하나님에 의해 창조되었고 하늘과 땅의 창조에 참여하였으며 세상의 생명과 빛이라고 생각되었다.

물론 요한의 '로고스' 진술들은 율법에 관한 랍비들의 묵상들에 대항하여 형성되었다는 키텔(G. Kittel)의 주장은 거의 밑받침되지 않는다.[17] 그 반대가 진실일 가능성이 더 크다고 하겠다.

지혜에 관한 후대의 유대교 진술들은 많은 점에서 서문의 '로고스' 진술들과 상당히 차이가 난다는 사실은 그것들이 여기와 다른 곳에서(예를 들면, 골 1:15-20; 빌 2:5-11; 히 1:1-4) 표현의 자극과 수단으로서 선재(先在) 기독론에 기여했음을 방해하지 않는다. 하지만 이 유대교 진술들이 "말씀", 즉 율법을 염두에 두었다 할지라도 그것들은 '로고스'라는 말을 사용하지 않았다는 것은 주목할 만하다.

4) 서문이 '로고스'에 관한 화법과 비견할 수 있는 것은 솔로몬의 지혜서 (7)9에서 산발적으로 발견되고 필로에서는 광범위하게 발견된다.

필로가 '로고스'에 관하여 말한 것은 그의 종교 철학 전체와 마찬가지로 파악하기 힘들고 복잡하다. 그에게 '로고스'는 한편으로는 이상 세계의 정수, 눈으로 볼 수 있는 세계의 원형(原型)이었고 — 이것은 플라톤의 사상으로부터 물려받았다 — 다른 한편으로는 세계에서 활동하고 있는 선과 진실의 권능이었으며 — 이것은 스토아 사상으로부터 물려받았다 — 마지막으로는 세계 창조와 계시의 대리자들인 천사적인 존재들의 대표자였다 — 이것은 유대 사상으로부터 물려받았다. 필로의 '로고스'는 요한의 '로고스'와 분명한 발생학적 연관을 가지고 있지 않았지만 유사한 현상으로서 시사해주는 바가 있다. 필로는 성경적 세계를 헬레니즘적 주변 세계의 '로고이'와 마주치게 하기를 원했다. 그러나 이 두 곳에서 이러한 노

---

16) Billerbeck II, 353-57; G. Kittel, *TDNT* IV, 135f.
17) Kittol, op. cit. (n. 16). pp. 134ff. 그러나 키텔이 제시하고 있는 토라에 관한 랍비의 말들은 대부분 그리스도 이후 2세기로부터 4세기에 걸쳐 왔고 교회의 '로고스' 기독론과는 반대로 그 시대에 저작되었을 것이다 — '로고스'에 관한 후대의 영지주의의 많은 진술들과 마찬가지로.

력의 결과들은 얼마나 달랐는가! 이 차이는 어법의 유형에도 나타나 있다. 필로의 '로고스'는 주변 세계를 사로잡고자 의도했던 파악하기 어려운 교묘한 용어였다. 이와는 대조적으로 요한의 '로고스'라는 용어는 모든 면에서 뚜렷한 윤곽을 지니고 있었다.

그것은 암시하는 것이 아니라 직설하기를 원하였다. 그것은 의도한 내용을 똑똑히 표현하기 위하여 내용상의 타협 없이 위에서 언급한 전승들과 자극들로부터 형성되었다. 내용 면에서 볼 때 필로의 '로고스'는 그 어느 하나에 초점을 맞춘 것이 아니라 사회의 모든 필요들에 맞춘, 주변 세계의 세계관들과의 불명확한 타협이었다. 이와는 대조적으로 요한의 '로고스'는 하나님의 구속하고 창조하는 말씀은 예수 안에서 인격으로 현존하였다는 것을 똑똑히 표현하였다. 다른 모든 유비들과는 달리 그것은 하나님과 세상 사이의 대리적 존재가 아니라 세상을 향하여 은혜로 얼굴을 돌리신 하나님 자신이었으며, 그럼에도 불구하고 하나님과의 관련에서 '너', 예수의 진정한 배경이었다.

따라서 요한은 '로고스'에 관한 당시의 모든 말들과 관련하여 예수는 있는 그대로 '로고스'였다는 것을 분명히 밝혔다! 그는 육체를 입은, 즉 유한한 인간 존재로서 '로고스'였다. 그는 이러한 인간 존재의 삶 및 말하고 행함 속에서 '독사'(doxa), 즉 창조주의 정수를 볼 수 있었던 사람들에게 '로고스'였다. 그들은 예수와의 만남을 통하여 볼 수 있게 되었던 나면서부터 소경이었던 자들이었기 때문에 그렇게 볼 수 있었다(요 9:39).[18]

예수에 대한 요한의 해석의 독특성은 우리가 '로고스' 신학 및 "에고-에이미" 정형 어구들과 관련하여 살펴보았던 두 가지 예에 비추어 볼 때 분명해진다. 신약 전체에서 이러한 해석은 구약 및 유대적 용어와 개념 세계를 헬레니즘 세계의 사람들에게 아주 광범위하게 유입시키는 계기가 되었다. 하지만 이러한 유입은 기독교의 헬라화와 그로 인한 정수의 마모라는 결과를 가져오지 않았다. 오히려 예수의 출현과 역사 내에서 종말론적 구원의 현존이라는 결정적인 문제가 더 깊고 극명하게 파악되는 결과를 가져왔다.

5. 성찬

a) 공관복음서와는 대조적으로 요한복음은 성찬 제정의 기사를 기록하고 있지 않다. 유

---

18) 이렇고 보고 믿고 아는 것이 어떻게 가능한가 하는 것은 요한이 예수의 출현의 핵심과 마찬가지로 철저하게 고찰한 그 무엇이었다. 예를 들면 그것은 6:44 이하에서 이끌리는 것과 이끌리게 하는 것이었다. 그것은 요한의 대화에서 일어났다 — 예를 들면 4:7-30에서는 우물가에서 사마리아 여인과 나눈 대화 속에서, 9:35-39에서는 소경과 나눈 대화 속에서.

스티누스(*Ap.* 1:67)가 성찬 예식에 관하여 외부인들에게 공개적으로 이야기한 이래로 사람들이 흔히 생각해오듯이[19] 공동체의 비밀 서약으로 인하여 요한복음이 그에 대하여 침묵하고 있는 것이 아니었다.

오히려 요한은 여기서 공동체들에 알려져 있었던 공관복음서 전승에서 그리스도를 통하여 만났던 것에 더 큰 해석적 깊이를 더해주기를 원하였다.

성찬 제정의 말씀 대신에 우리는 요한복음에서 고별 강화(요 13-17장)를 발견한다. 독자적인 전승을 토대로 그 강화는 예수의 퇴장과 교회의 때, 특히 최후의 만찬의 약속에 관한 공관복음서의 제자도 말씀에서 말하고 있는 것을 발전시켰다. 요한복음 14:18-24(참조. 16:16-24)에서 제자들은 오순절[20]과 '파루시아'[21] 사건의 용어를 부활절 현현에서 예수의 오심에 적용한 약속의 말씀을 받았다. 이런 식으로 부활절 현현에서 부활하신 분의 오심은 종말론적 사건이었고 근본적으로 공동체는 그런 일을 마주치게 될 것이라는 것이 분명해지게 되었다. 그러나 이런 일은 다른 형태, 즉 성령을 통하여 일어날 것이었다. 따라서 성찬 제정의 기사의 전반적인 약속은 고별 강화에서 발전되었다.

b) 그러나 요한은 예수의 말씀과 행위를 공동체의 상황 속으로 확장함으로써 성찬의 구체적인 내용을 세례의 내용을 따라 묘사하였다. 따라서 하나님 나라와 관련한 회개로 부르시는 예수님(요 3:3)은 니고데모와의 대화를 통해 부활절 이후의 상황으로 확대되었고 세례 받으라는 도전으로 재현되었나(요 3:5). 이 도전은 예수의 회개로 부르심이 오순절 이후에 초점을 맞춘 형태였다(행 2:38). 이에 따라 요한복음 6장에서 식사 때의 예수의 행위는 생명의 떡 강화를 통해 부활절 이후의 상황으로 변용되었다. 공동체는 예수로부터 이적을 통한 떡의 제공이 지속될 것을 기대한 것이 아니라 예수를 생명의 떡으로 받아들여야 했다(6:26f., 35). 끝으로 6:51c-58에서 예수가 준 "살"은 생명의 떡 대신에 공동체에 주어졌다. 요한복음 6:51c에서는 이렇게 말했다: "나의 줄 떡은 곧 세상의 생명을 위한 (죽음으로 넘기운) 내 살이로라".

이 표현들은 성찬 제정의 기사를 생각나게 한다.

거기에서는 제자들에게 주어진 떡에 관하여 이렇게 말했다: "이것은 내 몸이니".

요한에서 그것은 다음을 의미하였다: "떡은 … 나의 살이다". 거기에서 예수는 "많은 사

---

19) 예를 들면 J. Jeremias, *The Eucharistic Words of Jesus* (1966), p. 136(n. 5에서 우리는 이 견해의 대표자들을 더 발견하게 된다).

20) 예를 들면, "우리가 저에게 와서 거처를 저와 함께 하리라"(23) ; "내가 너희 안에"(20).

21) 예를 들면, "그 날에는"(20절; 참조. 16:23).

람을 위하여", 즉 모두를 위하여 넘기워졌는데 반해 요한에게 그것은 "세상의 생명을 위한", 즉 인류를 위한 것이었다. 성찬 용어 사용의 변용 — 이 현상은 6:53(인자의 살을 먹고 인자의 피를 마시는 것)에서 강화되었다 — 은 청중들이 명령되고 있는 내용이 무엇인지를 이해하는 것을 도왔다. 여기서 예수가 주신 약속은 말씀을 듣는 것으로는 충분히 수용되지 않고 오직 성찬을 먹고 마심을 통하여 수용되었다. 요한은 성찬을 세례와 아울러 우발적으로 제정된 제도로 소개한 것이 아니라 성찬을 자신의 말씀을 통한 예수의 자기 제공으로부터 자라난 것으로 소개하였다.

c) 요한복음 6:51c-58 단락 전체가 이런 식으로 성찬에 관하여 말한 것은 53절에 요약되어 있다: "내가 진실로 진실로 너희에게 이르노니 인자의 살을 먹지 아니하고 인자의 피를 마시지 아니하면 너희 속에 생명이 없느니라". 그러므로 성찬에서 주어진 것은 인자의 살과 피였다. "인자"는 자신의 죽음을 통하여 모든 믿는 자에게 생명을 가져다준(요 3:14f.) 하나님과 인간 사이의 종말 때의 중보자였다(요 1:51). 그의 "살"은 모든 사람을 위하여 죽음에 넘기운 그의 인간적 실존이었다.[22] 이에 따라 "그의 피"라는 심상은 구원의 의미를 가진 예수의 죽음이었다. 따라서 성찬에서 주어진 것은 자신의 죽음의 구원의 능력 속에서 승귀된 인자였다. 이 해석은 6:57을 통해 확증되고 있다. 왜냐하면 거기에서 "살과 피"는 인칭 대명사 "나"로 대치되어 있기 때문이다. 따라서 인자의 살과 피를 취하는 것은 예수를 취하는 것을 의미하였다.

먹고 마시는 것은 어떤 의도였는가? 지금까지 그것은 요한복음 6:35의 생명의 떡 강화에서 믿음 속에서 들음을 통하여 예수를 받아들이는 것을 상징하는 심상이었다. 이제 그것은 실제로 다음과 같은 의도였음에 틀림없다: 주어지는 선물은 성례의 먹고 마심을 통하여 물리적으로 받아들여졌다. 몇몇 해석자들이 믿음은 더 이상 관심의 문제가 아니라는 점을 분명히 하고 있는데[23] 이는 그들이 이 단락은 그 문맥과 일치하여 계속적으로 예수가 자신의 말씀을 통하여 스스로를 제공한 계시 강화였다는 것을 깨닫지 못하고 있음을 보여주는 것이다. 그러므로 그것들이 그 본래적인 의미를 여기서 지니고 있다 할지라도 먹고 마시는 것은 언제나 여전히 주로 믿음 속에서 들음을 통한 받아들임이라는 심상을 지니고 있었다. 자기

---

22) 'sarx'(육)는 여기와 51절에서 1:14에서와 마찬가지로 유한한 지상의 인간을 의미하였다. 6:63에서 그것은 요한의 다른 곳에서와 마찬가지로 유한성의 영역이었다.

23) G. Bornkamm, Aufsätze II, 51-64; G. Richter, *Formgeschichte*, p. 39; 또한 이 문제에 관해서는 U. Wilekens, "Der eucharistische Abschnitt der johanneischen Rede vom Lebensbrot (Joh. 6, 51c-58)," in *Neues Testament und Kirche. Für Rudolf Schnackenburg*, ed. J. Gnilka (1974), pp. 220-248을 참조하라.

희생 순간은 언제나 주로 말씀을 통한 희생과 마찬가지로 여기에 지속되기 때문에 그러하였다. [24]

이것은 요한이 여기서 말씀과 성례를 인상적인 방법으로 결합하였음을 의미한다. 요한복음 6:51c 이후로 성례는 말씀과 나란한 위치를 지니고 있지 않았다. 오히려 말씀은 성례의 방향으로 집중되었고 성례는 이런 식으로 말씀적 성격을 부여받았다. 예수의 자기 희생이 믿음 속에서 들음을 통해서만이 아니라 믿음 속에서 성례의 먹고 마심을 통해서 개인적 수용이 일어났을 때에야 예수의 자기 희생이 완전히 받아들여진다는 것은 선포의 용어를 통해서만 독자들에게 분명히 전해질 수 있었다. [25]

또한 이것은 왜 이 먹고 마심이 여기서 구원에 필수적인 것으로 규정되었는가 하는 것을 이해할 수 있게 해준다: "먹지 … 아니하면 … 너희 속에 생명이 없느니라". 여기서 구원에 필수적인 것으로 선포된 것은 교회적 제도가 아니라 육신이 되신 말씀이었다. 믿음 속에서의 들음을 뛰어넘어 성례로 다가가지 못한 사람에게는 말씀의 핵심적인 정수, 즉 육신이 되신 말씀이 아직 다가오지 못한 것이었다.

d) 요한의 진술들이 사도 시대의 끝에서 성찬에 대한 사도적 이해를 어느 정도 묘사하고 있는가 하는 것은 우리가 마지막으로 그 진술들을 동일한 용어를 사용하여 표현하고 있는 이그나티우스의 진술들과 비교해볼 때 분명하게 드러난다: "성찬은 우리 죄를 위하여 고난 당하신 우리 구주 예수 그리스도의 살 ― 아버지는 이를 자신의 선하심으로 말미암아 일으키셨다"(Ign. Sm. 7:1 = LCL, *Apostolic Fathers*, I, 258f.). 여기서 "살"은 요한복음 6장과 신약의 다른 곳의 인류학과는 대조적으로 유한한 인간 존재 또는 유한성의 영역이 아니라 부활을 통하여 변화된 인성(人性)이었다. 따라서 성찬에서 주어지는 것은 분명히 하늘에 속한 물질로 이해되었다(Ign. Eph. 20:2).

이그나티우스는 "살"에 관한 이 진술을 "피"에서도 그대로 옮길 수 없었다. 부활되어 하늘에 속한 피는 생각할 수 없었던 것이다. 그러므로 그는 주어지는 피와 그 효과를 살의 경우와는 다른 방식으로 규정하였던 반면에(Ign. Rom. 7:3; Phild. 4.1), 신약에서

---

24) 이런 이유로 여기서 'manducatio capernaitica'(化體)와 어떠한 연관도 없이 살을 먹고 피를 마시는 것에 관하여 바울보다(참조.§41, 2) 훨씬 더 직접적으로 말할 수 있었다.

25) 요 6:51c-58의 말씀에 대한 이러한 주석학적인 이해와 그 말씀의 생명의 떡 강화와 관련된 것에 대한 이해는 이 단락을 편집자에게 돌리는 문헌비평적 가설을 논박한다. 문체 비평적 논증들이 근거 없는 것으로 밝혀졌기 때문에 이 가설은 주석학적 이해, 예를 들면 6:51c-58에서는 성찬이 'pharmakon athanasias'(불멸의 약)로 지칭되었다는 그릇된 전제로부터 유래한 이해를 토대로 하고 있었다. L. Goppelt, *TDTN* VI, 143f.; VIII, 236f.; U. Wilckens, op. cit. (n. 23).

이 둘은 엄격하게 병행되는 의미로 언급되었다.

따라서 이렇게 이그나티우스와 비교를 해본 결과 왜 요한이 서로 다른 용어 사용과 표현 양식에도 불구하고 내용적인 차원에서 바울(§41, 2)과 맥을 같이 하고 있다고 보아야 하는 지를 알 수 있다. 6장에서 그는 헬레니즘의 이원론과 신비종교의 언어를 사용함으로써 구약 과의 직접적인 관련 없이 성찬을 통하여 궁극적으로 중보된 예수의 선물을 소개하고자 하는 대담한 시도를 하였다. 그리고 그는 진정한 예수 전승을 진리의 성령으로 해석하였기 때문 에 이 시도는 성공하였다.

6. 요한 종말론의 독특성

요한 종말론의 문제[26]는 요한복음 5:20b-30에서 그 전형을 볼 수 있다. 여기서 우리는 구원의 실현을 '파루시아'와 결합하는 — 전통적인 초기 기독교 종말론의 의미에서 — 다른 진술들(28절 이하)과 나란히 신자들에게 현존하는 구원의 충만한 실현에 관하여 말하는 진 술들(20-27절)을 발견한다. 한편으로 우리는 다음과 같은 말씀을 듣는다: "내가 진실로 진 실로 너희에게 이르노니 내 말을 듣고 또 나 보내신 이를 믿는 자는 영생을 얻었고 심판에 이르지 아니하나니 사망에서 생명으로 옮겼느니라"(24절). 다른 한편으로는 다음과 같은 말 씀이 나온다: "무덤 속에 있는 자가 다 그의 음성을 들을 때가 오나니 선한 일을 행한 자는 생명의 부활로 악한 일을 행한 자는 심판의 부활로 나오리라"(28절 이하). 이 진술들 사이 의 분명한 긴장은 어떻게 해명되어야 하는가?

a) 얼핏 보면 불트만에 의해 제기된 문학적 해결책은 아주 강력한 후보인 듯이 보인다.[27] 그에 따르면 교회 편집자는 28절 이하의 첨가를 통하여 당시에 통용되던 초기 기독교의 묵 시적 종말론을 복음서에 부차적으로 삽입하였다. 이것은 복음서 기자가 자신의 대담하고 새 로운 개념을 토대로 제거하기를 원했던 종말론이었다. 이런 식으로 해서 편집자는 이 복음 서가 교회에 받아들여질 수 있게 하였다.

---

26) 이 단락의 문제는 불트만의 해석(*The Gospel of John*, at Jn. 5:19-30)에 의해 날카롭게 설명 되었다. 이 논의에 결정적으로 기여한 것은 G. Stählin의 "Zum Problem der johanneischen Es- chatologie," *ZNW* 33 (1934), 225-259라는 논문이다. J. Blank, *Krisis* (1964)의 연구서나 P. Ricca, "Die Eschatologie des vierten Evangelisten" (1966)의 바젤 대학 박사학위논문도 실질적으로 그것을 뛰어넘지 못하였다. 아주 최근에 나온 R. Schnackenburg, *The Gospel Ac- cording to St. John* (HTK) II, 114-17의 부록을 참조하라.

27) *John* (참조. n. 26), at Jn. 5:28f.

b) 우리가 이 가설을 검토한다면 그것은 공식적인 판별 기준을 토대로, 즉 문체와 용어 분석을 통해서 입증될 수 없다는 것은 분명하다. 물론 슈나켄부르크(R. Schnacken- burg)는 복음서 기자가 5:28 이하만을 예외로 하고 그 어디에서도 미래의 '에스카톤'에 대해 묵시론적 용어로 말하지 않았다는 것을 이상하게 생각하였다.[28] 그럼에도 불구하고 이와는 대조적으로 '에스카톤'의 현존에 관하여 묵시론적 용어의 도움을 빌어 말하고 있는 5:24 이하의 언어는 이 복음서에서 이례적이라는 것에 반론을 제기할 수 있다. 그러므로 여기서 내용을 토대로 하여 결정이 내려져야 한다.

c) 28절 이하는 정말로 당시에 통용되던 초기 기독교의 종말론을 소개하고 있는가? 좀더 자세하게 검토해보면 그렇지 않다고 대답할 수 밖에 없다. 오히려 여기에 나오는 종말 기대는 매우 특이한 형태로 표현되어 있음을 알 수 있다. 이 절들은 일반적인 심판의 부활이 아니라 차별화된 부활에 관하여 말하고 있다! 이 개념은 구약 및 유대의 묵시론에서 그 초보적인 단계들을 찾아볼 수 있다. 예를 들면 다니엘서 12:2은 의인의 구원의 부활과 죄인들의 영원한 고통의 부활에 관하여 말했다. 이러한 차별화는 대중적으로가 아니라 사도적 종말론을 통해서이긴 하지만 ― 이 점은 중요하다 ― 초기 기독교의 종말론에서 강조를 둔 가운데 처음으로 발전되었다.

바울은 데살로니가전서 4:16과 고린도전서 15:23에서 둘째 부활로부터 첫째 부활을 구별히였다. 비로 이리힌 차별화는 요한게시록 20:5 이하에서 그 의미가 언급되고 있는 천년왕국의 심상을 통하여 요한계시록 20:4-6에서 생생하게 행해졌다: "이는 첫째 부활이라 이 첫째 부활에 참예하는 자들은 복이 있고 거룩하도다 둘째 사망이 그들을 다스리는 권세가 없고"(§44, 7). 첫째 부활은 신자들의 생명의 부활이었다.

초기 기독교의 종말론의 이러한 근본적인 방향은 "생명의 부활"과 "심판의 부활"을 구별하고 있는 5:29에서도 수용되었음이 분명하다. 이 차별화는 어쨌든 종말에 관한 특히 사도적인 기대의 표현이었다.

d) 이 차별화는 무엇을 토대로 하고 있었는가? 그것은 결정이 부활 이전에 이미 되어 있으며 세상의 심판 때에 처음으로 내려지는 것이 아니라는 것을 전제하고 있었다. 그 시점에서는 지금 이미 믿음에서 실체인 것이 겉으로 분명하게 드러나는 것일 뿐이다.

그것이 초기 기독교가 중심적으로 믿고 소망하는 것이었다. 바울도 행위를 따라 심판을 받기 위하여 모든 사람들이 일반적으로 부활할 것을 기대하였다. 하지만 그는 이 심판 속에서 그리스도를 통한 믿음 ― 지금 이미 현새에서와 바잔가시로(롬 5:9f.) ― 을 입증하는

---

28) *St. John* (참조. n. 26), pp. 115f.

구원을 기대하였다. 기독교인들이 지금 믿음 안에서 신앙을 고백하였고 나중에는 얼굴을 맞대고 보게 될 주님의 구원을 통한 하나됨은 초기 기독교의 종말 기대의 구성 부분이었다(고후 5:7; 벧전 1:8). 이러한 소망의 형태는 예수 자신의 말씀 속에 뿌리를 두고 있었다: 인자는 다시 오실 때에 여기서 그를 시인한 자들을 시인할 것이다(눅 12:8).

물론 놀랍게도 요한복음 5:29은 생명의 부활을 믿음이 아니라 선을 행하는 것에 좌우되는 것으로 말하였다. 요한은 여기서 묵시론적 용어로 말을 하였다. "선한 일을 행한다"는 표현은 그의 복음서의 다른 곳에서는 발견되지 않는다. 그가 여기서 그 표현을 통하여 말하고자 했던 것은 3:20 이하의 관점에서 보면 분명해진다. 거기서 "진리를 좇는"(*poiein ten aletheian*) 자들은 "악"을 행하는 자들과 대비되었다. 하지만 6:29에 따르면 "진리를 행하는 것"은 예수를 믿는 것에 다름 아니었다.

따라서 5:29은 이렇게 말한다: 미래에 올 구체적인 개개인의 부활의 종류는 예수에 대한 믿음 또는 불신에 달려있다.

e) 5:28 이하의 진술은 내용적으로 5:24-27의 진술과 결합될 수 있는가? 24-27절은 예수를 통하여 만나게 된 것의 종말론적 궁극성을 강조하였다. 믿음에는 영원한 생명의 번영만이 아니라 영원한 생명 자체가 주어졌다.

28절 이하는 그것과 나란히 자리를 잡고 있는가?

우리가 한 가지를 깨닫게 되자마자 이것은 확증될 것임에 틀림없다. 28절 이하에 따르면 이 결정은 이미 내려져 있으므로 애초부터 부활은 다른 성격을 가지고 있었다. 부활을 통하여는 이전에 주어졌던 것이 수행될 것이다. 부활을 수행하는 이러한 행위는 두 측면으로 이루어져 있다.

1) 부활은 부활의 육체성으로 이루어져 있었다. 25절이 영적인 죽음을 말하고 있는 반면에 28절은 무덤 속에서의 죽음에 초점을 맞추었다.

2) 25절에 따르면 종말의 때는 현재적이기도 하고 미래적이기도 하다. 28절에 따르면 마지막 때는 세상에 대하여 동터오고 있다. 따라서 28절 이하는 예수의 말씀이 지금 믿음에 대하여 은밀하게 수행하고 있는 것, 즉 생명 또는 심판을 구체적이고도 궁극적으로 수행할 때를 알려주고 있다.

이 때는 25절의 때와 나란한 위치를 가지고 있는가? 24절은 지금 분명하게 믿음에 의지한 생명으로 들어가는 것을 말하고 있다. 요한이 지금 그에게 말씀에 의해 중보된 새로운 관계인 것이 궁극적이고 구체적이 되는 것을 기대하지 않았다면 믿음은 더 이상 요한에게 믿음이 아니었을 것이다. 생명은 스스로에 대한 명확한 이해 이상의 것이었다. 그것은 믿는

"나"와 하나님의 "너"와의 새로운 관계였다. 이 관계는 구체적이고 궁극적으로 눈으로 볼 수 있게 되도록 계획되었다.

28절은 고린도전서가 쓰여진 시기 이래로 유포되어 있었던 현재 지향의 종말론에 대한 오해를 막아주었다. 이미 고린도에서 바울을 반대하는 광신자들 사이에서 유포되었던 이 현재 지향의 종말론은 완전주의적으로 오해되었다. 이와 동시에 그들은 미래의 구체적인 부활을 부인하였다(고전 4:8; 15:12-19). 이 오해는 디모데후서 2:18에 인용된 주장에서 부활은 이미 일어났다는 것으로 변했다.

요한복음은 신약의 어느 다른 문헌보다도 더 경험적으로 예수의 사역 속에 '에스카톤'이 현존한다는 것을 강조하였다. 믿는 자는 누구나 이미 사망에서 생명으로 옮겨졌다! 믿지 않는 자는 누구나 이미 정죄를 받고 있었다! 이 변증적인 대비는 완전주의적 결단을 목표로 한 것이 아니라 예수 안에서 하나님의 구원이라고 부르는 모든 것을 발견하는 믿음을 목표로 한 것이었다: "나는 길이요 진리요 생명이니"(14:6).

레온하르트 고펠트의 저작목록

책

1) *Typos. Die Typologische Deutung des Alten Testaments im Neuen* (*Beiträge zur För-derung christlicher Theologie* 2/43; Gütersloh, 1939).

   —(repr. Wissenschaftliche Buchgesellschaft; Darmstadt, 1973). Eng. trans. *Typos. The Typological Interpretation of the Old Testament in the New* (trans. Donald H. Madvig; Grand Rapids, 1982).

2) *Christentum und Judentum im ersten und zweiten Jahrhundert. Ein Aufriss der Ur-geschichte der Kirche* (*Beiträge zur Förderung christlicher Theologie* 2/55; Güter-sloh, 1954). Eng. trans. *Jesus, Paul and Judaism. An Introduction to New Testament Theology* (trans. and ed. E. Schroeder; 1964).

3) *Die apostolische und nachapostolische Zeit, Die Kirche in ihrer Geschichte* 1/A (ed. K. D. Schmidt, E. Wolf; Göttingen, 1962).

   —(2nd rev. ed., 1966). Eng. trans. *Apostolic and Post-Apostolic Times* (trans. R. A. Guelich; Grand Rapids, 1970; repr. 1977).

4) *Christologie und Ethik. Aufsätze zum Neuen Testament* (Göttingen, 1968).

5) *Theologie des Neuen Testaments*, Bd. 1: *Jesu Wirken in seiner theologischen Bedeu-tung* (ed. J. Roloff; Göttingen, 1975). Eng. trans. *Theology of the New Testament*, Vol. 1: *The Ministry of Jesus in Its Theological Significance* (trans. J. E. Alsup; Grand Rapids, 1981).

6) *Theologie des Neuen Testaments*, Bd. 2: *Vielfalt und Einheit des apostolischen Chris-tuszeugnisses* (ed. J. Roloff; Göttingen, 1976). Eng. trans. *Theology of the New Tes-tament*, Vol. 2: *The Variety and Unity of the Apostolic Witness to Christ* (trans. J. E. Alsup; Grand Rapids, 1982).

   —three further editions to date.

7) *Der erste Petrusbrief* (KEK XII/1, ed. F. Hahn; Göttingen, 1978). Introduction sup-plemented by J. Roloff.

논문들

1952

"Heilsoffenbarung und Geschichte nach der Offenbarung des Johannes," *ThLZ* 77 (1952), 513-522.

1954

"Die Autorität der Heiligen Schrift und die Bibelkritik," *Wort Gottes und Bekenntnis* (Sonderdruck zur Rüstzeit der 15. ordentlichen Landessynode in Loccum) (Pattensen, 1954).

1956

"Heinrich Schliers 'Weg zur Kirche,' " *ELKZ* 10 (1956), 443-46.

"Der Staat in der Sicht des Neuen Testaments," in *Macht und Recht* (ed. H. Dombois, E. Wilkens; (Berlin, 1956), pp. 9-21. Also in *Christologie*, pp. 190-207.

"Am dritten Tage auferstanden von den Toten," in *Das Wahrzeichen des Christenglaubens. Eine Besinnung auf das Apostolische Glaubensbekenntnis* (ed. H. Lamparter; Wuppertal-Barmen, 1956), pp. 131-142.

"Das hermeneutische Problem in der gegenwärtigen neutestamentlichen Wissenschaft," *Amtsblatt der Evangelisch-Lutherischen Kirche in Thüringen* 9 (1956), 90-94, 103-05.

1958

"Tradition nach Paulus," *KuD* 4 (1958), 213-233.

"Kirchengemeinschaft und Abendmahlsgemeinschaft nach dem Neuen Testament," in *Koinonia* (Arbeiten des Oekumenischen Ausschusses der VELKD; Berlin, 1958), pp. 24-33.

"Kirche und Häresie nach Paulus," in *Koinonia* (as above), pp. 42-56. An earlier version in the Gedenkschrift für W. Elert (1955), pp. 9-23.

1959

"Der Missionar des Gesetzes. Zu Röm. 2, 21 f.," in *Basileia* (Festschrift für W. Freytag, ed. J. Hermelink, H. J. Margull; Stuttgart, 1959), pp. 199-207. Also in *Christologie*, pp. 137-146.

1960

"Urkirche und Staat," in *Kirche und Staat* (ed. T. Heckel; München, 1960), pp. 7-21.

1961

"Die Freiheit zur Kaisersteuer. Zu Mk. 12, 17 und Röm 13, 1-7," in *Ecclesia und Res Publica* (Festschrift für K. D. Schmidt, ed. G. Kretschmar, B. Lohse; Göttingen, 1961), pp. 40-50. Also in *Christologie*, pp. 208-219. Eng. in *StEv* 2 (1964), 183-194.

"Der verborgene Messias. Zu der Frage nach dem geschichtlichen Jesus," in *Der historische Jesus und der kerygmatische Christus* (ed. H. Ristow, K. Matthiae; Berlin, 1961²), pp. 371-384 (1st ed. 1960). Also in *Christologie*, pp. 11-27.

1962

"The Existence of the Church in History According to Apostolic and Early Christian Thought," in *Current Issues in New Testament Interpretation* (Essays in Honor of O. A. Piper, ed. W. Klassen and G. F. Snyder; New York, 1962), pp. 193-209.

"Dare We Follow Bultmann?", *Christianity Today* (April 27, 1962), 14-17 (726-29).

1963

"Zum Problem des Menschensohns. Das Verhältnis von Leidens- und Parusieankündigung," in *Mensch und Menschensohn* (Festschrift für K. Witte, ed. H. Sierig, F. Wittig; Hamburg, 1963), pp. 21-32. Also in *Christologie*, pp. 66-78.

"Israel und Kirche, heute und bei Paulus," *Lutherische Rundschau* (hereafter *LuthRu*) 13 (1963), 429-452. Also in *Christologie*, pp. 165-189.

1964

"Apokalyptik und Typologie bei Paulus," *ThLZ* 89 (1964), 321-344; reprinted as appendix to *Typos* (Darmstadt, 1973; *Christologie*, pp. 234-267).

"Das Osterkerygma heute," *Lutherische Monatshefte* 3 (1964), 50-57; in revised form in *Christologie*, pp. 79-101. Eng. trans. "The Easter Kerygma in the New Testament," *The Easter Message Today*, essays by L. Goppelt, H. Thielicke, H.-R. Müller-Schwefe (1964), pp. 27-58. Also in *Diskussion um Kreuz und Auferstehung* (ed. B. Klappert; Wuppertal, 1967), pp. 207-221.

"Zehn Jahre Evangelisch-Theologische Fakultät Hamburg." in *Hamburger Kirchenkalender* (Hamburg, 1964), pp. 1-13 (rev. offset print).

"Das kirchliche Amt nach den lutherischen Bekenntnisschriften und nach dem Neuen Testament," *LuthRu* 14 (1964), 517-536. Also published in *Zur Auferbauung des Leibes Christi* (Festschrift für P. Brunner; 1965), pp. 97-115.

1965

"Begründung des Glaubens durch Jesus" (Guest Lecture in Greifswald and Rostock. First published in *Christologie*, pp. 44-65).

"Wahrheit als Befreiung—Das neutestamentliche Zeugnis von der Wahrheit nach dem Johannesevangelium," in *Was ist Wahrheit?* (Hamburger Ringvorlesung, ed. H.-R. Müller-Schwefe; Göttingen, 1965), pp. 80-93.

"Kirchenleitung in der palästinischen Urkirche und bei Paulus," in *Reformatio et confessio* (Festschrift für W. Maurer, ed. F. W. Kantzenbach, W. Friedrich, and G. Müller; Berlin, 1965), pp. 1-8.

1966

"Paulus und die Heilsgeschichte: Schlussfolgerungen aus Röm. 4 und I Kor. 10, 1-13," *NTS* 13 (1966/67), 31-42. Eng. trans. "Paul and Heilsgeschichte: Conclusions from Romans 4 and I Cor. 10:1-13," *Int* 21 (July 1967), 315-326. Also in *Christologie*, pp. 220-233.

1967

"Das Problem der Bergpredigt. Jesu Gebot und die Wirklichkeit dieser Welt" (Address before the Theologischen Kommission des Luth. Weltbundes on June 24, 1967 in St. Peter/Minn.-USA; first published as *Die Bergpredigt und die Wirklichkeit dieser Welt* (Calwer Heft 96; Stuttgart, 1968). Republished in *Christologie*, pp. 28-43.

"Die Herrschaft Christi und die Welt," *LuthRu* 17 (1967), 22-50; revised and reprinted in *Christologie*, pp. 102-136. Eng. in *Lutheran World* 14 (1967), 263-69.

"Versöhnung durch Christus" (presented in formal discussion between theologians of the EKD and the Russ.-Orth. Kirche in Höchst on March 4, 1967; first published in *LuthMonh* 6 (1967), 263-69 and *Stimme der Orthodoxie* (1967), Heft 9, 42-46 and Heft 10, 38-43. Republished as "Versöhnung durch Christus nach dem Neuen Testament," in *Versöhnung* (ed. by Aussenamt der EKD, Studienheft 5; Witten, 1967), pp. 64-80; note also contributions to the discussion by Goppelt in the Diskussionsprotokoll. Also in *Christologie*, pp. 147-164.

1968

"Wege zum Verständnis des Kreuzes nach dem Neuen Testament," in *Das Kreuz Christi im Widerstreit der Meinungen* (Beiheft XI zum "Konvent Kirchlicher Mitarbeiter," ed. W. Baader; Kiel, 1968), pp. 19-33; here also "Zusammenfassende Thesen," pp. 75f.

"Kirchenleitung und Bischofsamt in den ersten drei Jahrhunderten," in *Kirchenpräsident oder Bischof?* (ed. J. Asheim, V. R. Gold; Göttingen, 1968), pp. 9-35. Eng. in *Episcopacy in the Lutheran Church?* (same eds.) (1970), pp. 1-29.

"Geschichtlich wirksames Sterben. Zur Sühnewirkung des Kreuzes," in *Leben Angesichts Des Todes* (Festschrift für H. Thielicke, ed. B. Lohse; Tübingen, 1968), pp. 61-68.

1969

"Verifizierung des Glaubens bei Paulus," in *Die Predigt zwischen Text und Empirie* (ed. H. Breit, L. Goppelt, J. Roloff. M. Seitz; Stuttgart, 1969), pp. 56-74.

"Mission ou revolution? La responsibilite du cretim dans la societe d'apres la Ie Ep de Pierre," *Positions luthériennes* 194 (1969), 202-216.

1970

"Kirchentrennung und Kirchengemeinschaft nach dem Neuen Testament (Paulus)" (Address presented to the Lutheran/Reformed discussions in Europe at Leuenberg bei Basel, April 8, 1969, and published in *Ökumenische Rundschau* 19 [1970], 1-11).

"Taufe und Neues Leben nach Joh 3 und Röm 6" (Address printed in *Taufe-Neues Leben-Dienst; Das Leningrader Gespräch über die Verantwortung der Christen für die Welt*, ed. Aussenamt der EKD, Studienheft Nr. 6; Witten, 1970), pp. 68-78. Also in *Stimme der Orthodoxie* (1970), Heft 4, 51-53 and Heft 5, 36-41.

"Die Auferstehung Jesu in der Kritik, ihr Sinn und ihre Glaubwürdigkeit," in *Grundlagen des Glaubens* (ed. P. Rieger and J. Strauss, Tutzinger Texte 8; München, 1970), pp. 55-74.

"Die Anfänge der Evangelisch-Theologischen Fakultät," *Ludwig-Maximilians-Universität Jahres-Chronik 1967/1968* (München, 1970), pp. 199-206.

1971

"Die Pluralität der Theologien im Neuen Testament und die Einheit des Evangeliums als ökumenisches Problem," in *Evangelium und Einheit* (ed. V. Vajta; Göttingen, 1971), pp. 103-125. Eng. trans. "The Plurality of New Testament Theologies and the Unity of the Gospel as an Ecumenical Problem," in V. Vajta, ed., *The Gospel and Unity* (1971), pp. 106-130.

1972

"Auf dem Weg zur Kirchengemeinschaft der reformatorischen Kirchen in Europa. Die Voraussetzungen der Konferenz in Leuenberg, 1971," *Nachrichten der ev. luth. Kirche in Bayern* (1972), pp. 185-87. Also published in *Die Zeichen der Zeit* (Berlin, 1972), pp. 305-08.

"Textpredigt und wissenschaftliche Exegese in der Krise," in *Die Predigt als Kommunikation* (ed. J. Roloff; Stuttgart, 1972), pp. 93-99.

"Prinzipien neutestamentlicher Sozialethik nach dem 1. Petrusbrief," in *Neues Testament und Geschichte* (Festschrift für O. Cullmann, ed. H. Baltensweiler; Zürich/Tübingen, 1972), pp. 285-296.

"Der Friede Jesu und der Friede des Augustus," *Wort und Wahrheit* 27 (1972), 243-251.

"Die Auferstehung Jesu: Ihre Wirklichkeit und ihre Wirkung nach 1. Kor 15," in *Der auferstandene Christus und das Heil der Welt* (ed. Aussenamt der EKD, Studienheft 7; Witten, 1972), pp. 98-111; note also contributions to the discussion by Goppelt in the Diskussionsprotokoll. Also in *J Mosh Patr* 6 (1974), 52-61.

Foreword to reprint of A. Schlatter, *Geschichte Israels von Alexander dem Grossen bis Hadrian* (Darmstadt, 1972).

1973

"Prinzipien neutestamentlicher und systematischer Sozialethik heute," in *Die Verantwortung der Kirche in der Gesellschaft* (ed. J. Baur; Stuttgart, 1973), pp. 7-30.

"Was kann die Gesellschaft vom Menschen erwarten?", in *Dem Wort Gehorsam* (Festschrift für H. Dietzfelbinger, ed. H. Maser; München, 1973), pp. 126-139.

"Jesus und die Haustafeltradition," in *Orientierung an Jesus* (Festschrift für J. Schmid, ed. P. Hoffmann; Freiburg, 1973), pp. 93-105.

"Die Religion und Gott (nach Paulus)," in *So sende ich euch!* (Festschrift für M. Pörksen, ed. O. Waack; Korntal bei Stuttgart, 1973), pp. 73-83.

"Der eucharistische Gottesdienst nach dem Neuen Testament," *Erbe und Auftrag, Benediktinische Monatsschrift* 49 (1973), 435-447. Also in *Die Eucharistie* (ed. Aussenamt der EKD, Studienheft 8; Bielefeld, 1974), pp. 28-41; note also contributions to the discussion by Goppelt in the Diskussionsprotokoll.

신학사전의 항목

RGG[3]:
Art.: "Allegorie II," Vol. I, Cols. 239f. (Tübingen, 1957).
Art.: "Bund III," Vol. I, Cols. 1516-18 (Tübingen, 1957).
Art.: "Wiedergeburt II," Vol. VI, Cols. 1697-99 (Tübingen, 1962).

TDNT:
Art.: *peinaō*, Vol. VI, pp. 12-22 (Grand Rapids, 1968).
Art.: *pinō*, Vol. VI, pp. 135-160 (Grand Rapids, 1968).
Art.: *trapeza*, Vol. VIII, pp. 209-215 (Grand Rapids, 1972).
Art.: *trōgō*, Vol. VIII, pp. 236f. (Grand Rapids, 1972).
Art.: *typos*, Vol. VIII, pp. 246-259 (Grand Rapids, 1972).
Art.: *hydōr*, Vol. VIII, pp. 314-333 (Grand Rapids, 1972).

EKL:
Art.: "Johannes III, Apokalypse," Vol. II, Cols. 365-69 (Göttingen, 1958).
Art.: "Reich Gottes II," Vol. III, Cols. 555-59 (Göttingen, 1959).
Art.: "Sühne und Schuld III," Vol. III, Cols. 1220-22 (Göttingen, 1959).
Art.: "Urchristentum," Vol. III, Cols. 1581-86 (Göttingen, 1959).
Art.: "Urgemeinde," Vol. III, Cols. 1586-1591 (Göttingen, 1959).

The Encyclopedia of the Lutheran Church
Art.: "Theological Bible Study," Vol. I, pp. 239-246 (Minneapolis, 1965).

Baker's Dictionary of Christian Ethics
Art.: "Grace," pp. 273-75 (Grand Rapids, 1973).

서평

1950
"K. Buchheim, *Das messianische Reich*," *ThLZ* 75 (1950), 32-35.

"M. Doerne, *Grundriss des Theologiestudiums*," *Evangelisch-lutherische Kirchenzeitung* (hereafter *ELKZ*) (1950), 257f.

1951
"H.-J. Schoeps, *Theologie und Geschichte des Judenchristentums*," *ELKZ* (1951/52), 304f.

"H.-J. Schoeps, *Aus frühchristlicher Zeit*," *ELKZ* (1951/52), 305.

1953
"M. Dibelius, *Aufsätze zur Apostelgeschichte*," *ELKZ* (1953), 139f.

1955
"A. M. Hunter, *Die Einheit des Neuen Testaments*," *ELKZ* (1955), 290.

"J. Schneider, *Die Taufe im Neuen Testament*," *ELKZ* (1955), 360 and 363.

1956

"W. Mauer, *Kirche und Synagoge*," *ELKZ* (1956), 165.

"W. Bieder, *Die kolossische Irrlehre und die Kirche von heute*," *ELKZ* (1956), 400.

1957

"M. Rissi, *Zeit und Geschichte in der Offenbarung des Johannes*," *ELKZ* (1957), 241.

"H.-J. Schoeps, *Urgemeinde, Judentum, Gnosis*," *ThLZ* 82 (1957), 429-431.

1958

"J.-L. Leuba, *Institution und Ereignis*," *ThLZ* 83 (1958), 110f.

1959

"M. Albertz, *Die Botschaft des Neuen Testaments*, Bd. 1 und Bd. 2," *ELKZ* (1959), 222f.

"L. H. Grollenberg, O.P., *Bildatlas zur Bibel*," *ELKZ* (1959), 253.

"G. van der Leeuw, *Phänomenologie der Religion*," *ELKZ* (1959), 305.

1961

"W. Nauck, *Die Tradition und der Charakter des ersten Johannesbriefes*," *ELKZ* (1961), 413.

1962

"K. Rudolph, *Die Mandäer*," *Lutherische Monatshefte* (hereafter *LuthMonh*) 1 (1962), 32 and 35.

1963

"E. Käsemann, *Exegetische Versuche und Besinnungen*, Bd. 1," *ThLZ* 88 (1963), 839-842.

"G. Bornkamm, *Die Vorgeschichte des sogenannten zweiten Korintherbriefes*," *ThLZ* 88 (1963), 895-97.

"E. Schweizer, *Erniedrigung und Erhöhung bei Jesus und seinen Nachfolgern*," *LuthMonh* 2 (1963), 11-12 (Literaturbeiheft!; hereafter Lit. bft.).

"R. Schnackenburg, *Die Johannesbriefe*, HTK III/3," *LuthMonh* 2 (1963), 13f. (Lit. bft.).

1964

"G. Eichholz, *Glaube und Werk bei Paulus und Jakobus*," *ThLZ* 89 (1964), 33f.

"Hilfsmittel für das Studium des NT: *Synopsis Quattuor Evangeliorum*, ed. K. Aland, E. Hennecke, W. Schneemelcher, *Neutestamentliche Apokryphen*; H. Kraft, *Clavis Patrum Apostolicorum; Die Texte aus Qumran*, E. Lohse (ed.)," *LuthMonh* 3 (1964), 18f. (Lit. bft.).

"Einleitungen in das NT: P. Feine, J. Behm, W. G. Kümmel, *Einleitung in das Neue Testament*; W. Marxsen, *Einleitung in das Neue Testament*," *LuthMonh* 3 (1964), 19f. (Lit. bft.).

"F. Hahn, *Christologische Hoheitstitel*," *LuthMonh* 3 (1964), 21 (Lit. bft.).

"Zur Apostelgeschichte: H. Conzelmann, *Die Apostelgeschichte*, HNT; G. Stählin, *Die Apostelgeschichte*, NTD 5; U. Wilckens, *Die Missionsreden der Apostelgeschichte*," *LuthMonh* 3 (1964), 21-23 (Lit. bft.).

"Zur Apostelamt: G. Klein, *Die Zwölf Apostel*; W. Schmithals, *Das kirchliche Apostelamt*," *LuthMonh* 3 (1964), 23f. (Lit. bft.).

"E. Schweizer, *Neotestamentica*," *LuthMonh* 3 (1964), 24 (Lit. bft.).

1965

"Forschungsgeschichtliche Einführungen: R. Schnackenburg, *Neutestamentliche Theologie*; B. Rigaux, *Paulus und seine Briefe*," *LuthMonh* 4 (1965), 11 (Lit. bft.).

"F. Mussner, *Der Jakobusbrief*, HTK XIII," *LuthMonh* 4 (1965), 14 (Lit. bft.).

"Religionsgeschichtliche Monographien: G. Jeremias, *Der Lehrer der Gerechtigkeit*; J. Becker, *Das Heil Gottes*," *LuthMonh* 4 (1965), 17f. (Lit. bft.).

"Chr. Burchard, *Bibliographie zu den Handschriften vom Toten Meer II, NR. 1557-4459*," *LuthMonh* 4 (1965), 18 (Lit. bft.).

"Aufsatzsammlungen: E. Haenchen, *Gott und Mensch*; W. G. Kümmel, *Heilsgeschehen und Geschichte*; E. Käsemann, *Exegetische Versuche und Besinnungen*, Bd. 2; E. Fuchs, *Glaube und Erfahrung; Zeit und Geschichte*, Festschrift für R. Bultmann, ed. E. Dinkler," *LuthMonh* 4 (1965), 18f. (Lit. bft.).

1966

"O. Cullmann, *Heil als Geschichte*," *ThZ* 22 (1966), 51-56.

"P. Stuhlmacher, *Gerechtigkeit Gottes bei Paulus*," *LuthMonh* 5 (1966), 392f.

"W. Schrage, *Das Verhältnis des Thomas-Evangeliums zur synoptischen Tradition und zu den koptischen Evangelienübersetzungen*," *LuthMonh* 5 (1966), 393f.

"K. Beyschlag, *Clemens Romanus und der Frühkatholizismus*," *LuthMonh* 5 (1966), 394.

1967

"E. Käsemann, *Exegetische Versuche und Besinnungen*, Bd. 2," *ThLZ* 92 (1967), 109-112.

"A. Safran, *Die Kabbala*," *LuthMonh* 6 (1967), 371.

"E. Gaugler, *Auslegung neutestamentlicher Schriften*," *LuthMonh* 6 (1967), 378.

"H. Braun, *Qumran und das Neue Testament*, Bd. 1/2," *LuthMonh* 6 (1967), 380.

"K. Rudolph, *Theologie, Kosmogonie und Anthropogonie in den mandäischen Schriften*," *LuthMonh* 6 (1967), 380f.

1968

"H. Conzelmann, *Grundriss der Theologie des Neuen Testaments*," *LuthMonh* 7 (1968), 371-73.

1969

"R. Schnackenburg, *Das Johannesevangelium 1*. Teil HTK IV," *LuthMonh* 8 (1969), 432f.

"W. Popkes, *Christus Traditus*," *LuthMonh* 8 (1969), 434f.

"E. Güttgemanns, *Der leidende Apostel und sein Herr*," *LuthMonh* 8 (1969), 435.

"Neue katholische Paulusinterpretation: P. Benoit, O.P., *Exegese und Theologie*; K. H. Schelkle, *Wort und Schrift; H. Schürmann, *Traditionsgeschichtliche Untersuchungen zu den synoptischen Evangelien*; R. Schnackenburg, *Christliche Existenz nach dem Neuen Testament*," *LuthMonh* 8 (1969), 438f.

1970

"H. Braun, *Jesus*," *ThLZ* 95 (1970), 744-47.

"H. Braun, *Jesus*," *LuthMonh* 9 (1970), 437f.

"H. D. Betz, *Nachfolge und Nachahmung Jesu Christi im Neuen Testament*," *LuthMonh* 9 (1970), 438.

"P. Stuhlmacher, *Das paulinische Evangelium*," *LuthMonh* 9 (1970), 439.

"H. Conzelmann, *Geschichte des Urchristentums*," *LuthMonh* 9 (1970), 439f.

"H. Schürmann, *Das Lukasevangelium Teil 1*, HTK III/1," *LuthMonh* 9 (1970), 440.

1971

"Themen des NT: Taufe-Freiheit-Ostern: O. Böcher, *Dämonenfurcht und Dämonenab-wehr*; W. Huber, *Passa und Ostern*; K. Niederwimmer, *Der Begriff der Freiheit im NT*," *LuthMonh* 10 (1971), 461f.

"Für Menschen unserer Zeit: D. Arenhoevel, A. Deissler, A. Vögtle, *Die Bibel*; U. Wilckens, *Das Neue Testament*," *LuthMonh* 10 (1971), 463.

1972

"Der Ertrag einer Epoche. Vier Darstellungen der Theologie des Neuen Testaments" (rev. of J. Jeremias, W. G. Kümmel, K. H. Schelkle, J. Schreiner [ed.]), *LuthMonh* 11 (1972), 96-98.

설교와 명상

Mt 11, 25-30, *Calwer Predigthilfen* (hereafter *CPH*) 7 (Stuttgart, 1968), pp. 85-91.
Mt 13, 10-17, *CPH* 7 (Stuttgart, 1968), pp. 91-95.

Röm 5, 12-21, *CPH* 8 (Stuttgart, 1969), pp. 55-62.
Röm 11, 25-32, *CPH* 8 (Stuttgart, 1969), pp. 62-67.
Eph 2, 17-22, *CPH* 8 (Stuttgart, 1969), pp. 67-74.

Mt 20, 20-28, *CPH* 9 (Stuttgart, 1970), pp. 187-194.
Joh 6, 47-57, *CPH* 9 (Stuttgart, 1970), pp. 180-86.

Offb 5, 1-14, *CPH* 10 (Stuttgart, 1971), pp. 160-68.
Offb 19, 11-16, *CPH* 10 (Stuttgart, 1971), pp. 168-175.
Offb 21, 1-7, *CPH* 10 (Stuttgart, 1971), pp. 175-180.
Offb 22, 12-21, *CPH* 10 (Stuttgart, 1971), pp. 180-85.
1. Petr. 1, 3-9, *CPH* 10 (Stuttgart, 1971), pp. 199-206.

Joh 2, 1-11, *CPH* 11 (Stuttgart, 1972), pp. 89-97.
Joh 6, 1-15, *CPH* 11 (Stuttgart, 1972), pp. 98-104.
Lk 24, 13-35, *CPH* 11 (Stuttgart, 1972), pp. 214-221.
Mt 25, 31-46, *CPH* 11 (Stuttgart, 1972), pp. 221-28.

Röm 6, 3-11, *CPH* 12 (Stuttgart, 1973), pp. 345-351.
1. Kor 10, 1-13, *CPH* 12 (Stuttgart, 1973), pp. 352-57.
1. Kor 11, 23-29, *CPH* 12 (Stuttgart, 1973), pp. 223-230.
1. Petr. 4, 7-11, *CPH* 12 (Stuttgart, 1973), pp. 315-321.
1. Petr. 5, 5-11, *CPH* 12 (Stuttgart, 1973), pp. 321-26.
1. Petr. 3, 8-15, *CPH* 12 (Stuttgart, 1973), pp. 326-332.

문헌 부록

1973 – 1981까지 신약신학, 성경신학, 방법론, 해석학의 일반적 주제들에 대한 책들과 기념 논집 및 기사들

NOTE: This bibliography spans the years from Leonhard Goppelt's death to the present. An exhaustive supplement to each section of the *Theology* proved to be far too extensive an undertaking, even with a focus on English-language publications: hence the concentration on four relevant, general themes. In the interest of promoting the international, multi-language discussion of New Testament theology to which Leonhard Goppelt was committed the following references are linguistically integrated and are listed alphabetically by author or editor for each year. In most cases, works or translations of works published after 1973 that are already included within the translation of Volumes I and II do not reappear in this supplement. The reader is encouraged to consult other bibliographical resources in further study of the individual sections of the *Theology*. Special note is made here, for example, of the excellent literary supplement by O. Merk to R. Bultmann, *Theologie des Neuen Testaments* (Uni-Taschenbücher 630) (Tübingen, 1980[8]), pp. 622-704, of *New Testament Abstracts* (Cambridge, Mass.), of the *Theologisches Wörterbuch zum Neuen Testament*, Vol. X, and of the *New Testament Exegetical Bibliographical Aids* (ed. G. Wagner) (Rüschlikon, Switzerland).

—John Alsup

1973

Aune, D. E., "The New Testament: Source of Modern Theological Diversity," *Direction* 2 (1973), 10-15.

Balz, H. and S. Schulz (eds.), *Das Wort und die Wörter*. Festschrift für Gerhard Friedrich zum 65. Geburtstag (Stuttgart, 1973).

Barr, J., "Reading the Bible as Literature," *Bulletin of the John Rylands University Library of Manchester* 56 (1973), 10-33.

__________, *The Bible in the Modern World* (New York, 1973).

Betz, H. D. and L. Schottroff (eds.), *Neues Testament und christliche Existenz*. Festschrift für Herbert Braun zum 70. Geburtstag am 4. Mai 1973 (Tübingen, 1973).

Briggs, R. C., *Interpreting the New Testament Today. An Introduction to Methods and Issues in the Study of the New Testament* (Nashville, 1973).

Ebeling, G. et al. (eds.), *Festschrift für Ernst Fuchs* (Tübingen, 1973).

Geyer, H.-G. (ed.), *Freispruch und Freiheit: Theologische Aufsätze für Walter Kreck zum 65. Geburtstag* (München, 1973).

Hahn, F., "Der Beitrag der katholischen Exegese zur neutestamentlichen Forschung. Ein Überblick über die letzten 30 Jahre," *VF* 18 (1973), 83-98.

Harrington, W. J., *The Path of Biblical Theology* (Dublin, 1973).

Hengel, M., "Historische Methoden und theologische Auslegung des Neuen Testaments," *KuD* 19 (1973), 85-90.

Hübner, H., *Politische Theologie und existentiale Interpretation. Zur Auseinandersetzung Dorothee Sölles mit Rudolf Bultmann* (Glaube und Lehre 9) (Witten, 1973).

Käsemann, E., "The Problem of a New Testament Theology," *NTS* 19 (1973), 235-245.

Koch, K., "Reichen die formgeschichtlichen Methoden für die Gegenwartsaufgaben der Bibelwissenschaft zu?" *ThLZ* 98 (1973), 801-814.

Léon-Dufour, X. (ed.), *Dictionary of Biblical Theology* (New York, 1973).

Lindars, B. and S. S. Smalley (eds.), *Christ and Spirit in the New Testament*. Festschrift for C.F.D. Moule on his 65th Birthday (Cambridge, 1973).

Lindemann, W., *Karl Barth und die kritische Schriftauslegung* (Hamburg, 1973).

Livingstone, E. A. (ed.), *Studia Evangelica* VI (=Texte und Untersuchungen 112) (Berlin, 1973).

Lohse, E., *Die Einheit des Neuen Testaments. Exegetische Studien zur Theologie des Neuen Testaments* (Göttingen, 1973).

———, "Im Dienst des Evangeliums. Rudolf Bultmann als lutherischer Theologe," *Lutherische Monatshefte* 12 (1973), 422-24.

Morgan, R., *The Nature of New Testament Theology. The Contribution of William Wrede and Adolf Schlatter* (Studies in Biblical Theology 25) (London, 1973).

———, "Great Interpreters—V. Rudolf Bultmann (b. 1884)," *Scripture Bulletin* 4 (1973), 90f.

Moule, C.F.D., "The Distinctiveness of Christ," *Theology* 76 (1973), 562-572.

Riesenfeld, H., "Reflections on the Unity of the New Testament," *Religion* 3 (1973), 35-51.

Rogerson, J. W., "Biblical Studies and Theology: Present Possibilities and Future Hopes [review of Barr, *Modern World*]," *Churchman* 87 (1973), 198-206.

Schelkle, K. H., *Theology of the New Testament. III: Morality* (Collegeville, Minn., 1973) (I: 1971; II: *Salvation History-Revelation*, 1976; IV: *The Rule of God: Church-Eschatology*, 1978).

Schenk, W., "Die Aufgaben der Exegese und die Mittel der Linguistik," *ThLZ* 98 (1973), 881-894.

Schmid, H. H., "Schöpfung, Gerechtigkeit und Heil, 'Schöpfungstheologie' als Gesamthorizont biblischer Theologie," *ZThK* 70 (1973), 1-19.

Schnackenburg, R., "Biblische Sprachbarrieren," *Bibel und Leben* 14 (1973), 223-231.

1974

Banks, R. (ed.), *Reconciliation and Hope*. New Testament Essays on Atonement and Eschatology presented to L. L. Morris on his 60th Birthday (Grand Rapids, 1974).

Barr, J., "Trends and Prospects in Biblical Theology," *JThSt* 25 (1974), 265-282.

Barthes, R. et al., *Structural Analysis and Biblical Exegesis. Interpretational Essays* (Pittsburgh Theological Monograph Series 3) (Pittsburgh, 1974).

Black, M. and W. A. Smalley (eds.), *On Language, Culture, and Religion*: In Honor of Eugene A. Nida (The Hague, 1974).

Boutin, M., *Relationalität als Verstehensprinzip bei Rudolf Bultmann* (Beihefte zur Evangelischen Theologie 67) (München, 1974).

Conzelmann, H., *Theologie als Schriftauslegung. Aufsätze zum Neuen Testament* (Beihefte zur Evangelischen Theologie 65) (München, 1974).

Cox, C. E., "R. Bultmann: Theology of the New Testament," *Restoration Quarterly* 17 (1974), 144-161.

Dahl, N. A., *The Crucified Messiah and other essays* (Minneapolis, 1974).

Dantine, W., *Jesus von Nazareth in der gegenwärtigen Diskussion* (Gütersloh, 1974).

DeJonge, M., *Jesus: Inspiring and Disturbing Presence* (Nashville, 1974).

France, R. T. (ed.), *A Bibliographical Guide to New Testament Research* (Cambridge, 1974).

Frei, H. W., *The Eclipse of Biblical Narrative. A Study in Eighteenth and Nineteenth Century Hermeneutics* (New Haven, 1974).

Fuller, R. H., "The New Testament in Current Study," *Perspectives in Religious Studies* 1 (1974), 103-119.

Furnish, V. P., "The Historical Criticism of the New Testament: A Survey of Origins," *Bulletin of the John Rylands University Library of Manchester* 56 (1974), 336-370.

Gnilka, J. (ed.), *Neues Testament und Kirche*. Für Rudolf Schnackenburg (Freiburg, 1974).

Gross, H. and F. Mussner, "Die Einheit von Altem und Neuem Testament," *Internationale katholische Zeitschrift/Communio* 3 (1974), 544-555.

Ihde, D. (ed.), *P. Ricoeur—The Conflict of Interpretations*. Essays in Hermeneutics (Evanston, 1974).

Jackson, B. S. (ed.), *Studies in Jewish Legal History*. Essays in Honour of David Daube (London, 1974).

Jacobsen, R., "The Structuralists and the Bible," *Int* 28 (1974), 146-164.

Jansen, J. F., "The Biblical Theology of Geerhardus Vos," *Princeton Seminary Bulletin* 66 (1974), 23-34.

Johnson, R. A., *The Origins of Demythologizing. Philosophy and Historiography in the Theology of Rudolf Bultmann* (Studies in the History of Religions XXVIII; Supplement to Numen) (Leiden, 1974).

Kasper, W., *Jesus der Christus* (Mainz, 1974).

Ladd, G. E., *A Theology of the New Testament* (Grand Rapids, 1974).

Lehman, C. K., *Biblical Theology II. New Testament* (Scottsdale, Pa., 1974).

Lohff, W. and F. Hahn, *Wissenschaftliche Theologie in Überblick* (Göttingen, 1974).

Lohse, E., *Grundriss der neutestamentlichen Theologie* (Theologische Wissenschaft 5) (Stuttgart, 1974; 1979²).

Longenecker, R. N. and M. C. Tenney (eds.), *New Dimensions in New Testament Studies* (Grand Rapids, 1974).

Luz, U., "Theologia crucis als Mitte der Theologie im Neuen Testament," *EvTheol* 34 (1974), 116-141.

Merklein, H. and J. Lange (eds.), *Biblische Randbemerkungen*. Schülerschrift für Rudolf Schnackenburg zum 60. Geburtstag (Würzburg, 1974).

Morgan, R., "The New Testament in Religious Studies," *Religious Studies* 10 (1974), 385-406.

————, "Great Interpreters—VI. W. G. Kümmel (b. 1905)," *Scripture Bulletin* 5 (1974), 28f.

Moule, C.F.D. and H. Willmer, "The Distinctiveness of Christ. A Correspondence," *Theology* 77 (1974), 404-412.

Murphy, R. E. (ed.), *Patrick W. Skehan Festschrift* (*Catholic Biblical Quarterly* 36/4) (Washington, 1974).

Nicol, I. G., "Event and Interpretation. Oscar Cullmann's conception of Salvation History," *Theology* 77 (1974), 14-21.

Perrin, N., "Eschatology and Hermeneutics: Reflections on Method in the Interpretation of the New Testament," *JBL* 93 (1974), 3-14.

Riesenfeld, H., "Criteria and Valuations in Biblical Studies," *Svensk Exegetisk Årsbok* 39 (1974). 74-89.

Sanders, J. A., "Reopening Old Questions About Scripture" [review of Barr, *Modern World*], *Int* 28 (1974), 321-330.

Schierse, F. J., "Probleme und Methoden heutiger Schriftauslegung," *Stimmen der Zeit* 99 (1974), 780-84.

Schubert, K. and N. Brox (eds.), *Festschrift für Endre Ivánka* (Salzburg, 1974) (=Kairos 15, 1973).

Seebass, H. *Biblische Hermeneutik* (Stuttgart, 1974).

Shires, H. M., *Finding the Old Testament in the New* (Philadelphia, 1974) (cf. review by J. A. Sanders, *Union Seminary Quarterly Review* 30 [1974], 241-46).

Spivey, R. A., "Structuralism and Biblical Studies: The Uninvited Guest," *Int* 28 (1974), 133-145.

Stramare, T., "Quod in novo patet in vetere latet," *Biblica et Orientalia* 16 (1974), 199-210.

Terry, M. S., *Biblical Hermeneutics. A Treatise on the Interpretation of the Old and New Testaments* (Grand Rapids, 1974²).

1975

Aune. D. E., "The Words of God Interpreting the Deeds of God" [review of G. E. Ladd, *A Theology*], *Int* 29 (1975), 424-27.

Barr, J., "Biblical Theology," *Interpreter's Dictionary of the Bible*, Supplementary Volume (Nashville, 1975), pp. 104-111.

Beardslee, W. A., "Narrative Form in the New Testament and Process Theology," *Encounter* 36 (1975), 301-315.

Brown, C. (ed.), *The New International Dictionary of New Testament Theology*, I: A-F (Grand Rapids, 1975); II: G-Pre (1977); III: Pri-Z (1978).

Brown, R. E., *Biblical Reflections on Crises Facing the Church* (New York, 1975).

Dornisch, L., "Symbolic Systems and the Interpretation of Scripture: An Introduction to the Work of Paul Ricoeur," *Semeia* 4 (1975), 1-21.

Drumwright, H. L. and C. Vaughan (eds.), *New Testament Studies*. Essays in Honor of Ray Summers in his Sixty-Fifth Year (Waco, 1975).

Ellis, E. E. and E. Grässer (eds.), *Jesus und Paulus*. Festschrift für Werner Georg Kümmel zum 70. Geburtstag (Göttingen, 1975).

Fiedler, P. and D. Zeller (eds.), *Gegenwart und kommendes Reich*. Schülergabe Anton Vögtle zum 65. Geburtstag (Stuttgart, 1975).

Flanagan, J. W. and A. Weisbrod Robinson (eds.), *No Famine in the Land*. Studies in Honor of John L. McKenzie (Missoula, Mont., 1975).

Frankemölle, H., "Exegese und Linguistik—Methodenprobleme neuerer exegetischen Veröffentlichungen," *Theologische Revue* 71 (1975), 1-12.

Frei, H. W., *The Identity of Jesus. The Hermeneutical Bases of Dogmatic Theology* (Philadelphia, 1975).

Giblet, J., "Unité et diversité dans les écrits du Nouveau Testament," *Istina* 20 (1975), 23-34.

Gisel, P., "E. Käsemann, oeuvre et projet théologique," *Bulletin du Centre Protestant d'Etudes* 27 (1975), 5-17.

Griffin, D. R., "Relativism, Divine Causation and Biblical Theology," *Encounter* 36 (1975), 342-360.

Hawthorne, G. F. (ed.), *Current Issues in Biblical and Patristic Interpretation*. Studies in Honor of Merrill C. Tenney Presented by His Former Students (Grand Rapids, 1975).

Hooker, M. and C. Hickling (eds.), *What About the New Testament?* Essays in Honour of Christopher Evans (London, 1975).

Kaye, B. N., "Recent German Roman Catholic New Testament Research," *Churchman* 89 (1975), 246-256.

Kistemaker, S. J., "Current Problems and Projects in New Testament Research," *Journal of the Evangelical Theological Society* 71 (1975), 17-28.

Kjeseth, P. [review of Goppelt, *Theologie I*], *Lutheran World* 3 (1975), 261f.

Klug, E. F., "The End of the Historical-Critical Method," *Springfielder* 38 (1975), 289-302.

Lewis, J. P., "The New Testament in the Twentieth Century," *Restoration Quarterly* 18 (1975), 193-215.

Lohse, E., "Die Einheit des Neuen Testaments als theologisches Problem. Überlegungen zur Aufgabe einer Theologie des Neuen Testaments," *EvTheol* 35 (1975), 139-154.

Longenecker, R. N., *Biblical Exegesis in the Apostolic Period* (Grand Rapids, 1975).

Menoud, P. H., *Jésus-Christ et la Foi. Recherches néotestamentaires* (Neuchatêl, 1975).

Mildenberger, F., "The Unity, Truth, and Validity of the Bible. Theological Problems in the Doctrine of Holy Scripture," *Int* 29 (1975), 391-405.

Neusner, J. (ed.), *Christianity, Judaism and Other Greco-Roman Cults*. Studies for Morton Smith at Sixty, Part 1: New Testament (Leiden, 1975).

Perrin, N., "The Interpretation of a Biblical Symbol," *Journal of Religion* 55 (1975), 348-370.

Pesch, R. and R. Schnackenburg (eds.), *Jesus und der Menschensohn*. Für Anton Vögtle (Freiburg, 1975).

Ricoeur, P., "Biblical Hermeneutics," *Semeia* 4 (1975), 27-148.

Schmidt, L., "Die Einheit zwischen Altem und Neuem Testament im Streit zwischen Friedrich Baumgärtel und Gerhard von Rad," *EvTheol* 35 (1975), 119-139.

Simon, U., *Story and Faith in the Biblical Narrative* (London, 1975).

Sobosan, J. G., "Man Before God," *New Blackfriars* 56 (1975), 22-31.

Strecker, G. (ed.), *Das Problem der Theologie des Neuen Testaments* (Wege der Forschung 367, Wissenschaftliche Buchgesellschaft) (Darmstadt, 1975).

———(ed.), *Jesus Christus in Historie und Theologie*. Neutestamentliche Festschrift für Hans Conzelmann zum 60. Geburtstag (Tübingen, 1975).

Stuhlmacher, P., *Schriftauslegung auf dem Wege zur biblischen Theologie* (Göttingen, 1975).

Talmaze, F. E. (ed.), *Disputation and Dialogue. Readings in the Jewish-Christian Encounter* (New York, 1975).

Via, Jr., D. O., *Kerygma and Comedy in the New Testament. A Structuralist Approach to Hermeneutic* (Philadelphia, 1975).

———, "A Quandary of Contemporary New Testament Scholarship: The Time between the 'Bultmanns,' " *Journal of Religion* 55 (1975), 456-461.

Vicentini, J. I., "Teologia del Nuovo Testamento," *Stromata* 31 (1975), 343-359.

Ward, W. (ed.), *Biblical Studies in Contemporary Thought*. The Tenth Anniversary Commemorative Volume of the Trinity College Biblical Institute 1966-1975 (Sommerville, MA, 1975).

1976

Aalin, S., "Bibel teologier til Det nye testamente" (Biblical Theologies of the New Testament), *Tidsskrift for Teologi og Kirke* 47 (1976), 21-46.

Baird, W., "The Significance of Biblical Theology for the Life of the Church," *Lexington Theological Quarterly* 11 (1976), 37-48.

Bauer, J. B. (ed.), *Encyclopedia of Biblical Theology* (New York, 1976).

Brown, R. E., "Difficulties in Using the New Testament in American Catholic Discussions," *Louvain Studies* 6 (1976), 144-158.

Cahill, P. J. [review of Goppelt, *Theologie I*], *Catholic Biblical Quarterly* 38 (1976), 105f.

Childs, B., *Biblical Theology in Crisis* (Philadelphia, 1976²) (cf. review by W. E. Ward, 1977).

Dahl, N. A., *Jesus in the Memory of the Early Church* (Minneapolis, 1976).

Elliott, J. K. (ed.), *Studies in New Testament Language and Text*. Essays in Honor of George D. Kilpatrick on the Occasion of his sixty-fifth Birthday (Novum Testamentum, Supplement 44) (Leiden, 1976).

Festorazzi, F., "Teologia biblica: problem e riflessioni," *Teologia* 1 (1976), 135-149.

Friedrich, J. et al. (eds.), *Rechtfertigung*. Festschrift für Ernst Käsemann zum 70. Geburtstag (Tübingen, 1976).

Fuchs, A. (ed.), *Jesus in der Verkündigung der Kirche* (Studien zum Neuen Testament und seiner Umwelt A, 1) (Linz, 1976).

Gaffin, R. B., "Systematic Theology and Biblical Theology," *Westminster Theological Journal* 38 (1976), 281-299.

Gisel, P., "Ernst Käsemann ou la solidarité conflictuelle de l'histoire et de la vérité," *Etudes théologiques et religieuses* 51 (1976), 21-37.

Güttgemanns, E., "Generative Poetics," *Semeia* 6 (1976), 1-220.

Hahn, F., "Das biblische Kerygma und die menschliche Existenz. Zum Werk und Wirkungsgeschichte Rudolf Bultmanns," *Herder-Korrespondenz* 30 (1976), 630-35.

Hamerton-Kelly, R. and R. Scroggs (eds.), *Greeks and Christians. Religious Cultures in Late Antiquity*. Essays in Honor of William David Daube (Studies in Judaism in Late Antiquity 21) (Leiden, 1976).

Johnson, Jr., A. M. (ed. and trans.), *The New Testament and Structuralism* (Pittsburgh Theological Monograph Series 11) (Pittsburgh, 1976).

Lindars, B. and P. Borgen, "The Place of the Old Testament in the Formation of New Testament Theology: Prolegomena and Response," *NTS* 23 (1976), 59-75.

Lindner, H., "Widerspruch oder Vermittlung? Zum Gespräch mit G. Maier und P. Stuhlmacher über eine biblische Hermeneutik," *Theologische Beiträge* 7 (1976), 185-197.

MacRae, G. W., "The Gospel and the Church," *Theology Digest* 24 (1976), 338-348.

Martin, G. M., *Vom Unglauben zum Glauben. Zur Theologie der Entscheidung bei Rudolf Bultmann* (Theologische Studien 118) (Zürich, 1976).

Martins Terra, J. E., "Teologia Biblica," *Revista de Cultura Biblica* 13 (1976), 99-143.

Marxsen, W., *Die Sache Jesu geht weiter* (Gütersloh, 1976).

McKay, J. R., and J. F. Miller (eds.), *Biblical Studies*. Essays in Honour of William Barclay (London, 1976).

Neill, S., *Jesus Through Many Eyes. Introduction to the Theology of the New Testament* (Philadelphia, 1976).

Obermüller, R., *Teología del Nuevo Testamento*, 3 vols. (4th in prep.) (Buenos Aires, 1976-78) (for a nonspecialist audience).

Patte, D. (ed.), *Semiology and Parables. Exploration of the Possibilities Offered by Structuralism for Exegesis* (Pittsburgh Theological Monograph Series 9) (Pittsburgh, 1976).

Roberts, R. C., *Rudolf Bultmann's Theology: A Critical Interpretation* (Grand Rapids, 1976).

Robinson, J. M., "The Future of New Testament Theology," *Religious Studies Review* 2 (1976), 17-23.

1977

Baird, W., *The Quest of the Christ of Faith. Reflections on the Bultmann Era* (Waco, 1977).

Baker, D. L., *Two Testaments, One Bible. A Study of some modern solutions to the theological problem of the relationship between the Old and New Testaments* (Downers Grove, Ill., 1977).

Berger, K., *Exegese des Neuen Testaments. Neue Wege vom Text zur Auslegung* (Uni-Taschenbücher 658) (Heidelberg, 1977) (cf. review by van Iersel, *Nederlands theologisch tijdschrift* 33 [1979], 69-77).

Bornkamm, G., "In Memoriam Rudolf Bultmann *20.8.1884 †30.7.1976," *NTS* 23 (1977), 235-242.

Bruce, F. F., *The Defense of the Gospel in the New Testament* (Grand Rapids, 1977; rev. ed.).

Cahill, P. J., "The Theological Significance of Rudolf Bultmann," *Theological Studies* 38 (1977), 231-274.

Crossan, J. D., "Perspectives and Methods in Contemporary Biblical Criticism," *Biblical Research* 22 (1977), 39-49.

Dieckmann, B., *"Welt" und "Entweltlichung" in der Theologie Rudolf Bultmanns. Zum Zusammenhang von Welt- und Heilsverständnis* (Beiträge zur ökumenischen Theologie 17 (München, 1977).

Dunn, J.D.G., *Unity and Diversity in the New Testament. An Inquiry Into the Character of Earliest Christianity* (Philadelphia, 1977).

Evans, C. F., *Explorations in Theology* 2 (London, 1977).

Frye, R. M., "A New Criticism" [review of Via, *Comedy*, 1975], *Int* 31 (1977), 299-302.

Fuchs, A. (ed.), *Theologie aus dem Norden* (Studien zum Neuen Testament und seiner Umwelt A,2) (Linz, 1977).

Gese, H., *Zur biblischen Theologie. Alttestamentliche Vorträge* (München, 1977).

Haacker, K. et al., *Biblische Theologie heute—Beispiele—Kontroversen* (Biblisch-Theologische Studien 1) (Neukirchen, 1977).

———, "Biblische Theologie und historische Kritik" [review of O. Merk, *Biblische Theologie des Neuen Testaments*], *Theologische Beiträge* 8 (1977), 223-26.

Hahn, F., "Exegese, Theologie und Kirche," *ZThK* (1977), 25-37.

Jervell, J. and W. A. Meeks, *God's Christ and His People*. Essays in Honour of Nils Alstrup Dahl (Oslo, 1977).

Kaiser, O. (ed.), *Gedenken an Rudolf Bultmann* (Tübingen, 1977).

Kieffer, R., *Nytestamentlig teologi* (Lund, 1977).

Köberle, A., "Evangelium und Natur. Zur Theologie von Adolf Schlatter," *EvK* 10 (1977), 539-541.

Kwiran, M., *Index to Literature on Barth, Bonhoeffer and Bultmann* [2048 references on the latter] (Basel, 1977).

Maier, G., *The End of the Historical-Critical Method* (St. Louis, 1977).

———, "Einer biblischen Hermeneutik entgegen? Zum Gespräch mit P. Stuhlmacher und H. Lindner," *Theologische Beiträge* 8 (1977), 148-160.

Marshall, I. H. (ed.), *New Testament Interpretation. Essays on Principles and Methods* (Grand Rapids, 1977).

Morgan, R., "A Straussian Question to 'New Testament Theology,' " *NTS* 23 (1977), 243-265.

______, "F. C. Baur's Lectures on New Testament Theology," *Expository Times* 88 (1977), 202-06.

Nineham, D. E., *Explorations in Theology 1* (London, 1977).

Purkiser, W. T., R. S. Taylor, and W. H. Taylor, *God, Man, and Salvation. A Biblical Theology* (Kansas City, Mo., 1977).

Regner, F., *"Paulus und Jesus" im neunzehnten Jahrhundert. Beiträge zur Geschichte des Themas "Paulus und Jesus" in der neutestamentlichen Theologie* (Studien zur Theologie und Geistesgeschichte Neunzehnten Jahrhunderts 30) (Göttingen, 1977).

Riesenfeld, H., "Zur Frage nach der Einheit des Neuen Testaments," *Erbe und Auftrag* 53 (1977), 32-45 (cf. Riesenfeld, 1973).

Roloff, J., *Neues Testament* (Neukirchen, 1977; 1979²).

Schnackenburg, R. et al. (eds.), *Die Kirche des Anfangs*. Festschrift für Heinz Schürmann zum 65. Geburtstag (Leipzig, 1977).

Seebass, H., "Zur Ermöglichung biblischer Theologie. Fragen an G. Klein zur 'zentralen urchristlichen Konstruktion des Glaubens,' " *EvTheol* 37 (1977), 591-600.

Stuhlmacher, P., *Historical Criticism and Theological Interpretation of Scripture. Toward a Hermeneutics of Consent* (Philadelphia, 1977) (cf. Stuhlmacher, *Schriftauslegung*, 1975).

______, "Biblische Theologie und kritische Exegese," *Theologische Beiträge* 8 (1977), 88-90.

Ward, W. E., "Towards a Biblical Theology" [review among others of B. Childs, *Crisis*, 1976], *Review and Expositor* 7 (1977), 371-387.

1978

Baarda, T. et al. (eds.), *Miscellanea Neotestamentica* (2 vols.; Novum Testamentum, Supplement 47/48) (Leiden, 1978).

Bammel, E. et al. (eds.), *Donum Gentilicum*. New Testament Essays in Honour of David Daube (Oxford, 1978).

Barr, J., *Does Biblical Study Still Belong to Theology?* (Oxford, 1978).

Beck, H. W., "Der ur- und endgeschichtliche Universalismus der Schrift als hermeneutischer Schlüssel für eine gesamtbiblische Theologie," *Theologische Beiträge* 9 (1978), 182-194.

Broer, I., "Die Gleichnisexegese und die neuere Lituraturwissenschaft," in H. Kreuzer and K. W. Bonfig (eds.), *Entwicklungen der siebziger Jahre* (Gerabonn, 1978), pp. 125-135.

Bruce, F. F., *The Time is Fulfilled. Five Aspects of the Fulfillment of the Old Testament in the New* (Exeter, 1978).

Cook, J. I. (ed.), *Saved by Hope*. Essays in Honor of Richard C. Oudersluys (Grand Rapids, 1978).

Crossan, J. D., "Waking the Bible, Biblical Hermeneutics and Literary Imagination," *Int* 32 (1978), 269-285.

Ellis, E. E., *Prophecy and Hermeneutic in Early Christianity. New Testament Essays* (Grand Rapids, 1978).

Forde, G. O., "Bultmann: Where Did He Take Us?" *Dialog* 17 (1978), 27-30.

Friedrich, J. H. (ed.), *Auf das Wort kommt es an*. Gesammelte Aufsätze [of G. Friedrich] zum 70. Geburtstag (Göttingen, 1978).

Fuchs, A. (ed.), *Probleme der Forschung* (Studien zum Neuen Testament und seiner Umwelt A,3) (Wien, 1978).

Gasque, W. W. and W. S. LaSor (eds.), *Scripture, Tradition, and Interpretation*. Essays Presented to Everett F. Harrison by His Students and Colleagues in Honor of His Seventy-Fifth Birthday (Grand Rapids, 1978).

Grässer, E. and O. Merk (eds.), *W. G. Kümmel, Heilsgeschehen und Geschichte II, Gesammelte Aufsätze 1965-1977* (Marburger theologische Studien 16) (Marburg, 1978).

Guelich, R. A. (ed.), *Unity and Diversity in New Testament Theology*. Essays in Honor of George E. Ladd (Grand Rapids, 1978).

Güttgemanns, E., "Sensus historisticus und sensus plenior oder Über 'historische' und 'linguistische' Methode. Thesen und Reflexionen zur erkenntnis-theologischen Funktion von Linguistik und Semiotik in der Theologie," *Linguistica Biblica* 43 (1978), 75-112.

Harrisville, R. A., "Somewhere between Burying and Praising Caesar," *Dialog* 17 (1978), 9-14.

Hasel, G. F., *New Testament Theology. Basic Issues in the Current Debate* [a companion to his *Old Testament Theology*, 1975²] (Grand Rapids, 1978).

Kindt, I., *Der Gedanke der Einheit. Adolf Schlatters Theologie und ihre historischen Voraussetzungen* (Stuttgart, 1978).

Klein, C., *Anti-Judaism in Christian Theology* (Philadelphia, 1978) (cf. review by G.W.E. Nickelsburg, *Religious Studies Review* 4 [1978], 161-68).

Maier, G., *Wie legen wir die Bibel aus?* (Giessen, 1978).

Megivern, J. J. (ed.), *Bible Interpretation, Official Catholic Teachings* (Wilmington, NC, 1978).

Müller, G. (ed.), *Israel hat dennoch Gott zum Trost*. Festschrift für Shalom Ben-Chorin (Trier, 1978).

Patte, D. and A. Patte, *Structural Exegesis: From Theory to Practice*. Exegesis of Mark 15 and 16. Hermeneutical Implications (Philadelphia, 1978).

Robbins, V. K., "Structuralism in Biblical Interpretation and Theology," *Thomist* 42 (1978), 349-372.

Scharlemann, R. P., "The Systematic Structure of Bultmann's Theology," *Dialog* 17 (1978), 31-35.

Schlatter, A., *Jesus—der Christus. Acht Aufsätze* (Giessen, 1978).

Schnackenburg, R., *Masstab des Glaubens. Fragen heutiger Christen im Licht des Neuen Testaments* (Freiburg, 1978).

Stegemann, W., *Der Denkweg Rudolf Bultmanns. Darstellung der Entwicklung und der Grundlagen seiner Theologie* (Stuttgart, 1978).

Stuhlmacher, P., "Adolf Schlatter's Interpretation of Scripture," *NTS* 24 (1978), 433-446 (short English version of his "Adolf Schlatter als Bibelausleger," *ZThK* [1978], 81-111).

———, "Hauptprobleme und Chancen kirchlicher Schriftauslegung," *Theologische Beiträge* 9 (1978), 53-69.

Terrien, S., *The Elusive Presence. Toward a New Biblical Theology* (Religious Perspectives 26) (New York, 1978) (cf. Frizzel, 1980).

Theissen, G., *Sociology of Early Palestinian Christianity* (Philadelphia, 1978) (cf. also his *The Social Setting of Pauline Christianity: Essays on Corinth* [Philadelphia, 1982]; cf. review by Luz, 1980).

Thiselton, A. C., "Keeping up with Recent Studies II. Structuralism and Biblical Studies: Method or Ideology?" *Expository Times* 89 (1978), 329-335.

Tuttle, G. A. (ed.), *Biblical and Near Eastern Studies*. Essays in Honor of William Sanford LaSor (Grand Rapids, 1978).

Wagner, S., " 'Biblische Theologien' und 'Biblische Theologie,' " *ThLZ* 103 (1978), 785-798.

1979

Andersen, C. and G. Klein (eds.), *Theologia crucis—Signum crucis*. Festschrift für Erich Dinkler zum 70. Geburtstag (Tübingen, 1979).

Best, E. and R. McL. Wilson (eds.), *Text and Interpretation*. Studies in the New Testament Presented to Matthew Black (New York, 1979).

Blank, J., "Exegese als theologische Basiswissenschaft," *Theologische Quartalschrift* 159 (1979), 2-23.

Boers, H., *What Is New Testament Theology? The Rise of Criticism and the Problem of a Theology of the New Testament* (Guides to Biblical Scholarship: NT Series) (Philadelphia, 1979).

Durken, D. (ed.), *Sin, Salvation, and the Spirit*. Commemorating the Fiftieth Year of the Liturgical Press (Collegeville, Minn., 1979).

Gasque, W. W., "The Promise of Adolf Schlatter," *Crux* 15 (1979), 5-9.

Goldingay, J., "The 'Salvation History' Perspective and the 'Wisdom' Perspective within the Context of Biblical Theology," *Evangelical Quarterly* 51 (1979), 194-207.

Grech, P. and G. Segalla, *Metodologia per uno studio della teologia del Nuovo Testamento* (Turin, 1979).

Grötzinger, E. (ed.), *E. Fuchs. Wagnis des Glaubens. Aufsätze und Vorträge* (Neukirchen, 1979).

Hadidian, D. Y. (ed.), *From Faith to Faith*. Essays in Honor of Donald G. Miller on his Seventieth Birthday (Pittsburgh Theological Monograph Series 31) (Pittsburgh, 1979).

Hengel, M., "Kein Steinbruch für Ideologien. Zentrale Aufgaben neutestamentlicher Exegese," *Lutherische Monatshefte* 18 (1979), 23-27.

Henry, P., *New Directions in New Testament Study* (Philadelphia, 1979).

Hermesmann, H.-G., *Zeit und Heil. Oscar Cullmanns Theologie der Heilsgeschichte* (Konfessionskundliche Schriftenreihe 43) (Paderborn, 1979).

Jobling, D., "Structuralism, Hermeneutics, and Exegesis: Three Recent Contributions to the Debate" [McKnight, Detweiler, Patte(s)], *Union Seminary Quarterly Review* 34 (1979), 135-147.

Johnson, A. M. (ed.), *Structuralism and Biblical Hermeneutics. A Collection of Essays* (Pittsburgh Theological Monograph Series 22) (Pittsburgh, 1979).

Klein, G. (ed.), *P. Vielhauer. Oikodome. Aufsätze zum Neuen Testament II* (Theologische Bücherei 65) (München, 1979).

Koenig, J., *Jews and Christians in Dialogue: New Testament Foundations* (Philadelphia, 1979).

Martin, B. L., "Some Reflections on the Unity of the New Testament," *Studies in Religion/Sciences religieuses* 8 (1979), 143-152.

Perrin, N., *The Promise of Bultmann* (Philadelphia, 1979).

Pfitzner, V. C., "Pointers to New Testament Studies Today," *Lutheran Theological Journal* 13 (1979), 7-14.

Piper, J., "A Reply to Gerhard Maier: A Review Article," *Journal of the Evangelical Theological Society* 22 (1979), 79-85.

Reumann, J. (ed.), *Studies in Lutheran Hermeneutics* (Philadelphia, 1979).

Ruh, U. and R. Schnackenburg, "Exegese: ihre Rolle in Theologie und Kirche. Ein Gespräch mit Prof. Rudolf Schnackenburg," *Herder-Korrespondenz* 33 (1979), 549-554.

Ryan, T. J. (ed.), *Critical History and Biblical Faith. New Testament Perspectives* (Villanova, Pa., 1979).

Segalla, G., "Quindici anni di Teologia del Nuovo Testamento. Una rassegna (1962-1977)," *Rivista Biblica* 27 (1979), 359-395.

Schillebeeckx, E., *Jesus. An Experiment in Christology* (New York, 1979) (cf. *Christ*, 1980).

Smart, J. D., *The Past, Present, and Future of Biblical Theology* (Philadelphia, 1979).

Strecker, G., *Eschaton und Historie. Aufsätze* (Göttingen, 1979).

Stuhlmacher, P. and H. Class, *Das Evangelium von der Versöhnung in Christus* (Stuttgart, 1979).

Stuhlmacher, P., "The Gospel of Reconciliation in Christ—Basic Features and Issues of a Biblical Theology of the New Testament," *Horizons in Biblical Theology* 1 (1979), 161-190.

————, *Vom Verstehen des Neuen Testaments. Eine Hermeneutik* (Grundrisse zum NT, NTD Ergänzungsreihe 6) (Göttingen, 1979).

Winter, A. et al. (eds.), *Kirche und Bibel*. Festgabe für Bischof Eduard Schick (Paderborn, 1979).

1980

Achtemeier, P. and G. M. Tucker, "Biblical Studies: The State of the Discipline," *Bulletin of the Council on the Study of Religion* 11 (1980), 72-76.

Bartsch, C., *'Frühkatholizismus' als Kategorie historisch-kritischer Theologie. Eine methodologische und theologie-geschichtliche Untersuchung* (Studien zu jüdischem Volk und christlicher Gemeinde 3) (Berlin, 1980).

Bonnard, P., *Anamnesis. Recherches sur le Nouveau Testament* (Lausanne. 1980).

Brecht, M. (ed.), *Text—Wort—Glaube. Studien zur Überlieferung, Interpretation und Autorisierung biblischer Texte*. Dedicated to Kurt Aland (Arbeiten zur Kirchengeschichte 50) (Berlin, 1980).

Brown, R. E., "The Meaning of the Bible," *Theology Digest* 28 (1980), 305-320.

Bruce, F. F., "Charting New Directions for New Testament Studies," *Christianity Today* 24 (1980), 1117-1120.

Carmody, J., *Theology for the 1980s* (Philadelphia, 1980).

Dahl, N. A., "New Testament Theology in a Pluralistic Setting," *Reflection* 77 (1980), 16-18.

Farmer, W. R., "Critical Reflections on Werner Georg Kümmel's History of New Testament Research," *Perkins Journal* 34 (1980), 41-48.

Frizzel, L. E. (ed.), *God and His Temple. Reflections on Professor Samuel Terrien's The Elusive Presence: Toward a Biblical Theology* (South Orange, NJ, 1980).

Fuller, R. H., "What is Happening in New Testament Studies?" *Saint Luke's Journal of Theology* 23 (1980), 90-100.

Gaffin, R. B. (ed.), *Redemptive History and Biblical Interpretation. The Shorter Writings of Geerhardus Vos* (Phillipsburg, NJ, 1980).

Grässer, E., "Offene Fragen im Umkreis einer Biblischen Theologie," *ZThK* 77 (1980), 200-221 (cf. response below by Stuhlmacher, *ZThK*, 1980).

Grundmann, W., *Wandlungen im Verständnis des Heils. Drei nachgelassene Aufsätze zur Theologie des Neuen Testaments* (Arbeiten zur Theologie 65) (Stuttgart, 1980).

Hahn, F., "Auf dem Wege zu einer biblischen Theologie?" *Nachrichten der evangelisch-lutherischen Kirche in Bayern* 35 (1980), 281-87.

Hanson, P. D., "The Responsibility of Biblical Theology to Communities of Faith," *Theology Today* 37 (1980), 39-50.

Haubeck, W. and N. Bachmann (eds.), *Wort in der Zeit*. Neutestamentliche Studien (for K. H. Rengstorf on his 75th Birthday) (Leiden, 1980).

Holtz, T. [review of Goppelt, *Theologie II*], *ThLZ* 105 (1980), 599-602.

Jansen, J. F., *The Resurrection of Jesus Christ in New Testament Theology* (Philadelphia, 1980).

Kee, H. C., *Christian Origins in Sociological Perspective. Methods and Resources* (Philadelphia, 1980).

Kelsey, D. H., "The Bible and Christian Theology," *Journal of the American Academy of Religion* 48 (1980), 385-402.

Koester, H., *Einführung in das Neue Testament im Rahmen der Religionsgeschichte und Kulturgeschichte der hellenistischen und römischen Zeit* (Berlin, 1980).

Kubina, V. and K. Lehmann (eds.), *H. Schlier. Der Geist und die Kirche. Exegetische Aufsätze und Vorträge IV* (Freiburg, 1980).

Küng, H., Moltmann, J., and M. Lefébvre (eds.), *Conflicting Ways of Interpreting the Bible* (Concilium 138) (New York, 1980).

Lührmann, D. and G. Strecker (eds.), *Kirche*. Festschrift für Günther Bornkamm zum 75. Geburtstag (Tübingen, 1980).

Luz, U., "Soziologische Aspekte in der Exegese," *Kirchenblatt für die reformierte Schweiz* 136 (1980), 221.

March, W. E. (ed.), *Texts and Testaments*. Critical Essays on the Bible and Early Church Fathers (in Honor of S. D. Currie) (San Antonio, 1980).

Martin, R. P., "New Testament Theology: Impasse and Exit. The Issues," *Expository Times* 91 (1980), 264-69.

Merk, O., "Biblische Theologie II. Neues Testament," *Theologische Realenzyklopädie* VI (1980), 455-477 (Lit.).

Metzger, B. M., *New Testament Studies. Philological, Versional, and Patristic* (New Testament Tools and Studies 10) (Leiden, 1980).

Mudge, L. S. (ed.), *P. Ricoeur. Essays on Biblical Interpretation* (Philadelphia, 1980).

Piper, J., "Historical Criticism in the Dock: Recent Developments in Germany," *Journal of the Evangelical Theological Society* 23 (1980), 325-334 (review of Stuhlmacher, *Vom Verstehen* [1979] et al.).

Pokorný, P., "Das Wesen der exegetischen Arbeit," *Communio Viatorum* 23 (1980), 167-178.

Sabourin, L., *The Bible and Christ. The Unity of the Two Testaments* (Staten Island, NY, 1980).

Sandys-Wunsch, J., "G. T. Zachariae's Contribution to Biblical Theology," *ZAW* 92 (1980), 1-23.

————and L. Eldredge, "J. B. Gabler and the Distinction between Biblical and Dogmatic Theology: Translation, Commentary, and Discussion of His Originality," *Scottish Journal of Theology* 33 (1980), 133-158.

Schillebeeckx, E., *Christ. The Experience of Jesus as Lord* (New York, 1980) (cf. *Interim Report*, 1981).

Scroggs, R., "The Sociological Interpretation of the New Testament: The Present State of Research," *NTS* 26 (1980), 164-179.

Stancil, B., "Structuralism and New Testament Studies," *Southwestern Journal of Theology* 22 (1980), 41-59.

Strecker, G., "Historische Kritik und 'neue Exegese,' " *Communio Viatorum* 23 (1980), 159-166.

Stuhlmacher, P., "Zum Thema 'Hermeneutik,' " *Communio Viatorum* 23 (1980), 179-184.

————, ". . . in verrosteten Angeln," *ZThK* 77 (1980), 222-238.

Thiselton, A. C., *The Two Horizons. New Testament Hermeneutics and Philosophical Description with Special Reference to Heidegger, Bultmann, Gadamer, and Wittgenstein* (Grand Rapids, 1980).

Wells, P. R., *James Barr and the Bible. Critique of a New Liberalism* (Phillipsburg, NJ, 1980).

Zmijewski, J. and E. Nellessen (eds.), *Begegnung mit dem Wort*. Festschrift für Heinrich Zimmermann (Bonner biblische Beiträge 53) (Bonn, 1980).

1981

Bouttier, M., "Bulletin de Nouveau Testament: Théologies," *Études théologiques et religieuses* 56 (1981), 307-331.

Brown, R. E., " 'And the Lord Said'? Biblical Reflections on Scripture as the Word of God," *Theological Studies* 42 (1981), 3-19.

Fitzmyer, J. A., *To Advance the Gospel. New Testament Studies* (New York, 1981).

Hubbard, B. J. [review of four recent contributions to the discussion of resurrection and the New Testament: Alsup, Perrin, Wilckens, Lapide], *Religious Studies Review* 7 (1981), 34-38.

Hübner, H., "Biblische Theologie und Theologie des Neuen Testaments. Eine programmatische Skizze," *KuD* 27 (1981), 2-19.

Jeremias, J., *The Central Message of the New Testament* (Philadelphia, 1981).

Pokorný, P., "Probleme biblischer Theologie," *ThLZ 106 (1981), 1-8.*

Schillebeeckx, E., *Interim Report on the Books Jesus and Christ* (New York, 1981).

Stroup III, G. W., *The Promise of Narrative Theology* (Atlanta, 1981).

Thüsing, W., *Die neutestamentlichen Theologien und Jesus Christus*, I: *Kriterien aufgrund der Rückfrage nach Jesus und des Glaubens an seine Auferweckung* (Düsseldorf, 1981).

신약신학 (합본)

초판 발행	1992년 9월 25일
중쇄 발행	2011년 4월 20일

발행처	크리스찬다이제스트
발행인	박명곤
주소	경기도 고양시 일산동구 정발산동 1193-2
전화	031-911-9864, 070-7538-9864
팩스	031-911-9824
등록	제 98-75호
판권	ⓒ 크리스찬다이제스트 1992
총판	(주) 기독교출판유통
	전화 031-906-9191~4
	팩스 080-456-2580